주역周易의
학습과 해설
下

주역周易의
학습과 해설 下

마전뱌오 馬振彪 저
송영배 宋榮培 역

學古房

머리말

중국 사람들은 언제부터 점을 쳤을까? 아마도 기원전 2000년경 신석기시대부터일 것이다. 이들은 아직 문자가 생기기 전에도 점을 쳤다. 원시의 숫자표식이 나타났을 때부터는 그 원시적인 숫자로써 점을 쳤다. 기원전 16세기 상商나라 시절부터는 짐승이나 거북 뼈를 불로 지져서, 그 갈라진 틈을 보고서 점을 쳤으며, 동시에 숫자로 시초蓍草의 홀수와 짝수, 그 밖의 소박한 수리數理에 기초하는 서점筮占 또한 유행하였다.

이른바 『주역周易』은 서점筮占에 바탕 하는데, 복희伏羲(신석기시대 말기, 약 7, 8천 년 전)에 의해 처음으로 괘卦가 생겨났다고 한다. 그리고 기원전 11세기 은殷·주周의 교체기에 활동한 문왕文王이 은殷나라 주紂왕의 제후로 있을 때, 그의 정치적, 사회적 어려움의 극복을 위하여 『주역周易』의 64괘와 384효를 만든 것으로 전해지고 있다.

중국에서는 춘추전국시대(전770-전221)에 공자(전551-전479)가 이『주역』에 십익十翼을 부침으로써, 『주역』은 비로소 경經으로 숭앙을 받으며, 본격적으로 연구되기 시작하였다.

마전뱌오馬振彪(생년은 19세기 말쯤이고, 20세기 60년대에 서거)는 마치창馬其昶(1855-1930)의 친조카이기에, 그의 유명한 주역 연구, 즉『비씨역학費氏易學』을 통하여, 가학家學의 전통을 이었다. 그 외에도 유원劉沅(1767-1855)과 리스전李士鉁(1851-1926) 등의 역학사상도, 『주역의 학습과 해설, 周易學說』에서 상당히 많이 나타나고 있다. 그의 생애는 어려서부터 동성파桐城派의 가학家學 전통을 받은 것에서 시작하여, 정자程子나 주자朱子학을 학습하였다. 그는 일찍이 북평北平(지금의 北京) '중국대학中國大學'의 국문학과中國學科에서 상빙허尚秉和(1870-1950), 까오부잉高步瀛(1873-1940), 우청스吳承仕(1884-1939) 등과 함께 가르친 적이 있다. 또한 북경의 '홍자불학원弘慈佛學院'에서도 강의를 하였다. 그 당시 황소우치黃壽祺(1912-1990)교수는 '중국대학中國大學'에서 그의 정식학생이었고, 그는 '홍자불학원弘慈佛學院'에서도 마전뱌오의 강의를 방청하였다. 마전뱌오馬振彪는 평생 학문에 종사한 유가儒家의 전형적 지식인으로 일생을 마쳤다. 그러나 그의 유고遺稿:『주역의 학습과 해설, 周易學說』은 당시 복건福建사범대학의 부총장이었던 황소우치黃壽祺교수가 1960년대 초에 북경에서 원고를 사들여서, '복건사범대학福建師範大學'도서관에 소장시킴으로써, 지금의 파급이 이루어지게 되었다.

『주역의 학습과 해설, 周易學說』의 구조는 3부분으로 나누어진다. 첫 부분은 '역강요易綱要'이니 역학사易學史이다. 거기서 『주역』이란, 복희伏羲가 8괘를 지었고 문왕文王이 64괘를 만들고 384괘·효사卦爻辭를 지었으며 공자가 『십익十翼』을 지었으니, 『역易』을 배우려면 반드시 『십익十翼』을 근본으로 삼아야 함을 말하였다. 둘째 부분은 '역총의易總義'인데, 『역易』의 요지를 총괄하고 있다. 전통의 관점을 받아들여서, 마전뱌오馬振彪는 '역易'의 의리義理와 상수象數학파의 관점을 수용하고 있는데 서술 분량이 1,550자字 정도이니 매우 적다. 셋째 부분에 이 책(『周易學說』)의 중점重點이 있으니, 약 60만자萬字이다. 이것은 『주역』의 체제에 따라서 상하 경經으로 나누었고, 64괘 순서대로 배열하였다. 괘마다 괘명卦名 아래에 괘상卦象 및 내외 괘명卦名, 중간의 호괘명互卦名을 실었다. 괘卦마다 괘효사卦爻辭, 내외 괘명 및 단·상사彖·象辭, 「문언文言」전, 「계사繫辭」상하전, 「설괘說卦」전, 「서괘序卦」전, 「잡괘雜卦」전 아래에 중국 역대 약 400여명의 해설을 붙였으니, 이것이 이 책의 소중한 값어치이다. 그리고 괘마다 끝에는 마전뱌오 선생의 결론적 평론을 붙였다. 이것이 참으로 인상적이다.

나는 2009년 2월 말에 서울대학교에서 은퇴를 하였다. 2010년 2학기에 당시 성균관대학교의 최영진崔英辰교수가 『천주실의天主實義』에 대한 강의를 부탁하여 그 강의에 응하였는데, 거기에서 몇몇 학생들이 내 강의를 좋아하였다. 당시 성균관대학교 박사과정에 있었던 오수록, 전현미, 김세종 등과, 서울대학교 대학원과정 중의 조정은, 이화여대 대학원과정의 인은정 등이 내가 제안한 『주역의 학습과 해설周易學說』의 강독에 참여하기로 결심을 하였고, 5년간 서울 관악구 소재의 나의 사저에서 매주 한 번 강독을 시작하였다. 그때는 이들이 학생 신분이라, 모두 열심히 강독에 참여하였으며, 이 책에서 많은 것을 배웠다. 그 뒤 박사학위를 취득하여 이들은 각자 취직 전선에 뛰어들어서, 더 이상 강독은 계속될 수 없었다. 나는 2016년경부터, 지난 작업들을 일단 끝냈으니, 이 『주역의 학습과 해설周易學說』의 번역작업을 본격적으로 추진하였는데, 지금까지 10년여의 장구한 세월이 흘렀다. 필자는 우선 이 책에 등장하는 400여명 중국인 해석자들의 생존연대를 밝혔다. 그리고 전자화 정보 시스템의 '中國哲學書電子化計劃'이나, 「電子版文淵閣四庫全書」(上海人民出版社, 1999) 등을 참조하여, 인용문헌들의 출처와 인용된 문장을 모두 찾아서 밝혀낼 수 있었다. 이런 작업을 통하여, 무엇을 조금 구체적으로 파악한 느낌이었다. 그러고는 간혹 인용된 문장의 착오점들을 발견하고 그것들을 지적하였다. 부지기수의 인용 문장들을 모두 다 직접 검색해 보고, 그 정확한 뜻을 밝히게 되었으니, 이것이 이번 번역작업의 소중한 업적이라 하겠다. 수많은 중국의 고전문헌, 춘추전국시대로부터 20세기 60년대까지 이르는 400여명 인물들의 전적사항과 인용문을 밝히는 작업이 결코 쉽지는 않았다.

『주역의 학습과 해설』은 청淸나라 이광지李光地(1642-1718)의 『주역절중周易折中』과 내용면에서 비슷하나, 이 책은 마전뱌오馬振彪의 유저遺著로서, 청淸나라 중후반기와 20세기 초반의 업적들이 또한 상당히 비중 있게 반영되었음이 두드러진 특징이다. 아무튼, 『주역』이라는 어려운 책을 소화해 내느라, 역자는 우선 까오형高亨(1900-1986)의 『周易大傳今注』(濟南: 齊魯書社, 1987)을 주로 참고하였음을 밝힌다.

한국에서 수많은 주역 연구자 여러분에게 이 책: 『주역의 학습과 해설』이 『주역』 연구에 많은 도움이 되길 간절히 바라는 마음이다. 그 밖의 미진한 부분에 대해서는, 한국주역학계나 동료 후학들의 아낌없는 질정을 구한다.

어려운 한국 출판계의 사정에도 불구하고 이 방대한 책을 출판해 주신 학고방 출판사 하운근 사장님께 충심으로 감사를 드린다. 그리고 출판에 수고하신 편집자 추윤정 선생님 등에게 무한한 고마움을 느낀다.

2023. 8.

송영배

차례

머리말 4

『周易學說』 하경下經 9

42. 익益괘䷩ 10

43. 쾌夬괘䷪ 30

44. 구姤괘䷫ 45

45. 췌萃괘䷬ 60

46. 승升괘䷭ 75

47. 곤困괘䷮ 89

48. 정井괘䷯ 106

49. 혁革괘䷰ 122

50. 정鼎괘䷱ 142

51. 진震괘䷲ 160

52. 간艮괘䷳ 175

53. 점漸괘䷴ 192

54. 귀매歸妹괘䷵ 208

55. 풍豊괘䷶ 231

56. 여旅괘䷷ 248

57. 손巽괘䷸ 263

58. 태兌괘䷹ 279

59. 환渙괘䷟ 293

60. 절節괘䷻ 311

61. 중부中孚괘䷼ 325

62. 소과小過괘䷽ 341

63. 기제旣濟괘䷾ 357

64. 미제未濟괘䷿ 373

『계사繫辭』상전上傳 389

『계사繫辭』하전下傳 483

『설괘說卦』전傳 561

『서괘序卦』전傳 623

『잡괘雜卦』전傳 649

참고문헌 및 이 책에 인용된 인물 665

『周易學說』하경下經

42. 익益괘 ䷩

익益괘: 나아가면 이롭고, 큰 내를 건넘이 이롭다.

[益, 利有攸往,[1] 利涉大川.]

　　정현鄭玄(127-200)은 말한다. 임금은 아랫사람을 이롭게 하는 것으로 덕德을 삼는다. 우레(雷)가 치고 바람이 불어오므로 가는 것이 이로우며, 큰 내를 건넘이 이롭다.

　　유원劉沅(1767-1855)은 말한다. (상괘인) 손巽(風)과 (하괘인) 진震(雷) 두 괘는 모두 아래로부터 변하여 이루어진다. 상괘上卦[巽]의 양陽을 덜어내어 하괘下卦[震]에 보탰으니 이름이 익益괘이다. 「서괘序卦」전傳에서, '덜어냄으로 그치지 않기에 반드시 이로움이 있으니, 익益괘로 받았다.'라고[2] 하였다. 우레가 치고 바람이 불어 막히고 정체되는 곳이 없으므로 가는 것이 이롭다. 진震(雷)과 손巽(風)은 모두 나무이고, 괘상卦象을 근거로 괘사卦辭를 해석하면, 가운데가 빈 이離이니, 나무에 올라탔는데 가운데가 비어 있어 배[舟]와 노[楫]의 상象이므로, 큰 내를 건넘이 이롭다. 가는 것이 이로움은 일정함[常]에 처함이요, 건너는 것이 이로움은 변화[變]에 처함이다.

　　리스전李士鉁(1851-1926)은 말한다. (물속에) 들어가 움직이니 배가 나아가는 상象이다. (나의 견해: 오늘날 자동차에 타서 이동하는 것이 '가는 바가 이롭다[利有攸往].'는 것이고, 기선에 올라타 이동하는 것이 '큰 내를 건넘이 이롭다[利涉大川].'는 것이다.)

　　단전에서 말한다. 익益괘는, 위에서 덜어내어 아래에게 보태주는 것이니, 백성들의 기쁨이 끝이 없고, 위에서 아래 사람들에게 겸하니, (통치의) 도리가 크게 빛이 난다.

　　[彖曰: 「益」, 損上益下, 民說無疆, 自上下下, 其道大光.[3]]

---

1) 익益은 괘명인데, 이로움[利], 돕다[助], 증增[더함]의 뜻이 있다. 高亨, 361頁.
2) '損而不已必益, 故受之以益.', 「序卦」傳, 高亨, 649頁.
3) 說은 열悅이니, 희열이다. 下下는 임금이 아랫사람들에게 겸하한 것이다. 하괘가 震이니 剛이고 임금인데, 상괘는 巽이니 柔이고 백성[民]과 같다. 高亨, 361頁.

향수向秀(약 227-272)는 말한다. 현명한 임금의 도道는 뜻이 백성을 은혜롭게 함에 있다. (왕쒼汪烜[1878-1959]은, '백성을 이롭게 하는 도道는, 은혜가 백성들 모두에게 미치지 않을까를 근심함이다.'라고 말한다.) 그러므로 아래에게서 취하는 것을 손損이라 이르고, 아래에게 주는 것을 익益이라 이른다.

촉재蜀才(成漢范, 219-318)는 말한다. 이 (익益)괘는 비否괘䷋에 근본 하여, 건乾괘 아래 효爻인 初9효에서 (시작한다.)

육지陸贄(754-805)는 말한다. 윗사람이 자기는 단속하면서 남에게 너그러우면, 남들이 반드시 기뻐하여 윗사람을 받들 것인데, 어찌 익益이라 말하지 않겠는가? 윗사람이 남을 업신여기면서 자기는 멋대로 하면, 남들이 반드시 원망하며 윗사람을 배반할 것이니, 어찌 손損이라 말하지 않겠는가?

범중엄范仲淹(989-1052)은 말한다. 위를 이롭게 하면 아래가 손해 보게 되고, 아래가 손해 보게 되면 그 근본을 상하게 된다. 위를 손해 보게 하면 아래가 이롭고, 아래가 이로우면 그 근본이 견고하게 된다.

유원劉沅은 말한다. 손巽과 진震 두 괘는 모두 아래로부터 변화하여 이루어진다. 손損괘의 상괘上卦는 건乾 초효初爻의 양陽(을 陰)으로 손巽을 삼았고, 익益괘는 하괘下卦 곤坤 초효初爻의 음陰(을 陽)으로 진震을 삼았다. 인사人事에서는 임금에게서 덜어 백성에게 보태면, 백성들이 임금의 은혜에 기뻐함이 무궁할 것이다.

리스전李士鉁은 말한다. (『노자老子』에서,) '높음은 아래를 기초로 삼고,'[4] 나라는 백성을 근본으로 삼는다. 그러므로 손損괘와 익益괘는 모두 하괘下卦에서 말한 것이다.

● **나의 견해:** (은殷나라 주紂왕이 세운) 녹대鹿臺의 재물과 (주紂왕 때) 거교鉅橋의 곡식은 아래를 덜어 임금을 보태기 위해 얻어진 것이다. 이것들을 풀어서 나누어야, 위를 덜어 아래를 보태는 것이다. 잠깐 지나면, 아래를 덜어내면 망하고, 아래를 보태주면 흥하니, 백성들의 기쁨을 얻어야 익益괘의 도道가 크게 빛나기에, 따라서 (익益괘는) 또한 '때[時]'와 함께 가는 것[與時偕行]'이라 말한다.

---

4) '高以下爲基.', 『老子繹讀』39章, 任繼愈 著, 상동, 88頁.

"밀고 나가면 이로움"은, (임금이) 정도正道를 가니, 축하할 일이 있는 것이다. "큰 내를 건너는 것이 이로움"은, 배[舟]가 물에 떠서 가는 것이다.
["利有攸往," 中正有慶. "利涉大川," 木道乃行.5)]

장영張英(1637-1708)은 말한다. 손損괘의 92효와 65효는 모두 바름[正]을 얻지 못했으나, 익益괘(의 62, 95효)는 중정中正하여 경사慶事가 있으니, 이것이 손損과 익益의 구분이다.

소식蘇軾(1037-1101)은 말한다. 내를 건너는 것은 나무를 사용하는 도道이다. (하괘인) 진震과 (상괘인) 손巽이 모두 나무이니 우레가 사납고 바람이 분다.

주식朱軾(1665-1736)은 말한다. 건乾과 곤坤이 처음 사귀면 진震과 손巽이 되니, 봄의 양기陽氣가 널리 퍼져 성대한 덕德이 나무에 있어서, (익益괘는,) 천도天道가 크게 빛나서 만물이 형통하는 때이다.

굴대균屈大鈞(1630-1696)은 말한다. 나무는 자라는 것을 덕德으로 삼는데, 『역易』의 도道는 생생生生이므로, 나무의 도[木道]를 중시한다. 나무의 도道가 행해지는 것이 천지의 도道이다.

유원劉沅은 말한다. 95효는 중정中正하면서 위에 자리하고, 62효는 중정中正으로써 그에 응하니, 이는 거룩한 임금이 현명한 신하를 얻어 서로 아름다움을 이루어줌이다. (하괘인) 진震이 힘차게 움직임에, (상괘인) 손巽이 순종하며 들어오니, 하지 못할 일이 없다. 하늘의 양陽을 덜어서 아래의 땅에 보태니, 만물에 베풀어져 태어나서 자라지 못하는 것이 없다. 이理에 합당한 자연스러운 것이지, 억지로 서로 보태려는 것이 아니다.

익益괘는 활동함에 겸손하여, 날로 발전함에 끝이 없다. 하늘이 베풀고 땅이 생산하니, 그 보태줌[益]이 지역을 가리지 않는다. 무릇 보탬의 도道는, 계절과 함께 가는 것이다.
["益"動而巽, 日進無疆. 天施地生, 其益無方. 凡益之道, 與時偕行.6)]

우번虞翻(164-233)은 말한다. (익益괘는 일양一陽이) 건乾 아래의 곤坤으로 갔으니, 만물이 진震에서 나오므로, 하늘은 베풀고 땅은 낳는다.

공영달孔穎達(574-648)은 말한다. 자연[天]이 땅에 기氣를 베풂에, 땅이 기氣를 받아서 화생化生

---

5) 62효와 95효가 마치 신하와 임금처럼, 각각 바름을 얻은 것이다. 巽은 木이고, 震은 動이니, 익益괘는 木, 즉 배[舟]가 (물 위에서) 움직이는 것과 같다. 高亨, 362頁.
6) 巽은 겸손이고, 시施는 여予(주다)이다. 方은 역역域이다. 高亨, 상동.

하니, (익益괘는) 역시 위를 덜어 아래를 보태는 뜻이다. (익益괘에서) 그 베풂과 교화의 유익함은 정해진 방향이 없다.

마치창馬其昶(1855-1930)은 말한다. 미제未濟괘 63효의 효사爻辭에는 '나아가면 흉凶하나. 큰 내를 건넘이 이롭다.'라고 했다. (주희의) 『주역본의周易本義』에서는, '가는 것은 물에 떠서 갈 수는 있지만, 땅을 달려서 갈 수는 없다.'라고[7] 하였다. 지금 익益괘는 이미 '가는 것이 이롭고[利往],' 또 '큰 내를 건넘이 이롭다[利涉大川].'라고 하니, 물과 뭍에서 크게 통通하여 하루 종일 가도 끝이 없다. 천지가 화생化生하는 유익함은 생각하여 헤아릴 수 없다. 익益의 도道는 때에 맞게 행해진다. 위대하다 성인이여! 그는 일[故]에 얽매이지는 않을 것인가?

- **나의 견해(1):** '자연[天]'이 베풂이 있으면 곧 땅은 낳는 바가 있다. 천지 사이 화생化生의 기미[機]는 날로 새롭고 또 새로워서 나아가도 그침이 없다. 방향이 없는 것은 정해진 관례를 주장하지 않는 것이니, 어디로 가더라도 이롭지 않음이 없다.
- **나의 견해(2):** 천지 사이를 채운 것이 다 물건[物]이니, 모두 바람과 우레의 유익함을 얻는 것이다. 만물은 우레의 진동을 겪고서 겨울잠에서 깨어 터져 나오니, 이는 진동하는 우레[雷]의 유익함이다. 만물을 흔들어서 묶은 껍질들을 벗기고, 만물에 바람 불어 생기生機를 발양하니, 이는 불어오는 바람의 유익함이다.

상전에서 말한다. (위에) 바람, (아래에) 우레가 익益괘이다. 군자는 선善을 보고 따라가며 고치니, 잘못하면 고친다.

[象曰: 風雷, "益," 君子以見善則遷, 有過則改.[8]]

맹희孟喜(전1세기, 서한西漢의 역학자)는 말한다. (익益괘는) 우레[雷]로써 진동시키고 바람[風]으로써 베푸니, 만물이 모두 유익하다.

왕필王弼(226-249)은 말한다. (익益괘는) 선善으로 옮겨가 잘못을 고치니, 유익함[益]이 막대하다.

호병문胡炳文(1250-1333)은 말한다. (익益괘에서) 바람과 우레는 스스로 서로 유익한 기세가

---

7) '行者可以水浮, 不可以陸走.', 『周易本義通釋』,卷二,「周易下經」, 未濟卦, 元 胡炳文撰, 電子版文淵閣四庫全書, 상동 참조.
8) 상괘가 巽이니 風(바람)이고, 하괘가 震이니 雷(우레)이다. 風은 德敎에, 雷는 형벌에 비견되니, 덕교가 위에 있고, 형벌이 아래로 시행되니, 이것은 나라에 이롭다. 高亨, 363頁.

있다. (유원劉沅은, '바람이 세차면 우레가 빠르고, 우레가 치면 바람이 맹렬해지니, 둘은 서로 도와 유익하다.'라고 한다.) 선善으로 옮겨가는 데에 신속하면 잘못은 마땅히 더욱 적어지고, 잘못 고치는 데에 결단력 있으면, 선善은 마땅히 더욱 순수해진다. 이러한 천선遷善과 개과改過는 또 스스로 서로 유익한 공功이 있다.

이광지李光地(1642-1718)는 말한다. 우레는 양기陽氣를 발동시키므로 '악惡을 버리고 선善을 행함遷善'의 뜻이 있다. 바람은 음기陰氣를 소산消散시키므로 개과改過의 뜻이 있다.

유원劉沅은 말한다. 선善이라는 것은 천리天理이며 '본성[性]'에 고유한 바로, 매일 옮겨가면 나날이 유익하다. 잘못이라는 것은 인욕人欲 때문이며, '본성[性]'에는 본래 없는 것으로, 매일 (잘못을) 고치면 (잘못은) 나날이 없어진다. 저것은 덜고 이것은 더하니, 그 기미에 신중하다. (익益괘에서) 우레로 양陽을 발동하고 바람으로 음陰을 흩뜨리니, 선善으로 옮겨가는 데 빠르고, 잘못을 고치는 데 빨라서, 바람과 우레의 용勇을 상징한다.

리스전李士鉁은 말한다. 천하에 형체가 없으면서 형체 있는 것들을 이롭게 할 수 있는 것은 오직 바람과 우레뿐이다. 우레가 지하에서 진동하고 바람이 공중에서 불면, 만물이 모두 유익함을 받는다.

짱홍즈張洪之(1881-1969)는 말한다. 선善은 덕德을 도울 수 있고, 잘못은 덕德에 누를 끼칠 수 있다. 「계사繫辭」전傳에서는, '익益은 덕德의 넉넉함이다[益, 德之裕也.]'라고[9] 했고, '쉽고 간단한 선善은 지극한 덕德에 짝한다[易簡之善配至德.]'라고[10] 했다. 덕德은 선善 하나로 통일되니, 선기善機가 '본성[性]'에서 발發하고, 근원이 하늘로부터 나오는 것이다. 자신의 국량을 채우려면 반드시 선善을 갖추고 잘못이 없어야 하므로, 『역易』(익益괘 상象전)에서 '선을 이음[繼善], 선을 쌓음[積善], 선善으로 잘못을 고침[善補過]'을 말했으니, 반드시 도道가 (시의時宜와 합하고 과過와 불급不及이 없이) '시중時中'에 적합하기를 기약하여 공功을 닦는 것은 천선遷善개과改過로부터 시작된다. 선善이라는 것은 도道의 움직임이라서 본 바가 있으면 미루어 나가니, "우禹임금이, '훌륭한 말[善言]'을 들으면 그에게 절을 했다."는 것이 이와 비슷하다. 잘못이라는 것은 선善의 흠疵으로, 몸 전체에 누를 끼치기에 충분하니, '탕湯임금은 잘못을 고치는 데에 인색하지 않았다.'는 것이 이와 유사하다.

---

9) '益, 德之裕也.' 「繫辭」下傳, 高亨, 583頁.
10) '易簡之善配至德.' 「繫辭」上傳, 高亨, 517頁.

● **나의 견해**: 안자顔子(顔回)는, '선善을 들으면 가슴에 품어서 선善으로 옮겨갈 수 있었다.'[11] 불선不善이 있으면 일찍이 알지 못한 적이 없고, 알면 일찍이 다시 행하지 않아서 잘못을 고칠 수 있었다. 모두 이른바 그 유익함에 '방향이 향하는 곳[方所, 범위]'이 없다는 것이다.

초구효: 큰 건축을 함에 이로우니, 크게 길하고, 허물은 없다.
[初九, 利用爲大作. 元吉,[12] 无咎.]

상에서 말한다. "큰 길함이니 재앙이 없음"은, 서민들이 (미루고) 나중에 하는 일이 없다.
[象曰: "元吉無咎," 下不厚事也.[13]]

우번虞翻은 말한다. 큰일은 밭 갈고 씨 뿌리는 일이다. 농사짓는 이로움은 여기에서 취한다. '밤낮길이가 같은 날[春分]에 남쪽 주작朱雀 일곱별[星鳥]이'[14] 경건하게 백성들에게 (농사짓는 적절한) 시기를 내린다. (나의 견해: 『상서尙書』, 「요전堯典」에서는, '해가 동쪽에서 뜨는 시각을 변별하여 측정을 하였다[平秩].'라고[15] 말한다. 먼저 백성들의 농사철을 중요하게 여기고, 천자天子가 남면南面하여 사방 별들의 적절한 때[中]를 살피고, 백성들로 하여금 씨 뿌리고 거두어들이는 완급緩急을 알게 하였다. 성조星鳥(28수의 하나인 유수柳宿)는 순화鶉火[柳, 星, 張의 별]의 방향이다. 일중日中이라는 것은 해가 누호漏壺[물시계]에 보이는 것과 보이지 않는 것이 같다는 것이다.)

후과侯果(侯行果, 8세기, 당唐의 역학자)는 말한다. (하괘인) 진震은 농사이다. 유익함의 큰 것은 농사짓고 나무 심는 것보다 큰 것이 없다. 만약 백성들에게 힘든 일을 시키지 않아 백성들의 농사철을 빼앗지 않을 수 있다면, 크게 길하여 허물이 없을 것이다.

육희성陸希聲(801-895)은 말한다. 이는 후직后稷과 공유公劉의[16] 공功이다.

사신행查愼行(1650-1727)은 말한다. 초9효는 아래에 있으니 백성이다. (하괘인) 진震은 방위가 동쪽인데, 동쪽은 막 시작함을 일으키니, '수많은 이들이 힘을 합쳐서 농사짓는다.'[17] 용用은 위에

---

11) '回之爲人也, … 得一善, 則拳拳服膺而弗失之矣.' 『中庸今註今譯』11章, 宋天正註譯, 상동, 13頁.
12) 用은 于와 같다. 大作은 大建築이다. 元은 大이다. 高亨, 363頁.
13) 下는 서민들을 가리키고, 厚는 後로 읽는다. 高亨, 상동.
14) '日中, 星鳥, 以殷仲春.', 『今古文尙書全譯』, 「堯典」, 江灝, 錢宗武譯注, 상동, 15頁.
15) '平秩東作.' 『今古文尙書全譯』, 「堯典」, 江灝, 錢宗武譯注, 상동, 15頁.
16) 공유公劉: 중국 주周나라 왕조王朝의 건설자라고 이르는 후직后稷 기棄의 증손자이자, 불줄不窋의 손자이니, 곧 국도鞠陶의 아들이다. 공유公劉는 비록 융적戎狄의 땅에 가까이 살았으나, 다시 후직后稷의 업業을 일으켜서 백성이 넉넉하게 되었으므로, 마땅한 땅을 잘 살펴서 빈곡豳谷에 나라를 세웠다고 한다.

서 사용하여 큰 건축을 함이다. 근본을 돈독히 하여 농사를 권면하니, 주周왕실의 기초가 여기에서 시작한다.

유원劉沅은 말한다. 초9효는 백성의 지위이니, 64효인 대신大臣이 마음을 기울여 응하므로, 그들을 사용함이 이롭다. 윗사람의 일은 아랫사람이 아니면 이루지 못한다. 아랫사람은 감히 함부로 일을 벌이지 못하니, 윗사람이 자기를 덜어서 아래에 응하고, 아랫사람은 힘을 다하여 윗사람을 섬기기 때문에, (초9효는) 서로 유익함이 된다. 군주[王]가 큰일 벌이는 것을 자기의 사적인 유익함으로 여길까 염려하여, (초9효 상象에서) '아랫사람이 나중에 하는 일이 없어야 한다[下不厚事].'라고 말했다. 아랫사람은 받고 윗사람은 유익하니, (초9효에서는) 자기만 생각하고 자기만 편안하려고 자신을 위해 도모하는 것이 아니다.

리스전李士鉁은 말한다. 진震의 움직임이 작作인데, 또 농사짓는 것[稼穡]이 된다. 호체互體인 곤坤은 흙[土]이며, (익益괘에서) 크게 보이는 이離는 소이므로 씨 뿌리고 농사지음이다. 진震은 또 봄이므로 큰일을 하는 것이 이롭다. 나라는 백성으로 근본을 삼고, 백성은 먹을 것을 하늘로 삼는데, 초6효는 백성의 지위이며 농사는 사람을 유익하게 하는 근본이니, 백성이 마땅히 해야 할 일이다. 천하의 큰 이로움은 반드시 농사로 귀결되니, 농사일을 밝게 가르치고 농사철을 빼앗지 않아서, 백성들로 하여금 농사일에 집중하게 한다면, (초9효에서는) 백성들은 유익함을 얻고 나라 또한 유익할 것이다.

마치창馬其昶(1855-1930)은 말한다. 익益괘는 비否[☷☰]괘에 근본 하는데, (비否괘의) 초6, 94효가 서로 자리를 바꾸어 익益괘가 되니, (익益괘의) 초9효가 이에 자리[位]를 얻어 큰일을 하는 것이 이롭다. 『국어國語』(「진어晉語」)에서는, '이로써 자신의 욕심을 두터이 한다[以厚其欲]'라고[18] 했는데, (오吳나라) 위소韋昭(204-273)의 주注에서, '후厚는 익益'이라 했다. 『시詩』에서는, '왕의 하급관리가 나를 들볶다[王事敎我].'라고[19] 했는데, 돈敎이 또한 후厚이다. 아랫사람에게 과중한 일이 없다는 것은 이제 막 동쪽에서 일을 하려 할 때에 다른 일로 유익하게 할 수 없다는 것이다. 「주어周語」에서는, '백성들의 큰일은 농사에 있다[民之大事在農]'라고[20] 했다.

---

17) '十千維耦.', 『詩經譯注』, 「周頌」, 「臣工之什」, 「噫嘻」, 袁梅著, 상동, 962頁.

18) '彼得其情以厚其欲,' 『國語』, 「晉語」一, 上冊, 上海: 上海古籍出版社, 1978, 263頁.

19) '王事敎我.' 『詩經譯注』, 「邶風」, 「北門」, 袁梅著, 상동, 163頁.

20) '夫民之大事在農.', 『國語』, 「周語」上, 上冊, 상동, 15頁.

● **나의 견해(1)**: 『시詩』, 「주송周頌」에서, '아, 성왕成王이 이미 밝게 너희에게 임하셨다. 이 농부들을 거느려 백곡을 파종한다. 너[爾, 汝]의 사전私田을 크게 밭 갈아 30리里를 마친다. 또한 '너[爾]'의 밭가는 일을 일삼되, 수많은 이들이 우경耦耕을 하네.'라고[21] 하였다. 『모전毛傳』에서는, (주周나라의) "성왕成王과 주공周公의 일인데, … 임금上은 자기 백성들을 부유하게 하고자 하여, 아랫사람들에게 양보하였다."라고[22] 말하였다. 이에 의거하면, '왕사王事'라고 말하고, '양하讓下'라고 말하는 것은, 아랫사람들의 일이 많지 않다는 것의 명증明證이 될 수 있다. 우耦(나란히 서서 밭을 갈음)를 '십천十千'이라 말하니, 이는 만부萬夫의 증거이다. '보습耜'은 폭이 다섯 치이니, 두 개의 보습이 우耦이다. 한 우耦를 갊에 너비와 깊이가 한 자[尺]이다. 만萬우耦는 천무千畝와 같다. 「모전毛傳」에서 또, '(백성들이) 자기의 사전私田을 크게 개발하여, … 각각 자기의 바람을 다했다.'라고[23] 하니, 큰일을 함이 이롭다는 것의 명증이 될 수 있다.

● **나의 견해(2)**: 모든 일에는, '계절순서[天時]'는 있으나 인공人功이 없거나, 혹은 인공人功은 있으나 '계절순서[天時]'가 없으면, 하는 일이 모두 크게 될 수 없다. 큰일이라는 것은 '자연[天]'과 사람이 합일된 일이다. 큰일은 위에 있는 사람이 형세에 기인하고, 인도하기를 이롭게 함으로써, 잘되는 것이다. 그러므로 요堯임금 때에 '봄 농사를 고르게 정돈[平秩東作]'하는 일은 백성들에게는 가장 시급히 힘써야 할 일이다. 아랫사람이 큰일을 일삼는다면 그 외의 일이 모두 백성에게 부과되어 그들의 힘이 나누어지게 하면 안 되니, 이래야 큰일을 마칠 수 있기에, 공公과 윗사람을 받들고 유익하게 하고 자기의 사사로움을 두터이 하지 않았다.

육이효: 누가 (값이) 100패貝인 거북을 팔려고 했는데, 거부할 수도 없었으나 (사지 않았다.) 영원히 정직하면 길하다. 왕王께서 하느님께 제사를 드렸으니, 길하다.
[六二, 或益之十朋之龜, 弗克違. 永貞吉. 王用享于帝,[24] 吉.]

....

21) '噫嘻成王, 旣昭假爾. 率時農夫, 播厥百穀. 駿發爾私, 終三十里. 亦服爾耕, 十千維耦.' 『詩經譯注』, 「周頌」, 「臣工之什」, 「噫嘻」, 상동, 961, 962頁.

22) '成是王事也. … 言上欲富其民而讓於下.' 『毛詩注疏』卷第十九, 「噫嘻」, 『毛詩正義』, 6冊, 北京: 北京大學出版社, 2000, 1,549, 1,550頁.

23) '欲民之大發其私田耳. … 言各極其望也.' 『毛詩注疏』卷第十九, 「噫嘻」, 『毛詩正義』, 6冊, 상동, 1550, 1551頁.

24) 益은 팔대[賣]와 같다. 10패貝는 붕朋이다. 극克은 能이다. 위違는 거拒(거부함)과 같다. 貞은 正이다. '永貞吉'은 영원히 정직하면 길함이다. 향享은 제사이다. 제帝는 하느님이다. 高亨, 363頁.

상에서 말한다. "누가 (거북이를) 파는 것[賣]은, 외부에서 온 일이다.

[象曰: "或益之," 自外來也.]

『주역건착도周易乾鑿度』에서 말한다. "익益괘는 정월正月의 괘이다. 하늘의 기氣가 아래에 베풀어지니 만물이 모두 유익하다. 왕王은 천지天地를 본받아 정교政敎를 펴니, 천하가 양陽의 덕德을 입는다고 말한다."[25] '용향用享'은 하늘에 제사지냄을 말한다. (하夏, 은殷, 주周의) 임금(三王)의 교郊(제사)는 한 번으로 하력夏曆 정월正月에 지내는데, 사계절에 순응하기 위해서이니, 천지의 보편적 도리[通道]를 본받음이다.

우번虞翻은 말한다. (62효에서) 왕王은 95효를 말한다.

왕필王弼은 말한다. 하느님[帝]은 만물을 낳는 주체이며 유익함을 일으키는 근원으로, (하괘인) 진震(우레)을 내보내고, (상괘인) 손巽(바람)을 가지런하게 한다. 62효는 익益괘의 가운데[中]에 자리하여(나의 견해: 익益은 진震으로 써야 하지 않는가 한다.), ('계절순서[天時]'의) 마땅한 자리[位]에서 손巽에 응하니, 하느님[帝]에게 제사지내는 아름다움이 이때에 있다. (심해沈該[12세기, 남송南宋 역학자]는, '맏아들이 울창주鬱鬯酒[鬯]를 주관하니, 하느님에게 제사지내는 상象이다.'라고 말한다.)

장혜언張惠言(1761-1802)은 말한다. 62효는 기곡祈穀의[26] 제사이다.『좌전左傳』에서, '경칩驚蟄[啓蟄]절기가 오면 교郊제사 지낸다.'라고[27] 하였다.

임계운任啓運(1670-1744)은 말한다. 62효의 길함은, 건乾으로부터 온 강剛(陽)이 그것을 유익하게 함이기 때문이다.

유원劉沅은 말한다. 손익損益은 서로 엉켜있으니, 62효에 보태면 95효에서 덜어내므로 그 모양이 같다. 62효는 텅 빈 가운데의 아래에 처하는데, 95효가 그에게 응하니, (62효에서) 유익함이 뜻 밖에서부터 온다. 익益괘는 외괘外卦로서 내괘內卦를 유익하게 한다. 그러므로 무심한 가운데 유익한 것을 '외부에서 온 일[自外來]'이라고 말한다.

리스전李士鉁은 말한다. 손損괘의 65효는 군도君道의 존귀함에 해당하므로 크게 길한 것이고, 익益괘의 62효는 신도臣道의 바름에 해당하기에, 따라서 (62효는) '영원히 정직하면 길하다[永貞吉].'

---

25) '益者正月卦也. 天氣下施, 萬物皆益, 言王者法天地, 施政敎, 而天下被陽德.'.『周易乾鑿度』卷一, 漢 鄭康成注, 電子版文淵閣四庫全書, 上海人民出版社 1999 참조.
26) 기곡祈穀은 옛날 곡물穀物의 풍성함을 기구하는 祭禮이다.
27) '啓蟄而郊.'『左傳全譯』襄公7年, 王守謙 等譯注, 상동, 782頁.

또 (리스전은) 말한다. 간艮은 묘廟이고, 호체互體인 곤坤은 소[牛]이며, 호체互體인 (山雷)이頤괘는 기름[養]이니, 하느님[帝]에게 제사지내는 상象이 있다. 하느님에게 제사지내는 것은 천자의 일이니 62효가 할 수 있는 일이 아니므로, 반드시 왕王만이 그것을 행한다. 비유하면, 탕湯임금이 이윤伊尹을 등용하여 천심天心에게 제사를 올리고, (은殷나라 임금) 태무太戊(太甲孫)가 이척伊陟을[28] 등용하여 '하느님[上帝]'을 불러왔다고 하니, 사람이 유익함을 받았을 뿐만이 아니라, 하늘에서도 유익함을 받은 것이다.

마치장馬其昶은 말한다. 주周나라의 선조는 대대로 농사에 근면하였는데, 유익함으로써 이로움을 일으키기에는 이보다 큰 것이 없었다. 그러므로 (「계사繫辭」전에서,) '밭 갈고 김매는 이로움으로써 천하를 가르치니 익益괘에서 취한다.'라고[29] 하였다. 하늘은 베풀고 땅은 낳으니 그 유익함에는 방향이 없다. 초9효에서 '큰 건축을 지음[大作]'에서 '길吉함'이니, (『시詩』에서 말한) '수많은 이들이 우경耦耕을 하네[十千維耦].'이고,[30] 땅이 보물을 아끼지 않으니, 이것이 땅이 낳음이다. 62효에서 '하느님께 제사를 드렸으니, 길함[享帝之吉]'은 바람과 비가 화순和順하여 하늘이 도道를 아끼지 않았으니, 이것이 하늘이 베풂이다. 불행히 하늘의 재앙이 유행하여, '한 해 농사의 수확이 없다면,'[31] 63효에 흉사가 더해진 것이다. 손익損益, 영허盈虛는 계절[時]과 함께 행해지니, 모두 백성들을 위할 뿐이다.

육삼효: (주周나라의 어떤 제후[公]가 은殷나라의) 흉사에 보익補益[助益]을 하여, 재앙이 없어지니, (은殷이 주周나라에) 믿음이 있게 되었다. 중행中行(아마도 仲衍)이 (주周의) 제후[公]에게 규圭를 예물로 하였다.
[六三, 益之用凶事, 无咎, 有孚. 中行告公用圭.[32]]
상에서 말한다. "흉사를 도움"은, 확실히 도와주는 것이다.
[象曰: "益用凶事," 固有之也.]

....

28) 이척伊陟은 殷나라의 大臣인데, 伊尹의 아들이라 하며, 殷의 태무太戊왕 在位時에 伊陟은 상국相國으로 임명되었다.
29) '耒耨之利, 以敎天下. 蓋取諸益.' 「繫辭」傳下, 高亨, 561頁.
30) 위의 주20 참조.
31) '歲惡不入. 請賣爵, 子.' 『漢書』, 「食貨志」第四上, 四冊, 志一, 상동, 1128頁.
32) 益은 조익助益(보충하는 이익)이다. 用은 于와 같다. 부孚는 信이다. '有孚'는 다른 나라에 믿음이 있음이다. 中行은 人名 같으니, 미자微子의 동생인 중연仲衍인 것 같다. 公은 당연히 주周나라의 모공某公이다. 규圭는 규珪이니, 玉器의 이름이다. 高亨, 364頁.

이순신李舜臣(12세기, 남송南宋 역학자)은 말한다. '주周나라 관리는 저장해 놓은 것으로 흉황凶荒에 대비하였고, (흉년이 들어서 구휼하는 예절인) 황례荒禮로써, 오곡五穀이 적게 걷히고, 질병이 유행함[凶札]을 애통해 하였는데, 어떤 때에는 정치를 느슨하게 해주고, 어떤 때에는 조세를 없앴으니, 모두 임금[上]이 취할 바를 덜어서, 아랫사람들의 흉황凶荒에 유익함을 주는 것이다.'[33]

채연蔡淵(1156-1236)은 말한다. (63효는) 일괘一卦의 가운데에 있기 때문에, 63효와 64효 모두 중中이라 한다.

호윤胡允(13세기, 원元나라 역학자)는 말한다. 『주례周禮』에서, '천자天子의 사자使者가 지닌 신표[珍圭]'로써 나라를 지키는 제후들을 소집[徵召]하고, 흉황凶荒이 (발생한 제후들을) 위무慰撫한다.'라고[34] 했다. 정현鄭玄의 주주注에, '왕은 사람을 시켜 제후를 불러서 흉황을 우려함에, 그것(珍圭의 신표)을 주어 가게[往] 하였으니, (이것으로) 왕명王命을 전했다.'라고 하였다.

진법陳法(1692-1766)은 말한다. 홍수와 가뭄 같은 흉황凶荒의 일에 있어서는 아랫사람은 윗사람이 도와주기를 바라고, 윗사람은 마땅히 아랫사람을 도와주어야 할 때이다. 재앙과 환란에서 구원해주는 것은 반드시 백성을 사랑하는 성의가 있어야 한다. 일단 신뢰를 쌓고 또 손익의 마땅함을 판단해야 할 때를 당하여, 공평하게 하여 치우치거나 완고한 병폐가 없다면 (63효에서) 혜택惠澤이 널리 퍼지는 것이다.

유원劉沅은 말한다. 63, 64효 둘이 (익益)괘卦의 가운데[中]이다. 공공은 95효를 이른다. 규圭로 믿음[信]을 통하니, 임금(上)이 아래에게 명령하고 아랫사람이 위[임금, 上]에게 고하는 데에, 모두 그것[圭]을 쓴다. 재주와 덕德은 어려움으로부터 나오니, 어려움은 이치상 사리事理에 본래 있는 것임을 알기에, (63효에서는) 반드시 그 어려움을 위해 노력해야 하는 것이다.

리스전李士鉁은 말한다. 63효는 중中도 아니고 정正하지도 않은데, 호체互體인 곤坤은 죽음이다. 흉사凶事는 초상初喪과 장례, 굶주림과 흉년, 전쟁 등의 일이니, 이들은 익益 중의 손損이다. 셋째 효는 본래 흉함이 많으니, 흉사凶事는 63효에게 고유한 바이다. 음陰이 양陽에 합하기 때문에 신뢰가 있는 것이니, (상괘인) 손巽에는 신뢰의 상象이 있다. (하괘) 진震은 움직임이니, (63효는) 전체 괘의 가운데에 처하므로 중행中行이다. 63효는 밖의 제후諸侯의 자리[位]이므로, 공공이

---

33) 李舜臣의 원문은 이미 실전失傳된 것으로 보이지만, 『厚齊易學』卷二十一「易輯傳」第十七, (宋) 馮椅撰에서도 같은 구절이 인용되어 있다. 『厚齊易學』, 宋 馮椅撰, 電子版文淵閣四庫全書, 上海人民出版社 1999 참조.

34) '珍圭以徵守, 以恤凶荒.' 『周禮今註今譯』, 「春官宗伯・典瑞」, 林尹註譯, 상동, 219頁.

라 칭한다. (상괘인) 손巽은 명령을 내리므로 고告한다고 말한다. 곤坤이 흙[土]이니, 규圭를 쓴다. 규圭는 옥玉으로 된 (제후를 봉할 때 천자가 주는) 홀笏이니, 초상[喪]과 장례[葬]가 있으면 왕에게 부고를 고하고, 굶주림과 기황饑荒은 있으면 왕에게 재앙을 고하고, 전쟁이 있으면 왕에게 변고를 고함에 규圭를 사용하여, 그 일을 중시하였고 신뢰를 취한 것이다.

마치창馬其昶은 말한다. 63, 64효는 공통으로 공公이라 칭할 수 있다. 『건착도乾鑿度』에서, '셋째 효는 삼공三公이고, 넷째 효는 제후이다.'라고[35] 했는데, 셋째 효는 흉[凶]한 경우가 많으니, 그것이 유柔(陰)이니 위태롭기에 63효는 더욱 흉[凶]하다. 익益괘에서는 유익함을 말하므로 '익益괘는 흉한 일에 쓰이는 상象이 있다.'라고 하였다. (63효의) 상象에서, '본디 있다는 것이다.'라는 것은 바로 가의賈誼(기원전 200-기원전 168)가 (말한), '기황饑荒은 천하의 상법[常]이니, 우禹임금과 탕湯임금도 그것을 겪었다.'라고[36] 한 것이다. 두자춘杜子春(약 전30-후58)은, 『주례周禮』의 진규珍圭에 주注를 달면서, 진珍은 또한 진鎭[按撫]이다. 흉황凶荒에는 백성들이 먼 데에 뜻을 두고 그 땅을 편안히 여기지 않으므로, 진정시키는 규圭로 그들을 붙잡아 편안히 해야 하니, 이것이 바로 '확실히 도와주는 것[固有之]'의 뜻이다.

육사효: 중행中行이 (주周나라) 제후[公]에게 (사실을) 알려서, (그것을) 따랐으니, 은殷의 유민遺民들을 천도遷都시키어 이롭게 되었다.
[六四, 中行告公從, 利用爲依遷國.[37]]

정강중鄭剛中(1088—1154)은 말한다. (호체互體인) 곤坤은 나라가 된다.

서기徐幾(13세기, 남송南宋 역학자)는 말한다. 초9효와 64효는 왕래하여 사귀니 옮겨가는[遷] 상象이다. 옛날에 나라를 세울 때에 백성들에게 불편함이 있으면 백성들의 이익을 살펴서 천도를 하였다.

주식朱軾(1665-1736)은 말한다. (64효에서) 내괘內卦의 곤坤이 변하여 호체互體의 곤坤이 되었으니, 나라(의 도읍)을 옮겨가는 상象이다.

---

35) '三爲三公, 四爲諸侯.', 『周易乾鑿度』卷上, 漢 鄭康成注, 電子版文淵閣四庫全書, 上海人民出版社 1999 참조.
36) '饑荒天下之常也, 禹湯被之矣.', 『新書』卷四, 「淮難」, 漢 賈誼撰, 電子版文淵閣四庫全書, 上海人民出版社 1999 참조.
37) 의依는 殷으로 읽으니, 곧 殷商이다. 천국遷國은 천도遷都이다.

장혜언張惠言은 말한다. 62효가 하느님[帝]에게 제사지냄은 길례吉禮의 큰 것이고, 63효가 규圭를 사용하는 것은 흉례凶禮의 큰 것이며, 64효가 나라를 천도하는 것은 군례軍禮의 큰 것이고, 중행中行이 제후公에게 고하는 것은 빈례賓禮의 큰 것이다. 그러므로 길吉, 흉凶, 군軍, 빈賓의 예禮가 익益괘에 갖추어져 있다.

허계림許桂林(1779-1822)은 말한다. 위가 아래를 보태줌에는, 그 보태줌에 일정한 방소가 없는 것이니 볼 수 없지만, 대흉大凶, 큰 재앙[大裁], 큰 전염병[大札]의 일에서 드러나듯이, 심하면 나라를 옮기는 일도 있으니, 이는 모두 군신群臣과 백관百官의 힘을 빌려서 백성에게 까지 통달한 것이기에, 따라서 63, 64효(의 활동)에 있는 것이다.

유원劉沅은 말한다. 호체인 곤坤은 나라를 옮기는 것을 나타내고, 나라를 옮김에 반드시 위아래가 서로 편안해야 한다. 64효는 위아래의 정情을 소통시킬 수 있으므로 그것에 의지하는 것이 이롭다. 95효의 뜻은 백성을 유익하게 하는 데에 있고, 64효는 윗사람의 뜻을 펼쳐 아래에까지 미칠 수 있기 때문에 제후公에게 고하면 제후公가 따르는 것이다.

리스전李士鉁은 말한다. (상괘인) 손巽은 명命을 펼침으로 따라서 고告이다. 64효는 앤內의 제후諸侯의 자리이므로 따라서 공公이라 칭한다. 음陰이 양陽을 따르고, 64효가 95효를 받들므로, 따라서 왕王에게 고하여 제후公가 따르는 것이다. 64효의 응함은 초9효에 있는데, 초9효는 (하괘인) 진震의 활동이니, 백성이 움직이면 (나라를) 천도한다. 『상서尙書』에서, '백성들의 이익을 살펴서 천도한다.'라고[38] 말했다. 나라에는 반드시 이웃나라가 있으니, 옮겨가면 반드시 그들에게 의지할 수 있는가를 알아봐야 한다. 주周나라가 동쪽으로 옮겨갈 때에, 진晉나라와 정鄭나라에 의지하였다. 64효가 이미 95효를 따르기에, 따라서 64효에 의지하여 천도함이 이롭다.

마치창馬其昶은 말한다. 복復괘, 익益괘, 쾌夬괘는 모두 가는 바가 이로우니, 그들의 효爻는 모두 중행中行을 말했다. 정현鄭玄은 복復괘의 64효의 주注에서, '중中을 헤아려 행한다.'라고 하였다. 95효는 괘의 주인이니, 이른바 나라라는 것은 95효의 나라이다. 비否괘의 때를 당하여, 초6효를 94효의 자리에 옮기니, 95효가 이에 받드는 자를 얻었고, 간艮곤坤(山地 박剝괘)을 만들어서, 국읍國邑에서 머무니, 이것이 비否괘가 전변하여 익益괘가 되는 도道이다. 이는 괘를 이루는 상象을 논한 것이다. 초9효는 양陽을 씀이 이롭고, 64효는 음을 씀이 이로우므로, 초9, 64효 모두는 다시 변하면 안 된다. (나의 견해: 이는 '위의천국爲依遷國' 네 글자를 해설한 것인데, 호괘互卦 가운데[中]로부터 본 것이니, 자연스럽고 정확하다.)

---

38) '視民利用遷.',『今古文尙書全譯』,「盤庚中」, 江灝, 錢宗武譯注, 상동, 164頁.

• **나의 견해**: 63효의 익益은 위가 아래를 보태주어 흉년에서 구원함이고, 64효의 익益은 아래가 위를 보태어 뜻을 돕는 것이다. 『상서尚書』에서, 이른바 '모든 사람의 의견을 물었다[詢謀僉同].' 는,[39] 반드시 모든 사람이 제휘公를 따르는 뜻에 찬동해야 나라를 옮길 수 있다. 또한 (나의) 견해: 반경盤庚(재위在位: 전1,300-전1,277년)이 은殷나라를 옮긴 것과, 태왕太王[고공단부古公亶父]이 빈邠 땅을 떠난 것이 모두 나라를 옮긴 유익함이다.

구오효: (나의) 마음을 믿고 따르는데, (좇아서) 묻지도 않았으나, 크게 길하였다. 믿고서 따르는 것은 내 덕德이다.

[九五, 有孚惠心, 勿問, 元吉.[40] 有孚惠, 我德.]

상에서 말한다. (임금은 백성을) "믿고 그 마음을 따랐으니", "(좇아서) 묻지도 않음"이다. (백성들이) "나의 덕을 따랐으니", 크게 뜻을 얻은 것이다.

[象曰: "有孚惠心," "勿問"之矣. "惠我德," 大得志也.]

(정이程頤의) 『이천역전伊川易傳』에서 말한다. 95효는 강양剛陽으로 중정中正하여 존귀한 자리[位]에 있고, 또 62효의 중정中正과 상응하여 그의 유익함을 행하니, 무엇이 이롭지 않겠는가? (95효는,) 양陽이 실로 가운데에 있으니, 신뢰가 있는 상象이다.

용인부龍仁夫(1253-1335)는 말한다, (95효는) 윗사람이 따랐으니[惠] 손巽 순순順의 상象이다. (95효에서) 아랫사람의 따름은 곤坤 순순順의 상象이다.

이순신李舜臣(12세기, 남송南宋 역학자)은 말한다. (95효에서) 이것을 들어다가 저것에게 주어, 모두 바라는 바를 이루게 하니, 초9효는 그 사람을 묻지 않았다.

채연蔡淵은 말한다. (95효에서) 혜惠는 순함이다. '신뢰가 있고 마음이 순함[有孚惠心]'은, (『상서尚書』의)「홍범洪範」편에서, 이른바 '임금께서 군권君權은 법칙을 가져야함을 세웠다. … 백성들은 당신의 법칙을 존중할 것이다.' '신뢰가 있어 나의 덕을 따름[有孚惠我德]'은 '당신에게 이런 법칙들을 보유하는 방법을 줄 것이다.[錫汝保極]'[41]라고 했다. (나의 견해:「홍범洪範」편에서, '다섯 번째, 군왕의 법칙[皇極]: 임금께서 군권君權은 법칙을 가져야함을 세우셨다. 다섯 가지 행복을 채

---

39) '詢謀僉同.' 『今古文尙書全譯』,,「大禹謨」, 江灝, 錢宗武譯注, 상동, 164頁.

40) 부우는 信이다. 王引之는, '惠는 順이다. 마음을 믿고 따르는 것은, 내가 백성을 믿으니, 백성의 마음을 따르는 것을 말한다. 내 德을 믿고 따르는 것은, 백성이 나를 믿고, 나의 덕을 따름을 말한다.'라고 하였다. 元은 大이다. 高亨, 365頁.

41) '皇建其有極, … 用敷錫厥庶民. … 錫汝保極.' 『今古文尙書全譯』,「洪範」, 江灝, 錢宗武譯注, 상동, 237頁.

용하여, 보편적으로 백성들에게 줄 것이니, 그들은 당신의 법칙을 존중할 것이다.'라고[42] 하였다. 이광지李光地[1642-1718]는, '복福은 덕德 밖에 있지 않으니, 기준을 세우는 것은 복福을 자기에게 수렴하기 위해서, 즉 백성들에게 펼쳐 나누어 주기 위해서이다.'라고 말했다. 포윤抱潤(馬其昶)선생은, '오직 황제만이 기준을 세우니, 일단 이 오복五福을 수렴하여 그 아름다움을 함께하면 육극六極을[43] 보전하여 재앙을 소멸시킨다. 극極을 보유함의 극極은 六極을 이른다.'라고 말했다.)

양인梁寅(1303-1389)은 말한다. 95효는 익益을 말하지 않았으나, 익益의 큰 것이 되었으니, 하늘은 베풀고 땅은 낮음이기에, 그 유익함에 방소方所가 없음과 같다.

요내姚鼐(1732-1815)는 말한다. 속마음이 지극히 정성스러워서. 민심民心이 말하지 않는 바에도 순응하여 서로 같은 자는, 반드시 모든 사람에게 물어볼 필요는 없다.

유원劉沅은 말한다. 지극히 정성스럽게 순종하는 마음[惠心]이 있으면, 아래도 또한 정성이 지극하여 나의 덕德에 감응하니, 천리天理와 백성들의 상도常道[彝倫]가 혹 이것 밖으로 나갈 수는 없다. 실심實心이 있으면 실정實政이 있어, 아랫사람들이 실로 자기 유익함을 받으니, (95효에서) 아랫사람을 유익하게 하려는 본뜻을 크게 얻음이다.

리스전李士鉁은 말한다. 95효는 양陽이 음陰에 합하니, 뜻이 아래를 유익하게 하는 데에 있다. 임금과 백성이 서로 믿기를 하늘로써 하여 마음과 마음이 꼭 맞으니, 백성들에게 물을 필요가 없다. (나의 견해: 물은 다음에 믿는다면, 그 믿음은 얕고; 물은 다음에 베풀면 그 덕德은 가볍다.) 임금(上)이 백성을 믿으면 백성도 또한 임금(上)을 믿고, 임금(上)이 민심民心에 순응하면 백성 또한 임금(上)의 덕德에 순응한다. 이른바 위아래가 모두 아름다운 덕이 있어서, 어기는 마음이 없다는 것이다. 내我는 95효 자신을 말한다. 「홍범洪範」편에서, '네가 따르면 거북점 보는 자와 시초蓍草점 보는 자도 따르고, 경卿과 사士도 따르고, 서민도 따를 것이니, 이것을 일러 대동大同이라 한다.'라고[44] 하였다. (초9효의) '큰 건축을 함에 이로움[利用爲大作]'은 서민이 따르는 것이고, (62효의) '거북이(의 판매)를 거부할 수 없음[龜弗克違]'은 거북점 보는 자와 시초蓍草점 보는 자가 따라야하는 것이며, (63효의) '제후[公]에게 일러 규圭를 예물禮物로 함[告公用圭]'과 (64효의) '제후

....

42) '五, 皇極: 皇建其有極. 斂時五福, 用敷錫厥庶民. 惟時厥庶民于汝極.'『今古文尚書全譯』,「洪範」, 江灝, 錢宗武譯注, 상동, 237頁.

43) 『尚書』의「洪範」篇에서 말하는 六極: ① 횡사요절[凶短折], ② 질병[疾], ③ 근심[憂], ④ 빈곤[貧], ⑤ 악惡, ⑥ 약弱함을 지칭한다.

44) '汝則從, 龜從, 筮從, 卿士從, 庶民從, 是之謂大同.',『今古文尚書全譯』,「洪範」, 江灝, 錢宗武譯注, 상동, 241頁.

[公]에게 알리니, (그가) 따름[告公從]'은 경卿과 사士가 따르는 것이다. 95효에 이르면 따르지 않음이 없으니, 그의 길함이 아직도 묻기를 기다리겠는가!

마치창馬其昶은 말한다. 95효는 중정中正하며 변하지 않으니, 움직이지 않아도 백성들이 믿는다. 『예기禮記』에서, '남에게 줄 때, 그가 쓰고자 하는 바를 묻지 않는다.'라고[45] 하였다. 묻는 것은 남에게 자신의 사사로운 은혜를 베풀어서, 그가 자기의 은혜를 알고 감동하기를 바라는 것이지, 대동大同의 익益이 아니다.

● **나의 견해:** 묻지 않는 것은, 임금(上)은 마음으로 은혜를 베풀고 아랫사람은 은혜를 마음에 새겨 말하지 않아도 아는 것이니, 그 유익함이 더욱 커서 물을 필요가 없는 것이다. 이는, '백성들은 그를 어떻게 칭찬할 줄 모르니,'[46] '요堯임금의 힘이 무슨 덕을 나에게 주었는가?,'[47] '하늘[乾]이 처음으로 아름답게 하고 이롭게 하여 천하(만물)들을 이롭게 하였고, 이로운 바를 말하지 않음'과[48] 같은 뜻이다.

> **상구효: 아무도 보탬[益]을 주지 않는데, 누가 공격하니, 자기 생각을 (영구히) 가질 수 없어서, 흉하다.**
> [上九, 莫益之, 或擊之. 立心勿恒, 凶.]
> **상에서 말한다. "아무도 돕지 않음"은, (누구나) 두루 하는 말이다. "누가 공격함"은, 밖으로부터 온 것이다.**
> [象曰: "莫益之," 偏辭也. "或擊之," 自外來也.[49]]

우번虞翻은 말한다. 상체上體인 손巽은 나아가기도 하고 물러나기도 하므로 항구함[恒]이 없다.

공영달孔穎達은 말한다. (상9효에서) 물勿은 없음[无]과 같다.

(정이程頤의)『이천역전伊川易傳』에서 말한다. 이로움은 사람들이 똑같이 바라는 바이다. 오로지 자기에게만 유익하고자 한다면, 그 피해가 클 것이다. 공자는, '이익만을 추구하여 행하면 원

---

45) '與人者, 不問其所欲.'『禮記今註今譯』,「曲禮」上, 王夢鷗註譯, 上冊, 상동, 31頁.

46) '民無能名.'『論語譯注』,「泰伯」(8:19), 楊伯峻譯注, 상동, 83頁.

47) '吾日出而作, 日入而息, 鑿井而飮, 耕田而食, 帝力何有於我哉!'『擊壤歌』;『莊子淺注』,「讓王」第二十八, 曹礎基著, 北京: 中華書局, 1992, 429頁 참조.

48) '乾始以美利利天下, 不言所利', 건乾괘,「文言」傳, 高亨, 70頁.

49) 偏은, 『周易集解』본에, 편徧(두루)이다. 高亨, 상동.

망이 많을 것이다.'라고[50] 했고, 맹자는, '이익을 앞세우면, 빼앗지 않고서는 만족하지 못한다.'라고[51] 하였으니, 성현聖賢의 경계함이 깊다.

심해沈該(11세기, 남송南宋 역학자)는 말한다. (상9효는) 강강剛(陽)으로써 맨 위에 처하여, 높은 자리에서 존귀한 자를 타고 있으니, 너무 가득 찼다. 인도人道는 가득 찬 것을 싫어하여 여러 분노가 모이는 곳이니, 바람과 우레가 서로 돕다가 정점[極]에 이르면, 서로 핍박하여 재앙이 된다.

왕응린王應麟(1223-1296)은 말한다. (62효의「상전象傳」에서,) '혹 이로움은 밖으로부터 옴[自外來]'은, 사람들이 모두 그것을 유익하게 여김이다. (상9효의「상전象傳」에서,) '혹 공격함이 밖으로부터 옴[自外來]'은, 사람들이 모두 그것을 공격함이다. '공자가『역易』을 읽다가, 손損괘와 익益괘에 이르러 한숨 쉬며 탄식하였다. 자하子夏가 자리를 피하여 묻자, 공자가,「스스로 덜어내는 자는 보태지고, 스스로 보태는 자는 덜어지니, 내가 이 때문에 탄식했노라!」라고[52] 하였다.

호일계胡一桂(1247-1314)는 말한다. (雷風)항恒괘 93효도 역시 손체巽體이니, 또한 자기 덕을 항구히[恒] 하지 못함을 경계한 것이다.

왕우박王又樸(1681-1760)은 말한다. 편안한 이후에 움직이고, 쉬워진 이후에 말하며, 정해진 이후에 찾는 것이 항恒이다. (상9효는) 63효를 꾸미었기에, 따라서 온전하다. 온전한 것은 치우침의 반대이니, (상9효는) 항구하지 않으면 반드시 치우치게 될 것이다.

유원劉沅은 말한다. 호체互體인 간艮은 손[手]이고, 감坎으로 변하면 도적이며; (괘를) 크게 보면 이離가 되니, 무기[戈兵]이다. (상9효는) 움직임이 지극한 63효와 서로 응하므로, 따라서 (상9효는) 공격을 나타낸다. 치우쳤다는 말은 맬[言]이 치우쳤음을 이른다. 우환은 뜻밖으로부터 오니, (상9효에서) 강강剛에 치우치면 해害가 됨을 심히 말한 것이다.「계사繫辭」하전下傳에서, '아무도 도와줄 사람이 없으면, 해치는 자가 오게 된다.'라고[53] 하였다. 하괘下卦는 모두 유익함을 받는 것을 의義라 여기고, 상괘上卦는 모두 아래에게 보태줄 수 있는 것을 의義라 여긴다. 오직 상9효만이 지위가 너무 높고 세력이 다하여 남을 유익하게 할 수 없으니, 사람들도 그를 유익하게 하지 않고, 도리어 공격한다. 익益괘는 가는 곳마다 이롭지 않음이 없지만, 또한 유익하게 하는 도道가

---

50) '放於利而行, 多怨.',『論語譯注』,「里仁」篇(4:12), 楊伯峻譯注, 상동, 38頁.

51) '先利, 不奪不厭.'『孟子譯注』,「梁惠王」上章, 楊伯峻譯注, 상동, 1頁.

52) '孔子讀『易』, 至于損益而嘆, 子夏避席而問曰: "夫子何爲嘆?", 孔子曰: "夫自損者益, 自益者損, 吾是以嘆也.",『孔子集語』卷四,「六藝」四上, (唐)薛據撰, 孟慶祥, 孟繁紅譯注, 上卷, 哈爾濱: 黑龍江人民出版社, 2004, 114頁.

53) '莫之與, 則傷之者至矣.'「繫辭」下傳, 高亨, 578頁.

어떠한가를 보여주었다. 「단전彖傳」과 「상전象傳」을 본받아 익益의 온전함을 얻고, 여섯 효를 참고하여, 익益의 변화를 다하는 것은, 열심히 공부한 자만이 신묘해져서 밝힐 것이다.

　리스전李士鉁은 말한다. 손損이 다하면 익益이고, 익益이 다하면 손損이니, 이른바 화복禍福이 번갈아가며 의지하고 숨어있다는 것이다. 그러나 그 근본은 마음에 있으니, 화禍가 이르면 마음이 두려워하므로 화禍가 바뀌어 복福이 되고, 복福이 이르면 마음이 교만하고 방종해지므로 복福이 바뀌어 화禍가 된다. 마음이 전일하면 길吉하고, 나뉘어 어지러우면 흉凶한 것이니, 화복禍福이 무상無常하다고 말하지 않는다.

　마치창馬其昶은 말한다. 상하가 모두 유익한 것을 전全이라 이른다. 한 번 유익하고 한 번 손해 보는 것을 '치우침[偏]'이라고 이르니, (상9효에서) 유익함을 구하는 데에 치우쳐, 다른 사람의 손해를 돌아보지 않는 것은, 항구한[恒] 도道가 아니다. 잠깐 유익함을 얻더라도, 그 끝에 가서는 사람들이 그에게 보태주지 않고, 반대로 공격한다. 그러므로 양쪽이 이로운 것이 이利이고, 양쪽이 유익한 것이 익益이다. 손損괘는 이利에 가깝지만, 자기만 알고 남이 있음은 알지 못하여, 잠깐은 행할 수 있지만 오래 행하지는 못한다. 외外는 외괘外卦를 이른다. 손損괘와 익益괘는 반대이니, 덜어냄이 지극해지면 반드시 유익해지고, 유익함이 지극해지면 덜어지게 된다. 『회남자淮南子』에서, '공자가 『역易』을 읽다가 손損괘와 익益괘에 이르러서는, 일찍이 분연히 탄식하며 이렇게 말했다. 「손익損益이라는 것은 왕王의 일인가? 일에 있어 혹 이롭게 하고자 하면, 마침 해를 입히기 충분하다. 혹 해를 끼치고자 하나, 반대로 이롭게 한다. 이로움과 해로움의 반대됨은 화복禍福의 문門이니, 살피지 않으면 안 된다.」'[54] 이는 『설원說苑』에 실린 공자孔子가 자하子夏의 물음에 답한 것이니,[55] 모두 두 괘가 반복되어 서로 따른다는 말이다.

---

54) '孔子讀『易』至損、益, 未嘗不憤然而歎曰: "益損者, 其王者之事與?" 或欲以利之適足以害之, 或欲害之乃反以利之. 利害之反, 禍福之門戶, 不可不察也.' 『淮南子全譯』, 「人間訓」, 劉安等 著, 下卷, 許匡一 譯注, 貴陽: 貴州人民出版社, 1995, 1057頁.

55) '孔子讀易至於損益, 則喟然而歎, 子夏避席而問曰: 「夫子何爲歎?」 孔子曰: 「夫自損者益, 自益者缺, 吾是以歎也.」 子夏曰: 「然則學者不可以益乎?」 孔子曰: 「否, 天之道成者, 未嘗得久也. 夫學者以虛受之, 故曰得, 苟不知持滿, 則天下之善言不得入其耳矣. 昔堯履天子之位, 猶允恭以持之, 虛靜以待下, 故百載以逾盛, 迄今而益章. 昆吾自臧而滿意, 窮高而不衰, 故當時而虧敗, 迄今而逾惡, 是非損益之徵與? 吾故曰謙也者, 致恭以存其位者也. 夫豐明而動故能大, 苟大則虧矣, 吾戒之, 故曰天下之善言不得入其耳矣. 日中則戾, 月盈則食, 天地盈虛, 與時消息; 是以聖人不敢當盛. 升輿而遇三人則下, 二人則軾, 調其盈虛, 故能長久也.」 子夏曰: 「善, 請終身誦之.」'『說苑今註今譯』卷第十「敬愼」, 盧元駿註譯, 臺北: 臺灣商務印書館, 1988, 313, 314頁.

● **나의 견해(1)**: 뇌풍雷風은 항恒괘이니, 익益괘이면 변하여 바람[風]과 우레[雷]가 된다. 단지 유익함[益]을 구할 줄만 알지 항상恒常의 도道에 반대이면, 거꾸로 가게 되어 베풂을 거스르니, 따라서 (상9효는) 흉하다. 이른바 항구함[恒]이 아닌 것은 상도常道에 반反함이다. 상도常道에 반反하면서 유익함을 구하면 치우침이 심하다. 비록 '흉하지 않음'이 있다 하더라도, 밖으로부터 오는 공격을 면하기는 드물다.

● **나의 견해(2)**: 세금 걷기에 급하고 (그것을 더욱) 증가시키기에 북을 울리며 공격하고, 땅은 배로 늘리고 인정仁政은 베풀지 않는 것은, 천하의 (각 나라에서) 전쟁을 일으키는 것이니, 이것은 모두 이익 추구에 치우쳐서 공격을 받는 것이다. 이익을 구하다가 반대로 손해를 보고, 사람들이 공격을 하니,[56] 밖으로부터 오는 화禍는 마땅히 오는 곳을 알아야 한다.

● **나의 견해(3)**: 위를 덜어내면서 크게 뜻을 얻는다고 말한 것은 손해가 지극하면 반드시 유익함을 얻는다는 것이다. 익益괘 95효에서는 크게 뜻을 얻는다고 말하였고, 상9효에서는 유익함이 없고 혹 공격당한다고 했으니, 이는 유익함이 지극하면 반드시 손해를 보게 된다는 것이다. 바로 공자가 '덜어지면 보태짐[損益]'과 '이익이 되면 덜어짐[益損]'을 탄식한 뜻이다.

● **나의 견해(4)**: 왕도王道는 마땅히 덜어낼 것은 덜어내고 보태줄 것은 보태주므로 '손익損益된 바를 알 수 있다.'라고 말한다. 만약 손익損益이 부당하면 뜻밖의 화가 있을 것이기에, 따라서 공자가 이익과 손해[利害]로 분명히 밝혔다.

● **나의 견해(5)**: 손損괘와 익益괘 두 괘는 뜻이 지극히 갖추고서 국가와 천하의 큰일들을 들어서 말하는데, 그 근원은 궁행躬行과 심득心得에 근본 한다. 손損괘는 분함을 징계하고 욕심을 막는 것으로 손損을 얻는 적절함[宜]이 된다. 익益괘는 선善으로 옮겨가고 잘못을 고치는 것으로 익益을 얻는 근본이 된다. 자기는 버려두고 남의 일을 돌보며, 눈앞의 손익을 망령되게 바라면서, 천하 국가의 큰일을 말할 수 있는 자는 아직 없다. 익益괘와 항恒괘 두 괘는 서로 발하여 밝혀주니, 뇌풍雷風은 항恒괘로 군자가 이로써 똑바로 서서 방향을 바꾸지 않는다. 한 번 변하여 풍뢰風雷가 되면 익益괘를 이룬다. 풍뢰風雷는 항구하지 않음을 용도로 하지만, 끝내는 항구함[恒]을 주체로 하여, 거둠[收]과 발산[發]이 일정해지니, 스스로 항구한 도道가 있게 된다. 만약 단지 자기의 유익함만을 구하고 남에게 손해를 끼칠 줄만 알면, 항상恒常의 도道에 반反하여, 하는 일마다 행

---

56) '季氏富於周公, 而求也爲之聚斂而附益之. 子曰, "非吾徒也, 小子鳴鼓而攻之, 可也."'『論語』「先進」; '天下固畏齊之强也, 今又倍地而不行仁政, 是動天下之兵也. 王速出令, 反其旄倪, 止其重器, 謀於燕衆, 置君而後去之, 則猶可及止也.'『孟子』,「梁惠王」下章 참조.

行함이 거꾸로 되고 베풂은 거슬리게 되어, 백성들이 의지하는 것을 돌아보지 않고 백성들의 위험함을 두려워하지 않은 채, 단지 풍뢰風雷의 신속함과 맹렬함만을 취하니, 지극히 신묘한 기틀도 없이 그 신속한 변화만을 찾게 되는 것이다. 그리고 옮기는 것은 나로써 남을 대신하면서도, 말할 만한 하나의 선善도 없으며, 고치는 것은 옛 것을 버리고 새로운 것을 펴는 것인데, 도리어 잘못을 믿고서 제 멋대로 행동하게 된다. 또한 핑계를 대서, 나라 계획과 민생民生에 대해서, 백성은 큰 건축을 하게 되면 이롭고, 나라는 천도할 수 있으니 백성들은 귀의할 것을 말하나, 향응響應은 한 때이고, 화禍가 천지사방[六合]에 퍼져나가는 것이다. 이는 모두 (상9)효에서 말한 '영구히 가질 수 없어서 흉함[勿恒凶]'이니, 이에 '항상恒常의 도道로써 유익함을 구함'에 반反하는 것이다. '항구하여 이익을 찾음[恒求益]'에 반反하면서 유익함을 구하면, 치우침이 심하게 되니, 남에게 손해를 끼치면 곧바로 자신도 손해를 볼 뿐이다! 이런데, 밖으로부터 오는 공격을 면할 수 있겠는가? 왕도王道에는 가까운 공功은 없다. 마땅히 덜어낼 것은 덜고 마땅히 보태줄 것은 보태어, 도道가 오래되어 변화를 이루는 데에는 반드시 항구한 계획[規畵]이 있어야, 그 손익損益을 알 수 있다. 만약 손익損益이 부당하다면, 반드시 뜻밖의 화禍가 있게 된다. 사람들은 대부분 가까운 근심은 소홀히 하는데, 먼 화禍에는 어둡기 때문에, 공자가 이익과 손해[利害]로써 이것들을 분명히 밝혔다.

43. 쾌夬괘 ䷪

쾌夬괘: (소인이) 천거되어 왕정王庭에 쓰이는데, (조정에서) 비록 그의 호령을 믿었으나, 위험스러워서, 읍인邑人들이 와서 고발하니, 군대를 발동해 싸우면 이롭지 않은데, (단) 나아가면 이롭다.
[夬, 揚于王庭, 孚號, 有厲告自邑. 不利卽戎,[1] 利有攸往.]

(주희의)『주자어류朱子語類』에서 말한다. (상괘인) 태兌는 입(口)이다. 따라서 (쾌夬괘는) 호號를 많이 말한다.

유원劉沅(1767-1855)은 말한다. 「서괘序卦」전에서, '더함에 멈추지 않으면 반드시 터지니, 그러므로 쾌夬괘로 받았다.'라고[2] 한다. (쾌夬괘는,) 3월의 괘이다. (하괘인) 건乾은 왕의 상이다. (쾌夬괘에서) 양陽은 충실하고 믿음이 있는 상이다. (하괘인) 건乾은 두렵게 여기고 경계하는 상이다. 건乾과 (상괘인) 태兌는 모두 '쇠붙이[金]'이니, 따라서 (쾌夬괘는) 병기를 상징한다.

리스전李土鉁(1851-1926)은 말한다. 쾌夬는 결決의 고자古字로 궤潰[부숴버림]를 뜻하니, 거去[버림]와 비슷하다. (상괘인) 태兌는 따라서 떨어짐[附決]이고, (하괘인) 건乾의 건장健壯[힘健]을 받든다. (쾌夬괘는) 다섯 개의 양이 아래에 있는데 자라나서 장차 정점[極]에 이를 것이다. (쾌夬괘는) 일음一陰이 위에 있는데, 줄어들어 없어질 것이다. 무릇 소인을 제거하기 어려운 것은 그 음이 숨어있어 볼 수 없기 때문이다. (소인들이) 왕정王庭에 천거되어 쓰이면, 사람들이 함께 보기에, (그들을) 척결하기에 어렵지 않을 것이다. 만물은 건乾에서 다투고, 음양은 서로 다투니, 곧 전쟁[戎]의 상이다. 척결하는 도道는 마땅히 태兌의 즐거움을 써야지, 오로지 건乾의 굳셈[剛]만 믿어서는 안 된다. 공자께서, "사람이 인仁하지 않아, 증오함이 심하게 되면, 혼란이 생긴다."라고[3]

---

1) 쾌夬는 괘명이다. 『廣雅・釋詁』(張揖撰)에 의하면, 양揚은 거擧(들어 올림)이다. 부孚는 信이다. 호號는 호號令이다. 융戎은 임금이 군대를 발동하여 출정함이다. 여厲는 위험이다. 卽은 종從(따르다)과 같다. 高亨, 368頁.

2) '益而不已必決, 故受之以夬.', 「序卦」傳, 高亨, 649頁.

하셨다. 소인이 임금을 가까이 한다고, 군주의 측근을 (다) 깨끗이 하면, 화禍가 맹렬하게[烈] 된다. 따라서 (임금이) 무력을 쓰면 불리한 것이다. 음의 물러남을 서두르지 않고, 양의 나아감을 이롭게 여긴다. (양이) 나아가면 음이 줄어드니, 따라서 (쾌夬괘는) '나아가면 이롭다[利有攸往].'

단전에서 말한다. 쾌夬괘는, 막힌 곳을 터놓음이니, 강건함이 부드러움을 결정하는 것이다. (이에) 강건하여[乾] 기뻐[兌]하며, 결단을 내리지만 (소인들과) 화합한다. (상6효가) "왕의 조정에서 날림" 은, (상6효인) 부드러움[柔]이 다섯 강건함[剛]에 올라탄 것이다. "(상6효의) 명령을 신임하지만 (음효의) 위험이 있음"은, 위험해도 (군자의 힘이 다섯이나 있으니) 광명이 있음이다.
[象曰:「夬」, 決也, 剛決柔也. 健而說, 決而和.⁴⁾ "揚于王庭," 柔乘五剛也. "孚號有厲," 其危乃光也.]

정현鄭玄(127-200)은 말한다. 소인을 점차로 제거하는 것을 쾌夬라고 한다.

『한서漢書』「예문지藝文志」에서 말한다. '『역易』에서, "상고시기에는 결승結繩으로 다스렸는데, 후세 성인이 이를 글과 문서[書契]로 바꾸었다. 백관百官이 이를 가지고 다스리고, 만민이 이를 통해 살피니, 쾌夬괘에서 취한 것이다." "쾌夬괘에서는, (소인이) 왕정王庭에 천거되어 쓰임[揚于王庭]"이니. 그가 왕의 조정에서 선양되었는데, 그의 쓰임이 가장 큼을 말한 것이다. 라고 말한다.'⁵⁾

왕안석王安石(1021-1086)은 말한다. 상6효가 95효의 강剛함을 올라타고 있고, 여러 양들이 95효에서 가까이서 친히 처결하니, 95효는 왕의 자리이다. 따라서 (쾌夬괘는) 왕정王庭이라고 했다. (95효가) 삿되고 나약한 것을 결단하고, 제거할 때는 마땅히 먼저 그 법을 밝히고 믿음 있게 하여, 호령을 선포해야 한다. 소인 한 명이 여전히 위에 있으니, 따라서 (쾌夬괘는) 모름지기 항상 위태롭게 여기는 마음을 품어야 한다.

곽옹郭雍(1106-1187)은 말한다. (쾌夬괘에는 하괘인) 건乾의 굳셈이 있으니 처결할 수 있다. (상괘인) 태兌의 즐거움이 있으니, (쾌夬괘는) 화합할 수 있다.

"읍邑에서 (위험을) 고발하여 전쟁하면 불리함"은, 숭상하는 것[武力]을 곤궁하게 만든다. "앞으로

---

3) '人而不仁, 疾之已甚, 亂也.' 『論語譯注』「泰伯」篇(8:10), 楊伯峻譯注, 상동, 82頁.
4) 쾌夬는 결결決決(막힌 것을 터놓다)이다. 다섯 양효가 아래에 있고, 하나의 음효가 상육이니, 剛이 柔를 터놓을 수 있다. 상괘는 兌이니, 說(悅, 기쁨)이고 하괘는 乾이니 강건함[健]이다. 소인들을 화열和悅의 태도로 대하니, '決而和(터져서 화합함)'이다. 高亨, 369頁.
5) 『易』曰: 「上古結繩以治, 後世聖人易之以書契, 百官以治, 萬民以察, 蓋取諸夬.」 「夬, 揚於王庭」, 言其宣揚於王者朝廷, 其用最大也.' 『漢書』, 「藝文志」第十, 第六卷, 志三, 상동, 1720頁.

나가면 길함"은, 강건함[다섯 양효]이 커지면" (상6효는) 이에 끝이 난다.

["告自邑不利卽戎," 所尙乃窮也. "利有攸往," 剛長乃終也.]

우번虞翻(164-233)은 말한다. 양이 늘어나고 음이 줄어드니 군자의 도道가 자라기에, 따라서 (쾌夬괘는) 나아가면 이로우니, 건乾의 '몸[體]'이 크게 이루어진다. (유원劉沅은, '처결[決]하는 데에는 도道가 있는데, 처결하되 갑작스럽게 하지 않으면 강剛이 날로 자라고 변함을 다하여 건乾이 되니, 이에 끝이 있다.'라고 말한다.)

왕필王弼(226-249)은 말한다. (쾌夬괘는) 강剛으로 결단하고 제어하니, (임금은) 명령을 알릴 수 있다. 무력을 숭상해 승리하는 것은, 모두가 싫어하는 것이다.

공영달孔穎達(574-648)은 말한다. 오로지 위세와 용맹만을 사용하면, 처결해도 화합하지 못해서, 그 도道가 궁해진다. (마치창馬其昶은, '가르치지 않고 벌주는 것을 학虐이라고 한다.'라고 말한다.)

이고李翶(774-836)는 말한다. 자고로 소인이 위에 있으면, 제거하기 가장 어려우니, 자리를 얻고 권력을 얻었는데, (그) 세력을 흔들어서 빼앗을 수 없다. 쾌夬괘는 일음一陰이 위에 있고, 다섯 양이 함께 나아가 강함으로 약함을 처결하니, 당연히 쉬운 일 같으나, (쾌夬괘의) 효사에는 모두 위험을 갖추고 펼쳐져 있다. 한 명의 소인이 위에 있으니, 따라서 (쾌夬괘는) 강剛의 자라남이 끝난다고 말하는 것이다.

오왈신吳曰愼(17세기, 명말明末청초淸初 역학자)은 말한다. 복復괘의 '나아가면 이로움[利有攸往]'은, 땅을 만드는데 (흙) 한 삼태기와 같아서, 따라서 그 나아감을 기뻐하여, '강剛함이 자람[剛長]'이라 말한다. 쾌夬괘의 '나아가면 이로움[利有攸往]'은 (『상서尙書』에서) '(산山을 만드는데, 높이) 아홉 길[九仞](을 만들음)에서 아직 한 삼태기가 부족한 것'과[6] 같으니, 따라서 멈춤을 걱정하여, '강건함이 커지면 이에 끝이남[剛長乃終]'이라고 말한다.

심몽란沈夢蘭(19세기, 청淸나라 역학자)은 말한다. 쾌夬는 결단을 말한다. 왕정王庭은 천자天子의 외조外朝이다.[7] 소사구小司寇가 이것을 관장하고 만민萬民들에게 묻는 장소가 된다. 쾌夬의 때를 당해서는, 일은 반드시 실행되어야 하니, 먼저 '왕정에서 드러내어[揚于王庭] 알림'으로써, 권면한다. 간절한 마음으로 크게 알려서 경계함이 있으니, 『상서尙書』에서, '(반경盤庚은) 가까운 귀척

---

6) '爲山九仞, 功虧一簣.' 『今古文尙書全譯』, 「旅獒」, 江灝, 錢宗武譯注, 상동, 250頁.

7) 외조外朝는 천자와 제후가 정사政事를 처리하는 곳이다.

貴戚대신들에게 호소하여, 그들의 의견을 진술하도록 청하였다.'는[8] 것과 같다. 나라에 있는 이가 '왕정에서 날림'은 편벽한 시골마을에까지 다 알지 못할까봐, 오히려 두려워한 것이고, 또한 자신의 읍邑부터 두루 알렸다. 순종하지 않는 자가 있다면, 이는 일에 불편함이 있어서가 아니라, 곧 뜻을 알지 못해서이다. 위세로 겁박하여 행하게 하면, 이것은 백성을 배반하고 자신의 욕심을 따르는 것이니, 따라서 이롭지 않으면 곧 전쟁을 할 것이다. 이런데, 상하가 한 마음이기에, '앞으로 나아가 있으면 이로움[利有攸往]'일 것이다.

유원劉沅은 말한다. '앞으로 나아가 있으면 이로움[利有攸往]'은 쾌夬괘에 도道가 있는 것이다. (하괘인) 건乾의 강건함은 나약함을 겁박하여 악惡을 자라나게 하지 않는다. (상괘인) 태兌의 즐거움은 맹렬하게 격변하지 않는다. 처결하는 것이 갑작스럽지 않은 것은, 강剛[굳셈]이 날로 자라나 끝내는 변하여 건乾이 되는 것이다.

마치창馬其昶(1855-1930)은 말한다. 문자文字[書契]는 왕정王庭 위에 있으니, 결단하는 힘이 선양함에 더욱 커지기에, 따라서 쾌夬의 뜻이 결단[決]이 되고, 그 상象은 문자[書契]이다. 주周나라 관직인 사구司寇는 삼전三典[경輕, 중中, 중重 3종형법刑法]을 궁문 밖의 높은 건축물[常魏]에 걸어두고, 만민들로 하여금 그것을 보게 하였으니, '왕정王庭에서 날림[揚于王庭]'이다.

또 (마치창은) 말한다. 문자[書契]는 '믿음[孚]'을 근본으로 삼고, 호령함에 쓰이고, '속임과 거짓[姦僞]'을 막기 위함이다. (쾌夬괘에는) '속임과 거짓[姦僞]'이 가운데 숨어 있으니, 유柔함이 다섯 강剛함을 올라탄 것이 그 상象이기에, 따라서 (쾌夬괘는) 모름지기 항상 위태로움을 생각하여, 반드시 일음一陰을 처결하여 제거하면, 전체가 광명하게 될 것이다! (나의 견해: 편안할 때 위태로움을 생각하니, 그 도가 크게 빛난다.)

- **나의 견해(1)**: (쾌夬괘는) 음의 줄어들게 함을 빨리 하지 않으면서, 강剛함이 자라는 것을 일로 삼으니, 마침내 (쾌夬괘에는) 음을 이길 수 있다.
- **나의 견해(2)**: 후세 민간에서 계약서[自據]를 확립하여, 교역에서 계약을 맺고, 외교에서 조약을 체결하는 것은, 그 예例가 모두 상고上古시대 문자文字[書契]의 제도에서 시작되었다. 「계사繫辭」전傳에서, '상고시기에는 결승結繩으로 다스렸는데, 후세에는 성인이 이것을 문자로 바꾸었으니, 쾌夬괘에서 취한 것이다.'라고[9] 한다.

---

8) '率籲衆慼出, 矢言.' 『今古文尙書全譯』, 「盤庚上」. 江灝, 錢宗武譯注, 156頁.
9) '上古結繩而治, 後世聖人易之以書契, … 蓋取諸夬.', 「繫辭」下傳, 高亨, 567頁.

상전에서 말한다. 못(둑이 터져서) 하늘에 이른 것이, 쾌夬괘이다. (이런 대홍수 때에) 군자는 봉록을 베푸는데 하민들에게까지 미치니, 은덕을 베풀며 (하민을) 천거하여 임용한다.

[象曰: 澤上于天, “夬.” 君子以施祿及下, 居德則忌.10)]

육적陸績(188-219)은 말한다. (쾌夬괘에서) 물의 기운이 하늘로 올라간다. 터져서 떨어지면 비가 된다. 따라서 쾌夬라고 한다.

마치창馬其昶은 말한다. (쾌夬괘에서) 못의 기운이 위로 올라서, 아래로 떨어질까 말까에 이르러서는, 또한 결단할 것인가, 말 것인가를 보여줄 뿐이다. (쾌夬괘에서) 지금 아래로 내려가지 않고 하늘로 오르면, ‘은택을 베풀려 하지 않음[屯膏]’의 상이 되니, 따라서 (쾌夬괘는) ‘덕에 머물고만 있는 것을 꺼린다[居德即忌].’라고 말한다. 거居는, 계류시키며 결단하지 않는 것이다. 덕은 은덕이니 녹祿을 베푸는 것을 가리킨다. 기忌는 『설문해자說文解字』에서, ‘증憎은 싫어함[惡]이다.’라고11) 말한다. 출납에서 인색[吝]은 관리가 작록과 상을 주는 데 인색하여[刓印], 주지 않는 것을 가리키니, 항우項羽가 천하의 마음을 잃게 된 이유이다.12)

짱훙즈張洪之(1881-1969)는 말한다. 군자가 쾌夬괘에 처했을 때, 재물이 쌓이면 낭패가 생기는 것을 알아서, 그것이 무너져 터짐을 방비한다. (무왕武王께서, 은殷나라 주紂왕의) 녹대鹿臺의 재산을 풀고 거교鉅橋의 곡식을 내보내어, 사해四海에 크게 하사下賜하니, 만백성들이 기뻐서 복종하였다.

초구효: 앞발가락이 다치니, (빨리 걸을 수 없어서,) 가서도 이기지 못하니, 재앙이 되었다.

[初九, 壯于前趾,13) 往不勝, 爲咎.]

상에서 말한다. (발가락이 다치면) “앞으로 나아갈 수 없으니,” “재앙”이다.

[象曰: “不勝而往,” “咎”也.]

왕필王弼은 말한다. (초9효는) 강건함의 초기에 있으니, 결단의 시작이고, 방책을 적절히 알아

---

10) 居德은 居於德(덕에 머무름)이고, 기忌는 마땅히 異(특별하게 다룸)로 읽어야 하니, (사람을) 천거하여 씀이다. 高亨, 370頁.
11) ‘憎, 惡也.’, 『說文解字』, 心部, 東漢 許愼著, 下冊, 상동, 861頁.
12) ‘項羽爲人刻印, 刓而不能授.’, 『史記』, 「酈生陸賈列傳」, 第八冊, 北京: 中華書局, 1972, 2,659頁.
13) 장壯은 장戕(상傷하게 함)의 가차이니, 傷이다. 지趾는 발가락이다. 발가락이 앞에 있으니, ‘전지前趾’라고 했다. 高亨, 370頁.

서 일을 시행한다. 가서 감당하지 못하면 마땅히 재앙이 된다. 이기지 못하는 도리는, 앞서 나가는 데 있다.

구양수歐陽修(1007-1072)는 말한다. 성인이 강강剛함을 쓸 때는, 항상 그 처음을 깊이 경계하는 것이다.

소식蘇軾(1037-1101)은 말한다. 대장大壯괘䷡가 자라나면, 쾌夬괘䷪가 된다. 따라서 쾌夬괘의 처음과 대장大壯괘의 처음은 다르지 않다.

(주희의) 『주역본의周易本義』에서 말한다. (초9효는) 아래에 있으며 건장함을 맡았으니, 이기지 못함이 당연할 것이다!

왕종전王宗傳(12세기, 남송南宋 역학자)은 말한다. (초9효에서는) 앞발가락이 건장한 것은, 대중에 앞서서 활동하는 상이다.

모박毛璞(3, 4세기, 진晉나라 학자)은 말한다. (초9효에서) 나아가서 이기지 못해 허물이 된 것은 멀리 내다보는 생각이니, 그 가는 것[往]을 경계하는 것이다.

유원劉沅은 말한다. (쾌夬)괘의 아래는 발가락이 되는데, (하괘에서) 강강剛이 중첩됐으니 건장하다. 태兌가 쾌夬괘의 상괘에 있으니, 처음에는 가도, 응하여 함께하는 것이 없고 훼손되고, 꺾임을 당하니, (초9효는) 이기지 못한다. (초9효에서) 이기지 못하면 결단할 수 없으니, 이것은 허물이 없는데도 스스로 허물을 만드는 것이다. 군자는 사려하여 이길 수 있으면 활동하니, 그 이치를 제대로 온전히 할 수 있다. (초9효에서) 이기지 못하여 가볍게 행동해 가버리면, 자연히 허물이 된다.

리스전李士鉁은 말한다. (쾌夬괘에서) 상6효는 뒤가 되고 초9효는 앞이 된다. 음陰은 뒤가 되고 양陽은 앞이 된다. 따라서 (초9효는) 앞발가락이라고 한다. 양陽이 처음 아래에서 생기니 발가락의 상象이다. 발가락은 가는 데 충분하지 않다. (물속에) 잠겨있는 양陽은 쓸 수 없다. 만약 이 미약한 양을 기를 줄 모르고 때를 기다려 움직이지 않고, 건장함을 믿고 앞으로 나아가면서, 가장 아래에서 막 자라기 시작한 양이 위에 있는 이미 노련한 음을 결단하려고 하면, 세력이 충분하지 않아서, 반드시 이길 수 없다. 이 때문에 (초9효는) 허물이 된다.

● **나의 견해**: 조귀曹劌는, "고기를 먹는 (높은 지위에 있는) 이들은 비루鄙陋하여, 멀리 내다보며 도모할 수 없다."라고[14] 했다. 재계齋戒하고서 먼저 북을 치고 [나가면] 패하니, 이것(초9효)이 앞발가락이 다쳐서, 가서 [생기는] 허물이다. 공자께서, "사람에게 멀리 내다보는 생각이 없으면,

---

14) '肉食者鄙, 未能遠謀.'『左傳全譯』莊公10년, 王守謙 等譯注, 상동, 125頁.

반드시 가까운 곳에서 우환이 생긴다."라고[15] 하셨으니, 바로 이 (초9)효의 뜻이다. 맹시사孟施舍 같은 경우는 '이기지 못할 것도 이기는 것처럼' 여겼으니,[16] 비록 두려움은 없겠지만, 역시 허물이 된다.

> **구이효:** 두려워서 크게 부르니, 늦은 밤이라 적병賊兵이 온 것이나, (그러나) 근심할 것은 없다.
> [九二, 惕號, 莫夜有戎, 勿恤.[17]]
>
> **상에서 말한다.** "적의 군대가 와도 걱정하지 않음"은, (우리가) 중정中正한 도道를 얻었기 때문이다.
> [象曰: "有戎勿恤," 得中道也.[18]]

(장재의) 『횡거역설橫渠易說』에서 말한다. (92효에서) "호령은 믿을 수 있으나 위험하다. (92효에서) 기필코 이기겠다는 강강剛함으로 지극히 위험한 유柔함을 결판내어, 비록 자신이 위험할 수 있으나, 싸움[戎]이 있어도 무슨 걱정이 있겠는가?"[19]

(정이의) 『이천역전伊川易傳』에서 말한다. (92효에서) 안으로 두려워하는 마음을 품고 밖으로 경계와 호령을 엄하게 하니, 비록 늦은 밤에 병란이 있더라도, 걱정할 만한 것은 없을 것이다.

유원劉沅은 말한다. (92효가) 변하여 이離괘가 되고 감坎은 엎드려 있으니, 걱정을 더하는 것이 되어, (92효는) 두려움惕을 상징한다. 상괘上卦인 태兌는 입이니 부름[號]을 상징한다. (상괘인) 태兌는 서쪽이니 해가 지는 것이다. (하괘인) 건乾은 서북쪽이니 밤이다. 이離는 병기[戈兵]가 되고, 엎드린 감坎은 도적이다. 따라서 밤에 병란이 있는 것을 상징한다. 척惕은 곧 단전彖傳에서 말하는 위험[厲]이고, 척호惕號는 곧 '믿을 수 있는 호령[孚號]'이다. 경계하고 대비함을 잊지 않기에, 따라서 (92효는) 경계하나 걱정하지는 않는다. 중도中道는 건乾의 중中이다. (92효에서) 안으로는 건乾의 경계함이 있고, 밖으로는 대중[衆]을 부르니, '무거움[重]'을 유지함이 이와 같다.

리스전李士鉁은 말한다. (92효에서) '두려워서 크게 부름[惕號]'은 경계하고 대비하는 것이다. (쾌夬괘에서) 건乾 '하늘[天]'은, 태兌 못[澤] 아래에 가려져있다. 하늘이 어둡고 밝지 않으니, 늦은

----

15) '人無遠慮, 必有近憂.' 『論語譯注』, 「衛靈公」篇(15:12), 楊伯駿譯注, 164頁.

16) '孟施舍… 曰: "視不勝猶勝也.…",' 『孟子譯注』, 「公孫丑」上章(3:2), 上卷, 楊伯駿譯注, 상동, 61頁.

17) 척惕은 두려움[懼]이다. 號는 큰 부름[大呼]이다. 막莫은 옛날의 모暮(저물 무렵)이다. 융戎은 '적병敵兵[寇兵]'이다. 휼恤은 우優(근심하다)이다. 高亨, 371頁.

18) 中道는 正中의 道이다. 高亨, 상동.

19) 能孚號而有厲也. 以必勝之剛, 決至柔之柔, 能自危厲, 有戎何恤?. 『橫渠易說』卷二, 下經, 夬, 宋 張載撰, 電子版文淵閣四庫全書, 상동 참조.

밤의 상이다. (92효가) 두려워하고 경계하여 외치며, 뜻밖의 변고를 방비하는데, 아직 곧 병란[戎]은 아니어도, 병란이 있을 것을 생각한다. 『상서尙書』에서, '준비하면 걱정은 없다.'라고[20] 말한다.『손자孫子』에서, (용병用兵하는 법은,) '[적군이] 오지 않는 것을 믿지 않고, 자신이 [적군을] 대적할 수 있는 것을 믿는다. [적군이] 공격하지 않는 것을 믿지 않고, 자신이 공격당하지 않을 수 있음을 믿는다.'라고[21] 했다. 이 두 개는 우환이 없는 이유가 된다. 92효는 아래 자리에 있으니, (상6효의) 음으로부터 떨어져있기에, 따라서 사람을 처결하지 않고, 사람을 방비하는 것이다.

마치창馬其昶은 말한다. '두려워 크게 소리 질음[惕號]'은 자기의 읍邑에서부터 알리는 것이다. 일음一陰이 (상괘인) 태兌괘의 위에 있으니, 태兌는 해가 지는 것이 되어, 밤의 상象이다. 문을 섭으로 하고 딱따기를 치면서 난폭한 사람들을 대비한다. '준비하면 재난[患]은 없으니[有備無患],' 병란에 무엇을 근심하겠는가? 초9효의 앞발가락이 건장한 것과 93효의 광대뼈가 건장한 것 같은 것은, 모두 이른바 무력을 쓰는 것이다.

• **나의 견해**: 초楚나라(의 군제軍制)에는 좌우左右이부二部[二廣]가 있어서, 밤낮으로 순번을 바꿔가며 경계하고 방비했으니, 이 (92)효의 뜻과 가깝다.

구삼효: 광대뼈를 다쳤으니, 흉한 일이다. 군자는 (행사를 함에) 과단성 있고 과단성이 있어서 혼자 행하였는데, 비를 만나서 (옷이) 젖었으니, 통쾌하지는 못하나, 허물은 없다.
[九三, 壯于頄, 有凶. 君子夬夬獨行, 遇雨若濡, 有慍,[22] 无咎.]
상에서 말한다. "군자가 과감한 결정을 내리고 (또) 내리니," 마침내 "재앙이 없다."
[象曰: "君子夬夬," 終"無咎"也.]

순상荀爽(128-190)은 말한다. (93효는) 한 효가 홀로 위로 가서, 음과 서로 응하니 비[雨]를 만난 것이다.

적현翟玄(翟元, 翟子玄, 5세기 남북조시대 역학자)은 말한다. (93효의) 규頄는 뺨 사이의 뼈이다.

....

20) '有備無患.'『今古文尙書全譯』,「說命中」, 江灝, 錢宗武譯注, 상동, 181頁.
21) '用兵者, 無恃其不來, 恃吾有以待也; 無恃其不攻, 恃吾有所不可攻也.'『孫子譯注』,「九變」, 蔣玉斌譯注, 哈爾濱: 黑龍江人民出版社, 2004, 46頁.
22) 장壯은 장戕[傷하게 함]의 가차이니, 傷이다. 규頄는 면관面顴(광대뼈)이다. 쾌쾌夬夬는 결결決決이니, 행사가 과단성 있고 또 과단성 있음이다. 王念孫(1744-1832)에 의하면, 약若은 而와 같다. 유濡는 축축함[濕]이다. 高亨, 371頁; 온慍은 통쾌하지 못함이다. 周振甫, 상동, 夬괘, 주14, 152頁.

육희성陸希聲(801-895)은 말한다. (93효는) 군자의 세상을 당해서 홀로 소인들과 응한다. 밖으로는 더러움에 물드는 어려움이 있으나, 마침내 허물이 없음을 얻었으니, (93효의) 뜻이 보존된다.

왕안석王安石(1021-1086)은 말한다. (93효에서) 광대뼈는 위에 있으니 밖에서 보인 것이다. 93효는 건乾의 위를 '몸[體]'으로 하니, 굳셈[剛]의 과심過甚함이 밖으로 보인다. '쾌쾌夬夬'는 반드시 결단하겠다는 말이다. (93효는) 상6효에 응하니 더럽혀질까 의심한다. 군자가 하는 일을 대중은 알지 못하니, 적셔지면 화를 내는 자들이 있다. (93효는) '화합하나 같지는 않으니[和而不同],' 과감히 결단하는 뜻을 가졌는데, 무슨 허물이 있겠는가?

심해沈該(11세기, 남송南宋 역학자)는 말한다. (93효는) 결단하면서 혐의嫌疑를 잘 처리하는 처지에 있다. 흉함이 있다는 것은 반드시 흉하다는 것은 아니고, 경계시키는 것이다.

(주희의)『주역본의周易本義』에서 말한다. 온교溫嶠(288-329)가 왕돈王敦(266-324)에 있어서, 이 일이 그와 유사하다. (나의 견해: 왕돈王敦은 동진東晉의 대장군인데 공을 믿고 전권을 휘두르며, 무창武昌에서 반란을 일으켰다. 온교溫嶠가 왕이 이끄는 친선[부대]와 함께 강동江東에서 임금에게 아뢰니, 원제元帝가 흐느꼈다. 후에 소준蘇峻이 반란을 일으키니, 온교溫嶠는 도간陶侃과 함께 토벌하여 평정했다. 왕돈王敦의 일은 진서晉書 98권에 있다. 온교溫嶠의 일은 진서晉書 67권에 있다.)

유원劉沅은 말한다. (93효의) 규頄는 광대뼈이다. 건乾은 머리가 되고, 93효는 하괘인 건乾괘의 위에 있으니, 광대뼈를 상징한다. 건乾의 '몸[體]'은 군자를 칭한다. 93효는 강강剛하지만 중中은 아니다. 음을 결단하려는 뜻이 낯빛에 드러났다. (93효에서) 일이 아직 일어나지 않았는데 기미가 먼저 새어나오니 흉한 도道이다. 그러나 (93효는) 안으로 마음에서 단연히 결단하고자 하면 결단하여 홀로 앞서 가서, 상6효와 서로 응하여 행적이 한 패가 되는 것과 유사하여, (93효는) 소인에게 물들었다는 의심을 받는다. (93효가) 소인을 거절하지 않는 것은, 실은 변화하여 소인을 결단해 없애려는 것이니, (93효의) 뜻에는 허물이 없다. 성인은, 사람들이 소인을 처결하기를 바라지만, 잘 처결하는 것을 귀하게 여긴다. 따라서 (93효에서) 그렇게 말한 것이다.

리스전李士鉁은 말한다. 음양이 화합하면 비가 내린다. (93효가) 결단력 있게 (나가다) 비를 만나니, 기약하지 않고 만나는 것이지, 따로 마음이 있어 귀의하는 것은 아니다. 이른바 '결단하면 화합함[決而和]'은 화합하면, 결단할 수 있다는 것이다. (93효가) 충실히 응하여 결단하니 허물이 없다. 소인을 잘 제거하는 이는, 종종 소인들과 교류하여 환심을 산다. (93효는) 모양이 (소인들과) 비슷하여, 동료들이 좋아하지 않는다. 그 마음을 찾는 것은 다른 것이 아니니, (93효에서) 일 또한 끝내는 해害가 없다.

마치창馬其昶은 말한다. 93효에서 광대뼈의 다침을 경계하는데, 건乾과 호체互體인 건乾을 몸으로 한다. (이는) 중첩된 강강剛함이니 변할 수가 없다. 따라서 '군자는 과단성 있고 (또) 과단성이 있음[君子夬夬]'이라고 말한다. 군자는 양陽을 말한다.

구사효: (장형杖刑을 당하니,) 볼기에 가죽과 살점이 (떨어져 나가서,) 다님에 멈칫거릴 밖에 없는데, 양羊을 끌고 가서 (담당 관리에게 바치니) 그러한 후회는 없어졌다고 하나, (그런) 소문은 믿을 수 없다.
[九四, 臀无膚, 其行次且. 牽羊悔亡, 聞言不信.23)]

(유향劉向의) 『신서新序』에서 말한다. "『시詩』에서, '네 필 수말[牡]을 탔는데, 네 필 수말은 비장肥壯하고 또 고대高大하다.'라고24) 말하지 않았던가? (94효에서) 길게 말을 몰았으나 오래 가지 못했으니, (94효는) 튼튼하고 커도, 적합하지 못했는가? 『역易』(쾌夬괘 94효)에서, '엉덩이에 가죽과 살점이 없어, 다님에 어정거림[臀無膚, 其行趑趄.]'이라고 했으니, 이것을 말한 것이다."25)

우번虞飜은 말한다. (상괘인) 태兌는 양羊이다. 94효의 바름[正]이 자리[位]를 얻어 95효를 받들면 걱정거리가 사라진다. 감坎은 귀가 된다.

왕숙王肅(195-256)은 말한다. (94효에서) 자저趑趄[次且, 머뭇거림]는 움직임에 장애가 있음이다.

이정조李鼎祚(8세기, 당唐나라 역학자)는 말한다. 94효는 볼기이니 마땅히 음의 유함이어야 하는데, 지금 반대로 (94효는) 양의 강함이라 '볼기에 살이 없음[臀无膚]'이라고 말한다.

정강중鄭剛中(1088-1154)은 말한다. 서합噬嗑괘와 박剝괘에서도, 부膚를 말하는데, 모두 음효이다.

풍의馮椅(1140-1232)는 말한다. (94효에서) 두 체體로 나누어 상을 취하면, 하괘[乾]의 위는 광대뼈[頄]가 되고 상괘[兌]의 아래는 볼기[臀]가 된다.

---

23) 부膚는 가죽과 살皮肉이다. 차차次且는 자저趑趄(머뭇거림, 주저躊躇)의 가차이니, 가되 나가지 못하는 모양이다.

24) '駕彼四牡, 四牡項領.' 『詩經譯注』, 「小雅」, 「祈父之什」, 「節南山」, 袁梅著, 상동, 511頁.

25) "『詩』不云乎: '駕彼四牡. 四牡項領.' 夫久駕而長不得行. 項領不亦宜乎! 『易』曰: '臀無膚, 其行趑趄.' 此之謂也.", 『新序』, 卷五, 「雜事」第五, 漢 劉向撰, 電子版文淵閣四庫全書, 上海人民出版社 1999 참조.

상에서 말한다. "다님에 멈칫거림"은, (94효의) 자리가 맞지 않음이다. "(남의) 말을 듣고도 믿지 못함"은, 듣는 것이 분명하지 않음이다.

[象曰: ‘其行次且,’ 位不當也. ‘聞言不信,’ 聰不明也.26)]

(주희의) 『주역본의周易本義』에서 말한다. (94효는) 양으로 음의 자리에 있으니 불중不中하고 불정不正하다. (94효는) 있어도[居] 불안하고, 가려하나 나아가지 못한다.

조언숙趙彦肅(12세기, 남송南宋 역학자)은 말한다. 쾌夬괘의 94효는 상6효를 좋아하여 결단하지 못하나, 구姤괘의 93효는 초6효를 바라보며 떠나지 못하는 것은 같은 몸[同體]인 까닭이다. (나의 견해: 구姤괘의 93효사도 이와 같다.)

유원劉沅은 말한다. 차차次且는 자저趦趄(머뭇거림)와 같다. (94효에서) 가는데 나아가지 못하는 것이다.

또 (유원은) 말한다. 볼기[臀]와 발[足]은 (서로) 의지해서 가는 것이다. (94효는) 변하면 감坎이 되니 볼기[臀]를 상징하고, 또한 상괘[兌]의 아래에 있다. (상괘인) 태兌는 훼손하고 꺾는 것이니 살이 없다. 태兌는 양羊이 되고, 묶는 손巽은 끈을 상징하고, 엎드린 간艮은 손[手]을 상징한다. (94효는) 93효의 양陽을 끌고 와서 95효와 연결시켜서 나아가니, (94효는) 스스로 결단하지 않으면, 후회함[悔]이 없어질 수 있다.

리스전李士鉁은 말한다. 상괘[兌]의 아래를 볼기[臀]라고 한다. 태兌는 훼손하고 꺾는 것이니, 따라서 (94효에는) 살[膚]이 없다.

마치창馬其昶은 말한다. 94효는 비록 강剛이나 자리가 합당하지 않아서, 그 가는 것에 주저함이 있으며, 피로하여 일어날 수가 없다. 만약 (94효가) 굽힐 수 있어서 음으로 변하여, 95효를 받든다면, 상6효의 음을 결단決斷하여 후회함을 없앨 수 있다. 고대 제후들은 굴복하여 강화講和했으니, 양羊을 끌고 가서 맞아드리는 것은, 신하로 복종함을 보인 것이기에, 따라서 이것으로써 94효에게 알렸다. 94효가 (음으로) 변하면 감坎의 총명함과 이離의 밝음이 될 것이다. (나의 견해: 이離 밝음은 상괘의 호체를 가리켜 말한 것이다.) 믿지 않고 밝지 않다는 것은 94효가 주저하고 변하지 않아서, 감坎과 이離의 상이 이루어지지 않음을 안타까워한 것이다.

---

26) 孔穎達에 의하면, 총聰은 들음[聽]이다. 『광아·釋詁』(張揖撰)에도, 聰은 聽이다. 이 전傳에서, ‘牽羊悔亡’에 대한 해석은 안 보인다. 高亨, 372頁.

구오효: (사람들에게) 너그럽고 화목하게 대하니 (그들이) 빨리 뛰어온다. (이에) 바른 행위를 하니 허물이 없다.

[九五, 莧陸夬夬, 中行27)无咎.]

(장재의)『횡거역설橫渠易說』에서 말한다. (95효는,) "양이 음에 가까우니, 과실過失이 없을 수 없기에, 따라서 반드시 그 행함을 바르게 한 후에야 허물을 면한다."28)

(주희의)『주역본의周易本義』에서 말한다. "'쇠비름[莧陸]'은, (나의 견해: 정이程頤의『이천역전伊川易傳』에서는 (현莧을) 쇠비름[馬齒莧]으로 보았다.) 음기陰氣에 감응함이 많으니, 95효가 마땅히 판결할 때에 쾌夬괘의 주인으로, 상6효의 음과 매우 가까우니, 쇠비름[莧陸]이 그러한 것과 같은 것이다."29)

주진朱震(1072-1138)은 말한다. (상괘인) 태兌는 못[澤]이다. '쇠비름[莧陸]'은 못의 풀이다.

항안세項安世(1129-1208)는 말한다. 결단 당하는 것은 상6효인데, 93효가 이에 응하고 95효가 도우며, 이를 결단하지 못함을 싫어하기에, 따라서 (95효에서) 모두 '과감하고 과단성 있게[夬夬]' 밝히려 한다. 음에 가까이 있어도 스스로 결단하여 중中을 보존할 수 있으니, 따라서 (95효는) 허물을 면할 수 있다.

정여해鄭汝諧(1126-1205)는 말한다. 『본초강목本草綱目』에서, '『역경易經』에서 쇠비름[莧陸]이라 하는데, 일명 상육商陸이다.'30) 뿌리가 매우 잘 퍼져서, 비록 다 취한다고 하더라도, 곁뿌리가 다시 자란다. 소인의 부류는 이처럼 잘라내기 어렵다.

호병문胡炳文(1250-1333)은 말한다. 쾌夬는 3월의 괘인데, 쇠비름[莧]이 처음 생겨나는 때이다. 구姤는 5월의 괘인데, 오이[瓜]가 처음으로 생겨나는 때이다. 그러므로 (95효는) 이것들로써 상을 취했다.

---

27) 『經典釋文』(陸德明撰)에 의하면, 촉재蜀才(成漢范, 219-318)는 육陸을 목睦으로 보았다. 현莧을 관寬으로 보고; 육陸은 목睦이니, 관목寬睦은 사람들에게 관대하고 화목하게 대함이다. 中은 正이고; 行은 행위이다. 쾌쾌夬夬는 결결趹趹의 가차이니, 빨리 뛰는 모습이다. 高亨, 372, 373頁.

28) '陽近於陰, 不能无累, 故必正其行, 然後免咎.',『橫渠易說』卷二, 下經, 夬 92爻, 電子版文淵閣四庫全書, 상동 참조.

29) '莧陸…感陰氣之多者, 九五當決之時, 爲夬之主, 而切近上六之陰, 如莧陸然.',『周易本義通釋』卷二,「周易」下經, 夬, 九五爻, 元 胡炳文撰, 電子版文淵閣四庫全書, 상동 참조.

30) '商陸, …『易經』謂之莧陸.',『本草綱目』卷十七上, 草之類, 毒草一十七種, 商陸, 明 李時珍撰, 電子版文淵閣四庫全書, 상동 참조.

유원劉沅은 말한다. 뜻을 풀어 말하면, 현莧은, 음音이 환桓으로 산양山羊이다. 육陸은 평지이다. 산양의 뿔은 가늘다. 95효는 상6효와 가까워서 그 부딪힘에 힘을 쓸 수 없으니, 따라서 (95효에서) 경계하며 격려[勉勵]시킨 것이다.

리스전李士鉁은 말한다. 『좌전左傳』에서, '만연한 풀도 오히려 제거할 수 없다.'라고[31] 하였다. 『상서尙書』에서, '악의 근본을 없애는데 힘써야 한다.'라고[32] 말했다. 제거가 어려운 것이 아니라, 제거하고 다시 자라나지 못하게 하는 것이 어려운 것이다. 상6효의 음은 95효에 의탁하여 뿌리내리니, 또한 본래 몸[體]을 말함에는, 결단하여 척결하기에는 어려워 보이기에, 따라서 모름지기 결단하고 또 결단하는 것이다. '여러 방향[衆方]'에서 음陰을 결단하나 95효만 홀로 기뻐서 상6효를 받드니, 소인들과 친하여서, 본래 마땅히 허물이 있겠으나, 그러나 (95효에서) 강剛함이 중도中道를 얻어서, 중中으로부터 행하니, 강剛함이 과過하지 않아, 끝내는 그 강剛함을 사용할 수 있기에, (95효는) 소인들을 얽매이는 데까지에는 이르지 않는다. 따라서 (95효는) 허물이 없다.

상에서 말한다. "올바른 행동을 하니 탈이 없으나," 올바름이 크지는 않다.

[象曰: "中行無咎," 中未光也.[33]]

요배중姚配中(1792-1844)은 말한다. 『춘추좌전春秋左傳』에서, '나라를 다스리는 자는 악惡을 보면 마치 농부가 잡초를 뽑는 데 힘써서, 그 본근을 잘라서, 자라나지 못하게 한다.'라고[34] 하였다. 95효는 음陰에 의해 덮였으니, 중中이 아직 빛나지 않는다. (95효에서) 강剛함이 자라나 상6효에 이르러서, 음을 척결하여 다하게 되니, 이른바 그 위태로움이 빛나게 된다고 말한다. (유원劉沅은, '위태롭고 두려워하는 생각은 크게 빛날 수 있는 이유'라고 말한다.)

마치창馬其昶은 말한다. 『건착도乾鑿度』에서, '결단하여 해를 제거하니 사물을 온전하게 함을 의무로 한다.'라고[35] 말하니, 이 때문에 쾌夬괘의 95효가 소인을 척결함이라 말한다. (95효에서) 중中이 빛나면 '미약한 가림[纖翳]'도 있지 않은데, 중中이 아직 크지 않아서, (음기陰氣를 좋아하

---

31) '蔓草猶不可除.', 『左傳全譯』隱公元年, 王守謙 等譯注, 상동, 3頁.

32) '樹德務滋, 除惡務本.' 『今古文尙書全譯』, 「泰誓下」, 江灝, 錢宗武譯注, 상동, 216頁.

33) 中은 正이다. 光은 廣의 가차이다. 高亨, 373頁.

34) '爲國家者, 見惡如農夫之務去草焉. … 絶其本根, 勿使能殖.'『左傳全譯』隱公6年, 王守謙 等譯注, 상동, 35頁.

35) '斷制除害, 全物爲務.', 『周易乾鑿度』卷上, 漢 鄭康成注, 電子版 文淵閣四庫全書 상동 참조.

는) 쇠비름[莧陸]이 생겨난다. 『맹자』에서, '산길의 좁은 길도 사용하면 삽시간에 큰 길이 되고, 한 동안 사용하지 않으면, 풀이 자라 길을 막는다.'라고[36] 하였다. 중행中行하면 허물이 없고, 가면 쓰임이 되니, 가는 곳이 있으면 이롭다. 다니면 빛을 발하니, 아홉 군데로 통하는 길을 만민들이 사용하게 되기에, 자연히 (음기를 좋아하는) 쇠비름[莧陸]의 감응은 없어지는 것이다. 이른바 척결하여 해害를 제거하니, (95효는) 사물을 보전함을 의무로 삼는 것이다.

상육효: (나라에 임금의) 호령이 없으면, 마침내 흉함이 있다.
[上六, 无號,[37] 終有凶.]
상에서 말한다. "개[狗] 울음"은 "흉조"이니, 마침내 오래갈 수 없다.
[象曰: "無號"之"凶," 終不可長也.[38]]

유원劉沅은 말한다. 이것은 여러 양陽이 결단하는 것이다. 하나의 음은 미약한데 어째서 호령이 없어서 흉한가? 거의 소진해가는 음은 충분한 사려가 없는 것과 같다. 그러나 한번 뒤집히면 곧 구姤괘▤가 된다. 만약 바뀌었는데 대비가 없으면, 결단하는 데 힘을 쓸 수 없어, 몰래 참으면 상안相安하나, 결국 장구한 도道는 아니다. 자고로 군자가 소인들을 제거를 다 하지 않아서, 끝내 큰 환란을 남겼으니, 사람들에게 악을 제거할 때 (상6효에서) 완전히 제거하는 데 힘쓰도록 경계 시킨 것이다.

또 (유원은) 말한다. 쾌夬괘는 맹렬히 나아가는 다섯 강함[剛]으로 쇠퇴해진 일유一柔를 척결하니, 그 형세가 쉬워 보이나, (상6효에서) 방비가 아직 주도면밀하지 못하다면, 어떠하겠는가? 소인들의 세력이 견고하니, 여러 현인을 규합하여 한 소인을 제거하는데도 겨우 이길 수 있다. 이것이 95효에서 말하는 '중中이 아직 크지 않음[中未光]'이고, 상6효에서 말하는 '(임금의) 호령이 없으니 흉함[無號有凶]'이다. '끝내는 흉함이 있음[終有凶]'은 '강剛함의 자라남이 끝남[剛長乃終]'과, 서로 반대이나 서로 충족한다는 뜻이다. 쾌夬는 소인이나, 척결할 수 있다는 것으로 즐거움을 삼은 적

---

36) '山徑之蹊間, 介然用之而成路, 爲間不用, 則茅塞之矣.' 『孟子譯注』, 「盡心下」章(14:21), 楊伯駿譯注, 상동, 331頁.

37) 『周易集解』에서 虞飜(164-233)을 인용하여, 號를 號令으로 해석하였다. 호령하는 자가 없는 것은, 임금의 호령이 나라에서 행하여지지 않음을 말한다. 나라에 호령이 없으면 그 나라는 반드시 망하니, 따라서 '마침내 흉함이 있음[終有凶]'이다. 高亨, 373頁.

38) 無는 마땅히 犬이고, 號는 哭號(우는 소리)이다. 古人들은 개 울음을 凶兆로 여겼다. 高亨, 상동.

은 아직 없다. 다만 쾌夬의 때를 당해서, 척결에 힘을 쓰지 않을 수 없으니, 그 척결함을 좋게 여기는 것이 아니고, 도리어 군자에게 해가 될까 걱정할 뿐이다. 한漢과 당唐의 당화黨禍에서, 여러 군자들은 권력이 없으면서 소인을 제거하고자 했다. 혹 권력이 있어도 제거하는 것에 마땅한 도道를 따르지 않으면, 마침내 나라에 큰 해가 되니, (이러한) 연후에 성인의 경계함이 깊음을 알 수 있을 것이다!

정고鄭杲(1851-1900)는 말한다. 호號는 호소號召[孚號]를 이어서 말한 것이다. 호號가 없으면 민음이 없다. 믿음이 있으면 음이 양을 따를 수 있어서, 강剛함의 자라남[剛長]이 끝나게 될 것이다.

마치창馬其昶은 말한다. 문자文字[書契]와 호령이 있은 후에야 백관百官들이 다스리고, 만민들을 살핀 것이다. 만약 왕정王庭의 호령이 천하에서 신임을 못 얻으면, 이는 호령이 없는 것이다. 호령이 없으면서 망하지 않은 자는 없었으니, 유왕幽王(전795-전771)은 봉화를 들었으나, 제후들이 (따라) 오지 않은 것이 증명이 된 셈이다. 이것 역시 95효가 아직 크지 않은 것을 경계한 것이다.

• **나의 견해**: 「계사繫辭」전傳에서, '결승結繩을 문자文字[書契]로 바꾸었다.'라고39) 말했는데, 쾌夬는 실제 문자[書契]의 모양을 나타낸다. 이것으로 옥송獄訟을 들으면 분규紛糾를 해결하니, 지극히 굳세고 화합하지 않으면 민심을 굴복시켜서 천하를 바로잡지 못한다. 편안히 있을 때 위험을 생각하여 미래의 환란을 방비하며, 천하에 사사로움이 없음을 보이니, 따라서 '그 위태로움이 빛나게 된다[其危乃光].'라고 말한다. 후세 민간에서 계약契約을 작성하고, 교역에서 계약서[合同]를 맺으며, 미루어나가 국제외교에서 조약을 체결하는 것은 그 뜻이 모두 문자[書契]의 쓰임에서 비롯한 것이다. (쾌夬)괘의 상이 일음 ─陰이 장차 물러가는 데 이르니, 척결하여 제거하는 것은 어렵지 않으나, 만약 군사를 일으켜 서로 공격하면 위험에 처한 짐승이 싸우는 것과 같아서, 혹 뜻밖의 변고가 있을까 걱정된다. 때로 위태롭게 여기는 마음을 가지고, 음을 이길 것을 구하지 않고, 스스로에게 이길 것을 찾는 것이다. 음陰을 없애는 데 급급하지 않고, 강剛을 키우는 것을 의무로 삼는 것이다. 양陽이 나날이 나아갈 뿐이니, 합하여 동화시켜, 마침내 음을 이기는 날이 온다. 이것이 노자老子의 이른바 '유柔함이 강剛함을 이기고, 약弱함이 강强함을 이긴다는 것'이니,40) 스스로 이겨서 그 끝남을 영구히 할 수 있는 것이다.

....

39) '上古結繩而治, 後世聖人易之以書契.' 『繫辭傳』下, 567頁.
40) '柔弱勝剛强.', 『老子繹讀』36章, 任繼愈著, 상동, 81頁.

44. 구姤괘 ䷫

구姤괘: 여자가 씩씩함이니, (이런) 여자를 아내로 취하지 말아야 한다.
[姤, 女壯, 勿用取女.1)]

유원劉沅(1767-1855)는 말한다. 「서괘序卦」전傳에서, '쾌夬는 척결함이니, 척결하면 반드시 만나는 일이 있기에, 따라서 구姤괘로 받았다.'라고2) 하였다. (구姤괘는) 5月의 괘이다. (하괘인) 손巽은 장녀이므로 씩씩함壯이다. 일음一陰이 안에서 생겨 주인主]이 되고, 양陽은 반대로 손님[客]이 되니, 그(음의) 기세가 스스로 씩씩하다. 소인小人의 도道가 자라는 것은, 군자가 빌려주어 권한權]을 행사하기 때문이다. 처음 나아감에 곧바로 여자를 아내로 취하지 말라고 경계하니, (陰의) 점차 (커짐)을 막을 수 있는데, 저것(陰)이 무엇을 할 수 있겠는가?

리스전李士鉁(1851-1926)은 말한다. 씩씩하다는 것은 음陰이 왕성한 것이다. (구姤괘에서) 일음一陰이 아래에서 나아가고 다섯 양陽이 위에서 물러나있으니, (陰이) 나아가면 세력이 성대해지고, 끝내는 반드시 양陽을 소멸시키므로 씩씩하다고 말한다. 양陽은 강함이 마땅하고 음陰은 약함이 당연하나, 여자가 씩씩하니 가정의 복福은 아니다. 또 음陰의 도道는 하나(하나의 양陽, 한 남편)를 따르는데, 일음一陰으로 다섯 양陽을 받드니, 여자의 도道가 아니다. 기약하지 않고 만나서 혼인의 예禮가 이루어지지 않았기 때문에 여자를 취할 수 없다. 여자가 씩씩함은 음陰을 주主로 말한 것이고, 여자를 취하지 말라는 것은 양陽을 주主로 말한 것이다.

마치창馬其昶(1855-1930)은 말한다. (하괘인) 손巽은 장녀이니 씩씩하다고 일컫는다. 초6효가 바름[正](의 陽자리)을 잃었으므로, 여자를 아내로 취하지 말아야 하는 것이니, (山水)몽蒙괘 63효와 같다. 양陽이 처음(초효)으로 생기면 곧 바름[正]을 얻고, 음陰이 처음에 생기면 곧 바름을 잃는 것이다. 그러므로 음양陰陽에는 착함[淑]과 악함[慝]의 구분이 있고, 성인聖人에게 도움[扶]과 억누름[抑]의 가르침이 있다.

----

1) 구姤는 괘명인데, 만남[遇]의 뜻이 있다. 취取는 취娶(장가들다)의 가차이다. 高亨, 375頁.
2) '夬者, 決也. 決必有遇, 故受之以姤.', 「序卦」傳, 高亨, 649頁.

• **나의 견해**: 몽蒙괘 63효에서 여자를 취하지 말라는 것은, 그 여자가 돈 많은 사내를 보고서 몸을 간수하지 못하기 때문이다. 곧『시경詩經』에 이른바, '사내와 계집애가 희희 하하, 노니네.'라는[3] 것이다. 이 (구姤)괘에서 여자를 취하지 말라는 것은, 뜻하지 않게 우연히 만나는 것을 막아서, 나의 소원에 알맞게 함이다. (澤山)함咸괘의 '함咸괘는 형통하니 곧게 함이 이로우며, 여자를 취함이 길하다.'는 것과 크게 다르다.

단전에서 말한다. 구姤괘는, 만남이니, (하나의) 부드러움[柔]이 (모두) 강건함[剛]을 만남이다. "아내를 맞이할 필요가 없음"은, 오래 동안 함께 살 수 없기 때문이다.
[彖曰: 「姤」, 遇也, 柔遇剛也.[4] "勿用取女,"[5] 不可與長也.]

조선예趙善譽(1143-1189)는 말한다. 양陽은 94효에 이른 후에 크게 씩씩하다[大壯]고 이르고, 음陰은 처음의 한 획(초효)에서 이미 여자가 씩씩하다고 말했으니, 성인께서 조금이라도 나쁜 기미가 자라려 할 때에, (그것을) 미리 방비하는 뜻이다.

항안세項安世(1129-1208)는 말한다. 소인이 바야흐로 씩씩한데, 끌어다가 짝으로 삼으면, 반드시 강剛을 멸하는 데에 이르게 되므로 취하지 말라고 말했다. 만남[遇]과 취함[取]은 다르다. 만남은 임금이 백성을 만나고, 신하가 임금을 만나는 것이니, 직분이 일찍이 없지 않다. (그러나 임금이 신하를) 취하면 가지런하게 하나로 되어, (임금이) 다시 제어하기가 어렵다.

유원劉沅은 말한다. 강剛이 오는 것을 복復괘라고 이르니, 복復은 돌아옴[反]이다. 옛날을 돌이켜 거기에 있는 것이므로 당연하다. 유柔가 오는 것을 구姤괘라고 이르니, 구姤는 만남[遇]이다. (구姤괘에서) 만나기를 기약하지 않았는데 (만난 것)은 천행天幸이다. 여자를 취하는 것은 집안이 오래가는 도道이다. (구姤괘에서) 일음一陰이 다섯 양陽을 상대하면서 기약하지 않고 만나면, 여자의 덕德이 곧지 않아서, 그와 함께 오래갈 수는 없는 것이다. (마치창馬其昶은, '함께하기를 오래한다는 것은, 그를 도와 그로 하여금 오래 가도록 함과 같은 말이다.'라고 한다.) 음陰이 늘 양陽을 이기고 있으면, 그것을 경계하여, (구姤괘에서) 차츰 나아가게 할 뿐이다.

정고鄭杲(1851-1900)는 말한다. (구姤괘에서) 이와 같은 두 가지 말씀[言]은 훈계함이니, 이하는

---

3) '維士與女, 伊其相謔,',『詩經譯注』,「鄭風」,「溱洧」, 袁梅著, 상동, 269頁.
4) 구姤는 마땅히 구遘(만나다)로 읽어야하니, 뜻은 우遇(만남)이다. 구姤괘는 1음이 아래에 있고, 5양이 위에 있으니, 柔가 나와서 만나는 것은 모두 剛이다. 高亨, 375頁.
5) 取는 취娶(아내를 맞다)의 가차이다. 高亨, 상동.

법法이다.

하늘과 땅이 서로 사귀니, 만물들이 모두 성장한다. (92, 95효처럼) 강건함이 중정中正하니, 천하에 크게 통행된다. 구姤괘에서 시기[時]는, 그 뜻이 크도다!

[天地相遇, 品物咸章也. 剛遇中正, 天下大行也. "姤"之時, 義大矣哉!6)]

사마광司馬光(1019-1086)은 말한다. (구姤괘에서) 세상의 다스림과 혼란함, 사람의 궁窮함과 통通함, 일의 성공과 패함은 '만나느냐, 만나지 못하느냐'하는 것일 뿐이다.

소옹邵雍(1012-1077)은 말한다. 복復괘는 박剝괘 다음이니, 다스림은 혼란함에서 생김을 밝힌 것인가? 구姤괘는 쾌夬괘 다음이니, 혼란함은 다스림에서 생김을 밝힌 것인가? (구姤괘에서) 음陰이 처음으로 양陽을 만나니, 서리를 밟는[履霜] 신중함[謹]이 여기에 있는 것인가?

소식蘇軾(1037-1101)은 말한다. (구姤괘는) 92효가 없어진 후에 (天山)둔遯괘가 되니, 비로소 신하가 없게 된다. 95효까지 없어진 후에 (山地)박剝괘가 되니, 비로소 임금이 없게 된다. 구姤괘의 세상에는 위로는 임금이 있고 아래로는 신하가 있다. 군자가 일을 하고자 함에, 하지 못할 것이 없으므로, (구姤괘에서) '천하에 크게 통행된다[天地大行].'라고 말했다.

이원량李元量(12세기, 남송南宋 역학자)은 말한다. (澤天)쾌夬괘의 일음一陰(상6효)이 주主가 되지 못하는 것은 음陰이 나아가는 것이 막혔기[窮]에, 따라서 (쾌夬괘 단전象傳에서) '강剛이 유柔를 척결함[剛決柔]'을 말했다. 구姤괘 95효의 양陽이 주主가 되지 못하는 것은, 음陰이 와서 믿기에, 따라서 '유柔가 강剛을 만남[柔遇剛]'을 말한 것이다. 월령月令[月建]에서 첫 음월陰月을 5월[蕤賓]이라 말하니, 음陰이 주主이고 양陽은 이미 손님이 된다. (유염兪琰[1253-1316]은, '쾌夬괘의 상6효가 바뀌어서 구姤괘의 초6효가 되니, 지난번에는 척결하고, 이번에는 다시 그를 만난다.'라고 말한다.)

이순신李舜臣(12세기, 남송南宋 역학자)은 말한다. 일음一陰이 생겨나는 것은 오월이 된다. 만물은 이離에서 서로 보며, 한 여름에 번창繁昌하니, (구姤괘에서) 만물이 모두 빛나는 것이 아니면, 무엇이겠는가?

오징吳澄(1249-1333)은 말한다. (상괘인) 건乾은 하늘이다. 초6효는 곤坤의 아래 획이니 땅이다. 사월四月은 순수한 건乾이고, 오월은 일음一陰이 아래(下卦)에서 처음 생겨나서 (상괘인) 건乾

---

6) 相遇는 相交(서로 사귐)이다. 咸은 모두이고, 章은 盛이다. 92, 95효가 양인데, 이것들이 中正하니, 군자들이 君臣의 자리에 있음이다. 高亨, 376頁.

과 만난다.

유원劉沅은 말한다. 92, 95효가 모두 강강剛이고, 95효의 자리는 중정中正이다. 92효는 강중剛中의 자질로 중정中正한 임금을 만났으니, 모든 만물이 모두 빛나고 천하에 대한 교화가 크게 행해진다. 소인들이 아래에 있으나 역시 해害를 끼칠 수 없다.

마치창馬其昶은 말한다. (구구괘姤에서) 음기陰氣가 점차 강해지니, 양陽이 마땅히 음陰을 제어하여, (음이) 자라나도록 돕지 않으면, 음陰은 해害끼칠 수 없게 되고, 또 강강剛과 유柔가 서로 만나는 아름다움이 있게 된다. 이것이 구姤괘의 때와 뜻이다.

- **나의 견해(1)**: (구姤괘에서) 중정中正의 도道는 천하에 크게 행해질 수 있으니, 구름은 용龍을 따르고 바람은 호랑이를 따르며, 성인聖人이 일어남에 만물이 드러난다. 성군聖君과 현신賢臣이 서로 만나니, 이것이 구姤괘의 가장 아름다운 것이다.
- **나의 견해(2)**: 곤坤괘 초6효의 음陰은 서리는 내리지만 아직 얼지는 않은 것을 상징하는데, 일단 그 단단한 얼음을 방비하는 훈계를 보인 것이다. 구姤괘 초6효의 음陰은 여자이지만 씩씩하지는 않음을 상징하는데, 일단 그 씩씩함을 막아서 감통하기는 하되, (구姤괘 초6효에서) 쓰지 말라고 하였다. 성인聖人은 항상 우환을 생각하여, 그것을 미리 방비하는 것이다.

상전에서 말한다. 하늘 아래에 바람이 있는 것이 구姤괘이다. 임금은 교령教令을 내려서 사방에 알린다.
[象曰: 天下有風, "姤." 后以施命誥四方.[7])]

'『진晉나라의 동하冬夏의 이지二至[동지와 하지]에 북을 치며 진군함鼓兵을 잠재우는 논의』'에서 말한다. 하지夏至에 소음少陰이 열리기 시작하여, 살기殺氣가 처음 흥기하고, 비否괘와 박剝괘가 곧 이를 것이니, 마땅히 북을 울리고 관문關門을 열며, 병사와 군대를 일으켜서, 명령을 사방에 내리고, 거스르려는 조짐을 금지하여, 소인들이 곧 자라나려는 해害를 막는 것이다. 동지冬至 하지夏至의 뜻은, 비否괘 태泰괘의 도道가 다르듯이, 기쁨과 걱정이 마땅히 다르고, 잠잠함과 알리는 가르침은 같아서는 안 된다.'[8] (나의 견해: 여기의 의론은, 음陰은 기르는 것이 마땅하지 않고,

---

7) 后는 임금이고, 고誥는 고告(알리다)이다. 天은 임금에, 바람은 教令에 비견된다. 高亨, 376頁.
8) '晉冬夏二至兵議曰: "夏至少陰肇啓, 殺氣始興, 否剝將至, …宜鳴鼓開關, 興兵駮旅, 施命四方, 詰其逆兆, 以遏小人方長之害. 二至之義, 否泰道殊, 休戚宜異, 寢鼓之教, 不宜同也.' 『惠氏易說』卷四, 翰林院侍讀

막는 것이 마땅함을 볼 수 있으니, 희미한 양을 기를 수 있다는 것과 비교하는 것이 아니다.)

공환龔煥(13세기, 원元나라 역학자)은 말한다. 구姤괘는 (風地)관觀괘와 서로 비슷하다. 구姤괘에서는 베푼다[施]고 말하고 아뢴다[誥]라고 말하였으니, 위로부터 아래로 내려옴으로, 하늘 아래에 바람이 있는 상象이다. 관觀☷☴괘에서는 살핀다[省]라고 말하고 관찰한다[觀]라고 말하였으니, 두루 다니며 널리 살핌으로, 바람이 땅 위로 부는 상象이다.

혜사기惠士奇(1671-1741)는 말한다. 구姤괘는 하나의 음陰이 생겨나 간특함이 곧 싹트려 함에 그것을 금지하는 것이다. 『상서尚書』에서, '크게 헤아려 형벌을 만들어, 사방(의 천하 만민)을 다스렸다.'라고9) 하였다. (나의 견해: 상祥은 상詳으로 읽는다. 『상서尚書』, 「여형呂刑」편의 전傳에서는 '때에 마땅한 바를 헤아려 천하를 다스린다.[度時所宜, 以治天下.]'라고 하였다.)

유원劉沅은 말한다. 바람은 사방을 두루 돌아다니니, 하나의 사물이라도 바람과 만나지 않는 것은 없다. 하늘은 만물로부터 멀리 있지만 바람으로 그것들을 고무시킨다. 임금은 백성들과 멀리 떨어져 있지만, 명령으로 그들을 고무시킨다. (나의 견해: 『상서尚書』에서, '좋은 미덕美德으로 그들을 깨우치고, 형벌로써 그들을 징계하며 독책하는데, 구가九歌로 독려하시어, 덕정德政이 무너지지 않게 하소서.'라고10) 하였다. 또 「필명畢命」편에서, '선善을 표양하고 악惡을 미워하며, 좋은 소문[風聲]을 세워준다.'라고11) 하였으니, 모두 임금의 명령으로 백성들을 고무시킨 것이다. 이른바 '풀 위에 바람이 불면, 풀은 반드시 쓰러진다.'는12) 것이다.) 잠복해 있는 은미한 음陰으로 하여금, 진동시켜 발산하게 함이니, 이는 임금과 백성이 함께 하는 도道이다. 임금의 베풂은 (상괘인) 건乾의 상象이고; 명령[命]은 (하괘인) 손巽의 상象이며; 사방에 알림[誥]은 바람[巽]이 하늘[乾] 아래에서 부는 상象이다.

후왠쥔胡遠濬(1869-1931)은 말한다. 쌓인 기운 아래에서 음陰이 양陽을 만나면 바람이 되므로, 구姤괘라고 말한다.

짱홍즈張洪之(1881-1969)는 말한다. 군자의 덕德은 바람이니, 감춰진 사특함을 제거하고, 백성들의 거처를 편안히 하며, 반복해서 깨우쳐 준다. 백성들은 바람을 바라보며 그 쪽으로 치우쳐 향하는데, 한 글자, 한 구절이 모두 덕德의 뜻을 함축하니, (구姤괘에서) 바람이 사방으로 분다는 것

惠士奇撰. 電子版文淵閣四庫全書, 上海人民出版社, 1999 참조.

9) '荒度作刑, 以詰四方.', 『今古文尚書全譯』, 「呂刑」, 江灝, 錢宗武譯注, 상동,

10) '戒之用休, 董之用威, 勸之以九歌, 俾勿壞.'『今古文尚書全譯』, 「大禹謨」, 江灝, 錢宗武譯注, 상동, 37頁.

11) '彰善癉惡, 樹之風聲.'『今古文尚書全譯』, 「畢命」, 江灝, 錢宗武譯注, 상동, 420頁.

12) '草上之風, 必偃.', 『論語譯注』, 「顔淵」(12:19), 楊伯駿譯注, 상동, 129頁.

이 마땅하다.

마치창馬其昶은 말한다. 정현鄭玄(127-200)과 왕숙王肅(195-256)은 알림[誥]을 물음[誥]이라 하였다.

> **초육효**: (약한 실이) 구리제동기[金柅]에 걸려있는 것과 같으니, (노비가) 바르면 길하다. 도망친다면 (붙잡히니) 흉하며, 약한 돼지처럼 이끌리며, 나가지 못한다.
>
> [初六, 繫于金柅, 貞吉. 有攸往見, 凶. 羸豕孚蹢躅.13)]
>
> **상에서 말한다.** "(실[絲]이 튼튼한) 구리제동기(金柅)에 묶이어 있음"은, 유약한 것이 (강한 것)에 이끌려 다니는 것이다.
>
> [象曰: "繫於金柅," 柔道牽也.]

우번虞翻(164-233)은 말한다. (바퀴를 구르지 못하게 하는) '제동기制動機[柅]'는 92효를 이른다. (하괘인) 손巽은 새끼줄[繩]이고, (상괘인) 건乾은 쇠이니, 손巽 나무[木]가 구리제동기(金柅)에 들어가는 상象이다.

왕숙王肅(195-256)은 말한다. (초6효에서) 이柅는 실을 잣는 물건이다.

왕필王弼(226-249)은 말한다, (초6효에서) 연약한 돼지[羸豕]는 암퇘지이다.

육덕명陸德明(약550-630)은 말한다. 이柅는, 『설문해자說文解字』(許愼撰)에는, 이欐[실패]는 실을 묶는 받침이라고도14) 말하였다. (초6효에서) 척촉蹢躅은 조용하지 않음이다.

호병문胡炳文(1250-1333)은 말한다. (초6효에서) 하나의 음陰은 매우 빈약[羸]하므로 돼지를 파리하다고 하였다. (초6효는) 씩씩해지면 두려워할 만하므로, 파리하다고 하여 홀시할 수는 없다. (나의 견해: 파리하다고 만약 홀시하면, 음陰이 역시 튼튼해질 것이다.)

혜사기惠士奇(1671-1741)는 말한다. 견牽은, 『설문해자說文解字』에서, '앞으로 끌음이니, 소를 따른 것이고, 소를 잡아당기는 줄이다.'라고15) 하였다. 또 신하는 끌어 당겨지니 굴복하는 형상을 본떴다고 하였다. 신하는 임금에게 복종하고, 부인은 남편을 따르며, 자녀는 부모를 따른다. 그러므로 견牽이라고 말하였다. 소는 비록 큰 동물이지만 어린 아이도 소를 복종시킬 수 있으니, 끌어

---

13) 금金은 구리[黃銅]이다. 니柅는 포백布帛을 짜는 도구로, 그 위에 실을 걸고, 다른 끝은 기틀에 묶는다. 이羸는 유纍의 가차이니, 끈으로 묶음이다. 부孚는 부拂로 읽으니, 끌다(牽引)이다. 척촉蹢躅은 머뭇거림이다. 高亨, 377頁.

14) '欐, 絡絲欐.' 『說文解字』, 木部, 東漢 許愼著, 中冊, 상동, 479頁.

15) '牽, 引前也, 从牛, 象引牛之繩也.' 『說文解字』, 牛部, 東漢 許愼著, 上冊, 상동, 99頁.

당기는 도道를 얻었기 때문이다. 구姤괘는 하나의 음기陰氣가 올라가 양陽과 비로소 다투니, 그것 (초6효)을 굴복시킬 수 있으면 곧고 길하다. 초6효의 상전象傳에서, '유약한 것이 이끌려 다님[柔 道牽]'이라 말하였으니, 그것을 굴복시킴을 이른다.

유원劉沅은 말한다. '제동기[柅]'는 수레의 아래에 장치하는 것으로 수레바퀴를 멈추게 하여 움 직이지 않게 하는 것이다. (하괘인) 손巽은 끈으로 묶는 상象이니, 음陰이 아직 왕성하지 않을 때 에 제어함이다. 이시羸豕는 작은 돼지이다. 척촉蹢躅은 뜀[跳躑]이다. (초6효의) 음란하고 성급한 성질이 그런 것이다. (임규이) 소인小人을 기르려고 하면, 유柔(陰)의 도道로서 마땅히 (그를) 견 제하여, 강剛(陽)에게 부림을 당하게 해야 옳은 것이다.

오여륜吳汝倫(1840-1903)은 말한다. (『대대례기大戴禮記』의) 「하소정夏小正」편에서, '닭이 계란 을 품고 새끼를 키운다.'라고 하였다. (『하소정夏小正』)전傳에서는, '부孚는, 어미가 엎드려 (새끼 를) 품고 있는 것[嫗伏]'이라고[16) 하였다. 비록 음陰이 처음에는 미약하지만, 일단 어미가 엎드려 서 안에서 (새끼) 낳아서 기르면, 머뭇거리며 활동할 것이다. 이는 양陽을 경계시킴이다.

리스전李士鉁은 말한다. 92효는 양효가 중中을 얻었고, 초6효는 위로 92효를 받드니, 음陰은 양 陽에 묶여 있기에, 따라서 (마치 튼튼한) 구리제동기[金柅]에 묶여 있는 것이다. 음陰은 양陽을 따 르는 것을 바르다고 여기니, 초6효의 음陰이 92효의 양陽을 받들고, (하괘인) 손巽이 들어가 정도 正道를 얻었기 때문에, (초6효는) '바르니, 길함[貞吉]'이다. (하괘인) 손巽 풍風은 가는 상象이다. 손巽은 또 돼지이다. 돼지는 음흉하고 조급한 동물인데, 앞에 다섯 강剛(陽)을 만나므로 (초6효는 약하고) 파리[羸]하다. 이羸는 곤궁함[困]이다. (하괘인) 손巽은 나아가고 물러남이므로, (초6효는) 머뭇거림[蹢躅]이다. '머뭇거림[蹢躅]'은 뜀(跳梁)이다. (초6효는) 음유陰柔의 재질로서, 감히 나아 가는 데에 기필하지 않고, 우유부단하면서 가벼운데 조급하며, 또 가만히 지키고 있지 않으므로, 따라서 (초6효는) 머뭇거리며 스스로 편안히 있지 못하는 것이다.

마치창馬其昶은 말한다. (山地)박剝괘, (地雷)복復괘, (澤天)쾌夫괘, (天風)구姤괘는 음과 양이 줄 어들고[消] 자라나는[長] 기미를 논한 것이다. 구姤괘는 하나의 음陰이 처음 생겨나 안정되게 양陽 을 받드니, 자기의 도道를 얻은 것이다. 묶는다는 것은, 양陽에 묶이어 변하지 않음이다. 만약 (음 이) 움직여서 막 양陽으로 변화하여, 음陰이 생겨나자마자 갑자기 그것(陽)을 끊어버리니, (음이) 하늘과 땅이 서로 만나는 도道를 잃게 되므로, (초6효는) 그(음)의 흉凶함을 선 채로 보게 될 것이다.

---

16) '鷄桴粥: 粥也者, 相粥之時也. 或曰: 桴, 嫗伏也. 粥, 養也.' 『大戴禮記今註今譯』, 「夏小正」第四十七, 高 明譯註, 상동, 61頁.

• **나의 견해**: (음이) 양陽에 묶이어 변하지 않게 함은, 유柔를 이끄는 도道를 얻음이다. 바로 『시詩』에서 말한 바, '우연히 서로 만나니, 나의 소원에 맞도.'이다.[17]

구이효: 부엌에 (먹을) 생선이 있으니, 탈은 없다. (나가서) 손님이 되는 것은 이롭지 않다.
[九二, 包有魚, 无咎. 不利賓.[18]]

상에서 말한다. "부엌에 생선이 있음"은, "손님(을 접대하는 데에는) 적합하지 않음이다.
[象曰: "包有魚," 義不及"賓"也.[19]]

우번虞翻은 말한다. 물고기는 초6효의 음陰을 말하니, 음양陰陽이 서로 받들므로, 감싸는 데에 물고기가 있으면 허물이 없다. (역불易祓[1156-1240]은, '양陽은 음陰을 감싼다. 그러므로 세 효爻 (93, 94, 95효)에서 모두 감쌈[包]을 말하였다.'라고 말한다.)

이망李網(12세기, 남송南宋 역학자)은 말한다. 바야흐로 구姤의 때에, 그것의 권위는 92효에게 있으니, 가령 92효가 초6효를 제어할 수 있다면, 강유剛柔가 서로 만나 항상 구姤일 뿐이다. 만약 (92효가) 초6효를 제어하지 못하여, 유柔(陰)의 도道가 점차 자라나 92효의 강剛을 변화시킨다면, 네 양陽은 모두 둔遯괘▆로 되니, (나의 견해: 92효가 만약 변하여 음陰이 되면, (天風)구姤괘는 (天山)둔遯괘로 변화되니, 음陰은 점차 자라나고 양陽은 점차 쇠퇴할 것이다.)

(주희의)『주역본의周易本義』에서 말한다. 92효가 초6효와 만나니, 보따리에 물고기가 있는 상象이다. 그것(음)을 제어하는 것은 자기에게 달려 있으니, (92효는) 오히려 허물이 없을 수 있다.

전일본錢一本(1539-1610)은 말한다. 물고기가 문드러지고 오이가 썩는 것은, 모두 안으로부터 시작하였으나, 밖에서는 미처 깨닫지 못하므로, 구姤괘(92효)에서 그 상象을 취하였다.

유원劉沅은 말한다. 밖에서 안을 감싸는 것을 포包라고 말한다. 초6효는 안에 있으므로, 92, 92, 95효는 모두 포包를 말한다. (나의 견해: 93효도 감쌀 수는 있지만 말하지 않은 것은, 93효는 초6효에 대해서 92효처럼 초6효와 가까운[比] 것도 아니고, 94효처럼 초6효와 응應하는 것도 아니며, 95효처럼 중정中正하여 아래에 임하는 권세가 있음에도 미치지 못하므로, 밖에서 감싸서 안을 제어하지 못하는 것이다.) 물고기는 음물陰物 중에 아름다운 것이다. 초6효 일음一陰이 주主가 되고, 94효는 응應하는 자리[位]에 자리하니, 손님이다. 모든 괘卦는 서로 응함[相應]을 의義로 여기

---

17) '邂逅相遇, 適我願兮.'『詩經譯註』,「鄭風」,「野有蔓草」, 袁梅著, 상동, 268頁.

18) 포包는 포庖(부엌)의 가차이니, 주廚(부엌)이다. 빈賓은 손님이 됨이다. 高亨, 378頁.

19) 義는 宜(마땅함)이다. 高亨, 378頁.

는데, 구구괘는 서로 만남[相遇]을 의의義로 여긴다. 초6효가 먼저 92효를 만나므로, 92효에 의해 감싸여진다. (92효는) 안에서 용납되고 밖에서 제어되니, 그래서 (92효는) 허물이 없다.

리스전李士鉁은 말한다. 94효가 손님이 되면, 92효가 주인[主]이 됨을 알 수 있다. 이른바 만물은 각기 주인이 있다는 것이다.

마치창馬其昶은 말한다. (『의례儀禮』의)「공식대부례公食大夫禮」편에서, '관리[有司]가 삼생三牲[소, 양, 돼지]이 담긴 접시를 거두어서, 손님 숙소에 보내는데, 물고기나 소금에 절인 고기[臘肉](같은 하찮은) 것은 보내지 않는다.'라고[20] 하였으니, 이 (92)효爻의 상象이다. (『의례儀禮』의)「기석례旣夕禮」편에서, '희생제물을 포장할 때에는 하체下體를 취하였다. 물고기와 소금에 절인 고기[臘肉]는 포함되지 않는다.'라고[21] 하였다. 주注에서, '물고기와 절인 고기는 바른 희생제물이 아니다.'라고 하였다. 또「공식대부례公食大夫禮」편에서는, '물고기, 절인 고기, 장醬, (고기 삶은) 국물로는 제사지내지 않는다.'라고[22] 하였다. 주注에서, '음식이 성찬은 아니나, (음식)접시를 손님에게 보내야 한다[非食物之盛者, 然則歸俎于賓].'라고 하였다. 물고기와 절인 고기를 보내지 않은 것은 또한 물고기와 절인 고기는 성대한 음식이 아니기 때문이다. (92)효爻에서 '손님되는 것은 이롭지 않음[不利賓]'이라고 말하였는데, 이로움이 마땅한 것이니, 그 뜻은 손님에게까지 미치는 것이 마땅하지 않음을 이른 것이다. 92효는 물고기와 절인 고기를 가지고 초6효를 만남에, 그의 재질을 다하지만 자기의 분수를 넘지 않으니, 그래서 유柔(陰)를 이끌 수 있는 도道를 얻는 것이다. 『예기禮記』(「曲禮上」편)에서, '예禮는 서인庶人에게까지 내려가지 않는다.'라고[23] 한 것이 바로 이 뜻이다.

• **나의 견해**: '예禮는 서인庶人에게까지 내려가지 않는다.'의 주注에서, '일에 분주하여 사물을 갖출 수 없다.'라고 하였다. 포윤抱潤선생(馬其昶)은 이 뜻을 인용하여, 초6효는 서인庶人으로 대우가 비록 풍부하지는 않지만, 허물은 없을 수 있다고 말하였으니, 또한 반드시 사물을 갖출 필요는 없다는 뜻이다. (92효가) 만약 손님을 맞이하는 예禮로 대우한다면, 합당한 바는 아니다. (92)효爻의 뜻이 『예경禮經』(『儀禮』, 『禮記』등)과 부합한다.

20) '有司卷三牲之俎, 歸于賓館, 魚腊不與.', 『儀禮』, 「食大夫禮」第九, 彭林譯注, 상동, 334頁.
21) '苞牲, 取下體. 不以魚腊.' 『儀禮』, 「旣夕禮」第十三, 彭林譯注, 상동, 452頁.
22) '魚, 腊, 醬, 湆, 不祭.', 『儀禮』, 「食大夫禮」第九, 彭林譯注, 상동, 328頁.
23) '禮不下庶人.' 『禮記今註今譯』, 「曲禮上」, 上冊, 王夢鷗註譯, 상동, 32頁.

구삼효: (형장刑杖으로) 볼기에 가죽과 살점이 없으니, 다니는데 뒤뚱거린다. 위험하나, (장형杖刑은 가벼운 것이니), 큰 재앙은 없다.

[九三, 臀无膚, 其行次且. 厲,24) 无大咎.]

상에서 말한다. "다니는데 뒤뚱거림"은, 아직 (새끼줄에) 끌려가는 것은 아니다.

[象曰: "其行次且," 行未牽也.]

공영달孔穎達(574-648)은 말한다. 양陽이 의거하는 것은 음陰이다. 93효는 하체下體의 맨 위에 자리하여 의거할 만한 음陰이 없다. 거처함에 편안함을 얻지 못하고, 위로도 또한 응應함이 없어, (澤天)쾌夬괘 94효가 의거할 바를 잃은 것과 같다.

이간李簡(?-631)은 말한다. (93효는) 있으면 볼기[臀]膚는 아래에 있으므로, (澤水)곤困괘의 초6효에서 볼기[臀]를 말하였다. 다니는데 볼기가 가운데에 있으므로, 쾌夬괘의 94효와 구姤괘의 93효에서 볼기를 말한 것이다.

유원劉沅은 말한다. 구姤괘의 93효는 곧 쾌夬괘의 94효이므로, 그 상象이 같다. 그러나 쾌夬괘의 94효는 뜻이 쾌夬괘의 상6효에 있고, 구姤괘의 93효는 뜻이 초6효를 만나는 데에 있으나, 92효에 의해 막혀서 그의 자리가 편안하지 않기에, 그 형상이 '볼기에 살이 없음[臀无膚]'이니, 마음이 초6효를 사모하므로, 그의 다님[行]이 머뭇거리는 것이다. (93효는) 강剛이면서 바르지[正] 않으므로, 편안하지 않고 다니지도 못하는 상象을 가진다.

마치창馬其昶은 말한다. 쾌夬괘 94효와 구姤괘 93효는 상象을 취함이 똑같다. 그러나 그들의 자리[位]는 합당함과 합당하지 못함의 구별이 있다. 쾌夬괘 94효는 변하는 것이 마땅하지만, 구姤괘 93효는 변하지 않는 것이 옳다. '다니는데 뒤뚱거림[其行次且]'은 쾌夬괘의 효사爻辭를 계승한 것이니, '반드시 음陰으로 변화하며 [자기를] 낮추어 복종하고 양羊을 이끌 필요는 없음'을 말한 것이다.

• **나의 견해:** 쾌夬괘의 94효는 음陰으로 변하면 자리[位]가 합당하게 된다. 구姤괘의 93효는 본래 양위陽位이므로, 음陰으로 변하지 않는 것이 옳다.

구사효: 부엌에 생선이 없으니, (집이 이미 빈곤한데 부지런하지도 않아서,) 노닐 거리니 흉하다.

[九四, 包无魚, 起凶.25)]

---

24) 부膚는 가죽과 살이다. 차차次且는 자저越趄의 가차이니, 머뭇거림이다. 여厲는 위험이다. 高亨, 378頁.
25) 包는 포庖(부엌)의 가차이다. 기起는 아마도 희熙의 가차이니, 유희(戲), 유탕遊蕩(노닐음)이다. 高亨, 378頁.

상에서 말한다. (귀족의 부엌에) "생선도 없는" "흉사"는, (94효가 [陰]자리[位]를 잃었으니) 백성들을 멀리한 것이다.

[象曰: "無魚"之"凶," 遠民也.26)]

호원胡瑗(993-1059)은 말한다. 도道를 얻은 자는 도움이 많지만, 도道를 잃은 자는 도움이 적다. 94효는, 자리는 정正을 얻지 못하고, 행함은 중中을 잃었으니, 도움이 적은 사람이다.

(정이程頤의)『이천역전伊川易傳』에서 말한다. 만남의 도道는 군신君臣, 백성과 임금[民主], 부부夫婦, 벗[朋友]에 모두 있다. 94효 이하를 보면, 민심이 이미 떠나서 난리가 장차 일어날 것이다! 백성을 멀리한다는 것은, (임금인) 자신이 백성을 멀리함이다. (94효에서) 임금[主]은 백성들로 하여금, 떠나게 할 수 있다.

혜사기惠士奇는 말한다. 94효의 백성은, 94효 자신이 그들을 멀리한 것이지, 남이 그들을 빼앗은 것이 아니다. 94효의 흉凶은 94효 자신이 일으킨 것이지 하늘이 그렇게 한 것이 아니다. 백성들은 가까이 해야지, 멀리 해서는 안 된다. (94효에서) 백성을 멀리하면 그 때문에 흉凶함이 일어나는 것이다.

유원劉沅은 말한다. 94, 초6효는 정응正應이지만, 초6효는 이미 92효와 응應하여서, 92효에는 생선이 있지만, 94효에는 생선이 없다. 흉함이 일어남은 다툼[釁]이 일어남과 같으니, 흉凶함은 여기에서 일어나고 허물은 스스로 취하는 데에 있다고 말한다. (하괘인) 손巽은 과감하지 못하고, 94효는 씩씩하게 행하므로 만나지 못한다. 그 책임이 94효에게 있으므로, 백성이 멀어진다고 말하지 않고, (94효가) '백성을 멀리한다[遠民].'라고 말하였다.

리스전李士鉁은 말한다. (94효에서) 이미 감싼다[包]라고 말해놓고, 다시 '물고기가 없다[无魚]'라고 말한 것은, 본래 물고기가 없다는 것이 아니라, 물고기를 잃어버린 것이다. 94효 스스로 잃어버렸으니, 음양이 서로 만남에 서로 할 수가 없기에, 이것이 화禍와 혼란이 일어난 이유이다.

마치창馬其昶은 말한다. 「무양無羊」의『시詩』에서, '큰 고기가 많으니 길조吉兆이고, 실로 풍년이로다!'라고27) 하였다. 모전毛傳에서는, '음양陰陽이 화합하면 물고기가 많을 것이다.'라고28) 하였다. 지금 보따리에 물고기가 없다는 것은 음양이 화합하지 못한 징조이다. (『한서漢書』의)「오행지五行志」에서는, '물고기는 음陰의 부류이니 백성들의 상象이다.'라고29) 하였다. 대개 초효初

---

26) 귀족을 말한 것인데, 94효의 양陽이 陰位에 있으니, 剛이 失位하여 백성들을 멀리한 것이다. 高亨, 379頁.
27) '衆維魚矣, 實維豊年.'『詩經譯注』,「小雅」,「祈父之什」,「無羊」, 袁梅著, 상동, 506頁.
28) '陰陽和則魚衆多矣.'『毛詩註疏』卷第十一,「無羊」,『毛詩正義』5冊, 상동, 812頁.

爻가 넷째 효(四爻)와 응應함에, 반드시 강강(陽)이 아래에 있고 유유(陰)가 위에 있어야, 그 실정이 전일專一하다. (水雷)준屯괘 초9효가 64효와 응應하여 크게 백성을 얻게 됨을 알면, 곧 구姤괘 94효가 초6효와 응應하여 백성을 멀리하게 됨을 알 것이다. 94효는 본래 자리를 잃고 또 강강이 거듭되어 중中하지도 않다. (94효에서) 응應을 논하면 실정이 뻣뻣하게 높고, 감쌈[包]을 논하면 (94효의) 자리가 떨어져있다. (94효에서) 움직임이 바르고 또 두 음陰은 응應하지 않으니, 94효가 초6효에 대해서 가까우면서도 서로 뜻을 이루지 못하는 것이다. 그러므로 (94효에는) 백성을 멀리하는 흉함이 있다.

구오효: (임금이 백성들을 무너뜨리고 총비들만 좋아하니) 죄[粱粟]로 오이를 감싼 것과 같으니, 내심에 아름다운 문채를 가진 선비[士]들이 피해를 보고 멸망한 것은, 천명天命에서 나온 것이다. [九五, 以杞包瓜. 含章, 有隕自天.[30]]

상에서 말한다. "95효"가 "아름다운 무늬를 가짐"은, (신하의) 옳고 바른 덕이다. (폭군을 섬김은) "하늘로부터 자기가 멸망함"이니, (자기) 뜻이 막히어 목숨을 내버림이다. [象曰: "九五" "含章," 中正也. "有隕自天," 志不舍命也.[31]]

(복자하卜子夏의) 『자하역전子夏易傳』에서 말한다. "박[匏瓜]은 열매가 음陰에 속하고, 덩굴로 자라나니, 음陰이 옴[來]에, 면면히 그치지 않음을 나타낸다."[32]

우번虞翻은 말한다. (95효에서) 운隕은 떨어짐이다. (하괘인) 손巽은 '구기자나무[杞]'이고, (상괘인) 건乾은 하늘이다.

소식蘇軾(1037-1101)은 말한다. '구리제동기[金柅]', '구기자나무로 쌈[包杞]'은 모두 92효이다.

....

29) '魚陰類, 民之象.', 『漢書』, 「五行志」第七中之下, 五冊, 志一, 1430頁.

30) 기杞는 기芑(흰 차조)의 가차이다. 기芑는 양속粱粟(조)이다. 포包는 속[裹]이다. 함含은 [今+戈]의 가차이니, 승勝(이기다)이다. 함장含章은 내심에 화려한 무늬[文章]를 가짐이다. 有는 其와 같다. 운隕은 추隆이니, 멸滅(멸망)이다. 高亨, 379頁.

31) 함장含章은 내심에 文章(수레, 깃발 등)을 가지고 있음이다. 有는 其와 같고, 운隕(무너지다)은 멸滅이다. 不는 마땅히 부否로 읽어야 하니, 否는 폐색閉塞되어 통하지 않음이다. 사舍는 사捨(버리다)의 가차이다. '志不舍命'은, 자기 뜻이 폐새廢塞 되어 통행될 수 없으면 목숨을 버림의 뜻이다. 含章은, 正中의 덕이 文章의 아름다움을 가짐이다. '有隕自天'은, 혼폭昏暴한 임금을 섬겨서, 정중正中의 덕이 막히게 되면, 생명을 버리고 멸망함을 말한다. 高亨, 380頁.

32) 이와 똑같은 구절을 『子夏易傳』姤괘에서 찾을 수 없고, 박[匏瓜]만 보인다. 그러나 『讀書齋叢書』2, 乙集: 第3, 4本에, 인용문이 보인다. "子夏傳曰:「匏瓜陰實而蔓生, 象陰之來, 綿綿未已.」, 구姤괘, 『運山』, 玉函山房輯佚書府卷二顧經線易委員: #174, https://ctext.org 참조.

돼지, 물고기, 오이는 모두 초6효이다. 음陰은 자라나고 양陽은 줄어드는 것은 하늘의 명命이다. 그것을 극복할 수 있는 것은 사람의 뜻이다. 군자는 하늘의 명命 때문에 뜻을 없애지 않는다. (나의 견해: 뜻이 있으면 어느 경우에나 편안하다. 군자는 평이하게 거처하면서 명命을 기다리니, 필부가 그 뜻을 빼앗을 수 없다. 이것이 하늘을 즐거워하며 명命을 아는 배움이다. 선비는 각자 뜻이 있고, 뜻 있는 선비는 패배를 전환하여 공功을 세우고, 망함을 바꾸어 보존하니, 만약 이룰 수 없다면 생명을 포기하여 의義를 취하고 제 몸을 버려 인仁을 완성한다. 이를 명命 때문에 뜻을 없애지는 않는다고 이른다.)

유초游酢(1053-1123)는 말한다. 92효의 강중剛中으로 초6효의 연약함[柔脆]을 감쌌으니, 현자를 등용하여 백성을 얻은 상象이다. (나의 견해: 92효의 강중剛中이 현자이고, 초6효의 연약함[柔脆]이 백성이다. 92효로 초6효를 감쌌으므로, 현자를 등용하여 백성을 얻는 것을 나타낸다.)

주진朱震(1072-1138)은 말한다. '구기자나무[杞]'는 가죽나무(樗)와 비슷한데, 잎이 커서 그늘이 진다.

이망李網(12세기, 남송南宋 역학자)은 말한다. 유柔(陰)가 아래에서 생겨나니, 덩굴 오이와 같다. 구기자나무로 그것(오이, 瓜)을 감싸서 붙일 수가 있게 되면, 유柔(陰)의 도道가 끌어당겨서 자라나지 못하게 한다. 92효는 손巽의 몸[體]으로 구기자나무를 닮았는데, 그것을 좌지우지하는 것은 95효이다. (나의 견해: 92효는 초6효를 감쌀 수 있고, 95효는 92효를 좌지우지할 수 있는데, 실제로는 95효와 92효는 음양의 상응에 말미암기 때문에, 따라서 이것들을 좌지우지할 수 있는 것은 '이以'라고 말한다.)

전일본錢一本(1539-1610)은 말한다. 95효는 중정中正하고 아래 세 양陽을 합하여, 건乾을 거듭하여 둘러싼다[包]. 일유一柔가 초6효[初爻]에 있어서 마침내 만물[品物]의 무늬[章]를 이룬다.

손기봉孫奇逢(1584-1675)은 말한다. '빛나는 것을 품고 중정中正함[含章中正],' 이것은 (사람의) 뜻과 천명天命이 서로 어울려 순환하는 것이다. (나의 견해: 안은 병들지 않아, 뜻에 악惡함이 없다. 뜻이 함축하는 바가 어두우면서도 해처럼 빛난다. 창여昌黎(韓愈)는, '어짊과 불초함은 자기에게 달려있고, 귀함과 천함, 화禍와 복福은 하늘에 달려 있으며, 명성名聲의 선악은 남들에게 달려 있다. 자기에게 달린 것은 내가 앞으로 노력할 것이다. 하늘에 달려있고 남들에게 달려있는 것은 나 이외의 것에 맡겨져서 내가 힘을 쓸 수 없다.'라고 하였다. 이는 곧 천명天命과 함께 어울려 순환하는 것이며, 이것이 '사람이 노력을 다하여 하늘의 뜻에 부합함'을 말한다.)

왕부지王夫之(1619-1692)는 말한다. 95효는 '아름다운 무늬[含章]를 가짐'을 뜻으로 삼아서, 천명天命에 맡기지 않으니, 반드시 그것을 얻고자 하여 무너짐과 혼란을 그치게 하니, 이는 대인大

人이 명命을 세우는 덕德이다. (95효에서) 오직 강건剛健하고 중정中正해야 그것을 감당할 수 있으니, 사람(의 뜻)이면서 하늘(의 명命)이다.

섭유葉酋(18세기, 청淸나라 역학자)는 말한다. 쾌夬괘의 상6효가 구姤괘의 초6효가 되었으니, 이른바 '하늘로부터 자기가 멸망함[有隕自天]'이다.

유원劉沅은 말한다. (상괘인) 건乾은 둥그니, 오이[瓜]의 상象이다. 95효는 중정中正의 덕德을 갖고 천명天命에 묵묵히 부합하니, 오이를 감싸고 스스로 떨어진다. 옛날 성인이 어리석고 아첨하는 사람[頑讒]을 다스리고, (남방의) 유묘有苗나라를 바로잡은 것이 이 도道를 사용한 것이다.

리스전李士鉁은 말한다. 오이는 초6효를 가리킨다. 구姤괘는 5월의 괘卦인데, 5월에 오이가 자란다. 구기자나무[杞]는 92효를 이른다. 92효는 초6효를 감싸므로, 구기자나무로 오이를 감싸는 것이다. 오이는 익으면 떨어지는데, 떨어져서 비록 땅에 있더라도, 실제로는 하늘에서 떨어진 것이다.

마치창馬其昶은 말한다. 오이는 부드러운 덩굴이 다른 것에 붙어서 자라는데, 밭 가꾸는 이는 구기자나무를 오이 밭에 심어서, 오이로 하여금 그것의 그늘에 의지하게 하니, 감싸는 상象이 있다. 하늘과 땅이 서로 만남에 만물[品物]이 모두 빛나는데, 오이도 역시 만물 중의 하나이다. 곤坤괘 63효(의 상象전)에서, '(사람이 안에) 잡박한 무늬를 가져서, (하는 일이) 바르게 됨'이라고 하였는데, 본래의 효爻가 변하여 바른 데로 간 것이다. 여기[구姤괘95효], '아름다운 무늬를 가짐[含章],' '하늘로부터 자기가 멸망함[有隕自天]'에서, 본래[95]의 효爻가 중정中正하여 변하지 않는데, 초6효가 변하였으므로, 따라서 '하늘로부터 자기가 멸망함[有隕自天]'을 말한 것이다. 95효와 상9효가 하늘이니, 떨어진 것은 초6효이다. (나의 견해: 이는, 쾌夬괘의 상6효가 본래는 하늘 맨 위에 있었으나, 지금은 떨어져서 구姤괘의 초6효가 되었으니, 이것이 하늘에서 떨어짐이다.) 양陽이 지극해지면 음陰이 생겨나, 하늘로부터 내려오니, 이것을 일러 명命이라 이른다. 그것을 부축하고 심어서 만물의 빛남을 완성시키게 하는 것은 (사람의) 뜻이다. 뜻으로 명命을 버리지 않는 자는, 명命이 이르면 뜻이 곧바로 거기에 나아가니, 단지 명命에 맡기는 것만은 아니다.

상구효: (짐승의) 뿔에 채였으니, 어려움을 (만났으나, 다치지 않았기에) 탈은 없다.
[上九, 姤其角, 吝, 无咎.33)]
상에서 말한다. "(짐승의) 뿔을 만난 것"은, 상9효에서 "어려움"으로 궁색함이다.
[象曰: "姤其角," 上窮"吝"也.]

....
33) 구姤는 구遘(만남)의 가차이니, 만남이다. 린吝은 어려움이다. 高亨, 380頁.

리스전李士鉁은 말한다. (상9효는) 강강(剛)(陽)이면서 가장 높이 있으니 뿔의 상象이다. 건乾 머리[首] 위에 있으니 역시 뿔의 상象이다. (상괘인) 건乾은 용龍이니, 맨 위는 용의 뿔이다. 상9효는 본래 자리[位]에 있지 않고, 초6효까지의 거리도 머니, 그와 만나지 않아도 또한 (상9효에는) 허물이 없다. 멀어서 서로 만날 수 없으나, 본디 해害가 없다.

마치창馬其昶은 말한다. 뿔은 구석에 치우친 부분이고, 92, 95효는 중정中正하여 서로 만난다. 초6효와 상9효는 모두 뿔이니, 음양陰陽의 기운은 매번 뿔에 이르러 변한다. 양陽이 서남쪽의 뿔에서 막히다[窮]가 음陰을 만났고, 음陰이 동북쪽의 뿔에서 막히다가 양陽을 만났다. 쾌夬괘의 상6효를 뒤집어, 구姤괘의 초6효로 만들었으니, 음양이 각각 하나의 뿔에 자리하여 서로 만난 것이다. 다른 효爻에서는 구姤괘를 말하지 않고, 상9효에서만 '(짐승의) 뿔을 만난 것[姤其角]'은 상9효와 초6효가 만나지 않는 것은 아니지만, 단지 그 뿔에서일 뿐임을 밝혔다. 비록 만났더라도 양陽이 이미 궁해졌기 때문에 (구姤괘는) 어려운 것[吝]이다. 시의時義는 항상 그러하므로 허물은 없다.

• **나의 견해**: 음양과 선악善惡[淑慝]의 구분, 이것은 천하天下에서 중정中正한 도道이니, 오직 중정中正해야 천하에 크게 행해질 수 있다. 구姤괘의 92, 95효는 모두 강강이면서 중정中正하니, 건乾괘의 92, 95효와 똑같다. 이른바 만난다는 것은 곧 구름과 용, 바람과 호랑이가 서로 따르는 것이니, 성인聖人이 작동시켜서 만물萬物이 보이는 때이다. 형亨은 잔치 모임인데, 성군聖君과 현신賢臣이 서로 만나고 만물이 모두 빛나니[咸章], 이는 만남[姤]의 가장 아름다운 것이다. 그러나 성인聖人은 매번 우환을 생각하여 미리 방비하니, 음陰을 만나기는 하지만, (음을) 자라도록 하지는 않으므로, 먼저 그것을 경계한다. 곤坤괘는 초6효의 음陰으로써 서리는 내리지만 아직 얼지는 않음을 나타내기에, 그 얼음이 단단해질 것을 방비하며 경계를 보인 것이다. 구姤괘는 초6효의 음陰으로써 여자로서 건장하지 않음을 나타내니, 그녀가 건장해지고 성대해짐을 방비하여, (그런 여자를) 취하지 말라고 말하였다. 대개 음陰은 해害가 되기 쉬우니, 음陰이 비록 미약하지만 마땅히 방비해야지, 자라나게 하는 것은 마땅하지 않다. (결단코 음陰은) 미약한 양陽을 양육하고 돕는 것이 아니다. (구姤괘의) 95효는 강강이면서 중정中正함을 가리켜 말한 것이다. 소식蘇軾 및 선산船山(王夫之)의 이론[說]은, '뜻이 막히어 생명을 버림[志不舍命]'을 해석하여, 그 정확한 뜻을 얻었는데, 그 만난 사람을 잘 이용할 수 있었다. 『시詩』에서, '그 좋은 분, 목숨 바쳐 나라 위해 애쓰시네.'라고[34] 하였는데, (구姤괘의) 95효가 이것을 상징한다.

---

34) '彼其之子, 舍命不渝.' 『詩經譯注』, 「鄭風」, 「羔裘」, 袁梅著, 상동, 249頁.

45. 췌萃괘 ䷬

**췌萃괘: 제사를 드리려고, 왕王께서 종묘宗廟에 오셨으니, 대인大人을 만나 뵈니 이롭고,
큰 희생제물을 씀이 길하며, 나아가면 이롭다.**
[萃, 亨, 王假有廟, 利見大人, 亨利貞, 用大牲吉, 利有攸往.[1)]]

정현鄭玄(127-200)은 말한다. 큰 희생제물[大牲]은 소이다. 대인大人은 연회의 시기에 일을 주관
할 수 있으니, 반드시 소를 잡아서 맹세하고, (췌萃괘에서) 맹세하면 나아갈 수 있음을 말한 것이다.

우번虞飜(164-233)은 말한다. (췌萃괘에서 하괘인) 곤坤은 소이다.

육적陸績(188-219)은 말한다. 왕은 95효이다. 사당[廟]은 상6효이다. 왕은 온갖 재물을 모아서
조상을 제사지내고, 제후는 사당에서 제사를 돕는다. 가假는 큼이니, 95효가 상6효를 받들음을
말한 것이다.

유원劉沅(1767-1855)은 말한다. 『서괘序卦』전에서, '구姤괘는 만남이다. 물건이 서로 만난 뒤에
모이므로, 췌萃괘卦로 받았다.'라고[2)] 하였다. (췌萃괘의) 상전象傳에 의하면, 감坎은 숨어서 엎드
린 것[隱伏]이니, 귀신의 상이다. 호체互體인 간艮은 궁궐과 사당의 상이다. (췌萃괘는,) 상괘인 태
兌는 양羊이고 하괘인 곤坤은 소이니, 큰 희생제물[大牲]의 상이다. 무형無形의 모임[萃]은 사당에
오는 것보다 큰 것이 없다. 귀신과 사람의 마음의 통함은 유형有形한 모임[萃]이니, (모임에서) 대
인大人을 보는 것보다 이로운 것이 없다. 임금과 백성의 마음이 통하니, 그러므로 (췌萃괘는) 형
통한다.

장혜언張惠言(1761-1802)은 말한다. (『주례周禮』에서) 주周나라 관리[官](를 논)하면서, '(천자
가 정기定期아닌 때에 제후들을 만나기 위해 여는) 시회時會에서, 사방에 금령禁令을 내린다.'라

---

1) 췌萃는 괘명인데, 취聚(모으다)의 뜻이다. 위의 형亨자는 단象전에서 향享[제사祭事 드림]으로 읽고; 아래의
   형享은 통通이다. 貞은 正이다. 有는 우于와 같다. 高亨, 382頁; 가假는 '…에'이다. 周振甫, 상동, 159頁
   注1 참조.
2) '姤者, 遇也. 物相遇而侯聚, 故受之以萃.'「序卦」傳, 高亨, 649頁.

고[3] 하였다. 정현鄭玄주注에, '제후가 따르고 복종하지 않는 자가 있고, 왕이 장차 정벌할 일이 있으면, 왕명王命으로 일단 소집하여, 나라 밖에서 제단을 만들어서 제후들을 모아서 금령禁令을 내리고 할 일[職事]을 안배한다.'라고 하였다. (『의례儀禮』의)「근례覲禮」편 (정현鄭玄의) 주注에, '무릇 회동會同은 화합하는 것이 아니고 맹세 하는 것이니, 이러한 회동에는 맹세함이 있다.'라고 하였다. 『역易』(췌萃괘)에서, 먼저 '사당에 옴[假廟]'과 '대인을 만남[見大人]'을 말하고, 다음에 '큰 희생제물을 씀[用大牲]'을 말했으니, 상象은 또한 병기를 없애고, 예기하지 못한 일을 경계함을 말한 것이라면, 이것이 (천자의) '시회時會에서 금령을 발동함[時會發禁]'이다.

허계림許桂林(1779-1822)은 말한다. 무릇 왕을 말한 것은 모두 상商나라 왕을 이른다. 이는 문왕文王이, 군자를 아끼는 지극함이 있어서, 수시로 선善을 펴고 사악함을 막았다는 뜻에 있다.

리스전李士鉁(1851-1926)은 말한다. (상괘인) 태兌는 못[澤]이니, 물이 모인 것이다. (하괘인) 곤坤은 땅이고 많음이니, 흙이 모인 것이다. 재화는 시장에 모여서 백공百工의 쓰임에 통하고; 사람은 나라에 모여서 피차의 뜻이 통한다. 호체互體인 간艮은 대궐 문이다. 호체인 손巽은 나무이고, 또 높음이다. 궐문에 나무가 있고 높으니 종묘의 상이다. 선조를 받들고 근본을 보답하니, 천하의 마음이 매이게(繫) 되는 것이다. 큰 희생제물[大牲]을 쓴다는 것은 제사가 중요한 제도이다. 천하의 큰 것을 얻고서도 자기 소유로 하지 않고, 천하의 재물을 이루고서도 자신을 받들지 않는다. 재물을 준비하고 공경을 바치는 것은, 온 나라들과 함께 근본을 돌이켜서 처음을 회복하는 사상을 도탑게 하는 것이니, 이것이 왕이 천하를 모으는 방법이다.

마치창馬其昶(1855-1930)은 말한다. 췌萃자 아래에, 마융馬融, 정현鄭玄, 육적陸績, 우번虞翻은 모두 형亨자字가 없다.

• **나의 견해**: 황제黃帝가 치우蚩尤를[4] 사로잡고, 순舜임금이 유묘有苗를 바로잡고, 우禹임금이 방풍防風을 죽인 것은, 모두 '가는 것이 이로움[利有攸往]'이다. 인심의 취합을 얻는 것이 이른바 천명天命을 따른다는 말이다. 천명을 받들어서 죄가 있음을 토벌하는 것은 바름으로써 취합하는 것이, 이에 옳다. 천명은 바르지 않음이 없어서 대인은 바름으로써 취합하니, 천명을 따를 수 있는

<hr>

3) '時會, 以發四方之禁.', 『周禮今註今譯』卷九,「秋官司寇」第五, 林尹註譯, 상동, 400頁.

4) 치우蚩尤는, 중국의 전설상의 인물이다, 신농씨神農氏 때, 그는 황제黃帝와 탁록涿鹿의 들에서 싸울 때, 짙은 안개를 일으켜 괴롭혔는데, 지남차指南車를 만들어 방위方位를 알게 된 황제黃帝에게 잡혀서, 치우蚩尤는 죽었다고 한다.

까닭이다. 천지만물의 실정이, 바름에서 나오지 않으면 모일 수 있는 것은 없으니, 그러므로 (췌萃괘는) 모이는 곳에서 그것(천명天命)을 볼 수 있다.

단전에서 말한다. 췌萃괘는, 모임이다. (하괘가 곤坤이니 인심人心에) 순응하기에 (사람들이) 기뻐하며, (95효의) 강건함이 가운데 있으니 (62효가 이에) 대응하기에, 따라서 (사람들이) 모인다. "대인大人을 만나니 이롭고 형통함"은, 정도正道로써 (대인과) 함께 모인 것이다. 큰 제물을 바치니 길하고, 앞을 가면 이로움"은, 천명天命에 순종한 것이다. 모인 것을 보면, 천지와 만물의 실정을 볼 수 있을 것이로다!

[彖曰:「萃」, 聚也. 順以說, 剛中而應, 故聚也.[5] "王假有廟," 致孝享也.[6] "利見大人亨," 聚以正也.[7] "用大牲吉, 利有攸往," 順天命也. 觀其所聚, 而天地萬物之情可見矣.]

왕부王符(83-170)는 말한다. (天地)비否괘, (地天)태泰괘는 서로 변화하며 순환하고, 음양은 아우르지 않는다. (췌萃괘에서) 그 모이는 바를 보면, 흥쇠興衰의 단서를 볼 수 있다.

왕필王弼(226-249)는 말한다. (췌萃괘에서) 실정이 같으면 이에 모이고, 기氣가 합하면 이에 무리[群]가 된다.

(정이의) 『이천역전伊川易傳』에서 말한다. 종묘를 건립함은, 그 효와 제사에 정성을 드리기 위함이다. 제사는 사람 마음이 저절로 다하는 것이다. 그러므로 천하의 인심을 모으는 것은 효孝와 제사만한 것이 없다. 그러나 모이는 것이 바름으로써 하지 않으면, 사람의 모임은 합치기는 했으나, 재물의 모임은 도리에 어긋나게 들어옴[悖]시이 되니, (췌萃괘에서) 어찌 형통함을 얻겠는가? 그러므로 (췌萃괘에서) '바름[貞]'이 이롭다. (나의 견해: 정貞은 바름이니, 바름에서 이로움을 말한 것이다.)

장준張浚(1097-1164)은 말한다. (췌萃괘에서) 기쁨으로써 따름은 백성을 얻은 것이다. (췌萃괘에서) 강剛이 중中에 있고 응應하면, 현명함을 얻은 것이다.

왕종전王宗傳(12세기, 남송南宋 역학자)은 말한다. (췌萃괘에서) 곤坤과 태兌의 순종과 기쁨을 보면, 상하의 모임[萃]을 알 수 있다. 62, 95효가 서로 응함을 보면, 임금과 신하의 모임을 알 수 있

<hr>

5) 췌萃는 취聚(모이다)이다. 하괘는 坤이니 順이고, 상괘는 兌이니 說(悅, 기쁨)이다. 95효가 剛中이면 62효는 이에 대응하니, '應'이다. 高亨, 382頁.
6) 가假는 도到(이르다)이며, 有는 于이고, 廟는 宗廟이다. 周振甫, 159頁 注1; 향향은 제사지냄이다. 高亨, 상동.
7) 형亨은 通이고, 貞은 正이다. 高亨, 383頁.

다. 종묘에 제사함으로써 효성을 보이면, 사람들과 신神의 모임을 알 수 있다. (췌萃괘에서) 천명天命에 따르지 않을 수 없음을 보면, 또한 하늘과 사람들의 모임[萃]을 알 수 있다.

조여매趙汝楳(13세기, 남송南宋 역학자)는 말한다. 모임에는 반드시 주로 삼는 것이 있다. 천하는 왕을 주로 하여서, 그 생生을 모으고, 왕은 종묘를 주로 하여서 백성을 모은다. 군자는 장차 궁실을 다스리되, 종묘가 우선이 된다. (췌萃괘에서) 종묘가 있음이 인심을 모으는 근본이다.

뇌사雷思(13세기, 원元대 역학자)는 말한다. 만국의 환심을 얻고 사해四海 안에서, 각각 그 직분으로써 제사에 오며, 이러한 연후에 종묘가 있고, 효도로 제사 지냄을 지극히 하니, 이것이 천자天子의 효라고 말한다.

호병문胡炳文(1250-1333)은 말한다. 함咸괘의 실정은 통함이고, 항恒괘의 실정은 오래감이며, 췌萃괘의 실정은 한 결 같음이다.

유원劉沅은 말한다. 못과 산골물이 있는 땅은, 만물이 모두 모여서 살아가니 그러므로 췌萃[모임]괘라고 한다. 하괘는 상괘에 순종하고 상괘[兌]는 하괘[坤]를 기뻐하니, 양[二] 괘가 취합하여 몸[體]이 된다. 95효는 강중剛中으로써 아래와 사귀고, 62효는 유중柔中으로써 위와 응하니, 2효는 모임의 쓰임[用]이 있다. (췌萃괘에서) 모이는 까닭을 알면 형통하다. 뜻을 다함으로써 효를 드리니, 제물을 다 바쳐 제사를 드리기에, (췌萃괘에서) 위로는 조상의 정신을 모을 수 있고, 아래로는 천하의 인심을 모을 수 있다. 대인大人은 췌萃괘의 주인[主]이니, 자기를 바르게 해서 사물이 바르게 된다. 천리天理를 따라서 행하는 것이 곧 천명天命을 따르는 것이다. 하늘은 바름으로써 서로 모이니, 음양이 조화하고 백성들[百族]이 무성해진다. 만물은 부류[類]로써 서로 모이니, 음성과 기운이 서로 응하고 모양과 성질이 서로 만난다. 그러므로 (췌萃괘에서) 모이는 바를 보면, 실정을 볼 수 있는 것이다. 천지만물이 모임으로써 후에 낳고 (또) 낳아서 끝이 없으니, 그러므로 (췌萃괘에서) 여섯 효가 모두 허물이 없다.

마치창馬其昶은 말한다. (澤地)췌萃괘는 (水地)비比괘와 같지 않다. 비比괘는 하나로 합치는 법을 처음으로 열어 시작함이 되나, 췌萃괘는 곧 흩어짐으로부터 말미암아 모임을 찾는 것으로, 그 모임이 쉽지 않으니, (췌萃괘는) 아마도 왕이 중흥할 때인가? (췌萃괘에서) 효爻들이 어지럽고 탄식하고 눈물 흘리는 상이 많은데, 이 때문이다. 인정은 옛것을 생각하여 기쁘게 합하니, 오직 하늘만이 또한 그러하다. 동중서董仲舒는, (췌萃괘에서) '스스로 크게 망하게 하는 도道의 세상이 아니기에, 하늘은 (임금을) 붙들어주고 안전하게 하려고 한다.'라고[8] 말한다. 그러므로 (췌萃괘에

---

8) '(董)仲舒對曰: … "自非大亡道之世者, 天盡欲扶持而安全之.", 『漢書』, 「董仲舒傳」第二十六, 班固撰, 八

서) 모이는 바를 보면, 천지만물의 실정을 볼 수 있을 것이다.

상전에서 말한다. 못물이 (모여서) 땅위로 올라오는 것이 췌萃괘이다. 군자는 병기를 수리하여, 의외의 내란에 대비한다.

[象曰: 澤上於地, "萃." 君子以除戎器, 戒不虞.9)]

(유향劉向의)『설원說苑』에서 말한다.「(사마양저司馬穰苴의)『사마법司馬法』에서, "나라가 비록 크다고 할지라도, 전쟁을 좋아하면 반드시 망하고; 천하가 비록 안정되었어도, 전쟁을 잊으면 반드시 위태롭다."라고10) 하였다. 무릇 병기는 가지고 놀 수 없으니, 가지고 놀면 곧 위세가 없게 된다. 병기는 폐기할 수 없으니, 폐기하면 도적을 불러온다.『역易』(쾌夬괘)에서, '군자가 병기를 수리하여, (미리) 헤아리지 못한 일을 경계해야 한다.」라고11) 말하였다.

육적陸績은 말한다. (췌萃괘에서) 제除는 수리하여 다스림과 같다.

왕필王弼(226-249)은 말한다. (췌萃괘에서) 모였는데 방비함이 없으면, 군중들은 의심이 생긴다.

공영달孔穎達(574-648)은 말한다. (췌萃괘에서) 못이 땅 위에 있다면, 큰비가 몰려오는 것이다.

항안세項安世(1129-1208)는 말한다. 물과 불은 기氣로써 말한 것으로, 감坎과 이離가 그것들을 주관한다. (췌萃괘에서) 산山과 못[澤]은 형상으로써 말한 것으로, 간艮과 태兌가 그것들을 주관한다. 물의 기운은 땅위에 있을 수 있으나, 물의 형세[形]는 땅위에 있을 수 없으니, 반드시 제방을 세워야 그것을 모을 수 있다.

왕신자王申子(13세기, 원元대 역학자)는 말한다. 못 위에 땅이 있는 것은 임臨괘라면, 못(에 물)을 모으는 것은 땅의 언덕이다. 못[澤]이 땅[地] 위에 있는 것이 췌萃괘라면, 못에 물을 모으는 것은 제방이다. 제방으로써 못(에 물)을 모은다면, (제방이) 무너지거나 넘쳐흐르는 근심이 있을 것이다. 그

冊 傳[二], 상동, 2,498頁.

9) 除는 수修(고치다)이고, 융戎은 병기이다. 우虞(헤아림)은 탁度(헤아리다)이니, 不虞는 헤아릴 수 없는 일, 즉 의외의 걱정[患]이다. 하괘가 坤이니 땅이요, 상괘가 兌니 못[澤]이다. 못물이 지상에 모여서, 마구 흐르면 의외의 水災를 만든다. 澤은 民에, 땅에 물이 모이는 것은 서민들이 모여 난亂을 일으킴이니, 의외의 재앙이다. 高亨, 상동.

10) '國雖大, 好戰必亡. 天下雖安, 忘戰必危.'『司馬法今註今譯』,「仁本」第一, 劉仲平註譯, 臺北: 臺灣商務印書館, 1986, 7頁.

11) '『司馬法』曰「國雖大, 好戰必亡. 天下雖安, 忘戰必危.」『易』曰:「君子以除戎器, 戒不虞.」,『說苑校證』, 「指武」, [漢] 劉向撰, 向宗魯校證, 北京: 中華書局, 1987, 365頁.

러므로 군자는 이 (췌萃괘의) 상象을 관찰하여, 세상을 다스리는 제방을 만든다.

유원劉沅은 말한다. 물이 모이면 터지니, 반드시 그것을 예방할 수 있어야하는데, 물은 '(웅덩이에) 괴이게[저瀦]' 되어 있다. 사람이 모이면 다투니, 반드시 그것을 통제할 수 있어야, 어지러움은 이에 안정이 된다. (췌萃괘 상象전의) 제除는 옛 것을 버리고 새 것을 취함을 말한다. 병기가 오래되면 반드시 낡게 되니, 손질하고 수리하는 것인데, 이는 무예를 숭상해서가 아니라, (미리) 헤아리지 못한 일 때문에 경계하는 것이다. 천하의 환난은, 대부분 헤아리지 못한 데에서 발생하니, 그러므로 그것을 경계한다. (상괘인) 태兌는 서쪽이며 쇠[金]이니, 병기의 상이다. (하괘인) 곤坤괘는 험함을 아는 것이니, 헤아리지 못할 일을 경계하는 상이다.

짱홍즈張洪之(1881-1969)는 말한다. (췌萃괘에서) 양陽은 수數가 많지 않아 수리함[修]이고, (하괘인) 곤坤은 병기가 되고, (호체互體인) 감坎은 활시위고, 또 도적이다. (췌萃괘의) 단전彖傳에서 '사당에 옴[假廟]'을 말하였고, 상전象傳에서는 '병기의 수리[除戎]'를 말한 것은, 나라의 세력은 항상 모여 있으나 흩어지지 않을 수는 없다. 지극히 따름보다는 따르지 않음을 헤아린다면, 모임은 오래갈 수 있다. (『상서尙書』에서,) '주공周公이 성왕成王에게, "왕의 군대를 잘 다스려서, 우禹왕의 자취를 따르소서."라고12) 아뢰었다. 소공召公이 강왕康王에게, "왕조의 군대를 더욱 강하게 하시고, 우리 고조高祖의 대명大命을 허물지 마소서."라고13) 아뢰었다. (이는) 모두 인심人心이 모이는 때에 타일러 훈계하였을 뿐이니, 왕에게 전쟁을 가르친 것이 아니라, 아직 어지럽지 않을 때에 제재하고 다스림으로써, 아직 위태하지 않을 때에 나라를 보전하게 할 뿐이다.

초육효: (어떤 이가) 신임이 있었으나 끝까지는 아니었다. (그가) 정신착란이 생겨서, 호곡號哭을 하였는데, 한 집 사람들이 웃었고, 걱정하지 않았으나, (앞으로) 가니 허물이 없었다.

[初六, 有孚不終, 乃亂乃萃, 若號, 一握爲笑,14) 勿恤, 往无咎.]

상에서 말한다. "정신착란과 병듦"은, 정신의 착란이다.

[象曰: "乃亂乃萃," 其志亂也.15)]

---

12) '其克詰爾戎兵以陟禹之迹.' 『今古文尙書全譯』, 「立政」, 江灝, 錢宗武譯注, 상동, 380頁.

13) '張皇六師, 无壞我高祖寡命!', 『今古文尙書全譯』, 「康王之誥」, 江灝, 錢宗武譯注, 상동, 413頁.

14) 부孚는 信이다. 난亂은 정신착란이다. 췌萃는 모이다(聚)이다. 若은 而와 같다. 號는 호곡號哭이다. 악握은 옥屋(구획區劃)의 가차이다. 휼恤은 근심하다(憂)이다. 高亨, 384頁.

15) 萃는 췌瘁(病)의 가차이다. 志亂은 神志의 착란이다. 高亨, 상동.

정현鄭玄은 말한다. 악握은, '3부夫는 옥屋이 된다.'로16) 읽음의 옥屋, (즉 구획區劃)이다. (혜동
惠棟은 말한다. 정현鄭玄주注에는, (『주례周禮』의) 「지관地官 소사도小司徒」편에서, '3부夫는 옥屋
이고, 3옥屋은 정井이라 한다.'라고17) 주를 달았다. 또 장인匠人의 주석에서, '3부夫는 옥屋이다.
옥屋은 구具라 말한다.'라고 하였다. 하나의 정井 가운데 3옥屋은 9부夫이다. 여럿이 서로 함께[具]
하여서 세금을 낸다. 『전국책戰國策』에서, '요堯임금은 3부夫의 봉토封土가 없었으니, 3부夫는 1옥
屋이라 하였다.' 1옥屋은 곤坤의 세 효를 말한다. 왕쑤난王樹枏(1852-1936)은, 『경전석문經典釋文』
에서 촉재蜀才(成漢范, 219-318)는 정鄭나라 부씨傅氏와 함께 '액체에 적시다[渥]'를 만들었다고 하
였다. (『이아爾雅』의) 「석언釋言」편에 의하면, '악握은 갖춤[具]'이다.18) 옥屋과 더불어 뜻[訓]이 같
다. 곤坤괘는 여럿[衆]이니, 세 사람도 또한 많음이다. (주희의) 『주역본의周易本義』에서는, 여럿
[衆]을 비웃음[笑]으로 여겼으니, 바로 정현鄭玄을 근거로 했다.)

유염俞琰(1253-1314)은 말한다. 94, 95효는 같은 몸[同體]이며, 초6효는 가서 94효를 따르니, 또
한 (초6효는) 94효로 인하여 95효에 모일 수 있다.

유원劉沅은 말한다. (초6효에서) 부孚는 94효와 정응正應이니, 본래 서로 믿는 것이다. 끝까지
못한다는 것은, 호체互體 손巽이 음유陰柔이니 진퇴進退는 되지만, 결과는 없는 것이다. 곤坤은 여
럿[衆]이고, 초6효는 백성인데, 3음陰이 서로 연합하고 있으니, 모이고자 하나 주인[主]이 없다. 그
러므로 (초6효에서는) 혹 어지럽고 혹 망령되이 모이는 것이다. 호號는 94효를 불러서 모임을 찾
는 것이다. (상괘인) 태兌는 입이니, 따라서 웃음이다.

리스전李士鉁은 말한다. (초6효에서) 유부有孚는, 94효를 믿음이다. (초6효에서) 끝까지 못하니
그러므로 이에 어지러워진다. 난亂은 흩어짐이다. (초6효에서) 흩어지면 모이고자 하니, 그러므
로 이에 모이게 된다.

마치창馬其昶은 말한다. 처음이라는 것은 일의 시작이다. (초6효에서) '신임이 있었으나 끝까지

<hr />

16) '理民之道, 地著爲本. 故必建步立畝, 正其經界. 六尺爲步, 步百爲畝, 畝百爲夫, 夫三爲屋, 屋三爲井, 井
　爲七夫. 八家共之, 各受私田百畝, 公田十畝, 是爲八百八十畝, 餘二十畝以爲廬舍.', 『漢書』, 「食貨志」第
　四上, 漢 班固撰, 唐 顔師古注, 四冊 志[一], 상동, 1,119頁. 백성을 다스리는 방법은 토지를 기초로 하는
　것이다. 그래서 보步와 무畝 등 토지 단위를 제정하여 한계를 명확히 구분해야 한다. 6척尺은 1보步이고,
　백보步는 무畝이고, 백"무畝"는 "부夫"이고 3"부"는 "옥屋"이고 3"옥屋"은 "정井"이고 1"정"은 7"부夫"이다.
　8개 가정을 한 단체로 하여 한 가정에 각각 개인 소유하는 밭 백무畝 씩, 공공 소유하는 밭 10무畝씩 주고
　20무畝를 더 주어 '옥사屋舍[집, 廬舍]'로 삼는 것이다.
17) 『周禮』, 「地官司徒」편에는, '九夫爲井, 四井爲邑, 四邑爲丘, 四丘爲甸.'으로 되어 있다.
18) '握, 其也.' 『爾雅』, 「釋言」第二, 管錫華譯注, 상동, 250頁.

는 아님[有孚不終]'은 시작을 거슬러 올라가는 것이다. 오직 그 믿음이 끝까지 가서 뜻이 어지럽혀지지 않은 연후에, 모임에 기다림이 있다. 호號는 바로 믿음이 밖으로 발동한 것이다. 대중들의 뜻이 어지러워진 때를 당해서, 초6효가 홀로 호소하여 모임을 찾았으니, 이로써 뜻이 어지러워질 수는 없으나, 마땅히 이웃[同井]들의 비웃음을 받게 된다. 『노자老子』에서, '하사下士는 도道를 듣고 크게 웃는다. 웃지 않으면 도道이겠는가!'라고[19] 하였으니, 따라서 (초6효는) 걱정하지 않는다. 자리를 잃고서 후회하나, 의義는 마땅히 94효와 응해야 하니, 그러므로 (초6효는) 가면 허물이 없는 것이다.

육이효: 크게 길하여, 탈이 없고, (사람이) 충직한 믿음으로 약제禴祭를 거행함이 이롭다.

[六二, 引吉, 无咎. 孚乃利用禴.[20]]

상에서 말한다. "크게 길하니 허물이 없음"은, 바름이 아직 변하지 않았기 때문이다.

[象曰: "引吉無咎," 中未變也.[21]]

마융馬融(79-166)은 말한다. (62효에서) 약禴이란 은殷나라의 봄 제사 이름이다.

왕필王弼은 말한다. 약禴은 사계절[四時]의 제사가 간소화된 것이다. 모이는 때에 있어서, 중정中正에 처하여 충忠과 신信으로써 행동하니, (제수祭羞가) 간소하고 허접[薄]해도 귀신에게 올릴 수 있다. (리스전李士鉁: 「62, 95효는 둘 다 중中으로 서로 합하고, 음양이 정응正應하니, 그러므로 95효가 끌어당길 수 있다. 62효의 음허陰虛는 아래에 있으니, 제사가 넉넉할 수 없으니, 따라서 약禴제사이다. 아래가 위를 받는 것은, 정성으로써 함이지 문채로써가 아니다. (『좌전左傳』) 공명한 믿음이 있으면, 산간이나 계곡이나 늪이나 물가에서 자라는 풀이나 개구리밥[蘋]이나 부평초[蘩], 붕어마름[蘊藻]의 나물이라도 귀신에게 제물로 바칠 수가 있다.」라고 하였으니,[22] 이것을 말한 것이다.)

(장재의)『횡거역설橫渠易說』에서 말한다. "무릇 (소략한) 약禴제사의 이로움은, 모두 진정함[誠

---

19) '下士聞道, 大笑之. 不笑, 不足以爲道!', 『道德經』41章 참조.

20) 인引은 마땅히 홍弘이 되어야 하니, 弘은 큼이다. 부孚는 忠信이다. 약禴은 제명祭名인데, 검약儉約한 제사이다. 高亨, 384頁.

21) 中은 正이다. 高亨, 385頁.

22) '苟有明信, 澗溪沼沚之毛, 蘋蘩蘊藻之菜, … 可薦於鬼神.' 『左傳全譯』隱公3年, 王守謙 等譯注, 상동, 14, 15頁.

素]이 어둠과 밝음의 사이에서 분명히 드러나게 되는 것이다.”23)

조언숙趙彦肅(12세기, 남송南宋 역학자)은 말한다. 믿음[孚]은 62효와 95효의 사귐이다.

풍의馮椅(1140-1232)는 말한다. 하괘의 중효中爻는, 대부분 그 부류部類를 끌어당기는데, (地天)태泰괘와 (風天)소축小畜괘와 같은 것이다. (나의 견해: 소축小畜괘 92효의 ‘이끌어 회복함이 길함[牽復吉]’은, 동류同類와 더불어 이끌어 모여서 회복됨을 말한 것이니, 이는 초6효와 93효의 중간에 자리하기 때문이다. 태泰괘의 초9효와 비否괘의 초6효는, 모두 ‘띠[茅]를 뽑아서 그 부류를 먹음’이라 한 것은, 아래 자리에 있으면서 그 동류들과 함께 나아감이니, 그 아래 세 효가 모두 상괘의 세 효와 더불어 상응함을 말한 것이다. 이 주注에서, 하괘의 중효中爻는 하괘 중 여러 효를 말한 것이지, 단지 하괘의 중효中爻만을 가리킨 것이 아님을 말한다.) 본효(62효)와 95효는 정응正應으로, 초6, 63효를 이끌어서 95효에 모임이니, 임금과 신하[君臣]의 큰 뜻[大義]를 얻음이 된다.

왕쉔汪烜(1878-1959)은 말한다. 62효는 유순柔順하고 중정中正하기에, 여러 음들 사이에 있으면서, 그 음의 무리를 이끌어 95효에게 모이게 할 수 있으니, 이른바 ‘대인大人을 봄이 이롭고, 형통하여 바르게 됨이 이롭다.’라는 것이다. (62효에서) ‘바름이 변하지 않음[中未變]’은 초6효의 뜻이 혼란함을 이어서 말한 것이다.

팽신보彭申甫(1807-1887)는 말한다. (62효에서) 즐거운 모임의 때에 위아래의 두 음陰을 끌어와서 모이게 할 수 있으니, 이것이 이웃을 화목하게 하는 선善이라는 것이다.

유원劉沅은 말한다. 호체互體인 간艮은 손[手]이다. (62효가 호체互體인) 손巽 밧줄과 응하니, 그러므로 끌어당김을 상징한다. 62효가 95효와 응함은 여럿[衆]을 이끌어 모아서, 이로써 사람들이 임금을 섬기게 되는 것이다. 사람은 귀신[神]의 주인이니, 사람이 모이면 귀신이 기뻐한다. (62효에서) 오직 진실함으로 이에 이로운 것이지, 요행으로 (귀신을) 불러오는 것은 아니다.

마치창馬其昶은 말한다. 약禴은 (봄 제사인) 약礿자字와 통한다. (『예기禮記』의) 「왕제王制」편에서, ‘(천자天子제후諸侯의) 종묘宗廟의 제사는, 봄에는 약礿이다.’라고24) 하였다. 정현鄭玄주注에, 이는 하은夏殷(시대)의 제명祭名이다. 주周나라는, 그것을 고쳐서, 봄[春]은 사祠로, 여름은 약礿이라 말하였다. 황씨皇氏[皇侃, 488-545]는 「약礿은 ‘박약함[薄]’이니, 봄은 만물이 아직 이루어지지 않아서, 그 제사의 물품이 드물고 박한 것이다.」라고25) 말하였다. 문왕文王은 『역易』을 만들면

23) ‘凡言利用禴, 皆誠素著白幽明之際.’, 『橫渠易說』卷二, 下經, 萃, 電子版文淵閣四庫全書, 상동 참조.
24) ‘天子諸侯宗廟之祭, 春曰礿.’ 『禮記今註今譯』, 第五「王制」, 上冊, 王夢鷗註譯, 상동, 178頁.
25) ‘礿, 薄也, 春物未成, 祭品鮮薄.’, 『康熙字典』, 『漢典』, https://www.zdic.net 참조.

서, 은殷나라의 예禮를 사용했다. (62효의 상象에서) '중中하여 변하지 않음[中未變]'은 바뀌지 않음[不化]이다.

육삼효: (사람들이) 모여서 탄식하니, (이는) 이로울 바 없는데, (앞으로) 나아가면 허물은 없어도, 작은 어려움은 있다.

[六三, 萃如嗟如, 无攸利, 往无咎, 小吝.26)]

상에서 말한다. "(앞으로) 가면 어려움은 없음"은, (임금께) 복종을 숭상하기 때문이다.

[象曰: "往無咎," 上巽也.27)]

이간李簡(?-631)은 말한다. (췌萃괘의) 63효에서 95효까지는 (호체互體인) 손巽이다. 63효가 나아가면 허물이 없는 까닭은, (63효는) 공손해서 94, 95효가 들어갈 수 있기 때문이다.

오징吳澄(1249-1333)은 말한다. 63효가 비록 응함은 없으나, 94의 양과 아주 가까이 있으니, (호체互體인) 손巽의 몸[體]을 이루기에, 그러므로 (63효에서) 위는 손巽이라고 말한다.

유원劉沅은 말한다. 대상大象으로 보니 감坎은 근심을 더하며, 위에서 탄식하는 태兌 입에 응하니 그러므로 (63효는) 탄식함을 상징한다.

마치창馬其昶은 말한다. 여섯 효에서 오직 63효, 상6효만이 응함이 없으니, 또 모두 궁색한 자리를 가졌기 때문이다. 한번 슬퍼하고 한번 탄식하며 모임을 찾고자 하나, (63효는) 얻을 수 없으니, 그러므로 (63효는) 이로운 바가 없다. 그러나 천명은 부득이 따르지 않을 수 없기에, 94, 95효가 모임의 주인이니, (63효는) 제후를 합하여 금령禁令을 발하고, 일을 명령한다. 63효가 만약 94효와 친근하여서 95효에 모이게 되면, 비록 자리가 부당하여 다소 어렵더라도, (63효는) 회동의 모임에서 저절로 제외될 수는 없으니, 그러므로 63, 초6효는 모두 '나아가면 허물이 없다.'라고 말한다.

구사효: 크게 길하여 허물이 없다.

[九四, 大吉, 无咎.]

상에서 말한다. "크게 길하여 어려움이 없음"은, (94효의 양이 음위의) 자리에는 맞지 않는 것이다.

[象曰: "大吉無咎," 位不當也.28)]

---

26) 췌萃는 취취(모이다)이다. 차嗟는 탄嘆(탄식)이다. 인吝은 어려움이다. 高亨, 385頁.
27) 上은 尙이고, 巽은 伏從이다. 高亨, 상동.

방현령房玄齡(579-648)은 말한다. (94효의) 대길大吉은, 자신을 돌보지 않고 심력心力을 다하여, 처음과 끝에 오욕汚辱이 없어서, 오로지 백성의 허물만을 면하게 했음을 말한다.

(정이의)『이천역전伊川易傳』에서 말한다. (94효는) 위로는 95효와 친근[比]하고, 아래로는 여러 음들과 친근하니, 상하의 모임을 얻었다. 그러나 (94효는) 양으로써 음(의 자리)에 있으니, 바르지 않다. 그러므로 (94효는) 반드시 크게 길한 뒤에야 허물이 없다.

소식蘇軾(1037-101)은 말한다. (94효는) 그 (양의) 자리가 아니나, 만물을 모으는 권한이 있으니, (94효는) 크게 길하지 않다면, 허물이 있을 것이다.

호병문胡炳文은 말한다. 95효는 모임에 자리[位]가 있다고 하였으니, 이로써 94효의 모임[萃]을 보면, 자리[位]를 가진 것이 아니다.

섭유葉酉(18세기, 청淸나라 역학자)는 말한다. (94효는) 허물이 없으니, 허물이 있음이 적절한데 그것이 없음을 말한 것이다. (94효는) (雷天)대장大壯괘 65효의 자리와 마땅히 같지 않으나, 저기[대장괘 65효]에는 후회가 있음에 마땅하고, 여기[췌萃괘 94효]에는 허물이 있음에 마땅하다.

팽신보彭申甫(1807-1887)는 말한다. 94효는 양강陽剛이면서 95효에 가까이 함이니, 곧 주周나라 소공召公이 섬陝땅의 임무를 나누어서, 공화共和(시대)에 정치를 행할 때(기원전 841년)에 그 모임에서 상하가 한 마음이어서, 임금과 신하가 덕을 함께 하였다.

유원劉沅은 말한다. 94효가 순한 세 음陰을 거느리고, 95효에게 모이니, 위는 기뻐하고 아래는 순종하여, (94효는) 힘들이지 않고도 모였다. 여러 인재를 거느려서 95효에게 모였으니, (94에서) 그 공功은 감당할 수 없으나, 그 다스림은 크게 길하고, 그 일에는 허물이 없다

리스전李土鈐은 말한다. (94효에서) 허물이 없다는 것은 다행함이요, 자리가 마땅하지 않다는 것은 경계함이다.

구오효: (군신群臣과 백관百官들이) 자기 자리에 모여서 (일을 나누고 합작하니,) 허물이 없고, 서로 돕고 서로 믿으니, 크게 길하다. 영구히 바르니 후회함이 없다.
[九五, 萃有位, 无咎, 匪孚, 元. 永貞悔亡.29)]
상에서 말한다. "그 자리에 (많은 이가) 몰렸으나" (어려움만 없을 뿐) 뜻은 아직 광대하지 않다.
[象曰: "萃有位," 志未光也.30)]

---

28) 94효의 양이 陰位에 있기에, '位不當'이다. 高亨, 386頁.
29) 췌萃는 모임[聚]이다. 비匪는 비棐로 읽는다. 『說文解字』에 의하면, 棐는 보輔(돕다)이다. 부孚는 믿음[信]이다. 원元자 아래에 마땅히 吉자가 있다. 元은 큼大이다. 정貞은 正이다. 高亨, 386頁.

심해沈該(11세기, 남송南宋 역학자)는 말한다. (95효는) 중정中正으로써 자리가 존위에 있음이 합당하니, 이 때문에 허물이 없다. (95효는) 윗사람의 덕을 몸으로 하고, 그 바름을 오래 지킨다면, 백성들이 마침내 귀의할 것이다.

왕신자王申子(13세기, 원元나라 역학자)는 말한다. 95효는 자기 자리에 있으나, 오히려 아직 믿지 않음이 있으니, 이는 천하를 모으는 뜻이 광대하지 못한 것이다.

임계운任啓運(1670-1744)은 말한다. (95)효는 이미 믿은 이후에는 허락하나, 아직 믿지 않기 이전에는 전달하여 밀어낸다.

유원劉沅은 말한다. 95효는 양으로 높은 자리[尊位]에 있으며, 모임의 권한을 쥐고 있으니, 그러므로 허물은 없다. 그러나 (95효는) 아래로는 대중들과 더불어 격리되어 있어서, 믿지만 곧 모일 수 없는 상이다. (95효는) 마땅히 건원乾元의 덕을 닦아 길이 바름을 지키고, 어진 이를 임명하여서 여러 인재들을 모으면, 후회함이 없을 것이다. 만약 자리가 있음만을 믿고 스스로 처리한다면, (95효는,) 뜻이 광대하지 못할 것이니, 그러므로 믿지 않는 상이 있다. 임금은 마땅히 어진 이를 길러서 백성을 불러오게 하며, 자기가 가진 모임의 권한에 스스로 의지해서는 안 되는 것이다.

요배중姚配中(1792-1844)은 말한다. (95효에서) 건원乾元이 자리를 얻었으니 변하지 않기에, 따라서 크고 영원히 하며 바르게 하면 후회가 없다. 감응의 효력은 오직 임금이 가장 빠르다.

리스전李士鉁은 말한다. 95효는 췌萃괘의 주인으로, 천하에 (인재들을) 모으는 것이 이 (95)효에 있다. 95효가 '아래의 3음陰[坤]'을 합하고자 하나, 94효에 의해 떨어져[隔] 있으니, (95효는,) 94효가 아래를 가까이함만 못하다. 아래가 95효를 믿으나, 94효를 믿음만 같지 못하니, 따라서 (95효는) 믿는 것이 아니다. 그러나 95효는 강剛하고 중中함으로 건원乾元을 얻었고, 아래에는 곤坤의 순함이 있고, 비록 (아래의 3음이) 믿는 것은 아니나, 후회[悔]는 없을 수 있다.

또 (리스전은) 말한다. 췌萃괘는 비比괘와 유사하니, (95효의) 효사가 비比괘 단사彖辭의 '(임금이) 원대元大하고, 형미亨美하며 영원히 바른 덕[元永貞]'(이 있음)과 같다. 다만 94의 일효一爻가 권력이 분리되어 세력이 나뉘고 떨어져[隔] 있으니, 비比괘에서 일양一陽으로써 주인이 되는 길吉함만 같지 못하니, 따라서 단지 (췌萃괘 95효에서) 허물이 없고 후회가 없어지는 것이다.

마치창馬其昶은 말한다. 95효의 자리와 명호는 마땅히 있으니, 인심人心은 모임을 생각하여, 자리가 있으므로 모일 수 있다. (95효는,) 뜻이 광대하지 못하니, 따라서 오히려 돕고 믿는 이들이 있으니 모임을 기다린다. 94, 95효는 덕을 함께하니, 위에서 모이면, 이에 곧 천하의 여러 사람을

---

30) 有는 于이다. 高亨, 387頁.

모을 수 있기에, (췌萃)괘가 2양을 가지고 있음으로써 의심받지 않는다. 의심하면 모일 수 없을 것이다. 여러 괘의 95효는, 자리가 있음을 말하지 않는데, 여기(췌萃괘 95효)에서 홀로 말한 것은, 그 자리인 95효에 고유한 것과 여러 효는 모두 마땅히 모임에 와야 함을 밝힌 것이다. 그것(95효)에 고유한 것을 모으니, 따라서 여섯 효가 모두 허물이 없다.

• **나의 견해**: 겸謙괘의 여섯 효는 모두 길하니, 군자는 마침이 있음으로써, 겸謙의 도道를 얻는다. 췌萃괘의 여섯 효는 모두 허물이 없으니, 대인大人이 바름으로 모이기에, 모임의 도[萃之道]를 얻는 것이다.

상육효: 재물은 가졌으나 (자리를 잃어서) 눈물과 콧물을 흘리는데, (재산은 있어 살 수 있으니) 탈은 없다.
[上六, 齎咨涕洟,31) 无咎.]
상에서 말한다. (귀족이 쫓겨나면) "재물은 가졌으나 눈물 쏟고 콧물 쏟음"은, 윗자리에 편안하지 못함이다.
[象曰: "齎咨涕洟," 未安上也.]

정현鄭玄은 말한다. (상6효에서) '재물을 가짐[齎咨]'은 탄식하는 말이다. 눈으로부터 체涕(눈물)라 말하고, 코로부터는 이洟(콧물)라고 말한다.

왕필王弼은 말한다. (상6효는) 안으로는 호응하여 도와줌이 없고, 위에 있으나 홀로 서있으니, 원근에서 도움이 없어서, 위태함이 더할 나위 없다. 화禍의 심함을 두려워하고 스스로 편안히 하지 못하나, 얻는 것은 허물이 없음이다. (마치창馬其昶은, '상6효는 자리를 얻었으나 불안한 것은, 강剛을 올라탔기 때문이다. 오직 편안히 하지 않음이 허물이 없는 까닭이다.'라고 말한다. 나의 견해: '늘 마음가짐에 계비戒備하고, 환난을 염려하는 것이 깊기 때문에 (사리에) 통달하니, 허물이 없는 것'이다.32)).

당학징唐鶴徵(1538-1619)은 말한다. 비比괘의 상6효는 위태롭게 끝나니, 절대로 비比괘의 뜻을 찾지 않기에, 따라서 흉하다. 췌萃괘의 상6효는 몸[體]을 기뻐하니, 진실로 췌萃괘를 찾으려는 마

---

31) 재齎는 지持(가지다)이다. 자咨는 자資의 가차이니, 재財(재물)이다. 체이涕洟에서, 涕는 눈물이고, 洟는 콧물이다. 涕洟는 동사로 눈물을 흘리고 콧물을 흘림이다. 高亨, 387頁.
32) '其操心也危, 其慮患也深, 故達.'『孟子譯注』,「盡心」上章(13:18), 楊伯峻譯注, 상동, 308頁.

음이 있으므로, 허물이 없다.

방응상方應祥(1561-1628)은 말한다. 상6효에 친근하면 친근함의 최후로써 흉하며, 위에서 모임이 또한 모임의 최후로써 편안하지 않음이 있다. 그 근심하고 두려워함이 이와 같다면 바로 (『맹자』에서 말한) 이른바 '외로운 신하나 (천한) 서자庶子들을' 말하는[33] 것이다.

황순요黃淳耀(1605-1645)는 말한다. 상6효는 이에 임금과 어버이를 얻을 수 없어서, 탄식하며 눈물콧물을 흘리며, 원한이 있으니, (상6효는) 모임을 찾는 사정을 힘써 말하였다.

유원劉沅은 말한다. (상괘인) 태兌는 입이니 탄식하는 상이다. 또 (태兌는) 못이니 눈물콧물을 흘리는 상이다. (상6효에서) 음이 췌萃괘의 끝에 있으니, 모임이 다하여 장차 흩어질 것이니, 이에 외로운 서자庶子로서 신하와 자식 된 자는 임금과 어버이(의 신임)를 얻지 못한다. 편안하지 못함은, 자신이 빈궁함에 처해서가 아니나, 이에 사정이 변하여 그런 것이니, (상6효는) 모이게 할 수 없어서, 흐름이 바뀌고 자리에서 쫓겨나게 됨에 이르게 되었으니, 따라서 (상6효는) 원망하고 슬프게 부르짖는 순수한 마음(誠)으로 다하여, 임금과 어버이의 한 번의 깨달음을 바라는 것이다. (상6효는) 근심하는 생각이 지극하여, 위태로움이 바로잡아 질 수 있으니, 마침내 모임을 얻어서 허물이 없게 된다. 상6효는 괘의 외곽에 있으니, 위태하고 두려워서 자기 스스로 편안할 수 없다. 순舜이 부르짖어 울고, 주공周公이 '놀라 부르짖는 소리(嘵嘵)'는 모두 반드시 임금과 어버이에게 모임을 찾은 이후에 끝났다. 단전彖傳에서 95효의 모임을 중시한 것은 하나의 존위를 중시한 것이다. (상6)효에서 95효의 멋대로 함自用을 경계하여 어진 이를 임명할 것을 권면하였다. (나의 견해: 굴원屈原(약 전343-약 전278)이 자리에서 쫓겨나니, 이는 임금을 얻지 못한 것이요; 순舜이 원망하면서도 그리워하니 이는 모임을 얻지 못한 것으로, 모두 상6효의 편안하지 못한 상을 가지고 있다.)

• **나의 견해**: (췌萃괘에서) 못은 땅 위에서 모이는데, (그곳에서) 만물이 태어나 모이는 바가 매우 많다. 모임은 큰 물결이 되고 웅덩이는 큰 호수가 되니, 각각 그 안을 편안히 하여 천지화생化生의 바른 도道를 얻는 것이다. 천지만물의 실정은 바름에서 나오지 않고서는 서로 모일 수 있는 것은 있지 않으므로, 단전彖傳에서 모이는 바를 보면 실정을 볼 수 있음을 말하였다. 바름에서 나오지 않으면 합하여 모일 수 없다면, 인심의 취합으로써 바르지 못한 것을 바로 잡아서 바름으로 되돌아가게 하는 것이다. 예를 들어 황제黃帝가 치우蚩尤를 사로잡고, 순舜임금이 유묘有苗족

---

33) '獨孤臣孼子.'『孟子譯注』,「盡心」上章(13:18), 楊伯峻譯注, 상동, 308頁.

을 정벌하고, 우禹임금은 방풍防風을 죽이고, 계啓(우임금의 아들)가 유호씨有扈氏를 정벌한 것은, 모두 가는 바가 이로움이니, 대개 인심의 기쁜 모임을 얻을 수 있었다. 천명을 받들어서 죄 있음을 정벌한 것이, 곧 이른바 천명을 따르는 것이다. 천명에는 바르지 않음이 없으니, 대인大人이 바름으로써 취하여 천명을 따르게 되는 것이다. 병기를 수리하고, (미리) 헤아리지 못한 일을 경계함 또한 천명을 따른 것이지, 병력兵力에게 친근함을 부르는 것이 아니다. (상6효는) 췌萃괘의 끝이라, '스스로 편할 수 없고, 마음가짐이 위태하고, 환난을 염려함이 깊으므로', 상6효의 상이 있다. 순舜이 밭에서 크게 울면[號哭]서도 그리워했으며, 굴원屈原이 벼슬자리에서 쫓겨나서『이소離騷』를 지어서 (자기) 뜻을 나타냈으니, 모두 위에서 편하지 못한 바이다.

46. 승升괘 ䷭

승升괘: (그 사람은) 원대하고 형미亨美한 덕을 가졌으니, 대인大人을 보면 이로워서, 우려할 바 없다. 남쪽으로 정벌하면 길하다.
[升, 元亨. 用見大人,[1] 勿恤. 南征吉.]

정현鄭玄(127-200)은 말한다. 승升은 올라가는 것이다. 나무가 땅 속에서 생겨서, 날로 자라나서 위로 가니, 따라서 '승升'이라 말한다. 승升은 나아가서 보태지는 모양일 것이다.

대연代淵(9세기, 당말唐末의 역학자)은 말한다. 존효尊爻(4·5·6효)에는 대인大人[陽爻]이 없으므로, (승升괘에서 대인大人을) '만나봄[用見]'을 말한 것이다.

임율林栗(1120-1190)은 말한다. (하괘인) 손巽은 동남이고, (상괘인) 곤坤은 서남이니, 손巽으로부터 곤坤으로 올라가는데, 반드시 (호체互體인) 이離를 거친다. 이離는 남쪽이다.

서기徐幾(13세기, 남송南宋 역학자)는 말한다. 대인大人은 92효인데, 65효는 마땅히 92효에 응해야한다. (승升괘는) '92효의 신하[65효]'를 만나봄으로써 덕에 오른다.

유원劉沅(1767-1855)은 말한다. 「서괘序卦」전傳에서, '췌萃는 모음[聚]이다. 모여서 위로 올라가니 승升이라 하고, 따라서 이것을 받음으로써 승升괘[위로 올라감]이다.'라고[2] 한다. 나무가 땅 가운데서 생겨 자라나서, 더욱 높아지므로 승升의 상이다. (승升괘는) 안[內卦]에서는 공손[巽]하고 밖에서는 순順[坤]하니, 나아감에 막힘이 없다. '남쪽으로 정벌하면 길함[南征吉]'은 곤坤이 손巽의 어미가 되는데, 뜻은 (하괘인) 손巽에 의해 마땅히 순조롭게 행해지니 (상괘인) 곤坤에 오름에 응한 것이다.

오여륜吳汝綸(1840-1903)은 말한다. 승升괘는 양이 올라감을 말한다. (양웅揚雄의)『태현太玄』경에서, (승升괘를) '상上'이며 '간干'으로 의정擬定하였다. 상上 머리[首]에서, '양기는 아래에서 만물을 기르고, (만물은) 모두 싹이 위로 오르고, 땅으로 쏘아서 위로 나오려한다.'라고[3] 하였다. 간

---

1) 승升은 괘명이고, 上升함이다. 원元은 大이다. 형亨은 美이다. 高亨, 389頁.
2) '萃者, 聚也. 聚而上者謂之升, 故受之以升.'「序卦」傳, 高亨, 649頁.

干 머리[首])에서, '(대한大寒 때에는) 양기는 (아래에서) 만물을 도우니, (위의) 단단하게 응고한 음陰을 뚫으니, 평하니 뚫린다.'라고⁴⁾ 하였다. 모두 양을 주로 하여 말한 것이다. 92효의 양이 위로 나아가므로 '크게 형통한다[元亨].'라고 말한다. (동중서董仲舒의)『춘추번로春秋繁露』에서, '양기는 동북에서 나오기 시작하여 남쪽으로 가서 운행하니, 자기 자리로 향하여 달려가고; 서쪽으로 전향하여 북쪽으로 들어가서, 은장隱藏한다.'라고⁵⁾ 말한다. 양은 북쪽에 가서 쉬고, 남쪽에서 자리를 얻는 것은, 아마도 옛날 역가易家들이 말했으니, 따라서 (승升괘에서) '남쪽을 정벌하면 길함[南征吉]'을 말하였다.

리스전李士鉁(1851-1926)은 말한다. 92효는 강중剛中으로 (65효에) 응한 것이니, 군자의 자리는 없으나, (승升괘에서) 군자의 덕은 있으니, 마땅히 올라가 나아가는 때이므로, (대인大人을) '찾아뵈는 것[用見]'이다.

> **단전에서 말한다. (초6효의) 부드러움[柔]이 시기를 두고 올라감[64, 65와 상6효]인데, (신하가) 겸손[巽]하여 순종[坤]한다. (92효가) 강건剛健한데 중위中位를 지키니 (65효가 이에) 대응하므로, 이 때문에 크게 (승升괘는) "형통"하다. "큰 사람을 만나서 이로우니, 걱정을 말라함"은, 경사慶事가 있음이다. "남쪽을 정벌하면 길함"은, 뜻이 수행됨이다.**
>
> [彖曰: 柔以時升, 巽而順, 剛中而應, 是以大"亨."⁶⁾ "用見大人勿恤,"⁷⁾ 有慶也. "南征吉," 志行也.]

『건착도乾鑿度』에서⁸⁾ 말한다. '승升괘는 12월의 괘이다. 양기는 위로 올라가고, 음기는 받들고

---

3) '上. 陽氣育物于下, 咸射地而登乎上.'『太玄校釋』, 上卦, (漢) 揚雄原著, 鄭萬耕校釋, 상동, 26頁.

4) '干. 陽氣扶物而鑽乎堅, 鉛然有穿.'『太玄校釋』, 干卦, (漢) 揚雄原著, 鄭萬耕校釋, 상동, 28頁.

5) '陽氣始出東北而南行, 就其位也; 西轉而北入, 藏其休也.'『春秋繁露今註今譯』「陰陽位」第四十七, ㄷ賴炎元註譯, 臺北: 臺灣商務印書館, 1987, 305頁.

6) 승升괘는 내괘가 巽이니 風이고, 외괘가 坤이니, 초6효의 음은, 64, 65와 상6효에 이르기까지 음효이니, 柔이다. 따라서 '柔以時升'이다. 巽은 겸손이고, 坤은 順이니, '巽而順'이다. 92효는 剛이고 하괘의 가운데 있으니 강중剛中이다. 65효의 陰(柔)은 92효의 陽(剛)과 상응하니 응應이다. 신하의 지위가 상승하나, 겸손하고 유순하며, 임금은 正道를 지키니, 신하들이 응답하고 화합함이기에, 일이 커지고 亨美하는 것이다. 高亨, 390頁.

7) 用見은 마땅히 利見이다. 高亨, 상동.

8) 육경六經 이외에 위서緯書인『역위易緯』에는,『계람도稽覽圖』·『건착도乾鑿圖』·『곤령도坤靈度』·『통괘험通卦驗』·『시류모是類謀』·『변종비辨終備』등이 있고,『건착도乾鑿度』는『易緯』가운데 대표적 저술인데, 경방京房의『京氏易傳』을 더욱 밝히고 한 발 발전시킨 것이라고 할 수 있다. 한漢나라 이후의 象數易學에 많은 영향을 주었다.

자 하여, 만물이 비로소 나아간다.'9)

우번虞飜(164-233)은 말한다. 유柔는 곤坤의 65효를 말하고, 승升괘에서는 92효를 말한다.

장준張浚(1097-1164)은 말한다. 나무가 땅 가운데 있어서 그 뿌리(本)가 이미 왕성하면, 2양의 기운이 나란히 위로 나아가 발달하니, 막을 수 없다. (하괘인) 손巽으로부터 하면 이離이고, 이離로부터 하면 곤坤인데, 유도柔道는 이離에서 '바른 자리[正位]'가 되고, 곤坤에서 만물이 이루어지니, '시기를 두고 올라감[時升]'이라 말한다.

심해沈該(11세기, 남송南宋 역학자)는 말한다. (하괘인) 손巽이 아래에 있어, 나무의 도道가 바야흐로 생긴다. (상괘인) 곤坤이 위에 있어, 땅의 도道는 위로 올라간다. 땅은 만물을 낳는 것으로 덕이 되고, 65효는 곤坤의 몸에 있으며 92효와 응하기에, 곤坤은 순도順道를 받아서 낳는 것이다. 나무의 올라감[升]은 양陽에 말미암고, 도道가 올라감[升]은 대인大人에게 말미암는다.

이순신李舜臣(12세기, 남송南宋 역학자)은 말한다. (승升괘의) '크게 형통함[元亨]'은 고蠱괘, 정鼎괘와 대유大有괘와 같은 것이니, 모두 92효의 양강陽剛을 주로 하여 위에서 응함을 말한 것이다.

유원劉沅은 말한다. 곤坤은 손巽의 어미가 되니, 뜻이 그것과 더불어 응하나, (승升괘는) 역행逆行하므로 '동정하지 말라[勿恤]!'로써 경계하고, (하괘인) 손巽으로써 순행하여, 곤坤에서 올라간다[升]. 92효는 강중剛中하여 65효와 응하여 음陰을 얻어 아름답게 되니, '올라갈 수 있는[升]' 덕일 수 있고, '올라갈 수 있는[升]' 모임(會)이라 할 수 있으므로, (승升괘는) 크게 형통하다.

마치창馬其昶(1855-1930)은 말한다. 유柔함은 땅이고 음陰이다. 승升은 나무이고 양陽이다. 땅은 때에 따라 나무를 이루고, 유순함은 때에 따라 양陽을 이룬다. 강중剛中하여 (음陰에) 응하면 올라갈 것[升]이다. 손巽(下卦)과 곤坤(上卦)은 남쪽의 괘이고, 계절로는 여름이 되니, 동자董子(董仲舒)가, '양은 항상 여름철에는 (만물을) 생육生育하고 '길러서 자라나게 함[養長]'을 일로 삼는다.'라고10) 말했으니, 이것이 그 뜻이다. 무릇 오르는 것[升]은 모두 점차적으로 하는 것이고, 왕도王道에는 더욱 눈앞의 공리功利는 없다. '걱정을 말라함'은 나아가서 득을 봄이 빠르지 않음을 걱정하지 않음이다.

---

9) '升者, 十二月之卦. 陽氣升上, 陰氣欲承, 萬物始進.', 『周易乾鑿度』卷上, 漢 鄭康成注, 電子版文淵閣四庫全書, 上海人民出版社 1999 참조.

10) '是故陽常居大夏, 而以生育養長爲事.' 『漢書』, 「董仲舒」傳第二十六, 八冊, 傳二, 상동, 2,502頁.

● **나의 견해(1)**: 왕도王道에는 가까운 성과[功]는 없으니, 마치 선인善人이 나라를 다스리는데 백년, 왕王은 반드시 한 세대(30년)가 지난 뒤에야 (온 세상이) 어질어 지는 것처럼,[11] 모두 '나아가고 보탬이 됨을 걱정하지 말라[勿憂進益之不速]!'는 것이다. 예컨대 송宋나라 사람이 모[苗]를 뽑은 것과 같으니, 이것은 빠르게 하고자 하면 더욱 나아가서 득을 볼 수 없음이다.

● **나의 견해(2)**: 산산풍風은 고蠱괘이다. 고蠱의 65효 음陰과 92효 양陽은 상응相應한다. 화火풍風은 정鼎괘이다. 정鼎의 65효의 음과 92효의 양은 서로 응한다. 화火천天 대유大有괘에서, 대유大有의 65효 음과 92효의 양은 서로 응한다. (승升괘에서는) 아래에 있는 것은 건양乾陽[92, 93효]이며, 모두 위에 있는 곤음坤陰을 얻어서, 그와 뜻[志]이 같아서 도道와 합하니, 이것(승升괘)은, 건원乾元이 형통하는 까닭이다.

상전에서 말한다. 땅에서 나무가 자라는 것이 승升괘이다. 군자는 덕을 따르니, 작은 것이 싸여서 높아지고 커진다.

[象曰: 地中生木, "升." 君子以順德, 積小以高大.[12]]

서간徐幹(171-218)은 말한다. 옛날 현인賢人들의 말이 있는데, '밝음'은 '어둠[幽]'에서 나오고, '미미함[微]'에서 드러나 생기니, 따라서 군자는 덕을 닦는데, (어려서) '머리를 묶음[계관笄冠]'에서 시작하고, '태배鮐背(노인老人)'에서 끝나며, '평지에서 시작하여', '높은 산에서 이루어진다.' 『역易』(승升괘)에서, '승升괘: (그 사람은) 원대하고 형미亨美한 덕을 가졌으니, 대인大人을 보면 이로워서, 우려할 바가 없다. 남쪽으로 정벌하면 길하다.[升, 元亨. 用見大人, 勿恤. 南征吉.]라고 말하였으니, 작은 것을 쌓아서 큰 것을 이루는 것을 말한 것이다.

하타何妥(6세기 말末, 수隋나라 음악가 및 철학자)는 말한다. 군자는 신중히 배우는 것이 먼저이고, 도덕을 배우고 익히며, 작고 미미한 것을 쌓아서, 높고 큰 것에 이르러야 한다.

공영달孔穎達(574-648)은 말한다. (승升괘는) 땅 가운데 나무가 생기는 것이니, 털끝만한 작은 데에서 시작하나, (나무가 자라서) 합하고 껴안는 데에 이르러 끝난다. 군자는 그 모습을 본받아서, 자기 덕에 순행하니, 작은 선을 쌓아서, 대명大名을 이루는 것이다.

---

11) "子曰: '善人爲邦百年, 亦可以勝殘去殺矣.' 誠哉是言也!," 『論語譯注』, 「子路」篇(13:11); "子曰: '如有王者, 必世而後仁.'" 『論語譯注』, 「子路」篇(13:12), 상동, 137頁 참조.

12) 順은 준순遵循(따름)이다. 내괘가 巽이니 木이요, 외괘가 坤이니 땅이다. 땅에서 나무가 자라는 것이, 升괘이다. 사람의 미덕은 나무가 조금씩 자라서 크는 것과 같다. 高亨, 상동.

(정이의)『이천역전伊川易傳』에서 말한다. 만물이 나아가는 것은 모두 도를 따르기 때문이다. 학업에 충실함은 도덕의 숭고하고 높음이니, 모두 누적으로 말미암아 이른 것이다.

곽옹郭雍(1106-1187)은 말한다. 땅 속에서 나무가 자라는데, 사람이 그것이 자라 오르는 자취를 보지 못한 것은, 순조롭게 쌓아서 이르렀을 뿐이다.

(주희의)『주자어류朱子語類』에서 말한다. 나무가 하루라도 자라지 못하면, 곧 장차 마르고 병들게 될 것이다. 배우는 자가 배움에도 하루라도 조금 게을러서는 안 된다.

유원劉沅은 말한다. 땅 속에서 나무가 자라는 것은, 자연의 생기가 있어서이니, 뜻이 이것보다 더 큰 것은 없다. 나무는 생길 때 아주 작으나, 매일 싸이고 커지면, 높이는 하늘을 막을 수 있고, 크기는 태양을 가릴 수 있게 된다. 군자는 이것을 체득하여, 천리天理의 자연에 순응하니, 조금씩 쌓고서야 높고 큰 것에 이른다. 순덕順德은 (상괘인) 곤坤의 상이다. 높음은 (하괘인) 손巽의 상이다.

짱홍즈張洪之(1881-1969)는 말한다. (승升괘에서) 위로 도달하려는 지경至境은 '기본상식을 배움[下學]'에서 기초하여, 순차대로 점진하여, '잊지도 않고[勿忘],' '조장하지도 않으니[勿助],' 따르면 이렇게 얻게 될 것이다. 무릇 사물은 본성이 있지 않은 것이 없으니, 기틀에 순응하면 자라나게 되고, 기틀에 역행하고 굽어지고 억압받으면 (본성을) 펼 수가 없다. 사람의 덕이 몸과 함께 자라날 수 없으면 대인大人이 아니다. 대인은, 어린아이[赤子]의 마음을 잃지 않는 것이다. 예컨대 사마온공司馬溫公[司馬光, 1019-1086]과 문신국文信國[文天祥, 1236-1283]과 같이, 어려서는 성선性善이 남들과 같았으나, 홀로 독립적 견해를 갖추었다. 하나는 항아리의 물을 깨서 아이를 구하였고, 하나는 구양수歐陽修가 종묘에서 제사드림을 보고서, 죽어서 이곳에서 제사를 모실 수 없다고 말했으니, 대장부가 아닌가! 후에 모두 자리를 얻어서, 이름난 재상[名相]이 되었으니, 두 큰 집에서 제사를 받았다.

초육효: 올라감을 믿으니, 크게 길하다.
[初六, 允升,13) 大吉.]

상에서 말한다. "올라감을 믿으니 크게 길함"은, '뜻이 바라는 것[志願]'에 부합함을 숭상한 것이다.
[象曰: "允升大吉," 上合志也.14)]

---

13) 위성우于省吾(1896-1984)는, '允은 信然하는 말이다.'라고 한다.『殷墟書契前編』卷六, 55頁에서, '翌癸亥 其雨, 癸亥允雨.' 進이다. 允升은 '올라감을 믿음'이다. 高亨, 391頁.

14) 上은 尙이고, 合志는 志願(바라는 것)에 부합이다. 高亨, 상동.

조언숙趙彦肅(12세기, 남송南宋 역학자)은 말한다. (초6효는) 위로 3음[坤]과 더불어서 뜻이 합한다.

이광지李光地(1642-1718)는 말한다. '나아가서 위로 올라감[允升]'은 임금[上]께서 믿게 되어 올라감[升]이다. 진晉괘 63효의 '윤允'은 아래(하괘)에 있는 3음이다. 승升괘 초6효의 '윤允'은 위(상괘)에 있는 3음이다. 그러므로 진晉괘 (63효의) 상전象傳에서, '뜻은 오히려 펼칠 수 있음[志上行]'을 말한 것이고, 여기[승升괘 초6효]에서는 '임금[上]의 뜻과 부합함[上合志]'을 말한 것이다.

유원劉沅은 말한다. '윤允'은 믿음이다. 곤坤의 땅은 두터워 믿을만하고, (하괘인) 손巽의 초6효는 (획을) 한번 그어서 얻은 것이다. 초6효는 손巽의 주主인데 아래[하괘]에 있으니, 마치 나무가 뿌리를 가짐과 같다. (승升괘에서) 내괘[巽]의 2양은 같은 몸[同體]이라 믿을 만하고, 외괘[坤] 3음은 덕이 같아서 믿을 만하다. 무릇 위에 있는 것은 모두 믿을 수 있으니, 따라서 (초6효에서) '바람[志願]에 부합함을 숭상한다[上合志].'라고 말한다. 이는 곧 '유柔'가 때에 따라 오르니, 크게 형통하는 상이다.

리스전李士鉁은 말한다. 9층의 누대樓臺도 흙이 쌓여서 세워지며, 한 아름되는 나무도 (나무) 끝에서 자란 것이다. 나무는 뿌리를 주인[主]으로 삼으니, 초6효가 올라가는 시작이, 나무의 뿌리이다.

마치창馬其昶은 말한다. 이 [초6]효의 상象은, 향관鄕官에서 책을 읽고 시험 보는 방법이다. 대개 다섯 집[五家]이 '비比'가 되고, 하사下士에서 한 사람이 장長이 되어, 그들의 기특하고 사특한 마음(奇衺之心)을 금지하였다. (그러나) 민첩함을 공경하고 '성신誠信하여 남을 돕고 동정[任恤]'하기에, 마을아전(閭胥)이 그것을 기록한다. 효도하고 형제와 사이좋고 화목하고 혼인하는 것이 배움에 있으면, 가족이 스승으로 삼아 그것을 기록한다. 덕을 행하고, '도술道術[道藝]'이 있으면 지방조직의 장관長官[黨正]이 그것을 기록한다. 마을의 어른은 또한 그 덕행과 도술道術[道藝]을 고려하니, 그 과오와 잘못됨을 바로잡고 그것을 경계한다. 그 이후에 향대부鄕大夫는 3년마다 인구 및 재산을 조사하고, 현능賢能한 자들을 추천하여 빈객으로 예우禮遇하고 국학國學에 올려 보낸다. 이 가르침에는 술術이 있고 올림[升]에는 점차적인 것이 있다. 이른바 위의 뜻과 합한다는 것은, 마을 아전서부터 향대부에 이르기까지, 같은 마음으로 현명한 이를 일으켜서, 그의 오름이 믿을 만하게 되니, 사람의 마음에 합당하다는 말이다. 문왕文王이 『역易』을 펴낸 것은, 단지 '오름이 믿을만하여 크게 길함[允升大吉]' 네 말[言]에 있었을 뿐이다. 주공周公 역시 그 뜻에서 근본을 시작해서 법제를 세우는 것이 이와 같았다.

구이효: (귀신에게) 진실 되면 (검약하게 치르는) 약禴제사를 드려도 이롭고, 허물이 없다.

[九二, 孚乃利用禴,15) 无咎.]

상에서 말한다. "92효"가 "충실하고 믿음직하니", 기쁜 일이 있다.

[象曰: "九二"之"孚," 有喜也.]

간보干寶(286-336)는 말한다. (92효는) 강중剛中으로 (65효에) 응하기에, 따라서 믿음이 있다. (92효에는) 정신이 형통하고 덕이 믿음을 주니, 방비防備함을 찾지 않는다.

육희성陸希聲(801-895)은 말한다. 승升괘와 췌萃괘는 반대가 되니, 췌萃괘의 62효는 95효에 성실함을 다하고, 승升괘의 92효는 65효에서 성실함을 추진한다. 그러므로 모두 (소략한) 제사(禴)를 써도 이롭다.

장준張浚(1097-1164)은 말한다. 군자를 섬기는 것은, 마치 신神을 섬기고 하늘을 섬기는 것과 같으니, 성실함을 버리고서는 이들을 오게 할 수 없다. 65효는 순종하고 92효는 공손하니, 중도中道가 묵묵히 통함을 '믿음[孚]'이라고 말한다. (92효에서) 뜻을 얻어 도道가 행해지니, 서로 기뻐하여 즐거움이 있게 된다.

유원劉沅은 말한다. 췌萃괘의 62효는 성실함으로써 감동하고 (췌萃괘 62효의) 허중虛中함으로 응한다. 승升괘의 92효는 허중虛中으로 느껴서 성실함으로 응하니, (췌萃괘와 승升괘에서) 허와 실은 다르나, (그러나) 그들의 '믿음[孚]'은 하나같다. (승升괘에서) 중효中爻(92효)는 (호체互體인) '태兌'(에 속하)니, 기뻐하고 즐거워하는[喜悅] 상이다.

리스전李士鉁은 말한다. (하체인) 손巽과 (호체互體인) 태兌에는 모두 '믿음[孚]'의 상이 있다. (호체互體인) 감坎은 음식이 되고 귀신이 되며, (호체互體인) 태兌는 무당이고 입이니, (검약儉約한 제사를 지내는) 약禴의 상이다. 믿음에 성실하여 신神과 통하니, 제사는 비록 박하더라도 드릴 수 있고, 바르지 못하더라도 허물이 없을 수 있다. (92효의) 말[詞]이 췌萃의 62효와 같으니, (92효는) 때마침 아래[하괘]의 자리에 있기에, 중中을 얻어서 (65효와) 응함이 있다.

마치창馬其昶은 말한다. 덕이 꽃향기 같은 제사는, 올라와 하늘에 이르니, 역시 '올라옴[升]'의 뜻이다. 92, 65효가 서로 믿으니, 92효가 복을 받아 기쁨이 있게 되고, 65효라면 경사慶事가 있어 천하에 미치게 된다.

---

15) 부孚는 충신忠信이다. 약禴은 제명祭名인데, '큰 희생제물[大牲]'은 쓰지 않고, 반채飯菜 등 검약儉約하게 치르는 제사이다. 高亨, 391頁.

• **나의 견해**: 양은 실實이고, 음은 허虛이다. 췌萃괘의 95효는 성실함으로써 아래에서 감동하나, 62효는 허중虛中으로 그것[95효]에 응한다. 승升괘의 65효는 허중虛中으로 아래[하괘]를 감동시키나, 92효는 성실함으로써 그것에 응하는 것이다.

구삼효: 큰 언덕 위의 읍邑에 오름이다.

[九三, 升虛邑.16)]

상에서 말한다. "큰 언덕 위의 읍邑에 올라감"은, (확 트여 사방이 다 보이니) 의혹가질 바가 없다.

[象曰: "升虛邑", 無所疑也.]

마융馬融(79-166)은 말한다. (93효에서) 허虛는 언덕이다.

순상荀爽(128-190)은 말한다. (93효에서) 곤坤은 읍邑을 말한다.

유원劉沅은 말한다. 양은 실實하고 음은 비어[虛]있다. (93효에서는) 위[상괘]가 곤坤을 몸으로 하니, 나라의 읍邑의 상이다.

마치창馬其昶은 말한다. 구丘는, 곧 4정井이 읍邑이 되고, 4읍이 구丘가 되는 구丘이다. 『주례周禮』에서, '사간司諫은, 만민의 품덕品德의 규찰糾察을 장악하고, … (민간을) 순문巡問하여 관찰하고, 덕행德行과 도술道術[道藝]이 있으면, 혹 재능이 있어 국사國事를 맡을 수 있는지를 명확히 밝혀서 조사하고, 적실하게 기록한다.'라고17) 하였다. 정현鄭玄은 '임이직任吏職'소疏에서, '이직吏職을 맡음[任吏職]'은, 비장比長[5호戶=1比의 장長], 여서閭胥[일여一閭의 정사政事를 맡은 관리], 족사族師[백가百家의 장長] 등의 부류를 부림을 말한다고 주注를 하였다. 93효가 '큰 읍邑에 올라감[升虛邑]'은 비장比長과 여서閭胥를 부림이다. 일단 자세히 묻고 관찰하여 기록하였으며, 또 그들의 능력을 변별한 이후에 그들에게 일을 맡기므로, (93효는) '의심할 바가 없다[无所疑].'라고 말한 것이다.

육사효: (주周나라) 왕이 기산岐山에서 제사 드리니, 길하여, 허물이 없다.

[六四, 王用亨于岐山,18) 吉, 无咎.]

---

16) 허虛는 큰 언덕[大丘]이다. 허읍虛邑은 邑이 큰 언덕 위에 있음이다. 高亨, 392頁.

17) '司諫, 掌糾萬民之德, … 巡問而觀察之, 以時書其德行道藝, 辨其能而可任于國事者.' 『周禮今註今譯』, 卷四, 「地官司徒」下, 林尹註譯, 상동, 141頁.

18) 王은 주왕周王이다. 형형은 곧 향享자이니, 제사이다. 高亨, 392頁.

상에서 말한다. "(주周나라) 왕이 기산岐山에서 제사지냄"은, 제사에 신중함이다.

[象曰: "王用亨于岐山," 順事也.[19]]

마융馬融은 말한다. (64효에서) 형亨[향享](마치창馬其祀: 허許와 양兩의 반절)은, 제사이다.

완일阮逸(11세기, 송宋나라 학자)은 말한다. 『역易』(승가괘 64효)에서 인사人事를 드러내는데, 모두 상商과 주周나라의 일들이 주가 된다. 제을帝乙, 고종高宗, 기자箕子는 상商나라의 일이다. '우리 서쪽교외로부터[自我西郊]'와 '기산岐山에서 제사드림[用亨岐山]'은 주周나라의 일이다.

(정이의) 『이천역전伊川易傳』에서 말한다. 64효는 임금의 자리에 가까워 올라갈 때에 낭노하였으니, (64효는) 길하여 허물이 없다는 것은, 순한 덕이 있어서이다. (64효는) 유순함으로써 곤坤 (상괘)에 있으니, 순종이 지극함이다.

여수구黎遂球(1602-1646)는 말한다. 『예기禮記』에서, '명산名山에 의거하여 하늘에 금첩金牒과 옥책玉冊을 올리고 봉선封禪을 거행했는데,[20] (64)효에서 이것과 연결 지어서 약禴제사를 드렸으니, 승가의 뜻이다.

주식朱軾(1665-1736)은 말한다. 64효의 오름[升]은 순응함으로써 오름이다. (64효는) 위로는 임금에게 순종하고 아래로는 백성에게 순종하니, 순종의 지극함이다. 그로 하여금 제사를 주관하게 하니 모든 신들이 흠향한다.

유원劉沅은 말한다. 왕王은 65효를 이른다. (하괘인) 손巽은 높음이고, 호체互體인 태兌는 서쪽이다. 기산岐山은 서쪽 땅에 있는 높은 산이다. 64효는 65효와 가까우니 대신大臣의 자리이다. 문왕文王은, 재덕才德이 출중出衆한 선비를 등용하였고, 노고勞苦하는 백성들을 위로하였으며, 충실하게 따르며 바꾸지 않았고, 경내境內의 산천을 섬겨 그 신들에게 제사지냈으니, 길하여 허물이 없었다. 64효는 유순함을 중시하니, 곤坤괘의 순順함에 들어간다. (64효는) 아래로 천하의 현인에게 순종하고, 위로는 임금에게 순종하니, (64효는) 위아래로 하여금 모두 오르게[升] 함이다.

허계림許桂林(1779-1822)은 말한다. 수隨괘 (상6효)에서는, '왕이 서산西山[즉 岐山]에서 제사지낸다[王用亨于西山].'라고 했고, 승가괘 64효사에서는, '왕이 기산岐山에서 제사지낸다[王用亨于岐山].'라고 했으니, 단지 지키는 땅만을 가지고 당시 조정의 전례典禮를 말한 것이고, 기산岐山의 봉토 밖은 들은 바가 없으니, (64효는) 이른바 '조심하고 근신한다.'는 것이다.

---

19) 順은 愼의 가차이고, 事는 제사이다. 高亨, 상동.

20) '名山升中于天.' 『禮記今註今譯』第十, 「禮器」, 上冊, 王夢鷗註譯, 상동, 326頁.

리스전李士鉁은 말한다. (64효는,) 올라감이 상괘上卦에 이르렀고, 곤坤 흙은 높이 있으니, 산의 상이다. 기산岐山은 서쪽에 있는데 호체인 태兌가 서쪽이므로, 기산岐山이라 칭한다. 문왕文王이 경내의 산에 제사를 지낸 것은, 주紂왕으로부터 그것을 받아 사용했기 때문에 공손하게 주紂를 섬기는 마음으로 하였던 것인데, (문왕文王이) 참소를 당하고 억류되었으니, 스스로 결백을 증명하기에는 어려우므로, 이 (64)효로 인해서 그것을 드러낸 것이다.

마치창馬其昶은 말한다. 이는 역시 왕계王季가 최고등급[九命]으로 백伯이 된 일을 말하는데, 덕德과 자리[位]가 모두 올라갔다. 『시詩』의 「한록旱麓」의 서문에서, '주周나라의 선조는 대대로 후직后稷과 공류公劉의 업적을 닦고, 태왕太王과 왕계王季는 백복百福과 녹祿을 찾음으로써 펼쳤다.'라고[21] 했다. 그 시詩의 이장二章에서는, '저들 옥잔玉盞은 색이 윤택하고 선명하다.'라고 말했다. 모전毛傳에서는, '최고등급[九命]에 (임명된) 연후에 검은 기장[秬], 술[鬯], (상서로운) 규찬圭瓚을 하사한다.'라고[22] 말했다. 정현鄭玄전箋에서는, '은왕殷王인 제을帝乙 시절에, 왕계王季는 서백西伯이었는데, 공덕으로 이 하사품을 받았다.'라고 한다. '왕이 (기산岐山에서) 제사지냄[王用亨]'에서 왕은 은왕殷王을 이른다. 65효는 64효가 순종하는 덕이 있기 때문에, 그로 하여금 제사를 주관하게 하니, 이 때문에 (64효는) 길하여 허물이 없다. (『시詩』의 「大雅·文王之什·皇矣」에서) 「황의皇矣」편은, 왕계王季의 덕을 칭송하여, '만민萬民이 순종하고 상하上下가 서로 친근하다.'라고[23] 하였으니, 또한 일에 순종함을 이른 것이다.

육오효: (사람의 지행志行이) 바르면 길하니, 계단을 (한 걸음씩) 오름과 같다.
[六五, 貞吉,[24] 升階.]
상에서 말한다. "(뜻이) 올바르면 길한데 계단 오르듯 올라감"은, 크게 뜻을 얻은 것이다.
[象曰: "貞吉升階," 大得志也.]

순상荀爽은 말한다. (65효는) 음이 바르게 중中에 있으니, 양을 위한 계단이 된다.

(장재의) 『횡거역설橫渠易說』에서 말한다. (65효에서,) "유중柔中은 매우 높으나, 오는 자를 막

21) '旱麓: 「周之先祖, 世脩后稷, 公劉之業. 大王、王季, 中以百福干祿焉.', 『毛詩註疏』第十五, 「旱麓」, 『毛詩正義』6冊, 1,175頁.
22) '九命然後錫以秬鬯, 圭瓚.' 『毛詩註疏』第十五, 「旱麓」, 『毛詩正義』6冊, 1,177頁.
23) '克順克比.', 『詩經譯注』, 「大雅」, 「文王之什」, 「皇矣」, 袁梅著, 상동, 747頁.
24) 貞은 正이다.

지 않고, 만물로 하여금 모두 자기를 밟고 오르게 하니, (65효의) 뜻이 마땅하여 크게 얻는다."[25]

이원량李元量(12세기, 남송南宋 학자)은 말한다. 계단을 오르는 것은 올라감에 순서가 있다. 손님과 주인이 읍揖으로서 사양하고, (65효에서) 오름을 말한다.

장준張浚은 말한다. 65효는 (상괘인) 곤坤괘의 중中으로 덕에 순응하여, 위와 아래에 이르니, 강강剛(陽)인 현자가 이에 응하여, 덕이 나아감이 그치지 않으니, (65효는) 사해四海에서 뜻을 얻을 수 있다. 곤坤 흙은 계단이 되니, 아래로부터 위로 올라가기에, 승升이라 말한다.

정형程迥(12세기, 남송南宋 역학자)은 말한다. (65효는) 아래로는 강덕剛德의 신하(92효)에 응하고, 92효로부터 65효로 올라가는 것이 마치 계단에 등급이 있는 것과 같다. 이는 임금이 현명한 신하를 승진시키는 상이다.

유원劉沅은 말한다. 곤坤은 흙인데, 3효가 층층이 위로 쌓였으니, 계단의 모양이다. 65효는 유중柔中으로써 92효의 강중剛中에 응하고, 자기를 비워서 현인들에게 자기를 낮추니, 임금의 바른 도리이다. 초6효는 믿음으로서 오르고, 93, 92효는 같은 덕으로 오르며, 63, 92효는 같은 공功으로 오르고, 현인들은 모두 오르게 되니, 오르는데 순서가 있으므로 계단을 오른다고 말한다. 옛날 사람들은 손님과 주인이 세 번 읍을 하고, 세 번 사양한 연후에 계단에 올랐는데, 하물며 군자가 예禮로써 나아가는 경우이겠는가! 65효의 자리[位]는 오를 수 있는 것이 아니므로, 단지 계단이라고 말했다. (65효에서) 크게 뜻을 얻는다는 것은, 곧 단전象傳에서, '경사가 있음[有慶]'이고, '뜻이 수행됨[志行]'이다. 초6효에서부터 여기[65효]에 이르기까지, 오름이 이미 지극하다할 것이다. 그러므로 초6효에서, '위와 뜻이 합한다[上合志].'라고 하였으며, 여기[65효]에서는 '크게 뜻을 얻는다[大得志].'라고 말한다.

리스전李士鉁은 말한다. 곤坤은 땅의 도道이고, 65효는 하늘의 자리[位]이다. 땅으로부터 하늘에 오르는 것은, 마치 아래로부터 위로 오르는 것과 같다. 무릇 올라서 계단에 이르는 것은 음도陰道의 존귀함이다. 계단의 위부터는 궁실과 묘당이니, 볼 수 없는 것이 없어서, 임금을 받들 수 있고, 하늘을 섬길 수 있기 때문에, 오름은 겨우 계단에 이르는 것이다. (65효는) 계단의 아래에서는 접할 수 없는 것이 없으나, 백성에게 임할 수 있고, 현자를 추천할 수 있으니, (65효는) 크게 뜻을 얻을 수 있다.

마치창馬其昶은 말한다. (65효는) 바르면 오래 가며 길吉함을 얻으니, 작은 것을 쌓아 크고 높

---

25) '柔中極尊, 不拒來者, 使物皆階己而升, 地宜大獲也.', 『橫渠易說』卷二, 下經, 升, 電子版文淵閣四庫全書, 상동 참조.

아짐을 일컫는다. (승가괘 괘사 첫머리에서,) '대인大人을 보면 이로워서, 남쪽으로 정벌하면 길하다[用見大人, 南征吉].'라고 하였으니, '뜻이 수행됨[志行]'이다. 92효의 '뜻이 수행됨[志行]', 이것이 65효가 크게 뜻을 얻는 것이다.

> **상육효: 밤에까지 오름이니, (노력하여) 쉬지 않음이 이로운 것은 정도正道 때문이다.**
> [上六, 冥升, 利于不息之貞.[26]]
> **상에서 말한다. 상층에서 "밤에도 (노력하여) 올라가려 하면", (복의 기운을) 소멸시켜도 복은 있다.**
> [象曰: "冥升"在上, 消不富也.[27]]

유원劉沅은 말한다. 음이 끝나기 때문에 밤이다. 곤坤은 오래 바르므로 쉬지 않는 모양이다. 나아가기를 그치지 않는 마음을 찾음으로써 덕을 진작시키고 업業을 닦아나가면, 곤坤의 영구한 바름[正]에 합쳐질 것이다. 진噩괘 상9효는, 그 뿔 끝에서 나아가지만 달리 쓸 곳은 없으니, 읍邑을 정벌하는 데 쓰이고; 승가괘의 상6효는 오름에 이로운 바가 없으니, 올곧음을 지킴이 이롭다. 『역易』은, '궁窮하면 변하고, 변하면 통하니,'[28] 성인의 가르침이다.

리스전李士鉁은 말한다. 승가괘는 쉬지 않음을 근본으로 한다. 곧음[貞]은 곤坤의 덕이고, 쉬지 않음은 건乾의 도道이다. 곤坤은 본래 건乾을 본받으니, (상6효에서) 곤坤이 정점[極]이니 건도乾道가 보일 것이다(나의 견해: '천행天行은 강건剛健하여, 군자는 (이를 본받아) 스스로 노력하여 쉼이 없다[天行健, 君子以自彊不息.].').

마치창馬其昶은 말한다. 승가괘는 '크게 형통[元亨]'한데, 65, 상6효에 이르면 승도가道가 이미 이루어지고, 또 '이롭고 바를[利貞]' 것이다. 양陽은 실實하여 부유함이 되니, 부유함은 복福이다. 올라가되 그치지 않으면 반드시 곤란하게 되니, '밤늦게 오름[冥升]'이 상6효에 있으니, 점차 사라져서 복福이 아니게 되기에, 죽음의 상이다. 『시詩』에서, '문왕文王(의 혼)이 호천昊天에 있으니, 아아, (그는) 하늘에서 빛나도다!'라고[29] 하였다. 이것이 문왕文王의 '밤늦게 오름[冥升]'이다. 명이明夷는 천하의 어두움이다. 명이明夷괘 65효에서, '기자箕子가 어려움을 만나서 은퇴하였는데,

---

26) 명冥은 밤이다. 식식息止이다. 貞은 正이다. '利于不息之貞'은, '이로움이 노력하며 쉬지 않음에 있'음은 정도正道 때문이다. 高亨, 393頁.
27) 富는 아마도 福의 가차이다. 高亨, 상동.
28) '易窮則變, 變則通, 通則久, 是以自天祐之, 吉无不利.', 「繫辭」下傳, 高亨, 562頁 참조.
29) '文王在上, 於, 昭于天!'『詩經譯注』, 「大雅」, 「文王之什」, 「文王」, 袁梅著, 상동, 709頁.

(그의 행동이) 바르니 이롭다[六五, 箕子之明夷, 利貞.]. 상象에서 말한다. "기자箕子"는 "올바르니", "밝은 지혜"는 없어질 수 없다[象曰: "箕子"之"貞", "明"不可息也.].라고 하니, 그 낳는 것을 쉬지 않음이다.' 밤늦게 오름[冥升]은, '쉬지 않는 오름에 이로움이니, 그 죽음에도 쉬지 않는 것'이다. 군자의 덕은 순수해서 그 태어남에 쉬지 않으면, 죽음에도 또한 쉬지 않는다. 공자는, '아침에 도를 들으면 저녁에 죽더라도 괜찮다.'라고[30) 하였다. 그치지 않는 올곧음이 바로 도道를 들은 효과가 아니겠는가? 죽고 사는 것이 마치 낮과 밤과 같아서, 사는 것을 알지도 못하는데, 어떻게 죽음을 알겠는가? 죽음과 삶을 하나로 통관하니, 이는 낮과 밤의 도리에 통달하여 아는 것을 이른다.

• **나의 견해**: 승升괘의 앞에 있는 다섯 효는, 모두 인간세상에서 올라가는 바가 큰 것을 말한 것이다. 상6효는 올라감[升]의 끝[終極]이니, 세간世間을 넘어서는 오름을 말한 것이다. 밤[冥]에 올라가므로, 죽었으나 죽지 않는다. 밤인데 올라갈 수 있으니, 따라서 살지 않지만 사는 것이다. 이것은 어째서인가? 그의 삶과 그의 죽음에서, 모두 그치지 않는 올곧음이 그 속[中]에 보존되어 있기 때문이다. 공자가 지팡이를 끌고 소요하고, 꿈에 두 기둥 사이에서 제사지낸 것은, 진실로 (상6효의 상象에서 말한) "상층에서 '밤에도 (노력하여) 올라가려함'[冥升"在上]이다. 밝은 임금이 나오지 않으니, 누가 천하를 우뚝 세울 수 있겠는가? 이 또한 사그라져서 부유하지 못함이다. 『장자莊子』,「대종사大宗師」편에서는, '이미 심성을 잊어버리니, 그 뒤에 [마음이] 청명하고 통철洞徹[朝徹]하게 되었네. 밝게 통철한 뒤에 [절대적인] 도道를 볼 수 있었고, 도를 본 뒤에야 고금古今의 [시간적 제한]을 초월할 수 있었고, 고금의 [시간적 제한]을 초월한 뒤에야 죽음도 없고 삶도 없는 [경지]에 들어갈 수 있었네.'라고[31) 하였다. 또「양생주養生主」에서는, '때 마침 [세상에] 온 것은 노담老聃선생이 [태어난] 때이고 때 마침 [세상을] 떠난 것은 노담老聃선생이 자연의 흐름에 따른 것이네. 자연의 흐름에 편안하였고 [자연의 흐름에] 순명하여 살았으니 [죽고 사는 것에 대해] 슬픔과 기쁨도 끼어들 수 없는 것이네. …손으로 땔나무를 계속 밀어 넣으면 불의 번짐은 끝날 줄을 모르는 법이네.'라고[32) 말했다. 이는 곧 쉬지 않는 올곧음이다. 장재張載는 (『정몽正蒙』에서), '모여도 내 몸이고 흩어져도 내 몸이니, 삶과 죽음이 없어지지 않는다는 것을 아는 자와는 더불어 성性을

---

30) '子曰: "朝聞道, 夕死可矣."'『論語譯注』,「里仁」篇(4:8), 楊伯峻譯注, 상동, 37頁.

31) '已外生矣, 而後能朝徹. 朝徹, 而後能見獨見獨, 而後能无古今, 无古今, 而後能入於不死不生.',『莊子淺注』,「大宗師」第六, 曹礎基著, 北京: 中華書局, 1992, 98頁.

32) '適來, 夫子時也, 適去, 夫子順也. 安時而處順, 哀樂不能入也. 指窮於爲薪, 火傳也, 不知其盡也.',『莊子淺注』,「養生主」第三, 曹礎基著, 상동, 46, 47頁.

말할 수 있다.'라고[33] 하였고, (「성명誠明」편에서는,) '성性을 다한 연후에 살아서 얻은 것이 없으면 죽어서 잃는 것도 없음을 안다.'라고[34] 하였다. 또 '살아서, 나는 일에 따르고; 죽어서는 내가 편안하다.'라고[35] 하였고, 소식蘇軾[蘇公]은, '삶을 의존해서 생존하는 것도 아니고 죽음에 의존해서 사라지는 것도 아니다.'라고 하였으니, 이는 '쉬지 않는 올곧음[不息之貞]'에서 그 뜻을 밝힐 수 있다.

• **나의 견해**: 「계사繫辭」전에서, '선善이 쌓이지 않으면 이름[名]을 이룰 수 없다.'라고[36] 하였다. 동중서董仲舒는, '선을 쌓는 것은 몸에 하는 것이니 마치 날[日]이 늘어나면 더욱 보탬이 되나, 사람들은 그것을 모른다.'라고[37] 하였다. 군자가 덕을 진작하고 업業을 닦는 것은 점차적으로 쌓아서, 일취日就월장月將하는 것이니, 나무가 자라 올라가는 데에서 본뜻이 있다. 곽탁타郭槖駝가 나무 심는 방법은, '나무의 천성을 따름으로써 그것의 본성을 이루게 함이다.'라고[38] 하였으니, 대개 『역易』의 뜻을 얻은 것이다. '걱정하지 말라[勿恤]'하고 이른 것은, 빨리 이루기를 바라지 말고, 나아감이 빠르지 않은 것을 근심하지 말라는 말이다. 송宋나라 사람이 벼를 빨리 자라게 하고자 하여, 모를 뽑아서 자라는 것을 도왔는데, 단지 무익할 뿐만 아니라 오히려 해가 된 것이다.[39] 성학聖學에는 빠른 효과는 없고, 왕도王道에는 금방 이루어지는 결과[功]는 없으며, 선인善人이 나라를 다스림에 백년이 걸리고, 왕업[王]도 반드시 한 세대 이후에야 인仁이 펼쳐진다고 한 것은, 모두 작은 것을 쌓아서 높고 큰 것에 이르는 것이다. (승升)괘卦의 뜻이 갖춘 바가 매우 넓다. (승升괘에서 상괘인) 곤坤과 (하괘인) 손巽은 남방의 괘인데, 땅 속에 나무가 자라고 있으니 봄과 여름이 교차할 무렵에 왕성해져서, 가을이 되면 재목을 이루어 다 쓸 수 없을 것이기 때문에, 남쪽으로 정벌해도 길하다고 하였다. 상6효는 포윤抱潤(馬其昶)선생이 해답을 얻었으니, 영명英名[神明]하여 뜻이 통한다.

....

33) '聚亦吾體, 散亦吾體, 知死之不忘者, 可與言性矣.' 『正蒙』「太和篇第一」, 『張載集』, 張載著, 北京: 中華書局, 1978, 7頁.

34) '盡性, 然後知生無所得則死無所喪.' 『正蒙』「誠明篇第六」, 『張載集』, 張載著, 상동, 21頁.

35) '存, 吾順事; 沒, 吾寧也.', 『張載全書』, 「西銘」, 『張載集』, 「乾稱」篇第十七, 상동, 63頁.

36) '善不積, 不足以成名.', 「繫辭」下傳, 高亨, 573頁.

37) '積善在身, 猶長日加益, 而人不知也.', 『漢書』, 「董仲舒」傳第二十八, 八冊 傳[二], 상동, 2,517頁.

38) '以能順木之天以致其性焉.'. 『柳河東集』卷十七, 「種樹郭槖駝」傳, 唐 柳宗元撰, 電子版文淵閣四庫全書, 上海人民出版社, 1999 참조.

39) '助之長者, 揠苗者也. 非徒無益, 而又害之.', 『孟子』, 「公孫丑」상장(3:2) 참조.

47. 곤困괘 ䷮

곤困괘: (곤경에 처해있으나) 형미亨美한 덕을 가졌기에, (지행志行이) 바르니 대인大人이 길하고, 허물이 없다. (그러나 말이 많아서) 말을 해도 (다른 이들이) 믿지 않는다.
[困, 亨. 貞大人吉,[1] 无咎. 有言不信.]

　(유향劉向의)『설원說苑』에서 말한다. '공자는, … "평일에 좌절을 겪지 않으면 생각이 멀리 못 미치고, 자신이 곤란을 당하지 않으면 지혜는 넓을 수 없다."라고 말했다. … 곤困괘의 도道는 추움[寒]을 따라서 따듯함[煖]에 미치고, 따듯함이 추움에 미치는 것처럼, 현자만이 홀로 알뿐 말하기는 어렵다.『역易』(곤困괘)에서,「곤궁하나 형미亨美한 덕 있고 바르면, 대인大人은 길하고, 허물은 없으나, (말이 많으니) 말을 해도 (다른 이들이) 믿지 않는다.」(라고 말한다.) 성인은 더불어 있는 이들과 믿음을 말하기는 어려운 것이다.'[2]

　항안세項安世(1129-1208)는 말한다. 정도正道[貞]를 특히 대인大人 위에 두니, 밝음[明]은 원강元剛을 견고하게 함으로써 천하의 변동[變]을 이길 수 있기에, 곧「계사繫辭」하전下傳에서, 말한바 '하나에서 바로 됨[貞夫一者也]'이다.[3] 법률에서 용병用兵의 도道는 바름[正]을 얻으면 이로우니, 따라서 (지도자를) '존중하는 노인老人[丈人]'이라 칭하며; 곤困괘에서는 도道에 바르니, 따라서 대인大人이라 칭한다.

　유원劉沅(1767-1855)은 말한다. (곤困괘에서) 태兌는 음인데 상괘에 있고, 감坎은 양인데 하괘에 있으니, 상6효는 2양 위에 있고, 92효는 음 가운데 빠져있으니, (곤困괘에서) 모두 음유陰柔가 양강陽剛을 가리고 있기에, (곤困괘는,) 군자가 소인들에 의해 막혀버린 때[時]이다.「서괘序卦」전

---

1) 곤困은 괘명이고, 궁박함의 뜻이다. 형亨은 아름다움[美]이다. 貞은 바름이다. 高亨, 395頁.
2) '孔子…曰: "故居不幽, 則思不遠, 身不約則智不廣." … 夫困之爲道, 從寒之及煖, 唯賢者獨知而亂言之也.『易』曰:「困亨貞, 大人吉, 無咎. 有言不信.」聖人所與人亂言信也.',『說苑今註今譯』,「雜言」, 漢盧 漢 劉向撰, 元駿註譯, 臺北: 臺灣商務印書館, 1988, 578, 579頁.
3) '天下之動, 貞夫一者也.'「繫辭」下傳, 夫는 于와 같다. 高亨, 557頁.

에서, '올라감이 그치지 않으면 반드시 곤궁해지니, 따라서 그것을 곤困괘가 받았다.'라고[4] 한다. 곤困은 곤궁하여 병듦이다. 그러나 곤困괘는 인내하고 활동하여 (본래) 할 수 없었던 것들을 증익增益할 수 있기에, 형통하는 도리를 갖게 된다. 92, 95효는 강중剛中이니, 대인大人의 상이다. 곤궁할 때는 말씀에서 펴지기를 찾을 수 없고, 마땅히 자기 바름[正]을 스스로 지켜야 한다. (곤困괘에서) 태兌는 입이니, 말하는 상이다. 감坎은 '귀의 통증[耳痛]'이니, 믿지 않는 상이다.

리스전李士鉁(1851-1926)은 말한다. 곤困자는, 나무[木]가 '囗' (나의 견해: [위 囗자는], 옛날의 원園자 국國자이다.) 가운데 있음이다. 호체互體인 손巽은 나무인데, 위에 태兌는 (위쪽이) 결여되었고, 아래에 감坎은 (음陰속에) 함입陷入되어 있으니, 나무는 가운데[中]에서 곤궁하기에, (곤困괘의) 효爻들은 대부분 초목을 상으로 취한다. 험함에서 기쁠 수 있으니, 곤궁[困]에 처하는 도道이다. (곤困괘에서는,) 양이 와서 음이 소통하니, 따라서 (곤困괘는) 형통하다. 곤궁하게 배워서 나아가고, 재능은 곤궁으로 이루어졌는데, 경우가 곤궁해도 통하니, (곤困괘의) 도道는 곤궁하나 크다. (장재張載의) 「서명西銘」에서, '빈천貧賤과 우척憂戚은, 가공하지 않은 옥玉을 쪼아서 다듬듯이 너를 옥玉으로 만든다.'라고[5] 하였다. 『맹자』에서, '하늘은 장차 이 사람에게 큰 임무를 내릴 것이다.'라고[6] 하였다. 이것이 곤困괘가 형통하게 되는 이유이다. (곤困괘 92효에서) 강剛이 중中을 얻었고 95효는 바름[正]을 얻었으며, 곤궁함을 고수할 수 있으니, 따라서 (困괘는) 바르다. 넘치지도 않고 이동하지도 않으며 굴복하지 않으니, 곤困괘가 바를 수 있다. 92, 95효가 양강陽剛으로 중中을 얻었으니, 곤궁에 처하는 대인大人이다. 곤궁이란, 소인들이 그것을 흉으로 여기나, 대인들은 그 일을 당하면 길吉함으로 여긴다. 맹렬한 불이 만물을 녹이나, 정금精金은 제련되면 더욱 정화精華된다. 심한 서리가 백초百草를 죽이나, 소나무잣나무[松柏]는 추위로 더욱 더 강해진다. 태兌 입은 말[言]이 되고, 위에서 응應이 없으니, 따라서 (곤困괘는) 믿지 못 한다. 곤궁함에 처할 때에, 말[言語]로써 (해害를) 면하려 하나, 어려울 것이다! 『노자老子』에서, '말이 많으면 자주 막히니, 중中을 지킴만 못 하다.'라고[7] 말한다.

- **나의 견해:** 곤困괘의 도道에는, 대인大人만이 처할 수 있다. 곤궁한 도道에 대처할 수 있음은

---

4) '升而不已必困, 故受之以困.'「序卦」傳, 高亨, 649-650頁.
5) '貧賤憂戚, 庸玉女於成也.'「西銘」, 『張載集』, 「乾稱」篇第十七, 상동, 63頁.
6) '故天將降大任於是人也.'『孟子譯注』, 「告子」下章(12:15), 楊伯峻譯注, 상동, 298頁.
7) '多言數窮, 不如守中.'『老子繹讀』五章, 任繼愈著, 상동, 13頁.

90 『주역周易』의 학습과 해설

오직 바름[正]이고 형통함[亨]이다. 소인들은 곤궁함에 처할 수 없으니, 그들이 형통할 수 있는 도道를 잃어버렸기에, 따라서 '그것은 군자만이 할 수 있는가!'라고 말한다. 질풍疾風으로 풀이 움직임을 알고, 세상이 혼란해야 충신을 알아본다. 곤궁함이 더할수록 대인大人들은 더욱 더 드러나니, 허물이 없는 것이다. (옥玉은) 문지르면 흠이 가지 않고, 더욱 자기 굳음이 나타난다. (옥玉은) 오염되어도 검게 되지는 않으니, 자기 흰색이 더욱 드러난다. 문왕文王께서 유리羑里땅에 가치셨고, 주공周公은 근거 없는 유언有言을 만났으며, 공자는 진陳채蔡나라에서 고난을 받았으나, 모두 자기 곤궁함을 형통시킨 대인大人들이다. '고립되어 도움 없는 신하들 및 서자들[孤孼]'은 심지心志가 위태하나, 환란을 깊게 고려하여, 곤궁해도 자기들이 형통할 바를 잃지 않으니, 따라서 통달하게 된다. 통달하면 곧 형통한다. (군자君子라면) 바름으로 지키고, 굳셈[剛]으로 안정하며, 뜻을 높이되, 입은 받들지 않는다.

단전에서 말한다. 곤困괘는, 강건함이 가려진 형세이다.
[彖曰:「困」, 剛掩也.]

정현鄭玄(127-200)은 말한다. (하체인) 감坎은 달[月]이고 (호체互體인) 이離는 해[日]인데, (상괘인) 태兌는 어두움이니, 해가 들어가게 된다. 지금 위로 해와 달의 밝음이 가려지니, 마치 군자가 난세亂世에 처한 것처럼, 소인들에 의해 받아드려지지 않으니, 따라서 (곤困괘는) 곤궁함이라 말한다.

순상荀爽(128-190)은 말한다. (곤困괘는,) 92, 95효[剛]가 음에 의해 가려진 것을 말한다.

유원劉沅(1767-1855)는 말한다. (하괘인) 감坎은 강剛인데 (상괘인) 태兌 유柔에 가려지게 되니, 92효는 2음에 의해 가려지고, 94, 95효는 상6효에 의해 가려진다. (곤困괘는) 험난함에 처하나 기쁨으로 행하니, 스스로 즐기는 도道가 있어, 형통함을 잃지 않는다.

마치창馬其昶(1855-1930)은 말한다. (하괘인) 감坎은 양인데 음에 빠져있고, 또한 손巽, 이離, 태兌 3음 아래에 있으니, 따라서 (곤困괘는) 홀로 강剛인데 (음들에 의해) 가려 있게 된 것이다.

(이에) 험난[坎]해도 기뻐함[兌]이니, 곤란해도 자기 처할 자리를 잃지 않아서, "형통"하기에, 군자가 아니겠는가! "곧으니 대인大人은 길함"은, (92효가) 강건剛健하여 중위中位를 가졌음이다. "잡담[言談]을 하면 (사람들이) 믿지 않음"은, 잡담을 숭상하면 궁색해진다.
[險以說, 困而不失其所"亨," 其唯君子乎!8) "貞大人吉," 以剛中也. "有言不信," 尙口乃窮也.9)]

왕필王弼(226-249)은 말한다. (곤困괘는) 궁함에 처하여 스스로 통할 수 없는 자이니, 소인이다.

공영달孔穎達(574-648)은 말한다. 소인들은 궁하게 되면 이렇게 자제를 못하게 될 것이나, 군자라면 자기 지조를 바꾸지 않는다.

심해沈該(11세기, 남송南宋 역학자)는 말한다. (곤困괘에서) 아래의 감坎은 마음[心]이고, 위의 태兌는 입이니, 마음을 묶었으면 형통하고, 입을 숭상하면 궁하게 된다.

용인부龍仁夫(1253-1335)는 말한다. 소所란, 간艮이 '자기 장소에서 그침[止其所]'의 소所이다. (곤困괘는,) 부끄럽지[慝怍] 않게, 태연히 자기가 마땅히 있을 곳을 잃지 않았다.

하종란夏宗瀾(1699-1764)은 말한다. 가난에 편안하며 곤궁함을 지킴은 군자들이 할 수 있다. 시비是非를 변론하고, 억울한 일을 늘어놓거나, 혹 충성과 인애함이 충격을 받아서, 정직한 말을 해도, 군자는 (모함을) 면할 수 없다. (군자는) 말함이 무익하고, 원한과 비의非議를 가리키며, 자기 죄를 꾸며댐을 모른다.

유원劉沅은 말한다. (곤困)괘의 몸에서 감坎은 험險함이고 태兌는 기쁨이니, (곤困괘는) 험난함에 처하여 기쁨을 행함이다. 군자는 스스로 즐거워하는 도道가 있으니, 비록 곤궁해도 형통하게 됨을 잊지 않는다. 92, 95효가 강중剛中이기에, 강剛하면 곤궁 때문에 묶이지 않고, 중中이면 곤궁 때문에 저애沮礙받지 않는다.

마치창馬其昶은 말한다. (곤困괘는) 자기 있을 곳을 잃지 않은 이후에, 형통할 수 있고, 바를 수 있다. 곤궁하나 형통하니, 군자이다. 천하를 바르게 처리한다면, 자리가 있는 대인大人이 아니고서는 할 수 없다. 형통하고 바름은 나뉘어 대인大人인 군자에게 속하니, (나의 견해: 군자만이 형통함은 92효를 가리킨다. 바른 대인大人이 길함은 95효를 가리켜 말한 것이다.) 따라서 '곤덕困德의 변론辨論'을 말한 것이다.

상전에서 말한다. 못에 (물이 밑으로 빠져서) 물이 없는 것이 곤困괘이다. (이에) 군자는 목숨을 바쳐서 뜻을 이룬다.

[象曰: 澤無水, "困," 君子以致命遂志.10)]

....

8) 엄掩(가리다)은 엄掩이다. 剛掩은 剛이 柔에 의해 가려짐이다. 상괘인 兌는 柔이고, 하괘 坎은 剛이다. 재덕 있는 군자가 재덕 없는 소인에게 가려진 형상이 困괘의 모습이다. 高亨, 396頁.

9) 兌는 입(口)이고, 坎은 물(水)이니 口談이 流水같음이다. 高亨, 상동.

10) 致命은 授命(생명을 바침)이고, 수遂(성취함)은 行이니, 遂志는 '뜻을 실행함'이다. 물이 연못 바닥으로 들어갔으니, 연못의 수초와 고기들은 말라죽는 곤경을 겪는 것이 困괘이다. 高亨, 396-397頁.

서간徐幹(171-218)은 말한다. 만나느냐, 못 만나느냐는 내 (문제)가 아니고, 그 때[時]의 (문제)이다. 길吉을 베풀었으나, 흉凶으로 보답함은 명命이라 하고, 흉을 베풀었으나 길로 보답함은 다행이라 말하니, 자기의 뜻한 바를 지킬 뿐인 것이다. 『역易』(의 곤困괘, 상전象傳)에서, '군자는 목숨을 바쳐서 뜻을 이룬다.'라고 말한다.

하타何妥(6세기말, 수隨나라 음악가 및 철학자)는 말한다. (대인大人이라면,) 목숨은 바칠 수 있으나, 뜻은 뺏을 수 없다.

(주희의) 『주역본의周易本義』에서 말한다. 물이 아래로 새면, 못은 위에서 마르니, 따라서 (곤困괘는) '못에 물이 없다[澤无水].'라고 말한다. 목숨을 바침은, 생명을 내놓음을 말함과 같다.

유원劉沅은 말한다. 명命은 천리天理를 주재主宰하는 이름이다. 불러옴[致]은 곤궁함을 최고점에 이르게 함이고; '뜻을 이룸[遂志]'은 자기의 본지本志를 이룸이다. 무릇 도덕과 인의仁義는 마땅히 할 일이니, 모두 천리天理이다. 자기 도道를 다하고 천명天命에 순종하여 자적自適하니, 상常과 변變, 밝음과 어둠을 따지지 말고, 모든 곤고困苦에도, 월등히 동요됨이 없이, 자기 본지本志의 편안함을 수행하니, 이것이 (곤困괘에서) 형통하는 바이다. '생명을 바침[致命]'은 (하괘인) 감坎이 함몰陷沒하는 상이다. '뜻을 이룸[遂志]'은 (상괘인) 태兌 기쁨의 상이다. 명命은 하늘에서 정해지고, 뜻[志]은 자기에게 있다. 자기에게 있는 것을 얻으면 형통은 반드시 안정이요, 곤궁함 또한 안정함이다. 92, 95효는 모두 곤궁한데 형통한 군자들이다. 곤궁한 일은 대부분 사람에게 말미암고, 곤궁한데 형통한가, 아닌가는 자기에게 있다. 맹자는, '우환이 있어야 산다.'라고[11] 말했으니, (군자는) '곤궁해도 형통함[亨困]'의 뜻을 얻은 것이라 하겠다.

요배중姚配中(1792-1844)은 말한다. 아래 감坎의 3효는 모두 자리를 잃었다. (호체互體인) 이離는 감坎 아래에 엎드려있으니, 물이 있는 모양이고, 물이 없는 실상은, 가운데의 건乾이니, 따라서 '못에 물이 없음[澤无水]'이라 말한다.

짱홍즈張洪之(1881-1969)는 말한다. 치致는 위임[委]이다. (곤困괘는,) 곤궁이 생사生死를 통하여 하나 같이 명命에 위탁하였으니, 명命 때문에 자기 뜻을 두 가지로 하지 않고, 몸이 곤궁하나 자기 마음을 곤궁하게 하지 않는다. 도道의 흥폐興廢는 명命에 매어있으니, 사람의 힘을 다한다고 되는 것이 아니다. 공자는, 진陳, 채蔡나라에서 곤궁하였는데, '궁하나 견딜 수 있음[固窮]'으로 자로子路의 성냄[慍]을 해소했으니,[12] 곤궁하나 얻고 잃는 도리에 통함을 깊게 터득한 것이다. 한유

---

11) '然後知生於憂患而死於安樂也.', 『孟子譯注』, 「告子」下章(12:15), 楊伯峻譯注, 상동, 298頁 참조.

12) '在陳絶糧, 從者病, 莫能興. 子路慍見曰: "君子亦窮乎?" 子曰: "君子固窮, 小人窮斯濫矣.",', 『論語譯注』,

韓愈(昌黎), 선공宣公, 소식蘇軾(東坡)은 정직함으로 미움을 받았으니, 진실로 국운國運과 관련되어, 그것이 그렇게 된 연유를 알 수는 없다. 한유(昌黎)는 3번 글을 올렸으니, 자취가 시세時勢에 위반됨에 가깝고; 소식蘇軾(東坡)은 화나서 욕하는 말로 시詩를 지었으니, 숨겨서 기다리는 화환禍患을 가늠할 수 없었고; 선공宣公만은 학문과 수양이 자못 깊은데, 귀양살이 하는 곳에서 약방藥方을 수집하여, 잘못을 감면받기 바랐으니, 곤궁에 처하는 도道를 얻은 것이다.

마치창馬其昶은 말한다. 『역易』에서는 매번 명命과 지志를 대립하여 말한다. (나의 견해: 구姤괘 95효의 상象에서, 「하늘로부터 자기가 멸망함」이니, (자기) 뜻이 막히어 목숨을 내버림이다.'라고 말한다.) 명命은 명운命運 가운데에 떨어진다. 지志는 마음이 가는 곳이니, '본원本原의 밝음[本明]'이라 말한다. 본심本心이 나타나면, 그것을 넓혀서 확충하니, 의견이 횡행하지 않게 하는데, 이것이 '목숨[命]을 바쳐서 뜻을 이룸[致命遂志]'이다.

- **나의 견해(1):** 옛날의 군자는 '생生을 구하고자 인仁을 해치지 않았으며, 몸을 죽여서 인仁을 이루었다.'[13] 관중管仲[管夷吾]처럼, 인仁을 찾으니 인仁을 얻어서, 자기 뜻을 이뤘기에, 생명을 바치는 것[致命]은 걱정할 일이 아니다. 후세에 문신국文信國(文天祥, 1236-1283), 양초산楊椒山(楊繼盛, 1516-1555), 좌충의左忠毅(1575-1625), 사각부史閣部(史可法, 1602-1645), 녹충절鹿忠節(鹿善繼, 1575-1636)의 부류 같이, 선후가 서로 이어져 끊임없이, 모두 목숨을 바쳐서 뜻을 이뤘으니, 정말 곤궁했으나, 형통할 수 있었던 이들이다.

- **나의 견해(2):** (곤困괘의) 상전象傳에서의 '목숨을 바쳐서 뜻을 이룸'이라는 말을 미루어보면, 곧 이것은 곤궁에 처할 수 있는 도道라는 것이다. 맹자는, 몸을 닦아야 명命을 세울 수 있으니, 비록 목숨을 바치더라도 또한 '바른 명[正命]이다.'라고[14] 하셨다. 공자는, 명命을 아는데, 길흉吉凶 화복禍福은 모두 하늘에 맡기고, 필부匹夫의 뜻일지라도 빼앗을 수는 없다고[15] 하셨다. 명命은 가벼운 것이고 지志는 무거운 것이니, 목숨[命]을 바쳐야만 자기 뜻을 이룰 수 있다. '바른 기[正氣]'는 인용한 고인古人들을 찬미하는데, 모두 목숨을 바쳐서 뜻을 이룬 군자들은, 때로 늙은 나이에 나타나며, 삼강三綱은[16] 실로 생명을 기탁 받은 것이고, '도덕과 정의正義[道義]'가 그것의 뿌리가 되

「衛靈公」篇第十五(15:2), 楊伯峻譯注, 상동, 161頁 참조.

13) '志士仁人, 無求生以害仁, 有殺身以成仁.', 『論語』, 「衛靈公」편(15:9)참조.

14) '孟子曰: "莫非命也, 順受其正. … 盡其道而死者, 正命也."'『孟子譯注』, 「盡心」上章(13:2), 楊伯峻譯注, 상동, 301頁.

15) '匹夫不可奪之也.', 『論語譯注』, 「子罕」篇第九(9:26), 楊伯峻譯注, 상동, 95頁 참조.

고, '도덕과 정의正義[道義]'가 명命이 되니, 그 뜻[志]은 일월日月과 빛을 다툴 것이다!

초육효: 몽둥이로 궁둥이를 (맞아서) 곤궁한데, 어두운 감방에 들어가서, 삼년 동안 (사람을) 보지 못 한다.

[初六, 臀困于株木, 入于幽谷, 三歲不覿.17)]

상에서 말한다. "감방에 들어감"이니, 어둑하여 밝음이 없다.

[象曰: "入於幽谷," 幽不明也.]

왕필王弼은 말한다. (초6효는) 가장 아래에 있으니, 침체하고 낮으며 곤궁하여, 살기에 편안함이 없다.

간보干寶(286-336)는 말한다. (하괘인) 감坎은 숨어서 엎드림(隱伏)이다.

육희성陸希聲(801-895)은 말한다. (하괘인) 감坎은 나무로 치면, 딱딱하고 혹들이 많으니, 몽둥이의 상이다.

왕소소王昭素(10세기, 북송北宋 학자)는 말한다. 초6효로부터 94효에 이르기까지, 3효를 거치니, 3년이 된다.

정동경鄭東卿(1157-?)은 말한다. (상괘인) 태兌는 바로 가을이고, (하괘인) 감坎은 바로 북쪽이다. 태兌의 일음一陰[초6효]이 비로소 가을 기운을 얻었으니, 덩굴진 풀은 아직 죽지 않았는데, 칡[葛藟]이나 등나무 덩굴[유藟]이 된다. 63효는 가을과 겨울이 교차하니, 잎은 떨어지고 가시만 남아있으니, 납가새[蒺藜]가 된다. 초6효는 한 겨울에 덩굴진 풀들이 죽고, 살아있는 것은 몽둥이(가 될 만한) 나무이다. 3음은 모두 초목을 나타낸다.

이광지李光地(1642-1718)는 말한다. (곤困)괘는 강剛으로 가림을 뜻[義]으로 삼는다. 굳센 자[剛者]만이 곤궁함에 처할 수 있고, 순한 자[柔者]는 할 수 없다. 군자의 곤궁은 때[時]에 의한 곤궁이고, 소인이라면 왕왕 그것을 스스로 취할 따름이다.

유원劉沅은 말한다. '앉아있는데 곤고함[坐困]'은 궁둥이를 말하는데, 궁둥이는 아래에 있다. (하괘인) 감坎은 단단한 나무이고, (상괘인) 태兌는 부숨[毁折]이니, 초6효는 작고 깊은 구덩이[窞]가

---

16) 삼강三綱은, 임금은 신하들의 벼리[綱]이고, 아버지는 자식들의 벼리이고, 남편의 아내의 벼리라는 옛날의 윤리의식이다.

17) 주목株木은 몽둥이[棍杖]이다. 유幽는 어두움이다. 유곡幽谷은 감옥(뇌옥牢獄)이다. 적覿은 봄이다. 적覿자 아래에, 漢帛書『周易』에는, 흉凶자가 있으니, 마땅히 그것을 보충해야 한다. 高亨, 397頁.

된다. (초6효는) 감坎 북쪽에 있으니 어둡게 되고, 호체互體인 이離는 눈이니 밝음[明]이 되며, 수數로는 3이다. 초6효는 이離 밖에 있으니, 따라서 보지를 못 한다.

리스전李士鉁은 말한다. 쾌夬괘나 구姤괘의 셋째, 넷째 효는 궁둥이가 되는데, 여기[곤困괘]에서는 초6효가 궁둥이이다. 사람이 걸으면 궁둥이는 가운데[中]에 있는데, 앉으면 궁둥이가 아래에 있게 되고, (곤困괘에서는) 곤困하여 일어날 수 없으니, 따라서 초6효가 궁둥이가 되는 상이다. 주株는 나무의 줄기이다. (호체互體인) 손巽은 들어옴[入]이 되고, (상괘인) 태兌는 골짜기[谷]가 된다. 줄기가 되는 나무는 곤궁하게 할 수 없으니, 어두운 골짜기에는 들어올 수 없고, 초6효가 '어려워도 들어오니[困入]' 스스로 취한 것이다. 곤困은 9월의 괘이니, 서리가 내려서 풀들을 죽인다. 위의 태兌는 가을이 되고, 아래의 감坎은 겨울이 된다. 상6효는 가을에 있으니, 덩굴풀이 아직 죽지 않았기에, 따라서 칡과 등나무 덩굴이 된다. 63효가 겨울과 가을 사이에 있으니, 잎은 가버리고 자손만이 남으니, 따라서 납가새[蒺藜]가 된다. 초6효는 겨울에 있으니, 풀은 죽고 나무는 건재하니, 따라서 (초6효는) 줄기 있는 나무[株木]가 된다.

마치창馬其昶은 말한다. 초6효가 아래에서 (양陽)자리를 잃었는데, 응應이 없는 것은 아니니, 94효는 태兌로 어두움을 몸으로 하기에, 응이 있으나 볼 수가 없다. (하체인) 감坎은 물이고 화려한 광채를 안에서 표현하는데, 인심人心의 본래 밝음[本明]이, 물욕物欲에 잘못 이끌려서, 사물의 변화가 마침내 그 바름을 잃었으니, (초6효는) 곤경에 처한 주목株木들이 어두운 골짜기에 들어있는 것과 같다. 이 때문에 (초6효는) 어두워서 밝지 못하니, 천하에서 '지극한 곤궁함[至困]'이 된다.

• **나의 견해**: (초6효에서) 어두워서 밝지 않음은 밝지 않은 것이 아니다. 본래 밝은 몸은 지극히 굳세나, 음유陰幽에 가려진 것이니, 어디를 가도 곤궁하지 않겠는가! 초6효의 곤궁함이 여러 곤궁함의 근본이 된다.

구이효: 술과 음식으로 (이미) '병病들어 곤고[困]'한데, (천자께서) 붉은 장식 헝겊[蔽膝]을 막 보내왔으니, 연회 베풀어 경하慶賀드리고, 제사 드린다. 정벌하면 흉하다.
[九二, 困于酒食, 朱紱方來, 利用享祀. 征凶. 无咎.18)]

상에서 말한다. "술과 포만飽滿으로 '병들어 곤고함'은, '바르기에[中]' 경사慶事가 있을 것이다.
[象曰: "困於酒食," 中有慶也.19)]

....

18) '困于酒食'은, 술을 過飮하고, 포만飽滿하게 먹어서 병곤病困함이다. 주朱는 붉은 색이고; 불紱은 지금의 조복朝服이나 제복祭服으로, 앞에 늘어 '무릎을 가리는 헝겊[폐슬蔽膝]'인데, 장식으로 쓰였다. 끝의 无咎는 연문衍文이다. 高亨, 397頁.

『건착도乾鑿度』에서 말한다. "『역易』에서는, 천자天子, 삼공三公, 제후諸侯들이 (입는) 붉은 장식 형겊[朱紱]은 모두 같은 색이다. … 곤困괘 92효는 중화中和한데 난세亂世에 있다. 주식酒食 때문에 '병들고 곤고(病困)함'은, 녹祿 때문에 곤란해진 것이다. … 또 문왕文王이 바야흐로 곤란한데 92효의 대인大人의 행함이 있으니, 장차 (천자께서) '붉은 장식 무릎덮개 형겊[朱紱]'을 하사할 것이다."[20]

(허신의)『설문해자說文解字』에서 말한다. '시市는 (무릎을 가리는) 슬갑膝甲[韠]이다. 옛날에는 옷의 무릎 덮개를 했을 뿐인데, 그것을 슬갑膝甲[市]으로 나타냈다. 천자天子는 붉은 장식형겊[朱市]이고, 제후諸侯는 적필赤市이고, 대부大夫는 푸른색의 옥형玉衡이었다. 건巾을 따름[从巾]은, 연결하는 띠[帶]의 모양을 나타낸 것이다.'[21]

정현鄭玄은 말한다. 92효는 대부大夫가 되니, 봉토封土[采地]가 적었다[薄].

석개石介(1005-1045)는 말한다. (92효가) 일단 험난함 가운데 있다면, 무엇을 행할 수 있겠는가? 그것이 양명陽明한 덕에 있기에, (92효는) 허물이 없을 수 있다.

유원劉沅은 말한다. 불紱과 필市(슬갑膝甲)은 통한다.

또 (유원은) 말한다. (하괘인) 감坎은 술酒이 되고, (상괘인) 태兌는 먹거리[食]가 되며, 92효는 감坎에 있고 태兌에 응하니, 따라서 주식酒食이다. '붉은 장식 무릎덮개[朱紱]'는 95효를 말한다. 호체인 이離는 붉음[朱]이 되며, (호체인) 손巽 넓적다리[股] 아래에 있으니, 따라서 '붉은 장식 덮개형겊[紱]'의 상이다. 감坎은 숨어서 엎드림이니, '죽은 자의 영혼[人鬼]'의 상象이기에, 따라서 제사 지낸다고 말한다. 소인들이 군자의 몸을 곤고困苦하게 할 수는 있어도, 군자의 도道를 곤고하게 할 수는 없다. (92효에서) 술과 먹거리로 취하고 포만하게 하여 자기 흔적을 혼탁하게 하나, (92효에서) 강중剛中의 덕은 '붉은 장식 덮개[紱]'를 스스로 갖게 하니, 따라서 (92효에는) 경사스런 일이 있다.

리스전李士鉁은 말한다. (92효에서) 불紱은 무릎덮개이다. 주불朱紱은 (천자天子가 하사하는) 작위爵位에 봉해주는 '관복官服[命服]'이다.

또 (리스전은) 말한다. (호체互體인) 이離와 (하괘인) 감坎은 잡색인데 붉게[朱] 된다. 이離는 화

---

19) 中은 正이다. 高亨, 398頁.

20) "『易』天子三公諸侯, 紱服皆同色. … 困之九二有中和居亂世. … 又困于酒食者, 困于祿也. … 文王方困而有九二大人之行, 將錫之朱紱也.", 『周易乾鑿度』卷上, 漢 鄭康成注, 電子版文淵閣四庫全書, 상동 참조.

21) '市, 韠也. 上古衣蔽前而已, 市以象之. 天子朱市, 諸侯赤市, 大夫葱衡. 从巾, 象連帶之形.', 『說文解字』, 市部, 中冊, 東漢 許愼著, 상동, 629頁.

려한 무늬이다. 『시詩』에서, '붉은 장식무릎덮개[朱市]가 밝고 찬란함'이라[22] 말했다. 감坎은 음식이 되고, 귀신이 된다. (상괘인) 태兌는 무당[巫]이 된다. (92효에는 그러므로) 제사를 드리는 상이 있다.

마치창馬其昶은 말한다. 술과 먹거리로 병곤病困함은, 바로 술과 먹거리를 필요로 함의 반대이다. (92효는) 곤궁함에 있으니, 감坎의 양陽은 위로 95효의 자리에 아직 있을 수 없고, 덕택이 천하에 미치지도 못하니, 이것이 곤困이라 한다. '붉은 장식 무릎덮개[朱紱]가 막 온다는 것은 아직 그렇게 되지 않았다는 말일 뿐이다. '제사 드림에 이로움[利用享祀]'은 주周나라는 천자天子의 예禮로 (돌아가신) 천자[先公]께 제사를 드렸다. 공자선생은 '전날 밤에 양 기둥 사이에서 자기가 좌정한 꿈을 꾸었다.'라고[23] 하였다. 무릇 생존하여 뜻을 얻지 못했으나, 죽어서 천년千年 제사 음식을 받아먹으니, 모두 이것을 나타낸다. 92효는 감坎 가운데[中] 있으니, 마음을 묶어서 형통하여, 가운데에 (있음으로) 경사慶事가 있다. (곤困괘의) 단彖전에서, '군자만이 형통하도다!' 한 것은, 92효를 말함이다. (92효의) 굳셈[剛]은 변하지 않으니, 따라서 (92효에서) '정벌은 흉함'이다. (92효는) 자리를 잃었고 응應이 없으나, (92효는) 허물이 되는 것은 아니다.

육삼효: (길가다) 돌에 걸려서 넘어졌는데, 남가새(의 가시)를 잡았으니, (찔렸다.) 자기 방에 들어가니, 자기 아내를 볼 수 없었다.
[六三, 困于石, 據于蒺藜. 入于其宮,[24] 不見其妻, 凶.]

상에서 말한다. "남가새[蒺藜]를 손으로 잡음"은, (63효가) 강건함을 올라탄 것이다. "방에 들어가니, 아내를 볼 수 없었음"은, 상서롭지 않은 일이다.
[象曰: "據於蒺藜," 乘剛也. "入於其宮, 不見其妻," 不祥也.[25]]

『좌전左傳』에서 말한다. (63효에서) '돌 때문에 곤란해지니, (앞으로) 가면 성공할 수 없음을 뜻하며, 남가새(의 가시)를 붙잡고 있으니, 의지하는 이들이 상처 받음을 뜻한다. 방으로 들어가니, 아내를 볼 수 없음은 흉조[凶兆]이니, 돌아갈 데가 없음을 뜻한다.'[26]

---

22) '朱市斯皇.', 『詩經譯注』, 「小雅」, 「彤弓之什」, 「采芑」, 袁梅著, 상동, 466頁.

23) '夢坐奠於兩楹之間.' 『禮記今註今譯』, 第三「檀弓」上篇, 王夢鷗註譯, 상동, 85頁.

24) '困于石'은 길가다 돌에 걸려서 넘어짐이다. 질여蒺藜는 남가새 풀이름인데, 가시가 있다. '據于蒺藜'는 연약한 손으로 남가새 위에 있는 가시를 잡음이다. 궁宮은 방[室]이다. 高亨, 398頁.

25) 질려蒺藜는 남가새인데, 가시[刺]가 있다. 63효는 柔인데, 92효[剛]에 올라탔으니, 약한 것이 剛物에 기어오른 셈이다. 高亨, 상동.

(한영韓嬰의)『한시외전韓詩外傳』에서 말한다. '이것(63효)은, 곤궁한데 현인賢人들에 의지하지 않았음을 말한다. 옛날 진秦나라 무공繆公은 효殽땅에서 곤궁해졌는데, 급히 오고대부五羖大夫, 건숙蹇叔, 공손지公孫支에 의지하여서 작은 패자霸者가 되었다. 진晉나라 문공文公은 여씨驪氏땅에서 곤궁해졌는데, 급히 구범咎犯, 조쇠趙衰, 개자추介子推에 의지하여서 마침내 임금이 되었다. … 제齊나라 환공桓公은 장작長勺땅에서 곤궁해졌는데, 급히 관중管仲, 영척甯戚, 습붕隰朋에 의지하여서 천하를 바로 잡았다. … 무릇 (군주가) 곤궁한데, 급히 현인들에 의지할 줄 몰랐기에, 망하지 않은 일은 아직 없었다.'[27]

우번虞翻(164-233)은 말한다. (하괘인) 감坎은 남가새[蒺藜]가 된다.

유원劉沅은 말한다. (상괘인) 태兌는 굳세고 짜기에[剛鹵] 돌[石]이 있는 상이다. 감坎은 가시 뒤범벅인 남가새의 상이다. 감坎은 집[宮]의 상이고; (호체互體인) 손巽은 들어옴[入]의 상이다. 호체인 이離는 눈이 된다. 감坎은 둘째아들[中男]이고, 태兌는 막내딸[少女]이니, 부부의 상이다. 63효와 상6효는 음으로 같으니 응하지 못하여, 방에 들어가도 자기 아내를 보지 못하는 상이다. 63효는 음유陰柔여서 중정中正은 아니니, 2강剛 가운데 있으나, 음양의 바른 응應이 없어서, 진퇴進退에 의지할 데 없기에, (63효는) 집이 보호되지 않으니, 흉이 심하다. 이것은 대개 소인들이 자리를 훔쳐서, 스스로 곤궁해진 것이다.

리스전李士鉁은 말한다. (하괘인) 감坎은 남자이니 남편이 되고, (상괘인) 태兌는 여자이니 아내가 되는데, (63효에서) 아내가 집 밖에 있으니, 따라서 보이지 않는 것이다.

마치창馬其昶은 말한다. 돌[石]은 상6효의 음을 말한다. 예豫괘 62효는 '돌처럼 견고함[介于石]'이니 또한 음효이다. 『한서漢書』,「오행지五行志」에서, '돌[石]은 음류陰類이다.'라고[28] 한다. 63효가 갔으나 상6효가 응하지 않으니, '돌에 걸려서 곤궁함[困于石]'이다. (63효가) 물러나 본위本位에 의거하여, 강剛[92효]에 올라탔으나 불안하여, 남가새[蒺藜]가 되었다. 6(음陰)으로써 63효에 의거함은, 남가새에 의지함이다. 또한 63효는 감坎을 몸으로 하여, (호체互體인) 이離를 만드니; 이離는

---

26) '困于石, 往不濟也. 據于蒺藜, 所恃傷也, 入于其宮, 不見其妻, 凶, 无所歸也.',『左傳全譯』二十五年, 王守謙 等譯注, 상동, 944頁.

27) '此言困而不見據賢人者也. 昔者秦繆公困於殽, 疾據五羖大夫, 蹇叔, 公孫支而小霸. 晉文公困於驪氏, 疾據咎犯, 趙衰, 介子推而遂爲君. …齊桓公困於長勺, 疾據管仲, 甯戚, 隰朋而匡天下. … 夫困而不知疾據賢人而不亡者, 未嘗有之也.'『韓詩外傳輯釋』卷第六第十三章 (漢) 韓嬰撰, 許維遹校釋, 北京: 中華書局, 2019, 217頁.

28) '石, 陰類也.'『漢書』,「五行志」第七中之上, 五冊, 志[二], 상동, 1,400頁.

감坎의 아내[妻]이다. 물이 불을 끌 수 있으니, 이것은, 감坎[물]이 이離인 집에 들어가나 자기 아내를 보지 못했기에, (63효는) 흉함이다. (나의 견해: 이런 풀이는 원만하고 정확해서 도리[理]가 있다.) 한영韓嬰(약 전200-전130)이 급히 현인들에 마땅히 의지해야 한다고 말하는 것은, 63효가 의당 양으로 변화하며, 양陽은 현명함이 됨을 말한 것이다.

• **나의 견해**: 지당止唐선생(劉沅)은, '굳셈[剛]에 올라탐[乘剛]'이란 (63효가) 92효의 강剛을 올라탐이 된다고 말한다. 63효가 앞에 있는 94효에 의해 저지되니, 나중에는 (또한) 92효에 의해서도 '사이가 멀어지게[조阻]' 되나, 남가새에 의거해도 의지할 수 없다면, 63효로써 (다만) 92효에 의거해야 할 것이다.

> **구사효**: 오는데 느릿느릿함은, 황동黃銅수레를 (탄 귀인이) 곤욕을 당함이니, 어려울 것이나, 좋은 결과가 있을 것이다.
> [九四, 來徐徐, 困于金車. 吝, 有終.29)]
> **상에서 말한다.** "오는데 느릿느릿함"은 낮은 자리에 뜻이 있음이다. 비록 적당한 자리는 아니나, 도움이 있을 것이다.
> [象曰: "來徐徐," 志在下也. 雖不當位, 有與也.30)]

왕필王弼은 말한다. (94효에서) 아래는 초6효를 말한다.

주진朱震(1072-1138)은 말한다. (94효에서 하괘인) 감坎은 바퀴가 된다.

왕종전王宗傳(12세기, 남송南宋 역학자)은 말한다. (94효에서) 밖으로부터 '앤內'은 '오는 것[來]'이라 말한다. (호체互體인) 손巽은 사실로 되지 않았으니 느릿느릿이 된다.

유염兪琰(1253-1314)은 말한다. 여섯 효 중에 초6효와 94효만이 강유剛柔가 상응하니, 따라서 (94효의 상象에서) 특히 '도움이 있을 것[有與]'으로 밝히고 있다.

유원劉沅은 말한다. (하괘인) 감坎은 수레[車]이고 (상괘인) 태兌는 쇠붙이[金]이다. 예禮는 청동靑銅수레[金輅]를 동성同姓에게 하사하는 것이다. 94효는 신하에 가깝기에, 따라서 청동수레를 올

---

29) 서서徐徐는 느림이다. 금차金車는 황동黃銅으로 도금한 수레이니, 화려한 수레로 이를 탄 귀인貴人을 나타낸다. '困于金車'는 귀인이 곤궁하여 저지당함이다. 인吝은 어려움이다. 종終은 좋은 결과를 말한다. 高亨, 399頁.

30) 下는 낮은 지위이고, 與는 도움(助)이다. 高亨, 상동.

라타는 상이다. 94효는 곤궁함에도 형통해야 하는 책임이 있고, 또 초6효와 바르게 응하니, 뜻은 마땅히 구제됨이다. 이에 호체인 손巽은 진퇴進退가 실현되지 않았으니, 그 오는 것이 느릿느릿하여, 곤궁함을 구제함에 용감하지 않기에, 어려울 것이다. 그러나 (94효는 초6효와) 바르게 응하니, 대인大人들의 힘을 얻어서, 마침내 초6효의 곤궁함을 구제할 수 있다. 아래는 초6효를 말한다. (94효는) 강강剛으로 유柔(자리)에 있으니 당위當位가 되지는 않으나, 그런데 (94효는) 올바로 초6효와 응하며, 또한 강중剛中한 임금을 얻었으니, '도움이 있게[有與]' 된다.

오여륜吳汝綸(1840-1903)은 말한다. (94효가) 뜻[志]은 아래에 있음은, 초6효와 똑같이 숨는 것을 말한다. 금거金車는 곧 주례周禮의 청동수레[金輅]이다.

리스전李士鉁은 말한다. 금거金車는 귀인들이 타는 것이다. 몸은 귀하나 도道가 통하지 않으니, 94효가 곤궁한 까닭이다. (곤困)괘 가운데 3양과 3음이 있다. 음은 소인을 나타내니, 소인들은 몸이 곤고困苦하기에, 따라서 '형벌 주는 몽둥이[刑杖=株木],' 돌, 칡과 등藤나무 덩굴[葛藟]이 된다. 양은 군자를 나타내니, 군자는 도道에서 곤궁하기에, 따라서 '음식, 청동수레[金車], 붉은 장식 무릎덮개[赤紱]'라고 말한다. 이것들은, 모두 소인들이 광영光榮으로 여기나, 올바른 군자에게는 이른바 곤궁하게 됨을 말한다.

마치창馬其昶은 말한다. 초6효는 감坎을 몸으로 하니 수레가 되고, '어두운 골짜기[幽谷]'에 들어간다. 94효가 와서 돌아가려는데 느릿느릿한 것은, 청동수레를 보지 못함에서 곤궁한 것이니, 빨리 수레에 못 탔기에, 따라서 어려운 것[吝]이다. 그러나 94효는 부당한 자리에 오래 있었으나 변하지 않았기에, 초6효에 응하고 있기 때문이다. 밖에 묶여있으나 뜻은 아래에 있었으니, 그것이 영화로운 세勢를 선모하지 않음이 분명하다. 성인은 마침내 허락하니 그 뜻을 볼 수 있다. 양자운揚子雲(揚雄)이 처한 곳이 거의 이 (94)효와 가깝다. (나의 견해: 양웅揚雄은 비록 청동수레 때문에 곤궁했으나 좋은 결과를 가질 수 있었으니, 아래에서 자기 뜻을 얻었다는 뜻이다. [양웅揚雄은 남에게서] 조소를 받았지만 스스로 해석하여 대부大夫들의 큰 비웃을 면할 수 있었다.)

구오효: 위태하고 불안한데, (대부大夫들이) 곤박困迫을 받았으나, 서서히 풀려나니, 제사를 드림이 이롭다.

[九五, 劓刖, 困于赤紱.[31] 乃徐有説, 利用祭祀.]

---

31) 의월劓刖은 얼올臲卼의 가차이니, 위태하고 불안한 모습이다. 적불赤紱은 '붉은 무릎덮개[蔽膝]'인데, 여기서 적불赤紱은 赤紱을 입은 大夫들을 정복함을 상징한다. '困于赤紱'은 대부들이 곤박困迫을 당함이다.

상에서 말한다. "위태하고 불안한 것"은, 뜻을 아직 못 얻음이다. "이에 천천히 벗어남"은 정의롭고 정직함 때문이다. "제사를 드림이 이로움"은 (귀신의) 복을 받음이다.

[象曰: "劓刖," 志未得也. "乃徐有說," 以中直也. "利用祭祀," 受福也.[32]]

『건착도乾鑿度』에서 말한다. "'코가 베이고 다리가 잘림[劓刖]'은 불안이다. 문왕文王이 제후의 자리에 있을 때, 위로 (은殷나라) 주紂왕에 의해 곤궁困窮을 당했기에, 따라서 '붉은 장식 무릎덮개[赤紱]를 해서 곤궁함[困于赤紱]'이라 말한 것이다. (문왕은) 중화中和함을 지니고, 시변時變에 순응하여, 왕덕王德을 온전히 함으로써, 지극한 아름다움에 이르렀을 것이다! 그러므로 '이에 서서히 기쁨이 있음[乃徐有說]'이다."[33]

육덕명陸德明(약550-630)은 말한다. 순상荀爽, 왕숙王肅본本에서는, '코가 베이고 다리가 잘림[劓刖]'이 '얼올槼脆(동요하고 불안함)'로 되었으니, 불안한 모습을 말한다. 정현鄭玄은 마땅히 '예올倪仉[불안함]'이라 말한다.

왕응린王應麟(1223-1296)은 말한다. 95효는 '제사 드림이 이로움[利用祭祀]'이다. 공자는, '나를 아는 것은 아마도 하늘인가!'라고[34] 말했다. 한자韓子(韓愈, 768-824)는, '때[時]에는 어긋나나, 하늘과 통한다.'라고 말했으니, 인지人知를 구하지 않고 천지天知를 찾았는데, 곤궁에 대처하는 도道이다. 이공회李公晦(13세기, 남송南宋 학자)는, '밝음[明]은 비록 사람에게는 곤혹困惑스럽지만[困], 어둠[幽]은 귀신에게는 감응[感]한다.'라고 말한다.

진수기陳壽祺(1771-1834)는 말한다. 『설문해자說文解字』에서는 얼와槼魁, 의월劓刖, 얼오槼軏, 예올倪仉, 얼와槼魁는 고자古字가 함께 통하니, 모두 한 소리가 전환된 것이다.

유원劉沅은 말한다. 일음一陰이 위에 있으면 코[鼻]와 같은데, 그것을 떼어버리면 '코를 벰[劓]'이 된다. 2음이 아래에 있으면 발[足]과 같은데 떼어버리면 '발꿈치를 벰[刖]'이다. '붉은 장식 무릎덮개[赤紱]'는 제후諸侯의 복식인데, 92효를 말한다. 천신天神에게 제사[祭]하고, 지신地神에게 제사[祀]하고, 사람의 귀신에게 제사[亯]드리니, 92효는 제사를 말하고, 95효에서 제사를 말하는 것은 임금만이 하늘에 제사드릴 수 있음이다. 95효는 굳세니[剛] 높은데 있어서, 곤궁하면서 형통

說은 탈脫(벗다)로 읽는다. 高亨, 399, 400頁.

32) 王引之에 의하면, 直은 正이다. 高亨, 400頁.

33) "劓刖, 不安也. 文王在諸侯之位, 上困於紂, 故曰: 「困于赤紱.」 夫執中和, 順時變, 以全王德, 通至美矣.
故曰: 「乃徐有說.」", 『周易乾鑿度』卷上, 漢 鄭康成注, 電子版文淵閣四庫全書, 상동 참조.

34) '知我者其天乎!', 『論語譯注』, 「憲問」篇第十四(14:35), 楊伯峻譯注, 상동, 156頁.

한 것이다. (상괘인) 태兌는 엎드림(伏)이고 (호체인) 간艮은 코가 되며, 변화된 진震은 발이 되며, 태兌는 부서짐[毁折]이 되고, 엎드린 간艮은 환관宦官이 되니, 따라서 (95효는) '코가 베이고 다리가 잘림[劓刖]'을 나타낸다. 호체互體인 이離와 손巽괘 92효는 같으니, 따라서 적불赤紱을 나타낸다. 태兌는 기쁨이다. 상하가 곤궁함을 교류하여 상처를 받았으니, 따라서 (95효는) '뜻을 아직 못 얻음[志未得]'이다.

리스전李士鉁은 말한다. 위면 코가 다치고 아래면 발이 다치니, 상하에서 모두 자기 뜻을 행할 수 없다. '붉은 장식 무릎덮개[赤紱]'에도 곤궁한데, 몸은 영화로우나 도道는 펼 수가 없다. 92효에서 제사 드림은 곤궁함을 없애길 바람이다. 95효의 제사는 자기 곤궁함을 해소하기를 바람이다. 진정으로 가운데에 쌓아서, 신명神明이 비추어 돌보심은 대인大人이 곤궁에 대처하는 도道이다.

마치창馬其昶은 말한다. 95효는 굳셈[剛] 때문에 가려져서 곤궁하니, 따라서 '뜻을 아직 못 얻음[志未得]'이다. (95효는) 기쁨의 몸[體]에 있고 자기의 강중剛中의 덕을 변치 않으니, 위로 하늘을 원망하지 않고, 아래로는 남을 탓하지도 않아서, 가운데에서 자기가 지킬 것을 잃지 않았으니, 이 것이 천하에서 곤란이 많아 무거움을 이길 수 있는, 곤궁함에도 이른바 대인大人이다. 『시詩』에서, '늙은 늑대가 앞서 가며 턱 아래 고기[肉]를 밟고 있는데, 또 물러서며 자기 꼬리를 밟고 있네. 귀족 자제들은 잘난 척하니, 더욱 염치없다! 붉은 신발을 신었는데 명주실로 둘둘 감은 것이 꽃이 되었네!'라고35) 말한다. (95효는) '이에 천천히 벗어남[乃徐有說]'을 말한 것이다.

상육효: 칡넝굴에 (넘어져) 곤란을 당하니, 불안하다. 또 (소인들에 의지하니) 그 행동은 후회스럽고 또 후회스러운데, (밖을) 정벌하면 길하다.
[上六, 困于葛藟, 于臲卼. 曰動悔有悔,36) 征吉.]
상에서 말한다. "칡넝굴에 (넘어져) 곤란을 당함", 가당치 못한 (사소한) 일이다. "행동을 후회하고 또 후회하니", "길한 일"이 생길 것이다.
[象曰: "困于葛藟," 未當也. "動悔又悔," "吉"行也.]

왕필王弼은 말한다. (상6효는) 곤困괘 끝에 있으니, 강剛에 올라탔으나, 아래에서 그 응이 없으니, 행동하면 휘감기게 되니, 있는데 불안하기에, (상6효는) 지극한 곤궁함이다. 사물이 궁해지면

---

35) '狼跋其胡, 載寁其尾. 公孫碩膚, 赤舃几几.' 『詩經譯注』, 「豳風」, 「狼跋」, 袁梅著, 상동, 401頁.

36) 63효사로 보면, 이 효사는 마땅히 '困于葛藟, 據于臲卼.'이어야 하니, 거據자가 탈락한 것이다. 갈류葛藟는 칡넝굴이다. '于臲卼'에서 于는 연자衍字이다. 얼올臲卼은 不安이다. 왈曰은 叾又로 읽는다. 高亨, 400頁.

변화를 생각하니, 곤궁하면 통할 것을 꾀한다. 왈曰은 꾀를 모색하는 말이다. (나의 견해:『맹자』에서, '왕왈王曰,' '대부왈大夫曰,' '사서인왈士庶人曰,'은 모두 꾀를 생각하는 말이다.)

공영달孔穎達은 말한다. (상6효에서) 얼올臲卼(동요하고 불안함)은 동요하며 불안해하는 말이다.

육희성陸希聲은 말한다. (상6효는) 행동하여 길吉함을 얻었으니, 따라서 '변화하면 이에 통한다.'라고 말한다.

정강중鄭剛中(12세기, 남송南宋 역학자)은 말한다. 곤困괘에서 활동할 수 없는 것은 92효이다. 활동하지 않을 수 없는 것은 상6효이다.

정여해鄭汝諧(1126-1205)는 말한다. (상6효는) 응할 데가 63효에 있다. 유柔(음)를 자기에게 붙인 것은 그것을 (억지로) 끌어옴이니, 칡덩굴과 같다. 가까운 것은 95효이다. 굳셈[剛]을 자기에 실으니 편안하기 어려워서, 불안함[臲卼]이다.

유원劉沅은 말한다. 엎드린 간艮은 산山이 되고, 작은 길[徑路]이 되고, 나무열매와 풀 열매[果蓏]가 된다. 『주례周禮』에, "만연되게 생기는 것이 '풀 열매[蓏]'이다."라고[37] 말하니, 칡덩굴 부류이다. 왈曰은 자책하는 말이다. '활동하여 후회함[動悔]'은 마음에서 스스로를 헤아려서[商量], 자기 행동을 걱정하여 후회함이다. '후회 있음[有悔]'은 앞선 잘못을 후회하는 마음이 있음을 말한다. (상6효에는) 음이 여섯 번째에 있으니, 곤궁함이 극에 달해서 장차 변하여, 거꾸로 초6, 63의 2효보다 나으니, 곤궁에서 빠져나오는 도道가 있다. 곤궁이 막혔으나 통하는 것, 이것을 말하는 것인가! '가당치 못한 (사소한) 일[未當]'은 상6효의 자리로써 말한 것이다. 길한 이유는, 상6효가 활동할 수 있으므로 스스로 곤궁하지 않은 것이다. 소인들이 바름[正]을 해침은, 초6, 63효에서 그들의 모습이 드러나니, 남을 곤궁하게 하려나, 도리어 자기가 곤궁해지고, 세력이 기울어져 멸망하게 된다. 92, 95효는 모두 곤궁함에도 형통하는 군자들이니, 이 2현인은 스스로 즐거워하며 어둠[幽]을 바로잡을 수 있기에, 95효의 권능은 나쁜 공功을 제거하여 현명한 신하에게 공을 돌려주며, 94효에는 곤궁을 구제하는 끝이 있고, 상6효는 곤경에서 빠져나와서 정벌하면 길한 것이다. 곤궁에 대처하는 도가 갖춰진 셈이다!

리스전李士鉁은 말한다. 호체互體인 손巽은 유柔한 목木이니, 칡덩굴이 된다. 상6효의 성질은, 음이 사적으로 휘어 감고 있으니, 가려하나 갈 수 없기에, 그 마음이 불안하다. (상6효에는) 음이 양 위에 있으니, 있으려 하나 있을 수 없기에, 자기 몸이 불안하다. 불안하면 자기의 후회하는 마음을 움직인다. 왈曰은 허사이다. 곤경에 처한 끝에는, 종내 곤궁할 도리는 없으니, 조짐[幾]이 있

---

37) '蔓生曰蓏.'『周禮詳解』卷五, (宋) 王昭禹撰, #8, 電子版文淵閣四庫全書, 上海人民出版社, 1999 참조.

으면 후회함이 있다.

　마치창馬其昶은 말한다. (상6효에서) 위의 회悔는 일[事]로써 말한 것이고, 아래의 회悔는 마음으로써 말한 것이다.

　또 (마치창은) 말한다. '가당치 못한 일[未當]'은, 아직 '마땅히 곤궁함에 대처하는' 도道가 아님이다. 유柔[음陰]가 곤궁함에 처할 수 없으니, (상6효는,) 의당 강剛으로 변해야 한다. 곤궁할 때 입[口]을 높이면 이에 궁해지니, 자기가 (위에 사정을) 하소연하면 길吉해 진다. '행동이 후회스럽고 또 후회스럽다[動悔有悔].'라고 말하는 것은, 자기가 하소연하는 말이다. 곤궁하나 원망이 적음은, 모두 자기가 하소연한 결과이니, 따라서 (상6효는) 길하다. (상6효의) 상전象傳에서 '자기의 길함[其吉]'을 다시 미루어 말한 것은, 행동을 고침에 있지 그저 말만 한 것에 있지 않다.

● **나의　견해**: (곤困괘) 전체가 사람에게 곤궁에 처하는 도道를 보여줌에 있다. 지당止唐선생(劉沅)의 설명은 갖추어졌다할 것이다. 해석한 단象과 상象은 정지精旨를 얻었음이 더욱 많다. '지志'와 '명命' 2자字는 일치함에 돌아간다고 하겠다.

48. 정井괘 ䷯

정井괘: 읍邑은 고쳐만들 수 있으나 우물은 고쳐만들 수 없으며, 잃을 수도 없고 얻을 수도 없다. (많은 사람들이) 우물에 와서 물을 긷는데, 물이 고갈되어 (진흙으로) 막혀도 우물을 뚫을 수가 없기에, 두레박만 깨트리니, 흉하다.
[井, 改邑不改井, 无喪无得. 往來井井. 汽至亦未繘井, 羸其瓶,[1] 凶.]

정현鄭玄(127-200)은 말한다. (상괘인) 감坎은 물이다. (하괘인) 손巽은 나무이니, 두레박틀[桔槹]이다. 호체互體인 이離는 겉이 단단하고 속이 비었으니, 두레박[瓶]이다. (호체인) 태兌는 깊은 못이니, 샘의 입구이다. 두레박틀은 두레박을 끌어다 샘의 입구에 넣어서 물을 긷고 꺼내니, 우물의 상이다. 우물은 사람에게 물을 길어 주지만, 물은 다하여 없어짐이 없으니, 군자가 정치와 교화로써 천하를 길러야 혜택이 무궁한 것과 같다.

우번虞翻(164-233)이 말한다. (정井괘에서) '흘汔'은 '거의[幾]'이다. 호체인 태兌는 망가지고 이지러진 것이다.

조언숙趙彦肅(12세기, 남송南宋 역학자)은 말한다. 세 음효는 땅이 되고 세 양효는 물이 되니, 샘이 땅 속에서 통하는 상이다. 64효는 유순柔順하여 양의 오고감을 막지 않으니, 돌 틈으로 샘이 통하는 상이다.

서총간徐總幹(12세기, 송宋나라 역학자)이[2] 말한다. 문왕文王이 『역易』을 지음은, (하夏, 은殷, 주周) 삼대三代의 제도를 완비하고자 함이다. 이것은 옛날 정전井田에 정읍井邑의 법도가 있음을 보여준다.

---

1) 정井은 괘명卦名인데, 물 긷는 우물이다. 읍邑은 작은 촌村, 작은 진[小鎭]이다. 기汔는 물이 마름이다. 지至는 실室의 가차이니, 막힘[塞]이다. 율繘은 율矞의 가차이니, 뚫음[穿]이다. 이羸는 뇌儡의 가차이니, 훼손이다. 高亨, 401頁.
2) 徐總幹은 생존연대 미상이나, 그가 呂祖謙을 스승으로 모셨으니, 대략 12세기, 宋나라 때 『易傳燈』을 저술하였다.

이중정李中正(12세기 남송南宋 역학자)이 말한다. 황제黃帝로부터 토지를 경영할 때 우물을 설치하기 시작했으니, 싸움의 단초를 막은 것이다. 여덟 가구가 정井[모양]을 이루었는데, 네 길을 열어 여덟 집이 통하게 하고, 가운데에 우물을 팠다. 요堯, 순舜, 하夏, 상商을 지나 주周나라에 이르기까지 고을은 때에 따라 바꾸었지만, 여덟 가구가 정井[모양]을 이루는 제도는 일정하여 바뀌지 않았다.

구부국邱富國(13세기, 남송南宋 역학자)은 말한다. '고을은 바꾸어도[改邑]'의 3 구절(句)은 우물의 일을 말한 것이다. '물이 고갈되어 (진흙으로) 막힘[汔至]'의 2구절(句)은, 우물에서 (물을) 긷는 일을 말한 것이다.

왕부지王夫之(1619-1692)는 말한다. '정井'은 (이사李斯가 만든) 전자篆字로는 '정丼'이 되는데, 바깥으로 네 획이 서로 엇갈려 아홉 구역을 이루니, 밭의 경계[畛域, 밭두렁]이다. 가운데 한 점은 땅에 구덩이를 파 샘에 도달하게 하는 것이다. (하夏, 은殷, 주周) 삼대三代의 봉건封建이 변천되어 온 내력이 동일하지 않고, 인민人民의 증감[登耗]이 일정하지 않으므로, 서로 차차 옮아가거나 변해가서 고을을 바꾸었다. 만약 정井[모양]으로써 밭[田]을 나누어 세금을 제정하면, 도랑[溝洫], 도로[遂路], 두둑[塍埒]이 드러나서 경계의 기준을 삼게 되니, 영구히 바꿀 바가 없다. 경계가 바르면, 이 사람이 우물에서 잃을 바가 없고 저 사람이 우물에서 남을 속여 얻을 수 없으니, 가운데에 둔 우물로써 표준을 삼는 것이다.

왕념손王念孫(1744-1832)은 말한다. (장읍張揖의) 『광아廣雅』에서, '나옴[出]'이라[3] 하였으니, ('율矞'은) '율繘[두레박줄]'과 통한다. 내가 주석하건대[王注], 이미 와서 이르렀지만 [두레박이] 우물에서 나오지 못하였으니, '출出'자는 바로 '율繘[두레박줄]'자를 해석한 것이다.

유원劉沅(1767-1855)은 말한다. (하괘인) 손巽 나무는 아래로 들어가고, (상괘인) 감坎 물은 위에 머무니, 우물의 상이다. 「서괘序卦」전에서, "위에서 곤궁한 것은 반드시 아래로 돌아오므로, 따라서 그것을 정井괘로써 받았다."라고[4] 하였다. 손巽은 시장[市]과 고을[邑]이다. 감坎 물은 우물의 몸[體]이고, 손巽 나무는 우물의 쓰임[用]이다. 고을[邑]은 몸이 머무는 바이고, 물은 생명이 의지하는 바이다. 고을[邑]은 때때로 고침이 있지만, 우물은 때때로 쉼이 없다. 손巽은 두레박줄[繩繘]의 상이다. 호체인 이離는 비었으니, 두레박의 상이다. 호체인 태兌는 부딪쳐서 꺾였으니, [두레박을] 깨뜨리는 상이다. 우물의 이로움을 얻지 못하고 그 기물을 잃었다. 무릇 수신과 치세의 도

---

3) '矞, 出也.', 『廣雅』卷三, 「釋詁」, 魏 張揖撰, 電子版文淵閣四庫全書, 上海人民出版社, 1999 참조.
4) '困乎上者必反下, 故受之以井.'「序卦」傳, 高亨, 650頁.

는 이로움이 이루어짐[利濟]이 무궁하지만, 결과[功]가 이루어지지[終] 않으니, 모두 이와 같다.

또 (유원은) 말한다. '율繘'은 '줄기[梗]'이다. 손巽은 두레박줄[繩繘]의 상이다.

오여륜吳汝綸(1840-1903)은 말한다. '이羸'는, 정현鄭玄은 "'유蠃(덩굴)'라고 읽음이 옳다."라고 하였다. (양웅揚雄의) 『태현太玄』경에서, "두레박[缾]을 두레박줄[繘]에 매단다[纍]."라고[5] 하였으니, 바로 이 문장을 빌린 것이다. 『설문해자說文解字』에서, "'뇌傫'는 '서로 파괴함[相敗]'이다."라고[6] 하였다. (양揚)자운子運(揚雄)은 「주잠酒箴」에서, "벽돌로 된 우물 벽[甕]은 (벽돌이) 잇닿은 것[輨]이다."라고[7] 하니, 모두 가차假借자字로 통한다. (나의 생각: '와瓦'부部의 여덟 획을 고려해 보면, '당甕'의 음音은 '당讜'이다. 우물은 벽돌[甄]로서 우물 벽을 만드는 것[甃]이니, [두레박이 우물 벽에] 부딪친다. 「주잠酒箴」주注에서, "두레박이 갑자기 매달려 걸려서[礙] 아래로 내려갈 수 없으니, 우물 벽[甕]이 깨어져 부스러진다."는 것이다. 또한 큰 동이[盆]이고 또한 큰 독[甕]이며 또한 '당甕'이 됨과 통한다.)

리스전李士鉁이 말한다. 두레박은 물을 긷는 기물이고, 두레박줄[繘]은 두레박에 맨 줄이니, 우물에 드리워 물을 긷는다. 괘획卦畫의 세 양효는 우물의 몸이다. (나의 생각: 물의 움직임은 양에 귀속되니, 우물이 물로써 주체를 삼음을 말함이지, 우물의 형체를 가리킴이 아니다.) 3음효는 우물의 용用이다. 이른 바 그 [물이] 있으면 이로움이고, 그 [물이] 없으면 [두레박을 내려서] 쓰임이 된다. 초6효[初陰]는 우물의 바닥을 상징하고, 상6효[上陰]는 우물의 입구를 상징하며, 64효 하나의 음은 그 속이 빈 것을 상징한다. 선왕의 제도는 우물에 의거하여 고을을 만드니, 고을을 바꿈을 우물을 이룸으로써 하는 것은 있어도, 우물을 바꾸면서 고을을 이룰 수는 없다. 대개 정치는 손익이 있어서 때에 따라 바꿀 수 있지만, 백성에 중심을 두는 순정한 뜻은 백세百世토록 바꿀 수 없다. 우물은 물을 길어도 마르지 않으므로 잃음이 없고; 물을 주입해도 (물이) 차지 않으므로, 얻는 것이 없다. 무릇 얻음과 잃음이 있는 사물은 오래 갈 수 없다. 우물은 얻음과 잃음이 없으니, 오래 가고 바뀌지도 않는 까닭이다. 나무(두레박)가 아래로 내려가 물을 길으면, 물은 위로 올라가니, 오르내림과 오고감이 순환하여 그치지 않으므로, 오고가는 이가 우물을 우물로 쓴다. 물은 스스로 나올 수 없으니, 기물에 의지하여 나온다. 도道는 스스로 행해지지 않으니, 사람을 기다려 행해진다. 우물은 얻음과 잃음이 없으니, 얻음이 있고 잃음이 있는 것은 사람이다. (우물의) 본성은

---

5) '缾纍于繘.' 『太玄校釋』, 「劇」괘 次八, 揚雄撰, 鄭萬耕校釋, 상동, 227頁.

6) '傫, 相敗也.', 『說文解字』, 東漢 許愼著, 中冊, 상동, 661頁.

7) '爲甕所輨.' 『揚子雲集』卷六, 「酒箴」, 揚雄撰, 電子版 文淵閣四庫全書, 上海人民出版社 1999 참조.

이루어짐[成]과 이지러짐[虧]이 없으니, 이루어짐[成]이 있고 이지러짐[虧]이 있는 것은 습성이다. 두레박은 본래 물을 길으니, 한 캔[一罐]이라도 이르지 못하면 (물이) 상실될 것이다. 학문은 본성을 회복하는 까닭이니, 한 삼태기[一簣]라도 이루지 못하면 이지러질 것이다. 그 힘을 다 하지 않을 수 있겠는가?

● 나의 견해: 이것은 두레박줄을 끌면 (물이) 나온다는 이야기니, [두레박줄을 묶는 이야기와는 허실의 구분이 있다. 그렇다면 두레박이 (물을) 나오게 할 수 있는 까닭은, 바로 [두레박]줄이 그 [두레박]에 매어 있음에 의지한다. 상6효[上爻]는 '우물을 길음[井收]'을 말하였으니, '수收'자는 바로 '출出'자에 대응해서 말한 것이다. 그러므로 우번虞[飜]의 설이 '[두레박]줄을 거둠'을 말한 것이다. 대개 [두레박]줄을 거두는 법을 씀은 우물물이 나올 수 있게 함이다.

단전에서 말한다. 물에 들어가서 물을 올려내는 것이, 우물[井]이다. 우물은 (사람들을) 길러주나 다함이 없다. "읍邑을 개조하지만 우물은 개조하지 않음"은, (우물의 네 벽[92, 95효]이) 강건하고 중위中位에 있음이다. "우물에 왕래하나, 우물에 물이 마르고 막혔는데, 또한 (다시) 우물을 파지 않으니", (사람들에 대한) 공효가 없다. (물 긷는) "두레박[瓶]도 깨버리면", 이것으로 (사태가) 흉하게 된다.
[象曰: 巽乎水而上水,「井」. 井養而不窮也.8) "改邑不改井," 乃以剛中也. "往來井, 井汔至, 亦未繘井," 未有功也. "羸其瓶," 是以凶也.9)]

공영달孔穎達(574-648)은 말한다. '잃음도 없고 얻음도 없어, 오고 가는 이가 우물을 우물로 씀'은, 모두 강剛으로써 중中에 머무는 것에서 말미암으니, 다시 다른 뜻이 없으므로 일일이[具] 거론하지 않겠다. 물이 쓰임에 미치지 않으면 우물의 효과[功]는 이루어지지 않는다.

장준張浚(1097-1164)은 말한다. 곤困괘에서, (하괘의) 감坎의 하나[양효]는 아래로 잠겨 있으니 혜택이 위로 베풀어지지 않는다. 정井괘에서, (상괘의) 감坎의 하나[양효]는 위로 올라와 있으니 덕이 천하에 미친다.

----

8) 하괘가 巽이니, 巽은 木이고, 또한 入이다. 상괘 坎은 물이다. 養(기르다)는 養人이다. 高亨, 402頁.
9) 흘汔은 水竭(물이 다함)이다. 至는 室의 가차인데, 색塞(막힘)이다. 율繘은 율矞(송곳질함)인데, 천穿(뚫다)이다. 이羸는 뇌儽의 가차이니, 훼毁(헐다)이다. 92, 95효는 剛中이니, 우물의 네 벽이 堅剛함이다. 高亨, 상동.

곽옹郭雍(1106-1187)은 말한다. 우물은 고요함으로써 덕을 삼고, 움직임으로써 공功을 삼는다. 움직여서 나오므로, 기름이 무궁함에 이를 수 있다. 움직여서 나올 수 없으면 단지 물에 그칠 따름이니, 우물의 뜻이 아니다.

임율林栗(1120-1190)은 말한다. '강중剛中'은 샘이 가운데 있는 것이다.

유원劉沅은 말한다. '물을 퍼 올리는 것'은, (정井괘에서) 감坎 물이 위에 있는 것이다. '우물은 길러도 다하지 않음'은, 우물의 뜻이 큰 까닭과, 성인이 [정井괘라고 이름을 지은 까닭을 밝힌 것이다. 하늘과 땅 사이에 오직 물만이 크니, 물은 천일天一의 정수精髓에서 생겨나고 천지天地사방四方[六合]의 안에서 유행한다. 사람은 물이 아니면, 그 정신을 기르고 그 지혜가 생기게 할 수 없으므로, 물은 천지의 지극히 귀함이 되어서 생기生氣가 머금어지는 곳이다. 나무는 물의 영화로움이 흘러나온 것이고, 물은 나무의 형체를 이루어주는 것이다. 우물을 뚫어 마심은 도道를 기르는 데, 이보다 큰 것이 없다. 백성의 이로운 바에 의거하여 그 [백성]을 이롭게 함은 스스로 기르게 하는 것이니, 진실로 하늘과 땅은 본래 사람을 기르는 도구를 소유하고 있어서, 더하거나 더는 바가 있지 않다. 그러나 그것을 유지하고 보호함이 없으면, 끝내 무용함으로 귀결된다. (92, 95효의) '강중剛中'은 샘의 근원의 본성이니, 천일天一의 이치이다. 사람은 반드시 물에 의뢰하여 살아가니, 그것을 낳고 낳는 근본으로 삼는다. 우물을 길어 거의 이르렀지만 갑자기 그 두레박을 깨뜨려서, 우물의 기름의 공功이 이루어지지 않았고, 또한 물을 퍼 올리는 쓰임을 잃었기 때문에, 흉하다. 『맹자』에서, "우물을 아홉 길을 팠더라도 샘에 미치지 못하면, 오히려 우물을 버림이 되는 것이다."라고[10] 하였으니, 그 뜻이 이로부터 나왔다. 무릇 수신과 치세의 도道는 무궁함에서 이로움이 이루어지지만[利濟], 그 공功을 다하지 못함[終]이, 모두 이와 유사하다.

마치창馬其昶(1855-1930)은 말한다. 비와 눈이 변한[消化] 물이 흙과 돌로 스며들어 쌓여서 모이면, 샘의 근원이 된다. 땅이 구멍을 연 것을 따라서 샘이 통하는 것을 우물이라고 이른다. 이것이 곧 '물속에 들어가[巽] 물을 퍼 올린다.'는 말이다.

상전에서 말한다. 나무두레박[木]에 물이 있는 것이, 정井괘이다. 군자는 백성들을 수고롭게 하되 (서로) 도울 것을 권한다.

[象曰: 木上有水, "井." 君子以勞民勸相.[11]]

----

10) '掘井九軔而不及泉, 猶爲棄井也.' 『孟子譯注』, 「盡心」上章(13:29), 楊伯峻譯注, 상동, 315頁.
11) 王弼에 의하면, 相은 도움과 같다. 하괘인 巽은 木이고, 상괘는 坎이니 물이다. 高亨, 상동.

우번虞飜은 말한다. '상相'은 '도움'이다.

이심전李心傳(1167-1244)은 말한다. '서로 [돕는 것으로] 권면함'은 정전井田을 설치하는 것으로, 서로 벗하고 서로 돕고 서로 부지하는 것이다.

오여우吳如愚(1167-1244)는 말한다. 군자는 우물의 상을 보고 [그로써] 정전井田의 법을 삼았다. 백성으로 하여금 경작耕作에 종사하여 수확에 힘쓰게 하고, 부지런히 일하여 윗사람을 봉양하게 하며, 또한 서로 돕도록 권고하여 감히 게으르지 못하게 한다.

유원劉沅은 말한다. '백성을 위로하여 서로 [돕는 것을] 권면함'은, 모두 사람을 기름이 끝이 없는 일이기 때문이다. '수고함[勞]'은, 감坎 수고로움의 괘상卦象이다. '서로 [돕는 것으로] 권면함'은, 손巽의 명命을 펼치는 상이다.

짱훙즈張洪之(1881-1967)는 말한다. 정전井田의 제도는, 정전井田의 진실한 의의를 다하기에 충분하지 않다. 도랑[溝洫] 외에도 마땅히 우물을 파서, 예기하지 못한 일에 대비하여, 관개灌漑에 의지하여 벗함, 도움, 붙들어줌[扶持]을 더하면, '우물을 기름[養]'의 의의가 다하게 된다. 오늘날 정전井田의 제도는 이미 있을 것이니, 백성들은 우물에 의지하여 길러진다. 만약 기구[두레박]를 우물에 많이 세우고, 물을 모아 관개함을 나누고, 나무를 심어 비[雨]를 내리게 하면, 정전법이 존재한다고 말해도 된다. 형공荊公[王安石]은, "스승이란, 옛날의 자기 자취를 스승으로 삼지 않고, 그 뜻을 스승으로 삼았다."라고 하였으니, 지극한 이치이다.

마치창馬其昶은 말한다. 『장자莊子』에서, "한수 남쪽[漢陰]의 장인丈人이 채소밭 두둑에서 일하고 있었는데, 굴[隧]을 뚫고 우물에 들어가 항아리를 안고 나와, [밭에] 물을 대고 있었는데, 쓰는 힘은 많이 들었지만 드러나는 효과[功]는 적었다. 자공子貢이, '여기에 기계가 있으면 하루에 오천 이랑[百畦]에도 물을 댈 수 있는데, 나무에 구멍을 뚫어 기계를 만들면, 물을 손에 들어 [뿌리는 것이] 뽑아내는 것과 같으니, 그 이름을 두레박이라고 한다.'라고"[12] 하였다. '나무 위에 물이 있음'은 곧 두레박틀의 상象이니, 우물의 쓰임이다. 두레박틀의 운전運轉은 그치지 않으니, 또한 '수고로움[勞]'을 도움[勞相]'의 뜻이 있다.

초육효: (물 긷는) 우물에 진흙이 끼어서 먹을 수 없는데, 옛날 함정陷阱이 (부셔져서, 잡히는) 짐승이 없다.

[初六, 井泥不食, 舊井无禽.[13]]

---

12) '子貢…過漢陰,…爲圃畦, 鑿隧而入井, 抱甕而出灌, …用力甚多而見功寡. 子貢曰: "有機於此, 一日浸百畦, … 鑿木爲機, … 挈水若抽, …其名爲槹.'『莊子淺注』, 「天地」第十二, 曹礎基著' 상동, 175頁.

상에서 말한다. "우물에 진흙이 있으면 마실 수 없음"은, (우물이) 낮기 때문이다. "(짐승 잡는) 함정에 짐승이 없음"은, 그 때는 (그 함정을) 내버린 것이다.

[象曰: "井泥不食," 下也. "舊井無禽," 時舍也.14)]

왕필王弼(226-249)은 말한다. (초6효는) 우물 밑바닥에 있으면서, 위로도 또한 응함이 없기에, 침체된 찌꺼기로 더러우니, 이것은 우물이 오래 묵어 더러운 것을 치우지 않은 것이다.

간보干寶(286-336)는 말한다. (초6효는) 우물 아래에 있으니, 본래 '흙[土]효爻'이므로, 진흙이라고 말한 것이다.

정여해鄭汝諧(1126-1205)는 말한다. 가볍고 맑은 양陽은 샘이 된다. 무겁고 흐린 음은 진흙이 된다.

조여매趙汝楳(13세기, 남송南宋 역학자)는 말한다. 옛날에는 새[鳥], 들짐승[獸], 벌레[蟲], 물고기[魚]를 통틀어 '짐승(禽)'이라고 하였다. 우물에는 생기가 있으니, 짐승[禽]이 산다. 우물은 진흙 때문에 먹을 수 없으니, (초6효는) 비록 낮기는 하지만, 사물 또한 없는 것이다.

모기령毛奇齡(1623-1716)은 말한다. 새 샘은 마실 수 있고, 오래된 물은 마실 수 없다. 고례古禮에서, "입추立秋날에는, 우물을 깊게 파서 물을 바꾼다."라고15) 하였다. 『회남자淮南子』에서, "팔방에서 바람이 불어오니, 우물을 깊게 파서 새로운 샘을 취하여, 사계절에 모두 그것(우물)에 순종한다."라고16) 하였다.

유원劉沅이 말한다. '하下'는 '우물의 아래'다. '사舍'는 '버림'이다. 우물의 아래는 그 자리가 낮으니, 때때로 버려져서 그 쓰임이 궁하다. 무릇 폐기된 것이 아래에 있는 것이 여기서 보인다.

유월兪樾(1821-1907)은 말한다. 『국어國語』(「노어魯語」)에서, "냇가의 짐승[禽]을 [잡아] 올린다."라고17) 하였으니, 이것은 '금禽'이라는 명칭이 물에 사는 족속에 통하는 것이다.

---

13) 구정舊井의 井은 짐승 잡는 함정陷阱인데, 옛날에는 정阱자가 없어서 井자로 썼다. 금禽은 짐승이다. 高亨, 403頁.

14) 舍는 捨(버림)의 가차이다. 高亨, 상동.

15) '至立秋, …是日浚井改水.', 『後漢書』, 「禮儀」中, 宋 范曄撰, 唐 李賢等注, 11冊, 志[一], 北京: 中華書局, 1973, 3,122頁.

16) 『事類賦注·歲時部·春』: '八方風至, 浚井取新泉, 四時皆服之, 非獨春也.' 이 문장은 현존 『淮南子』에서는 보이지 않고, 唐宋시기 『淮南子』의 인용문에는 보인다. 『唐宋類書徵引《淮南子》資料彙編』, 何志華, 朱國藩編著, 香港: 中文大學出版社, 2005, 292頁.

17) '登川禽.' 『國語』卷四, 「魯語」上, 上卷, 상동, 178頁.

리스전李士鉁은 말한다. '금禽'은 새와 들짐승의 총칭이다. 손巽, 태兌, 감坎, 이離는 모두 새와 들짐승의 상이 있다. (초6효에) 응하는 (64)효가 음허陰虛이니, '짐승이 없는[无禽] 상'이다. 탕湯왕의 목욕하는 그릇에 새겨진 글[盤銘]에서, "진실로 어느 날에 새로워졌거든, 나날이 새롭게 하고, 또 날로 새롭게 하라."라고[18] 하였다. '신新'은 '구舊'에 대응하여 말함이니, 사람이 오래된 우물이 되지 않게 하면 되는 것[可]이다.

마치창馬其昶은 말한다. '때에 버려짐[時舍]'은, (초6효가) 위로 양기陽氣의 응함이 없음을 말한다. 저장된 물이 깊이 빠져 있는 곳은, 모두 '우물이다.'라고 말한다. 물이 맑으면 길어 마시고 물이 흐리면 짐승[禽]을 기르니, 모두 우물의 쓰임이다. 92효는 붕어[鮒]가 있고, 93효는 물을 길을 수 있지만, 초6효는 두 가지가 없다.

구이효: 우물 입구에서 (활로) 붕어를 쏘았더니, (물 긷는) 두레박이 깨져서 물이 샌다.
[九二, 井谷射鮒, 甕敝漏.19)]
상에서 말한다. "우물 입구에서 붕어를 활로 쐈으나," 이익이 없었다.
[象曰: "井谷射鮒," 無與也.20)]

정현鄭玄은 말한다. '부鮒'는 지극히 작은 물고기[붕어]이다. '옹甕'은 물을 담아두는 그릇이다.

(정이의)『이천역전伊川易傳』에서 말한다. (92효의) 양강陽剛의 재질은 본래 사람을 기르고 물건을 구제할 수 있으나, 위(95효)에서 응원이 없으므로, 쓰임을 이루는[濟用] 공功이 없는 것이다.

유원劉沅은 말한다. (92효에서) '정곡井谷'은 우물 가운데 물이 나오는 구멍이다. (하괘인) 손巽의 음효는 (상괘인) 감坎 '작고 깊은 구덩이[窞]'이 아래에 잠복해 있으니, '곡谷(홈)'이 된다. (하괘인) 손巽괘는 물고기가 되고, 초6효[初陰]가 아래에 있으므로 '부鮒(붕어, 작은 물고기)'를 상징한다. 호체互體인 이離는 동이[甕]가 되고, 호체인 태兌는 부딪쳐 꺾였으므로 [동이가] 깨져서 새는 것이다. 위에 응하여 함께함이 없으니, (92효에서) 물을 길어 올리는 사람이 없음을 상징한다. 샘은 홈[谷]에서 나와서 작은 물고기를 겨우 허용할 뿐, 사람을 기를 수는 없으니, [92효에서 응하여] 함께함이 없는 폐해가 여기에 이른 것이다.

---

18) '湯之盤銘曰: "苟日新, 日日新, 又日新.",『大學今註今譯』2章, 宋天正註譯, 상동, 11頁.
19) 산의 입에서 물이 나오니, 그것을 골짜기라 한다. 따라서 정구井口는 정곡井谷이다. 부鮒는 붕어이다. 옹甕은 물 긷는 두레박이다. 폐敝는 깨트림[破]이다. 高亨, 403頁.
20) 無與는 無益이다. 高亨, 404頁.

왕인지王引之(1766-1834)는 말한다. '곡谷'은 '골짜기'이니, 우물 가운데 물이 고인 곳이다. 『여씨춘추[呂覽]』에서, "물고기를 (잡으려고) 하늘을 향해 쏜다."라고[21] 하였고, 『회남자淮南子』에서, "천자가 몸소 나아가 (활을) 쏘아 (물고기를) 사냥한다."라고[22] 하였으며, 『설원說苑』에서, "물고기는 본래 사람들이 사살射殺하는 것이다."라고[23] 하였으니, 옛날에 물고기를 (활로 쏘아서) 잡는 법이 있었다.

리스전李士鉁은 말한다. (하괘인) 손巽은 고기가 되고 (상괘인) 감坎은 활과 화살이 되므로, '작은 물고기(붕어)를 쏨[射鮒]'이다. 동이가 깨져 물이 아래로 새니, 물을 긷는 것과 물을 긷지 않는 것은 (결과적으로) 같다. 이것은 임금이 현명한 자를 등용함에, '(현재賢才)를 보고도 들어서 [쓸 수] 없고, 이미 추천 받았으면 도리어 먼저 중용할 수 없음'과 (『대학大學』에[24] 보인다.) 같은 것이다.

마치창馬其昶은 말한다. 92효는 자리를 잃어서 위에 응함이 없으니, '정곡井谷(우물 가운데 물이 나오는 구멍)'에서 물고기를 잡았지만 동이로써 [건져] 올림이 없음을 형상한다. 우물은 그 자리에 머물면서 [물을 길어] 올리지만, 함께 함이 없으면 [물을 길어] 올려 꺼낼 수 없다.

구삼효: 우물은 맑으나 마실 수 없음은, (마치 현인을 왕이 쓰지 못하는 것과 같으니,) 내 마음이 슬프다. (우물의 물은) 기를 수 있음은, (마치 왕이 현인을 씀과 같으니,) 왕께서 명찰明察하면 (왕과 신하는) 복을 받을 것이다.
[九三, 井渫不食, 爲我心惻. 可用汲, 王明幷受其福.[25]]
상에서 말한다. "우물의 맑은 물을 마시지 않음"은, "비극"이다. "왕의 명찰함"을 찾으니, "복을 받는다."
[象曰: "井渫不食," 行"惻"也. 求"王明," "受福"也.]

『사기史記』에서 말하였다. '임금은 어리석은 자, 지혜로운 자, 현명한 자, 못난 자를 [가리지] 않지만, 충성스러운 자를 구하여 스스로 도모하고 현명한 자를 등용하여 스스로 돕고자 하지 않음이 없는데, 그러나 나라를 망침과 가문을 파괴함이 서로 따라서 이어져, 성군聖君이 나라를 다스림이 누세累世를 이어짐을 볼 수 없는 것은, 이른바 충성스러워야 할 자가 충성스럽지 못하고, 이

21) '射魚指天.', 『呂氏春秋』, 「審分覽」, 「知度」, 下卷, 張玉春 等譯注, 哈爾濱: 黑龍江人民出版社, 2004, 510頁.
22) '天子親往射漁.' 『淮南子全釋』卷五, 「時則」, 上卷, 貴陽: 貴州人民出版社, 1995, 312頁.
23) '魚固人之所射也.' 『說苑今註今譯』卷第九, 「正諫」, 盧元駿註譯, 臺北: 臺灣商務印書館, 1978, 308頁.
24) '見賢而不能擧, 擧而不能先.', 『大學今註今譯』10章, 宋天正註譯, 상동, 29頁.
25) 설渫은 물이 청결함이다. 측惻은 슬픔[悲]이다. 용用은 以이다. 정井은 俱(함께)이다. 高亨, 404頁.

른바 현명해야 할 자가 현명하지 않기 [때문]이다.'[26) 『역易』(의 정井괘)에서, "우물이 깨끗한데도 먹어주지 않아서 내 마음이 슬퍼짐이 되지만, 물을 길어 쓸 수 있으니 왕이 현명하면 함께 그 복을 받을 것이다井渫不食, 爲我心測. 可用汲, 王明幷受其福.」"라고 하였다. 왕이 현명하지 않으니, 어찌 복을 받을 수 있겠는가!

경방京房((전77-전37)은 말한다. (93효는,) 나의 도道가 길어져서[汲] 쓰일 수 있음을 말한 것이다.

왕부王符(83-170)는 말한다. 임금이 정성을 개진하여 현명한 자와 충성스러운 자에게 보이지 않으면, 현명한 자와 충성스러운 자 또한 달성할 수가 없다. 『역易』(의 정井괘 93효)에서, "왕이 현명하면 함께 그 복을 받을 것이다王明幷受其福.」"라고 말한다.

정현鄭玄이 말한다. (93효는) 이미 깊게 파서 물이 깨끗해졌음을 말한다.

순상荀爽(128-190)은 말한다. (93효는) 더럽고 탁한 것을 없애고 제거함이니, 청결의 뜻이다.

왕필王弼은 말한다. (93효는) 자기를 수양함이 완전히 깨끗한데도 등용되지 않았으므로, "내 마음이 슬퍼지게 한다爲我心惻." (93효에서) '위爲'는 "~하게 한다使.」"와 같다.

장번張璠(3, 4세기, 위진魏晉시기 역학자)은 말한다. (93효는) 슬프다고 여길 만하니, (93효는) 도道를 해치는 일은 아직 시행하지 않았다.

주진朱震은 말한다. (93효에는) 오고감往來이 '행行'이다.

항안세項安世(1129-1208)는 말한다. 95효가 (상괘인) 감坎에 있고, 93효부터 95효까지는 이離가 되니, (93효가) 이離가 되기를 원하지, 그것이 감坎이 되기를 원하지 않는다.

왕종전王宗傳(12세기, 남송南宋 역학자)은 말한다. (93효에서) '물을 길어서 쓰면, 왕이 복을 받게 되니,' 이것(93효)은 '측은한 이[惻者]'의 말이다.

유원劉沅은 말한다. 93효는 (하괘인) 손巽의 끝에 있으니, 손巽은 깨끗함이 된다. 호체인 태兌는 (양이) 변하면 (호체互體인) 진震이 되니, (호체互體인) 태兌 입을 이루지 못하기에, 따라서 (93효는) 먹지 못한다. '아我'는 93효가 스스로 이르는 것이다. '나를 위함爲我]'은 아마도 64효를 가리키는 것이다. (상괘인) 감坎은 근심을 더함이 되니, 슬퍼지는 형상이다. '왕이 명찰함王明]'은 95효를 이른다. 95효는 양강陽剛으로서 하괘의 위에 있으니, 사람의 쓰임이 되지 않는다. 그러나 맑은 샘이 먹을 수 있는 것은 자연히 '나我]'에게 있으니, 그 (물을) 길어 쓸 수 있음을 믿는다. 왕王은 현명하고 지혜로움이 있다면 반드시 그것(물,水)을 찾아야 하니, 사람을 기름과 사람에게서

---

26) '人君無愚智賢不肖, 莫不欲求忠以自爲, 擧賢以自佐, 然亡國破家相隨屬, 而聖君治國累世而不見者, 其所謂忠者不忠, 而所謂賢者不賢也.', 『史記』, 「屈原賈生列傳」, 司馬遷撰, 八冊 傳[二], 상동, 2,485頁.

길러짐이 모두 복을 받는다. '측은함을 행함[行惻]'은, 도道를 행하는 사람이 그 때문에 마음이 슬퍼짐이니, 93효가 스스로 측은해지는 것이 아니다. '왕의 명찰함[王明]'을 찾은 것은 93효가 스스로 찾은 것이 아니고, 성인이, '마음이 측은해짐'을 바라보고서 복 받기를 대신 찾는 것이다.

왕인지王引之(1766-1834)는 말한다. (93효에서) '병並'과 '보普'는 (뜻이) 통하여 빌린 것[假借]이다.

허계림許桂林(1779-1822)은 말한다. 기자箕子(전 11세기, 상주商周교체시기)나 교격膠鬲(전 11세기)과 같이 현명한 자는 한산한 곳에 내버려져 있으면, 왕은 마땅히 그들을 등용해야 한다.

리스전李士鉁은 말한다. 가령 현명한 자가 있어 왕이 보고 등용하면, 이로움이 천하를 덮고 상하가 함께 복을 받는다. 세상에는 탕湯왕, 문文왕, 이윤伊尹, (강康)태공太公은 없고, 고작 밭가는 사내와 도르래질 하는 늙은이뿐이다. (이는) 애석할 만하지 않은가!

마치창馬其昶은 말한다. 93효는 흥기함이 있는데도 (나의 견해: 상6효와 93효는 함께 응한다.) '마실 수 없음[不食]'은 응함이 95효에 있지 않기 [때문이다]. 93효는 바름을 지키고 변하지 않으니, (93효는) 95효와 공功이 같지만 이별하게 되므로, 왕의 명찰함[王明]을 찾는다는 말이 있다.

육사효: 우물 벽을 벽돌이나 돌로 쌓으면 허물이 없다.
[六四, 井甃,27) 无咎.]
상에서 말한다. "벽돌로 우물 벽을 쌓으니 허물이 없음"은, 우물을 수리함이다.
[象曰: "井甃無咎," 脩井也.]

(복자하卜子夏의)『자하역전子夏易傳』에서 말한다. (64효에서) '추甃'는 수리하고 다스림[修治]이다.

공영달孔穎達은 말한다. 벽돌로써 우물을 쌓는데, (64효에서) 우물의 무너진 것을 수리함을 일러 '추甃'라고 한다.

육희성陸希聲(801-895)은 말한다. 우물이 무너지면 물이 어지러워지므로, 벽돌을 쌓아 그것을 수리한다. 법이 혼란스러우면 백성이 소요하므로, (64효는) 다스려 그것을 바르게 한다.

소식蘇軾(1037-1101)은 말한다. 샘은 우물이 되는 원인(所以)이고, 우물은 샘이 의지해 있는 곳이다. 그러므로 3양효는 샘이 되고, 3음효는 우물이 된다. (64효에서) '우물에 벽돌을 쌓음[甃]'은 나쁜 것을 제어하여 우물을 깨끗이 하는 것이다. 이런 [조치]를 기다려서 깨끗해지니, 따라서 (64효는) '허물이 없다[无咎].'

---

27) 추甃는 벽돌이나 돌로 우물 벽을 쌓음이다. 高亨, 404頁.

내지덕來知德(1525-1604)는 말한다. 우물에 벽돌을 쌓으니 물이 괴어 모여서, 95효의 시원한 샘물이 된다. (64효는) 신하의 직분을 수리하여 다스릴 수 있으면, 임금에 의탁하여 우물의 기름의 공을 이룰 수 있다.

황도주黃道周(1585-1646)는 말한다. 선왕先王의 법이라도, 한 번 망가졌는데 수리하지 않으면, (64효에서) 반드시 (그 법에 의해) 양성된 것들은 사람을 해칠 것이다.

유원劉沅은 말한다. 64효와 호체互體인 이離는 벽이 되어 가운데가 비었으니[中虛], 우물을 벽돌이나 돌로 쌓는 상이다. 우물을 벽돌이나 돌로 쌓음[甃]은 우물을 확고하게 하여 밖으로부터의 문제점을 방어하니, 그 샘을 청결하게 한다. (64효에서) 음유陰柔가 바름을 얻었기에, 95효 임금에 가까우니, 우물을 기르는 공功을 이룰 수 있다.

● **나의 견해**: 『중용中庸』과 『역易』은 서로 통하니, (유가儒家의) '아홉 가지 준칙[九經]'[28] 중에, 첫째 몸을 닦을 것[修身], 둘째 어진 이를 존경할 것[尊賢]이 가장 요긴하다. 정井괘 93효는 존현의 뜻이 있고, 64효는 수신修身의 뜻이 있다. 93효는 내효에 있으니, 오직 수신할 수 있으면 현명할 수 있다. 64효는 외괘에 있으니, 마땅히 현인을 높이고 몸을 닦음[修身]을 하려 함이 근본[本]이 된다.

구오효: 우물물은 맑고 샘물은 시원하니, 마실 수 있음은, (현인이 청덕淸德과 좋은 재주를 가졌으니, 등용시킬 수 있음을 비유한 것이다.)
[九五, 井洌寒泉,[29] 食.]
상에서 말한다. "찬 샘물"을 "마심"은, (비유하자면) 중정中正(의 덕 있는 이를 기용함이다.)
[象曰: "寒泉"之"食," 中正也.]

육덕명陸德明(약550-630)은 말한다. '열洌'은 깨끗함이다. 『설문해자說文解字』에서, "물은 '평평한 것[準]'이다."라고[30] 하였다.

----

28) 유가儒家의 '아홉 가지 준칙[九經]은 다음과 같다. 첫째 몸을 닦을 것[修身], 둘째 어진 이를 존경할 것[尊賢], 셋째 친척을 사랑할 것[親親], 넷째 대신을 공경할 것[敬大臣], 다섯째 여러 신하를 자신의 몸같이 보살필 것[體群臣], 여섯째 백성을 제 자식처럼 대할 것[子庶民], 일곱째 각 분야의 기능인을 모이게 할 것[來百工], 여덟째 원방인遠方人을 관대히 대우할 것[柔遠人], 아홉째 제후를 위로하여줄 것[懷諸侯]이다.
29) 열洌은 맑음[淸]이다. 우물물이 맑고, 샘물이 차면 마실 수 있다. 이것은 賢人이 맑은 덕과 아름다운 재주를 가졌으니 등용시킬 수 있음을 비유한 것이다. 高亨, 405頁.

공영달孔穎達(574-648)은 말한다. 맑고 시원한 것은 물의 본성이다. (95효는) 시원한 샘물이 깨끗함을 드러냄을 말한 것이다.

주진朱震(1072-1138)은 말한다. 정井은 오월의 괘이다. 음기는 아래로부터 위로 올라오니, 우물이 시원하다. (나의 생각: 겨울날 우물 위는 열기熱氣가 위로 나옴이 보이니, 양은 아래로부터 위로 올라온다. 여름에는 보이지 않으니, 음은 아래로부터 위로 올라온다.) 태兌 입이 그것을 받았으니, 먹는 상이다.

정강중鄭剛中(1088-1154)은 말한다. 감坎 집[宮]의 양陽은 북쪽에 있으니, 따라서 (95효는) 시원하다. (95효에) 양陽이 있으므로 깨끗하다.

양만리楊萬里(1127-1206)는 말한다. (95효는) 강剛하고 깨끗하고 맑고 시원한 덕으로써 한 우물의 주인이 되니, 천하의 사람이 퍼내어 그 물을 마신다.

(주희의) 『주역본의周易本義』에서 말한다. (95효에는) 양강陽剛이 중정中正하여, 공功이 사물에 미친다.

왕종전王宗傳(12세기, 남송南宋 역학자)은 말한다. '더럽혀진 것을 씻어냄[渫]'과 '깨끗함[洌]'은 (95효의) 본성이다. '먹을 것[食]'과 '먹지 못할 것[不食]'은 명命이다. (나의 견해: 93효는 하괘의 위에 있으니, 자리가 비록 바름을 얻었지만, 95효와는 응하지 않으므로, 더럽혀진 것을 먹지 않는다. 명命이 그렇게 한 것이다. 95효가 상괘의 가운데 있으며, 또한 '바른 자리[正位]'를 얻었으니, 도道가 천하를 구제한 것이니, 따라서 깨끗하여 먹을 수 있다. 또한 명命이 그렇게 한 것이다.)

전징지錢澄之(1612-1693)는 말한다. 95효는 본래 '하늘과 하나가 되는[天一]' 진기眞氣이다. (95효의) 상전象傳에서, "중정中正이다."라고 말하니, 그것이 (상괘인) 감坎 중의 일양一陽이어서, 중中이고 또한 정正임을 밝힌 것이다.

유원劉沅은 말한다. 95효로 변하여 곤坤이 감坎이 되니, 깨끗함[潔]이 심하여 깨끗함[洌]이 된다. 시원한 샘은 샘의 미덕이다. '식食'은 사람이 그것을 먹는 것이다. 감坎 중의 일양一陽은 '하늘과 하나가 되는[天一]' 본성으로, 물의 바른 몸[正體]을 얻었고, (95효가) 중中이면 그 본성이 순수하며, 바르면[正] 그 쓰임이 많으므로[溥, 이슬이 많이 내린 모양], (95효는) 사람을 기르는 공功을 이룰 수 있다. (95효는) 덕성으로써 말하면, 못과 샘이 때에 맞게 나옴이다. 다스림의 공으로써 말하면, 95효는 호체互體인 태兌 입[口] 위에 자리[位]를 잡으니, 먹는 상이고, 우물의 기름[養]의 덕이 이미 갖추어져, 공功이 이미 행해짐이다. (95효에서) '길함'을 말하지 않은 것은, 우물은 위로 나옴

---

30) '水, 準也.',『說文解字』, 水部, 東漢 許愼著, 下冊, 상동, 871頁.

으로써 공을 삼는데, 95효는 위[상6효]에 이르지 못하였으므로, 위에 이른 이후에 크게 길함을 말한다.

리스전李士鉁은 말한다. (상괘인) 감坎은 흐르는 물이 되니, 북방은 시원함이 된다. 시원함은 물의 본성이다. 샘은 근본이 있는 물이다. 샘은 마르지 않으면 천하를 기르기에 족하니, 군생들을 구제한다. (95효는,) 마심을 말하지 않고 먹음을 말했으니, 먹음은 곧 마심이 그 가운데 있어서, 마심을 말함은 물의 쓰임을 다하기에 부족하니, (95효에는) 무릇 먹음은 물에서 의뢰하지 않음이 없다.

상육효: (어떤 이가) 우물에서 (줄과 두레박을) 거두고, 덮지를 않았으니, (다른 이들이 사용할 수 있게 되어, 그들의) 믿음을 얻었기에, 크게 길하다.

[上六, 井收, 勿幕. 有孚,31) 元吉.]

상에서 말한다. "윗자리"에 있는 이가 "크게 길함"은, 크게 성공한 것이다.

[象曰: "元吉"在"上," 大成也.]

우번虞飜은 말한다. (상6효에서) '막幕'은 덮개이다. '수收'는 도르래로써 두레박줄을 거둠이다.

왕필王弼은 말한다. (상6효는) 정井괘의 '위의 끝[上極]'에 있어, 물이 이미 우물에서 나왔으니, 이 (상6)효에서 우물의 공이 크게 이루어진 것이다. '막幕'은 덮음과 같다. 자기 소유를 마음대로 하지 않고 그 이로움을 사사롭게 하지 않으니, 만물이 그(상6효)에게로 귀부한다.

간보干寶는 말한다. 우물은 생명을 기르고 정치는 덕을 기르니, 샘물이 퍼지지 않으면 백성에게 은혜를 베풀지 못하고, 전례典禮를 쌓지 않으면 예교禮敎를 일으키지 못한다.

(정이의)『이천역전伊川易傳』에서 말한다. 다른 괘의 '종終'은 '극極'이 되어 '변함'이 되나, 오직 정井괘와 정鼎괘에서 '종終'은 바로 '성공함'이 된다.

곽옹郭雍은 말한다. (상6효에서) '크게 길함이 [괘의] 위에 있음'은, 정井괘 상6효가 크게 길함을 말한다. 우물의 도道는 위에 이르러 크게 이루어지니, (상6효는) 크게 길한 '도'를 다한 것이다.

유원劉沅은 말한다. (상괘인) 감坎은 수레가 되고 (하괘인) 손巽의 줄[繩]에 응하여 두레박줄[繘]이 되니, 감坎 바퀴를 돌려서 손巽 줄[繩]을 거두는 것을 형상한다. 상6효는 정井괘의 끝에 있어서, "물속에 들어가[巽] 물을 퍼 올리니," 우물의 도道가 이미 이루어져, 우물을 기른 공로를 거둔 것이

---

31) 수收는 물 긷는 일이 끝나고, 우물에서 줄과 두레박을 거둠이다. 勿은 不와 같다. 幕은 덮개이다. 孚는 믿음[信]이다. 高亨, 405頁.

다. '믿음이 있음'은 (상괘인) 감坎의 상이다. 사람이 물을 취하고 [우물을] 덮지 않았음을 들었으니, 사람들에게 '진실한 믿음[誠孚]'이 있는 것이다. 이른바 '오고가는 이가 우물을 우물로 씀'은, 우물의 기름이 끝없음[不窮]이다. 점친 것이 크게 길하여 천덕天德이 갖추어지고 왕도王道가 이루어지게 되니, 무궁함에서 사람을 구제하고 사물을 이롭게 하는 형상이다.

리스전李士鉁은 말한다. 상6효는 음으로써 양을 가리고, 위로써 아래를 가린다. (상6효는) 음허陰虛이므로 "덮지 않음이다." 이履괘는, 자신이 소유함에 의거하니, 자기를 이루고 사물을 이루지 못하여, 이룸이 되기에 부족하다. (정井괘) 95효는 사물을 구제함에서, 상6효가 그것을 나오게 하는 힘이어서, 자기에서 이로움을 사사롭게 하지 않고, 만물을 윤택하게 하는데, 이른바 "자기를 이룸은 '인仁'이고 사물을 이룸은 '지智'라고 하니, '때에 맞는 조치의 마땅함은 안팎을 화합하는 도道이다."[32]

마치창馬其昶은 말한다. (상6효에서) 양陽이 앞에 있어서 '울타리[藩]'가 되고 '막幕(덮음)'이 된다. '덮지 않음[不幕]'은 그것이 양이 됨을 경계함이다. 상6효가 변하지 않으면, 93효는 물을 길어 먹을 수 있을 것이다. '믿음이 있음[有孚]'은, 그것(상6효)이 93효에 응하여 믿음(을 얻음)을 권면한 것이다. '왕이 명찰明察하면 복을 받음[王明受福]'을 찾은 것은, 천하의 복이 95효의 사적인 이득이 아니기에, 따라서 크게 길한 점은 95효에 달려 있지 않고, 상6효에 달려 있음이다. 정井괘는 '의義'를 말하니, '의義'로써 이利'를 삼는다.

• **나의 견해**: 정井괘가 상象을 취함은, 『역易』에 몇 가지 뜻이 있다. '고을은 바꾸어도 우물은 바꿀 수 없음'은 우물의 '몸[體]'이다. '우물은 길러도 다하지 않음'은 우물의 '쓰임[用]'이다. '몸[體]'이 있으면 반드시 '쓰임[用]'이 있으니, 상괘는 '몸[體]'이 되고 하괘는 쓰임[用]'이 된다. (하괘인) 손巽 나무는 '자라남[息]'이 깊으면 깊을 수록, 감坎 물은 도달함이 부지런하여 지칠 줄 모르니, 우물이 민생의 일용과 관계되는 바가 크다. 효상에 이르러 그 쓰이는 바를 미루어 보니, 93효는 허구이며, 95효는 확실함을 증명한다. 깨끗하여 시원함은 '왕이 명찰함'이다. 샘이 먹을 수 있음은, 복을 받음이다. 우禹임금, 직稷(后稷), 안연顔淵이 자리를 바꾸어도 모두 그러하였고, 이윤伊尹, 주공周公, 공자, 맹자와 함께 한 번은 먹고 한 번은 먹지 않았으니, 명命이 아님이 없었고, 그 바름을 순순히 받았던 것이다. 명命 또한 본성[性]이 있으니, 군자는

---

32) '成己, 仁也; 聖物, 知也; 性之德也, 合外內之道也, 故時措之宜也.' 『中庸今註今譯』25章, 宋天正註譯, 상동, 50頁.

명을 말하지 않는다. 본성에는 명命이 있으니 군자는 '본성[性]'을 말하지 않는다. 92, 95효의 뜻에 밝으니, 군자는 오직 '본성[性]'을 다하여 명命을 기다릴 뿐이다.

49. 혁革괘 ䷰

혁革괘: (왕공들이 자기 잘못을 개혁할 수 있으니, 그들은) 제삿날에 (귀신들에게) 믿음이 있어서, 크게 형통한다. 바름에 이롭고, 후회함은 없어질 것이다.
[革: 己日乃孚,[1] 元亨. 利貞, 悔亡.]

주진朱震(1072-1138)은 말한다. 기己는 무기戊己의 기己로 읽는다. 십간十干에서 경庚에 이르면 변한다. 갱更은 바꿈[革]이다. (하괘인) 이離는 기己를 받아들인다.

전일본錢一本(1539-1610)은 말한다. 감坎과 이離는 천지天地의 가운데이고, 무기戊己는 (날짜를 기록하는 십간十幹인) 일간日干의 가운데이다. 가운데는 흙[土]의 자리[位]이다. 무戊는 양토陽土이니, 양陽은 생生을 주로 하며, 감坎 중 일양一陽은 무일戊日이 된다. 기己는 음토陰土이니, 음陰은 이루는 것을 주로 하며, 이離 중 일음一陰은 기일己日이 된다.

유원劉沅(1767-1855)은 말한다. 감坎[물]은 불[火]을 멸멸滅하고, 불은 물[水]을 마르게 하니, 서로 자라게[息] 하고 서로를 이긴다[克]. (상괘인) 태兌는 쇠붙이[金]로 (하괘인) 이離 불[火]을 따르게 되니, 역시 바꿈[革]이다. 「서괘序卦」전에서, "우물의 도道는 바꾸지 않을 수 없으니, 따라서 혁革괘로 받는다."라고[2] 하였다. 『역易』에서 '오래된 것[舊]'은 '새 것[新]'이 되니, 우물은 비로소 깨끗해진다. 물과 불은 흙[土]으로써 신묘해[神]진다. 「후천괘도後天卦圖」에서 이離와 태兌 사이에서 곤坤이 되며, 불[火]과 쇠붙이[金]는 서로 이기며, 중앙의 흙[土]은 쇠붙이[金]를 품어가지고 불[火]을 저지하여 생기生氣를 준다. 이離와 태兌는 모두 음陰이니 음토陰土라고 말한다. 또한 (하괘인) 이離는 기己를 받아들인다. 사물은 변혁하지 않으면 변화시킬 수 없고, 일은 변혁하지 않으면 이루어지지 않는다. 그러나 (혁革괘는) 반드시 올바름[正]에서 이롭게 되니, 따라서 (혁革괘는) '크게 형통[元亨]'하는 것이다.

---

1) 혁革은 괘명이고 고침의 뜻이 있다. 기己는 사祀(제사)의 가차이다. 형亨은 美이고; 리는 利人이다. 貞은 正이다. 高亨, 407頁.
2) '井道不可不革, 故受之以革.' 「序卦」傳, 高亨, 650頁.

단전에서 말한다. 혁革괘는, 물과 불이 서로 제거하려는 것이고, 큰 딸과 둘째 딸이 (한 남편에)
동거하니, (질투하여) 서로 뜻을 얻을 수 없는 것이 혁革괘이다. "제사 날에 신뢰가 있음"은, (자신
을) 개혁하여 (귀신에게) 믿음성이 있게 된다. 문채文彩가 나서[離] 기쁘게 하며[兌], 정도正道로써
크게 "형통"한다. 개혁하여 합당하니, "후회"가 이에 "없어진다."

[彖曰:「革」, 水火相息, 二女同居, 其志不相得曰"革."3) "巳日乃孚," 革而信之. 文明以說, 大"亨"以正. 革而
當, 其"悔"乃"亡."4)]

왕충王充(27-약 97)은 말한다. 사물 사이에 서로 재단裁斷할 수 있는 것은 반드시 다른 성질을
갖는 것이다.

마융馬融(79-166)은 말한다. 식息은 없애는 것[滅]이다.

정현鄭玄(127-200)은 말한다. 혁革은 개혁[改]이다. 물과 불은 서로 없애버려[相息], 쓰임을 바꾸
니, 왕이 명을 받아, 역법曆法[正朔]과 복식의 색을 바꾸는 것과 같다.

왕필王弼(226-249)은 말한다. 불은 위를 향하려 하고, 연못의 [물은] 아래로 가려하니, 서로 다
툰 후에 변화가 생겨난다.

공영달孔穎達(574-648)은 말한다. (혁革괘에서) 식息은 '살게 하는 것[生]'이다.

왕안석王安石(1021-1086)은 말한다. (혁革괘의) 연못과 불은, 감坎(물)과 이離(불)와 같지 않아
서, 서로 미치는 도道를 갖고 있으니, 오직 이기는 것은 이기지 못하는 것을 변혁할 수 있다.

(정이의)『이천역전伊川易傳』에서 말한다. 천하의 일을 변혁할 때 마땅한 도를 얻지 못하면, 도
리어 폐해가 이르기에, 따라서 혁革괘에는 후회하게 되는 도道가 있다. 변혁하여 매우 이익이 없
으면 오히려 후회할 만해도, 어찌 도리어 해가 되겠는가? 옛사람은 거듭 고쳤던 것이다.

장준張浚(1097-1164)은 말한다. 혁革괘는 쇠붙이[金]와 불[火]의 변화이다. 성인은 선비[士]의 믿
음으로써 구제하고 변혁한다.

(주희의)『주역본의周易本義』에서 말한다. (혁革괘에는) 소멸[滅息] 뒤에 번식[生息]이다.

이순신李舜臣(12세기, 남송南宋 역학자)은 말한다. (상괘인) 태兌는 음陰이 위에서 윤택하니, 이
것이 못[澤]이 된다. 연못의 기운은 응결하여 가을의 쓸쓸함이 되니, 이것이 쇠붙이[金]가 된다. 쇠

---

3) 혁革은 고침(改)이고, 식息은 멸滅(제거)이다. 상괘가 兌이니 못[澤]이기에 물이 있고, 하괘 離는 불이다.
  물이 불 위에 있으니, 水勢가 火勢보다 크니, 물이 불을 제거한다. 또 兌는 長女이고, 離는 中女이니, 二女
  가 同居하며 一夫를 섬기니, 서로 질투하여, 뜻을 서로 얻을 수 없다. 高亨, 407頁.
4) 巳는 사祀(제사)의 가차이다. 孚는 信이다. 離괘는 문채文彩가 남이고, 兌괘는 說(悅)이다. 高亨, 407-408頁.

붙이는 불을 얻어 기구들[器]이 되고, 물은 불을 얻어 따뜻함이 된다. (혁革괘에서) 개혁하니, 그 쓰임을 이롭게 한다. (나의 견해: 이것은, 불이 쇠붙이[金]나 물에 대해서 상극이며 상생인 것을 말한다.)

유원劉沅은 말한다. 규睽괘와 혁革괘는 모두 두 딸이 동거하는데, 그러나 [규睽괘에서는] 둘째 딸[中女]이 위에 있고 막내딸[少女]이 아래에 있어서, 그 순서가 아직 어지럽지 않지만, (그들의) 뜻이 같지 않은 채 행동하니, 규睽[어그러짐]괘가 된다. [혁革괘에는,] 막내딸이 위에 있고 둘째딸이 아래에 있어 순서가 이미 어그러졌으니, 서로 뜻을 얻지 못해 변혁[革]하게 된다. (혁革괘에서) 이離와 태兌는 모두 곤坤이 흙[土]을 찾는 것이다. (혁革괘에서) 안에는 이離의 '문채 밝음[文明]'이 있어 변혁의 이치를 살피고, 밖으로는 태兌의 화합과 즐거움이 있어 변혁의 실정에 따르며, (혁革괘는) 바르게 변혁하여 천리天理에 합당하니, 그 후회가 이에 사라질 것이다.

오여륜吳汝綸(1840-1903)은 말한다. (혁革괘가) '크게 형통[元亨]'하고 '정도正道이기에 이로움[利貞]'은, 변혁이 합당한 것이다.

리스전李士鉁(1851-1926)은 말한다. 여름과 가을은 서로 변혁하는데, 가운데[中]에 (있는) 삼복三伏날 흙[土]의 기운이 왕성한 때에, 한 해의 결과[功]가 이루어질 것이다. 쇠붙이[金]와 불[火]은 서로 변혁하나, 가운데에서 찰흙[埴埴]을 서로 으깨어 (만든) 기물이 있으니, 질그릇 만들기[陶]와 주물 만들기[冶]가 완성된다. 변혁하면 서로 합하지 않으니, 합하지 않는 가운데, 저절로 서로 합하는 일이 있다. 둘째딸과 막내딸은 함께 곤기坤氣에 올라타고, 서로 합하여 곤坤에서 온전해지게 되니, 따라서 '제사 날에 신뢰가 있음[己日乃孚]'이 된다. 기己는 음토陰土여서, 곤坤은 '바른 자리[正位]'이다. (하괘인) 이離는 태양이다. 곤坤의 앞은 태兌가 되고, 뒤는 이離가 되니, 곤坤이 그 사이에 있기에, 따라서 (혁革괘는) 믿을 만하다. 곤坤 토土는 믿음을 주로 하고, 쇠붙이[金]와 불[火]은 상극이라, 오직 흙[土]이 이들을 합할 수 있다. 62효는 이離괘의 가운데 효인데, 흙의 바른 기운을 얻었기에, 따라서 믿음이 있다.

천지가 개혁하여 네 계절이 이루어진다. 탕湯왕과 무武왕의 혁명은, 하늘에 순종하여 사람들에게 대응한 것이니, 개혁의 시기[時], (그것이) 위대하도다!
[天地革而四時成. 湯武革命, 順乎天而應乎人, 革之時, 大矣哉！]

구양수歐陽修(1007-1072)는 말한다. 걸桀왕, 주紂왕의 악행은 하늘이 주살하고자 하는 바이고, 사람들이 제거하고자 한 바이니, 따라서 하늘에 따르고 사람에게 응한다고 말한다. 바름[正]은 상도常道이다. 비상非常의 시기에는 반드시 비상非常의 변화가 있으니, 탕湯왕, 무武왕이 여기에 해당할 뿐이다. (혁革괘의 단彖전에서) '개혁의 시기, (그것이) 위대하도다[革之時大矣哉]!'에서 그 어려움을 볼 수 있다. (야오융푸姚永樸(1861-1939): 태兌괘의 단전彖傳에서, '하늘을 따르고 사람에 응한다[順乎天而應乎人].'라고 했는데, 혁革괘에서도 그것을 말하는 것은, 혁革괘에도 태兌가 있기 때문이다. 큰일을 할 때에는 백성이 기뻐하지 않으면 할 수 없다. 맹자는, '취하는데 연燕나라 백성들이 기뻐하면 취하라! … 무왕武王이 이러하다. 기뻐하지 않으면 취하지 말라했는데, … 문왕文王이 이러하다.'라고[5] 말하니, 바로 이 뜻을 얻은 것이다.)

방대진方大鎭(1560-1629)은 말한다. 사계절의 변화보다 믿을 곳이 없다. '크게 형통하고[元亨] 정도正道이면 이로움[利貞]'은 춘하추동의 때와 같다. '후회가 사라짐[悔亡]'은 '항구함[其恒]'이 사라짐과 같다. 『예기禮記』(「예기禮器」편)에서, "(은殷나라) 탕湯왕이 (하夏나라) 걸桀왕을 내쫓고, (주周나라) 무武왕이 (은殷나라) 주紂왕을 토벌한 것은, (혁명의) 시기[時]이다."라고[6] 했다. 성인은 몸을 버리고 백성을 물불에서 구해냈으니, 시대[時]에는 뒤에 할 일을 먼저 할 수 없다. (혁革괘의) 단전彖傳에서 '시기[時]'라고 하고, '합당[當]'이라 하니, 그 뜻이 의젓하고 당당하다[凜凜]! 하늘을 따르고 사람에 응함은 반드시 밝은 도道와 기쁜 도道로써 해야 하니, 반드시 건乾의 네 가지 덕[元, 亨, 利, 貞]을 행해야, 이에 허물이 없고, 회한이 사라진다.

하해何楷(1594-1645)는 말한다. (혁革괘에서) 봄과 여름은 양陽이 되고 (하괘인) 이離에서 다하며; 가을과 겨울은 음陰으로 (상괘인) 태兌괘에서 일어선다. (나의 생각: 하해何楷의 설명을 통해, '진震에서 봄과 여름의 양陽이 일어나고, 감坎에서 가을과 겨울에 음陰이 다하는 것'을 미루어 알 수 있다. [하해何楷가] 진震과 감坎을 말하지 않은 것은, 혁革괘는 이離와 태兌가 합쳐서 이루어졌기 때문이다.)

고염무顧炎武(1613-1682)는 말한다. 천지의 변화에서, 중中을 넘으면 변한다. 기己(날, 日)은 가운데[中]를 넘었으므로 장차 변할 때이니, 따라서 경庚(날)로 받았다. 옛사람은 기己를 '변하여 고침[變改]'의 뜻으로 보았기에, (『의례儀禮』에서,) '익은 음식[饋食]'을 올리는 제례祭禮에서, '제사에는 될 수 있는 대로 유일柔日 중에 정丁날과 기己날을 썼다.'라고[7] 했는데, 주注에서, '아름다운 명성[令名]을 정丁날로부터 차라리 저절로 바뀌는 것을 취한다.'라고 했으며; (『한서漢書』의) 「율력

---

5) '取之而燕民悅, 則取之. … 武王是也.' 『孟子譯注』,「梁惠王」下章(2:10), 楊伯峻譯注, 상동, 44頁.
6) '湯放桀, 武王伐紂, 時也.' 『禮記今註今譯』, 第十「禮器」, 上冊, 王夢鷗註譯, 상동, 315頁.
7) '日用丁, 己.' 『儀禮』,「少牢饋食禮」, 彭林譯注, 상동, 521頁.

지律曆志」에서도 또한 '기己날에 기강紀綱을 바로잡고, 경庚날에 사물들을 고친다.'라고8) 말한다.

심기원沈起元(1685-1763)은 말한다. 겨울, 봄, 여름이 서로 이으며 생기니, 요순堯舜의 선양禪讓이다. 여름과 가을을 서로 이으며 이기니, 탕湯왕과 무武왕이 정벌하고 주살한 것이다. 쇠붙이[金]와 불[火]의 때는 천지의 큰 관건이다. 상상象으로 말하면, 불이 쇠붙이[金]를 녹이는 것이고, 순서로 말하면, 쇠붙이[金]가 불을 대신하는[代] 것이다. (그러나) 불이 쇠붙이[金]를 녹이니 쇠붙이는 대신할 수 없다. 따라서 기己의 흙[土]을 써서 구제하여, 변하고 극복하여 생겨나니. 이것이 혁革의 쓰임이다. 「설괘說卦」전에, '태兌는 正秋(仲秋)이다.'9) 쇠붙이[金]는 '가을의 명령[秋令]'이다. (『상서尙書』의)「홍범洪範」편에서, '쇠붙이[金]는 혁革을 따른다.'라고10) 말한다.

유원劉沅은 말한다. 천지 사계절의 변역은 모두 하나의 근원인 이기理氣의 자연스런 현상으로, 잡다하게 섞인 것이 없다. 성인이 명命을 바꾸는[革命] 큰일은, 모두 천명과 인심의 당연한 것으로 사사로운 치우침이 없다. 곧 이 두 가지[天命과 人心]는, 바르고[正] 마땅한[當] 이치를 밝히니, 무릇 변혁하는 것은 모두 하늘을 따른 것이다. 어찌 뜻이 정밀하지 못하고 인仁이 무르익지 않은 이가, 할 수 있겠는가? 따라서 (단象전에서) '때가 크대[時大]'라고 말한 것이다.

또 (유원은) 말한다. 사계절이 변화하지 않으면 한 해의 결과[功]가 이루어지지 않는다. 변하였으나 일찍이 변한 적이 없는 것은, 원기元氣가 두루 흐른 것이다. 탕湯왕과 무武왕이 일어나지 않았더라면, 세상의 난亂이 그치지 않았다. 그러나 변혁했으나 변혁한 적이 없는 것은 백성을 살리는 큰 도[大道]이다. 도道가 천지天地에 행해지면, 인심人心에서 변화가 일어난다. 오직 성인만이 하늘의 도道를 얻어서, '지극한 항상 됨과 올바름'으로 마땅히 변혁해야 할 것을 변혁하니, 한 터럭의 사사로운 뜻도 그 사이에는 없다. 그 변혁이라는 것은 올발라서 천리天理를 유지하는 것이지, 어지러운 변화를 좋아하는 것이 아니다. 이치를 어그러뜨리고 항상 됨을 혼란시키는데도, 변혁을 빙자하여 찬탈하고 거역하는 일은 변혁이라고 말하기에 부족하다. 옛것을 고집하고 오늘에 통하지 않고, 법도[經]를 고수하고 변통變通[權]에 능통하지 못하면, 한 터럭만큼 어긋나도, 그 차이가 천리에 이르니, 천리天理의 올바름을 얻지 못했는데, 어찌 변혁하는 일을 할 수 있겠는가? 음양오행은 상생相生 상극相剋하니, 상극이 곧 변혁이기에, 이에 '생겨남이 되는 것[所以爲生]'이다. 물과 불은 서로 억제하나, 곧 서로 쓰임이 되기에, 따라서 '개혁의 시기[時], (그것이) 위대하도

---

8) '理紀於己, 斂更於庚.', 『漢書』, 「律曆志」第一(上), 四冊, 志[一], 상동, 964頁.

9) '兌, 正秋也.', 「說卦」傳, 高亨, 613頁.

10) '金曰從革.' 『今古文尙書全譯』, 「洪範」, 江灝, 錢宗武譯注, 상동, 235頁.

다[革之時大矣哉]!'라고 한다.

리스전李士鉁은 말한다. 불[火]이 흙[土]을 얻으면 건조하지 않고, 쇠붙이[金]가 흙을 얻으면 쇠하지 않는다. 쇠붙이와 불은 서로 바탕이 되어 천지 사이에 쓰임이 된다. 왕이 명命을 바꿀 때에는 중정中正하고 정성스럽고 믿음직스러운 덕이 있어서, 하늘과 사람을 합하는 것이다. 덕을 사용하나 위세를 사용하지 않는다. 살리는 것을 좋아하고 죽이는 것을 좋아하지 않는다. 마땅히 변혁해야 할 것을 변혁하여, 백성에게 믿음을 드러낸다. 따라서 모두는, 왕이 백성을 위로하고 죄를 벌하는 마음은 있으나, 천하에서 (사사로이) 이로움을 취하려는 뜻은 없음을 믿는다. 밭가는 이가 변하지 않고 시장에 오는 이가 그치지 않으니, (백성들의) 믿음의 상이다. 변혁이란 훼손하는 것이 아니고, 진실함으로 이루는 것이다. 죽이는 것이 아니고, 진실함으로 살리는 것이다. 오덕五德의 운행은 공功을 이루면 물러나고, 변혁이 마땅하면 변혁하니, 하늘에 부합한다. 옛 것을 바꿔서 다시 새로워지니, 원元이라고 한다. 변혁한 후에 통하게 되니, 형亨이라고 한다. 변혁은 마땅하게 만드는 것이므로 이롭다. 변혁하여 올바름으로 돌아오니 바르다. 이와 같다면 회한은 사라질 것이다.

상전에서 말한다. 못 가운데 불이 있는 것이, 혁革괘이다. 군자는 달력을 다스려, (매) 시기를 밝힌다.

[象曰: 澤中有火, "革." 君子以治厤明時.11)]

가규賈逵(174-228)는 말한다. 『역易』에서 쇠붙이[金]와 불[火]은 서로 변혁하는 괘이니, (혁革괘의)「상象」전에서, 반드시 일월성신을 관측하라고 말한 것이다.

(주희의)『주역본의周易本義』에서 말한다. 사계절의 변화는 변혁 중에 큰 것이다.

조언숙趙彦肅(12세기, 남송南宋 역학자)은 말한다. (혁革괘에서) 연못 속에 불이 있고, (상괘인) 태兌에서 (하괘인) 이離가 엎드려 있음이 보이니, 정추正秋의 계절이다. 불이 감춰져 있고, 없는 것은 아니니, 따라서 불은 술戌(날)에서 장사[墓]지낸다. 겨울, 봄, 여름에 부자父子가 서로 전하는 것은 이 때문이다. 가을은 여름을 잇고 쇠붙이[金]와 불[火]은 서로 전달하니, 혁革이다. 오행이 서로 낳고 주니, 쇠붙이[金]와 불[火]이 서로 변혁하고 서로를 이루는 것이다.

항안세項安世(1129-1208)는 말한다. 세상을 바꾸려면 반드시 역법[曆]을 다스려야 한다. 한 해

---

11) 역厤은 曆의 古字이다. 상괘가 兌이니 澤이요, 하괘가 離이니 불이다. 혁괘의 괘상은 못 가운데 불(澤中有火)이니, 못에 물이 말라버려서, 불이 못 안의 초목을 태워버리는 모습이다. 高亨, 408頁.

[歲]를 바꾸려면, 반드시 역법을 다스려야 한다. 일대一代[一世]의 역법을 다스리면 삼정三正(하夏 建寅, 은殷 建丑, 주周 建子) 역법과 오행五行의 운행이 서로 변혁함을 밝힐 수 있다. 한 해의 역법을 다스리면 열두 달과 60갑자甲子가 서로 변혁하는 것을 밝힐 수 있다.

유원劉沅은 말한다. 2기氣가 순환하여, 옛 것이 바뀌어 변하여 새로워진다. 역법曆法을 다스리고 계절[時]을 밝히는 것은 변혁할 대상이 아니다. 인사人事는 반드시 천시天時를 따라야 한다. 역법을 다스려 [천시天時를] 밝히니, '자연[天]'의 변혁을 알 수 있고, 변혁하지 않는 것도 또한 알 수 있다. (상괘인) 태兌는 (문서를 관장하는 관리인) 서사書史가 되니, 따라서 역법을 다스린다고 말한다. (하괘인) 이離는 '밝히는 것[明]'이니, 계절[時]를 밝힘을 나타낸다.

천한장陳漢章(1864-1938)은 말한다. 목화木華(3세기. 서진西晉 사람)의 「해부海賦」에서, "음陰의 불[火]이 숨어 엎드려 있다."라고[12] 말한다. 『단연록丹鉛錄』에서[13] (『황제내경黃帝内經』)「소문素問」편을 인용하여, "연못 속에 양陽의 불꽃이 있다."라고[14] 말했다. 이것이 곧 연못 속의 불이다. 『포박자抱朴子』에서, "남해南海의 소구蕭邱에는 스스로 생기는 불이 있다."라고[15] 하고, 또한 "불[火]의 몸[體]은 당연히 열이 나는데, 소구蕭邱에는 시원한데 열이 있다."라고[16] 말한다. (이것으로)『역易』의 상象의 증명이 될 수 있다.

초구효初九: 황소 가죽 끈으로 묶는다.

[初九, 鞏用黃牛之革.[17]]

상에서 말한다. "황소 (가죽 끈으로) 붙들어 매면", (아무도 벗어날) 수가 없다.

[象曰: "鞏用黃牛," 不可以有爲也.]

『설문해자說文解字』에서 『역易』을 인용하여 말한다. '공鞏은 가죽 줄로 묶음이다.'[18]

---

12) '陽氷不冶, 陰火潛然.', 「海賦」, 『文選』卷十二, 梁 蕭統編, 唐 李善註, 電子版文淵閣四庫全書, 上同 참조.

13) 『丹鉛錄』의 저자는 楊愼(자字는 用修, 1488-1559)이다.

14) '澤无陽燄.', 『黃帝内經』, 「素問」, 卷第二十一, 「六元正紀大論」篇第七十一, 牛兵占 等編著, 石家莊: 河北 科學技術出版社, 1996, 458頁.

15) 『抱朴子』에서 이 구절을 찾지 못했으나, 『文選箋證』卷十三, 「木元虛海賦」 #25, (清) 胡紹煐撰에, '抱朴 子: 南海中蕭邱有自生之火.'의 구절이 보인다. https://ctext.org 참조.

16) '火體宜燼, 而有蕭邱之寒焰.' 『抱朴子内篇校釋』卷之二, 「論仙」, 王明著, 北京: 中華書局, 1996, 14頁.

17) 공鞏은 묶는 것이다. 짐승 가죽에서 털을 제거한 것이 혁革이다. '黃牛之革'은 황소가죽으로 만든 끈이다. 高亨, 409頁.

우번虞翻(164-233)은 말한다. (초9효는) 자리를 얻었으나 응함이 없으니, 일을 할 수 없다.

왕필王弼은 말한다. (초9효에서) 소가죽은 견고하고 질기니, 변화시킬 수 없다.

간보干寶(286-336)는 말한다. (하괘인) 이離괘의 효는 곤坤에 근거하니, 황소를 상징한다. (초9효는) 변혁하는 초기에 있으며, 응하여 근거하는 것이 없으니, 아직 움직여서는 안 된다.

(이광지의)『주역절중周易折中』에서 말한다. 혁革은 새와 짐승의 가죽이다. 새와 짐승은 사계절이 바뀌면 가죽과 털을 바꾼다. (『상서尙書』의)「요전堯典」의 '깃털이 희박稀薄함[希革],' '털이 새로 남[毛毨]'이,[19] 이것이다. (나의 해석:『상서尙書』'희혁希革'의 정현鄭玄주注에, '여름에 조수鳥獸는 털이 성기니, 가죽이 보인다.'라고 말했다. 또한 (공안국孔安國의) 전傳에서, '선毨은 다듬음[理]이다. 털이 다시 나면 (그것을) 정리함이다.'라고[20] 말한다. 이것은 중추仲秋 때를 말한다.) (초9)효는 이 때문에 소, 호랑이, 표범의 상을 취한다. 소의 가죽은 견고하고 질겨서 털 뽑기가 어렵다. 이것으로 물건을 묶으면 단단하니, 따라서 둔遯괘(62효)에서 '묶음[執用]'이라고 한 것과 비슷하다. 물건을 싸면 빈틈이 없으니, 따라서 혁革괘의 '단단히 묶음[鞏用]'이 (그와) 비슷하다.

포빈包彬(18세기, 청淸나라 학자)은 말한다. 짐승은 오직 가죽의 견고한데, 나중에 거기에 붙은 털이 수시로 변한다. 따라서 혁革괘의 초6효에서 소가죽으로 (만든 끈으로) 묶음[鞏]을 취했다.

유원劉沅은 말한다. (초9효는) 처음의 낮은 자리에 있으니, 개혁할 수 있는 권한이 없다. 위로 더불어 응하는 것이 없고, 함께 개혁할 사람이 없다. 견고하고 확실하고 튼튼히 지키는 것으로 경계시키니, 일을 해서는 안 된다. 개혁할 수도 없어 개혁을 못하니, 오직 시기[時]가 그러할 뿐이다. 공鞏은 가죽 끈으로 묶는 것이다. 이離는 소이다. (이離괘의) 가운데 효에 곤坤괘[의 효]가 섞였으니 황색을 상징한다. 소가죽으로 물건을 묶으면 단단하다. 둔遯괘의 62효에서 '묶음[執用]'이라고 한 것과 비슷하다. 물건을 싸면 빈틈이 없으니, 혁革괘에서 '단단히 묶음[鞏用]'이라고 하는 것은 (그와) 비슷하다. 가죽의 털은 사계절이 바뀌면 변하니, 따라서 (초9)효에서 소, 호랑이, 표범을 취하여 상징했다.

요배중姚配中(1792-1844)은 말한다. 초9효는 (자기) 자리를 얻어서 변화할 수 없으니, 따라서 (초9효는) 견고하다. 이것이 개혁할 수 없다는 것이다.

---

18) '鞏, 以韋束也.『易』曰: "鞏用黃牛之革."',『說文解字』, 東漢 許愼著, 上冊, 상동, 231頁.

19) '希革,' '毛毨',『今古文尙書全譯』,「堯典」, 江灝, 錢宗武譯注, 상동, 15頁.

20) '毨, 理也, 毛更生情理.'『尙書正義』, (『十三經注疏 整理本』), 漢 孔安國傳, 唐 孔穎達疏, 李學勤主編, 北京: 北京大學出版社, 1999, 2冊, 상동, 35頁.

리스전李士鉁은 말한다. 털이 제거되면 짐승 가죽[皮]은 피혁[革]이 된다. 혁革은 본래 피혁皮革의 혁革으로 새긴다. 가차하여 개혁의 혁革이 되니, 따라서 초6효에서 피혁을 상으로 취했다.

마치창馬其昶(1855-1930)은 말한다. 한漢나라에서 (왕망王莽이 세운) 신新나라 왕실과 당唐나라에서 무武씨는, 모두 개혁이 부당한 것들이다. 성인은 개혁[革]의 초기에 먼저 개혁해서는 안 되는 뜻을 펼치니, 그 생각이 깊다.

* **나의 견해**: 이것은 곧 정이程頤(1033-1107)의 『이천역전伊川易傳』의 뜻을 미루어나간 것으로, 개혁이 마땅한 도道를 얻지 못한 것을 증명한다. 지당止唐선생(劉沅)이, '시기[時]가 개혁할 수 없으면 개혁하지 못한다.'라고 했으니, 또한 이 (초9효)상象의 뜻을 깊게 터득했다.

육이효: 제삿날에 개혁하고, 정벌 征伐하면, 허물이 없다.
[六二, 己日乃革之,21) 征吉, 无咎.]
상에서 말한다. "제삿날에 개혁함"은, (정벌에 승리하여) 기쁜 일이 있음이다.
[象曰: "巳日革之," 行有嘉也.22)]

왕필王弼은 말한다. 62, 95효는 함께 그 가운데[中]에 있으니, 음양이 상응하여, 가면 반드시 뜻이 합한다.

(정이의)『이천역전伊川易傳』에서 말한다. (62효가) 중정中正하면 치우치고 가리는 것이 없다. 문채가 나면 사물의 이치를 다하고, 위로 응하면 권세를 얻는다. 몸[體]이 순종하면, '어긋나고 거스르는 것'이 없다. 때가 할 만하고, 자리를 얻었고, 재능이 충분하니, 개혁하기에 지극히 좋은 상황에 처한다. (62효에서) 나아가지 않으면, 때를 잃어 허물이 생긴다.

장준張浚(1097-1164)은 말한다. 상商나라와 주周나라의 개혁은, 이윤伊尹과 (강康)태공太公의 힘이었다. 62효는 문채가 드러나는 덕을 지녔으니, 이것은 위로 95효와 응하며, 천하에 큰 믿음을 펼칠 수 있다. (하괘인) 이離는 시기[時]가 형통하니, (62효에서) '가면 좋은 일이 생긴다[行有嘉].'라고 말한다.

진사원陳士元(1516-1597)은 말한다. (62효의) '내乃'는 어렵게 여기는 것이다.

---

21) 巳는 祀(제사)의 가차이고, 革은 改이다. 高亨, 409頁.
22) 嘉는 喜慶이다. 高亨, 상동.

모기령毛奇齡(1623-1716)은 말한다. 경庚은 변혁한다는 뜻이다. 경庚보다 앞서는 것은 기己이다. 경庚은 개혁하고자 하니, (62효에서) 반드시 앞서 '기일己日'에 개혁할 수 있다.

혜사기惠士奇(1671-1741)는 말한다. (하괘인) 이離는 큰 배[大腹]이다. 『설문해자說文解字』(許愼撰)에서, '기己가 사람의 배를 상징한다.'라고[23] 했으니, (62효에서) "기일己日"은 '이離가 믿음을 더하는 것'을 가리킨다.

유원劉沅은 말한다. 62효는 (하괘인) 이離의 주인[主]이다. 이離는 태양이다. '기己는 흙[土]'을 받아들이니, 따라서 '기일己日'이라고 한다. (62효는) 문채가 밝으며 중정中正하니 개혁할 수 있는 덕을 지녔다. (62효는) 위로 95효와 응하여 개혁할 수 있는 권한을 지녔으니, 이른바 개혁하여 믿게 하는 것이다. (62효에는) 개혁하여 잘 다스리는 길함이 있고, 쉽게 변하고 망령되게 행동하는 허물은 없다. 행行은 곧 정벌[征]이고, 가嘉는 곧 길吉이다. 분명한 개혁은 반드시 군신의 도道가 합치된 후에야 가능하고, 신하들은 함부로 공功을 독점할 수 없다.

황응린黃應麟(1223-1296)은 말한다. (62효에서) '기쁨이 있음[有嘉]'은, 이離괘 (상9효)의 "우두머리를 참斬하였으니 기쁨이 있다."는[24] 것이다.

리스전李士鉁은 말한다. 62효는 곤坤의 덕을 몸으로 하고 중中과 정正을 얻어서 바르게 응함이 있는데, (62효에서) 하늘과 사람이 귀의하니, 개혁할 수 있다. (62효는) 기己(날)에 이르지 않으면 함부로 개혁할 수 없다. (62효에서) 진실한 믿음이 아직 통하지 않고 시기[時]가 아직 이르지 않았으니, 변혁할 수 없음을 일깨워준다. 62효는 혁革괘의 주효主爻이니, 상괘(태兌)는 모두 여기(62효)에서 개혁함을 받으니, 따라서 '개혁함[革之]'이라 불린다.

마치창馬其昶은 말한다. 95효는 개혁의 주체이고, 62효는 95효와 응하니, 62효의 '날[日]'은 곧 95효의 '날'이다. 개혁은 허물이 있으면 쉬우니, 이런 시기를 맞았기에 따라서 '허물이 없다[无咎].' 『시詩』에서, "맹렬 신속하게 큰 상商나라를 정벌하여, 여명黎明에 완전히 이기고 사방을 평정했네."라고[25] 했으니, (62효는) 개혁의 때이다.

구삼효: 정벌하면 흉하고, (정벌이) 정의롭더라도 위험하다. 죄인이 변명하니 3번 심문하여, (판결했으니) 진실함이 있다.

[九三, 征凶, 貞厲. 革言三就, 有孚.[26]]

---

23) '己, 象人腹.', 『說文解字』, 東漢 許愼著, 下冊, 상동, 1,201頁.

24) 離괘 上九, '王用出征, 有嘉折首.' 참조.

25) '肆伐大商, 會朝淸明.' 『詩經譯注』, 「大雅」, 「文王之什」, 「大明」, 袁梅著, 상동, 719頁.

상에서 말한다. "(죄에 대한) 변명을 바꾸니 (이에) 3번 심문하니," 또 어디로 갈 것인가!

[象曰: "革言三就," 又何之矣!27)]

이고李翺(774-836)는 말한다. 겹쳐서 만들어진 괘[重卦] 안에서 (93효는) 셋째 자리에 이르렀으니, 개혁의 이치를 조금 이루었는데, 건乾괘 94효의 '건도乾道는 개혁함[乾道乃革]'과 혁革괘 93효의 '(죄인의) 변명을 3번 심문함[革言三就]'이 바로 같은 경우이다.

조여매趙汝楳(13세기, 남송南宋 역학자)는 말한다. 언言은 조사助詞이니, 『시詩』의 '수레를 탐[駕言]'(의 언言[助詞]과)28) 같다. 『주례周禮』, 「전서典瑞」편에서, "안감[繅]으로는 모두 3가지 색[朱, 白, 蒼]으로 하여. 세 겹이다."라고29) 한다. 주注에서, '취就는 이룸[成]'이라 했다. 일잡一匝(한 번 두름)은 일성一成이 된다.

채청蔡淸(1453-1508)은 말한다. 개혁을 잘 살피면 괜찮지만, 개혁에 조급하면 안 된다.

혜사기惠士奇는 말한다. (하괘인) 이離가 93효의 양陽을 거쳐서 '개혁의 도[革道]'가 이루어지는 것이다.

유원劉沅은 말한다. 93효는 바르게 (상괘인) 태兌 입에 응하니, 말[言]의 상이다. 호체互體인 건乾은 말[言]이 된다. 본 (93)효의 자리는 세 번째이고, 이離의 수는 3이니, 따라서 '세 겹[三就]'이라고 한다. 본 (혁革)괘 아래의 3효[離]는 개혁의 주체이니, 따라서 모두 개혁을 말한다. 위의 세 효[兌]는 개혁을 당하는 것이니, 따라서 '개改'나 '변變'이라 말한다. 93효는, 강剛으로 강剛의 자리에 있으니, 이離의 끝에 있기에, 위로 태兌 연못과 접한다. 연못은 불을 끄기에 충분하나 위험이 많다. 태兌 입은 말[言]을 나타내니, 93효의 호체互體인 건乾 역시 말[言]이 되기에, 개혁에 대한 의론이다. 비록 발라도[貞, 正] 또한 위험할 수 있으니, (93효는) 위태롭다. (93효는) 오직 두 번 세 번 인정人情에 나아가 기쁘게 응하면, 믿음이 있어 개혁할 수 있다. (『상서尙書』의) 「반경盤庚」, 「태서泰誓」 2편을 읽으면, '개혁은 3겹[革言三就]'이라는 애쓰는 마음을 알 수 있다. 자기[己]가 경고警告하고 경계하는 정성을 다하면, 사람들은 개혁의 좋음을 기뻐하니, (93효는) 자연히 어긋날 수

---

26) 貞은 正이다. 여厲는 위험이다. '혁언革言'은, 죄가 있는데 진술을 바꿈이다. 취就는 국국鞫의 가차이니, 심문이다. 부孚는 믿음이니, 성誠이다. 高亨, 410頁.

27) 之는 往이다. 高亨, 상동.

28) 駕言은 『시詩』의 여러 곳에서 보이는데, 모두 言은 허사虛辭라는 뜻이 없다. 예, 「패풍邶風」, 「泉水」; 「衛風」, 「竹竿」 등등이다.

29) '繅皆三采三就.' 『周禮今註今譯』, 「春官宗伯」第三, 「典瑞」, 林尹註譯, 상동, 217頁.

없다. (93효에서) '어디로 갈 것인개又何之]!'는, 조급하게 움직임이 무익함을 밝힌 것이다.

주준성朱駿聲(1788-1858)은 말한다. 『역전易傳』에서, '사물에는 시작, 장성壯盛[壯], 궁진窮盡[究, 다함]이 있으니, 세 번 획을 그어서 건乾괘가 된다.'라고30) 했다. 궁극에 이르니 나아가고[就] 이룬다고[成] 하는데, 대개 사물은 가을과 겨울에 이르면 무르익어 완성된다. 건乾은 노양老陽이므로 궁窮[究]이라고 한다. 93효에 믿음이 있고, 94효에서 개혁하고, 95효에서 변화하니, (이것으로) 변혁은 순서에 따르고 점차적이다. '정벌하면 흉하고, (정벌이) 정의롭더라도 위험하다[征凶貞厲].'는, 주周나라가 5년 동안 은거하여 흔적을 감췄으니, 휴식할 시간이 아직도 필요한 것일까? (나의 견해: [마치창馬其昶의]『상서의고尙書誼詁』의 「다방多方」편에서, "하늘은 자손에게 5년 동안 시간을 늦추어 주고, 크게 백성의 주인이 되게끔 하였다."라고31) 했다. 여러 학자들의 주를 인용하여, "하늘이 상商나라 선왕先王들의 일로써 5년 동안 배회하며 변화하기를 기다려서, 다시 그 자손에게 전해주고자 하였다."라고 말한다. 『사기史記』에서는, '문왕文王이 천명을 받고 7년 후 붕어하셨다. 9년에 무왕武王이 동쪽에서 군사를 관찰하는데, 약속하지 않고 모인 제후가 800명이었다. 모두 주紂왕을 칠 만하다고 말했다. 무왕이 '당신들은 천명을 모른다. 아직 안 된다. 이에 군사를 돌려서 돌아왔다.'라고32) 하였다. 이것을 볼 때 주紂왕은 오래전에 마땅히 망해야 했다. 11년 12월에야 비로소 주紂왕을 쳤다. 무왕이 왕위를 이은 7년부터 11년에 이르러서야 주紂왕을 쳤으니, 이것이 5년 동안 시간을 준 것이다. 주소註疏에서, 문왕文王은 천명을 받고 9년에 붕어하시고, (무왕武王은) 11년에 군대를 일으키고, 13년에 주紂(왕)을 쳤다고 했으니, 이 또한 5년이다. 하늘의 마음은 인애仁愛하니 스스로 크게 무도하지 않으면, 모두 부축하여 안전하게 하고자 한다. 오직 끝까지 뉘우치는 마음이 없는 것이 화禍를 막을 수 없는 이유이다. 또 살펴보니, (『예기禮記』의) 「악기樂記」에서, "또한 '무무武舞'(의 대형隊形변화)는, 첫 번은 북쪽으로 가고, 둘째 (악곡樂曲)에서는 (동진東進하여) 상商나라를 멸망시키고, 셋째 곡曲에서는 (군사를) 이루어 남쪽으로 향한다."라고33) 말한다. 이것은 무무武舞로써 전쟁을 상징하는데, 아직 춤을 추지 않을 때에 (병졸들이) 연

30) '物有始有壯有究 故三畫成乾.', 『周易乾鑿度』卷上, 漢 鄭康成注, 電子版文淵閣四庫全書, 上海人民出版社, 1999 참조.
31) '天惟五年須暇之子孫, 誕作民主.', 『尙書誼詁』, 「多方」第二十二, 馬其昶撰, 陳漢章補註 稿本, 影印本, 출판년대나 출판사는 명기가 안 됨. 수가須暇는 시간을 늦춰줌, 방송放鬆(풀어줌)의 뜻이다. 탄誕은 大(큼)이다.
32) '文王崩, 武王卽位. 九年, … 不期而會者八百諸侯. 諸侯皆曰: "紂可伐也." 武王曰: "未可." 還師.'『史記』, 「齊太公世家」第二, 五冊, 世家一, 상동, 1,479頁.
33) '且夫武, 始而北出, 再成而滅商, 三成而南.', 『禮記今註今譯』, 第十九「樂記」, 下冊, 王夢鷗譯註, 상동,

결되어 오래 동안 있음은, 상商나라를 칠 만하나 치고자 하지 않음을 상징한다. 반드시 제후들이 모두 오는 것을 기다린 것은, 비로소 하늘에 응하고 사람을 따른 것이다. 두 번째와 세 번째 연주에 이르러, 비로소 무왕이 상商을 이기고 남쪽으로 돌아오는 것을 상징한다. 이것은, 모두 무왕의 개혁에는 세 번하여 하늘과 사람에게 믿음이 있었음을 볼 수 있다. 문왕文王이 『역易』을 지을 때, 이 (93)효에서 그 뜻을 발동했으니, 이것은 (천하를) 셋으로 나누고, (둘을 가졌던 문왕文王이 하나를 가진 주紂왕을) 섬겼던 마음과[34] 같다. 무왕武王에 이르러, (문왕의) 뜻을 이어 일을 계승할 수 있었으니, 이른바 '아비[王季]가 시작했고, 자식[武王]이 (업적을) 계승했다.'는[35] 것이다. 무왕武王이 비록 개혁하였으나 반드시 더디게 하였고, 또한 오래된 후에 공을 이루었으니, 문왕文王이 갑자기 변화시키려 하지 않았던 마음과 같다. 또 (내가) 생각해보니, '혼매昏昧한 주紂왕을 공취攻取함[養晦]'은, 곧 『시詩』, 「주송周頌」의 '때를 따라 은거하여 자취를 감추고, 기회를 기다려 활동한다.'라는[36] 뜻이다. 『좌전左傳』에서 이를 풀어, '우매한 자를 공취攻取함[耆昧]'이라고[37] 했다. 회晦를 매昧로 풀었고, 기耆는 '불러옴[致]'이다. 어두울 때 토벌함은, 어두운 때를 당하면, 갑자기 공격하지 말고 힘을 기른다는 것을 말하니, 이 또한 '3번[三就]'의 뜻과 부합한다.)

요배중姚配中은 말한다. 93효가 움직여 자리를 잃었으니, 정벌하면 흉하다. (93효는) 강剛이나 중中이 아니니, 올바름을 지켜도 위태로울 것이다.

리스전李士鉁은 말한다. 62효가 중中을 얻었으니 개혁할 수 있다. 93효는 중中이 아니니 개혁할 수 없다. 개혁해야 하는 일을 맡지 않았는데 개혁해야 하는 때를 당했다면, 모름지기 상의하고 뜻을 헤아려 상하가 서로 믿음이 있으면 비로소 개혁할 수 있을 것이다. 초야의 영웅이 망령되이 생각하여 명命을 바꾸고, 덕과 힘을 헤아리지 않으면, 단숨에 멸망하게 되니, 따라서 왕상王商(?-전12)은 한漢 고조高祖(劉邦)에게 귀순하였고, 두융竇融(전15-후66)은 광무光武제에게 몸을 의탁했으니, 이로써 항우項羽와 외효隗囂(광무제光武帝 저항 세력 중 하나) 등을 어떻게 보아야할 것인가?

마치창馬其昶은 말한다. 효(중中)에서 오직 62, 95효만이 개혁을 감당할 수 있다. 초9효는 개혁

517頁.

34) '三分天下有其二, 以服事殷. 周之德, 其可謂至德也已矣.' 『論語譯注』 「泰伯」篇第八(8:20), 楊伯峻譯注, 상동, 84頁 참조.

35) '父作之, 子述之.' 『中庸今註今譯』18章, 宋天正註譯, 상동, 28頁.

36) '遵養時晦.' 『詩經譯注』, 「周頌」, 「閔予小子之什」, 「酌」, 袁梅著, 상동, 999頁.

37) '耆昧', 『左傳全譯』宣公12年, 王守謙 等譯注, 상동, 525頁.

할 수 없고, 93, 94효는 개혁할 수 있으나 개혁하지 않는다. 93효가 나아가니, 따라서 93효는 믿음을 갖고 있다고 한다. (93효에서) '또 어디로 갈 것인가![又何之矣]'는, '정벌하면 흉함[征凶]'을 해석한 것이다. 개혁[革]은 95효에 이르고 93효가 나아간다면, 93효의 시기[時]를 당해서는 아직 실행할 수 없다. 무릇 시작할 때 어려우면 반드시 재앙과 허물이 있으니, 따라서 (93효에서) '화禍를 시작하지 말라!'라고 한다.

구사효: 후회는 사라질 것이니, (임금이 평소에) 신뢰를 쌓았으니 명령을 고쳐도, (신민들이 믿으니,) 길할 것이다.

[九四, 悔亡, 有孚改命,38) 吉.]

상에서 말한다. (임금이) "명령을 고쳐서" "길한 것"은, (백성들이 임금을) 신임한 것이다.

[象曰: "改命"之"吉," 信志也.39)]

경남중耿南仲(11세기-1128)은 말한다. 물과 불이 서로 만나는 때에, 오행이 교대로 왕이 되니, 여기(94효)에 이르면 제도를 바꿀 수 있다. (하괘인) 이離는 불이고[火] (상괘인) 태兌는 쇠붙이[金]이니, 바로 여름과 가을이 교차할 때이다.

주진朱震은 말한다. (혁革괘 94효에서, 호체互體인) 손巽은 명령[命]이다.

진사원陳士元은 말한다. (94효에서) 명命은 천명天命이다. (호체互體인) 건乾은 하늘[天]이다.

유원劉沅은 말한다. 아직 개혁하지 않고 모의하는 것을 '언言'이라 하고, 이미 개혁하고 행하는 것을 '명命'이라 한다. (하괘인) 이離가 변하여 (상괘인) 태兌가 되니, 여름이 바뀌어 가을이 된다. 94효는 (임금의) '명령[命]'을 돕는 신하이다. '혁革'이라 말하지 않고 '개改'라고 말한 것은, 혁革은 단지 '옛 것[故]'을 버림이고, '개改'는 새롭다는 뜻을 함께 갖고 있기 때문이다. (94효에서) 뜻을 믿음은 곧 믿음이 있음이니, 개혁의 도道는 상하가 서로 믿는 것을 근본으로 한다. 94효의 뜻이 사람들 마음에 믿음을 주기에 충분하니, 따라서 명命을 바꿨으니 (94효는) 길하다.

마치창馬其和은 말한다. 94효가 움직이면 기제既濟괘가 되니, (94효에서는) 자신에게 있는 믿음은 변할 수 없기에, 구제[濟] 받음을 찾지 않는다. 94효는 변혁의 때에 있는데 아직 95효의 자리에 합당하지 않기에, 천명天命이 이미 바뀌었어도 여전히 개혁하지 않음이다. 따라서 상하가 모두 그 뜻을 믿기에, (94효에서) 개혁하면 당연히 그 회한이 사라진다. 94효에서 먼저 회한이 사라

---

38) 부孚는 믿음이다. 高亨, 410頁.
39) 志는 마땅히 之이다. 高亨, 상동.

짐을 말하고 후에 '명名을 고침[改名]'이라 말하며, 혁명革命이라 말하지 않은 것이니, 이것은 문왕
文王이 스스로 처신한 것이다. 『시詩』에서, "주周나라가 비록 오래된 나라이나 그 명命은 새롭다."
라고40) 했으니, '(천天)명命이 바뀌었음[改命]'을 말한 것이다.

• **나의 견해:** 변혁을 하고 후회하는 것은, 진실로 변혁하지 않음만 못하다. (94효는) 나아가면
곧 회한을 없앨 수 있으나, 여전히 경솔하게 개혁을 말하지 않는다. 그러나 인사人事는 비록 급하
게 바꾸지 않았으나, 천명天命은 이미 새롭게 되었다. 문왕文王은 혁명革命한 것이 아닌데, 그의
뜻은 이미 하늘과 사람들에게 믿음이 있었다. 주周나라는 지극한 덕을 지녔으니, 길함이 이보다
더 클 수 없다.

> **구오효**九五: 대인大人(의 무늬)가 호랑이 얼룩무늬(처럼 확 들어나니,) 점쳐보지 않아도 신의가 있다.
> [九五, 大人虎變, 未占有孚.41)]
> **상에서 말한다.** "대인(의 무늬)가 호랑이 얼룩무늬 같음"은, 무늬가 뚜렷이 빛남이다.
> [象曰: "大人虎變," 其文炳也.42)]

마융馬融은 말한다. (95효는) 호랑이 얼룩무늬 같은 위의威儀와 덕이 있고, 만리萬里에 교섭하
니, (사람들이) 앙망仰望하고 믿는다.

송충宋衷(?-219)은 말한다. 95효는 양陽으로 중中에 있으니, '대인大人'이라 말한다.

공영달孔穎達은 말한다. (95효는) 중中에 있고 높은데 있으니, 개혁의 주인이 된다. (95효는) 이
전 왕들의 손익을 따지고 제도를 만들고 법을 세우니, 호랑이 무늬와 비슷하여 그 문채가 화려하
고 아름답다. 이는, 탕湯왕과 무武왕의 혁명이 하늘을 따르고 사람에게 응한 것이니, 애써 점치지
않아도 해결되고, 믿음과 덕이 저절로 드러난다.

유목劉牧(1011-1064)은 말한다. (95효에서) 무력의 위의威儀가 펼쳐지고 문덕文德이 드러난다.
(95효는) 올바름으로 크게 형통하니, 점占에 의지하지 않아도 믿음이 있다.

(장재의)『횡거역설橫渠易說』에서 말한다. 호랑이 무늬는 무늬 중에서 큰 것이니, 따라서 명明
이라 한다. 표범 무늬는 무늬 중에 작은 것이니, '무늬가 아르답다[蔚]'고 한다.

----

40) '周雖舊邦, 其命維新.'『詩經譯注』,「大雅」,「文王之什」,「文王」, 袁梅著, 상동, 709頁.
41) 변變은 辨의 가차이니 반문辨文(얼룩무늬)이다. 孚는 믿음이다. 高亨, 411頁.
42) 병炳은 빛남이다. 高亨, 상동.

(주희의) 『주역본의周易本義』에서 말한다. 변變은 가죽에 [털이] 드물어져 털갈이하는 것이다. (95효는) 대인에게는 스스로 새롭게 하고 백성을 새롭게 하는 정점이요, 하늘에 순응하고 사람에 응하는 때이다.

호병문胡炳文(1250-1333)은 말한다. 중하仲夏에는 털이 드물어 바뀌고, 중추仲秋에는 털이 빠지고 다시 난다. (혁革)괘의 체體는 (하괘인) 이離 여름인데, 바뀌어 (상괘인) 태兌 가을이 된다. 따라서 이러한 상이 있다.

포빈包彬(18세기, 청淸나라 학자)은 말한다. (공영달孔穎達의) 소疏에서, '무늬가 번쩍이다其文彪炳'라고[43] 한 것은, 사람들이 호랑이 무늬를 무력의 위세로 잘못 생각할까 걱정해서 이다. 그러나 바탕이 변하면 무늬가 되니, 주周왕실이 숭상한 것 또한 여기(95효)에서도 볼 수 있다.

유원劉沅은 말한다. (95효는) 높은데 있는데, 호체互體인 건乾은, 양강陽剛이고 중정中正하여, 따라서 대인大人이라 칭한다. (상괘인) 태兌는 방위에서 서쪽이 되니 호랑이가 된다. (95효는) 계절로는 가을이니, 새와 짐승이 털갈이를 하여 변한다. 95효는 재능, 덕, 자리가 모두 완전하여, 개혁의 때를 당해 개혁하는 일을 한다. 요堯, 순舜, 탕湯, 무武 외에도, 개혁한 일들이 있으나 개혁할 수 있는 덕이 없으면, 감당하기에 부족하였다. (95효는) 이離에 응하였기에, 따라서 '문채가 남[文]'이라 말한 것이다. 인사人事로써 말하면, (95효는) 예악禮樂을 바꿨으니, 천하의 이목을 새롭게 한 것이고, 그 중정中正함을 잃지 않았으니, 마치 호랑이 무늬처럼 분명하고 뚜렷하다.

리스전李士鉁은 말한다. 호체互體인 건乾은 호랑이가 되고, 아래에서 (호체互體인) 손巽 바람을 타니, (95효는) 바람이 호랑이를 따르는 상이다. 이것은 집[家]이 변하여 나라[國]가 되고, 제후가 바뀌어서 왕이 되는 상이다. 호랑이가 변하면 그 무늬가 환하게 새롭게 된다. 그러나 털이 변하면 모양이 달라지는데, 실제로 변하기 전에도 그 바탕이 일찍이 여러 짐승들을 두렵게 하여 복종시켰을 것이다. 대인大人이 왕조를 세우면, 천하의 이목이 일신되는데, 실제는 왕조를 세우기 전에도, 그 덕이 일찍이 천하의 우러름[望]을 묶어 둘 수 있었다. 점을 치기 전에, 믿음이 있게 할 수 있으면, 점을 친 후에는 개혁할 수 있을 것이다.

마치창馬其昶은 말한다. 62, 95효는 합당한 자리에서 바르게 응하니, 이는 개혁의 일을 맡는 것이다. 62효에서 '기일己日'을 말하고, 95효에서 '믿음이 있음有孚'을 말한 것은, 서로 갖추어져 무늬를 이룬 것이다. (호체互體인) 건乾은 대군大君이 된다. 93효에서 95효에 이르기까지 세 번 '믿음

---

43) 혁革괘 九五효의 疏: '其文彪炳.' 『周易正義』(十三經注疏 整理本), 王弼注, 孔穎達疏, 一冊, 李學勤主編, 北京: 北京大學出版社, 1999, 240頁.

이 있음[有孚]'을 말하여 건도乾道가 이루어졌으니, 이른바 '변명을 바꾸니, 3번 심문함[革言三就]', '기己날에 개혁함[己日乃革]'이다. 하늘과 사람들이 귀의하니 자연스러운 효과가 있다. 복卜점과 서筮점의 상서로운 말에 가탁하지 않았으니, 따라서 (95효에서) '아직 점치지 않아도 믿음이 있다[未占有孚].'라고 한다. (95효에서) 성인이 개혁을 거듭 말한 것이 이와 같다.

● **나의 견해(1)**: 개혁의 도는 겨우 회한이 사라지는 것에 그치지 않으니, 반드시 믿음이 있은 후에 개혁할 수 있다. 천하에 큰 믿음을 펼치니, 사람들은 '아, 왕의 군대가 찬란하다!'고[44] 여기고, 무공을 떨치고 빛내니, 천하의 위엄은 무기의 날카로움으로 하는 것이 아니라는 것을 전혀 모르는 것이다. 먼 곳의 사람이 복종하지 않으면 문덕文德을 닦아서 오게 한다. 대인이 나는 용으로 하늘에 있으며, 변하여 문채가 빛나니, 곧 '무기를 거두는 것[止戈]'이, 무武의 뜻이 된다. 이것이 초楚장왕莊王이, '무력은 나의 공이 아니다.'라고[45] 하며, 무왕武王이 칠덕七德을 가진 것을 찬미한 이유이다.

● **나의 견해(2)**: 점을 쳐서 의심스러운 것을 해결하니, 의심이 없다면 점이 무슨 소용인가? '무왕武王은 역시 한번 분노하여 천하의 백성을 편안하게 했다.'[46] (무武왕은) 상商나라 주紂왕의 추악한 명성이 널리 퍼진 세상을 변화시켜서, 문채가 찬란한 천하를 이루었으니, (무武왕은) 태양과 더불어 광명을 다툴 만하다.

> **상육효**: 군자(의 무늬)가 표범의 얼룩무늬같이 (밖으로 드러나는데,) 소인들은 가죽처럼 두꺼운 얼굴을 고치니, (나라는 다스려질 것이다.) 정벌하면 흉함은 (정의롭지 않아서 이고,) 정의롭게 하면 길하다.
> [上六: 君子豹變, 小人革面. 征凶, 居貞吉.[47]]
>
> **상에서 말한다.** "군자(의 무늬)가 표범의 얼룩무늬와 같음"은, 그 무늬가 맑고 분명함이다. "소인들이 가죽처럼 두꺼운 얼굴을 고침"은, 순종하여 임금을 따름이다.
> [象曰: "君子豹變," 其文蔚也.[48] "小人革面," 順以從君也.]

---

44) '於, 鑠王師!'『詩經譯注』.「周頌」,「閔予小子之什」,「酌」, 袁梅 著, 상동, 999頁.

45) '武非吾功.'『左傳全譯』宣公十二年, 王守謙 等譯注, 상동, 550頁.

46) '武王亦一怒而安天下之民.'『孟子譯注』,「梁惠王下」篇(2:3), 楊伯峻譯注, 상동, 30頁.

47) 변變은 반辯의 가차이니, 얼룩무늬[辯文]이다. 혁革은 고침[改]이니; 革面은 얼굴이 가죽처럼 두꺼워서, 수치를 모름이다. 貞은 正이다. 高亨, 411頁.

48) 울蔚은 비斐의 가차이니, 무늬가 맑고 분명함이다. 高亨, 412頁.

왕충王充은 말한다. (상6효에서) 그 무늬가 빛나고 아름다우니, 이것은 대인大人인 군자가 문채文彩로 지조를 삼는 것을 말한다.

공영달孔穎達은 말한다. (상6효에서) 개혁의 도가 이미 이루어져 군자가 이에 처한다. 대업[鴻業]을 꾸밈이, 마치 표범의 얼룩무늬가 아름다운 것과 같다.

풍당가馮當可(馮京, 1021-1094)는 말한다. (상6효에서) 소가죽은 그 견고함을 취한 것이다. 호랑이와 표범의 가죽은 그 무늬를 취한 것이다.

항안세項安世(1129-1208)는 말한다. 상6효에는 개혁의 효과가 있으니, 군자와 소인은 신하와 백성으로 말한 것이다. 면面은 '방향[向]'이다. 예전에 면面은 모두 방향[向]을 말하였다.

왕종전王宗傳(12세기, 남송南宋 역학자)은 말한다. (상6효에서) 개혁의 도가 크게 이루어져, 군자의 공업功業이 드러나 보이고, 소인들은 잔학함을 버리고 인仁으로 돌아온다. 천하의 폐단은, 처음에는 개혁하지 못할까 근심하고, 이미 개혁하면 지키지 못할까 또 근심한다. 상6효에서 '정의롭게 있으면 길함[居貞吉]'은, 음陰으로 조용하게 끝내는 것이다.

공환龔煥(13세기, 원元나라 학자)은 말한다. 93효가 정벌하면 흉함은, 그것이 망령되이 움직이는 것을 경계한 것이다. 상6효가 정벌하면 흉함은, 이미 개혁한 것을 다시 변혁할 수 없음을 이른다. 마땅히 변혁해야 하는데 아직 변혁하지 않아서 올바름을 지키고 위태롭게 여겨야 하며, 이미 개혁한 것을 마땅히 지키고 있으니 올바름에 처하여 길하다. 93효의 개혁의 도道는 아직 이루어지지 않았고, 상육효의 개혁의 도道는 이미 이루어졌다.

유원劉沅은 말한다. 표범은 호랑이 부류인데 크기가 작다. (상괘인) 태兌는 입이고 (호체互體인) 건乾은 머리[首]이니 얼굴[面]을 상징한다. 군자는 덕이 있는 공신功臣이고, 용을 따르는 선비이다. 개혁의 도가 이미 이루어지면 귀화된 백성이 마음과 생각을 씻어내니, 표범이 변해 무늬를 바꾸는 상이 된다. (상6효는) 오직 천하와 더불어 서로 일없음에 편안하여, 길하다. 변하는 것은 시기[時]이고, 불변하는 것은 도道이다. 개혁이 '이름[名]'을 얻는 것은, 그것이 도道를 혼란시키기 때문이다. 일단 개혁해서 도道로 돌아가면, 오직 올바름으로만 처한다. 성인이 개혁하면 성인은 한 결 같이 지킨다. '문채가 빛남[文蔚]'은, 군주를 보좌하여 다스림을 이르게 하여, 공훈과 명망이 함께 융성한 것이다. (상6효에서) '순종하여 임금을 따름[順以從君]'은, '가죽처럼 두꺼운 얼굴을 고침[革面]'으로써 마음에서 기뻐하며 진심으로 복종하는 것이지, (상6효는) 겉으로만 따르는 것이 아니라는 것을 말한 것이다.

또 (유원은) 말한다. 여섯 효들은 다만 인사人事를 말한 것이다. 만약 그 덕이 자리[位]와 시기[時]와 함께 하지 않으면, 같이 개혁을 말하기 어렵다. 아래의 3효는 개혁을 모의한다. 초9효는 아직 개혁할 수 없고, 62효는 개혁을 허락하고, 93효는 변혁에 신중하니, 모두 개혁의 근본이 된다. 위의 3효는 개혁을 아름답게 한다. 94효는 덕이 있어 개혁을 돕고, 95효는 성대함이 지극하여 개혁의 주체가 되고, 상6효는 이미 변혁하여 공이 이루어진다. 그러나 믿음이 있어 올바름에 처하는 것에 (혁革괘 여섯 효가) 똑같이 귀의하니, 개혁의 도를 알 수 있을 것이다. 음양의 2기는 오행五行에서 드러나니, 상생 상극하며 순환하기에, 곧 개혁하게 된다. 개혁하니 생겨날 수 있고 생겨난 것은 개혁하지 않을 수 없다. 물과 불은 서로 억제하면서도 서로 쓰임이 되는데, 오행이 모두 그렇다. 천지도 이와 같으니 따라서 (혁革괘 단象象전에서) '개혁의 시기가 크다[革之時大].'라고 말한다.

리스전李士鉁은 말한다. 표범의 성향은 숨기를 좋아한다. 군자는 난세에 처하여 표범처럼 깊은 산에 숨는다. 왕조가 바뀐 후에는 나아가 새로운 군주를 만나는데, 비록 자리[位]가 없더라도 덕업과 문장으로 세상에 드러난다. 소인 같은 경우는 얼굴색을 바꾸고 쉽게 방향을 돌려 새 군주의 명命을 따른다. (혁革괘에서) 하괘[離]는 변혁의 주체이고 상괘[兌]는 변혁을 받는 것이다. 따라서 하괘의 3효에서 개혁[革]을 말하고, 상괘의 3효에서는 개변改變을 말한다.

송서승宋書升(1842-1915)은 말한다. 상6효에서 '정의롭게 있으면 길함[居貞吉]'은, 왕이 공功을 이루면 음악을 만든다는 것이다. 탕湯임금의 음악은 대호大濩이다. 호濩의 뜻은 보호함[護]이고, 또한 베풂[布]이니, 두루 편안하게 하는 것이다. 무왕武王의 음악은 대무大武라고 한다. 『좌씨전左傳』에서 설명하기를, '무武는 폭력을 금하고, 전쟁을 끝내고, 천하를 보유하고, 공적功績을 고정하고, 백성을 편안하게 하고, 대중을 화합시키고, 재물을 풍족하게 함이다.'라고[49] 말했다. (상6효에서) 일단 개혁하면 공은 세워지니, 백성을 편안하게 하는 것이 주요 임무가 된다. 이것이 모두 혁革괘의 끝에서, '정의롭게 있음[居貞]'의 큰 뜻을 말한 것이다.

마치창馬其昶은 말한다. 백호白虎는 서쪽의 별자리이다. (호체互體인) 건乾과 (상괘인) 태兌는 모두 서쪽의 괘이다. 건乾은 양陽이니 호랑이이고, 태兌는 음陰이니 표범이다.

● **나의 견해**: 개혁은 정당한 것에서 뜻을 취한다. 천심天心을 바르게 따르고 인심人心에 합당해야 개혁을 말할 수 있다. 성인은 혁명을 통해 백성을 구하는 것이다. 부정하고 부당한 명을 개혁하여, 지극히 올바르고 지극히 마땅한 것에 명命이 돌아가도록 하여, 조용히 천시天時와 인사人事

---

49) '夫武, 禁暴, 戢兵, 保大, 定功, 安民, 和衆, 豊財者也.', 『左傳全譯』宣公十二年, 王守謙 等譯注, 상동, 550頁.

의 증표를 잡는 것이다. 일을 비록 개혁했다고 하지만, 가는 곳마다 천심天心에 순응하여 인심人心에 응하지 않은 것이 없으니, 실제에 따른 것[因]이지, 만들어 낸 것이 아니다. 탕湯왕과 무武왕으로 예를 들면, 어찌 모든 것을 거꾸러뜨리고, 스스로 사사로이 이익을 취했다고 하면, 탕湯왕과 무武왕을 빙자하는 자가, 몰래 (탕湯왕, 무武왕과) 유사類似해질 수 있겠는가? 흙土은 사계절의 가운데에 있으며, 오행五行의 쓰임을 이룰 수 있으니, 마치 믿음이 오륜五倫[五常]의 주가 되어, 만민의 마음에 믿음이 있게 할 수 있는 것과 같다. 믿음이 있으면 문채가 나고 빛나며, 믿음이 없으면 어두우니, 초목이 무성하고 짐승이 날뛰는 야만의 상태와 서로 같다. 유원劉沅과 리스전李士鉁이 논한 것이, 모두 투철하고 정밀하며 잘 설명돼 있으니, 혁명가의 주요 뜻이 된다. 개혁의 도를 드러내서 말하는 이는, (이점을) 잘 살피지 않을 수 없다. (혁革)괘의 상이 안으로 이離 밝음을 비추는데, 개혁을 다하지 않는 것은, 천명이 아직 바뀌지 않아서이다. (혁革괘에서) 외괘 태兌는 기쁨이니 인심이 따르면 천심이 따른다. 천명이 이미 바뀌었으니 개혁하면 길하다. 효가 그 뜻을 밝히니, 초9효에서는 개혁할 수 없으면 개혁하지 않고, 62효에서는 개혁할 만하면 개혁하고, 93효에서는 개혁 자체의 도가 있으니 반드시 더디고 신중해야 한다고 말한다. 이윤伊尹이 탕湯왕을 도울 때 하夏나라 명命을 아직 바꾸기 전에, 95효는 탕湯왕에게 나아가고, 95효는 걸桀왕에게 나아갔으니, 곧 이 (95)효의 뜻이다. 94효에서 개혁하여 명命을 바꾸는 것은, 뜻의 신뢰에 달려있기에, 곧 '믿음이 있음有孚'이다. 95효에서는 개혁하려면 믿음이 있어야 한다고 말하고, 상6효에서는 개혁하면 올바름에 처할 수 있어야 한다고 말한다. (혁革괘에서) 아직 개혁하지 않았을 때에는, 반드시 먼저 믿음이 있어야 한다. 이미 개혁했음에 이르러서는 또한 마땅히 올바름에 처해야 한다. 무왕武王이 한번 분노함에 백성들이 편안했다. (혁革괘에서) 추악한 명성이 널리 퍼진 세상을 바꾸어, 문채가 빛나는 천하를 이룬 것이다. 주공周公이 예악禮樂을 제정하여 문채가 아름답게 빛나고 이목이 일신됐다. 성왕成王에 이르러서는 올바름에 처하는 길함을 얻었으니, 천하가 일없음에서 서로 편안했다. 한漢 고조高祖가 명을 바꿔 천하를 취하니, (한漢의) 문제文帝는 이룬 것을 지켜서, 올바름에 처하여 물자가 풍부해지고 백성이 많은 길함을 누렸다. 『역易』(혁革괘)의 뜻이 모두 갖추어졌으니, 백 세대가 지나도 알 수 있을 것이다.

50. 정鼎괘 ䷱

정鼎괘: 크게 길하니, 순통順通하다.
[鼎, 元吉, 亨.1)]

　(부항傅恒 등의)『주역술의周易述義』에서 말한다. "(정鼎괘에는) 통치자[長人]의 큰 덕이 있으므로 …, 신神이 사람들의 귀부歸附함을 도우니, 따라서 (정鼎괘는) 길하다. (정鼎괘의) 체體는 이離 밝음[明]이니 …, 아래의 사정으로 하여금 위에 도달하게 하고, 또한 중허中虛하여 현인賢人에게 맡기어서 양육함을 받는 공功을 이루게 한다면, 큰 도道가 천하에 형통하게 되어, 솥[鼎]의 쓰임이 이에 온전하게 된다. 우물[井]은 물의 이로움을 넓고 크게 하며, 솥[鼎]은 불의 공효[功]를 이루어주는 것이다."2)

　유원劉沅(1767-1855)은 말한다. (정鼎)괘에는 솥의 상象이 있으니, 초6효는 발[足]이 되며, 92, 93, 94효는 배[腹]가 되고, 65효는 귀[耳]가 되고, 상9효는 솥귀거리[鉉]가 된다. 「서괘序卦」전에서, '사물을 개조하는 데는 솥만 한 것이 없으니, 따라서 솥[鼎]괘로 이것을 받았다.'라고3) 한다. 비린 내[腥]를 변하게 하여 익히고, 딱딱한 것을 바꾸어 부드럽게 하니, 물과 불이 함께 있고, 서로 쓰임이 되며, 서로 해치지 않게 되니, 사물을 개조할 수 있다.

　리스전李士鈐(1851-1926)은 말한다.『역易』에서 정井과 정鼎 2괘만은 사물로써 괘를 이름 지었다. 천지天地의 도道에서 물과 불보다 큰 것은 없고; 사람을 살리는 도리에는 음식보다 중한 것은 없다. 기물器物을 만드는 데는 상象을 높이는데, 이것들이 아마도 제일 먼저이다. 우물은 매일 취하나 고갈되지 않고, 솥은 매일 쓰나 늘 새로우니, 성인이 그것들을 취한 것이다. (정鼎)괘 가운데

---

1) 정鼎은 괘명인데, 음식을 삶는 그릇이다. 元은 큼이다. 형亨은 통通이다. 高亨, 413頁.
2) '鼎괘: 有長人之元德, … 神佑人歸, 故吉也. 體離之明以周知民. 隱使巽伏於下者情皆得以上達. 又虛中任賢, 以成致養之攻, 則元道亨於天下, 而鼎之用乃全矣. 井以普水之利, 鼎以成火之功.',『御纂周易述義』卷四, 鼎卦, 淸 傅恒 等撰, 電子版 文淵閣四庫全書, 上海人民出版社, 1999 참조.
3) '革物者莫若鼎, 故受之以鼎.'「序卦」傳, 高亨, 650頁.

는 (호체互體인) 건乾 몸[體]이 있고, 65효는 곤도坤道로써 큼[元]을 고정시켰으니, 따라서 (정鼎괘는) 크며[元]; 제조하여 씀으로 사람들을 기르니, 따라서 (정鼎괘는) 길하다. 솥은 사물을 변하게 하는 기물이다. 물과 불은 변화하지 않으면 음식을 이룰 수 없고; 음양이 변화하지 않으면 사물을 낳게 할 수 없고; 학문이 변화하지 않으면 도道를 만들어낼 수 없으며; 정사政事가 변화하지 않으면 백성들을 이롭게 할 수 없다. 『역易』(정鼎괘)은 변하면 통하게 되니, 따라서 (정鼎괘는) 형통하다.

단전에서 말한다. 정鼎괘는 나무가 불속에 들어가는 형상이니, (음식을) 끊이고 삶는 것이다. 성인은 (음식을) 삶아서 하느님[上帝]를 대접하고, 크게 삶아서 성현들을 양육한다. (사람이) 겸손하고 눈과 귀가 밝으며, (초6효의) 부드러움[柔]이 나아가 올라가서 (65효가) 되어, (65효가) 중위中位를 얻고 (아래 92효의) 강건함에 대응하니, 이 때문에, (정鼎괘는) "크게 길하여, 형통함"이다.

[彖曰: 「鼎」象也以木巽火, 亨飪也.4) 聖人亨以享上帝, 而大亨以養聖賢. 巽而耳目聰明, 柔進而上行, 得中而應乎剛, 是以"元亨".5)]

(허신許愼의)『설문해자說文解字』에서 말한다. '솥에는 발이 셋, 귀가 둘이 있는데, 오미五味를 조화시키는 보배로운 기물器物이다. … 『역易』의 (정鼎)괘에서는, 손巽 나무가 불[火] 아래에 있는 것이 솥[鼎]이 되니, 나무를 빼개서 불을 피우는 상이다.'6)

정현鄭玄(127-200)은 말한다. 정鼎괘에는 나무와 불의 쓰임이 있는데, 호체互體인 건乾 쇠붙이[金]와 태兌 못[澤]에서, 못이 쇠붙이를 한데 모이게 하니 물을 함유하고, 나무와 불로 밥을 짓는다. 솥은 (먹을 것) 삶고 익혀서 사람들을 양육하고, 성군聖君은 인의仁義의 도道를 일으켜서 천하를 가르침과 같으니, 따라서 솥이라 말한 것이다.

하타何妥(6세기 말기末期, 수隨나라 음악가 및 철학자)는 말한다. 옛날에 (솥은) 쇠붙이를 녹여서 기물을 만들어서, (그것을) 종묘에 올리고, 다음으로 성현들을 양육한다. 천자天子는 천하를

---

4) 정鼎(솥)은 팽임烹飪(음식을 끊이고 삶다)하는 도구이다. 巽은 入이다. 내괘 巽이니 木이고, 외괘가 離이니, 불이다. 정鼎괘는, 나무가 불 속에 있는 형세, 즉 '木入火'이니, 음식을 삼고 끊이는 형국이다. 高亨, 413, 414頁.

5) '元亨'에서 元 아래에 마땅히 吉자가 있어야 하는데, 빠졌으니, '元吉, 亨'이다. 亨은 通이다. 巽은 겸손이고, 離는 聰明이니, 괘상이 겸손하고 耳目은 聰明한 것이다. 초6효가 상승하여 65효가 되었으니, '柔進而上行'이다. 65효는 中位이니 '柔得中'이다. 65효가 92효에 응하니 '有應乎剛'이다. 高亨, 상동.

6) '鼎, 三足兩耳, 和五味之寶器也. …『易』卦: 巽木於火下者爲鼎, 象析木以炊也.', 『說文解字』, 鼎部, 東漢 許愼著, 中冊, 상동, 560頁.

솥으로 여겼고, 제후諸侯들은 나라를 솥으로 여겼다. (솥에서) 변하기에 따라서 새로운 것이 되니, (솥은) 더욱 도리[理]에 합당해야하기에, 따라서 (솥은) 먼저 크게 길해야, 나중에 형통하게 된다.

주진朱震(1072-1138)은 말한다. 성인은 자신을 낮추어 아랫사람들에게 공손하고, 천하의 귀[耳]를 합쳐서 들으니, 따라서 그 귀가 잘 들리고; 천하의 눈을 합쳐서 보니, 따라서 그 눈이 밝다. (나의 견해: 순舜임금은 밝았으니 눈이 넷이고, 네 개의 귀 밝음에 달했는데, 이는 천하의 귀와 눈을 함께 쓸 수 있는 일이다.)

항안세項安世(1129-1208)는 말한다. (정鼎괘 단彖전에서) 대大는 넓고[廣], 많음[多]이다.

조여매趙汝楳(13세기, 남송南宋 역학자)는 말한다. (정鼎괘에서 하괘인) 손巽이 주인[主]이 되니, 그런 후에 이離 밝음의 덕을 이룰 수 있다.

내지덕來知德(1525-1604)은 말한다. (상괘인) 이離는 눈이 되고, 65효는 솥의 귀걸이[耳]가 된다.

왕부지王夫之(1619-1692)는 말한다. 성 밖[郊]에서 제사드림에 특히 소[牛]는, 접대의 예禮(에 쓰이는데,) 소, 양, 돼지가 갖추어지면, 따라서 '대大'라고 한다.

이광지李光地(1642-1718)는 말한다. 우물은 읍리邑里 사이에 있으니, 길러지는 것은 백성들이다. 솥[鼎]은 조정朝廷의 귀한 기물이니, 길러지는 이들은 현인들이다. 『역易』(정鼎괘)의 뜻이 '현인을 높임[尙賢]'에 이르면, 길吉함에 보탤 것이 없다.

혜동惠棟(1697-1758)은 말한다. '정鼎에서 상象을 말한 것'은, 왕보사王輔嗣(王弼)가 '혁革괘가 일단 변하면 기물을 만들고 법을 세워서 (나라를) 이룬다.'라고 말했다. 옛날 육관六官[六卿의 관직]의[7] 법法은, 모두 상象이라 말했다. 『춘추좌전春秋左傳』에서, '상위象魏'라고[8] 말하고, 『상서尙書』에서, '상형象刑'이라[9] 말했으니, 옛날 형서刑書에는 솥을 주조鑄造함에, 대개 솥을 주조할 때 사물을 새기어[象] 넣었으니, 따라서 '솥에 새김[鼎象]'이라 말하였다.

유원劉沅은 말한다. 『역易』의 괘는 모두 상象이 (있으니), 여기서 그것을 해석하여, '상象은, 기상器象이 가장 비슷하여, 무릇 모양[形]이 비슷하면 유추할 수 있을 것이다.'라고 말한다. (정鼎의) 몸에는 스스로 발, 배, 귀, 귀걸이[鉉]의 상象을 갖추고 있기에, 상象으로 이름을 정했으니, 따라서 '정鼎은 상象이다[鼎象].'라고 말하는 것이다. (솥[鼎]은) 음식을 삼고 찌고 익히는데 쓰임이니, '손님들을 모시고 올리는 큰 제사[賓祭]'에서 중하게 되었기에, 제사에는 하느님[帝]에게 드리는 것보

---

7) 육관六官[六卿의 관직]은 天官冢宰, 地官司徒, 春官宗伯, 夏官司馬, 秋官司寇, 冬官司空을 말한다.

8) '象魏', 『春秋左傳』哀公三年, 『左傳全譯』, 王守謙 等譯注, 상동, 1498頁.

9) '象刑.' 『古今文尙書全譯』, 「益稷」, 江灝, 錢宗武譯注, 상동, 63頁.

다 큰 것은 없고, 손님으로 성현들보다 더 큰 것은 없다. '하느님에게 제사 드림[享帝]'에는 바탕[質]을 높이기에, 따라서 '통달함[亨]'을 말한 것이다. 성현은 풍부함을 귀하게 여기니, 따라서 '크게 형통함[大亨]'을 말한 것이다. 여기서는 '솥[鼎]의 쓰임이 크다.'라고 말한다. (하괘인) 손巽 이하에서 또한 그 뜻을 미루고 넓혀서 '크게 길하고 형통한 까닭[故]'을 밝히고 있다. (상괘인) 이離는 눈이 되고, 호체互體인 감坎은 귀가 되며, 눈과 귀는 총명聰明한 것이기에, 나무[巽]와 불[離]의 생기生氣가 이것들을 관통한다. 나무 손巽이 불타기에, 인심人心은 이것을 체득한다.

상전에서 말한다. 나무 위에 불이 있는 형세가 정鼎괘이다. 군자는 바른 자리에서 (임금의) 명령을 이룬다.

[象曰: 木上有火, "鼎." 君子以正位凝命.[10]]

방현령房玄齡(579-648)은 말한다. 솥[鼎]은 신묘한 기물[神器]이니, 지극히 큰 것이고 지극히 중한 것이다. '바른 자리에서 명령을 이룸[正位凝命]'이란 '그것이 중대하여 전이할 수 없음'을 법 받는 것이다.

이원량李元量(12세기, 남송南宋 학자)은 말한다. 나무 위에 불이 있으니, 솥이 아니고, 솥을 씀이다. 나무[두레박] 위에 물이 있으면, 우물이 아니고 우물의 효과[功]이다.

(주희의)『주역본의周易本義』에서 말한다. '응凝'은, '지극한 도道는 이루어지지 않음[至道不凝]'의 응凝과 같으니,『좌전左傳』에서 말하는 바, '상하가 화합하게 하여 상천上天의 보우保佑를 받게 됨'이다.[11]

왕신자王申子(13세기, 원元나라 역학자)는 말한다. 솥의 모양은 단정하고, 몸은 안정되고 무겁다. 군자는 그것의 단정한 모양을 취하여, 자기가 있는 자리를 바르게 하고, 오래되면 될수록 더욱 더 안정되게 한다. 그것[솥, 鼎]의 진중鎭重한 상을 취하여 그것이 받은 명命을 이루게 하니, 오래되면 될수록 더욱 더 고정되게 되기에, (솥, 鼎은) 자기의 연고緣故를 알게 될 것이다.

호병문胡炳文(1250-1333)은 말한다. 솥이란 기물은 바르게 된 연후에, 자기가 받은 실질[實]을 이룰 수 있고; 임금의 자리는 바르게 된 연후에, 자기가 받은 명命을 이룰 수 있다.

왕쉔汪烜(1878-1959)은 말한다. '바른 자리에서 명령을 이룸[正位凝命]'은 곧 (『상서尙書』의)「홍

---

10) 내괘가 巽이니 木이고, 외괘가 離니 불이다. 그러므로 나무 위에 불이 있기에, 솥에 불을 때는 모양이다. 凝은 成이다. 高亨, 415頁.

11) '用能協于上下, 以承天休.'『左傳全譯』宣公三年, 王守謙 等譯注, 상동, 495頁.

범洪範」편의 '(임금이) 군권君權의 중요한 법칙을 세우고, (다섯 가지) 복을 거둠'이고;12) '이목耳目이 총명함[耳目聰明]'은 곧 「홍범洪範」편의 '진지하게 다섯 가지 일을 함[敬用五事]'이다.

유원劉沅은 말한다. 나무는 불의 생명[命]이다. 불은 이離에서 왕 노릇하는데, (상괘인 이離는) 바른 자리[正位]이고 남쪽이니, 나무가 아니면 자기 빛을 발산할 수 없는데, 군자는 이를 법 받아서 '자리를 바르게 하고 명령을 주시注視한다[正位凝命].' 사람은 천지의 가운데[中]를 받아서 '사는 것[生]'이니, (이것이) 이른바 명命이다. (사람에게) 명命이 늘 이루어질 수 있는 것, '본성[性]'을 항상 보유할 수 있는 것은, '바른 자리[正位]'를 가졌음이다. 미발未發의 중中을 기르고, 천명天命의 도리를 안정시키고, 범사凡事를 미루어 보면, 모두 그러한 것이다. 임금이 신기神器를 중시하고 천명을 받드는 것 또한 일의 一義이니, 그 실제는 아니다. 그러나 자기의 '중요한 의리[大體]'를 기르고, 더욱이 '눈과 귀의 부류[小體]'를 기르기에 급급하다. 솥[鼎]의 뜻은, 그저 입[口體]만 기르는 것을 능력[能]으로 할 수는 없다. (정鼎의) 자리는 천인합일天人合一의 자리이니, 자기의 미발未發의 중中을 보존하여, 이에 자기 본연의 중中을 확충할 수 있다. '바른 자리에서 명령을 주시함[正位凝命]'은 이에 도道를 닦는 실공實功이 되고, '편안히 구휼救恤함[存養]'의 관건이 된다. 항안세項安世(1153-1208)는, '정신을 존양存養하고[存神] 휴식하며, 사람이 수명壽命을 이룰 수 있고; 중심中心은 무위無爲하게 하며, 지정至正함을 지킬 수 있으면, 임금은 천명天命을 이룰 수 있는 것이다.'라고 말했다. (그는) 아마도 또한 이것을 보고 (그것에) 미친 것이다.

짱홍즈張洪之(1881-1969)는 말한다. 솥의 상은, 아래의 기둥은 발과 비슷하고, 가운데 실한 것은 배와 비슷하고, 위에서 마주한 것은 귀와 비슷하고, 가로로 뻗친 것은 귀고리[鉉]와 비슷하다. (정鼎괘에서 호체互體인) 건乾 쇠붙이가 가마[釜]가 되고, (하괘의) 손巽은 명命이 되며, 건乾의 95효는 나서면 자리가 바름[正]을 얻는다. 천하의 큰 보배[솥, 鼎]는, '반드시 지덕至德해야 자리[位]가 천명天命에 응하여 비로소 거처할 수 있다.'라고 말한다. 그러나 하늘은 믿기 어려우며, 천명[命]은 무상한데, 그 덕이 고정 불변하여[常] 그 자리를 보유한 것, 이것은 바름[正]으로 응결凝結된 것이다.

• **나의 견해(1)**: 솥은 옮겨놓을 수가 없으니, 고요함이 적절하고, 움직이는 것은 적절치 않다. 군자는 바른 자리로써 천명天命을 이루니, 덕에 있는 것이지 솥에 있는 것이 아니다.

• **나의 견해(2)**: (임금은) '오직 법칙을 세움으로 복福을 거둘 수 있음[惟建極乃能斂福]'이니, 오

---

12) '皇建其有極, 斂時五福.' 『今古文尙書全譯』, 江灝, 錢宗武譯注, 상동, 237頁.

직 바른 자리[正位]가 천명[命]을 이룰 수 있다. (정鼎괘에서) 복이 모이니, 곧 명命이 돌아오게 된다. 그러므로 『상서尙書』에서, '(임금이) 단결하고 (신민臣民이) 법칙을 가지면, 신민들이 임금에 귀부歸附한다.'라고13) 말하였으니, '공통으로 의귀依歸하는 최고준칙[會歸]'의 효과는, 모두 법칙을 세움에서 말미암아 오는 것이기에, (정鼎괘에서) 이것이 이른바 '바른 자리[正位]'이다.

● **나의 견해(3):** 왕의 마음은 천지의 가운데[中]와 합하는데, 이것이 '바른 자리[正位]'이다. 자리가 가운데[中]에서 바르면, 천명天命은 이에 모여서 그 (임금)을 받든다.

● **나의 견해(4):** 순舜임금은 무위無爲하며 다스리고, 자기를 공근恭謹하게 다스려서 남면南面하였으니, 이는 바른 자리에서 천명[命]을 이룬 성인이다. 진시황秦始皇과 한무제漢武帝는 중심中心에서 유위有爲했으니, 사치를 끝까지 하고 욕심이 극에 달해서, 마음은 자기의 바름을 얻지 못했으니, 천명[命]을 이룰 수 없었다.

● **나의 견해(5):** 『대학大學』에서, '천명은 항상 있는 것이 아니다.'라고14) 말하니, 도道가 선善하면 천명을 얻고, 불선하면 그것을 잃는다. 『중용中庸』에서, '그러므로 대덕大德을 가진 자는 반드시 천명天命을 받는다.'라고15) 말했다. (이것들은) 모두 증명할 수 있다.

> **초육효:** 솥의 발이 넘어지니, (입이 아래로 되어,) 오물들이 쏟아져 나오기에 이롭고, 첩과 그 자식들을 얻게 될 것이며, 허물은 없을 것이다.
> [初六, 鼎顚趾, 利出否. 得妾以其子,16) 无咎.]
> **상에서 말한다.** "솥에서 오물을 청소해냄"은, (도리에) 어긋나지 않는다. "악인을 쫓아냄이 이로움"은, 귀인들(의 의견)을 따른 것이기 때문이다.
> [象曰: "鼎顚趾," 未悖也. "利出否," 以從貴也.17)]

정현鄭玄은 말한다. 전顚은 '앞으로 넘어짐[北踣]이다. (하괘인) 손巽은 넓적다리[股]가 되니, 초6효가 넓적다리 아래에 있기에, 발의 상이다. 제후의 딸로 (행실이) 나쁜데, 천자에게 시집을 가면, 비록 예禮를 어겼어도, 내쫓을 방도가 없으니, 그를 폐廢하고 멀리할 뿐이다. 만약 그가 자식이 없

---

13) '會其有極, 歸其有極.' 『今古文尙書全譯』, 「洪範」, 江灝, 錢宗武譯注, 상동, 238頁.

14) '惟命不于常.' 『大學今註今譯』10章, 宋天正註譯, 상동, 29頁.

15) '故大德者必受命.' 『中庸今註今譯』17章, 宋天正註譯, 상동, 27頁.

16) 전顚은 넘어짐이다. 지趾는 발이다. 出은 낮게 보고 배척하여 내보냄이다. 비否는 악惡이다. 以는 與이다. 高亨, 415頁.

17) 패悖는 유謬(그릇됨)이다. 貴는 貴人이다. '鼎顚趾'는 솥 안의 汚物을 청소함이다. 高亨, 상동.

다면 그를 폐하여 멀리 보낼 수는 없고, 나중에도 옛날처럼 높여준다. 첩이 순덕順德하고 자식이 반드시 현명하다면, 현명하게 보아 세자世子로 삼을 것이니, 또한 무슨 허물이 되겠는가?

육희성陸希聲(801-895)은 말한다. (초6효에서) 발[趾]은 마땅히 솥을 받들어야 하나, 넘어져 자빠짐은, 어그러짐이다. 이에 (나의 견해: 솥을 세척함이다.) 오물들을 내보내니, 따라서 (초6효는) 비록 넘어졌으나 아직 어그러짐은 아니다. (이것은) 첩은 당연히 귀하게 될 수는 없으나, 자식 때문에 귀함을 얻게 됨과 같다. 춘추春秋(시대)의 뜻은, 어미[母]는 자식 때문에 귀해 진다.

유원劉沅은 말한다. (하괘인) 손巽은 맏딸이나, 자리가 가장 낮으니, 첩의 상이다. 호체互體인 진震은 기물器物을 주관하니 맏아들이 된다.

요배중姚配中(1792-1844)은 말한다. 은殷나라는 사람을 기르는 도道를 잃었기에, 장차 중요한 기물器物을 지킬 수 없게 될 것이니, 주紂왕이 그러하였다. 제을帝乙왕으로 하여금 미자微子를 (왕으로) 세우려했으나, (그는) 은殷의 천하를 헤아릴 수 없었다. 문왕文王은, 이것으로 미자微子는 세워질 수 없을 것이니, (그는) 은殷나라 도道는 마침내 쇠할 것을 알았던 것인가? '오물을 세척해 냄이 이로움'은 첩의 자식을 내보내어 (세자世子로) 세워서 (왕위를) 이은 것이다. 아들이 아버지의 후사가 되어, 존자尊者와 한 몸이 되었으니, 따라서 '귀인들(의 의견)을 따른 것[以從貴]'이라 말한다.

정안丁晏(1794-1875)은 말한다. 첩이 본체[嫡]가 될 수 없는 것은, 명분이 지엄至嚴해서 이다. 어미는 자식 때문에 귀하게 됨은 이른바 '귀인들(의 의견)을 따름[從貴]'이다. 『의례儀禮』, 「상복喪服」편에서, '(시집올 때 따라온 첩인) 귀첩貴妾이 있다. (공자의 제자 자하子夏가 지은) 전傳의 문장[文]에서 말한다. 왜 (사士는) 아버지의 첩을 위해 시마緦麻의 복服을 입어야 하는가? 그녀가 귀하기 때문이다.'라고[18] 하니, 곧 『역易』(정鼎괘 초9효의) 상象전에서 '귀인들(의 의견)을 따름[從貴]'의 뜻이다.

정고鄭杲(1544-1603)는 말한다. 아들을 얻으려고 첩을 얻는데, 첩의 아들이 비록 임금이 되어도, 첩인 어미는 오히려 부인夫人으로 불릴 수 없는 것이, 주周나라의 예법이다. 춘추시대에 임금이, 제왕帝王의 조종祖宗이 규정한 이런 제도를 어기면, 공자는 휘諱하여 이 구절을 말 안했는데, 후세의 유신儒臣들이 말했을 것이다.

리스전李士鉁은 말한다. 초6효는 솥 아래에 있으니 발[趾]이 된다. 손巽이 아래에서 단절되어 일음一陰으로써 3양을 받드니, 자기 무게를 이기지 못하여, 따라서 (초6효는) 넘어진다. 초6효 음이

---

18) '貴妾. 傳曰: 何以緦也? 以其貴也.', 『儀禮』, 「喪服」第十一, 彭林譯注, 상동, 390頁.

아래에 있으니, 자리는 낮으나, (호체互體인) 건乾의 3양이 초6효에 몸을 의탁했으니, 건乾은 남자로 아들이 되고, 어미는 아들 때문에 귀하게 된다. 초6효 음이 양을 싣고서 귀해지는 것은, 솥의 발[趾]이 비록 낮지만, 발이 아니면 솥의 배[腹]가 의지할 바가 없는 것과 같다. (초6효는) 솥[鼎]의 발[趾]에서 (상을) 취했으니, 자기 능력으로 솥의 배[腹]를 싣고 있다. (초6효가) 초6효의 첩을 얻어서, 그녀가 남편의 아들을 가졌기에, 따라서 음유陰柔(초6효)는 아래에 있으나 허물이 없다.

송서승宋書升(1842-1915)은 말한다. 제사 하루 전에 솥을 씻는데, 그의 오물을 버리고 새 것을 취하니, 따라서 (초6효에서) '오물을 씻어 버림이 이로움[利出否]'이라 말한다.

마치창馬其昶(1855-1930)은 말한다. (정이程頤의)『이천역전伊川易傳』에서 '첩을 얻음[得妾]'은 자기 사람을 얻음을 말하기에, 정현鄭玄주注의 '첩은 순덕順德을 가짐'과 합치한다. '자기 아들 때문[以其子]'은, '이以는 쓰임[以者用]'이다. 첩의 아들이 현명하여, 잇는 이[嗣]로 쓰니, (초6효는) 허물이 없다.

또 (마치창은) 말한다. 혁革괘는 옛 것을 버리고, 정鼎괘는 새 것을 취하니, 개혁을 밟고서 솥이 되기에, 따라서 정鼎괘 초6효는 '발이 자빠지고 오물을 씻어내는' 상을 취한다. 첩과 아들이 각각 '오물을 제거하고 귀인들(의 의견)을 따르는' 뜻을 갖는다. (나의 견해: 이것은 요배중姚配中의 '첩의 아들을 내세워 (왕위를) 잇는 자로 만듦'의 설과 합치한다.) 솥은 중기重器이니 기울어 자빠질 수 없는데, 태자太子가 '나라의 근본[國本]'이어서 동요될 수 없음을 나타낸다. 그가 혹 발이 거꾸러지는 때가 있게 되면, 그 중에 나쁜 것을 쌓아놓는 자가 반드시 있다. (나의 견해: 이것은 또한 악의 주인인 태자를 쫓아내는 말로써, 아래 문장에서, '나쁜 덕[否德]이 있으면, 또한 쫓겨나는 자는 반드시 나쁜 일을 한 것'과 같으니, 이것은 모두 '나쁜 일[否]'을 하면 마땅히 퇴출 됨'을 가리킨다. 첩의 아들은 부위父位를 이을 수 없는데, 혹 적자嫡子가 불현不賢하여, 이에 첩의 자식에서 똑똑한 자를 택하여 세울 수 있다. 이 두 설은 서로 이어지니, 이에 갖춰지게 된다.) 기물을 주관하는 이에는, 맏아들[長子]만 한 자가 없으니,『춘추공양전春秋公羊傳』에서 말한바 '아들은 어머니 때문에 귀해짐',[19] 이것은 상도常道이다. 나쁜 덕[否德]을 가졌으면, 현명한 자를 택하여 세운다. 또한『공양전公羊傳』에서, 이른바 '어미는 자식 때문에 귀하게 됨',[20] 이것은 권도權道이다. 첩을 얻어서 그 아들 때문은, 아들의 현명함에 중점이 있다. 또한 반드시 퇴출됨은 나쁜 짓을 했음이니, 이렇게 해서 이로우면, 후세에 총애 받는 첩들이 태자를 망령되이 바꾼 것과 비할 수는 없다.

---

19) '子以母貴.'『春秋公羊傳全釋』隱公元年, 梅桐生譯注, 貴陽: 貴州人民出版社, 1998, 15頁.
20) '母以子貴.'『春秋公羊傳全釋』隱公元年, 梅桐生譯注, 貴陽: 貴州人民出版社, 1998, 15頁.

양은 좋고 음은 나쁘며, 양은 귀하고 음은 천하다. 초6효 음은 바름[正]을 잃었으니 나쁜 것[否]이다. 양으로 변하니, 따라서 나쁜 것을 버리고 귀한 것을 따름이다. 친구인 천한장陳漢章은, '이 효는 미자微子를 상징한다.'라고 말했다. 미자微子는 주紂왕의 서형庶兄인데, 어머니가 미천하여 이을 수가 없었으니, 은殷나라는 망하였다. 문왕文王은『역易』을 짓고서 환난을 걱정했으니, 그러므로 정鼎괘 초6효가 그것에 매여서 있는 것이다.

구이효: 솥에 먹을 것이 있는데, 내 원수가 병에 걸려서, 우리 집에 올 수 없으니, 길하다.
[九二, 鼎有實. 我仇有疾, 不我能即,21) 吉.]
상에서 말한다. "솥에 먹을 것이 있음"은, (그것을) 어디에 둘지 신중해야 한다. "내 아내가 병이 났느냐", 마침내 근심이 없어진다.
[象曰: "鼎有實," 愼所之也. "我仇有疾," 終無尤也.22)]

왕필王弼(226-249)은 말한다. (92효는) 양을 바탕[質]으로 솥 가운데 있으니, 먹을 것이 있음이다.

공영달孔穎達(574-648)은 말한다. (92효에서) 실實은 양陽을 말한다. 구仇는 짝[匹]이다. 즉即은 나아감[就]이다.

(정이의)『이천역전伊川易傳』에서 말한다. 구仇는 초6효를 말한다. (92효에서) 솥에 먹을 것이 있으니, 이에 사람은 재능과 학문이 있어야 하고, 마땅히 자기가 가야할 방향에 신중해야하니, 신중하지 않으면 또한 '옳지 않은 일[非義]'에 빠질 것이다.

하해何楷(1594-1645)는 말한다. (92효에서) 병[疾]은 초6효의 이른바 '오물[否]'이다.

리스전李士鉁은 말한다. 가까우나 통하지 않으면 원수[仇]가 되니, 원수는 초6효를 말한다. 솥발과 솥 배 사이는 반드시 막혀서 나누어져서 통하지 못하니, 따라서 92효가 먹을 것을 보유하여 얻게 되니, 길하다.

마치창馬其昶(1855-1930)은 말한다. 솥[鼎]의 수數에는 93효가 있고 65효가 있다.『시詩』에서, '가마솥[鼐], 솥[鼎] 및 옹달솥[鼒]을 순시함'이라고23) 말하였는데, '나의 짝[我仇]'을 말함이다. 솥에 음식물이 일단 차있으면 반드시 적당히 자리를 깔고서 장소를 얻으면, 오물은 멀리 내보내

---

21) 實은 먹을 것을 가리킨다. 即은 취就(나아가다)이다. '不我能即'은 '不能即我'의 도치문倒置文이니, '내 집에 이를 수 없음'을 말한다. 高亨, 415頁.

22)『爾雅·釋詁』에서, 仇는 필匹(짝)이다. 之는 往이다. 우尤는 재앙이다. 高亨, 416頁.

23) '鼐, 鼎及鼒.'『詩經譯注』,「周頌」,「閔子小子之什」,「絲衣」, 袁梅著, 상동, 997頁.

야 한다. (『의례儀禮』의)「특생궤식례特牲饋食禮」에서, '고기와 국을 끓여서 익힌 후에, 솥 안에 넣고서, 종묘의 문 밖에 진설한다.'라고[24] 말했으니, 이것이다. (음식물이) 갈 곳에 신중함은, 92효가 변할 수 없음을 말한다. (92효는) 65효와 올바르게 응하고, 초6효가 연루되어서는 안 된다. (92효의) 훈기[薰]는, 같은 기물器物에는 있을 수 없으니, 현인을 씀에 마땅히 뚜렷이 높아지는 길에 올라야하며, 선비들이 스스로 처하고, 더욱 몸을 깨끗이 하는 뜻을 은회隱晦할 수는 없다.

● **나의 견해**: (유원劉沅의)『주역항해周易恒解』에서, '나 92효는 스스로를 말함이고, 원수[仇讎]는 93, 94효를 말함'이라고 이른다. 92효에는 충실한 덕이 있으니, 상9효가 65효와 함께 (그[92효])에 응하고, 또한 (하괘인) 손巽은 깨끗하게 되니, (92효의) 뜻이 깨끗하여 행동이 향기로워서, 임금을 분명히 보고 분명히 알게 되기에, 비록 원수가 질환을 일으키려는 마음을 가졌으나, 끝내 (나에게) 가까이 올 수가 없으니, 따라서 (92효는) 길하다. 이것 또한 몸을 깨끗이 하는 뜻으로 '나에게 가까이 올 수 없음[不我能即]'을 풀이한 것이다.

> **구삼효**: (솥을 옮기려다) 솥의 귀[손잡이]가 떨어졌으니, (사람들의) 행동이 멈췄다. 꿩고기는 아직 먹지 않았는데, 막 비가 내려서, (빗물이 솥에 들어가 맛이) 변해 후회했을 텐데, (다시 끓이니) 마침내는 길하였다.
> [九三, 鼎耳革, 其行塞. 雉膏不食. 方雨, 虧,[25] 悔, 終吉.]
> **상에서 말한다**. "솥의 귀[손잡이]가 떨어져나갔으니," (사람의 행동이) 적절함을 잃은 것이다.
> [象曰: "鼎耳革," 失其義也.[26]]

우번虞飜(164-233)은 말한다. 이離는 꿩이 된다. (93효에서) 솥은 귀[손잡이]로 움직이는데, 손잡이가 떨어져나가 다니는 것이 막혔으니, 따라서 (솥의 귀는) 자기 의미를 잃은 것이다.

이춘년李椿年(1096-1164)은 말한다. (93효에서,) '꿩고기는 아직 먹지 않음[雉膏不食]'은, 이離 밝음[明]이 상괘에 있으니, 응이 없는 상이다.

호일계胡一桂(1247-1314)는 말한다. 93효가 활동活動[變]하여 감坎 비가 된다.

---

24) '羹飪, 實鼎, 陳于門外.'「儀禮」,「特牲饋食禮」第十五, 彭林譯注, 상동, 497頁.
25) '정이혁鼎耳革'은 솥의 귀가 떨어짐이다. 색塞은 그침[止]이다. 고膏는 고기[肉]이다. 휴虧는 훼손[毀]이다. 高亨, 416頁.
26) 義는 宜로 읽어야한다. 高亨, 상동.

손기봉孫奇逢(1584-1675)은 말한다. 여러 강剛들이 65효에 가깝게 응하는데, 홀로 93효만은 함께 하지 못하니, 상9효는 마음을 알아주는 벗이 없는 격이니, 따라서 (93효는) '손잡이가 떨어져 나가, 가지 못하는' 상이다.

유원劉沅은 말한다. 솥의 손잡이는 마땅히 비어있어야 하니, 93효는 솥의 손잡이가 되어, 양陽 알맹이[實]가 거기에 있으면, 자기 상도를 잃기에, 따라서 떨어져나감[革]이다. (상괘인) 이離는 꿩이고, 솥에서 삶으면 고기가 된다. 93효는 과한 강剛이니 중中이 아니고, 강剛으로 강剛에 있으니, 자기 자리가 적당하지 않기에, 따라서 (93효는) 후회함을 불러온다. (93효가 음으로) 변한 감坎은 비가 되고, 호체인 건乾과 태兌는 바야흐로 비 내리는 상이니, 따라서 '(맛이) 변해 후회했을 텐데, 마침내 (93효는) 길함[虧悔終吉]'으로 권면한다.

리스전李士鉁은 말한다. 93효는 (상하의) 2괘가 변하는 때를 당하니, 따라서 (93효는) 바뀜[革]이다. 이離는 꿩인데, 윤택한 태兌 못이니 비가 되는 것으로, 꿩고기의 상이다. (호체互體인) 태兌는 허무는 것이니 '어그러짐[虧]'이 된다. 꿩고기가 비록 좋으나, 익히지 않으면 먹을 수 없으니, 좋은 재료도 요리하지 않으면 먹을 수 없다. 걱정 없는 자리는 없으니, 걱정이 (자리를) 확립시키는 것이기에, 군자가 몸에 그릇을 감추고, 때를 기다려 활동하니, 좋은 재료도 변화시키고 조화시키는 것과 같으니, 사람들로 하여금 반드시 먹게 할 수 없으면 먹게끔 할 수 있어야 한다. 그러면 과연 먹을 것이 있으면, 끝내 먹지 못함을 걱정해서는 안 된다. 그러므로 비록 (맛이) '변해 후회해도, (93효는) 끝내는 길함'이다.

마치창馬其昶은 말한다. (93효에서) '손잡이가 떨어져나감[耳革]'은 솥의 손잡이가 부셔져서, 다시 쓸 수 없는 것이다. 93효 솥의 손잡이가 부셔지니, 94효 솥의 발이 부러짐은, 모두 태兌 부셔짐[毁]의 상이다. 솥의 뜻은 크게 형통하여 성현을 기름인데, 안에서 상대부上大夫들의 많은 '좋은 맛[美味]'에 꿩과 토끼가 있는데, 지금 꿩고기를 먹을 수 없으니, 이것은 흉년이라 반찬을 줄이는 시기임을 기록한 것이다. (호체互體인) 건乾 하늘과 태兌 못에 (상괘인) 이離 불을 더하니 가뭄의 표징이 된다. 『한시외전韓詩外傳』에서, '3가지 곡식을 거둘 수 없으니,'[27) 꿩[雉]과 토끼[兔]를 준비할 수 없음이라고 말한다. 『곡량전穀梁傳』에서, '큰 황년荒年에 지킬 의례는, 임금은 밥 먹을 때 2가지 이상의 반찬을 먹지 않는다.'라고[28) 했다. 흉년에 두 가지 반찬을 안 먹는 것은 가능하나, 꿩고기를 안 먹기 때문에 솥의 손잡이 부셔졌는데도 놔두고 수리하지 않는 것은, 그 뜻을 잃은 것이

---

27) '三穀不升.'『韓詩外傳』卷八第十五, 許維遹校釋, 상동, 287頁.

28) '大侵之禮, 君食不兼味.'『春秋穀梁傳譯注』襄公二十四年, 承載撰, 上海: 上海古籍出版社, 1999, 574頁.

152 『주역周易』의 학습과 해설

다. 군자는 몸에 기물을 감추니, 쓰지 않을 시기에도, 반드시 쓸 수 있는 도구를 비치한다. 공자는, '누가 혹 너희를 이해해서, (쓰려한다면) 너희는 어쩔 셈인가?'라고[29] 말하였으니, 곧 이 뜻이다. 건乾괘(상9효)에서, '하늘에 오른 용[亢龍]은 후회함이 있다.'라고 했으니, 양이 높이 오르면[亢] 진실로 비가 오지 않는데, 후회하면 음으로 변해 감坎이 되니 비가 온다. (맛이) '변하여 후회함[虁悔]'은 재해를 만나서 후회하는 마음이니, 스스로 손해 보고 스스로 허물을 후회함이다. 옛날 복서卜筮점에는 바른 해[歲]에도 선악善惡이 많았던 것은, 진실로 상象을 그렇게 여긴 것이다.

● **나의 견해:** 여기서 '먹지 않음[不食]'을 해석하는데, 흉년에 가물어서 반찬을 줄인 것에서부터 생각을 하여, 솥[鼎]의 자리에 있는 이는 근심스런 생각에서 밥을 먹지 않은 것이기에, 만약 비를 얻어 가뭄을 구제하면, 길吉할 것임을 바로 보여줄 것이다. 손잡이가 부서진 것을 수리하지 않음은, 자기가 솥을 쓰는 뜻을 잃은 것이고; 흉년의 굶는 해에 정치를 닦지 않음은 정치해야 하는 뜻을 잃은 것과 같다. 그러므로 '손해 보고 후회함[虁悔]'을 해석함에, 재앙을 만나서 반성함으로 말한 것은, (93효가) '마침내 길한[終吉]' 도道를 얻은 셈이다.

구사효: 솥의 발이 부러지니, 공후의 죽[餗]이 엎질러져서, 그 모양이 땅에 질펀하게 되었으니, 흉하다.
[九四, 鼎折足, 覆公餗, 其形渥,[30] 凶.]
상에서 말한다. "공公의 죽[餗]을 엎질렀으니," 실로 어찌 할까!
[象曰: "覆公餗," 信如何也.[31]]

동중서董仲舒(전192-전104)는 말한다. (94효에서) '솥의 발이 부러짐은 그 사람이 아닌데 (일을) 맡긴 것이고; 공公의 죽[餗]을 엎지른 것은 나라가 기울은 것이다. 이렇기 때문에 그 사람이 아닌데 맡겼으면, 나라가 기울지 않은 일은 옛날부터 지금에 이르기까지 들어보지 못했다.'[32]
팽선彭宣(?-4년)은 말한다. 삼공三公은 솥의 발처럼 임금을 받드니, 한 발로는 받들지 못하기에,

---

29) '子曰: …如或知爾, 即何以哉?", 『論語譯注』, 「先進」편(11:26), 楊伯峻譯注, 상동, 118頁.
30) 복覆은 경복傾覆(뒤집혀짐)이다. 공공은 공후公侯의 公이다. 속餗은 죽이다. 악渥은 물이 흥건한 모양이다. 高亨, 417頁.
31) 信如何는 '어떻게 할까?', '실로 어쩔 수 없구나!'이다. 周振甫, 180頁, 注10.
32) '夫鼎折足者, 任非其人也, 覆公餗者, 國家傾也. 是故任非其人, 而國家不傾者, 自古至今, 未嘗聞也.', 『春秋繁露今註今譯』, 「精華」第五, 賴炎元註譯, 상동, 83頁.

(94효에서) 미실美實을 엎지르고 혼란하게 한다.

(허신의)『설문해자說文解字』(에서 말한다.) (94효에서) 속餗은 솥의 먹을 것[實]이고, 갈대[葦] 및 부들[蒲]이다.

정현鄭玄(127-200)은 말한다. 속餗은 좋은 반찬이다. 솥에는 3발[足]이 있으니, 삼공三公의 상이다.

(순상荀爽 등의)『구가역九家易』에서 말한다. 삼공三公은 음양을 조화시키고, 솥은 오미五味를 조화시킨다. '(솥의) 발이 부러져서 죽을 엎질렀으니, (94효는) 삼공三公이 자기 책임을 이기지 못하여 천자의 미美를 기울게 하고 패하게 한 것과 같다.'[33]

호원胡瑗(993-1059)은 말한다. 솥의 먹을 것에는 반드시 같은 양量이 있고, 군자의 재덕才德에는 또한 분량分量이 있다. 만약 맡은 일이 자기의 재분才分을 넘으면, (94효에서) 해직解職시킬만한 헐뜯음이 있다.

소식蘇軾(1037-1101)은 말한다. 솥의 양量은 94효에서 정점이니, 그 위면 끝일 것이다. 먹을 것을 받는 데에는 반드시 여분이 있기에 넘치게 되고, (94효는) 넘치면 엎어질 것이다.

왕신자王申子(13세기, 원元나라 역학자)는 말한다. (94효의) 상象에서, 위임委任이 합당하지 않으면 '어쩔 셈인가?'라고 말하고 있다. (94효는) 사람들이 완미함을 경계로 삼기를 바란다.

장청자張淸子(13세기, 원元나라 역학자)는 말한다. 초6효는 정鼎괘의 아래에 있으니, 먹을 것이 없기에, 자빠져도 오히려 오물이 배출되는 이로운 점이 있는데; 94효는 정鼎괘 중간에 있으니, 이미 먹을 것이 있기에, (발이) 부러지면 죽을 뒤엎는 흉함이 있다. 또한 (94효는) 거꾸러지면 묵은 것을 버리고 새 것을 시도하는데, 부러지면 기물이 파손된 것이니, (솥의) 용도가 폐기된다.

장리상張履祥(1611-1674)은 말한다. 94효는 죽을 뒤엎는데, 처음으로 발[足]이 부러진 것이다. 이 때문에 대신들은 귀한 신분이므로 사람들을 받아드리고, 또한 귀한 신분으로 사람들을 알게 된다.

유원劉沅은 말한다. 94효는 솥의 배 위에 있으니, 가득 채워진 것을 엎지르는 도리를 갖는다. 또한 (94효는) 자리가 대신大臣이라, 같은 몸의 강剛을 버리고 홀로 초6효와 더불어 응하니, 초6효는 음유陰柔로 책임을 이겨낼 수 없기에, 따라서 (94효는) 발이 부러져서 엎어진다. 속餗은 좋은 나물죽이니, 솥의 먹을거리이다. 솥은 현인들을 기르는 것이고, 자기 사사로운 것이 아니기에, 따라서 '공公[諸侯]의 죽[公餗]'이라고 말한다. 신信은 신임인데, '(솥을) 엎은 사람을 어떻게 믿을

----

33) '三公調陰陽, 鼎調五味.'는 荀爽 等撰,『九家易解』에서 검색되지 않으나, '折足覆餗, 猶三公其任, 傾敗天子之美.'는 보인다. 荀爽,『九家易解』, #129, 中國哲學書電子化計劃, https://ctext.org 참조.

수 있는가?'라고 말한다. 또한 65효가 자기를 믿는다면, 어떻게 할 것인가? (이는) 94효를 깊이 책망하는 말이다. 악渥은 스며들어 적셔진 모양이니, 좋은 나물죽이 솥에 스며들어 축축하게 한 것이다. 93효는 하괘의 손잡이이니, 따라서 '손잡이[耳]'를 말한 것이고; 94효는 상괘의 발이니, 따라서 발[足]을 말한 것이다.

리스전李士鉁은 말한다. 속餗은 여덟 가지 요리법을 완비한 것이다. 94효가 초6효에 응하고, 소인들을 신임하는데, 큰일이 실패하지 않은 일이 없다. 초6효가 실패하니 94효가 실패하고, 솥 전체가 이에 따라서 실패한다. 이것이, 송宋나라 대신들의 이른바 '대신들이 폐하陛下를 착오錯誤시킨 것이고, 대신들이 쓴 것이 대신들을 착오시킨 것'이다.

커사오민柯劭忞(1850-1933)은 말한다. 형刑은 형鉶(국그릇)의 생략된 글자이니, 형정鉶鼎은 곧 '솥을 더함[加鼎, 요리를 보탬]'이다.

마치창馬其昶은 말한다. 형形을, 정현鄭玄, 순상荀爽, 우번虞翻은 모두 형刑으로 보았다. 『좌전左傳』소공昭公6년에서, '(불로) 형기刑器를 주조했음'이라[34] 했는데, 주注에서, '형기刑器는 솥[鼎]이다.'라고 말했다. '형기[刑]'로 국[羹]을 담으니, 따라서 '형갱刑羹'이라 말한다. 솥이 큰데 죽[餗]으로 가득하니, 부려져 쏟아지는 걱정이 있고; 형기[刑]는 작은데 국이 꽉 차서 넘칠 우려가 있다. 94효는 (양陽의) 자리를 잃었기에, (호체互體인) 태兌로 변해 깨지지 않으면 변화해도 또 태兌 깨짐이 되니, 어찌할 도리가 없기에, 따라서 (94효에서) '실로 어찌할까?[信如何]'라고 말한 것이다.

육오효: 솥은 황색 손잡이고 (드는) 몽둥이는(鉉) 황동黃銅으로 만들었으니, (부귀한 가문이라) 이롭고 바르다.

[六五, 鼎黃耳金鉉,[35] 利貞.]

상에서 말한다. "솥의 귀[손잡이]를 황금색으로 장식함'은, 정도正道로써 부유함을 이룬 것이다.

[象曰: "鼎黃耳," 中以爲實也.[36]]

마융馬融(79-166)은 말한다. (65효에서) 솥귀[鉉]는 무거운 것을 두 손으로 드는 것이다.

육적陸績(188-219)은 말한다. (65효는) 중中을 얻어서 양陽을 받드니, 따라서 '치우침이 없음

[中]'을 재부財富[實]로 여긴다[中以爲實].'라고 말한다.

심해沈該(12세기, 남송南宋 역학자)는 말한다. (65효는) 이離의 중효中爻로서 위에서 대치하니, 노란 귀[黃耳]의 상이다.

왕종전王宗傳(12세기, 남송南宋 역학자)은 말한다. 솥 위에서 솥귀[鉉]를 받아서 솥을 들어 올리는 것은 손잡이[耳]이니, 65효이다. 솥 밖에서 손잡이를 관통하여 솥을 드는 것이 솥귀[鉉]이니, 상9효이다. 65효의 허중虛中으로 상9효 강실剛實의 도움에 의지하는 것, 이것은 황동黃銅의 솥귀[鉉]가 쇠로된 솥귀를 얻은 것이다. 임금은 사람들의 실적[實]을 받아 자기의 실적으로 만들려 하니, (자신을) '비우는 가운데[虛中]'의 덕을 갖지 않으면 안 된다.

공환龔煥(13세기, 원元나라 학자)은 말한다. 솥귀의 용도는 비록 솥 밖으로 나오나, 실제로 손잡이 가운데를 관통한다, 65효는 솥귀이니, 따라서 솥귀를 겸하여 말하고 있다.

왕신자王申子는 말한다. 65효는 허중虛中으로 상9효의 도움을 받아드리니, 나중에 '한 솥[一鼎]'은 '먹을 것[實]'이 천하에 이로움을 미칠 수 있게 한다.

유원劉沅은 말한다. 65효는 본래 곤坤 흙이 중中을 얻은 것이니, 따라서 '노란색[黃]'을 나타낸다. 솥귀가 손잡이를 뚫고 지나가니, (호체互體인) 건乾 쇠붙이로[金]로 변한 것이니, 따라서 '쇠붙이 솥귀[金鉉]'라고 말한다. 귀[耳]와 솥귀[鉉]는 서로 분리될 수 없으니, 따라서 아울러 드는 것이다. 65효는 허중虛中으로 채색이 빛나는 덕이 있으니, 비교하여 일으키는 것이 모두 굳셈[剛]과 밝음[明]인데, 임금이 현인을 얻어서 일을 맡긴 것이기에, 일은 추진되지 않음이 없다. (65효는) 가운데 이니, 이에 (65효는) '실한 것[實]'이 된다.

리스전李士鉁은 말한다. 솥의 몸은 배[腹]에 있고, 쓰는 것은 솥귀에 있으니, 65효는 관여할 것이 없는 것 같다. 65효는 오직 가운데이기에, 따라서 들어서 조치함에서 적절함을 얻었고; '비어 있기에[惟虛],' 따라서 아래로 양실陽實을 받아들이고, 위로 솥귀를 받아드릴 수 있다. (65효에서는,) 무용无用이 용用이 되는 것이면, 용用은 자기의 용用이다. 임금은 오직 스스로 자기 재능을 갖지 않으니, 따라서 천하의 재능을 (다) 쓸 수 있다. (정鼎)괘의 시기[時]가 65효에 이르니, 이미 익었는데, 열리지 않은 것이기에, (65효에서는) 마땅히 바르게 그것을 고수해야 한다.

마치창馬其昶은 말한다. 정鼎괘는, '크게 길하여 형통함[元吉, 亨]'이니, 65, 상9효에 이르러서 솥의 결과[功]가 이루어지기에, 따라서 모두 '바르면 길함[利貞]'을 말한 것이다. (이것은) 승升괘와 동례同例이다.

상구효; 정鼎에다 옥玉을 솥귀에 박았으니, (부귀한 집으로) 크게 길하여, 이롭지 않음이 없다.

[上九, 鼎玉鉉,[37] 大吉, 无不利.]

상에서 말한다. "솥의 귀에 옥玉을 박았음"은 (높은) "윗자리에 있음"이니, (상6, 65효처럼) 강건함과 부드러움에 절도가 있다.

[象曰: "玉鉉"在"上," 剛柔節也.[38]]

석개石介(1005-1045)는 말한다. (상9효에서) 옥玉은 불꽃이 일어도 자기 성질은 변하지 않는다.

(정이의) 『이천역전伊川易傳』에서 말한다. (상9효는) 끝에 있으니, 솥의 공효가 위에서 이루어지니, 솥귀[鉉]의 상이다. 굳세면서 따듯한 것이 옥玉이다.

항안세項安世는 말한다. 쇠로된 솥귀는 실용적 물품이니, '옥으로 장식한 솥귀[玉鉉]'는 장식일 뿐이다. (상9효의 상象에서,) '옥현玉鉉이 윗자리에 있음[玉鉉在上]'을 말한 것은 설치는 했으나 쓰지 않음을 밝힌 것이다. 보옥寶玉으로 장식해서, 조정에 진열함은, '다스림이 안정되고 공이 이루어지니, 예악禮樂을 제정하여 태평함에 안거하기에, (상9효는) 크게 길하여 이롭지 않음이 없음'과 같다.

이과李過(1600-1649)는 말한다. 옥玉은 조화로운 물건이다. 정도鼎道는 귀하고 조화롭다.

포빈包彬(18세기, 청淸나라 학자)은 말한다. 혁革괘와 정鼎괘에서 천명天命을 말하고 있다. 혁革괘는 옛 것을 버리며, 65, 상9효는 하늘의 자리이니, 호랑이와 표범에서 상을 취하였고; 정鼎괘는 새 것을 취하니, 65, 상9효가 하늘의 자리이기에, 금옥金玉에서 상을 취한다. 삼왕三王[탕湯왕, 문왕文王 및 무왕武王]의 왕玉은, 변혁한 것이, '제도를 꾸민 것, 천박한 일, 개혁할 것임'에 불과함을 보인 것이다. (그러나) 충신忠信한 바탕과 강상綱常의 도道와 같은 것, 이것은 금옥金玉이니, 백성들과 함께 변혁할 수 없는 것이다. '자신이 새로워짐[自新]'이 이것으로 (온 것)이고, '백성을 새롭게 함[新民]'이 또한 이것으로 (온 것)이니, 유신維新하는 천명天命은 곧 이것으로써 응결하는 것이다. 그렇다면 꾸밈도 변혁할 수 있고, 본실本實은 늘 새로워지니, 비록 백세百世가 되어도 (변혁을) 알 수 있을 것이다.

유원劉沅은 말한다. 상9효는 정鼎괘의 끝에 있으니, 솥귀가 솥 위(자리)에 있는 상이다. (호체互體인) 건乾은 옥玉이 되니, 귀중함을 나타낸다. 신하가 임금을 도와서 공을 이루기에, 나라의 무게가 구정九鼎(지고至高한 왕권과 나라를 통일하여 창성昌盛함의 상징)과 같으니, (상9효에서는) 자

---

37) 옥현玉鉉은 솥귀[鉉] 위에 옥玉을 밖은 것이니, '鼎玉鉉'이면 화귀華貴한 물품이다. 高亨, 418頁.

38) 在上은 윗자리에 있음이다. 節은 절도 있음이다. 상9효는 剛이고 65효는 柔이니 '剛柔節'이다. 高亨, 상동.

기 또한 몸이 천하의 무게를 묶어서 쥐었다. 솥은 솥귀에 의지해 들려진다. 상9효는 본래 솥귀인데 옥玉이라 말한 것은, (상9효가) 양으로 음(의 자리)에 있고, 굳셈[剛]이나 유柔로써 절제하니, (상9효가) '정밀한 금[精金]'이라 옥처럼 윤기가 나는 것과 같다.

리스전李士鉁은 말한다. 솥의 공효를 거두는 것은 솥귀[鉉]이다. 솥귀에서 손잡이를 관통하여 솥의 쓰임을 온전히 할 수 있으니, 정도鼎道가 여기에서 크게 이루어지고, 조정에서 예禮를 갖추게 되기에, 따라서 (상9효는) '크게 길하여, 이롭지 않음이 없음[大吉, 无不利]'이다.

마치창馬其昶은 말한다. (상9효 상象의) '옥현玉鉉이 윗자리에 있음[玉鉉在上],' 이것은 성인이 형통하여 하느님[上帝]에게 제사 드림이다. '황동黃銅의 솥귀[金鉉]'가 실리實利가 되면, 크게 형통하여 성현들을 기르게 된다. 상9효는 굳셈[剛]이고 65효는 유柔이니 서로 의지해서 쓰이게 되기에, 강유剛柔가 응당 절제하여서, 모두가 변화될 수는 없는 것이다.

(유원劉沅, 『주역항해周易恒解』의) 「부해附解」에서 말한다. 건乾 솥과 곤坤 화로(爐)는 사람 생명[性命]의 두 중요부분[關]이니, 곧 천지의 음양 두 구멍[竅]이다. '바른 자리가 천명天命을 응결함[正位凝命]'이니, 곤坤이 안정된 흙에서 인후仁厚하여서 건乾이 '강건하게 활동하여 쉬지 않음'을 법받은 것인데, 이것이 천지의 정미精微한 도리이다. 『역易』의 도리에 해당되지 않는 것이 없으니, 여러 기물器物들도 또한 방통旁通할 수 있다. 솥을 받들고 있음은 발[趾]에 있고, 솥을 채움은 배[腹]에 있고, 솥을 이동함[行]은 손잡이[耳]에 있고, 솥을 드는 것은 솥귀[鉉]에 있으니, 여섯 효가 합하여 솥이 되는 상이다. 93효에서 또한 손잡이[耳]를 말하니, 하괘[巽]의 손잡이가 되고; 94효에서 또한 발[足]을 말하니, 상괘[離]의 발이 된다. 상을 취하는데 대개 변동에 구애되지 않는다. 다만 정鼎괘에 나가서 정鼎을 말했으니, 효의爻義는 태반이 군신君臣과 사람을 기르는 학설을 주로 하였다.

● 나의 견해: 혁革괘의 큼은, 구정九鼎의 중기重器를 옮김에 한 세상의 이목을 새롭게 함에 불과했고; 솥[鼎]의 쓰임은, 옛 것을 변혁하여 모두 함께 새로워져서, 조절함의 성공을 이룰 수 있음에 불과하다. 그러므로 정鼎괘는 혁革괘를 받드니, 서로 쓰이게 된다. (솥이라는) 그릇이 삶고 요리하는 것을 주로 하여 (현인들을) 기름(養)이니, 그 일이 작은 것 같다. (그러나 정鼎괘) 상전象傳에서 '바른 자리에서 천명을 응결함[正位凝命] 네 자字를 포괄하니, (임금이) 덕을 기르고 몸을 기르며, 집안을 다스리고 나라를 다스리는 도道는, 천하를 가진 자들이 취해야 할 법인데, 모두 그 범위를 넘을 수가 없다. 초6효에서 상도常道[經]와 변통[權]의 도道를 겸하여 쓸 것을 말했고; 92효

에서 자기를 깨끗이 하여 공公에 봉사하면 후회가 적을 수 있음을 말했고; 93효에서 백성을 걱정하고 나라를 걱정하는데, 시대를 구제하는 어려움을 개탄하는 것을 말하였고; 94효에서 힘이 맡을 수 없는데 나라를 잘못되게 하는 비웃음을 주는 것을 말하였고; 65효는 솥의 주인이 되니, '바른 자리에서 천명을 이루는' 공을 이룰 수 있음을 (말하였고); 상9효에서 정도鼎道가 크게 이루어져서 나라를 절제하고 화합하며 중기重器를 받들어야함을 말하였다. 주註를 포괄하고 혁革괘를 통하여 말하자면, (정鼎괘는) '바른 자리에서 천명을 응결함[正位凝命]'의 뜻을 얻게 되는 것이다. 유원劉沅의 설명은 또한 '정위正位응명凝命'의 정리精理를 천명하고 발휘한 것이니, 기물器物을 제조하고 상象을 숭상하여 두 뜻을 나누어서 해석했기에, 지극히 상세하게 갖춰지게 된 것이다.

51. 진震괘 ䷲

진震괘: (우레가 들리나,) 형통하다. (우레가 크게 울리니) 우레에 놀라서 백리百里까지 (미쳤는데도, 제관들은) 비匕나 창鬯 같은 그릇을 잃지 않았다.

[震, 亨. 震來虩虩, 笑言啞啞. 震驚百里, 不喪匕鬯.[1)]]

『설문해자說文解字』(許愼撰)에서 『역易』을 인용하여 말한다. (진震괘에서) '아啞는 웃음이다.'[2)]

마융馬融(79-166)은 말한다. (진震괘에서) '혁혁虩虩'은 두려워하는 모양이다.

육적陸績(188-219)은 말한다. (진震괘에서) '비匕'라는 것은 국재[棘匕]이니, 솥을 휘젓는 기물이다.

왕숙王肅(195-256)은 말한다. 천자는 양陽에 해당하니, 제후가 우레[震]를 이용하면, 정치가 백리까지 행해지고, 비匕나 창鬯 그릇도 또한 잃지 않는다. 제사祭祀는 나라의 큰일이고; (제기祭器를) 잃지 않음은 종묘宗廟가 안녕함이다.

공영달孔穎達(574-648)은 말한다. 양기陽氣가 나아가서 피어나니, 잠자던 만물[萬蟄]이 모두 활동하기에, 우레가 된다.

소식蘇軾(1037-1101)은 말한다. 우레는 음을 진동시키고 양을 도달하게 하는 것이니, 따라서 (진震괘는) 형통하다.

(주희의) 『주역본의周易本義』에서 말한다. 진震괘는 형통하는 도道가 있다.

유원劉沅(1767-1855)은 말한다. (진震괘는,) 일양一陽이 두 음 아래에서 생겨나 움직여 올라가므로, (진震괘는) '우뢰[震]'라 이름 한다. 진동을 떨쳐 일으켜 놀라게 하는 뜻이 있으니, 그 형상은 우뢰이다. 하늘과 땅이 교차하는데, (양이) 한 번 그어져서, '진震'괘가 이루어지니, 생겨난 사물

---

1) 진震은 괘명인데, 우레[雷]이다. '震來虩虩, 笑言啞啞.' 2句는 초9효의 효사와 중복되니, 여기서는 연문衍文이다. 상喪은 失이니, 손에서 떨어짐이다. 비匕는 시匙(숟가락)인데, 모양이 국 숟가락[羹匙]과 비슷하여, 솥에서 고기나, 궤簋 중의 밥이나, 술 등을 뜨는데 쓰인다. 창鬯은 검은 기장과 향초로 빚은 香酒인데, 이름이 창鬯이고, 그 술을 담는 그릇도 창鬯이다. 여기서는 후자인 창鬯을 담는 그릇의 뜻이다. 匕나 鬯은 모두 제사에 쓰는 그릇이다. 高亨, 420頁.

2) '啞, 笑也. …『易』曰: "笑言啞啞.',『說文解字』, 口部, 東漢 許愼著, 上冊, 110頁.

가운데 맏이므로 장남이 된다. (나의 견해: 장남이 아버지를 대리한다.) 「서괘序卦」전에서, '기물器物을 주관하는 자는 맏아들만한 자가 없기에, 따라서 이것을 진震괘로써 받았다.'[라고3) 하였다.] '혁蟣'은 깡충거미[蠅虎]로4) 항상 벽 사이에서 돌아다녀, 스스로 안녕할 수 없으니, '진震'은 아마도 그것을 형상한 것이다. '비匕'는 가시나무로써 그것을 만드는데, 길이가 두 척이며, 아직 제사를 지내지 않았으면 가마솥[鑊]에 내용물[實]을 채우고, 천으로 덮어 놓는다. 장차 [제물을] 드리려면, '비匕'로써 꺼내어 도마 위에 올린다. '창鬯'은 검은 기장과 보리로 [빚은] 술과 울금주鬱金酒를 땅에 뿌려서 신을 내려오게 함이다. 두 가지는 임금이 친히 하는 바이다. '잃지 않음'은 정성과 공경을 잃지 않음이니, 이것을 들어 그 변화를 갖춘다. 공경하고 두려워하는 생각이 평시에도 보존되니, 일상에 처하여도 놀람이 없고 변화에 처하여도 또한 두려움이 없을 수 있다.

리스전李士鉁(1851-1926)은 말한다. (진震괘에서) '아아啞啞'는 웃되 시끄럽지 않은 모양이다.

단전에서 말한다. 진震괘는 형통하다.

[曰: 「震」, "亨." 震來虩虩, 恐致福也. "笑言啞啞," 後有則也.5)]

(정이의) 『이천역전伊川易傳』에서 말한다. 두려워하며 스스로를 닦으면 복을 이룰 수 있으니, 두려워한 뒤에야 자처함에 법칙이 있을 수 있다.

채청蔡淸(1453-1508)은 말한다. 범사에 모두 마땅히 두려워해야 하니, 두려워하면 바로 '진동[震]'이 온다.

리스전李士鉁(1851-1926)은 말한다. (『시詩』에서,) '하늘의 위엄을 외경畏敬하면, 여기에 천복天福을 받고 (주周나라는) 안전하리라!'라고6) 하였다. 이것을 말함이다.

● **나의 견해**: (『중용中庸』에서,) '군자는 보지 않는 데서도 경계하고 삼가며, 듣지 않는 곳에서

------

3) '主器者莫若長子, 故受之以震.' 「序卦」傳, 高亨, 650頁.
4) 깡충거미[蠅虎]: 승호蠅虎과에 딸린 거미. 몸길이는 암컷이 10mm, 수컷이 7mm안팎. 몸빛은 회색에 흑색을 띠며 복부·두흉부頭胸部의 각 등 쪽에는 흰줄 무늬가 있고 은색의 털과 비늘이 많음. 여덟 개의 홑눈이 석 줄로 있어 40cm쯤 떨어진 곳의 먹이도 곧 알아 낼 수 있다함. 거미줄을 치지 않고 인가人家의 판자板子나 벽에 붙은 파리·곤충 따위를 쫓아가서 잡아먹음. 우리나라 및 일본 등지에 분포分布함.
5) '震來虩虩, 恐致福也. "笑言啞啞," 後有則也.'은 초9효의 象傳에 중복되니, 여서는 연문衍文이다. 高亨, 420頁.
6) '畏天之威, 于時保之.' 『詩經譯注』, 「周頌」, 「淸廟之什」, 「我將」, 袁梅著, 상동, 949頁.

도 두려워해야 하니.'7) 시시때때로 우레가 오는 소리가 있는 듯 [두려워해야 한다.]

"우뢰가 백리百里에까지 놀라게 하니," 멀리 있음에도 놀라고 가까우면 두려워하는 것이다. (신께 올리는) 비匕와 창鬯 그릇을 손에서 떨어뜨리지 않음"이니, (밖으로) 나가서 종묘와 사직단社稷壇을 지킬 수 있기에, (임금은) 제주祭主가 될 수 있다.

["震驚百里," 驚遠而懼邇也. "不喪匕鬯," 出可以守宗廟社稷, 以爲祭主也.8)]

왕충王充(27-약 97)은 말한다. '백리 [밖이라면] 같은 우레는 치지 않는다. 『역易』(진震괘)에서, "우뢰가 백리까지 놀라게 한다[震驚百里]."라고9) 말하였다.

정현鄭玄(127-200)은 말한다. 우레가 소리를 내면 백리에서 들으니, 옛날 제후諸侯의 상이다. 제후가 교령을 내리면 국내를 경계할 수 있어 종묘와 사직을 지키니, 그것을 위하여 제사를 주관하여 숟가락과 울창주를 잃지 않는다. 임금은 제사에서 희생제물의 몸에 '비匕'를 꽂고 울창주鬱鬯酒를 올릴 뿐, 나머지는 친히 하지 않는다.

역염酈炎(150-177)은 말한다. 옛날 나라를 세운 제후는 모두 백리百里였다. 『역易』에서 '진震'은 우레가 되고 또한 제후가 된다. 우레의 진동이 백리를 놀라게 함은, 무엇으로써 아는가? "그 수數로써 안다."라고 말한다. 무릇 양이 움직여 아홉[九]이 되니, 그 수가 36이다. 음이 고요하여 여덟[八]이 되니, 그 수가 32이다. '진震'은 일양一陽이 움직이고 2음은 고요하므로, 따라서 '백리百里'라고 말한다.

우번虞飜(164-233)은 말한다. (호체互體인) 간艮이 종묘와 사직이 되고, 맏아들[長子]이 제사를 주관하므로, 제사의 주인[祭主]이 된다.

왕필王弼(226-249)은 말한다. '진震'은 게으름과 태만함[解慢]을 놀라서 두려워하게 하는 것이다. 위엄의 떨침이 백리百里를 놀라게 하면 비匕와 창鬯 그릇을 잃지 않을 수 있다. (이는) 맏아들[長子]을 받드는 뜻을 밝힌 것이다.

---

7) '君子戒愼乎其所不覩, 恐懼乎其所不聞.'『中庸今註今譯』1章, 宋天正註譯, 상동, 2頁.

8) 今本에는 '不喪匕鬯' 4字가 없는데, 곽경郭京(?-1127)本에는 있으니, 지금 그에 따라 보충한다. 喪은 손에서 떨어뜨림이고, 비匕와 창鬯은 제사에 쓰이는 그릇[器]이다. 邇는 近이고, 社는 土神이고 稷은 穀神이다. 高亨, 421頁.

9) '百里不共雷.『易』曰: "震驚百里."'『論衡全釋』(上),「雷虛」篇第二十三, 袁華充, 方家常譯注, 貴陽: 貴州人民出版社, 1993, 399頁.

장준張浚(1097-1164)은 말한다. 활동하는데 하늘을 두려워하면 반드시 후에 복을 얻는다. 맏아들이 제사를 주관함은, 활동하여 하늘을 대리하는 상이다.

항안세項安世(1129-1208)는 말한다. (진震괘 단彖전에서) '출出'은, '하느님(帝)이 곧 (만물을) 우뢰[震]에서 나오게 했다[帝出乎震].'의10) '나옴'이다.

왕종전王宗傳(12세기, 남송南宋 역학자)은 말한다. '진동이 올 때 두려워함[震來虩虩]'은 두려움이 나에게 있음이다. '우뢰는 백리까지 놀라게 함[震驚百里]'은 두려움이 [다른] 사람에게 있음이다. 무릇 위엄이 미치는 바가 넓으면 하민들이 복종하는 자가 많으므로, 종묘와 사직을 지킬 수 있다.

유원劉沅은 말한다. '창鬯'은 검은 기장과 보리로 [빚은] 울창주鬱鬯酒를 땅에 뿌려서 신神을 내려오게 함이다. 두 가지는 군주가 친히 하는 바이다. '잃지 않음[不喪]'은 정성과 공경을 잃지 않음이니, 이것을 들어서 변화에 대비한다. 공경하고 두려워하는 생각이 평시에도 보존되니, 일상에 있어서도 놀람이 없고 변화에 처하여도 또한 두려울 바가 없다. 나중[後]이라는 것은 두려워한 후이지, 우뢰에 놀란 후가 아니다. '놀람[驚]'은 갑작스럽게 그것을 만나서 밖으로 행동하는 것이고, '두려움[懼]'은 근심스럽고 두렵게[惕然] 하여 그 안을 변화시키는 것이므로, 가까운 자를 멀리함을 나타낸다. '나옴'은 맏아들이 나와서 기물器物들을 주관하는 것을 말한다. 먼저 두려워하는 마음이 있은 후에야, 법칙을 지킬 수 있다.

리스전李士鉁은 말한다. '멀리 있는 자를 놀라게 하고 가까이 있는 자를 두렵게 함'은 인심을 생각하여 깨우치게 하는 까닭이니, 공경하여 삼가고[敬愼] 경각하게 하여 감히 태만함과 소홀함으로써 지킬 바를 잃지 않도록 함이다.

마치창馬其昶(1855-1930)은 말한다. 은殷나라의 제도는 형이 죽으면 동생에게 미쳐서, 맏아들만을 오로지하지 않았다. 문왕文王이 『역易』을 엮었으니, 진震 맏아들로 하여금 '비匕'와 '창鬯' 그릇을 잃지 않게 하였으니, 후에 마침내 주周왕실에서 아들에게 (왕위를) 전하는 법이 정해지게 되었다.

상전에서 말한다. 우레가 거듭됨이 진震괘이다. 군자는 (무거운 형벌)을 두려워하여 (몸을) 닦고 살핀다.

[象曰: 洊雷, "震." 君子以恐懼脩省.11)]

---

10) '帝出乎震.'「說卦」傳, 高亨, 611頁.

공영달孔穎達은 말한다. 우레가 서로 이어져, 이에 위엄이 떨친다.

항안세項安世는 말한다. 사람이 두려워할 수 있으면, 떨 뿐만 아니라 닦고 살필 수 있으니, '거듭됨'이 거기에 있다.

(이광지의) 『주역절중周易折中』에서 말한다. "두려워하여 닦고 살핀다."는 것은 군자가 '우레가 거듭됨'을 (겁내는 것)이다.

유원劉沅은 말한다. '거듭됨'의 뜻은 감坎의 상象과 같다. (나의 견해: '감坎'의 상象은, 물이 거듭하여 오는 것을 말한다.) 우레 소리가 서로 이어져 오는 것을 '천뢰洊雷(이어지는 우레)'라고 말한다. 사람마음은 '우레가 없으면 두려워하지 않는 것'은 아니나, 군자가 하늘의 위엄을 두려워하는 것은, 두려움[恐]이 마음에서 생겨서 두려워함[懼]이 모습으로 드러남인 것이니, 자기 몸을 조심하여 다듬어서[脩飭] 일마다 천리天理와 부합되게 하고, 자기 잘못을 성찰하여 일마다 인욕人欲을 막아서, 비록 우뢰가 오지 않는 때라도, 두려워하여 닦고 반성하여 반드시 잠깐이라도 끊기는 때가 없어야한다. 이것이 사람마음이 거듭되는 우레에 진동하게 됨[震]이다. '두려워함'은 처음 '진동[震]'의 상이다. '닦고 성찰함[脩省]'은 거듭된 '진震'의 상이다. '진震'의 의미에는 세 가지가 있으니, 하늘의 '진震'은 우레[雷]이고; 일의 '진震'은 걱정[憂患]이고; 마음의 '진震'은 경계하고 두려워함이다. 양기가 무성함이 지극하면 반드시 퍼지고, 인사人事가 곤란함이 지극하면 반드시 변하며, 지기志氣가 게으르고 안일하면 반드시 놀라게 되니, 이런 도리의 상법[常]이, 곧 이 (진震)괘가 드리우는 상의 뜻이다. '두려워하여 닦고 반성함'은, 대개 사람들이 하늘을 받는 도道의 이유가 되니, 여섯 효의 큰 뜻이 이것을 벗어나지 않는다.

짱홍즈張洪之(1881-1969)는 말한다. 군자의 공부[功]와 닦음이 엄밀하여서 닦으면 닦을수록 두려움을 더하니, 비단 우레의 진동에서만 그것이 드러나는 것은 아니다. (『논어論語』에서,) "재빠른 우레와 바람이 맹렬하면, 반드시 태도를 바꾼다."라는[12] 말과 같으니, 주석에서, "공자는 '비록 밤일지라도 반드시 일어나, 의복과 관을 [갖추고] 앉았다.'라고[13] 했으니, 두려움을 안 것이다. 오직 두려움을 알기 때문에 두렵지 않을 수 있으니, 두려움은 그 자취이고 두렵지 않음은 그 마음이

---

11) 洊은 거듭(重)이고, 省省은 찰察(살핌)이다. 震괘는 우레가 겹친 것이고, 우레는 형벌에 비견되니, 형벌이 자주 일어나서 무거움이 된다. 高亨, 상동.

12) '迅雷風烈必變.' 『論語譯注』, 「鄉黨」篇第十(10:25), 楊伯峻譯注, 상동, 107頁.

13) '만약 강하고 빠른 바람과 몹시 신속한 우레와 많이 오는 비가 있으면, 반드시 (정신이) 변모하고, 비록 밤일지라도 반드시 일어나 의복과 관을 (갖추고) 앉았다.[若有疾風迅雷甚雨, 則必變, 雖夜必興, 衣服冠而坐.' 『禮記今註今譯』, 第十三「玉藻」, 上冊, 王夢鷗註譯, 393, 394頁 참조.

다. 홀로 있을 때에도 삼가는 공부가 엄밀한 것은, 보지 않는 바를 경계하고 삼가고 듣지 않는 바를 두려워하는 것인데, 맹렬한 우레로 인하여 한 번 놀랄 뿐이다. 자기 공부를 지극히 하면, 만물의 백 가지 변화에 내맡겨도 자기 태도는 자신을 시험할 수 있으니, '천성에서 나온 심회心懷[天懷]'는 진정될 것이며, 보는 것은 익숙한 것 같이 된다. 순舜임금이 세찬 바람과 우레와 비에도 길을 잃지 않았음은,14) 곧 공자가 맹렬한 우레와 세찬 바람에 [정신이] 변모한 것과 같다. 대개 하늘의 성냄을 공경함은 진실로 가져야 하는 것이기에, 만약 닦고 반성함이 '우레의 떨림[雷震]'에서만 시작된다고 말한다면, (사람들은) 상도常度를 잃게 될 것이다.

초구효: 우레가 오니 두려운데, (조금) 후에 나중에 아아 웃는 소리는 (무서움이 진정된 것이니,) 길하다.

[初九, 震來虩虩, 後笑言啞啞,15) 吉.]

상에서 말한다. "우레가 오니 벌벌 떨음"은, 두려움이 복을 가져오는 것이다. "깔깔 웃으며 말함"은, "나중에는" 법도가 있게 됨이다.

[象曰: "震來虩虩," 恐致福也. "笑言啞啞," "後"有則也.16)]

우번虞飜은 말한다. (초9효는) 자리를 얻었으므로 길하다.

방현령房玄齡(579-648)은 말한다. 진震괘 초9효는 시작에 신중하니, 두려워하기에 복을 부른다. 예豫괘 초6효는 시작을 선도하고, 안락安樂하니 흉함을 남긴다.

범중엄范仲淹(989-1052)은 말한다. 군자가 마음에서 두려워함은, 생각이 반드시 시작에서 신중함이니, 백 가지 뜻이 도道에서 어긋나지 않는다. 몸에서 두려워함은, [벼슬에] 나아가고 물러남에 위태롭게 행하지[履] 않음이니, 백 가지 행위가 화禍에 걸리지 않는다. 그러므로 초9효에서 우레가 왔으나 복福을 불러온 것이니, 시작에서 신중한 것이다.

곽옹郭雍(1106-1187)은 말한다. (초9효에서) 우레가 작동하는 처음에 두려워하며 닦고 반성하여, 느슨할 수 없으니, 이를 지나치면 위험하다.

왕쉔汪烜(1878-1959) 말하였다. 초9효의 우레는, 일에 앞서서 진동하는 것이다. 만약 웃으며

---

14) '폭풍, 뇌우雷雨와 같은 (열악한) 날씨에도 길을 잃지 않았다[烈風雷雨不迷].'『今古文尙書全譯』,「舜典」, 江灝, 錢宗武譯注, 상동, 23頁.

15) 진震은 우뢰이다. 혁혁虩虩은 두려운 모습이다. 아아啞啞는 웃는 소리이다. 高亨, 422頁.

16) 이는 먼저 두려워하고, 나중에 웃으며 말하니, 두려움에서 두려워하지 않음으로 변환이다. 周振甫, 185頁, 注7. 則은 法則이다. 高亨, 상동.

떠드는 것이라면, 일이 닥친 뒤에 볼 수 있다.

유원劉沅은 말한다. 진震괘는 두 양효가 주인이니, 하괘의 시작이 가장 먼저여서, 천심天心을 회복하고, 이로 말미암아 나아가면 모두 나중이 될 것이다. 그러므로 (초9효는) 단전象傳과 같은 말이어서, (진震)괘의 주인을 밝히며 하나의 '후後'자를 더하였다. 이미 단전象傳에서 '후後'자를 제시했기에, 따라서 하나의 말 바꿈을 허용함이 없음을 나타낸다. 진震괘 초9효에 처하여, 그것 두려워함을 빨리할 수 있으니, 먼저 두려워하는[虩虩] 경계와 두려워함[懼]이 있은 연후에 웃고 떠들며, 아, 아하는, 편안함[安舒]이 있기에, 도모함이 이루어진 후에 정리된 여가餘暇가 있고, 준비한 후에 화목하고 너그럽게 되니, 따라서 (초9효는) 길하다.

리스전李士鉁은 말한다. 초9효에서 '후後'를 말한 것은, 초9효가 길함을 불러오는 근본이 되고, 시작을 본원으로 하여 마침을 끝내는 것이다. 근심하고 노고에서 시작한 자는, 반드시 안락함에서 마친다.

리우치린劉啓琳(1862-1938)은 말한다. 웃고 떠들며 '후後'를 말한 것은, 범문정范文正(范仲淹)이 (「악양루기岳陽樓記」에서 말한) 이른바 '선비는 마땅히 천하의 근심에 앞서 근심하고, 천하의 즐거움을 후에 즐거워한다.'는[17] 것이다. (나의 견해: 먼저 근심하기가 후에 즐거움보다 어려우니, 학식이 있지 않으면 불가능하다.)

• **나의 견해**: 곤坤괘의 초6효에서 '(서리를) 밟음'은 음이 응결되기 시작함이니, 이것은 사람들에게 시작에 신중할 것을 경계한 것이다. 이 (초9)효는 시작을 근심하는 뜻을 '후後'자로써 밝혔으니, 곤坤괘와 같다.

육이효: 우레가 오니 위험하다. 돈을 잃어버렸으니, (그는 당황하여 높은) 아홉 고개에 올랐는데, (돈을) 추적하지 말 것이니, 칠일이면 얻을 것이다.
[六二, 震來厲. 億喪貝, 躋于九陵, 勿逐,[18] 七日得.]
상에서 말한다. "우레가 오니 위험함"은, (나약한 인간이) 강력함에 도전이다.
[象曰: "震來厲," 乘剛也.[19]]

....

17) '先天下之憂而憂, 後天下之樂而樂也.', 『范文正集』卷七,「岳陽樓記」, 宋 范仲淹撰, 電子版文淵閣四庫全書, 上海人民出版社, 1999 참조.

18) 여厲는 위험이다. 억億은 조사이니, 유惟와 같다. 패貝는 옛날의 돈이다. 제躋는 오름(등)이다. 구릉九陵은 아홉 고개[嶺]이니 높음을 나타낸다. 축逐은 추적함이다. 高亨, 422頁.

우번虞飜은 말한다. (62효에서 호체互體인) 간艮 산은 '능릉'이라 칭한다.

(정이의)『이천역전伊川易傳』에서 말한다. (62효는) 초9효의 강剛을 탔으니, (62효에서) 우레가 옴이 이미 맹렬한데, 마땅히 중정中正함을 지켜 스스로 잃지 말아야 하니, (62효는) 지나가면 다시 평상平常으로 돌아온다. 괘의 자리가 여섯이 있으니, 일곱은 다시 시작하는 것으로, 일이 이미 끝나고 때가 이미 바뀐 것이다.

왕종전王宗傳은 말한다. (62효에서) '억億'은 많음이다. 정현鄭玄은, "십만을 억이라고 말한다."라고 하였다. 65효는 많은 것을 잃음이 없으니, (65효의) 상象에서, "크게 잃음이 없다."라고 하였다. '억億'은 큰 수이다.

혜사기惠士奇(1671-1741)는 말한다.『주례周禮』, (「추관사구秋官司寇」의)「조사朝士」직職에서, 「무릇 (유실된) 재화, 노예와 육축六畜[말, 소, 양, 돼지, 개, 닭]을 얻은 자는 관부官府[朝]에 맡기고, '조정朝廷의 관원[朝士]'에게 알리는데, 10일 (뒤에 아무도 찾지 않으면) 그것들을 몰수한다.」라고[20] 하였다. 주석에 따르면, '거지擧之'는 관청[官]에서 몰수함이다. 사시司市의 직무는, 무릇 재화와 육축六畜을 획득한 자가 ['조정의 관리[朝士]'에게 알리고 3일이 (지나면) 몰수하는 것이다. 그러면 잃어버린 돈[貝]은 시장에서는 삼일을 채우지 못하고, 조정에서는 십일을 채우지 못해서, 다시 얻을 수 있음을 알 수 있다. '아홉 재[九陵](높은 언덕)에 오름'은, 조정에 맡기는 것과 같다. 조정에는 '구중九重'이 있고 궁궐에는 '구경九卿[九棘]'이 있으니, 구릉九陵을 말한 것은 상象이다. 『상서尚書』에서, "[마소가 바람나 도망가고 신첩이 도망가거든] 감히 [대오隊伍를] 이탈하여 쫓아가지 말 것이며, [이것들을 얻으면] 공손히 (원주原主에게) 반환하라!"라고[21] 하였다. 나라에서 마을[鄉]을 넘으면 봉토封土를 환수還收하고, 군대에서 '오伍'를 넘으면 형벌이 있다. 그러므로 말[馬]과 주살[弗]을 잃으면 모두 '쫓지 말라[勿逐]!'한 것은, 당시의 왕제王制이다.

유원劉沅이 말한다. (62효는) 변하여 호체互體인 이離가 되니, 거북이[구龜], 말조개[방蚌], 조개[貝]의 상象이다. '우레[震]'는 활동하여 위쪽을 더하기에 충분하니, 65효는 간艮 산 위에 있으니, 62, 65효가 상응하여, 높은 언덕에 오르는 상이다. 초9효는 진震괘의 주인인데, 그 옴이 심히 맹렬하고, 62효가 유柔로써 그것에 올라타지만, 변화해도 (초9효를) 대적할 수는 없으니, 보화寶貨

---

19) 乘剛은 柔乘剛이다. 우레는 剛이고, 사람은 유약하니, 62효가 초9효에 올라탐을 말하는 것으로, 나약한 사람이 큰 우레에 모험을 함이다. 高亨, 423頁.

20) '凡得獲貨賄人民六畜者, 委于朝, 告于士, 旬而擧之.'『周禮今註今譯』卷九,「秋官司寇」第五, 林尹註譯, 상동, 377頁.

21) '勿敢越逐, 祗復之.'『古今文尚書全譯』,「費誓」, 江灝, 錢宗武譯注, 상동, 455頁.

를 버리고서 피하는데, (62효는) 바름을 지켜서, 후에 다시 (그것을) 얻을 수 있다. "태왕太王[古公亶父]이 오랑캐를 피해 기산岐山으로 간 이후에, 마침내 주周나라를 흥성시켰다는 것이 그것을 나타낸다."라고 양자호楊慈湖(楊簡, 1141-1226)는 말하였다.

리스전李士鉁은 말한다. '우레[震]'는 움직임이니, 쫓는[逐] 상이 있다. (호체인) '간艮'은 그침이므로 '쫓지 말라[勿逐]!'이다.

마치창馬其昶은 말한다. 간보干寶(286-336)주注에서, '조개[貝]'는 물에 사는 생물이다. 65효는 '감坎'[물水]을 잡고 있으니, 조개[貝]가 되고, 또한 도둑이 되니, 65, 62효는 상응하지 않아서, 서로 잃으므로, 따라서 62효는 조개를 잃는 상이다. '쫓지 말라[勿逐]!'는 62효의 중정中正함이 변할 수 없음을 말한다. '칠일七日이면 돌아옴[七日來復]'은, 자연의 주기를 이치로 센 것이다. 기제旣濟괘 62효(의 상象)에서, "'칠일에 얻음[七日得]'은 중도中道를 쓰기 때문이다."라고 말하니, 여기[진震괘 62효]에서 생략된 것이 저기[기제旣濟괘 62효의 상象]에서 보인다.

- **나의 견해**: 이 (62)효가 취한 상은, 문왕文王이 조상의 덕을 기술한 것이다.

육삼효: 우레가 두려움을 느릿느릿함이니, 우레가 쳐도 재앙은 없을 것이다.
[六三, 震蘇蘇, 震行无眚. 22)]
상에서 말한다. "우레가 두려움을 느리고 완만하게 함이니, (63효는 음의) 자리가 맞지 않다.
[象曰: "震蘇蘇," 位不當也. 23)]

우번虞飜은 말한다. (호체互體인) '감坎'은 허물이니, 움직여 나오면 바름을 얻는다(나의 견해: 양陽으로 변화됨을 말한다.). '감坎'의 상象이 보이지 않으므로, 허물이 없다.

유목劉牧(1011-1064)은 말한다. (63효에서) '소소蘇蘇'는 천천히 하고 느림이다.

양만리楊萬里(1127-1206)는 말한다. (63효에서) 우레가 쳐도 가지 않으면, 단지 우뢰일 뿐이다. '행行'은 '도모함을 고침[改圖]'이다. 이것은 두려워서 닦고 반성함이다.

정여해鄭汝諧(1126-1205)는 말한다. (63효에서) 옴이 천천하고 느림은, '삶의 부담을 줄이고 생활을 안정시켜서 원기를 회복함[蘇息]'이다(나의 견해: 이 두 가지는 다른 책의 성어成語를 인용하

---

22) 소소蘇蘇는 느린 모습이다. 王弼은, '두려움이 느림[懼蘇蘇]'을 말했다. 생眚은 재난이다. 高亨, 423頁.
23) 소소蘇蘇는 지완遲緩(느리고 완만함)이다. 63효는 음으로 양위에 있으니, '位不當'이다. 高亨, 상동.

여 본 효의 '소소蘇蘇'의 뜻을 해석한 것이다.). 모두 평안하고 느리다는 뜻이다. 초9효의 양은 멀리에 있으니, (63효는) 그것을 쫓아갈 수가 없다.

유염俞琰(1258-1314)은 말한다. (63효에서) 진震의 '다님[行]'은 우레가 떠다님을 말한다. 우레가 활동하여 천하에 행해지니, 만물은 창달暢達하여 재앙이 없다. 만약 행해지는 시기에 창달하지 않으면, 만물은 요절하게 된다. 군자가 이것을 체득하니, 따라서 (63효에서 우레가) 떨치면 재앙은 없다.

유원劉沅은 말한다. (63효에서) '소蘇'는 잠자던 것이 다시 움직임이다. 『상서尙書』에서, '우리 임금이 오시니 소생할 것이다.'라고[24] 하였고, 『예기禮記』(「악기樂記」편)에서, '잠자던 벌레가 소생蘇生한다.'라고[25] 하였다. 63효는 하괘의 진震에서 바야흐로 끝이면서, 상괘의 진震과 또한 접하고 있으니, 음이 양에 의해 진동하는 바가 되어, 되살아나고 또 살아나니, 스스로 편안할 수 없다. 그러나 우레가 발동함으로써, 발분하여 함이 있으니 재앙이 없을 수 있다. (63효는) 음유陰柔로써 그 우레를 이기지 못할까 두려워하므로, 따라서 그것을 북돋아준다. (63효는) 중中하지도 정正하지도 않으므로, 합당하지 않다. (63효는) 오직 자리가 마땅하지 않으므로, 반드시 우레가 작동함에 의하여, 나중에는 재앙이 없을 수 있다.

리스전李士鉁은 말한다. (63효의) 자리가 2괘의 사이에 있으니, 우레 둘이 교대로 행해지는 자리이기에, 진동이 비록 맹렬하지 않으나 일찍이 쉬지는 않았으므로, '우레가 다님[震行]'이다. (63효는) 우레로 인하여 놀라고 두려워하니, 감히 게으르고 탐하여 근심을 낳지 않기에, (63효에서) 허물은 없다.

마치창馬其昶은 말한다. 위의 진震은 일의 경우로써 말하고, 아래의 진震은 마음으로써 말한 것이다. (63효에서) 마음으로 말미암아 생긴 우레는, 상6효에서 중中을 얻지 못한 것과는 다르다.

구사효: 우레가 진흙 위에 떨어졌다.

[九四, 震遂泥.[26]]

상에서 말한다. "우레가 진흙에 떨어짐"은, (효과가) 크지 않음이다.

[象曰: "震遂泥," 未光也.[27]]

---

24) '后來其蘇.', 『古今文尙書全譯』, 「仲虺之誥」, 江灝, 錢宗武譯注, 상동, 118頁.

25) '蟄蟲昭蘇.' 『禮記今註今譯』, 「樂記」, 下冊, 王夢鷗註譯, 상동, 510頁.

26) 荀爽本에는, 수遂가 대隊로 되어 있다. 遂는 隊의 가차이니, 대隊는 곧 옛날의 추墜(떨어짐)이다. '震墜泥'는 우레가 진흙 위에 떨어짐이다. 高亨, 423頁.

정중鄭衆(?-83)은 말한다. (94효에서) 한 몸[一身]이 이미 불안하니, 어찌 대중을 편안하게 할 수 있겠는가?

우번虞飜은 말한다. (94효에서 호체互體인) 감坎은 음들 가운데[中]에 있으니, 준屯괘䷂ 95효와 같은 뜻이므로 아직 광대하지 않다.

(정이의)『이천역전伊川易傳』에서 말한다. (94효는) 강강剛으로써 움직이니, 본래 넓게 형통하는 길이 있다. (94효는) 거듭되는 음에 빠져있으니, 어찌 광대할 수 있겠는가?

항안세項安世는 말한다. 초9효는 일양一陽이 아래에서 활동하니, 우레 본연의 상을 얻었기에, 따라서 [진震]괘와 같은 복福이 있다. 94효는 일양一陽이 4음 가운데서 활동하니, 진震이 변하여 (호체互體인) 감坎을 이루며, 멀리 있는 자를 놀라게 하고 가까이 있는 자를 두렵게 하는 '위세[威]'는 없다.

(이광지의)『주역절중周易折中』에서 말한다. 우레는 양을 올라타고 활동하지만 타는 바의 기氣는 동일하지 않으므로, 소옹邵雍(1012-1077)은, "'물[水]'을 [탄] 우레는 그윽하고[玄], '불[火]'을 [탄] 우레는 빛이 나고[林], '흙[土]'를 [탄] 우레는 이어지고[連], '돌[石]'을 [탄] 우레는 매우 빠르다[霹]."라고 하였다. 대개 우레 소리는 움직임이 있으나 발달하지 못하고, 음기陰氣에 빠져있으므로, 따라서 (94효는) '우레가 진흙에 떨어짐[震遂泥]'의 상이 있다.

유원劉沅은 말한다. '수遂'는 곧게 순종하여 되돌아오지 않음이다. '이泥'는 막혀서 약함[滯弱]이다. 호체인 감坎은 (음들 사이에) 빠지고 또한 호체인 간艮은 그침으로, 따라서 '진흙[泥]'(에 빠짐)이다. 94효는 중中하지도 않고 정正하지도 않아 두 음 사이에 빠졌으니, 우레가 작동하여 음기가 빠지는 바가 됨과 같다. 사람에게 있으면 강덕剛德이 있어 발분하지 않을 수 없지만, 지기志氣가 스스로 이룰[遂] 수 없으니, 이런 저런 생각으로 다 써버리는 때이다.

리스전李士鉁은 말한다. '이泥'는 가라 앉아 막힌다는 뜻이다. (94효는) 위아래로 음이 거듭되니 흙이 되고, 호체인 감坎은 물이 되니, (94효는) '가라 앉아 막히는[泥]' 상이다.

리저밍李哲明(1857-?)은 말한다. '이泥'는 '원대遠大함을 이루는데 장애가 될까 두렵다[致遠恐泥].'의28) '장애[泥]'이다. '수니遂泥'는 ('진흙에 떨어짐[墜泥]'이니,) 2음이 한 단어가 된 말[連綿字]이다.

마치창馬其昶은 말한다. 진震괘 초9효는 일양一陽이 아래에서 활동하니, 마음의 광명이 발하게 되는 첫 깨달음[始覺]이다. 94효는 일어나는 생각들을 모으니, 일을 따라서 따라오고 끊어지지 않

---

27) 光은 廣의 가차이다. 高亨, 424頁.
28) '致遠恐泥.',『論語譯注』,「子張」篇(19:4), 楊伯峻譯注, 상동, 200頁.

으니, 처음 깨달은 광명은 가려질 것이다. 『곡량전穀梁傳』에서, "다음 일을 긴밀히 계속한다."라고[29] 했다. 『상서尚書・서序』에서, "일에 말미암음을 '수遂'라고 한다."라고[30] 하였다. 순자荀子주注에, '수遂는 본받아 좇음[因循]'이라고 하였다. '우레가 진흙에 떨어짐[震遂泥]'은, 곧 소옹邵雍이 말한바 "물[坎]을 [탄] 우레는 그윽하고, 흙[艮]을 [탄] 우레는 이어짐"이다.

육오효: 우레가 와서, (사람들은) 위험한데, 일에서 (크게) 잃은 것은 없다.
[六五, 震往來, 厲, 億无喪有事.[31]]
상에서 말한다. "우레가 와서 위험함"은, 행동에 위험이 있음이다. 일을 정도正道로 하기에, 크게 "상실됨이 없을 것"이다.
[象曰: "震往來厲," 危行也. 其事在中, 大"無喪"也.[32]]

우번虞翻은 말한다. 일은 제사일이다. 종묘와 사직을 지키니 제사의 주인이 될 수 있기에, 따라서 (65효에서) '일에서 잃을 일이 없다.'

육희성陸希聲(801-895)은 말한다. (65효에서) 유柔로써 중中을 행하니[履], 행함이 마땅함을 지나치지 않아서, 잃을 리가 만무하다.

항안세項安世는 말한다. 65효가 겹쳐진 '진震'의 위에 있으므로, '오고감[往來]'이라고 칭하였다. 여厲는 곧 두려워함이다.

왕종전王宗傳은 말한다. 진震은 몸이 초9, 94효에서 이루어지는데, 존귀한 자리를 얻어서 크고 중中하여 천하의 움직임을 주관하는 것은 65효이다.

(이광지의) 『주역절중周易折中』에서 말한다. 춘추春秋(시대)에는, "뭇 제사는 모두 '유사有事'이다."라고 하였다. 62효는 돈[貝]을 잃음으로써 중中이 되고, 65효는 '일에서 잃음이 없음'이기에 중中이 된다.

유원劉沅은 말한다. 초9효의 양은 우레[震]이고 94효 양 또한 우레여서, 65효가 94효 뒤에 있으니, 앞의 우레가 가면 뒤의 우레가 오기에, 그 위험은 62효와 같다. 그러나 62효는 신해[巳]여서 돈을 가질 뿐이므로, 돈을 잃고서 스스로 지킬 수 있다. 65효는 임금이여서, 토지, 인민, 사직 [중] 하

---

29) '遂, 繼事也.', 『春秋穀梁傳』僖公4年, 僖公28年, 文公 7年 등등, 承載撰, 상동, 215, 298, 336頁.

30) '因事曰遂.' 『尚書註疏』, 「康王之誥」第二十五, 『尚書正義』(十三經注疏 精理本) 3冊, 상동, 608頁.

31) 여厲는 위험이다. 억億은 조사이니, 유惟와 같다. 有는 于와 같다. 高亨, 424頁.

32) 中은 正이다. 高亨, 425頁.

나라도 잃을 수 있는 것이 없으니, 따라서 전혀 잃을 것이 없고, 우레가 활동해도 그 중中을 지킨다. (65효는) 두려워하는 마음으로써 중中을 지키고 행하니, 따라서 크게 잃음이 없을 수 있다. '유사有事'라고 한 것은 단지 하나의 위태로움뿐만 아니라, (65효에서) 일의 마침을 밝힌 것이다.

리스전李士鉁은 말한다. 두려워함이 지극하니, 지켜서 더욱 견고해진다. (65효는) 중中에 있으며 일을 하니, 공경하여 게으름을 이기는 자는 길하다. 예로부터 성현은 우려하고 애쓰고 두려워하며 근신하지 않는 자가 아직 없었다.

마치창馬其昶은 말한다. '잃음이 없음'은 '비匕'와 '창鬯' 그릇을 잃지 않음을 말한다. 『논어論語』‧에서, "나라에 도가 있으니, 행실이 바르고 행위가 바르다."라고33) [하였고,] 하안何晏주注에, "바른 행실은 세속을 따르지 않는다."라고 하였다. '행실을 위태롭게[危厲] 함'은, '두려워하여 닦고 반성함[脩省]'이다. 65효는 (진震)괘의 주인이 되니, 초9, 94효의 우레는, 모두 그것들의 우뢰이다. (65효에서) 하나가 가면 하나가 오니, '멀리 있는 자를 놀라게 하고 가까이 있는 자를 두렵게 하여,' 제사의 주인이 되기에 족할 것이다.

> **상육효**: 천둥에 (사람들이) 놀라서 전율하니, 보는 데도 놀라서 사방을 보게 되기에, (이렇게 겁을 먹고, 밖을) 치면 흉하다. 우레가 자기 몸을 치지 않고 자기 이웃을 쳤으니, 탈은 없다. 인척姻戚들에게는 견책이 있을 것이다.
> [上六, 震索索, 視矍矍, 征凶. 震不于其躬, 于其鄰, 无咎. 婚媾有言.34)]
>
> **상에서 말한다.** "우레가 와서 두려워함"은, 정도正道를 얻지 못했기 때문이다. 비록 "흉하지만" "재앙은 없음"은, 이웃(나라)의 재앙을 두려워하여 경계한 것이다.
> [象曰: "震索索," 中未得也. 雖"凶""無咎," 畏鄰戒也.35)]

정현鄭玄은 말한다. (상6효의) '확확矍矍'은 보는 것이 바르지 않음이다.

(정이의)『이천역전伊川易傳』에서 말한다. 성인이, 진震괘의 끝[상6효]에서 사람들에게 두려워하여 (잘못을) 고칠 것을 알게 되는 뜻을 보여주었으니, 권면함이 깊다.

(주희의)『주역본의周易本義』에서 말한다. (상6효에서) 중中은 중심을 말한다.

항안세項安世는 말한다. (상6효에서) '소소蘇蘇,' '삭삭索索'은 모두 우레가 멀어서 소리가 작음

---

33) '邦有道, 危言危行.'『論語譯注』,「憲問」篇(14:3), 楊伯峻譯注, 상동, 146頁.

34) 『經典釋文』(陸德明撰)에 의하면, 색색索索은 놀라서 전율하는 모습이다. 우레가 빠르면 이른바 벽력霹靂(천둥)이다. 확확矍矍은 놀라서 사방을 돌아보는 모습이다. 언言은 견책이다. 高亨, 424, 425頁.

35) 외린畏鄰은 이웃 사람을 두려워하는 것이 아니고, 이웃의 재난을 두려워함이다. 高亨, 상동.

이니, 두려워하기에 부족한 것이다.

심기원沈起元(1685-1763)은 말한다. (상6효에서) '삭삭索索'은 우레가 느슨함[懈]이다. '확확矍矍'은 움직임이 방종함[肆]이다.

유원劉沅은 말한다. (상6효에서) '삭삭索索'은 영락零落해져 실의한 모양이다. '확확矍矍'은 불안한 모양이다. 63효는 외괘의 진震에 접해 있으니, 뜻은 우레의 움직임이 나감을 주로 한다. 상6효는 진震의 끝에 있으니, 뜻은 안정安靜을 주로 한다. 자리를 바꾸어도 모두 그러하다.

이송림李松林(19세기, 청淸나라 학자)은 말한다. (상6효에서) 우레가 비록 이웃에 있으나, 자기에게 있는 것으로 경계하니, 이것이 바로 "두려워하며 닦고 반성하는[脩省]" 뜻이므로 (상6효는) 허물이 없다.

마치창馬其昶은 말한다. (상6효에서) 활동하여 바름을 잃었으니, 따라서 (상6효는) "정벌하면 흉함[征凶]"이다. 상6효는 94, 65효와 몸이 같아서 매우 가까우니, 모두 이웃이다. 상6효는 음이고 94효는 양이니, 94효는 또한 이웃 가운데[中]에서 혼인한다. '말이 있음[有言]'은 '이웃의 경계함'이다. 65효는 초9효의 우레를 써서 '멀리 있는 자를 놀라게 하고,' 94효의 우레를 써서 '가까이 있는 자를 두렵게 함'이다. 두려워하기에 경계하고, 경계하기에 따라서 (상6효에서) '말이 있음[有言]'이니, 그것으로써 혼인이 된다. 상6효는 두려움을 알지 못하여, 이웃의 경계하는 말을 경외敬畏하여 두려워하니[懼], 이것은 그 우레가 마음에서 생겨난 것이 아니고 사람을 핍박하기에, 따라서 (상6효에서) '정도正道[中]를 얻지 못했음'이라 한 것이니, 이른바 [얼굴]빛에서 징험하고 [목]소리에서 드러난 후에 깨우치는 것이다. 선비는 간諫하는 벗이 있으면, 몸소 '좋은 명성[令名]'을 잃지 않으니, (상6효는) "비록 흉하나 허물이 없다[雖凶无咎]."

- **나의 견해(1):** 우레가 처음 오니, 시작에서 두려워하고 경계한다. 그리고 그것이 이미 갔으니, (상6효는) 또한 끝에서 경계한다. 그러므로 (상6효는) 복福을 불러올 수 있다.

- **나의 견해(2):** 이 (진震)괘는, (임금이) '두려워하며 닦고 반성하는 것'으로써 교훈을 삼은 것이다. (통치자는) 오직 두려워하는 때가 절박하기 때문에, (몸을) 닦고 반성할 수 있다. 밖으로부터 두려워할 우레와 진동을 빌려서, 이 마음이 가서 경계하고 두려워함을 알지 못함이 없도록 깨우치게 되면, 자신을 닦아서 게으름이 없게 되기에, 새벽에 안으로 살피는 생각이 한 때[一時]한 일[一事]에서라도 안일할 수 없게 되는 것이다. '사람이 엎어지고 자빠지며[顚沛] 아주 급한[造次] 때'를36) 당하는 것은, (임금이) '얇은 얼음을 밟는 것 같이, 깊은 못에 임함 같이,'37) 두려워할 만

함과 같다. 나라 사이에서 풍우風雨가 나부끼고 흔들리는 [것처럼 불안한] 시기에는 내우외환이 교대로 이어짐이 있지만, 그 위태로움은 곧 (통치자를) 광대하게 한다. 앞을 징계하고 뒤를 삼가는 것은 반드시 이 (진震)괘의 효상과 같아야 하니, 시종 경계하고 두려워하면 화를 면하고 복을 이룬다. (진震괘는) '우레가 거듭되는[洊震]' 상이니, 큰 어려움이 번갈아 일어나도, 심심한 우려는 그치지 않는다. 비록 요순堯舜의 매우 왕성한 세상이라도, 물이 넘실되기에 위수渭水가 바야흐로 갈라지고, 거대한 물길이 홍수에 넘쳐나서 산릉山陵을 뛰어넘었으니, 광대무변하게 하늘에 닿아서, 하민들이 탄식하였는데, 요堯, 순舜, 우禹 세 성인도 두려워서 (몸을) 닦고서 반성하였으니, 당초에는 우레의 진동에 말미암아서 그러한 것은 아니었다. 그러므로 (『회남자淮南子』에,) 「요堯임금이 지은 계戒[堯戒]」에서, "사람은 두려운 마음으로 하루를 살아야 한다. 산에서 넘어지지 않으면 오히려 언덕에서 넘어진다. 작은 일도 방심해서는 안 된다."라고[38] 말하셨다.' (우리는 진震괘에서) 이 뜻을 알 수 있을 것이다.

---

36) '君子無終食之間違仁, 造次必於是, 顚沛必於是.'『論語譯注』, 「里仁」篇(4:4), 楊伯峻譯注, 상동, 36頁 참조.

37) '如臨深淵, 如履薄氷.'『詩經譯注』, 「小雅」, 「小旻之什」, 「小旻」, 袁梅著, 상동, 549頁.

38) 「堯戒」曰: "戰戰慄慄, 日愼一日. 人莫蹪于山, 而蹪于垤.'", 『淮南子全釋』, 卷十八「人間」, 下卷', 상동, 1051頁.

52. 간艮괘 ䷳

간艮괘: 그는 등을 주시했는데, 그의 몸은 볼 수 없었다. 그의 마당을 가보았으나, 그 사람은 볼 수 없었는데, (그가 은둔했을 것이니,) 탈은 없다.
[艮: 艮其背, 不獲其身. 行其庭, 不見其人,[1] 無咎.]

『설문해자說文解字』(許愼撰)에서 말한다. "간艮은 '거역함[很]'이다. 비匕와 목目을 따랐다. 비목匕目은 노怒한 눈으로 서로 보고, 서로 양보하지 않음이다."[2]

이정조李鼎祚(8세기, 당唐나라 역학자)는 말한다. 간艮은 대궐문[門闕]인데, 지금 순전히 간艮이니, 양 문 사이에서 (보이는) 정원 안의 상이다.

호병문胡炳文(1250-1333)은 말한다. 사람의 몸에서 오직 등만 움직이지 않아서, 간艮은 그치는[止] 상이다. 몸을 보지 못함은 내괘의 간艮이고, 사람을 보지 못한다는 것은 외괘의 간艮이다.

이광지李光地(1642-1718)는 말한다. 배背란 글자는, 북北을 따르고 고기[肉]를 따른다. 천지인天地人의 도道에서 남南은 동서東西와 더불어 모두 보이지만, 북北에서만 유독 숨어있다. (천지인天地人의 도道는) 앞과 좌우에서 모두 볼 수 있지만, 뒤에서는 볼 수 없다.

유원劉沅(1767-1855)은 말한다. (간艮괘에서는) 일양一陽이 두 개의 음 위에 멈춰있으니, 올라감이 궁극에 이르러 그친 것이다. 또한 간艮은 산山이다. 아래 곤坤 흙은 산의 바탕[質]이다. 가볍고 맑은 것은 위에 있고 무겁고 탁한 것은 아래에 있으니, 간艮의 상이다. 「서괘序卦」전에서, "우레는 움직이는 것이다. 사물이 끝까지 움직일 수는 없고 그치기에, 따라서 이것을 간艮괘로써 받았다."라고[3] 하였다. 진震은 고요함이 정점에 이르러 움직이게 되는 것이니, 자연에 유행하는 기氣이다. 간艮은 움직임이 정점에 이르러 고요해지는 것이니, 곤坤 흙[土]의 안정이다. 두 (진震간

---

1) 위의 艮은 괘명이고, 아래의 艮은 돌아봄[顧]이니, 주시함이다. 획獲은 마땅히 호護(보호하다)로 읽어야 한다. 高亨, 427頁.

2) '艮, 很也. 從匕 、目, 猶目相匕, 不相下也.', 『說文解字』, 匕部, 東漢 許愼著, 상동, 666頁.

3) '震者, 動也. 物不可以終動, 止之, 故受之以艮.' 「序卦」傳, 高亨, 650頁.

艮)괘를 합하여 동정動靜이 교대로, 서로 길러주는 공을 얻게 될 것이다. 음양 두 기의 유행은 존재함과 주재함이 항상 태극에 귀의하게 된다. (艮괘에서) 등[背]은 양기陽氣가 따르는 것으로, 오관五官과 백해百骸의 주인[主]이니, 본 것을 수합하고 들은 것을 돌이켜서, 자기 자리에서 멈추고 스스로 몸을 드러내지 않는다. 마치 천지天地의 고요함이 지극하면 만물이 모두 편안한 것과 같다. 성인은, 艮괘가 천지에 있는 것에 말미암아, 사람들이 이것을 체득하기를 바랐다. '그는 등을 주시했음[艮其背]'은, 주정主靜하는 지극한 공功이고 존양存養하는 요체인 도道이다. (艮괘 괘사卦辭에서)) 먼저 (艮괘를 정의하는 이) 다섯 문구[句]의 16글자[字]로써[4] 일기一氣가 관통해 나갔으니, 직접 그 (艮괘의) 상을 가리킨 것이지, 괘명卦名을 앞에서 다시 말하지 않았다. 정庭은 마음속의 집이다. 艮은 궐문이 된다. 두 개의 艮 사이는 정庭을 상징한다. 호체인 진震은 '다님[行]'을 상징한다. 마음을 씻고 은밀한 데에 물러나 숨어있으니, (한 몸의 주인인) 마음[心君]은 '정사政事를 처리하는[聽事]' 정원[庭]이 되는데, 비어있어 사람이 없는 것 같으니, 고요히 있는 요체를 얻은 것이다. 그러므로 (艮괘에는) '탈이 없다[无咎].'

리스전李士鉁(1851-1926)은 말한다. 진震은 건乾의 초9효를 얻어 양기陽氣가 바야흐로 일어나니 움직인다. 艮은 건乾의 상9효를 얻어 양기가 이미 끝났으니 멈춘 것이다.

• **나의 견해(1)**: 산뢰山雷 이頤괘에서, 이頤가 말을 하고 음식을 먹을 수 있는 것은, 실제 이頤가 위에 있기 때문에, 산이 움직이지 않는 것을 상징하고; 이頤가 아래에 있는 것은 우레의 움직임을 상징한다. 艮이 멈춤이 되는 까닭은, (등은) 온몸이 모두 스스로 움직이는 것을 맡고 있으나, 등은 끝내 스스로 움직이지 못하고, 단지 몸에 따라서 움직인다. 등은 사람 몸에 있으나, 여러 움직임 중에 스스로는 움직이지 못하는 것이니, 많은 사람들은 이점을 소홀히 생각하기에, (艮)괘가 그런 (등의) 상을 밝히고 있다.

• **나의 견해(2)**: 사람 몸의 맥락은 모두 등에 묶여있다. 움직이지 않는 등이 있어서, 전신의 움직임이 이에 주재자를 갖게 된 것이다. (艮괘에서) 움직임은 고요함을 임금으로 삼음을 볼 수 있다. 자기 몸을 사사로운 것으로 여기지 않으니 '얻지 않음[不獲]'이다. 사람들에게 보이지 않으니, '보이지 않음[不見]'이다.

---

4) 이것은 艮괘의 卦辭, 즉 '艮其背, 不獲其身. 行其庭, 不見其人. 无咎.'에서 '다섯 구절[五句]'과 五句를 이루는 총 '16字'를 말한다.

단전에서 말한다. 간艮괘는 멈춤이다. 때가 멈출 때면 멈추고, 때가 갈 때면 가니, 움직이거나 정지해도 자기 때를 놓치지 않으니, 그 길이 광명하다.

[彖曰:「艮」, 止也. 時止則止, 時行則行, 動靜不失其時, 其道光明.]

양시楊時(1053-1135)는 말한다. 간艮은 만물이 끝과 시작을 이루는 곳이다. 여기에서 멈추고 다시 진震에서 나온다. 따라서 '때가 멈출 때면 그치고[時止],' '때가 갈 때면 간다[時行].'라고 말한다.

(주희의) 『주자어류朱子語類』에서 말한다. 안정되면 밝다. 『장자莊子』에서 이른바, '상하사방[宇]이 크게 안정되면, 하늘의 광망光芒이 발산함'이라고5) (말했다.) (나의 견해: 마음이 깃든 곳이 태우泰宇이다. 태우泰宇는 곧 마음의 집이다. 천광天光은 곧 마음의 빛이다. 마음의 집이 일단 정해지면 마음의 빛이 자연스럽게 발현된다.)

정여해鄭汝諧(1126-1205)는 말한다. 성인의 멈춤은, 앞서서 사물들이 활동하니 어지럽혀지지 않는다. 행함이 나의 멈춤에 누가 되지 않고, 움직임이 나의 고요함에 해가 되지 않는다. 이것이 도道가 밝게 빛날 수 있는 이유이다.

서기徐幾(13세기, 남송南宋 역학자)는 말한다. 광명은 양덕陽德이다. 간艮은 일양一陽으로 2음陰 위에로 나아가 있으니, 광명이 드러나고 보여서, 2음陰에 의해 가려질 수가 없다.

유원劉沅은 말한다. (간艮괘는,) 때가 마땅히 멈추어야 할 때에 멈추니, 이런 멈춤이 진실로 멈춤이다. 때가 마땅히 행해야 할 때 행해지니, 행함 또한 멈춤이라 한다. 동정動靜은 오직 때가 있으나, 안으로 자신이 있음을 보지 못하고, 외부에 있는 감응의 연고를 잘라내며; 밖으로 다른 사람을 보지 못하니 외물과 교류하는 어려움이 없다. 마음속에 주재함이 있어, 신명이 혼란스럽지 않아 '본성本性[性體]'이 스스로 드러나 빛난다. 천지天地는 사람과 이 이기理氣의 근원을 함께 하며, 무위無爲하면서도 행하지 않음이 없으니, 멈춤에 이르지만 일찍이 멈춘 적이 없다. 태극太極은 움직이게 하나 움직임이 없고, 고요하게는 하나 고요함이 없다. 성인聖人이 '본성[性]'을 다하는 때도 또한 이러하다. 만 가지 변화가 앞에 있으면 무심함으로 응하여, 법도를 넘지 않는다. 정원[庭]은 마음이 사태에 응하는 곳이다. 사람 몸에서는 심장 아래 격막[膻中]이 된다. 등은 마음이 물러나 숨는 곳이다. 『시詩』에서 '힘써 노력하네[宥密]!'라고6) 했는데, 『역易』에서도, '밀처[密]'라고7)

---

5) '宇泰定者, 發乎天光.' 『莊子淺注』, 「庚桑楚」篇, 曹礎基著, 상동, 351頁.

6) '成王不敢康, 夙夜基命宥密.' 『詩經譯注』, 「周頌」, 「淸廟之什」, 「昊天有成命」, 袁梅著, 상동, 947頁.

7) '聖人以此洗心, 退藏于密.' 「繫辭」上傳, 高亨, 535頁.

말한다. 『연산역連山易』은 간艮괘를 가지고 처음을 삼았다. 문왕文王 팔괘八卦에서 간艮은 동북쪽에 있으니, 시작과 마침을 이루는 뜻을 취하며, 이 (간艮)괘는 사람과 하늘이 함께 만든 이치이다. 함양涵養이 오래되면 때에 따라 멈추고 때에 따라 나아가는 오묘함을 얻게 되니, 이 이치는 천지의 오묘함에 관계하는데, 공자는 고무하고 감탄하는 말을 했다. 사람 몸이 감통하는 기미는 심장의 쓰임에서 가장 절실하다. 함咸괘 93효의 양은 가운데 있는데, 94효가 특히 가운데의 가운데이다. 그러므로 94효로 심장心을 삼고, 95효로 등을 삼고, 상6효로 입[口]을 삼는다. 간艮괘는 오직 93효 하나의 양陽이 가운데 있으니, 따라서 93효로 심장을 삼고, 64효로 등을 삼고, 65효로 입을 삼는다. 함咸괘의 94효는 동동거리며 왕래하니 마음이 망령되이 감응하여 활동한다. 간艮괘의 93효는 마음의 눈에 깊고 엄하게 흘리게 되니 마음은 망령된 생각을 멈추게 된다. 마땅함을 얻지 못하면 움직임은 진실로 그르게 되고, 고요함 또한 그르게 된다. 마땅함을 얻으면 고요함은 진실로 고요하고, 움직임 또한 고요하다. 『장자莊子』에서, "유독 고요함만이 뭇 고요함을 고요하게 할 수 있다"라고[8] 말한다. 대개 또한 이것을 안[知] 것이다.

심선등沈善登(1830-1903)은 말한다. 현재 처한 '자리[位]'로 때를 따르니, 체體와 용用이 떨어지지 않는다. (나의 견해: 고요함은 '현재 있는 자리[素位]'로 기반을 삼는다. 움직임은 때를 따르는 것을 기준으로 삼는다. 이것이 동정動靜이 그 때를 잃지 않는다는 것을 가리킨다.) 만물이 마침과 시작을 이루는 것은 인심人心의 전체와 큰 역학易學의 광명이 그렇게 한 것이다.

리스전李士鉁은 말한다. 정靜 중에 동動이 있으니 뜰에서 다닌다고 한다. 비록 움직이나 또한 고요하니, 그 사람을 보지 못한다. 몸을 얻지 못하는 것은, 안으로 자신을 보지 못하는 것이다. 고요할 때에 고요함은 내괘인 간艮괘이다. 사람을 보지 못하는 것은, 밖에서 사람을 못 보는 것이다. 움직일 때의 고요함은 외괘인 간艮괘이다. 예전에 주렴계周濂溪(周敦頤, 1017-1073)가 "주정主靜"을 말했는데, 많은 사람들이 잘못 이해하여 동정動靜을 분리해서 정靜으로 이해하였고, 동정動靜이 합해져 정靜이 되는 것을 알지 못했다. 하늘의 운행은 한 순간도 멈추지 않지만 끝없이 푸른빛이 항상 그러하고; 땅의 운행 역시 한 순간도 멈추지 않지만 광대함이 항상 그러하다. 따라서 수레바퀴의 움직임은 움직이지 않는 것이 함께 갖추어져 있는데, 이는 바퀴 축을 가리키는 것이 아니다. 물결이 흘러가는 것은 흘러가면서도, 맑음이 있는데, 이는 진흙모래를 가리키는 것이 아니다. 주정主靜이라는 것은, 정靜도 정靜이고 동動도 정靜이니, 청정함이 오염되지 않아 동정動靜이 하나와 같다. 이러면 진정한 정靜이다.

---

8) '人莫鑑於流水, 而鑑於止水, 唯止能止衆止.' 『莊子淺注』, 「德充符」第五, 曹礎基著, 상동, 74頁.

• **나의 견해(1)**: 증문정會文正(曾國藩, 1811-1872)이, "하루에 삼군三軍을 대하는데 내 생각은 한결같아 저들이 어지러워도 어지럽지 않다."라고 말했다. 나충절羅忠節(羅澤南, 1807-1856)이, "군사를 부려서 힘을 얻는 곳은 모두 '그침을 안 이후에 정해짐이 있다.'는 한 구절에 있다."라고 말했다. 모두 간艮괘 멈춤을 밝힌 것이다.

• **나의 견해(2)**: 하늘의 빛이 땅 위를 비추니 산山이다. 간艮괘는 산이 된다. 하나의 양이 위에 있으니, 하늘빛의 밝음이다. 간艮괘의 자리[位]는 동북이고, 겨울과 봄의 사이에 있다. 따라서 (간艮괘는) 마침과 시작을 이룬다. 마침을 이루면 그칠 때이고, 시작을 이루면 행할 때이다.

등에 (짐 지는 것을) 그치니, 그 직분을 그친 것이다.
[艮其止, 止其所也.]

(주돈이周敦頤의)『통서通書』에서 말한다. 「'등을 주시함[艮其背]'에서, 등은 보이지 않는다. 고요하면 멈추니, 멈춤은 함[爲]이 아니다. 함[爲]은 그침이 아니니, 그 도道가 깊도다!」[9]

항안세項安世(1129-1208)는 말한다. 조열씨[晁說之, 1059-1129]는, '단전象傳에서도 또한 마땅히 "등을 주시함[艮其背]"이 되어야 한다.'라고 말한다. 왕필王弼(226-249) 이전에는 '간지艮其止'라는 설명은 없었다. 살펴보니, 고문古文에서 배背자는 북北으로 되어있다. 따라서 와전된 것이 지止이다.

왕쑤난王樹枏(1851-1936)은 말한다. 우번虞飜주注에서, '등을 주시注視함[艮其背]'은 '반대쪽을 봄[背]'인데, 두 상象이 서로 배치되니, 따라서 서로 함께 할 수 없는 것이라고 했다. 이것은 우번虞飜본本에서는 '배치[背]'라고 쓴 것이 더욱 확실한 증거가 된다.

마치창馬其昶(1855-1930)은 말한다. 간艮괘의 단전象傳에 대해 오직 주돈이周敦頤만이 그 뜻을 얻었다. 보이지 않고 하지 않는다고 말한 것은, 6획의 간艮괘는 '보이지 않아[不見] 하지 않음[不爲]'을 '멈춤[止]'으로 여긴 것이니, 이것은 정지靜止에 치우친 것이다. 기其는, '함[爲]이 그침이 아님'을 말한 것이니, 이 3획의 간艮은 동정動靜을 겸하여 말한 것이다. 사물을 끊지 않는 것을 '함[爲]'이라고 하니, 때가 행할 때면 행함은 '그치지 않음[不止]'이라고 한다. '하면서 함이 없고[爲而不爲]', '그치지 않으며 그치니[不止而止],' 이른바 움직여도 안정되고 고요해도 안정되는 것이다. 그 도道가

---

9) '艮其背, 背非見也; 靜則止 止非爲也. 爲, 不止矣, 其道也深乎!', 『周公元集』卷一, 「通書」, 蒙艮第四十, 電子版文淵閣四庫全書, 上海人民出版社, 1999 참조.

깊도다! 단지 허물이 없는 데, 그치지 않는다.

  ● **나의 견해**: 그침에서 그 그치는 바를 안다. 군자는 인仁에서 그치고, 신하는 경敬에서 그치고, 자식은 효孝에서 그치고, 아비는 자慈에서 그치고, 사귐은 신信에서 그친다. 이것은 모두 그침을 알아서, 그 그치는 바를 얻는 것이다.

  (초6, 64효가 음이니 유柔이고, 93, 상9효가 강剛이니), 위와 아래가 (이처럼) 적대하며, 서로 돕지 않는다. 이 때문에 그 사람을 얻을 수 없고, 그 집(마당)에 가도, 그 사람을 볼 수 없으니, (즉 은둔했으니), 재앙은 없을 것이다.
  [上下敵應, 不相與也.10) 是以不獲其身, 行其庭, 不見其人, 無咎也.]

  공영달孔穎達(574-648)은 말한다. 응應함은 하나의 음과 하나의 양, 2몸[體]이 적대적이지 않음이다. 지금 (간艮괘에서) 상하의 자리에 있는 효가 모두 대치한다. 따라서 '서로 함께 하지 않는다.'라고 말한다. 여덟 개의 순괘純卦는 모두 6효가 응하지 않는데도, 홀로 여기[艮괘]에서만 말을 하는 것은, 이 괘는 이미 그치고 교류하지 않는데, 효爻 또한 대치하여 응하지 않기에, (간艮괘에서) '그침[止]'의 뜻과 서로 어울리기 때문이다.

  소식蘇軾(1037-1101)은 말한다. (간艮괘는) 자기 장소에 멈추기 때문에 그 몸이 사로잡히지 않는다. (간艮괘는) 적대적으로 응하며 서로 함께 하지 않기 때문에 사람을 못 보는 것이다.

  정여해鄭汝諧는 말한다. (간艮괘에서) 상하가 적대적으로 응하며 서로 함께 하지 않는 것은, 사람들이 서로 배척하는 것과 비슷하다. 따라서 (간艮괘에서) '등을 주시注視함[艮其背]'이라고 한다. 등을 돌리면 갖고 싶은 것을 못 봐서, 마음이 혼란스럽지 않다. 겨우 탈이 없을 뿐이다. 탈이 없다는 것은 지극히 좋은 것은 아니다. (단彖)전에서, '간艮괘는, 그침[艮止]이라고 말하는데, 이 3획이 간艮괘가 된 것은 성인聖人의 일이다. 또 (간艮괘에서) '등을 주시注視함[艮其背]'이라고 한 것은, 자기 장소에 멈춘 것이다. 이것은 중첩된 괘가 간艮이 되고, 여섯 개의 자리[位]가 서로 함께 하지 않음을 이루는 것이다. 무릇 멈추어 자기 장소에 멈추는 데에 이른 것은, 하나를 잡는 것[執一]을 말하는가?

---

10) '艮其止'에서 止는 마땅히 背가 되어야 한다. 背의 古字는 北이니, 北을 잘못하여 止로 본 것이다. 所는 職位이고, 與는 돕다(助)이다. 획獲은 마땅히 得이다. 高亨, 428頁.

양석여梁錫璵(1697-1774)는 말한다. 끝과 시작을 두렵게 여기면 그 요체는 탈이 없다. 간艮괘는 종시終始를 겸하니, (간艮괘에서) 홀로 탈이 없는 뜻을 나타내는 것이다.

유원劉沅은 말한다. (간艮괘는) 안으로 자신을 보지 않아서 외부를 느끼는 인연을 끊어버린다. (간艮괘는) 밖으로 사람을 보지 않아서 사물과 교류하는 번거로움이 없다. 따라서 (간艮괘는) 탈이 없다.

이임송李林松(1770-1827)은 말한다. (단전彖傳에서) 두 간艮괘가 서로 배척하여 서로 보지 않음을 말한 것이다. 예禮에 따르면, 천자는 외병外屛, 제후는 내병內屛, 대부大夫는 휘장[帷], 사士는 발[簾]이 있어서, 대문 안의 뜰을 가로 막아, 내외의 구별이 있었다. 따라서 '그 집(마당)에 가도, 그 사람을 볼 수 없음[行其庭, 不見其人]'이라고 한다.

상전에서 말한다. 두 개의 산山이 병립하고 있음이 간艮괘이다. 군자는 자기 직위를 뛰어넘어 (남의 일에 간여를) 생각하지 않는다.

[象曰: 兼山,11) "艮," 君子以思不出其位.]

"동씨董氏는 말한다. 양兩뇌雷, 양兩풍風, 양兩화火, 양兩수水, 양兩택澤은, 모두 서로 왕래하는 이치가 있다. (간艮괘에서) 오직 두 개의 산이 병립하여 서로 왕래하지 못하니, 이것이 '그침[止]의 상'이다."12)

유종주劉宗周(1578-1645)는 말한다. 생각은, 마음이 관리하는 것이다. 마음이 직분을 버리지 않고, 생각이 자리를 벗어나지 않는다면, 생각을 했으나 일찍이 생각한 적이 없는 것이다. 생각했으나 일찍이 생각한 적이 없다는 것은, 그쳤으나 일찍이 그친 적이 없는 것이다.

(이광지의) 『주역절중周易折中』에서 말한다. 잡스럽게 흔들리는 생각은, 욕구 때문에 움직이는 것이다. 미세함을 통찰하는 생각은, 이치가 깊은 것이다. 『대학大學』에서, "안정된 후에 사려할 수 있다."라고13) 했으니, 대개 '자리[位]를 벗어나지 않았다.'는 말이다.

왕부지王夫之(1619-1692)는 말한다. 천지 변화의 관건은, 모두 간도艮道에는 없다. (간艮괘에

---

11) 兼山은 두 개의 山이 병립함이다. 高亨, 상동.

12) '董氏曰: 「兩雷兩風兩火兩水兩澤, 皆有相往來之理. 惟兩山竝立, 不相往來, 此止之象也.」, 『周易孔義集說』卷十七, 「大象」傳, 「兼山艮君子以思不出其位」, 淸 沈起元撰, 電子版文淵閣四庫全書, 上海人民出版社, 1999 참조.

13) '安而後能慮.' 『大學今註今譯』1章, 宋天正註譯, 상동, 2頁.

는) 오직 이미 이루어진 형상을 갖고 있으니, 산이 이것일 뿐이다. 물[水]의 향배嚮背, 구름 낀 날의 흐림과 갬, 초목의 다른 형태들, 풍속의 다른 실정들은, (간艮괘에서) 매번 산의 구획을 두 구역이 되게 하니, 제한하지만 그 영역을 넘어서지 않는다.

유원劉沅은 말한다. 뇌雷, 풍風, 화火, 수水, 택澤은, 모두 두 개가 서로 왕래하는 상인데, (간艮괘에서) 오직 두 개의 산이 병립하여 서로 왕래하지 못하니, '그침[止]'의 상이다. (간艮괘에서) 자리는 내외를 겸하여 말한 것이다. 고요하여 미발未發 중에 멈추고, 움직여서 천리의 법칙에서 멈추니, (간艮괘는) 모두 자리[位]를 벗어나지 않았다. 인심人心은 생각으로 영명해지고 또한 생각으로 망령되게 된다. 오직 안으로 그쳐서 그 생각의 근원을 깨끗이 하고, 밖으로 그쳐서 그 생각의 올바름을 얻어야 천지天地의 동정動靜과 서로 조화할 수 있을 것이다.

짱홍즈張洪之(1881-1969)는 말한다. 마음은 이치에 멈춰 그 집을 편안히 하여 그 자리를 얻는다. 만약 한 터럭의 생각이라도 섞인다면, 이것은 곧 자리를 벗어난 것이다. 성인이 넘어서지 않는 것은, 사물이 오면 순응하기 때문이다. 현자가 벗어나지 않는 것은, 잡념이 없기[主一無適] 때문이다. 배움이 지극한 선善에 이르려면, '삼가 함[敬]을 위주로 하여 이理를 궁구함[主敬窮理]'에 달려있다. 궁리窮理하면 멈춤을 알고, 주경主敬하면 멈춤을 얻는다. 멈춤을 알아 멈춤을 얻으니, 곧 『대학大學』에서 말한, "지극한 선에서 멈춤[止於至善]"이다.[14] 멈춤을 아는 것으로 시작하여, 마침이 되는 뜻을 얻을 수 있다. 이것은 증자曾子가 서술한 것으로, 또한 '생각이 자리를 벗어나지 않는다는 것'에서 나왔다. 일찍이 스스로 체험하여 이 말을 한 것이니, 그 뜻이 더욱 깊다. 대개 성인의 문으로 들어가는 학문은 다르니, 안자[顏回]는 복復괘에서 힘을 얻었고, 증자曾子는 간艮괘에서 힘을 얻었다.

초육효: 자기 발로 (가지 않고) 멈추니, 탈이 없고, 영구히 바르면 이롭다.

[初六, 艮其趾, 無咎, 利永貞.[15]]

상에서 말한다. "발을 멈추었음"은, 바른 것을 아직 잃지 않음이다.

[象曰: "艮其趾," 未失正也.]

(정이의)『이천역전伊川易傳』에서 말한다. (간艮괘에서) 일이 초6효에서 멈추니, 올바름을 잃는

---

14) '在止於至善.'『大學今註今譯』1章, 宋天正註譯, 상동, 2頁.

15) 간艮은 그침이다. 貞은 正이다. 高亨, 429頁.

데에 이르지 않았으니, 따라서 탈이 없다. (초6효는) 유柔함으로 아래에 있으니, 그것이 항상 되지 못할까 걱정하고 견고하지 못할까 걱정한다. 따라서 (초6효는) '오래도록 올바르면 이롭다[利永貞].'

주진朱震(1072-1138)은 말한다. 초6효는 '바르지 않음[不正]'이라 탈이 있어야 마땅하다. 일이 초6효에 멈추니 그 멈춤이 '이르다[早]'할 것이니, (초6효는) 올바름을 잃지 않는다.

유원劉沅은 말한다. 초6효는 아래에 있으니 발[趾, 足]의 상이다. 일[事]이 초6효에 멈추니 시작에 신중한 것이다. 이치상 마땅히 멈춰야 할 것은 '바름[正]', 곧 '정貞'이라 한다.

주준성朱駿聲(1788-1858)은 말한다. 간艮자는 사람 눈이 서로 나란하지 않은 것이다. 따라서 여섯 효가, 모두 사람 몸으로 뜻을 취했다.

리스전李士鉁은 말한다. 초6효는, 움직임이 없음에 앞서서 멈췄다. 사물이 오면 순응하고, 사물이 아직 오지 않았으면, 마땅히 그쳐야 한다. 초6효는 사물이 아직 오지 않았을 때 그치고, 움직이지 않으니 고집이 없고 기필하는 것이 없고, 거스르고 속이지 않고, 추측하지도 믿지도 않으니, 탈이 없을 수 있다. 물이 오래돼서 맑아지면, 진흙이 아래로 간다. 마음을 오래도록 비우면, 좋아함과 욕구가 사라진다. 따라서 (초6효에서) 오래도록 바르고 확고한 것이 이롭다.

마치창馬其昶은 말한다. 간艮괘의 여섯 효는, 모두 멈추고 변하지 않는다. 오래도록 곧은 것이, 이로운 것은 곤坤의 쓰임이다. 오래되면 사물이 완성되니, 초6효가 시작을 이루는 까닭이다. 간艮[의 멈춤]과 마침을 두텁게 하는 것은, 상9효가 마침을 이루는 까닭이다. (초6효가) 아직 올바름을 잃지 않았다고 말한 것은, 사람들이 초6효가 '바름을 잃은 것'으로 의심할까 걱정해서이다. 따라서 특별히 이를 밝힌 것이다.

육이효: 자기 장딴지를 멈추게 하니, 남들을 계속 따라갈 수 없기에, 그 마음이 유쾌하지 않다.
[六二, 艮其腓, 不拯其隨,[16] 其心不快.]
상에서 말한다. (남을) "따라가지 않음"은, 물러나서 (남의) 말을 듣지 않음이다.
[象曰: "不拯其隨," 未退聽也.]

소식蘇軾은 말한다. (62효는) 아래에서 그치고 위(의 말)을 듣지 않으니, 위에서 불쾌한 바가 있다.

---

16) 비腓는 장딴지이다. 증拯은 승承으로 읽으니, 계繼(잇다)이다. 수隨는 남들을 쫓아다님이다. 高亨, 429頁.

장준張浚(1097-1164)은 말한다. (호체인) 감坎은 마음병이니, (62효는) 불쾌함이 된다.

유원劉沅은 말한다. 장딴지[腓]는 발의 튀어나온 부분으로 발가락 위쪽에 있다. 물러남[退]은 93효가 물러나 62효에게 가는 것이다. 62효는 아래에 있고 93효는 위에 있다. 양陽의 성질은 위로 가려 하니, 어찌 물러나 62효의 도움을 따를 수 있겠는가? 호체互體인 감坎은 마음의 병이 된다. 따라서 (62효는) 불쾌하다. 또 (62효는) 귀의 통증이 된다. 따라서 (62효는) 듣지 않는다고 말한다.

리스전李士鉁은 말한다. 호체인 감坎은 마음이고, 또한 근심을 더하는 것이어서, (62효는) 불쾌不快라고 한다.

마치창馬其昶은 말한다. 하체인 넓적다리, 장딴지, 발 세 개는 움직임과 멈춤에서 서로 따른다. 함咸괘 93효의 넓적다리는 발을 따라서 움직이고, 간艮괘 62효의 장딴지는 발을 따라서 멈춘다. 93효는 내괘의 임금이니, 마음의 상이다. 마음[天君]은 태연하고 뭇 기관이 명령을 따른 후에 유쾌[快]해진다. 62효는 본래 중정中正한데 장딴지의 자리에 있으니, 간艮의 때를 만났으나, 장딴지는 발이 서로 따름을 진작시키지 못하기에, 그칠 뿐이다. 따라서 (62효는) 자기 마음을 불쾌하게 한다. 배움[學]을 고집하고 지키는 것이 너무 지나치고, 형태와 자취의 말단에 머물러 있으니, 마음이 하늘과 함께 노닐지 못한다. '밖을 제어하고 가운데[中]를 기르는 배움[學]'이란, 이와 같지는 않음을, (62효는) 어찌 알겠는가?

구삼효: 허리를 굽혀 인사하려는데 (허리가 굽혀지지 않으니, 임금이 격노하여 채찍으로 후려치기에,) 그의 등뼈살점이 찢겨나가서, 위험하고 (마음은) 혼란해졌다.
[九三, 艮其限, 列其夤, 厲薰心.17)]

마융馬融(79-166)은 말한다. (93효의) 인夤은 등골뼈의 살점이다.

우번虞飜(164-233)은 말한다. (호체互體인) 진震은 일어나고, 간艮은 멈춤이니, 따라서 (93효에서) 그의 등뼈살점이 찢겨나감이다.

왕필王弼(226-249)은 말한다. (간艮괘 93효에서) 한限은 몸의 중간[허리]이다. 93효는 두 상象의 가운데에 해당한다.

공영달孔穎達(574-648)은 말한다. (93효에서 보면,) 허리에서 그치면 상하가 통하지 않기에, 이

---

17) 艮은 그침[止]이다. 한限은 허리[腰]이다. 李鼎祚의 『周易集解』本에서 열列은 열렬(찢다)이니, '가죽과 살皮肉'이 찢겨나감이다. 인夤은 인膹과 같으니, 협척육夾脊肉, 즉 등뼈고기이다. 여厲는 위험이다. 『周易集解』本에서, 훈薰은 혼闇이다. 훈薰, 혼闇은 모두 혼惛의 가차이니, 마음속의 혼란이다. 高亨, 430頁.

것이 자기 등뼈살점이 찢겨나가는 것이다.

이광지李光地(1642-1718)는 말한다. 함咸괘는 세 개의 양의 가운데 효를 취하여 마음[心]으로 삼았다. 간艮괘는 가운데 있는 양陽효[93효]를 취하여 마음[心]으로 삼는 것이다.

유원劉沅은 말한다. 한限은 경계이니 몸의 가운데 허리를 말한다. 93효는 상하의 몸[體] 사이에 있으며, 일양一陽으로 괘의 중간에 있다. 따라서 (93효는) 마음[心]을 상징한다. 몸에 만약 혈맥이 통하지 않고, 물과 불도 구제할 수 없다면, 마음의 따뜻함도 불안해지니, (93효는) 스스로 주인이 될 길이 없다.

리스전李士鉁은 말한다. 93효는 일양一陽으로 4음 사이에 있으니 분열하는 상이다. (93효는) 두 산 사이에 있으니, 역시 분열하는 상이다. (93효는) 분열하면 내외가 일치할 수 없고, 체용體用이 한결같을 수 없으니, 동요하고 불안하여, 움직임과 멈춤이 근거를 잃는다. 93효의 자리는 중中이 아니고, 호체互體인 진震은 움직임이니, (93효는) 마음에서 움직임이 있으나, 밖에서 강하게 제압하니, 따라서 (93효에서) 자기 마음은 마치 연기와 불로 구운 것 같다.

상에서 말한다. "자기 허리가 굽어지지 않음"은, "마음이 혼란함"으로 위험한 것이다.

[象曰: "艮其限," 危"熏心"也.]

(한영韓嬰의)『한시외전韓詩外傳』에서 공자를 인용하여 말한다. '입은 맛을 원하고 마음은 안일함을 원하여, 인仁으로 가르친다. 마음은 편안함을 원하고 몸은 수고로움을 싫어하니, 공경[恭]으로 가르친다. 변론하기를 좋아하고 두려워하면, 용기[勇]로 가르친다. 눈은 색을 좋아하고 귀는 소리를 좋아하니, 의로움[義]으로써 가르친다. 『역易』(간艮괘 93효)에서, "자기 허리가 굽혀지지 않으니, (채찍을 맞아서) 등뼈살점이 떨어져나갔으니, 위험하고 마음이 어지럽다[艮其限, 列其夤, 厲薰心]."라고 하였고, 『시詩』에서, "아, 아가씨들이여. 남자에게 놀아나지 말라!"라고[18] 한다. 모두 사악함을 막고, 안일함을 금하고, 심지心志를 조화롭게 하는 것이다.'[19]

고염무顧炎武(1613-1682)는 말한다. 배우는 이의 문젯거리는 하나를 잡고 변화하지 않는 것이니, 뭇 사람들이 '본성[性]'을 어지럽히고 화합을 어그러뜨리는 것과 서로 차이가 크지 않다(나의

---

18) '于嗟女兮, 無與士耽.'『詩經譯注』,「衛風」,「氓」, 袁梅著, 상동, 207頁.

19) '孔子曰:「口欲味, 心欲佚, 教之以仁. 心欲安, 身欲勞, 教之以恭. 好辯論而畏懼, 教之以勇. 目好色, 耳好聲, 教之以義.」『易』曰:「艮其限, 列其夤, 厲薰心.」『詩』曰:「吁嗟女兮, 無與士耽.」皆防邪禁佚, 調和心志.'『韓詩外傳集釋』卷二, 第七章, (漢) 韓嬰撰, 許維遹校釋, 상동, 39, 40頁.

견해: 하나를 잡고 변화하지 않는 것은, 고요히 지키는 것에 치우친 것으로, '마르고 파리해서[枯槁]' 적멸한 것이다. 본성[性]을 어지럽히고 화합을 어그러뜨리는 것은 조급히 움직이는 것에 치우친 것으로 사물이 교류하고 이끄는 것이다. 동정動靜이 둘 다 그 때를 잃는 것은, 모두 멈추어야 할 때 멈추고, 행해야 할 때 행하는 뜻이 아니다.). 고자告子의 부동심不動心은, 맹자가 그 폐단이 장차 반드시 '넘어지고 달리는 것과 같아서 도리어 그 마음을 들뜨게 한다.'라고[20] 했다(나의 견해: 마음이 처하는 것이 고요하지 않으면, 강제로 움직이지 않게 하니, 마음속이 타서 움직임에 반하는 힘이, 근심과 즐거움의 경계에서 빨리 몰아가는 것이 더욱 심하다. 이것이 그 허리에서 멈추면 반드시 그 등심이 찢기는 데 이른다는 것이다.). 이것은 '허리에서 멈추어, 등심이 찢긴다.'는 말이다. 군자는 '매우 공평하고 무사無私[大公]'하여 따르고 응한다. 하나의 좋은 말을 듣고 하나의 좋은 행동을 보면 힘차게 강하江河가 뚫리듯 하여, 마음을 태우는 위험은 없다.

이광지李光地는 말한다. 마음은 고요하고 빈 채로 있으며 만사에 응하는 것이다. 만약 사물에 응하는 쓰임이 폐기되면 메마른 학문이 되어 사물의 이치를 돌아보지 않고, 무너지고[頹] 막무가내[悍]가 될 뿐이다(나의 견해: 퇴연頹然 두 글자는 간艮限을 해석한 것이다. 한연悍然 두 글자는 열인列夤을 해석한 것이다.). 천하가 이치를 얻지 못하여 마음을 안정할 수 없으니, 반드시 혼란하여 위험한 마음에 이르게 될 것이다.

혜사기惠士奇(1671-1741)는 말한다. 허리는 몸의 반이다. 『황제내경黃帝內徑』에서 '천추天樞'라고[21] 일컫는다. 대개 기氣가 교류하는 중에 멈추어야 할 곳이 아니다. 상하의 기가 교류하지 않으면 병에서는 (서로 통하지 못하는) '관격關格'이[22] 된다.

유원劉沅은 말한다. 사람 몸의 허리는 음양 두 기가 유행하는 곳이다. 그치면 안 되는데 그치니, 혹 그 마음을 강하게 제압하고 혹 그 기를 강하게 부려서, 모두 도리어 해가 된다(나의 견해: 이 말은 양생養生의 공부를 일깨워줄 수 있다. 도가道家에서 기氣의 운행은 자연의 운행을 따르는 것이지 강제로 움직이는 것을 가리키는 것이 아니다. 노자老子가, "사람은 하늘을 본받고 하늘은 도道를 본받고 도는 자연을 본받는다."라고[23] 했는데 훌륭한 말이로다!). 마음은 혈기의 주체가 된다. "등에서 멈춘다[艮其背]."는 것은, 마음이 마땅한 곳에서 멈추어 '본성[性]'이 안정되고, 여러

---

20) '夫蹶者趨者, 是氣也, 而反動其心.', 『孟子譯注』, 「公孫丑」上章(3:2), 楊伯峻譯注, 상동, 62頁.

21) '至天樞長八寸.', 『黃帝內經』卷之四, 「骨度」第十四, 牛兵占 等編著, 상동, 54頁과 그 외 다처 참조.

22) 관격關格은, 음양이 모두 성한데 서로 길러주지 못하는 병이다. 대체로 대소변이 통하지 않는 증세로, 氣가 大腸과 小腸에서 소통되지 못하기 때문에 '관격關格'이 된다.

23) '人法地, 地法天, 天法道, 道法自然.', 『老子繹讀』25章, 任繼愈著, 상동, 56頁.

기관이 명령을 따르는 것이다. (93효 象에서) "허리에서 멈춘다[艮其限]."는 것은, 마땅한 곳이 아닌 데에서 멈추어 마음이 망령되고 맥락이 통하지 않는 것이다. (93효 象에서) "위험하여 마음을 불에 태움[危薰心]"은, 탄식하는 것이다.

마치창馬其昶은 말한다. 62효의 멈춤은 바깥에 묶여있다. 93효의 멈춤은 그 안에 묶여있다. 마음은 움직이는 것으로 진震괘의 일양一陽을 강제로 멈추게 할 수 없는 것을 상징한다. 93효는 (간艮)괘의 중간에 있으며 때에 따라 멈추고 행하는 곳이니, 강제로 그 생리 기능을 막으니, 따라서 (93효는) 위험하다. 군자가 사악함을 막고 안일함을 금하는 것은, 오직 의리로써 배양하여 심지心志를 조화롭게 하는 것이라, 자연히 위태롭고 태우는 근심이 없다. 62효처럼 강하게 제압하고, 93효처럼 끊고 멸하는 것은, 모두 숭상할 바가 아니다.

> **육사효**: 자기 몸(이 할 수 없는 것)을 그치게 하니, 탈이 없다.
>
> [六四, 艮其身,24) 无咎.]
>
> **상에서 말한다.** "자기 몸에서 그침"은, 몸에서 그침이다.
>
> [象曰: "艮其身," 止諸躬也.25)]

왕필王弼은 말한다. (64효에서) 가운데 위를 몸[身]이라고 한다.

공영달孔穎達은 말한다. 93효는 하체에 머물러 있어서 상체와 교류하지 못한다. 따라서 (93효는) 몸[體]이 나뉘고 등심이 찢긴다. 64효는 이미 상체에 들어갔으나, 상하가 접하지 않는 것이 아니다. 따라서 (64효는) 총괄하여 몸을 멈출 수 있다. 궁躬은 몸[身]과 비슷하다. (64효는,) 그 몸을 고요히 멈출 수 있어서 조급하게 움직이지 않는 것을 밝히는 것이다.

항안세項安世는 말한다. 64효는 잇몸[輔]의 아래에 있다. 허리와 등골뼈의 위는 등에서 멈추는 곳에 바로 해당한다. 따라서 괘사의 "탈이 없다[无咎]"는 것에 부합한다. 등을 구부린 것이 궁躬이다. 구부리면[躬], 등은 볼 수 있지만 얼굴은 못 본다.

유원劉沅은 말한다. 인체를 통괄하여 말하면 몸[身]이라고 하고, 나누어 말하면 허리와 발이고, 윗부분이 신身이다. 신身은 망령되이 움직이지 않고 예禮로써 스스로를 지키니 탈이 없다.

마치창馬其昶은 말한다. 64효는 탈이 없고 '다님[行]'에서 멈춘다. 65효는 회한이 사라지니 '말[言]'에서 멈춘다.

---

24) 艮은 그침[止]이다. 사람은 몸이 할 수 없는 바를 그치게 할 수 있으면 탈이 없다. 高亨, 430頁.
25) 諸는 至於이고, 躬은 몸이다. 高亨, 상동.

● **나의 견해**: (공자가,) '예禮가 아니면 움직이지 말라!'고26) 했으니 이것이 "몸에서 그침[止諸躬]"이다. 또한 단지 예禮가 아니면 망령되이 움직일 수 없을 뿐만이 아니라, 일이 예禮에 합당하나 조급하게 움직여 빠른 효과를 구한다면, 이 또한 예禮가 아니다. 따라서 궁躬에서 멈추는 것으로 경계시켰다.

육오효: 입 닫고 말 안 하든, 말에 조리가 있든, 후회함은 없을 것이다.
[六五, 艮其輔, 言有序,27) 悔亡.]
상에서 말한다. "입 닫고 말을 안 함"은, (도리가) 반듯하기 때문이다.
[象曰: "艮其輔," 以中正也.]

두예杜預(222-285)는 말한다. (65효에서 호체互體인) 진震은 잇몸[車, 牙牀]이다. 보輔는 침 놓는 혈자리(煩車)이다. (65효의) 호체는 진震이고 간艮은 상9효를 멈추게 함이다.

(주희의)『주역본의周易本義』에서 말한다. (65효에서,) '후회함悔'은 음陰이 양陽[의 자리]에 있는 것을 말한다. 정正자는 연문衍文이니, 운韻을 맞춰보면 알 수 있다.

공환龔煥(13세기, 원元나라 학자)은 말한다. '잇몸에서 멈추는 것[艮其輔]'은 말을 하지 않는 것이 아니다. 말을 하는데 조리가 있는 것이다.

유원劉沅은 말한다. 간艮은 검은 주둥이[黔喙]이니, 따라서 볼의 상이 있다. (65효에서,) 호체인 진震은 잘 우는 것이니 말[言]을 상징한다. 말이 망령되이 나오지 않으면 절도에 맞는다. 입이 비록 움직여도 마음이 저절로 그치니, (65효에서,) 실언을 하는 후회가 없어질 것이다. 볼, 뺨, 혀는 모두 말이 나오는 곳인데, 볼이 가운데 있다. 볼은 매우 움직이기 쉽다. 오직 65효가 유柔함으로 가운데[中] 있으니, 입의 행동거지가 정도正道를 얻었다. 따라서 (65효에서,) 말에 조리가 있다.

오여륜吳汝綸(1840-1903)은 말한다. (서간徐幹, 170-217의)『중론中論』에서, "군자는 마땅한 사람이 아니면 함께 말하지 않는다. 만약 함께 말한다면 반드시 마땅한 방도로써 한다. 농부라면 농사일로써, 기술자는 기술로써, (재화를 관리하고 문서를 출납하는) 소리小吏[府史는 관직을 지킴으로써, 대부大夫 및 선비[士]는 법제로써, 유생儒生은 학업으로써 한다.『역易』(간艮괘 65효)에서「입 닫고 말 안 하든, 말에 조리가 있든[艮其輔, 言有序.]」라고 말한 것은, 일하는 가운데 실수가 없

---

26) '非禮勿動.'『論語譯注』,「顏淵」篇(12:1), 楊伯峻譯注, 상동, 123頁.
27) 艮은 그침이다. 보輔는 보䪶의 가차이니, 협시煩䐓이고, 지금의 입이다. '간기보艮其輔'는 입을 닫고 말을 안 함이다. '言有序'는 말에 조리가 있음이다. 高亨, 431頁.

는 것을 가리킨다."라고[28] 말했다. 서간徐幹은, '일하는 가운데 실수하지 않음'을 말했으니, 주자朱子와 합치한다.

리스전李士鉁은 말한다. 65효는 상괘에 있으며, 음陰과 짝하니 볼의 상이다. 볼[輔]은 입의 양옆이다. 93효에서부터 상9효에 이르기까지 호체互體는 이離인데, 65효가 그 가운데 있으니 '잇몸에서 멈춤[艮其輔]'이다. 호체인 진震은 움직임이 되는데, 움직이나 멈출 수 있다. 따라서 (65효에서) 말에 조리가 있다. 『예기禮記』(「옥조玉藻」편)에서, '말함에 볼을 움직이지 말아야 하고[口容止],' 또한 '말을 침착하고 정확해야 한다.'라고[29] 말한다. 말할 때 조심하지 않아서 치욕을 일으킴에 이르지 않는다면, 문장은 행동을 통달하게 하는 데 충분하다. 따라서 (65효에서) 후회가 사라진다. 함咸괘는 상6효를 '볼[輔]'로 여겼고, 이 (간艮)괘는 65효로 '볼[輔]'을 삼았다. '볼[輔]'은 '음과 짝이 되는[陰耦]' 상이다. 함咸괘의 상6효와 간艮괘의 65효는 모두 음효이다.

마치창馬其昶은 말한다. '말에 조리가 있음[言有序]'은, 『예기禮記』의 이른바 '말을 침착하고 정확하게 함[安定辭]'이다.

● **나의 견해**: 함께 말할 수 없는데 말하는 것은 실언하는 것이다. 실언하면 조리가 있을 수 없고 후회가 생긴다.

> **상구효**: (남이나 일에 대하여) 중후한 마음으로 끝내면 길하다.
> [上九, 敦艮,[30] 吉.]
> **상에서 말한다.** (남이나 일에 대하여) "중후함으로 끝내서" "길함"은, 중후한 덕으로 귀결된다.
> [象曰: "敦艮"之"吉," 以厚終也.[31]]

(정이의) 『이천역전伊川易傳』에서 말한다. 사람의 멈춤은, 오래된 마지막에서 어렵다. 따라서 절개節槪는 혹 뒤늦음으로 밀리게 되거나, 지킴은 혹 끝에 가서 잃어버리거나, 일은 혹 오래되면 폐기된다. 상9효에서 마지막을 두텁게 할 수 있으면, '멈추는 도리[止道]'는 지극한 선善으로 간다.

---

28) 『中論』, (漢) 徐幹撰, 電子版文淵閣四庫全書, 上海人民出版社, 1999 참조.
29) '口容止.'『禮記今註今譯』, 「玉藻」편, 上冊, 王夢鷗註譯, 상동, 417頁; '安定辭.', 『禮記今註今譯』, 「曲禮」上, 1頁.
30) 孔穎達에 의하면, 돈敦은 후厚(두터움)이고; 艮은 멈춤止]이다. '敦艮吉'은, 사람이나 사물에 대하여 충후忠厚함으로 끝맺으면, 은혜로운 마음이 있고, 원망은 없으니, 길함이다. 高亨, 431頁.
31) 終은 歸宿이다. 高亨, 432頁.

(주희의)『주자어류朱子語類』에서 말한다. 간艮이 외괘에 있는 것은 여덟 괘인데, 모두 길하다. (나의 견해: 山水 몽蒙괘, 山川 대축大畜괘, 山地 박剝괘, 山雷 이頤괘, 山風 고蠱괘, 山火 비賁괘, 山澤 손損괘에, 순수한 간艮괘를 더해 여덟 개다.)

구부국邱富國(13세기, 남송南宋 역학자)은 말한다. (상9효에서 호체互體인) 진震의 쓰임은 아래에 있는데, 따라서 진震에서 양陽이 가장 아래에 있으니 홀로 길하다. (진震괘에서) 94효는 호체로 간艮[멈춤]이 되니, 자기가 진동震動할 수 있는 근거를 잃은 것이다. 간艮괘 쓰임은 위에 있으니, 간艮[멈춤]에서는 양陽이 위에 있는 것이 홀로 길하다. [간艮괘] 93효의 호체는 진震이라, 멈출[艮] 수 있는 근거를 잃은 것이다.

오징吳澄(1249-1333)은 말한다. 상9효가 '간기艮其'라고 말하지 않는 것은, 상9효가 한 괘의 주인이요, 여러 효의 멈춤[艮]은, 모두 상9효의 두터움[厚] (덕분)이다.

호병문胡炳文은 말한다. '임함을 두텁게 함[敦臨]', '돌아옴을 두텁게 함[敦復]'은, 모두 곤坤 흙[土]을 취한 것이다. 간艮 산山은 곤坤 흙이 융기하여 위에 있는 것이다. 그 두터움이 또한 견고하다.

주식朱軾(1665-1736)은 말한다. '중후한 덕에 귀결됨[厚終]'은, 「설괘說卦」전에서 말하는 바, '(만물이) 끝을 이룸[成終]'이다.[32] 길하면 돈독하고 실하며 빛난다. 만사 만물이 이로부터 시작한다.

유원劉沅은 말한다. (상9효는) 한 괘의 끝에 있으며 중첩한 산 위에 있으니, 강하고 실하며 돈후敦厚하여, '중후한 마음으로 끝냄[敦艮]'이다. (상9효에서,) 멈추는 곳을 말하지 않은 것은 멈추지 않는 곳이 없기 때문이다. 마땅한 장소에서 멈추고 오래 되어도 옮기지 않으니, 만사萬事만리萬理가 하나로써 관통한다. 흙이 두터울수록 기초가 더욱 공고하다. 덕이 두터울수록 멈춤이 더욱 안정된다. 따라서 크게 길하다. '두터움[厚]'은 돈敦의 뜻으로 풀이하고, 간艮은 끝냄을 이루고, 상9효는 또한 (간艮)괘의 끝이다. 따라서 '중후함으로 끝냄[厚終]'이라고 말한다.

리스전李士鉁은 말한다. 두텁고 장중하여 옮기지 않고 높고 높아 위에 있으니, 『시詩』에서, "남산南山이 영구히 존재하는 것처럼, 이지러지거나 무너지지 않을 것임"이[33] 그 상象이다. 『대학大學』에서 "멈춤을 안 이후에 안정할 수 있고, 안정한 후에 고요할 수 있고, 고요한 후에 편안할 수 있고, 편안한 후에 사려할 수 있고, 사려한 후에 얻을 수 있다."라고[34] 했다. 멈춤이 끝나면, 얻음이 있다. 『장자莊子』에서, "길상吉祥은 올 것이다."라고[35] 했으니 그치고 또 그치니, 따라서 (상9

---

32) '所成終.',「說卦」傳, 高亨, 614頁.

33) '南山之壽, 不騫不崩.',『詩經譯注』,「小雅」,「鹿鳴之什」,「天保」, 袁梅 著 , 상동, 423頁.

34) '知止而后有定, 定而后能靜, 靜而后能安, 安而后能慮, 慮而后能得.',『大學今註今譯』1章, 宋天正註譯, 2頁.

효는) 길하다.

• **나의 견해**: 간艮괘와 함咸괘는, 모두 가까이 몸에서 취했다. 함咸은 감感으로 풀이하니, 바깥에 느끼는 바가 있어서 움직인다. 간艮은 그침[止]으로 풀이하니, 안에 그치는 바가 있어서 고요하다. 하지만 움직이는 중에 고요함이 있고, 고요한 중에 움직임이 있다. 이것이 (간艮)괘가 밝히는 것이다. (간艮괘 단象전에서) "때로 멈추고 때로 행하니(時止時行)," "그 때를 잃지 않는다(不失其時)," 두 구절이 특히 동정動靜이 서로 관련되어 있는 이치를 잘 갖추었다. 여러 학자들이 훈고한 것이 융합되어 이를 관통한다. 포윤抱潤(馬其昶)선생은, (주돈이周敦頤의)『통서通書』의 설명에 근거하여 분석이 자세하고 확실하며, 특히 원만하고 투철하다. 증문정曾文正(曾國藩, 1811-1872)은 삼군三軍이 하나의 생각이라 저들이 흩어져도 흩어지지 않는다고 말했고; 나충절羅忠節(羅澤南, 1807-1856)은, 군사를 부려서 힘을 얻는 곳은, 모두 '그침을 알아야 정定함이 있다.'는 한 구절에 있다고 말했으니, 이것들은, '간艮은 멈춤[艮止]이다.'의 뜻을 터득하여, 그 쓰임에 통달한 것이다. 움직이지 않음이 고요함은 아니며, 고요하지 않음이 움직임은 아니다. 간艮괘의 자리는 동북이며, 겨울과 봄 사이에 있다. 따라서 마침을 이루면 때가 멈추고, 시작을 이루면 때가 행한다. 내괘인 간艮의 세 효가 그치는 바를 말하는데 마음속으로부터 바깥에 이르는 상이 많고, 쓰임이 몸[體]에서 분리되지 않지만 힘쓰는 것이 아직 자연스럽지 못하다. 외괘인 간艮의 세 효가 그치는 곳은 바깥을 제재하여 마음속을 기르는 데 있다. 몸[體]이 쓰임에서 분리되지 않고, 모두 마음 가는 대로 해도 법도를 넘지 않는다. 몸의 동정動靜이 언행에서 드러나니, 64, 65효의 뜻이 이를 밝혔다. 상9효가 선비[士]를 안정시키고 인仁을 돈독히 함에 이치를 귀속시킴으로써, 모든 간艮의 뜻을 결집시켰다. (간艮의) 내외괘가 모두 멈추어 움직이지 않고, 상9효가 멈춤의 끝에 이르렀으니, 멈추어 옮기지 않고, 지극히 선한 경지에서 멈추었으니, 그 힘이 더욱 두텁다. 따라서 (간艮괘는) 안정하고 돈독하여 길하다. 또한 (간艮괘는) 큰 덕이 교화를 두텁게 하는 뜻이다.

---

35) '吉祥止止.'『莊子淺注』,「人間世」第四, 曹礎基著, 상동, 55頁.

53. 점漸괘 ䷴

점漸괘: 여자가 시집을 가니 길하다. 바름에서 이롭다.

[漸, 女歸吉. 利貞.[1)]]

　　공영달孔穎達(574-648)은 말한다. 점漸은 '빠르지 않음[不速]'을 이름 한 것이다. 여자는 남편을 집[家]으로 여기니, 따라서 '시집가는 것[嫁]'을 '돌아감[歸]'이라 한다.

　　주진朱震(1072-1138)은 말한다. (점漸괘에서) 귀歸는 안[內]에서 밖[外]로 감이다. 곤坤의 64효가 손巽을 이루니, 여자가 가는 것이고; 건乾의 93효가 간艮을 이루니, 남자는 자신을 여자에게 낮추는 것이다.

　　교래喬萊(1642-1694)는 말한다. 점漸은, 점차적으로 나아가니, 벼슬이 나아감을 주로 하여 말한 것이다. 귀매歸妹괘는 여자가 시집가는 도道를 정식으로 말한 것이고; 점漸괘는 벼슬의 나아감을 뜻으로 삼았으니, 여자가 시집가는 상이다.

　　유원劉沅(1767-1855)은 말한다. 나무[巽]가 산[艮] 위에서 차츰 높아가고, 아래서는 정지해있으니[艮] 위에서는 겸손함[巽]이, 점漸괘의 상이다. 「서괘序卦」전에서, '간艮은 멈춤이다. 사물이 끝내 멈출 수는 없으니, 따라서 이것을 점漸괘가 받았다.'라고[2)] 말한다.

　　리스전李士鉁(1851-1926)은 말한다. 맏딸[長女, 巽]이 밖에 있으니, 아래[下卦]에서 간艮 멈춤에 올라타고 곧 나아가지 않으니, 남자를 기다려 가는 것이기에, 육례六禮가[3)] 반드시 갖추어져야, 이에 점차로 나아감이다. 남자가 여자에 감感을 느끼는 것이 함咸괘인데, 함咸괘에서 남자가 주로 되니, 따라서 여자를 취한다고 말한다. 여자가 정도正道로써 나아감이 점漸괘이니, 점漸괘에서는 여자를 주로 하여, '여자가 시집을 감[女歸]'을 말했다. 몸이 나가는 시작은 바르지 않을 수 없으니,

---

1) 점漸은 괘명이고; 나아감[進]이다. 귀歸는 시집을 감이다. 貞은 正이다. 高亨, 433頁.

2) '艮者, 止也. 物不可以終止, 故受之以漸.'「序卦」傳, 高亨, 650頁.

3) 六禮는 혼인과정의 여섯 가지 의례인데, ① 납채納采, ② 문명問名, ③ 납길納吉, ④ 납징納徵, ⑤ 청기請期, ⑥ 친영親迎을 말한다.

맹자는, '옛사람들은 벼슬살기를 바라지 않았던 것이 아니고, 또한 정도正道를 거치지 않음을 싫어했다. 정도를 거치지 않고 가는 것은, (남녀가) 구멍을 뚫고서 (내통하는) 부류와 같다고 여겼다.'라고[4] 말하였다. 여자가 시집가고, 선비가 벼슬을 함은, 그 뜻이 하나이다.

마치창馬其昶(1855-1930)은 말한다. 옛날 혼기로, 모씨毛氏(毛亨, 전2세기)는 가을겨울을 말하고, 정현鄭玄은 중춘仲春(음력2월)을 말한다. 속석束晳(261-300)은 또한 사계절에 통용되었다고 말하는데, 모형毛亨과 정현鄭玄의 2설이 합치할 수 있다. 그러나 반드시 춘시春時를 올바른 것으로 여긴다면, 『주례周禮』에서, '매년 중춘仲春 2월이 제일 좋은 혼인 계절이라, 남녀로 하여금 혼례하게 했다.'라고[5] 하고, 『백호통白虎通』에서, '시집가고 장가가는 것을 반드시 봄에 함은 무엇인가? 봄은, 천지가 서로 통하고, 만물이 태어나기 시작함이다.'라고[6] 말했다. 『시詩』에서, '그대가 나를 아내로 취하려면, 강의 얼음이 녹기 전에 빨리 취하세요.'라고[7] 했다. 점漸괘에서, '여자가 시집가니 길하다[女歸吉].'라고 말한 것은, 또한 간艮・손巽은 동방東方괘이니, 계절로는 봄이 된다.

단전에서 말한다. 점漸괘는 나아감이다. "여자가 시집가니 길함"이다.

[彖曰: 「漸」之進也.[8] "女歸吉"也.]

호원胡瑗(993-1059)은 말한다. 천하의 만사는 점차가 아닌 것이 없다. 그러나 여자에게는 더욱이 점차적으로 함이 필요하고 반드시 문명問名, 납채納采, 청기請期부터 친영親迎(하는 예禮)에 이르기까지, 그런 (예식) 뒤에 혼례가 성립되니 부부의 도道가 바르게 된다. 군자의 사람됨은, 빈궁하고 아랫자리에 있어도, 시세를 위반하여 임금을 겁주고, 급하게 진급進級을 구해서는 안 된다.

(정이程頤의) 『이천역전伊川易傳』에서 말한다. 신하가 조정에서 진급하고, 사람이 일을 진척시키는데, 순서대로 하지 않으면, 절도를 뛰어넘고 의義를 범하는 일들이 있게 되니, 흉함과 허물이 따르게 된다. 염치의 도는, 여자가 남편을 따름이 제일 중요하니, 따라서 '여자기 시집감[女歸]'을

---

4) '古之人未嘗不欲仕也, 又惡不由其道. 不由其道而往者, 與鑽穴隙之類也.' 『孟子譯注』, 「滕文公」下章 (6:3), 楊伯峻譯注, 상동, 143頁.

5) '中春之月, 令會男女.', 『周禮今註今譯』, 「地官司徒」下, 林尹註譯, 상동, 144頁.

6) '嫁娶必以春何? 春者, 天地交通, 萬物始生.', 『白虎通疏證』卷十, 「嫁娶」, 『白虎通疏證』下, 상동, 466頁.

7) '士如歸妻, 迨冰未泮.' 『詩經譯注』, 「邶風」, 「匏有苦葉」, 袁梅著, 상동, 144頁.

8) 朱熹에 의하면, 之는 衍字이다. 高亨, 434頁.

의義로 여긴다.

곽옹郭雍(1106-1187)은 말한다. 점차적이면 시집가는 일이 되고, 빨리하면 도망가게 된다. 무릇 천하에서 나아감은, 여자가 시집가듯 점차적이면 길하다.

이광지李光地(1642-1718)는 말한다. (점漸)괘는 서둘러 나가지 않음을 의義로 삼았으니, 따라서 (점漸괘는) '점차적으로 나아감[漸之進]'이고, 다른 괘들에서 나아감[進]과 다름을, 특히 구별하여 말한 것이다.

유원劉沅은 말한다. (점漸괘는) 진晉괘와 승升괘의 나아감[進]과 구별된다. 점차적으로 나아감이 반드시 모두 길한 것은 아니고, 오직 여자가 시집을 감에 납채納采, 문명問名, 납길納吉, 납징納徵, 청기請期, 친영親迎하는 육례六禮를 갖춘 후에 혼인을 이루는데, 점차적으로 나아가는 옛 (방식)을 얻었기에, 따라서 (점漸괘는) 길하다. 무릇 도를 지켜서 점차로 나아감에, 또한 여자가 시집가는 것이 점차적인 것과 같다.

- **나의 견해**: 부모의 명령과 중매인의 말씀을 기다리는 모든 것이, 점차적인 도道이다. 맹자는 이것을 취하여 '벼슬살기를 바라는 자는 또한 정도正道를 거치지 않음을 싫어했다. 정도를 거치지 않고 가는 것은, (남녀가) 구멍을 뚫고서 (내통하는) 부류와 같다고 여겼다.'라고[9] 비유했다. 정도를 따르면 점차적이 아니면 안 된다.

(여자가) 나아가서 (자기) 자리를 얻은 것이고, 계속하여 (부녀婦女로서) 공이 있게 된다. (95효는) 나아가서 정도를 지키니, (임금은) 나라를 바르게 할 수 있다. 그 자리가 강건함이니 중위中位를 얻었다. (임금은 고요히) 정지하면서도 겸손하니, 활동에 곤궁함이 없다.

[進得位, 往有功也. 進以正, 可以正邦也. 其位剛得中也. 止而巽, 動不窮也.[10]]

공영달孔穎達은 말한다. (점漸괘는) 나아가서 자리를 얻고, 나아가서 바름이니, 이것은, 95효에 나아가서 '이롭고 바름[利貞]'을 해석한 것이다. (점漸괘에서) '강剛이 중中을 얻고, 자리를 얻었음

---

9) '人未嘗不欲仕也, 又惡不由其道. 不由其道而往者, 與鑽穴隙之類也.'『孟子譯注』,「滕文公」下章(6:3), 楊伯峻譯注, 상동, 143頁.

10) 歸는 出嫁이다. 漸은 進(나아감)이니, 初6효는 나아감이고, 62, 64효가 모두 음이고, 음위에 있으니 '進得位'이고 나아가서 부녀로서 功이 있게 된다. 95효는 상괘에서 得中하니, 나라를 바르게 한다. 艮은 止이고, 巽은 겸손이니, 임금이 정지하면서도 겸손함이다. 高亨, 434頁.

을 밝힌 말은, 오직 95효뿐이다.

장준張浚(1097-1164)은 말한다. '점차로 하는 것[漸]'은 신도臣道이다. 호체互體인 이離는 밝음[明]이기에, 임금이 위에서 밝으면, (그런) 시대에는 (선비가) 진출할 수 있을 것이다. 임금이 강중剛中의 덕을 가진 뒤에 다스릴 수 있으니, 선해[善]의 진출은 이것에 의지할 뿐이다.

선풍單渢(13세기, 원元나라 역학자)은 말한다. 안이 바르지 않으면 점차적인 도가 아니고; 밖으로 겸손하지 않으면 나아가는 도가 아니다.

호병문胡炳文(1250-1333)은 말한다. (점漸괘에서) 멈추니 기쁘면 자기 느낌이 바르게 되니, 이것은 아내를 취하는 길함이 된다. (점漸괘에서) 멈추어 겸손하면 자기가 나아감이 또한 바르게 되니, 이것이 여자가 시집가는 길함이 된다.

화학천華學泉(19세기, 청淸나라 역학자)은 말한다. 62효에서 95효에 이르니, 강유剛柔가 모두 바름을 얻었는데, (점漸괘의 단전彖傳에서) '공功이 있게 됨[有功],' '나라가 바르게 됨[正邦]'이라 말하니, 일괘一卦의 바름[正]과 합하게 되어, 모두 95효 자리[位]의 바름에 귀결된다.

유원劉沅은 말한다. 95효는 양강陽剛으로 중정中正함으로 높은데 있으니, 천하의 큰 자리를 얻어서, 천하의 중도中道를 행하니, 천하의 나아감을 주로 하여, 바르게 출발하게 한다. (점漸괘에서) '자기 자리[其位]'라는 2구句는, '(자기) 자리를 얻음[進得位]'의 2구句의 뜻을 펼친 것이고, '정지하면서도 겸손함[止而巽]' 2구句는, '나아가서 정도를 지킴[進以正]'의 2구句의 뜻을 펼친 것이다.

상전에서 말한다. 산 위의 나무가 있음이 점漸괘이다. 군자는 현덕賢德에 있으면서 풍속을 좋게 한다.
[象曰: 山上有木, "漸." 君子以居賢德善俗.11)]

(육덕명陸德明의)『경전석문經典釋文』에서 말한다. (선속善俗을) 왕숙王肅(195-256)은 '선풍속善風俗'으로 보았다.

(양간楊簡의)『양씨역전楊氏易傳』에서 말한다. '땅속에서 나무가 자라 올라오듯이, 군자는 덕에 순종함으로써 작은 것을 쌓아서 높이 커지고;'12) '산 위에 나무가 있으면 그 자라남이 점차적이다.'13)

---

11) 善俗은 王肅본에는 '善風俗'이니, 뜻이 합당하다. 下卦가 艮이니 山이고, 上卦 巽은 木이다. 산에 나무가 있음이, 점漸괘의 상이다. 산 위의 나무의 생장은 上進하는 과정이니, 賢人이 자기 才德을 기르는 것과 같다. 高亨, 435頁.

12) (승升괘의) '象曰: 地中生木升, 君子以順德積小以高大',『楊氏易傳』, 宋 楊簡撰, 電子版文淵閣四庫全書,

풍당가馮當可(馮京, 1021-1094)는 말한다. 거居는 쌓음[積]이다. 덕은 점차 쌓이고, 세속은 점차로 좋아진다.

황도주黃道周(1585-1646)는 말한다. 점漸은 차례[序]이다. '귀족을 차례지음[序貴],' '나이로 차례지음[序齒],' '현인賢人을 차례지음[序賢]'에서, 모두 차례[序]가 있다. 성인은 '형이나 윗사람을 공경할 것[悌]'을 가르치는 것이다. 『시詩』에서, '작록爵祿 받는 것은 양보하지 않으나, 자기 잘못은 도리어 잊어버린다.'라고[14] 했다. 점차의 뜻을 알면, 거의 풍속을 좋게 할 수 있을 것이다!

유원劉沅은 말한다, 땅속에서 나무가 자라는 것은, 처음으로 생긴 나무이다. 아래로 말미암아 태양이 위로 오르니, 따라서 '오름[升]'이라 말한다. 산위의 나무는 이미 이루어진 나무이다. 작음에서 말미암아 점차 큼에 이르니, 따라서 (점漸괘에서) '점차[漸]'라고 말한다. 현덕賢德에 있으니, 간艮 그침을 상징하고, 날로 새로워지니 차례[序]가 있다. '좋은 풍속[善俗]'은 '손巽 들어옴[入]'을 상징하니, (점漸괘에서는) 빨리하고자 하는 마음이 없다.

짱홍즈張洪之(1881-1969)는 말한다. 건乾은 현덕賢德이 되고, 선善이 되는데, 곤坤은 속俗이 되어, 건乾의 94효가 곤坤 63효로 가니 간艮을 이루는데, (의미는) '있음[居]'이 된다. 좋은 풍속[善俗]은 현덕賢德을 근본으로 삼으니, 문옹文翁(전187-전110)은 촉蜀지방의 야만스런 풍속을 교화시켰고, 공수龔遂(?-전62?)는 발해渤海의 항거하는 풍속[悍俗]을 변화시켰고, 신공의辛公義(553-614)는 민岷지방의 풍속을 교화시킨 것은 모두 이러하다. 풍속으로 가장 개혁시키기 어려운 것으로, 은殷나라의 완고한 백성 같은 것은 없으니, 주공周公은 유도柔道로써 그들을 교화했으나, (일단) '3기紀[1紀=12년]가 지나자, 시세時世와 풍속이 바뀌었다.'[15]

초육효: 큰 기러기 (같은 어른이) 해안가에 옴은 (괜찮은데,) 아이에게는 위험하나, 꾸짖어 (일러) 주면 탈이 없다.

[初六, 鴻漸于干. 小子厲, 有言无咎.[16]]

우번虞飜(164-233)은 말한다. (초6효에서) 홍鴻은 큰 기러기이다. (호체互體인) 감坎 물이 산의

上海人民出版社, 1999 참조.

13) (점漸괘) '山上有木, 其長以漸.', 「楊氏易傳」, 宋 楊簡撰, 상동 참조.

14) '受爵不讓, 至于己斯亡.' 『詩經譯注』, 「小雅」, 「桑扈之什」, 「角弓」, 袁梅著, 상동, 677頁.

15) '既歷三紀, 世變風移.' 『今古文尙書全譯』, 「畢命」, 江灝, 錢宗武譯注, 상동, 418頁.

16) 홍鴻은 기러기이다. 점漸은 나아감[進]이다. 간干은 안岸의 가차이다. 小子는 아이[童子]이다. 여厲는 위험이다. 言은 나무람[譴責]이다. 高亨, 435頁.

아래로 흐르니, 따라서 해안에 점점 (가까이) 가는 것이다. (하괘인) 간艮은 아이가 되고, 초6효는 자리를 잃었으니, 따라서 (초6효는) 위험하다.

육적陸績(188-219)은 말한다. 물가를 간干이라 칭하니, 모형毛亨(의 모시毛詩)전傳에서, '물가[涯]'라 말한다.

호일계胡一桂(1247-1314)는 말한다. 호체인 이離는 나는 새이고, 호체인 감坎 물이 있음이니, 감坎 북쪽으로부터 이離 남쪽으로 (온 것이니), (초6효에서) 큰 기러기가 옮겨 옴을 상징한다.

유원劉沅은 말한다. 초6효는 (호체互體인) 감坎(물) 옆에 있으니, 따라서 물가干를 상징한다. 간艮은 막내아들[少男]이니, 따라서 아이를 상징한다. (호체인) 감坎 험난함이 가까이 있기에, 따라서 (초6효는) 위험하다.

상에서 말한다. "어린아이"라면 "위험"하나, (어른이 나무라면[譴責],) "탈은 없을 것"이다.
[象曰: "小子"之"厲," 義"無咎"也.[17])]

(양웅揚雄의)『법언法言』에서 말한다. "혹자가 '나아감[進]'을 물으니, '물[水]'이라 말한다. 혹자는, '왜 물은 밤낮을 쉬지 않는가?'라고 물으니, '이런 일이 있는가! 차고 난 다음에 점차로 되는 것이 물이로다!'라고 말한다. 혹자가 '큰 기러기가 점차로 함[鴻漸]'을 물으니, '자기가 갈 곳이 아니면 가지 않고, 자기 있을 곳이 아니면 있지 않으니, 점차로 함은 물과 같구나!'라고 말한다. '나무가 점차로 함을 묻고 싶다.' '아래에서는 정지해 있으나 위로는 점차로 (자라는) 것이 나무로다! 또한 물과 같을 뿐이다.'라고 말한다."[18]

이정조李鼎祚(8세기, 당唐나라 역학자)는 말한다. 큰 기러기[鴻]는 양陽을 따르는 새이니, 아내가 남편을 따름을 알리고, (점漸)괘는 점차[漸]의 뜻을 밝히고 있으니, 효爻들도 모두 칭해진다.

양간楊簡(1141-1226)은 말한다. (초6효가) 나아감은 자기가 시기[時]를 알려고 하기에, 따라서 큰 기러기가 상象이다. 나아가 자기가 점차로 됨을 알려고 하니, 따라서, 물가干], 너럭바위[磐], 뭍[陸], 나무[木], 언덕[陵]의 상象이 된다.

(이광지의)『주역절중周易折中』에서 말한다. 혼례婚禮에는 기러기[雁]를 쓰고, 대부大夫가 (임금

---

17) 義는 宜로 읽는다. 高亨, 상동.

18) '或問「進」. 曰:「水.」或曰:「爲其不捨晝夜與?」曰:「有是哉! 滿而後漸者, 其水乎?」或問「鴻漸」. 曰:「非其往不往, 非其居不居, 漸猶水乎!」「請問木漸」. 曰:「止於下而漸於上者, 其木也哉! 亦猶水而已矣.」,『法言義疏』二, 上, 揚雄原著, 汪榮寶撰, 北京: 中華書局, 1996, 24頁.

을 뵐 때) 예물로 경의를 표함에도 또한 기러기를 썼으니, 구별하고 차례[序]가 있는 뜻을 취하였다. (리스전李土鉁은, '모두에서 자기가 처음 나아감을 중요시하였다.'라고 말한다.)

유원劉沅은 말한다. (점漸)괘에는 호체인 이離와 감坎이 있는데, 이離는 '나는 새[飛鳥]'가 되고, 감坎 물위에 있으니, '큰 기러기[鴻]'를 상징한다. (그들은) 때가 되면 무리들이 질서를 갖는데, 차례대로[漸]의 뜻이 중요하다. 혼례에서 기러기를 쓰는 것은, '다시 짝을 (찾지) 않음'을 취한 것이니, 여자가 시집가는 뜻이 중요하게 되기에, 따라서 효爻들은 모두 기러기[鴻]의 상을 취한 것이다. 초6효의 자리는 낮은데 응應이 없으니, 험난함을 만나 나아가기가 어려우니, (초6효의) 뜻은 마땅히 스스로 지킴이다.

리스전李土鉁은 말한다. 기러기[鴻]는 때가 이르면, 가는데 차례가 있고, 짝에는 배우配耦가 있으니, 차츰[漸]의 도道와 합하기에, 따라서 (점漸괘의) 여러 효들이 거기에서 상象을 취한 것이다.

마치창馬其昶(1855-1930)은 말한다. (『주례周禮』의)「대종백大宗伯」조에서, '혼관婚冠 예로서 남녀가 서로 친애하고 덕성德性을 이루게 함'이라[19] (말했고,) 점漸괘에서 '여자가 시집가니, 길함[女歸吉]'에서, 62, 95 두 효는 모두 부부夫婦를 말하는 것이기에, 이것은 혼례이다. 초6효는 아이를 말하니, 관례冠禮이다. 정현鄭玄의 『삼례三禮목록』에서, '아이는 직분을 맡는데, 사士의 자리에 있고, 나이 20세이면 관冠을 쓴다.'라고 하니, 따라서 '아이[小子]'라 말한 것이다. 처음의 모자[冠]는 검은 베의 관冠인데, 계속 '가죽고깔[皮弁]'을 추가하여, 작변爵弁을 더하고, 세 번 추가하면 점점 높아지니, 또한 점진漸進의 뜻이 있다. 검은 예복[玄端], 검은 모자[玄冠]는 임금에게 늘어놓으면, 마침내 집어 들고 향대부鄕大夫선생들에게 보이는 것이 성인成人으로 나타남이다. 벼슬하여 이런 시작에 나아감에, 성패成敗가 이 판례에 있으니, 따라서 (초6효에서) '위험[厲]'이라 말한다. 훈계하여 일러주니, 따라서 (초6효에서) '말씀이 있음[有言]'이다. (초6효에서) '3번 추가함[三加]'은 모두 축사祝辭함이 있으니, '너희 어린 뜻을 버리고, 순종하여 덕을 이룸'이라고 말하는 것은, (『예기禮記』의)「관의冠義」편에서 말한, '성인成人이 되라고 요구하는 예禮이다. 성인成人이 되라고 요구하는 예로는, 이른바 사람의 자식 됨, 사람의 동생 됨, 신하가 됨, 사람의 후배가 되는 예의를 행함'이다.[20] 사람들에게 이 네 가지를 행할 것을 책구責求하니, (초6효는) 비록 위험하나 탈은 없을 것이다.

---

19) '以婚冠之禮親成男女.'『周禮今註今譯』,「春官宗伯」第三, 林尹註譯, 상동, 192頁.

20) '成人之者, 將責成人禮焉也. 責成人禮焉者, 將責爲人子、爲人弟、爲人臣、爲人少者之禮行也.'『禮記今註 今譯』,「冠義」, 下冊, 王夢鷗註譯, 상동, 789頁.

육이효: 기러기가 물가 흙더미로 점점 가까이 왔으니, 물마시고 (먹이를) 먹게 되어 즐거워 하니, 길하다.

[六二, 鴻漸于磐, 飮食衎衎,21) 吉.]

공영달孔穎達은 말한다. (62효에서) 간간衎衎은 즐거움이다.

조열지晁說之(1059-1129)는 말한다. 반磐은, 『한서漢書』, 「지리지地理志」에 반般으로 되어 있다.22) 맹강孟康주注에, (반磐은) 물가의 흙더미이다.

호병문胡炳文(1250-1333)은 말한다. 간艮은 돌이 되니, 너럭바위[磐]의 상이다. 호체互體인 감坎은 음식의 상이다. 기러기들은 먹으면 여럿들을 부르면서, (62효에서 기러기들은) 즐겁게 화합하며 소리를 내는 것이다.

유원劉沅은 말한다. (62효에서) 반磐은 큰 돌이다. 간艮은 돌이 되며, 호체互體인 감坎은 음식을 상징하는데, 기러기들은 먹으면 부르면서 모이고 서로 즐거워한다. 너럭바위에 점차로 가게 되면, 물가에서 멀어진다. 62효는 중정中正의 덕으로써 95효 중정中正한 임금에 응하여, 나아가서 평안하며, 점차로 함의 바름을 얻었으니, 따라서 (62효는) 길하다.

상에서 말한다. "먹고 마심에 즐거움"이나, 공짜로 배부른 것은 아니다. [스스로 노동하여 얻은 것이다.]

[象曰: "飮食衎衎," 不素飽也.23)]

우번虞翻은 말한다. 소素는 '없음[空]'이다.

(주희의) 『주역본의周易本義』에서 말한다. (62효는) 유순하고 중정中正하여, 점차로 나아가니, 위로 95효의 응이 있기에, 따라서 그 상象이 이와 같다. '공으로 배부름[素飽]'은 『시詩』에서, '하는 일 없이 공으로 녹綠을 먹음[素餐]'을 말함과24) 같다. 얻는데 도道가 있다면, 그저 배부르기만 한 것이 아니고, 처함에 평안할 것이다!

---

21) 王引之는, 반磐을 반般으로 보았다. 맹강孟康(3세기)주注에, '般은 물가의 흙무더기[堆]로 보았다. 간간衎衎은 즐거운 모습이다. 高亨, 435頁.

22) '般陽', 『漢書』第八, 「地理書」, 六冊, 志三, 상동, 1,581頁.

23) 素는 흰색이고, 不素飽는 공으로 배부른 것은 아님이다. 高亨, 436頁.

24) '不素餐兮!', 『詩經譯注』, 「魏風」, 「伐檀」, 袁梅著, 상동, 299頁.

리스전李士鉁은 말한다. 62효의 자리는 중정中正이니, 위에서 (95효가) 올바르게 응함이 있으니, 도道로써 만나서 합쳐진다. (62효가) 있음居은 그저 있음이 아니고, 있되 자기 장소를 얻은 것이고; 먹되 그저 먹는 것이 아니라, 먹음에 적합함을 얻었으니, 따라서 (62효는) 길하다.

마치창馬其昶은 말한다. (하괘인) 간艮은 막내아들[少男]이고, 호체인 감坎은 둘째아들[中男]인데, 아이와 어른이 서로 따르니, 기뻐하며[衎衎] 즐거워한다. 『시詩』에서, '형제가 우애가 있어 기쁘게 만나니, 화락함이 깊도다!'라고25) 한 것은, 이것을 말한 것이다. 『주례周禮』에서, '향학鄕學의 3종의 교법教法으로 만민을 교화하여, 손님을 접대하는 예절로 그(특출한 자)를 경대敬待한다.'라고26) 하였고, 백가百家의 장[族師]은 효제孝悌하며 인척과 화목하고 배운 자를 기록하였고; 여閭의 관리[閭胥]는 근신하며 명민明敏하여 성실하게 남을 돕고 동정하는 자들을 기록하였다. 초6효가 일단 모자[冠]를 쓰고 성인成人이 되었으니, 62효는 '여섯 행동[六行]'을27) 관찰하고, (탁월한 자를) 손님으로 모시고 접대하는 일이기에, 이것이 '점차 나감[漸進]'의 뜻이다. 군자는 현덕과 선속善俗에 머물러야 하니, 벗을 편하게 하고 신임任하고 화목和睦하는 도道보다 큰 것은 없을 것이다.

구삼효: 기러기가 높고 평평한 땅으로 점차로 오는데, 남편은 출정하여 돌아오지 않고, 아내는 임신하였는데 유산했으니, 흉하다. (기러기가 높고 평평한 곳에 오르니 시야가 트여서,) 적을 방어하기에 이롭다.

[九三, 鴻漸于陸, 夫征不復, 婦孕不育,28) 凶. 利於寇.]

상에서 말한다. "남편이 출정하여 돌아오지 않음"은, 여러 사람들의 무리를 이탈한 것이다. "아내가 회임했으나 유산한 것"은, 자기 도리를 잃은 것이다. "적을 막기에 이로움"은, (사람들이) 화순하여 서로를 보호한 것이다.

[象曰: "夫征不復," 離群丑也. "婦孕不育," 失其道也. "利用御寇," 順相保也.29)]

정현鄭玄(127-200)은 말한다. (호체互體인) 이離는 커진 배가 되니, 임신함[孕]의 상이다.

---

25) '兄弟既翕, 和樂且湛.' 『詩經譯注』, 「小雅」, 「鹿鳴之什」, 「常棣」, 袁梅著, 상동, 414頁.

26) '以鄉三物教萬民而賓興之.' 『周禮今註今譯』, 「地官司徒」第二, 林尹註譯, 상동, 99頁.

27) 六行은, ① 효孝, ② 우友, ③ 화목함[睦], ④ 인척과 친함[姻], ⑤ 벗을 편하게 하고 신임함[任], ⑥ 가난한 이를 동정하고 구재함[恤]이다.

28) 육陸은 높고 평탄한 땅이다. 복復은 돌아감[返]이다. 육育은 아이를 낳는 것이니, 不育은 유산流産이다. 高亨, 436頁.

29) 축丑은 주儔는 侶(짝), 衆(무리)이다. 高亨, 상동.

우번虞飜은 말한다. 93효는 활동이고, 이離는 훼손이니 따라서 (93효는) 출산하지 못함이다.

유목劉牧(1011-1064)은 말한다. 상9효는 남쪽의 땅[南陸]이고, 93효는 북쪽의 땅[北陸]이다.

설온기薛溫其(11세기, 북송北宋 역학자)는 말한다. 93, 상9효는 모두 한 괘의 위에 있으니, 따라서 높고 평평한 땅[陸]이라 말한다.

(정이의) 『이천역전伊川易傳』에서 말한다. 남편[夫]은 93효를 말하고, 아내는 64효를 말한다. (리스전李士鉁은 '[93효가] 양으로 음을 받드니, 화합하지 않는[不和] 상이다.'라고 말한다.)

안사성晏斯盛(1689-1752)은 말한다. 육陸은 길[路]이니, 남육南陸, 북육北陸과 같다. 기러기[鴻]는 나뭇잎이 떨어지면 남쪽으로 나는데, 얼음이 녹으면 북쪽으로 돌아오니, 해[日]의 남북의 길[陸]에 따라서 비행하기에, 곧 점차적[漸]이다.

유원劉沅은 말한다. (93효에서) 높고 평평하면 육陸이라 하고, 물새가 점차 육陸으로 오면, 자기가 의지할 바를 잃게 된다. 남편[夫]은 상9효를 가리키는데, 상9효는 괘 밖에 있어서 93효와 응할 수 없기에, 남편이 출정하여 돌아오지 않음이 된다. 이 (93)효가 (음으로) 변하면 곤坤을 이루게 되니, 양을 함축하여 회임하게 되나, (93효는) 그 바름을 얻지 못했으니, 끝내 출산을 할 수 없다. (93효는) 자리가 (호체互體인) 감坎 어려움을 당하며, 위로 (상괘인) 손巽 순종함을 받드니, 도적을 막는데 가볍게 나아가나, 스스로를 보존할 수 없음과 같다.

리스전李士鉁은 말한다. (93효에서) 육陸은 높고 평평한 곳이다. 기러기가 날아서 높고 평평한 땅에 이르니, 자기의 옛 거처를 버리고서 원행遠行을 얻은 것이다. 그러므로 『시詩』에서, '기러기가 높은 곳으로 날아가니, 당신도 돌아가서 다시 오지 않으려 하네.'라고[30] 말했다. 간艮은 그침이 되고, 호체인 이離는 불인데, 불과 산은 여旅괘▤가 되니, 따라서 (93효는) 출정[征]이 된다. (93효는,) 간艮 그침을 몸으로 하니, 따라서 '돌아오지 않음[不復]'이다. (호체互體인) 이離는 '커진 배[大腹]'이니, 잉태의 상이다. (호체互體인) 감坎은 피가 아래에서 새는 것이니, 출산하지 못함의 상이다. (93효는) 중中도 아니고 (상9효와) 화합하지도 않으니, 임신했으나 (아이를) 낳을 수 없을 것이기에, (93효에서) 흉함은 알 수 있을 것이다. 도적이 온다면, (93효는) 양강陽剛의 재질로써, 안으로 여러 음들의 순조로운 도움을 받을 수 있기에, 따라서 (93효는) 도적을 방어함에는 이롭다.

후왠쥔胡遠濬(1869-1931)은 말한다. 흉凶은, 변하면 흉이다. 이로움은, 변하지 않기에 이롭다. 93효는 간艮과 호체인 감坎을 몸으로 하니, 따라서 '도적을 방어함'이라 말한다.

---

30) '鴻飛遵陸, 公歸不復.', 『詩經譯注』, 「豳風」, 「九罭」, 袁梅著, 상동, 400頁.

마치창馬其昶은 말한다. 가운데 효인 93, 94효와 호체인 감坎, 이離는 부부夫婦이다. 여섯 자식들 괘에서, 둘이서 장남, 장녀라면 우레[震]와 바람[巽]이니 서로 관여하여 항恒괘가 되고; 막내아들[少男, 艮] 막내딸[少女, 兌]은 산과 못의 기氣가 통하니, 함咸괘가 된다. 모두 부부의 상이다. 물과 불은 기제旣濟괘인데, 부부 같지 않으니, 물과 불은 서로 합칠 수 없기 때문이다. 93효가 만약 서로 (합)할 수 없기 때문에 망령되이 행동하여 자리를 잃게 되면, 돌아오지도 못하며 출산할 수도 없는 상을 갖게 되니, (93효에서) 부부의 도道가 괴로울 것이다. (93효에서) 가정이 갈라지고 분산되면 강력한 폭력이 틈을 타고 일어난다. 이離는 무기[甲兵]가 되기에, 따라서 (93효는) '도적을 방어함에 이롭다[利禦寇].' 성질이 다르나 순종하며 '서로 보호하는 도를 잃을 수 없음'은, (93효는,) 성인聖人이 지극한 인륜이 되는 이유인 것이다.

육사효: 기러기는 나무에 점차로 오는데, (이 번에는) 혹 (베어 놓은) 서까래에 (자리를) 얻었으니, 탈은 없다.

[六四, 鴻漸于木, 或得其桷,31) 无咎.]

상에서 말한다. "혹 서까래를 얻음"은, (신하가 임금에게) 순종하여 겸손함이다.

[象曰: "或得其桷," 順以巽也.]

우번虞翻은 말한다. (64효에서) 손巽은 나무가 된다. 각桷은 서까래이니, 네모진 것을 각桷이라 한다.

공영달孔穎達은 말한다. (64효가) 나무로 가서, 서까래가 될 수 있는 나뭇가지를 만났는데, 그 것이 쉽게 곧을 수 있는 것을 취했으니 안심할 수 있다. 64효와 93효는 서로 보호하니, 따라서 (64효는) 굳셈[剛]에 올라타는 허물은 없다.

유염兪琰(1258-1314)은 말한다. 93효는 (상9효와) 응하지 않으니, 따라서 (64효에서) 혹或이라 말한 것이다.

초굉焦竑(1540-1620)은 말한다. (기러기가) 선회하며 나무 끝으로 날아가니, 나는 것이 점점 높아진다. (64효는) 혹 평평한 나뭇가지를 얻어서, 오히려 잠시 쉬니, (64효는) 나갈 수 있는데 급히 나가지는 않는다.

유원劉沅은 말한다. (64효가) 기와에 올라타고 (몸을) 비호하니, 95효의 양이 64효의 음을 덮고

---

31) 각桷은 서까래이다. 高亨, 437頁.

있는데, 서까래의 상이다. 혹或은 의외로 신중히 하는 말이다. 나무에 가까이 와서 편안하지 않아서, 무릇 위태하게 몸을 두었다면 이치를 살피고 형세를 따지면, (64효는) 허물은 면할 수가 있다. (64효는) 기러기발이 붙어있기에, 나무를 쥘 수는 없다. 각桷은 서까래이다. 64효는 음으로 (93효)양 위에 있으니, 실로 편안하지 않다. 64효가 (상괘인) 손巽의 몸으로 들어가니, 변해도 또 호체互體인 손巽이다. (64효가) 편안함을 찾는 도道는 오직 순한 손巽과 함께 하는 것이고, 이치를 따르고 낮추어 겸손하면, (64효의) 위험은 평안해질 수 있다.

마치창馬其昶은 말한다. 기러기의 비행은, 지나간 길을 따르는 것이니, 산에서 내려가 물가로 가니, 물속의 너럭바위, 평평하고 높은 땅, 평평한 가지가 있는 나무로부터, 높은 언덕의 가운데에 이르고, 광활한 하늘 위로, 차츰 나아간 것이다. 기러기는 나무에 서식하지 않으니, (유원劉沅은, '기러기발은 붙어있어서, 나무를 쥘 수 없다.'라고 말한다.) 나무에 가서 서까래를 얻어서, 혹 잠시 편안하기에, 그 물건이 적합하다고는 말할 수는 있다. (64효가) 겸손을 칭하나 은거하니, 따라서 (64효에서) 움직임은 무궁하다.

구오효: 기러기가 땅으로 가까이 왔는데, 아내는 3년이나 회임을 못했으니, (쫓겨날 판인데, 기러기는 높은데 앉았으니, 사냥꾼이) 끝내 그를 이길 수 없기에, 길하다.
[九五, 鴻漸于陵, 婦三歲不孕,32) 終莫之勝, 吉.]

상에서 말한다. (사냥꾼이) "마침내 이길 수 없으니 길함"은, (외적을 방어함에) 얻을 바를 얻은 것이다.
[象曰: "終莫之勝吉," 得所願也.]

왕필王弼(246-249)은 말한다. (95효에서) 각각은 바름[正]을 행하며 중中에 있으니, 3년을 넘기지 않고 반드시 바라는 것을 얻을 것이다. (95효는) 나아가서 나라를 바르게 하고, 3년에 성과가 있고, 이루었다면, (95효에서) 도道는 구제되는 것이다.

장준張浚(1097-1164)은 말한다. 62효에서 95효에 이름이 3년이 되고, (하괘인) 간艮 위는 언덕(陵)이다.

전지립錢志立(16, 17세기, 명明만력萬曆년간 생존)은 말한다. 62, 95효는 덕으로 서로 짝하고,

---

32) 능陵은 재[嶺]이다. 陵은 땅보다 높다. 기러기[鴻]는 본래 물새인데, 높은 재로 갔으니, 먹을 것을 얻을 수 없다. 아내가 3년간 회임을 못하면 쫓겨날 판인데, 기러기는 높은 데에 앉았으니, 시야가 넓어서 사냥꾼이 그를 이길 수 없으니, 이롭다. 高亨, 437頁.

(나의 견해: 각각은 중정中正의 덕을 갖고 있다.) 아내는 3년에 이르러도 회임을 못한다. 그러나 95효는 62효보다 첫째[一]이니, 더욱 그를 이길 자가 없음을 말한다.

화학천華學泉(19세기, 청淸나라 역학자)은 말한다. 62효는 가볍게 나아가지 못하고, 95효는 가볍게 (일을) 맡지 못하는데, 상호 의존이 오래되어야, 서로의 믿음이 깊어진다.

유원劉沅은 말한다. 상괘[巽]는 2양1음이니, 95효는 전괘全卦에서 나아가서 자리를 얻은 효爻가 되었고, 62, 95효가 바르게 응하여 상합했으니, (95효는) 원하는 바를 얻게 되었다.

정고鄭杲(1851-1900)는 말한다. (95효가) 이와 같은 아내를 가졌으니, 원하는 바를 얻을 것이다. (95효에서) 3년 동안 회임하지 못함은 또한 점차[漸]의 뜻이다.

리스전李士鉁은 말한다. (상괘인) 손巽은 높음이고, (하괘인) 간艮은 산이니, 95효는 산 위에 있기에, 따라서 능陵이라 불린다. 배움을 적게 쌓으나 커짐에 이르렀고, 나는 것[飛]이 낮은 데서 높은데 이르렀으니, 기러기[鴻]는 능陵을 기대하지 않았으나 마침내 능에 이른 것은 가볍게 나아가지 않았으나, 따라서 마침내는 나아간 것이다. 아내는 62효를 가리키는데, 62, 95효는 음양이 바르게 응한 것이다. 여자가 시집가면 자식을 낳는데, 급하게 합함을 찾지 않았으니, 이것이 회임하지 못한 이유이다. 정이 쉽게 합하면 또한 쉽게 헤어지는데, 회임 못한지 3년에 이르렀으니, 합은 어려우나 따라서 (95효는) 합하면 반드시 확고할 것이다.

리우원펑劉文鳳(19, 20세기, 청淸나라 학자)은 말한다. '마침내 이길 수 없으니 길함[終莫之勝吉]'은, 첩들이 '회임하지 못한 연유로 정부인[正] (자리)를 뺏을 수 없음'을 말한 것이다. 이것은 『대대례기大戴禮記』에서, '칠거七去' 가운데 '아들 없음[无子]'에[33] 해당하는 혐의로 해석할 수 있다.

마치창馬其昶은 말한다. 효에서 음양의 상응에는 일정한 자리가 있다. 초효와 넷째 효가 응하고, 둘째와 다섯째 효가 응하고, 셋째와 상上효가 응하는 것은, 하나의 남편 하나의 아내와 같으니, 분명하게[截然] 혼란될 수는 없다. (나의 견해: 이것은 '마침내 이길 수 없으니 길함[終莫之勝吉]'의 뜻이다.) 성인이 괘卦를 그림에서, 남녀의 구별을 엄하게 하고, 부부의 도를 바로 잡았으니, 『역易』의 큰 뜻 중에 제일이다. 부부가 있은 후에 부자夫子가 있고, 군신君臣이 있으니, 따라서 『역易』에서는 부부夫婦의 상을 매우 자세하게 말한다.

상구효: 기러기가 점차 뭍으로 오니, (그것을 잡아서,) 그 깃털은 (춤추는 도구로) 쓸 수 있으니, (사람에게는) 길하다.

[上九, 鴻漸于陸, 其羽可用爲儀,[34] 吉.]

----

33) '婦有七去: … 无子去.', 『大戴禮記今註今譯』, 「本命」第八十, 高明註譯, 臺北: 臺灣商務印書館, 1976, 469頁.

상에서 말한다. "그 깃털은 춤추는 도구로 쓸 수 있으니 길함"은, 망동妄動을 부릴 수 없음이다.
[象曰: "其羽可用爲儀吉," 不可亂也.35)]

왕필王弼은 말한다. (상9효는) 나아가서 높고 깨끗한 곳에 있으니, 자리에 연루되지 않고, 자기 마음을 굽히거나 자기 뜻을 혼란시킬 물건이 없구나! 아아, 청결하고 먼데 있으니, 예절이 귀하도다.

심해沈該(12세기, 남송南宋 역학자)는 말한다. (상9효는 점漸)괘의 맨 위이니, 지극히 높고; (상괘인) 손巽의 끝이니, 지극히 청결하다.

호병문胡炳文은 말한다. 62효는 유용한 자리에 있으니 '공짜로 배부른 것은 아님[不素飽]'이고; 상9효는 쓸모없는 땅에 있으나, 또한 사람들의 의표儀表가 되기에 충족하니, 탁월하여 어지럽힐 수가 없다. 사대부士大夫들이 나아감에, 여기서 마땅히 취할 바가 있다.

모기령毛奇齡(1623-1716)은 말한다. 의儀는 춤[舞]이다.『상서尚書』에서, '봉황鳳凰을 연출하는 춤꾼들이 짝을 지어 춤을 춘다.'라고36) 하였다. 문무文舞에서 깃털을 쓰는데, 우무羽舞라고 이름한다. '혼란 하게 할 수 없음[不可亂]'은 우무羽舞에 순서가 있음을 말한다.

혜사기惠士奇(1671-1741)는 말한다. 육陸은 공활한 하늘[天衢]이다. '천체들의 움직이는 현상[天文]'에는 북륙北陸과 남륙南陸이 있다.

공광삼孔廣森(1751-1786)은 말한다. 하나는 남쪽이고 하나는 북쪽인데, (상9효에서) 모두 육陸으로 끝나니, 기러기는 육지[陸]을 얻어서 멈춘다.『시詩』에서, '기러기가 높은 데로 날아가니, 그대는 돌아가서 다시 오지 않으려네.'라고37) 말한다.

유원劉沅은 말한다. (상9효에서) 육陸은 마땅히 규逵(큰길)가 된다. 규逵는 천상天上[雲路]이다. 공영달孔穎達은, '상9효의「높고 평평한 땅[陸]」'은 곧 93효의「높고 평평한 땅[陸]」이고; 내지덕來知德은 또한 '나아감이 정점이면 점차로「높고 평평한 땅[陸]」으로 물러난다.'라고 말하였으니, (이들의) 말은 취할 만 한 것 같다. 그러나 호안정胡安定(胡瑗, 993-1059)을 따라서 규逵로 보는 것이 마땅하다. 육陸을 규逵로 고친 것은 범악창范諤昌(11세기, 북송北宋 역학자)부터 시작하였다. 주자朱子는, '운독韻讀이 좋기로는 이것이다.'라고 말한다.

---

34) 육陸은 마땅히 피피陂로 되어야 한다. 피피陂는 못[水池]이다. 의儀는 춤추는 도구인데, 새 깃털로 만든다. 高亨, 438頁.
35) 亂은 亂動, 妄動이다. 高亨, 상동.
36) '鳳凰來儀.',『今古文尚書全譯』,「益稷」, 江灝, 錢宗武譯注, 상동, 65頁.
37) '鴻飛遵陸, 公歸不復.'『詩經譯注』,「豳風」,「九罭」, 袁梅著, 상동, 400頁.

또 (유원은) 말한다. 기러기가 나는 데는 차례[序]가 있으니, 아주 높은데 다달아도, 어지럽혀지지 않는다. 덕을 진작시킴에 점차적으로 해서 왕성해지니, 세속의 속박에도 걸리지도 않고, 화려한 광채에도 가려지지 않으니, 이것을 상징한다. 너럭바위, 땅, 나무, 언덕, 하늘 위[逵]에까지 점차로 올라가니, 나아감에 차례가 있는데, 바른 도[正道]가 곧 그 사이에 있게 된다.

요배중姚配中(1792-1844)은 말한다. 『춘추좌전春秋左傳』에, '중자仲子의 묘廟에서 제사를 드렸는데, … 처음으로 육우六羽의 악무樂舞를 올렸다.'라고[38] 한다. 하휴何休주注에, '우羽는 기러기 깃털[鴻羽]'이라 하니, 문덕文德의 가르침[風化]이 신속함을 상징한 것이다. 이는, 옛날 아악雅樂[文樂]에서는 '기리기의 깃털[鴻羽]'을 사용하였다.

리스전李士鉁은 말한다. (점漸)괘의 호체인 감坎과 이離에서 이離는 남쪽, 감坎은 북쪽이니, 93효와 상9효에서 '땅에서 따라감[遵陸]'은, 하나는 남향이고, 하나는 북향이니, 또한 나아감에 차례[序]가 있다. 아래에서 감坎 물을 멀리하면 깃털은 더러워지지 않고; 밖으로 손巽 바람에 올라타면 깃털은 얼크러지지 않는다. 상9효는 이미 자리를 버렸으니, 따라서 제 몸을 쓰지 않고, 자기의 남겨진 깃털을 쓰게 된다. 늙은 신하는 자리를 떠났으나, (그의) 모범은 오히려 있는 것 같다. 이런 진퇴의 도는 충분히 후인들에게 법이 될 만하니, (상9효는) 좋은 풍속이다.

마치창馬其昶은 말한다. 기러기의 높은 비행과 땅을 밟음은 귀한 것일 수 있다. 곧 그 깃털이 인간 세상에 떨어지면 또한 악무樂舞에 쓰일 수 있다. 채옹蔡邕(133-192)의 『월령장구月令章句』에서, '일佾은, 춤추는 항렬[列]인데, (몸을) 엎드리고 올리고 벌리는 모양과, 무대 행렬의 짧고 긴 조작이 있다.'라고 말하였다. 사람의 움직임에 절도가 있는 것으로, 춤만 한 것이 없다. 춤추는 것은 양기陽氣를 움직여서 사물을 유도하려는 것이다, '망동을 벌릴 수 없음[不可亂]'은, 춤에는 절도가 있으니, (상9효에서) 양陽은 변화될 수 없음을 말한 것이다.

• **나의 견해**: 점차[漸]의 뜻은, 덕에 머물며 좋은 풍속을 가르치려는 것이다. 덕은 점차적으로 이루어지니, 풍속은 점차적으로 변화하는데, 모두 서둘지 않아야 주효할 수 있다. 덕행으로 말하자면, 어른 뒤에서 천천히 걸어감은 동생이니, 천천히 감을 말한다. 어른보다 앞서서 빨리 감은 동생이 아니니, 점차적이 아님을 말한다. 여러 산들이 산을 배우려 하나, 산에 이르지는 못하고, 한 번 이루어지면 변하지 않는데, 점차적으로 된 것이 아니다. 여러 강물들이 바다를 배우려 하나, 바다에 도달하려면, 움푹진 데를 채우고서 나아가는 것이니, 실로 점차적이어야 한다. 풍속으

---

38) '考仲子之宮, 于是初獻六羽.'『左傳全譯』隱公五年, 王守謙 等譯注, 상동, 29頁.

로 말하자면, 군자가 백성을 변화시키고 이루려 하면, 반드시 배움에서 말미암는 것인가? 선인善人도 나라를 다스리는데 백년이 걸리고, 왕은 반드시 30년은 지난 뒤에야 (세상이) 인仁하게 되니, (민심에) 스며들어 빠져들지[浸淪] 않는다면, 공功을 거둘 수 없다. 또한 산에 있는 나무처럼, 반드시 오랜 시간을 지나야 재목이 이루어진다. 이 (점漸)괘의 뜻을 완미하며, 일은 서둘러 나가면 자빠지고, 공은 순서를 따라야만 이루어진다. 포윤抱潤(馬其昶)선생은 분명히 계발하고 다 이루어냈으니, '초6효는 (아이가 어른이 되는) 관례冠禮이고, 62효는 (향鄉의 소학 小學에서 인재를 뽑아서 빈례賓禮로써 대학大學에 입학시키는) 빈흥賓興이고, 93, 64, 95효는 인륜人倫의 개시인데; 93효는 가정 식구를 서로 보호함을 말했고, 64효는 부부가 잠시 동안 안정됨을 말했고, 95효는 음양은 정해진 자리이니 혼란하게 할 수 없음을 말했고, 상9효는 찬란한 광명이 크게 열리어 악무樂舞로 나타난다.'라고 말했다. (이는) 좁은 뜻에서 말미암아 넓게 말한 것이고, 가까운 말에 말미암아 먼데를 가리킨 것이니, 『역易』의 도道는 변화무궁한 묘미가 있음을 알 것이다.

54. 귀매歸妹괘 ䷵

귀매歸妹괘: 정벌하러 가면 흉하니, 이로울 바가 없다.

[歸妹, 征凶, 无攸利.]

우번虞翻(164-233)은 말한다. 귀歸는 시집보냄이다. 태兌는 누이동생이 된다.

왕필王弼(226-249)은 말한다. 매妹는 소녀를 일컫는다.

육희성陸希聲(801-895)은 말한다. 점漸괘의 네 효爻는 바름[正]을 얻었으므로, '여자가 시집감이 길함[女歸吉]'이다. 귀매歸妹괘의 네 효는 바름[正]을 잃었으므로 정벌하면 흉하다.

유원劉沅(1767-1855)은 말한다. 「서괘序卦」전에서, '점漸은 나아감이다. 나아가면 반드시 돌아오는 곳이 있기에, 따라서 귀매歸妹괘로 이것을 받았다.'라고[1] 하였다. 귀매歸妹는, 장남이 자기 누이동생을 시집보내는 것을 이르는 것이지, 옛 학설에 '젊은 여자[少女]가 맏아들[長男]을 따름'을 이르는 것이 아니다. 이 (귀매歸妹)괘는 오로지 혼인만을 말하였다. 그러나 여자는 자기 스스로 시집갈 수는 없고, 반드시 부모 혹은 장남으로 말미암는다. 그래서 누이동생이 시집감(妹歸]이라 말하지 않고, '누이동생을 시집보냄[歸妹]'이라고 말하였다. 대개 여자는 시집가지 않는 경우가 없으나, 예禮로써 결합한 것이 아니면 어지럽게 되기 때문에, '정벌하러 가면 흉하여 이로울 바가 없다[征凶, 无攸利].'라고 말하였다. 성인이 특별히 하나의 (귀매歸妹)괘를 세운 것은, 인도人道가 중요하다고 여겼기 때문이다.

리스전李士鉁(1851-1926)은 말한다. (하괘인) 태兌는 (미혼인) '젊은 여자[少女]'이니, (상괘인) 진震의 누이동생이 된다. '젊은 여자'가 안(내괘)에 있고, 맏아들[長男]이 움직여서 그녀를 보내니, 누이동생을 시집보내는 상象이다. 귀매歸妹괘는 점漸괘와 서로 반대이다. 점漸괘는 음陰이 양陽에 순종하므로 길하지만, 귀매歸妹괘는 음陰이 양陽을 올라타므로 흉하다. 점漸괘의 가운데 네 효는 모두 제자리를 얻었으므로 길하지만, 귀매歸妹괘의 가운데 네 효는 모두 제자리를 얻지 못했

---

1) '漸者, 進也. 進必有所歸, 故受之以歸妹.'「序卦」傳, 高亨, 650, 651頁.

으므로 흉하다.

단전에서 말한다. 귀매歸妹괘는, 하늘과 땅의 큰 의의이다. 하늘과 땅이 결합하지 않으면, 만물은 생겨날 수 없다.
[曰: 「歸妹」, 天地之大義也. 天地不交, 而萬物不興.]

우번虞翻은 말한다. (귀매歸妹괘에서) 63효가 94효에게 가는 것이, 하늘과 땅의 사귐이다. (호체互體인) 이離는 해[日]이고 (호체互體인) 감坎은 달[月]이니, 음양의 뜻이다. 해와 달에 짝하면 만물이 일어난다[興]. (상괘인) 진震은 동쪽, (하괘인) 태兌는 서쪽, (호체互體인) 이離는 남쪽, (호체互體인) 감坎은 북쪽이니, 이 상象들은 사계절의 정괘正卦를 가장 잘 갖추었다.

또 (우번은) 말한다. 아홉 여자에게 장가드는 것은, (나의 견해: 「공양전公羊傳」에 '제후는 한 번 장가들면, 아홉 명의 여자를 취한다.'라고[2] 하였다.) 남녀가 후사를 이어 종묘에 제사지내는 것이 끊이지 않음을, (귀매歸妹괘에서) 귀하게 봄이다.

왕숙王肅(195-256)은 말한다. (귀매歸妹괘에서) 남녀가 사귄 이후에 백성들이 번창한다.

왕종전王宗傳(12세기, 남송南宋 역학자)은 말한다. (귀매歸妹괘)는 천지가 생성되는 대의大義이니, (상괘인) 진震과 (하괘인) 태兌에서 그것이 보인다.

전징지錢澄之(1612-1693)는 말한다. 「곡량전穀梁傳」에, '(그녀들 중에) 하나가 아이를 가지면 세 사람 모두 안위를 받는다.'라고[3] 하였다. '누이동생[妹]'을 시집보냄으로 인해 첩妾과 잉첩媵妾이 이미 갖추어지니, 낳고 기름은 반드시 넓게 될 것이기에, (귀매歸妹괘에서) 천지가 만물을 '생육生育[蓄育]'하고 기르는 것을 의義로 여기는 것과 같다.

유원劉沅은 말한다. (문왕文王의) 『선천도先天圖』에서는 건乾곤坤이離감坎이 정위正位이고, (문왕文王의) 『후천도後天圖』에서는 감坎이離진震태兌가 대신한다. 천지天地는 공功이 없고, 해와 달로써 공功을 삼는 것이다. 건乾은 물러나 서북쪽에 자리하고, 곤坤은 물러나 서남쪽에 자리한다. 남자가 장성하면 기물器物을[4] 주관할 수 있으니, 자기 누이동생을 남자의 집안에 시집보내고, 소녀少女는 이에 자녀를 낳고 기를 수 있다. 천지가 생성되는 공功은 이것으로 완성되므로, 천지의 대의大義라고 말한다.

....

2) '諸侯壹聘九女.' 『春秋公羊傳全釋』莊公十九年, 梅桐生譯注, 상동, 120頁.
3) '一人有子, 三人緩帶.' 『春秋穀梁傳譯注』文公十八年, 承載撰, 상동, 377頁.
4) 鄭玄注에, 器物은 尊尊, 이彛(술그릇)인데, 禮器를 가리킨다.

"소녀를 시집보냄"이, 사람(도리)의 처음과 끝이다. 기뻐하며 움직임이, 소녀가 시집가는 이유이다.
["歸妹," 人之終始也. 說以動, 所歸妹也.5)]

(정이의) 『이천역전伊川易傳』에서 말한다. 남녀가 사귀는 것은 생생生生의 도道이다. 그러므로 앞(선조)은 마침이 있고, 뒤(후손)는 시작이 있으니, 서로 이어져 무궁하다.

항안세項安世(1129-1208)는 말한다. 옛날 말에 '시집보냄(嫁)'은 예를 들어 귀매歸妹라고 일컬었다. 『역易』에서는 '(은殷나라) 제을帝乙왕이 누이동생을 시집보냄[帝乙歸妹]'이라6) 하였고 『시詩』에서는 '마치 선녀가 내려온 것 같다[俔天之妹]!'라고7) 한 것이 이것이다. 남자는 서른이 되면 장가들고, 여자는 스물이 되면 시집가니, 남자가 항상 나이가 많고 여자가 항상 어리므로, '누이동생을 시집보낸다[歸妹].'라고 말하였다.

유원劉沅은 말한다. (상괘인) 진震은 낳음(生)을 주관하니 만물이 말미암아 비롯하는 바이고, (하괘인) 태兌는 거둠(斂)을 주관하니, (귀매歸妹괘에서) 만물이 말미암아 완성되는 것이다. (귀매歸妹괘에서) 진震이 위에서 움직이고 태兌는 아래에서 기뻐한다. 누이동생은 시집갈 뜻이 있는데 장남이 그녀를 시집보내니, 시집가는 것은 누이동생이지, 여자가 남자를 따르는 친근함[比]이 아니다.

마치창馬其昶(1855-1930)은 말한다. (왕인지王引之[1766-1834]의) 『경전석사經傳釋詞』에, '소所는 가可와 같다.'라고8) 하였다. 여기서는 가可의 '문자해석[訓]'을 따르는 것이 마땅하다. (육덕명陸德明의) 『경전석문經典釋文』에는, '소이귀매所以歸妹'라고 썼는데, 소이所以는 가이可以이다. 혼례[嘉禮]에서 합함을 좋아하는 것은, 반드시 기뻐함으로 움직인 연후에, 누이동생을 시집보냄이다. 강포하고 침략하여 업신여기는 것은 성대한 때에 있는 바가 아니다. 이는 괘명을 해설한 것이고, 이하에서는 괘사卦辭를 설명한 것이다.

• **나의 견해**: 『시경詩經』, 「대아大雅」, 「대명大明」에서는, '큰 나라에 그 미인은, 마치 하늘에서 내려온 선녀 같다!'라고9) 하였다. 「모전毛傳」에서 '견俔은 비유譬喩이다.'라고10) 하였다. 서개徐鍇

---

5) 歸는 시집보냄이고, 妹는 소녀(누이)이다. 興은 生과 같다. 『經典釋文』에는, '所歸妹'가 '所以歸妹'이니, 文義가 보다 순통하다. 高亨, 439頁.

6) '帝乙歸妹.', 『周易大傳今注』, 泰卦 65爻; 歸妹卦 65爻, 高亨著, 濟南: 齊魯書社, 1987, 151, 443頁.

7) '俔天之妹.' 『詩經譯注』, 「大雅」, 「文王之什」, 「大明」, 袁梅著, 상동, 718頁.

8) '所, 猶「加」也.', 『經傳釋詞』, 淸 王引之撰, 中國哲學書電子化計劃, https://ctext.org 참조.

(920~974)는,[11] '천매天妹[하늘이 보낸 누이동생]를 비유한 것이다.'라고 말하였다. 유월兪樾 (1821-1907)은, '하늘의 누이동생은 하늘의 딸과 같을 뿐이다.'라고 하였다. (『시詩』에서,) '만방萬邦을 순행하여 제후들을 조회했는데, 하느님이 왕에게 천자의 자리를 내려주신 것인가?'라고[12] (말했다.) 왕이 하느님[天]의 자식이 된다면, 그의 짝으로 하늘의 딸을 삼는 것은, 의리상 바르고 서로 합당하다.

"정벌하면 흉함"은, (다수의) 자리가 맞지 않음이다. (정벌하면) "이로운 바가 없음"은, 부드러움[柔]이 강건함을 침범하기 때문이다.

["征凶," 位不當也. "無攸利," 柔乘剛也.[13])]

우번虞翻은 말한다. (귀매歸妹괘에서) 63효가 94효로 가는 것은 자리가 마땅하지 않고, 94효가 63효로 감은 (음이) 강剛에 올라타는 것이다.

완적阮籍(210-263)은[14] 말한다. 신하가 임금을 찾는 것은 음이 양을 따르는 것이고, 일을 맡는 데 정성을 다함(歸誠)은, (귀매歸妹괘에서) 바로 자기 자리를 얻음이다.

유원劉沅은 말한다. 92효로부터 65효에 이르기까지, 모두 자리가 마땅하지 않다. 음이 양의 자리에 있으면 아첨하기를 잘하지만 조급하고, 양이 음의 자리에 있으면 정情이 움직여 빠져든다. 이는 효의 자리[位]가 좋지 않아서이다. 초9, 92효는 강剛(양효)이지만 63효가 그들을 올라타고 있고, 94효는 강剛이지만 65효가 그를 올라타고 있으니 이는 괘체卦體가 좋지 않아서이다. 자리가 마땅하지 않으면 남녀사이 내외內外의 바름이 문란해지고, 유柔(음효)가 강剛(양효)을 타면, 부부 사이는 (남편이 먼저 하면 아내가 따라하는[夫唱婦隨]) 창수倡隨의 이치를 잃는 것이다. 그래서 정벌하러 가면 흉하고, 이로울 바가 없는 것이다.

---

9) '大邦有子, 俔天之妹.', 앞의 주7 참조.
10) '俔, 磬也.' 경磬은 비譬의 잘못이다. 『毛詩註疏』卷十六, 「大明」, 『毛詩正義』(十三經注疏 精理本), 6冊, 상동, 1136頁.
11) 서개徐鍇는 南唐의 文字訓詁學家이다.
12) '時邁其邦, 昊天其子之?', 『詩經譯注』, 「周頌」, 「淸廟之什」, 「時邁」, 袁梅著, 상동, 951頁.
13) 92효는 양인데 陰位에, 63효는 음인데 陽位에, 94효는 양인데 陰位에, 65효는 음인데 陽位에 있으니, 모두 不當이니 不利하다. '無攸利'는 征伐에 이로움이 없음이다. 초9와 92효 위에 63효가 있고, 상6효와 65효가 94효 위에 있으니, 모두 '柔乘剛', 약자가 강자를 侵凌하고 있다. 高亨, 440頁.
14) 완적阮籍은 三國시대 魏나라 詩人이며, 竹林七賢의 하나이다.

마치창馬其昶은 말한다. 함咸괘와 항恒괘는 부부의 상도常道를 말하였고, 또 그 의리가 넓다. 귀매歸妹괘는 이름[名]을 얻었고, 오로지 혼인만을 말했는데, 이 때문에 부부사이의 궁색함을 구제할 수 있는 것이다. (『예기禮記』의)「혼의昏義」편에서, '혼례는 예禮의 근본이다.'라고[15] 하였다. 소疏에서, '혼인하여 마땅한 자리를 얻으면 받은 기운을 순수하고 조화시키니, 자녀를 낳으면 틀림없이 효도하고, 임금을 섬기면 반드시 충성한다.'라고 하였다. 귀매歸妹괘는 태泰괘를 근본으로 하는데, 63효와 94효가 왕래하며, (하괘인) 태兌와 (상괘인) 진震을 이루니, 자리[位]가 모두 마땅하지 않고, 63효는 또 강강剛(양효)을 올라타고 있으니, 이는 알맞은 자리를 얻지 못한 것이다. 그러므로 (귀매歸妹괘는) '출정하러 가면 흉하여, 이로운 바가 없다[征凶, 无攸利].' 태사공太史公[司馬遷]은, '부인과 필부의 사랑 같은 것을, 임금은 신하에게서 얻을 수 없고, 아버지는 자식에게서 얻을 수 없으니, 하물며 지위가 하찮은 자들이야 말할 것이 없다!'라고[16] 하였다. 일단 기쁘게 혼인을 했어도 간혹 자손을 낳지 못할 수도 있고, 자손을 낳았다 하더라도, 간혹 끝을 바라지 못할 수도 있으니, 어찌 명命이 아니겠는가! 오직 가려진 것을 알 수 있어야 능히 길이 마칠 수 있으니, 질투하지 않을 수 있은 후에 자손들이 많아지게 된다. 이를 일러 천지의 대의大義라 한다. 기뻐함으로써 움직이는 것은 질투하지 않음을 이른다. 『시詩』,「주남周南」,「규목樛木」과「주남周南」,「도요桃夭」의 시에서는, '남녀사이를 바름으로써 하고[男女以正],' '혼인을 알맞은 시기로 하여[昏姻以時],' '나라에 홀아비가 없게 되니[國無鰥民焉],'를 말했고 모시毛詩의 서시序詩에서, 모두 '후비后妃가 이룬 것[所致]'이라[17] 말하니, 귀매歸妹괘의 대의大義를 얻었다고 이를 만하다.

• **나의 견해**: 귀매歸妹괘는, (귀매歸妹괘에서) 여자의 도리는 이로 말미암아 끝나고, 부인의 도리는 이로 말미암아 시작한다. 또 시집가는 시작이 있어야만 후사를 두어 마침을 잘 할 수 있다. 이는 곧 '하늘[乾]이 하는 것은 만물의 창시創始이다[乾知大始]'와 곤坤괘의 '(덕업德業이) 광대한 결과이다[以大終].'의 뜻이다.[18]

....
15) '婚禮者, 禮之本也.',『禮記今註今譯』,「昏義」, 下冊, 王夢鷗譯註, 상동, 792頁.
16) '妃匹之愛, 君不能得之於臣, 父不能得之於子, 況卑下乎!',『史記』卷四十九,「外戚世家」, 第6冊, 世家[二], 漢 司馬遷撰, 北京: 中華書局, 1972, 1,967頁.
17) '男女以正, … 昏姻以時, …國無鰥民焉.' '后妃之所致也.'『毛詩註疏』卷第一,「桃夭」,『毛詩正義』(十三經 注疏 精理本) 4冊, 상동, 54頁.
18) '乾知大始.',「繫辭」上; '以大終也.', 坤卦 用六의 象傳, 高亨, 506頁과 高亨, 82頁.

상전에서 말한다. (날씨가 온화해져서) 못 위에 우레가 있음이, "소녀가 시집감[歸妹]"의 괘이다. 군자는 (이 신혼부부의 허옇게 센 머리(白首)로 해로偕老하여) 오래 살다 종생終生하기에 그 유폐 (또한) 아는 것이다.

[曰: 澤上有雷, "歸妹," 君子以永終知敝.19)]

유향劉向(전77-전6)은 말한다. 우레는 (음력) 2월에 나오니 그 괘를 예豫괘라 하고, 만물이 우레를 따라 땅에서 나오는데 모두 편안하게 기뻐함을 말하였다. (음력) 8월에 들어가니 그 괘를 귀매歸妹괘라 하고, 우레가 다시 땅 속으로 되돌아가면, 뿌리를 기르고 칩거하는 벌레를 숨겨주어, 왕성한 음의 해害를 피한다고 말한다.

왕필王弼은 말한다. 귀매歸妹괘는 서로 끝과 시작인 도리이므로, 이로서 마침을 길이 하고 폐단을 알 수 있다.

(정이의)『이천역전伊川易傳』에서 말한다. (귀매歸妹괘에서) '오래 살다 마침[永終]'은 번식하여 후손을 이어 전승傳承을 영구히 함을 이른다. '폐단을 안다[知敝]'는 것은, '만물에는 폐단과 무너짐이 있으나 서로 계승하는 도리가 됨'을 아는 것을 이른다.

소식蘇軾(1037-1101)은 말한다. 귀매歸妹괘는 여자가 막 성대해지는 것이다. 만물의 폐단은 반드시 막 성대해지는 때로부터 그것을 염려해야 하니, 그것이 쇠약해짐에 이르러서는 미칠 곳이 없다.

유원劉沅은 말한다. (하괘인) 태兌는 정추正秋이다. 춘분에 우레가 움직이고 추분에 우레가 숨는다. 우레가 연못에 핍근逼近하니, (연약한) 소녀가 권세를 이용하게 되어, 만물이 완성을 고하는 때이다. 만물은 가을에 이르러 완성되므로 '오래 살다 종생終生함[永終]'을 말한다. 태兌는 훼손함이므로 '폐단을 안다[知敝].'라고 말한다. 가을기후[秋令]는, 엄숙하게 죽이므로 만물은 쇠퇴하나, 만물은 이루어진다. (상괘인) 진震에서 나온 것이 여기에 이르러 끝난다. 죽임은 이에 그 삶의 기틀이 되고, 시작은 곧 마침으로 나아감이다. 군자는 이것을 알아 시작도 없고 끝도 없다는 이치를 보존하니, 만물은 쇠퇴해도 사람은 쇠퇴하지 않고, 일은 쇠퇴해도 이치는 쇠퇴하지 않으니, 조화의 법칙과 합하는 것이다.

정안丁晏(1794-1875)은 말한다. 영永은 부부夫婦의 장구한 도리이니, 오래 살면 (생애를) 끝마

---

19) 위가 震괘이니 雷이고, 하가 兌괘이니 澤이기에, 못 위에 우레가 있음이 귀매歸妹괘이다. 폐敝는 폐병弊病의 弊이다. 날씨가 따듯해지면, 우레가 못 위로 올라오니, 결혼은 봄에 함이 좋다. 高亨, 상동.

칠 수 있다. 폐敝는, 남녀의 음란한 행실이니 음란하면 반드시 오래 살 수 없다. 이것이 자연의 이치이다. 오래 살 것을 생각하여 폐해를 막아야 하니, 군자는 여기에 경계하는 마음을 가져야 한다.

짱홍즈張洪之(1881-1969)는 말한다. 쇠퇴함 없이 잘 마치고자 한다면, 반드시 먼저 시작에서 쇠퇴함을 알아서 그것을 힘써 경계해야 한다. 여자의 화禍가 백성과 나라에 끼치는 해害는 한漢 이후로 당唐나라에서 가장 심했는데, 누가 시작에서 쇠퇴함을 살펴 화禍의 단초[闖階]를 살피지 않았겠는가? 『상서尚書』에서, '시작함과 마침에 신중해야 한다.'라고[20] 했고, 또 (『상서尚書』에서,) '그 마침을 생각하지 않는다면, 마침내는 곤궁할 것이다.'라고[21] 말했으니, 근거가 있는 것이다.

마치창馬其昶은 말한다. 유자정劉子政(劉向, 전77-전6)은, '칩충蟄蟲은 바로 잠룡潛龍이다.'라고 말했다. 왕성한 음의 해害를 피하여 연못 속으로 숨어 가벼이 쓰지 않는다. 동중서董仲舒는, "천지의 기는 왕성하여 충만하게 되지 않으면, 음양이 교합되지 않는다. 그러므로 군자는, 기氣를 매우 아껴 조심하면서 방에서 노닐며 하늘을 본받는다. [기氣는 왕성하게 통할 때에는 손상되지 않으나, 하늘에 알맞지 않을 때에는 손상된다. 음양과 함께 왕래하지 않는 것을 불시不時라고 이른다. 욕망을 방자하게 하여 천수天數를 돌아보지 않는 것을 '하늘의 버림[天揣]'이라 이른다. 군자는 자기 몸을 돌보는 데에 감히 하늘을 어기지 않는다.] 그러므로 신혼의 남성은 열흘에 한 번 방에서 놀고 [중년은 신혼의 두 배로 늘리고,] 몸이 쇠해지기 시작하는 자는 중년보다 배로 늘리고, 한참 쇠약해진 자는 쇠해지기 시작했을 때보다 배로 늘리고, 몸이 매우 쇠한 자는 신혼의 하루를 한 달로 삼아야 하니, 이는 위로 천지와 절기를 같이하는 것이다."라고[22] 하였다. 동중서董仲舒의 말도 역시 뿌리를 기르고 칩거하는 벌레를 숨겨주어, '본성[性]'과 명命을 보전하고 간수하여, 왕성한 음陰의 해害를 피하기 위한 것이다.

• **나의 견해(1)**: 왕성한 음의 해를 피한다는 것은 '쇠퇴함을 알음[知敝]' 두 글자를 해설한 것이고, 기르고 숨겨준다는 것은 '오래 살다 종생終生함[永終]' 두 글자를 해설한 것이다. 쇠퇴함을 알아야 태어남을 지키고 작별함을 요약할 수 있으며, 태어남을 지킬 수 있어야, 끊임없이 낳고 낳아

---

20) '愼終于始.' 『今古文尚書全譯』 「太甲下」, 江灝, 錢宗武譯注, 상동, 144頁.
21) '不惟厥終, 終以困窮.' 『今古文尚書全譯』 「蔡仲之命」, 상동, 360頁.
22) "天地之氣, 不致盛滿, 不交陰陽. 是故君子甚愛氣, 而游於房, 以體天也. [氣不傷於以盛通, 而傷於不時天 拜; 不與陰陽俱往來, 謂之不時; 恣其欲而不顧天數, 謂之天拜. 君子治身不敢違天,] 是故新牡十日而一遊 於房. [中年者倍新牡,] 始衰者倍中年, 中衰者倍始衰, 大衰者以月當新牡之日, 而上與天地同節矣." 『春秋 繁露今註今譯』 「循天之道第七十七」, 賴炎元註譯, 상동, 417頁.

그 마침을 길이 할 수 있다.

- **나의 견해(2)**: 가벼이 쓰지 않기 때문에 쇠퇴하지 않고 영구할 수 있다.

- **나의 견해(3)**: 『춘추번로春秋繁露』, 「순천지도循天之道」편에서, "덕德은 화和보다 더 큰 것이 없고, 도道는 중中보다 더 바른 것이 없다. … 중화中和로써 천하를 다스릴 수 있는 자는 그의 덕이 크게 성대하고, 중화中和로써 자기 몸을 기를 수 있는 자는 그의 목숨이 명命을 다한다. 남녀의 법은 음과 양을 본받는다. 양기는 북방에서 일어나 남방에 이르면 성대해지고, 성대함이 극에 달하면 음과 합한다. 음기는 한 여름(夏至)에 일어나 한 겨울(冬至)에 이르면 성대해지고, 성대함이 극에 달하면 양과 합한다. 성대하지 않으면 합하지 않는다. 그러므로 열 달이 한 결 같이 모두 성대해져서, 하나씩 왕성함을 갖추어서 한 해를 마치면 다시 결합한다. 천지는 오래도록 절기가 맞으니, 이로써 법도를 삼는 것이다. 그러므로 먼저 그것을 안으로 본받아 몸을 길러서 온전히 한다. 가령 남자가 '성적으로 성숙하지[堅牡]' 않으면 집안을 이루지 못하고, (여자는) 음이 다 자라지 못하면 남자를 받아들일 수 없다. 그러므로 몸의 정기가 밝고 쇠약해지지 않아 견고하면, 장수長壽[壽考]를 의심하지 않는다. 이것이 천지天地의 도리이다. 천기天氣는 먼저 남성을 성숙시키고 나서, 정기[精]를 베풀기 때문에 그의 '정기[精]'가 견고하다. 지기地氣는 여성을 성숙시키고 나서 화化하므로 그의 화化가 훌륭하다."23) 이편에서 말한 것을 보면, 천기天氣는 남성을 왕성하게 하여 베풀고 지기地氣는 여성을 왕성하게 하여 화化한다. 그러므로 그의 마침을 길이 할 수 있는 것이다. 남성이 굳세지 않으면 집안을 꾸릴 수 없고, 음이 완전히 왕성하지 않으면 남성을 만나지 못한다. 그래서 그의 쇠퇴함을 알 수 있다. 천지음양의 도道에 밝아야, 귀매歸妹괘의 도道를 알 수 있다.

- **나의 견해(4)**: 앞에서 말한 바는 모두 사람이 하늘의 도道를 본받는다는 것이고, 뒤에서는 또 사람이 몸을 수양하고 명命을 세우는 것을 말하였으니, 또한 '오래 살다 종생終生함[永終]'과 '폐단을 안다[知敝].'는 뜻에 부합한다. 그 말(『春秋繁露』「循天之道第七十七」, 이하로 모두 여기에서 인용)에, "어진 사람이 장수하는 까닭은 밖으로는 탐욕이 없고 안으로는 청정하며, 마음이 화평하여

---

23) "夫德莫大於和, 而道莫正於中, … 能以中和理天下者, 其德大盛, 能以中和養其身者, 其壽極命. 男女之法, 法陰與陽. 陽氣起於北方, 至南方而盛, 盛極而合乎陰; 陰氣起乎中夏, 至中冬而盛, 盛極而合乎陽. 不盛不合, 是故十月而壹俱盛, 終歲而乃再合. 天地久節, 以此爲常, 是故先法之內矣. 養身以全, 使男子不堅牡, 不家室, 陰不極盛, 不相接, 是故身精明難衰而堅固, 壽考無忒, 此天地之道也. 天氣先盛牡而後施精, 故其精固. 地氣盛牝而後化, 故其化良.", 『春秋繁露今註今譯』「循天之道第七十七」, 賴炎元註譯, 상동, 415頁.

중정中正을 잃지 않고, 천지의 아름다움을 취하여 자기 몸을 기른 것이다. 이것이 장수하는 경우가 많고 또 다스리는 것이다. 학鶴이 장수하는 까닭은 몸 안에 맺힌 기氣가 없어서이니, 그러므로 먹어도 막히지 않는다. 원숭이가 장수하는 까닭은 그 기운을 몸의 말단까지 잘 펴기 때문이니, 그러므로 기氣가 사지四肢에 뻗는다. 천기天氣는 항상 땅으로 펼쳐진다. 그러므로 도道 역시 발에까지 기氣를 끌어당긴다. 하늘의 기는 항상 움직여서 정체되지 않는다. 그러므로 도道 역시 '기가 응결하여 풀어지지[宛氣]' 않는다."라고[24] 하였고, '화락和樂함'은 삶[生]이 밖으로 편안한 것이고, 정신은 삶이 안으로 충만한 것이다. 밖으로 편안한 것은 안으로 충만한 것만 못한데, 하물며 밖이 상상傷한 것이겠는가? 성내고 안타까워하고 근심하고 한스러워하는 것은 '삶'을 '다치게[傷]' 하는 것이고, 평화롭고 기뻐하고 선한 일을 권면하는 것은 생명을 기르는 것이다. 라고[25] 하였고, '옷은 항상 희게 하고자 하고, 음식은 항상 가볍게 먹고자 하며, 몸은 항상 일을 하고자 하여 너무 오래 편안하게 지내는 일은 많지 않다.'라고[26] 하였고, 그러므로 수명에는 길고 짧음이 있고 기름[養]에는 얻는 것이 있고 잃는 것이 있다. 그 끝의 큰 결말에 이르러서는 반드시 이것과 같아진다. 그러므로 수명이라는 말은 '동등同等하게 됨[讎]'의 뜻이다. 천하의 사람이 많다 하더라도, 각각 자기가 태어난 바에 상응하지 않을 수가 없어서, 스스로 행하는 바에 따라 장수하거나 요절한다. 오래 살수 있는 도리를 스스로 행하는 자는 그의 수명이 오래 사는 데에 상응하고, 오래 살지 못할 도리를 스스로 행하는 자는 그의 수명도 또한 오래 살지 못하는 데에 상응하니, 오래 사는 것과 오래 살지 못하는 실정은 각각 자기가 평생 행하는 바에 상응한다. 라고[27] 하였고, '그러므로 하늘이 길게 주었으나 사람이 상하게 하면 그 긴 것이 손상되고, 하늘이 짧게 주었으나 사람이 그것을 기

---

24) "仁人之所以多壽者, 外無貪而內淸淨, 心和平而不失中正, 取天地之美, 以養其身, 是其且多且治. 鶴之所以壽者, 無宛氣於中, 是故食冰, 猿之所以壽者, 好引其末, 是故氣四越. 天氣常下施於地, 是故道者亦引氣於足, 天之氣常動而不滯, 是故道者亦不宛氣.",『春秋繁露今註今譯』「循天之道第七十七」, 賴炎元註譯, 상동, 416, 417頁.

25) "和樂者, 生之外泰也, 精神者, 生之內充也, 外泰不若內充, 而況外傷乎! 忿恤憂恨者, 生之傷也, 和說勸善者, 生之養也.",『春秋繁露今註今譯』「循天之道第七十七」, 賴炎元註譯, 상동, 417, 418頁.

26) '衣欲常漂, 食欲常饑, 體欲常勞, 而無長佚居多也.'『春秋繁露今註今譯』「循天之道第七十七」, 賴炎元註譯, 상동, 418頁.

27) '是故壽有短長, 養有得失, 及至其末之, 大卒而必讎於此, 莫之得離, 故壽之爲言猶讎也. 天下之人雖衆, 不得不各讎其所生, 而壽夭於其所自行. 自行可久之道者, 其壽讎於久, 自行不可久之道者, 其壽亦讎於不久, 久與不久之情, 各讎其生平之所行.'『春秋繁露今註今譯』「循天之道第七十七」, 賴炎元註譯, 상동, 419頁.

르면 그 짧음이 늘어난다. 줄어듦과 늘어남은 모두 사람에게 달렸으니 사람은 하늘을 계승하는 것이다!'라고[28] 하였다.

● **나의 견해(5)**: (『예기禮記』의)「월령月令」에서,「음력 2월[仲春]의 달에 (낮과 밤이 절반이고) 우레가 소리를 낸다. (번개가 치기 시작하면 칩거한 벌레들이 모두 움직여서 문을 열고 밖으로 나온다.) 우레가 치기 3일 전에, '큰 방울[木鐸]'을 흔들어 백성들에게 명령을 내림에, "우레가 곧 소리를 낼 테니, 그 용모를 경계하지 않은 자가 자녀를 낳고도 대비하지 않으면 반드시 재앙이 있을 것이다."라고 한다.」라고[29] 하였다. 이는 정치를 시행하는 자가 백성들을 위하여 그들의 마침을 길이하기를 꾀한 것이며, 이로써 그 폐단을 알지 못해 생기는 해害를 경고한 것이다. 대비하지 않아서 재앙이 있는 것이 곧 그 폐단이다. 용모를 경계하지 않는 것이 알지 못하는 것이다. "이 (음력5월, 중하仲夏의) 달에는 해가 가장 길며, 음과 양이 다투고 죽음과 삶이 나뉜다. 군자는 재계하여 거처할 때에는 반드시 몸을 가리고 조급해하지 않고, 가무歌舞[聲]와 여색女色[色]을 그치고, 혹 (더) 나아가지 못하게 한다. (음식의) 맛을 엷게 하여 조화로움을 불러오지 않게 한다. '감각적 탐욕[耆欲]'을 조절하고 심기心氣를 안정시킨다. 백관은 일처리를 조용히 하여 형벌이 없게 하여 음陰이 이루는 바를 편안히 한다."라고[30] 하였다. "이 (음력11월, 중동仲冬의) 달에는 해가 가장 짧으며, 음과 양이 다투고, 여러 생명들이 끝난다. 군자는 재계하여 거처할 때에는 반드시 몸을 가리고 자기의 욕심을 편안히 하여 소리와 얼굴빛을 모두 제거하고, 욕심을 금하여 몸과 본성을 편안히 한다. 일은 고요히 하고자 하여 음양이 안정되기를 기다린다."라고[31] 하였다. 이는 하지와 동지의 때에 천도天道가 변경되고 인사人事가 쉽게 쇠퇴하니, 때에 미쳐서는 삼가며, 그 마침을 길게 할 좋은 방법을 힘써 구해야 함을 알린 것이다. 이상은 모두 백성들에게 절실한 일이니, 그 폐단을 알아서 '마침을 영구하게 해야 할 것[永終]'이다. 이를 미루어서 국가에 이롭고 백성에게 복된 것과 관련하여서는, 또한 마침을 길게 하고 폐단을 안다는 뜻 밖에 있지 않을 것이다.「월령月

---

28) '是故天長之, 而人傷之者, 其長損; 天短之, 而人養之者, 其短益; 夫損益者皆人, 人其天之繼歟!', 『春秋繁露今註今譯』「循天之道第七十七」, 賴炎元註譯, 상동, 419頁.

29) '是月也, (日夜分,) 雷乃發聲. (始電, 蟄蟲咸動, 啓戶始出.) 先雷三日, 奮木鐸以令兆民, 曰, "雷將發聲, 有不戒其容止者, 生子不備, 必有凶災.', 『禮記今註今譯』, 「月令」, 上冊, 王夢鷗註譯, 상동, 208頁.

30) '是月也, 日長至, 陰陽爭, 死生分, 君子齊戒, 處必掩身, 毋躁, 止聲色, 毋或進, 薄滋味, 毋致和, 節者欲, 定心氣. 百官靜, 事毋刑, 以定晏陰之所成.', 『禮記今註今譯』, 「月令」, 上冊, 王夢鷗註譯, 상동, 219頁.

31) '是月也, 日短至, 陰陽爭, 諸生蕩. 君子齊戒, 處必掩身, 身欲寧, 去聲色, 禁嗜慾, 安形性, 事欲靜, 以待陰陽之所定.' 『禮記今註今譯』, 「月令」, 上冊, 王夢鷗註譯, 상동, 237頁.

令」에서는 또 '봄날에는 군대를 동원하지 않아야 하니 군대를 동원하면, 반드시 하늘의 재앙이 있을 것이다. 전쟁이 일어나지 않는데, 나로부터 시작해서는 안 된다. 하늘의 도를 바꾸지 말고 땅의 이치를 끊지 말며 사람의 기강을 어지럽히지 말라.'라고[32] 하였고, 또 '겨울에는 땅과 관련한 일을 하지 말라. 삼가서 땅을 파헤치지 말고 집안의 창고를 열지 말며, 백성들을 일으키지 말고 닫힌 문을 더욱 굳게 닫는다. 지기地氣를 막아둔 것이 새어나가면, 이것을 일러 천지의 방을 열었다고 이르니, 그러면 여러 벌레들이 죽고 백성은 반드시 돌림병에 걸리며 또 죽는 일이 많게 된다. 이를 일러 창월暢月(음력 11월의 지칭, 만물로 하여금 충실하게 비축하게 하는 달)이라 부른다.'라고[33] 하였다. 이는 또 음양이 줄어들고 늘어나며, 봄과 겨울이 변화하는 것으로, 국가가 어지러워지고 백성들은 병이 드는 큰일과 관련된 것이니, 더욱 그 폐단을 알지 못해서는 안 된다. 이른바 군대를 일으키지 말고, 문건을 일 처리하는 관리에 넘겨주지 말라는 것은, 모두 미연에 방비하고 근심을 방비하기 위함이니, 이로써 '자기의 마침을 길게 함[永其終]'을 도모하는 것이다.

> **초구효: 누이를 여동생을 딸려서 시집보냈는데, 절름발이가 (이미 나아서) 걸어 다닐 수 있게 됐음이니, 출정 나가면 길하다.**
> [初九, 歸妹以娣,[34] 跛能履, 征吉.]
> **상에서 말한다. "누이를 여동생을 딸려서 시집보냈음"은, 상례常例이다. "절름발이가 걸어가니 길함"은, 서로 도운 것이다.**
> [象曰: "歸妹以娣," 以恆也. "跛能履吉," 相承也.[35]]

우번虞翻은 말한다. 초9효는 응함이 없으며, 변하면 음이 되므로, 출정하면 길한 것이다.

왕필王弼은 말한다. (초9효가) 소녀[兌]이면서 맏아들[震]과 짝이 되는 것이니, 본처本妻[嫡]를 말한 것이 아니다.

공영달孔穎達(574-648)은 말한다. 아내가 되어 (시집가는데 딸려) 가면 흉하고, 누이동생이 되

---

32) '是月也, 不可以稱兵, 稱兵必天殃. 兵戎不起, 不可從我始. 毋變天之道, 毋絶地之理, 毋亂人之紀.', 『禮記今註今譯』, 「月令」, 上冊, 王夢鷗註譯, 상동, 206頁.

33) '土事毋作, 愼毋發蓋, 毋發室屋及起大衆, 以固而閉. 地氣沮泄是謂發天地之房, 諸蟄則死, 民必疾疫, 又隨以喪, 命之曰暢月.' 『禮記今註今譯』, 「月令」, 上冊, 王夢鷗註譯, 상동, 235, 236頁.

34) 귀歸는 시집보냄이다. 매妹는 누이동생이다. 以는 及과 같다. 제娣는 여동생이다. '跛能履'는 발병이 이미 나아서 돌아다니기에 이로움을 말한다. 高亨, 441頁.

35) 『爾雅‧釋詁』에, 恒은 常이고, 『小爾雅‧廣詁』에, 承은 좌佐(돕다)이다. 高亨, 상동.

218　『주역周易』의 학습과 해설

어 딸려 가면 길하다.

호원胡瑗(993-1059)은 말한다. (초9효에서) 절름발이는 발이 (한 쪽으로) 치우친 것이다. '조카와 여동생[姪娣]'은 바른 짝이 아니지만, 자기의 도리를 다하여 군자를 섬길 수 있으니, 발이 비록 절름발이지만, 땅을 밟아 걸을 수 있는 것과 같다.

(정이의) 『이천역전伊川易傳』에서 말한다. (초9효에서) 잉첩媵妾[娣]이 비록 현명하지만, 자기 임금[夫]을 받들어 도울 뿐이다.

장준張浚(1097-1164)은 말한다. (하괘인) 태兌 아래는 잉첩媵妾[娣]이 되고, (하괘인) 태兌가 허물어지면 절름발이이다.

곽옹郭雍(1106-1187)은 말한다. (초9효는) 응함도 없고 돌아갈 곳도 없으니, 남들이 시집가는 것으로 인하여 '조카나 여동생[姪娣, 즉 잉첩媵妾]'이 된다.

유원劉沅은 말한다. (『의례儀禮』,) 「사혼례士昏禮」편 정현鄭玄의 주注에서, '옛날에는 여자가 시집갈 때에 반드시 '조카나 여동생[姪娣]'이 따랐다. 이를 사람들은 대개 잉첩媵妾이라 불렀다. 그러나 누이동생이 언니를 따르고, 조카는 고모를 따르며, 동성同姓 중에서 먼 친척이면, 그로써 좌우에서 시중들게 하여, 정들고 친한 사람이 마땅히 가까우니, 여자 시중[婦寺]만을 오로지 믿는 유행을 없애게 하니, 폐단이 없게 되었다. 잉媵 외에 첩妾이 있고, 첩 외에 시중[御]이 있으니, 그저 동생을 첩으로 삼는 것은 아니고, 조카를 여동생[娣]으로 삼는 것은 더욱 아니다. 동생[娣]은 또한 여동생이니, 시집갈 때 따라서 남편에게 가는 자이다. 초9효는 발[足]인데, 태兌는 허물어져 꺾임이니, 절름발이의 상이다. 초9효는 낮고 아래인데 응함이 없고, 92효를 받들고 65효에 붙었으니, 끝내는 돌아갈 곳을 얻은 것이다. (초9효가,) 무릇 자리가 낮은데도 분수에 편안하며 순리를 따르는 것은, 남에게 기대어 일을 완성하는 그러한 부류이다.

요배중姚配中(1792-1844)은 말한다. 부부의 도리는 오래가지 않을 수 없는데, 자녀를 낳지 않고 질투가 생기면 부부의 도리가 항구하지 못하다. 『백호통白虎通』에서, '조카와 여동생을 갖추어 시집가는데, 그들이 반드시 서로 질투하지 않게 되어야 한다. 한 사람이 자식을 두면 세 사람이 그를 함께 키워서, 마치 자기가 낳은 듯이 한다.'라고[36] 하니, 이는 여동생(娣)이라면, 질투를 끊고 후사를 넓게 이어나가고, 부부의 도리를 항구하게 하는 것이니, 따라서 (상9효의 상象에서) '상례常例[以恒也]'라고 말했다. 본처가 자식이 없는데, 조카와 여동생이 자식이 있으면, 또한 (본처

---

36) '備姪娣從者, 爲其必不相嫉妬也. 一人有子, 三人共之, 若己生之也.' 『白虎通疏證』卷十, 「嫁娶」, 下冊, 陳立撰, 상동, 470頁.

를) 쫓아내지 않는 데에, 조카와 여동생을 반드시 갖는 뜻이 있다.

리스전李士鉁은 말한다. 잉첩은 친영親迎의 예를 갖추기를 기다리지 않고, 본처가 시집감에 따라서 그녀를 따라서 시집가는 것이다. 초9효는 자리가 비천하나 기쁨으로 본처를 받드니, 길한 도가 있다. 발은 둘로써 걸을 수 있고, 부부는 둘로써 이루어지는데, 절름발이는 하나는 바르지 않고 하나만 바르니, (초9효는) 여동생[娣]의 상이다. 또 임금의 처를 중궁中宮이라 부르고, 선비의 처를 주중궤主中饋라 부르는데, 초9효는 중中이 아니므로 제娣(여동생)가 된다. 중中하지 않으면 하나는 높고 하나는 낮으므로, (초9효는) 절름발이가 된다.

마치창馬其昶은 말한다. (초9효가) 음으로 변화되니 92효를 받들 수 있다.

구이효: 장님이 볼 수 있듯이, 죄인이 정도正道를 지킴으로 (출옥하니) 이롭다.

[九二, 眇能視, 利幽人之貞.37)]

상에서 말한다. "죄수가 정도正道를 지킴으로 유리함"은, 정상을 바꾸지 않은 것이다.

[象曰: "利幽人之貞," 未變常也.]

우번虞翻은 말한다. (호체互體인) 이離 눈은 바르지 않으므로, (92효는) 애꾸눈이다.

왕필王弼은 말한다. (92효는,) 비록 자기의 자리를 잃었으나, 내괘에 있으며 중中에 처하였으니, 상도常道를 보전할 수 있다.

장준張浚은 말한다. (92효는 하괘인 태兌) 못澤의 가운데[中] 있으니, 죄인이다.

곽옹郭雍은 말한다. 92효는 현명한 여자로서 자기의 그윽하고 고독한 절조를 지켜서, 자기의 뜻[志]을 빼앗기지 않는다.

(주희의) 『주역본의周易本義』에서 말한다. "애꾸눈이 볼 수 있는 것"은38) 위의 효를 받들음을 말한 것이다. (92효는,) 양강陽剛으로 중中을 얻었으니, 여자의 현명함이다.

(이광지의) 『주역절중周易折中』에서 말한다. 눈은 둘로써 밝으며, 부부는 둘로써 이루어지는데, 애꾸눈은 하나는 어둡고 하나는 밝다. 죄인은 비록 (남들이) 우러러보는 바는 잃었으나, 자기의 지조는 밝기 때문에, (92효에서) '볼 수 있음[能視]'이라 말한다.

교래喬萊(1642-1694)는 말한다. 초9효는 양인데 비천하나 재질이 있다. 92효는 또 중中인데 재

---

37) 묘眇는 장님이다. 유幽는 죄인[囚]이다. 高亨, 441頁.

38) '眇能視.', 『原本周易本義』卷二, 歸妹괘 92爻, 宋 朱熹撰, 電子版文淵閣四庫全書, 上海人民出版社, 1999 참조.

주 있고 현명하다. 그러니 '잣나무 배[柏舟]'나 '누런 고니[黃鵠]'의 부류일 것이다. (나의 견해:『시詩』「패풍邶風」「박주柏舟」편에서, '공백共伯이 일찍 죽자, 공강共姜이 목숨을 걸고 스스로 재가하지 않겠다고 맹세하였다. 황곡곡黃鵠曲은 옛날의 악부樂府의 가요이다.『열녀전列女傳』에서 '노魯나라 도영陶嬰이 젊어서 과부가 되어 베를 짜서 어린 자식을 기르는데, 노魯나라 사람이 그녀에게 재혼할 뜻을 묻자, 이에 가요를 지어 자기가 두 번 가정을 꾸리지 않을 것을 밝혔다.) (92효에서는) 밟기 때문에 걸을 수 있고, 보기 때문에 밝을 수 있다. (92효는) 걸을 수 있으므로 자기 남편을 도와 길하고, 밝으므로 예禮에 밝으니 바를 수 있다.

유원劉沅은 말한다. 92효의 호체互體인 이離는 눈이고, (하괘인) 태兌는 훼손함이니, 애꾸눈을 상징한다. 92효는 양강陽剛이니 현명한 여자인데, 응하는 65효는 음유陰柔이니 현명한 남자가 아니다. 무릇 만나는 사람이 적절한 사람이 아니어도, 지조를 바꾸지 않는 것은, 모두 옳기 때문이다.

리스전李士鉁은 말한다. 92효는 연못 가운데에 있으며, 하나의 음이 그것을 덮고 있으므로 (92효는) 죄인이라 칭한다.

마치창馬其昶은 말한다. 92, 65효는 강유剛柔가 자기 자리를 잃었고, 물과 불이 서로 꺼지게 되니, (92효는) 여자가 남편을 잃고 은거하나 자신을 지키는 상이다. 그러므로 (92효는) 길한 것이 없는 점괘이다. 부인의 도는 부드러움으로 바름을 삼고, 죄인은 굳셈으로 바름을 삼는다. '항상됨[常]'이 변하지 않는다는 것은, 92효가 변화해선 안 됨을 말한다.

육삼효: 누이를 시집보낼 때 손위의 언니를 딸려 보냈으니, (손위누이가) 퇴박맞고 (친정집으로) 되돌아왔다.
[六三, 歸妹以須, 反歸以娣.39)]
상에서 말한다. "누이 및 그 언니를 시집보냄"은 합당하지 않다.
[象曰: "歸妹以須," 未當也.]

(주희의)『주역본의周易本義』에서 말한다. 63효는 음유陰柔이고 중정中正하지도 않은데, 또한 기쁨의 주인[主]이 되니, 여자가 바르지 않음이다.

혜사기惠士奇(1671-1741)는 말한다. 반귀反歸는 (친정집으로) 쫓겨나 돌아옴이다. 「곡량전穀梁

---

39) 수須는 수嬃(누이)의 가차이니, 손윗누이[姊]이다. 반귀 反歸는 남편 집에서 쫓겨서 친정집으로 돌아옴이다. 高亨, 442頁.

傳」에서, '부인들이 이르기를 시집가는 것을 귀歸라 말하고, (쫓겨서) 돌아옴을 내귀來歸라 말한다.'라고[40] 하였다. 범영范寧(339-401)주注에, '반反은 남편 집으로부터 쫓겨남을 이른다.'라고 하였다.

공광삼孔廣森(1751-1786)은 말한다. 수須는 맏딸[長女]의 칭호이다. 천문의 별을 보는 점占에서, 직녀織女는 처녀이고, 수녀須女는 이미 시집간 여자이다. 『설문해자說文解字』에, '수嫂는 여女자字'이다. 가시중賈侍中(賈逵, 30-101)이, '초楚나라 사람들은 언니를 일러 수嫂라 한다.'라고 하였다.

유원劉沅은 말한다. (『수서隨書』의) 「천문지天文志」에서, "수녀須女는 별 넷인데, … 수須는 천첩賤妾의 칭호이다."라고[41] 하였다. (63효는,) 덕과 자리가, 모두 합당하지 못한 것이니, '여자가 스스로를 중매하는 것'이 이와 비슷하다.

풍경馮經(18세기, 청淸나라 학자)은 말한다. 63효는 유柔가 강剛을 올라타고 있어 이로운 바가 없다.

리스전李士鉁은 말한다. 63효는 65효에는 멀고, 92효와 가까우므로, 65효를 따라서 시집갈 수는 없고, 반대로 92효를 따라서 시집갔기에, 따라서 '손위 언니로써 (친정집으로) 쫓기어 돌아온 것[反歸以娣]'이다.

마치창馬其昶은 말한다. 정鼎괘 초6효에 대한 정현鄭玄주注에, '임금의 부인이 여섯 가지를 범하여 쫓겨나면 그녀를 폐하여 멀리한다.'라고 하였다. 『좌전左傳』의 소疏에, '부인이 죽으면 다시 장가들지 않고 반드시 조카나 여동생[姪娣]인 잉첩으로 본처의 자리를 잇게 한다.'라고 하였다. 또 은공隱公원년元年의 두예杜預주注에, '원비元妃가 죽으면, 다음 비妃가 내사內事를 대신 다스리게 한다.'라고 하였다. 생각해보면, 본부인을 소박할 때도 또한 이와 같다. (그 일은) 꼭 합당하지 않기에, 잉첩으로 대신한다. 태兌는 막내딸이니, 초9효는 태兌의 아래에 있으니 여동생이 된다. 63효와 호체인 이離는 둘째딸이니, 수須[잉첩媵妾]이다. 시집갔다가 (친정집으로) 다시 쫓기어 왔기 때문에 이로울 바가 없다.

구사효: 누이를 시집보냄에 기간이 연기되어, 늦게 시집가니 기다림이 있다.

[九四, 歸妹愆期, 遲歸有時.[42]]

----

40) '禮, 婦人謂嫁曰"歸," 反曰"來歸."', 『春秋穀梁傳譯注』隱公二年, 承載撰, 상동, 13頁.

41) '須女四星, …須, 賤妾之稱.'『隨書』卷二十, 志十, 「天文」中, 長孫無忌(594-659)等撰. 電子版文淵閣四庫全書, 上海人民出版社, 1999 참조.

42) 건愆은 過이다. 건기愆期는 연기延期와 같다. 時는 대待(기다림)의 가차이다. 高亨, 443頁.

상에서 말한다. (혼인) "시기를 연기함"의 뜻은, 기다렸다가 시집을 보내는 것이다.

[象曰: "愆期"之志, 有待而行也.43)]

육적陸績(188-219)은 말한다. (94효에서) 지지遲는 기다림이다.

석개石介(1005~1045)는 말한다. (94효에서) 기약을 넘김은 연年을 기다림이니, 때를 기다리는 의미이다. (94효에서) 예禮를 얻어 행하니 이것이 마땅한 바이다.

유원劉沅은 말한다. (상괘인) 진震은 맏아들[長男]이고, (하괘인) 태兌(막내딸)의 오빠이다. 동쪽에서 일을 벌이고 뒤에 돌아와서 서쪽에서 태兌(막내딸)가 시집을 가니, 따라서 시기를 연기한 것이다. 그러나 시기를 연기한 것은 얼마간의 수數이지만, 틀림없이 시집가는 것이 도리이니, 시집가지 않는 것이 아니라, 단지 더뎌지나 (결혼할) 때가 있을 뿐이다. 행行은 시집감이니, 『시詩』에, '여자가 시집감이 있다.'라고44) 하였다. (94효에서) 호체互體는 감坎이니, 따라서 뜻[志]을 말한 것이다. (94효에서) 기다렸다가 가는 것은 좋은 짝을 얻고자 함이지, 구차스레 시집가는 것이 아니다.

요배중姚配中(1792-1844)은 말한다. (호체인) 감坎과 이離 모두 바르지 않으므로, (94효에서) 시기를 연기한 것이다. (범녕范寗의)『춘추곡량집해春秋穀梁集解』에서, '허숙중許叔重(許愼, 30-124)은, '조카나 여동생[姪娣]이 15살 이상이면 함께 군자를 섬길 수 있으니 시집갈 수 있고, 20살이면 잉첩으로 보낸다.'라고 말하였다. 이는, (『역易』)경 (귀매歸妹괘)를 인용하여 증명한 것이다.'라고 하였다. 이는, 건기愆期란 년을 기다리는 것으로 여긴 것이다. 포세영包世榮(1783-1826)은 '예禮가 아니면 시집가지 않고, 삼족三族[父族, 母族, 妻族]을 고려하지 않으면 또한 시집가지 않으니, 모두 시기를 넘긴 것이 된다.'라고 하였다. (이것은) 마땅히 겸하여 말한 것이다.

리스전李士鉁은 말한다. 호체인 이離는 시기[期]이고, 94효는 외괘에 있으므로 시기를 넘긴 것이다. 태兌는 막내딸[少女]이고, 이離는 둘째딸[中女]인데, 94효는 막내딸에 말미암아 둘째딸이 된 것이므로, 나이가 이미 많다. (94효는) 하괘에서 나와서 상괘에 이르렀으니, (시집갈) 시기가 이미 지난 것이기에, 시기가 지난 것이다. (상괘인) 진震은 시집감인데 호체互體인 감坎의 가운데에 있으니, 시집가고자 하나 이루지 못한 상이다. 94효는 중中하지 않고 응함이 없으니, 본래 훌륭한 짝이 없다. 혹 훌륭한 짝이 있더라도 예禮가 갖추어지지 않았기 때문에, 더디고 더디게 시집을 갈 것이니 장차 기다려야 할 것이다.

---

43) 經文에서 '有時'라 했으나, 傳에서는 '有待'라 했다. 行은 嫁(시집가다)이다. 高亨, 상동.

44) '女子有行.', 『詩經譯注』, 「邶風·泉水」; 「鄘風·蝃蝀」; 「衛風·竹竿」, 袁梅著, 상동, 160, 188, 212頁.

마치창馬其昶은 말한다. (94효에서) 건愆은 틀리고 어김이다. 지나치거나 미치지 못함은 모두 건愆이다. 시기[期]는 스무 살이 되어 시집갈 때를 말한 것이다. 괘가 이룬 상象을 논하자면, 63효가 94효로 가는데, 자리가 마땅하지 않기 때문에, (귀매歸妹괘의) 단사彖辭에서, "정벌하러 가면 흉하다."라고 하였으니, 바로 94효를 가리킨 것이다. 그러나 94효에서 도리어 '정벌하러 가면 흉함'을 말하지 않은 것은, (94)효에 변화의 뜻이 있기 때문이다. (94효가) 움직여서 바르게 변화되면 흉하지 않고; 바른 데로 가는 것, 이것은 예禮를 기다려 시집가는 것이다. 다만 (94효가) 감坎 함정 가운데에 있으니, (시집가는) 시기를 연기하지 않을 수 없을 뿐이다. 이는, 94효가 음으로 변화하여 초9효에 응하고자 하나, (94효가) 갑자기 변화할 수 없음을 말한 것이다.

육오효: (은殷나라) 임금 을乙이 누이를 시집보내는데, 그 왕후의 모습은, (배가陪嫁하는) 여동생의 아름다운 모습만 못했다. (결혼은) 기망旣望 때이니, 길하다.
[六五, 帝乙歸妹. 其君之袂, 不如其娣之袂良. 月幾望,45) 吉.]
상에서 말한다. "(은殷)왕 을乙이 (자기) 누이를 시집보내는데", (미모가) "그 동생의 아름다운 것만 못 하였다." 그녀는 바른 위치[嫡子]에 있었기에, 귀한 신분으로 시집간 것이다.
[象曰: "帝乙歸妹," "不如其娣之袂良"也. 其位在中, 以貴行也.46)]

『건착도乾鑿度』에서 말한다. 「제을帝乙이 시집가는 여동생을 아름답게 함은, 천지의 도에 순응하여 시집가고 장가드는 뜻을 세운 것이다. (결혼의) 뜻이 확립되면 배우자[妃匹]가 바르게 되고, 배우자가 바르면 왕의 교화가 온전해진다.」 또한, 「은대殷代에는 인질人質을 기록하였는데, 생일로 이름을 삼았고, 장손長孫[元孫]의 자손이면, 밖으로 인척관계[恩]를 끊었다.」라고 말한다.'47) 그러므로 『역易』에서 제을帝乙은 '성탕成湯'이 되었으며, '제을帝乙'이라 적었으니, 여섯 대의 왕들의 이름이 같았으나, (각각의) 공功을 밝히기에는 해害가 되지는 않았다.

우번虞翻은 말한다. (호체인) 감坎은 달이고 이離는 해이며; (하괘인) 태兌는 서쪽이고, (상괘인) 진震은 동쪽이다. 해와 달은 짝이 되는 상이므로, '기망旣望[幾望]'이라 하였다.

---

45) 帝乙은 은殷나라 임금 乙이니, 주紂의 아버지이다. 歸妹는 막내딸을 周文王에게 시집보냄이다. 君은 王侯나 제후의 부인을 가리킨다. 메袂는 결袂의 가차이니, 모습이다. 양良은 아름다움이다. 궤几는 기旣로 읽는다. 매월 16일에서 23일이 기망旣望이다. 高亨, 443頁.
46) 中은 正이고, 行 또한 嫁이다. 高亨, 444頁.
47) '美帝乙之嫁妹, 順天地之道, 以立嫁娶之義. 義立則妃匹正, 妃匹正則王化全.」; 「殷錄質, 以生日爲名, 元孫之孫, 外絶恩矣.」, 『周易乾鑿度』卷上, 漢 鄭康成注, 電子版文淵閣四庫全書, 상동 참조.

설온기薛溫其(11세기, 북송北宋 역학자)는 말한다. 지존至尊(임금)의 누이동생이, 반드시 (평범한) 남편[夫]에게 시집가는 것이, 인륜의 올바름이다.

호병문胡炳文(1250-1333)은 말한다. 달이 기망旣望 때이니, 덕으로써 말하자면, (65효는) 음이 성대해져서 양과 짝이 될 수 있는 때이다.

유원劉沅은 말한다. 92효는 곤체坤體의 '가운데 효[中爻]'이니, 곤坤은 을乙을 받아들이고, 65효는 임금을 칭하며, (상괘인) 진震에서 나왔다. 진震 남자가 시집보내는 주인이므로, '제을帝乙이 누이동생을 시집보냄[帝乙歸妹]'이라고 말한다. 군君은, 임금의 정실부인[女君]이다. 65효의 지위이기에, '군君'이라 칭한 것이다. (65효는) 유중柔中으로 높은 자리에 있으니, 여자가 존귀하면서 현명하여, 덕을 숭상하고 꾸밈은 숭상하지 않기에, 따라서 (65효의) '모습[袂]'은 자기 여동생처럼 예쁘지 않다. (65효에서) 여동생이 현명하고 미모를 들어서 말한 것은, (『시詩』에서,) '천자의 딸[王姬]의 수레'를 노래한 것과[48) 같다. 제을帝乙이 처음으로 혼인의 예를 바르게 하였으니, 당시에 반드시 이러한 사실이 있었고, 공허하게 꾸며낸 것은 아니다.

허계림許桂林(1779—1822)은 말한다. 문왕文王은, (원래) 상商나라의 신하였고, 서쪽 변방을 지켰기에, 따라서 '본래 [즉 은殷나라의 조정에서의 성대한 일이니, 후대의 법도가 되었다.'라고 말한다. (상商나라의) '고종高宗께서 귀방鬼方을 정벌했다.'라고도 하고, (상商나라의) '제을帝乙이 동생을 시집보냄[帝乙歸妹]'이라고도 말한다.

리스전李士鉁은 말한다. 65효는 임금[帝]의 자리이고, (상괘인) 진震이 을乙이 되므로, 제을帝乙이라 칭한다. 65효는 진震의 뒤(자리)에 있으니, 누이동생이 된다. 아래로 92효와 응하므로 가서 시집보냄이다. (65효는) 높으면서도 낮출 수 있고, 귀하면서도 교만하지 않으니 '길한 도리[吉道]'이다. 천자의 딸은 제후에게 시집가는데, 그 국내에서는 (그녀를) '작은 임금[小君]'이라 칭하는 것이 바른 명칭이다. 임금의 딸은 존귀하므로 가식假飾하지 않는다. 『시詩』에서, '(이 처녀 시집가니,) 백량 수레로 전송한다.'라고[49) 했고, (또한) '(한후韓侯가 이들을 돌아보니,) 찬란함이 문에 가득하도다!'라고[50) 했는데, 시집가는 의례가 성대한 것이다. '천자의 딸[王姬]이 아래로 제후에게 시집간다는 노래[詠]에 이르러서는, '어찌 엄숙하고 화락하지 않겠는가! 천자의 딸의 수레로다!'라고만[51) 했을 뿐이니, 의례의 꾸밈은 약略할 수 있다. (하괘인) 태兌는 달이 장차 가득 찰 것을 형

---

48) '何彼襛矣 … 王姬之車.', 『詩經譯注』, 「召南」, 「何彼襛矣」, 袁梅著, 상동, 121頁 참조.

49) '之子于歸, 百兩將之.', 『詩經譯注』, 「召南」, 「鵲巢」, 袁梅著, 상동, 98頁.

50) '韓侯顧之, 爛其盈門.' 『詩經譯注』, 「大雅」, 「蕩之什」, 「韓奕」, 袁梅著, 상동, 98頁.

상하는데, 65효는 그 위에 있으므로 '보름달에 가까움[幾望].'이다. 달은, 해의 빛에 말미암기에 '보름[望]'이고, 음이 양을 쫓아다니므로 길吉이다. 달의 보름은 음도陰道의 성대함을 알리는 것이나, 음이 (너무) 크게 성대해져서는 아니 된다. 달은 차면 이지러지니 반드시 '보름에 가까움[幾望]'이라야 복이 된다. 누이동생을 시집보내는데 가면 흉한데, 유독 65효만 길한 것은 아마도 여자는 반드시 남자가 요구하기를 기다리기 때문이니, 오직 천자의 딸만은 사람들이 감히 요구하지 못하므로 스스로 가서 시집가는 것이다. 다른 사람의 경우에는 흉함이 되는데, 임금의 딸에 있어서는 높은 지위를 낮추고, 귀함을 굽히는 것이니, 길하다.

송서승宋書升(1842—1915)은 말한다. '달이 보름에 가까움[月幾望]'은 (상괘인) 진震의 상이다. (호체인) 이離는 태양이니, 그 가운데 효가 빛을 발하는 곳이다. (호체인) 감坎은 달이니, 그 가운데 효가 빛을 받아들이는 곳이다. (호체互體인) 이離는 '해의 가운데[日中]'에 합하고, (호체互體인) 감坎은 달의 보름에 합한다. 그러나 이離와 감坎은 또 나뉘어 움직이는 상이니, 이른바 해와 달의 움직임이다. 이離의 음陰이 아래로 내려가면 손巽이 되니, 그 빛이 막 나아가기 시작했으나 중中에는 미치지 못했으니, 아침 해의 상이다. 이離의 음이 위로 올라가면 태兌이니, 그 빛이 이미 물러나서 중中을 지나쳤으니, 저녁 해의 상이다. 감坎의 양이 아래로 가면 진震이니, 그 빛이 막 나아가기 시작했으나 아직 바르지 않기에, 달이 점차 보름으로 가는 상이다. 감坎의 양이 위로 가면 간艮이니, 그 빛이 이미 물러나 바름을 잃은 것이기에, 달이 점차 어두워져 가는 상이다. 이 귀매歸妹괘의 하괘인 태兌는 해가 저녁으로 가는 것이고, 상괘인 진震은 달이 아침으로 가는 것이니, 해가 아래에 있고 달이 위에 있는 것이며, 달의 밝음이 아래에서 생기는 것은, 초하루 이후 보름 이전, 하늘의 상象이 어둡게 드러나는 것과 딱 부합한다.

마치창馬其昶은 말한다. 『논어論語』, 「향당鄕黨」편에서, '오른쪽 소매는 짧게 하셨다[短右袂].'라고[52] 하였는데, 공안국孔安國(전156-전74)은, '일하는 데 편리함'이라고[53] 말하였다. 양良은 '편리[便]'와 같다. 여군女君은 존귀하여 노역하는 일을 맡지 않기에, 따라서 여동생의 소매가 편한 것과는 같지 않은 것이다. 『시詩』, 「석인碩人」의 (모형毛亨)전傳에서, '부인의 덕이 성대하고 높으니, 시집갈 때에는 비단 옷에 홑겹의 덧옷을 덧입는다(褧襜).'라고[54] 하였다. 전箋에서, '(제齊나라 공

51) '曷不肅雝, 王姬之車.', 『詩經譯注』「召南」, 「何彼襛矣」, 袁梅著, 상동, 121頁.

52) '短右袂.', 『論語譯注』, 「鄕黨」篇(10:6), 楊伯峻譯注, 상동, 100頁.

53) '短右袂, 便作事.' 『論語註疏』, (魏) 何晏注, (宋)邢昺疏,(十三經注疏 整理本), 23冊, 상동, 147頁.

54) '夫人德盛而尊, 嫁則錦衣加褧襜.'『毛詩正義』, (十三經注疏 整理本), 「衛風」, 「碩人」, (漢) 毛亨傳, (漢) 鄭玄箋, (0唐) 孔穎達疏, 4冊, 261頁.

주인) 장강莊姜이 근교로부터 의복을 바르게 하여 거마車馬를 타고서 임금의 조정에 들어갔는데, 모두 왕의 정실부인[夫人]을 맞이하는 정례正禮로 맞이하였다.'라고[55] 하였다. 여동생의 소매가 좋은[良] 것은 '일을 하는 데에 편리함'을 위해서이니, 정실부인은 예복禮服을 중시하였다. '천자의 딸[王姬]'의 거복車服은, 임금보다 한 등급 아래임으로, (65효의 상象에서) '귀한 신분으로 시집감[以貴行]'을 말하였다. 여기에서 옛날 정실부인과 첩의 존귀의 구별을 볼 수 있다.

상육효: 여자가 (예물로) 광주리를 바쳤는데 (그 속에) 아무 것도 없었고, 사내가 양羊을 찔렀으나 피가 안 나왔으니, 이로울 바가 없다.

[上六, 女承筐无實, 士刲羊无血.[56] 无攸利.]

상에서 말한다. "상6효"에서 "내용물이 없음"은, (신부가) "올린 것"이 텅 빈 "광주리"이다.

[象曰: "上六" "無實," "承" "虛" "筐" 也.]

『좌전左傳』에서 말한다. '신랑[士]이 양을 찔렀는데, 또한 피가 나오지 않았다. 신부가 광주리를 이었으나, 또한 얻을 예물[貺]이 없었다.'[57]

(허신의)『설문해자說文解字』에서 말한다. '광匡은 밥 담는 그릇이니 광주리(筥)이다.'[58] 또한 『역易』(귀매歸妹괘)에서 인용하면, 규刲는 찌름이다.

정현鄭玄(127-200)은 말한다. 종묘의 예禮에서 안주인이 광주리에 든 쌀을 올린다. (『의례儀禮』,)「사혼례士昏禮」편에서, '부인이 들어오고 석 달이 지나서야, 제사를 지낸다.'라고[59] 하였다.

우번虞翻은 말한다. (상괘인) 진震이 광주리이고, (하괘인) 태兌가 양羊이다.

육희성陸希聲(801-895)은 말한다. (상6효에서) 광주리를 이는데 들은 것이 없으면 제사를 돕는 예禮가 이루어지지 않는다. 양을 찌르는데 피가 나오지 않으면, 사당에 제사지내는 정성이 지극하지 않은 것이다. (상6효는) 유柔로써 강剛을 타고 있으며, 아래로 응함이 없으니, 귀족부인(土女)의 행실이 여기에 병통이 있다. '누이동생을 시집보내는 것[歸妹]'은, 인륜의 마지막과 시작이니, 따라서 (귀매歸妹)괘의 마지막에서 (시집보내는) 도道의 폐단을 드러내었다.

---

55) '箋云: 言莊姜儀表長麗俊好顔顔然. …國君夫人翟衣而嫁, 今衣錦者, 在塗之所服也. 尙之以襌衣, 爲其文之大著.'『毛詩正義』,「衛風」,「碩人」, (漢) 毛亨傳, (漢)鄭玄箋, (唐)孔穎達疏, (十三經注疏 整理本), 상동.
56) 承은 받듦이다. 士는 장가들지 않은 사내이다. 刲는 찌름[刺]이다. 高亨, 444頁.
57) '士刲羊, 亦无盂也. 女承筐, 亦无貺也.',『左傳全譯』僖公十五年, 王守謙 等譯注, 상동, 258頁.
58) '匡, 飮器, 筥也.',『說文解字』, 匚部, 東漢 許愼著, 下冊, 상동, 1,041頁.
59) '婦入三月, 然後祭行.',『儀禮』,「士昏禮」第二, 彭林譯注, 상동, 63頁.

(정이程頤의)『이천역전伊川易傳』에서 말한다. 상6효는 응함이 없으니, 여자가 시집가는 일에 마무리가 없는 것이다. 부인이 제사를 받들지 못하면, 남편도 제사를 받들 수 없다.

호병문胡炳文은 말한다. (상6효는) 음허陰虛이면서 응함이 없기에, 따라서 이런 상이 있다.

왕부지王夫之(1619-1692)는 말한다. 피가 나지 않는 양은, 특히 죽인 것은 아니다.

유원劉沅은 말한다. (상괘인) 진震은 신랑[士]이 되며, 대나무가 되기에, 광주리의 상인데, 상6효는 우연하게도 텅 비어 담긴 게 없다. (하괘인) 태兌는 신부가 되고, 양羊이 되며, 호체인 감坎은 피가 된다. (호체互體인) 이離가 변하여 건乾이 되므로 피가 나지 않는다. 신랑신부[男女]가 가정을 이루어서 제사를 받드는데, 광주리를 채우는 것은 여자의 일이고, 솥과 도마를 채우는 것은 남자의 일이다. (상괘인) 진震은 바닥은 있으나 가운데가 비었으니, 본래 빈 광주리의 상이다. 양은 채움이고 음은 텅 빎이니, 장차 무엇을 받들겠는가? 다만 빈 광주리일 뿐이다. 아마도 '누이를 시집보냄[歸妹]'은 이루어지지 못할 것이다.

리스전李士鉁은 말한다. (상괘인) 진震은 대나무가 되고, 억새풀(萑葦)이 되며, 광주리의 상이다. 상6효는 음허陰虛이기에, 따라서 실實이 없다. (하괘인) 태兌는 양羊이 되고, (호체互體인) 이離는 칼날이 되기에 양을 찌름이다. (호체인) 감坎은 피가 되나, 자리[位]가 감坎의 밖에 있기에, 따라서 피가 나오지 않는 것이다. 상6효의 응함은 63효인데, (상6효는) 음으로써 음에 응하기에, 부부를 이루지 못한다. 그래서 신부가 부인이 되지 못한다고 말했고, 신랑은 남편이 되지 못한다고 말했다. 부인을 얻는 것은 제사를 드리기 위해서이다. 광주리를 이었으나 든 것이 없으니, 광주리를 이지 않은 것과 같다. 양을 찌르는데 피가 나지 않으니, 찌르지 않은 것과 같다. 제사를 이루지 못하므로 이로운 바가 없다.

마치창馬其昶은 말한다. 남편[士]은 (상괘인) 진震이다. 아래로 태兌 양羊을 찌르는데, 63효는 (하괘인) 태兌와 호체인 감坎을 몸으로 하니, 피를 의미하는 괘이지만, 상6효에 응하지 못하니, 피가 나지 않는 양羊이 된다. 시장에서 파는 포脯로 제사를 받드니, (나의 견해: 이는, 선산船山(王夫之)의 '특별히 죽인 게 아니다.'라는 설과 부합한다.) 공경함이 아니다. 신부[女]는 (하괘인) 태兌이다. 위로 진震 광주리를 이는데 상6효는 음허陰虛로 내용물이 없으니, 63효에 응하지 못한다. 그러므로 63효는 빈 광주리를 받드는 것이다. (상6효는) 의례[儀]가 사물에 미치지 못함을 말한다. (『예기禮記』의)「혼의昏義」편에서, '혼례는 두 성姓의 아름다움이 합하는 것으로, 위로는 종묘에 제사지내고 아래로는 후세를 잇는 것이다.'라고[60] 하였다. 그러므로 선조를 계승하지 못하는 자

---

60) '昏禮者, 將合二姓之好, 上以事宗廟, 而下以繼後世也.',『禮記今註今譯』,「昏義」, 下冊, 王夢鷗註譯, 상

는, 바로 후세를 잇지도 못한다. (귀매歸妹괘 상6효의) 상전象傳에서, 여자가 '빈 광주리 이는 것[承虛筐]'을 해설하면서, 신랑[士]의 채워진 게 없는 데로 죄를 돌렸으니, 부부는 한 몸이기 때문이다. 63효는 (92효) 강강剛을 올라탔으나 이로운 바가 없으니, 곧 상6효의 '이로운 바가 없음[无攸利]'이 된다.

 (유원, 『주역항해周易恒解』의)「부해附解」에서 말한다. 정자程子가, '『역易』에는 남녀가 부부가 되는 괘가 넷이 있는데, (澤山)함咸괘, (雷風)항恒괘, (風山)점漸괘, (雷澤)귀매歸妹괘이다.'라고[61] 말한다. 그러나 함咸괘와 항恒괘는 감동함과 오래감을 주로 하여 상象을 세웠고, 점漸괘는 여자가 시집가는 것을 빌려와 점차 나아감의 선善함을 밝혔는데, 유독 이 (귀매歸妹)괘는 여자가 시집가는 것만을 말했다. 책임은 맏아들[長男]에게 있기 때문에 귀매歸妹라고 이름 하였다. 초9효는 잉첩滕妾이다. 92효는 현명하게 시집감이다. 63효는 첩이 기간을 따져 시중을 들음이다. 『좌전左傳』에서, '제후가 딸을 시집보낼 때에, 성姓이 같은 나라면 (동생들을 보내) 잉첩滕妾을 삼게 하였다.'라고[62] 하였다. 『공양전公羊傳』에서도, 또한 '제후는 한 번 장가들면 아홉 명의 여자를 취했고,' '제후는 한 나라에서 아내를 맞는데, 두 나라라면 잉첩들을 보냈다.'하였으니,[63] 따라온 여자들은, 모두 잉滕이라 불렀다. 공안국孔安國소疏에서, '잉滕은 첩이다.'라고 하였다. (『의례儀禮』의)「사혼례士昏禮」편에 대한 정현鄭玄주注에서, '옛날에는 여자가 시집갈 때에 반드시 조카나 여동생[姪娣]들이 따라갔다.'라고 했다. 이를 사람들은 대개 잉첩[妾滕]이라 불렀다. 그러나 여동생은 언니를 따르고 조카는 고모를 따랐으며, 동성同姓으로 먼 인척은 시중들게 하였으며, 부녀시중의 부류만을 오로지 믿지는 않았으니, 정들고 친해져서 폐단이 없게 되었다. 잉滕 외에 첩이 있고 첩 외에 여시중이 있으니, 여동생으로 첩을 삼은 것이 아니고, 조카로 여동생을 삼은 것은 더욱 아니다. 춘추시기에 예禮가 폐해진 일이 있었는데, (진秦 목공穆公의 딸인) 회영懷嬴은 인륜을 어지럽힌 일이 있었다. 내유원劉沅는, 『시詩』(「소남召南」,「소성小星」)에서 자세하게 말하였다. 94효(의 상象전)에서 '기다렸음[待]'이 있고; 오직 65효만이 유중柔中으로 높은 자리에 있었으니, 여자가 존귀하고 현명한 것으로, 여동생을 시집보내는 주인이 된다. 상6효는 남편이 없음을 원망하는 것이

동, 791頁.

61) '程子曰: "『易』有男女配合之卦四, 咸, 恒, 漸, 歸妹也.",' 『伊川易傳』卷四, 宋 程子撰, 電子版 文淵閣四庫全書, 상동 참조.

62) '凡諸侯嫁女, 同姓滕之.' 『左傳全譯』成公八年, 王守謙 等譯注, 상동, 649頁.

63) '諸侯壹聘九女.' '諸侯娶一國, 則二國往滕之.' 『春秋公羊傳全釋』莊公十九年, 梅桐生譯注, 상동, 120頁.

다. 성인聖人이 특히 이 혼인과 시집가는 일에 관한 일괘一卦[歸妹괘]를 세운 것은, 그것이 인도人道의 중요함 때문이니, 따라서 '천지의 마침과 시작'은, 사람에게 '큰 뜻임[大義]'을 말한 것이다.

• **나의 견해**: (귀매歸妹괘의)「단전象傳」에서, 천지의 대의大義와 인륜의 마침과 시작을 말하였는데, (하늘, 땅, 사람의) 삼재三才의 이치를 합하여, 귀매歸妹 일괘一卦에 매단 것이다. 이는 낳고 낳아 기르는 기틀이 여기에서 싹이 트는 것이므로 특별히 하나의 괘를 세워서 그것을 상징했다. 아마도 여자의 도리는 이로 말미암아 끝나지만 곧 부인의 도리는 이로 말미암아 시작되니, 인사人事에서 완성되어야, 천지의 대의大義를 얻을 수 있음을 이른 것이다. 또 혼인을 하여 그 시작을 잘해야 후사를 두어, 그 마침을 잘 할 수 있으니, 이는 곧 '건乾은 만물을 창시創始함이 됨[乾知大始]'(「계사」전 상)과 곤坤괘의 '(덕업이) 위대한 결과[以大終]'(坤卦 用六의 象傳)의 뜻이다. (귀매歸妹괘) 상전象傳에서, '마침을 영구히 하고, 폐단을 앎[永終知敝]' 네 글자로 단정하였는데, 여러 학자들이 훈고한 바가 모두 정확하고, (동중서董仲舒의)『춘추번로春秋繁露』에서는 그 뜻을 펴서 드러내었으니,「월령月令」에 기록된 바와 서로 표리를 이루어서, 하늘과 인간이 사귀어 서로 도움이 되는 만남에 대해 관련되어 매인 것이 더욱이나 깊다. 그 학설을 가만히 생각해보고 그 아래에 주를 달아서,『역易』을 연구하는 자들의 관찰[觀省]을 준비하였다. 사람은 천지 사이에서 태어나니『역易』을 읽지 않을 수 없고, 더욱이 귀매歸妹괘를 신중하게 다루지 않을 수가 없다. 진실로 온 마음으로 한유漢儒들의 여러 학설의 소견을 연구한다면, 성인의 미언微言과 대의大義에 더욱 정밀해져서 높게 걸린 것처럼 분명해질 것이다. 그러나 사람이 태어나면 반드시 그의 마침을 요구하는 것이다. 폐단의 이유와 영구히 하는 이유에는 각각 그것의 도리가 있는데, 중요한 것은 그 앎을 지극히 할 수 있는 데에 있으니, 이를 일러 '(사물의 이치를 추구하는) 격물格物의 배움[學]'이라 이른다.

55. 풍豐괘 ䷶

풍豐괘: 크게 통하니, 왕께서 친히 큰일을 주관하여서, 우려할 필요가 없으니, (왕은,) 해가 하늘 가운데 있듯이 (천하를) 비추고 있다.

[豐, 亨, 王假之, 勿憂, 宜日中.1)]

마융馬融(79-166)은 말한다. (풍豐괘에서) 가假는 큼[大]이다.

소림蘇林(3세기, 삼국三國[曹魏]시대 문학가)은 말한다. (풍豐괘에서) 해[日]는 임금의 상이고; 중中은 왕성한 밝음[明]이다.

(주희의)『주역본의周易本義』에서 말한다. 왕성함이 정점이면 쇠함이 마땅하니, (풍豐괘에는) '근심하는 도[憂道]'가 있다. 성인은 그저 근심하는 것은 무익하다고 여기니, 따라서 '걱정하지 말라! (왕께서) 해가 (하늘의) 가운데 있어 적절하게 비춘다.[勿憂, 宜日中]'라고 경계시킨 것이다.

유원劉沅(1767-1855)은 말한다. (풍豐괘는) 밝음으로 활동하니, 풍성함[豐]을 불러오는 것이다. 「서괘序卦」전에서, '자기가 돌아갈 곳을 얻었으니 반드시 클 것이기에, 따라서 이것을 풍豐괘로 받았다.'라고2) (말한다.) (하체인) 이離는 왕이 되고, 또한 해[日]가 되며, 62효는 중中을 얻었다. 성대할 때, 가장 좋은 일들이 모이니, 왕은 '밝은 덕[明德]'을 가지며, 변할 때에는 막아주니, 밝음[明]과 위세[威]가 병행하여, 이에 이것에 이를 수 있다. 풍성[豐]할 때는 기쁠 수 있고 또한 근심할 수 있으니, 풍성함은 오래 가기 어렵게 된다. 사람의 마음은 하늘의 해와 같으니, 해는 (하늘) 가운데서 밝음이 더욱 왕성해지는데, 풍성함을 가진 자는 마땅히 천명을 받아서 빛나며, 늘 마음을 해가 (하늘) 가운데 있는 것처럼, 만방을 넓게 비춘다면 풍성함은 오래 갈 것이다. 군자는 자기 덕을 풍성히 하여 하늘을 받들고, 아직 풍성하지 않을 때에는 걱정하고 근로勤勞하며, 일단 풍성할

---

1) 풍豐은 괘명이고, 뜻은 큼[大]이다. 형亨은 통通이다. '王假之'는 왕이 친히 큰일을 주관함이다. 勿憂는 큰일에 대해서 우려할 필요가 없음이다. '王宜中'은, '왕은, 해가 하늘 가운데 있는 것 같이, 적절히 천하를 비춤'이다. 高亨, 446頁.

2) '得所歸者必大, 故受之以豐.'「序卦」傳, 高亨, 651頁.

때를 받들고 근신하여서, 부귀와 복택을 바라는 것이 아니고, 자기의 풍성한 일을 오래 보전하여 풍성의 도리를 오래 보존하고, 왕성함과 쇠락을 겪으며, 스스로 온전하기를 바라는 것이다. 우레와 번개는 만고에 늘 있으나, 그들이 교섭하기에 이르는 일은 시간이 한정되어 있으니, 덕을 닦고 보답을 얻는 것은 만고의 정해진 도리이다. 풍성함도 또한 다할 데가 있으니, 공자선생[夫子]께서는 '가운데나 기울음, 가득 차거나 텅 빔'으로써 사람들을 경계시켰으니, 풍성한 일은 한정되어 있고 도리는 무한함을 밝히신 것이다, 밝음으로 활동함이 풍성함을 불러오는 도道이다. 때와 함께 줄어들거나 늘어나는 것이, 풍성함을 보전하는 도이다. 인심은 천리天理로 가는데, 천지와 더불어 끝이 없을 수 있다. '걱정하지 말고, 해가 (하늘) 가운데 적절히 있음[勿憂, 宜日中]'은, 이른바 천지와 덕을 합하고, 해와 달이 밝음을 합친 것이다.

오여륜吳汝綸(1840-1903)은 말한다. (풍豊괘는,) 왕이라면, 이 풍성하게 형통하는 운수를 밟고서, 쉽게 쇠퇴할까 근심하며, 오직 지극한 명석함으로 처신함이 적절함을 말한다.

리스전李士鉁(1851-1926)은 말한다. 왕성함이 오면 쇠퇴함의 시작이고, 가득 참이 정점이면 점차 어그러짐이니, 이는 보통 사람들은 걱정하지 않는 바이나, 성인은 걱정한다. 해가 바야흐로 가운데 있으면 어둡고 숨겨진 곳도 다 비추니, 음암陰暗한 소인들은 가려지게 되지 않아야, 걱정이 없어질 것이다. 중中은 넘침이 아님을 말한다. 성인이 태평함을 보유하고 가득 참을 유지하는 것은, 다만 하나의 중中을 가질 뿐이니, 해가 중천中天에 붙어 있고 넘치지 않음과 같다.

단전에서 말한다. 풍豊괘는, (성과가) 큰 것이다. 분명히 파악하고 활동하니, 따라서 (성과가) "풍성함"이다. "왕이 친히 오심"은 큰일을 숭상하는 것이다. (우려가 있으나) "걱정하지 말라함은, 태양이 하늘 복판에 있는 것처럼," (왕께서 밝혀) 세상을 비춤과 같다.

[象曰:「豊」, 大也. 明以動, 故"豊."3) "王假之," 尙大也. "勿憂宜日中," 宜照天下也.4)]

(유향의)『설원說苑』에서 말한다. (풍豊괘는) '광명으로 활동함이 풍부하기에 따라서 (풍豊괘는 재능이) 커질 수 있고, 커졌다면 줄어들 것이니, (풍豊괘는) 이것을 경계해야 한다.'5)

서간徐幹(171-218)은 말한다. 몸이 높지 않으면 베풂음도 빛이 안 나고, 높은데 있지 않으면 교

---

3) 豊은 큼의 뜻이다. 하는 離괘이니 明이고, 상은 震괘이니 動이다. 그리하여 성과가 크다. 高亨, 446頁.

4) 가假는 이름(至)이다. '王假之'는, 왕이 큰일을 중시하여, 친히 주관함이다. 큰일을 하자면 염려가 있으나, 염려할 필요 없음은, 왕의 밝음이 태양이 하늘 복판에 있어 세상을 넓게 비춤과 같다. 高亨, 상동.

5) '夫豊明而動故能大, 苟大則虧矣, 吾戒之.'『說苑今註今譯』,「敬愼」, 劉向原著, 盧元駿註譯, 상동, 314頁.

화도 넓지 않다. (풍豐괘는) '크게 통하니, 왕께서 친히 큰일을 주관하여서, 우려할 필요가 없으니, (왕은,) 해가 하늘 가운데 있듯이, (천하를) 비추고 있음[豐, 亨, 王假之, 勿憂, 宜日中.]'은, 몸이 높고 높은데 있음을 말한다.

공영달孔穎達(574-648)은 말한다. (풍豐괘는) 활동하나 밝지 못하여, 빛이 클 수 없는데; 재질은 밝아서 활동하면, 풍성함을 불러올 수 있다.

호병문胡炳文(1250-1333)은 말한다. 태泰, 진晉, 쾌夬, 가인家人, 승升괘는, 모두 '우려하지 말라[勿恤]'을 말하는데, 여기(풍豐괘)서는 '근심하지 말라[勿憂]'를 말하니, 모두 매우 왕성할 때 보통사람들은 소홀히 하나, 성인은 깊이 우려하는 것이다. (풍豐괘에서) '근심하지 말라![勿憂]'는 깊고 절박한 말이다.

유원劉沅은 말한다. 해가 항상 하늘 중간에서 천하를 비추는 것 같다면, 풍성함은 한 사람에게 있는 것이 아니고, 천하에 있는 것이다. 이하에서 해가 복판에 있는 것을 확보하기 어려움을 추론했으나, '해가 중간에 의당히 있어야 함[宜日中]'은 저절로 그렇게 되는 것임을 알 수 있을 것이다.

심선등沈善登(1830-1902)은 말한다. 『노자老子』에서, '하늘이 크고, 땅이 크고, 사람[王] 또한 크다.'라고[6] 하였고, 여러 괘에서 혹 때로 뜻을 '대大'라고 했으나, 유독 풍豐괘(단象)전傳에서는, '풍豐은 큼[大]이다.'라고 칭했으니, 다른 괘들과 다르며, 이는 (왕王)이 건천乾天, 곤지坤地와 더불어 셋으로 되는 것일 것이다. 왕王은, 부천父天과 모지母地로서, 백성[民]의 부모로서 천하를 관장하니 천왕天王이라 불리고, 천하를 집[家]으로 하니 '반드시 본래 명철함[明]으로' 활동하며, 이에 '하나로 셋[天, 地, 人]을 관통하는' 뜻을 버리지 않았기에, 따라서 (풍豐괘에서) 왕王은 몸으로 책임을 이루는 것이다.

마치창馬其昶(1855-1930)은 말한다. 풍豐은 큼이다. 오직 왕만이 풍요함을 불러올 수 있기에, 따라서 (풍괘의 단전象傳에서) '왕은 크게 만든다[王, 大之].'라고 말한다. (왕은) 이른바 '신분이 높고, 높은데 있음'이다(나의 견해: 이것은 서간徐幹[171-218]의 해석이다.). 단전象傳에서, '왕의 큼이란, 받드는 것이 큼'을 말한 것이니, (풍豐괘에서) '현인들의 도움을 얻음'을 말한 것이다. 초9효에서, '가면 상賞이 있음[往有尚]'을[7] 말한 것은, 곧 이 뜻을 받들음이다.

해가 (하늘) 복판에 오면 기울고, 달은 차면 이지러진다.

[日中則昃, 月盈則食.[8]]

---

6) '天大, 地大, 人亦大.', 『老子繹讀』25章. 任繼愈著, 상동, 55, 56頁. 王弼本에는, '人'이 '王'으로 되어 있지만, 王弼注에서는, '人'자로 주해하였다.
7) 尚은 賞의 假借이다.

장이기張爾岐(1612-1678)는 말한다. 밥[食]은 보름 뒤에는 망가져 못 먹게 되니, 먹을 것을 청구할 수 없다.

섭유葉酉(18세기, 청淸나라 역학자)는 말한다. '해가 (하늘) 복판에서 (만물들을) 적절히 비춤[宜日中]'은 '밝음[明]'으로 말한 것이고; (풍豐괘에서) '해는 복판에 오면 기울음[日中則昃]'은 왕성함으로 말한 것이다.

유원劉沅은 말한다. (하괘인) 이離는 해이고, 호체인 태兌는 서쪽이기에, 따라서 (풍豐괘에서) '기울음[昃]'을 말한 것이다. 엎드린 (호체互體인) 감坎은 달이 되니 (호체互體인) 태兌 훼손됨을 보기에, 따라서 (풍豐괘에서 달이) 이지러짐[蝕]을 말한 것이다.

하늘과 땅이 찼다가 비는 것은, 시간과 더불어 길어지고 짧아지는 것인데, 하물며 사람의 (일)이나, 하물며 귀신에게도 (불변이) 있겠는가!

[天地盈虛, 與時消息, 而況於人乎! 況於鬼神乎!]

정현鄭玄(127-200)은 말한다. (풍豐괘는) 모두 쉼이 있을 뿐이니, 항상 왕성할 수 없음을 말한 것이다.

공영달孔穎達은 말한다. 왕성하면 반드시 쇠함이 있는 것이 자연의 상리이다. (풍豐괘에서) 때에 맞추어 덕을 닦고, 있을 때에는 없어질 것을 염려하도록 애써야한다.

최경崔憬(7세기, 당대唐代 역학자)은 말한다. 밝으면 미세한 것도 보이고, 활동하면 '힘쓸 일[務]'을 이루게 되니, 따라서 (풍豐괘는) 클 수 있으니, 자기의 밝음으로 크게 바르게 될 수 있다. '해는 가운데이면 기울게 되니, 그것이 아직 줄어들지 않았거나 비어있지 않음을 적절히 타고서, 기화氣化에 위탁委託하여 무위無爲하면, 고귀한 왕이 되는 것이다.

심해沈該(11세기, 남송南宋 역학자)는 말한다. 풍豐은 (음력) 6월 괘이다. 우레가 일어나 형통하고 불이 왕성하게 탈 때이니, 따라서 풍성함[豐]이 된다. 효爻는 어두워 밝지 않음을 상象으로 여기니, (풍豐괘의) 몸으로 말하자면, 위에서 우레가 작동하고, 번개가 아래를 비추니, 바람과 비가 캄캄한 밤이나, (곧) 밝은 대낮이 되는 때이다. (풍豐괘는) 효로 말하면, 초9효 양陽에, 62효 음陰이 그것에 올라타는데; 93, 94효의 양陽은, 65, 상6효 음이 그것들을 덮고 있으니, 음이 양을 가리는 상이다. (풍豐괘는) 도리로 말하면, 때는 바야흐로 왕성하여 싹과 움이 생기는데, 이 때문에

---

8) 食은 식蝕(좀먹다)의 가차이니, 휴虧(이지러짐)이다. 消息은 消長(줄고 늘어남)이다. 高亨, 447頁.

(풍豊괘에서는) 그것들이 과도해질까 경계하는 것이다.

장영張英(1637-1708)은 말한다. 천지 또한 계절에 따라 줄고 늘어남을 어길 수 없지만, (풍豊괘에서) 풍성함[豊]은 유지하기 어렵다고 결단코 말할 수 있다.

유원劉沅은 말한다. 가운데이면 반드시 기울고, 차면 반드시 이지러지니, 곧 해가 중심에 있으면, 천지의 이치, 사계절의 조금씩 변함, 이것이 왕성이면 저것은 쇠락함을 알 수 있다. 천지 또한 차고 빔이 있는데, 하물며 기화氣化를 받아서 사는 인간은 어떨까? 귀신은 조화의 공능功能을 본받을까? 차고 빔에 필연이 있어서, 도리로써 그것을 바로 잡을 수 없다면, 왕성함은 반드시 빨리 쇠퇴하고, 쇠퇴한 것은 다시 왕성할 수 없게 될 것이다. 그러므로 (풍豊괘는) 의당 항상 해가 (하늘) 가운데 있는 것처럼, 차고 빔의 기운은 인심人心의 정리正理를 빼앗을 수 없으니, 풍성함은 항상 보존할 수 있을 것이다! (풍괘의) 여섯 효가 밝게 활동하며 서로 돕는 것을 길吉한 것으로 취했으니, 밝음에 의지해 망동을 부리면 흉하게 되는 것이기에, 다른 괘들처럼 음양의 상응을 좋은 것[善]으로 여기지는 않는다. 웅량보熊良輔(1310-1380)는, '풍성함이 큰 때를 당하여, 같은 덕으로 서로 돕는 것을 선善으로 여기며, '바르게 응함正應'을 취하지 않음이다.'라고 말한 것이, 이것이다.

● **나의 견해**: 건乾괘 「문언文言」전에서, 「성인은, "하늘보다 앞서 가도 하늘이 그를 어기지 않으며, 하늘보다 뒤에 가도 천시天時를 받들기에, 하늘도 또한 그를 어기지 않는데, 하물며 인간이겠는가? 하물며 귀신이겠는가?"」라고[9] 말하였다. 이것은, '하늘은 성인을 어길 수 없고, 성인은 곧 하늘임'을 말한 것이다. 이것은 하늘과 사계절은 줄어들고 늘어나는 것이며, 이것은, 하늘은 사계절을 어길 수 없고, 사계절이 곧 하늘임을 말한다. 사계절[天時]이 운행함에, 성인은 '때에 맞으니時中', 사람과 귀신, 모두의 물중[衆]을 잡을 수 있다. 하늘과 성聖이란, 때[時]인가, 때[時]인가!

상전에서 말한다. 우레와 번개가 모두 (함께) 오는 것이 풍豊괘이다. 군자는 죄를 판결하고 형벌을 내린다.

[象曰: 雷電皆至, "豊," 君子以折獄致刑.[10]]

---

9) '(大大人者,) … 先天而天弗違, 後天而奉天時. 天且弗違, 而況於人乎?, 況於鬼神乎?', 건乾괘 「文言」전, 高亨. 72, 73頁.

10) 折獄은 斷獄(단죄)이다. 致刑은 형을 주는 것이다. 상괘은 震괘이니 雷이고, 하괘는 離괘이니 電(번개)이다. 雷는 刑에, 電은 사람의 明察에 비견되니, 먼저 형벌이고 나중에 전기를 쓰니, 형벌이 嚴明하다. 高亨,

소식蘇軾(1037-1101)은 말한다. 『역易』에서, 우레와 번개가 서로 만남에 이르면, 반드시 형벌에 미치게 되고, 활동으로 자기의 밝음을 취하게 되며; 이離와 간艮이 서로 만남에 이르면, 소송을 판결할 수 없거나, 소송을 연기할 수도 없으니, 그침으로써 자기 밝음을 취한다.

주진朱震(1072-1138)은 말한다. 판결을 내림으로써 번개처럼 환희 비추고, 형벌을 내림으로써 우레처럼 위협하고 진노한다.

유원劉沅은 말한다. 음양이 서로 압박하면 우레가 되고, 그 빛이 번개가 되니, 모두 이르면, 위세와 기염氣焰이 성대하게 되기에, 풍부함[豐]의 상이다. 주희朱熹(1130-1200)는, '서합噬嗑괘는 밝음[明]이 위에 있으니, 이는 명찰明察[明]이 사리를 얻은 것이어서, 이것에 먼저 법을 확립하고, 아직 천위天威를 건들지 않은 자는 보류하여 다른 때에 쓸 것을 기다린다. 풍豐괘에는 밝음이 아래에 있으니, 명찰도 아래에 있기에, 이것은 법을 쓸 때 반드시 아래의 사정을 분명하게 보아야, 바야흐로 얻을 수 있다.'라고 말하였다.

짱홍즈張洪之(1881-1969)는 말한다. (풍豐괘의 상전象傳에서) '모두 (함께) 오는 것[皆至]'은 (이離와 진震) 두 몸이 서로 합하여, 명찰[明]과 동작이 함께 행해지는 것이다. 명찰하여 소송을 관찰할 수 있으면 판결을 못 내릴 소송은 없다. 위세가 형을 내릴 수 있으니, 형벌 또한 내려지지 않을 수 없을 것이다. 『상서尚書』(「순전舜典」편)에서, '사실을 명찰하여, 공평하게 처리하라!'라고[11] 하였고, 또한 '위세가 사혜私惠를 이길 수 있으면, 확실히 성공할 수 있다.'라고[12] 하였다.

초구효初九: (길 가다) 여주인을 만났는데, 오직 10일 안에는 재난은 없을 것이고, (앞으로) 가면 상賞을 받게 된다.
[初九, 遇其配主, 雖旬无咎, 往有尙.[13]]
상에서 말한다. "10일이면 재난은 없음"은, 10일을 지나면 재앙이 있음이다.
[象曰: "雖旬無咎," 過旬災也.]

정현鄭玄은 말한다. 초9효는 예禮를 닦고서 위로 94효를 조배함에, 94효는 대등하게 두터운 은

447頁.

11) '惟明克允!', 『古今文尚書全譯』, 「舜典」, 江灝, 錢宗武譯注, 상동, 29頁.

12) '威克厥愛, 允濟.' 『古今文尚書全譯』, 「胤征」, 江灝, 錢宗武譯注, 상동, 105頁.

13) 배配는 비妃로 읽으니, 妃는 처妻와 같기에, 배주配主는 女主人이다. 雖는 유唯로 읽는다. 尙은 상賞의 가차이다. 高亨, 447頁.

혜로 그를 대우하였는데, 오직 열흘이면 재앙이 될 것이 없다. 10일이 바른 것이니, (제후가 천자를 찾아뵙는) 조빙朝聘의 예禮이기에, 주인의 나라에 머무는 한도이다. 빙례聘禮를 마치면 돌아가야 되니, 큰 예식이면 10일하고 약간이다. 10일 밖이면 약간[稍]이 되는데, 매우 오래 머무름이다.

왕필王弼(226-249)은 말한다. (초9효는) 풍豊괘의 첫 효이며, 그의 짝은 94효에 있으니, 양으로 양에 가는 것이기에, 밝음의 움직임으로써 서로 빛을 크게 할 수 있다.

혜사기惠士奇(1671-1741)는 말한다. (초9효는) 비상非常이니, 혹 흉한 변을 맞을 수 있다. 흉을 만남에 10일을 조금 지났다. 흉한 변이 재앙이라 하니, 따라서 '10일이 지나면 재앙이 있음[過旬災]'이라 말한다.

유원劉沅은 말한다. 초9효는 94효에 응하니, 94효는 (상괘인) 진震의 주인이다. 초9효는 밝음의 시작이기에, (리스전李士鉁은, '혹자는 초9효가 번개의 시발'이라 말한다.) 움직임의 시초에 응하고, (리스전은, '94효가 우레가 처음 일어남'이라 말한다.) 같은 덕이 서로 짝하니, 따라서 94효가 여주인[配主]이 된다고 말한다. 순旬은 열흘이니, 꽉 찬 수數이다. '열흘 안에는 재난 없음[旬无咎]'은 (초9)효가 자기 시작의 풍부함에 기뻐한 것이다. '열흘이 지나면 재난이 있음[過旬災]'은, (풍豊괘 초9효) 상전象傳에서, 자기 풍부함이 과도할 것을 경계한 것이니, 뜻이 서로 충분하다.

리스전李士鉁은 말한다. 62효는 하괘의 주인이니, 초9효와 음양의 짝이 되기에, 따라서 초9효가 62효를 만남이다.

마치창馬其昶은 말한다. 『의례儀禮』소疏에서, "빈객賓客의 도道로 보면, 열흘이 바름[正]이 되고, … 열흘 뒤에, 혹 흉변凶變을 만나거나, 혹 주인이 만류하면, 때에 맞추어 돌아갈 수는 없으니, 곧 '조금 더 하는 예[稍禮]'가 있게 된다. … (주인 되는 나라에서 손님을 만류하면,) 향식饗食의 연회나 바침은 (정해진) 날수[日數]가 없으니, 뜻을 깊고 두텁게 다한다.'라고[14] 했기에, 초9효에서 밝음이 시작되고, 94효에서 활동이 시작되니, 밝음[明]과 활동[動]이 서로 물자를 도우며, 풍요함을 불러오는 도道가 이루어진다. 초9효는 의당 94효에게 물자를 대고 65효를 도우니, 2양의 응할 수 없음을 싫어하기에, 따라서 (초9효의 상象에서,) '열흘을 지나면 재앙은 없음[旬无咎]'를 말한 것이다. 순旬은, 하늘의 열 해[日]가 있음이니, 이離의 상이다. 『설문해자說文解字』(許愼撰)에 의하면, 순旬은 '두루[徧]'이다. 초9효는 이離의 효들을 두루 거쳐서 94효를 만나니, '허물이 없음[无咎]'이

---

14) '以其賓客之道, 十日爲正, … 一旬之後, 或逢凶變, 或主人留之, 不得時反, 即有稍禮. … (主國留之,) 饗食燕獻無日數, 盡慇懃也.' 『儀禮註疏』, (十三經注疏 整理本), 「聘禮」, (漢) 鄭玄注, (唐) 賈公彦疏, 10冊, 상동, 541頁.

다. (상象)전에서 '열흘이 지나면 재앙 있음[過旬災]'을 말한 것은, 공사公事에 급하면 오래 지체하지 않을 것을 말한 것이다. 『의례儀禮』에서, '공사公事를 마쳐야, 손님은 돌아가기를 청한다.'라는[15] 것은 옳은 일이다. 『역易』에서는 인사에 있어서 전례典禮를 취하여 상象으로 삼았으니, 예를 든 것은 모두 은殷나라 제도인데, 그러나 주례周禮에서도 한, 둘은 미루어 알았으니, 주周나라는 은례殷禮에서 말미암았기에, (하, 은, 주) 세 나라의 손익은 서로 (틀림이) 멀지가 않다.

육이효: 천막을 크게 치니, (안은 캄캄하나, 밖은) 해가 (하늘) 가운데 있으니 (더워서 큰 빛을 피하고 작은 빛을 쓰는데,) 나아가니 (어떤 이가) 의심하는 병을 얻었으나, (사람들에게) 믿음을 주니 (그의 마음이) 밝아져서, 길하다.

[六二, 豊其蔀, 日中見斗, 往得疑疾. 有孚發若,[16] 吉.]

주진朱震은 말한다. (풍豊괘의 상괘인) 진震과 (호체互體인) 손巽은 풀[草]이 된다.

왕종전王宗傳(12세기, 남송南宋 역학자)은 말한다. (62효에서) 부蔀는 풀 섶으로 가려진 땅이다.

하해何楷(1594-1645)는 말한다. 두斗는 북두칠성北斗七星이니, 천중天中에서 다닌다. 65효는 유암柔暗으로서 높은데 있으니, 92효가 그를 우러러 받드니, (62효는) '하늘 복판에서 북두칠성을 봄[日中見斗]'이 된다.

유원劉沅은 말한다. 호체인 손巽은 유柔이고 나무가 되니, (상괘인) 진震 무성하고 선명함에 응하게 되기에, 따라서 (62효는) 가리개[蔀]를 상징한다. 부蔀는 풀(섶)이다. 북두칠성은 어두워야 보인다. 해가 복판에 있는데 북두칠성이 보이면, 밝음이 홀연히 어둡게 된 것이니, 자기 밝음을 스스로 가지고 있으나 거꾸로 밤이 되어 어두운 것이다. (62효가) 나아가서 65효에 응하니, 반드시 의심하는 병 증세를 보인 것이기에, (62효는) 반드시 신뢰로써 65효의 뜻을 발휘해야 한다.

리스전李士鉁은 말한다. (하괘인) 이離는 해[日]인데, 62효의 자리가 중中에 있으니, 따라서 '해가 가운데 있음[日中]'이다. 북두칠성은 65효를 가리키니, 65효는 '임금 자리[帝位]'에 있으며, 이離는 눈이니 봄[見]이 된다. 북두칠성은 밤에 보이나 해가 있으면 보이지 않는 것은, 그 빛을 해가 뺏어가기 때문이다. 햇빛이 가려지면 북두칠성은 보일 것이다. (호체인) 감坎은 의심이 되고, 질병

---

15) '旣將公事, 賓請歸.' 『儀禮註疏』, 「聘禮」, (十三經注疏 整理本), 10冊, 상동, 541頁.

16) 豊은 큼[大]이다. 부蔀는 붕棚이니, 천막을 쳐서 해를 가림이다. 두斗는 마땅히 主로 보아야 하고, 主는 옛날의 촉燭[촛불]이다. 의질疑疾은 '의심 많은 병', 정신질환의 일종이다. 부孚는 믿음이다. 發은 밝음[明]이다. 약若은 之와 같다. 高亨, 448頁.

이 되며; (호체인) 손巽 진퇴進退는 또한 의심함이 되고, 또한 바람이 되고, 조급함이 되며, 질병이 된다. 감坎에는 신뢰함[孚]의 상이 있고, (호체인) 태兌와 손巽 또한 신뢰함의 상이 있다.

상에서 말한다. "성실하고 믿음직하게 발휘됨"은, 시기적절하게 발휘된 것이다.
[象曰: "有孚發若," 信以發志也.17)]

(순상 등의) 『구가역九家易』에서 말한다. 65효에서 '믿음이 드러난다.' "그러나 때[時]를 접하면 자기의 '순한 뜻[順志]'를 발휘할 수 있다."18)

리스전李士鉁은 말한다. 62효는 문채가 빛나는 신하로써, 위로 혼암昏暗한 임금을 만나니, 나아가면 반드시 의심하는 질병을 얻게 된다. 교류함이 옅은데 깊다고 말하는 자는 어리석고, 믿지도 않는데 충성을 바치는 자는 비방을 당한다. 믿음으로 감정을 발산하니, 자기의 의심을 풀고서 자기 질병을 버리게 되니, 따라서 (62효는) 길하다.

마치창馬其昶은 말한다. (풍豊)괘는 태泰괘로부터 왔으니, 92효는 (하괘인) 이離로 변하고, 94효는 (상괘인) 진震으로 변하며, 활동으로 밝아지는데[明], 이것은 태泰괘로 말미암아 풍豊괘를 불러오는 도道이다. 그러나 풍豊괘의 몸이 일단 이루어진 이후를 보면, 손巽, 이離, 태兌 3여괘女卦를 갖추었으니, 이것은 왕성함이 극에 달하여 장차 쇠망함을 기다림이다. 음기가 가운데를 채워서 메웠으니, 여기에 아래에서 손巽 초목만이 대지大地를 채우고 있기에, 따라서 풍성한 덮개[豊蔀], 풍성한 늪[豊沛]의 상이다. 위에 있는 것은 오직 태兌이니, 어두워서[昏昧], 햇빛을 가렸기에, 따라서 북두칠성을 보고 요마妖魔[沫]를 볼 수 있는 상이다. 정현鄭玄은 곤困괘를 주석하면서, '태兌는 어두움[暗昧]이니, 해가 들어오는 곳이고; 위로 일월日月의 밝음을 가리기에, 따라서 '곤困'이라 말한다.'라고 말한다. 풍豊괘 또한 이와 같다. 항성恒星이 낮에도 보이는데, 햇빛이 (그것을) 가리고 있을 뿐이다. (풍豊괘에서) 92효와 65효가 응하지 못하고, 또한 호체互體인 손巽의 시초에는, 진퇴進退의 뜻이 의심을 받으니, 따라서 (62효는) '나아가서 의심하는 병을 얻음[往得疑疾]'이다. '발약發若'은, (62효가) 이離 가운데[中] 믿음을 쌓아서, 양陽을 변하게 하여 65효에 응하게 함이다.

---

17) 孚는 誠信이고, 發은 발휘이고, 若은 語辭이고, 信은 審(자세히 알다)이다. 따라서 '信以發志'는 '以時發也'이다. 陳鼓應, 趙建偉, 『周易注譯與硏究』, 臺灣商務印書館, 臺北: 1999,(이하에서 『周易注譯與硏究』로 인용됨), 496頁, 注4.

18) '信著於五.'는 荀爽 等撰, 『九家易解』에서 검색되지 않는다. 다만 '然接時可發其順志.'만 보인다. 荀爽, 『九家易解』, #135, 中國哲學書電子化計劃, https://ctext.org 참조.

구삼효: 큰 휘장으로 (창문을) 덮으니, 해가 중천인데도 (방안은 어두워서) 요괴를 보았으니, (놀라서 자빠져서) 오른 팔뚝이 부러졌는데, (치료하여 나으니) 탈은 없다.

[九三, 豊其沛, 日中見沬, 折其右肱,19) 无咎.]

우번虞翻(164-233)은 말한다. (호체인) 태兌는 부러짐이 되고, (호체인) 간艮은 팔뚝(肱)이 된다. (순상 등의)『구가역九家易』에서 말한다. (93효에서) "말沬은, 북두칠성의 자루 뒤의 작은 별이다."20)

왕종전王宗傳(12세기, 남송南宋 역학자)은 말한다. 65효는 북두칠성의 상이 있는데, 상6효는 65효 뒤에 있으니, 말沬(끝)이다.

(이광지의)『주역절중周易折中』에서 말한다. 북두칠성이 보이고 끝[沬]도 보이니, (93효는) 태양이 일식이나 월식 때이다. 일월식 때에 (해, 지구, 달의) 자리가 매우 제한받는데, 작은 별들은 또한 보인다.

모기령毛奇齡(1623-1716)은 말한다. 유희劉熙(약 160-?)는, '늪[沛]'은 수초가 상생하는 곳인데,『공양전公羊傳』의 주석[注]에서, '풀이 총생叢生했으면 늪[沛]'이라고21) 한다.

유원劉沅은 말한다. 북두칠성 가운데 말沬별은 없으며, 패沛를 패旆[정기旌旗]로 하면 또한 좋다. 내구당來瞿塘(來知德, 1525-1604)은 본문으로 풀었다. 패沛는 못[澤]이다. 불은 밖의 밝음과 안의 어둠을 몸으로 하니, 사람마음은 남의 말을 듣지 않고 멋대로 하면, 밝음은 어둠으로 전환되는데, 62, 93효가 이런 식으로 상을 취했다. 패沛는 못이다. 호체인 태兌는 못이니, 늪[沛]의 상이다. 변화된 (호체인) 감坎 물은 거품[沬]의 상이다. 변화된 호체인 간艮은 손이 되니, 팔뚝[肱]의 상이다. 호체인 태兌는 오른쪽에 속하니, 훼절毁折이다. 93효는 밝음[明]의 정점이니, 자기 밝음을 과도하게 쓰면 음에 가려지는 것과 같게 되니, 팔뚝이 부러져서 끝내는 쓸 수 없게 된다.

리스전李士鉁은 말한다. 늪[沛]은 풀 섶[蔀]보다 더 어둡고, 해가 복판에 있어도 (북두칠성의) 끝[沬]별을 볼 수 있으니, 북두칠성을 보는 것보다 더욱 어렵다.

---

19) 王弼은, '패沛는 번만幡幔(깃발과 장막)으로 성광盛光을 가리는 것이다.'라고 말한다. 패沛는 마땅히 패旆(깃발)로 읽어야 하니, 창문을 가리는 것이다. 말沬은 매魅의 가차이니, 마귀魔鬼이다. 굉肱은 팔뚝이다. 高亨, 448頁.

20) '沬, 斗杓後小星.', 荀爽 等撰,『九家易解』, #136, 中國哲學書電子化計劃, https://ctext.org 참조.

21) '大陷于沛澤.' 注: '草棘曰沛, 漸洳曰澤.'『春秋公羊傳注疏』僖公四年, 漢 何休撰, 唐 陸德明音義, 電子版 文淵閣四庫全書. 上海人民出版社, 1999 참조.

마치창馬其昶은 말한다. 풍豊괘의 효들은 '풀 섶[菥]'이나 '늪[沛]'을 많이 말하는데, 거칠게 우거져서 다스릴 수 없는 상이다. 해가 복판에 있어도 밝음이 가려진 일이 일찍이 없지도 않았으니, 여기에서 우려함이 있을 수 있다. 93효는 내괘의 오른쪽이 된다.

- **나의 견해(1)**: '꺾음折'은, '오록충종五鹿充宗(전1세기, 서한西漢의 유학자)이 말은 잘하나, 주운朱雲(기원전 1세기, 서한西漢의 유학자)이 그의 논변을 꺾음[折]'의 '꺾음[折]'이다.
- **나의 견해(2)**: 『맹자』에, '늪[沛]'과 '못[澤]'이 많은데, 주注에서, '패沛는 초목이 자라는 데이고; 못은 물이 모이는 곳이다.'라고 말한다.

상에서 말한다. "큰 장막으로 (햇빛을 차단하니)" 큰일은 할 수 없다. "오른 팔을 부러뜨리니", 종내 쓸 수 없다.
[象曰: "豊其沛," 不可大事也. "折其右肱," 終不可用也.]

『한서漢書』 왕봉王鳳소疏에서 말한다. '『오경전기五經傳記』에서, "스승이 말씀하신 것은, 모든 일식日蝕의 재앙은 대신大臣들에게 있지, 그 사람은 아니다." 『역易』(풍豊괘 93효)에서 "오른팔을 부러뜨린다."라고 했는데,'22) 이런 신하는 마땅히 물러나야 한다.

『한서漢書』, 「오행지五行志」에서 말한다. '(『역易』에서,) "상象을 분명하게 드러냄에 일월日月보다 더 큰 것은 없다."라고 하였다. 이 때문에 성인은 이것을 중시하였다. …『역易』에서는 풍豊괘의 진震(93효)에서, "큰 장막으로 (햇빛을 가리니,) 해가 중천中天인데도 (방안은 어두워도) 볼 수 있는데, 자기 오른 팔뚝이 부러졌으나, 탈은 없을 것이다[豊其沛, 日中見沫, 析其右肱, 无咎]."라고 말했다. 『시詩』의 「시월이 되면(十月之交)」에서, (신하들로) "경사卿士, 사도司徒를 드러내고, 아래로는 말몰이꾼[趣馬], 선생[師氏]에 이르기까지, 모두 인재들이 아니다."라고23) 하였다. 오른 팔뚝이 부러진 것과 같고, 봄, 여름, 가을의 농무農務에 협조하지만, 소인들이 군자들에게 올라타고, 음이 양을 침범하는 근원을 밝히고 있다.' '안사고顏師古는, (93효사에서,) "이런 재앙을 만나면, 마땅히 오른 팔인 신하들을 퇴진시켜 버려야만 재앙을 면할 수 있다."라고 말한다.'24)

---

22) '『五經傳記』云: "師所誦說, 咸以日蝕之咎, 在於大臣非其人." 『易』曰: 「折其右肱.」', 『前漢書』卷九十八, 漢 班固撰, 唐 顏師古注, 電子版文淵閣四庫全書, 上海人民出版社, 1999 참조.
23) 『詩經譯注』, 「小雅」, 「祈父之什」, 「十月之交」, 袁梅 著, 상동, 530, 531頁.
24) '言遇此災, 則當退去右肱之臣, 乃免咎.', 『漢書』, 「五行志」第七下之下, 漢 班固撰, 唐 顏師古注, 五冊,

정현鄭玄은 말한다. 손[手]이면서 진퇴에 편리한 것이 오른 팔이다. (그것은) 대신이 임금에게 일을 하는데, 임금이 그를 죽일 수 있는 것과 같기에, 그러므로 '허물은 없다[无咎].'

장혜언張惠言(1761-1802)은 말한다. (제후가 천자를 찾아뵙는) 근례覲禮에서 제후가 알몸으로 죄를 인정하고 처분을 청구하는데, 정현鄭玄은 또한 오른 팔을 꺾음으로 증실證實하고 있다. 풍豐괘는 소송을 판결하고 벌을 내림을 상징하니, 이 뜻이 옳다. 햇빛을 가림에는, 그 죄는 마땅히 죽임을 당함이다.

유원劉沅은 말한다. 밝음[明]과 행동은 서로 도운 뒤에 큰일을 이룰 수 있다. (93)효는 '무구无咎함'으로써 사람이 자기 밝음[明]을 스스로 지킬 것을 격려하기에, (93효에서,) 끝내는 밝음을 갖도록 경계하지 않는 것과 같으니, 뜻은 서로 충분하다.

마치창馬其昶은 말한다. (93효는) 강剛이나 자리를 놓쳤고 중中도 아니니, 이는 큰일을 할 수 없는 것이다. 93, 94효 2강剛은 62, 65효의 자리에 있지 않은 것이다. 이것(93효) 및 둔遯괘 93효는, 모두 자리는 합당하나, 모두 '큰일은 할 수 없음'이니, 또한 '자리를 잃고 중中이 아님이다.'라고 말한 것이다(나의 견해: 이것은 '중中이 아님[不中]' 2자를 중시한 것이고, 93효가 괘중卦中의 자리를 잃었음이고 음양의 자리를 가리켜 말한 것은 아니다.). 풍족할 때 (일을) 맡은 것은 팔과 다리 같은 중신重臣이 되고, 풀 섶[蔀]이나 늪[沛]은 마룻대와 들보[棟梁] 같은 기물이 될 수 없는데, 작은 재주는 있으나 큰일을 할 수 없기에, 끝내 쓰여 질 수 없으니, 그것을 써도 사람이 없는 것과 같다. 팔다리가 좋지 않으니, 그것을 분질러 버려도 탈이 없다. 박剝괘 상9효에서 '소인은 쓸 수 없음'을 말한 것은, 이것(풍豐괘 93효)과 같다.

구사효: 차양을 크게 하니, 해가 중천인데도 (일식이라 어두워서) 북두칠성을 보게 되고, (밖에 나가서) 늘 보던 자기 주인을 만났으니, 길하다.
[九四, 豐其蔀, 日中見斗. 遇其夷主,[25] 吉.]

상에서 말한다. "차양을 크게 했으나", (94효의) 자리가 합당하지 않다. "해가 중천인데도 (일식이라 어두워서) 북두칠성을 봄"은, 어둡고 밝지 않음이다. "올바르고 공평한 임금을 만남"은, "길한" 행보이다.
[象曰: "豐其蔀," 位不當也. "日中見斗," 幽不明也. "遇其夷主," "吉"行也.[26]]

....

志二, 1,494, 1,495頁.

25) 이夷는 상常이다. 高亨, 449頁.

26) 94효는 양으로 陰位에 있으니 '位不當'이다. 斗는 북두칠성이다. 상동. 夷는 平이고, 正이니, 夷主는 평정하

공영달孔穎達은 말한다. 2양[93, 94효]이 적敵을 몸으로 하니, 따라서 94효는, "초9효가 '동등한 사람[同輩, 等夷]'이 된다."라고 말한다.

유원劉沅은 말한다. 이夷는 동등한 사람[等夷]이니, 초9효를 말한다. 초9효와 94효는 양강陽剛으로 덕이 같기에, 따라서 '똑 같은 임금[夷主]'이라고 말한다. 웅량보熊良輔(1310-1380)는, '대풍大豐을 만났을 때에 같은 덕으로 서로 도움을 선善으로 여기고, 정응正應을 취하지 않음이 옳다.'라고 말한다. 초9효가 94효로 간다면, 94효가 주인이 되고; 94효가 초9효로 가면 초9효가 주인이 되니, 밝음[明]과 동작[動]이 서로 돕는다. 여섯 효들이 밝음과 동작의 서로 도움을 취하는 것을 길한 것으로 여기니, 밝음을 믿고서 망동하면 흉이 되기에, 다른 괘들은, 음양이 화합으로 응함이 좋은 것으로 여기는 것과 같지 않다. 다님[行]은, 우레[震]의 성질인 움직임이니, 움직여서 초9효를 만나니 (94효는) 길하다.

마치창馬其昶은 말한다. 62, 94 두 효가 (풍豐)괘를 이루는 주인이니, 따라서 '차양을 크게 하니 북두칠성을 보게 됨[豐蔀見斗]'의 상과 같다. 65효가 북두칠성이 되고, 62효가 그에 응하며, 94효가 그것(65효)을 받드니, 따라서 모두 '봄[見]'을 말한다. 호체인 태兌는 어두워서 밝지 않음이 된다. 이履괘, 귀매歸妹괘의 하괘는 태兌이기에, 따라서 92효는 모두 '죄수[幽人]'를 말했고; 쾌夬괘, 췌萃괘의 상괘는 태兌이기에, 따라서 95효는 모두 '광대하지 않음[未光]'이라 말한다. 『공양전公羊傳』에서, '만남은 무슨 뜻인가? 먼저 만나자는 약속 없이 만나는 것이다. 한 나라의 임금이 출행하면, 다른 나라 임금이 그를 만나기를 요청한다.'라고[27) 말하였다. 하휴何休주注에, '옛날에는 '만남의 예[遇禮]'가 있었는데, 천자가 죽어서 조문함에, 길에서 서로 만나면, 가까운 제후가 주인이 되고, 먼 제후는 손님이 된다.'라고 했다. 초9, 94효가 함께 95효를 찾아뵙는데, 먼저 (제후諸侯들이 상견하는) 우례遇禮를 수련修練[修]했으니, 94효는 가깝고 초9효는 멀기에, 따라서 94효가 주인이 되고 초9효는 손님이 되었다. (『상서尚書』의) 「우공禹貢」편에서, '안정된 500리里에서는 복종해야 하고, 300리에서는 화평하게 지내야 함[夷]'을 말했다. 초9효는 먼 지방의 작은 제후이기에, 따라서 '화평한 군주[夷主]'라고 불린다(나의 견해: 이 설에 의거하면, '遇其夷' 3자는 마땅히 하나로 읽어야하고, 주主 한 자가 구句가 된다. 94효는, 초9효를 만나니, 마땅히 초9효의 주인이 된다. 유원劉沅의 설도 서로 보충하니, 이 뜻과 같다.). 두예杜預(222-284)의 『춘추석례春秋釋例』에서, '(천자를 겨울에 뵙는) 우遇는 총망하여 간단하고 적절함이다. 길에서 만나면 '遇는 예禮를 할 뿐이

며 公允한 임금이다. 『周易注譯與研究』, 497頁, 注9.

27) '遇者何? 不期也. 一君出, 一君要之也.' 『春秋公羊傳全譯』隱公四年, 梅桐生譯注, 상동, 31頁.

다.'라고[28] 말한다. (제후諸侯들이 상견하는) 우례遇禮를 행하여도, 또한 과도하게 풍성함의 뜻이 되지는 않는다. '행보[行]'는 함께 가서 65효를 돕는 것이니, 진震 활동함의 상이다.

> **육오효: (아름다운) 무늬[章]가 (밖으로부터) 왔는데, 상도 받고 명예도 받았으니, 길하다.**
> [六五, 來章, 有慶譽,[29] 吉.]
> **상에서 말한다. "65효"의 "길함"은, "상을 받음"이다.**
> [象曰: "六五"之"吉,""有慶"也.]

소식蘇軾은 말한다. 65효에서 '(화려한) 무늬가 (밖으로부터) 옴'은, 2양陽을 오게 함으로써 자기를 비움을 말한다(나의 견해: 이 2양은 93, 94 두 양효를 말함이고, 62효를 말한 것이 아니다.). '지래之來'는 내가 그를 오게 함을 말한 것이다.

왕종전王宗傳은 말한다. 65효가 처한 데는 중中이니, 스스로 풍부해지고 스스로 오르려는[亢] 실수는 없다.

왕신자王申子(13세기, 원元나라 역학자)는 말한다. (65효는) 유순柔順하며 중中을 얻었기에 겸허하게 아래를 대하니, 따라서 (화려한) '무늬를 오게 할 수 있다.' 어찌 명예만 있겠는가? 자기의 복福과 '기쁜 일[慶]'이 장차 천하에 미치게 된다.

전일본錢一本(1539-1610)은 말한다. 65효는, 해가 (하늘) 복판의 자리에 있으니, 왕이 위에서 '몸소 큰일을 주괜王假之]'하기에, 94효의 움직임을 도와서 (자기) 활동으로 만들고, 62효의 밝음을 도와서 (자기의) 밝음으로 만들어서, 밝음과 활동이 합하여 화려하니, 모두 65효가 '하늘의 중심이 되는[中天]' 경사慶事가 있게 된다.

유원劉沅은 말한다. 장章은 밝음[明]이다. 하괘 이離는 밝음[章]이 된다. 65효는 허중虛中으로 남의 밝음을 도와서 자신을 보조하니, 밝은 것들이 모두 오게 되기에, 백성은 그런 경사慶事스러운 일들을 받게 되고, 임금은 자기 명예를 얻는 것이다. 명예는 경사[慶]에서 말미암은 것이니, (65효의) 상象에서, '경사[慶]'와 명예는 그 가운데 해당한다.'라고 말한다.

리스전李士鉁은 말한다. (65효는 호체인) 태兌 입 위에 있으니, 명예의 상이다.

---

28) '遇者, 倉卒簡儀. 若道路相逢, 遇者耳于禮.', 『春秋釋例』卷一, 「會盟朝聘例」第二, 晉 杜預撰, 電子版文淵閣四庫全書, 上海人民出版社, 1999 참조.

29) 곤坤괘 63효와 구姤괘 95효의 '함장含章'을, 象傳에서 文章의 章으로 읽었으니, 여기서의 章도 또한 마땅히 이들과 같다. '내장來章'은 밖의 화려한 무늬[文章]이다. 慶慶은 상賞이다. 高亨, 450頁.

마치창馬其昶은 말한다. 진震이 상괘에 있으니, 65효의 뜻은 94효보다 많이 우월하며, 하나(65효)는 중中을 얻었고, 하나(94효)는 중中을 잃었다.

상육효: 집은 큰데, 집은 차양으로 가려지고, 문에서 엿보니, 비어서 고요하며 사람들은 없는데, 3년간 사람을 본적이 없으니, (화禍를 당해 전 가족이 도망간 집이라,) 흉하다.
[上六, 豊其屋, 蔀其家, 窺其戶, 闃其无人, 三歲不覿,[30] 凶.]

『좌전左傳』에서 말한다. '정鄭나라 공자인 만만曼滿이 왕자인 백료伯廖와 말하면서, 경卿이 되고 싶으냐고 물었다. 백료는 사람들에게, "덕은 없는데 탐욕이 있으니, 이것은 『역易』에서 풍豊괘 ䷶가 이離괘䷝로 가는 것이니, 3년이 지나지 않아 죽을 것이다."라고 말했다[31](나의 견해: 풍豊괘가 이離괘로 감은, 상6효가 (양陽으로) 변하면 이離괘가 된다.).'

『회남자淮南子』에서 말한다. (상6효에서) '평민백성들이 없다는 것이 아니고, 통치하고 다스릴 성인이 없다.'라는[32] 말이다.

정현鄭玄은 말한다. (상6효에서) 격闃은 사람이 없는 모양이다.

우번虞翻은 말한다. 격闃은 빈 것[空]이다.

(장재의)『횡거역설橫渠易說』에서 말한다. '큰 집이 가리개로 가려짐[豊屋蔀家]'은 스스로 가려짐이 심해서, … 궁핍함이 크며, 있는 사람을 잃은 것이다.[33]

(정이의)『이천역전伊川易傳』에서 말한다. (상6효는) 높이 올라갔는데 어두우니, 사람들이 저절로 끊긴 것이기에, 사람들 (중에) 어떤 이가 함께 하겠는가?

주진朱震(1072-1138)은 말한다. (상6효는) 93효와 바르게 응하니, 아래로부터 엿보는 것이다. 이離는 눈이니, 보는 것이 된다.

장준張浚(1097-1164)은 말한다. 큰 집은 세금을 걷어서 쌓아두는 것을 일로 삼으니, 저절로 차는 것이다. (상6효에서) 집을 휘장으로 덮었으니, '집으로 (가는) 길[家道]'이 분명하지 않다. '비어서 고요하며 사람이 없음[闃其无人]'은 천하 사람들의 마음이 떠난 것이다.

---

30) 부蔀는 동사로 차양遮陽으로 가림이다. 규窺는 엿봄이다. 격闃은 '비어서 고요함[空靜]'이다. 적覿은 봄[見]이다. 高亨, 450頁.

31) 『左傳全譯』宣公六年, 王守謙 等譯注, 상동, 508頁.

32) '非无衆庶也, 言无聖人以統理之也.'『淮南子全譯』,「泰族」, 下卷, 許匡一譯注, 상동, 1208頁.

33) '豊屋蔀家, 自蔽之甚, … 窮大而失居者也.',『橫渠易說』卷二, 豊, 電子版文淵閣四庫全書, 상동 참조.

상에서 말한다. "집이 크니", 하늘에서 (새들이) 날아다닌다. "그 집을 엿보니, 조용하고 아무도 없음"은 (망한 귀족이) 스스로 숨은 것이다.

[象曰: "豊其屋," 天際翔也. "窺其戶, 闃其無人," 自藏也.]

석개石介(1005-1045)는 말한다. (상6효는) 시작은 크게 나타나나 끝에는 스스로 숨는다. "자운子雲(揚雄)은, 「불꽃이 맹렬함[炎炎]은 없어지고[滅], 흥성함[隆隆]은 끊어진다[絶]. (풍豊괘의) 우레[震]를 보고 불[離]을 보니, 꽉 참[盈]이 되고 실實이 된다. 하늘은 자기 소리를 거두고, 땅은 자기 열熱을 감춘다. 고명高明한 집인데, 귀신이 그 집을 내려다보니, 이 뜻과 바르게 합친다.」라고 말한다,"[34] (나의 견해: 왕용천汪容川(왕생汪烓, 1738-1812)은 또한 이 뜻을 표절하여 말한다.)

(주희는)『주자어류朱子語類』에서 말한다. '하늘에서 (새들이) 날아다님[天際翔]'은, 『시詩』에서, '예쁜 꿩이 훨훨 날아다닌다.'라고 말한 것과[35] 같다.

유원劉沅은 말한다. (하괘인) 이離는 집[宮]이 되고, (상괘인) 진震은 나무가 되며, 호체인 손巽은 높음이 되니, 따라서 '큰 집[豊屋]'의 상이다. 진震은 무성하고 선명함이고, 호체인 손巽은 초목이니, 안과 밖으로 가려져 있기에, 집을 가린 것을 상징한다. 이離는 수數로는 3이고, 또한 눈이 되니, 엿봄[窺]과 '3년 동안 봄[三歲覬]'을 상징한다.

마치창馬其昶은 말한다. 상6효는 풍豊괘의 끝에 있으니, 귀하고 높은 곳에 의탁하여 있으니, 그 집을 크게 하는 상이다. 65, 상6효는 천위天位이고, '하늘에서 훨훨 날아다님[天際翔]'은 구중九重(궁궐)의 높은데 거주함을 경계한 것이다. (상6효에서) '집을 가리고 있음[蔀其家]'은, 집이 무성함을 말함과 같다. (상6효는) 덕이 없는데 탐욕이 있고, 집이 비록 거대하나, 군자(의 관점)에서 보면, 잡초들이 무성하여 집을 채우고 있으니, 조용하여 사람이 없을 뿐이다(나의 견해:『좌전左傳』에, '정백鄭伯은 … 자기 집 문 위에서 강아지풀[莠]이 자라고 있다.'라고[36] 했는데, 또한 이 뜻이다.). 사혜師慧(전6세기, 춘주전국시대)는, '조정에 사람이 없음은 또한 이 뜻이다.'라고 말했다. (『상서尙書』에서) 순舜임금은 '명당明堂의 네 문을 열고 정교政敎를 선포하시고, 사방에서 명백하게 보게 하시고, 듣는 것을 분명하게 하셨다.'라고[37] 하였다. 지금 사람들로 하여금 그 집을 엿보

---

34) '子雲曰:「炎炎者滅, 隆隆者絶. 觀雷觀火, 爲盈爲實. 天收其聲, 地藏其熱. 高明之家, 鬼瞰其室.」正合此
　　義.',『周易義海撮要』卷六, 豊卦, 宋 李衡撰, 電子版文淵閣四庫全書, 上海人民出版社, 1999 참조.

35) '如翬斯飛.'『詩經譯注』,「小雅」,「祈父之什」,「斯干」, 袁梅著, 상동, 499頁.

36) '鄭伯… 其門上生莠.'『左傳全譯』襄公三十年, 王守謙 等譯注, 상동, 1059頁.

37) '舜… 辟四門, 明四目, 達四聰.'『古今文尙書全譯』,「舜典」, 江灝, 錢宗武譯注, 상동, 28頁.

게 하고, 문을 여는 것과는 다를 것이다. 현인을 찾아서 자기를 보완할 줄 모르면, 이는 스스로 자기 밝음을 닫고서 어두운 계곡으로 들어가는 것이다. '3년 동안 사람을 본 적 없음'은 어둡고 가려짐이 심함을 말한다.

● **나의 견해**: 주자朱子는, 이 (풍豐)괘와 서합噬嗑괘는 우레와 불의 상象과 상하의 구분을 취하여, 모두 소송을 다스림을 주로 말했으니, 그 뜻은 상당히 합당하다. 지당止唐(劉沅)선생은 음양 상응의 예例를 깨트리고, 여섯 효 선제 상은 '밝음[明]'과 '활동[動]'이 서로 도우면 길하고, 밝음을 믿고서 망동하면 흉이 됨을 말하였다. (뜻이) 분명하게 드러나고, 쉽게 알 수 있으니, 핵심을 잡았다고 하겠다. 석개石介(1005-1045)는 양자운揚子雲(揚雄, 전53-후18)의 말을 인용하여, 설명하였으니, 뜻에서는 가장 오래된 것이다. 무릇 풍족함[豐]의 정점에 처한 사람들은, 마땅히 이것(풍豐괘)으로써 경계를 삼아야 한다.

56. 여旅괘 ䷷

여旅괘: (손님이 되면) 조금은 형통하다. 손님이 되어 바르면 길하다.
[旅, 小亨. 旅貞吉.1)]

우번虞飜(164-233)은 말한다. (여旅괘에서) 조금小은 유柔를 말하는 것이다.

공영달孔穎達(574-648)은 말한다. 여旅괘는 나그네를 기탁한 것을 이름 한 것이다.

양인梁寅(1303-1389)은 말한다. 밖에서 손님이 되는 것이 모두 여旅라고 한다. 제후가 (타국에) 기거하거나, 대부大夫가 나라를 떠나거나, 성현聖賢이 주유하는 것들이, 모두 이에 해당한다.

유원劉沅(1767-1855)은 말한다. (여旅괘에서) 산이 안에 있고 불이 밖에 있으니, 안이 주인이 되고 밖이 손님이 된다. 불이 지나가고 머물지 않으니 나그네의 상이다. 산은 정지해있어 (다른 곳으로) 옮겨가지 않으니 객사客舍의 상이다. 「서괘序卦」전에서, '풍豊괘는 큼[大]이다. 큼이 끝에 가면 반드시 자기 있을 곳을 잃게 되니, 따라서 이것을 여旅괘로 받았다.'라고2) 한다. 나그네는 친한 이가 적어서 크게 될 수 없다. 그 마음을 작게 하여 스스로 수렴하고 그 몸을 낮춰서 스스로 방비하니, 따라서 길하다.

팽신보彭申甫(1807-1887)는 말한다. 62, 65효는 모두 유柔[陰]이니 [이들만] 홀로 여旅괘에 마땅하다. 맹자는, 왕정은 반드시 나그네[旅]에게도 미쳐야 한다고3) 말했고, 제齊 환공桓公이 패업을 이루고서, '손님과 나그네를 잊지 말라!'라고4) 말했다. (여旅)괘사에서 '조금은 형통함[小亨]'이라고 말한 것은, 작은 것을 쓰면 형통하다는 것이다. 또한 사람들이 유약함에 지나칠까봐 걱정하여, 다시 "손님이 되어 바르면 길하다[旅貞吉]."라고 했으니, 그 말을 거듭하여 경계시킨 것이기에, '부드러움[柔]'을 쓰는 데, 신중한 것이 이와 같다.

....

1) 여旅는 괘명이며, 손님이 됨의 뜻이 있다. 형亨은 通이다. 貞은 正이다. 高亨, 451頁.
2) '窮大者必失其居, 故受之以旅.'「序卦」傳, 高亨, 651頁.
3) '天下之旅皆悅, 而願出於其路矣.'『孟子譯注』,「公孫丑」上章(3:5), 楊伯峻譯注, 상동, 77頁 참조.
4) '無忘賓旅.'『孟子譯注』,「告子」下章(12:7), 楊伯峻譯注, 상동, 287頁.

리스전李士鉁(1851-1926)은 말한다. (하괘인) 간艮의 멈춤은 여관과 비슷하고, (상괘인) 불[離, 火]의 움직임은 사람이 가는 것과 비슷하다. 여관은 고정돼 있고, 지나가는 나그네는 정해진 바가 없다.

단전에서 말한다. 여旅괘는 조금은 형통하니, (65효의) 부드러움이 밖[외괘]에서 중위中位를 얻었으며, (상9효의) 강건함에 순종하며, (외괘에) 머무르면서 밝음[離괘]에 붙어있으니, 이 때문에 "조금은 형통하며, 손님으로 바르니 길"하다. 여旅괘에서는 때[時], 그 뜻이 크도다!

[彖曰: 「旅」小亨, 柔得中乎外, 而順乎剛, 止而麗乎明, 是以"小亨旅貞吉"也.5) "旅"之時, 義大矣哉!]

왕필王弼(226-249)은 말한다. (여旅괘에서) 음陰이 모두 양陽을 따르며 어그러지고 거역하지 않는다. 멈추어 밝게 빛나고 움직임에 망령되게 하지 않는다. 이 때문에 (여旅괘는) 조금 형통하다. 손님이 되는 것[旅]은 누가 자기가 원래 있던 때[時]를 잃은 것이다. (누가) 거처를 잃고서 부속되기를 원한다면, (여旅괘는) '지혜롭지 않은 자[非智者]'가 어찌 '해볼 수 있는 때[有爲之時]'라 하겠는가?

왕봉王逢(1005-1063)은 말한다. (여旅괘는 하괘인) 간艮괘의 멈춤이 아래[內卦]에 있고, (상괘인) 이離괘의 빛남이 밖에[外卦] 있다. (여旅괘는) 멈추고 밖에서 빛나니, '손님이 되는 것[旅]'이다.

유염兪琰(1253-1314)은 말한다. (여旅괘에서) 손님이 되는 때는, 가장 어려운 처지에 해당한다. 여旅괘의 뜻을 모르면 안 된다. 그 형통함이 비록 작으나, (여旅괘에서) '때의 뜻[時義]'은 크다.

유종주劉宗周(1578-1645)는 말한다. 벼슬하는 것을 멈추는 것 외에, 또한 여행하는 길도 있으니, (여旅괘는) 갑작스런 변화 국면에 처하는 것이다. (여旅괘에서) 바른 군자는 믿는 바로써 거취를 잘 알아야하는 때이다.

유원劉沅은 말한다. (여旅괘에서) 여섯 효가 모두 사람들에게 '손님이 되는[旅]' 도道는, 유순하고 중정中正할 뿐이라는 것을 가르치고 있다. 유柔함이 중中을 얻으면 욕辱을 취하지 않고, 강함에 순종하면, 화禍를 사지 않는다. 손님이 될 때에, 처하기가 가장 어려우니, 손님이 되는 뜻은 다하기 가장 어렵다. (여旅괘에서) 멈추면, 망령되이 활동하는 잘못[失]은 없다. (여旅괘에는) 밝으면 기미를 비추는 밝음이 있으니, 안으로는 자신을 잃지 않고, 밖으로는 남을 잃지 않아, 조심히

---

5) 65효의 柔가 상9효의 剛 아래에 있으니, '柔順乎剛'이다. 麗는 附이다. 상은 離이니 明이고, 하는 艮이니 止이다. 高亨, 452頁.

손님으로 처하면, (여旅괘는) 자기 형통함을 얻게 된다.

리스전李士鉁은 말한다. (여旅괘는,) 유순柔順할 수 있어서 양강陽剛을 받든다. (여旅괘는) 안은 고요하여 욕심이 없고 밖은 지혜로워 몸을 보존하기에 충분하다. 손님이 되는데, 어찌 길吉한 도道가 없겠는가! 따라서 중이重耳(진晉나라 문공文公, 전697-전628)는 망명한 사람으로서 진晉나라를 흥기興起시켰으며, 진陳씨(진공자陳公子 완完)는6) 타향에 머물며 제齊나라를 얻었다. 공자와 맹자는 (천하를) 주유하여, (유가儒家의) 도道가 천하에 전해지게 되었다.

마치창馬其昶(1855-1930)은 말한다. (여旅괘는) 유중柔中하여 강剛을 따르니, 조금 형통한 이유를 설명한 것이다. 유柔함이 밖[외괘]에서 중中을 얻은 것은 많을 것이다. (여旅괘는,) 또한 반드시 그쳐서 밝음에 붙었으니, 이에 (여旅괘에서) '손님이 되는[旅]' 뜻을 다할 수 있다.

상전에서 말한다. 산 위에 불이, 여旅괘이다. 군자는 밝은 관찰로써 신중하게 형벌을 쓰며, 죄줌에 유보해서는 안 된다.

[象曰: 山上有火, "旅." 君子以明愼用刑, 而不留獄.7)]

공영달孔穎達은 말한다. (여旅괘는) 불이 산 위에 있으니 풀을 없애고 가는 것이다. 형세가 오래 머무를 수 없으니, (여旅괘는) 손님이 되는 상이 된다.

조여매趙汝楳(13세기, 남송南宋 역학자)는 말한다. 불을 지피면 아궁이에서 살고, 쇠를 다루면 가마에서 산다. 산에 있으면 들판을 태우는 것은 잠깐이니, (여旅괘는) 손님으로 기거하는 것과 비슷할 뿐이다.

장청자張淸子(13세기, 원元나라 역학자)는 말한다. (여旅괘는) 밝아서 감정을 숨기지 않고 신중하여 형벌을 남용하지 않는다. (여旅괘에서) 밝음과 신중함을 일단 다했으면, 결단이 이를 따른다. 성인은 여旅괘에서 상을 취하니, 이는 곧 소송을 유보하는 것을 염려한 것이다.

장영張英(1637-1708)은 말한다. 감옥, 질곡, 정체停滯, 구류는 마땅히 인仁한 사람과 군자들이 측은히 여긴다. 밝고 신중하여 송사訟事[獄]를 지연시키지 않을 수 있어야, (여旅괘에서) 형벌[刑

---

6) 진완陳完(전706-전?)의 10대 손인 전화田和(?-전384)는 제齊태공太公이 되었다.

7) 旅괘는 上이 離이니 불이고, 下는 艮이니 山이다. '산 위의 불[旅괘]'이니, 불은 산 위의 초목들에 기생하는 것이지, 항상 있는 곳이 아니다. 산 위의 불은 산의 四面을 밝게 비추니, 사람의 明察이 사물의 전체 모습을 인식하는 것에 비견된다. 형벌을 쓰자면 전체를 파악해야 하고, 明察로써 임하여, 신중하게 판결하여 留保하는 일이 없어야한다. 高亨, 상동.

을 잘 사용했다고 할 만하다.

유원劉沅은 말한다. (상괘인) 이離는 밝음이니, (여旅괘에서) 실정을 살핀다. (하괘인) 간艮은 신중함이니 법을 신중히 한다. (여旅괘에서) 감옥監獄에 오래 머물게 하지 말고, 마치 손님으로 잠시 머물고 오래 기거하지 않는 것처럼 한다. (순舜임금이) 고요皐陶에게, "사정을 명찰하고 공평하게 처리하라!"라고[8] 했다. 『역易』에서 형벌과 소송[獄]에 대해 말하면서, 이離괘에서 취하지 않은 것이 없다. 움직이면 밝으니, 서합噬嗑괘(상전象傳)에서는 "형벌을 분명히 하고 법을 다스린다[明罰勅法]."라고[9] 한다. 밝음으로써 움직이니 풍豐괘(상전象傳)에서는 "소송을 판결하고 형벌을 내린다."라고[10] 한다. 밝음으로써 멈추니 비賁괘(상전象傳)에서는 "함부로 소송에 판결을 내리지 않는다."라고[11] 한다. 그쳐서 밝으니 여旅괘(상전象傳)에서는 "밝은 관찰로써 신중하게 형벌을 씀[明愼用刑]"을 말한다.

짱홍즈張洪之(1881-1969)는 말한다. 태兌는 형벌[刑]이 되고, (호체互體인) 감坎은 감방[獄]이 된다. 비賁괘의 초9효가 64효로 가면 감坎을 꺾고 (호체互體인) 태兌가 이루어지니, 따라서 쓰고 보류되지 않는다. 군자는 형벌을 사용할 때 남용하지 않고, 소송을 결정하는 것을 물 흐르듯 하니, (여旅괘에서) 산이 무겁고 불이 빠른 것과 같다.

초육효: 손님이 쩨쩨하여 의심이 많으니, 옛집을 떠났는데, 재앙을 취한 것이다.

[初六: 旅瑣瑣, 斯其所,[12] 取災.]

상에서 말한다. "손님이 의심이 많으면", 뜻이 달성되지 않으니 "재앙"이다.

[象曰: "旅瑣瑣," 志窮"災"也.[13]]

정현鄭玄(127-200)은 말한다. (초6효에서) 쇄쇄瑣瑣는 '자질구레함[小小]'과 비슷하다.

왕필王弼은 말한다. (초6효는) 가장 낮은 곳에 있으니, 이렇게 비천한 일을 하게 된다.

(정이의)『이천역전伊川易傳』에서 말한다. (초6효에서) 음의 유柔함은 손님으로 있을 때에, 낮

8) '惟明克允.', 『今古文尙書全譯』, 「舜典」, 江灝, 錢宗武譯注, 상동, 29頁.

9) '明罰勅法.', 噬嗑괘 象傳, 高亨, 220頁.

10) '折獄致刑.' 豐괘 象傳, 高亨, 447頁.

11) '无敢折獄.' 比賁괘 象傳, 高亨, 227頁.

12) 旅는 손님이다. 瑣瑣는 鎖鎖의 가차이니, 鎖鎖鎖鎖는 의심이 많음이다. 斯는 떠남[離]이다. 所는 옛집[故居]이다. 高亨, 453頁.

13) 志窮은 뜻이 달성되지 않음이다. 高亨, 상동.

은 곳에 처하여, (초6효는) 비루하고 가볍게 보이고 곰상스러우니, 모욕을 불러오는 재앙이나 허물을 겪게 된다.

유원劉沅은 말한다. (하괘인) 간艮은 작은 돌이고, (상괘인) 이離는 불이다. 그러므로 (초6효에서) 재앙이 일어난다. 초6효는 음陰이라 작아서, 밝게 멀리 보려는 뜻이 없기에, 따라서 (초6효는) 궁박하고 편협하여 재앙을 취하게 되는 것이다.

만년순萬年淳(1761-1835)은 말한다. 이履괘의 92효는 평탄하여 길함을 얻고, 여旅괘의 초6효는 쩨쩨하여 재앙을 당하니, 세상일을 겪어가는 도道를 알 수 있다.

오여륜吳汝綸(1840-1903)은 말한다. (초6효에서) '재앙을 취함[取災]'은, 흉함이 일으키고, 흉함을 보는 예들과 비슷하다.

커싸오민柯劭忞(1848-1933)은 말한다. 『후한서後漢書』,「좌웅左雄」전傳에서, 선비[士]의 '직분은 천賤하고 녹祿은 박하다.'라고[14] 했는데, 주注에서, '사廝는 천賤이다.'라고 했으니, 곧 시양廝養(나무를 하고 말을 먹이는 천한 사람)의 시廝[일꾼]이다. (초6효의) '사기소斯其所'는 자기 재능이 이와 같아서, '하인[童僕]들'이 자기 있을 곳을 지킴을 말하는 것이다.

마치창馬其昶(1855-1930)은 말한다. '하인[童僕]들'은 종신토록 남에게 붙어있는 손님이다. '하인[童僕]들'은 낮지는 않으나, 자기 뜻이 쩨쩨하여 천할 뿐이다. 초6효는 음이라 (양의) 자리를 잃었으니, (하괘인) 간艮은 멈춤이어서 변화하지 않기에, 따라서 이런 상이다. (초6효는,) 뜻이 궁하여 재앙이 생겼는데, '재앙을 취함[取災]'이라고 하니, 사람에게 무슨 허물이 있겠는가?

육이효: 나그네가 여관에 가서 돈을 품었고, 동복도 얻었으니, 정도正道이기에 길하다.
[六二, 旅卽次, 懷其資, 得童僕, 貞.[15]]

상에서 말한다. (나그네가) "동복童僕을 얻은 것은 정도正道이니 길함"은, 마침내 재앙이 없음이다.
[象曰: "得童僕貞," 終無尤也.[16]]

우번虞翻은 말한다. (하괘인) 간艮은 '하인[童僕]'이다.

---

14) '職斯祿薄,'『後漢書』,『左周黃列傳』第五十一,「左雄」, (宋) 范曄撰, 北京: 中華書局, 1973, 七冊, 傳六, 2, 017頁.

15) 즉卽은 나아감[就]이다. 차次는 객사이니, 여관이다. 회懷는 품안이다. 자資 아래에 마땅히 부斧자가 있어야 하니, 자부資斧는 전폐錢幣이다. 貞 아래에 吉자가 마땅히 있어야한다. 高亨, 453頁.

16) 우尤는 재앙이다. 高亨, 상동.

(순상荀爽 등의) 『구가역九家易』에서 말한다. (62효는) '음으로 둘째 효에 있으니, 곧 자기 집으로 가는 것이다. (62효는) 양陽을 받드는데 성실함이 있으니, 따라서 재화를 품는다. (62효는) 조화에 있으며 자리를 얻었으니, 따라서 '하인[童僕]'의 올바름을 얻은 것이다.'[17]

주진朱震(1072-1138)은 말한다. '하인[童僕]'이 올바른 연후에 여관[客舍]에서 멈출 수 있고, 재화를 가질 수 있다.

(주희의) 『주역본의周易本義』에서 말한다. (62효는) 곧 객사에 있으면 편안하고, 재화를 품고 있으면 여유가 있게 되고, 자기 '하인[童僕]들'의 올바름과 믿음을 얻으면, 속이지 않아서 신뢰가 있으니, 손님됨에 가장 길한 것이다.

용인부龍仁夫(1253-1335)는 말한다. (하괘인) 간艮은 문 안의 뜰이니, 객사客舍[次]의 상이 있다. (호체인) 손巽은 이익을 가까이 하여 세 배(의 이익으로) 매매하니, 재화를 품은 상이다.

유원劉沅은 말한다. (하괘인) 간艮은 막내아들[少男]이 되니, 따라서 아이[童]이다. 초6효는 62효를 받드니, 그의 노비이다. 간艮은 문이 되고, 집[廬舍]이 된다. 62효는 간艮 멈춤의 가운데 있으니, 곧 여관의 상이다. 호체인 손巽은 이익을 가까이 하여 세 배로 매매하니, 재화를 품고 있음을 상징한다. 62효는 유柔함으로 중中을 얻었으니, 그침에서 자기의 바름을 얻었고, 밤을 보낼 곳이 있으며, 전재錢財비용이 충족하고, 충실하고 순종하는 '하인[童僕]들'이 있다. 세 가지를 모두 얻었으니, '손님이 되는 도[旅道]'가 갖추어질 것이다. 손님이 의지하는 자는 노비이다. (62효는) 노비의 바름을 얻었으니, 뜻밖의 환란은 없을 것이다.

마치창馬其昶은 말한다. (하괘인) 간艮은 혼시閻寺(궁중에서 문을 지키던 관리)가 되며, '하인[童僕]'의 상이다. 초6효는 백성이 되고, 62효는 대부大夫가 되니, 이것은 간艮에서 '하인[童僕]'이 되는 것은 오직 초6효뿐이다. 초6효에서 스스로 분발할 것을 생각하지 않으니, 뜻이 궁해진다. 62효로부터 보면, 종신토록 복역하여 '하인[童僕]'의 바름을 얻게 될 것이다.

구삼효: 손님의 여관에서 불이 나서, 자기의 동복을 잃었으니, (그가) 정직했으나 위험을 만난 것이다.

[九三, 旅焚其次, 喪其童僕, 貞厲.[18]]

....

17) '以陰居二,' 이하 인용문 전체가 荀爽 等撰, 『九家易解』에서 검색되지 않는다. 다만 '各得其正, 陰得承陽, 皆陰心之所願也.'(각자 자기 바른 것을 얻었으니, 陰은 陽을 받들게 되었으니, 모두 陰이 마음에서 바라는 바이다.)의 구절만 보인다. 荀爽, 『九家易解』, #55, 中國哲學書電子化計劃, https://ctext.org 참조.

18) 喪은 잃음[失]이다. 貞은 正이다. 정여貞厲는 손님이 정직正直해도 위험을 만남이다. 高亨, 454頁.

상에서 말한다. "손님이 머무는 집에서 불이 났으니", 또한 이미 손실을 본 것이다. 손님과 동복童僕 이 함께 살았으니, "상실"이 맞다.

[象曰: "旅焚其次," 亦以傷矣. 以旅與下, 其義"喪"也.19)]

우번虞翻은 말한다. (상괘인) 이離는 불이다. 93효는 움직여서 간艮을 무너뜨리니 여관이 불탄 것이다.

왕종전王宗傳(12세기, 남송南宋 역학자)은 말한다. 친한 사람이 적을 때 함께 하는 이는, '하인[童僕]들'이다. 어찌 그를 나그네로 볼 수 있겠는가? (주인이) 아랫사람을 나그네로 보면, '하인[童僕]' 역시 윗사람을 나그네로 본다.

황순요黃淳耀(1605-1645)는 말한다. (93효는) 아랫사람과 함께 하는 도道가 각박하고 은혜가 적어서, '하인[童僕]들'을 나그네로 보듯이 하니, 뜻을 당연히 잃게 된다.

안사성晏斯盛(1689-1752)은 말한다. 여旅괘의 '조금 형통함[小亨]'은 오직 유柔 때문이다. 93효 는 강剛이며 중中도 아니니, 이것은 손님이 됨에 편안할 수 없다.

호후胡煦(1655-1736)는 말한다. (하괘인) 간艮은 오두막[廬舍]이다. (93효는, 상괘인) 이離와 서 로 접한다. 호체인 손巽은 바람이다. '객사客舍[次]'를 태우는 상이다.

유원劉沅은 말한다. '하인[童僕]들'을 잃었다는 것은 동복이 없다는 것이 아니니, 자기의 바름을 잃어버리면, 비록 있더라도 없는 것과 같다. 간艮은 오두막이 되고, (93효는) 위로 이離 불과 접하 였고, 호체互體인 손巽은 바람이라, 객사를 태우는 것이다. 이以는 이已(이미)와 통한다. 객사가 불타니, (그것은) 또한 이미 손상된 것이다. (93효는) 길을 지나는 사람으로 '하인[童僕]들'을 기다 리니, 어찌 바를 수 있겠는가? [종복들을] 잃게 되는 뜻이 당연하다.

리스전李士鉁은 말한다. 간艮은 '하인[童僕]'이고, (호체인) 태兌는 훼손함이니, (동복童僕을) 잃 게 된다. '하인[童僕]'은 초6효를 가리키니, 62효와 가깝고 93효로부터는 멀다. 따라서 62효는 (동 복童僕을) 얻었고, 93효는 잃은 것이다.

마치창馬其昶은 말한다. 93효는 활동하여 군주[上]를 떠난 굳셈[剛]과 서로 접하니, 따라서 불타 는 것이다. 양陽이 하나면 군주이고; 두 개면 백성이다. 93효는 진실로 군주이다. (나의 견해: 93 효의 양陽은 [하괘인] 간艮의 군주이다. 아래 두 음陰효는 모두 그 백성이다.) 93효가 (음으로) 변

---

19) 以는 이已(이미)이고, 傷은 손해이다. 與는 두 사람의 共處(함께 삶)이고, 下는 童僕이다. 義는 宜이다. 高亨, 상동.

한다면, 초6, 62효 역시 자기 동복童僕을 잃는 상이 되니, 귀천의 등급이 없어질 것이다. (93효는) 망동妄動하여 자리를 잃었으니, 따라서 (93효는) 바르더라도 위험하다.

● **나의 견해**: 『맹자』에서, '임금이 신하를 대하는' 여섯 구절도[20] 또한 이러한 뜻을 갖는데, 왕종전王宗傳주注가 그 요지를 얻었다. (주인이) 동복童僕을 대하는 것이 그러하다면, 하물며 (임금이) 신하를 보는 데서야 어떻겠는가?

> **구사효: 나그네가 거처에서 (불이 났는데, 잃어버렸던) 자기 돈[錢幣]을 (지금 다시) 얻었어도, 내 마음은 유쾌하지 않다.**
> [九四, 旅于處, 得其資斧, 我心不快.]
> **상에서 말한다. "손님이 거처에 있으나", (제대로 된) 자리를 아직 얻지 못한 것이다. "돈[錢幣]"은 얻었으나, "마음"에서는 아직 "유쾌하지 않음"이다.**
> [象曰: "旅於處," 未得位也. "得其資斧," "心"未"快"也.][21]

응소應劭(약153-196)는 말한다. (94효에서) 제齊는 예리銳利함[利]이다.

우번虞飜은 말한다. (상괘인) 이離는 날카로운 도끼[齊斧]이다.

조여매趙汝楳(13세기, 남송南宋 역학자)는 말한다. 나그네는 잠시 멈추는 것이 마땅하다. (94효는) 지금 오래 머무니, '정도正道[義]'에는 아직 안정됨이 없다.

진법陳法(1692-1766)은 말한다. 93효는 여행하는 나그네가 되니, 따라서 '머무는 곳[次]'이라고 한다. '머무는 곳[次]'은 길에서 지나가다 쉬는 장소[次舍]이다. 94효는 타향에 기거하는 나그네이다. (94효에서 상괘인) 이離는 붙음[麗]이니, 다른 지방에 머무르는 것이기에, 따라서 (94효는) '처함[處]'이라고 한 것이다.

유원劉沅은 말한다. (상괘인) 이離는 병장기가 되고, 또한 (65효는) 가운데 효인데, [호체인] 태兌는 쇠붙이[金]이고, 아래로 (호체互體인) 손巽은 나무이니, 나무가 쇠붙이[金]를 관통하고 있기에, 도끼의 상이다. (이離를 뒤집어 놓은) 착錯은 감坎이니 근심을 더하는, 불쾌의 상이다.

리스전李士鉁은 말한다. 94효는 내괘에서 나와서 외괘에 이르렀는데, 자리가 중정中正하지 않

---

20) '君之視臣如手足, 則臣視君如腹心; 君之視臣如犬馬, 則臣視君如國人; 君之視臣如土芥, 則臣視君如寇讎.' 『孟子譯注』, 「離婁」下章(8:3), 楊伯峻譯注, 상동, 186頁.
21) 자부資斧는 도끼모양으로 만든 錢幣(돈)이다. 高亨, 453頁.

『周易學說』 하경下經 255

고, 양陽으로 음陰[65효]을 받드니, (94효는) 몸이 비록 잠시 편안해도, 마음은 끝내 즐겁지 않다. 공자가 진陳나라에 있을 때 돌아갈 것을 생각하였고,[22] 맹자가 제齊나라에 오래 머문 것이 자신의 뜻이 아니었으니,[23] 이 (94)효와 비슷하다.

왕쑤난王樹枏(1851-1936)은 말한다. 제齊와 자資는 같은 글자이다. (『주례周禮』의)「고공기考工記」, 정사농鄭司農(鄭衆, ?-83)注에서, '자資를 제齊라로 썼다.'라고[24] 했다.

마치창馬其昶은 말한다. 손님으로 오래 머물면, 반드시 심하게 연모해서 끊어낼 수 없는데, 마치 진晉나라 공자[重耳]가 제齊나라에 머물렀을 때 편안했던 것과 같다. '손님으로 있음[旅于處]'은 합당한 자리를 얻지 못한 것이니, 나그네가 편안한 생각을 품는 것을 걱정하여, 깊이 경계시킨 것을 말한다. 날카로운 도끼는 자신을 방어하는 것이니, 나그네로 있으면서 날카로운 도끼를 얻게 되면, 경계하는 마음이 생길 것이니, 따라서 (94효는) 즐겁지 않다. (94효의) 상象전에서, '마음이 즐겁지 않음[心未快]'은 과연 불쾌한 일이 있다는 것이 아니라, 단지 나그네의 마음이 마땅히 경계하고 대비함을 잊지 않을 뿐임을 보인 것이다. 간艮괘의 62효에서 '자기 마음이 유쾌하지 않음[其心不快]'이라고 할 때, '마음[心]'은 93효를 가리킨다. 여기[여旅괘 94효]의 '내 마음이 유쾌하지 않음[我心不快]'에서 '마음[心]'은 94효를 가리킨다. 93, 94효는 모두 일괘一卦의 중앙에 있으니, 모두 마음의 자리에 해당한다.

또 (마치창은) 말한다. 자資는, (복자하卜子夏의)『자하역전子夏易傳』과 여러 학자들은 모두 제齊자와 나란히 하여 썼다.

65효: (나그네가) 꿩을 쏘았는데, 화살 한 번으로 죽으니, 마침내 (당지 임금의) 장상獎賞을 얻었다.
[六五, 射雉, 一矢亡, 終以譽命.[25]]
상에서 말한다. "마침내 (임금의) 명예로운 장상獎賞을 받음"은, 임금께서 하사한 것이다.
[象曰: "終以譽命," 上逮也.[26]]

....

22) '子在陳, 曰: "歸與! 歸與! 吾黨之小子狂簡, 斐然成章, 不知所以裁之.",『論語譯注』,「公冶長」篇(5:22), 楊伯峻譯注, 상동, 51頁.

23) '(孟子)曰: "…千里而見王, 是予所欲也; 不遇故去, 豈予所欲哉? 予不得已也. … 王如改諸 則必反予.",『孟子』,「公孫丑」下章(4:12) 참조.

24) '故書「資」作「齊」.',『周禮註疏』,「冬官考工記」第六, (十三經注疏 整理本), 9冊, 상동, 1,237頁.

25) 치雉는 꿩이다. 亡은 죽음이다. 예명譽命은 당지 임금의 獎賞을 받음이다. 高亨, 455頁.

26) 上은 君上이고, 체逮는 사賜(하사함)이다. 高亨, 상동.

간보干寶(286-336)은 말한다. (상괘인) 이離는 꿩이 되고, 화살이 된다.

육희성陸希聲(801-895)은 말한다. (65효는,) 비록 바른 자리의 실함을 얻지 못했지만, 마침내 명예의 아름다움이 있다는 것을 말한다. 공자의 손님됨이 이와 비슷하다.

(정이의) 『이천역전伊川易傳』에서 말한다. 65효는 문채 나고 빛나며 유순한 덕으로 처함에 중도中道를 얻었으니, 상하가 65효와 함께 하기에, 손님됨이 지극히 좋은 것이다. 마치 꿩을 화살 하나로 쏘아 없애 버려서, 쏘아서 맞지 않는 것이 없으니, (65효는) 마침내 (당지 임금의) 장상奬賞을 얻음과 같다.

장준張浚(1097-1164)은 말한다. 이것(65효)이 곧 (여旅괘) 단전彖傳에서 말하는, '유柔함이 밖[外卦]에서 중中을 얻어 강剛을 따름[柔得中乎外而順乎剛]'이다.

양만리楊萬里(1127-1206)는 말한다. (65효에서) '임금께서 하사함[上逮]'은 덕이 위로 하늘에 도달함을 말한다.

유원劉沅은 말한다. 활쏘기는 남자의 일이다. 꿩은, 선비가 서로 만날 때의 폐백이다. 꿩을 쏘는데 능력이 있어, (65효는) 화살 하나로 (짐승을) 얻은 것이다. 예譽는 좋은 소문이고, 명命은 (임금이 내린) 하명이다. 이離는 꿩이 되고, '뒤집어 놓은 괘[錯卦]'인 감坎은 화살이 되니, 꿩을 쏘는 것을 상징한다. 호체互體인 태兌는 따라서 명예[譽]를 상징한다. 호체인 손巽은 명령을 상징한다. 65효는 덕이 있으며 중中을 얻었으니, 비록 타향에 머물더라도, 끝내는 이로써 (임금의) 하명을 얻게 되는 것이다. 상上은 군주이다. 이 (65)효는, 군주의 자리로서 군주에게 과객이 없음을 말한 것이 아니다.

리스전李士鉁은 말한다. 옛날에 국경 밖으로 나가면 반드시 폐백을 지참했다. 나그네이면서 꿩을 쏘니, 장차 이로써 군주를 섬기고 벗을 사귀는 재물이 된다. 벗에게 믿음이 있으면 영예가 있게 되고, 윗사람의 마음을 얻으면, [윗사람으로부터] 명령이 있다. 영예와 명령은 나그네가 감히 바라는 바가 아니지만, 자기의 도道를 미뤄 가면 반드시 이들을 얻을 수 있으니, 따라서 '마침내[終]'라고 말한 것이다. 65효에서 홀로 '나그네 됨[旅]'을 말한 것은, 다섯 번째 효는 군주의 자리로서, 왕은 바깥으로 나가지 않으니, '나그네 됨[旅]'을 말할 수 없는 것이다.

리우원펑劉文鳳(20세기, 청淸나라 학자)은 말한다. (65효에서) 이以는 유有와 통한다.

마치창馬其昶은 말한다. 65효는 성대한 자리인데, 여旅괘에서는 꿩을 쏘는 상象을 가진다. 선비가 국경을 벗어나면 반드시 폐백을 지참해야 하는데, 선비는 꿩을 지니기 위해, 따라서 (화살을) 쏘았다. (65효에서) 화살 하나로 (짐승을) 죽였다는 것은, 그의 활쏘기가 아름답고 정교함을 보인 것이고, 물건을 취함에 깨끗하였으니, 용기가 있고도 인자했기에, 마침내 (임금께서) 하사함이 있었던 것이다. 『시詩』, 「추우騶虞」의 시에서, '한 개를 쏘아 다섯 암퇘지를 맞힌다[壹發五豝].'라고[27] 했으니, 짐승은 많은데 잡은 것은 적은 것이다. 따라서 (정현鄭玄의) 전箋에서, '군자가 한 발을 쏜 것은 … 인仁한 마음의 지극함이다.'라고[28] 한다. 「역곤착도易坤鑿度」에서, 공자가 서점을 쳐서 여旅괘를 얻었다. 상구商瞿가, 「그대는 성인의 지혜를 가지고서도 지위가 없습니다.」라고 하니, 공자가 (울면서,) "천명이로구나! 봉황이 이르지 않고, 황하에서 하도河圖가 나오지 않으니, 오호, 하늘이 명命이로다!"라고 말하였다.'[29] 공자가 서점을 쳤는데, 아마 이 (여旅괘 65)효를 얻은 것이다. 영예와 명령이 있으니, 따라서 '성지聖知'라고 말한다. 꿩을 쏘았으니, 따라서 (65효에서) '(임금) 자리는 없음[无位]'이라고 말한 것이다. 천명이 모이지 않았으나, 영예와 명령이 있음은, 봉황이 이르지 않았는데, 꿩을 얻은 상象이다. 공자는 '천명[命]'을 스스로 편안히 여기셨으니, 곧 이 『역易』(여旅괘) 본(65)효의 말을 풀이한 것이다.

- **나의 견해(1)**: 62효는 손님됨에 지극히 길하여, 밖에서 얻는 것이다. 65효는 손님됨에서 지극히 좋은 것인데, 안에서 얻는 것이다. 62, 65효는 모두 중中이다.

- **나의 견해(2)**: 공자는 한 세대를 바쁘게 보냈지만, 자신을 알아주는 이가 없었다. 하지만 하늘을 원망하지 않고 다른 사람을 탓하지 않았다. 아래로부터 배우면서 위로 이르렀다. 그 영예와 명령은 실제 위로 하늘의 덕에 이른 것으로부터 왔다. 공자는 일찍이 (곡부曲阜의) 확상포矍相圃에서 활을 쏘았고,[30] 노魯나라 사람들이 사냥물을 다투면 공자 역시 사냥물을 다투었으니, 이는 용기이다. '생사生絲로 실을 달아서 새를 쏘았으나, 자러오는 새는 쏘지 않았으니,'[31] 이는 인仁이다. 모두 하늘의 덕에 도달한 것이다.

- **나의 견해(3)**: 활쏘기는, 군자와 비슷하다. 정곡正鵠을 맞추지 못하면, 자신에게서 돌이켜 (문제점을) 찾는다. 따라서 (65효는) 편안히 있으며 명命을 기다리는 것이다.

---

27) '一發五豝.'『詩經譯注』,「召南」,「騶虞」, 袁梅著, 상동, 123頁.
28) '君射一發而翼五豬者, … 仁心之至.'『毛詩正義』,「騶虞」, (十三經注疏 整理本), 4冊, 상동, 124頁.
29) '易坤鑿度, 仲尼魯人生不知『易』', … 商瞿氏曰:「子有聖知而无位.」子泣而曰:「天也命也, 鳳鳥不來, 河无圖至, 嗚呼天之命也.」',『周易啓蒙翼傳』, (元) 胡一桂撰, 電子版 文淵閣四庫全書, 上海人民出版社, 1999 참조.
30) '孔子射於矍相之圃, 蓋觀者如堵牆.'『禮記今註今譯』,「射義」篇, 王夢鷗註譯, 下冊, 811頁.
31) '弋不射宿.'『論語譯注』,「述而」篇(7:27), 楊伯峻譯注, 상동, 73頁.

상구효: 나그네가 살던 집이 불타버렸는데, 그 나그네는 (질탕하게 놀았으며) 먼저 웃었다가 후에 (재앙을 만나) 울었는데, 역易나라에서 소를 빼앗겼으니, 흉한 것이다.

[上九, 鳥焚其巢, 旅人先笑後號咷, 喪牛于易,32) 凶.]

상에서 말한다. "손님"으로 "윗자리"에 있으니, "불태워짐"이 마땅하다. "역易나라에서 소를 잃었으나", 마침내 아무도 위로하지 않았다.

[象曰: 以"旅"在"上," 其義"焚"也. "喪牛於易," 終莫之聞也.33)]

한漢 성제成帝의 소詔에서 말한다. '왕은 백성의 위에 처하니, 마치 새가 둥지에 처하는 것과 같다. 백성을 돌보고 연민하지 않으면 백성이 이반하여 떠나니, 마치 새 둥지가 저절로 불타는 것과 같다. 먼저 비록 기분이 좋아 기뻐하고 웃어도, 그 후에 반드시 울부짖게 되며 어쩔 수 없게 된다.'34)

완적阮籍(210-263)은 말한다. 동인同人괘(95효)에서는, '먼저 울부짖으니[先號咷],' 그 마침을 생각한 것이다. 여旅괘 상9효의 '웃음[笑]'은 그 궁극을 즐기는 것이다.

우번虞飜은 말한다. 이離는 나는 새가 된다. 이離는 불[火]이니, (상9효에서) 둥지를 태우는 것이다.

범중엄范仲淹(989-1052)은 말한다. 나그네의 뜻이 비루하면 자신이 모욕을 받으니, 초6효는 쩨쩨함이다. 높으면 질시를 받으니, 93효는 객사에 불이 나고, 상9효는 둥지가 불탄다. (상9효가) 자기의 중中을 잡을 수 있으면, 지혜롭다고 할 것이다. 62효는 재화를 품고, 65효는 명령을 영예롭게 여기니, (상9효는) 유柔하면서도 자기의 중中을 잃지 않은 것이다.

(주희의) 『주역본의周易本義』에서 말한다. 상9효가 과도하게 강剛하며, 여旅괘의 위[상괘]에 처하여, 이離의 끝에 있는데, 교만하고 순종하지 않으니, (상9효는) 흉한 도이다.

왕종전王宗傳(12세기, 남송南宋 역학자)은 말한다. (상9효는) 높은 곳에 서식하고 높은 데에 처하며, 위험한 곳에 기거하니, 새의 둥지이다. 높음이 궁극에 이르면 반드시 위험하다.

오징吳澄(1249-1333)은 말한다. 상9효는, 일괘一卦의 궁처窮處이니, 변경邊境의 상이다.

---

32) '조분기소鳥焚其巢'는, 나그네가 기거하던 집이 불탐이다. 호도號咷는 크게 울음이다. 역易은 나라 이름이다. 이것은 은殷의 조상 왕해王亥의 이야기이다. 高亨, 455頁.

33) 在上은 윗자리에 있어 官爵이 있음이고, 義는 宜로 읽어야한다. 王念孫(1744-1832)에 의하면, 聞은 問으로 읽어야하니, 휼문恤問(위로함)이다. 高亨, 456頁.

34) '言王者處民上, 如鳥之處巢也, 不顧恤百姓, 百姓畔而去之, 若鳥之自焚也, 雖先快意說咲, 其後必號而無及也.', 『漢書』, 「外戚傳」第六十七下, (漢) 班固撰, (唐) 顏師古注, 12冊, 傳[六], 3,979頁.

고염무顧炎武(1613-1682)는 말한다. (상9효는) (여旅)괘의 상9효와 (상괘인) 이離의 끝에 있으니, 이른바 새가 높이 난다는 것이기에, 또한 하늘에 가까울 것이다. (상9효는) 뻐기려는 마음이 있으며, 간쟁하는 논의를 듣지도 않는다면, 재앙은 반드시 자기 몸에 미친다. 노魯나라 소공昭公이 계손씨季孫氏를 친 뜻과 같으니, 죄를 살피거나, 가두거나, 도망가기를 청했으나 모두 허락되지 않았으니, 이에 숙손叔孫이 사병士兵들(의 반란)을 일으켰는데, (노魯나라 소공昭公은 제齊나라에 망명하여) 양주陽州에 머물고, (그가 다시 진晉으로 망명하니) 건후乾侯에 가서 위문을 하였다. '앵무새여, 앵무새여, 떠나갈 때는 노래하고, 돌아올 때는 크게 우네.'라고35) 하니, 아마도 이 (상9)효의 점사일 것이다!

이광지李光地(1642-1718)는 말한다. 군자가 하루 동안 다른 사람의 위에 있으면, 반드시 하루 동안의 마음을 다한 것이다. (상9효는) 나그네의 도道로써 위에 있으니, 여관에 머무는 것 같을 뿐이다. (상9효에서) 화禍와 해害가 장차 일어날 것이니, '불태워짐이 마땅함其義焚]'이라고 말한 것이다.

왕염손王念孫(1744-1832)은 말한다. (상9효의 상象전에서) 문聞은 문問과 같으니, (상9효는) 서로 불쌍히 여겨서 묻는 것을 말한다.

유원劉沅은 말한다. (상괘인) 이離는 새가 되고, 나무가 되고, (나무) 중간이 비어지면, 위가 마르게 되고, (상9효가) 변하여 진震이 되도 나무가 된다. 상9효의 자리는 매우 높고, (호체인) 손巽 나무[木] 위에 있으니, 따라서 둥지를 상징한다. (상괘인) 이離는 불이고, 호체互體인 손巽은 바람이다. 새가 나무 위에 있다가 불을 만났으니, 손巽 바람으로 고무되어 둥지가 타는 상이다. 상9효는 이離의 끝에 있고, 여旅괘의 끝에 처했기에, 새는 둥지가 탔음으로 돌아갈 곳이 없는 상이다. 웃음과 울부짖음은 가운데 효인 (호체互體) 태兌 입[口]의 상이다.

소병국蘇秉國(1762-1829)은 말한다. 『한서漢書』, 「오행지五行志」에는, '새가 자기 둥지를 태웠다.'라는36) 구절이 있다. 뒷일로써 앞일을 증험하니, 『역易』의 말들이 모두 실상임을 알 수 있다.

리스전`李士鉁은 말한다. '함께 하는 사람同시'은 친하다. [동인同人괘의] 95효는 중中을 얻어 62효와 응하니, 따라서 '먼저 울부짖고 나중에 웃는다[先號咷而後笑].' '손님된 사람[旅人]'은 친하지 않다. [여旅괘의] 상9효는 또한 불중不中이고 93효와 응하지도 않으니, 따라서 '먼저 웃고 나중에 울부짖는다[先笑後號咷].' 이易는 변경[疆場]이다. 소는 밭을 가는 데 쓰이고, 무거운 것을 지고 먼

---

35) '鸜鵒鸜鵒, 往歌來哭.' 『左傳全譯』昭公25年, 王守謙 等譯注, 상동, 1,344頁.

36) '鳥焚其巢.', 『漢書』, 「五行志」卷二十七中之下, (漢) 班固撰, (唐) 顏師古注, 상동, 1,416頁.

길을 가는데 자산資産이 되니, (소를) 잃어버리면 살면서 쓸 바가 없어지고, 다니면서 밑천 삼을 것이 없으니, (상9효가) 흉하게 된 것이다.

마치창馬其昶은 말한다. 새가 둥지를 태우는 것은, 사람의 득실과는 상관없으니, 따라서 나그네가 웃는데; 소를 잃게 되면 울부짖게 될 것이니, 다른 사람들도 불쌍히 여기지 않는다. 이離는 암소를 기르는 것인데, 상9효가 (음으로) 변하면 이離가 훼손되니, 소를 잃는 상이다. (상9효는) 사람이 '손님이 되는 도[旅道]'로써 자처하면, 다른 사람과 자기 자신, 사물과 내가 모두 범연하게 서로 만나게 되니, (상9효는) 흉한 도道를 말한 것이다. 친함이 적은 것이 나그네[旅]이니, 93, 상9효를 말한 것일 것이다.

• **나의 견해(1)**: (상9효는) 아래에 있으며 나그네와 같으면, 뜻은 마땅히 잃게 된다. 위에 있으며 나그네와 같으면, 뜻은 마땅히 불타는 것이다. (초6, 상9효는) 모두 중中을 얻지 못하고 강剛함에 응했으니, 이 때문에 스스로 화禍를 취하게 된 것이다. 주周나라 여왕厲王이 쫓겨나 체彘땅에 거주하고, 상商나라 주紂왕이 녹대鹿臺에 올라가 스스로 불태운 것은, 모두 새가 자신의 둥지를 태우는 상이다. 하늘의 역할을 사람이 대신하니, 사람 된 자가 어찌 경건하지 않겠는가? 신중하게 두려워하며 하루, 이틀도 허비하지 않았으니, 천하가 한집안이 되는 뜻에 합당한데, 만약 주인이 되지 못하고 도리어 객이 된다면, 흉하지 않은 적이 없었다. 한번은 저렇고 한번은 이렇다면, 상도常道가 어디에 있겠는가? 여旅괘의 뜻은 주권이 다른 사람에게 속한 것이니, 내가 손님[客]이 되면, 머리 숙이고 우러르며 남을 따르지 않을 수 있겠는가?

• **나의 견해(2)**: 만물이 천지에 있는 것은 '나그네로 사는 것[逆旅]'과 같다. 장자莊子는, '천지를 커다란 용광로로 삼는다.'라고[37] 했다. 자기 마지막을 말하자면, 누가 나그네가 아니겠는가? 오직 몸을 닦고 명命을 세우니, '큰 것을 먼저 세운다면, 작은 것도 빼앗을 수 없다.'[38] 생을 의탁하는 것으로 보고, 죽음을 돌아가는 것으로 보니, '충성하는 마음[丹心]'이 천고에 비추고, 호기浩氣가 태허로 돌아간다. 나는 스스로 주인 되는 이유를 갖고 있으니, 상도常道가 있고 주인이 되니, 객이 되지 않기에, 이렇다면 이것은 나그네 밖의 나그네이다. 저것을 잡으면 있게 되고 놓으면 없어지니, 출입에 때가 없고, 그 향방을 알 수 없으니, 심지어 자기가 거처할 바를 잃고 나그네가 되기에, 항상 객이 되어 스스로 주인이 될 수 없는데, 이것은 또한 나그네 중에 나그네이니, 궁하여

---

37) '以天地爲大鑪.' 『莊子淺注』,「大宗師」第六, 曹礎基著, 상동, 102頁.
38) '先立乎其大者, 則其小者不能奪也.' 『孟子譯注』,「告子」上章(11:15), 楊伯峻譯注, 상동, 270頁.

돌아갈 곳이 없기에, 장차 어디로 가서 객이 되겠는가? 하지만, 나그네로 처하는 데에는 도가 있으니, 밖에서 중中을 얻고, 강함에 순종하고 밝음에 붙으니, 걱정거리가 없어질 수 있다. 성인께서 특별히 이 (여旅)괘를 세워서, 나그네의 도를 보여주셨다. 내괘[艮]의 효에서, 초6, 93효는 나그네 됨의 불리함을 상징한다. 오직 62효가 중中을 얻어서 다행히 안전하게 된다. 외괘[離]의 효에서 94효와 상9효는 나그네 됨이 걱정될 수 있음을 상징하는데, 오직 65효만 중中을 얻어서 명예가 있다. 공자와 맹자는 한 세대를 분주히 돌아다니며 항상 동서남북의 사람을 위했다. 맹자가 객경客卿 노릇을 하며 전전하며 밥을 받아먹었으니, 이는 나그네로 다니면서 안에서 중中을 얻은 것이니, 62효의 상이다. 공자가 두루 초빙되어 정사를 들으며 예禮로써 나아가고 의義로써 물러가니, 얻고 얻지 못함에 '명命이 있음[有命]'이라고 한 것이다. 이것은 나그네로 다니면서, 밖에서 중中을 얻은 것으로 65효의 상이다. 또한 박달나무가 베어지고 광匡땅에서 포위당한 것은 화禍를 면한 것으로 '지혜[知]'인 것이다. (곡부曲阜의) 확상포矍相圃에서 화살을 쏘고, 사냥물을 다툰 것은 '용기[勇]'이다. 낚시질은 하되 그물질하지 않고, 주살질하되 잠든 새는 쏘지 않는 것은 인仁이다. 나아가서 나그네가 될 때의 뜻을 얻지 않은 적이 없으니, 조금은 형통하고 바르면 길하였다. (상괘인) 이離의 밝음이 밖에서 비추고, (하괘인) 간艮 멈춤을 안에 품으니, 서로 교류하여 쓰임이 된다. 지당止唐선생(劉沅)은 안으로 멈추면 주인이 있어 흔들리지 않고, 밖에서 밝으면 통찰하여 의혹이 없음을 말하였다. (여旅괘의) 여섯 효가 모두 사람들에게 나그네로 처하는 도를 알려준다. 공자와 맹자는 두루 돌아다니며 안으로 자신을 잃지 않았고, 백이伯夷와 여상呂尙[姜太公]은 바닷가에 머물며 몸을 보존했으니 그 도道를 생각할 수 있을 것이다.

57. 손巽괘 ䷸

손巽괘: 조금은 형통하니, 나아가면 이로움이 있고, '큰 사람[大人]'을 만나봄이 이롭다.
[巽, 小亨,[1] 利有攸往, 利見大人.]

우번虞飜(164-233)은 말한다. '큰 사람[大人]'은 95효를 말한다.

육적陸績(188-219)은 말한다. (손巽괘는) 음이 괘의 주인의 되니, 그러므로 조금 형통하다.

유원劉沅(1767-1855)은 말한다. 「서괘序卦」전에서, "나그네가 되어 받아드릴 곳이 없으므로, 이것을 손巽괘로 받았다."라고[2] 하였다. 음이 양 아래에 엎드려 있으니, '손巽'이라고 하였다. 오월五月은 음이 생겨나고, 천도天道는 작아져도 형통하다. 가라앉아 숨고(沈潛) 낮추고 공손하면, 인심은 작아져도 형통하다. 95효는, 중정中正하고 호체互體는 이離괘이니, 본 (손巽)괘의 '큰 사람[大人]'이다.

리스전李士鉁(1851-1926)은 말한다. 95효는 비록 괘를 이루는 주인은 아니지만, 양이 존귀한 지위를 얻었으니, 음이 그를 봄에 이롭다. 『역易』에서는 95효에 그 권세[權]를 돌린다고 하니, 이는 곧 춘추시대 '왕도王道를 숭상함[尊王]'의[3] 뜻이다.

마치창馬其昶(1855-1930)은 말한다. 손巽은, (허신許愼의) 『설문해자說文解字』에는 손顨(부드러움)으로 쓰여 있다.

단전에서 말한다. (손巽괘는) 손巽이 거듭되니 (임금이) 교령敎令을 펼침이다. (92, 95효의) 강건함이 중정中正의 도리에 들어가니 (임금의) 뜻이 행해진다. (초6, 64효가 각각 92, 93효나 95, 상9효처럼), 부드러움[柔]이 모두 강건함에 순종하니, 이 때문에 "작게 형통하고, 앞으로 가면 이로우며, 대인을 만나면 이롭다."

[彖曰: 重巽以申命. 剛巽乎中正而志行.[4] 柔皆順乎剛 , 是以"小亨, 利有攸往, 利見大人".]

1) 손巽은괘명이며, '명命을 가르침[敎命]'이고, 또한 '들어옴[入]'의 뜻이 있다. 亨은 통함이다. 高亨, 457頁.
2) '旅而无所容, 故受之以巽.' 「序卦」傳, 高亨, 651頁.
3) 북송 때 손복孫復(992-1054)의 『春秋尊王發微』라는 책에 있다.

우번虞飜은 말한다. 강강剛이 중정中正하다는 것은, 95효를 말한다.

육적陸績은 말한다. 명령을 거듭한다는 것은 당부하고자(丁寧) 함이다. (손巽괘는) 본래는 건乾의 상이었는데, 음이 와서 움직여(盪) 손巽괘를 이루니, 손巽은 순종한다(順)는 것이다.

소식蘇軾(1037-1101)은 말한다. 반드시 92, 95효에 순종한 이후에 형통함을 말한다. 가는 바를 이롭게 하는 것은, 92, 95효를 위해 쓰는 것이다. 봄이 이롭다는 것은 95효를 본 것이다.

채청蔡淸(1453-1508)은 말한다. 마음을 가라앉혀 간절하고 빈틈없이 쓰는 것(懇到)이 손巽괘이다. 「역대전易大傳」(「十翼」)에서, "손巽은 들어감"이라고[5] 하고, '손巽은 덕의 재제裁制함'이고, "손은 칭술稱述하지만 은휘隱諱한다."라고[6] 하였다. 순順의 뜻으로는, 손巽의 의미를 다하기에 충분하지가 않다. 그러므로 (손巽괘의)「단전象傳」에서 손巽에 대해서 순順이라고 하지 않고, 매번 괘의 이름은 '거듭된 손巽[重巽]'이라고 말하였다.

이광지李光地(1642-1718)는 말한다. 바람[風]은 음기여서 음에 흩어질 수 있는데, 그 근본은 양에서 생겨난 것이다. 음이 엎드려 안에 있고, 양은 반드시 들어가서 통제하니, 부드러움이 강함을 따르게끔 할 수 있기에, 가지런해질 것이다. 그러므로 손巽의 뜻을 풀어서 '엎드림[伏],' '들어감[入],' '제재함[制],' '가지런히 함[齊]' 등으로 표현하였다. 낮춤[卑]은 손巽의 형상이고, 순順은 손巽의 '드러난 효과[效]'이다.

유원劉沅은 말한다. '거듭 공손함[重巽]'은, 위아래 모두 공손한 것이다. '신申'은 거듭 당부하는 것이다. 손巽의 형상이 하늘에 있으면 바람이 되니, 만물을 고무하여 기른다. (손巽은) 임금에게는 명령이 되니, 만민들을 움직여 변화시킨다. '뜻이 행해진다[志行].'는 말은, 명령한 뜻이 거듭 실행된다는 것이다. 초6, 64효의 두 음은, 괘를 이루는 주인인데, 성인은, '양陽이 아래에서 공손하여 지나치게 강함을 제거할 수 있고, 음이 위에서 공손하여 주인을 얻어 행동할 수 있음'의 뜻을 취하였으니, 아마도 강함과 부드러움이 서로 구제하는 뜻이 그대로 이다.

오여륜吳汝綸(1840-1903)은 말한다. 손巽은 '실천함[踐]'의 뜻이 있다. 『상서尙書』에서, '짐의 자리를 누가 대신할 것인가?'라고[7] 하였다. 『사기史記』에서는, '손巽은 '실행함[踐]'이다.'라고[8] 하였

---

4) 巽괘는 巽이 겹친 것이니, 重巽이고, 風이니, 風은 임금의 敎命, 敎令이다. 또한 巽은 入(들다)이다. 92, 95효가 양효로 剛이다. 高亨, 457頁.

5) '巽, 入也.'「說卦」傳, 高亨, 617頁.

6) '巽, 德之制也.'「繫辭」下傳, 高亨, 583頁; '巽, 稱而隱.',「繫辭」下傳, 高亨, 585頁.

7) '汝能庸命, 巽朕位?',『今古文尙書全譯』,「堯典」, 江灝, 錢宗武譯注, 상동, 20頁.

8) 『史記』에서, '巽作踐' 3字는 찾을 수 없음.

다(나의 견해: 이것은 (손巽괘 단전彖傳)의 '강손剛巽' 두 글자를 해석한 것이다.).

정고鄭杲(1851-1900)는 말한다. 손巽은 '들어감[入]'이니, 들어간 이후에 제어할 수 있다. 제制는, '들어가서[入]' '밀어서 넓게 끌음[引伸]'의 뜻이다. '들어감[入]'은 덕으로 이끌음을 비유한 것이고, 제制는 예禮로써 가지런하게 함을 비유한 것이다. 들어간 이후에 제어하는 것은 왕도王道이다. 들어가지 않았는데 제어하는 것은, 법가法家이다.

리스전李士鉁은 말한다. 곤坤은 순順이 되고, 손巽은 맏딸[長女]이 된다. 곤坤괘의 초6효를 몸[體]으로 얻었으니, 맏딸이 어미를 닮은 것이다. (『예기禮記』의)「표기表記」편에서는, "임금의 명령이 순리에 맞으면 신하가 명령에 따른다."라고 하였다. 『곡량전穀梁傳』에서는, "신하가 되어서 임금의 명령을 거슬러서 쓰이게 되면, 이는 신하가 아니다. 군주가 되어서 명령을 잃어버리면, 이는 군주가 아니다."라고9) 하였다. 그러므로 손巽괘의 음효가 비록 괘를 이루는 주인이지만, 권세는 반드시 95효에게 돌아가야 하니, 이것이 임금과 신하의 구분을 바르게 하고, 변화가 나오는 근원을 바르게 하는 까닭이다.

• **나의 견해(1)**: 덕과 예禮는 모두 왕도王道인데, 법가(방식)으로 곤궁함을 다스리면, 이것은 정치[政]와 형벌[刑]도 또한 덕德과 예禮에 포함되는 것이다. 만약 오로지 '정치'와 '형벌'을 사용한다면, 이는 법가에서 지향하는 것이지, 반드시 모두 (유가儒家의) 왕도王道에서 나온 것이라고 할 수 없다.

• **나의 견해(2)**: '군자의 덕은 바람이고, 소인의 덕은 풀이니, 풀 위에 바람이 불면 쓰러진다.'는 『논어論語』의 구절은,10) 실로 손巽괘의 뜻과 합치한다.

• **나의 견해(3)**: '강剛함은 중정中正에 겸손[巽]함'은, 천하의 '바른 자리[正位]'를 세우는 것이고, '뜻을 행한 것[志行]'은, 천하의 큰 도道를 실천한 것이다. 유柔가 모두 강함에 순종하니, 뜻을 얻어 백성이 함께 말미암는다는 것이다. '조금 형통함[小亨]'은, 뜻을 얻지 못하여 홀로 그 도道를 실천해간다는 것이다.

상전에서 말한다. 바람을 따라 (교령을 펼치는 것)이 손巽괘이다. 군자는 교령을 (거듭) 펼치고

---

9) '爲人臣而侵其君之命而用之, 是不臣也: 爲人君而失其命, 是不君也.', 『春秋穀梁傳譯注』宣公15年, 承載
撰, 상동, 422頁.

10) '君子之德風, 小人之德草. 草上之風, 必偃.', 『論語譯注』,「顔淵」篇(12:19), 楊伯峻譯注, 상동, 129頁.

사업을 실행한다.

[象曰: 隨風, 「巽」. 君子以申命行事.[11]]

순상苟爽(128-190)은 말한다. 손巽은 호령號令이며, (손巽괘에서) 2손巽이 서로 따르니, 그러므로 '교명敎命을 거듭함[申命]'이다. 온갖 일의 방법을 법 받고 가르치니, 명령은 임금[上]을 위한 것이기에, 따라서 (손巽괘는) '일을 행함[行事]'이라고 한다.

호원胡瑗(993-1059)은 말한다. (손巽괘에서) 바람이 만물에 들어감에 이르지 않는 곳이 없고 따르지 않은 바가 없으니, 그러므로 '바람을 따름이 손[隨風, 巽]이다.'라고 말한다.

곽옹郭雍(1106-1187)은 말한다. 『역易』에서 손巽괘는 호령을 주관하니, 『시詩』에서 「풍風」을 말함과 같다. '군자의 덕은 바람이니,'[12] 바람의 덕이 있어서, 아래에서 따르지 않음이 없는, 이후에야 '거듭 공손함[重巽]'의 뜻을 갖추게 된다.

구부국邱富國(13세기, 남송南宋 역학자)은 말한다. '명령을 거듭 함[申命]'은, 행사하기 전에 경계를 지극히 함이고, '일을 행함[行事]'은 '명령을 거듭 함[申命]' 뒤에, 그 말을 실천하는 것이다.

방대진方大鎭(1560-1629)은 말한다. 군주가 되어 명령을 거듭한다는 것은, 가르침을 세우는 군자의 일이다. 95효는 고蠱괘[䷑]에서 바뀐 것이니, (나의 견해: 고蠱괘의 65효는 음효이니, 음이 바뀌어 양이 되니, 손巽괘가 된다.) 연세年歲(庚甲)가 서로 펼쳐짐이다. 고蠱괘에는 일이 있는데, 끝이 있으면 시작이 있으니, 그러므로 하늘에 속한다. 손巽은 일을 행하는 것이니, 처음은 없고 끝은 있으므로, 사람에게 속한다.

유종주劉宗周(1578-1645)는 말한다. (손巽괘의) 단전象傳을 보고, (상전象傳에서) '일을 행함[行事]' 두 글자를 덧붙였는데, 이는 (임금의) 명령을 보게 되어 (그것을) 실제로 드러날 수 있게 행한 것이다.

유원劉沅은 말한다. 수隨는 서로 잇는 것이다. '손이 거듭됨[重巽]'은, 바람이 서로 이어져서 움직이는 것을 상징한다. '명을 거듭함[申命]'은, 경계를 알림이 그치지 않음이고, '일을 행함'은, 명령받은 일을 행함이 계속 이어져서 태만하지 않은 것이다.

짱홍즈張洪之(1881-1969)는 말한다. 바람은 하늘의 명령이니, 바람 둘이 서로 이어져서, 구부러지지 않는 물건이 없으니, 손巽의 상이다. '좋은 말[德音]'에 머무를 것을 알린 것은, 하夏, 상商,

---

11) 風은 임금의 敎令에 비견되니, 바람을 따라 敎令을 거듭 펼치는 것이 巽괘이다. 高亨, 458頁.
12) 『論語譯注』, 「顔淵」篇(12:19), 楊伯峻譯注, 상동, 129頁.

주周나라 (삼대三代)가 숭상한 것이다. 패공沛公(劉邦)이 궐에 들어감에, 간략한 법인 삼장三章만으로 나라를 다스렸다. (한漢) 문제文帝(전203-전157)가 글을 써서 스스로를 폄하하니, 조타趙佗(남월南越의 왕)가 신하라고 칭하며 공물을 바쳤다. (육陸)선공宣公[육지陸贄, 754-805]이 (당唐) 덕종德宗(李適, 742~805)을 위하여 초고를 써서 자기를 탓하니, 백성들은 고무되고, 장수 졸병 모두 감동하여 울었다. 말이 아름답고 지극하지 않았다면, 어찌 이와 같이 사람을 감동시킬 수 있었겠는가?

초육효: (군대가) 진격하든 물러나든, 무인武人들이 바르니 이롭다.
[初六, 進退, 利武人之貞.]

상에서 말한다. (군대가) "진격할 것인가? 물러날 것인가?", 뜻이 의심스럽다. "무사들이 정도正道를 지키면 이로움"은, (임금의) 뜻이 실행됨이다.
[象曰: "進退," 志疑也. "利武人之貞," 志治也.]

우번虞翻(164-233)은 말한다. 손巽은 나아가고 물러감이 된다.

공영달孔穎達(574-648)은 말한다. (초6효는) 명령하는 처음에 있으니, 마음에 나아가고 물러감을 품어야 하는데, (초6효는) 마땅히 무인武人의 바름으로써 가지런하게 다스려야 한다.

이구李覯(1110-1140)는 말한다. 손巽괘의 초6효는, 명령은 좋으나 대중이 의심스러워 하니, 위엄으로 구제하지 않으면, 끝내 행할 바가 없을 것이다. 『주관周官』(『周禮』)에서는, '무릇 문자로 현시顯示한 교령을 낼 때, 반드시 목탁을 두드리며, "법률에 의거하여 일을 하지 않으면, 나라에서 상설한 형벌이 있다."라고'[13] 하였다.

장준張浚(1097-1164)은 말한다. 부드러운 도道는 항상 의심하니, (초6효는) 명령을 내리지만 자기 마음이 오락가락 하니, 어찌 천하의 일을 세울 수 있겠는가? 반드시 밖으로는 자기 권세를 쓰고, 안으로는 과감하게 다스려야, 손巽의 도道가 행해질 것이다. 성인은 단지 초6효에서 그것을 드러낸 것이다.

혜사기惠士奇(1671-1741)는 말한다. 사냥으로 무武를 익히고 무공을 이어나가며, 도끼로 가지런히 자르는 것, 그것은 무인武人의 정도正道이다. 초6효는 (음으로) 합당한 자리를 잃었기에, 따라서 무武를 씀이 이롭다. 64효는 (제) 자리를 얻었기 때문에, 사냥함에 공功이 있는 것이다. 상9

---

13) '以屬而觀教法之象, 徇以木鐸曰: "不用法者, 國有常刑.",』『周禮今註今譯』, 「地官司徒」第二, 林尹註譯, 상동, 112頁.

효에 이르러서는 끝이기에, 자기 도끼를 잃어버렸으니, 곧 무인의 정도正道를 잃어버린 것이기에 따라서 (상9효는) 흉하다.

유원劉沅은 말한다. 손巽은 나아가고 물러남이 되기에, (초6효가 양陽으로) 변화되면 건乾으로 순전한 강剛함으로 변하니, 무인武人을 형상한다. (초6효는) 혼란함을 안정시키면 다스려지게 되니, 다스려지지 않음은 의심이 많은 것에서 비롯된다.

리스전李士鉁은 말한다. 초6효는 음으로 양을 받드니, 양은 편안하고 음은 힘들다. 일음一陰에는 무인武人의 상이 있다. 『역易』에서는, 무인은 모두 음효라고 말한다.

마치창馬其昶은 말한다. 92효에서 호체互體인 태兌는, 무인이다. 이履괘의 63효는 태兌를 몸으로 하니, 역시 무인武人을 칭한다. 손巽의 '바른 자리[正位]'는 64효에 있고, 초6효는 자리를 잃었으니, 따라서 의심스러운 것이고, 나아가고 물러나는 상이 있게 된다. 하지만 부드러움은 마땅히 강함을 따르고, 부드러움이 아래에 있으니, (초6효는) 92효로 그것을 다스림에는 이롭다. 『상서尙書』에서는, '강한 자를 의당히 억제해야 한다.'라고[14] 하였다.

구이효: (병자가) 들어와 상床 아래에 있으니, 무당이 (짐승 피를 병자의 몸이나 기물 등에) 발랐기에, (귀신이 쫓겨나가,) 길하게 되어, 탈이 없다.
[九二, 巽在牀下, 用史巫紛若,[15] 吉, 无咎.]

송충宋衷(?-219)은 말한다. 손巽은 나무가 되며, 92효는 양陽인데 위에 있고, 초6효는 음이어서 아래에 있으니, 상床의 모습이다. (92효는) 물러나서 초6효에 의거하니, 마음은 아래에 있다.

공영달孔穎達(574-648)은 말한다. 축사祝史, 무격巫覡은 모두 귀신을 대하는 사람들이다. (92효에서) '분약紛若'은 매우 많은 모습이다.

장준張浚은 말한다. (92효에서) 호체인 태兌가 사관史官과 무당[巫]이 된다.

유원劉沅은 말한다. (92효에서) 홀수인 나무가 위에 가로놓여 있고, 짝수인 나무가 아래에 우뚝 솟아 있으니, 상床의 모습이다. 호체인 태兌가 무당이 되고, 입과 혀[口舌]가 되고, 훼손함이 되고, 의지함(附)이 되니, 따라서 사관[史]과 무당[巫]이 많음을 형상한다. 사관은 점을 잘 치고, 무당은

---

14) '沈潛剛克.' 『今古文尙書全譯』, 「洪範」, 江灝, 錢宗武譯注, 상동, 240頁.

15) 巽은 들어옴[入]이다. 상床은 병인病人이 눕는 자리이다. 분紛은 아마도 흔釁의 가차이다. 흔釁은 일종의 무술巫術로서 짐승의 피를 사람 몸이나 집, 기물 등에 발라서, 귀신을 쫓아내어 불상不祥을 씻어냄이다. 若은 之와 같다. 高亨, 459頁.

귀신과 교류함을 잘 한다. 92효는 행사를 명령할 때를 당하여, 공손함으로 상하의 실정에 통달하고, 귀신과 사람의 뜻을 소통할 수 있는 것이니, '정도正道[義]'에 대해서 (92효는) 길하고, 일에 대해서는 허물이 없다.

풍경馮經(18세기, 명明나라 학자)은 말한다. 손巽의 호체는 이離와 태兌인데, 모두 여자이다. 『시詩』에서, '땅 위에서 잠드소서!'라고16) 하였다.

리스전李士鉁은 말한다. 손巽인 나무는, 위는 실하고 아래는 허하니, 초6효는 음이고 허虛이기에, 상牀 아래를 형상한다. 92효는 상牀의 가운데[中]를 형상하니, 초6효와 가깝게 접해있다. 오직 백성과 가까운 자는 백성을 은미하게 얻을 수 있으니, (92효에서) 명령이 쉽게 시행된다. 사관을 쓰는 것은 옛것을 살펴서 지금을 마땅하게 하는 것이고, 무당을 쓰는 것은 하늘을 살펴서 사람을 합당하게 하는 것이니, 그러므로 (92효는) 길하다. (92효는) 비록 응함이 없더라도 또한 허물은 없다.

상에서 말한다. (병자에게) "짐승 피를 발라서" "길함"은 정도正道[中]를 얻은 것이다.
[象曰: "紛若"之"吉," 得中也.17)]

조언숙趙彦肅(12세기, 남송南宋 역학자)은 말한다. 공손하여 상牀 아래에 있는 것은 초6효를 말한다. (92효에서) 사관과 무당을 써서 정성스럽게 응접하는 것이다 초6효는 뜻이 의심스러우니, 그러므로 92효가 응접하는 것이다.

혜사기惠士奇는 말한다. 손巽은 음으로 '일을 봄[用事]'이니, 상牀 아래는 음을 형상한다. (양웅揚雄의) 『태현太玄』경經, 영迎괘 상9효[上九]에서, '습기가 (차츰) 상牀의 다리에 올라오니, … (상牀은) 안에서 자빠진다.'라고18) 하였다. 안은 음이고, 상다리는 상牀 아래에 있음과 같다.

정서충丁敘忠(19세기, 만청晚淸 역학자)은 말한다. 사史는 사람의 뜻을 귀신에게 통하게 하는 것이고, 무당은 귀신의 뜻을 사람에 통하게 하는 것이다. '분약紛若'은, 글과 구설의 번잡함을 거리끼지 않고, 또한 '명령을 거듭하여 일을 함'의 의미이다.

마치창馬其昶은 말한다. 『모시毛詩』의 정현鄭玄전箋에서, '남자는 태어나면 상牀에 눕힌다.'라고

---

16) '載寢之地.', 『詩經譯注』, 「小雅」, 「祈父之什·」, 「斯干」, 袁梅著, 상동, 500頁.
17) 中은 正이다. 高亨, 상동.
18) '上九, 濕迎床足, … 測曰: 濕迎床足, (願)顚在內也.' 『太玄校釋』迎괘, 揚雄原著, 鄭萬耕校釋, 상동, 129頁.

했으니, 높은 것이고; '여자는 땅에 눕힌다.'라고[19] 했으니, 낮은 것이다. 땅에 눕혔다면, (여아女兒는) 상牀 아래에 있었을 것이다. 세 여자가 태어남에 손巽은 맏딸[長女]이니, 상 아래에 있는 상을 취한 것이다. (92효에서는,) 초6효의 음이, 당연히 부드러움으로 강함에 순종하여 엎드려 있음을 말한다. 음이 엎드려 있고 양이 그것을 다스릴 수 있어서, 병이 생기지 않는다. 초6효 음은 병이 된다. 풍豊괘 62효에서 호체互體인 손巽의 처음에서, '나아가면 의심하는 병을 얻을 것이다[往得疑疾].'라고 하였고, 정鼎괘 92효에서는, 손巽 몸[體]에 있으니, '내 짝이, 병이 있음[我仇有疾]'이라고 했는데, '내 짝'은 초6효를 칭한 것이다. 92효로써 초6효를 다스림은, 양으로 음을 다스리고, 이치로 욕망을 다스리고, 군자로 소인을 다스린 것이니, 따라서 '손巽은 덕의 제재이다.'라고 한 것이다. 『주례周禮』에는, '남자 무당은 봄에 복을 불러오고 화禍를 그치게 하여, 질병을 제거'하며, '여자 무당은 세시歲時를 관장하고 재앙과 사악한 것을 없애는 제사를 드려서, 향초香草를 몸에 칠하고 목욕을 한다.'라고[20] 하였다. 제齊나라 경공景公이 아팠을 때, 축祝과 사史를 죽이고자 하였으니, 이는 옛날에 사史나, 무巫로써 질병을 물리치고자 했던 것의 방증이다. (『국어國語』의) 「초어楚語」에는 관사보觀射父가 무격巫覡에 대하여 말하면서, '백성 중에 총명聰明[精爽]이 둘로 갈라지지 않은 자에게는, … 「밝은 정신[明神]」이 내려온다.'라고[21] 하였다. 92효는 중中을 얻었으니, 이는 '총명이 둘로 갈라지지 않은 자'이기에, 이로써 초6효의 음이 의심하는 병을 다스리면, 마땅히 길吉하여 허물이 없을 것이다. 병이 몸에 있으면, 의원이 치료하고, 병이 뜻에 있으면, 사史와 무巫가 치료한다. '용用'은, 95효의 씀이다. (『예기禮記』의) 「예운禮運」편에서는, '왕은 (신神의 일을 담당하는) 무당[巫]을 앞세우고, (인사人事를 기록하는) 사관[史]을 뒤에 둔다.'라고[22] 하니, 왕의 마음속에 억지로 함이 없고, 지극한 올바름을 지켜서, 그러므로 (92효의) 상전象傳에서는, '중을 얻음[得中]이다.'라고 말한 것이다. 손巽은 바람이 되고, 바람에 흩어지면, 만물은 가지런해 진다. (흉凶을 없애는) 불양祓禳제사는, 또한 음특陰慝한 것을 흩어지게 하여 가지런하게 하는 것이다.

---

19) '乃生男子, 載寢之床.' … '乃生女子, 載寢之地.'『毛詩註疏』卷第十一,「斯干」,『毛詩正義』(十三經注疏整理本), 5冊, 807, 808頁.

20) '男巫, …春招弭以除疾病.' … '女巫掌歲時祓除釁浴.'『周禮今註今譯』,「春官宗伯」下,「男巫·女巫」, 林尹註譯, 상동, 270頁.

21) '民之精爽不携貳者, … 明神降之.'『國語』,「楚語」下, 下冊, 상동, 559頁.

22) '王, 前巫而後史.'『禮記今註今譯』,「禮運」, 王夢鷗註譯, 上冊, 상동, 305頁.

● **나의 견해:** (초6효 상象의) '뜻이 의심스러움[志疑]'은 마음의 병이니, 오직 신명神明의 정리精理에 통한 자만이 자기의 미혹을 깨뜨리고 지혜를 열어서, 병을 낫게 할 수 있다. 매승枚乘(?-전140)의 「칠발七發」편에서는, '오吳나라 객이 초楚나라 태자太子의 병을 치료하였는데, 또한 욕심을 치료하니 질병이 나았다.'라고[23] 하고 있다. 이것은 사관과 무당이 치료할 수 있다는 것이 아니라, 오직 자기 마음만이 치료할 수 있다는 것이다. 청명淸明함은 몸에 있고, 지기志氣는 정신과 같으니, 자기가 행하는 것을 의심하지 않으면, 그 효력이 사관과 무당보다 더욱 뛰어나서 길할 것이다.

구삼효: 눈살을 찌푸리고 (자기 집에) 들어왔으니, 어려움이 있다.
[九三, 頻巽, 吝.[24]]
상에서 말한다. "눈살을 찌푸리고 (집에) 들어왔으니," "곤란함"은, 뜻이 풀리지 않음이다.
[象曰: "頻巽"之"吝," 志窮也.[25]]

순상荀爽은 말한다. (93효는) 양陽에 올라탔는데 의거할 데가 없고, 음陰에 의해 올라온 것이니, 호령이 실행되지 않으니, 따라서 (93효는) 뜻이 풀리지 않은 것이다.

왕봉王逢(1319-1388)은 말한다. 자주 내리는 명령은, 사람들이 함께 참여하지 않으니, 따라서 (93효는) 어렵다.

심해沈該(12세기, 남송南宋 역학자)는 말한다. (93효에서) '눈살을 찌푸리고 (집에) 들어옴[頻巽]'은 자주 변함이다. (93효는) 강剛으로 중정中正에 겸손하여 뜻이 행해짐이다. (93효가) 강함이 지나치면 '중中에 맞지 않아서[不中]', (임금의) 명령도 합당하지 않게 되니, 이 때문에 (93효는) '찌푸리고 (집에) 들어옴[頻巽]'이다. (93효에서) 뜻이 행해질 수 없으니, 따라서 '뜻이 풀리지 않음[志窮]'이다.

당학징唐鶴徵(1538-1619)은 말한다. (93효는) 겸손함[巽]에 의심이 있는데, 겸손에 조급함을 겸한 것이다.

전징지錢澄之(1612-1693)는 말한다. '손巽이 겹침[重巽]'은 경庚[일곱 째날]날보다 앞이거나 경庚날보다 뒤인데, (93효에서) 이 하나의 영令을 펼치는 것이다. '눈살을 찌푸리고 (집에) 들어옴[頻

---

23) 매승枚乘(?-전140)의 글이, 『文選』卷三十四, 梁 蕭統編, 唐 李善註에 「七發」편(吳客治楚太子疾)에서 보이나, 원문을 인용한 것은 아니고, 이 책에서는 그 글의 핵심만을 언급하고 있다. 電子版文淵閣四庫全書, 상동 참조.

24) 빈頻은 눈살을 찌푸림이다. 巽은 들어옴[入]이다. 인吝은 어려움[難]이다. 高亨, 459頁.

25) 志窮은 뜻이 풀리지 않음이다. 高亨, 460頁.

巽'이면, 변란變亂으로 바뀜이 하나가 아니다.

이광지李光地(1642-1718)는 말한다. (93효에서) 뜻이 의심에서 시작해서, 곤궁함에서 끝났다. 의심함이 쌓여서 끝까지 가면 곤궁하다.

유원劉沅은 말한다. 93효는 두 공손함[巽]의 사이에 머무르니, 한 공손함이 막 다했고, 한 공손함이 다시 오니, 따라서 (93효는) '자주함[頻]'을 상징한다.

리스전李士鉁은 말한다. 일을 시행하려면 모의는 많아지지만 결단은 적어지니, (93효에서) 명령을 거듭 하면 아침에 고치고 저녁에도 고치게 된다. 일이 다스려질 수 없는데, 사람이 어찌 견디겠는가? 그러므로 (93효는) '어려움[吝]'이다.

마치창馬其昶은 말한다. 상9효는 때[時]와 자리[位]가 모두 곤궁한 것이고, 93효의 자리는 아직 곤궁하지 않지만, 뜻은 곤궁하다. 뜻이 곤궁하면 생각이 변하니, 그러므로 (93효에서) '찌푸리고 (집으로) 들어옴[頻巽]'이다. (93효는) 변하여 바름을 잃었기에, 따라서 '어렵다[吝].'

육사효: 후회는 장차 없어질 것이니, 사냥하여 세 가지 사냥물을 얻을 것이다.
[六四, 悔亡, 田獲三品.26)]
상에서 말한다. "사냥하여 세 사냥물을 얻었음"은, 공로이다.
[象曰: "田獲三品," 有功也.]

왕필王弼(226-249)은 말한다. 삼품三品은, 첫째는 (제기祭器에 놓는) '마른고기[乾豆]'요, 둘째로는 빈객에게 공급하고, 셋째로는 군주의 푸줏간을 채우는 것이다. 존귀함에 따라 올바름을 실천하여, 이로써 명령을 실행하니, 반드시 사냥물을 잡으면 이익이 있다.

호병문胡炳文(1250-1333)은 말한다. 사냥은 무인武人의 일이다. 초6효에서는 무인의 올바름에 이롭고, 64효에서는 사냥하여 잡으니, 무력을 사용하여 결과물이 있는 것이다.

내지덕來知德(1525-1604)은 말한다. 손巽은 64효에 있기에, (64효는) '바른 자리[正位]'가 되니, 공이 있는 것이다.

(이광지의)『주역절중周易折中』에서 말한다. (64효는) 높은 자리에 있으며 자리가 합당하여, 무공武功을 이어받아 계승하였으니, (64효에서) 사냥의 해로움[害]이 다 제거된다. 해解괘의 92효에서는 세 마리의 여우를 잡고, 여기[손巽괘 64효]에서는 세 사냥물을 얻었으니, 얻은 것이 많다고

---

26) 田은 사냥이다. 품품은 품목이다. 高亨, 460頁.

하겠다.

모기령毛奇齡(1623-1716)은 말한다. 손巽은 넓적다리[股髀]가 되고, (호체互體인) 이離는 심복心腹에 해당한다. 세 사냥물의 획득에서, 상품은 심장을 맞혀 죽인 것이고, 중품은 넓적다리나 겨드랑이를 맞혀 죽인 것이고, 하품은 배를 맞혀 죽인 것이다.

화학천華學泉(19세기, 만청晩淸 역학자)은 말한다. 64효는 아래 세 효를 연결하여 95효에게 공손하니, (64효에서) 세 사냥물의 획득은, 64효가 아니면 누구에게 돌아가겠는가? 나아감에 이롭고, (대인大人을) 봄에 이로운 것은, 모두 64효의 공이다.

유원劉沅은 말한다. 호체인 이離는, 그물이 되고, 무기[戈兵]가 되니, 사냥함의 상이다. 손巽은 이익을 가까이하여 세 배로 판 것이 되니, 그러므로 (64효는) 많이 획득함을 상징한다. 삼품三品은, 상중하 세 등급의 사냥물이다. 내괘의 세 효는 상중하로 구분된다. 초6효의 손巽은 닭이 되고, 92효에서 호체인 태兌는 양羊이 되며, 64효의 호체인 이離는 꿩이 된다. 64효에는 음이 중첩되어서(重陰) 후회함이 마땅히 있지만, 부드러움이 바르기에 공손할 수 있으니, (64효는) 초6효와 덕을 함께 하고, 92, 93효의 강함에 순종하여 위로 95효에 공손하여, 큰 신하의 자리에 있으니, 현명한 재능을 낮추어 윗사람에게 공손하며, 후회함이 없을 뿐만 아니라, (64효는) 크게 획득하였으나, 공손함의 공功을 이룬 것이다.

정고鄭杲(1851-1900)는 말한다. 손巽은 바람이 되고, 들어감이 되고, 호령함이 되니, 모두 사물을 움직이는 일이다. 옛날에 주공周公이 예악禮樂을 제작하려함에, 백성이 따르지 않을까 근심하였는데, 낙읍洛邑을 지음에, 은殷나라 백성들이 크게 일을 하였다.[27] 주공周公은, 노역하고 또 기뻐하였으니, 하물며 예악禮樂은 어떠하였겠는가? 이에 감히 (예악禮樂을) 창제한 것이다. 주공周公이 감히 가볍게 천거한 것이 아닌데, 지금은 아마 명령을 내려도 따르지 않을 것이다. 이것을 따르면 (임금의) 위엄은 줄어들고 백성들은 경만輕慢해져서, 후에 다시 부릴 수 없게 된다. 강압하면 이에 변하지만, 형벌로 다스리게 되는 것이다. 반드시 내 덕이 깊게 인심人心에 들어감을 기다리고, 만물의 실정이 움직이는 것이 증명된 이후에 그들을 제어하면, 일거에 안정되어, 공이 있을 수 있다. 이것은 후회함이 없다는 말이다. (64효는) 거듭 공손하여 명령을 펼쳐가니, 그러므로 (손巽)괘의 덕이 64효에 있는 것이다.

● **나의 견해**: 왕필王弼은 사용함에 세 등급이 있다고 말하고, 모기령毛奇齡(1623-1716)은 사냥

---

27) 『尙書』, 「召誥」편 참조.

물에 세 등급이 있다고 말한다. 무릇 사냥하는 일은 먼저 죽인 이후에 사용하는 것이니, 두 설이 서로 상통할 수 있다. 다만 모기령毛奇齡은 (손巽)괘의 형상에 나아가 삼품三品의 의미를 추론한 것이 더욱 합당하고, 획득한다는 의미와 서로 관련이 깊다.

구오효: (뜻이) 바르니 길하고, 후회는 없어질 것이니, 이롭지 않음이 없으니, (일의) 시작은 없으나 좋은 결과는 있다. 경庚보다 사흘 앞선 정일丁日과 경庚보다 사흘 뒤인 계일癸日에 길하다.
[九五, 貞吉, 悔亡, 无不利, 无初有終. 先庚三日, 後庚三日,[28] 吉.]
상에서 말한다. "95효"의 "길함"은, (95효의) 자리가 정중正中이기 때문이다.
[象曰: "九五"之"吉," 位正中也.]

우번虞飜은 말한다. (95효는) 중中에 있으며 바름[正]을 얻었으니, 그러므로 길하다.

사마광司馬光(1019-1086)은 말한다. 손巽 바람[風]은 호령號令이다. 95효 군주는 (임금의) 자리[位]를 얻어 명령을 시행함에, 중정中正함을 잃지 않으니, 그러므로 (95효는) 길하다. 경庚은 서쪽의 쇠붙이[金]에 속하고, 쇠붙이는 절단함을 주로 하는데, 호령이 엄하지 않으면, (95효는) 시행할 수 없다.

소식蘇軾(1037-1101)은 말한다. 선후先後는 지극한 신중함이다. 먼저 명령하고, 뒤에 거듭하니, (95효는) 따르지 않은 이후에야 죽인다.

이강李綱(1083-1140)은 말한다. (손巽의 95효가) 변하여 고蠱괘의 65효가 된 것은 손巽 95이기에, 따라서 그(95효) 상이 갑甲날보다 앞섬, 갑일보다 뒤가, 경庚날보다 먼저하고 경일보다 뒤로 하는 것이 되었다.

제몽룡齊夢龍(13세기, 원元나라 역학자)은 말한다. 95효는 (호체互體인) 태兌 위에 있으니, 태兌 서쪽은 경庚날이 된다.

혜사기惠士奇는 말한다. 갑甲 나무[木]는 인仁이 되고, 경庚 쇠붙이[金]는 의義가 된다. 문 안에서는 은혜로 다스리고 의義를 가리고 있으니, 그러므로 고蠱괘가 부자父子를 상징한다. 문 밖에서는 의義로 다스리고 은혜를 끊으니, 그러므로 손巽괘는 무인武人에게 이롭다. (양웅揚雄의)『태현太玄』경經의 단斷괘의 머리[首]에서, '일곱 번째는 (결단[斷]하는 세상)이기에, (뜻을 잃은[失志] 사람

---

28) 貞은 正이다. 종終은 좋은 결과를 말한다. 주周나라 사람은 甲, 乙, 丙, 丁, 무戊, 己, 경庚, 신辛, 임壬, 계癸로 날[日]을 기록했는데, '경庚보다 앞선 3일'은 庚 앞의 丁日이고, '庚보다 늦은 3일'은 庚 뒤의 癸日이다. 高亨, 460頁.

은) 경庚[義]이 갑甲[仁]을 절단할 수 있으니, 따라서 내 마음이 매우 크다! 먼저 잃고 나중에 얻으니, 따라서 아름다움은 나중에 있다.'라고[29] 하였다.

심기원沈起元(1685-1763)은 말한다. (95효에서) 손巽의 뜻은, 나아가고 물러섬에 과단성이 없음을 근심하여, 손巽 나무[木]를 제재함에는 태兌 쇠붙이[兌金]만한 것이 없다. (95효에서) 경庚은 (호체인) 태兌의 자리이다.

유원劉沅은 말한다. 「선천괘도先天卦圖」(伏羲八卦)에서는, 손巽은 서남쪽에 있으니, 바람이 서남쪽에서 불어오는 까닭이다. 손巽괘는 하나의 음이어서, 그 태어남이 계절로는 (음력으로) 오월[五月]이고, 8월에 이르러야 경庚 쇠붙이[金]가 쌀쌀한 가을겨울 날씨로 절기節氣[令]를 주관主管하게 된다. '경庚날보다 사흘 앞섬'은 천풍天風의 구姤괘이니, 손巽이 비로소 사라지는[消] 달이 된다. 8월을 거쳐 11월에 이르기까지, '경일庚日보다 사흘 뒤'이니, 지뢰地雷의 복復괘인데, 손巽의 소멸이 시작되는 달이 된다. '경庚날보다 사흘 앞섬'은, 손巽괘의 시작이고, '경일庚日보다 사흘 뒤'는, 손巽괘의 마침이다. (95효가) 상9효의 '처음은 없고 마침은 있음'의 뜻을 받들음은, 사람들에게 손巽괘의 쓰임을 잘 살피게 하는 것이다. (95효에서) '바르고 중中함[正中]' 두 글자는, 시작이 좋고 끝이 좋다는 뜻이 있으니, 따라서 (95효에서) 다시 '경일庚日보다 먼저하고 경일庚日보다 뒤로 함'의 의미로 해석하지는 않았다. (95효에서) '부드러움이 강함에 순종함'은, 자기 부드러움을 제어하는 근거[所以]이다. 덕의 제제[制]를 이것[95효]로써 하고, '적절하게 일하는[權行]' 권도權道 또한 여기[95효]에 해당되어야 한다. '명命을 펼치고 일을 시행함[申命行事]'은, 덕으로 교화함에 있고 '위력적 권력[危權]'에 의지하지 않으니, (95효에서) 공손함이 위대하게 되는 것이다.

정택안丁澤安(19세기, 만청晩淸 역학자)은 말한다. 고蠱괘에서는, 갑일甲日의 선후를 말하였는데, (고蠱괘의) 단전象傳에서는, '마치면 시작함이 있다[終則有始].'는 것으로 해석하였다. 손巽괘에서는 경일庚日의 선후를 말하는데, 『역易』(손巽괘 95효)에서는, 우선 '시작은 없고 마침은 있다[无初有終].'라고 하고, 상전象傳에서는 다시 해석하지 않았는데, 그 의미가 이미 분명하고, "마치면 시작이 있다"는 설은 (95효에서) 곧 '시작은 없고 마침은 있음'에 의하여 얻은 것이다. 이는 성인이 『역易』으로 『역易』을 풀이한 것이다.

리스전李士鉁은 말한다. 경庚은 갑甲과 짝한다. 십간十干은 갑甲에서 시작하여, 경庚에서 새로워진다. 고蠱괘는 일의 시작이니, 그러므로 갑甲을 쓴다. 이른바 마치면 시작이 있다는 것이다.

---

29) '次七, 庚斷甲, 我心孔碩, 乃後鑠. 測曰: 庚斷甲, 義斷仁也.' 『太玄校釋』, 斷괘, 揚雄原著, 鄭萬耕校釋, 상동, 90頁.

손巽괘는 명령을 펼침이어서, 그 명령을 거듭 펼치니, 그러므로 경庚을 쓴다. (95효에서) 이른바 시작은 없고 마침은 있다는 말이다. (95효에서) 사흘 먼저는 '권면勸勉[誡]'을 권하는 것이고, 사흘을 뒤로 함은 '간절히 말함[丁寧]'이니, 상세하고도 끊을 수 있어서, 의義로써 인仁을 이룬 것이니, 그러므로 (95효는) 길하다.

마치창馬其昶은 말한다. 95효의 길함은, 강함이 중정中正하고 공손하여 뜻이 행하여짐이고, 64효는 공손함의 주인이고, 95효는 (손巽)괘의 주인이어서, 95효가 64효를 써서 의義를 제어하고 권세를 행한다. 64효의 호체互體인 태兌는 '바른 가을[正秋]'이고, (『예기禮記』의) 「월령月令」편에서, 맹孟, 중仲, 계季, 세 가을의 달에 성대한 덕은 '쇠붙이[金]'에 있고, 그 날은 모두 경庚이거나 신辛의 날[日]이다. 손巽괘는 판단을 주로 하기에, 가을의 기운을 쓰고 '경일庚日사흘[庚三日]'을 말한다. '경일庚日에 앞선 사흘[先庚三日]'은 여름이니, 쇠붙이[金]와 불[火] 사이에서, 서로 받들어 이기니, 따라서 (『상서尙書』에서) '쇠붙이[金]는 (사람이 원하는 대로) 모양을 바꾼다[金從革].'라고[30] 말한다. 봄과 여름의 기르는 기운이, 가을에 이르면 더욱 엄혹해져 (만물을) 죽이니, 이것이 '시작이 없음[无初]'이다. '경일庚日보다 늦은 사흘'은 겨울이니, 한 해의 공이 이루어져서, 따라서 '좋은 결과가 있음[有終]'이다. 공손함으로 일을 제어하고 분별함을 행하면, 반드시 그 처음을 개혁하고 바꾸기에, 좋은 결과가 있을 수 있다. 동중서董仲舒는, '거문고와 비파가 합주하지 못하는 것에 비유하였는데, 심한 경우 반드시 해체하고 변경해야, 이에 뜯을 수 있다.'라고[31] 말하였다. 이것이 그 (95효의) 뜻이다.

● **나의 견해**: (95효는) 경일庚日보다 먼저이니, 마땅히 여름에 불이 쇠붙이[金]를 이기기에, 이것(95효)은 '처음이 없음[无初]'이다. (95효에서) 쇠붙이[金]같이 명령에 미치니, 또 여름의 생장하는 기운을 바꾸는 것[革], 또한 (95효에서) '처음이 없음[无初]'이다. 오직 처음이 없어야 이에 마침이 있을 수 있으니, 이것이 사계절의 자연스러운 순서이다.

상구효: (도둑이) 들어오니, (무서워서) 상 아래에 (숨었는데,) 자기 돈만 잃어버렸으며, (이 환자는) 발랐으나[貞], (도둑에 대적할 용기는 없었으니,) 흉하였다.
[上九, 巽在牀下, 喪其資斧, 貞凶.[32]]

---

30) '金從革.' 『今古文尙書全譯』, 「洪範」, 江灝, 錢宗武譯注, 상동, 235頁.
31) '竊譬之琴瑟不調, 甚者必解而更張之, 乃可鼓也.' 『漢書』, 「董仲舒」傳, 八冊, 상동, 2,504頁.
32) 巽은 들어옴[入]이다. 자資는 재화이다. 부斧는 洞弊인데, 모양이 도끼 같다. 資斧는 돈[錢幣]이다. 高亨,

상에서 말한다. "침대 아래에 숨었으니", "윗사람"이 궁박한 것이다. "돈을 잃었음"은, 마땅히 "흉사"이다.

[象曰: "巽在床下," "上"窮也. "喪其資斧," 正乎"凶"也.33)]

왕필王弼은 말한다. 도끼[斧]는 절단하는 도구이다. (상9효에서) 공손함이 지나쳐서 올바름을 잃었으니, 절단하는 수단을 잃어버린 것이다.

호일계胡一桂(1247-1314)는 말한다. (상9효에서) 도끼[斧]는 곧 분리시키는 것[離]이니, 병기兵器의 상이 되며, (도끼가) 상9효 아래에 있으니, 잃게 되는 것이다.

(이광지의)『주역절중周易折中』에서 말한다. 제부齊斧는, 사물을 가지런하게 하는 도끼이다. 「설괘說卦」에서는, '(만물은) 손巽괘에서 (고르게) 정제整齊가 된다.'라고34) 하였다.

이광지李光地는 말한다. (상9효에서) '바른데도 흉함'은 '흉함의 상도常道를 말한 것이다.

화학천華學泉은 말한다. '공손함[巽]'은 덕으로 제재함이니, 강중剛中으로서 제재함이다. 공손함으로 권력[權]을 행사하는 것은, 강중剛中을 권력으로 여긴 것이다. 상9효는 손巽괘의 끝에 있으며, 강중剛中의 덕을 잃어버렸고, 제재함도 없고, 권력이 없으니, (상9효는) 바르더라도 흉할 것이다.

유원劉沅은 말한다. (상9효에서) '공손함의 이로움[巽利]'은 재화를 상징하는데, 호체인 태兌는 쇠붙이[金]이고, 손巽 나무가 그것을 관통하니, 도끼를 상징한다. 92효의 공손함이 상床 아래에 있는 것은, (상9효에서) 상하의 실정이 통하는 것이다. 상9효의 공손함이 상 아래에 있는 것은, 사람의 뜻을 구부린 것이다. 끝까지 올라가면 반드시 아래로 돌아가니, (상9효는) 부드러움을 잘 쓰지 못하고, 아울러 그 강함을 잃어버렸으니, 따라서 재화를 상실하여 시행할 수도 없기에, (상9효는) 자기 도끼를 잃어버려서 끊어버릴 수도 없는 것이다.

마치창馬其昶은 말한다. 64효는 부드러움으로 95효에게 복종하였고, 95효는 64효를 써서 명령을 펼 수 있었고, 92효를 써서 초6효를 다스릴 수 있었지만, 상9효는 모두 할 수 없으니, 가까이 응應할 수가 없는 것이다. 만물이 끝에 가면 되돌아오는데, (상9효는,) 공손함이 정점이면 판결하여 제재할 바를 잃어버리게 되니, (상9효는) 의당 흉할 것이다. 정貞은 올바름[正]이고, 정해짐[定]이고, 이룸[成]이다. (상9효는) 바른데도 흉함은 곧 흉함을 이룬 것이다. (상9효는) 64효를 따라서

461頁.

33) 王引之는 正을 當으로 훈독하였다. 『周易注譯與硏究』, 515頁, 注10.

34) '齊乎巽.' 「說卦」傳, 高亨, 612頁.

바른데도 흉하니, (상9효는 손巽괘의) 상전象傳에서, '그 뜻이 "흉함"이다.'라고 한 것이다. 이것은, (상9효가) '바른데도 흉함'을 말한 것이니, '바른데 흉함[貞凶]'의 해석이 될 수 있다. 대개 모두 인사人事를 주로 하여 말했으니, 그(상9효의) 흉함은 스스로에서 말미암아서 취한 것이다.

● **나의 견해:** 건乾괘의 93효는 거듭 강하나 '중中하지 못하니[不中]', 그러므로 때에 따라 두려워하는 것이다. 94효는 거듭 강하나 '중中하지 못하니[不中]', 따라서 혹자는 의심스러워하나, 모두 잘못은 없는 것이다. 손巽괘의 상9효는, 손巽괘의 끝에 있으니, 제재함도 없고 분별함도 없지만, (상9효는) 지나치게 강하여 두려움을 알지 못하고, 의심하는 바도 없으니, 따라서 올바르더라도 흉한 것이다.

(유원, 『주역항해周易恒解』의) 「부해附解」에서 말한다. 손巽 바람은 만물을 고무시키고, '사람의 지기志氣[氣節]'가 음양의 기운에 합당하여, 은미하게 들어가지 않음이 없다. 채청蔡淸(1453-1508)이, (손巽괘는) '한갓 순順으로는 될 수 없음'을 말한 것이, 이것이다. 공자는, '손巽괘는 덕의 제재함'이고,[35] 손巽괘는, 권도權道를 행한다.'라고[36] 하였다. (손巽괘는) 음으로 공손하여, 강강剛을 제재할 수 있다. (손巽괘가) 양陽에 공손함은 부드러움[柔, 陰]을 제재할 수 있다. 이로써 덕으로 제재하고, 권도權道를 행하는 것도 또한 이[손巽괘]로써 한다. 왕은 광대한 덕을 베풀어 교화시키고, 권위에 의지하지 않는 것이, 공손함이 큰 것이다. 초6효는 강함으로 부드러움을 제재하는 것을 경계하였고, 92효는 부드러움이 강함을 제재함을 찬미하였고, 64효의 부드러움은 올바름을 얻었고, 95효의 강함은 중中을 얻었다. 오직 93효는 강함이 지나쳐 오래 공손할 수 없었고, 상9효는 공손함이 지나쳐 스스로 곤궁함을 면할 수 없었으니, 모두 덕의 제재함을 얻지 못한 것이다.

● **나의 견해:** 바람이 만물을 움직여서 은미하게 잘 들어간다. 세상이 왕성하면, 사방에 바람이 불어, 사람들이 모두 순종하면서 그림자처럼 따라다니고, 명命을 받들음이 메아리와 같을 것이다. 명命을 펼치고[伸] 일을 시행함에, 명령[命]은 되돌아오지 않음이 없고, 일은 천거되지 않음이 없고, 가라앉아있는 자들은 강함으로 극복되고, 높고 밝은 자들은 부드러움으로 다스려서, (모두) 평안平安[平康]하고 정직하니, 모두 덕으로 제재한 효과이다. 그러므로 유원劉沅은 「계사繫辭」전에 의거하여 (손巽괘의) 뜻을 푼 것이다.

....

35) '巽, 德之制也.' 「繫辭」傳下, 高亨, 583頁.
36) '巽以行權.' 「繫辭」傳下, 高亨, 587頁.

58. 태兌괘 ䷹

태兌괘: (일을 하여 기쁘니), 형통하고, 이로우면 바르게 된다.
[兌, 亨, 利貞.[1]]

항안세項安世(1129-1208)는 말한다. 형통[亨], 이로움[利], 바름[貞]은 자체로 삼덕三德인데, '이로움[利]'이 (태兌괘에서) '바름[貞]'에 있는 것은 잘못이다. '기쁨[悅]으로 이롭고 바르게 됨[說以利貞]'을 '제대로 이해[玩]'하면 그(태兌괘의) 뜻을 알 수 있다.

유원劉沅(1767-1855)은 말한다. 「설괘전說卦傳」에서, '만물을 기쁘게 하는 것은 못[澤]만한 것이 없다.'라고[2] 하였다. 못[澤]은 만물을 윤택하게 낳으니, 만물이 기뻐하지 않는 것이 없다. 태兌는 입[口]이 되니, 기쁨[說]의 실정은 밖으로 드러나는 것이다. 「서괘序卦」전傳에서, '손巽은 들어감이니, 들어간 후에 기뻐하므로 그것을 태兌괘로 받았다.'라고[3] 했다.

단전에서 말한다. 태兌괘는, (사람들을) 기쁘게 하는 것이다. (92, 95효인) 강건함이 중위中位이고 (63, 상6효가) 밖에서 부드러우니, "이롭고 바름"으로써 (사람들을) 기쁘게 하기에, 이 때문에 하늘에 순종하며 사람들에게 응대한다.
[彖曰:「兌」, 說也. 剛中而柔外, 說以"利貞," 是以順乎天, 而應乎人.[4]]

왕필王弼(226-249)은 말한다. (태兌괘에서) 기뻐하기만 하고 군셈을 어기면 아첨하게 되고, 군세기만 하고 기쁨을 어기면 포악해진다. (태兌괘 92, 95효에서) 강剛이 중中이므로 '바르면 이로움[利貞]'이고, 유柔가 밖에 있음으로, (태兌괘는) '기뻐서 형통함[說亨]'이다.

---

1) 兌는 괘명이고, 기쁨[悅]이다. 亨은 通이다. 高亨, 461頁.
2) '說萬物者, 莫說乎澤.'「說卦」傳, 高亨, 615頁.
3) '入而後說之, 故受之以兌.'「序卦」傳, 高亨, 651頁.
4) 兌는 說(悅)[기쁨]이다. 92, 95효가 中位이니, 剛中이다. 63, 상6효가 陰인데 밖에 있으니 柔外이다. 군자는 속[內]으로는 剛健하고 밖[外]으로는 柔和하니, 충분히 사람들을 기쁘게 할 수 있다. 高亨, 462頁.

주진朱震(1072-1138)은 말한다. 상6효는 하늘의 자리이므로, 하늘에 순응하는 것이다. 63효는 사람의 자리이므로 사람에게 응답하는 것이다.

유원劉沅은 말한다. (태兌)괘는 92, 95효를 몸으로 하니 강剛으로써 중中에 자리하여, 중심이 성실한 상象이다. 63, 상6효는 유柔로써 밖에 자리하였으니, 사물을 접함에 화합하고 부드러운 상象이다. (태兌괘는,) 안[內]이 중정中正하고 밖[外]은 '화합하고 기뻐함[和說]'이니, 천리天理가 순조로우면 곧 인심人心이 편안하다. 이 때문에 (태兌괘는) 하늘에 순종하고 사람에게 응답하는 것이다.

리스전李士鉁(1851-1926)은 말한다. (태兌)괘의 상象이 입을 벌렸으니, 기뻐하는 상象이다. 사람에게 기쁨이 있으면 반드시 겉으로 드러난다. 안에서 성실할 수 있으면 밖은 화합하고 부드러우니, (태兌괘는) 기쁨의 도道이다. 건乾과 곤坤은 원元인데 여섯 자녀들이 원元이 아닌 것은, 건乾과 곤坤은 여섯 자녀를 낳지만, 여섯 자녀는 서로 낳을 수 없기 때문이다. 다른 괘에 원元이 있는 것은, 다른 괘가 혹 건덕乾德을 몸[體]으로 하거나 혹은 곤도坤道를 얻은 것이니, 여섯 자녀가 순수한 자녀인 것과는 같지 않다. 자녀가 (어찌) 원元이라 일컬어질 수 있겠는가?

마치창馬其昶(1855-1930)은 말한다. 강剛과 유柔가 통하면 이에 기쁘게 되니, 기쁨을 풀이하면 형통[亨]이다. (태兌괘에서) 화합[和]·의義·바름[貞]을 지키는 것은 모두 형통함[亨]에서 말미암기에, 따라서 (태兌괘는) '이롭고 바름으로써 기쁘게 함[說以利貞]'이라 한다. (태兌괘에서) 원元을 말하지 않음은 아마도 곧 '처음은 없고 마침은 있다.'라는 뜻이다.

● **나의 견해**: (태兌괘에서) 굳셈[剛]이 중中에 있으면 결단하고 제재할 수 있으니 바름[貞]이고; 유柔가 밖에 있으면 실정에 순응할 수 있으므로 이롭다. (그러므로 태兌괘에는,) 형통한 도道가 있다. 맹자는, '천하의 민심이 기뻐하면 선비와 농부와 장사꾼과 여행자가 모두 올 것이다.'라고[5] 했으니, (태兌괘는) 바로 기뻐함으로써 바르게 함이 이로운 상象이다.

기쁨을 주어 백성들을 선도하니, 백성들은 자신의 수고를 잊어버린다. (백성들을) 기쁘게 하여

---

5) '孟子曰, 尊賢使能, 俊傑在位, 則天下之士皆悅, 而願立於其朝矣. 市, 廛而不征, 法而不廛, 則天下之商皆悅, 而願藏於其市矣, 關, 譏而不征, 則天下之旅皆悅, 而願出於其路矣, 耕者, 助而不稅, 則天下之農皆悅, 而願耕於其野矣, 廛, 無夫里之布, 則天下之民皆悅, 而願爲之氓矣. 信能行此五者, 則鄰國之民仰之若父母矣. 率其子弟, 攻其父母, 自生民以來未有能濟者也. 如此, 則無敵於天下. 無敵於天下者, 天吏也. 然而不王者, 未之有也.', 『孟子』, 「公孫丑」上章(3:5) 참조.

어려운 것을 감당케 하니, 백성들은 자기의 죽음을 잊어버린다. "기쁘게 함"이 위대하니, 백성들은 힘쓰는구나!

[說以先民, 民忘其勞.6) 說以犯難, 民忘其死. "說"之大, 民勸矣哉!]

구양수歐陽修(1007-1072)는 말한다. 백성들로 하여금 수고로움과 죽음을 잊게 할 수 있는 것은, 하늘에 순응하고 사람에게 응하는 것이 아니면 안 된다. 이로 말미암아 작은 은혜로는 사람들을 기쁘게 만들기에 충분치 않으며, 사사로운 애정으로는 기쁨을 찾지 못한다.

양만리楊萬里(1127-1206)는 말한다. 백성들은, 성인聖人이 나를 수고롭게 하나, 나를 편안하게 하고, 나를 죽여 나를 살린다는 것을 안다. 이 때문에 (태兌괘에서) 기뻐하며 스스로 권면한다. 백성을 권면시키는 것과 백성들 스스로 권면하는 것은, 둘 사이의 거리가 멀다. 그러므로 성인은 그것을 '큰 것[大]'으로 여긴다(나의 견해: 이는 곧 맹자가, '편안하게 해 주는 도道로써 백성을 부리면, 비록 수고로우나 원망하지 않고, 살리는 도道로써 백성을 죽이면 비록 죽더라도, 죽이는 자를 원망하지 않는다.'라고7) 말한 뜻이다.).

주생정周省貞(18세기, 청淸나라 역학자)은 말한다. 태兌는 한가을[正秋]이다. 왕도는 인仁을 주로 하고 의義로써 인仁의 궁극을 완성하니, 가을로써 봄의 궁극을 이루는 것과 같다. 오직 '엄혹한 가을, 겨울날씨[肅殺]'만이 생기生氣를 견고하게 하여 안이 조화로울 수 있기에, 따라서 '이로움[利]'은 의義의 조화라고 말한다. 태兌는 기쁘면서도 수고로움을 잊고 죽음도 잊는다고 말했으니, 바로 이 뜻을 취한 것이다.

• **나의 견해**: 수고로움과 죽음은, 모두 인심人心이 (쉽게) 잊을 수 있는 것이 아니지만, 기뻐하는 도道로써 백성들을 부리면 민정民情의 권면함을 얻어서, 사람마다 자기 일신의 수고로움과 죽음을 잊으니, (이는) 윗사람이 하늘에 순응하고 사람에 응할 수 있음으로 말미암아 그렇게 되는 것이다. 그러므로 문왕文王은, 영대靈臺의 완성이 있지 않으면, 백성들이 자기들의 수고로움을 잊게 할 수 없었고; 탕무湯武 혁명의 공功이 있지 않으면, 백성들로 하여금 자기들의 죽음을 잊게 할 수 없었던 것이다.

---

6) 先은 前進이니, 先民은 백성들을 지도하여 앞으로 나아가게 함이다. 면勉(힘씀)은 노력이다. 高亨, 462頁.

7) '孟子曰: "以佚道使民, 雖勞不怨. 以生道殺民, 雖死不怨殺者.",'『孟子譯注』,「盡心」上章(13:12), 楊伯峻 譯注, 상동, 305頁.

상전에서 말한다. 두 개의 못이 서로 이어짐이 태兌괘이다. 군자는 친구들이 (서로 이어져서) 강습하니 (지식을) 교류하게 된다.

[象曰: 麗澤, "兌." 君子以朋友講習.8)]

정중鄭衆(鄭司農, ?-83)은 말한다. 군자가 즐거워하는 아름다움은 시서詩書를 높이고 예의禮義를 부지런히 배우는 것보다 더한 것이 없다. 가르침의 성대함, 악樂은 이렇게 있게 된 것이다.

왕필王弼은 말한다. (태兌괘에서) 여麗는 이어짐連과 같다.

소옹邵雍(1012-1077)은 말한다. 다른 기쁨은 모두 해로운 바가 있으나, 오직 벗들과 익힘만은 이보다 큰 기쁨이 없다. 그러므로 (태兌괘에서) 그 정점極을 말한 것이다.

소식蘇軾(1037-1101)은 말한다. (태兌괘에서는) 그 즐거움을 취하되, 방탕해지지는 않는다.

(주희의)『주역본의周易本義』에서 말한다. (태兌괘에서) 두 못澤이 서로 연결되어 있으니, (태兌괘는) 서로 불어나 더욱 유익하다.

유원劉沅은 말한다. 태兌는 입과 혀가 되니, 군자가 조심하는 바이다. (태兌괘는) 오직 배우게 되면 기뻐하면서도 손상이 없다. (태兌괘는) 아마 즐거워하면서도 방탕해지지 않을 것이다. (태兌괘는) 두 입이 서로를 향하고 있으니 강론하는 상象이고, 두 연못이 서로 따르니 배우는 상象이다. 군자는 도道가 같고 뜻이 같은 붕우로써 서로 의義를 강론하고 일을 배우니, (태兌괘에서는) 피차간에 모두 더욱 유익하다.

짱홍즈張洪之(1881-1969)는 말한다. 학문은 강론하지 않으면 통하지 않고, 익히지 않으면 익숙해지지 않는다. 장횡거張橫渠[張載, 1020-1077]가 『역易』을 강론할 때에 정자程子를 위해 호피虎皮를 물리치며 강론을 마쳤고, 주자朱子(1130-1200)와 육상산陸象山(陸九淵, 1139-1192)이 함께 아호鵝湖에서 강론할 때에, 상산象山(陸九淵)이 의義와 이利의 비유를 발명하여 익히는 바의 기초로 삼았는데, 학자들의 은미하고 깊은 병통에 매우 잘 들어맞아서, 주자朱子가 매우 칭찬하였다. 주자朱子는 학문을 중시하였고, 육자陸子[象山]는 덕성을 높였다. 왕양명王陽明은 육자陸子(陸九淵)의 설을 확대하여 양지良知와 치지致知 두 뜻을 합하여 '치양지致良知'로 삼고, 아울러 '지행합일知行合一'을 기약하였다. 한 때에 강학이 바람처럼 유행하여, 도道에 들어간 자가 많았다.

마치창馬其昶은 말한다. 『백호통白虎通』에서, '붕우는 무엇을 본받는가? 물이 합류하여 서로 이

---

8) 王弼은, 여麗는 연連(이어짐)이라 하고, 『小爾雅·廣言』에는, 麗는 양兩(둘)이다. 따라서 麗澤은 두 개의 못의 相連이다. 두 개의 못이 서로 이어지니, 물이 交流하게 된다. 朋友가 講習하면, 지식을 교류하니, 이것이 기쁜 일이다. 高亨, 462, 463頁.

어짊을 본받는다.'라고[9] 하였다. 여기(태兌괘)의 뜻이 이 말에 근본한다.

• **나의 견해(1)**: 연못의 물은 그쳐서 흐르지 않으니, 이에 만물을 윤택하게 할 수 있다. 군자에게 어떤 벗이 멀리서 찾아오는 것은, 역시 즐거운 일이다. 그러므로 그 상象이 강습함에 통한다. 강습이 서로 바탕이 되어 서로 기뻐함으로써 해결하여 지행志行이 합일하니, (태兌괘에서) 기쁨이 이보다 큰 것이 없다.

• **나의 견해(2)**: 덕을 닦고 학문을 익히는 것은 지知의 공功이다. 의義로 옮겨가고 불선함을 고치는 것은 행行의 공功이다. 자공子貢은, '배우기를 싫어하지 않는 것은 지知이고, 가르치는데 게으르지 않은 것은 인仁이다.'라고[10] 하였다. 공자 문하의 '마음에서 마음으로 전함 心傳]'은 본래 지행합일이다.

초구효: 온화한 기쁨이라 (다른 사람들도 경청하니,) 길하다.
[初九, 和兌,[11] 吉.]
상에서 말한다. "온화한 기쁨"으로 "길함"은, 행사에 막힐 데가 없음이다.
[象曰: "和兌"之"吉," 行未疑也.[12]]

조언숙趙彦肅(12세기, 남송南宋 역학자)은 말한다. (여덟) 순괘純卦는[13] 응함이 없으니 음양의 가깝고 멀음을 취하여, 그 실정을 말한다. (태兌괘의) 초9효는 음에서 멀기에, 기뻐하는 바가 양陽이다. 그러므로 (초9효는) 화합하여 길하다.

채연蔡淵(1156-1236)은 말한다. (초9효는) 효爻와 자리[位]가 모두 강강剛이니, 기뻐함의 바름[正]을 얻었고, 화합하되 방탕해지지 않으니, (초9효는) 음陰에 이끌리지 않는다.

하해何楷(1594-1645)는 말한다. (초9효에서) 초심이 바뀌지 않았으니 확연히 크게 공평하다. 화和라는 것은 천하의 달도達道이니, 무엇을 시행한들 행할 수 없겠는가?

---

9) '朋友何法? 法水合流相承也.'『白虎通疏證』,「五行」,上冊, (淸) 陳立撰, 상동, 197頁.
10) '學不厭, 智也; 敎不倦, 仁也.',『孟子譯注』,「公孫丑」上章(3:2), 楊伯峻譯注, 상동, 63頁.
11) 和和는 온화溫和이다. 兌는 기쁨이다. '和兌'는 온화한 희열이니, 다른 사람이 즐겁게 경청하니 길함이다. 高亨, 463頁.
12) 疑는 애碍(방해)의 가차인데, 碍는 조지阻止(막음)의 뜻이다. 高亨, 463頁.
13) 純卦는 섞이지 않은 순수한 괘이니, 乾, 兌, 離, 震, 巽, 坎, 艮, 坤을 말한다.

유원劉沅은 말한다. 기뻐하되 중절中節함을 화和라 말한다. 초9효는 양이 아래에 있으니, 굳셈[剛]의 덕을 갖고 있으면서도 낮추어 물러남이며, 음陰에 가까이 하지 않아 의심을 일으키는 바 없이 천리天理의 바름을 행할 수 있기에, 따라서 (초9효는) 길하다.

리스전李士鉁은 말한다. (초9효는) 기쁨을 몸[體]으로 하는 처음이니, 아래에 있으면 다툴 바가 없고, 음에서 멀으면 연루될 바가 없기에, 이른 새벽 양기陽氣가 화합하는[陽和] 기氣이며, 갓난아이의 부드러운 조화[沖和]의 덕德과 같아서, 잡스러움이 없고 헛됨도 없으며, 감응도 없고 접촉도 없으니, (초9효는) 기뻐함의 근본이며 조화의 극치이다.

마치창馬其昶은 말한다. 이利는 의義의 조화이다. 이利는 계절로는 가을에 속한다. 초9효에서 화합해서 기뻐한다고 말하고, 94효에서 기쁨이 있음을 말하니, 모두 (태兌괘의) 단彖전에서 말한 이利이다. (초9효에서) 이로우면 행함에 장애가 없다. 왕보사王輔嗣(王弼)은, (단彖의 주注에서,) "'굳셈[剛]'이 중中이므로 '바르면 이로움[利貞]'이다."라고 말했다. 초9, 94효는 이利이고, 92, 95효는 '바름[貞]'이다.

구이효: 진심으로 기뻐함이니, 길하게 되며, 후회함은 없어질 것이다.
[九二, 孚兌,14) 吉, 悔亡.]
상에서 말한다. "진심으로 기뻐함"의 "길함"은, (다른 사람들도) 신임한다.
[象曰: "孚兌"之"吉," 信志也.15)]

유원劉沅은 말한다. 92효는 음陰과 가까우니, 마땅히 후회가 있다. 그러나 (92효는) 강중剛中으로써 성실하고 뜻에 신의가 있어, 스스로를 신뢰하고 남들도 역시 그를 신뢰하며 기뻐한다. 그러므로 (92효는) 길하여 후회가 없다.

리스전李士鉁은 말한다. (92효가) 호체互體로 (풍택風澤)중부中孚괘를 이루므로, 92, 95효는 모두 미더움[孚]을 말한다. 기뻐함의 근본은 미더움에 있으니, (92효는) 덕德을 채우고 감응에 성실하다. 초9효의 기뻐함은 안에 있으나, 92효의 기뻐함은 밖으로 드러난다. (92효는) 속에서 성실하면 겉으로 드러나니, (92효는) 온화하게 얼굴에 드러나서 등에까지 가득하여 온 몸에 펴진다. 온 몸[四體]은 말하지 않은 비유이니, (92효는) '진심으로 기뻐함[孚兌]'을 말한 것이다.

----

14) 부孚는 믿음이다. 兌는 기쁨이다. '孚兌'는, 진심이 남에게 내심의 기쁜 일로 되니, 즐겁게 그렇게 하게 된다. 그러면 길하고 후회는 없어질 것이다. 高亨, 463頁.
15) 志는 마땅히 之이다. 高亨, 464頁.

마치창馬其昶은 말한다. 정貞은 일[事]의 줄기[幹]이다. 92, 95효는 강중剛中으로 줄기가 되니, 모두 '미더움[孚]'을 말하는데, 모두 (태兌괘의) 단象전에서 말한 '바름[貞]'이다. (92효에서) 미더움이 속에 쌓여 강양剛陽이 변하지 않으면, 사람들이 그의 뜻을 믿어 자리[位]를 잃게 되는 후회가 없다. (92효에서) 기쁨이 커지면 하늘에 순응하고, 사람들에게 응할 수 있으니, 반드시 미더움으로 근본을 삼아야 한다. 맹자는, '자기 몸을 돌이켜 성실하면 즐거움이 이보다 큰 것이 없다'라고[16] 하였으니 미더움을 이른 것이다. 혁革괘에서, '하늘에 순응하고 사람에게 응함'은 역시 태兌의 기뻐함에서 상象을 취하였으니, 그(혁革괘의) 94효가 태兌의 몸[體]에 들어갔으므로 '후회가 없음[悔亡]'이라고 말하였고, '미더움이 있음[有孚]'이라고 말하고, 길吉하다고 말하니, 뜻의 '미더움[孚]'을 말하였기에, 모두 여기(태兌괘 92효)와 같다. 백성들이 그의 뜻을 믿지 않으면서 수고로움을 잊고 죽음을 잊을 수 있는 경우는 있지 않다. 이는 92효의 미더워 기뻐함이니, 태兌의 근본[本]이다. 95효의 박탈함[剝]에도 믿는 것은, 태兌의 '쓰임[用]'이다.

육삼효: (밖에서) 들어오면 기뻐하고, (그것의 시비나 선악을 묻지 않으니,) 흉하다.
[六三, 來兌,[17] 凶.]

상에서 말한다. (밖에서) "들어온 기쁨"은 (시비선악을 먼저 구별치 않으면) "흉사"이니, (63효의) 자리가 맞지 않기 때문이다.
[象曰: "來兌"之"凶," 位不當也.[18]]

이정조李鼎祚(8세기, 당唐나라 역학자)는 말한다. (63효는) 음陰으로써 양陽의 자리에 있으니, (63효는) 아첨하면서 간사하게 기뻐함을 찾는다.

육희성陸希聲(801-895)은 말한다. 63효는 기뻐함의 주인이 되는데, 바름으로써 하지 않기에, 흉함이 아마도 마땅할 것이다.

장리상張履祥(1611-1674)은 말한다. 자기가 사물을 오게 하는 것을 내來라 말하고, 사물로 하여금 자기를 이끌게 하는 것을 인引이라 말한다. 63효의 기쁨은 안으로부터의 기쁨이고, 상6효의 기쁨은 밖으로부터의 기쁨이다.

---

16) '反身而誠, 樂莫大焉.' 『孟子譯注』, 「盡心」上章(13:4), 楊伯峻譯注, 상동, 302頁.
17) '내태來兌'는 밖에서 어떤 것이 들어오면 기뻐하는데, 그것의 是非나 善惡을 묻지 않음을 말한다. 高亨, 464頁.
18) 63효가 陰으로 '양의 자리[陽位]'에 있으니, '位不當'이다. 高亨, 상동.

유원劉沅은 말한다. 63효는 기쁨의 주인이 되고, 상6효의 유유柔에 응한 것이다. (63효는) 상하 두 태兌의 사이에 있으니, 자리가 마땅하지 않다. 외물 중에 기뻐할 만한 것은 모두 감응하여 (나에게) 온다. 나는 그 틈을 여니, 외물은 마침내 그 틈을 타고서 들어온다. 외물이 (저절로) 오는 것이 아니라, 실은 내가 그것을 오게 한 것이다. 욕심이 동하면 본성을 잃게 되니, 사람을 망령되게 기뻐하기에, 따라서 (63효는) 흉하다.

리스전李士鉁은 말한다. (63효는) 음유陰柔로서 중中하지도 않으면서 구차히 남에게서 기쁨을 취하니, 이는 아첨하는 소인이다.

마치창馬其昶은 말한다. 63효에서는 내來라 말하고, 상6효에서는 인引이라 말했으니, (63효는) 음양이 교감하고 태兌 '기쁨[說]'의 주인이 되니, 모두 (태兌괘의) 단彖전에서 말한 '형통함[亨]'이다. 태兌의 바른 자리는 상6효에 있는데, 63효는 자리가 마땅하지 않으므로 흉하다.

• **나의 견해**: 향원鄕原은[19] 방탕함을 함께하고 추잡함을 합하여, 군중이 모두 그것을 기쁘게 여기니, 남모르게[闇然] 세상에 아첨하는 것이므로, 공자는 덕德을 해치는 자라고 하였고 그를 미워하였다. 이는 오게 하여 기뻐하는 흉함이다. 교언영색하고 지나치게 공손한 자는 모두 남에게 환심을 사려고 하는 것이므로, (63효는) 부끄러워할 만하다.

구사九四: 의논하여 기쁨이 (있으나, 일이) 아직 안녕한 것은 아니며, 옴[疥]인 병病이 있으나, (없어질 것이니) 기쁘다.
[九四, 商兌未寧, 介疾有喜.[20]]
상에서 말한다. "94효"의 "옴[疥]이 치료됨"은 경사慶事이다.
[象曰: "九四"之"喜,"[21] 有慶也.]

왕필王弼은 말한다. (94효에서) 개介는 '사이가 멀어짐[隔]'이다. 63효는 아첨하는 기쁨이니 장차 지존에게 가까이 하려 하나, 94효가 강덕剛德으로 잘라내어 그를 떨어뜨려서, 안을 바로잡고

---

19) "曰, 何如斯可謂之鄕原矣. 曰, 何以是嘐嘐也. 言不顧行, 行不顧言, 則曰, 古之人, 古之人. 行何爲踽踽涼涼. 生斯世也, 爲斯世也, 善斯可矣. 閹然媚於世也者, 是鄕原也.", 『孟子』, 「盡心下」; "子曰, 鄕愿, 德之賊也." 『論語』, 「陽貨」, 참조.
20) 상商은 의논함[商量]이다. 兌는 기쁨이다. 개介는 개疥[옴]의 가차이다. 高亨, 464, 465頁.
21) 喜는 옴(疥)병이 나음이다. 高亨, 465頁.

밖을 다스리니, 이 때문에 (94효는) 편안하지 않다. 간사함을 막고 병에 틈이 생기니, (94효에서) 기쁨이 있어야 의당한 것이다.

이춘년李椿年(1096-1164)은 말한다. 태兌는 한가을[正秋]이니, 오음五音으로는 상商음이다.

장황章潢(1527-1608)은 말한다. 94효는 한가을[正秋]이고 상商음音은 '일을 함[用事]'이니, 만물들이 완성됨을 알린다. 기쁨이 있음은, 태兌에서의 기쁨을 말한다.

유원劉沅은 말한다. (94효는) 상하 두 괘의 사이에 끼어 있으면서, 위로는 95효의 중정中正함을 받들고, 임금과 함께 서로 기뻐하면서, 자기의 양강陽剛의 도道를 행할 수 있으니, (94효는) 복福과 경사慶事가 있게 된다.

리스전李士鉁은 말한다. 94효는 두 태兌의 가운데에 있으니, 두 입이 서로 접하여 상의하는 뜻이 있다. (94효는 기쁨의) 자리를 얻지 못했기 때문에 편안하지 못하다. 또 손巽은 진퇴進退이고, (호체互體로 크게 보아 감坎인) 대감大坎은 질병이 되며, (호체互體인) 손巽도 역시 질병이다. 94효는 양陽이 중中을 얻지 못하여, 진퇴進退의 자리에 있으며, 음양의 사이에 끼어서, 위로는 95효의 양도陽道를 따르니 자기의 사사로움을 이기지 못하고, 아래로는 63효 음의 욕구에 순종하여 마음이 불안하니, 헤아리고 헤아려도 하늘과 땅이 마음속에서 교전交戰하기에, 어찌 편안할 수 있겠는가? 그러나 94효는 끝내 양강陽剛의 '재질[才]'로써 63효를 끊고 95효를 따르니, 비록 질병에 끼어 있으나, (94효는) 기쁨이 있다.

마치창馬其昶은 말한다. 『한서漢書』,「율력지律曆志」편에서, '상商은 장章이라 말하니, 사물의 완성은 계산할 수 있다.'라고[22] 하였다. 94효는 63, 95효 사이에 끼어서, 자기 기쁨[兌]을 계산하니 아직 감히 편안하지 못하나, 오직 질병이 낫는 기쁨이 있을 뿐만 아니라, 또 경사慶事가 천하에 미칠 수 있다. (94효는) 초9효와 화합하여 기쁜 것은, 질병이 없는 것이다. 94효는 기쁨을 헤아려서, 굳셈[剛]으로써 기쁨을 제어하여 질병을 멀리 할 수 있다. 천하의 질병은 기쁨으로 말미암아 생겨나지 않는 것이 없다. 맹자는, (94효는) '우환에서 살아나고 안락에서 죽는다.'라고[23] 말하였다.

구오효: '억지로 빼앗음[剝]'이나 신뢰가 있으니, 비록 위험하나, 길할 것이다.

[九五, 孚于剝,[24] 有厲.]

---

22) '商之爲言章也, 物成孰可章度也.'『漢書』,「律曆志」上, 四冊, 志一, 상동, 958頁.

23) '然後知生於憂患而死於安樂也.'『孟子譯注』,「告子」下章(12:15), 楊伯峻譯注, 상동, 298頁.

상에서 말한다. "억지로 빼앗음[剝]'에도 진실함"이니, (95효의) 자리가 바르고 정당함이다.

[象曰: "孚於剝," 位正當也.25)]

(정이의) 『이천역전伊川易傳』)에서 말한다. 95효는 '높은 자리[尊位]'를 얻었고 중정中正함에 있으니, 기뻐하는 도道를 다 하기를 잘하는 것이나, 성인은 위험을 다시 경계함을 설정하였다. 소인은 대비함에 지극하지 않으면 선善에게 해害가 된다. 몰락[剝]은, 양陽이 사그라짐을 이름이다. 95효로써 기뻐하는 때에 있으면서, 상6효와 밀접하게 가까우니, 비록 순舜임금 같은 성인도, 또 교언巧言영언令色을 두려워할 것이기에, 어찌 경계하지 않겠는가? (95효에서) 기뻐함은 사람을 미혹하여 쉽게 들어가게 함으로, (95효는) 또한 두려워할 만함이 이와 같다.

장준張浚(1097-1164)은 말한다. (95효에서) 성실과 신뢰는 소인에게도 미더워서, (95효는) 그들을 바로잡아 교화할 수 있다. 중中을 얻고 지위를 얻은 이가 아니면, 어떻게 이러한 결과에 이르게 하겠는가? 위태함이 있을 것을 경계하는 것이니, (95효는) 안락함을 위태로움 보듯이, 하게 하려는 것이다.

항안세項安世는 말한다. 태兌는 한가을[正秋]이니, 아래의 2효는 7월 비否괘이며, 가운데 2효는 8월 관觀괘이니, 위 2효는 9월 박剝괘이다. 95효는 바로 박剝괘의 때에 해당하니, 이 때문에 (95효는) 경계하는 것이다.

웅량보熊良輔(1310-1380)는 말한다. 95효는 중中인데 실實하여, 위와 아래에서 신뢰를 받으니, 태兌의 주인이나 태兌를 말하지 않았는데, (95효는) '자리의 바름[位正]'에 자리하니, (95효는) 기뻐하되 올바른 도道로써 기쁘게 하지 않으면, 기뻐하지 않는 것이다.

유종주劉宗周(1578-1645)는 말한다. 요堯임금 때에는 (사방으로 내쫓은) 사흉四凶의 죄악이 아직 뚜렷이 드러나지 않았어도, 한 결 같이 지극히 성실한 도道로써 그들을 대할 수 있었다. (95효에서) 바름으로써 스스로를 지키며 신의로써 아랫사람을 다스려, 이로써 음유陰柔의 바름을 빼앗은[剝] 자들에게도 신뢰를 얻어서, (95효는) 일찍이 관대하지 않은 적이 없었다. 그러나 (95효에서) 마음을 보존하는 바는 그 위태로움을 경계하는 것보다 나은 것이 없다.

(이광지의) 『주역절중周易折中』에서 말한다. 『역易』에서 '위험[厲]'을 말한 것은, 모두 내외를 겸하여 말한 것이다. 아마도 일이 위태로울 만하면, 나도 그것을 위태롭게 여기기 때문일 것이니,

---

24) 부孚는 믿음이다. 박剝은 몰락이다. 象傳의 作者에 의하면, 여厲 아래에 吉자가 있어야 하는데, 지금 탈락했으니, 지금 보충한다. 高亨, 465頁.

25) 95효가 상괘의 中位이니, '位正'이다. 高亨, 상동.

(95효에서) 이른바 자기가 위태로워야 이에 빛이 남이다.

심기원沈起元(1685-1763)은 말한다. '박탈剝奪했어도 신뢰 있음[孚于剝]'은, (95효가) 곧 '소인에게도 신뢰받음'을 분명하게 말한 것이다.

유원劉沅은 말한다. '뺏음[剝]'은 상6효를 이른다. 음陰은 양陽을 뺏을 수 있기 때문에 '뺏음[剝]'이라 말한다. (95효에서) 위태함이 있다는 것은, 일이 본디 위태로울 수 있으면 마음도 또한 그것을 위태롭게 여길 수 있음이다. (95효가) 오직 굳셈[剛]의 중정中正이어야 그것을 위태롭게 여길 수 있다. 순舜임금은 교언영색을 조심하였는데, 그의 위태롭게 여김으로 이에 빛이 났다. 92, 95효의 강중剛中은 모두 미더움[孚]을 말하지만, '후회 없음'과 '위태함이 있음'으로 서로 다르다. (92효의) 상象에서는, '믿을 만한 뜻[志]'을 말하고, (95효의 상象에서는) '자리가 정당함[位正當]'을 말하였으니, 아래(92효)에서 스스로를 믿는 것은 뜻[志]이고, 위(95효)에서 위태롭게 여길 수 있음은, (95효가 임금의) 자리[位]임을 밝힌 것이다.

마치창馬其昶은 말한다. '몰락함에도 기뻐함[說于剝]'은 음陰에 빠진 것이고, 몰락함에도 믿는다는 것은 음陰에 신뢰받을 수 있음이다. '부박孚剝'에 두 가지 뜻이 있으니, 그 사람이 양陽을 뺏긴 사람이라면 지극한 성실함으로 그를 바로잡고, 그 일이 백성을 뺏는 일이라면 역시 지극한 성실함으로 그 일을 도와야 하니, 모두 위태함이 있음을 잊지 않았다. 만일 백성을 수고롭게 하고 어려움을 범하게 하는 일이라면, 어찌 위태로움이 없겠는가? (임금, 95효가) 미더우면 수고로움도 잊을 수 있고, 죽음도 잊은 채, 백성들을 권면할 수 있다. 맹자는, (임금이) '편안하게 해 주는 도道로써 백성을 부리면, (백성들은) 비록 수고로우나 원망하지 않고, (임금이) 살리는 도道로써 백성을 죽이면, (백성들은) 비록 죽더라도 죽이는 자를 원망하지 않는다.'라고[26] 말한 것은 그 뜻이 『역易』에서 근본 한 것이다.

● **나의 견해:** '아직 편안하지 않음[不寧],' '위태함이 있음[有厲]'은, 모두 항상 이런 마음을 보존하고, 감히 한시라도 소홀해선 안 되는 것이다. (95효에서 임금이) 편안할 때 위태로움을 잊지 않고, 있을 때 없음을 잊지 않으며, 잘 다스려질 때 어지러움을 잊지 않으며, 반드시 중정中正의 도道로써 정치를 행하면, 비록 음陰이 양陽을 빼앗으려하여도, 밖에서 올라타더라도, (95효가) 어찌 가는 곳마다 미덥지 않겠는가?

---

26) '孟子曰: "以佚道使民, 雖勞不怨. 以生道殺民, 雖死不怨殺者."'『孟子譯注』, 「盡心」上章(13:12), 楊伯峻 譯注, 상동, 305頁.

상육효: (남이) 끌어올리면 (자신이) 기쁠 것이다.

[上六, 引兌.27)]

상에서 말한다. "상6효"에서 "(남이) 끌어주니 (자신이) 기쁘나", 아직 (나의 덕이) 광명하지는 않다.

[象曰: "上六""引兌," 未光也.]

역불易祓(1156-1240)은 말한다. 상6효는 음陰이 음陰의 자리에 있는 것이니, 바름[正]에 가까움과 같다.

심기원沈起元은 말한다. 상6효는 겹쳐진 태兌의 주인이다. 이끌음은 태兌 못[澤]의 상象이 된다. 연못이 여기에 모여도 이끌어내지 않으면, '정지된[止]' 물이 된다. (상6효에서) 이끌음에 따르고, 이름[至]에 따르는데, 선택이 없고, 맞이하거나 거절하는 바가 없으니, 이는 온전히 태兌의 성정性情대로 이끌리게 내버려둔 것이다. 그것이 사물을 이롭게도 하고, 사물을 해치기도 하며, 바르게도, 바르지 않게도 됨은, 그것을 이끌어서 이르게 하는 데를 높이 보는 것이니, 따라서 (상6효에서는) 길吉, 흉凶, '후회[悔]'와 '어려움[吝]'의 점을 볼 필요가 없다.

유원劉沅은 말한다. 63효의 기뻐함은 마음이 안에 있어 사물을 불러 들어오게 하는 것이므로 내來라고 말한다. 상6효의 기쁨은 밖에 있으므로 마음을 꾀어서 나가게 하므로 '이끌음[引]'이라고 말한다. (상6효에서) 인引은 마땅하지 않은 경우가 많으므로, '광명하지 않음[未光]'이라 말한 것이다. (상6효에서) 오로지 이끌림을 받는 책임이 있는 자는 마땅히 살펴야 하는 것이다.

요배중姚配中(1792-1844)은 말한다. (상6효에서) 기쁨으로써 백성에게 앞장서고, 기쁨으로써 어려움에 나서는 것은, 그들을 이끌게 하는 것이다. 백성들이 수고로움도 잊고 죽음도 잊는 것은, 이끌려서 백성들이 기뻐함이다.

정고鄭杲(1851-1900)는 말한다. (상6효에서) 인引은 이끌어 키움을 이른다. 기뻐함의 큼은 백성들을 권면함일 것이다. 상6효가 '광명이 아님[未光]'은, 모름지기 (그것[상6효]을) 이끌어야 커지기 때문이다.

리스전李士鉁은 말한다. 기뻐함이 나에게 있지 않고 남에게 있기 때문에, (상6효에서) '(남이) 끌어올리면 (나는) 기쁠 것[引兌]'이라 말한다. 이른바 도道와 덕德을 들으면 여분의 기쁨이 있고, '넘치는 화려함[紛華]'을 보면 무한한 앙모仰慕의 정情이 있게 된다. 호체인 손巽이 끈[繩], 줄이니, (태兌괘 상6효는) 이끌음이 된다.

....

27) '引兌'는 남이 나를 끌어올리면, 나는 기쁠 것임이다. 高亨, 466頁.

마치창馬其昶은 말한다. 간艮은 하나의 양陽이 위에서 광명이 되고, 태兌는 하나의 음陰이 위에서 어두움이 된다. (상6효에서) 이것을 이끌면 순건純乾으로 되니, 군셈[剛]을 자라게 하여 이에 마치면, 전체가 광명이 될 것이다. 학문을 하고 다스림을 함은 모두 이와 같다. '배움[學]'이라는 말은 깨우침이니, 아직 광명하지 않기에, 따라서 그것을 이끌어야 한다. 백성은 우둔하기에, 공자는 '백성은 따르게 할 수는 있어도 알게 할 수는 없다.'라고[28] 말했다. '불가不可'는, 그들이 둔하여 깨닫도록 함이 어렵다는 말이다. 곧 이른바 백성들은 날마다 쓰면서도 알지 못하고, 종신토록 그것을 하면서도, 그 도道는 알지 못한다는 것이다. 백성을 다스리는 자는 '먼저 안 자[先知]'로써 '뒤에 알 자[後知]'를 깨우치는 자이며, 먼저 깨달은 자로써 뒤에 깨달을 자를 깨닫게 하는 자이니, 또한 그들을 이끌 뿐인 것이다.

- **나의 견해(1)**: 맹자는, '군자가 활줄을 당기되 쏘진 않아도 쏠 듯하다.'라고[29] 하였다. '약여躍如' 두 글자는 당긴 상태가 지극히 원활함을 형용한 것이다. '도道에 맞게 서 있으면 재능이 있는 자가 그것을 따른다.'라는[30] 것은, 아마도 이른바 군셈[剛]이 안에 있고 부드러움[柔]이 밖에 있어, 기쁨이 커져서 백성이 권면하는 것일 것이다!

- **나의 견해(2)**: 끌어당김의 뜻은, 통하려 해도 할 수 없고 말하려 해도 할 수 없는데[憤悱], 계발啓發시켜준다는[31] 뜻이다. (『예기禮記』의) 「학기學記」편에서, '서로 기뻐하여 이해된다[相說以解].'라고[32] 하였는데, 모두 끌어당기기를 잘한 효과이다.

- **나의 견해(3)**: 이윤伊尹은 이 도道로써 이 백성들을 깨닫게 했으니, 물이 깊고 불은 세찬 상황인데, 백성들을 이끌어서 '요임금[祖]와 대자리[석席]'에 오르게 한 것(고통스러운 상황에서 태평한 상황으로 인도한 것)이니, 이 때문에 천하가 크게 기뻐한 것이다. 요堯임금의 광명은 천하[四表]에 미쳤으니, 이것 또한 백성들을 이끌어서, 이들이 변하여 이에 시세時世의 태평을 이룬 상象이다. 그런 연후에 포윤抱潤(馬其昶)선생이 말한, '그들을 이끌어 전체가 광명하다. 학문을 하고 다스림을 함이, 모두 이와 같다.'라는 말은 매우 갖추어져 있음을 알게 될 것이다.

- **나의 견해(4)**: (태兌괘의) '두 못이 이어짐[麗澤]'과 (감坎괘의) '겹친 위험[習坎]'의 상象은 크게

---

28) '子曰: "民可使由之, 不可使知之."', 『論語譯注』, 「泰伯」篇(8:9), 楊伯峻譯注, 상동, 81頁.
29) '君子引而不發.' 『孟子譯注』, 「盡心」上章(13:41), 楊伯峻譯注, 상동, 320頁.
30) '中道而立, 能者從之.' 『孟子譯注』, 「盡心」上章(13:41), 楊伯峻譯注, 상동, 320頁.
31) '子曰: "不憤不啓, 不悱不發."', 『論語』, 「述而」편(7:8) 참조.
32) '相說以解.' 『禮記今註今譯』, 「學記」, 下冊, 王夢鷗註譯, 상동, 485頁.

다르다. '겹친 감[重坎]'으로 험함을 건넘, 이것은 강중剛中이 음유陰柔에 빠져 험난함에서 빠져 나오기가 쉽지 않음이다. (태兌괘에서) '겹친 못[重澤]'은 번성하고 윤택하니, 강중剛中이 밖에 있는 유柔에 순응하여, 윤택함을 머금음이 무궁하다. (태兌괘는,) 여섯 효가 '온화함[和]'·'진심[孚]', '(밖에서) 들어옴[來]', '의논함[商]', '위험함[厲]', '끌어올림[引]'으로 그 부류를 채웠으니, 모두 '기쁨의 도[說道]' 중에 있는 것이다. 포윤抱潤(馬其昶)선생이 (상6효의) '(남이) 끌어주니 (자신이) 기쁨[引兌]'을 해석하면서, '밖의 유혹[外誘]'을 주로 하지 않은 것은 아마도 익힘의 바른 이치에 의거하여 그것을 거듭 말한 것이다. 이 뜻을 미루어 가르침으로 삼으면, 인引은, 사물이 사물과 만나서 이끈다는 인引이 아니라, 당기지만 아직 쏘지 않음, 서로 기뻐함으로써 이해됨의 뜻이다. 공자가 순순히 남들을 잘 인도한 것은 '이끌음[引]'의 가장 높은 것이며, 통하려 해도 할 수 없고[憤], 말하려고 해도 말할 수 없는[悱] 때에 계발啓發해준다는 것은, 다음 것을 조금 '이끌음[引]'이다. 더 확충하자면, 이윤伊尹은 도道로써 백성들을 깨닫게 하였으니, 이는 물이 깊고 불은 세찬 상황과 같은 백성들을 이끌어 '요가 깔린 자리[袵席]'로 오르게 한 것이므로, 천하의 큰 기쁨이며, 요堯임금의 광명은 천하[四表]에 미치고, 또한 백성들을 이끄셨으니, 백성들이 변하여 이에 시세時世의 태평을 이룬 상象이므로, 해와 달이 밝게 빛난 것이다. 이끌림을 받는 자는 헤아릴 수 없이 많으니, 그들의 기쁨 또한 헤아릴 수 없다. 밭 갈고 우물 파며, 서로를 잊으니[耕鑿相忘], 임금의 힘이 어디에 있겠는가? 기뻐함이 크기에, 백성들이 권면되는 것이다!

59. 환渙괘 ䷺

환渙괘: (물 흐름이) 형통하고, 왕이 종묘에 이르러 (제사 드리니,) 큰 내를 건넘에 이롭고, 그 이로움은 바름에 있다.

[渙, 亨, 王假有廟, 利涉大川, 利貞.[1)]]

순상荀爽(128-190)은 말한다. (환渙괘에서) 가假는 큼[大]이다.

우번虞飜(164-233)은 말한다. 건乾은 왕이 된다. 건乾의 94효가 곤坤의 62효로 가니(감坎괘), 하늘과 땅이 교류하여 태평함으로 형통하다. 간艮은 종묘宗廟가 되고, 감坎은 큰 내가 된다.

유원劉沅(1767-1855)은 말한다. 환渙괘에는, 이離괘의 흩어짐과 해解괘의 흩어짐이라는 2뜻이 있는데, 오로지 '아름답지 않음[不美]'으로 말한 것은 아니다. 「서괘序卦」전에, '태兌는 기쁨이다. 기뻐하고 난 이후에 흩어지므로, 그것을 환渙괘로 받았다.'라고[2)] 한다. 호체인 간艮은 궁궐의 문이고, 감坎은 집[宮]이 되며, 또한 숨어서 엎드려 있으니, 따라서 종묘를 상징한다. 나무[排, 舟]가 물 위에 있으니, 강을 건너는 것을 상징하고, 바람과 물결을 무릅쓰고 건넜으니, 일이 험하지만, 공功을 끝내 이룬 것이다.

리스전李士鉁(1851-1926)은 말한다. 바람이 불면 (가만히) 있을 수가 없고, 물이 흐르면 머물 수가 없으니, 만물이 바람을 얻으면 그 울창함이 퍼지고, 물을 얻으면 그 더러움이 제거되니, 이는 모두 환渙괘의 의미이다. 또한 (환渙괘는) 바람이 물에 들어가기에 동풍東風으로 얼음이 해동하는 상이다. (환渙괘는) 바람이 비에 올라타기에, 바람과 비가 분산하여 흩어지는 상이다. (환渙괘는) 음양이 서로 교통하므로 형통하다. 몸이 결리고 뭉치면 피[血]와 기氣가 통하지 않고, 마음이 닫히면, 의견이 통하지 않으니, 집집이 저마다 배우고, 국가가 저마다 정치한다면 교화가 통하지 않게 되기에, 풀어줘야[渙] 형통하는 것이다. 왕은 95효를 가리키고, (상괘인) 손巽은 높은 곳이

---

1) 환渙은 괘명卦名이고, 물 흐름이 막히지 않음이다. 亨은 통通이다. 가假는 이름[至]이다. 有는 우于와 같다. 貞은 正이다. 高亨, 466頁.
2) '兌者, 說也. 說而後散之, 故受之以渙.'「序卦」傳, 高亨, 651頁.

되며, 호체互體인 간艮은 종묘宗廟가 되고, (하체인) 감坎은 방[宮室]이 되고, 귀신이 되며, 음식이 된다. 호체互體인 진震은 제사를 주관하게 되니, 따라서 '종묘에 이름[假有廟]'이다. 왕이 종묘를 세워서, 천하 사람들의 마음을 모아서 한곳에 매어두게 되면, 곧 천하의 사사로움을 흩어버리고 크게 공평함을 이루게 된다. 췌萃괘에서는 '종묘에 옴[假廟]'을 말하니, 공정함으로 모이고; 환渙괘에서는 '종묘에 옴'을 말하니, 사사로움을 흩어지게 한다. 괘들[췌萃와 환渙괘]이 서로 반대되나, 뜻이 서로 통하니, 따라서 그 상象은 같다.

단전에서 말한다. 환渙괘는 (물 흐름에 막힘이 없음이니) "형통"하며, (92, 95효처럼) 강건함이 찾아오니 끝이 없고 (말과 행동에서) 임금과 같게 된다.

[彖曰:「渙」,"亨," 剛來而不窮, 柔得位乎外而上同.3)]

노씨盧氏(名은 경유景裕[?-542])는 말한다. 건乾의 94효가 와서 곤坤의 가운데에 있고, 굳셈[剛]이 와서 (하괘인) 감坎을 이루게 되니, 물이 흐름에 막힘이 없다. 곤坤의 62효가 올라와 건乾의 94효에 오르니(손巽), 유柔(음)가 밖(외괘)에서 자리를 얻은 것이다. (환渙괘에서) 위로는 귀한 왕을 받들고, 윗사람[上]과 함께 한다.

장목張沐(17세기, 청淸나라 학자)은 말한다. (환渙괘에서) 강剛과 유柔는 각각 자기 부류를 떠났으나 통함을 얻었으니, 흩어지게 되는 것이다. 그것이 어떻게 형통하는가? '종묘에 오며[假廟],' '내를 건넘[涉川]'이다.

유원劉沅은 말한다. 하괘에서 92효는 한 개의 양으로 (하괘인) 감坎의 주인이 되며, 건乾의 가운데 효로부터 왔기에, 따라서 굳셈[剛]이 왔으니 막힘이 없다. 상괘[巽]의 64효는 일음一陰으로 손巽의 주인이 되었으니, 곤坤괘 초6효로부터 온 것이다. (64효는) 음이 음의 자리에 와서, 손巽에서 95효를 따르므로, 자리를 얻고 상9효와 같다.

전이錢彛(18, 19세기, 청淸나라 학자)는 말한다. 환渙괘는 스스로 형통함의 의미를 갖는다. 만일 음양이 독毒을 쌓는다면, 온화한 바람이 그것을 흩으러버리고; 인심人心이 분노를 쌓으면, 선한 정치가 (그것을) 흩트리니, 이것을 (말함)이다.

마치창馬其昶(1855-1930)은 말한다. 강건함과 유순함이 왕래하니 형통하다. 끝이 없으니 이롭

---

3) 渙은 물 흐름에 막힘없음(水流無阻)이다. 내괘의 92효가 主爻이고, 외괘의 95효는 尊位이니, '剛來而不窮'이다. 64효는 외괘의 陰位이니, '柔得位乎外'이다. 64효가 95효 아래에 있으니, 臣民이 임금에게 순종하는 것에 비견되니, 言行에서 임금과 같음(上同)이다. 高亨, 467頁.

다. 자리를 얻으니 바르다.

"왕이 종묘에 이름"은, 왕이 정중正中의 도道를 지킴이다.
["王假有廟," 王乃在中也.]

유원劉沅은 말한다. 95효는 본래 왕의 자리이고, 양강陽剛으로 높은 자리에 있으며, (상괘의) 손巽을 낮추어서 신명神明과 교류하니, 지극한 성실함이 '중中'에 있고, 쥐고 모으는 것에 갖추어짐이 있으니, 험한 데를 밟고 위태로움을 타고도 흩어지는 것을 모으기에, 통하지 않을 곳이 없을 것이다.

정서충丁敍忠(19세기, 만청晚淸 학자)은 말한다. '중中'에 있음은 높은 자리에 있음을 말한다. 진震괘와 귀매歸妹괘의 65효는 모두 '중'의 자리에 있음을 말한다. 환渙괘 때를 당하면, 반드시 종묘에서 이미 흐트러진 인심人心을 수습해야 하니, 이에 '중中'의 자리에서 바르게 할 수 있다.

● **나의 견해:** 진震괘의 65효에서는 그 일이 '중절함[中]'을 말한 것이고, 귀매歸妹괘에서는 그 자리가 '중절함[中]'을 말한 것이니, 모두 65효가 '중中'을 얻은 것이다. 환渙괘의 95효 역시 그러하다. 「계사繫辭」전에서, '배와 노의 이로움은 통하지 못할 곳도 건너게 하여, 멀리 가게 하니, … 환渙괘에서 취한 것이다.'라고[4] 하였으니, 따라서 공功이 있다.

"큰 내를 건넘에 유리함"은, 배를 타니 공효가 있음이다.
["利涉大川," 乘木有功也.[5]]

우번虞翻(164-233)은 말한다. 손巽은 나무이고, 감坎은 물이므로, 따라서 배[舟]를 타는 효과[功]가 있다.

설온기薛溫其(11세기, 송宋때 역학자)는 말한다. 92효는 몸이 험한데 들어가는 것이고, 64효는 나아가 군주를 돕고 일을 맡는 것이니, 위아래가 같은 마음이여서 그 일은 마침내 이루게 된다.

장식張栻(1130-1180)은 말한다. 천하의 마음을 수습함은, 종묘를 세워서 왕의 '자리[位]'를 바르

---

4) '舟楫之利, 以濟不通致遠, … 蓋取諸渙.' 「繫辭」下傳, 高亨, 662, 563頁.
5) 假는 至(이르다)이다. 외괘가 巽이니 木이고, 내괘는 坎이니 물이다. 나무가 물 위에 있음은, 배가 냇물 위에 떠있음이니, 편안히 물을 건널 수 있다. 高亨, 상동.

게 하는 것만 같은 것이 없다. 왕이 '중中'에 있음은, 이른바 천하의 가운데에 선 것이니, 천하의 백성들을 안정시킴이다.

왕우박王又樸(1681-1760)은 말한다. '종묘에 옴[假廟]'은, 나눠진 이체異體의 갈라진 정서를 흩어 버리는 것이고, '내를 건넘[涉川]'은 이 지경과 저 경계를 나누는 큰 차이를 흩어버리는 것이 된다. 췌萃괘의 '모음[聚]'의 의미는, 종묘에서 '돌아가신 조상[祖考]'의 정신을 모으는 것이기에, 따라서 '효孝를 다해서 형통함[致孝亨]'을 말한다. 환渙의 뜻은 '흩음[散]'이고, 종묘에서 '사람 몸[形骸]'의 한계[畛域]를 바꾸니, 따라서 '왕이 가운데에 있음[王乃在中]'을 말한다. 왕은 '중中'에 있으면서 각별한 친근함이 없으니, (조상들을) '소목昭穆'으로 차례 지우고, 일을 안배하고, 나이를 장유長幼로 차례 지우니, 천한 데까지 미치어, 각각 그 실정을 다하지 않음이 없다. 『시詩』에서, '기도[禱告]로서 진언하니 묵묵히 엄숙하고, 쟁송이 없으니 심기가 화평하다.'라고[6] 하였다.

리스전李士鉁(1851-1926)은 말한다. 사람마다 스스로를 위하는 마음이 있으면, 반드시 어려움을 이기는데 부족하다. 크게 공평하게 하여 자기를 위하는 마음이 없고, 자기 힘을 씀에 사사로움이 없으니, 내를 건널 수 있을 것이다. 조종祖宗의 이미 흩어진 영혼을 한 사당에 모이게 하니, 억조億兆의 가지런하지 못한 마음이 하나의 본성에서 바르게[貞] 되니, 어찌 흩어짐이 있겠는가?

상전에서 말한다. 바람이 물 위에 부는 것이 환渙괘이다. 선왕先王은 하느님께 제사 드리고, (이어) 종묘를 세운다.

[象曰: 風行水上, "渙." 先王以享於帝立廟.[7]]

석개石介(1005-1045)는 말한다. 겨울 달에는 천지가 닫히고 막혀있으나, 봄바람이 한번 불면, 울결鬱結된 것들이 풀리고, 얼어붙은 것들이 풀리니, '환渙'의 상이다. 왕은 백성들을 구출한 이후에 하느님[上帝]에게 제사 드림을 법으로 삼아서, 백성들에게 군주를 섬기는 것을 가르치고, 종묘를 세움으로서 백성들에게 어버이를 섬기는 것을 가르친다. 이 두 가지는 충효의 방법이니, 앞 선 것으로 교화하는 것이다.

왕우박王又樸은 말한다. 소원한 사사로움을 부수지 않고서, 하느님에게 제사드릴 수 없다. 자기 분파의 사사로움을 없애지 않으면, 종묘를 세울 수 없다. 장재張載(1020-1077)는 『서명西銘』에

----

6) '鬷假無言, 時靡有爭.' 『詩經譯注』, 「商頌」, 「烈祖」, 袁梅著, 상동, 1038頁.
7) 상의 巽은 風이고, 하의 坎은 물이니, 바람이 물 위에 부는 것이 渙괘의 괘상이다. 享은 제사이고, 帝는 하느님이다. 高亨, 468頁.

서, '건乾을 아버지로, 곤坤을 어머니'라고[8] 말했는데, 큰 뜻이 여기에 있으니, 따라서 (『중용中庸』에서,) '천지에 제사지내는 예절, 천자天子의 종묘의 대제大祭와 가을 제사의 뜻을 분명히 알게 된다면, 천하를 다스리는 것이 손바닥을 보는 것과 같다!'라고[9] 말하였다.

유원劉沅은 말한다. 흩어지는 것은 세력이고, 흩어질 수 없는 것은 실정이다. 선왕先王은 이것으로 하느님[帝]에게 제사지내는데, 하늘과 인간의 기氣가 통할 수 있고, 종묘를 세워 조상과 자손, 아버지와 아들의 정신을 모을 수 있으니, 모두 '모양이 흩어지는 가운데,' 사람들에게 흩어지지 않는 도道를 보인 것이다. 무릇 사람과 하늘은, 본래 두 가지 이치가 아니고, 선인先人과 나는, 본래 두 가지 실정이 없다.

리스전李士鉁은 말한다. 천자는 종묘[七廟]를[10] 세워 하느님에게 제사를 지내며, 제후는 갖가지 물건을 바친다. 천자는 스스로를 사사롭게 하지 않으며, 부모에게 제사지내고, 먼 조상에게도 제사지내며, 또한 미루어 끝으로 하늘에게 제사지낸다. (천자는) 천하를 하나의 집으로 합하니, 각각의 집은 자기 집이 아니고; 전 중국(사람들)을 한 사람으로 여긴 것이니, 각인各人을 '그런 사람[其人]'으로 보지 않는 것이기에, 지극한 '흩어짐[渙]'이다.

짱홍즈張洪之(1881-1969)는 말한다. 췌萃괘의 '종묘에 이름[假廟]'은, 흩어짐으로 말미암아서 모으게 되는 것이고, 환渙괘의 '종묘를 세움[立廟]'은 흩어진 것을 모음에 있다. (임금은) 인효仁孝하며, 성실함을 가지고 공경하는 마음이 혹이라도 갈라지는 때가 없는데, 또한 때로 먼 조상을 미루어서 근본에 보답할 때의 성실함과 공경함으로써 백성들을 대해야 하고, 백성들 역시 (임금을) 하느님처럼 받들고, 부모처럼 가까이 하여야 한다. 그러므로 『중용中庸』에서, "하늘에 제사하고 땅에 제사 드리는 예禮는 하느님[上帝]에게 제사지내는 것이고; 종묘宗廟의 예禮는 자기 선조에게 제사지내는 것이다. 천지에 제사지내는 예절, 천자天子의 종묘의 대제大祭와 가을 제사의 뜻을 분명히 알게 된다면, 천하를 다스리는 것이 손바닥을 보는 것과 같다!'라고[11] 하였다.

---

8) '乾稱父, 坤稱母.'「西銘」(乾稱篇第十七), 『正蒙』, 『張載集』, 北京: 中華書局, 1978, 63頁.

9) '明乎郊社之禮, 禘嘗之義, 治國其如示諸掌乎!' 『中庸今註今譯』19章, 宋天正註譯, 상동, 32頁.

10) 七廟는, 중국의 帝王이 자기 조상에게 제사하는 종묘宗廟를 말한다. 天子는 七世祖까지 거슬러 제사할 수 있는데, 太祖廟가 가운데 있고, 좌우에 각각 삼소三昭와 삼목三穆을 두었다. 昭와 穆은 宗廟에서 位次의 배열인데, 文王부터 계산하여, 단수單數세대는 穆行에 속하고, 쌍수雙數세대는 昭行에 속한다.

11) '郊社之禮, 所以事上帝也; 宗廟之禮, 所以祀乎其先也. 明乎郊社之禮, 禘嘗之義, 治國其如示諸掌乎!' 『中庸今註今譯』19章, 宋天正註譯, 상동, 32頁.

● **나의 견해(1)**: 『예기禮記』(「제의祭義」편)에서, '오직 성인만이 하느님[上帝]에게 제사할 수 있고, 오직 효자만이 어버이에게 제사할 수 있다.'라고[12] 하였다. '향饗'은 접대함[饗]이고; 접대한 다음에 제사지낼 수 있다. 하느님[帝天]의 고원한 신명神明을 모아서 그것에 통하고, 부모의 사당에서 이미 흩어진 정기精氣를 합하여 그것을 엉기게 할 수 있는 것은, 오직 어진 사람과 효자에게 있어서 흩어진 것을 모이게 하는 일심一心일 뿐이다.

● **나의 견해(2)**: 소순蘇洵(1009-1066)은, '바람과 물이 서로 만남에 가장 특이한 볼거리가 갖추어져 있을 것이다.'라고 하였는데, 이것은 천하의 덕행의 완비를 말한 것이다. 물의 문채도 아니고, 바람의 문채도 아닌데, 두 가지는 무심히 서로 만나서 문채를 만들어내기에, 따라서 천하의 지극한 문채라고 말한다. 석포惜抱(요내姚鼐, 1731-1815)가, '문채가 지극한 것은 신명神明에 통하고, 사람의 힘은 미치지 못한다.'라고[13] 했고, 또한, '지극한 문채는 조화의 자연스러움에 통한다.'라고 하였다. 이것은, 모두 바람이 물 위에서 불기 때문에 자연의 신묘한 묘경을 갖게 되기에, 문장의 신묘함을 추론한 것이니, 『역易』의 뜻과는 무관하다. 그러나 상제上帝에게 제사지내고 종묘를 세움은, 또한 자연의 본성을 벗어나지 않으니, 『역易』의 괘는 모두 수數와 의義를 겸하니 끝[窮]함이 없다.

초육효: 거세한 말을 부리니, 튼튼하여 길하다.
[初六, 用拯馬,[14] 壯吉.]
상에서 말한다. "초6효"가 "길함"은, 순종함이다.
[象曰: "初六"之"吉," 順也.[15]]

우번虞翻은 말한다. (초6효에서 하괘인) 감坎은 말[馬]이 되고, 92효를 받드니, 따라서 (초6효는) 순종함이다.

(장재의)『횡거역설橫渠易說』에서 말한다. (초6효는) '험한 곳[坎]' 아래에 있기에, 반드시 구제해야 한다. (초6효는) 위로 응하지는 않으면서, 순종하여 92효의 강함과 가까우니, 구조하는 말이

---

12) '唯聖人爲能饗帝, 孝子爲能饗親.'『禮記今註今譯』,「祭義」, 下冊, 王夢鷗註譯, 상동, 607頁.
13) '文之至者通乎神明, 人力不及施也.',『惜抱軒文集』卷六,「復魯絜非書」, 淸 姚鼐撰, 中國哲學書電子化計劃, https://ctext.org 참조.
14) 증증拯은 승쇄(거세함)의 가차이니, 지금의 선마騸馬(거세한 말)이다. 高亨, 468頁.
15) 초6효가 92효의 아래에 있으니, 순종함이다. 高亨, 상동.

씩씩[壯]하여, (초6효는) 그 길함이 마땅하다.

(정이의)『이천역전伊川易傳』에서 말한다. 여섯 효 중에서는 초6효만이 홀로 '흩어짐[渙]'은 '이산離散의 형세이니, 이를 너무 일찍 변별하면, 흩어짐에 이르지 못한다.'라고 말하지는 않았다. 초6효는 강중剛中의 재질에 의탁하기 때문에 그 '흩어짐[渙]'을 구할 수 있기에, 마치 씩씩한 말로서 먼 곳에 이를 수 있는 것과 같으므로, (초6효는) 길하다. 시작에서 '흩어짐[渙]'을 구제하면, (초6효는) 힘쓰기가 쉬우니, 시기가 순조롭다.

유원劉沅은 말한다. 말[馬]은 92효를 일컫고; (하괘인) 감坎은 말이 되며, 빼어난 척추가 되니, 씩씩한 말을 상징한다. '순종'은, (초6효가) 순조롭게 92효를 받듦이다. 초6효는 음이고 유순하며 자리가 낮아서, 본래 흩어짐을 구제할 재주는 없다. 그러나 (초6효는) 흩어지는 처음에 있으니, 구제하는데 쉽게 힘을 쓴다. 92효는 양陽이고 강건하며 중정中正한데, 흩어짐을 구제할 수 있고, 초6효가 친하고 가까우니, 순조롭게 95효를 따르게 되기에, 마치 사람이 험한 곳을 갈 때에 건장한 말에 의탁하여 빠르게 도달하나, 자기는 수고롭지 않은 것과 같다. 초6효의 자리는 백성이 되고, 백성은 현명한 신하를 따라서 임금에게 충성을 받침을 나타낸다.

리스전李士鉁은 말한다. 험난한 가운데에 들어가지 않고서, 그 험난함을 흐트러지게 할 수는 없다. 난세에 들어가지 않고서 그 난을 그치게 할 수는 없다. 초6효는 (하괘인) 감坎 아래에 있으니, 자리도 비천하고 힘이 약하므로, (초6효는) 건장한 말에 의해 구제를 받는다. 말[馬]은 92효를 말하고, 감坎 가운데 있으니, 빼어난 척추를 가진 말이다. 호체인 진震 또한 말이 되니, 양강陽剛이므로 건장하다. 말[馬]의 건장함은 사람들을 실어서 험난한 곳을 빠져나오게 할 수 있으며, 92효의 강함은 세상을 구원하고 험난함을 빠져나오게 할 수 있다. 초6효는 (92효를) 받들어서 순조롭게 하니, (초6효는) 그 힘을 이용함으로, 길하다.

마치창馬其昶은 말한다. (초6효는) 감坎을 몸[體]으로 하며, 호체인 진震을 앞에 가지고 있으며, 명이明夷괘의 62효와 같으니, 그러므로 거세한 말[馬]이 힘이 센 상象 또한 같다. 명이明夷괘 62효는, '법식에 따르니 말이 순종함[順以則]'은, 양陽을 받들어서 순조롭고, 자리가 마땅하여 본받는 것을 말한다. 환渙괘의 초6효는 양陽을 받드나 자리가 합당하지 않으므로, 다만 순조롭다고 말한다. 초6효는 대개 자기 변화를 경계해야함을 분명히 말한 것이다. 공자가『역易』의 사례詞例들을 편찬했는데 근엄한 것은『춘추春秋』와 마찬가지이다. 그러므로 학자는 반드시 말[辭]에 귀속하고, 일에 견주어서 그것(『역易』)을 보아야 한다.

구이효: 급류가 급하게 계단으로 닥쳐서, (마당의 쓰레기들이 휩쓸려나갔으니,) 후회함도 없어졌다.

[九二, 渙奔其机,[16] 悔亡.]

상에서 말한다. "급류가 섬돌(의 오물)들을 쓸어가니", 바라는 바를 얻은 셈이다.

[象曰: "渙奔其機," 得願也.]

우번虞翻은 말한다. (하괘인) 감坎은 가시[棘]가 되고, 굽은 것을 곧게 펴는 교矯나 곧은 것을 휘게 만드는 유輮가 되고, (호괘인) 진震은 발[足]이 된다. '멧대추나무[棘]'를 다듬는데 발[足]이 있으니, 간艮 넓적다리가 그것에 기대므로 책상[机机]의 모양이다. 종묘 안을 흩으려 놓았기에, 따라서 (92효에서) 안석安席(几)을[17] 설치한다.

유원劉沅은 말한다. (하괘인) 감坎은 조급한 마음이고, 호체인 진震은 발이니, 도망가는 모양이다. '분奔'은 질주하여 전진함이다. 책상 궤机는 안석安席인 궤几와 같으니, 몸이 의지하여 편안한 것이다. 92효는 강중剛中으로 험난한 곳을 벗어나게 하는 재주가 있는데, 현명한 군주에게 나아가서 자기의 도道를 실행하니, 따라서 (92효는) 편안한 곳으로 급히 나아가는 상이다. (92효에서) 원顯함은 흩어진 것의 구제를 원함이다. 구제할 때의 실정이 성대하므로, 그 군주와 백성으로 하여금 요순堯舜의 군주와 백성처럼 되게 하는 것이, (92효가) 진실로 원하던 바이다. 공자나 맹자가 바쁘게 분주했지만 자기 기댈 곳을 얻지는 못했다. 두 노인[백이伯夷와 태공망太公望]이 주周나라로 돌아갔으면, 분주했었으나, 기댈 곳[机]은 얻었을[18] 것이다.

강번江藩(1761-1831)은 말한다. 『주례周禮』, 「춘관종백春官宗伯」편에서, '(궤几나 자리[席]같은 기물器物을 관장하는) 사궤연司几筵에서, 다섯 개의 궤几와[19] 다섯 개의 좌석의[20] 명물名物을 주관하는데,[21] 모두 종묘의 가운데에서 신하들이 함께 천자天子를 알현할 때[朝覲]와, 큰 향사鄕射

---

16) 환渙은 물 흐름이다. 분奔은 급히 달려옴[急赴]이다. 궤机는, 漢帛書『周易』에는 계階이다. 高亨, 469頁.

17) 안석案席은, 벽에 세워 놓고 앉을 때 몸을 기대는 방석, 제향祭享에 쓰는 기구器具의 한 가지이다.

18) '孟子曰:「伯夷辟紂, 居北海之濱, 聞文王作興, 曰,『盍歸乎來! 吾聞西伯善養老者.』太公辟紂, 居東海之濱, 聞文王作興, 曰,『盍歸乎來! 吾聞西伯善養老者.』天下有善養老, 則仁人以爲己歸矣.'『孟子』,「離婁」上章(7:13) 참조.

19) 五几는 옥궤玉几, 조궤彫几, 동궤彤几, 칠궤漆几, 소궤素几이다. 옥궤玉几는 왕이나 神이 기대는 几이다. 나머지 4궤几는 혹은 왼쪽 혹은 오른쪽에 세운다.

20) 五席은, '골풀로 짠 자리[莞席],' '마름으로 짠 자리[藻席],' '복숭아 가지와 대나무로 만든 자리[次席],' '왕골로 짠 자리[蒲席],' '곰 가죽으로 만든 자리[熊席]'를 말한다.

21) '司几筵, 掌五几五席之名物.'『周禮今註今譯』,「春官宗伯」第三, 林尹註譯, 상동, 214頁.

때에 쓰였다.

마치창馬其昶은 말한다. '분奔'은 바삐 달려 나감을 일컫는다. 『시詩』에서, '태묘太廟 가운데에서 빠르게 분주하다.'라고[22] 말했고, 정현鄭玄전箋에서는, '모두 함께 분주하게 와서 종묘에서 제사를 도움'이라고 했다. (이것이 곧 이른바 궤机를 (차리는데) 바쁨이다. 92, 95효는 모두 중中을 얻었는데, 95효는 가운데에서 제사를 주관하는 왕이고, 92효는 분주하게 제사를 돕는 신하이다. 마땅히 흩어지는 때에는, 하느님[上帝]에게 제사지내고 종묘를 세울 수 있기에, 따라서 원하는 것을 얻는다. 종묘에서 제사 일이 있으면 영예롭다. 굳셈[剛]이 와도 궁함이 없기에, 따라서 (92효는) 자리를 잃었어도 후회함이 없다.

육삼효: 몸의 오물을 물로 씻어냄처럼 (덕행의 오점을 제거하니,) 후회할 것이 없다.
[六三, 渙其躬,[23] 无悔.]

상에서 말한다. "몸의 오물을 물로 씻어냄"은, 뜻이 남(을 교육하고 나라를 다스림)에 있다.
[象曰: "渙其躬," 志在外也.[24]]

공영달孔穎達(574-648)은 말한다. (63효는) 밖으로 상9효에 응하니, 뜻이 밖에 있다.

(주희의) 『주역본의周易本義』에서 말한다. (63효에서) 뜻이 성공하는 때에는 그 사사로움을 사라지게 할 수 있으니, 후회함이 없게 된다.

역불易祓(1156-1240)은 말한다. 63, 64효는 사람의 자리인데, 외체外體는 남이고, 내체內體는 자기이다. 63효는 내체에 있으므로 자기 몸을 씻어냄이 된다.

고반룡高攀龍(1562-1626)은 말한다. 사람의 뜻은 안으로는 자기 한 몸만 보게 되면 마침내 밖으로 통하기가 어려워진다. 63효는 상9효와 응하니, 자기의 사사로움이 있는 것을 씻어내니, 후회함이 없을 것이다.

유원劉沅은 말한다. 자기 몸을 씻어냄은, 자기 몸의 사사로움을 흩어지게 하고 풀어내는 것이다. 63효는 홀로 응함이 있으니, (하괘인) 감坎에 있기에, 험난함 밖에 있다. (상괘인) 손巽 바람과 가까워서 서로 접하니, 얼음[冰]이 녹듯 의혹됨이 풀리기에, 구제하고 씻어내는 뜻을 가지고, 사람

---

22) '駿奔走在廟.' 『詩經譯注』, 「周頌」, 「淸廟之什」, 「淸廟」, 袁梅著, 상동, 938頁.

23) 환渙은 물로 씻어냄이다. '渙其躬'은 몸의 오물을 물로 씻어냄이니, 덕행에서 사악함을 씻어냄의 비유이다. 高亨, 469頁.

24) '志在外'는, 뜻이 남을 교육하고, 나라를 다스림에 있음이다. 高亨, 상동.

들에 자신을 낮출 수 있다. 밖은 안에 대비하여 말한 것이니, 몸이 안이고 천하가 밖이다. 외괘에서 물[坎]이 바람[巽]을 만나게 되니 환渙괘 63효가 상9효와 응하는 것으로, 뜻은 자기를 버리고 다른 사람을 따르는데 있다.

리스전李士鉁은 말한다. 63효는 몸 가운데 있으며, 호체인 간艮 역시 몸이 된다. 63효의 자리는 내괘에 있으나 뜻은 밖에 있다. 노자老子는, '자기의 이익을 밖에 두어야 자기가 보존된다.'라고[25] 말하였다. 또한, '내가 큰 근심을 갖는 것은, 내가 자신을 고려하기 때문이다. 자신을 고려하지 않는다면, 나는 무슨 걱정이 있겠는가?'라고[26] 말했다. 63효의 자리가 비록 중中은 아니나, 또한 저절로 후회함이 없다. '몸(의 오물)을 물로 씻어냄[渙其躬]'은, '나를 없앰[无我]'을 일컫고, '자기 무리(의 오물)를 씻어냄'은 '인재 없음[无人]'을 일컫는다. 나를 없앨 때만이 나를 얻고, 타인을 없앨 때만이 타인을 얻을 수 있을 것이다.

● **나의 견해**: 왕과 신하가 충직하고[蹇蹇], 자신을 고려하지 않기 때문에, 곧 '자기 몸(의 오물)을 씻어냄[渙其躬]'의 뜻이다.

> **육사효**: 군중들(의 오점)을 물로 휩쓸어갔으니, 크게 길하다. (홍수가) 언덕까지 휩쓸고 갔으니, (그 재난은) 평시에는 생각할 수도 없다.
> [六四, 渙其群, 元吉. 渙有丘, 匪夷所思.[27]]
> **상에서 말한다.** "군중들의 오점을 물로 씻어냄"은, (효과가) 넓고 큰 것이다.
> [象曰: "渙其群元吉," 光大也.[28]]

『여람呂覽』에서 말한다. (64효에서) "'환渙'은 현덕賢德의 뜻이다. '군群'은 '많음[衆多]'의 뜻이다. '원元'은 길리吉利의 시작이다. (64효에서) '군중들(의 오점)을 물로 씻어내니, 크게 길함[渙其群元吉]'은 보좌들이 현명한 이가 많음이다."[29]

---

25) '外其身而身存.'『老子繹讀』7章, 任繼愈著, 상동, 16頁.

26) '吾所以有大患者, 爲吾有身, 及吾無身, 吾有何患?',『老子繹讀』13章, 任繼愈著, 상동, 27, 28頁.

27) 渙은 물로 씻어냄이다. 元은 큼[大]이다. 有는 于와 같다. 匪는 非와 같다. 夷는 평상이다. '渙其群'은 군중의 오점을 물로 씻어냄이니, 군중들 덕행의 오점을 없앰의 비유이다. '渙有丘, 匪夷所思'는, 홍수가 언덕이나 산들을 휩쓸어가니, 그 물난리의 크기는 평상에 생각할 수 있는바가 아님이다. 高亨, 469頁.

28) 群은 군중의 汚點이다. 光은 廣의 가차이다. 高亨, 470頁.

29) "渙者賢也, 群者衆也, 元者吉之始也. '渙其群元吉'者, 其佐多賢也.",『呂氏春秋譯注』,「恃君覽」第八, 下

우번虞翻은 말한다. (환渙괘에서 호체인) 간艮 산은 언덕이 된다.

노씨盧氏(명名은 경유景裕[?-542])는 말한다. (환渙괘가) 92효로부터 64효에 있으니, (64효는) 자기 무리와 떨어진 것이다. (64효는) 제 자리를 얻어서 높은 자리를 받드니, 따라서 '길함이 큼[元吉]'이다.

소순蘇洵(1009-1066)은 말한다. 무릇 군중[群]이란, 성인이 천하를 씻어내어 통일시키려는 것이다.

(주희의) 『주자어류朱子語類』에서 말한다. (환渙괘에서) 인심人心이 흐트러지고 사라지는 때를 당하면, 각자 서로 붕당을 지어서 통일되게 할 수 없다. 64효만이 소인들의 사사로운 무리들을 흐트러뜨리고, 천하의 공정한 도리를 이룰 수 있으니, (64효는) '길함이 큼[元吉]'이다.

서기徐幾(13세기, 남송南宋 역학자)는 말한다. (64효는) 언덕[丘]이 쌓아서 높아진 것이다. 이夷는 '같은 동아리[同輩]'이다.

여기서余芑舒(13세기, 남송南宋 시인)는 말한다. 하괘는 본래 곤坤괘이여서, 3음이 무리를 이루었는데, (환渙괘에) 92효가 오고 64효가 있으니, 이것이 무리를 흩트린 것이다. 옛날에는 막혔으나(비否), 지금은 흩어지니, (64효는) 역시 '길함이 큼[元吉]'이다.

내지덕來知德(1525-1604)은 말한다. 무릇 사사로운 무리를 세우는 것은, 모두 마음이 어둡고 협소한 자들이다. (64효에서) 사사로움이 없으면 광대하다.

방포方苞(1668-1749)는 말한다. (환渙)괘는 비否괘로부터 왔으니, 하괘의 3음은 소인의 벗들이다(나의 견해: 이것은 비否괘의 아래 3음을 가리켜서 말한 것이다.). 6(음)이 위로 올라가 64효에 있으니(나의 견해: 이것은 비否괘의 62효가 올라가서 환渙괘 64효에 있음을 말한 것이다.), 환渙괘를 이루게 되면, 소인의 무리는 흩어질 것이다. (이것이) 바로 이른바 굳셈[剛, 95효]이 와서, (64효는) 궁함이 없다는 것이고, 유순함(64효)이 밖[外卦]에서 자리를 얻었기에, 위와 같음을 말한 것이다.

혜사기惠士奇(1671-1741)는 말한다. (64효에서) 언덕은 임금을 비유한다. 95효는 왕으로 바른 자리에 있으므로, (95효는) 언덕의 상이다. 음은 평지이고 양은 높은 언덕이다.

유원劉沅은 말한다. 곤坤은 친구이니, 무리의 상이고; 호체인 간艮은 산이 되니, 언덕[邱]의 상이다. 음이 (64효에서) 바른 자리를 얻었는데, 아래로는 사사롭게 응하는 것이 없다. 천하의 붕당과 사사로운 견해를 흐트러뜨려서, 천하의 공리公理를 취합하니, 흩어지는 가운데에 취합이 있는 것

卷, 張玉春 等譯注, 哈爾濱: 黑龍江人民出版社, 2004, 655頁.

은, 일반 사람의 사고가 미치는 바가 아니다. 아래의 두 구절[句]:('煥有丘, 匪夷所思.')은 위를 받들어 찬미한 것이다.

리스전李士鉁은 말한다. 사람들은, 무리가 무리를 이루는 것은 알지만, 무리가 아니었는데 무리가 되는 까닭은 알지 못한다. 64효가 홀로 그 무리에서 벗어나서 95효를 받드니, 작은 무리를 떠나는 것이 큰 무리를 이루는 것이다. 하늘과 땅은 사사로움이 없이 덮고 떠받치기에, 덮고 싣지 않음이 없다. 해와 달은 사사로이 '비추고 밝음을 받는 것'이 없으므로, 비추고 밝음을 받지 않음이 없다. 군자가 사사로운 붕당朋黨이 없으면, 현명하고 재주 있는 사람들 모두 그의 붕당이 될 것이다. 64효는 마음의 자리에서 생각하는데, 한번 사사로움에 매이게 되면, 여러 생각들을 어찌 모아서 많은 이익으로 넓히겠는가?

후왠쥔胡遠濬(1869-1931)은 말한다. 비否괘의 62효는 무리를 어지럽히지 않는데, 이른바 군자와 신하의 구분이 엄격해야 함을 아래에 있는 사람에게 말한 것이다. (환渙괘에서) 64효를 흐트러트리고 그 무리를 흐트러뜨려서 붕당의 사사로움을 끊어 버린다는 것은, 위에 있는 사람에게 말한 것이다.

마치창馬其昶은 말한다. 『설문해자說文解字』(許愼撰)에 의하면, '환渙은, 흘러가서 흩어짐[流散]'이다. 물이 흘러서 흩어지지만, 언덕을 만나면 (흐름을) 그친다. 95효와 호체互體인 간艮은 산이 되는데, 물 위에 있으니, '환渙'에는 언덕의 상이 있다. (64효에서) '흩어짐[渙]'의 때에는, 천하 사람들이 모두 하나의 존자尊者를 얻음으로써 천하가 통치되고 거느려질 수 있기를 생각하는 것은, 마치 산을 얻어서 물을 막는 것과 같다. (『시詩』의) 「조풍曹風」, 「하천下泉」의, '다스려짐을 생각함[思治]'이다. 『시詩』를 설명하는 이가, '아래의 백성들이 자기 있을 곳을 얻지 못하여 근심하면서, 지혜로운 왕과 현명한 제휘[伯]를 생각하게 된다.'라고30) 말하였다. 이것은 보통사람이 생각할 수 있는 것이 아니다. 무릇 세력이 같으면, 서로 아랫자리에 있지 않으려 하니, 힘이 대등하면 반드시 뽐냄[逞]을 찾게 된다. 전국戰國시대에 방희房喜는 한왕韓王[韓昭侯]에게, '큰 나라들은 (주周나라의) 천자(가 다시 회복됨)을 싫어하고, 작은 나라들만이 그것을 이롭게 여긴다.'라고31) 말하였다. 천자天子가 있는 것을 싫어함, 이것이 천하를 흔드는 일이다. 64효는 (제) 자리를 얻어서

---

30) 「下泉」, 思治也. … 下民不得其所, 憂而思明王賢伯也.' 『毛詩註疏』卷七, 「下泉」, 『毛詩正義』(十三經注疏 整理本), 5冊, 상동, 561頁.

31) '房喜謂韓王曰: "…大國惡有天子, 而小國利之.', 『戰國策新校注』, 「韓三」, 下卷, 403 '魏王爲九里之盟'章, 繆文遠譯注, 成都: 巴蜀書社, 1987, 1022頁.

95효를 받드는데, 지금 흔들음의 가운데서 취합을 찾는다면, 반드시 아래로는 현명하고 재주 있는 자를 구하고, 위로는 지혜로운 군주를 받들어야 하니, 자기 무리를 흔들면 현재賢才들이 밖으로 나오게 될 것이다. 「여람呂覽」에서는, "이 (64)효에서, '환渙'은 현인賢人이다."라고[32] 말했는데, (이것은) 뜻을 푼 것이지 말을 푼 것은 아니고, 64효가 현자賢者이니, 자기 무리를 흔들 수 있기에, 돕는 사람들 역시 현인賢人들이 많다고 말했다. 돕는 이들의 현명함은, 62효가 변해서 92효가 되었음을 일컫는다.

• **나의 견해(1):** 장자莊子는, '대중을 부린다는 것은, 의심되는 것을 몰아서 천하로 하여금 하나로 귀속되게 하는 것과 같다.'라고[33] 말한다. 또한 '천하를 다스리는 것은 … 해로운 말[馬]을 없애는 것'이라고[34] 말한 것이다. 이것은 자기 무리를 흩어지게 하는 것이다.

• **나의 견해(2):** (64효가) 백성[丘民]의 인심을 얻은 것은, 천자가 되어서 '임금의 자리[王位]'에 있을 수 있게 되었기 때문이다.

구오효: (병이나 화禍로) 땀을 흘리고 (또) 크게 울었으며, 왕궁에서 (소인배들이) 쓸려나갔으니, 허물이 없다.

[九五, 渙其汗大號, 渙王居,[35] 无咎.]

상에서 말한다. "임금이 계신 곳을 (씻어냈으니) 재앙이 없음"은, (임금이) 바른 자리에 있는 것이다.

[象曰: "王居無咎," 正位也.]

유향劉向(전77-전6)은 말한다. (95효에서) '땀 흘리고 크게 울음[渙汗其大號]'은, 호령이 나면, 땀나는 듯이 하여 거꾸로 되지 않음을 말한다.

....

32) '渙者賢也.'『呂氏春秋譯注』,「恃君覽」第八, 下卷, 張玉春 等譯注, 상동, 655頁.

33) 이런 구절을『莊子』에서 찾지 못함. 그러나 「평생 바쁘게 일 했으나 그 성공을 보지 못하고, 극히 피곤하게 일했으나 귀숙할 데가 없으니, 슬프지 아니한가!終身役役而不見其成功, 苶然疲役而不知其所歸, 可不哀邪!」라는 구절은 보인다.『莊子淺注』,「齊物論」篇, 曹礎基著, 상동, 20頁.

34) '夫爲天下者, … 亦去其害馬者而已矣!',『莊子淺注』,「徐無鬼」篇, 曹礎基著, 상동, 367頁.

35) 원본의 '渙汗其'는 오류이고, 漢帛書『周易』에 따라서 바로 잡았다. 渙은 흐름이다. 號는 울음이다. '渙其汗大號'는 (병이나 화禍를) 만나서 땀을 흘리고 크게 울은 것이니, 흉한 상이다. '渙王居'는 홍수가 왕궁의 오물을 쓸어갔으니, 왕궁의 소인들을 없앤 것으로, 왕궁의 폐단을 없앴기에, 이것은 자연히 '허물없음[无咎]'이다. 高亨, 470頁.

정현鄭玄(127-200)은 말한다. (95효에서) '호號'는 명령이다.

순상荀爽(128-190)은 말한다. (95효에서) 덕교德敎를 펼치니, 왕이 자기 (합당한) 자리에 있으니, 따라서 (95효는) 허물이 없다.

호원胡瑗(993-1059)은 말한다. 땀은 살갗 속에서 나오는 것이고, 떨어져 나오면 막힌 것이 풀어지면서 질병이 낫는다. 95효는 높은데 있어서 호령을 내어, 덕을 베풀어서 윤택하게 할 수 있으며, 천하 사람들 모두로 하여금 임금을 믿을 수 있게 하므로, (95효는) 합당한 자리에 있으면서 허물이 없는 것이다.

석개石介(1005-1045)는 말한다. (95효에서) 험난함을 씻어내어 제거한 이후에는, 대중大中하고 지정至正한 군자가 아니라면, 바른 자리에 있을 수 없다.

주진朱震(1072-1138)은 말한다. (95효에서) 기강이 흐트러질 때에 백성은 자기 임금을 생각하고, 왕이 자기 자리를 바르게 하면, 흐트러지고 분산된 백성들은 돌아갈 곳을 알게 될 것이다. (상괘인) 손巽은 호령이다.

(주희의)『주자어류朱子語類』에서 말한다. (95효에서) 왕의 호령은 마땅히 가슴 한 가운데에서 나와야 한다. 중심으로부터 밖으로 나오고, 가까운 곳으로부터 먼데로 나아가면, 비록 지극히 어둡고 아득히 먼 곳일지라도 닿지 않은 곳 없이 미칠 수 있으니, 마치 사람 몸의 땀이 몸 가운데에서 나오면, 몸 전체에 두루 스며드는 것과 같다.

호일계胡一桂(1271~1368)는 말한다. (95효에서 호체互體인) 간艮은 몸[體]이 되고, (95효는) 몸이 있는 상象이니, (95효에서) 땀이 몸에서 나오는 것이다.

유원劉沅은 말한다. (환渙괘는) 감坎 물과 손巽 바람인데, 그것들은 발산되니 땀의 상이다. (상괘인) 손巽은 명령이 되니 호령이 되며, 95효는 높은데 있으므로, 크게 호령하는 것이다. 사람의 몸에 바람이 많이 생겨서 안에서 쌓이면 병이 생겨서 땀이 안 나고, 바람이 밖으로 흩어지면 땀이 나서 병이 낫는다. 천하도 한 몸과 같아서, 왕이 덕을 베풀고 은혜를 내리면 천하의 가득한 어둠이 풀어진다. 퍼트려지는 것은 크게 호령함이고, 퍼트려지지 않는 것은 천하 사람의 마음이다. (95효에서) 권세가 높은 자리에서 통합되고, 덕이 (임금의) 자기 자리를 바르게 하므로, (95효는) 허물이 없다.

리스전李士鉁은 말한다. 호체인 간艮은 몸이 되고, 감坎은 물인데, (95효는) 물이 몸 위에서 움직이니 땀 흘리는 모양이다. 땀을 흘리면 정체된 것들이 풀어지는데, 손巽 바람이 흩어지게 할 수 있으므로 '땀을 흘림[渙汗]'이다. 95효는 존위尊位에 있으니, 호령을 내는 임금인데, 땀을 내는 몸과 같아서 되돌려질 수 없으니, 이른바 호령을 내면 오직 실행되어야만 하기에, 다시 거꾸로 될 수는 없는 것이다. (호체互體인) 간艮은 문門이 되고, (하괘인) 감坎은 집[宮]이 되며, 95효는 왕의 자리이기에, 따라서 '왕궁에서 (소인배들이) 쓸려나감[渙王居]'이다. 왕은 천하를 집으로 여기니, 천하는 모두 왕의 거처이다. 왕은 그 소유함에 사사로움이 없어서, 그 토지를 흩어지게 해서 제후들에게 나누어주고, 그 기내畿內의 토지를 다시 분산하여 기내畿內의 공경公卿, 대부大夫들에게 준다. '왕궁에서 (소인배들이) 쓸려나갈[渙王居]' 수 있으면, 가는 곳 마다 왕의 자리가 아닌 곳은 없게 되므로, 허물이 없다. 63효는 신하의 자리이므로 자기 몸(의 오물)을 씻어냄은, 신하의 몸은 (사사로운 것이) 아니라는 뜻이다. 95효는 임금의 자리이므로 자기 자리(의 오물)을 씻어냄은, 왕의 밖은 없음의 뜻이다. 일설에서 '거居'는 쌓아둔 것을 말하기에, 그 쌓아 둔 것을 풀어서 백성들에게 나누어줌이다. 땀을 흘림은 자기 백성의 분노를 푼다는 것이고, '왕궁에서 (소인배들이) 쓸려나감[渙王居]'은 자기 백성의 재화를 풍부하게 한다는 것이다.

마치창馬其昶은 말한다. 유자후柳子厚(柳宗元, 773-819)은, '사람이 태어나서 처음에는 다툼이 있지 않을 수가 없고, 다투면 반드시 그 옳고 그름을 판단하여 명령을 들어야 한다. 그러므로 가까운 사람이 모이면 무리가 되는데, 모인 것이 흩어지면 반드시 싸움이 커진다. 덕이 있으면서 또한 크게 하는 것은 군중들의 어른[長]이니, 또한 나아가 명령을 들음으로써 그 부속된 이들을 편안하게 해서, 이에 제후들의 배열이 있게 되면, 그 다툼은 또한 큰 일이 된다. 덕이 또한 큰 사람은 또한 나아가 명령을 들어서 자기 봉토를 안정시키니, 이렇게 한 이후에야 천하가 하나로 통일된다. (이것이) 곧 이 (95)효의 뜻이다.

- **나의 견해(1)**: 이것은 '명령을 들음[聽命]'을 인용하여 '크게 호령함[大號]' 두 글자를 해석한 것이고, '하나로 모임[會於一]'을 인용하여 95효의 바른 자리를 해석한 것이다.
- **나의 견해(2)**: '자기가 있는 곳의 땅을 분산함'은, '하늘 아래에 왕의 땅이 아닌 곳이 없음' 이 것이고; '자기가 있는 곳의 재물을 풀음'은, 재산을 나누어주고 곡식을 베풀어서 크게 하사하니 (백성들이) 기뻐하고 복종함이다. 이것으로, (임금은) 크게 바름[正]에 머물 수 있는 것이다. 곧 맹자의 이른바, '(남자라면,) 마땅히 천하에서 가장 광대한 거처인 (인仁에) 머무르고, 천하에서 가장 바른 자리인 (예禮에) 서있으며, 천하의 대도大道를 행함이다.'[36] 어찌 허물이 있겠는가?
- **나의 견해(3)**: (왕통王通(580-617)의)『문중자文中子』에서, '천하가 무너지고 혼란스러우니, 지극히 공정하고 피와 정성으로 하지 않는다면, 편안할 수가 없다.'라고[37] 말하였다. (그것이,) 이 효

---

36) '居天下之廣居, 立天下之正位, 行天下之大道.'.『孟子譯注』,「滕文公」下章(6:2), 楊伯峻譯注, 상동,141頁.

의 뜻과 역시 서로 합한다. 대개 왕은, 호령을 발동하는 자리에 있으니, 반드시 공의롭고 성실하면, 이에 허물이 없을 수 있으며, 곧 흩어진 인심을 수습해서, 자기 (임금의) 자리에 있을 수 있다.

상구효: 자기 피를 흘렸으니 (흉함인데,) 떠나서, 멀리 달아났으니, 허물은 없다.
[上九, 渙其血, 去, 逖出,38) 无咎.]
상에서 말한다. "자기 피를 흘렸으나 멀리 떠났음"은, 피해를 멀리하기 위함이다.
[象曰: "渙其血(去逖出,)" 遠害也.39)]

우번虞飜은 말한다. (하괘인) 감坎은 피가 된다.

왕필王弼은 말한다. (상9효에서) '적逖'은 멀음[遠]이다.

장필張弼(1425-1487)은 말한다. (상괘인) 손巽 바람이 (하괘인) 감坎에 응하는데, 감坎은 피가 되는 괘이다. (상9효에서) 바람과 피는 항상 서로 쓰임이 되니, 흩어져서 그것들이 쓰이면, 영예로우나, 응결되어서 그것이 모아지면 해롭다.

항안세項安世(1129-1208)는 말한다. (상9효에서) 땀을 흘려서 뭉친 것을 제거하고, 피를 뿌려서 상해傷害받은 것을 멀리 한다. 위의 세 효는, 손巽[바람]으로써 감坎[물]을 흩음[渙]이다. 상9효는 험난함을 가장 멀리로 없애니, 따라서 말씀이 (상9효에서) 이와 같은 것이다.

고반롱高攀龍(1562-1626)은 말한다. 상9효는 험난함에 대응하여 험난함을 구제할 수 있으니, 따라서 (상9효는) '자기 피(의 오물)을 깨끗하게 할 수 있어[渙其血],' 그것을 제거하여 멀리에 보내게 한다.

주식朱軾(1665-1736)은 말한다. (곤坤괘에서) 9(양)이 6(음)을 바꾸면 감坎이 되는데; 감坎은 음물陰物이다. 지금 감坎이 되지 않고 환渙괘로 되게 했으니, 이렇게 감坎의 '근심으로 마음아픔[憂傷]'을 씻어 없앤 것은 상9효이다.

유원劉沅은 말한다. (하괘인) 감坎은 피의 괘가 되니, 상9효가 63효에 응하여 (상괘인) 손巽 바람으로 그것을 흩어내니, '피를 흩음[渙血]'을 상징한다. 상9효는 흩어지는 때를 당하여, 높은데서 험난함을 멀리 하니, 63효가 이에 응하는데, (상9효는) 양강陽剛으로 흩어짐 밖에 있으니, 난리를

---

37) '天下崩亂, 非至公血誠不能安.'『文中子(中說)』卷二,「天地」篇, (宋)阮逸註, 電子版文淵閣四庫全書, 上海人民出版社, 1999 참조.
38) '渙其血'은 자기 피를 흘림이다. 적逖은 멀음[遠]이다. 出은 달아남[走]이다. 高亨, 470血.
39) 이 문장은 마땅히 '渙其血去逖出, 遠害也.'로 보완되어야 한다.『周易注譯與研究』, 530頁 注7.

스스로 면할 뿐만 아니라, 또한 다른 사람들의 난리도 벗어날 수 있게 한다. 오는 것은 마땅히 버리고, 가까운 것은 마땅히 멀리 하며, 들어오는 것은 마땅히 퇴출하고, 요컨대 해害를 멀리함을 주로 한다. 인정이 흩어짐에는, 권세 있는 사당私黨들이 하나로 뭉치게 할 수 없는 것이고, 반드시 강정剛正을 흩어짐을 구제하는 근본으로 삼아서, 순리대로 흩어짐을 구제하는 인재가 되어야 하니, 지중至中하고 지정至正한 도道를 얻은 뒤에 할 수 있다. 초6효의 길함은 92효에 순종함이 되고, 92효의 '후회함이 사라짐[悔亡]'은 95효에 순종함이 되고, 63효의 '뜻이 밖(의 일)에 있음[志外]'은 자기 몸을 사사롭게 쓰는 것이 아니고, 64효의 '군중들(의 오점)을 물로 씻어냄[渙群]'은 남들에게 과시하는 것이 아니고, 95효라면 흩어짐을 구제하는 주인으로 천하를 한 몸으로 삼았으니, 상9효는 초연히 해침[害]을 멀리 하기에, 모두 해산으로써 말한 것이다.

진세용陳世鎔(19세기)은 말한다. 피가 전신에 흐르는데, 뭉치면 해害가 되니, 따라서 (상9효는) 반드시 풀어야 한다. 천지의 기운은 흩어져서 통해야 하니, 사람 몸의 기氣는 흩어져야 왕성해 진다.

마치창馬其昶은 말한다. 환渙괘 (여섯) 효爻에서, 63효만이 상9효와 상응한다. 무릇 효는 음양에 응이 있으면, 자기 자리에서 편안하고 변할 것을 생각하지 않는다. 상9효가 변하지 않으면 감坎의 상이 이루어지지 못하니, '자기 피를 흘림[渙其血]'이 된다. 감坎으로 변하지 않게 되니, 63효와 응함을 얻게 된다. 63효 역시 자기가 '자리(位)'를 잃었음을 돌아보지 않고 상9효에 응하기에, 따라서 63효는 '자기 몸(의 오물)을 씻어냄[渙其躬]'이 되니, (63효의) 상象에서, '뜻이 남(을 교육하고 나라를 다스림)에 있음[志在外也]'이라 말한다.

• **나의 견해**: 환渙괘가 뜻을 취함은 둘인데, ① 세력이 흩어져 모을 수 없으면 그 흩어짐을 모아 아름답게 함이고; ② 사사로움을 흩어서 뿌림으로써 공公이 되게 하니, 가운데[中]에 있지 않음이 없게 할 뿐이다. 초6효의 '거세한 (말馬)[拯渙]'은 순종을 힘으로 함이고, 92효의 '(오물을) 휩쓸어가 구제함[濟渙]'은 빠름으로 나아감이고, 63효의 '몸(의 오물)을 씻어냄[渙躬]'은 곤고한데 몸을 잊었음이니, 이것들이 모두 내괘에 있기에, 범위는 아직 넓지는 않다. 외괘에 이르면 천하의 나라들이 마땅히 흩어질 것을 말하게 된다. 64효는 '군중(의 오물)을 휩쓸음[渙群], 언덕을 휩쓸음[渙丘]'이니, 이것은 작은 무리들을 흩어서 큰 무리를 이룸이고, 사당私黨을 변화시켜 공당公黨을 이루며, 백성[丘民](의 지지)를 얻어서, 천자가 되는 것이니, 그 도道가 크게 빛이 남이다. 95효에서 '왕궁에서 (소인배들을) 쓸어냄[渙王居]'은 백성들에게 부유함을 저축하게 하며, 왕은 천하의 이로움을 사유私有하지 않고, 오직 중심에 있는 (왕)이 넓은 집에 기거하며 '바른 자리[正位]'를 만들어 내니, 따라서 순리로써 물을 건너는 공을 이루는 것이다. 상9효에서 해害를 멀리할 수 있어서, 휩

쓸어냄에 방해가 없으니, (진秦나라의 난리를 피해) 상산商山에 (은거한) 네 흰 눈썹과 백발의 늙은이나,[40] (동한東漢때의 은인隱人) 엄릉嚴陵(嚴光, 嚴子陵)은 낚시터[釣魚臺]에서, 진실로 은자들이 멀리 달아나고 높이 날라 갔으니, 활 쏘는 이가 (그들의 자유로운 낭만을) 어떻게 빼앗을 수가 있었겠는가? 씻어냄[澳]은 나타난 자취일 뿐, 휩쓸어낼 수 없는 것은 그들의 정신인데, 바람과 물이 서로 만나는 것과 같지 않은 적이 없다.

---

40) 商山의 사호四皓는, 흰 눈썹과 백발인 80세가 넘었던 원공園公, 기리계綺里季, 하황공夏黃公, 녹리甪里선생을 말한다.

60. 절節괘 ䷻

절節괘: (사람이) 절도가 있으면 형통하다. 절도함에 괴롭다면 (일을 함에) 바를 수 없다.
[節, 亨. 苦節, 不可貞.[1)]]

공영달孔穎達(574-648)은 말한다. 절節괘는 만들어냄[制度]의 이름이니, 멋대로 할 수 없음[節止]의 뜻이다. 일을 마름질할 때, 절제가 있으면 형통하다.

유원劉沅(1767-1855)은 말한다. 제制는 법제이다. 도度는 척도이다. 분分[寸의 1/10], 촌寸[10分], 자尺, 10寸], 장丈[10尺], 인引[10丈]을 다섯 척도라 한다. 「서괘序卦」전에서, '환渙은 흩어짐이다. 사물은 끝내 흩어질 수 없기에, 따라서 절節괘로 받았다.'라고[2)] 한다. 연못은 물을 받아들이니, 물은 연못이 저장하는 분량에 기대어 한계를 삼는 것이다. 대개 사물들은 서로 바탕이 되지만 한계가 있으니, 모두 절節괘의 상을 취한 것이다. (절節괘는) 지나침을 억제하고, 중中에서 멈추니 형통하다. 만약 너무 지나치면 천리天理와 인정人情에 합당하지 않기에, 고통스러운 절제라고 말한다. (절節괘는, 상괘인) 감坎에 (호체互體인) 이離가 엎드려있기에, 따라서 (절節괘는) '괴로움[苦]'이라 말한다. 스스로 절제하면 자기 본성을 거슬러서 항상[常]될 수 없고, 다른 사람을 절제하면 그 실정을 거슬러서 통할 수 없으니, 따라서 (절節괘는) 올바를 수 없다.

리스전李士鉁(1851-1926)은 말한다. (상체인) 감坎은 흐르려고 하고, (하체인) 태兌는 모으려고 한다. 연못 위면 망령되이 흐르지 않고, 물이 흐르면 넘치도록 차지 않으니, 절제[節]의 상이다. 또한 (하괘인) 태兌는 가을이 되고, (상괘인) 감坎은 겨울이 된다. 봄과 여름에는 생성이 일어남이 너무 심하기에, 따라서 가을에 거둬들이고 겨울에 저장하여 절제하는 것이다. 중간에 호체互體는 간艮과 진震이니, 진震은 움직이려 하고 간艮은 이를 멈추게 한다. 따라서 절제의 뜻이 있다.

단전에서 말한다. 절節괘에는 (절도節度가 있으니) "형통"하며, (상감上坎이고 하태下兌이니) 강건함

---

1) 절節은 괘명이고, 뜻은 절도節度이다. 亨은 형통이다. 高亨, 472頁.
2) '渙者, 離也. 物不可以終離, 故受之以節.', 「序卦」傳, 高亨, 651頁.

과 유약함이 구분되고, (92, 95효처럼) 강건함이 중위中位를 얻었다. "절도지킴이 괴로우면 올바름을 지킬 수 없으니", 도리가 막힌다. 희열[兌]하지만 위험[坎]을 거치나, (음양이) 절도로써 마땅한 자리에 있으니, 중정中正으로 관통한다.

[象曰: 「節」"亨," 剛柔分, 而剛得中.[3] "苦節不可貞," 其道窮也. 說以行險, 當位以節, 中正以通.[4]]

우번虞飜(164-233)은 말한다. 중정中正은 95효를 가리킨다. (상괘인) 감坎은 통함이 된다.

왕필王弼(226-249)은 말한다. 절제함에 큰 것으로, 강剛유유柔의 구분만한 것이 없으니, 남녀의 구별이다. 절제가 심하면 고통스러우니 사물들이 견딜 수 없다. 기쁨이 없이 위험으로 나가면, 중中을 넘어서 절제하게 되니, 도道가 궁하게 된다.

노씨盧氏(명名은 경유景裕[?-542])는 말한다. (상괘인 감坎의 경우,) 건乾의 93효가 분리돼 곤坤의 65효로 올라간 것이고, (하괘인 태兌의 경우,) 곤坤의 65효가 분리돼 건乾의 93효로 내려간 것이다. (나의 견해: 건乾을 분리하고 곤坤을 분리하는 것은, 곧 음양이 교대함을 가리킨 말이다.)

구양수歐陽修(1007-1072)는 말한다. 절제는 사람들을 이롭게 한다. (그러나) 절제를 너무 과하게 하면, 스스로 지키는 것이 오래가지 못하며, 비록 오래가더라도 다른 사람에게 베풀 수 없게 되니, 따라서 (절節괘는) 대중大衆과 이반함으로써 이름을 얻게 된다. (절節괘에서) 어려움을 귀히 여기고 스스로에게 각박한 것은, 모두 고통스러운 절제이다.

유원劉沅은 말한다. 강함과 유함이 분리되고, 감坎은 강함이고 태兌괘는 유함이니, 또한 음양의 효가 각각 세 개가 있어 마침 고르게 되면, 강함이 유함을 돕고 유함이 강함을 제재한다. 92, 95효는 강강强함이 중中을 얻었으니, 과過와 불급不及의 실수를 하지 않기에, 따라서 형통할 수 있다. 95효는 자리에 합당하여 천하의 권세를 조절할 수 있고, 중정中正하여 천하天下의 뜻을 통하게 할 수 있다. 절제의 형통함은, 중中으로써 형통한 것이지 고통으로써 형통한 것이 아니다. (절節괘는) 중中에 반한다면, 어찌 궁窮하지 않을 수 있겠는가?

• **나의 견해**: (절節괘는) 안으로 원망하는 여자가 없고 밖으로 홀아비가 없으니, 마땅히 절제로써 형통함을 삼은 것이지 괴로움은 아니다. (절節괘에서) 만약 혼인의 예禮가 폐기되면, 절제는

---

3) 節은 절도節度이고, 亨은 형통이다. 절괘는 下는 兌이고 上은 坎이니, '剛柔分'이다. 92, 95효가 각각 中位이니, '剛得中'이다. 高亨, 472頁.

4) 說은 悅(기쁨)의 가차이고, 내괘인 兌를 말하고 외괘인 坎은 險이다. 64, 상6효가 柔이고, 95효가 剛이니 모두 '當位'이다. 高亨, 473頁.

중中을 넘게 되고, 부부夫婦의 도가 고통스러워질 것이다.

하늘과 땅이 절도가 있으니, 사계절이 (제대로) 이루어진다. (나라를) 제도로써 절제하니, 재물을 잃거나, 백성을 해치지 않는다.
[天地節, 而四時成. 節以制度, 不傷財, 不害民.]

왕부王符(83-170)는 말한다. 밝은 왕께서 백성을 기르는 것은, (백성을) 근심하게[憂] 하고, 수고롭게[勞] 하고, 가르치고[敎], 깨우치는[誨] 것이다. 따라서 (절節괘는) 미세한 것에 신중하고 싹을 방비하여, 사악하게 됨을 막는 것이다. 따라서 『역易』(절節괘 단彖전)에서는, '절제[美節]가 재물을 해치지 않고, 백성을 해하지 않음'을 아름답게 여겼다.

정현鄭玄(127-200)은 말한다. (임금의) 빈 창고를 채우면 재물을 손상시키고, 부역이 번다하면 백성에게 해害를 입힌다. 이 두 가지는, (임금이) 크게 사치함이 불러일으킨 것이다.

곽옹郭雍(1106-1187)은 말한다. 비賁괘䷔와 절節괘䷻는, 모두 태泰괘에서 왔다. 비賁괘는 강함과 유함이 오직 바탕[質]만 있고 꾸밈[文]이 없으니, 따라서 문채를 이루게 한다. 절節괘는 강유剛柔가 지나치게 왕성함으로써, 절제가 없어지니, 절제시킨다.

유원劉沅은 말한다. 천지는 만물을 낳고 화육하는데, 사계절을 벗어나지 않는다. 음양이 절제가 있어, 사계절이 이루어진다. 왕이 세상을 다스리고 사물을 주재할 때 반드시 백성의 재물에 의지한다. 법제와 척도로 절제를 이루면, 백성의 재물이 풍족하여, 모두 중中을 얻게 된다. 이것은 절節괘의 형통함이 고통에서 취한 것이 아니라는 뜻을 밝힌 것이다. 제制는 법제이고, 도度는 척도이다. 분分, 촌寸[10分], 자尺, 10寸], 장丈[10尺], 인引[10丈]을 다섯 척도라고 한다. 감坎의 호체互體는 진震이니, (진震은) 험난함으로 가는 상이다. (상괘인) 감坎은 통함이고, 절節괘는 (하괘인) 태兌와 (상괘인) 감坎으로 되어 있다. 호체는 진震과 간艮이니 사계절이 있는 상이다.

정안丁晏(1794-1875)은 말한다. (임금이) 재물을 손상하면 백성을 해하지 않은 적이 없었으니, 성인聖人은 절節괘의 (단象)전傳에서 이것을 밝히셨다. 백성을 착취하고 각박하게 하고, 번잡하고 가혹하여, 정치를 해칠까 걱정하여, 절제하여 제재하니, 이러한 해害가 점차 사라져서, 백성은 삶의 희망을 갖게 된다. 당唐 태종太宗(李世民, 598-649)이, "임금은 나라에 의존하고, 나라는 백성에 의존한다. 백성들에게 각박하게 하며 임금을 받들게 하는 것은, 살을 잘라내어 배를 채우는 것과 같다. (임금의) 배는 부르지만 (백성들의) 몸은 죽으니, 군주는 부유해져도, 나라는 망한다."라고 말했다. 이 말씀은 매우 절실하여 천고의 귀감이 된다.

마치창馬其昶(1855-1930)은 말한다. 동중서董仲舒가, "희기喜氣는 따뜻하니 봄에 해당하고, 노기怒氣는 청량하니 가을에 해당하고, 악기樂氣는 태양太陽이니 여름에 해당하고, 애기哀氣는 태음太陰이니 겨울에 해당한다. 네 가지 기氣는, 하늘과 사람이 함께 갖고 있는 것이지, 사람만이 비축하여 길러낼 수 있는 것이 아니다."라고[5] 했다. 따라서 절제할 수 있으나 그치게 할 수는 없다. 절제하면 순조롭고 그치게 하면 혼란스럽다. 절제하면 순조로우니 '절도로써 합당한 자리에 있음[當位以節]'이라고 하였고, 그치게 하면 혼란스러우니 '중정中正으로 통함[中正以通]'이라고 하였다. 통하지 않으면 고통스러울 것이다.

상전에서 말한다. 못 위에 물이 넘치면, (조절해야하니) 절節괘이다. 군자는 제도를 창립하고, (사람들의) 덕행을 따진다.
[象曰: 澤上有水, "節," 君子以制數度, 議德行.[6]]

공영달孔穎達은 말한다. 군자는 절節괘를 본떠서 예禮와 제도, 등차等差를 제정하여, 모두 법도가 있게 한다. (군자는) 사람의 덕행을 따져서 임용하며, 모두 마땅함을 얻게 한다.

후과侯果(侯行果, 8세기 당唐나라 역학자)는 말한다. 연못 위에 물이 있으니, 제방으로써 조절[節]한다.

(정이의) 『이천역전伊川易傳』에서 말한다. 무릇 사물의 대소大小, 경중輕重, 고하高下, 문질文質은 모두 제도[數度]가 있어서, 절제 할 수 있다.

주진朱震(1072-1138)은 말한다. 연못이 물을 수용하는 것은 본래 한계가 있다. 비면 받아들이고 차면 빼내니, (군자는) 연못으로 절제를 한다.

유원劉沅은 말한다. 물은 무궁한데 연못은 유한하다. 유한으로 무궁함을 저장하는데, 절제하여 비게도[虛] 하지 않고, 넘치게도 하지 않으니, 따라서 '절제[節]'가 된다. 중中에 맞아서 넘치지도 않으니, 마치 대나무에 마디가 있는 것 같아서, '마디[節]'라고 한다. 수數에는 많고 적음이 있고, 도度에는 높임[隆]과 낮춤[殺]이 있고, 제도에도 '등급에 따른 절제[品節]'가 있어서, 귀천, 상하가 각자

---

5) '喜氣爲暖而當春, 怒氣爲淸而當秋, 樂氣爲太陽而當夏, 哀氣爲太陰而當冬, 四氣者, 天與人所同有也, 非人所能畜也.' 『春秋繁露今註今譯』, 「王道通三」第四十四, 賴炎元註譯, 상동, 296頁.

6) 制는 創立이고, 數度는 制度와 같다. 아래가 兌이니 못 위에, 물[坎]이 있는 것이 節괘이다. 물이 못 밖으로 범람하니, 제방을 쌓아서 절제해야 한다. 高亨, 473頁; 議는 儀와 같으니, 估量(양을 따짐)이다. 『周易注譯與硏究』, 537頁 注2.

자기 분수에 편안해 하며, 덕은 마음에 보존되고, 행동은 일에서 드러나는데, 의논하고 헤아려 사전에 고려하여, 중절中節을 찾게 되니, 내외가 서로 바로 잡히는 도道이다. (상괘인) 감坎괘는 바로잡는 것이니 제도를 상징한다. (하괘인) 태兌는 입의 혀가 되니, 의논을 상징한다.

마치창馬其昶은 말한다. 덕행을 논의하는 것은, (『상서尚書』,)「홍범洪範」편의 여섯 번째 삼덕三德이다.[7] (그것은,) 첫째 정직, 둘째 '강剛으로 다스림[剛克],' 셋째 '유柔로 다스림[柔克]'이다. 그리고 '충忠,' '질[質],' '문[文]'을 숭상하는 부류에 미치니; 모두 이에 해당한다.

초구효: 집 밖으로 나가지 않으니, 탈이 없다.

[初九, 不出戶庭, 無咎.]

상에서 말한다. "집 밖으로 나가지 않음"은, (길이) 통하는지 막혔는지를 앎이다.

[象曰: "不出戶庭," 知通塞也.[8]]

(주희의)『주역본의周易本義』에서 말한다. (초9효는) 양강陽剛이 바름[正]을 얻고, 절節괘의 시작에 있으니, (초9효는) 행동할 수는 없고 절제하며, 그칠 줄 아는 것이다.

풍의馮椅(1140-1232)는 말한다. 『설문해자說文解字』(許愼撰)에서, "호戶는 '보호함[護]'이다. 반쪽 문이 호戶가 된다."[9]

호일계胡一桂(1247-?)는 말한다. 이 (초9)효 앞에 양陽효가 있으면 호戶가 되고; 음陰효가 있으면 문門이 된다.

왕신자王申子(13세기, 원元대 역학자)는 말한다. '마땅히 그쳐야 해서 곧 그쳤으니, 아마도 통함과 막힘을 아는 군자일까? 말[辭]을 묶음에, 오로지 조심스런 말로 설명하였으니, (하괘인) 태兌의 몸[體] 때문이다.'[10] (나의 견해: 신중하고 꼼꼼할 수 있어야 통함과 막힘을 알 수 있다. 통할 수 없음을 알면, 그치고 막아야 하니, 바로 신중하고 꼼꼼하기 때문이다.)

당학징唐鶴徵(1538-1619)은 말한다. 아래 하나의 (초9)효가 태兌의 바닥을 막고 있기에, 따라서 (초9효는) 감坎[물]의 흐름을 조절한다. 초9효는 (하괘인) 태兌에 있으니, 바로 마땅히 통할 수는

---

7) '次六曰乂用三德.',『今古文尚書全譯』,「洪範」, 江灝, 錢宗武譯注, 상동, 233頁.

8) 색塞은 막혀서 통하지 못함이다. 高亨, 474頁.

9) '戶, 護也. 半門曰戶.',『說文解字』, 戶部, 東漢 許愼著, 상동, 961頁.

10) '秋山王氏曰: 時有通塞. 通則行, 塞則止. 當則即止. 其知通塞之君子乎? 繫辭專以愼密言語說之, 兌體故也.',『大易擇言』卷三十一, (淸) 程廷祚撰, 電子版文淵閣四庫全書, 上海人民出版社, 1999 참조.

없기에, 마땅히 막히는 때이다.

유원劉沅은 말한다. 호체인 간艮은 문門이 된다. 문은 밖에 있고, 집[戶]은 안에 있으니, 따라서 92효는 문門을 상징하고, 초9효는 집[戶]을 상징한다. 초9효는 64효와 응하니, (상괘인) 감坎[물]은 통함이 되지만, 92의 양효는 가리고 막는 것이다. (초9효는) 통함과 막힘을 알고, 마땅히 절제할 때에 절제하는 것을 아름답게 여기니, 막힘으로 하나[一]되는 것에는 적합하지 않다.

마치창馬其昶은 말한다. 건乾과 곤坤은 『역易』의 문이다. (節괘는) 건乾괘의 효 중에서 오직 93효만이 건乾에서 나와서 곤坤으로 들어간다. 초9, 92효는 모두 (건乾괘에서) 나가지 않았는데, 초9효는 자리에 맞고 (64효에) 응함이 있기에, 불변하여 '허물이 없음[无咎]'이니, (초9효는) 대개 문을 닫고 스스로를 다스리는 때이다. 92효는 (제) 자리를 잃었고 (95효의) 응함도 없으니, 변하지 못하면 흉凶한 것이다.

● **나의 견해**: 『노자老子』에서, "문밖을 나서지 않아도 천하를 알고, 창밖을 보지 않아도 천도天道를 안다."라고[11] 했다. 한비자韓非子는 이를 해석하여, "(귀, 눈 같은) 구멍이란 정신[神明]의 창문이다."라고[12] 하였으니, 이것은 정신이란 그 실체를 떠날 수 없음을 말한 것이다. 『회남자淮南子』에서 이것을 해석하여, "임금은 은밀한 곳에 깊이 처해 있으나, …그는 천하 사물을 알지 못하는 것이 없음은, 그에게 소식을 전해주는 길이 넓게 통달해 있기 때문이다."라고[13] 말했다. 노자는, '사람을 다스리고 하늘을 섬기는 데에는, 농사짓기[嗇=穡]만한 것이 없다.'라는[14] 것을 알아서, 항상 스스로 절제하고 그 정신을 아껴서, 밖으로는 지나치지 않게 했는데, 이것으로 막힘이 통할 수 있었으니, 절節괘의 초9효의 뜻을 얻은 것이다. 공자는, '(산등성마루의 까투리) 암수 컷은 때를 만났구나, 때를 만났구나!'하며[15] 탄식했는데, 역시 나가지 않는 뜻을 지킨 것이니, 곧 이것은, (공자도) 통하고 막힌 것을 안 것이다.

구이효: 집 문 밖으로 나가지 않았으니, 흉하다.

　[九二, 不出門庭, 凶.]

---

11) '不出戶, 知天下. 不窺牖, 見天道.'『老子繹讀』47章, 任繼愈著, 상동, 103頁.

12) '空窺者, 神明之戶牖也.'『韓非子全釋』, 「喩老」第二十一, 張覺譯注, 貴陽: 貴州人民出版社, 1995, 351頁.

13) '人主深居隱處, … 天下之物, 無不通者, 其灌輸之者大, 而斟酌之者衆也.'『淮南子全釋』, 「主術訓」, 上册, 許匡一譯注, 상동, 475頁.

14) '治人, 事天, 莫若嗇.'『老子繹讀』59章, 任繼愈著, 상동, 129頁.

15) '山羊雌雄, 時哉時哉!'『論語譯注』, 「鄉黨」篇(10:27), 楊伯峻譯注, 상동, 108頁.

상에서 말한다. (자기) "집 문 밖으로 안 나갔으나 (마을에서 절도를 안 지켰으면) 흉사"이니, 당시에 적절함을 상실한 것이다.

[象曰: "不出門庭凶," 失時極也.16)]

소식蘇軾(1037-1101)은 말한다. 물이 처음에 이르면, 못[澤]이 마땅히 (물을) 막아서, 마땅히 (물을) 통하지 않게 해야 한다. (물이) 일단 이르렀다면 마땅히 통하게 하고 막지를 말아야 한다. 초9 효가 나가지 않아서 허물이 없음은, (초9효는) 마땅히 막아야 함을 말하는 것이다. 92효에서 나가지 않아서 흉함은, (92효는) 마땅히 통하게 해야 함을 말하는 것이다.

유원劉沅은 말한다. 92효는 연못물이 성대히 일렁이는 때라서 마땅히 (물을) 소통해 내보내야 한다. 또한 (92효는) 중中에 있으며 95효에 응하고, 호체互體인 진震은 활동[行]인데, 간艮 멈춤[止] 을 만나서, (물이) 막혀서 나가지 못하니, 때는 할 수 있는데, 하지 않는 것이다. 나라에 도道가 있 는데 빈천한 것은, 단지 스스로만 온전하고, 다른 사람에게 공이 없는 것이니, 때에 맞는 자기의 도道를 잃은 것이다. (92효 상象전의) 극極은 중中이다.

리스전李士鉁은 말한다. 초9, 92 두 효는, 진행과 정지의 도道가 있고, 또한 치수治水의 방도가 있다. 우禹임금, 후직[稷], 안연顔淵[顔子]이 입장을 바꾸었어도, 모두 그렇게 했을 것이다.

마치창馬其昶은 말한다. 본(92)효 뒤에 양陽효가 놓이면 집[戶]이 되니, 닫힘[閉塞]의 상이다. (본 효) 앞에 음陰효가 놓이면 문[門]이 되니, 개통의 상이다. 동인同人괘 초9효의 '문을 나가서 사람들 과 함께 함[出門同人]'과 수隨괘 초9효의 '문을 나가 사귀면 공이 있음[出門交有功]'은 모두 62효가 앞에 있기 때문이다. 대장大壯괘 94효의 '울타리가 부셔져도 뿔이 얽히지 않았음[藩決不羸]'은 65 효가 앞에 있기 때문이다. 지금 절節괘 63효가 (92효) 앞에 있으니, 이것은 또한 거듭된 문이 열리 는 때이다. 95효는 자리에 마땅하게 절제하며, 중정中正함으로써 통하고, 64효가 95효를 받드니 형통하다. (절節괘의) 92효만이 홀로 막혀서 더불어 응하지 못하니, 흉한 것이 된다. 무릇 제도를 세우고 덕행을 논하는 것은, 모두 때를 따라서 세우고 논의하는 것이다. 때가 마땅히 변할 때면, 홀로 위배할 수는 없다. 92효는 강중剛中의 덕을 지녔기에, 흉함을 불러오는 것은, 가만히 앉아있 고, 때[時]가 변함을 모르는 것뿐이다.

---

16) 閭門(마을 문) 안에는 여러 집이 있어서, 누구나 절도를 지키지 않으면, 이웃에 피해를 끼치게 된다. 그래서 凶事이다. 極은 中이고, 適當이다. '失時極'은, 당시에 정확함을 모르면, 책임추궁을 받음이다. 周振甫, 216 頁, 注7과 注8.

● **나의 견해**: 일을 할 수 없을 때에는 마땅히 나가지 말아야 하니, 초9효의 자리는, 안자顏子[顏回]는 이를 안 것이다. 일을 할 수 있을 때에는 마땅히 출동해야 하니, 우禹임금과 후직[稷]이 세상을 구하고, 탕湯과 무武왕이 혁명을 한 것은 때가 그렇게 한 것이다. 이 사람들이 나가지 않았다면, 세상 사람들을 어떻게 했겠는가? 92효가 때를 잃음은, 마땅히 절제하지 말아야할 것을 절제한 것이니, (92효는) 흉한 것이 된다.

> **육삼효**: 제도를 안 지키니 징벌을 받게 되고, (징벌을 받아) 탄식하니, (회개하면) 장차 탈은 없다.
> [六三, 不節若, 則嗟若, 無咎.17)]
> **상에서 말한다.** "제도를 안 지켜서" (형벌을 받았기에) "한탄"하니, 또한 누구를 "문책"하랴?
> [象曰: "不節"之"嗟," 又誰"咎"也?]

왕필王弼은 말한다. (63효에서) 약若은 어조사이다.

(장재의)『횡거역설橫渠易說』에서 말한다. (63효에서) "다만 절제하지 못함을 탄식하고, 과실을 보완할 마음을 가졌으니, 또한 허물이 없다."18)

소식蘇軾은 말한다. (63효에서) 탄식하며 절제하니, 절제하지 않을 수 없다고 여긴 것이다.

오징吳澄(1249-1333)은 말한다. 절節괘와 동인同人괘에서, '또한 누구를 문책하랴[又誰咎也]?'는, (『역易』절節괘 63효)경문經文의 '무구無咎'를 해석한 것으로, '누구를 얻어서 자신을 탓하겠는가?'를 말했을 뿐이다. 해解괘 63효의 경문에 '무구無咎'가 없는 것은, 공자께서 잘못을 돌릴 곳이 없다는 것을 스스로 말씀하신 것이다.

호일계胡一桂(1247-1314)는 말한다. (하괘인) 태兌는 입이니, 탄식하는 상이다.

유원劉沅은 말한다. 63효는 (하괘인) 태兌 즐거움의 끝에 있으니 그 마음이 풀어져 있는 것이다. 호체互體인 진震은 두려움을 알기에, 이를 미리 걱정하니, 허물이 없을 수 있다. 태兌 입이 (상괘인) 감坎과 접촉하여 걱정을 더하니, 탄식을 상징한다. (63효는) 절제하지 못함을 탄식하니, 반드시 절제할 수 있을 것이다. 또한 누가 그를 탓하겠는가!

마치창馬其昶은 말한다. 절節괘의 뜻은, 강함과 유함이 나누어져 있어서, 모두 과도할 수 없다. 건양乾陽은 93효에 이르면 지나칠 것이다. (건乾은) 절제하지 못하여 항룡亢龍의 후회가 있으니,

---

17) 節은 제도이다. 若은 징벌함[責罰]이다. 嗟嗟는 탄식이다. 高亨, 475頁.
18) '但能嗟其不節, 有補過之心, 則亦无咎.',『橫渠易說』卷二, 節괘 93爻, 電子版文淵閣四庫全書, 상동 참조.

절제하면 이에 태兌 못이 되기에, 기쁘게 된다. 지금 절제하지 못함을 탄식하니, 9[陽]가 변하여 6[陰]이 되면[兌], 절제할 수 있게 되기에, 따라서 (63효에는) 허물이 없다. 이것은 괘를 이루고 있는 상을 말한 것이다.

● **나의 견해**: 동인同人괘 (초9효의) 「상전象傳」에서, "문을 나가서 사람들과 함께 하니, 또 누가 탓하겠는가[出門同人, 又誰咎也]?"라고 하였다. 해解괘 (63효의) 「상전象傳」에서는, "나로부터 도둑을 불러들였으니, 또 누구를 탓하겠는가[自我致戎, 又誰咎也]"라고 말했다. 글은 같으나 뜻은 다르다. 절節괘와 동인同人괘의 '누구를 탓하겠는가[誰咎]?'는, 모두 사람들이 자신에게 허물을 돌리지 못함을 말한 것이다. 해解괘의 '누구를 탓하겠는가[誰咎]?', 이것은 내가 다른 사람에게 허물을 돌리지 못함을 말한 것이다.

육사효: (사람들이) 제도에 편안해하니, 형통하다.
[六四, 安節, 亨.19)]
상에서 말한다. "(나라의) 제도에 안주"하여 "형통함"은, 임금의 도를 받드는 것이다.
[象曰: "安節"之"亨," 承上道也.20)]

(순상 등의) 『구가역九家易』에서 말한다. (64효에서) 64효가 '바름[正]'을 얻어서 95효를 받들어서, 위로 군주에게 통함을 말한 것이다.'21)

(정이의) 『이천역전伊川易傳』에서 말한다. 절節괘는 편안함을 좋은 것으로 여기며, 강함을 지켜서 편안하지 않으면, 상법[常]일 수 없다.

항안세項安世(1129-1208)는 말한다. 64효는 95효의 절제를 순순히 받아들여서 그 형통함을 얻는다. 형통함은 위로부터 되는 것이니, '임금의 도道를 받들음[承上道]'이라고 한다. 이것은 이른바 '제도를 제정함'이다.

조여매趙汝楳(13세기, 남송南宋 역학자)는 말한다. 95효는 자리가 합당하고 64효의 유함을 절제하니, 64효는 합당한 자리에서 95효의 도道를 받든다. '임금을 받들음[承上]'은, 64효가 95효의 절제를 편안히 여김을 밝힌 것이다.

---

19) 節은 制度이다. 亨은 형통이다. 高亨, 475頁.
20) 承은 遵奉(받들음)이고, 上은 임금이다. 高亨, 상동.
21) 荀爽 等撰, 『九家易解』, https://zh. m wikisource. org 참조.

유원劉沅은 말한다. '편안함[安]'은 '힘씀[勉]'에 대응하여 말한 것이다. 64효는 바름[正]을 얻어서 95효를 받들며, 또한 호체互體인 간艮 멈춤이니, 따라서 절제 받음에 편안하다. (64효는) 감坎 아래에 있으니 초9효에 응하기에, 아래로 가서 절제함이 있다. 물의 성질은 아래로 내려가기에, '편안[安]'이라 말한다. 상上은 95효를 가리킨다. 95효는 감坎의 양효이며 중정中正함으로 통하는 것인데; 물에서는 근원이 되니, 64효가 가까이에서 흐름을 받들고 교화를 펼치니, 따라서 (64효는) 형통하다.

리스전李士鉁은 말한다. 64효는 태兌 위에 타고 있어 물에 근원이 되며, (상괘인) 감坎괘의 아래에 있으니, 흐름이 성대하지 못하다. 95효의 양陽은 제방이 되고, 63효의 음陰은 계곡이 되니, 제방은 견고하고 물은 고요하니, (64효는) 안정한 물결의 상이다.

구오효: 제도를 즐거이 지킴으로 여기니, 길하며, 나아가면 상賞이 있다.
[九五, 甘節, 吉, 往有尙. 22)]

상에서 말한다. "제도를 즐거이 지킴"으로 "길함"은, (95효가) 중정中正의 자리에 있음이다.
[象曰: "甘節"之"吉," 居位中也. 23)]

왕필王弼은 말한다. (95효는) 절節괘의 주인이 되어 그 중中을 잃지 않으니 재물을 손상하지 않고, 백성에게 해를 입히지 않는다. 절제함이 고통스럽지 않으니, (95효가) 달게 여기지 않는다면, 어떻게 하겠는가?

(정이의) 『이천역전伊川易傳』에서 말한다. (95효는) 이른바 절제함으로써 합당한 자리이기에 중정中正으로 통하는 것이다. (95효는) 자신에 있어서는 편안히 행하니, 천하는 기쁨으로 따르기에, 그 공이 크다.

항안세項安世는 말한다. 95효는 중中을 얻은 것을 달콤하게 여긴다. 단맛은 오행에서 '가운데 자리[中位]'이다.

전일본錢一本(1539-1610)은 말한다. (95효는) 소통해서 천하를 절제하는 것을 말한다. (나의 견해: 한漢나라 문제文帝는 몸소 천하 사람보다 앞서 절검을 실천하였다. 이것이 소통하여 천하를 절제해서 그 기쁨을 얻은 것이다.)

---

22) 節은 制度이다. 감절甘節은 제도를 달콤한 것으로 여겨서 잘 지킴이다. 尙은 상賞의 가차이다. 高亨, 476頁.
23) 節은 制度이니, 甘節은 제도를 달게 여기니, 즐거이 제도를 지킴이다. 95효가, 中位이기에, 正中의 도를 지킴이다. 高亨, 476頁.

좌광두左光斗(1575-1625)는 말한다. 예禮는 화和를 귀하게 여기니, '절제[節]'는 그 속에 있을 것이다. 무릇 사람은 마음과 몸이 과하면 모두 고통스러운데, 너무 심한 것을 제거하면 달게 된다. 궁하여 통함을 알면, 오직 이것만이 중정中正하다. (95효는) 제도로써 절제하여, 상하에 구분이 있고, 이름과 기물이 마땅하면, 백성들은 스스로 부지불식중에 이를 따르니, 절제는 얼마나 감미甘味롭겠는가?

이광지李光地(1642-1718)는 말한다. (95효는) 중中에 있으니, 중中으로부터 말미암는 뜻이 있다. (95효는) 물이 가운데[中]에서 나오는데, 그 맛은 달다.

유원劉沅은 말한다. (95효에서) 발동하여 '절도에 맞으니[中節]', 화和라고 한다. 달가운 절제는 '조화和'의 지극함이다. 절제는 중中을 귀하게 여긴다. 95효는 높은 데에 있으며 중덕中德을 지니니, '지나침[過]'과 '모자람[不及]'이 없다. 이른바 (절節괘의) 단전象傳의 '(음양이) 절도로써 마땅한 자리에 있으니, 중정中正으로 관통함[當位以節, 中正以通]'에 해당한다.

리스전李士鉁은 말한다. 호체互體인 진震은 농사일을 달게 여기니, 95효는 진震 위에 있기에, 따라서 달게 된 것이다. 달다는 것은 중화中和한 맛이다. 95효는 양강陽剛으로 중中을 얻었기에, 따라서 '제도를 즐거이 지킴[甘節]'이다. 절제하여 예禮를 제정하니 예禮를 달게 여긴다. 예의禮義가 내 마음을 기쁘게 하는 것은, 고기가 내 입을 즐겁게 하는 것과 같다. 『중용中庸』에서, '절도에 맞는 조화라면, 천지가 제자리에 있고, 만물들이 길러진다.'라고[24] 했다. 중中의 도道를 행하고 절제를 잘하니, (95효는) 가면 숭상함이 있다.

상육효: (사람이) 제도를 괴로운 것으로 여기면, 바르더라도 흉하다.
[上六, 苦節, 貞凶, 悔亡.[25]]

상에서 말한다. "제도를 괴롭게 여기면 (행동이) 바르더라도 (결과가) 흉함"은, 도리가 막혔기 때문이다.
[象曰: "苦節貞凶," 其道窮也.]

순상荀爽(128-190)은 말한다. (상6효는) 위에서 양陽을 올라타고 아래에서 응함이 없으니, 따라서 그 도道가 궁하다.

간보干寶(286-336)는 말한다. 단전象傳에서, '절도 지킴이 괴로우면 바를 수 없음[苦節不可貞]'을

---

24) '致中和, 天地位焉, 萬物育焉.' 『中庸今註今譯』1章, 宋天正註譯, 상동, 3頁 참조.
25) 節은 제도이다. 貞은 正이다. '貞凶'과 '悔亡'은 서로 반대이다. 아마도 '悔亡'은 연문衍文이다. 高亨, 476頁.

칭했으니, 이 (상6)효에 있다.

공영달孔穎達은 말한다. (상6효에서) 절제가 지극해 중中을 넘어서면 고통에 이른다.

심해沈該(12세기, 남송南宋 역학자)는 말한다. (상6효는) 외괘에 있으며 자리가 없는데, (상6효는) 강직한 절개를 지키니, 스스로 고통스럽고 실천하기 어려운 행동이나, 그 몸을 닦으니 후회가 없을 것이다. 그러나 (상6효는) 함께 제정하고 의논할 만큼 통달한 사람이나 견식이 높은 선비는 아니다.

조여매趙汝楳(13세기, 남송南宋 역학자)는 말한다. 절節괘는 통함을 찾는다. 절제가 고통에 이르렀다면 계속할 수 있는 도가 아니다. (절節괘 상6효에서) 흉凶 아래에 '후회함이 없음[悔亡]'을 말하니, 대과大過괘 상6효에서 흉凶함 아래에서 '허물없음[无咎]'을 말하는 것과, 뜻이 서로 비슷하다.

고반룡高攀龍(1562-1626)은 말한다. (상6효는) 비록 흉하나 후회가 사라지니, 비록 고통스러우나 충실한 절제이다.

화학천華學泉(19세기, 청淸나라 역학자)은 말한다. 천하는 궁함을 당할 때가 있으니, 절제를 고통스러워하지 않을 수 없다. 성인은 '바르게 할 수 없음[不可貞]'의 뜻을 (절節괘의) 단전彖傳에서 드러내어, 이로써 사람들과 소통하는 절제를 귀하게 여겼다. '바르나 흉한데, 후회함이 없어짐[貞凶悔亡]'의 가르침을, (상6효의) 상전象傳에 설정해서, 곤궁해도 안정시키는 지조를 밝힌 것이다.

유원劉沅은 말한다. (상6효는) 절節괘의 끝, 감坎 험난함의 끝에 있으니, 따라서 고통스러운 절제가 된다. 정이程頤[程子, 1033-1107]는, "'후회[悔]'는 '잘못[過]'을 덜어서 중中을 따름을 말하니, 다른 괘의 '후회 없음[悔亡]'과 말은 같으나, 뜻이 다른 것이 이것이다."라고 하셨다. 도道는 곧 중정中正한 도道이다.

또 (유원은) 말한다. '통함과 막힘[通塞]'은 물[水]의 형세에 나아가서, 상을 취하였으니, '달고 씀[甘苦]'은 물의 맛에 나아가서, 상을 취한 것이다. (상6효에서) '절제가 괴로운 것[苦節]'은 중中을 얻지 못한 것이다. 정중正中하지 않고 마땅하지 않은 것을 '괴로움[苦]'이라고 한다. 나는 정이程頤의 『이천역전伊川易傳』의 해석을 좋게 여긴다. [93효의] '즉차則嗟'의 설명은, 장재張載[張子]의 해석을 옳게 여긴다.

초순焦循(1763-1820)은 말한다. (하괘인) 태兌는 '소금기 있는 단단한 땅[剛鹵]'이다. 『이아爾雅』에 따르면, '노鹵는 씀[苦]이다.'26) (이것은) '절제를 괴로움으로 여김[苦節]'의 '괴로움[苦]'을 해석한 것이다.

---

26) '鹵、矜、咸、苦也.', 『爾雅』, 「釋言」第二, 管錫華譯注, 2.045, 상동, 173頁.

리스전李士鉁은 말한다. (상6효는) 절節괘의 끝에 있으며 괴로움[苦]에 이르렀으니, 사람들이 감당하지 못한다. 상6효는 진실로 '제도를 괴롭게 여김[苦節]'에 편안해하고 후회하지 않았으니, 따라서 '후회가 없다[悔亡].' 백이伯夷의 굶어 죽음이나 (주周나라) 포초鮑焦의 은둔이 이와 비슷하다.

- **나의 견해(1)**: 기러기 털보다 가벼운 죽음이 있으니, 이러면 일의 한 토막도 고집할 수 없다. (절節괘의) 단전象傳에서 '절도를 지킴이 괴로우면 바를 수 없음[苦節不可貞]'이라고 말하였으니, 성인은 '절제節制에 통달함'을 귀하게 여긴 것이다. 태산泰山보다 무거운 죽음이 있으니, 비록 도道가 막히더라도, 절도節度를 잃어서는 안 된다. (상6효에서.) '절도를 지킴이 괴롭고[苦節],' '정도正道를 지켜도 흉함[貞凶],' '후회가 없음[悔亡]'을 말하였으니, 지사志士와 인인仁人들은 '큰 절개란 강탈할 수 없는 것'이다. 미자微子는[27] (은殷나라를) 떠났고, 기자箕子는 노예가 되었으니, 이들은 '절도를 지킴이 괴로우면 바를 수 없음[苦節不可貞]'의 도道를 얻은 것이다. (은殷나라) 비간比干은 간언하다 죽었으니, '절도를 지킴이 괴롭고[苦節],' '정도正道를 지켜도 흉함[貞凶],' '후회가 없음[悔亡]'의 도道를 얻은 것이다.

- **나의 견해(2)**: 때가 곤궁하여 도道가 쓰이지 않으면, 도가 막힌 것이지, 절제를 고통스럽게 여기는 사람일 수가 없다. 도가 궁한 때에는 도가 몸에 있으니, 자신에게 궁하지 않음이 있기에, 세상을 피하더라도 번민이 없고, (비록 자신이) 옳다고 여겨지지 않아도, 번민은 없으니, 무슨 회한이 있겠는가?

- **나의 견해(3)**: 천지는 사계절로 절도를 삼아 만물의 너무 지나침을 억제하여, 중中에 이르게 한다. 왕은 제도로써 절제로 삼으니, 만백성의 너무 지나침을 제재하여 중中을 얻도록 한다. 중中하면 통하지 않는 바가 없으니, 이는 절제의 바름[正]이 통하게 되는 것이다. 대개 '절제[節]'의 뜻은, 유폐流弊를 예방함에 있다. 아직 발생하지 않았을 때 금하는 것이 예豫라 하니, 할 만한 [때]를 당한 것이 시時이다. 나라의 쓰임이 그 시기에 해당하지도 않고 씀을 절제할 줄도 모른다면, 백성의 재물을 다치지 않게 할 수 없음이니, 곧 백성의 생명을 상하게 하지 않을 수 없다. 백성은 먹을 것을 하늘로 삼고 재물을 생명으로 삼는다. 다쳤기 때문에 손해를 받은 것이니, 이는 절제하지 못하는 폐단이 내 백성을 해치게 한 것이다. 따라서 공자께서, '나라를 다스리는 자는 반드시 쓰기를 절제하고, 백성을 사랑해야 한다.'라고[28] 하셨다. 창고가 비지 않고, 노역이 번잡하지 않게 하

---

27) 미자微子는 상왕商王제을帝乙의 장남으로 商을 배반하고 周나라에 투항하였다.

28) '子曰, "道千乘之國, 敬事而信, 節用而愛人, 使民以時.",『論語』,「學而」篇(1:5) 참조.

려면, 쓰임을 절제해야 하는데 착수하는 것을 따르지 않고서는, 불가능하다. 지당止唐선생(劉沅)은, 여섯 효는 물의 형세와 물의 맛에 나아가 상象을 취했다고 하였다. 초9효는 막힘을 아니, 곧 통함을 안 것이고, 92효는 막힘을 알지만 통함을 모르고, 63효는 제방이 무너지는 형세가 있으니, 경계하여 두려워할 줄 알아야 하고, 64효의 편안함과 95효의 달콤함은 모두 절제하여 중도中道를 얻은 것이다. 상6효는 '절제가 괴로움[苦節]'이니, 이에 중中을 얻지 못한 것이기에, '바르고 합당한 절제'를 말한 것이 아니다. (정貞은 바로 확고히 오래하는 뜻이다. 정중正中하지 않은 것을 '괴로움[苦]'이라고 한다. 비록 바르더라도 흉하다고 한 것은, 이런 바름은 할 수 없다는 것이니, 성인이 사람들을 가르친 뜻이 아니다.) 상6효를 해석한 것은, 여러 설명들이 조금씩 다르다. 때[時]가 막혀 도道를 사용하지 않는다고 삼가 말하는 것이지, '절제를 괴로움으로 여기는 사람'을 말한 것이 아니다. 도가 궁할 때에는, 군자는 도를 자신의 몸에 품고 있으니, 궁하게 되지 않는 것을 자신에게 가지고 있다. 세상을 피하여도 번민하지 않고, 옳게 여겨지지 않아도 번민하지 않으니, 무슨 후회가 있겠는가? 따라서 비록 올발라도 흉하나, 후회는 사라진다. 굴원屈原(약 전343- 약 전278)이 말한, '아홉 번 죽더라도 여전히 후회가 없다.'는 것은, 이 (상6)효사와 합치한다.

61. 중부中孚괘 ䷼

중부中孚괘: 충신忠信함이 복어(같은 하찮은 물건에)까지 미쳤으니, 길하여, 큰 내를 건넘이 이롭다. 바르면 이롭다.

[(中孚,) 中孚豚魚,[1] 吉, 利涉大川. 利貞.]

순상荀爽(128-190)은 말한다. (호체互體인) 간艮은 산과 언덕이니, 돼지가 머무는 곳이다. (하괘인) 태兌는 연못이니, 물고기가 있는 곳이다.

이강李綱(1083-1140)은 말한다. (중부中孚)괘의 효는 태어난 짐승 새끼를[胎卵] 부화시키고 보호하는[孚保] 상이다. 태아가 태어나는 많은 것 중에 돼지만한 것이 없고, 알에서 태어나는 많은 것 중에 물고기만한 것이 없다. '돼지와 물고기조차도 길'한 것은, 성인이 어진 마음으로 만물을 감화하니, 태생胎生[胎]과 묘생卵生[卵, 알]에까지 미치고, 그 다스림은 '어린 새끼[미묘麛卵]'를 죽이지 않고, 태아[胎]를 죽이지 않으니, 조수鳥獸나 물고기, 자라[魚鼈]를 취할 때 반드시 '새끼를 잉태하고 젖먹이는 시기[孕乳]'를 피하는 것이 이것이다.

유원劉沅(1767-1855)은 말한다. 중부中孚괘에는 두 개의 음효가 안에 있고, 네 개의 양효가 밖에 있으니, 92, 95효의 양陽이 모두 중中을 얻었다. 두 (상과 하) 몸[體]으로 말하면, 중中이 실實하고, 여섯 효爻로 말하면, 중中이 허虛하다. 중中이 허虛하니 사사로움이 없고, 중中이 실實하니 망령됨이 없다. 그러므로 '속이 진실함[中孚]'이라고 한 것이다. 또 (중부中孚괘는) 아래[兌]가 기쁨[說]으로 위에 응대하고, 공손함[巽]으로 아래를 거스르지 아니하니, 또한 믿음의 뜻이 된다. 「서괘序卦」전에서, "절제하여 믿게 되니, 따라서 이것을 중부中孚괘로 받았다."라고[2] 하였다. 복어[河

---

1) 중부中孚는 마땅히 겹쳐야 한다. 오징吳澄(1249-1333), 하해何楷(1594-1645), 마국한馬國翰(1794-1857) 등의 주장이다. 中孚는 괘명이며, 충신忠信의 뜻이다. 돈어豚魚는 복어이다. '中孚豚魚吉'은 충신忠信함이 복어 같이 하찮은 물건에 미치면, 신용을 지키니 멋대로 잡지도, 주지도 않으니, 길함의 뜻이다. 高亨, 477, 478頁.
2) '節而信之, 故受之以中孚.' 「序卦」傳, 高亨, 652頁.

豚는 큰 못 가운데에서 태어나고, 보이면 바람이 이른다. 바람을 점치는 자[占風]는 (그것을) 믿음으로 여겼다. 생기生氣가 물속에 잠겨있다. 감坎 가운데 일양一陽이, 만물을 낳는 조상[祖]이다. 바람이 아직 일어나지 않았지만 복어는 이미 알고 있으니, 기氣의 기미의 움직임이 일찍이 잠겨 있지만, 믿을 수 있다. (중부中孚괘는) 아직 형체가 있기 전에 사람을 감동시키고, 이미 형체가 있은 후를 서로 믿게 되니, 길하다.

리스전李土鉁(1851-1926)은 말한다. (중부中孚괘의) 63, 64효가 중허中虛이니, '믿음[孚]'의 쓰임이다. 92, 95효는 중실中實이니, '믿음[孚]'의 몸[體]이다. 돼지와 물고기 두 사물은, 제사하고 잔치함에 쓰이지 않을 수가 없다. 돼지와 물고기가 길한 것이 아니라, 믿음이 돼지와 물고기에 미친 것이 길한 것이다. (하괘인) 태兌 못은 내[川]의 상이다. (상괘인) 손巽 나무는 배가 되어서 물을 건넌다. (중부中孚)괘의 바깥은 실實하고, 안은 허虛하니, 또한 배[舟]의 상이다. 충忠과 신信으로 파도를 건넌다. (중부中孚괘는) '중中'을 믿는[孚] 덕이 있으니, 그러므로 '큰 내를 건넘이 이롭다[利涉大川].'

단전에서 말한다. 중부中孚괘는, (63효처럼) 유약함이 안에 있고 (95효처럼) 강건함이 중위中位를 얻었다.

[彖曰: 「中孚」, 柔在內而剛得中.]

육희성陸希聲(801-895)은 말한다. 63, 64효가 한 몸으로 합하니, 중부中孚괘의 주인이 된다. 부드러움이 안에 있고 강함이 그것을 감싸니, 새의 알이 부화하여 충만해지는 상이다.

(정이의) 『이천역전伊川易傳』에서 말한다. 두 음효가 안에 있어, 중中이 허함은, 정성스러움을 형상하는 것이 된다. 두 양(92, 95)효가 중中을 얻어 중中이 실함은, 믿음의 상이 된다.

소식蘇軾(1037-1101)은 말한다. 중부中孚괘라 말하는 것은, 가령 날짐승의 '신뢰[孚]'는, 알 속에 있은 이후에야 부화할 수 있는 것과 같다. 안에 양이 없으면 생성되지 않으니, 그러므로 반드시 '굳셈[剛]'이 가운데를 얻은 연후에야 중부中孚가 된다.

유원劉沅은 말한다. (중부中孚괘에서) '부드러움[陰]이 안에 있음[柔在內]'은, 63, 64 두 효가 음陰임을 일컫는다. '굳셈[剛]이 중中을 얻었음[剛得中]'은, 92, 95 두 효가 양陽임을 일컫는다. 오직 (63, 64효가) 비어있어서, 그러므로 (중부中孚괘는) 마음을 작게 하여, 천하의 선善을 불러올 수 있다. (중부中孚괘는) 오직 (92, 95효가) 실實하기에, 따라서 자기 정성스러움을 오래[久]하여, 천하의 극변함[劇]에 대응할 수 있다. (이것이) '중부中孚'가 될 수 있는 까닭[所以]이다.

희열[兌]하며 겸손[巽]하니, 성실하고 믿음성 있어서 나라를 교화시킨다. "복어를 취함에 길함"은, 믿음성이 복어 (같은 작은 것들)에까지 미친 것이다.

[說而巽, 孚乃化邦也.3) "豚魚吉," 信及豚魚也.]

유향劉向(전77-전6)은 말한다. 요순堯舜의 정성은, 만국을 감화하고 천지를 움직인 것이다. 그러므로 황무지 밖에 바람이 불고, 기린과 봉황이 날아다니며 춤을 추니, 아래로는 미물微物에 이르기까지, 모두 자기 살 곳을 얻게 된 것이다. 『역易』의 '중부中孚괘에서 복어[河豚]가 길함中孚豚魚吉'은, 이것을 말한다.

(장재의)『횡거역설橫渠易說』에서 말한다. "위에서는 공손[巽]하여 베풀고, 아래에서는 기뻐[兌]하며 받드니, (중부中孚괘는) 그 가운데에 반드시 감화하여 나오는 것이 있다. 아마도 '믿음[孚]'은 알[卵]을 덮어주는 상이니, (중부中孚괘에는) 반드시 태어나는 도리[理]가 있다."4)

유원劉沅은 말한다. 믿음이 앞에서 끝났는데, 갑작스럽게 대응하는 것은, 마치 복어[河豚]가 바람을 만나서, (중부中孚괘에서) 기약하지 않고서, 스스로 믿는 것과 같다.

소병국蘇秉國(1762-1829)은 말한다. 돼지와 물고기 두 사물은 시시한 것이나, 모두 일용 생활에 필수적인 것이다. 하지만 (중부中孚괘에서) 백성을 사랑하고 만물을 아끼는 것에서부터 미루어서 이것에 미치면, (중부中孚괘는) 반드시 도道로써 키우고, 먹는 것을 때에 맞게 하고, 씀을 예禮에 맞게 하니, 이것이 지극히 정성스러운 자는 자기 본성을 다하여 만물의 본성을 다 이루는 제사를 할 수 있다. (중부中孚괘) 단전彖傳에서 '믿음이 미침[信及]'이, 이것이다.

마치창馬其昶(1855-1930)은 말한다. (중부中孚괘에서) '복어[河豚]가 길함[豚魚吉]'은, 마음속에 측은해하는 진실함이 아래로 만물에까지 미친 것이다. 모두 송사를 논할 때[議獄]에 죽임을 늦추는 마음을 미루어 본 것이다.

• **나의 견해**: 차마 다른 사람을 해칠 수 없는 마음에서부터, 만물을 해칠 수 없는 것으로 미루어 보았으니, 그러므로 (중부中孚괘는) 길하다.

---

3) 中孚는 誠信, 또는 信이다. 아래가 兌이니 열悅(기쁨)이요, 위의 巽이 겸손이다. 초9효가 92효 아래에 있으니 '剛在內'이고, 95효가 상괘의 中位이니 '剛得中'이다. 高亨, 478頁.

4) '上巽施之, 下悅承之, 其中必有感化而出焉者. 蓋孚者履乳之象, 有必生之理.', 『橫渠易說』卷二, 下經, 中孚, 電子版文淵閣四庫全書, 상동 참조.

"큰 내를 건넘에 이로움"은, (속이) 빈 나무배를 탄 것이다. 속이 진실하여 "(사람을) 이롭게 하고 바르니", 이에 천도天道와 합치한다.

["利涉大川," 乘木舟虛也. 中孚以"利貞," 乃應乎天也.]

왕숙王肅(195-256)은 말한다. 중부中孚괘의 상은 밖은 실하고 안은 허하니, 흡사 비어있는 나무의 배[舟]를 탈 수 있는 것과 같다.

조언숙趙彦肅(12세기, 남송南宋 역학자)은 말한다. 하늘의 도는, 사계절이 틀리지 않으니, 그 끝을 아는 자가 없다. 주돈이周敦頤(1017-1073)는, "'바르면 이로움[利貞]'은, 정성[誠]이 반복된 것"이라고 말하였다.

왕우박王又樸(1681-1760)은 말한다. 무망无妄괘는 움직임에 건실하게 실행하여 하늘의 덕이니, 그러므로 사덕四德[元, 亨, 利, 貞]을 갖추고 있다. 중부中孚괘는 기뻐하여 부드럽게 들어가니, '사람의 도[人道]'이기에, 따라서 '바르면 이로움[利貞]'을 말하고 있다.

유원劉沅은 말한다. (중부中孚괘는, 상괘인) 손巽 나무이니 비어있는 배를 타고서, (하괘인) 태兌 못[澤] 위를 건너니, 가라않을 근심이 없고, 자기 마음을 비우고 이치를 채워서, 위태로움을 구제할 수 있는 것이, 이와 같다. (중부中孚괘는) 반드시 '바름으로 이로움[以利貞]'이기에, 오직 바르게 해야 천리天理에 합하여 인심에 응할 수 있고, 믿음이 믿을 수 없는 것에 이르지 않는다는 것이다. (중부中孚)괘에서 허중虛中·실중實中을 의미로 삼는 것은, 지극히 허虛하고 지극히 정성됨이니, 하늘의 마음이 여기에 있기에, 따라서 (중부中孚괘에서) '하늘에 응함[應乎天]'을 말한 것이다.

증국번曾國藩(1811-1872)은 말한다. 사람은 반드시 마음을 비워 '아무것[一物]'도 떠오르지 않은 이후에 진실 되고 망령되지 않을 수 있다. 아마도 실實은 속이지 않음을 말한다. 사람이 남을 속이고 스스로를 속이는 까닭은, 마음속에 별도의 사사로운 사물에 집착해서이다. 속이지 않는 자는 마음으로 사사롭게 집착함이 없다. 그러하기 때문에 천하의 '지극한 정성[至誠]'은, 천하의 지극하게 빈 것이다. (중부中孚괘에서) 영명하고 집착함이 없으면, 만물이 와서 순응하니, 이것이 비어있다고 말하는 것이고, 이것을 '정성[誠]'이라 말하는 것뿐이다.

마치창馬其昶은 말한다. (『중용中庸』에 의하면,) '성誠'은 천도天道이고, '정성되게 함[誠之]'은 인도人道이다.[5] 중부中孚는 이른바 '정성되게 함[誠之]'이니, 마음을 다하여 하늘에 합하기에, 따라서 (중부中孚괘는) '이에 천도天道와 합함[乃應乎天]'이라고 한 것이다.

---

5) '誠者, 天之道也; 誠之者, 人之道也.'『中庸今註今譯』, 宋天正註譯, 상동, 37頁.

• **나의 견해**: 무조건 되는 것도 없고, 무조건 안 되는 것도 없다는 것은, 곧 영명하여 집착하는 바가 없는 것이다. 하늘은 본래 비어 있어 '정성스러움[誠]'이며, 사람은 비어서 정성스러울 수 있으니, (중부中孚괘에서) '이에 하늘에 상응함[乃應乎天]'이다.

상전에서 말한다. 못 위에 바람이 부는 것이 중부中孚괘이다. 군자는 형벌을 의론함에 (덕교를 베풀고), 사형死刑을 완화시킨다.
[象曰: 澤上有風, "中孚," 君子以議獄緩死.]

공영달孔穎達(574-648)은 말한다. (중부中孚괘는), 바람이 못 위를 지나가니, 두루 하지 않음이 없다. 믿음이 만물에 도달함에, 이르지 않음이 없는 것과 같다.

(정이의) 『이천역전伊川易傳』에서 말한다. 군자가 천하의 일에 대하여, 충忠을 다하지 않음이 없고, '송사를 의논하고 죽임을 늦추는 것[議獄緩死]'은 그 중에 가장 중요한 것이다.

양만리楊萬里(1127-1206)는 말한다. 바람은 형체가 없지만, '그윽하여 보이지 않는 것[幽潛]'을 고무시킬 수 있고, 진실함은 형상은 없지만, 사람과 만물을 감화시킬 수 있다. 중부中孚괘의 감화는 삶을 좋아하니, 죽이지 않는 것보다 중요한 것이 없다.

항안세項安世(1129-1208)는 말한다. 송사를 앞으로 정하려고 했으면 그것을 의논하고, 이미 결정되었으면 또 늦추니, 이러한 후에 인심人心을 다한 것이다. 그러므로 (중부中孚괘에서) 송사에 이겼어도 믿음이 있고, 졌어도 믿음이 있다[輸而孚].

왕기王畿(1498-1583)는 말한다. 죽음에서 '늦춤[緩]'은, 죽음 가운데 살릴 방도를 구하는 것이다. 왕이 귀를 기울이고 삼공三公[太師, 太傅 太保]이 다스리고, 사구司寇[법무장관]가 다스리는 것이, '송사를 의논함[議獄]'이다. 열흘 동안 판결하고, 이십일 동안 판결하고, 세 달이 되어서야 상소하는 것이, '죽임을 늦추는 것[緩死]'이다.

유원劉沅은 말한다. (하괘인) 태兌는 '입과 혀[口舌]'가 되니, 의논함을 형상한다. (상괘인) 손巽은 과단성이 없음이니, 늦춤을 형상한다. 서기徐幾(13세기, 남송南宋 역학자)는, "(『역易』, 중부中孚괘에서 공자는) 「대상大象」(十翼)전傳에서, '쟁송[用獄]'에는 다섯 가지가 있는데, 모두 우레와 불의 뜻을 취하였다."라고[6] 하였다. 본(중부中孚)괘의 상전象傳은 이離괘와 유사하고, 가운데 호체

---

6) '孔子「大象」言: "用獄者五, 皆取雷火之意.", 『周易集註』卷十二, 中孚, 明 來知德撰, 電子版文淵閣四庫全書, 상동 참조.

互體는 진震과 간艮이니, 따라서 '그러하다'라고 말했다. 하지만 이와 같은 해석은 선생님[공자]이 상을 취한 본의가 아니다. 아마도 물은 못에 괴어 있어서, 그 기미가 막혀있을 것이다. 바람이 천천히 불어야, 생의 기미가 비로소 펼쳐진다.

짱홍즈張洪之(1881-1969)는 말한다. '송사를 의논함[議獄]'은, 들어가는 가운데 나감을 구하는 것이다. '죽임을 늦춤[緩死]'은, 죽이는 것 가운데 살려보고자 하는 것이다. 한漢나라 선宣왕 때에, 노원서路溫舒(전1세기, 서한西漢시대)가 '덕을 숭상하고 형벌의 완화[尚德緩刑]'를 건의하며 상소한 글에서, '끊어진 것은 다시 이을 수 없고, 죽은 자는 다시 살릴 수 없다.'라고 하였으니, 어진 사람의 말이다. 순舜임금은 생生을 좋아하는 덕으로 민심을 흡족하게 하였다. 그러므로 죄가 의심되면 경감하고, 공功이 의심되면 후하게 하였다. 무고한 자를 죽이는 것보다는, 차라리 잘못되어 근거가 되지 못하기를 바랐다. 이것은 모두 중부中孚괘와 합치하는 상象일 것이다. 전불의隽不疑(전1세기, 서한西漢시대)는, 죄수들의 기록을 다시 (살펴서, 그들을) 돌려보냈으며, 돌아올 때마다 (반대되는 사실로 판결을 뒤집어서 오판誤判을 바로잡는) 평반平反을 많이 하면, 어머니가 기뻐하고, 아니면 노하여 음식을 먹지 않았다.[7] 구양공歐陽公의 아버지인 숭공崇公은 밤에 형서 기록을 다루면서, 죽음에서 생을 구하였는데, 생을 구하려다 얻지 못함에 이르러서는, 이에 형사 기록한 책을 폐기하고, '어찌할 수 있겠는가?'라고 탄식하였다고 한다. 또한 이 의미와 합치한다.

초구효: (자기 집이나 일에) 편안하면 길한데, 다른 병환이 있으면 (또한) 편안하지 않다.
[初九, 虞吉, 有它不燕.[8]]
상에서 말한다. "초9효"에서 "자기 직업에 안주하면 길함"은, (자기) 뜻이 아직 바뀌지 않음이다.
[象曰: "初九" "虞吉," 志未變也.]

공영달孔穎達은 말한다. (초9효에서) 연燕은 편안함이다.

양만리楊萬里는 말한다. (초9효에서) 우虞는 헤아림[度], 막음[防]이다. 『상서尚書』에서, '미리 헤

---

7) 노리老吏는 곧 노련한 관리라는 뜻인데, 한漢 소제昭帝 때 준불의隽不疑가 서울의 시장京兆尹으로 있을 적에 그가 매양 관할 주현州縣을 순행하면서 죄수罪囚들의 정상을 심리하고 돌아올 때마다 그의 모친이, "평번平反을 해서 몇 사람이나 살렸느냐?"고 물어보아서 불의가 만일 평번을 많이 했다고 대답하면 모친이 매우 기뻐하였으므로, 불의不疑는 법관으로 재직할 때에 엄하면서도 잔인하지 않았다는 고사에서 온 말인 듯하다. 『漢書』卷71, 隽不疑傳 참조.

8) 우길虞吉은 자기 집에 편안하고, 자기 직업에 편안하면 길함의 뜻이다. 有它는 의외의 병환이다. 연燕 또한 편안함이다. 高亨, 479頁.

아리지 못한 일을 경계하라!'라고[9] 하였고, 췌萃괘(상전象傳)에서, '예측하지 못하는 사태를 경계함'이라 한 것이 이것이다. 사특함을 막지 않으면 정성[誠]은 보존되지 않는다. 가인家人괘의 '방지함[閑]', 중부中孚괘의 '편안함[虞]'은 모두 초9효에서 보인다. 가정을 방호하고 마음을 방비함이 모두 초9효에 있다. 그러므로 (초9효의) 상象전에서, '뜻이 바뀌지 않았음[志未變]'을 알리고 있다.

유원劉沅은 말한다. 왕씨汪氏[汪烜, 19세기, 청淸대 음악가]는, 우虞를[10] '제사[祭]'라고 주석하였다. 『의례儀禮』에 의하면, 장사[葬]지낸 다음 날, "첫제사[始虞]에는 … (망자亡子가 조상과 함께 조묘에서 받는) 겹祫제사를 애통하게 올린다고 하고, 두 번째 제사[再虞]에는 (망자의 영혼이 조묘祖廟에 안치되는) 우虞제사를 애통하게 지낸다고 하고, 세 번째 제사[三虞]에는 '애통하게 우제虞祭를 드림'으로 완성한다."라고[11] 했다. (『예기禮記』의,)「단궁檀弓」편에서, '장삿날에 우虞제사를 지내는 것은, 차마 하루라도 떨어지는 것을 참지 못하는 것이다.' 그러므로 이미 장사지내고, '돌아와서, 정오正午[日中]에 (매장 후 분묘墳墓에 돌아와서 지내는 안신제安神祭인) 우虞제사를 하고,'[12] 하루가 지나 한 번 (더) 제사지내니, 무릇 삼일 우제虞祭하는 것은 애모哀慕가 진실한 것이다. 이미 우제虞祭한 후에 졸곡卒哭[우虞제사를 치르고 죽은 지 백일 만에 드리는 제사]하니, 상제喪祭가 바뀌어 길제吉祭가 된다. 초9효에서 '믿음[孚]'은 외부 유혹이 없으니, 우제虞祭에서 슬퍼하고 다른 것을 흠모함이 없는 것과 같기에, 따라서 (초9효의 상象전에서) '뜻이 아직 바뀌지 않았음[志未變]'이라고 한 것이다. (초9효에서) '다른 병환이 있으면 (또한) 편안하지 않음[有它不燕]'이니, '우虞제사는 길함[虞吉]'의 뜻을 펼친 것이다. 장사지낸 후에 부모의 형신形神을 보고 듣지 못함을 애통하나, 마치 보고 듣는 것처럼, 따라서 (초9효에서) 거듭 삼제로서 (혼을) 부른 것이다. 지극한 정성이면 애통해하는 것이 가장 절실하기에, (초9효에서) '편안하지 않음[不燕],' '바꾸지 않음[未變]'의 말에로 귀착된다. 물[坎]이라는 것은 천지의 생기이고, 바람[巽]은 기氣가 만물들을 고무시키는 것이다. 군자가 사람에 있어서도 또한 그러하니, 본래 지극히 진실하고 지극히 비어있는 마음가짐은 천하와 함께하여, 서로 보이게 된다. (초9효에서) 한 결 같이 공정한 마음과 사사로움이 없음으로서 보고 실천하니, 권력을 잡으면 천하일가를 이루고, 권력을 잃으면 마땅히 선善한 무리들을 찾게 된다.

---

9) '儆戒无虞.'『今古文尚書全譯』,「大禹謨」, 江灝, 錢宗武譯注, 상동, 37頁.

10) 우虞는 亡人을 매장하고 들이는 첫 번째 제사이다.

11) '始虞…"哀薦祫事." … 再虞, "哀薦虞事." 三虞, "哀薦成事.",'『儀禮』,「士虞禮」第十四, 彭林譯注, 상동, 485頁.

12) '反, 日中而虞. 葬日虞, 不忍一日離也.'『禮記今註今譯』,「檀弓」下, 上冊, 王夢鷗註譯, 125頁.

마치창馬其昶은 말한다. 중부中孚의 덕은, 92, 95효에서 이루어진다. 초9, 상9효는, 일의 처음과 끝이다. 초9효는 괘의 처음에 있으며 자리가 합당하니, 그러므로 (초9효에서) '뜻이 아직 바뀌지 않음志未變'이라 한 것이다. (초9효의 상象전에서) '헤아려서 길함虞吉'은, 헤아린 이후에 길하다는 것이다. 무릇 믿기에 앞서서, 반드시 뜻의 적합함을 헤아려야 한다. (유자有子가 말한,) 이른바 '지키겠다는 말이 의義에 부합하면, 한 말이 실현될 수 있다.'는[13] 것이다. (초9효에서) '다른 마음이 있음有它'은, 상9효를 말하니, 상9효의 자리는 부당하고, 또 95효의 바깥에 있으니, 높이 올라가서 믿음이 없는 것이다. 믿음으로 끝냄은 어렵기에, 상9효로도 마칠 수 없는데, 어찌 초9효가 홀로 편안할 수 있겠는가?

구이효: 학이 나무그늘에서 우는데, 그 새끼들이 화답한다. 술잔에 좋은 술이 있으니, 나는 자네와 함께 마시고자 하네.

[九二, 鳴鶴在陰, 其子和之. 我有好爵, 吾與爾靡之.[14]]

상에서 말한다. "그 새끼들이 화답함"은, 속마음에서 바라는 것이다.

[象曰: "其子和之," 中心願也.]

가의賈誼(전200-전168)는 말한다. 『시詩』에서, '군자는 화락하고 또 평범한데, 백성의 부모이네.'라고[15] 하였는데, 성왕의 덕을 말한 것이다. 『주역』(중부中孚괘 92효)에서, "'우는 학鳴鶴'이 나무그늘에 있으니, 그 새끼가 화답한다."라고 한 것은, (임금에 대한) 사민士民들의 보답을 말한 것이다. 군주가 나라이고 백성은 자식이라는 것은, 자신에게 되돌아서 찾는다면, 군도君道는 갖추어질 것이다.

『회남자淮南子』에서 말한다. '춥고 덥고 건조하고 습기가 많은 것은, 같은 부류가 서로 따른 것이다. 소리[聲響]의 느리고 빠름은, 음으로 서로 응한 것이다. 그러므로 『역易』(중부中孚괘 92효)에서는 "우는 학이 나무그늘에서 울면, 그 새끼들이 화답한다."라고 한 것이다.'[16]

맹희孟喜(전1세기, 서한西漢 역학자)는 말한다. (92효에서) 미靡는 함께 이다.

---

13) '有子曰: "信近於義, 言可復也.' 『論語譯注』, 「學而」(1:13), 楊伯峻譯注, 상동, 8頁.

14) 陰은 음蔭[그늘]의 가차이니, 나무그늘이다. 和는 응應이다. 작爵은 술그릇인데, 모양이 작은 참새이다. 吾는 연문衍文이다. 미靡는 함께이다. 高亨, 480頁.

15) '愷悌君子, 民之父母.' 『詩經譯注』, 「大雅」, 「生民之什」, 「泂酌」, 袁梅著, 상동, 808頁.

16) '寒暑燥濕, 以類相從; 聲響疾徐, 以音相應也. 故『易』曰: "鳴鶴在陰, 其子和之.', 『淮南子全釋』, 「泰族」, 下冊, 許匡一譯注, 상동, 1,176頁.

우번虞飜(164-233)은 말한다. (92효에서 호체인) 진震은 잘 우는 것이 된다.

주진朱震(1072-1138)은 말한다. 양陽이 92효에 있으니, 음(의 자리)에 있는 것이다. 천둥소리가, (하괘인) 태兌에서 감응하니 한가을[正秋]에 울린다.

심해沈該(11세기, 남송南宋 역학자)는 말한다. (92효에서) 양陽은 기뻐하며 아래에서 울고 있고, 음은 기뻐하며 위에서 따르니, 화합을 형상한다. (나의 견해: 학鶴은 호체인 간艮 뒤에 있으니, 이는 산의 음陰[북쪽]이 되는 것이며; 또한 (92효가) 63효 음陰 아래에 있다. 양이 기뻐함은 92효를 가리키고, 음이 기뻐함은 63효를 가리키니, 음[북쪽]이고; 모두 태兌이다. 위에서 순종함은 (상괘인) 손巽을 가리킨다.)

하해何楷(1594-1645)는 말한다. (중부中孚괘에서) 가운데에 두 음은 새의 알과 같고, 92, 상9효는 그것을 믿는[孚] 것이니, 마치 알을 품고 있는 것과 같기에, 그 새끼들의 상이다.

유원劉沅은 말한다. (92효에서) 학은 못의 새가 되고, 가을이 오면 운다. (하괘인) 태兌는 못이 되니, 한가을[正秋]이다. 호체인 진震은 잘 우는 것이다. 92효는 음 자리인데, 간艮 산 아래, 태兌 가운데에 있으니, 따라서 (92효는) '음에 있음[在陰]'이라 말한다. 92효는 초9효와 덕이 같고 몸[體]이 같으니, 서로 믿고 서로 기뻐한다는 말을 세우게 되었다.

팽신보彭申甫(1807-1887)는 말한다. 『설문해자說文解字』(許愼撰)에서, 작爵은 예기禮器이다. 종묘의 예禮에서, 신분이 귀한 사람은 작爵으로 올린다. '호작好爵'은, 곧 시인詩人이 잔을 비움[康爵]을 말한다. 우번虞飜(164-233)은 또한, 미靡를 '함께[共]'로 풀었다. (이것은) 곧 맛 좋은 술[旨酒]을 즐긴다는 뜻이다.

리스전李士鉁은 말한다. (호체인) 간艮은 '젊은이[小子]'가 되고, 자식들은 63효를 가리킨다. '믿음[孚]'의 본뜻은 새가 알을 품는 것이다. 92효는 양으로 음을 품으니, 알을 품은 상이다. 63효는 자기 속에 있는 것이니, 따라서 (92효는) 자기 새끼들을 상징한다. 위아래 괘의 '두 입[兩口]'이 서로 대답하니, 그러므로 (92효는) '화답함'이다. (92효에서) 한 몸으로 서로 화합하니, 자연스럽게 감응하고, 하늘을 '믿는 것[孚]'이다. 작爵은 (하늘이 내린) 천작天爵과 같다. 92효는 양강陽剛으로 중中을 얻어서 신하의 자리에 있으니, 그러므로 (92효는) '좋은 벼슬[好爵]'이 있는 것이다. '나[我], 나[吾]'는 92효 스스로를 가리킨다. '너[爾]'는 63효를 말한다. '작위를 좋아함[好爵]'은 사람이 함께 좋아하는 것이니, 내가 가지고 있으면, 내가 너와 공유하기를 원하는 것이다. 일설에, 작爵은 술잔이라고 한다. 92효는 (호체互體인) 감坎의 효爻로 술이 되고, (호체互體인) 진震은 받드는 그릇[仰盂]으로 '술잔[杯]'이 된다. 『시詩』에서, '내게 좋은 술이 있으니, 손님은 마시고 즐기세요.'라고[17] 하였다. (92효는) 함께 즐기는 것을 말한다.

야오융푸姚永樸(1861-1939)는 말한다. 『설문해자說文解字』에서, '음陰은 어둠이다[闇]. 물로는 남쪽이고, 산으로는 북쪽이다.'라고[18] (말한다.) 92효는 못 가운데에 있으니, 앞에는 호체는 간艮 산이기에, 이런 상이 있게 된 것이다.

마치창馬其昶은 말한다. (92효에서) 학이 울고 새끼들이 화답하는 것은, 말하는 것의 상이다. 여기에서 자극하여, 저기에서 반응한 것이니, 그러므로 (『주역』, 「계사繫辭」전에서,) '말[言]은 (자기) 몸에서 나와서 백성에게 덧붙여진다.'라고 한 것이다. (92효에서) 작爵을 좋아하고 너와 함께 하는 것은 행동함의 상이다. 맛좋은 술이 있으면, 손님이 와서 즐기니, 그러므로 '행동은 가까운 곳에서 발동하여, 먼 곳까지 드러난다.'라고[19] 한 것이다. 「계사繫辭」전에서는 언행으로 이 (92)효의 의미를 설명하니, 지극히 명백하고 뜻이 깊다. '속마음에서 바라는 것[中心願]'은 '믿음[孚]'뿐이다. 군자는 같은 기氣를 느끼고, 멀고 가까움을 소통하게 하며, 천지를 움직이니, (92효는) 이것을 모두 믿는 것이다.

● **나의 견해**: 여기에서는 성인의 '깨달음이 깊은 경지에 이른 것'[體合入微]에 근거하고, 「계사繫辭」전에서 말한 것을 아는 것이니, (92)효를 궁구하는 것이 가장 명확하고 확실하다.

> **육삼효**: (군대는) 적을 잡았는데, 혹자는 북을 치며 (진격하고), 혹자는 (힘이 다하여) 피로하며, 혹자는 울고, 혹자는 노래를 한다.
> [六三, 得敵, 或鼓或罷,[20] 或泣或歌.]
> **상에서 말한다.** (군대는) "혹 북을 치며 (진격)하거나 혹 피로함"은, (63효의) 자리가 맞지 않기[陽位] 때문이다.
> [象曰: "可鼓或罷," 位不當也.[21]]

유목劉牧(1011-1064)은 말한다. (63효에서) 사람은 믿음이 부족하니, 그러므로 (63효는) 언행하는 사이에서 변동함이 항상 되지 않는 것이 이와 같다.

---

17) '我有旨酒, 嘉賓式燕以敖.' 『詩經譯注』, 「小雅」, 「鹿鳴之什」, 「鹿鳴」, 袁梅著, 상동, 405頁.

18) '陰, 闇也; 水之南, 山之北也.', 『說文解字』, 昌部, 東漢 許愼著, 下冊, 상동, 1,183頁.

19) '言出乎身, 加乎民. 行發乎邇, 見乎遠.' 「繫辭」上, 高亨, 519頁.

20) 고鼓는 북을 두드림이다. 파罷는 피疲[지침]의 가차이다. 高亨, 480頁.

21) 63효가 陽位에 있으니 '位不當'이다. 高亨, 481頁.

(정이의) 『이천역전伊川易傳』에서 말한다. 63, 64효는 모두 허중虛中으로 '믿음[孚]'을 이루는 주인이 되지만, 그러나 (63효는) 처處하는 것은 다르다. 64효는 (음의) 자리를 얻어 올바르기에, 따라서 짝을 잃고서도 위를 따른다. 63효는 중中이 아니어서 바름[正]을 잃었으니, 따라서 (63효는) '적敵을 얻어' 뜻이 묶인다.

(주희의) 『주역본의周易本義』에서 말한다. (63효의) 상대[敵]는 상9효라 믿음이 곤궁함을 말한다. 63효는 음유陰柔로 중정中正하지 않으면서, 기뻐함의 정점에 있으며, 상9효에 응해야 하기에, 따라서 (63효는) 자기가 주인일 수 없다.

오징吳澄(1249-1333)은 말한다. (63효에서 호체인) 진震은 움직이니 '북[鼓]을 침'이 되고, (호체인) 간艮은 그침이니 '정지[罷]'가 되고, (하괘인) 태兌 입[口]은 '노래함과 울음[歌泣]'이 된다.

이광지李光地(1642-1718)는 말한다. (63효는) 상9효에 응하면 마음이 사물에 속박되니, 실덕實德이 사라질 것이다. 안에 실덕實德이 없어지니, (63효는) 동정動靜과 애락哀樂이 일에 따라서 변할 것이다.

유원劉沅은 말한다. (63효는) 나아가고 물러남에 과단성이 없고, 슬퍼하고 기뻐함이 항상 되지 않으니, 아마도 진실한 형국에 이름이 중中에 말미암지 않는 상象이, 이와 같을 것이다.

리스전李士鉁은 말한다. 북[鼓]은 치는 악기樂器이다. 63효는 중中이 아니기에, 따라서 혹은 이라 한 것이다. 혹或은 옮겨감에 결단성이 없으니, 따라서 (63효는) 울고 노래함에 무상無常한 상이다.

마치창馬其昶은 말한다. (63효는) 바르지 않게 (상9효에) 응한 것이니, 믿을 수 없다. 「이아爾雅」에서, '적敵은 짝[匹]이다.'라고[22] 했다.

육사효: 기망幾望날에 말 한 마리를 잃었으나, 별 탈은 없을 것이다. (말은 다시 얻을 수 있다.)
[六四, 月幾望,[23] 馬匹亡, 无咎.]

상에서 말한다. "말 한 마리를 잃어버림"은, 두절杜絶됨이 먼저 번과 유사하다.
[象曰: "馬匹亡," 絶類上也.[24]]

호일계胡一桂(1247-1314)는 말한다. (64효에서) 호체인 진震은 말[馬]의 상이다.

---

22) '敵, 匹也.' 『爾雅』, 「釋詁」第一, 管錫華譯注, 상동, 30頁.
23) 漢帛書『周易』에서, 幾는 기旣이다. 旣望은 매월 16일에서 22, 23일이다. 高亨, 481頁.
24) 絶은 두절杜絶이고, 類는 類似이다. 高亨, 상동.

유원劉沅은 말한다. 달이 햇빛을 받아서 차면 보름달이 된다. 달은 건乾에서 보름달이 되니, 상현上弦은 (하괘인) 태兌에 있고, 하현下弦은 (상괘인) 손巽에 있다. 본(64)효가 변하면 건乾이 되니, 64효는 태兌와 손巽의 사귐에 해당하는데, 달이 기망旣望[16일에서 22, 23일 사이]인 것을 나타낸다. 64효는 음이 제 자리를 얻었으니, 손巽의 주인이 된다. 63, 64효가 합심하게 되고, 호체인 진震은 말[馬]이 된다. 64효와 63효는 음의 짝이니, 따라서 '부류[類]'라고 한다. (64효가) 사사로운 부류를 끊고, 위로 95효에 공손하니, 신하가 사사로움이 없이, 임금과 한 몸이 된 것이어서, 따라서 (64효는) 허물이 없다.

리스전李士鉁은 말한다. (하괘인) 태兌는 서쪽이고 (호괘인) 진震은 동쪽이다. 달은 서쪽에서 나타나고, 해는 동쪽에서 나타나니, 달이 햇빛을 받으면 기망旣望이 된다. 64효는 음으로 양을 따르니, 달이 장차 보름이 됨을 나타낸다. 호체互體인 진震은 말이 되며, 64효는 진震괘 위에 있으니, 동류인 음을 끊고서, 위로 95효에 믿음이 있게 되기에, (64효는) '말 한 마리를 잃은 것[馬匹亡]'이다. (64효는) 비록 중中은 아니더라도, 허물이 없을 수 있다.

마치창馬其昶은 말한다. 『주례周禮』의 (「하관사마夏官司馬」의) 「마질馬質」편에 따르면, 무릇 '(말을 사들이고 말의 우열과 가치를 정하는 관리인) 마질馬質에게 말을 받으면, (말의) 나이, 털의 색과 말의 가격을 기록하고, 열흘 안에 말이 죽으면 나이와 털 색깔에 따른 가격을 배상할 책임이 있다.'라고[25] 했다. 이는 그것을 받은 날이 얼마 안 돼서 양육을 잘못한 것이기 때문이다. 열흘 이후에 죽으면, 그 털 색깔에 대해서 배상하고, 나이 값에 대해서는 보상하지 않았다. 20일이 지나면 보상하지 않으니 이는 노역한지 오래되어 말의 기력이 이미 고갈된 것이어서, 사용한 사람의 잘못이 아니기 때문이다. 달이 기망旣望이면, 열흘 밖이어서 나이 값에 대해서는 배상하지 않았으니, '말이 없어져도 허물이 아님[馬匹亡. 无咎]'이다. '두절함이 먼저 번과 유사함[絶類上]'은, 힘을 다해 공公을 따랐으니, 비록 말이 죽었어도, 사람들이 잘못 길렀다고 탓하지 않는 것은 진실함의 효과임을 말한 것이다. 학鶴이 울면 새끼가 화답하니, 태어남에 진실한 것이다. '말이 죽었어도 허물이 없는 것'은, 죽었으나 진실했던 것이다. 마질馬質이 다루는 말을 배상하는 방법은, 아마도 상商나라의 옛날 제도이고, 주周나라가 그것을 따른 것이어서, 당시에 두루 행해졌을 것이기에, 따라서 『역易』에서 상을 취하였다. 달이 기망旣望인 것은 진震의 상이다. 63, 64효가 공功을 함께 함은 진震이 되니, 음이 음과 함께한 것이고, 지금 (64효가) 위로 95효를 받들고 63효와 친하

---

25) '馬質: … "凡受馬於有司者, 書其齒, 毛與其賈. 馬死, 則旬之內更.'", 『周禮今註今譯』, 「夏官司馬」第四, 林尹註譯, 상동, 307頁.

지 않으니, (64효는) '두절함이 먼저와 같음[絕類上]'이다.

● **나의 견해**: 64효는 63효와 동류인데, (64효가) 동류의 사사로움을 끊고, 위로 95효의 존귀함에 응하니, 비록 중中을 얻지 못했으나, 또한 (64효에게) 허물은 없을 수 있다.

구오효: 믿음으로 일관一貫하니, 허물이 없다.
[九五, 有孚攣如,26) 无咎.]
상에서 말한다. "믿음으로 일관함"은, (95효처럼) 자리가 정당하기 때문이다.
[象曰: "有孚攣如," 位正當也.27)]

호원胡瑗(993-1059)은 말한다. (95효는) 존귀한 자리에 있으며 중정中正하니, 지극한 정성과 믿음으로 천하의 마음을 이었는데, 무슨 잘못이 있겠는가?

(주희의) 『주역본의周易本義』에서 말한다. (95효는) 강건剛健하고 중정中正하여 믿음의 주인이 되니, 아래로 92효에 응하여, 92효와 함께 덕이 같다. (나의 견해: 건乾괘 92효는, 95효 대인大人을 보면 이롭고, 95효는 92효 대인大人을 보면 이로우니, 92효가 군주의 덕을 가지고 있어서이다.)

조언숙趙彦肅(12세기, 남송南宋 역학자)은 말한다. 효가 95효에 이르러 비로소 '믿음[孚]'를 칭하니, 중부中孚괘의 뜻을 다한 것이다. 나머지 괘들에서도 두루 '믿음[孚]'을 말하는데, 이 (중부中孚)괘에서도 그 뜻을 다하고자 하기에, 따라서 여러 효들은 이점을 '아쉬워한대[吝].'

호병문胡炳文(1250-1333)은 말한다. 95효는 92효와 합하여 한 몸을 이루고, 두 음을 감싸서 중부中孚괘를 이루는데, 단단하게 결합되어 있는 것이 이와 같음은, 92, 95효가 한 마음이기 때문이다. 하나가 되면 믿음이 있고, 믿음이 있으면, 감화시킬 수 있다.

유원劉沅은 말한다. 95효는 중부中孚괘의 주인이니, 이른바 '믿음이 있어 나라를 감화시키는' 자이다. 95효는 중中하고 실實하니 믿음이 있다. (상괘인) 손巽은 줄[繩]이 되고, 호체인 간艮은 손[手]이 되니, 따라서 '이어짐[攣묘]'을 상징한다. 95효는 양陽의 강함으로 중정中正하여 존귀한 자리에 있으며, 지극한 성실함으로 천하에 믿음이 있어서, 사람들의 마음을 단단히 이어서 풀어질 수

---

26) 부孚는 믿음이다. 연挛은 연連이니, 연속하여 일관一貫됨이다. 高亨, 481頁.
27) 孚는 信이고, 연挛은 연連(이어지다)이다. 高亨, 상동.

없게 한다. 단지 초9, 92효의 변함의 믿음만이 아니라, 63, 64효의 변하지 않음의 믿음도, 모두 진실하다.

• **나의 견해**: 줄로 묶으면 오히려 풀 수 있지만, 만약 지극한 정성이 형체가 없는 것에서 서로 진실하다면, 정성이 마음속에서 활동하니, (95효에는) 풀 수 없는 것이 있다.

상구효: 닭이 하늘에 오르면, (사람이 비록) 올발아도, 흉하다.
[上九, 翰音登于天,[28] 貞凶.]
상에서 말한다. "닭이 하늘로 날아 올라갔으니", 얼마나 오랠 수 있겠나!
[象曰: "翰音登於天," 何可長也!]

우번虞翻은 말한다. (상괘인) 손巽은 높음[高]이 되고, 닭이 되니, 닭은 '한음翰音'이라 칭한다.

왕필王弼(226-249)은 말한다. (상9효는) 날아오르는 소리인데 실제는 따르지 않으니, 진실함과 독실함이 안에서 상실되고, 화려한 아름다움만이 밖에서 드날린다.

소식蘇軾(1037-1101)은 말한다. (상9효는) 바깥에 있으면서 위에 머무니, 중부中孚의 도道가 아니다.

유원劉沅은 말한다. (상괘인) 손巽은 닭이 되고, 울면 반드시 깃털을 떨기에, 따라서 '한음翰音'이라고 한다. 손巽은 높음이 된다. 상9효는 하늘의 자리이니, 하늘에 오름을 형상한다. 나는 소리는 있는데, 실제는 따르지 않으니, 소리를 들은 것이 실정을 넘어섬을 비유한 것이다. 학鶴은 이슬을 경계하고,[29] 닭은 새벽을 담당하니, 모두 믿을 수 있는 동물이므로 상을 취함이 있다. '학이 울고 그 새끼가 화답함'은 몸을 하나로 하고 덕을 함께하여 진실함을 나타낸 것이고; '닭이 하늘에 오름'은, 실제는 없고 비어있는 소리로 칭찬을 두루 퍼트리니, 따라서 득실이 같지 않다.

리스전李士鉁은 말한다. 95, 상9효는 하늘의 자리이고, 상9효는 하늘 위에 있으니, 손巽 바람의 높음을 타고 비상하여 드러나기를 구하고, '헛된 명예[虛譽]'를 멀리까지 전파하고자 하니, '진실한

---

28) 한음翰音은 닭의 별명이다. 高亨, 482頁.

29) 『藝文類聚』90권에서, 晉 周處(236-297)의 『風土記』를 인용하며 다음과 같이 말한다. '팔월이 되어 이슬이 내려 풀잎 위에 흘러 똑똑 소리가 나면, 학鶴은 높은데서 울며 서로 경계하면서, 깃들었던 곳에서 이사하니 변고의 해가 있을 것을 우려하기 때문이다.(至八月白露降, 流於草上, 滴滴有聲, 因卽高鳴, 相警移徙, 所宿處慮有變害也.)', 『藝文類聚』卷九十, 唐 歐陽詢撰, 電子版 文淵閣四庫全書, 상동 참조.

믿음[誠信]'이 안에서 약해졌다. (상9효에서) 실제가 있지 않으니, 이름이 어찌 오래갈 수 있겠는 가? 92효는 중中을 얻어 아래에 있으니, 음의 자리에서 새끼들이 화답하기에, 재능을 스스로 숨겨도 그 덕이 더욱 드러난다. 상9효는 '중이 아닌데[不中] 위에 있으니, 하늘에 올라 올바르더라도 흉하기에, 스스로 뽐내는 자는 그 실제가 더욱 상실되는 것이다. 『중용中庸』에서, '군자의 덕은 감추어 있어도 나날이 드러난다.'라고30) 하였으니, 92효를 일컫는다. 소인의 도는 뚜렷해도 나날이 사라지니, 상9효를 말하는 것이다.

마치창馬其昶은 말한다. 상9효는 손巽의 끝에 있으니 너무 높아서 자리를 잃고서, (호체인) 진震에 응하여 울부짖으니, 스스로 자기 흉함을 이룬 것이기에, (상9효는) '바르더라도 흉함貞凶'이다. (『전국책戰國策』의)「제책齊策」에서, 안촉顔斶이 『역전易傳』을 인용하여, (상9효는) '윗자리에 있으면서 아직 실제를 얻지 못하였고, 이미 얻은 명성을 기뻐하면, 반드시 교만하고 사치스럽게 행동하게 된다. 거만하고 교만하고 사치스러우면, 반드시 재앙이 따라온다.'라고31) 말하였다. 그러므로 실제가 없으면서 명성을 기뻐하는 자는 깎이고[削], 덕이 없으면서 복을 바라는 자는 줄어들고[約], 공이 없으면서 녹을 받은 자는 치욕을 받는 것이니, 화禍가 반드시 장악할 것이다. 이는 옛날 역가易家들이 이 효의 뜻을 설명한 것이다. 『역전易傳』은, 이것을 가장 오래된 것으로 여긴다. 그 후에 순자荀子[荀卿], 동중서董仲舒와 한漢나라 초기의 여러 유학자들이 『역易』을 설명함에, 대개 모두 의리義理를 주로 하였고, 인사에 절실하였으니, (그 점은) 명백하고 정대하여, 가장 귀할 수 있다.

• **나의 견해**: 이 (중부中孚)괘는 새의 알이 부화하는 형상을 취하지만, 실제는 천지 생성 변화의 기미에 기탁한 것이다. 만물의 기미에 나아가 지극한 정성이 마음속에서 진실에 감화된 것을 징험한 것이기에, 기약하지 않아도 저절로 믿음이 있다. (중부中孚)괘의 상으로 말하면, 양陽이 바깥에서 감싸고, 음기를 얻어 이를 가운데에 머금으니, 생성할 수 있는 것이다. 음이 안에 보존되고, 양기를 얻어 바깥이 견고하니 변화시킬 수 있다. 『예기禮記』에서, '사람은 자기 아버지가 낳은 것'이라32) 하니, 또한 양에서 생겨난 이후에 변화할 수 있는 것이며, 진실로 마음속에 진실함

---

30) '鼓君子之道, 闇然而日章.' 『中庸今註今譯』33章, 宋天正註譯, 상동, 69頁.
31) '居上位未得其實, 以喜其爲名者, 必以驕奢爲行, 倨慢驕奢, 則凶從之.' 『戰國策新校注』,「齊四」, (上), 136B '齊宣王見顔斶'章, 繆文遠著, 成都: 巴蜀書社, 1987, 397頁.
32) '人其父生.' 『禮記今註今譯』,「禮運」, 上冊, 王夢鷗註譯, 상동, 299頁.

이 있는 것이다. 소동파蘇東坡[蘇軾], 장횡거張橫渠[張載]의 두 설이 가장 정미精美하다. 충신忠信은 만백蠻貊에게도 행해질 수 있는데, 이것은 진실함이 나라를 감화시킨 것이다. 정성을 지극히 하고 본성을 다하고, 사람과 사물의 본성을 다하면 천지의 변화 발육에 참여할 수 있으니, 이것이 하늘에 호응하는 것이다. 주돈이周敦頤는, '크고 형통함[元亨]'은 정성[誠]이 통한 것이라고 했는데, 이는 가운데에서부터 바깥에 진실한 것이고, '바르면 이로움[利貞]'은 정성이 돌아온 것이라고 했는데, 이는 바깥에서부터 가운데에 진실한 것이다. 모두 한 결 같이 정성으로 감응한 것이다. 하늘은 본래 허虛하고, 정성스러우니, 사람은 오직 마음이 비어 있어야 정성에 이를 수 있다. 따라서 하늘에 응한다. 증문정曾文正(曾國藩, 1811-1872)의 설명이 이 뜻을 극진하게 밝혔다. 유원劉沅 선생이 초9효를 풀이한 것은 우제虞祭를 주로 한 설명인데, 마음속의 진실함과 믿음에 가장 가까우니, 효상의 뜻이 밝게 드러난다.

62. 소과小過괘 ䷽

소과小過괘: (작은 잘못이니) 형통하다. 바르면 이롭다. 작은 일은 해도 좋으나, 큰일은 해서는 안 된다. 나는 새들은 좋은 소리를 내니, 위는 (소리가 안 들리니) 나르면 안 되고, 아래로 나라야 하니, 크게 길하다.

[小過, 亨. 利貞. 可小事, 不可大事. 飛鳥遺之音,[1] 不宜上, 宜下, 大吉.]

왕필王弼(226-249)은 말한다. 위로는 더욱 갈 곳이 없고, 아래로 가면 편안함을 얻는다. 위로 갈수록 더욱 궁해지는 것은, 나는 새[鳥]만한 것이 없다.

왕우박王又樸(1681-1760)은 말한다. 소과小過괘는 형통하니, '바름이 이로움[利貞]'은 작은 것으로 '잘못[過]'하여야, 비로소 이러한 '형통[亨]함, 이로움[利], 바름[貞]'의 삼덕三德이 있게 된다.

유원劉沅(1767-1855)은 말한다. (소과小過괘에는) 네 음陰이 밖에 있고 두 양陽이 안에 있으니, 음이 양보다 많아서, 작은 것들이 '과도[過]'하다. 「서괘序卦」전에서는, '미더움이 있는 자는 반드시 그것을 실천한다. 그러므로 소과小過괘로 받는다.'라고[2] 하였다.

리스전李士鉁은 말한다. (澤風)대과大過괘䷛는 가운데에 네 양이 있는데, 92, 95효의 양陽이 중中의 자리에 자리 잡고 있으니, 서로 만나지 않으며, 양陽으로써 주主를 삼았으므로, 대과大過이다. 소과小過괘는 밖에 네 음이 있는데, 62, 65효의 음陰이 중中의 자리에 있으니 서로 만나지 않으며, 음陰으로써 주主를 삼았으므로 소과小過이다. 62, 65효는 유柔(陰)이면서 작다. 음陰은 작고 양陽은 큰데, 음陰이 중中을 얻었으므로 작은 일은 괜찮다. (小過괘에서) 93, 94효는 굳셈[剛]이 크지만 중中을 잃었다. 양陽이 자리를 잃고 중中에 자리하지도 못했으므로, 큰일은 불가하다. (상괘인) 진震은 고니[鵠]가 되며, 울음이 된다. (소과小過)괘의 몸[體]이 외괘[雷]는 짝수[2]이고 내괘[山]는 홀수[1]인데, 새가 날개를 펼친 것을 형상했으므로, '나는 새[飛鳥]'라고 일컬었다. 몸은, 안은 멈

---

1) 小過는 괘명이고, 뜻은 작은 잘못이다. 亨은 형통이다. 貞은 正이다. 유遺는 줆[予]이다. 나는 새는 좋은 소리를 주는데 위로 높이 날아서 소리가 들리지 않으니, 낮게 날아야 들린다. 高亨, 483, 484頁.

2) '有其信者必行之, 故受之以小過.'「序卦」傳, 高亨, 652頁.

쳐있고 밖이 움직이니, 또한 나는[飛] 상상(象)이다. 새의 작은 몸으로 높은 산을 넘는데, 그 모습은 보이지 않고 단지 그 소리만 들리니, 만약 더 높이 날아오른다면, 반드시 하늘 바람[天風]의 요동침[撼撋]을 만날 것이므로, 따라서 '위로 가는 것은 의당하지 않음[不宜上]'이다. 만약 아래로 내려와 산 아래로 간다면, 먹고 마시는 것이 제 곳을 얻으니, 몸이 편안할 것이다.

● **나의 견해**: 꿩이 '날아올라 (한 바퀴 돈) 이후에 내려앉아 모인다.'라는[3] 말은, (소과小過괘에서) 아래로 가는 것이 마땅하여 크게 길한 것이다.

단전에서 말한다. 소과小過**괘에서, 과오가 적으면 (일은) 형통할 수 있다. 과오를 범했으나 "바르면 이로우니", 시기와 더불어 행할 수 있고, (62, 65효처럼) 유약함[柔]이 중위를 얻었으니, 이 때문에 "작은 일들은 (하면) 길"하다. (94효처럼) 강건함이 제 자리를 잃고 중위**中位**도 아니니, 이 때문에 "큰일은 할 수 없다." "나는**[飛]** (고니)새가 내는 소리는, 위로 가면 (들리지 않으니) 옳지 않고, 아래로 내리면 (들리니) 합당하여, 크게 길함"이니, (소리가) 위로 가면 역행이고, 아래로 오면 순조롭다.**
[象曰:「小過」, 小者過而亨也. 過以"利貞," 與時行也, 柔得中, 是以"小事吉"也. 剛失位而不中, 是以"不可大事"也.[4] 有"飛鳥"之象焉,[5] "飛鳥遺之音, 不宜上, 宜下, 大吉," 上逆而下順也.]

송충宋衷(?-219)은 말한다. (소과小過괘에서) 두 양陽이 안에 있고, 위와 아래가 각각 음陰이니, 나는[飛] 새가 날개를 편 것과 비슷한 상상(象)이다.

육희성陸希聲(801-895)은 말한다. 중부中孚(風澤 ䷼)괘는 유유(柔)가 안에 있고 강강(剛)이 밖에 있어 새가 알을 부화시키는 상상(象)이다. 이제 변하여 소과小過괘가 되면, 강강(剛)이 안에 있고 유유(柔)가 밖에 있어, '나는 새[飛鳥]'의 상상(象)이 있다.

(장재의)『횡거역설橫渠易說』에서 말한다. "때[時]가 적절하나 '과(過)함[過]'을 썼는데, 비록 과過

---

3) '翔而後集.'『論語譯注』,「鄕黨」篇(10:27), 楊伯峻譯注, 상동, 108頁.

4) 62, 65효는 하괘와 상괘의 中位을 얻었기에, '柔得中'이다. 94효는 陰位에 있으니, '陽失位'이다. 93효는 하괘의 中이 아니니, '不中'이다. 上의 震은 고니(곡鵠)이고, 下의 艮은 山이다. 고니가 날아서 산 위를 지나감이 소과小過괘의 모양이다. 고니가 위로 날면 사람들은 소리를 들을 수 없으나, 낮게 날면 소리를 들을 수 있다. 高亨, 484-485頁.

5) 『伊川易傳』에 의하면, '有"飛鳥"之象焉' 구절은 象의 體와 유사하지 않으니, 마땅히 잘라냄이 옳다. 『周易注譯與硏究』, 553頁 注5.

하더라도 바르다. … 자신을 크게 하는 데에 과過하면, 그 형세가 반드시 위태롭고; 자신을 손해보는 데에 과過하면, 길함을 얻을 수 있다."[6]

곽옹郭雍(1106-1187)은 말한다. 무릇 '굳셈[剛]'이 둘째 효나 다섯째 효가 아니니, 모두 (자기) 자리[位]를 얻은 것이 아니다. 소과小過괘의 뜻[義]은, 낮추는 데에 과過한 것은 괜찮지만, 높이는 데에 과過한 것은 불가하며, 부드러움에 과過한 것은 괜찮지만, 굳셈에 과過한 것은 불가하다.

왕우박王又樸(1681-1760)은 말한다. '작은 것[小]'은 '반드시 과過한 이후에 형통하고, 바르면 이로우니[利貞],' 이는, 그 과過함이 법도를 넘어서는 과過함이 아니라, 과함으로써 이로워지고 과過함으로써 바르게 되는 것이기에, ('작은 것[小]'이) 때[時]와 더불어 행하는 것이다. 만약 고정불변한 법도[常經]에 얽매여서 과過함이 없게 되면, 때[時]의 마땅함을 잃고서, 의義를 조화시키지도 못하게 되니, 일을 제대로 할 수도 없다.

허리약許鯉躍(19세기, 청淸대 학자)은 말한다. 사물이 달려가는 것은, 모두 아래는 움직이지만 위는 가만히 있다(나의 견해: 산뢰山雷는 이頤괘가 되는데, 이頤괘도 역시 아래는 움직이고 위는 가만히 있는 상象을 취한다.). 오직 새가 나는 것은 아래는 가만히 있고 위만 움직인다. 그러므로 (상괘인) 진震의 활동은 새의 날개가 바람을 누르는 것을 본뜨고, (하괘인) 간艮 '그침[止]'은 새 발의 발꿈치를 발돋움함을 본떴다.

하응전夏應銓(19세기, 청淸대 역학자)은 말한다. '나는 새[飛鳥]'가 과過하게 높으면 사람이 그 새의 소리를 듣지 못한다. 지금 사람들에게 소리를 남기니, 그 새가 과過하게 높지 않음을 알 수 있다. 사람도 이를 본받을 수 있으니, 일을 작게 처리하여 크게 만들지 말고, 낮은 곳에 있으며 높은 데에 있지 않으면, 틀림없이 크게 길할 것이다.

유원劉沅은 말한다. 두 양이 새의 몸이 되고, 네 음이 새의 발과 날개가 된다. 음陰이 양陽보다 과過하므로, 소과小過라고 말한다. 도道는 오직 하나이고 중中일 뿐, 과過하면 안 된다. 소과小過괘는 융통성을 고려하여 중中에 알맞게 하니, 과過한 것 같지만, 실제로는 과過하지 않다. 남보다 자기를 위로 하는 것은 과過한 것이 마땅하지 않으나, 남들보다 자기를 낮추는 것은 과過할 수도 있으니, 마치 '진취하기는 어렵고 물러나기는 쉬움[難進易退]'과[7] '높이 가는 것을 싫어하고 겸손을 좋아함[惡亢而喜謙]'의 부류가 이것이다. 위와 아래에 네 음은, 마치 새가 입을 벌리고 날면서

---

6) '時宜用過, 雖過, 正也. … 過於自大, 其勢必危; 過於自損, 可以獲吉.', 『橫渠易說』卷二, 下經, 小過, 電子版文淵閣四庫全書, 상동 참조.

7) '其進進而易退也, 粥粥若無能也.', 『禮記』, 「儒行」篇 참조.

우는 것과 같다. 괘상卦象을 가지고 말하면, 94효는 양으로써 (상괘인) 진震의 주인인데, 위의 두 음이 어기고서, 그를 떠나간다. 93효는 양으로써 (하괘인) 간艮의 주인인데, 아래의 두 음이 달려와 그를 받든다. 위에 있는 음은 양을 탄 것이므로, 위로 가는 것은 마땅하지 않고, 아래에 있는 음은 양에 순종하는 것이므로, 아래로 가는 것이 마땅하다. 나는 새가 소리를 남기니 스스로 고명高明한 곳에 처하며, 일찍이 속된 곳에 간 적이 없으니, 나아감과 은거함의 오묘함을 아는 자가 아니면 할 수 없다.

정고鄭杲(1851-1900)는 말한다. 두 괘체 밖에서 '나는 새[飛鳥]'의 상을 취하였으니, 일반적인 예例에 있지 않기에, 따라서 특별히 그것을 밝힌 것이다.

마치창馬其昶(1855-1930)은 말한다. '나는 새'는 높이가 사람보다 높다. 그러나 그것이 남긴 소리를 들을 수 있으니, 이는 역시 지나치게 높지 않은 것이기에, 다만 소과小過일 뿐이다. 순리를 거스르는 것은 날아서 위로 향하는 것인데, 바람과 기氣가 힘을 방해하므로, 아래로 가면 형세가 순조롭다. 관자管子는, '새는 날면 반드시 산으로 돌아와 골짜기에 모여든다. 산으로 돌아오지 않으면 곤고하고, 골짜기로 모여들지 않으면 죽는다.'라고[8] 했다. 그러므로 (소과小過괘 단象전에서) '위로 가는 것은 마땅하지 않고, 아래로 가는 것이 마땅하니, 크게 길함[不宜上, 宜下, 大吉]'이라고 말한 것이다.

상전에서 말한다. 산 위에 우레가 있음이, 소과小過괘이다. 군자는 행동에 지나치게 공손하고, 상례喪禮에 과도하게 애상하며, (물자를) 씀에 지나치게 검소하다.
[象曰: 山上有雷, "小過," 君子以行過乎恭, 喪過乎哀, 用過乎儉.[9]]

완적阮籍(210-263)은 말한다. (소과小過괘에서) 군자는 행함에 공손함을 중시하고, 상례喪禮엔 슬픔을 중시하니, 거짓됨을 돈독히 하는 것이 약하다(나의 견해: 지나침은 미치지 못함과 같지만, 군자가 과過로 여기지 않는 것은 속되고 천박한 폐단을 바로잡아서, 그들로 하여금 돈독하고 두터워지게 하고자 함이기 때문이다.).

(장재의)『횡거역설橫渠易說』에서 말한다. '과過한 공손함', '슬픔'과 '검소함'은, 모두 낮추는 것

---

8) '夫鳥之飛也, 必還山集谷, 不還山則困, 不集谷則死.'『管子校注』,「宙合」第十一, 上, 黎翔鳳撰, 상동, 227頁.

9) 小過는 작은 잘못이다. 喪은 장례를 치름이다. 上의 震괘는 雷이고, 下의 艮괘는 山이니, 산 위의 우레가 괘상인데, 雷는 刑에, 山은 현인에 비견되니, 현인에게 형벌을 줌이다. 그래서 신중해야 하는데, 과도하게 되기 쉽다. 高亨, 485頁.

이 마땅함의 뜻이다.

양계신楊啓新(16, 17세기, 명明나라 역학자)은 말한다. 과過한 공손함과 과過한 슬픔과 과過한 검소함은, 모두 고상하여 세속을 뛰어넘는 행동이다. 다만 그 과過한 바는 수렴하여 스스로는 낮추는 것에만 과過할 뿐이다.

왕우박王又樸은 말한다. 공손함, 슬픔, 검소함은 모두 유柔의 일이다. 상례喪禮가 음陰에 속하므로 소小라고 말했다.

유원劉沅은 말한다. 군지는 세속에서 좋아하는 깃을 따르지 않으니, 마치 조금 과過함이 있는 듯하다. 공손함[恭], 슬픔[哀], 검소함[儉], 행실[行], 상례[喪], 일용[用]의 근본이다. 과過는 바름이 아닌 것 같지만, 당시의 폐단을 바로잡아 중中에 이르게 하니, 과過함이 없는 것이다. (상괘인) 진震은 움직이고 (하괘인) 간艮은 절제[節]가 있으므로, 상象이 이와 같다.

쌍홍즈張洪之(1881-1969)는 말한다. '공손함[恭]', '슬픔[哀]', '검소함[儉]', 세 가지는, 사람들이 매번 미치지 못하는 데에 잘못이 있다. 군자는 이를 반드시 과過하게 하여, 행실이 교만함에서 무너지고 상례喪禮가 쉽게 함에서 손상되며, 일용이 사치스러움에서 무너지는 것을 방비하니, 이는 모두 과過에 해당하는 경우이다. 『논어論語』에서는 '좌구명左丘明은, 지나친 공손함, 이것을 부끄러워하였다.'라고[10] 했다. 또 '상례喪禮는 슬픔에 이르면 그친다.'라고[11] 하였다. 또 '검소하면 고루해진다.'라고[12] 하였다. 모든 경우, '지나친 것[過]을 항상 옳다고 여김'을 듣지를 못했다. 그러나 예禮는 때[時]를 구제하는 것을 귀하게 여기니, 행실은 거만한 것보다는 차라리 겸손한 것이 낫고, 상례喪禮는 쉽게 처리하는 것보다는 차라리 슬퍼하는 것이 낫고, 일용엔 사치스러운 것보다는 차라리 검소한 것이 낫다. 이 때문에 "현재[時]에 행동거지가 거만한 막오莫敖(초楚무武왕의 아들 굴하屈瑕)가 있었기 때문에, 정고보正考父는 담장을 빠르게 걸어감으로써 바로잡았고, 당시에 '짧게 상을 치르려[短喪]'했던 재아宰我가 있었기 때문에 고시高柴가 피눈물로 바로 잡았으며, 현재[時]에 삼귀三歸와 반점反坫을 가졌던 관중管仲이 있었기 때문에, 안자晏子가 '해진 갖옷[敝裘]'으로 바로 잡았다. 비록 '노력하여 실천한 것[力行]'은 아니지만, 또한 현재[時]의 세속世俗을 격려한 것이다."[13] (이런 주장은,) 크게 틀린 것이 아니다.

10) '足恭, 左丘明恥之.'『論語譯注』,「公冶長」篇(5:25), 楊伯峻譯注, 상동, 52頁.

11) '子游曰: "喪致乎哀而止.",'『論語譯注』,「子張」篇(19:14), 楊伯峻譯注, 상동, 202頁.

12) '儉則固.'『論語譯注』,「述而」篇(7:36), 楊伯峻譯注, 상동, 77頁.

13) '時有學踐高之莫敖, 故正考父矯之以循牆 時有短喪之宰我, 故高柴矯之以泣血, 時有三歸反坫之管仲, 故 晏子矯之以敝裘.',『讀易紀聞』卷四,「小過」, 明 張獻翼撰, 電子版文淵閣四庫全書. 上海人民出版社,

● **나의 견해(1):** 증자曾子가 부모님 상喪을 치를 때에 7일 동안 '물과 간장[水漿]'조차 입에 넣지 않았는데, 이것이 슬픔에 과過한 것이다.

● **나의 견해(2):** 군자가 세상의 도道를 견지할 때에는 과過하면 안 된다. 그러나 풍속을 교정할 때에는 과過에서 취하는 경우가 있다. 이(소과小過괘의) 상象에서 말한 바는, 아마도 때[時]를 구제하기 위하여 설정한 것이다.

초육효: 활을 맞고도 '나는 새[飛鳥]'이니, 흉하다.

[初六, 飛鳥以凶.14)]

상에서 말한다. "화살을 (매달은채) 새가 날고 있으니, 흉함"은, 어찌할 수 없구나!

[象曰: "飛鳥以凶," 不可如何也!]

항안세項安世(1129-1208)는 말한다. 초6, 상6의 두 효는 음이 '지나치고[過] 중中도 아니니', 따라서 흉하다. 상象으로써 보면, 초6, 상6효는 모두 새 날개의 끝부분에 해당한다. 초6효는 (하괘) 간艮의 맨 아래이니 그쳐야 마땅한데, 도리어 날아가니, 날아감으로써 흉함을 오게 하는 것이다. 상6효는 (상괘) 진震의 가장 높은 곳에 해당하니, 그의 나는 것이 이미 높은데, 움직여서 이離괘를 이루니, (새, 鳥들이) '그물[網罟]'에 걸린 것이다.

유원劉沅은 말한다. (초6효에서) 음유陰柔가 (하괘) 간艮 그침[止]에 있으면서도 스스로 그치지를 않는다. 이는 마치 새가 날지 않아야 하는데 날아오르면, 틀림없이 그물에 걸리거나 화살을 맞는 것과 같으니, (초6효에서) 이 흉함은 자기로부터 만들어진다. '어찌할 수 없구나![不可如何]'는 탄식함이다.

정고鄭杲는 말한다. 초6효는 새의 날개를 본떴다. 새가 위를 향해 날면, 그 날개는 새를 따른다. 새는 날개를 좌우로 할 수 있는데, 날개는 어찌할 수 없다.

육이효: (사람을 찾는데,) 행동이 자기 할아버지를 앞서서, 자기 할머니를 만났다. 행동이 자기 임금보다 뒤졌는데, 신하를 만났으니, (그저 수고만하고 공功이 없음은 아니니, 따라서) 탈은 없다.

[六二, 過其祖, 遇其妣.15) 不及其君, 遇其臣. 无咎.]

1999 참조.

14) 以 아래에 마땅히 시矢[화살]자가 빠졌다. 따라서 '飛鳥以矢, 凶.'이다. 高亨, 485頁.

15) 過는 행동이 그 앞선 것을 넘어감이다. 不及은 행동이 그 후에 있음이다. 祖는 할아버지이고; 비妣는 할머니

(주희의)『주자어류朱子語類』에서 말한다. 93효는 아버지이고 94효는 할아버지이니, 65효는 할머니에 해당한다. 할아버지를 지나 할머니를 만나는 것은, 양을 지나 음을 만나는 것이다.

유원劉沅은 말한다. 양이 위에 있는 것은 아버지의 상象이다. 아버지보다 높은 것은 할아버지의 상象이다. 94효는 93효 위에 있으니 할아버지이다. 65효는 음효인데, 높으니 할머니이다. 음이 양보다 과過하니 소과小過라고 말했다. 62, 65효는 서로 응하는 것인데, 모두 음효이니, 62효가 93, 94의 양陽을 넘어가 65효와 만난다. (이는) 그의 할아버지를 지나 그의 할머니를 만나는 것이니, (62효는) 같은 부류로써 서로를 따른 것이다. (62효는) 비록 과過라 하더라도 과過가 아니다. 옛날에는 소목昭穆을 중시해서 손부孫婦는 예禮에 마땅히 조고祖姑(왕고모)에 합사한다. 62효는 유순하고 중정中正하여, 지나침과 미치지 못함이 모두 중中에 알맞으니, 이는 소과小過괘에서 가장 좋은 효이다.

소병국蘇秉國(1762-1829)은 말한다. 서로 넘는 것을 일러 과過라 하고, 서로 함께 하는 것을 일러 우遇라고 한다. 93효는 하괘의 주인이며, 62효의 임금이다. 초6효는 그 아래에 있으니 62효의 신하이다. 옛날에 사람은 열 등급이 있었는데, 번갈아가며 서로 임금과 신하가 되었다.

상에서 말한다. "임금을 뒤에서 쫓아감"은, 신하가 (임금을) 추월하지 않음이다.
[象曰: "不及其君," 臣不可過也.16)]

(부항傅恒, 왕유돈汪由敦 등의)『주역술의周易述義(禦纂周易述義)』에서 말한다. (62효에서) "과過의 때를 맞이하여 불급不及을 말한 것은, 특별히 그것을 해석한 것이니, 일에는 결코 과過해서는 안 되는 것이 있음을 밝힌 것이다."17)

정고鄭杲는 말한다. (62효는) 할아버지를 어찌 넘어갈 수 있겠는가? 할아버지가 '이미 돌아가신 아버지[先公]'가 되니, 손자는 천자天子가 될 수 있다. 하늘에는 두 개의 태양이 없고, 백성에게는 두 임금이 없다. 요堯임금이 아직 죽지 않은 하루에, 순舜임금은 하루라도 천자가 아니었으니, 신하가 임금을 넘어갈 수 없다는 의리이다(나의 견해: 요임금이 비록 실무는 놓았어도[倦勤], 순임금은 단지 임금의 자리만을 대신했을 뿐이다.). 고수瞽瞍[순舜의 아버지]는 천자가 아니었으나 천자

이다. 高亨, 486頁.

16) 不及은 그 뒤에서 (쫓아) 감이다. 高亨, 상동.

17) '當過之時而言不及, 故特釋之, 明事有決不可過者.',『御纂周易述義』卷七, 傅恒 等撰, 電子版文淵閣四庫全書, 상동 참조.

의 아버지가 되었다. 『상서尙書』에 '다만 고수瞽瞍를 모신다.'라고[18] 하였는데 이는, 아버지는 넘어갈 수 없는 것이다. 선조를 넘어갈 수 있는 경우는, 세대가 멀어져서 거리낌이 없는 경우이다. 주공周公이 예禮를 제정할 때, 태왕太王, 왕계王季를 (죽은 뒤에 왕으로) 추왕追王하고, 위로 '돌아가신 아버지[先公]'에게 제사지내기를 천자의 예禮로 하였는데, 문文왕, 무武왕의 덕을 완성하기 위해서였다.

마치창馬其昶은 말한다. 우遇라는 것은 서로 친하게 만나는 것으로, 비효比爻와 응효應爻를 가리키니, 이른바 가까이하여 서로 잘 맞는다는 것이다. (나의 견해: [62효가] 초6효와 친하다[比]는 것은 알맞은 신하를 만남이고, 65효에 응한다는 것은 할머니를 만남이다.) 두 괘의 몸[體]을 합하여 응應을 논하면, 62효가 94효를 넘어 65효에 응하는 것은 할아버지를 넘어감과 할머니와 친함의 사상四象이 있다(나의 견해: 이는 (주자의) 『주자어류朱子語類』의 설說에 근본 하였으니, 유원劉沅의 설說에 비해 할아버지와 할머니가 명확하다.). 의례儀禮에 따르면, 조부모의 상喪에는 '지팡이를 들지 않는 1년의 상喪[不杖期]'으로 하고, 아버님이 살아계신 상태에서 어머니를 위해서는 '지팡이를 든 1년[杖期]'으로 하고, 아버님이 돌아가신 상황에서 어머니를 위해서는 '거친 베로 짠 상복입기[齊衰] 3년'을 하니, 복제服制는 인정人情에 맞추어 형식을 세우는 것이다.[19] 할머니의 복服이 할아버지의 복服보다 중重하면서도 거리낌이 없는 것은, 할아버지는 높고 할머니는 친하기 때문이다. 가족의 의리는 친한 이를 친하게 여기는 것이 중요하니, 이는 과過할 수 있는 것이다. 내체內體(艮)로 '가까움[比]'을 논하면, 93효 일양一陽은 위에 있는 임금이 되고, 초6, 62효 두 음은 신하가 되어 아래에서 따르는데, (62효에는) 임금에게 미치지 못함과 그 신하와 친함의 상象이 있다. 62효는 초6효로 신하를 삼으니, (火山)여旅괘에서 93효로 동복童僕을 삼는 것과 같다. 조정朝廷의 의리는 높은 이를 높이 대우하는 것이 중요한데, 62효가 물러나 93효의 아래에 있으니, 이는 신하가 임금을 넘어감은 불가하다는 것이다. 역례易例의 응효應爻에서, 양이 음의 아래에 있는 것은 귀한 몸으로써 천한 사람들보다 스스로를 낮추는 정이 있는 것이다. (가까이 있는) 비효比爻인 음은, 양을 받드는 것을 순조롭게 여기고, '굳셈[剛]'에 올라타는 것을 '거스름[逆]'으로 여긴다. 62효의 유柔는 중中을 얻었으니, 이 때문에 과過불급不及이 모두 허물이 없다.

---

18) '祗載見瞽瞍.' 『今古文尙書全譯』, 「大禹謨」, 江灝 錢宗武譯注, 상동, 47頁.

19) 不杖期는 古代의 喪禮制度이다. 親人이 죽으면 服喪은 1년인데, 期服이라 칭한다. 期服에는 또한 杖期와 不杖期의 구별이 있다. 남편[夫]은 아내[妻]를 위해 服喪하는데, 자기 부모가 살아있으면, 지팡이를 들 수 없으니, '不杖期'이다.

● **나의 견해**: '신하는 잘못할 수 없음[臣不可過]': 네 자는 천고千古에 신하를 세우는 큰 대비책이니, (주周나라) 문왕文王이 복종하고 섬기던 충의忠義를 매우 깊이 체득하였다. (문왕文王의) '구유조拘幽操'노래에서는,[20] '신하의 죄는 마땅히 죽어야 하나, 천왕天王께서 성스럽고 현명하시다.'라고 하였으니, 이는 그 임금에게 미치지 않고는, 신하는 지나갈 수 없음이다. (문왕文王이) 은殷나라의 배반하는 무리들을 이끌어 주紂왕을 섬겼으니, 이는 그 신하를 만남이다. 공자는 (문왕을) 지덕至德이라 찬미했는데, 문왕은 단지 마음속에 성실함과 진실함으로써 자기 마음이 편안한 바를 행하였을 뿐이니, 역시 '허물은 없음[无咎]'이라고 말할 뿐이다. 관우關羽, 악비岳飛, 제갈諸葛을 미루어보면, 모두 '신하가 넘어갈 수 없는[臣不可過]' 의義를 지킬 수 있는 자들이다.

구삼효: 아직 잘못하지 않았을 적에 예방을 해야 하는데, 방임하여 혹 자기 몸을 상하게 했다면, 흉하다.

[九三, 弗過防之, 從或戕之,[21] 凶.]

상에서 말한다. "방임하여 혹 (몸을) 다치면", "흉함"이 얼마이겠는가?

[象曰: "從或戕之,"[22] "凶"如何也?]

(주희의)『주역본의周易本義』에서 말한다. 소과小過의 때에, 일은 매번 마땅히 '지나친[過]' 연후에 중中을 얻는다. 93효는 강剛으로써 '바름[正]'에 있으니, 여러 음들이 해를 끼치고자 한다. 그러나 (93효는) 스스로 자신의 '굳셈[剛]'을 믿어 과過하게 대비하지 않으려 하니, 따라서 (93효)의 상象은 점占이 이와 같다.

유원劉沅은 말한다. 종從은, 62효의 음이 93효 뒤를 따름을 말한다. 93효는 양으로써 음의 위에 있으니, (하괘인) 간艮 '그침[止]'의 주효主爻이다. 그러므로 (93효는) 음의 '잘못[過]'을 방비할 수 있으나, (93효는) 오직 방비하지 못할까 두려워한다. '여하如何'는, (93효에서) 매우 흉한 것이니, 방비하지 않으면 안 됨을 밝히어 말한 것이다.

리스전李士鉁은 말한다. 소과小過괘는, 음이 양보다 과過한 것이지, 양이 음보다 과過한 것은 아

---

20) '구유조拘幽操'는, 문왕文王이 (그 당시의 殷나라 제후인) 숭후호崇侯虎의 참소 때문에, 상商나라 주紂왕이 文王을 유리羑里에 구금하였는데, 이 분慎함을 풀기위해 文王이 지은 樂曲의 이름이다. 『琴操』,「卷上: 拘幽操」, 中國哲學書電子化計劃, https://ctext.org 참조.
21) 過는 過失이다. 從從은 종縱으로 읽어야하니, 방임放任이다. 장戕은 죽임[殺]이니, 傷이다. 高亨, 486頁.
22) '凶如何'는 凶이 심함이다. 高亨, 상동.

니다. 그러므로 양陽효는 모두 '과하지 않음[弗過]'이라고 일컫는다. (호체互體인) 태兌가 훼손함이니 장戕[해침, 죽임]이 된다.

양쩡신楊增新(1859-1928)은 말한다. 소인小人은 마땅히 방비해야지, 좇아가서는 안 되는데, 소인을 좇게 되면, 해침을 당하지 않을 수가 없다. 단지 나를 꺼려하여 장戕[해침, 죽임]이 되는 것만이 아니라, '나를 사랑함, 나를 등용함' 또한 장戕[해침, 죽임]이 되는 것이다. 그러므로 (93효에서) 좇는 것을 신중히 하지 않으면 안 된다.

마치창馬其昶은 말한다. 93, 94 양효에서 모두 '과하지 않음[弗過]'은 소과小過의 때를 당하여, 반드시 작은 일도 삼가기를 과過하게 해야만, (93효에서) 그 마땅함을 얻을 수 있음을 말한 것이다. 작은 일에 '지나친[過]' 것은 유柔[陰]가 그것에 능하지. 강剛[陽]이 능한 바가 아니다. 93효의 '굳셈[剛]'은 자리는 마땅하지만 중中하지는 않으니, (93효는) 따라서 일단 큰일을 함은 불가하다. 93효는 또한 방비를 과過하게 하지도 못하면서 상6효에 응하여, 그를 좇으니, 위로 감이 의당하지 않다는 경계에 어둡기에, 따라서 (93효는) 흉하다.

• **나의 견해**: 맹자는 (제齊나라에서), (합闔땅의 대부大夫) 왕환王驩에 대해서 그를 방비하고 좇지는 않았기에, 따라서 그의 해害를 받지 않았다.

구사효: 허물이 없음이니, 아직 잘못이 없음에 잘 막아야 하고, 나아가서 위험이 있으면 반드시 경계해야 하고, (사람이) 영구히 옳다고 여기지 말 것이다.
[九四, 无咎, 弗過遇之. 往厲必戒, 勿用永貞.23)]
상에서 말한다. "과실이 없더라도 (미리) 예방해야함"은, (94효의 양陽처럼) 자리가 합당하지 않기 때문이다. "가면 위험하니 반드시 경계해야함"은, 끝내 오래 끌 수 없기 때문이다.
[象曰: "弗過遇之," 位不當也. "往厲必戒," 終不可長也.24)]

육희성陸希聲(801-895)은 말한다. (94효에서) 물용勿用은 경계하는 말이다. 깊이 생각하고 멀리까지 고려하는 까닭은, 영구한 바름을 보전하기 위해서이다.

장준張浚(1097-1164)은 말한다. (94효에서) 물용勿用은 고요함이니, 마치 건乾괘 초9효의 물용

----

23) 過는 過失이다. 遇는 꺼遏(중지함)과 같으니, 맞아서 그치게 함이다. 여厲는 위험이다. 계戒는 경고警告이다. 用은 …으로 여김[以爲]이다. 貞은 正이다. 高亨, 487頁.
24) 94효가 陽인데 陰位에 있으니, '位不當'이다. 高亨, 상동.

勿用과 같다.

육진陸震(1462-1519)은 말한다. (94효에서) 작은 일의 과過는, 끝내 오래 지속되지 못한다. (94효는) 경계하고 삼가서 회복될 때를 기다려야 한다.

유원劉沅은 말한다. 94효는 강강剛으로서 유柔의 자리에 있는데, 강강剛만을 믿지는 않고 과過를 찾는다. '물용勿用의 도道'는 무엇인가? 자기 바름을 영구히 지켜서 자기를 잃지 않고, 또한 남을 좇지 않으면, 거의 화를 면할 수 있다. (94효가) 자리가 마땅하지 않다는 것은, 강강剛이 유柔의 자리에 있는 것이다. 다섯째 자리는 임금의 자리이고 넷째 자리는 신하의 자리인데, 바름을 지켜 임금을 만나면 가可하지만, 자기의 굳셈을 믿고서 가벼이 나아가면, 위태로워서, (94효는) 반드시 끝이 좋지 않을 것이다.

리스전李士鉁은 말한다. (94효에서) 만나 화합하는 도道는 반드시 '바름[正]'에서 나와야 한다. (94효에서) 화합하는데 바름으로 하지 않으면, 후에 반드시 마무리하지 못한다. 음이 양보다 과過한 때를 당하여, (94효에서) 앞서 나아가 음에게 기쁨을 구하는 것은 불가하고, 마땅히 자기의 바름을 고요히 지켜야 하는 것이다.

양쩡신楊增新(1859-1928)은 말한다. (94효에서) 만남을 과過하게 하는 것은, 원망을 숨기고서 벗하는 것이 아니고, 조금 손해 보고 큰 것을 얻는 것도 아니며, 함께 흘러가 더러운 것에 부합함도 아니다. (94효는) 남에게 '본모습을 잃음[失色]'을 하지 않고, 남에게 '말실수[失言]'를 하지 않으며, 남에게 실례失禮하지 않고, 외물에 의해 다치지 않기에, 따라서 (94효는,) 외물이 손상시키지는 못한다. (공자가 그를 찾아오기를 바랐기에, 그가 없을 때 찾아갔던,) 양화陽貨에 대한 공자의 경우가,[25] 이것이다.

마치창馬其昶은 말한다. 94효는 초6효에 응應하니, 의당 아래로 가는 도道에 부합해야 하기에, 따라서 (94효는) 허물이 없다. 그러나 (94효는) (제)자리를 잃은 강강剛으로 위에 있으니, 비록 아래에 응한다 하더라도 사정은 (너무) 높이 올라간 것이기에, 따라서 (94효는) 또 가면 위태로우니 경계를 해야 한다. (94효에서) '물용勿用'과 '오래도록 바름[永貞]'은 모두 경계하는 말이다. (94효에서) 음이 이미 과過한데, 어찌 다시 오래감이 의당하겠는가? (나의 견해: 이는 '오래[長]'자字를 해석한 것이니, (강조하는) 상성上聲(올림)으로 읽어야한다.) 그러므로 94효는 변화해서는 안 되기에, 양陽은 '쓰지 말아야[勿用],' 음陰이 이에 '길이 바르게 된다[永貞].'

---

25) '陽貨欲見孔子, 孔子不見, 歸孔子豚. 孔子時其亡也, 而往拜之.' 『論語』, 「陽貨」편(17:1) 참조.

육오효: '구름은 빽빽한데 비가 오지 않으니, 나의 서교西郊로부터 함'은 (일이 준비 중에 있음이다.) 어느 공公이 (새를) 주살을 쏘아 맞혔는데, 구멍으로 (도망가니, 구멍에서 새를) 잡았다.

[六五, 密雲不雨, 自我西郊. 公弋取彼在穴.26)]

상에서 말한다. "구름이 밀집했으나 비는 안 옴"은, (구름이) 이미 (하늘) 위로 올라간 것이다.

[象曰: "密雲不雨," 已上也.27)]

우번虞翻(164-233)은 말한다. (65효에서) 태兌는 서쪽이다.

관랑關郎(5세기, 북위北魏시대 학자)은 말한다. 소축小畜 일괘一卦의 몸[體]은,28) 소과小過괘 한 [65]효의 뜻에 해당한다.

(장재의) 『횡거역설橫渠易說』에서 말한다. 소과小過괘에는 '나는 새[飛鳥]'의 상象이 있기에, 따라서 이로 인하여 (65효에서) '구멍에 있는 새를 취함[取彼在穴]'이라고 말하였다.

주진朱震(1072-1138)은 말한다. 못[澤]의 기운이 위로 올라가면 구름이 되니, (65효에서 호체인) 태兌의 음陰이 왕성하다.

심해沈該(11세기, 남송南宋 역학자)는 말한다. 못[澤]은 위에서 움직이고 간艮은 아래에서 그치니, (65효는,) 비가 오지 않는 상象이다. (65효에서) 음이 왕성한 자리에 있으나 높음을 감당하기에 충분하지 않으므로, (65효에서) 공公이라고 말했다.

요내姚鼐(1732-1815)는 말한다. (65효에서) 주살을 쏘아 구멍에 있는 가까운 것을 취하는 것은, 날아가는 멀리 있는 새를 쫓지 않은 것이기에, 역시 작은 일은 가능[可]하나, 큰일은 불가不可하다는 뜻이다.

유원劉沅은 말한다. (65효의) 빽빽한 구름은 음이 왕성한 구름이니, 이 효의 호체互體인 태兌가 비[雨]와 못[澤]이다. 태兌는 서쪽 방향에 있고, (65)효爻가 변하면 건乾이 되며, 외괘外卦에 있기에, '서쪽 들[西郊]'을 상징한다. 내[我]는 (상괘인) 진震으로 말미암아 말하는 것이니, 태兌는, 진震(동쪽)의 서쪽이기에, 동쪽으로부터 서쪽으로는 양陽이 되니 비가 내리기 쉬우나; 서쪽으로부터 동쪽으로는 음이 되니 비가 내리기 어렵다. 65효는 음이 높은 자리에 있으므로 공公이라고 칭했다. 구멍에 있음은 62효를 말하니, 음우陰偶는 구멍을 상징한다. 두[62, 65효] 음유陰柔는 서로 도울

---

26) '密雲不雨, 自我西郊'는, 일이 조성 중에 있음이다. 익弋은 화살에 줄을 매어 새를 쏨이다. 彼는 새이다. 高亨, 487頁.

27) 已上은, 구름이 이미 하늘 위로 올라감이다. 高亨, 488頁.

28) 小畜괘: "亨, 密雲不雨, 自我西郊." 참조.

수 없고, 구제할 양陽이 없으니, 비가 내리지 않는 상이다.

허계림許桂林(1779-1822)은 말한다. 소축小畜괘의 괘사卦辭와 소과小過괘 65효는, 모두 '나의 서교西郊로부터[自我西郊]'라고 말하였으니, '지키는 영토가 모두 소小라고 이름붙인 괘(小過卦, 小畜卦)'에 대한 것이라고 스스로 말했으며, 또 다시 '공公이 구멍에 있는 저것을 쏘아 취한 것'은, 위로 가는 것은 의당하지 않고 아래로 가는 것이 의당하니, '왕실을 수호하는 신하[藩臣]'의 도道를 거듭 말한 것인데, 아마도 그 말의 근엄함이 이와 같은 것이다.

리스전李士鉁은 말한다. 65효는 하늘의 자리가 되며, 호체互體인 태兌는 모인 물이다. 물이 하늘 위[天上]에 모이므로 구름이 빽빽하나 비가 내리지는 않는다. 아래에 손巽 바람이 그것을 흩트리니 또한 비가 오지 않는 상象이다. 태兌의 방위는 서쪽이며 외괘外卦이니, 교외[郊]이다. 65효의 유柔는 중中을 얻었고, 현명한 이를 구하여 자기를 보조하기에 급하다. 왕王이라 말하지 않고 공公이라 말하였으니, 여러 공公들로 하여금 재야在野의 선비를 선발하게 하고자 함이다.

마치창馬其昶은 말한다. 소巢와 혈穴은 통칭이니, (『상서尚書』의)「우공禹貢」편에서, "'조서동혈鳥鼠同穴'이라하는 산山이 있다."라고[29] 하였다. 공公은 왕계王季이다. 『죽서기년竹書紀年』에서는, '주공周公과 계력季歷이 … 서낙귀융西落鬼戎을 정벌하고, … 여무지융余無之戎을 정벌하고, … 시호지융始呼之戎을 정벌하였으니,'[30] 그들을 모두 무찔렀다는 내용을 거듭 적고 있다. 또 '주공周公과 계력季歷이 예도지융翳徒之戎을 정벌하여 그곳의 세 대부大夫를 붙잡아 돌아오고 전리품을 바쳤다.'라고[31] 적고 있다. 『후한서後漢書』,「서강西羌」전傳에서 서술한 바도 역시 같다. (소과小過괘 65효의) '공公이 구멍에 있는 저것을 쏘아 취하였음[公弋取彼在穴]'은 이를 가리킨다. (65효에서) '구멍에 있는 저것을 취함'을 말하였으니, 나는 새의 흉함은, 공公의 주살이 아님을 알 수 있다. 그 흉함은 스스로 그것에 걸린 것이다. 문왕文王이 『역易』을 엮으면서 곧 마치려할 때에, 은주殷周 흥망의 사이에 세 번 사리를 명찰하고, 변화에 적응할 수 있었다. (65효가) 이미 올라감은, 음이 이미 맨 위의 끝으로 올라감을 이른 것이니, 본래 비를 오게 할 수 있지만, 아래의 두 양에게 방해를 받아 손巽 바람이 흔들기 때문에, 단지 구름만 빽빽할 뿐이다. 65효는 본래 왕의 자리인데 왕을 깎아내려 공公이라 말한 것은, 신하는 임금의 자리를 넘어갈 수 없기 때문이다. (65효는) 신

---

29) '自鳥鼠同穴之山.',『今古文尚書全譯』,「禹貢」篇, 江灝, 錢宗武譯注, 상동, 85頁.

30) '周公季歷伐西落鬼戎, …伐余無之戎, … 伐始呼之戎.'『竹書紀年』, 電子版文淵閣四庫全書, 上海人民出版社, 1999 참조.

31) '周公季歷伐翳徒之戎, 獲其三大夫來獻捷.'『竹書紀年』, 電子版文淵閣四庫全書, 상동 참조.

하의 절개를 고집스럽게 지켜서 마치므로, 따라서 (65효에서) 은택이 천하에까지는 미치지 않는다. 괘의 이름이 소과小過인 것은, 바로 이 뜻을 취한 것이다. (문왕이) 셋으로 나누어진 것 중에 둘을 소유하고도 은殷나라를 복종하여 섬겼으나, 문왕文王은 스스로 지덕至德이 있다고 하지 않았고, 그것을 왕계王季에게 돌렸다. 오호라! (문왕文王은) 충효의 정情이 이렇게 지극하도다!

• **나의 견해(1)**: 이는 석포惜抱(요내姚鼐, 1731-1815)의 설명과 상통한다. 새는 위에서 나는데, 천하에 도道가 없으니 반드시 그물에 걸리게 되기에, 흉함은 자기로 말미암아 취한 것이다. 그러므로 (65효에서) '어찌할 수 없다.'라고 말하였다. 아래에 도道가 없는 나라는, 그것을 취하는 것이 도리어 쉽다. 만약 임금에게 (도道가) 있는 나라라면, 비록 도道가 보이지 않아도, 또한 취할 수 없는 것이니, 이는 아래로 가는 것이 의당하고, 위로 가는 것은 의당하지 않은 것이다.

• **나의 견해(2)**: 서교西郊의 못[澤]은 단지 한 장소에만 미치니, 천하에 퍼질 수는 없다. 비가 오지 않는 것은, 자기 임금에게 미치는 것이 아니고, 신하는 (임금보다) 과過할 수 없다는 것이다. 서교西郊에 비가 오지 않음은, (신하가) 자기 충성을 보인 것이다. 주살을 쏘아 취하여 공公에게 속하게 하고, 좋은 것은 부모에게 보냈으니, (65효는) 자기 효孝를 드러낸 것이다.

상육효: 막지 않고, 잘못을 저지르도록 내버려두었다. 나는 새가 그물에 걸렸으니, (이것은) 흉함이고, 이것은 재앙이라 말한다.
[上六, 弗遇過之, 飛鳥離之, 凶, 是謂災眚.32)]
상에서 말한다. "막지 않고 잘못을 저지르도록 내버려두었다면", (그 행동은) 매우 혹독한 (벌을) 받는 것이다.
[象曰: "弗遇過之," 已亢也.33)]

왕필王弼은 말한다. 과過함이 높은 데에 이르면, 장차 어느 곳에서 만나겠는가? (상6효가) 날아가되 그치지 않으면, 장차 어디에 의탁하겠는가? 재앙은 자기로부터 이르는 것이니, 다시 무슨 말을 하겠는가!

공영달孔穎達(574-648)은 말한다. (상6효에서) 소인小人의 몸으로 '지나쳤으니[過]' (그것을) 막

....

32) 遇는 알遏[막음]이다. '過之'는 그로 하여금 잘못이 있게 함이다. 離는 나羅[새그물]의 가차이니, 그물로 새를 잡음이다. 高亨, 488頁.
33) 已는 甚이니 태太(매우)이고, 항亢은 가苛(가혹), 학虐(가혹)이다. 高亨, 상동.

지 못했으니, 이는 새가 날아가되 의탁할 데가 없어 반드시 주살을 맞는 것과 같다. (상6효에서) 높음이 과過하면 흉함에 걸리니, 이는 스스로 재앙을 불러오는 것이라 이른다.

심해沈該(11세기, 남송南宋 역학자)는 말한다. (소과小過)괘(의 상6효)가 변하면 (火山)여旅괘가 되니, 여旅괘 상9효는 새가 자기 둥지를 불태움이다.

여기서余莒舒(13세기, 남송南宋 학자)는 말한다. 이離는, (『시詩』의) '(고기 그물을 설치했는데,) 기러기가 걸렸도다[鴻則離之].'의34) '걸렸음[離]'과 같다.

유원劉沅은 말한다. 재災는 하늘이 내린 재앙이고, 생眚은 사람이 만든 재앙이다. 이는, 재앙[災 眚]이란, 사람으로 하여금 재앙[災眚]을 두려워하여 스스로 경계하게 하고자 함을 말한 것이다. 한 번은 (65효에서) '이미 (하늘로) 올라감[已上]'을 말하고, 한 번은 (상6효에서) '이미 높게 올라감[已 亢]'을 말하였으니, 아마도 음이 위에 있음에, 그것이 과過하게 왕성함을 경계한 것이다. '아래로 가는 것이 의당[宜下]'하고, '위로 가는 것은 의당하지 않으니[不宜上],' 군자는 소인이 많은 시절에 처하면, 진실로 양보하고 낮추는 것이 마땅하며, 소인은 같은 부류와 '무리[黨]'을 이루어, 무리가 성대한 시절을 당하여서는, 또 어찌 자기 멋대로 할 수 있겠는가?

리스전李士鉁은 말한다. (상6효에서) 음이 제일 높은 곳에 있으니, (상6효는) 홀로 양에서 멀리 떨어지므로 양을 만나지 못하고, (상6효는) 도리어 '지나친[過]' 것이다.

마치창馬其昶은 말한다. 음양의 기氣는 동류끼리는 서로 밀어내고, 이류異類끼리는 서로 감응한다. 상6효가 양으로 변하면 93효와 서로를 잃어버리니, 친하게 만날 수 없고, 다만 그를 넘어섬 [過]이 있을 뿐이다. (상6효에서) 먼저 '만나지 못함[弗遇]'을 말한 것은, 상6효가 본래 만날 수 있는 도가 있으나, 만나지 못했음을 보인 것이니, 아마도 스스로가 그렇게 한 것이다.

• **나의 견해**: 이 (소과小過)괘의 상전象傳에서는, 아마 시대[時]의 폐단을 구원하기 위해서 말한 것이다. 세상 사람들은, 공손함, 슬픔, 검소함의 도道에 대해서 미치지 못하는 경우가 많으니, 따라서 (소과小過괘는) 그것을 바로잡아서, 차라리 과過할지언정 미치지 못함이 없게 하니, 풍속을 두텁게 만들기 위해서이다. 작은 일에 대해서는 과過할 수 있는 도道가 있으니, 작은 일은 과過해도 무방하다. 또한 오히려 큰일에 대해서도 과過할 수 있는 道가 있으니, 큰일도 지나쳐도 무방하다. 모두 때[時]에 인하여 행동한다. (소과小過괘 단象)전에서, '군자는 남들보다 높아짐이 많기를 원하지 않는다.'라고 말하였으니, 이는 '위로 감이 의당하지 않음[上之不宜]'을 아는 것이다. '최고

---

34) '魚網之設, 鴻則離之.'『詩經譯注』,「邶風」,「新臺」, 袁梅著 , 상동, 169頁.

의 선으로 물[水]만한 것이 없다. 물은 만물을 매우 이롭게 하면서도 다투지 않는다.'라고[35] 노자老子는 말하였으니, 아마도 아래로 가는 것이 의당한 도道를 얻은 것이다. 모든 일은 의당 겸하하여 순응하는 것이 마땅하지, 위로 천리天理를 거스르면 안 된다. '나는 새[飛鳥]'의 상象을 보아서, 그것을 터득할 수 있다. 초6효는 (하괘인) 간艮 아래에 있으니, 마땅히 자기가 머물 곳을 안다. (초6)효에서 '나는 새[飛鳥]'이니, 이로써 흉함을 말하였는데, 아마도 아래에 있는 것을 기꺼워하지 않고 위에 의거하고자 하는 자들은, '위로 향하는 것이 의당하지 않고 아래로 향하는 것이 의당한 의리'이며, 산이나 언덕의 깊고 굴곡진 조용한 곳에서 머무는 데에는, 어두움이 (좋음)을 말한 것이다. 62효는 유중柔中으로써 65효에 응하므로 허물이 없다. 93효는 양으로써 양(자리)에 있으나 중中을 얻지는 못하였음으로, 흉하다. 94효는 양강陽剛으로써 경계를 삼았다. 65효는 유순하여 일을 할 수 없다. (65효에서는) 서교西郊의 못[澤]은 널리 천하에 미칠 수 없으므로, 구름은 빽빽하지만, 비가 내리지는 않는다. 이는 역시 자기 임금에게 못 미치고, 신하는 (임금보다) 과過하면 안 된다는 의리이니, 그의 충성[忠]을 드러내 보였다. 주살로 취하여 공公에게 바치고, 좋은 것은 부모님에게 보내니, 그의 효孝를 드러내 보였다. 문왕文王이 소축小畜괘와 소과小過괘를 『역易』에 엮을 때, 모두 그 뜻을 간략히 보였는데, 포윤抱潤(馬其昶)선생으로 말미암아 그것이 드러나 밝아졌으니, 아마도 그의 지덕至德을 알 수 있을 것이다. 상6효도 역시 자기의 '지나침[過, 잘못]'을 스스로 경계하는 뜻이 있다. 유원劉沅선생은 '음陰이 하괘下卦에 있는 경우는 그의 '지나침[過, 잘못]'을 원하지 않은 것이고, 음이 상괘上卦에 있는 경우는 자기의 '지나침[過, 잘못]'이 성대해짐을 경계하는 것이다.'라고 말하였으니, '아래로 향하는 것이 의당[宜下]하지, '위로 향하는 것이 의당하지 않다[不宜上].'라는 설에 매우 잘 부합한다.

35) '上善若水. 水善利萬物而不爭.'『老子繹讀』8章, 任繼愈著, 상동, 17頁.

63. 기제旣濟괘 ䷾

기제旣濟괘: 작은 일은 형통하며, 바르면 이롭다. 처음에는 길하나 끝에는 혼란이다.
[旣濟, 亨小, 利貞.¹⁾ 初吉終亂.]

정현鄭玄(127-200)은 말한다. 기旣는 '이미'이고 '다함'이다. 제濟는 건넘이다.

오징吳澄(1249-1333)은 말한다. 제濟는, 물 건너기를 이미 마침을 이름 한다. 두 사물이 서로 바탕이 되고 서로 이루어 주는 것도, 역시 제濟라 말한다.

유원劉沅(1767-1855)은 말한다. 물과 불은 건乾과 곤坤의 큰 쓰임이다. 감坎과 이離는 건乾과 곤坤의 정체正體를 얻어 '참된 음'과 '참된 양'을 서로 자신의 집에 감추고 있으니, 하늘과 땅이 이 때문에 사귀고 해와 달이 이 때문에 밝아지고 만화萬化가 이 때문에 나온다. 기제旣濟괘는 물과 불이 어우러지고, 오기五氣가²⁾ 정화精華로 뭉쳤으므로, 만물이 이루어지지 않음이 없다. 그것이 완성될 수 있는 까닭은, 중기中氣가 그렇게 했기 때문이다. 그러므로 기제旣濟괘는 음양의 큰 축이다. 「서괘序卦」전에서, '과過함이 있는 사물은 반드시 구제되니, 따라서 이것을 기제旣濟괘로 받았다.'라고³⁾ 하였다. 과過함이 있은 이후에, 구제될 뿐임을 말한 것이다. (상괘인) 감坎과 (하괘인) 이離는 건乾과 곤坤의 '바른 자리[正位]'를 얻어서, 사람에게 있어서는 생명[性命]을 보존하여 합하고, 천지에 있어서는 만물을 화생하는데 다함이 없다. 그러므로 (기제旣濟괘는) 형통하다. (기제旣濟괘에서) 일이 이미 완성된 때를 당하여, 그 처음은 본디 길하지만, 오래될수록 폐단이 생겨나서, 그 끝은 틀림없이 혼란스러워진다. 오로지 바름으로써 견지해야만 형통한 것이, 그의 형통함을 항상 보전할 수 있을 것이다. 처음엔 길하지만 마지막엔 혼란스럽다는 것은, '작은 일에

---

1) 기제旣濟는 卦名이다. 濟는 이룸[成]이다. 亨은 형통이다. '亨小'는 마땅히 小亨이니, 小亨은 작은 일은 형통함이다. 高亨, 489頁.
2) 한의학에서, 五氣는 추움[寒], 더움[暑], 건조함[燥], 습기[濕], 바람[風]을 말한다.
3) '有過物者必濟, 故受之以旣濟. (과過한 물건이 있으면 반드시 구제되니, 따라서 이것을 기제旣濟괘로 받았다.)', 「序卦」傳, 高亨, 652頁.

바르게 함이 이로운 까닭[小利貞]'을 거듭 밝힌 것이다.

리스전李士鉁(1851-1926)은 말한다. 불의 성질은, 위로 타오르는데 (이 기제旣濟괘에서는 불[離]이) 아래에 있고, 물의 성질은 아래로 흐르는데 (이 기제旣濟괘에서는 물[坎]이) 위에 있으니, 물과 불이 서로 사귀고 강剛과 유柔가 서로를 완성한다. 불 위에 물이 있으니 타오르지 않고, 물 아래에 불이 있으니 침몰[沉]하지 않는다. (나의 견해: 침沉은 응당 한寒으로 써야한다.) 그러므로 기제旣濟가 된다. (기제旣濟)괘획의 3음과 3양은 각각 자기의 바름을 얻었으니, 천하가 이미 평정되고 만사가 이미 안정된 상象이다. 기제旣濟와 미제未濟 두 괘가 모두 이離의 중효中爻를 취한 것은, 그것의 밝음을 취한 것이지, 그것의 험함을 취하지는 않은 것이다. 처음에 길하다는 것은 하괘下卦(離)를 가리킨 것이니, 유柔가 중中을 얻고 응함이 있는 것이다. 마지막엔 혼란함은 상괘上卦(坎)를 가리키니, 양陽이 음陰에 빠진 것이다. 혼란함은 다스림을 낳고 다스림은 혼란함을 낳으니, 비록 천도天道라고 말하더라도, 그 가운데에 인사人事가 있다. 아직 다스려지기 전에는, 사람들은 정신을 진작시켜 다스림을 구하지 않음이 없고; 이미 다스려진 후에는 뜻이 만족스러워져서 교만함이 생긴다. 그러므로 다스림의 끝은 혼란함의 시작이다. 옛 사람들이 말하기를, '비록 쉬더라도 쉬지 말라[雖休勿休]!'라고⁴⁾ 하였으니, 스스로 끝이라 여기지 말고; 천하가 다스려짐을 마치 아직 다스려지지 않은 듯이 보고, 자기 학문의 완성을 아직 완성되지 않은 듯이 보는 것이다. 그러므로 길함이 있어 혼란함이 없다. 『역易』에서는, 마무리가 반드시 혼란스럽다고는 말하지 않으니, 스스로 마지막이라 여기는 자는 틀림없이 혼란스러워짐을 말한 것이다.

마치창馬其昶(1855-1930)은 말한다. '작은 일을 바르게 함이 이로움[小利貞]'은, 둔遯괘(의 괘사卦辭)와 같다. (여기에서) 음소陰小가 기제旣濟의 때에 이르면, 이롭고 또 바름을 말한 것이다.

● **나의 견해**: (기제旣濟괘는) 처음부터 끝까지 혼란함을 면하지 못하니, 이는 (기제旣濟에서) 처음의 길함이 변화되어 점차 혼란함에 이르는 것이다. 혼란함이 이미 완성됨에 미쳐서는 만회하기가 쉽지 않지만, 또 (기제旣濟괘에서) 혼란함에만 그치지 않고, 끝내는 역시 반드시 망할 뿐인 것이다.

단전에서 말한다. 기제旣濟괘는 형통이니, 작은 일은 형통한다. (하는 일이) "이롭고 바름"은, 강건

---

4) '爾尚敬逆天命, 以奉我一人, 雖畏勿畏, 雖休勿休.'『今古文尚書全譯』,「呂刑」, 江灝, 錢宗武譯注, 상동, 439頁.

함과 유약함이 바르고 (각자의) 자리가 합당하다.

[曰:「旣濟」亨, 小者亨也. "利貞," 剛柔正而位當也.5)]

이순신李舜臣(12세기, 남송南宋 역학자)은 말한다. (하괘인) 이離의 일음一陰이 가운데에 있고, (상괘인) 감坎의 양陽이 위에서 서로 응하니, 작은 것이 큰 것의 응함을 얻어서 형통하다. 또 3음陰이 모두 3양陽의 위로 나오니, 이 3음은 모두 위에 있으면서 형통하다. 3양은 음에게 (자신을) 낮추니, 음양이 교합하여 기제旣濟괘가 된다.

유염兪琰(1253-1314)은 말한다. (기제旣濟괘에서) 강유剛柔가 모두 바르고 자리[位]도 모두 마땅하니, 64괘 가운데 오직 이 한 괘만 그럴 뿐이다. 그러므로 (기제旣濟괘 단彖전에서) 특별히 그것을 찬미한 것이다.

장리상張履祥(1611-1674)은 말한다. 천지 사이에 존비尊卑, 귀천貴賤, 내외內外, 대소大小는 자리[位]일 따름이다. 각각이 자기의 자리에 합당하면 이루어짐[濟]이고, 자기의 자리에 합당하지 않으면 이루어지지 않음이다.

마치창馬其昶은 말한다. 『회남자淮南子』에서, '오제五帝삼왕三王이라도 자기 행실을 온전히 할 수 있는 자가 없었다. 그러므로 『역易』에서, "작은 도[小道]는 (큰일을 망칠 수가 없으니) 괜찮고, 바르게 함이 이롭다."라고 말하였으니, 사람은 잘못을 저지르지 않은 자가 없기에, 큰일을 안 하려하는 것이다.'라고6) 하였다. 야也는 야耶와 같다. '작은 도[小道]'가 형통하니, 일단 작은 일은 괜찮다[亨]. 도道는 행行과 같으니, 사람의 행함이 있지 않을 수는 없지만, 어찌 큰 일이 형통하기를 바라지 않겠는가? 그러나 (기제旣濟괘에서) 작은 일은 반드시 형통하다고 말하니, 비록 오제五帝(같은 성인이라) 하더라도, 또 그들의 행동이 온전할 수는 없기에, 따라서 '요순堯舜도 이것을 오히려 걱정한다.'라고 말하였다. 이는, 기제旣濟괘에서 '작은 일[小亨]의 뜻을 말함이 가장 정확함을 밝힌 것이다.

"처음에 길함"은, (62효처럼) 유약함이 중위中位를 얻은 것이다. (상6효가 95효를 타넘고 있으니) "끝"에서 그침에 "난리"가 있게 되니, 도리가 막혀버린 것이다.

["初吉," 柔得中也. "終"止則"亂," 其道窮也.7)]

---

5) 旣濟괘는, 上이 坎괘니 剛이고, 下는 離괘니 柔여서, 剛上柔下이니, '剛柔正'이다. 초9, 93, 95효가 모두 陽이니 剛이고, 62, 64, 상6효가 모두 陰이니 柔이기에, 剛柔가 모두 '當位'(합당한 자리)이다. 高亨, 490頁.

6) '自古及今, 五帝三王, 未有能全其行者也. 故『易』曰: "小過亨, 利貞." 言人莫不有過, 不欲其大也.', 『淮南子全釋』, 「氾論訓」, 下冊, 許匡一譯注, 상동, 795頁.

우번虞翻(164-233)은 말한다. (기제既濟괘는,) 유柔가 중中을 얻었기에, 따라서 형통하다. 여섯 효가 제 자리[位]를 얻어 각각 바르고 보합保合하기에, 따라서 (기제既濟괘는) 바르게 함이 이롭다.

왕필王弼(226-249)은 말한다. (기제既濟괘는) 처음엔 길하지만 끝은 혼란스러움은 스스로 혼란스럽게 하는 것이 아니라, 그침으로 말미암아, 따라서 (기제既濟괘는) 혼란스럽게 된다.

호원胡瑗(993-1059)은 말한다. 천하가 오랫동안 다스려지면, 인정은 그저 편하고자하니, 온갖 일이 쉽게 무너진다. 그러므로 가득 찬 것을 지키고 이룬 것을 지키는 도道는 마땅히 지극히 삼가고 지극히 조심한 연후에야, 이룰 수 있다. 만일 일락逸樂에 머물며 끝내 평안할 줄로 여긴다면, 혼란함이 이를 것이다. 이는 성인이 깊이 경계하신 말씀이다.

(장재의)『횡거역설橫渠易說』에서 말한다. (기제既濟괘는) 그 변화에 통달한 연후에, 오래갈 수 있다. 그러므로 (기제既濟괘는) 멈추면 혼란스러워진다.

유원劉沅은 말한다. '작음[小]'은 음陰이고, '혼란[亂]'은 구제되지 못한 것이다. (기제既濟괘에서) 3음陰과 3양陽이 각각 바름을 얻어 자리가 마땅하다. 62효는 유柔로써 중中에 있으면서 양에 순종하여 완성하니, 일에 이루지 못함이 없다. 그 끝에 미쳐서 멈추면 해결됨이 오래되어, (하괘인) 이離 밝음은 비추지 못하는 곳이 있게 되고, (상괘인) 감坎 함정에는 재앙과 화가 없지 않기에, 그 도道가 이미 다 궁해진 것인데, 궁해지면 반드시 변한다.

마치창馬其昶은 말한다. 강剛은 구제 못할 것이 없고, 유柔는 구제하기도 하고 구제를 못하기도 한다. 그러므로 기제既濟괘나 미제未濟괘에 이른 것은, 유柔를 주로 하여 말한 것이다. 내괘(離)는 유柔가 중中을 얻어서 양陽에 붙었으니(麗), 이 때문에 처음에는 길하다. 외괘(坎, 함정, 험난함)는 유柔가 곤궁한 자리에 머물러있고, 양陽이 음陰들(속)에 빠져있으니, 끝에는 혼란스런 것이다.

상전에서 말한다. 물이 불 위에 있는 것이, 기제既濟괘이다. 군자는 (닥칠) 환란을 생각하고 그것을 예방한다.
[曰: 水在火上, "既濟." 君子以思患而預防之.8)]

왕필王弼은 말한다. 살아 있을 때에 죽을 것을 잊지 않으니, 기제既濟괘에서는 미제未濟괘를 잊

---

7) 62효는 하괘에서 中位이니 '柔得中'이고, 또한 臣下의 초기 단계이다. 상6효가 95효를 타고 있으니, '柔乘剛'으로 신하가 임금을 기만欺瞞하니, '亂'이다. 그래서 既濟괘는 終亂이다. 高亨, 490-491頁.
8) 患은 재환災患이고, 豫는 예預로 읽어야하니, 예방이다. 高亨, 491頁.

지 않는다.

유목劉牧(1011-1064)은 말한다. 물과 불의 성질은 끝나면 회복하니, 회복하면 변하게 된다.

구양수歐陽修(1007-1072)는 말한다. 사람의 마음은 위태로움에 처하면 생각이 깊어지고 편안함에 있으면, 뜻이 위태로워지니, 환란은 항상 게으르고 소홀함에서 생겨난다. 이 때문에 기제既濟(의 때)라면, 환란을 생각하여 미리 예방해야 한다.

소옹邵雍(1012-1077)은 말한다. 배움은 인사人事를 위주로 한다. 다스림은 혼란함에서 생기고, 혼란함은 다스림에서 생겨나니, 성인은 미연에 방비하는 것을 귀하게 여긴다. 이를 일러『역易』의 '큰 강령[大綱]'이라 이른다.

공환龔煥(13세기, 원元나라 학자)은 말한다. (기제既濟괘에서) 물이 위에 있고 불이 아래에 있으니, 비록 서로 쓰임이 된다고 하더라도, 물이 터지면 불이 꺼지고, 불이 타오르면 물이 마른다. (기제既濟괘에는,) 서로 사귀는 가운데 서로 해치는 기미가 잠복해 있다.

장리상張履祥(1611-1674)은 말한다. 평범한 사람은 환란에 대해서, 보고서야 그것을 안다. 군자는 환란에 대해, 생각하고서, 그것을 터득한다. 재주 있는 사람을 임용함은, 아직 드러나기 전에 혼란을 금지하는 것이고, 미묘할 때에 악을 끊어버리는 것이다.

유원劉沅은 말한다. 물과 불이 사귀면 공용功用이 행해지지만, 서로 이루어주는 가운데에 서로 해치는 기미가 잠복해 있으므로, 환란을 미리 방비하는 것이 마땅하다. '감坎 함정[陷]'은 환란을 상징하고, '이離 밝음[明]'은 미리 방비함을 상징한다. (기제既濟괘에서) '생각함[思]'은 마음으로써 말한 것이고, '예비[豫]'는 일로써 말한 것이다. 기제既濟괘의 환란은 '보이지 않음[無形]'에 있는데, 그것을 숙고한 이후에나 알게 되니, 알게 되어 곧 방비한다면, (기제既濟괘에서) 구제는 이에 오래 충족될 수 있다. 성인은 기제既濟괘에 대해 경계하는 말이 많은데, 환란을 생각하여 미리 방비하는 자가 아니면, 어찌 그의 끝[終]을 보전할 수 있겠는가?

짱훙즈張洪之(1881-1969)는 말한다. (기제既濟괘에서) 끝이 혼란스럽다는 것은, 양陽인 95효가 감坎 험함에 빠진 것을 가리킨다. 내괘에서 호체互體인 미제未濟괘에는, 구제함[濟] 또한 보증하기 어렵다. 재앙과 혼란의 기미는 매우 왕성한 때에 싹트는 경우가 많다. '이미 이룬 것[既濟]'을 보전하고자 한다면, 편안하게 있을 때에 위태로움을 생각하지 않고서는, (기제既濟괘에서) 공功은 이뤄지지 않는다. 오직 성인이라야, 덕德으로써 쇠하지 않게 유지할 수 있다.

초구효: (물을 건너는데,) 허리끈을 손으로 잡아끌었는데, 옷 뒤의 끝은 물에 젖었으나, 탈은 없다.
[初九, 曳其輪, 濡其尾,9) 无咎.]

상에서 말한다. (물을 건너는데) "허리끈을 손으로 잡아끌었음"이니, "탈이 없음"이 맞다.
[象曰: "曳其輪," 義"無咎"也[10].]

송충宋衷(?-219)은 말한다. 초9효는 뒤에 있어서 꼬리라고 칭했다.

정강중鄭剛中(1088~1154)은 말한다. (초9효에서) 감坎이 수레바퀴가 된다.

양만리楊萬里(1127-1206)는 말한다. (초9효는) 어려움에서 구제하는 처음에 힘을 다하여, 수레바퀴를 끌고 꼬리가 적셔지는 데에 이르러도 개의치 않으니, (초9효는,) 그가 허물이 없는 것이 마땅하다. 이것이, 주공周公이 동쪽을 정벌하는 일이었는가?

이석李石(1108-1181)은 말한다. 초9효가 수레바퀴를 끄니, 이로써 물의 험함에서 벗어난 것이다.

유원劉沅은 말한다. 감坎은 수레바퀴에 해당하며, 여우가 되고, 끌음[曳]이 된다. 초9효는 여우의 뒤에 있으니 꼬리를 형상한다. (초9효는) 감坎 물[水]의 아래에 있으므로 젖게 된다. 꼬리가 젖는 것은 수레바퀴를 끌기 때문이다. 구제하는 데에 가벼이 하지 않고, 그 구제할 원인은 바르게 해야 한다. 환란을 생각하여 미리 방비하는 것은, 의義로워서 허물이 없다.

오여륜吳汝綸(1840-1903)은 말한다. 꼬리라면, (하괘인) 이離는 소가 된다. (초9효는,) 소에게 수레의 멍에를 채워서 물을 건너기에, 따라서 수레를 끌며 꼬리를 적시는 상象이다.

리스전李士鈴은 말한다. 수레바퀴는 건너기 위한 것이다. 수레에는 수레바퀴가 있고, 배[舟]도 또한 수레바퀴가 있을 수 있다. 수레바퀴라는 것은 물과 불이 사귀는 것이며 음양의 쓰임이다. 해와 달이 운행하여 낮과 밤이 되니, 해와 달도 역시 수레바퀴이다. 하늘과 땅이 빙 돌아서 세계가 되니, 천지天地도 역시 수레바퀴이다. 『방서方書』(醫家類)에는,[11] "'심心 불[火]'은 위에 있고, '콩팥[腎] 물[水]'은 아래에 있으니, '지라와 위[脾胃]'가 수레바퀴가 된다. 위胃의 기氣가 올라가면 콩팥[腎] 물[水]도 따라 올라가니, 심心 불은 마르게[燥] 못할 수 있고, 지라[脾]의 기氣가 내려가면 심心 불도 따라 내려가서, 콩팥[腎] 물이 차가워[寒]지지 않을 수 있다."라고[12] 하였다. 이는 사람 몸속

---

9) 예曳는 손으로 끌음이다. 윤輪은 아마도 윤綸(굵은 실)의 가차이다. 漢帛書『周易』에는 윤綸이니, 輪과 綸은 통용된 것이다. 綸은 허리띠[腰帶]의 술수穗이다. 유濡는 축축하게 젖음이다. 미尾는 옷 뒤의 가짜꼬리로 장식함이다. 高亨, 491頁.

10) 義는 宜이다. 高亨, 상동.

11) '方書'는 淸나라 萬曆32年抄本이 있는데, 醫家類의 서적이다.

12) 『欽定協紀辨方書』(欽定四庫全書)를 검색했으나, 이런 인용구를 찾지 못함.

의 수레바퀴이다. 『역易』은 책을 마치면서 기제既濟괘와 미제未濟괘를 엮었으니, 음양의 사귐을 밝힌 것이다. 기제既濟괘의 초9효와 미제未濟괘의 92효는 모두 수레바퀴에서 상을 취하였으니, 음양이 사귈 수 있는 까닭을 밝힌 것이다.

마치창馬其昶은 말한다. 기제既濟괘의 초9효는 '옛날에 물든 것[舊染]'을 혹 아직 다 '없애지[濟]' 못한 것이니, 마땅히 힘을 다해 도움[濟]을 끝내야 한다. 그 수레바퀴를 끈다는 것은, (상괘인) 감坎에 응하는 상象이다. 초9효는 아래[下卦]에서 응應함을 얻어 이에 실행한 것이니, 64효의 상괘 감坎은 끌음[曳]이다. 그러므로 그 수레를 끌게 될 것이다.

육이효: 아내가 큰 수건을 잃어버렸는데, 그것을 찾지 말 것이니, 칠 일만에 (그것을) 얻게 된다.
[六二, 婦喪其茀,13) 勿逐, 七日得.]

상에서 말한다. (잃은 것을) "칠 일만에 (다시) 얻은 것"은, 바른 도리 때문이다.
[象曰: "七日得," 以中道也.14)]

정현鄭玄(127-200)은 말한다. (62효에서) 불茀은 수레가리개[車蔽]이다.

우번虞翻(164-233)은 말한다. (하괘인) 이離는 부인[婦]이 되고, (상괘인) 감坎은 도둑이 된다.

왕숙王肅(195-256)은 말한다. (62효는) 유柔를 몸으로 삼아 95효에 응함은, '아내[婦]'의 '뜻[義]' 이다. (62효에서) 그 가리개를 잃은 것은 도둑과 이웃함이다. '찾지 않아도 스스로 얻음'은 중도中 道를 행한 것이다.

이순신李舜臣(12세기, 남송南宋 역학자)은 말한다. 이離는 꿩이 되며, (62효에는 귀족의 부녀들 이 타는) '수레[翟茀]'의 상象이 있다.

유원劉沅은 말한다. 62효는 유柔를 중시하는데, 이離는 둘째딸[中女]이고 95효의 둘째아들[中男] 과 응하므로 부인이 된다. 이離는 태양이 되고, 7은 불의 정수整數이다. 음양은 모두 6에서 지극 한데, 7에 이르면 변하여 처음으로 회복한다. 62효는 유중柔中으로 자리를 얻었고, 위로는 95효 중정中正의 주인과 응하니, 공명光明하고 중정中正하여 가리개를 잃어버렸다고 싫어하지 않으며, 고요하게 그것을 기다린다. 이는 유柔가 중中을 얻은 것 중에서 가장 아름다운 것이다.

리스전李士鉁은 말한다. 이離는 해[日]가 되니, 효의 자리를 한 바퀴 거쳐서, 다시 이 효에 이르

---

13) 喪은 잃어버림이다. 漢帛書『周易』에서 불茀은 發로 있으니, 茀과 發은 불帗[큰 수건]의 가차이다. 축逐은 추심追尋이다. 高亨, 492頁.

14) 中은 正이다. 高亨, 상동.

면 7일이 된다. 62효는 얻을 수 있는 도道를 스스로 갖고 있으니, 한 바퀴 거치면 자득하게 된다.

마치창馬其昶(1855-1930)은 말한다. 『시詩』에서, '꿩 깃털로 장식한 수레[翟車]를 타고, 조회에 감[翟茀以朝]'이라고[15] 하였다. 소疏에서, '불茀은 수레덮개이니, 부인네들이 수레를 탈 때에 보이지 않게 하고자, 수레의 앞뒤에 장막을 설치하여 스스로 은폐한 것을 불茀이라 하고, 꿩 깃털[翟羽]로 장식을 한다.'라고 하였다. 95효는 감坎을 몸으로 하니 수레가 되고, 숨김이 되니 불茀이다. 93효는 호체인 감坎이니 도둑이 되고, 그 가운데를 막으니 가리개를 잃는 상象이다. (62효에서) '찾지 않음[勿逐]'은 62, 95효가 '바르게 응[正應]'하기에, 이 중도中道를 써서 바꾸지 않았음을 말한 것이다. 부인이 밤중에 돌아다닐 때에는 촛불을 밝히는데, 등불이 없으면 멈추고, 돌아다니지 않을 뿐이다. 이로 말미암아 미루어보면, 범문자范文子(?-전574)가 '밖이 편안하면 반드시 안에는 근심이 있게 되니, 어째서 초楚나라를 (잠시) 내버려두고서, (진후晉侯로 하여금) 밖을 두려워하게 만드는가?'라고[16] 말했는데, 이는 기제既濟의 때에는 '가리개를 잃어도 찾지 않음[喪茀勿逐]'의 뜻이다.

> **구삼효:** (은殷나라) 고종高宗이 귀방鬼方국을 정벌했는데, 3년 만에 승리했으니, 서인들은 준동하지 말 것이다.
>
> [九三, 高宗伐鬼方, 三年克之,[17] 小人勿用.]
>
> **상에서 말한다. "삼년 만에 승리함"은, 극도의 피로이다.**
>
> [象曰: "三年克之," 憊也.[18]]

(복승伏勝의) 『상서대전尙書大傳』에서 말한다. "무정武丁[殷나라高宗]은 안으로 자기에게서 돌이켜서 선왕의 도道를 생각하였다. 3년은 '머리 묶는 풍습이 다르고, 이중 번역을 해야 할 정도의 먼 이민족[編髮重譯]'에게서 조회하러 온 나라가 여섯 나라였다."라고[19] 하였다.

(서진西晉초년[280년 전후]에 급군汲郡에서 발견된 고문서인) 『급군고문汲郡古文』에서 말한다. 무정武丁[殷 高宗]은 32년에 귀방鬼方(나라)을 공격하였고, 다음은 형荊나라이었다. 34년에 왕의

---

15) '翟茀以朝.' 『詩經譯注』, 「衛風」, 「碩人」, 袁梅著, 상동, 203頁.

16) '外寧必有內憂, 盍釋楚以爲外懼乎?' 『左傳全譯』, 「成公」16年, 王守謙 登譯注, 상동, 704頁.

17) 高宗은 은殷나라 왕으로, 이름이 武丁이다. 鬼方은 나라이름이다. 克은 이김이다. 勿用은 勿動이다. 高亨, 492頁.

18) 憊는 극도의 피곤함이다. 高亨, 493頁.

19) "武丁內反諸己, 以思先王之道. 三年, 編髮重譯來朝者六國." 『尙書大傳』卷一, 「高宗肜日」, 상동, 33頁b.

군대가 귀방鬼方을 물리쳤고, 저氐부족 사람들이 손님으로 왔다.

『건착도乾鑿度』에서 말한다. "(은殷나라) 고종高宗은 무정武丁이다. … 은殷나라의 도道가 중간에 쇠하자, …고종高宗이 안으로 자기 나라를 다스려서 민심을 얻었고, 쇠미함을 부축하여 구제하고, 먼 지역까지 정벌하여 3년 만에 추악한 무리들을 소멸시켜서, 왕도王道가 이루어지자, 은殷나라 사람들이 그를 높이고 종宗으로 삼았다. 문왕文王은 걸출하게 교역하고 덕德을 권면하였다."[20]

「회남왕淮南王소疏」에서 말한다. 귀방鬼方은 작은 만이蠻夷이다. 고종高宗은, 은殷나라의 왕성한 천자이다. 왕성한 천자가 작은 만이蠻夷를 공격하여 3년 만에 이겼으니, 군대를 쓰는 것은 중히 하지 않을 수 없음을 말한 것이다.

이석李石은 말한다. 이離는 갑옷, 투구, 군대, 무기가 되니, 북방北方 감坎[위험, 險]에 상대된다.

용인부龍仁夫(1253-1335)는 말한다. 『시詩』에서, '분노가 (먼) 귀방鬼方에까지 미친다.'라고[21] 하였다. (93효는) 이방夷方과 통한다는 말이다. 이 (기제既濟)괘는 아래가 이離이기에, 따라서 93효에서 정벌을 말하고, 다음에 (기제既濟)괘가 (호체인) 이離로 올라가므로, 따라서 정벌은 94효에서 말한다.

반사조潘士藻(1537—1600)는 말한다. (93효는) 성세盛世에 백성들을 권면하는 어려움이다. 소인들은, 성세일 때에는 그것의 쇠함을 고려하지 않고, 공功이 이루어지면, 그것의 어려움을 고려하지 않기에, 따라서 (소인들을) '준동하지 말래[勿用]!'라고 경계시켰다.

고반룡高攀龍(1562-1626)은 말한다. (93효에서) 사람은 성대한 시절에 물력物力의 넉넉함은 알아도, 성대한 시절에 거사舉事는 쉽게 고달파지는 것은 알지 못한다. (유원劉沅은, "비憊는 병들고 곤란함이다. 강剛으로써 일을 이루므로 '지치게 함憊'으로써 '무력을 남용[黷武]'하는 자를 경계해야 한다.'라고 말한다.)

(이광지의)『주역절중周易折中』에서 말한다. (은殷나라) 고종高宗은 상商나라를 중간에 흥기시킨 임금으로, '아직 이루기 전[未濟]'으로부터 이미 이룬 자인 셈이다. 기제既濟괘 93효에서 말하는 것은, 내괘內卦[離]의 마지막이니 이미 이룬 것이고, '승리함[克之]'이라 말한 것은, 이미 그렇다는 말이다. 미제未濟괘 94효에서 말하는 것은, 외계外卦[離]의 처음에 이르러 이루기 위해 바야흐로

---

20) '高宗者, 武丁也. … 殷道中衰, … 高宗内理其國, 以得民心, 扶救衰微, 征伐遠方, 三年而醜惡消滅, 成王道, 殷人高而宗之. 文王挺以校易勸德也.', 『周易乾鑿度』卷上, 既濟93爻, 漢 鄭康成注, 電子版文淵閣四庫全書, 상동 참조.
21) '覃及鬼方.' 『詩經』「大雅·蕩之什」,「蕩」, 袁梅著, 상동, 837頁.

도모함이고, (94효에서) '대군大軍을 출동시켜 씀[震用]'이라 말한 것은, 바야흐로 그렇게 되었다는 말이다. 기제旣濟괘 뒤에는 마땅히 환난[患]을 생각하여 미리 예방해야 하기에, 따라서 (93효에서) '소인들은 준동하지 말 것[小人勿用]'이라고 (말한 것이다.) (93효에서) 경계함은 사師괘(의 상6효) 와 같다.

유원劉沅은 말한다. 하夏나라에서는 훈육獯鬻이라 말했고, 상商나라에서는 귀방鬼方이라 말했고, 주周에서는 험윤玁狁이라 말했고, 한漢에서는 흉노匈奴라고 말했다. 감坎은 북방의 그윽하고 험한 땅이다. 93효는 상6효와 응應하므로 '귀방鬼方'이라 말했다. (상괘인) 감坎 험함이 앞에 있기에, 따라서 삼년 만에 ('귀방鬼方'을) 이기는 것이다. 고종高宗이 중간에 흥기하여, 쇠함과 혼란을 떨치고 없앴으니, '아직 이루기 전[未濟]'으로부터 '이미 이룬 것[旣濟]'이다. 또 삼년 후에 이기므로, '지치게 함[憊]'으로써 '무력을 과시[黷武]하는 자'를 경계한 것이다. 93효는 강剛으로써 이離 밝음[明]의 맨 위에 있으니, 전쟁하여 이기는 상象이 있다.

리스전李士鉁은 말한다. 93효는 강건剛健하고 '문채 나고 밝음[文明]'이며. 기제旣濟괘의 가운데에 있으므로 중간에 흥기시키는 현명한 임금에서 상象을 취하였다. (93효는) 삼년 후에 이긴다고 하였으니, 심원深遠한 모략謀略에 근면함이 쉽지 않고, 태평한 시절에 거사擧事하는 것이 더욱 어려움을 보였다. 후세에 소인을 등용하여 변경에서의 쟁단爭端[邊釁]을 개시하는 자들이, (93효에서) 경계를 삼을 만하다.

마치창馬其昶은 말한다. (93효에서) '소인들은 준동하지 말 것[小人勿用]'은, 그것이 음陰으로 변화되는 것을 경계한 것이다.

● **나의 견해**: 사師괘(의 상6효)에서 '소인들을 준동하지 말 것[小人勿用]'이라 말한 것은, 개국開國하는 초기에 대해서 경계한 것이고; 이 (기제旣濟)괘에서 '소인들을 준동하지 말 것[小人勿用]'을 말한 것은, 중흥中興하는 때에 대해서 경계한 것이다. 국가를 성장시키고 재물에 힘쓰는 것은 반드시 소인으로부터 시작된다. (그러나) 소인으로 하여금 국가를 다스리게 하면, 재앙과 해로움이 같이 이른다. 큰 사업을 창립할[締造] 때의 어려움[艱難]에는, 본디 마땅히 소인이 파괴하는 것을 막아야 하니, 이는 주周나라 초기에 무경武庚의 반란을 없애버린 까닭이다. 대업을 계승하는 중간에 쇠해졌을 때에는, 소인들을 잠복시키는 일이 더욱 쉬우니, 이는 제갈량諸葛亮의 「출사표出師表」에서, '소인을 가까이하고 현신賢臣을 멀리한 것은, 후한後漢이 쇠퇴해가는 까닭입니다. … 일찍이 (동한東漢의 말세末世에) 환제桓帝와 영제靈帝를 탄식하지 않은 적이 없습니다.'라고[22] 말한 까닭이다.

육사효: 옷의 헐 크러진 명주실이 (물에) 적었으니, 종일 (말리느라) 조심을 한다.

[六四, 繻有衣袽,23) 終日戒.]

상에서 말한다. "(하루) 종일 두려워했음"은, (옷이 젖어서 추우니 병나지 않을까) 의심함이다.

[象曰: "終日戒," 有所疑也.]

우번虞翻은 말한다. (64효에서) 여袽는 해진 옷이다.

육희성陸希聲(801-895)은 말한다. 수繻는 또한 유襦(저고리)라고도 쓰니, 꾸밈이 성대한 것이다. 여袽는 옷이 해진 것이다.

석개石介(1005 – 1045)는 말한다. 아름다운 옷도 때로는 해질[폐敝] 때가 있으니, 이미 '이룬 때[旣濟]'에 당하여서도, 또한 '아직 이루지 못함[未濟]'이 있는 것과 같다. 그러므로 (64효에서) 종일토록 방비하여 삼가고 경계하니, 해짐[敝]이 있을까 의심해서이다.

곽옹郭雍(1106-1187)은 말한다. 64효는 험한 데에 있고, 또 두려울 것이 많은 지역이니, 이 때문에 해진 옷을 입는 경계함이 있다. 『설문해자說文解字』(許愼撰)에서 '수繻는 비단에 채색한 것'을 이른다고 했으니, 아마도 새로운 비단[新繒]으로써 '해진 옷[敝袽]'을 잊어버리지 말아야 함을 (64효에서) 말한 것이다.

채원정蔡元定(1135-1198)은 말한다. (64효에서) 기제旣濟괘는 중中을 지났으니, 때가 이미 변한 것이다. (64효에서는) 반드시 종일토록 경계하면, 끝내는 혼란스러움에는 이르지 않을 것이다.

유원劉沅은 말한다. 일반적으로 비단은 수繻라고 말할 수 있다. 여袽는 해진 삼[緼]이다. 64효는 이離괘의 위에 있으므로 종일을 형상한다. 기제旣濟의 때를 당하여 (64효에서) 음陰이 바른 자리를 얻었으니, 성대하게 가득하여도 쇠망함을 고려해야 한다. (64효는, 상괘인) 감坎 험난함[險]에 들었으니, 성대한 아름다움이 오래가지 못할까 의심스럽다.

리스전李士鉁은 말한다. (64)효爻가 두 감坎 사이에 처하였으니, 음이 거듭되어[重陰] 매우 차갑다. 64효는 호체인 이離가 위에 있으니 이離 불[火]이라 따뜻하다. 수繻는 따뜻한 옷이고, 난爛은 따뜻함이다. 유有는 우又이다. 의衣는 그것을 입는 것이다. 여袽는 바로 '헌솜[서絮]'이다. 고운 명

---

22) '親小人, 遠賢臣, 此後漢所以傾頹也. … 未嘗不歎息痛恨於桓、靈也.', 『三國志』, 晉 陳壽撰, 「蜀書」五, 「諸葛亮」傳, 四冊, 北京: 中華書局, 1975, 920頁.

23) 수繻는 마땅히 유濡(젖음)이 되어야 한다. 有는 于와 같다. 여袽는 곧 서絮자이다. 先秦시대에는 면화는 없었으니, 부자는 난사亂絲를 서絮로 썼고, 빈자는 난마亂麻를 絮로 썼다. 겨울에 물을 건널 때, 옷의 絮가 젖으니, 옷을 한 동안 못 입었기에, 한기가 들어 병이 났으니, 의당 종일 조심하여야 한다. 高亨, 493頁.

주옷을 입고 또 위에 '헌솜[서絮]'을 입으니, 추위를 막아 온기를 취하기 위해서이다. (64효에서) 이미 이離가 끝났으므로 종일終日이다. 위아래가 감坎 '험난함[險]'이므로 종일토록 경계한다. 하나의 불[火]이 두 물[水] 사이에 있어 꺼지게 될까 두려우니, (64효에서) 항상 경계하지 않을 수 없다. 기제旣濟괘의 때에는 감坎 '험난함[險]'이 이미 잠복해 있으니, 늙은 신하[老臣]가 나라를 염려하는 마음을 혹 잊을 수 있겠는가?

마치창馬其昶은 말한다. (기제旣濟)괘에서 여섯 획이 모두 자리를 (올바로) 얻은 것이 기제旣濟괘이다. 효爻에서는 음양陰陽이 모두 노老가 되어 장차 변하면, 미제未濟괘이므로 경계하는 말이 많다. (64효에) 의심스러운 바가 있으니, 그것이 변화하여 '자리를 잃을까[失位]?' (64효는) 의심스럽다.

• **나의 견해**: 유禰[속옷]는 그것이 해질 것을 방비하니, 곧 환난을 생각하는 뜻이다. 종일토록 경계함은 곧 미리 방비하는 뜻이다.

> **구오효**: 동쪽이웃[은殷왕조]은 소를 잡아서 제사지내나, 서쪽이웃[주周왕조]에서 (소략한) 약제禴祭를 지내도, (은殷나라는 주周나라가) 실제로 복을 받는 것만 못하다.
> [九五, 東鄰殺牛, 不如西鄰之禴祭,[24) 實受其福.]

정현鄭玄(127-200)은 말한다. (95효에서) 호체互體는 이離와 감坎으로, 이離는 해가 되고 감坎은 달이 된다. 해는 동쪽에서 뜨니 동쪽 이웃의 상象이고, 달은 서쪽에서 뜨니 서쪽 이웃의 상象이다.

유원劉沅은 말한다. 선천도先天圖에서는 이離가 동쪽이고 감坎이 서쪽이므로 동쪽과 서쪽 이웃의 상이다. 동쪽 이웃은 이離를 가리키고 서쪽 이웃은 감坎을 가리킨다. 이離는 소가 되고 감坎은 피가 된다. 물은 불을 이기므로 죽임의 상이다. (95효에서) 소를 죽이는 것은 성대한 제사이다. 약禴은 여름 제사이니 간소한 제사이다. 이離는 화火이므로 약禴을 상징한다. 95효는 이루어내는 주인으로 62효와 응하여 이離와 사귀고, 현명한 이를 등용하여 사람을 얻어, 그 복福을 편안히 누린다. (95효 상전象傳의) '내來'는 하괘下卦로부터 옴을 이른다.

리스전李士鉁은 말한다. 이離 해는 동쪽에 있고, 감坎 달이 서쪽에 있다. 동쪽 이웃은 62효를 가

---

24) 漢帛書『周易』에 殺牛 아래에 以祭가 있으니, 마땅히 보충해야 한다. 東鄰은 殷왕조를 가리키고; 西鄰은 周왕조를 가리킨다. 약제禴祭에는 제수祭羞가 대생大牲은 없고, 반채飯菜 등이다. 高亨, 493頁.

리키는데, 이離는 병기가 되면서 소[牛]가 되므로, 소를 잡는 것이다. 서쪽 이웃은 95효인데, 감坎은 술 마시고 음식을 먹는 것이 되며, 귀신이 되므로 약禴제사를 말한다.

상에서 말한다. "동쪽 이웃[은殷나라]에서 소를 잡아서 (제사 올림)"은 "서쪽 이웃[주周나라]"의 착함만 "못함"이다. "실제로 복을 받음"은, 길함이 크게 오는 것이다.

[象曰: "東鄰殺牛," "不如西鄰"之時也. "實受其福," 吉大來也.25)]

『예기禮記』(「坊記」편)에서 말한다. "군자는 보잘 것 없는 제수祭羞라고 해서 예禮를 폐하진 않고, 좋은 것[美]이 아니어도 예禮를 없애진 않는다. … 군자는 만약 예禮가 없다면 비록 좋은 음식이라 하더라도 먹지 않는다. 『역易』(기제旣濟괘)에서, 「동쪽 이웃이 소를 잡는 것은 서쪽 이웃의 간략한 제사만 못하니, 실제로 (중요성은) 복을 받는 것이다.」라고26) 하였다. 정현鄭玄의 주注에서, '이離는 소가 되고 감坎은 새끼돼지가 된다. 약제禴祭에는 새끼돼지를 쓴다. 소를 죽여서 흉한 것은 새끼돼지를 잡아서 복을 받는 것만 못하고, 사치스럽고 거만한 것은 검소하고 공경스러운 것만 못하다.'라고 말하였다.

유향劉向(전77-전6)은 말한다. 대개 '엄중한 예[重禮]'에는 희생물(牲)을 귀하게 여기지 않고, 공경함과 성실함에는 화려함을 귀하게 여기지 않는다. 진실로 그 성실함이 있어 그것을 미루어 나가니, (95효에서) 어디를 간들 불가하겠는가? 이 때문에 성인은 사람들의 겉모양을 보면 반드시 그의 실질을 살핀다.

두업杜鄴(? -전2)은 말한다. (95효에서는) 하늘을 받드는 방법이란 성실함과 질박함을 귀하게 여기니, 민심을 크게 얻음이라 말한다. 행실은 불경하면서 제수만 풍성하면, 도리어 도움을 받지 못하지만, 덕을 닦으면 제수는 소략해도 길함이 반드시 크게 올 것이다.

왕필王弼은 말한다. 메기장과 찰기장이 향기로운 것이 아니라, '밝은 덕[明德]'만이 오로지 향기롭다. (제사는) 때에 부합하는 가에 있지, 풍성함에 있지 않다.

유원劉沅은 말한다. (95효에서) 때[時]라는 것은 덕이 있고 자리가 있어서, 밝음과 현명함[明良](현명한 군주와 어진 신하)이 서로 어우러짐을 이른다. 이離는 '허虛하고 중中하며 문채 나고[文], 밝은[明]' 덕으로 위와 사귀고, 감坎은 '믿음직[孚]하며, 성실[誠]하고 신실信實한' 뜻으로 아래에 응

---

25) 『廣雅·釋詁』에, 時는 善이다. 高亨, 494頁.

26) '君子不以菲廢禮, 不以美沒禮. … 君子苟無禮雖美不食焉. 『易』曰: "東鄰殺牛, 不如西鄰之禴祭, 定受其福." 『禮記今註今譯』, 「坊記第三十」, 下册, 王夢鷗註譯, 681頁.

하니, (95효에서) 물과 불이 서로를 이루어 줌은, 바로 임금과 신하가 화합함이다. 62효의 덕은 95효보다 겸손한 것이 아니라, 95효만 못한 것은, 시기[時] 때문이다.

정안丁晏(1794-1875)은 말한다. 사치스러운 소비는 하늘의 재앙보다 심하니, 화禍와 혼란이 이로 말미암아 생겨난다. 성인은 (山澤)손損괘에서 '두 대그릇의 제수로 제사에 쓸 수 있음[二簋可用享]'을 취하였고, 기제既濟괘에서 '서쪽 이웃의 간략한 제사[西鄰之禴祭]'를 취하였으니, 본本을 숭상하고 말末을 억제한 것이다.

리스전李士鉁은 말한다. 만물은 동쪽에서 생겨나 서쪽에서 완성된다. 동쪽 이웃이 알맞은 때를 얻지 못하고서 소를 잡아 제사를 지내면 비록 풍성하나, 신이 반드시 흠향하는 것은 아니다. 이는 서쪽 이웃이 제사를 검소하게 지내도 신이 흠향하여 복을 받는 것만 못하다. 『상서尚書』에서, '메기장과 찰기장이 멀리 가는 향기가 아니라, 밝은 덕이 오직 멀리 가는 향기이다.'라고[27] 하였다. 『예기禮記』에서는, '예禮의 제정에는, 때[時]가 큰 것이다.'라고[28] 하였다. 때가 아직 이르지 않으면, 복을 구하여도, 반드시 얻는 것은 아니다. 때[時]가 이르면 하늘이 사람과 함께 모여들어, 공허한 의식을 믿지 않고, 실제의 은혜를 거둔다. 62효는, 95효가 자리[位]를 얻어서 때[時]에 올라탄 것만 같지 못하다.

마치창馬其昶은 말한다. '이웃[鄰]'은 신하이니, (95효에) 가깝고[比], 응應하는 효爻를 말한다. 62효의 호체互體인 감坎은 서쪽 이웃이고, 64효의 호체인 이離는 동쪽 이웃이다. 95효는 임금의 자리이니, 제사에서 주인이 되고, 62, 64효는 시축尸祝[제사를 주관하는 사람]이 된다. 주인은 제사의 복을 받으니, 그 이름이 하嘏[복]이다. 64효는 중中을 지났으니, 62효의 때[時]만 못하고, 62효는 제사에 정성스러우니, 따라서 95효가 그 복을 받는다. 62, 95효는 (기제既濟)괘를 완성하는 효인데, 62가 95효에게 가는 것은, 저것은 허虛(음효)이고 이것은 실實(양효)이기에, 따라서 '실제로 복을 받음[實受其福]'이라고 말했다. (『예기禮記』의)「교특생郊特牲」편에서, '하嘏는 자라남[長]이고 큼[大]이다.'라고[29] 하였다. 전箋에서, '시동이 주인을 위해 복을 빌어주는 것은 그로 하여금 장구하고 광대하도록 하고자 해서이다[尸嘏主人, 欲使長久廣大也.].'라고 하였다. 그러므로 길함이 크게 온다고 말한다. 괘상卦象에서는 감坎의 일양一陽은 건乾의 둘째 효로부터 오는 것이다.

---

27) '黍稷非馨, 明德惟馨.', 『今古文尚書全譯』,「君陳」, 江灝, 錢宗武譯注, 상동, 394頁.

28) '禮, 時爲大.' 『禮記今註今譯』,「禮器」, 上冊, 王夢鷗註譯, 315頁.

29) '嘏, 長也, 大也.' 『禮記今註今譯』,「郊特牲」, 上冊, 王夢鷗註譯, 353頁.

● **나의 견해**: 이는 (초효와 상효를 제외하고 중간의 4효爻로 상하上下괘를 만드는) 호효互爻의 설說에만 오로지 한 것으로 괘 안의 두 체: 이離는 동쪽, 감坎은 서쪽의 의미와 뜻은 상통하면서, 단지 효위爻位만 같지 않을 뿐이다. 그것이 같지 않은 까닭은, 본(기제既濟괘의) 효의 95효 자리 [位]로부터, 그것의 비比와 응應을 미루어서 말했기 때문이다. 95효로써 제사를 주관하는 사람으로 삼았으니, 복을 받는다는 뜻이 더욱 절실하다.

상육효: (물을 건넘에,) 머리가 물에 젖었으니, 위험하다.
[上六, 濡其首, 厲.30)]
상에서 말한다. (물을 건넘에) "머리가 물에 젖었으니", 어찌 오래 살 수 있겠는가!
[象曰: "濡其首," 何可久也!]

순상荀爽(128-190)은 말한다. (상6효는) 높고 성대한 곳에 있으니, 틀림없이 다시 위태로움을 당하게 된다. 그러므로 (상6효에서) '어찌 오래 살 수 있겠는가[何可久]!'라고 말한다.

왕필王弼은 말한다. 기제既濟괘는 도道가 궁하니, 미제未濟괘로 간다면, (상6효는) 우선 저촉抵觸받게 될 것이다.

설온기薛溫其(11세기, 북송北宋 역학자)는 말한다. (상6효에서) 꼬리를 적신다는 것은 되돌아본다는 뜻이 있다. (상6효에서) 자기 머리가 적셔진다는 것은, 이전을 고려하지 않은 채 구제 받을 수 있다고 믿다가, 마침내는 함정에 빠지게 되는 것이다. 험난함을 거치면서 후환을 고려하지 않으니, (상6효에서) 기제既濟괘는 끝내 어지럽게 된다는 그 뜻이 보이게 될 것이다.

왕신자王申子(13세기, 원元 역학자)는 말한다. (상6효에서) 흉凶이라 말하지 않고 여厲라고 말한 것은, 사람들로 하여금 위태롭고 두려운 것을 알아서, 빨리 고치는 것을 바라는 것이기에, (상6효는) 구제되면 오히려 보전할 수 있다.

유원劉沅은 말한다. (상6효에서) 위태로움을 알아 스스로 떨쳐내면, 흉함을 없앨 수 있다. 초9효는 꼬리이고 상6효는 머리이다. (상6효는) 감坎의 끝에 있으므로 적셔짐[濡]이다. 머리가 적셔지면 죽게 될 걱정이 있기에, 따라서 (상6효는) 오래 살 수 없다. (기제既濟괘의) 단전象傳에서는, '끝이 혼란스러움[終亂]'을 이로써 말하였으니, 사람들로 하여금 그것이 오래 가지 못함을 알아서, (상6효에서) 끝맺음[終]을 생각해보도록 함이다.

────────────────────

30) 여厲는 위험이다. 물을 건널 때, 물이 머리를 적시면, 익사는 안하더라도, 위험은 할 것이다. 高亨, 494頁.

리스전李士鈿은 말한다. 상6효는 기제旣濟괘의 끝에 있으니, 이미 다스려지고 이미 편안하다고 여겨서, 감坎 험난함이 갑자기 이를 것을 방비하지 않았기에, 따라서 (상6효는,) 머리가 (물에) 적셔지게 되어 위태롭다. 대개 불은 물을 얻어서 구제되는데, 구제하기가 끝나지 않으면 그 끝은 반드시 불을 꺼뜨리는 데에 이를 것이다. 그러므로 기제旣濟괘와 미제未濟괘의 끝은 모두 머리가 적셔짐을 경계하였다. 이는 성인이 두려워한 바이다.

마치창馬其昶은 말한다. 끝에 머무르면 혼란스러우니, 상6효는 기제旣濟괘의 끝에 있기에, 마땅히 움직여서 양陽으로 변화化해야지, 자리 잃음을 싫어해서는 안 된다. (상6효가,) 어찌 오래갈 것인가는, (상6효가) 마땅히 빨리 (양陽으로) 변화해야 함을 말한 것이다.

● **나의 견해**: 물과 불은 천지간의 '큰 쓰임[大用]'이니, 백성들은 물과 불이 아니면, 생활하지 못한다. 물과 불은 서로를 구제하니, 건乾과 곤坤의 중위中位를 얻어서, 감坎과 이離가 된다. 또 여섯 효의 음양이 각각 바른 위치를 얻어서 기제旣濟를 이루니, 이는 감坎과 이離를 합하여 그 쓰임을 교묘하게 한 것이다. 성대한 세상에서는 정덕正德, 이용利用, 후생厚生 세 일이 이미 갖추어졌는데, 방비할 만한 근심이 무엇이 있겠는가? 그러나 성대할 때에 미리 근심하고, 밝을 때에 미리 위태롭게 여기며, 다스려지고 있어도 혼란함을 잊지 않고, 살아있어도 죽을 것을 잊지 않으니, 군자는 그의 생각을 예방하는 데에 쓴다. 기제旣濟괘 안에는 호체互體도 물과 불이니, 미제未濟의 괘가 '아직 드러나지 않은 데[未形]'에 숨어있어서, 미리 방비하지 않다가, 미제未濟괘에 이르게 되면, 후회해도 미칠 데가 없다. 이것이 편안함을 보존하고 가득 찬 것을 유지하라는 뜻이다. 물과 불은 밟아서 죽는 경우가 있다. 그러므로 (기제旣濟괘의) 효사에 경계가 많고, 요행은 적다. 오직 95효만이 기제旣濟괘의 주효가 되어, 그것의 아름다움을 찬미하고, 또 큰 제사[大亨]의 성대함이 박제薄祭의 간략함만 못하다고 여겼으니, 때를 얻는 것으로써 복을 받은 것이라 여겼다. 95효가 62효에 응하는 것은, 이른바 위아래가 모두 아름다운 덕이 있어, 어기는 마음이 없다는 것이다. 시작할 때 마침을 삼가면, 처음에 이미 길함을 얻고, 마침도 또한 혼란함에 이르지 않으니, 그 도道가 어찌 궁함이 있겠는가?

64. 미제未濟괘 ䷿

미제未濟괘: (일이 아직 이루어지지 않았는데,) 형통한 것이다. 어린여우는 (물을) 곧장 건너려다, 자기 꼬리가 물에 (흠뻑) 적셔졌으니, 이로울 바가 없다.
[未濟, 亨. 小狐汔濟, 濡其尾,[1] 无攸利.]

맹희孟喜(전1세기 생존)는 말한다. (하괘인) 감坎은 동굴[穴]이 된다. 여우는 동굴에 산다. 작은 여우가 물을 건너는데, (미제未濟괘에서) 다 건너기 바로 전에, 자기 꼬리를 (그만 물속으로) 내린 것이다.

정현鄭玄(127-200)은 말한다. (미제未濟괘에서) 흘汔은 거의[幾]이다.

교래喬萊(1642-1694)는 말한다. 작은 여우는 오직 초6효를 가리킨다. 기제既濟괘의 혼란은 끝에 있고, 미제未濟괘의 어려움은 처음에 있다. 이것을 지나면 반드시 해결할 수 없는 것은 아니다. 초6효에서, '자기 꼬리를 적심[濡其尾]'이라고 하니, 어린 여우는 초6효를 가리키는 것이 분명하다.

유원劉沅(1767-1855)은 말한다. 미제未濟괘는 일이 아직 이루어지지 않은 때이다. 불이 위에 있고, 물이 아래에 있어 서로 교류하지 못하니, 공을 들인 효과를 이루지 못한다. 여섯 효가 모두 마땅한 자리를 잃었기 때문에 미제未濟라고 한다. 「서괘序卦」전에서, '사물은 다할 수 없기에, 따라서 이것을 미제未濟괘로 받았다.'라고[2] 한다. 기제既濟는 형세가 이미 끝까지 간 것이지만, 미제未濟는 여전이 구제를 바랄 수 있다. 이 (미제未濟)괘로 마친 것은 변역變易의 무궁한 이치이다. (하괘인) 감坎은 여우가 되며, 감坎에서는 양陽(92효)이 음陰 속에 빠져 있고, 위로 65효의 음陰에 응하니, 또한 이로운 바가 없다.

리스전李士鉁(1851-1926)은 말한다. 미제未濟괘는 해결하고자 하나 아직 해결하지 못한 것이

---

1) 未濟는 괘명이다. 제濟는 이룸[成]인; 未濟는 일이 이루어지지 않음이다. 亨은 형통이다. 기汔는 아마도 '글訖'의 가차이니, '곧장 감[直行]'이다. 濟는 물을 건넘이다. 유濡는 물에 적셔짐이다. 高亨, 496頁.

2) '物不可窮也, 故受之以未濟.' 「序卦」傳, 高亨, 652頁.

다. 물과 불이 서로 쓰임이 되니, 추구[窮]하면 물과 불이 각각 그 근원으로 돌아간다. 이것이 기제既濟괘를 미제未濟괘로 잇는 것이다. 기제既濟괘는 인도人道의 끝으로, 일과 사물이 이미 이루어진 후와 같다. 미제未濟괘는 아직 끝나지 않은 것으로, 생기고 생겨서 그치지 않아서 무궁하다. 따라서 『역易』은 미제未濟로 끝난다. (미제未濟괘는) 변하고 통하여, 궁하지 않는 뜻에 빗댄 것이다.

마치창馬其昶(1855-1930)은 말한다. 감坎괘 92효의 상象전에서 '아직 [험함] 가운데에서 벗어나지 않았음[未出中]'이라고[3] 한다. 초6효는 92효 아래에 있으니 꼬리의 자리[位]에 해당하여, 자기(꼬리)가 적셔짐이 진실로 의당하다.

● **나의 견해**: 『송사宋史』의 「초정譙定」전傳에,[4] '정이程頤와 형인 정호程顥가 모두 수시로 성도成都를 유람하였는데, 대나무 껍질을 다듬어 통에 테를 메우는 자가 책을 끼고 있는 것을 보았다. (이들이) 나아가서 그것을 보니, 『역易』이었다. (이들이) 의논하고 묻고 싶었는데, 대껍질 [다루는] 자가, "당신은 일찍이 이것을 배운 적이 있습니까?"라고 물었다. 곧 이어 "미제未濟괘는 남자의 궁함이다."를 지적하며 질문을 시작했다. 이정二程이 이에 대해 공손히 물으니, (미제未濟괘는) "세 개의 양陽이 모두 자리를 잃었다."라고 대답했다. 형제는 의심이 풀어지듯[渙然] 깨닫는 바가 있었다.'[5]

단전에서 말한다. 미제未濟괘는 "형통"이니, (65효처럼) 유약함이 중위中位를 얻었다. "어린 여우가 (경험 부족으로) 곧장 가서 물을 건너니" 바른 길[正道]에서 나오지 못한 것이다. "꼬리가 (흠뻑) 젖었으니 이로울 바 없음"이니, 끝까지 계속하지 못한다. (음양이) 비록 (각각) 자리에는 합당하지 않으나, 강건함과 유약함이 (서로) 대응하고 있다.
[曰:「未濟」"亨," 柔得中也. "小狐汔濟," 未出中也. "濡其尾無攸利," 不續終也. 雖不當位, 剛柔應也.[6]]

---

3) '未出中.' 坎괘 92효 象傳, 高亨, 276頁.

4) 譙定(1023-?)은 정호程顥에게서 사사받았다.

5) '頤與兄顥, 皆隨時游成都, 見治篾籠桶者挾冊. 就視之, 則易也. 欲擬議致詰, 頤篾者先曰: "若嘗學此乎?" 因指未濟男之窮以發問. 二程遜而問之. 則曰: "三陽皆失位." 兄弟渙然有所省.', 『宋史』, 「列傳」二百十八卷, 「隱逸」下, 譙定傳, 托克托等修撰, 電子版文淵閣四庫全書, 上海人民出版社, 1999 참조.

6) 제濟는 성成이니, 未濟는 일이 완성되지 않음이다. 65효가 상괘의 중효이니 '柔得中'이다. 흘汔은 글迄(곧장 가다)이니, 直行이다. 초6, 63, 65효가 모두 陰인데 陽位에 있고, 92, 94, 상9효가 모두 陽인데 陰位에 있으니, 剛柔가 '不當位'이다. 그러나 一剛一柔이니, '剛柔應'이다. 高亨, 496-497頁.

(한영의)『한시외전韓詩外傳』에서 말한다.[7] '벼슬이 이루어지면 관직은 태만해지고, 조금 나으면 병이 더해지고, 나태하면 화禍가 생기고, 처자妻子가 있으니 효孝가 쇠한다. 이 네 가지를 살피는 자는 마침을 처음처럼 신중히 한다.'[8] 『역易』(미제未濟괘 괘사)에서, "작은 여우가 거의 물을 건너서 꼬리를 (흠뻑) 적셨다."라고 한다.

『사기史記』, 「춘신군春申君열전列傳」에서[9] 말한다. '여우가 물을 건너는데, 자기 꼬리를 적셨음, 이것은, 처음이 쉽고 끝이 어려움을 말하는 것이다.'[10]

왕필王弼(226-249)은 말한다. (미제未濟괘는,) 자리가 마땅하지 않아서, 아직 건너지 않은 것이다. 강剛함과 유柔함이 응하니 건널 수 있다.

호병문胡炳文(1250-1333)은 말한다. 천지天地의 끝과 시작은 모두 물과 불이 서로 쓰임이 된다. 『역易』이 기제既濟괘로 끝나지 않고 미제未濟괘로 끝나는 것은, 『역易』이 끝이 없기 때문이다. 아직 건너지 않은 것은, 건너지 않는다는 것이 아니라, '아직 건너지 않았을[不濟]' 뿐이다. 기제既濟괘 중에 호체互體인 미제未濟괘가 있고, 미제未濟괘 중에 호체인 기제既濟괘가 있다. 단지 때가 변하는 상이 반복됨을 보는 것뿐 아니라, 물과 불이 서로 그 집을 감추고 있다가, 여기에서 반복하는 것을 보인 것이다.

유원劉沅은 말한다. '유柔가 중中을 얻음'은 65효를 가리킨다. '아직 가운데서 벗어나지 못했음[未出中]'은 92효를 가리킨다. '끝까지 계속하지 못함[不續終]'은, 시작은 있으나 끝이 없어 과도한 강함에 내맡김이다. (미제未濟괘에서) 강剛함과 유柔함이 응하는 것은, 여섯 효가 비록 모두 마땅한 자리를 잃었으나, 각자 서로 응하여 여전히 마음을 함께하니, 협력해 해결을 도모할 수 있음을 가리킨다. 천지天地에는 구제하지 못할 때가 없다. 인사人事는 성대함을 딛고서 가득 차지만, 종종 이루지는 못한다. 만물의 생사 변화는 두 기氣가 굴신하여, 마친 것은 시작하고 시작한 것은 마치니, 자취에는 성함[榮]과 쇠락[枯]함이 있으나, 기氣에는 끝이 없다. 성인聖人은, 사람들이 자기 구제를 오래 보호하여, 천심天心을 보존하게 하고자 한다. 나중에 기氣가 변화하는 것을 얻지 못하면, 그것을 뺏으려하니, 삶과 죽음이 없는 것에 의존하고, 무궁함에 세상의 도道를 묶어둔다. 미제未濟의 때에는 사람들에게 해결[濟]을 찾는 데에 급하라고 가르친 적이 없었다. 이루냐, 그렇

---

7) 여기에 인용된 것은 『韓詩外傳』에는 보이지 않고, 『孔子集語』(孫星衍撰)에 보인다. 아래 注 참조.

8) '官怠於宦成, 病加於少愈, 禍生於怠惰, 孝衰於妻子. 察此四者, 愼終如始.' 『孔子集語譯注』, 孫星衍撰, 卷三, 上卷, 孟慶祥, 孟繁紅譯注, 哈爾濱: 黑龍江人民出版社, 2004, 63頁.

9) 황헐黃歇(전314-전238)은 초楚나라 春申君의 이름이다.

10) '易曰: "狐涉水, 濡其尾." 此言始之易, 終之難也.' 『史記』, 「春申君列傳」, 七冊, 상동, 2,389頁.

지 못하냐는, 그 때[時]를 잘 살펴야 한다. 성인은 외물에 따르고 외물에 의탁하나, 사사로운 마음이 없다. 억지로 이루지 않을 뿐이니, (미제未濟괘는) 구제할 수 있을 뿐이다.

마치창馬其昶은 말한다. 『역易』은, 변이變易의 뜻이다. (미제未濟)괘의 몸[體]은 고요한데 강유剛柔가 올바름을 잃었기에, 미제未濟이다. (미제未濟괘에서) 효爻들은 움직임을 상징하고, 음양이 모두 늙었으나, 변화하여 기제旣濟괘를 만들 수 있다. 인사人事에 있어서는, 역대 임금과 재상이 경영한 바, 성현이 훈계하고 이끈 바는, 모두 구제 받음을 찾을 뿐이다. 『역易』은 천도天道를 밝혔지만, 실제로는 인사人事를 주로 했다. '아직 구제 받지 못함[未濟]'으로 마치니, 세상의 운행이 매일 새로워지고, 무궁하게 되는 것이다.

상전에서 말한다. 불이 물 위에 있는 것이 미제未濟괘이다. 군자는 신중하게 사물을 분별하고 살 방향을 정한다.

[曰: 火在水上, "未濟," 君子以愼辨物居方.[11]]

왕필王弼은 말한다. (미제未濟괘에서) '사물을 분별하고 살 방향을 정함[辨物居方]'은, 사물로 하여금 각자 마땅한 장소에 있게 함이다.

주진朱震(1072-1138)은 말한다. (미제未濟괘에서) 분별이 있은 후에 교류가 있다. 판별하여 자기 몸[體]을 바르게 하고, 교류하여 자기 쓰임을 불러오니, 미제未濟괘 중에 기제旣濟괘의 상이 포함되어 있다.

(주희의)『주역본의周易本義』에서 말한다. 물과 불은 다른 사물이다. 각자 그 마땅한 곳에 있으니, 군자君子는 상象을 보고서, 이들을 잘 살펴서 변별한다.

항안세項安世(1129-1208)는 말한다. 반드시 신중함을 더하는 것은 '아직 해결되지 않았기[未濟]' 때문이다. 물과 불이 교류하면, 어려움이 있다. 판별하면서 일찍 판별하지 못하고, 살면서 그 마땅한 장소를 얻지 못한 것은, 모두 어려움이 생겨나는 바이다. 삼가지 않을 수 있겠는가? 『역易』이, 미제未濟괘로 끝나고, 준屯괘로 시작하는 뜻이 깊도다.

임계운任啓運(1670-1744)은 말한다. 건乾과 곤坤이 교류하여 만물이 생겨난다. '도리[方]는 같은 부류로써 모이고, 사물은 무리로써 구분된다. (미제未濟괘는, 상괘인) 이離가 건乾을 대신하여 위

---

11) 미제未濟괘는, 불이 물 위에 있음이니, 화재가 발생하여, 물로 끄는 형상이다. 불이 위에 있고, 물이 아래에 있으니, 아직 불을 끄지 못한 것이 未濟이다. 불의 크기와 물의 크기를 잘 관찰해야 한다. 高亨, 498頁.

[上]에 있고, (하괘인) 감坎이 곤坤을 대신하여 아래[下]에 있다. 상하가 각자 자기 장소에 있으니, 천도天道의 자연스러움이다. 군자는 이를 본받아 사물들을 신중히 분별하여, 무리로써 구분시킨다. 자기 지역[其方]에 신중히 살게 하고, 무리로써 모이게 한다. 인도人道가 마땅히 그러한 것이다. (미제未濟괘의) 상전象傳에서, 이것[辨物居方]으로 마친 것은, 하늘을 공정하게 하고, 땅을 기르려는 생각이 있어서인가? 공자의 뜻과 요순堯舜의 사업이, 모두 천지天地로써 헤아림을 삼았다.

유원劉沅은 말한다. 아직 해결되지 않은 것을 반드시 억지로 서로 해결하고자 하면, 도리어 해가 된다. 군자는 이를 알아서 경건함과 신중함을 더했다. 사물의 본성을 판별하여 각자 부류로써 모이게 하고, 그 자리에 따라서 살게 하여, 각자 무리로써 구분되게 하였다. 물과 불이 서로 싫어도 버리지 않고, 서로 해치지 않는 것처럼, 억지로 해결하려고 하지 않을 뿐이어서, 해결할 수 있다.

짱홍즈張洪之(1881-1969)는 말한다. 미제未濟가 있고서 기제既濟가 있는 것이니, 미제未濟괘 안에 기제既濟괘가 포함되어 있다. 또한 태극의 고요함이 지극하면 움직이고, 움직임이 지극하면 고요한 이치이다.

• **나의 견해(1)**: 몸[體]의 분별은, 해당 괘의 각 효를 가리킨다. (미제未濟괘에서) 교류하여 쓰임을 이룬다함은, 호체互體의 각 효를 가리킨다. 한 번 호체互體와 사귀면, 음양이 기제既濟괘의 쓰임을 얻는다. 기제既濟괘는 본래 미제未濟괘서 온 것이다. (미제未濟괘는) 신중하면 해결되고, 신중하지 못하면 해결되지 못한다.

• **나의 견해(2)**: 임금, 재상, 군사, 선비의 자리[位]는 다르나, 도道는 같다. 공자의 뜻이 펼쳐지면, 곧 요순堯舜의 업적이 되니, 모두 천지에 참여하고, 화육化育을 도울 수 있다. 이것이 건乾의 92, 95효가, 모두 대인大人이 되는 이유이다. 성인聖人 또한 하늘이니, 오직 성인聖人만이 천시天時를 받들어, 하늘을 어기지 않는다. 그러므로 하늘도 또한 성인聖人을 어길 수 없다.

초육효: (물을 건넘에) 옷의 꼬리가 (흠뻑) 적셔졌으니, 어렵다.
[初六, 濡其尾, 吝.12)]

상에서 말한다. "옷의 꼬리가 물에 (흠뻑) 젖었지만", 또한 경계할 줄 모른다.
[象曰: "濡其尾," 亦不知極也.13)]

---

12) 유濡는 적셔짐이다. 尾는 사람 옷 뒤의 가짜꼬리[假尾]이다. 인吝은 어려움[難]이다. 高亨, 498頁.
13) 極은 마땅히 경儆(경계함)이다. 高亨, 상동.

왕필王弼은 말한다. 미제未濟의 시작은 기제既濟의 상6효에서 시작한다. (초6효는) 자기 머리가 적셔졌는데, 여전히 되돌아가지 않았으니, 자기 꼬리까지 적셔지는 데에 이르렀다.

주진朱震(1072-1138)은 말한다. (초6효에서) 괘의 뒤가 꼬리가 되니, 감坎 물이 이를 적신다.

(주희의) 『주역본의周易本義』에서 말한다. (초6효는) 음으로 아래에 있기에, 미제未濟괘의 처음[初]에 해당하니, 스스로 아직 나아갈 수 없어서, 따라서 그 상象과 점占이 이와 같다.

장진연張振淵(16, 17세기, 명明나라 역학자)은 말한다. (미제未濟괘의) 괘사의 '어린 여우[小狐]'는 바로 이 (초6)효를 가리킨다. 좋은 일에 새롭게 나아갈 때, '해결[濟]'을 찾는 데에 급하면, 도리어 구제할 수 없다. (초6효에서) 어려움이 이보다 더 심하겠는가?

유원劉沅은 말한다. (초6효에서) 음이 감坎 험난함에 있으니 구제하고자 하나, 할 수 없다. 기제既濟괘에서, '꼬리를 적시는 것은 수레바퀴를 끌기 때문이니, 이렇다면 가볍게 나가는 것이다.' (미제未濟괘의) 단전彖傳에서, '자기 꼬리를 적심'은 '끝까지 계속하지 못함[不續終]'이 되니, 이렇다면 처음을 신중히 하지 못함이다.

요배중姚配中(1792-1844)은 말한다. (미제未濟괘에서) 여섯 효가 올바름을 잃고 스스로 변화하는데 급하다. (초6효는) 변화하지 않으니, 따라서 (초6효는) 어렵다.

마치창馬其昶은 말한다. 기제既濟괘의 처음에, 이離괘는 소[牛]가 된다. 수레를 끌며 해결하기를 구하다가 꼬리를 적신다. 따라서 (기제既濟괘의 초9효는) 허물이 없다. 미제未濟괘의 초기에 감坎은 여우가 된다. (미제未濟괘의 초6효는) 이미 건널 수 없음을 알지 못하고 무모하게 나아가니, 또한 끝까지 건너지 못하고, 갑자기 꼬리를 내려서 적셔짐을 초래하니, (미제未濟괘 초6효는) 어려움이 있다. 정점[極]은 끝[終]이다. (미제未濟괘 초6효는) 정점[極]을 모르면, 곧 '끝까지 계속할 수 없음[不續終]'이다. 초6효와 위의 두 효[92, 63효]는 음양이 자리를 잃었음을 드러내고, 변화[變]를 경계할 줄 모른다. 상9효(의 상象전)에서, (상9효가) '절제를 모름[不知節]'은 '굳셈[剛]'이 병통이 되어 항상 '지나치니[過]', 따라서 (상9효는) 자기 절제를 바라기에 물러나서, 9를 8로 변하게 한다고 말한다. (이는) 이른바 (건乾괘의) '용구用九'에서 천덕天德은 '머리[首]'가 될 수 없음이다. 초6효(의 상象)에서 (초6효는) '정점頂点을 모르기에[不知極]', 유柔함이 병이 되어 항상 미치지 못하니, 따라서 (초6효는) 그 끝을 나아가게 하여, 6이 변하여 7이 되기 바라는 것이다. (이는,) 이른바 (곤坤괘의) '용육用六'에서 '오래도록 올바름[永貞]'은 큰 것[大]으로, 끝마치는 것이다.

구이효: 옷의 술[고귀한 장식]을 끌었기에, (물에 젖지 않았으니,) 바르기에 길하다.
[九二: 曳其輪,[14] 貞吉.]

상에서 말한다. "92효"가 "바르니[正] 길함"은, 중도中道로써 바름을 실천하기 때문이다.

[象曰: "九二" "貞吉," 中以行正也.15)]

왕필王弼은 말한다. (92효는) 미제未濟의 때에 있으니, 몸[體]은 강중剛中의 재질을 지녀서, 임용되고 참여하게 되어 위험과 어려움을 구하나, (92효는) 나라의 다스림에는 순리順利하지 않다.

요신姚信(3세기, 삼국三國시대)은 말한다. (92효에서) 감坎은 '끌음[曳]'이 되고 '바퀴[輪]'가 되는데, 두 개의 음이 양을 끼고 있으니, 수레의 상이다.

공영달孔穎達(574-648)은 말한다. (92효에서) '바퀴를 끌음[曳輪]'은, 힘들음을 말한 것이다.

대연代淵(9세기, 당말唐末 역학자)은 말한다. (92효는) 무거운 짐[重任]을 졌으니, 수레가 무거워서 가는 것이 더디어, 수레바퀴를 끄는 것과 같다.

여대림呂大臨(1044-1091)은 말한다. (92효는) 강중剛中하여 (65효에) 응하고, 뜻은 험한 곳에서 탈출하는 데에 있으니, 비록 험한 중에 수레바퀴를 끌더라도, (92효는) 가는 것을 여전히 그치지 않는다.

유원劉沅은 말한다. 92효는 양으로 음(의 자리)에 있고, 위로 65효에 응하니, 변화를 구제하는 재능이 있어, 올바름을 얻어서 길하다. 양효가 둘째 효에 있는 것은 본래 바른 것이 아닌데, (92효의) '바름[貞]'은 강剛으로 유柔에 있으나 중도中道를 얻었으니, 자기 올바름을 행할 수 있어서, 험난하고 곤란하게 되지는 않는다.

마치창馬其昶은 말한다. 중中에는 부정不正이 있지 않으니, 반드시 자리[位]가 맞아야만 '바른[正]' 것은 아니기에, 따라서 (92효는) '중中으로써 '바름[正]'을 행한다고 말한다. 따라서 92, 65효는 자리에 맞음을 중요하게 여기지 않으니, 이것 역시 통례이다.

육삼효: (큰물을) 아직 건너지 않았는데, (위험을 만나 건널 수 없다면, 타국을) 정벌하면 흉하니, 큰 내를 건넘은 유리하지 않다.

[六三, 未濟, 征凶, 利涉大川.16)]

---

14) 예曳는 손으로 끌음이다. 漢帛書『周易』에서, 윤輪이 윤綸이다. 綸은 허리띠[腰帶]의 술[수穗]이니, 고귀한 옷장식이다. 高亨, 498頁.

15) 92효가 하괘의 中位이니, 일을 하면, 正中의 道와 합치한다. 高亨, 499頁.

16) 제濟는 물 건넘이다. 利 위에 마땅히 不자가 있어야하나, 빠진 것이다. (송訟괘[의 象傳])의, '不利涉大川'과 같다.) 高亨, 499頁.

상에서 말한다. (큰물을) "아직 건너지 않았는데 (타국을) 정벌하면 흉함"은, (63효의) 자리가 합당하지 않기 때문이다.

[象曰: "未濟征凶," 位不當也.[17]]

(주희의) 『주역본의周易本義』에서 말한다. (63효에서는,) 가는 자는 물에서 뜰 수 있지만, 뭍[陸]에서 걷는 것은 안 된다.

조여매趙汝楳(13세기, 남송南宋 역학자)는 말한다. (63효는,) 미제未濟괘 중에 있으며, 이것을 지나면 구제됨에 가까울 것이다. 그러므로 (63효를) 특히 괘명卦名으로 표시했다.

섭유葉酉(18세기, 청清나라 역학자)는 말한다. (63효의 상象전에서,) '건넘에 이로움[利涉]'을 해석하지 않은 것은, '강함과 유함이 대응함[剛柔應]'을 이미 (미제未濟괘의) 단전象傳에서 말했기 때문이다.

유원劉沅은 말한다. 63효는 (하괘인) 감坎의 위에 있으니, 장차 감坎 험난함에서 구제받을 수 있다. 그러나 음陰의 유柔함이 아직 구제받지 않았으므로, 만약 가면 반드시 흉하다. 위(상9효)에서 양강陽剛에 응하며 호체互體인 이離는 배[舟]가 되니 감坎[물] 위에 떠있다. 또한 (63)효가 (양으로) 변하면 손巽이 되니, 나무[舟]가 물 위에 있어서, '큰물을 건넘에 이로움[利涉大川]'을 상징한다. (미제未濟괘에서는,) 여섯 효가 모두 자리에 맞지 않는다. 이 (63)효로 감坎의 끝에 처하고, 위가 또 호체互體인 감坎이니, 상하의 괘가 변역變易하는 때에 해당한다. 받드는 것과 위에 올라타는 것이 모두 '굳셈[剛]'이고, 처한 곳도 '굳셈'이다. (63효는) 하체의 위에 있으며 힘이 약하여, 구제받기에 부족한데, (63효는,) 자리가 마땅하지 않음이 더욱 심하니, 유독 '아직 건너지 않았는데, (타국을) 정벌하면 흉함[未濟征凶]'이라고 말한 것이다.

마치창馬其昶은 말한다. 괘명이 미제未濟이니, 내를 건너면 이롭지 않아야 할 것 같은데, (미제未濟괘에서) 불[離]은 움직여서 위로 가고, 물[坎]은 움직여서 아래로 간다. 가운데 호체互體는 기제既濟괘이니, 물[坎]이 위에 있고 불[離]이 아래에 있다. 63효는 물[坎]과 불[離]이 교류하는 곳에 있기 때문에, 도리어 건너면 이롭다. 불이 이겨서[勝] 물을 치니, 수레바퀴를 끌며 가기에, 그 상은 이미 『역易』에 갖춰져 있다. 기물을 만드는 자는 그 상을 숭상하니, 이 부류가 이것이다. 63효가 (양陽으로) 변하면 정鼎[䷱]괘가 된다. 『북당서초北堂書鈔』에서 『한시외전韓詩外傳』을 인용하여 다음과 같이 말한다.[18] '공자가 자공子貢을 시켜 (제齊나라로)[19] 가게 하였다. (그가) 오래도록 돌아

---

17) 63효는 陰인데 陽位에 있으니, '位不當'이다. 高亨, 상동.

오지 않자, 공자가 점을 쳤는데 정鼎괘를 얻었다. 제자를 가리키면서, "점을 쳐서 정鼎괘를 얻으면, 모두 '발이 없어서 돌아오지 못함'을 말한 것이다."라고 말했다. 안회顔回가, 입을 가리고 웃었다. 공자가, "회回야, 왜 웃느냐?"하고 물었다. 회回는, "자공子貢은 반드시 옵니다."라고 말했다. 공자는, "어떻게?"하고 물었다. 안회는, "배를 타고 올 것입니다."라고 대답하였다. 자사子賜[子貢]는 과연 도착하였다.'20) 공자가 점을 친 것은, 정鼎괘에서 미제未濟괘로 간 것에 해당한다. 정鼎괘의 93효사는, '솥[鼎]의 귀가 변혁하여 솥이 감[行]이 막힘[鼎耳革, 其行塞]이다.'라고 말한다. 솥은 귀[珥]로써 움직인다. 공자가 솥의 빌이 없어서 올 수 없다고 한 것은, 정鼎괘 93효의 귀가 변하여 '다님이 막힘'에 근거를 두고 말씀하신 것이다. 안연顔淵이 배를 탄다고 말한 것은 효가 변하여 건너는 것이, 이로움에 근거를 두고 말한 것이다. 『역易』은 63효에서 '자리가 합당하지 않음[不當位]'을 여러 번 말한다. 미제未濟괘의 여섯 효의 자리는 모두 마땅하지 않지만, 성인은 63효가 더욱 심하다고 생각하여, 그 점사를 두 번 달아서, 사람들이 이 '때와 자리[時位]를 마땅히 바꾸어 가야 함이 된 것을 보았다. 따라서 전체 책의 여러 효의 자리가 맞지 않아 흉함이 되는 취지를 발표하였다.

• **나의 견해:** 단象전에서 '비록 자리가 합당하지 않음[雖不當位]'이라 말하고, 63효의 상전象傳에서 '자리가 합당하지 않음[位不當]'을 또한 말하였으니, 이는 점사를 두 번 단 것을 말한 것이다.

구사효: 바르면 길하니, 후회는 없을 것이다. (주周나라의 신하) 진震이 (은殷나라를) 도와서 귀방鬼方을 정벌하니, 삼년이 걸렸고, 큰 나라인 (은殷나라)에서 상賞이 있었다.
[九四, 貞吉, 悔亡. 震用伐鬼方,21) 三年有賞于大國.]
상에서 말한다. (일 처리가) "바르니[正] 길하여, 후회가 없음"은, 뜻이 바라는 것을 실행함이다.
[象曰: "貞吉悔亡," 志行也.22)]

---

18) 『北堂書鈔·百三十七』에서 『韓詩外傳』의 인용은 보이지 않고, 『孔子集語』下에서, '『北堂書鈔卷百三十七』에서 『韓詩外傳』의 인용'은 보인다.
19) '제齊나라로 감[適齊]'이, 판본에 따라 존재한다.
20) '孔子使子貢, 爲其不來, 孔子占之, 遇鼎. 謂弟子曰: "古之遇鼎, 皆言无足而來." 顔回掩口而笑. 孔子曰: "回也! 何哂乎?" 曰: "回謂賜必來." 孔子曰: "何如也?" 回對曰: "乘舟而來矣." 賜果至矣.', 『孔子集語譯注』下, 卷十四「雜事」, 孟慶祥, 孟繁紅譯注, 상동, 580頁.
21) 貞은 바름이다. 진震은 人名이다. 大國은 은殷나라를 가리킨다. 高亨. 499頁.
22) 志行은 뜻에서 원하는 것을 얻음이다. 高亨, 500頁.

(정이의)『이천역전伊川易傳』에서 말한다. 미제未濟괘는 이미 (94효에서) 중中을 지났기에, 구제할 수 있는 도道를 지녔다. 천하의 어려움을 해결하는 것은, 강하고 굳건한 재능이 아니면 할 수 없다. (94효에서) 9는 비록 양陽이나, 넷째 (효爻, 음陰의 자리)에 있으니 올바르고 견고함으로 경계하면, 길하여 후회함이 사라진다.

심해沈該(12세기, 남송南宋 역학자)는 말한다. 기제旣濟괘의 고달픔[憊]은 밝음이 쇠하기 때문이다. 미제未濟괘의 상賞은 밝음[明]이 나아가기 때문이다.

곽옹郭雍(1106-1187)은 말한다. 기제旣濟와 미제未濟 두 괘는 반대이다. 따라서 기제旣濟괘 93효와 미제未濟괘 94효의 상象이 같다. 손損괘의 65효와 익益괘 63효, 쾌夬괘 94효와 구姤괘 93효도 또한 그렇다.

뇌사雷思(13세기, 원元나라 학자)는 말한다. (94효에서) 먼저 '바르니 길하며[貞吉], 후회함이 없음[悔亡]'을 말하고, 나중에 '귀방을 정벌함[伐鬼方]'을 말한 것은, 먼저 자신을 다스리고, 그 다음에 다른 사람을 다스리는 것이다.

유염俞琰(1258-1314)은 말한다. (호체인) 진震은 움직여서 두렵게 하는 것이다. 『시詩』에서, "(우리임금이) 무섭게 위엄을 떨치니, (천하제후들이) 두려움에 떨지 않는 이가 없도다."라고[23] 하였다.

혜동惠棟(1697-1758)은 말한다. (호체인) 진震은 '떨쳐 일어남[振]'과 통한다. '진지震之'는 '떨쳐 일어남[奮]'을 말하는 것이다. (『시詩』의), "떨쳐 일어나 초楚나라를 치러간다[奮伐荊楚]."의[24] '떨쳐 일어남[奮]'과 뜻이 같다.

유원劉沅은 말한다. (94효는) 9[陽]로서 넷째(음陰의 자리)에 있으니, 의당 후회가 있다. 그러나 (하괘인) 감坎에서 나가서, (상괘인) 이離로 들어가니, 양陽의 강강剛함이 아름답게 빛나는데, 이(94효)는 위험을 해결할 수 있는 자이다. (94효는) 강강剛함으로 유柔(의 자리)에 있으니, 유柔함은 신하의 직책이고, 강강剛함은 신하의 재능이다. (94효는) 위로 허중虛中하고 무늬 있는 밝은 임금[65효]에 가까우니, 난국을 감당하고 세상을 구하는 재능을 떨치게 되기에, (백성들의) 믿음이 전일專一하고 총애가 확고하여, 그 상象이 이와 같다. 94효가 변하면 (감坎 물이) 진震(우뢰)이 되기 때문에, 진震이라고 말한다. (94효는) 아래의 감坎을 올라타고 있으니, 귀방鬼方이라고 한다. 기제旣濟괘에서는 강강剛함[坎]은 이離괘 위에 있으니, 병권을 장악한 자이다. 따라서 (은殷나라) 고종高宗

---

23) '薄言震之, 莫不震疊. 『詩經譯注』,「周頌」,「淸廟之什」,「時邁」, 袁梅 著, 상동, 951頁.

24) '奮伐荊楚.'『詩經譯注』,「商頌」,「殷武」, 袁梅 著, 상동, 1051頁.

이라고 말한다. 미제未濟괘에서는 강강剛함이 이離괘 아래(下卦)에 있으니, 장군과 병사이다. 따라서 고종高宗을 말하지 않는다. 기제既濟괘에는 귀방鬼方이 위에 있으니 위를 보고 공격하기에, 이기기가 어렵다. 따라서 고달프다[憊]라고 한다. 미제未濟괘에는 귀방鬼方이 아래에 있어 쉽게 굴복하니, 따라서 상賞을 말하였다. 위험을 해결하는 뜻이 실행되나 여전히 미제未濟 중에 있다. 따라서 (94효는) 단지 '뜻[志]'을 말한 것이다.

리스전李士鉁은 말한다. (호체互體인) 진震은 일에 임하여 두려워하여 삼가고 공경하는 뜻을 떨치는 것이다. 미제未濟괘의 94효는 기제既濟괘의 93효이니, 모두 양효가 감坎 험난함에 있다. 따라서 이 효들을 사용하여 귀방鬼方을 정벌한다. 기제既濟괘의 93효는, 양효가 양의 자리에 있으니, 이는 임금이 정벌하는 것이다. 미제未濟괘의 94효는, 양효가 음의 자리에 있으니, 이는 신하가 임금의 명을 받아 정벌하는 것이다. 임금이 먼 지역을 다스리는 데 힘쓰는 것은, 임금 덕의 아름다움이 아니다. 신하가 먼 지역을 정벌하니, 신하가 힘을 쓴 것이다. 따라서 3년에 이미 승리하였으니, (그에게) 큰 나라로 봉해줌으로써 상을 준 것이다. 양陽은 '큼[大]'을 칭하고, 외괘는 '나라[國]'를 칭한다. 봄과 여름에 상賞을 내리니, 진震괘의 효는 봄이 되고, 이離괘는 여름이 되니, 상賞을 받는 때이다.

마치창馬其昶은 말한다. 상괘의 세 효는 효사의 뜻이 서로 이어진다. 94효의 '바르니 길하고 후회는 없음[貞吉悔亡]'은 무공武功이다. 65효의 '바르니 길하고 후회는 없음[貞吉无悔]'은 문덕文德이다. 『역易』은 사람들에게 길함을 따르고, 흉함을 피하는 방도를 보여준다. 이른바 길흉은 하늘에 맡긴 것이 아니라, 사람이 주관하는 것이다. 따라서 더욱 기쁘게 '바르면, 길함[貞吉]'과 '바른데, 흉함[貞凶]'을 말한 것이다. 화복禍福은 스스로 찾는 것이 아닐 수 없음을 볼 수 있다. 미제未濟 하나의 괘에서, '바르면 길함[貞吉]'을 세 번 말하니, 권고하는 바가 깊도다.

육오효: (행사가) 올발랐으니 길하고, 후회는 없다. 군자의 광영光榮은 (언행言行에) 믿음이 있는 것이니, 길하다.

[六五, 貞吉, 无悔. 君子之光有孚,25) 吉.]

상에서 말한다. "군자의 광채光彩"이니, 그의 광채가 "길함"이다.

[象曰: "君子之光," 其暉"吉"也.26)]

....

25) 貞은 正이다. '貞吉'은 행사가 바르면 길을 얻음이다. 부孚는 믿음이다. 高亨, 500頁.

26) 『經典釋文』(陸德明撰)에, 휘暉는 휘輝(빛나다)이다. 暉, 휘煇, 輝가 아마도 같은 뜻이다. 高亨, 상동.

우번虞飜(164-233)은 말한다. (상괘인) 이離는 빛[光]이 된다.

왕필王弼은 말한다. (65효는) 유순하고 문채 나고, 밝은 자질로 존귀한 자리에 있으니, 사물에 의탁하여 할 수 있고, 스스로는 힘쓰지 않으니, 이렇게 하여 군자의 빛이 이루어진다.

곽옹郭雍은 말한다. (65효에서) 먼저 '(행사가) 올발랐으니 길함[貞吉]'을 말한 것은, 시작이 길함이다. 나중에 '믿음이 있으니 길함[有孚吉]'을 말한 것은, 끝이 길함이다. 이것이 이른바 '이어서 끝낼 수 있는 것[續終]'이다.

장리상張履祥(1611-1674)은 말한다. 세상을 구하는 도는 문文과 무武를 함께 쓴다. 무武를 다스리는 것은 신하의 일이니, 94효이다. 문文을 꾸미는 것은 임금의 일이니, 65효이다.

하이손賀貽孫(1605-1688)은 말한다. (상괘인) 이離괘의 몸[體]은 비어 있고 밝으니[虛明], 아름다움은 안에 있고, 양陽이 그 빛을 발하기에, 따라서 (65효는) 충실하고 믿음이 있다. 빛을 함축한 것은 믿음이 되고, 그것이 퍼지면 빛난다.

굴대균屈大均(1630-1696)은 말한다. 미제未濟괘의 65효는 태양이 중천에 있는 때이다. 『주례周禮』에서, '십휘十煇'에[27] 대한 주註에서, '태양 가장자리의 밝은 기운[光氣]'이라고 풀이한다. 대개 태양이 가득 찰 때 생기는 것이다.

이광지李光地(1642-1718)는 말한다. 뇌우雷雨가 지나가면, 맑은 하늘이 나타난다. 그 휘광은 틀림없이 평소의 배가 된다. (65효에서) 평범한 사람이 갈고 닦을 때, 두각을 나타내고, 나라가 우환과 위험에서 흥하는 것은, 도리[理]가 모두 이와 같다.

유원劉沅은 말한다. (65효에서) 유중柔中이 곤坤의 몸[體]을 얻었으니 올바르다. (상괘인) 이離는 밝음이니 빛난다. (65효가) 가운데가 비어서[虛中], (하괘인) 감坎에 응하니, 믿음이 있다. (65효가) '바르니 길함[貞吉]'은 한 사람의 중정中正한 덕으로써 말한 것이고, (65효에서) '믿음이 있으니 길함[孚吉]'은 임금과 신하가 회합하는 아름다움으로써 말한 것이다. 태양의 빛을 휘暉라고 한다. 덕이 성대하고 믿음직스러운 사람은, 이離 태양이 밝게 비추는 것과 같아서, 만물이 모두 그 빛을 입는다.

리스전李士鉁은 말한다. (65효가) 음의 부드러운 덕으로 한 괘의 존귀한 자리에 있으니, 이른바 (『상서尙書』의) '온화하고 유순하며 선량하고 공손하여[徽柔懿恭]'[28] 사방에 빛난다고 하였다. 또한 (65효에는,) 몸이 이離 불의 밝음이고, 가운데가 비어있는 아름다움이 있다. 한 사람의 빛이 천

하에 미치니, 천하의 빛이 모두 그 빛이다. (65효에서) 상하가 교류하여 믿음이 있어, 일이 해결되지 않는 것이 없으니, (65효는) 길함을 알 수 있다.

마치창馬其昶은 말한다. 『역易』의 효는 각각 상을 취한 것이 있다. 괘는 未濟괘로 마치는데, (미제未濟괘의) 65효는 성대한 자리이나 별다른 상이 없고, 단지 군자의 빛을 말한다. 대개 순전한 건乾괘의 큰 광명으로 돌아오니, 한 사물에 있지는 않으나, 만상萬象을 모두 함유한다. 『역易』의 뜻에 이것보다 큰 것은 없을 것이다. 관로管輅(209-256)는, 해가 중천中天에 있으면 '빛[光]'이 되고, 아침 해는 '광채[暉]'가 된다고 했다. 아침 해의 '광채[暉]'는 태양 가장자리에 빛 기운이 퍼진 것일 뿐이다. '(행사가) 바르면 길하고 후회는 없음[貞吉無悔]'은 65효의 길함이다. 군자의 빛은 믿음이 있어 길하니, 빛은 사방에 비추기에 믿음이 이르는 곳은 모두 길하다. 따라서 (65효에서) '그 광채는 길함[其暉吉]'이라고 한다. 이것은 밝은 덕을 천하에 밝히는 지극한 공으로 만세에 법이 된다.

상구효: 술은 먹되 신용이 있으니, 탈은 없다. (대취하여) 머리까지 적셔지면, 신용이 있어도 바름[正]을 잃게 된다.
[上九, 有孚于飮酒, 无咎. 濡其首, 有孚失是.29)]

상에서 말한다. "술을 (지나치게) 마시어 머리까지 적셨음"은, 또한 절제를 모르는 것이다.
[象曰: "飮酒濡首," 亦不知節也.]

우번虞飜은 말한다. 시是는 '바름[正]'이다. (상9효는) 여섯 번째 자리가 바름을 잃었기 때문에 믿음이 있어도, '옳음[是]'을 잃는다. 마치 주紂왕이 술에 탐닉하여 천하를 잃은 것과 같다.

항안세項安世는 말한다. 기제旣濟괘의 끝에는 혼란의 도리가 있으니, 따라서 상6효는 (술로) 머리까지 적셔지는 것으로 때에 맞는 일의 위험이 되었다. 미제未濟괘의 끝에는 해결하는 도리가 있으니, 따라서 상9효는 (술로) 머리까지 적셔지는 인사人事의 실수가 되었다. 해결은 믿음을 아름다움으로 삼는 것이니, 이 믿음을 사용하는 까닭을 돌아보는 것을 소홀히 할 수 없다.

이간李簡(14세기, 원元나라 학자)은 말한다. 미제未濟괘의 끝은 바로 기제旣濟괘에 미치니, 다시 머리까지 적셔짐을 경계하였다. 마침과 시작을 두려워하니, 그 요체는 허물이 없는 것인데, 이것이 『역易』의 도道를 말한 것이다.

포빈包彬(18세기, 청淸나라 학자)은 말한다. 원元, 형亨, 이利, 정貞은 천도天道가 된다. 시작하

---
29) 孚는 믿음이다. 是는 正이다. 高亨, 501頁.

는 괘[乾]는 이것을 갖추었다. 길吉, 흉凶, '후회[悔]', '어려움[吝]', 무구無咎는 인사人事의 응함인데, 마지막 괘[未濟]가 이것을 갖추었다. 천도天道는 두루 아우르므로, 단전象傳에서 드러난다. 인사人事란, '길이 다르니[殊塗]', 효爻에서 드러난다. [미제未濟괘의] 상9효는 384효의 끝으로 홀로 '허물없음[无咎]'을 말하니, 『역易』이 허물이 적은 책이라는 것을 보인 것이다. 「계사繫辭」전에서, '그 요점은 허물이 없음[其要无咎]'이라고30) 했으니, 이것을 가지고 말한 것인가?

유원劉沅은 말한다. 무릇 술[酒]을 말하는 것은 모두 (하괘인) 감坎의 상이다. 상9효는 머리가 되고 아래로 감坎에 응한다. 따라서 음주飮酒를 상징한다. 음주에 믿음이 있으니, 서로 믿으며 술을 서로 마시는 것이다. 미제未濟괘가 극에 달하면, 마땅히 돌아와 기제旣濟괘가 돼야 하니, (상9효는) 아래로 63효에 응하기에, 마시는 것을 즐기며 때를 기다린다. 만약 머리까지 적신다면 절제를 모르는 것이다. '신야莘野의 들[莘野]'과 '위수渭水 가[渭濱]'에서31) 때를 얻어서 말에 수레를 탔는데, 저 깊게 빠져 초췌한 자들은 놀면서 방종하여 못쓰게 되었으니, 이는 술을 마시며 머리를 적신 것이다.

요배중姚配中(1792-1844)은 말한다. 은殷나라 왕은 혼란을 당해 술[酒]의 덕에 탐닉하였으니, 이른바 '신용은 있으나 올바름을 잃음[有孚失是]'이다. 고종高宗이 귀방鬼方을 정벌하여 은殷나라가 중흥하게 되었다. 뒤를 이은 왕들은 몸을 즐겨서, 은殷나라가 망하게 되었다. 94효에서 '진震을 써서 귀방을 정벌함[震用伐鬼方]'이라고 하였지, 고종高宗을 말하지 않은 것은, 여전히 주紂왕이 고종高宗의 행동을 따르기를 바란 것이 아니겠는가? '(술을 마셔) 머리까지 적셔졌으나, 신용이 있음[濡其首, 有孚]'은, 은殷나라의 풍속이 상하가 같음을 알린 것이다.

리스전李士鉁은 말한다. 지극히 단맛 중에 지극히 쓴맛이 숨어 있고, 깊은 맛 중에 깊은 독毒이 숨어 있다. 만약 술을 마시면서 절제할 줄 모른다면, 머리를 적시는 것에 이르니, 믿음이 있음을 믿으면서, '옳은 것[是]'을 잃은 것이다. 상9효는 머리인데 감坎 물을 만나니, 따라서 젖게 된다. 『역易』은 시중時中의 도道를 사람들에게 보여주기 때문에, 기제旣濟괘와 미제未濟괘로써 마친다. 기旣는 너무 지나친 것이고, 미未는 미치지 못한 것이다. 미제未濟는 불급不及이 되는데, 상9효는 미제未濟괘에서 또한 너무 지나친 것이 된다. (상9효의) 상전象傳에서는, '역亦' 한 글자를 달았으

---

30) '(易之爲書也,) … 其要无咎.' 「繫辭」下傳, 高亨, 591頁.

31) 신야莘野는, 중국 신莘나라의 들로서, 伊尹이 은거할 때에 농사짓던 곳이다. 伊尹은 신야莘野에 은거하고 있다가 湯王의 세 번에 걸친 초빙에 따라서 출사하여, 탕湯을 도와 夏의 桀王을 토벌하였다. 위빈渭濱은, 강태공이 낚시를 하고 있다가 西伯(文王)에게 등용된 곳이다.

니, '못 미침[不及]'이 참으로 잘못된 것이고, '너무 과한 것[太過]'도, 잘못된 것임을 뜻한다. 따라서 『역易』의 도道는 하나의 중中일뿐이라는 것을 알 수 있다. 바뀌지 않는 것은 『역易』의 중中이다. 바뀌는 것은 『역易』의 시중時中이다.

마치창馬其祀은 말한다. (미제未濟괘는,) 상괘는 이離이고 호체互體는 감坎이다. 물이 불 속에 있으니, 술[酒]을 상징한다. 94효는 미제未濟의 때를 당하여 출정하여 혼란을 평정하니, 3년 만에 상賞이 있게 된다. 세 효를 거쳐서 상9효에 이르니, 마심[飮]에 이르고 공훈을 서책에 적으니, 백성과 함께 즐김이 가능하다. (상9효에서) 신용[孚]이 있다는 것은, 65효의 '신용 있음[有孚]'을 받들어서 말한 것이다. 『예기禮記』(「鄕飮酒義」편)에서, '음주의 뜻은 … 군자가 서로 접대하는 까닭이 된다. 존중하고 양보하여, (다투지 않고,) 청정하고 공경하는 도道를 행한다.'라고[32] 말한다. 이는 귀천을 밝히고, 융성함과 덜어냄이 판별되고, 화락하나 지나치지 않고, 젊은이와 늙은이 모두 버려두지 않고, 안락하게 잔치를 벌이면서도, 어지러워지지 않는 것이다. 이 다섯 가지는 몸을 바르게 하고 나라를 안정시키는 데에, 충분할 것이다. 이것이 곧 '신용 있음[有孚]'에 대한 설명이다. 이 경우에 술을 마신다면, 무슨 허물이 있겠는가? 만약 술을 마시어 머리까지 적셔진다면, 상하가 모두 변화하여 올바름을 잃는 것이다. 요순堯舜은 천하를 인仁으로 이끌어서, 백성들이 이를 따랐다. 걸주桀紂는 천하를 폭력으로 이끌어, 백성이 이를 따랐으니, 동일한 신용[孚]인데, 그 시작은 '한 사람이 절제를 아냐, 모르냐?'로부터 시작되었으니, 그 후의 득실은 이처럼 크게 다르다. 이것이, 『역易』이 쓰인 이유이니, 상商나라 신辛[紂]왕을 권면하고, 만세에 경계시킴이다. 하늘과 사람의 일은 여기에서 갖추어진다.

● 나의 견해(1): 요순堯舜은 바름으로써 천하를 이끌어 그 백성이 모두 바름에 믿음을 두었다. 걸주桀紂는 바름[正]을 잃고 천하를 이끌어서, 그 백성이 모두 부정不正함에 믿음을 두게 되었다. 이른바 위에서 행하고 아래가 본받는다고 하니, 그 영향이 빠르다. 상9효는 이離 밝음[明]의 끝에 있다. 바름으로써 이끄는 자는 중천中天에서와 같은 성대함을 불러오고, 부정함으로 이끄는 자는 구슬[珠玉]과 몸이 불타는 화禍의 조짐을 보인다. 그러나 술로써 즐거움에 합하고, 술로써 예禮를 이룬다. 하지만 세 잔을 넘어서면 예禮가 아니다. 이것은 노魯 공공共公이 (『전국책戰國策』의) 「택언擇言」편에서, 우禹임금의 경계함[戒]을 인용하여, 후세에 반드시 '술로써 망하는 나라가 있을 것

---

32) '鄕飮酒之義 … 君子之所以相接也. 君子尊讓則不爭, 絜敬則不慢. …', 『禮記今註今譯』, 「鄕飮酒義」, 下冊, 王夢鷗註譯, 상동, 797頁.

이다.'라고[33] 한 것이다. 『역易』의 상이 여기에서 끝나니 그 뜻이 깊도다.

● **나의 견해(2):** 기제既濟괘의 도道는 방비하는 데 있고, 미제未濟괘의 때에는 신중함을 귀하게 여긴다. 이 두 괘는 하경下經의 마지막에 있으며, 상경上經의 감坎괘와 이離괘에 응한다. 한번 교체하는 중에 뒤집어지고 엎어지고, 다스려짐과 혼란이 순환하여, 서로 쓰임이 된다. 기제既濟괘 중에 미제未濟를 포함하니, 방비하지 않으면, 성공이 거의 성취되는 데에서도 공功이 실패한다. 미제未濟괘 중에 기제既濟를 포함하니 신중하지 않으면, 혼란을 바꿔서 다스림으로, 만들 수 없다. 미연未然일 때 방지하고, 장차 그렇게 될 때에 신중하다면, '이미 이룬 것[既濟]'은 항상 이룰 수 있고; '아직 이루지 못한 것[未濟]'도 끝내 이룰 수 있다. 불과 물에 이익이 있다는 것은 사람들이 알지만, 이것들이 해害가 된다는 것은, 사람들이 자주 소홀히 한다. 진실로 신중할 수 없다면 하나의 치우침에 의지하니, 비유하면 물은 나약하여 사람이 친근하고 가깝게 하지만, 불은 맹렬하여 사람들이 앙망하고 두려워하게 된다. (물과 불이란,) 더욱 깊어지고 더욱 뜨거워져서, 서로 이뤄주는 쓰임을 잃게 되니, (물과 불은,) 해害가 많고 이익이 적다. 유원劉沅선생은, "인사人事는 종종 '도움이 될[濟]' 수 없겠으나, 하늘이 재앙을 내린 것은 아니다. 『역易』이 미제未濟괘로 끝나나, 성인은 일찍이 사람들에게 급히 해결을 찾으라고 가르치지 않았으며, 대개 해결할 수 있느냐 여부는, 그 때를 살펴야 한다."라고 말하였다. 성인은 하늘의 운행과 인심을 지켜서, 신중하지 않은 적이 없다. 공손히 날마다 하는 일상적 행동에서 그 실리를 찾는 것이다. 사물을 구분하여 (살) 장소에 있으니, 사물을 따라서 무심하다. 그러한 후에야 다스려지지 않은 것을 다스릴 수 있고, 이미 다스린 것을 항상 다스릴 수 있다. 이 해설에 근본을 두고 찾는 것이니, 이루느냐, 이루지 못하느냐는 대개 하늘에 있다. 군자는 공손히 때를 따라서 중中에 처하며, 큰 변화의 부침을 볼 뿐이다. 미제未濟는 불행한 것이 아니다. 한 해는 겨울의 끝에 이르지만, 하나의 양陽이 와서 회복하니, 이미 그 기미가 시작되는 것이다. 바로 음과 추위가 정점[極]에 다다른 곳에서, 다음 해 봄이 돌아올 것을 예측할 수 있으니, 묵묵히 하늘의 뜻을 보는 것이다.

---

33) '魯君興, 避席擇言曰: "昔者, 帝女令儀狄作酒而美, 進之禹, 禹飲而甘之, 遂疏儀狄, 絶旨酒. 曰: "后世必有以酒亡其國者".' 『戰國策新校注』, 「魏策二」, 306 梁王魏嬰觴諸侯于范台章: 繆文遠著, 下冊, 상동, 850頁.

『계사繫辭』상전上傳

‖ 1 ‖

하늘은 높고 땅은 낮으니, 건乾과 곤坤은 정해진 것이다.

[天尊地卑, 乾坤定矣.]

사마광司馬光(1019-1086)은 말한다. (이것은) 천지天地가 자리[位]를 잡으면 『역易』은 이미 드러난 것이다.

유원劉沅(1767-1855)은 말한다. 공자는 스스로 자기 뜻으로 『역易』을 엮었으니, 일경一經의 대요大要를 통론하고, 상·하편으로 스스로 구분하였다.

높고 낮음이 이미 배열되었고, '귀한 것[貴]'과 '천한 것[賤]'이 서게 되었도다.

[卑高以陳, 貴賤位矣.[1])]

(주희의) 『주역본의周易本義』에서 말한다. 높고 낮음은, 천지 만물의 상하의 자리이다.

(하늘의) 움직임[動]과 (땅의) 정지[靜]는 상법常法이니, 강건剛健함과 유약柔弱함이 (이렇게) 나뉜다. 사람은 부류部類대로 모이고, 사물은 무리대로 구분되니, (여기에서) 길吉과 흉凶이 생겨났다.

[動靜有常, 剛柔斷矣.[2]) 方以類聚,[3]) 物以群分, 吉凶生矣.]

우번虞飜(164-233)은 말한다. 단斷은 '나뉨[分]'이다.

이광지李光地(1642-1718)는 말한다. 방方은 『역易』을 관찰하는 것이니, 생살生殺의 기氣가 유류로써 모인다. '모양[形]'의 바탕은 다르니, 청탁淸濁의 등급[品]으로 무리[群]가 구분된다.

---

1) 以는 已와 같다. 진陳은 列이다. 位는 立[서다]이다. 高亨, 504頁.
2) 『周易集解』(李鼎祚撰)에서 우번虞飜(164-233)을 인용하여, 斷은 分이다. 古人은 天體는 항상 움직이며 땅[地]을 지배하기에 剛이고, 地體는 항상 안정하여 하늘[天]을 따르기에, 유약柔하다고 여겼다. 항상 天動하고 地靜하니, 이렇게 구분된다. 高亨, 상동.
3) 方은 마땅히 人이 되어야 한다. 전문篆文에서 人은 '人'이고, 方은 '方'이다. 모양이 비슷하여 오류가 생긴 것이다. 사람에게는 異類가 있고, 각각 類로써 서로 모인다. 物에는 異群이 있으니, 각기 '무리[群]'로서 구분된다. 異類와 異群은 모순 대립하기에, 길흉이 생겨나는 것이다. 高亨, 504頁.

하늘에서 (해와 달, 바람과 우레, 구름과 비 등) 여러 현상들이 성립되고, 땅에서 (산천, 초목, 조수鳥獸 등) 여러 모양들이 갖추어지니, 변화가 보이게 되었다.

[在天成象, 在地成形, 變化見矣.]

소식蘇軾(1037-1101)은 말한다. 천지는 일물一物이고, 음양은 일기一氣이다. 어떤 것은 상象이 되고, 어떤 것은 형形이 되는 것은, 소재所在가 같지 않은 것이다. 그러므로 '재在'라 말하는 것은, 그 '하나一'를 밝히는 것이다. 상象은 '모양[形]'의 정화精華이니, 위[上]에서 발생한다. '모양[形]'은 상象의 '바탕[質]'을 몸으로 하니, 아래[下]에 머문다. '하나一'에서 나오고, '둘[二]'이 '있는 곳[所在]'에 (있지) 않은 적이 아직 없었다. '하늘에서 여러 상象들이 성립되고[在天成象],' '땅에서 여러 모양[形]'들이 이루어짐[在地成形]'은 변화의 시작이다.

(주희의)『주역본의周易本義』에서 말한다. 성인께서『역易』을 만드시니, 음양의 실체實體에 말미암고, 괘효卦爻의 '모든 현상[法象]'이 되었다. 장주莊周(莊子, 약 전369-전286)는, '『역易』은 음양을 말한다.'라고4) 하였다.

채청蔡淸(1453-1508)은 말한다. 이것은『역易』이 있은 이후부터, '『역易』이 아직 없었던' '먼저[先]'를 추론하여, 획을 아직 그리기 전의『역易』을 보인 것이다. 건곤乾坤 귀천貴賤의 이름이나 특징은, 성인聖人이 근거 없이 만든 것이 아니고, 모두 천지사방[六合] 중에 본래 있는 것을 근거하여, 모사하여 그래낸 것일 뿐이다.

유원劉沅(1767-1855)은 말한다. 지기地氣가 위로 뛰어올라 상象을 이루고, 천기天氣가 아래로 내려와 '모양[形]'을 뭉쳐서 이룬 것이다. 천지의 변화는, 곧 이것에서 볼 수 있다.

또 (유원은) 말한다. 하늘은 강건한 움직임으로 높아지고, 땅은 유순柔順하여 낮아지니, 이것은 건乾곤坤의 괘가 아직 있기 이전에, 건곤乾坤은 이미 정해진 것이다. 낮은 것은 천賤하고 높은 것은 귀하니, 이는 괘효卦爻가 있기 전에 '귀천貴賤'과 '낮고 높음[卑高]'이 진열되어서 귀천이 이미 자리한 것이다. 하늘[天]은 '굳셈[剛]'으로 몸을 하고 항상 움직이니 '움직임[動]'은 양陽의 상법이다. 땅[地]은 '부드러움[柔]'으로 몸을 하고 항상 조용하기에, 고요함은 음의 상법이다. 역괘易卦의 강유剛柔가 있기 전에, 강유剛柔는 이미 결판난 것이다. 강유剛柔가 움직이고 조용하기에, 기氣에는 각자의 '도리[方]'가 있고, '바탕[質]'에는 각각 그런 사물이 있는 것이니, '나누어지고 모임[分聚]'을 얻으면 길하고, 아니면 흉하게 되니, 괘卦의 길흉이, 이것으로 말미암아 생긴 것이다. 상象은 해, 달,

---

4) '易以道陰陽.',『莊子淺注』,「天下」篇, 曹礎基著, 상동, 492頁.

별들에 속한 것이고; 모양[形]은 산과 내[川], 동물, 식물에 속한 것이다. 위로 뛰어오르고 아래에서 응고하니, 모두 기氣의 변화이다. 역괘易卦의 착종과 교호交互는 곧 이것에서 볼 수 있다. 이것은, 『역易』이란 천지자연의 현상을 다룬 것이다.

심선등沈善登(1830-1902)은 말한다. 옛 것을 버리고 새 것으로 나아가는 것이 '변變'이니, 형질形質을 말한다. 본래 없는데 홀연 있게 된 것이 '화化'이니, 기氣를 말한다.

마치창馬其昶(1855-1930)은 말한다. (이광지[1642-1718]의) 『주역절중周易折中』에 의하면, '이 절節은 "바뀌지 않음[不易]"을 말한 것이다.' (『예기禮記』의) 「악기樂記」편에서, '이렇게 되면, 예禮는 천지의 차별[別]이다.'라고[5] 말한다. 별別은 곧 이른바 "바뀌지 않음[不易]"이다.

• **나의 견해(1)**: 그것이 사물이 되려면 둘이 아니면, 그것이 사물을 낳아도 예측할 수 없다. 두 기氣가 합처서 일기 一氣가 되니, 기氣가 사물[物]을 '사물[物]'되게끔 하고, 사물에 의해서 사물이 되지는 않는다. 둘이 아님이 몸[體]이다. 기氣의 변화가 만물을 낳을 수 있다. 예측할 수 없음은 각자의 쓰임[用]이다.

• **나의 견해(2)**: 『역易』은 변화할 수 있으니, '불변不變'의 '변이[易]'를 따라서 온 것이다.

이 때문에 강건함과 유약함이 서로 마찰하고, 여덟 괘卦[天地風雷水火山澤]가 서로 충돌하였다. 우레와 번개로 만물들을 움직이게 하고, 바람과 비로 그것들을 적셔주었으며, 해와 달이 운행하고, 한 번은 춥고 한 번은 덥게 하였다.
[是故剛柔相摩, 八卦相蕩. 鼓之以雷霆,[6] 潤之以風雨, 日月運行, 一寒一暑.]

한백韓伯(5세기, 남북조南北朝시대)은 말한다. 서로 비며댐은 음양의 교감을 말한다. '밀고 당기고 요동침[推蕩]'은 운화運化의 추이推移를 말한다.

(육덕명陸德明의) 『경전석문經典釋文』에서 말한다. 탕蕩은, 중가衆家들이 모두 '탕蕩[요동]'으로 본 것이다. 환현桓玄(369-404, 동진東晉시대)은, (탕蕩은) '움직임[動]이다.'라고 말한다.

공영달孔穎達(574-648)은 말한다. 진震 우레와 이離 번개로 진동시키고, (오징吳澄[149- 333]: 『곡량전穀梁傳』에서, "전電은 '번쩍이는 번개[霆]이다."라고[7] 말한다.) 손巽 바람과 감坎 비[雨]로

---

5) '如此, 則禮者天地之別也.' 『禮記今註今譯』, 「樂記」篇, 下冊, 王夢鷗註譯, 500頁.
6) 鼓는 動이고, 之는 만물이고, 정霆은 번개[電]이다. 高亨, 505頁.
7) '震, 雷也. 電, 霆也.', 『春秋公羊傳譯注』隱公9年, 承載撰, 상동, 41頁.

촉촉하게 한다. 혹 이離 해와 감坎 달이 운동하여 다니면, 한 절기는 춥고, 한 절기는 덥다.

내지덕來知德(1525-1604)은 말한다. 8괘는, 하늘[天], 땅[地], 우레[震], 바람[巽], 물[坎], 불[離], 산[艮]과 못[兌]의 상象으로 말한 것이다. (나의 견해: 유원劉沅선생은, '이미 그려진 8괘卦가 아니다.'라고 말한다.)

유원劉沅은 말한다. 팔괘는, 이미 그려진 팔괘八卦가 아니다. '굳셈[剛]'과 '부드러움[柔]'은 8괘의 '품성과 기질[性情]'이다. 우레, 번개, 바람, 비는 부딪히고 요동하는 모양이니, 쉽게 볼 수 있다. 8괘는 하나의 강유剛柔의 발휘일 뿐이다. 기氣가 밀집하여 퍼지지 않으면 진동하고, 과심過甚하여 화합하지 못하면 화윤和潤하게 된다. 우레, 번개, 바람, 비는 한, 두 가지를 들어서 나머지를 보충한다. 해와 달이면 건곤乾坤의 핵심[精]이니, 덮고 추움은 일월日月로 말미암아 나뉜다. 해와 달은 건곤乾坤의 중심이고, 감리坎離는 홀로 건곤의 '바른 몸[正體]'을 얻었기에, 천지가 하는 바가 아닌 것이 없다. 해는 양정陽精이니 음陰을 잉태하고, 달은 음정陰精이니 양陽을 잉태하니, 서로 자기 집이 된다. 덥고 추움을 운행시키며, 강유剛柔가 부딪히고 요동하는 뜻을 위로 받든다. 추움은 음이 응고된 것이고, 더움은 양이 쌓인 것이니, 모두 건乾곤坤의 이기理氣일 뿐이다.

황응기黃應麒(19세기, 만청晚晴시기 역학자)는 말한다. 해가 다니어 추우며, 달이 다니면 덥고; 해가 다니어 더우면, 달이 다니어 춥다. 『한서漢書』, 「천문지天文志」에서, '(달月은,) 입동立冬, 동지冬至에 북으로 흑도黑道를 따르고; 입하立夏, 하지夏至에는 남으로 적도赤道를 따른다. … 해는 겨울이면 남쪽(에 있고); 여름에는 북쪽(에 있다.) 동지冬至에 견우牽牛별에 이르고, 여름에는 동정東井별에 이른다. 해가 다니는 데가 중도中道이고, 달과 오성五星이 모두 따른다.'라고[8] 말한다.

요배중姚配中(1792-1844)은 말한다. 춥고 더움은 감坎과 이離를 말한다. 동중서董仲舒는 (『춘추번로春秋繁露』의) 「오행지의五行之義」에서, '불은 더움을 주관하고, 물은 추움을 주관한다.'라고[9] 말한다.

마치창馬其昶은 말한다. 괘는 상象이다. 뒤의 한백韓伯(5세기, 남북조南北朝시대)의 주注를 보라. 이것은, 강유剛柔가 서로 마찰함, 곧 천지의 여덟 괘卦가 서로 밀어냄을 말한 것이니, 조화가 스스로 존재하는 상이다. 깨끗이 씻어내고 운행함이니, 서로의 마찰을 펼쳐서 말한 것이다.

---

8) '月有九行者: … 立冬, 冬至, 北從黑道; 立夏, 夏至, 南從赤道, … 日冬則南, 夏則北; 冬至於牽牛, 夏至於東井. 日之所行爲中道, 月, 五星皆隨之也.'『漢書』, 「天文志」, 五冊, 志二, 1,295頁.

9) '火主暑而水主寒.'『春秋繁露今註今譯』, 「五行之義」第四十二, 賴炎元註譯, 상동, 287頁.

● **나의 견해**: '자연의 뜻[天機]'은 스스로 움직임이니, 새로운 배움에 나아가 발명한 기기機器인 것을 알 수 있다. 기기가 발동하는 처음에 피차 부닥치고 비벼대는 곳이기에, 강유剛柔가 서로 마찰하는 도리를 볼 수 있다. 배나 수레가 바퀴를 돌림은 모두 열력熱力의 큰 기운으로 앞으로 달려 나가 운행하는 것이니, 멀어서 이르지 못할 곳이 없기에, 8괘가 서로 밀치는 도리를 깨달을 수 있다.

하늘의 도는 남자가 되고, 땅의 도는 여자가 되었다.

[乾道成男, 坤道成女.10)]

(주희의)『주자어류朱子語類』에서 말한다. 남녀는, 사람과 물건을 통틀어 말한 것이다.

왕부지王夫之(1619-1692)는 말한다. 간艮과 태兌를 산과 못으로 말하지 않고, 남녀로 말한 것은, 산릉山陵은 수컷[牡]이고, 계곡谿谷은 암컷[牝]임을 말한 것이다.

유원劉沅은 말한다. 남녀는 건곤乾坤으로부터 나온다. 건도乾道는 순양純陽이라 사람에게는 남자가 된다. 곤도坤道는 순음純陰이니, 사람에게는 여자가 된다. 이것이 사람이 천지를 잡고 있는 핵심[精]이다. 『주역周易』은 건곤乾坤을 머리로 하고, (나의 견해:『연산連山역』은 간艮을 머리로 하고;『귀장歸藏역』은 곤坤을 머리로 한다.) 건곤乾坤은 만물의 부모이다. 만상은 건곤으로부터 나오고, 생화生化는 무궁하여 무릇 교역交易, 변역變易, 불역不易의 상들이, 모두 그 중에 있다. 여섯 자식[감坎, 이離, 진震, 손巽, 간艮, 태兌]은 건곤乾坤의 대용大用이며, 그들의 이理는 건곤의 범위를 넘지 않는다.

마치창馬其昶은 말한다. 홀로 남자를 이루고 여자를 이룸은 간艮과 태兌에 속하니, 간태艮兌는 음양 교감의 끝이다. 함咸괘 단象전에서, 남녀로써 간태艮兌를 지목하고, 남녀의 교합을 아래에 묶었으니, 「서괘序卦」전에서, '만물이 있고 연후에 남녀가 있다.'라고11) 했기에, 모두 간태艮兌를 가리켜서 말한 것이, 그 증거이다.

또 (마치창은) 말한다. 이 절에 대해, (『예기禮記』의) 「악기樂記」편에서, 이렇다면, '예禮는 천지天地의 조화[和]이다.'라고12) 한다. '조화[和]'란, 곧 이른바 '교역交易', '불역不易'이다.

<hr>

10) 「易傳」에서는 하늘을 남자에, 땅을 여자에 비견하였다. 成은 爲와 같다. 高亨, 상동.
11) '有萬物然後有男女.'「序卦」傳, 高亨, 647頁.
12) '樂者, 天地之和也.',『禮記今註今譯』, 「樂記」篇, 上冊, 王夢鷗註譯, 상동, 497頁.

• **나의 견해**: 위의 네 구句는, '진震, 이離, 손巽, 감坎'을 가리키고, 여기의 두 구句는, 간태艮兌를 가리키니, (이렇게 하여) 여섯 자식들이 생겨난다.

하늘이 하는 일은 '만물의 창시[大始]'이고, 땅이 하는 일은 '만물의 양성養成[成物]'이다.

[乾知大始, 坤作成物.13)]

한백韓伯(5세기, 남북조 南北朝시대)은 말한다. 천지의 도道는 '하지 않으나[不爲]' 잘 시작하고, 수고롭지 않으나 잘 이룬다.

공영달孔穎達은 말한다. 처음엔 (보이는) '모양[形]'이 없으니, 아직 힘써 만드는 일이 없기에, 따라서 다만 '안다[知].'라고 말한다.

왕부지王夫之(1619-1692)는 말한다. 하늘[乾]은 '밝게 비춤[明照]'을 용用으로 삼기에, 따라서 '하늘을 존숭하고 모방할 줄 안다.'라고 말한다.

유원劉沅은 말한다. '시작[始]'은 자기 기氣를 시작함이고, '이룸[成]'은 자기 '바탕[質]'을 이룸이니, '큼[大]'은 온전히 갖춤의 의미이다. '아직 이루지 않음[未成]'의 처음은 아직 조작造作이 없기에, 따라서 '안다[知]'를 말한 것이다. 이미 이루어진 후에 볼 수 있는 모양[形]이 있기에, 따라서 '만듦[作]'이라 한다. 사물에는 '처음[始]'을 갖지 않는 것이 없으니, 건도乾道가 만물을 생육하기에, 무릇 만물의 시작은 모두 '처음[始]'이니, 이것이 '만물의 창시創始[大始]'이다. '건시乾始'를 가진 '처음[始]'이지 않음이 없으니, 이것이 사물의 시작이고, 건乾은 모두 이것을 안다. 만물은 이루어지지 않은 것이 없고, 곤도坤道가 양육하니, 무릇 사물의 이룸은 이것에 의지하며, 이것이, 곤坤이 실제로 만든 것이다. 곤坤으로 말미암아 만들어져 이루어지지 않은 것이 없으니, 이것이 사물의 이루어짐이니, 곤坤이 모두 만든 것이다.

마치창馬其昶은 말한다. 기氣 가운데서 발산하여 빛이 된 것이 양陽이니, 따라서 '하늘이 하는 일이 만물의 창시[乾知大心]'라고 말했다. 기氣 가운데서 엉기어서 바탕[質]이 된 것이 음陰이니, 따라서 '땅[坤]이 만물의 양성養成함[坤成物]'이라 말한다.

하늘은 평범함을 재주로 삼고, 땅은 간단함을 능력으로 삼는다.

[乾以易知, 坤以簡能.14)]

---

13) 王念孫(1744-1832)에 의하면, 知는 爲와 같고, 爲는 또한 作이다. '乾知大始'는, 하늘이 하는 일은 만물을 창시創始하는 것이고; '坤作成物'은, 땅이 하는 일은 만물을 養成하는 것이다. 高亨, 506頁.

이광지李光地는 말한다. 사물이 됨에 둘이 아니니, 따라서 그 마음은 쉽다. '함이 없이[无爲]'이 루어지기에. 따라서 자기 일이 간단하다.

유원劉沅은 말한다. '쉽고 간단함[易簡]'은 번거롭지 않다. 일기一氣가 움직이도록 고취하고 격하게 동요하여, 만물이 스스로 생겨나니, 따라서 '평이함이 지혜[易知]'라고 말한다. 하늘에 순종하는 도道가 번거로운 조애阻碍가 없기에, 따라서 '간단함이 능력[簡能]'이라 한다.

마치창馬其昶은 말한다. 이易는 '평이하고 정직함[易直]'이다. 광체光體가 허공에서 혼동되고, 여러 사물들을 두루 휘감고 있으니, 따라서 '쉬움[易]'이라 말한다. 『이아爾雅』에서, '균등均等[平], 공평[均], 평탄[易], 화이和易[弟]는 화이和易[易]이다.'라고[15] 한다. 주注에서, 모두 '평이 정직함[易直]'을 말한다. 이것이 '이易'의 뜻임을 알 수 있다. 『일주서逸周書』, 「시법諡法」편에서, '한 덕이 풀어지지 않음이 "간簡"이다.'라고[16] 말한다.

용이하면 쉽게 알 수 있고, 간단하면 쉽게 따를 수 있다. (하늘을) 쉽게 알 수 있으면 친해지고, (땅을) 쉽게 따를 수 있으면 결과[생산물, 功]를 가질 수 있다. 친하면 오래 가고, 결과가 있게 되면 (그것은 더) 커질 수 있다.

[易則易知, 簡則易從. 易知則有親, 易從則有功. 有親則可久, 有功則可大.]

마치창馬其昶은 말한다. '쉽게 알 수 있고, 쉽게 따를 수 있음[易知, 易從]'은, 천지의 지능은 '험하고 막힘[險阻]이 없음'을 말한다. '어질음[仁]'을 몸으로 하기에, 따라서 친하며, 사물을 이롭게 하니 따라서 공功이 있다. 건乾이 곤坤과 사귀니 따라서 오래 갈 수 있고, 곤坤이 건乾을 받들고 넓게 생기게 하니, 따라서 '커질 수 있다[加大].'

오래 지속되면 현인賢人의 덕이 되고, 확대되면 현인들의 공업功業이 될 수 있다.

[可久則賢人之德, 可大則賢人之業.]

유원劉沅은 말한다. 사람은 천지의 도道를 법 받으니, 현인이 곧 성인이다.

---

14) 易는 平易의 이易이니, 平易는 平常과 같다. 知는 마땅히 智로 읽어야 하니, 智는 교巧(재주)와 같다. 간簡은 간단이고, 能은 능력이다. 高亨, 상동.

15) '平、均、夷、弟, 易也.'『爾雅』, 「釋詁」第一, 管錫華譯注, 상동, 101頁.

16) '壹德之不解曰: 簡.'『逸周書』, 「諡法解」第五十四, 晉 孔晁注, 電子版文淵閣四庫全書, 上海人民出版社, 1999 참조.

또 (유원은) 말한다. 덕은 천지와 더불어 유구함을 함께 하며, '공업[業]'이 천지와 더불어 크고 넓다.

요배중姚配中은 말한다. 현인은 건곤乾坤을 법 받는다. '스스로 노력하며 쉬지 않음[自彊不息]'이 오래 갈 수 있는 덕이다. (곤坤괘의 상전象傳」에서,) "'두터운 덕[厚德]'으로 사람을 기름[厚德載物]을 한다."라고[17] 했으니, '확대되면 공업功業[業]이 될 수 있다.' 이것이 인사人事로써 건곤乾坤의 '쉽고 간단함[易簡]'을 밝힌 것이다.

(사람들은) 용이하고 간단하여 천하의 이치를 얻을 수 있다. 천하의 이치를 얻을 수 있으면, 그 안에 (음양, 강유, 상하, 귀천의) 나누어진 자리를 확정할 수 있다.

[易簡而天下矣之理矣. 天下之理得, 而成位乎其中矣.[18]]

유종주劉宗周(1578-1645)는 말한다. 공자선생이 먼저 '역도易道'를 찬미하고, 본本을 '괘를 그린 근원'으로 미루었으니, 이와 같이 분명하다.

유원劉沅은 말한다. '천하의 이치를 얻음[天下之理得]'은. 만변해도 이 도리를 넘을 수 없음을 말한 것이다. 가운데[中]에서 자리[位]를 이룸은, 사람이 천지의 도道와 합함이다. 위의 제1장은, 천지는 『역易』의 근원이고, 자연도리의 상象이니, 만물들은 (이것을) 버릴 수 없다. 건곤乾坤의 이기理氣는, 사람들이 모두 갖추고 있으니, 문왕文王께서 『역易』을 만드신 것은, 건곤乾坤을 머리로 하고, 사람들이 천지天地를 본 받아서 몸을 닦기를 바란 것이다.

마치창馬其昶은 말한다. 이 구절에 관해 (이광지의)『주역절중周易折中』에서, '쉽고 간단함[易簡]'을 말한다. 건원乾元은 쉽고. 곤원坤元은 간단하니, 합하여 말한 것이, 곧 『역易』이다. 천지天地가 자리를 잡으니, 『역易』이 그 중심으로 갔을 것이다. 건곤乾坤이 배열하니, 『역易』은 그 가운데에 섰을 것이다. 건원乾元과 곤원坤元이 서로 바뀌면서, 384효의 자리들이 마침내 건곤乾坤 가운데서 이루어지니, 천하 사물들의 도리가 다 발휘된 것이다. 편의 머리로부터 이것에 이르기까지, 『역易』의 명의名義를 총론 하였다. 정현鄭玄은 이른바『역易』의 이름은 하나이지만 3뜻이 있으니, '이간易簡'이 첫째요, '변역變易' 둘째요, '불역不易'이 셋째가 이것이다. 이것이 천지자연의 『역易』이다.

---

17) '君子以厚德載物.' 坤卦 象傳, 高亨, 78頁.
18) 成은 定과 같다. 高亨, 507頁.

성인은 (8)괘와 (64)괘를 창립하고, 괘·효의 상象을 관찰하고, (괘)아래에 괘사卦辭, (효)아래에 효사爻辭를 매달아서, 길吉, 흉凶, 작은 불행[悔]과 재난[吝]을 밝혔다. (양陽과 음陰, 또는) 강건剛健함과 유약柔弱함이 서로 밀어내니 변화가 생겨났다.

[聖人設卦觀象繫辭焉, 而明吉凶.19) 剛柔相推而生變化.20)]

이정조李鼎祚(8세기, 당唐나라 역학자)는 말한다. 복희伏羲가 8괘를 만들고, 문왕文王이 64괘와 384효의 상象을 관찰하고, 말씀[辭]을 이어서 붙였다.

(주희의)『주역본의周易本義』에서 말한다. 괘효의 음양이 서로 바꿔가며 밀고 요동하니, 음이 혹 양으로 변하고, 양이 혹 음으로 변하니, 성인이 상象을 관찰하여 말씀을 묶고, 여러 사람들이 시초[蓍]로써 괘卦를 찾은 것이다.

채청蔡淸은 말한다. 『역易』에서 그 변화를 점치는데, 무릇 괘효卦爻의 말씀[辭]은, 모두 변화[變]에 나아가서 말한 것이니, 모두 '굳셈[剛]'이 '부드러움[柔]'을 변화[化]하거나, '부드러움[柔]'이 '굳셈[剛]'을 변화[化]하는 것이다.

왕부지王夫之는 말한다. 양陽은 9에서 정점[極]이 되고, 아래로 움직이면 8이다. 음陰은 6에서 정점이 되고, 위로 움직여서 7이 된다. 이것은 변하는 점占의 유래를 밝혀준다.

유원劉沅은 말한다. 천지天地는 단지 일강一剛이고 일유一柔이다. 유柔가 궁窮할 때가 있으니, 음으로부터 양을 밀어내어 변變이 생긴다. 굳셈[剛]이 궁할 때가 있으니, 양으로부터 음을 밀어내니, 화化가 생긴다.

이 때문에 길흉吉凶은, (일이 합당함을) '얻고 잃음[失得]'의 현상이다. 작은 불행[悔]과 어려움[吝]은, 우려憂慮의 상象이다. 변화는 (사물의) 물러남과 나옴의 상象이다. 강건剛健함과 유약柔弱함은, 낮과 밤의 현상이다.

[是故吉凶者, 失得之象也. 悔吝者, 憂虞之象也. 變化者, 進退之象也.21) 剛柔者, 晝夜之象也.]

---

19) 陸德明의 『經典釋文』에 의하면, 虞翻本에는 '吉凶' 아래에 '悔[후회]'와 '어려움[吝]' 두 자가 있다. 設卦는 8卦와 64괘의 創立이고, 觀象은 괘·효의 象을 관찰함이고, 계사繫辭는, 卦辭를 괘 아래에, 爻辭를 효 아래에 매달음[繫]이다. 高亨, 상동.

20) 陽爻는 강건함[剛]이고, 陰爻는 유약함[柔]이다. 高亨, 상동.

21) 卦爻의 변화는 사물의 변화를 말하니, 사물의 변화는 옛 것은 떠나가고[退], 새 것이 앞으로 나옴[進]이다.

(주희의)『주역본의周易本義』에서 말한다. 길흉은 서로 대립하고, '작은 불행[悔]'과 '어려움[吝]'은 그 사이에 있다. '작은 불행[悔]'은 흉凶으로부터 길吉로 가는 것이고, '어려움[吝]'은 길吉로부터 흉凶으로 향함이다. 성인께서 괘卦 · 효爻의 가운데[中]이거나, 혹 이런 상象이 있으면, 이런 말씀을 묶으셨다.

또 (『주역본의』에서) 말한다. 유柔가 변하여 강剛에서 달아나니, 물러남이 다하면 나아간다. 굳셈[剛]이 화化하여 유柔를 뒤좇으니, 뒤좇음이 다하면 물러난다. '이미 굳셈[剛]으로 변하면' 낮이 되니 양일 것이고, '유柔로 화化하면' 밤이니 음일 것이다.

하해何楷(1594-1645)는 말한다. 위 문장은 상象을 관찰하여 말을 묶어놓음으로써, 길흉을 밝히는 것인데, 강유가 서로 밀어내어 변화를 생기게 하는 것이다.

유원劉沅은 말한다. 성인이 괘를 설치하여 그 상象을 밝히고, 다시 상象을 관찰하여 말을 묶어놓았는데, 사람에게 길흉의 도를 제시하니, 도리에 순종하면 길吉하고, 도리에 어그러지면 흉凶하게 되기에, 사람들이 길흉 때문에 '지극한 도리[至理]'를 깨닫기를 바라는 것이다. 사람이 도리에 어둡다면, 길吉을 취하고 흉凶을 피하라고는 가르치지 않는다. 길흉을 말하는 것은, 도리[理]로 인한 '잃고 얻음[失得]'이 있음을 말한 것이다. '작은 불행[悔]'이나 '어려움[吝]'을 말하는 것은, 도리에는 어둡기 때문에 우려하게 됨을 말한다.『역易』에서 '길吉', '흉凶', '작은 불행[悔]'이나 '어려움[吝]'이라는 말은, 진실로 사람들로부터 나누어진 것이고,『역易』상象이 강유剛柔를 변화시킴은, 진실로 천지天地로부터 나온 것이다.

또 (유원은) 말한다. '길吉, 흉凶, 회悔, 인吝'은 괘사卦辭로써 말한 것이고; '잃고 얻음과 우려憂慮'는 인사人事로써 말한 것이니; 강유를 변화시킴은 '괘의 그림[卦畵]'을 말한 것이고, 주야晝夜를 진퇴進退시킴은 조화造化로써 말한 것이다.

여섯 효爻는, (하늘, 땅, 사람) 이 셋의 최고의 원리이다.
[六爻之動, 三極之道也.22)]

정현鄭玄(127-200)은 말한다. 삼극三極은, (하늘, 땅, 사람) 삼재三才이다.

高亨, 508頁.

22) 삼극三極은 天, 地, 人이다.『說文解字』에서, 極은 동동棟이니, 집 위의 제일 높은 들보이고, 至高의 뜻이다. 高亨, 상동.

왕부지王夫之는 말한다. 초효, 둘째 효는 지위地位이고; 셋째, 넷째 효는 인위人位이고; 다섯째와 상효는 천위天位이다. 기氣의 음양, 형形의 유강柔剛, '본성[性]'의 인의仁義가 지극하게 교류하면, 전체의 '큰 쓰임[大用]'이 이루어진다. 그러나 모두는 '쓰임[用]'에서 볼 수는 없으니, 따라서 '한 때[一時]'에 접칠 것이면, 도道가 거기서 드러난다. 자기 때[時]에 합당하고, 자기 땅[地]에 처하면, 자기의 진퇴를 택하게 된다. 하늘의 '재앙과 상서로움[災祥],' 땅의 '험난함과 쉬움[險易],' 인사의 '순조로움과 역경[順逆]'이, 따라서 결정된다. (하늘[天], 땅[地], 인人) 삼극三極의 득실의 도리는, 여기에서 드러날 것이다.

그러므로 길흉吉凶은 잃고 얻는 상象이다. '작은 불행[悔]'과 '어려움[吝]'은 근심하고 놀라는 상象이다. 변變과 화化라는 것은 나아가고 물러나는 상象이다. '굳셈[剛]'과 '부드러움[柔]'은 낮과 밤의 상象이다.
[是故吉凶者, 失得之象也. 悔吝者, 憂虞之象也.23) 變化者, 進退之象也. 剛柔者, 晝夜之象也.]

(주희의) 『주역본의周易本義』에서 말한다. 길吉과 흉凶은 상대相對가 되지만, '작은 불행[悔]'과 '어려움[吝]'은 그들 사이에 있다. '작은 불행[悔]'은 흉凶으로부터 길吉로 나아가는 것이고, '어려움[吝]'은 길吉로부터 흉凶을 향하는 것이다. 성인이 괘・효 사이에, 혹 이런 상象이 있는지를 관찰하여, 이 말씀[辭]을 붙였다.

또 (『주역본의』에서) 말한다. 유柔가 변하여 강剛을 뒤좇으니, 물러남이 다하여 나아감이다. 강剛이 화化하여 유柔를 뒤좇으니, 나아감이 다하여 물러남이다. 일단 강剛으로 변하면 낮이면서 양陽일 것이고, 일단 유柔로 화化하면 밤이면서 음陰일 것이다.

하해何楷는 말한다. 윗글은 상象을 관찰하고 사辭를 매어서 길흉吉凶을 밝힌 것이니, '굳셈[剛]'과 '부드러움[柔]'이 서로 미루어서 변화를 낳는다.

유원劉沅은 말한다. 성인聖人이 괘卦를 설정하여 그것의 상象을 밝히고, 다시 상象을 관찰하여 '말씀[辭]'을 붙였으니, 길흉吉凶의 도道로써 이치에 순응하면 길하고, 이치를 어기면 흉함을 사람들에게 보이고, 사람들이 길흉吉凶으로 인해, 지극한 이치를 깨닫게 하고자 해서이지, 사람들이 이치에 어두운 채 길함을 추구하고 흉함을 피하게 하고자함이 아니다. 길흉吉凶이란, 이치로 말미암아 잃음과 얻음을 말한 것이다. '작은 불행[悔]'과 '어려움[吝]'은, 이치에 어두움으로 말미암아 근심하고 놀라워함을 말한 것이다. 역사易辭의 '길吉, 흉凶, 회悔와 인吝'은 본래 사람으로부터 나

---

23) 유월兪樾(1821-1907)에 따르면, 『廣雅・釋詁』에서, 우虞는 경驚[놀람]이다. 憂虞는 憂驚(근심하여 놀람)이다. 高亨, 508頁.

누어진 것이다. 역상易象의 강유剛柔 변화는 본래 천지天地로부터 나오는 것이다.

또 (유원은) 말한다. '길吉, 흉凶, 회悔와 인吝'은 괘사卦辭로써 말한 것이고, '잃고 얻음[失得]'과 '근심하고 놀라워함[憂虞]'은 사람의 일로써 말한 것이며, 강유剛柔의 변화는 괘획卦畫으로써 말한 것이고, '주야가 나아가고 물러남[進退晝夜]'은 조화造化로써 말한 것이다.

여섯 효의 움직임은 (하늘, 땅, 사람) 삼극三極의 도道이다.

[六爻之動, 三極之道也.[24)]

정현鄭玄은 말한다. 삼극三極은 (하늘, 땅, 사람) 삼재三才이다.

왕부지王夫之는 말한다. 초효와 둘째 효는 '땅의 자리[地位]'이고, 셋째 효와 넷째 효는 '사람의 자리[人位]'이고, 다섯 째 효와 상효는 '하늘의 자리[天位]'이다. 자리마다 반드시 중요하다. 기氣의 음陰과 양陽, '모양[形]'의 유柔와 강剛, '본성[性]'의 인仁과 의義는 어우러짐이 지극하여 전체全體의 '큰 쓰임[大用]'을 이룬다. 그러나 전부가 '쓰임[用]'으로 드러날 수는 없기에, 따라서 한 때의 처한 바와 점쳐 묻는 바에서 도道가 드러난다. 그 때를 당하여, 그 장소에 처하여, 그 진퇴를 택한다. 하늘의 재앙과 복, 땅의 험난함과 쉬움, 인사人事의 순조로움과 거스름 등 때문에 결정된다. (천, 지, 인의) 삼극三極을 얻거나 잃는 이치는 여기에서 드러난다.

유원劉沅은 말한다. 이상은 성인聖人이 설정한 괘상卦象의 아름다움을 극찬한 것이니, 의미가 갖추어지지 않음이 없다.

그러므로 군자가 머물며 관찰하는 것은 『역易』의 상象이다. 즐거워하며 연구하는 바는 효사爻辭이다. 그러므로 군자는, 평소에 그 상象을 관찰하고 그 '말씀[辭]'을 연구하며, 움직이면 그 변화를 관찰하여 그 점占을 연구하니, 이 때문에 하늘로부터 도움이 있어서, 길하여 이롭지 않음이 없다.

[是故君子所居而安者, 易之象也.[25)] 所樂而玩者, 爻之辭也.[26)] 是故君子居則觀其象而玩其辭, 動則觀其變而玩其占, 是以自天祐之,[27)] 吉无不利.]

---

24) 三極은 天, 地, 人이다. 『설문해자說文解字』에 의하면, 極은 용마루[棟]이다. 집에서 제일 높은 기둥을 極이라 말한다. 『廣雅·釋詁』에 의하면, 極은 높음이다. 天, 地, 人은 사람 내지 우주만물의 지고자至高者이기에, 따라서 三極이라 말한다. 『易』에서 卦 6효의 剛柔변화는 天道, 地道, 人道의 변화를 상징하기에, 따라서, '六爻之動, 三極之道.'라고 말한다. 高亨, 508頁.

25) 安은 안按 혹은 안案으로 읽으니, 관찰이다. (陸德明의) 『經典釋文』에서, 虞飜本을 인용하여, 序를 象으로 보았다. (李鼎祚의) 『周易集解』本에도 똑 같으니, 지금 (象으로) 고친다, 高亨, 509頁.

26) 완玩은 췌모揣摹이니, 연구이다. '爻之辭'는 爻辭이다. 高亨, 상동.

유염兪琰(1258-1314)은 말한다. 상상象을 관찰하여 '말씀[辭]'을 연구하는 것은, 마치 채묵蔡墨은,[28] '건乾괘에서 구姤괘로 감[在乾之姤]'을 말했고; 지장자知莊子는,[29] '사師괘에서 임臨괘로 감[在師之臨]'을 말했는데, (여기서) '재在'는 이것[감, 之]이다.

왕신자王申子(13세기, 원元대 역학자)는 말한다. 평소 별 일없으니, '말씀[辭]'을 연구하여 '길吉, 흉凶, 회悔, 인吝'의 까닭을 관찰한 것이다. 활동함에 미쳐서 일에 대응하고 점占을 연구함으로써, '길吉흉凶회悔린吝'의 '조짐[幾]'을 결정한다. 그러므로 활동 안하는 경우가 있으나, 활동하면 길하지 않음이 없다.

손기봉孫奇逢(1584-1675)은 말한다. 천변千變만화萬化가 사람으로 하여금 '손쉽고 간단함[易簡]'을 숭상하게 하는 도道이니, '험난함과 어려움[險阻]'을 물리치고, 길吉로 향하고 흉凶을 피하게 하는 도道가 아님이 없다. 그러므로 길吉, 흉凶 이외에 그 사이에 '작은 불행[悔]'과 '어려움[吝]'을 세워서, 사람을 이끌어서 정점[極]으로 돌아가게 하고, '정점[極]'에서 어그러지면, 사람을 책망하는 것이다.

유원劉沅은 말한다. 위의 거거자居자는 '처處'이고, 아래의 거거자는 평소이다. 위의 군자君子는 성인聖人을 이르고, 아래의 군자君子는 학자學者이다. 『역易』의 순서[易之序]는 단지 하나의 '굽히고 펴짐[屈伸]'이고, '줄어들고 자라남[消長]'이어서, 각각 그 때로 인하니, 군자는 시중時中으로 행하기에, 따라서 거처하는데 편안하다. 효사爻辭는 온갖 이치가 '끝까지 다[曲盡]하니,' 군자는 '심오深奧[精深]하며 미묘한 의리義理[精義]'로써 신神에 들어가기에, 따라서 즐거워하며 완미한다. 『역易』과 합하는 깊이가 이와 같으니, 이치는 그것의 정밀함을 지극히 하고, '쓰임[用]'은 그것의 신묘함을 지극히 하여, 이로써 '길하여 이롭지 않음이 없다[吉无不利].' 이는 사람이 『역易』을 배우는 도道를 밝힌 것이다.

마치창馬其昶은 말한다. 이상은 한 편篇이다. 처음에는 조화가 자연스러운 그러한 『역易』을 말하였고, 다음으로는 성인이 『역易』을 만들었으며, 군자가 『역易』을 공부하는 것을 말하였고, 마지막은 하늘의 도움으로써 마쳤으니, 사람이 하늘과 부합하는 효과를 다하였다. 뒤의 네 편은 모두 이편의 심오한 함의[蘊]를 말한 것이다.

---

27) 『說文解字』에 의하면, 우祐는 도움[助]이다. 高亨, 상동.
28) 채묵蔡墨은 기원전 6세기 晉나라사람으로, 史墨, 蔡史墨, 史黯으로 불리며, 晉나라 太史였다.
29) 知莊子는 기원전 6세기 춘추시대 晉나라 사람으로, 본명은 荀首인데, 知季, 知莊子로도 불렸다.

‖3‖

‘결단을 내림[彖]’은 상象을 말한다. 효사爻辭는 변화를 말한다.

[彖者,[30] 言乎象者也. 爻者,[31] 言乎變者也.]

우번虞翻(164-233)은 말한다. 8괘는 ‘알려줌[告]’을 상징하기에, 따라서 상象을 말한 것이다. 효爻는 여섯 획이 있는데, 9[九]와 6[六]이 변화하기에, 따라서 변變을 말한 것이다.

(주희의) 『주역본의周易本義』에서 말한다. 상象은 전체를 가리켜 말한 것이니, (나의 견해: 한 괘가 갖춘 바이다.) 변變은 일절一節을 가리켜 말한 것이다. (나의 견해: 한 효가 갖춘 바이다.)

길흉吉凶은 그것의 잃고 얻음을 말한 것이다. 회린悔吝은 그 괘의 작은 흠을 말한 것이다. 무구无咎는, ‘잘못[過誤]’을 잘 만회挽回함이다.

[吉凶者, 言乎其失得也. 悔吝者, 言乎其小疵也. 无咎者, 善補過也.]

내지덕來知德(1525-1604)은 말한다. 선善은 표창表彰이다. 자기능력에서 잘못을 잘 보충함을 표창함이다.

손기봉孫奇逢(1584-1675)은 말한다. 말한 바가 길吉이라면, 반드시 그가 얻는 것이며, 요행이 아니다. 말한 바가 흉凶이라면, 반드시 그가 잃는 것이며, 불행이 아니다. 앞 장章의 뜻을 거듭하고 또 무구无咎의 설說로써 나아갔으니, 이는 역도易道의 귀결점이다.

유원劉沅은 말한다. 말하고 행동하는 사이에 선善하면 얻고, 선하지 못하면 잃는다. 조금 선하지 않은 것이 ‘흠[疵]’이고, 선에 밝지 못하여 잘못 들어가는 것이 ‘과오[過]’이다. 조금 선하지 않음을 깨달아 고치고자 하나, 아직 다 고치는 데에 미치지는 못하니, 이에 ‘후회함[悔]’이 있다. 조금 선하지 않음을 깨달아 고칠 수 있는데 고치지 못하니, 이에 ‘어려움[吝]’이 있다. 상象을 말하고 변變을 말한 것은, ‘길吉흉凶회悔린吝’의 말씀[辭] 밖에 있지 않기에, 곧 길흉吉凶으로써 사람들에게 이치를 따를 것을 보인 것이다. ‘후회함[悔]’은 아직 길吉에 순수하지 않고, ‘어려움[吝]’은 아직 흉凶에 순수하지 않으며, 작은 흠을 말한 것은, 사람들이 이 둘을 아울러 없게 하고자 해서이다. 고

---

30) 「繫辭」편의 작자는, 卦辭를 단象이라고 칭한 것이지, 단전象傳의 象이 아니다. 괘사는 卦象에 근거하여 길흉을 논단한다. 단象 또한 ‘결단을 내림[斷]’이다. 高亨, 509頁.

31) 효사爻辭를 爻로 칭한다. 高亨, 상동.

처서 선善을 따를 수 있으므로, 허물이 없다. 선善은, 그가 잘못을 고치기를 표창하는 것이다.

이 때문에 (사람의) 귀천은 효위爻位에 따라서 배열되고, 대소大小의 배열은 괘에 있고, 길흉의 변별은 괘효사卦爻辭에 있고, 회린悔吝으로 근심함은 (행동을) 소홀하게 하여 (경계하지 않음에) 있으며, 행동하여 탈이 없음은 (지난 잘못을) 후회함에 있다.

[是故列貴賤者存乎位,32) 齊小大者存乎卦,33) 辯吉凶者存乎辭,34) 憂悔吝者存乎介,35) 震无咎者存乎悔.36)]

『건착도乾鑿度』에서 말한다. "선善이 비록 미세하더라도 반드시 길한 단서를 보이며, 악惡은 비록 작다 하더라도 반드시 '후회함과 어려움[悔吝]'이 있다."37)

경방京房(전77-전37)은 말한다. 변辯은 '밝힘[明]'이다.

(위백양魏伯陽의) 『참동계參同契』에서 말한다. "조금이라도 바르지 않으면. '후회하고 어려움 (을 겪음)[悔吝]'으로 '진실하고 무망無妄함[誠]'이 된다."38)

우번虞翻은 말한다. 개介는 미세微細함[纖]이다. 진震은 활동[動]이다.

왕숙王肅(195-256. 삼국三國시대)은 말한다. 제齊는 '바름[正]'과 같다. 양陽괘는 크고 음陰괘는 작으니, 괘를 늘어놓으면 소小와 대大가 나뉜다.

왕필王弼(226-249)은 말한다. 회린悔吝을 근심하는 때에, 그 작은 것에 소홀해선 안 된다. 바로

---

32) 자리[位]는, 사람이 처한 사회적 지위와 같으니, 초효初爻는 '낮은 자리[卑位]'이고, 상효上爻는 '높은 자리[高位]'이다. 둘째 효는 臣位이고 다섯째 효는 君位 등과 같이, 따라서 사람의 귀천이 爻位에 따라서 서열 된다. 高亨, 510頁.

33) 유월兪樾은, '齊는 또한 列이다.'라고 말한다. 李鼎祚의 『周易集解』에서 왕숙王肅을 인용하여, '양괘는 크고, 음괘는 작음'이라고 말한다. 乾, 震, 坎, 艮은 양괘가 되고, 坤, 巽, 離, 兌는 음괘이다. 양괘는 임금, 남자, 군자를 상징하니, 따라서 '큰 것[大]'이 되고; 음괘는 臣民, 여자, 소인을 상징하기에, 따라서 '작은 것[小]'이다. 그러므로 사람의 大小는 괘에서 배열된다. 高亨, 상동.

34) 辯은 辨의 가차이니, 구별[別]이다. 辭는 卦爻辭이다. 高亨, 상동.

35) 介는 마땅히 玠로 읽어야한다. 『說文解字』에 의하면, 玠는 '소홀[忽]'이다. 高亨, 상동.

36) 『周易集解』에서 虞翻을 인용하여. '震은 움직임[動]이다.'라고 말한다. 이 悔는 후회後悔의 悔이지, 悔吝의 悔가 아니다. 사람이 활동하여 无咎한 것은, 지난 잘못을 후회하고 다시 실수가 없기를 희망함이다. 高亨, 511頁.

37) '善雖微細, 必見吉端. 惡雖纖介, 必有悔吝.'. 『周易乾鑿度』卷上, 漢 鄭康成注, 電子版文淵閣四庫全書, 상동 참조.

38) '纖介不正, 悔吝爲誠.', 『周易參同契解』卷中, 中篇, 宋 陳顯微(13세기))撰, 電子版文淵閣四庫全書, 上海人民出版社, 1999 참조.

회悔와 인吝은 작은 흠을 말한 것이다.

(주희의)『주역본의周易本義』에서 말한다. '후회함悔'을 알면, 잘못을 고쳐서 보충하려는 마음이 움직여서 허물이 없을 수 있다.

왕신자王申子(13세기 원元대 역학자)는 말한다. 양陽괘는 음陰이 많아도 양陽이 '주인[主]'이 된다. 음陰괘는 양陽이 많아도 음陰이 '주인[主]'이 된다. 비록 소小와 대大가 가지런하지 않으나, 때를 얻어 '주인[主]'이 되는 것은 같다.

유원劉沅은 말한다. 제齊는 '같음[均]'이다. 음陰과 양陽을 고르게 하고자 하여, 서로 구제해주고, 서로 해치지 않게 된다.

또 (유원은) 말한다. 개介는 선善과 악惡이 처음 나뉘는 틈새이다.

또 (유원은) 말한다. 일의 득실에는 반드시 그 기미가 있다. 선과 악이 처음 나뉘는 틈새에 나아가 그것을 삼가면, 힘쓰기가 쉽다. 이미 잘못한 일에 대해 떨쳐 움직여 잘못을 고치면, 선善에 복귀할 수 있다. 근심하고 떨쳐 움직임은, 상象을 보고『역易』을 공부하는 요점이다.

그러므로 괘卦에는 작음과 큼이 있고, '말씀[辭]'에는 험함과 쉬움이 있다. '말씀[辭]'은 각각 그것이 갈 바를 가리킨다.

[是故卦有小大, 辭有險易. 辭也者, 各指其所之.]

반몽기潘夢旂(12세기, 남송南宋 역학자)는 말한다. 소대小大는 그것의 '줄어들고 늘어남[消長]'을 따라서 나뉘고, '험난[險]'과 '쉬움[易]'은 그것의 안위安危로 인하여 구별된다. '말씀[辭]'은, 각각 그것이 나아가거나 피할 곳을 가리켜서 사람들에게 보인 것이다.

방잠方潛(19세기, 만청晚淸 역학자)은 말한다. 이 단락에서, 길흉은 '잃고 얻음[失得]'의 상象이고, 회린悔吝은 우려憂慮하는 상象임을 표명하였다.

‖ 4 ‖

『역易』은 천지天地(의 법칙)과 더불어 동등하기에, 따라서 천지의 도道를 두루 포괄한다.

[易與天地準, 故能彌綸天地之道.39)]

경방京房(전77-전37)은 말한다. 준准은 '같음[等]'이다. 미彌는 '두루[徧]'이다.

우번虞翻(164-233)은 말한다. 윤綸은 낙락[둘러싸다]이다. 『역易』은 천하에서 만물을 두루 포괄함을 말했다.

유원劉沅은 말한다. 미彌는 틈 없이 꿰맨 것이니, 크기 때문에 감싸지 못함이 없다. 윤綸은 이치의 조리條理가 매우 분명하니, 섬세하여 구분하지 못함이 없는 것이다. 두 구절은 아래 문장을 총괄한다.

(성인은) 위로 천문天文을 관찰하고, 아래로 지리地理를 관찰하여, 이 때문에 (지하의) '어두움[幽]'과 (천상의) '밝음[明]'을 알고 있다.

[仰以觀於天文 , 俯以察於地理 , 是故知幽明之故.⁴⁰⁾]

유향劉向(전77-전6)은 말한다. 천문天文과 지리地理는 인정人情이 '본받는 것[效]'이다. 마음에서 관찰하면, 성지聖智의 곳집[府]이다.

장혜언張惠言(1762-1802)은 말한다. 음陰이 '어두움[幽]'이 되고, 양陽은 '밝음[明]'이 된다.

유원劉沅은 말한다. 천문天文은, 일월日月과 성신星辰들이 채워지고 비게 되는 변화가 의탁하는 곳이, 모두 이것이다. 지리地理는, 산山, 내[川], 들[原], '습진 곳[隰]', '흐름[流]', '언덕[峙]', '험지[險]', '평이[易]한 데'가 의탁하는 곳, 모두가 이것이다.

또 (유원은) 말한다. 상象이 있으니 '밝음[明]'이 되고, 조짐이 없으니 '어두움[幽]'이 된다. 『역易』의 이치는, '어두움[幽]'에 통하고 '밝음[明]'에 달하니, 성인이 '그렇게 되는 이유[所以然之故]'를 아는 것은, 『역易』으로써 통했기 때문이다.

(만물의) 시작을 고찰하고 (만물의) 끝(인 이유)를 고구考究하니, 따라서 죽음과 삶의 설명을 알게 된다.

[原始反終,⁴¹⁾ 故知死生之說.]

---

39) 陸德明의 『經典釋文』에서 京房을 인용하여, '준准은 等[같음]이다. 미彌는 '두루[遍]'이다.'라고 말한다. 李鼎祚의 『周易集解』에서는 虞翻을 인용하여, '綸은 낙락(포괄)이다.'라고 말한다. 미윤彌綸은 두루 포괄함이다. 高亨, 511頁.

40) '仰以觀…… 故能愛'의 여러 구절은, 易經에 정통한 사람, 즉 聖人은 우주의 사물을 잘 인식하고 잘 처리할 수 있음을 말하고 있다. 高亨, 상동; 유幽는 유미幽微은비隱祕이고, 明은 顯明이다. 『周易注譯與研究』, 589頁, 注2.

한백韓伯(자字康伯, 5세기, 남북조南北朝시대)은 말한다. 죽고 사는 것은 시작과 끝의 이치[數]이다.

유종주劉宗周(1578-1645)는 말한다. 유명幽明과 시종始終은, 이제 막 오는 자는 '나아가고[進],' 공功을 이룬 자는 '물러가는 것[退]'과 같다.

왕부지王夫之(1619-1692)는 말한다. 원原은, 근본을 두고 생겨나는 것이고; 반反은, 그 원인으로 되돌아감이다. 『역易』에서는 왕래往來를 말하고 생멸生滅을 말하지 않았으니, 원原과 반反의 뜻이 갖추어진 셈이다. 이로써, 사람과 만물의 생겨남이 한 결 같이 음양 두 기氣가 지극히 풍족한 화化에 근원함을 알 수 있다. 그것들의 죽음이란, '하늘과 땅의 기운이 서로 잘 어울림[絪縕]'의 조화에 되돌아가서, 때[時]를 기다려 회복함이다. 다만 변화를 헤아리지 못하니, 그것들의 사리事理[故]를 연속連續할 수 없을 뿐이다. 태어남[生]은 창조가 아니고, 죽음은 소멸이 아니니, 음양의 자연스러운 이치이다.

유원劉沅은 말한다. 원原은 앞으로 밀고 나감이다. 반反은 뒤에서 요약함이다.

또 (유원은) 말한다. 『역易』은 죽음과 태어남을 알 수 있으니, 성인은, 사람이 비롯되는 소이所以에 근원하기 때문에, 하늘에서 기氣를 받은 것이 온전하지 않음이 없음을 안다. 사람이 (삶을) 마치는 소이所以를 미루어보면, 땅에서 몸[形]을 받은 것은 오래 갈 수 없음을 안다.

마치창馬其昶(1855-1930)은 말한다. 무릇 괘가 처음 생겨나는 것은, 각각 오는 데가 있으니, 이를 원시原始라고 이른다. 효爻가 9[양]나 6[음]에 이르면 장차 죽을 것인데, 다시 변하여 7이나 8이 되니, 이를 반종反終이라 이른다. 7, 8, 9, 6이 서로 순환하는 것이 사생死生의 '설명[說]'이다.

● **나의 견해**: 하늘과 땅이 하늘과 땅이 되는 소이所以는, 모두 음양陰陽의 기氣가 그렇게 하는 것이다. 성인은 하늘을 관찰하고 땅을 살피니, 곧 음양이 그렇게 되는 소이연所以然의 이치를 안다. 성인의 지혜가 아니면, 누가 그것을 알 수 있겠는가? 노자老子는, '무명無名은 하늘과 땅의 시작이고, 유명有名은 만물의 어머니이다.'라고[42] 말한 것이 (사물의 기원을 추구하는) 원시原始이다. '만물이 무성하게 자라나 각각 자기의 근원으로 다시 돌아감',[43] 이것이 (그 발전의 경과나 결과를 나아가서 연구하는) 반종反終이다. 괘와 효의 죽음과 태어남을 관찰하여 그 이치에 통달하니, 곧 사람과 만물의 죽음과 태어남을 알 수 있다.

----

41) 『管子』, 「戒」편에, '春出原農事之不本者, 謂之游. 尹知章(약669-718)注에, "原은 察이다." 反은 求와 같다. 高亨, 512頁.

42) '無名天地之始, 有名萬物之母.' 『老子繹讀』1章, 任繼愈著, 상동, 2頁.

43) '夫物芸芸, 各復歸其根.' 『老子繹讀』16章, 任繼愈著, 상동, 35頁.

정기精氣가 돌아다니는 혼[遊魂]이 되어 변화하기에, 이 때문에 (성인은) 귀鬼와 신神들의 정황情況[情狀]을 알고 있다.

[精氣爲物, 游魂爲變' 是故知鬼神之情狀.44)]

『시류모是類謀』에서45) 말한다. (정현鄭玄[鄭康成]은,) '정기精氣는 7과 8을 말하고, 유혼遊魂은 9와 6을 말한다.'라고46) 설명한다.

(주희의)『주역본의周易本義』에서 말한다.『역易』에는, 음과 양뿐이니, '어두움과 밝음[幽明],' 사생死生, 귀신鬼神은, 모두 음양의 변화이며 천지의 도道이다. 음정陰精과 양기陽氣는 모여서 사물[物]을 이루고, 정신[神]이 펴지는 것이다. 혼魂은 떠돌고, 백魄은 내려가 흩어져서 변하니, 귀신[鬼]이 돌아감이다.

유원劉沅은 말한다.『역易』은 귀신鬼神과 그 길흉吉凶을 합하고, 성인은 이로 인하여 천지인天地人에 두 이치가 없음을 밝히 안다. 기氣는 혼魂에 의지하여 서있게 되고, 혼魂은 기氣에 의지하여 신령스러우니, 응결하면 '핵심[精]'이 되고, 떠올라 흩어지면 '유혼遊魂'이 된다. 만물이 처음 생겨나는 때에 당하여, 기氣의 정精한 것을 얻어 '몸[形]'을 이루고, '고요함[靜]'으로 말미암아 '활동[動]'하니, '정신[神]'이 펴지는 것이다. 사물[物]이 장차 다할 때에 미쳐서, 기氣와 혼魂이 떨어지고, 혼魂은 떠다니며 만물이 이로 인해 변화하여 있음으로부터 없게 되면, '귀신[鬼]'으로 돌아가게 된다. 그러므로 귀신鬼神의 정황[情狀]을 알 수 있다. 유명幽明, 사생死生, 귀신鬼神은 모두 은밀하고 심오하여 헤아릴 수 없으나,『역易』은 그것을 모두 알기에, 따라서 천지의 도道를 두루 통섭할 수 있다.

허계림許桂林(1779-1822)은 말한다. 단象이 변하지 않게 됨은, 64괘의 정기精氣로써 말한 것이다. 효爻가 변하게 됨은 64괘의 유혼遊魂으로써 말한 것이다.

요배중姚配中(1792-1844)은 말한다. 정情은 '정기精氣와 유혼遊魂'의 '형편[情]'을 이른다. 장狀은 사물[物]이 되고 변화되는 모습을 이른다. 7, 8, 9, 6이 '줄어들고 늘어나며[消息] 채워지고 비워[盈虛]'지면서 괘효卦爻를 이루는 것은 귀신鬼神이 아니라, 역시 귀신鬼神의 정황[情狀]이다.

---

44) 精氣는 靈氣와 같으니, 實物에 붙어있지 않고, 스스로 遊魂이 되니 神이다. 사람을 떠난 遊魂이 鬼이다. 성인은 이 사실을 분명히 알기에, '귀신의 情狀'을 이해한다. 高亨, 상동.

45) 『是類謀』, 또는 『筮類謀』는 易緯의 일종이다. 『是類謀』를 『易緯是類謀』로 칭한다.

46) 『易緯是類謀』에서 '精氣謂七八, 遊魂謂九六.'은 검색 되지 않고, 鄭康成注에, 「(『易』))經以七八爲象, 九六爲爻.」만 보인다. 『易緯是類謀』, 漢 鄭康成注, 電子版文淵閣四庫全書, 상동 참조.

마치창馬其昶은 말한다. 정현鄭玄의 주注에, 정기精氣는 7, 8이고, '바람 따라 유동하는 혼백[遊魂]'은 9, 6이라 했으니, 『역위易緯』와 같다. 정精은 '빛[光]'이니, '빛[光]'과 기氣가 합하여 '몸[形]'을 이루고 '바탕[質]'을 이룬 것을 사물[物]이라 이른다. 건乾은 양물陽物이고 곤坤은 음물陰物이다. 사물[物]이 서로 섞이므로 '무늬[文]'라고 말하였으니, 모두 괘획을 가리켜 말한 것으로, 그 음양에 정해진 '몸[形]'이 있음을 이른다. 그것이 변하는 데에 미쳐서 다른 괘로 가는 것은 유혼遊魂이 하는 바이다. 그러므로 9(양)와 6(음)의 효爻는 '현재'가 되고, 괘卦가 바뀐 바를 따라 거슬러 올라가면 '이미 지난 것[旣往]'이 되며, 변하여 다른 괘로 가면 '미래未來'가 되니, 매 효爻는 스스로 삼제三際[현재, 기왕(과거), 미래]를 이루는 것이다. 그것의 변화에는 또한 선善도 있고 악惡도 있으니, 따라서 만나는 바에도 길吉도 있고 흉凶도 있으나, 괘효와 귀신의 정황[情狀]은 하나일 뿐이다. 연릉계자延陵季子는,[47] "골육骨肉이 땅으로 돌아가는 것은 '천명[命]'이기에, 혼기魂氣는 가지 않는 곳이 없다."라고 말하였다. 골육骨肉은 곧 광기光氣가 화化하는 것[物]이고, 혼기魂氣는 '빛을 떠나는[離光] 기氣'이니 또 장차 변하여 다른 괘로 갈 것이다. 그것이 고정되어 있지 않으므로 '유혼[遊魂]'이라고 말한다.

● **나의 견해(1)**: 7과 8은 소양少陽과 소음少陰의 수數이니, 소소는 기氣가 모여 정精이 되는 것이다. 9와 6은 노양老陽과 노음老陰의 수數이니, 노老는 기氣가 흩어져 부유하며 혼魂이 되는 것이다. 그러므로 이렇게 말한 것이다.

● **나의 견해(2)**: 노자老子는, '그 속에 정精이 있고, 그 정精은 매우 참되다.'라고[48] 했다. 64괘의 진기眞氣는 모두 건원乾元과 곤원坤元의 '참된 핵심[眞精]'으로부터 생겨난 것이다. 참된 것은 변하지 않으니, 단象전은 그것의 이치를 밝힌 것이다. 『시詩』에서는, '(하늘이 이렇게 많은) 백성들을 생기게 했으니, 모든 사물에 법칙은 있네.'라고[49] 말했고, 『중용中庸』에서는, '진실[誠]되지 않으면, 사물[物]은 없다.'라고[50] 말했다. 이것[物]은, '사물[物]'에 의해서 '사물[物]'로 여겨지지 않고, '사물[物]'을 능히 '사물[物]'로 여기게 하는 것이니, 이는 곧 이른바 '참된 핵심[眞精]'이다. 64괘의 유혼遊魂은 퍼져서 384효가 되는데, 가만히 있지 않고 변동하여 상하사방[六虛]으로 두루 흐르니, 그

---

47) 연릉계자延陵季子는 계차季劄인데, 春秋시기 吳王 수몽壽夢의 넷째 아들이며, '공자차公子劄'라고 칭한다.
48) '道之爲物, 惟恍惟惚. 惚兮恍兮, 其中有象; 恍兮惚兮, 其中有物. 窈兮冥兮, 其中有精; 其精甚眞, 其中有信.' 『老子』21章 참조.
49) '天生烝民, 有物有則.' 『詩經譯注』, 「大雅」, 「蕩之什」, 「烝民」, 袁梅著, 상동, 888頁.
50) '不誠無物.' 『中庸』25章 참조.

혼기魂氣는 가지 않는 곳이 없다. 진기眞氣가 변하여 혼魂이 되는데 고정됨이 없이 부유浮游하여 오직 알맞은 바에 따라서 변화하기에, 따라서 '유혼遊魂은 변화變化한다[游魂爲變]'라고 말하였다. 이로부터 미루어보면, 사물 중에 변하지 않는 것은, 모두 정기精氣가 있기에 주재[主]하는 것이다. 변變은, 모두 이 유혼遊魂이 '씀[用]'이다.

- **나의 견해(3):** 7과 8의 소양少陽과 소음少陰은 때에 따라 자라나고 또한 가득 차니, 완성되어 9와 6의 노양老陽과 노음老陰이 된다. 9와 6의 노양老陽과 노음老陰은 때에 따라 줄어들고 또한 텅 비게 되니, 전화轉化되어 7과 8의 소양少陽과 소음少陰이 된다. 괘효의 음양이 순환하여 실마리가 없는 것과, 귀신의 형편[情狀]이 굴신屈伸하며 변화하는 것은 이 밖이 아니다.

- **나의 견해(4):** '정精은 빛[光]이다.'라는 말은 지금까지 언급한 사람이 없다. (단 이 말은) 강건剛健하고 중정中正하여 순수純粹하고 정밀하다. 정기精氣는 안이 충만하여 비로소 발하면 빛[光]이 된다. 그것이 색깔[色]을 낳으면 얼굴에 밝게 드러나고 등에 가득하며, 온몸[四體]에 베풀어진다. (곤坤괘 「문언文言」전에서,) '군자가 "황색 옷을 안에 입은 것"은 (그가) 사리에 통달하고, 있는 자리가 반듯하며 예禮에 합당하며, [미덕이 자기 마음에 있고,] 팔다리[四肢]에 통하며, 사업에서 나타나니, 아름다움의 극지이다.'(라고51) 말했다.) 군자의 빛[光]은, 그것이 빛남이 길吉이다. 이는 모두 빛[光]은 사람에게 있음이다. 그것이 땅에 있어서는, 산천山川과 금은金銀은 기氣를 바라보고 알게 되며, 돌이 옥玉을 간직하고 산이 빛나며, 물이 진주를 품어서 내[川]는 아름다운 것이다. 그것이 하늘에 있어서는 해와 달과 별의 세 빛이 쇠하지 않으니, 모두 정기精氣가 조짐이 된 것이다.

(성인의 덕은) 천지天地와 비슷하기에, (천지의 도道에) 위배되지 않는다. (성인의) 지혜는 만물에 두루 미치고, 도道가 천하를 이루어주니, 따라서 (성인은) 과실이 없다. (성인은) 정직하여 행위가 (폐단으로) 흐르지 않았고, 운명을 알고 하늘을 즐겼으니, 따라서 근심이 없다. 사는 땅에 안주하고 인의仁義에 두터우니, 따라서 (성인은 만인을) 사랑할 수 있다.
[與天地相似, 故不違. 知周乎萬物, 而道濟天下, 故不過.52) 旁行而不流,53) 樂天知命, 故不憂. 安土敦乎仁, 故能愛.54)]

....

51) '君子 "黃" 中通理, 正位居體, 美在其中, 而暢於四支, 發於事業, 美之至也.', 坤괘 「文言」傳 참조.
52) 濟는 成이고, 過는 過失이다. 高亨, 512頁; 知는 智와 같고, 周는 遍及(두루 미침)이다. 周振甫, 234頁 注27.
53) 방旁은 方으로 읽어야 한다. 이 두자는 옛날에는 통용하였다. 方은 정직이다. 高亨, 상동.
54) 安土는 사는 땅에 안주함이며, 돈敦은 후厚(두터움)이다. 高亨, 상동.

한백韓伯(韓康伯, 5세기, 남북조南北朝시대)은 말한다. (『역易』은,) 덕이 천지와 합하므로 서로 비슷하다. 변화에 응하고 옆으로도 통하면서, 방탕한 데로 흐르지 않는다.

왕개충王凱沖(7세기, 당唐나라 역학자)은 말한다. 지혜는 엄밀하고 도道가 유통되니, 잘못하여 어긋나지 않는다.

이의李義(170-220년대)는 말한다. 천지天地의 도道는, 지知와 인仁일 뿐이다.

(주희의) 『주자어류朱子語類』에서 말한다. '하늘[天]을 즐기고 천명[命]을 앎[樂天知命]'이 '지혜[知]를 높임[知崇]'이고, '환경에 평안하고 인후仁厚[安土敦仁]'하면, 예禮는 낮아지는 것이다.

유원劉沅은 말한다. 서로 비슷함은, 본성[性]으로 평가한 덕으로써 말한 것이니, 『중용中庸』의 '(넓고 깊으면[博厚]) 높고 광명하게 되고, … 유구하면 만물(을 화성化成)함[高明博厚悠久]'을[55] 말한 것과 같다. 아래 글[下文]에서는 이를 분석하여 말하였다. '위배되지 않음[不違]'은, 『역易』을 가리켜 말한 것이니, 천지에 대해 하나의 어김도 없는 것이다.

또 (유원은) 말한다. 『역易』의 도道는 천하를 구제함을 위주[主]로 한다. 천지의 이치는 만물에 흩어져 드러나지만, 천지의 마음은 천하에서 생성시키고자 함이 아닌 것이 없다. 성인은, 지혜는 만물에 두루 미치고 인仁 안에 의義를 두었으므로 중정中正의 법칙을 넘지 않는다. '두루 다님[旁行]'은 '널리 응함[泛應]'과 같다. 유流는 물의 흐름에 절제가 없음과 같다.

또 (유원은) 말한다. 천天과 명命은 본래 하나인데, 그것을 높이면 천天이라 말하고, 그것의 주재主宰함을 말하면 명命이라 말한다. 오직 즐겁기 때문에 아는 것이니, 만나는 바에 따라 편안히 여기고 그것을 북돋기를 더욱 두터이 하여, 걱정 없이 사랑할 수 있다. '앎[知]'은 인仁의 극치이다.

마치창馬其昶은 말한다. 천지와 더불어 비슷함은 건乾과 곤坤의 몸[體]을 말한 것이다. 지혜[知]가 엄밀하고, 도道의 구제는, 64괘의 '쓰임[用]'을 말한 것이다. 방旁은 '광대함[溥]'이니, 건원乾元이 384효의 가운데를 넓게 다니나, 각각 일정한 '때[時]'와 '자리[位]'가 있기에, 따라서 (폐단으로) '흐르지 않는다[不流].' '하늘을 즐기고 운명을 앎[樂天知命]'은 『역易』의 때[時]를 말한 것이다. '사는 땅에서 평안하고 인후仁厚함[安土敦仁]'은 『역易』의 '자리[位]'를 말한 것이다. 때를 아는 것은 천天과 비슷하며, 자리[位]에 합당한 것은 지地와 비슷하다.

(『역易』의 도道는) 천지의 변화를 포괄하고 넘지는 않는다. (성인은) 만물을 갖추어 그릇에 담으니 빠지는 것이 없다. (성인은) '일음일양一陰一陽[한 번은 음하고 한 번은 양하는]의 지혜가 있다. 그러므

---

55) '博厚則高明. …悠久, 所以成物也.' 『中庸』26章 참조.

로 (성인은) 신묘하여 정해진 방향도 없으니, 주역周易은 정해진 몸체가 없다.

[范圍天地之化而不過. 56) 曲成萬物而不遺. 57) 通乎晝夜之道而知. 58) 故神無方而「易」無體. 59)]

순상荀爽(128-190)은 말한다. 두 편篇의 책[『周易』上經과 下經]은, 만물을 곡진히 완성하여 빠뜨림이 없다.

(순상 등의) 『구가역九家易』에서60) 말한다. "건乾과 곤坤이 '줄어들었다가 자라나니[消息],' 이 법이 천지天地에 두루 미친다."61)

소옹邵雍(1012-1077)은 말한다. 신神은 『역易』의 '주인[主]'이며, 『역易』은 신神의 '쓰임[用]'이다.

(주희의) 『주역본의周易本義』에서 말한다. 범範은 쇠를 주조할 때에 거푸집이 있는 것과 같다. 범위範圍는 겉모양[輪廓]이다. 곧 주야晝夜는 유명幽明, 사생死生, 귀신鬼神을 이른다. 지극하며 신묘한 묘妙함은 범위[方所]가 없고, 『역易』의 변화는 형체가 없다.

방이지方以智(1611-1671)는 말한다. 사람은 땅 위에 있으므로 낮과 밤이 있지만, 하늘은 낮과 밤이 없다. '신묘함[神]'은 '밝게 드러나나 보이지 않음[費隱]'을62) 관통하고, 『역易』은 '고요해서 움직임 없어도, 느낌이 통함[寂感]'을63) 관통한다.

유원劉沅은 말한다. 범範은 쇠를 부어 만들 때의 거푸집이다. 위圍는 그 밖을 둘러 감쌈이다. 곡曲은 '치우침[偏]'과 같으니, '치우쳐진 옆[偏旁]'이나 '그윽하게 굴곡진 곳[幽谷]'에서도, 모두 성공한다. 낮과 밤은 드러나서 보기 쉬운데, 그것이 그러한 까닭은 바로 유명幽明, 사생死生, 귀신鬼神의 신비이니, 천지만물의 변화가 이에 보존된다. '신묘함[神]'은 화化의 주재主宰인데, 방方은 장소가 있고, 몸[體]은 형체가 있다.

또 (유원은) 말한다. 옛 사람이 이르기를, 『역易』이 있기 이전에는, 『역易』이 천지天地에 있었

---

56) 문장 첫 머리: '易與天地准, 故能彌綸天地之道.'의 두 문장은 사실 마땅히 여기에 있어야 한다. 範圍는 동사로 포괄의 뜻이다. 高亨, 513頁.

57) 曲은 구구(갖추다)이다. 成은 성성으로 읽어야하니, 盛은 그릇에 물건을 담음이다. 遺는 누루(빠트림)이다. 高亨, 상동.

58) 초순焦循(1763-1820)에 의하면, '晝夜之道'는 '一陰一陽之道'이다. 知는 智로 읽는다. 高亨, 상동.

59) 神은 신묘의 도리이고, 無方은 정해진 방향이 없으며, 無體는 정해진 몸체가 없음이다. 高亨, 상동.

60) 『九家易』은, 荀爽, 京房, 馬融, 鄭玄, 송충宋衷, 우번虞翻, 육적陸績, 요신姚信, 구자현翟子玄이 『易』을 해석한 책이다.

61) '乾坤消息, 法周天地.', 荀爽, 『九家易解』, #158, 中國哲學書電子化計劃, https://ctext.org 참조.

62) 費隱에 관하여는, '君子之道, 費而隱.' 『中庸』12章 참조.

63) '寂然不動, 感而遂通天下之故.', 「繫辭」上篇, 高亨, 533頁 참조.

으나, 『역易』이 있은 이후에는 천지가 『역易』에 있다.'라고 하였다. 성인은 천지의 온전함을 얻었으므로 괘卦를 그리고 효爻를 천명하고 발휘[演]하며, 상象을 궁리하고 변화를 다할 수 있다. 이 (4, 넷째)장章은, 『역易』이 천지를 통섭하였음을 매우 찬미하였는데, 성인이 천지와 덕을 합하기 때문에 천지를 준칙으로 하여 『역易』을 저술했으니, 그 신묘함이 이와 같다. 위로 보고 아래로 궁리窮理하고, 천지와 비슷하기에 아래로 성性을 다[盡]하여, (천지를) 포괄하여 아래에서 '천명[命]'에 이르렀기에, '도로써 구제함[道濟]'의 몇 구절은 지知와 인仁으로 나뉘니, 모두 곡진한 설명을 붙인 것이다.

방잠方潛(19세기, 만청晚晴 역학자)은 말한다. 이 단락은, 변화變化라는 것은 진퇴進退의 상象이고, 강유剛柔는 주야晝夜의 상象임을 펼쳤다.

마치창馬其昶은 말한다. 하나의 지혜가 끝과 시작에 관통한다. 주야晝夜는 곧 강유剛柔이니, 강유剛柔의 도道를 통달하여 알게 되면, 효爻의 진퇴進退와 변화는 이로 말미암아 생길 것이다. 음양을 헤아릴 수 없으니, '신묘함[神]'이라하니, 따라서 (있어야 할) '방소[方]'가 없다. 낳고 낳는 것을 『역易』이라 이르니, 『역易』은 곧 건乾과 곤坤 두 가지의 '쓰임[用]'이다. 서로 바뀌고 서로 낳으니, 따라서 '몸[體]'이 없다.

- **나의 견해**: 『역易』의 '신묘한 변화[神化]'는 '방方' 없는 '방方'이 되고, 『역易』의 '변역變易'은 '몸[體]' 없는 '몸[體]'이 된다.

‖ 5 ‖

한 번 음陰이었다가 한 번 양陽으로 (전환)이 도道이다.
[一陰一陽之謂道.]

소옹邵雍(1012-077)은 말한다. 도道는 소리도 없고 형체도 없어 볼 수 없으니, 따라서 도로道路의 도道를 빌려서 이름으로 하였다. 사람이 다니자면 반드시 길로 말미암는다. 한 번 음陰하고 한 번 양陽하는 것은, 천지天地의 도道이다. 만물이 이로 말미암아 생겨나고, 이로 말미암아 이루어진다.

곽옹郭雍(1106-1187)은 말한다. 도道는 (하늘, 땅, 사람의) 삼재三才를 겸한다. 삼재三才는 두 상象에 지나지 않으니, 음陰과 양陽이 이것이다. 하늘, 땅, 사람은 모두 음陰과 양陽을 갖추고 있기에, 따라서 여섯이니, 이를 일러 '한 번은 음하고, 한 번은 양으로 (전환이) 되一陰一陽之謂道'라고 한다.

(주희의)『주자어류朱子語類』에서 말한다. 한 번 음하고 한 번 양하여 왕래가 그치지 않으니, 움직임이 극에 달하면 고요해지고 고요함이 극에 달하면 움직여서 홀로 외로이 있는 경우는 없는데, 이것이 '한 번 음하고 한 번 양하는 것이 도道가 되는 까닭'이다.

유원劉沅은 말한다. 태극太極이 움직여 양陽을 낳고, 고요해져서 음陰을 낳는다. 음陰과 양陽이 번갈아 운행하여 서로가 서로의 뿌리가 되니, 변화하여 만물을 낳는다. 이理는 기氣를 주재하고, 기氣는 이理를 싣고 있다. 천지 만물이 이로 말미암지 않는 것이 없어, 마치 큰 도로와 같다. 그러므로 '도道'라고 말한다.

옌푸嚴復(1854-1921)은 말한다. 이는, (음양이) 서로 반대되지만 근원은 같은데, 변화를 생성하는 것을 이른 것이다.

• **나의 견해**:『도덕경道德經』에서, '무명無名은 천지의 시작이고, 유명有名은 만물의 어머니이다. 이 두 가지는 같은 데에서 나와서 이름을 달리하니, 똑같이 현玄이라 이른다. 현玄하고 또 현玄하니 모든 신묘함의 문門이다.'라고[64] 하였다. 음陰과 양陽은 두 기氣가 하나의 기氣에 근원함을 볼 수 있다. 음陰과 양陽은 서로 반대되면서 이름이 다르다. 그러나 모두 일원一元의 기氣에서 나오니, 이것이 곧 변화變化의 도道이다. 해와 달, 추위와 더위의 왕래는 음양의 유통流通 바깥에는 없으니, 또한 도로 위에서 왕래往來와 유통流通이 그치지 않는 것과 같다.

이를 이은 것은 선善이며, 이렇게 해서 이루어진 것이 '본성[性]'이다.
[繼之者善也, 成之者性也.]

(주돈이의)『통서通書』에서 말한다. "크도다. 건乾의 원元이여. 만물이 바탕을 삼아 시작하니, '정성됨[誠]'의 근원이다. 건乾의 도道가 변화하여, 각각 '본성[性]'과 명命이 바르게 되니, '정성됨

---

64) '無名, 萬物之始; 有名, 萬物之母. ⋯ 此兩者同出而異名. 同謂之玄, 玄之又玄, 衆妙之門.'『老子繹讀』1章, 任繼愈著, 상동, 2, 3頁.

[誠]'이 여기에 확립된다. 순수하고 지극히 선한 것이다."[65]

『이정유서二程遺書』에서 말한다. '하늘은 다만 낳는 것을 도道로 삼는다. ⋯ 원元은 선善의 으뜸이다. 만물은 모두 봄의 뜻이 있으니, 곧 잇는[繼] 것이 선善이다.'[66]

(주희의)『주자어류朱子語類』에서 말한다. "만물을 발육시키는 것이 선善을 계승하는 것이고, 각각 그 생명[性命]을 바르게 하는 것이 성性'을 이루는 '본성[性]'이다."[67] 계繼는 계속하여 쉬지 않음의 뜻이다. 성成은 응집하여 이루는 주체가 있음의 뜻이다.

항안세項安世(1129-1208)는 말한다. 불선不善함이 없는 것이 원元이다. 각자 그 '본성[性]'을 하나로 하는 것이 '바름[貞]'이다.

유원劉沅은 말한다. 이 음양의 이치를 잇고서, 깎이거나 치우치거나 섞인 것이 없으면, 선善인데, (『중용中庸』의) "하늘이 명한 것을 성이라 한다[天命之謂性]."와 비슷한 말이다. 이 음양의 바름을 이루어 태어난 처음에 부끄러움이 없으면 '본성[性]'이라고 하니, "'본성[性]'을 따름을 도道라고 한다[率性之謂道]."와 비슷한 말이다. 선善은 천명의 본체에 나아가 말을 한 것이니, '이었음[繼]'이라고 한다. '본성[性]'은 사람의 이룸과 사람의 이치에 나아가서 말을 한 것이니, 성成이라고 한다. 그 실제는 선善이 곧 '본성[性]'이고, '본성'이 곧 선善으로 두 가지 이치가 있는 것이 아니다. 음양陰陽과 이기理氣는 만물이 이로부터 나오지 않는 것이 없다. 그러나 이것은 단지 음양의 바름에 나아가 말한 것이다. 그 근본이 '지선至善'에 속하는 것을 알아서 음양의 바름을 완전히 하여, 그 사람됨을 이루니 이른바 '본성[性]'이다. 대개 사물은 음양의 치우침을 얻은 것이니, 사물이 하는 것은 도道가 하는 것이 아니다.

마치창馬其昶은 말한다. 일음一陰, 일양一陽은 두 기氣의 나뉨을 말한 것이다. '이를 이은 것[繼之者]'은 두 기의 합함을 말한 것이다. 음양이 각각 처하여 그 사이에서 왕래를 계속하는 것이, 원元이다. 건원乾元은 9[九, 陽]를 사용하여 곤坤과 교류하고, 곤원坤元은 6[六, 陰]을 사용하여 건乾과 교류하니, 모든 변화가 나오는 것이다. 따라서 '낳고 낳는 것을 『역易』이라고 한다[生生之謂易].'

---

65) 『通書述解』,「誠一」第一, 明, 曹端撰, 電子版文淵閣四庫全書, 上海人民出版社, 1999 참조.

66) '天只是生爲道. ⋯ 元者善之長也, 萬物皆有春意, 便是繼之者善也.' 『二程遺書』, 宋 朱子編, 電子版文淵閣四庫全書, 上海人民出版社, 1999 참조.

67) '所以發育萬物者, 爲繼善之者; 各正其性命爲成性之性.', 『朱子語類』卷七十四,「繫辭」上傳, 第5章, 電子版文淵閣四庫全書, 上海人民出版社, 1999 참조.

• **나의 견해**: 사람과 사물은, 모두 하늘의 선한 본성을 받들어서 태어난다. 그 선함을 이룰 수 없는 자는 자기 본성을 잃은 자이다. 따라서 반드시 자기 선함을 이룰 수 있어야 하고, 바야흐로 하늘이 명한 '본성[性]'을 저버리지 않아야 한다. '이은 것은 선善함[繼者善]'은, 사람과 사물이 모두 그러하다. 이루는 것이 '본성[性]'이니, 오직 성인과 현자만이 그렇게 할 수 있다.

(같은 현상이지만) 어진이가 보면 어질고[仁], 지혜 있는 이가 보면 지혜롭다하니, 백성들이 매일 (음양의 도를) 쓰면서도 그것을 알지 못하니, 그러므로 군자의 도는 (아는 이가) 적도다!
[仁者見之謂之仁, 知者見之謂之知,[68] 百姓日用不知, 故君子之道鮮矣!]

내지덕來知德(1525-1604)은 말한다. 인仁하고 '지혜[知]'로우면, 군자이다. 견見은 발현[發見]이다. '본성[性]'은 사람 몸에서, 혼연히 하나의 이치가 되어, 소리도 없고 냄새도 없다. 오직 인자仁者만이 측은한 마음에서 발현하니, 인仁이라고 한다. 지혜로운 자가 시비의 마음에서 발현하니, 지知라고 한다. 이러한 후에 이른바 성선性善이, 바야흐로 명칭과 형상을 갖게 된다.

유원劉沅은 말한다. 인仁은, 자애롭고 상서롭고 화락하고 측은한 마음을 이름 한다. 지知는, 명철하고 분별하고 정미하고 주밀周密한 식견을 이름 한다. 모두 '본성[性]' 중에서 지극히 선한 이치이다. 태극에는 상象이 없고 음양에는 상象이 있으니, 곧 상象이 있기에 상象이 없는 것을 살핀다. '선을 잇는 것[繼善]'과 '성性을 이룸[成性]'은 단지 이 이치이고, 인仁을 드러내고 지知를 드러내는 것도 단지 이 이치이며, 백성들이 매일 사용하는 것도 단지 이 이치이다. 백성은 매일 음양陰陽과 이기理氣 중에 있으면서, 비록 쓰임을 삼는 것에서 분리된 적은 없지만, 그것이 도道가 되는 것을 모르기에, 따라서 군자가 드문 것이다.

마치창馬其昶은 말한다. '본성[性]'이 이루어지면 강유剛柔가 있으니, 따라서 사람의 덕에는 인仁과 지知가 있다. 인仁은 '봄의 낳음[春生]'을 주관하니 원元이다. 지知는 '겨울의 저장[冬藏]'을 주관하니 바름[貞]이다. 무릇 『역易』의 도는, 인지仁知의 도道이다. 백성들은 군자 인지仁知의 도를 모른다. 따라서 성인이 이를 근심하여 『역易』을 지으셨다.

• **나의 견해(1)**: 견見은 현現으로 읽는다. 안으로부터 밖으로 나타나는 것이다. 인덕仁德 중에서 나오는 것은 인仁이 아니면, 갈 곳이 없다. 지혜 중에서 나오는 것은, 지知가 아니면 갈 곳이 없

---

68) 知는 智로 읽는다. 高亨, 514頁.

다. 사람이 본 것을 가리켜 칭한 것이 아니다. 내지덕來知德의 설명이 가장 좋다.

• **나의 견해(2)**: 『시詩』에서, "총명한 척하지 하지마라, 하늘의 법칙에 순응해야 한다."라고[69] 하였다. '성세盛世를 노래한 옛 시[康衢謠]'에서, "나가고 들어옴에 밭 갈고 우물을 파니, 임금의 힘이 내게 무슨 소용 있는가!"라고[70] 했다. 공자는, '중용의 덕은, 백성 중에 할 수 있는 자가 드물다.'라고[71] 말하였다. '백성은 그것을 말미암게 할 수는 있으나 그것을 알 게 할 수는 없다.'(라고 말했다.[72]) 맹자는, 이른바 "행하면서도 밝게 알지 못하며, 익히면서도 살피지 못한다. 그러므로 종신토록 행하면서도 그 도를 모르는 자가 많다."라고[73] 하였다. 모두 이 뜻이다.

> (음양의 도가 만물을 생육하는) 어질음[仁]은 쉽게 보이나, (음양이) 만물을 (생육시키는) 작용은 숨겨있으니, (음양은) 만물들을 부추겨서 움직이게 하나, 성인과 더불어 근심하지는 않는다. (음양이 만물을 생육하는) 큰 덕과 대업大業은 지극하도다!
>
> [顯諸仁, 藏諸用,[74] 鼓萬物而不與聖人同憂. 盛德大業至矣哉!]

(주희의) 『주역본의周易本義』에서 말한다. 인仁은 만들고 변화시키는[造化] 공功이니, 덕德이 발생한 것을 말하는 것이다. '쓰임[用]'은, '기관機關의 열고 닫음[機緘]'의 오묘함이라, 업업의 근본을 가리킨다. 정자程子[伊川]는, '천지는 무심無心하지만 변화를 이루고, 성인은 유심有心하지만 무위無爲한다.'라고[75] 말하였다. 장자張子(張載)는, '부유한 것은 커서 바깥이 없고, 매일 새로워지는 것은 오래되어도 무궁하다.'라고[76] 말하였다.

장식張栻(1133-1180)은 말한다. 이것은 『역易』을 설명한 것이다.

유원劉沅은 말한다. '드러남[顯]'은 안으로부터 밖으로 향하고, '감춤[藏]'은 밖으로부터 안으로

---

69) '不識不知, 順帝之則.'『詩經譯注』, 「大雅」, 「文王之什」, 「皇矣」, 袁梅著, 상동, 749頁.

70) '日出而作, 日入而息; 鑿井而飲, 耕田以食. 帝力於我何有哉!',『帝王世紀』, 晉 皇甫謐撰에 기록된 「擊壤歌」, https://m.gushiwen.cn 참조.

71) '子曰: "中庸其至矣乎! 民鮮能久矣!",'『中庸』3章 참조.

72) '子曰: "民可使由之, 不可使知之.",'『論語』, 「泰伯」篇(8:9) 참조.

73) '孟子曰: "行之而不著焉, 習矣而不察焉, 終身由之而不知其道者, 衆也.",'『孟子』, 「盡心」上章(13:5) 참조.

74) 諸는 至於이고, '음양의 도'가 명확하고 쉽게 보이는 것은, '만물을 생육하는' 仁이고, 그것이 '만물을 생육하는 이유'는 숨어있어 알기 어려운 것이다. 高亨, 515頁.

75) '伊川曰: "天地無心而成化, 聖人有心而無爲.",'『朱子語類』一冊, 「理氣」上, 「太極天地」上, (宋) 黎靖德編, 北京: 中華書局, 1986, 4頁.

76) '富有者, 大無外也; 日新者, 久而無窮也.',『正蒙』, 「大易」篇第十四,『張載集』, 張載著, 상동, 54頁.

향한다. 인仁은 조화造化의 마음을 가리키고, '쓰임[用]'은 조화造化의 공功을 가리킨다. 덕德은 안에 함축한 것으로 말한 것이고, 업業은 환히 드러난 것으로 말한 것이다. 성인은 조화의 마음이 있으나, 공능은 천지에 미치지 못한다. 항상 낳음과 기름을 다하지 못하는 것을 걱정한다. 하지만 천지는 성인과 같이 근심하지 않고, 스스로 그러한 상태로 무위無爲하며 만물을 생성한다. (나의 견해: 이것은 '만물을 고취하나 성인과 함께 근심하지 않음鼓萬物而不與聖人同憂]'을 한 구절로 읽은 것이니, 포윤抱潤(馬其昶)선생의 설명과 다르다.)

마치창馬其昶은 말한다. 인仁은 근원[元]이다. 인仁에서 드러나니 근원이 '크게 형통[元亨]'하다. 괘의 효가 모두 건원乾元의 작용을 드러내 밝히니, '드러냄[顯]'이라고 한다. '쓰임[用]'은 이롭다. '쓰임'에 숨어있으니, '바르면 이로움[利貞]'이다. '올바르면' 진실로 일을 하기에, 따라서 '갈무리함[藏]'이라고 한다. 만물을 움직이게 하고 간여하지 않는 것은, 천하를 소유하고도 간여하지 않음을 말하는 것과 같다. 천하의 움직임을 일으키는 것은 말에 보존되어 있는데, 무릇『역易』의 말은 모두 '인仁에서 드러나고 쓰임에 숨어있으니, 백성으로 하여금 군자의 도를 알 수 있게 한다. 만물을 움직이게 하고 그 사이에 조금도 사사로운 뜻이 없으니, 이것은 성인이 함께 행위 한 것을 걱정하는 것이다. 따라서『역易』을 지은 이는 우환이 있다고 말하고, 또한 길흉을 백성과 함께 걱정한다고 말한다. 비록 간여하지 않지만 함께 걱정할 수 있어서 성덕盛德과 대업大業을 이룬다.

- **나의 견해(1)**: 인仁은 '근원[元]'이니 드러나면 형통하다. '쓰임[用]'은 이로우니 숨겨있으면 올바를 것이다.
- **나의 견해(2)**: 여기에서 '근심[憂]'을 해석한 것은 가장 진정한 뜻을 얻었다. 요순堯舜도 그것을 여전히 병통으로 여겼을 것이라고 하니, 곧 이것이 함께 근심하는 뜻이다. 맹자는, '요임금은 홀로 그것을 근심하였고,'[77] 성인이 근심하는 것이 있으니, 성인이 백성을 근심하는 것이 이와 같다. 오직 백성과 함께 근심하는 것, 이것이 '함께 근심함[同憂]'이다.『역易』은 (관觀괘 상9효의 상전象傳)에서, "'그 낳는 것을 관찰함[觀其生]'은, 뜻이 아직 다스려지지 않았기 때문이다."라고 말하였다. 우禹임금은 자신부터 [어려움에] 빠졌고, 후직[稷]은 자신부터 굶주렸다. 모두 천하의 걱정을 앞세워 걱정한 것이다.

(만물을 생장시켜) 부유富有하게 함이 대업大業이고, 매일 새롭게 하는 것이 큰 덕[盛德]이다! (만물

---

77) '堯獨憂之.'『孟子』,「滕文公」上章(4:4) 참조.

들이) 낳고 낳는 것이 변역變易이다. (하늘의) 모양[象]을 이루어주는 것이 건乾이고, (땅의) 법도를 모방한 것이 곤坤이며, (시초蓍草의) 수數를 다하면 미래를 알 수 있으니 (이것이) 시초蓍草점이라고 하고, 사물의 변화에 통달하여 취한 행동이 일[事]이며, 음양(의 변화)는 측정할 수 없으니 신묘하다 고 한다.

[富有之謂大業, 日新之謂盛德! 生生之謂易.[78] 成象之謂乾, 效法之謂坤, 極數知來之謂占,[79] 通變之謂事,[80] 陰陽不測之謂神.]

순상荀爽(128-190)은 말한다. 음양이 서로 바뀌고 전환하여, 서로 생겨난다.

우번虞翻(164-233)은 말한다. 변통하여 때를 좇아서, 천하 백성의 이익을 다하는 것을 사업이라고 한다.

공영달孔穎達(574-648)은 말한다. 시초蓍草로 점쳐서 얻은 수를 끝까지 하여, 장차 올 일을 맞아들여 앎을 말한다.

(장재의)『횡거역설橫渠易說』에서 말한다. 둘이 있으니 예측할 수 없다. (나의 견해: 이것은 소동파蘇東坡[蘇軾]의, '하나에서 나와, 있는 곳이 둘'이라는 설명과 같지만, 더욱 간결하다.)

(주희의)『주역본의周易本義』에서 말한다. 효效는 드러냄[呈]이다. 이상은 도道의 체體와 용用이 음양에서 벗어나지 않음을 말한 것이다. 그러나 그렇게 된 까닭은 일찍이 음양에 의지한 적이 없다.

항안세項安世(1129-1208)는 말한다. 고어占語에서, 법法은 모두 '모양[形]'을 말한다.「계사繫辭」 전에서, '모양[形]'은 모두 상象에 상대된다.

유원劉沅은 말한다. 부유함은 포함하지 않는 사물이 없지만, 한 터럭의 부족不足도 없다. 매일 새로우니, 그렇지 않은 때가 없지만, 한 순간도 단절되지 않는다. 사람이 천지의 공功을 받들면 사업이 있게 되고, 천지의 이치를 몸[體]으로 하면 덕이 된다. 성인은 성덕盛德과 대업大業이 음양에서 갖추어짐을 알기 때문에,『역易』을 지어 그것을 상징했다. 음은 양을 낳고, 양은 음을 낳아서, 순환하며 끝이 없다. 기를 받으면 '모양[形]'이 이루어지니, 건乾의 강건함이 하는 것이니, 무릇 '모양[形]'이 있는 것들에 기탁하여 시작하게 되니,『역易』은 그 강건한 성질에 근본 하기에, 건乾이라 이름 한다. 천리天理를 본받음은, 곤坤의 순종함이 하는 것이니, 하늘의 두텁고 엷음의 얻은

---

78) 여기서 易는 變易이다. 高亨, 상동.

79) 極은 진盡(다되다)이고, 占은 서筮(시초蓍草점)이다. 蓍草의 數를 다하면 하나의 괘가 이루어지니, 괘효의 수를 다하면 괘상을 볼 수 있기에, 앞일을 예측할 수 있다. 高亨, 516頁.

80) 사물의 변화에 통하여, 행동을 취하는 것이 事이다. 高亨, 상동.

것을 따라서 사물의 몸[體]을 이루니, 『역易』은 그 본받음에 근본 하여, 곤坤이라 이름 한다. 건곤은 단지 하나의 음양이다. 홀수와 짝수가 변화하여 수數가 있게 된다. 수數는 음양을 낳고 낳는 조짐이니, 오는 것은 음양 변화의 단서이다. 수는 일정함이 없지만, 이치[理]는 '확정된 것[定]'이니, 음양의 작용을 끝까지 궁구하여 하나의 정해진 이치를 얻게 되니, '오는 것[來者]'을 알 수 있기에, 이것이 점占이라고 한다. 음양陰陽과 이기理氣는 '있음[有]'도 없고 '있지 않음[不有]'도 없으니, 그 변화에 통하여 중中에 맞으니, 굴신하고 '줄어들고 늘어나서[消長]', 왕래를 예측할 수가 없기에, 이것을 '신묘함[神]'이라고 한다. '신묘함[神]'은 음양의 묘함일 따름이다.

마치창馬其昶은 말한다. 땅을 본받으니 부유富有하고, 하늘을 본받으니 매일 새롭다. 건원乾元과 곤원坤元이 서로 바뀌어 여러 괘를 낳는다. 무릇 『역易』이라는 것은, 모두 이것을 말하는 것이다.

• **나의 견해(1)**: 사업이 우주를 통섭하고, 부유하기 때문에 큰 것이다. 덕성의 광명은, 마치 일월이 하루라도 새롭지 않은 날이 없는 것처럼, 왕성하게 된다. 크게 낳고 넓게 낳으니, 시시로 옮겨 흘러가 그치지 않으니, 『역易』이 된다. 하늘에 있으면 상象을 이루니, 건乾이라 이름 한다. 땅에 있으면 모양[形]을 이루니, 곤坤이라 이름 한다.

• **나의 견해(2)**: 음양의 이치는 예측할 수 있으니, 사람이 하는 것이다. 음양의 기氣는 예측할 수 없으니, 하늘이 하는 것이다. (『역易』에서) 신묘함은 하늘보다 신묘한 것이 없다. 성스러워 알수 없는 것을 '신묘함[神]'이라고 한다면, (『역易』은) 사람이면서 하늘일 것이다.

‖6‖

『역易』(의 내용)이 광대하니, 먼 것을 말해도 통하여 험한 곤란이 없고; 가까운 것을 말해도 상세하고 바르며; 하늘과 땅 사이(의 것들)을 말하면 포괄되지 않는 것이 없다!

[夫『易』廣矣大矣, 以言乎遠則不御;[81] 以言乎邇則静而正;[82] 以言乎天地之間則備矣!]

우번虞翻(164-233)은 말한다. 어御는 그친다[止]이다. 천天, 지地, 인人의 도道가 있으니, '갖추었

---

81) 虞翻에 의하면, 어御는 止이니, 조阻(험하다)와 통한다. 高亨, 상동.
82) 정静은 심審(자세하다)이다. 高亨, 상동.

음[備]'이라고 칭한다.

(주희의)『주역본의周易本義』에서 말한다. "멀다[遠]고 말하면, '막지 않음[不禦]'이고, 가깝다[邇]고 말하면 '고요하며 바름[靜而正]'이다."[83] (이는) '사물[物]이라면 이理가 있음[即物存理]'을 말한 것이다.

항안세項安世(1129-1208)는 말한다. '불어不禦'는 곧고[直] 여는[闢] 것이다. '고요하며 바름[靜正]'은 전일[專]하고 '화합[翕]'하는 것이다. 천지 사이의 '준칙[則]'은 갖추어질 것이니, 곧 '크게 낳고[大生] 넓게 낳는 것[廣生]'이다.

유원劉沅은 말한다. 넓은 것은 가운데 포함하지 않는 것이 없다. 큰 것은 바깥에 감싸지 않는 것이 없다. 원遠은 '미뤄나감[推曁]'이다. 이邇는 몸과 마음을 가리킨다. 천지 사이에 무릇 사물이 감추어 있고 드러난 것이 모두 이것이다. 만유의 이치가 모두 갖추어지지 않은 것이 없음을 말한다.

● **나의 견해**: 먼 곳에 나아가고 가까운 곳에 나아가고, 가까운 곳에 나아가고 사물에 나아간다. 사물은 다하지 않고, 이치 또한 다하지 않는다. 이치는 사물을 통해 드러난다. 고요하고 바른 이치는 모두 사물에 존재한다.

하늘은, 고요하면서도 둥글고, 움직임에 곧게 내려오니, 이 때문에 (만물들이) 크게 생장한다. 땅은, 고요하면 닫히고, 움직이면 (초목들이) 열리니, 이 때문에 (만물들이) 넓게 살 수 있다.

[夫乾, 其靜也專, 其動也直, 是以大生焉.[84] 夫坤, 其靜也翕, 其動也辟, 是以廣生焉.[85]]

한백韓伯(韓康伯, 5세기, 남북조南北朝시대)은 말한다. 전專은 전일專一이다. 흡翕은 수렴[斂]하는 것이다.

정자程子[程頤]는 말한다. "전일하지 않으면 '순조롭게 성공할 수 없다[直遂].' …수렴하지 않으면

---

83) '以言乎遠則不禦, 以言乎邇則靜而正.',『周易本意』卷二,「繫辭」上傳, 宋 朱子撰, 電子版文淵閣四庫全書, 상동 참조.

84) 乾은 天이고, 전專은 단團의 가차이다.『說文解字』(許愼撰)에, 團은 圓이다. 하늘의 세력은 直下이나. 형태가 원圓이니 포괄하지 않는 것이 없고, 直下하니 이르지 않는 곳이 없으니, 이 때문에 大生이다. 高亨, 517頁.

85) 송충宋衷(2세기?-219)에 의하면, 흡翕은 폐閉(닫힘)이고; 陸德明(556-627)에 의하면, 벽辟은 개開(열다)이다. 地靜이면 초목이 나지 않으니 土閉이고, 地動하여 초목이 나면 土開이다. 땅이 닫힐 수 있고 열릴 수 있으니, 이 때문에 廣生(넓게 생산함)이다. 高亨, 상동.

발산할 수 없다."[86]

오징吳澄(1249-1333)은 말한다. 흡翕은 합합이니, 기氣의 전일專一한 것이 여기에 저장됨을 말한다. 벽闢은 '여는 것[開]'이니, 기氣의 곧은 것이 여기에서 나옴을 말한다.

귀유광歸有光(1507-1571)은 말한다. 천지는 단지 하나의 기氣일 뿐이다.

유원劉沅은 말한다. 건乾과 곤坤은 각각 동정이 있지만, 실제는 단지 하나의 기氣가 하는 것이다. 전專은, 응결하여 하나가 된 것을 말한 것이다. 직直은, 굳세게 행하는 것을 말한 것이다. 흡翕은 건乾의 기미를 감추는 것이고, 벽闢은 건乾의 변화를 이루는 것이다. 건乾의 양陽은 실하므로 '바탕[質]'이기에 크며[大], '큼[大]'은 땅의 모양[形]을 감싸기에 충분하다. 곤坤의 음陰은 비었으므로 양量으로서 넓으니[廣], '넓음[廣]'은 하늘의 기氣를 담기에 충분하다.

마치창馬其昶은 말한다. 전專은, 빛이 기氣에 기탁하여 드러났으나 오래도록 변할 수 없는 것이다. '곧음[直]'은 빛이 가는 것이 매우 빠른 것이니, 멀어서 있지 못하는 곳이 없다. 흡翕은, 빛과 기氣가 서로 떨어질 수 없는 것이다. 벽闢은, 기氣가 빛의 영명함을 얻어 분산되어 만물을 낳는 것이다.

● **나의 견해**: 하늘이 크게 행하는 것은, 그 고요함이 전일專一하고 움직임이 곧기 때문이다. 순일함이 그치지 않으니, 이것이 그 전일함이다. 넓은 기운이 강대하니 이것이 그 곧음이다.

광대함은 하늘과 땅[天地]과 짝하고, 변통은 네 계절과 짝하고, (건곤乾坤이 말하는) 음양의 뜻은 해와 달[日月]과 짝하고, 쉽고 간단한 좋은 점은 '지극한 덕[至德]'과 짝한다.
[廣大配天地, 變通配四時, 陰陽之義配日月, 易簡之善配至德.[87]]

우번虞翻은 말한다. 태泰, 대장大壯, 쾌夬괘는 봄[春]과 짝한다. 건乾, 구姤, 둔遯괘는 여름과 짝한다. 비否, 관觀, 박剝괘는 가을과 짝한다. 곤坤, 복復, 임臨괘는 겨울과 짝한다.

곽옹郭雍(1106-1187)은 말한다. 지덕至德은, 천지가 생성하는 덕이다.

(주희의)『주역본의周易本義』에서 말한다. "하늘의 형체가 비록 땅의 밖을 포함하고 있으나, 그 기氣는 항상 땅의 가운데에서 행한다.『역易』이 광대한 까닭이 이와 같다."[88]

---

86) '程子曰「不專一則不能直遂. … 不翕聚則不能發散.」', 『御纂周易折中』卷, 十三, 「繫辭」上傳, 李光地撰, 電子版文淵閣四庫全書, 상동 참조.
87) 易은 평이平易이고, 至德은 天地의 至德이다. 高亨, 상동.

오징吳澄은 말한다. 『역易』이라는 책은 광대한 중에 변통이 있고, 음양의 뜻이 있다. 또한 천지에 사계절과 일월日月이 있는 것과 같다. 사계절과 일월은 곧 천지天地가 되고, 『역易』의 여섯 자식은 곧 건곤乾坤이 된다.

유원劉沅은 말한다. 건곤乾坤은 쉽게 알 수 있고, 간략하게 행하는 덕을 가리킨다. 『역易』은 천지에 짝하니, 그 광대함이 또한 마땅하지 않은가!

또 (유원은) 말한다. 양陽이 변하여 음陰에 통하고, 음陰이 변하여 양陽에 통한다. 무릇 모든 일에는 음양이 있다. 『역易』 중에서 뜻을 취한 것은, 이것을 벗어나지 않는다. 괘효가 변통하는 것은 억지로 바로잡고 힘쓰는 일이 없다. 사계절이 교대로 운행하는 것처럼, 하나의 근본이 되는 원기元氣가 '줄어들고 자람[消息]'이 자연스러운 것이다. (『역易』은) 일월日月이 분주하게 활동하는 것[斡旋]과 같아서, 실제 만물을 생성하는 큰 작용이 된다.

또 (유원은) 말한다. 이치는 일정함이 있으나, 『역易』은 만 가지 일을 살피고 헤아린다. 따라서 쉽다고 한다. 지극히 간단하여 만사를 겸하여 통하니, '간단[簡]'하다고 한다. 이치는 지극히 평이平易하니, 알 수 없는 바가 없다. 의義는 지극히 간략하니, 실하지 않은 바가 없다. 이에 『역易』은, 또한 건곤이 쉽게 알 수 있고, 간략히 행하는 지극한 덕이 된다. '광대함은 하늘과 땅과 짝함[廣大配天地]' 구절은, 위의 글을 이어서 결론지은 것으로, 아래 세 구절과 나란히 배열되지 않는다. 아래 세 구절은 바로 그 광대함을 말한 것이다. 대개 사계절과 일월은 천지의 광대한 작용으로, 『역易』의 변통, 음양, 쉽고 간략함이 이에 짝하기에, 따라서 '하늘과 땅과 짝함[配天地]'이다. 광대하면서 마땅하게 분별하니 신기함이 있으나, 실제는 바로 사계절과 음양처럼 사람마다 공통적으로 깨닫게 되니, 이것이 쉽게 아는 것이다. 고금의 일에 변화가 지극히 많은데 모두 쉽게 결정할 수 있으니, 이것이 지극히 간단한 것이다. 쉽고 간단함은 천지의 지극한 덕인데 『역易』 또한 그러하여, 천지의 지극한 덕과 짝할 수 있다. 이것은, 성인이 『역易』과 천지를 합하여 함께 드러내 밝힌 것이다. 이 (6)장은 『역易』이 천지에 짝함을 말한 것이다. 건곤 동정의 기미를 끝까지 미루어나가 『역易』의 도의 오묘함을 지극히 찬미한 것이다.

방잠方潜(19세기, 만청晩淸 역학자)은 말한다. 이 단락은 여섯 효의 움직임과 [천天, 지地, 인人] 삼극三極의 도를 펼친 것이다.

심선등沈善登(1830-1902)은 말한다. 『설문해자說文解字』(許愼撰)에서는 (제실帝室에서 도서를

---

88) '天之形雖包於地之外, 而其氣常行乎地之中也, 『易』之所以廣大者如此.', 『周易本義通釋』卷五, 元 胡炳文撰, 電子版文淵閣四庫全書, 상동 참조.

관리하는 관리인,) 『비서祕書』에서, 일日과 월月 '두 자[二字]'는 『역易』이 되니, 음양의 변역變易을 상징한다."라고89) 말한다. 우번虞翻주注 또한 그 자字는 일日과 월月을 따른다고 말한다. 여기의 일월은 『역易』이 되니, 성인이 상전相傳하는 옛 뜻은, 이른바 '음양의 뜻이 일월에 짝하고, 상을 걸어서 밝음을 드러내는데, 일월보다 큰 것이 없다.'라고 한다.

마치창馬其昶은 말한다. 『백호통白虎通』에서, "문왕文王이 『역易』을 지은 까닭은 무엇인가? 상왕商王 수受[즉 주紂왕]는 인의仁義의 도로 이끌지 못하여, 사람들이 법法이 됨을 잃었다. [문왕은] 자신의 음양의 조화가 아직 미약하여 『역易』을 지어서, 자기로 하여금 마침내 태평한 일월의 광명에 이르도록 하였으니, 『역易』과 같은 것일 것이다."90) 이것이 일월日月이 『역易』이 되는 것이니, 서경西京의 여러 유자儒者들은, 모두 이 설명과 같다.

또한 (마치창은) 말한다. 이상은 제2편으로, 『역易』의 뜻을 총체적으로 논한 사례事例이니, 대개 첫 편에서 길흉과 득실에 관한 '열 구절[十句]'의 뜻을 펼친 것이다.

• **나의 견해**: 이 조목에서 옛날의 설명을 찾아낸 후에, 『역易』이 『역易』이 되는 것과 문왕文王이 고심하여 『역易』을 설명한 까닭을 알 수 있다. 이것은 이전의 현인들이 밝혀내지 못한 것을 밝힌 것이다.

공자가 말하였다. "『역易』은 대단하도다! 『역易』은 성인께서 (생생生生하는) 덕을 높이고 업적을 넓힌 것이다. (성인의) 지혜는 숭고하고 예절은 겸비謙卑하였는데, 숭고함은 하늘을 따른 것이고, 겸비함은 땅을 법 받은 것이다."

[子曰:91) "「易」, 其至矣乎! 夫「易」, 聖人所以崇德而廣業也. 知崇禮卑, 崇效天, 卑法地.92)]

한백韓伯은 말한다. 지혜는 숭고함을 귀함으로 삼고, 예禮는 낮춤을 쓰임으로 한다. 지혜의 숭고함을 극진히 하니, 하늘이 높아서 만물을 통어함을 상징한다. 예禮의 쓰임을 갖춤은, 땅이 광대하여 만물을 싣는 것을 상징한다.

---

89) '易, … 象形. 『祕書』說, 日月爲易, 象陰陽也.', 『說文解字』, 易部, 東漢 許慎著, 中冊, 상동, 771, 772頁.
90) '文王所以演『易』何? 商王受不率仁義之道, 失爲人法矣. 己之調和陰陽尙微, 故演『易』, 使我得卒至于太平日月之光明, 則如『易』矣.' 『白虎通疏證』, 「五刑」, 下冊, (淸) 陳立撰, 상동, 446頁.
91) 子曰은 孔子에게 가탁한 것이다. 高亨, 상동.
92) 知는 智로 읽어야하고, 비卑는 겸비謙卑(겸손히 낮춤)이다. 高亨, 518頁.

(장재의) 『횡거역설橫渠易說』에서 말한다. 숭고한 덕과 광대한 사업은 지혜를 덕으로 삼고 예禮를 사업으로 삼는다.

(주희의) 『주역본의周易本義』에서 말한다. 십익十翼은, 모두 공자께서 지은 것이다. '자왈子曰'이란 글자는, 아마도 후세 사람이 추가한 것 같다.

유원劉沅은 말한다. 이것은 윗글을 이어서 찬탄한 것이며, '자왈子曰'이란 글자를 추가했다. 덕은 마음에 보존되고, 사업은 일에서 드러난다. 하나의 이치이지만, 체體와 용用의 이름이 다르다. 숭崇은 매일 나아가 높고 밝은 것이다. 광廣은 매일 쌓여서 넓고 두터운 것이다. 지知는 높고 밝은 것을 칭한 것이고, 예禮 또한 넓은 쓰임이다. 오직 하늘이 높고 밝으며, 오직 땅이 겸손하게 낮춘다. 천지를 본받는 것은, 천지의 덕이 사람에게 온전히 달린 것이다. 『역易』의 가르침은, 사람들에게 본래 없는 바를 억지로 힘쓰라고 한 것이 아니다.

하늘과 땅이 (상하의) 자리를 세우니, 『역易』의 도리가 그 사이를 운행하도다! (『역易』의 도리에서) (만물의) 본성을 이루고 (만물의) 존재가 논해졌으니, (『역易』은 바로) 도의道義의 대문이다."
[天地設位, 而「易」行乎其中矣.93) 成性存存, 道義之門."94)]

(위백양魏伯陽[동한東漢시대]의) 『주역참동계周易參同契』에서 말한다. "천지天地는 건곤乾坤의 상이다. '자리[位]'를 세운 것은 음양이 배합하는 자리를 열거한 것이다. 『역易』에서 감이坎離를 말하니, 감이坎離는 건곤乾坤의 두 작용이다."95)

우번虞飜은 말한다. (만물의) 본성을 이룸[成性]'은, '이루는 것은 본성[性]임[成之者性也]'을96) 말한다.

왕부지王夫之(1619-1692)는 말한다. 성인聖人은 천지天地를 본받으니, 오직 굳건하고 순종할 뿐이다. 따라서 『역易』은 성인聖人이 지혜를 다하고, 예禮를 회복하는 지극한 공이다. 마침내 (『역易』을) 공부하면 큰 허물이 없다. 사람들이 성스러움을 잘 따를 수 없는 까닭은, 다른 데 있지

---

93) 設은 立이다. 天地는 상하의 지위를 세우니, 『역易』의 도리가 천지 사이를 운행한다. 高亨, 상동.

94) 易道로써 만물의 '본성[性]'을 논하면, 그 '본성[性]'을 이루는 것이고 해치지 않는다. 易道로써 만물의 '존재[存]'를 논하면, 그 존재를 존재케 하고 훼손하지 않는다. 道義는 여기에서 나온다. 高亨, 518頁.

95) '天地者乾坤之象也. 設位者列陰陽配合之位也. 『易』謂坎離, 坎離者, 乾坤之二用.', 『周易參同契解』上卷, 上篇, 宋 陳顯微撰, 電子版文淵閣四庫全書, 上海人民出版社, 1999 참조.

96) '一陰一陽之謂道. 繼之者善也, 成之者性也.', 「繫辭」上傳5章 참조.

않다. 앎[知]이, 가깝고 작은 영역을 벗어나지 못함에서 나타나고, 예禮에도 신중하지 못하고 스스로 안일하기 때문일 뿐이다. 이에 그 실질을 끝까지 미루어나가고, 요체가 예禮를 아는 것으로 귀착하게 되면, 배우는 자로 하여금 차근차근 학문을 넓히고 예禮로 요약하게 되니, 위로는 천덕天德에 이르러 뜻이 매우 절실해진다.

완원阮元(1764-1849)은 말한다. 존存은 존재存在이다. 맹자는, '자기 마음을 다하고, 자기의 본성을 기른다.'라고[97] 말한 것과 같다.

유원劉沅은 말한다. 천지의 덕이 사람에게 있으면, '본성[性]'이 몸[體]을 이루고, 그것을 보존한다고 말한다. 사람됨이 부끄럽지 않은 것은, 반드시 '본성[性]'을 이루는 것[成性]에서 온다. 사람이 천지를 몸[體]으로 하여 덕을 이룰 수 있으면, '본성을 이룸[成性]'이 된다. 존존存存은 보존하고 또 보존하는 것이니, 경건히 수양하여 그치지 않는 것이다. (『역易』은) 도의道義의 문이니, 도의가 모두 이것으로부터 나온다. 도道는 '도리[理]'를 총괄하는 이름이다. 의義는 도가 산발적으로 드러난 것이다. 천지天地에 있으면 내 몸에도 있다. 만사萬事만리萬理가 '본성[性]'에 근본을 두지 않은 것이 없으니, 곧 천지보다 (더한) 근본은 없다. 이것은, 위를 받들고, 사람들이 『역易』을 공부하여 '본성[性]'을 이루도록, 면려勉勵한 것이다.

마치창馬其昶은 말한다. 두 가지 작용은 감坎괘와 이離괘에 속하니, 이는 천지의 중기中氣를 얻은 것뿐이다. 그 실제로는 진震괘와 손巽괘가 처음이고, 간艮괘와 태兌괘가 마침이니, 모두 두 가지 '쓰임[用]'이 나타낸 단서이다.

또 (마치창은) 말한다. 두 '쓰임[用]'이 건곤乾坤 가운데에서 행해지니, '크게 형통함[元亨]'이다. '본성[性]'을 이루고 존재를 보존하니,' 태화太和를 보존하여 합하는 것이라, '바르면 길함[利貞]'이다. 전례典禮는 이것(『역易』)으로부터 나온 것이니, 따라서 (『역易』은) '도의道義의 문[道義之門]'이라 말한다.

• **나의 견해**: 존존存存은, 극기克己의 공功이다. 자신을 이기고 스스로 '예禮로 돌아올 수[復禮]' 있으니, 그 '본성[性]'이 완전히 이루어질 것이다. 지극히 성실[至誠]하면, '본성[性]'을 다할 수 있으니, 이른바 '본성을 이룸[成性]'이다.

---

97) '盡其心者, 知其性也.' 『孟子譯注』, 「盡心」上章(13:1), 楊伯峻譯注, 상동, 301頁.

7

성인聖人은 (『역易』의 괘·효로써) 천하 사물의 복잡함을 보고서, (괘·효로) 그 형태를 모방하여, 그 사물의 적합성[宜]을 상징하니, 이 때문에 (괘)상이라 했다.

[聖人有以見天下之賾, 而擬諸其形容, 象其物宜, 是故謂之象.98)]

공영달孔穎達(574-648)은 말한다. 색賾은, '어둡고 깊어서 보기 어려움'을 말한다.

항안세項安世(1129-1208)는 말한다. 성인은 굳건히 사물의 고유법칙에 순응하여 움직이며, 들어가는 말씀으로써 사물의 모습을 모방한다. 하늘, 땅, 우레, 바람의 이름으로써, 사물의 '적합성[宜]'을 상징하는 것이다.

황진黃震(1213-1281)은 말한다. 모양[形容]을 모방하여, '그윽하고 깊은 것[幽深者]'도 보이게 할 수 있으니, 사람들이 모두 보는 것이다.

유원劉沅은 말한다. '모양[形容]'은 사물의 상태이고, '적합성[宜]'은 사물의 이치[理]이다. 천지天地가 스스로 존재하니, 물상物象은 분분하게 드러나, 각기 그 상을 가지며, 각기 '적합성[宜]'를 갖는다. 성인聖人은 복서卜筮점으로써 모방하여 상징해내니, 무릇 천지간의 물상은, 이것에 통섭될 것이다.

성인은 (괘·효로) 천하사물의 변동을 보고서, 그것의 회합會合하며 관통하는 곳을 관찰하여 (사회의) 전장典章[제도·법령]제도를 실행하고, (괘·효에) 괘사卦辭 효사爻辭를 매달아서 사물의 길흉을 판단하니, 이 때문에 효爻라고 말한다.

[聖人有以見天下之動, 觀其會通, 行其典禮, 繫辭焉以斷其吉凶, 是故謂之爻.]

순상荀爽(128-190)은 말한다. 음양이 이동하는데, 각자 '모이는데[所會]'가 있고, 각자 '통하는 바[所通]'가 있다.

우번虞飜(164-233)은 말한다. 성인을 거듭 말하니, 문왕文王을 말함이다. '변동[動]'은 여섯 효爻를 말한 것이다.

---

98) 이賾는 복잡이고, 의擬는 비의比擬(모방함)이고, 諸는 乎이다. 물의物宜는 만물의 본성은 각각 그의 相宜(적합)한 곳을 가지고 있으니, 예로 '불은 타오름[炎上]'이고, 물은 '아래를 적심[潤下]'이다. 象은 괘의 體이다. 卦體로 物宜[사물의 적합성]를 상징함이 象이다. 周振甫, 238頁, 注46.

한백韓伯(5세기, 남북조南北朝시대)은 말한다. 전례典禮란, '적합한 때[適時]'에 쓰이는 것이다.

전징지錢澄之(1612-1693)는 말한다. 교착된 모임에는, 사람들이 장애[礙]를 보게 되는데, 성인聖人은 그런 것을 보면, 반드시 소통하는 바를 가진다. 임시의 행동이 아니라, 전례典禮의 행동은 확실히 바뀔 수는 없다. 한선자韓宣子(韓起, ?-전514)가 노魯나라에 와서, 역상易象을 보고서, 감탄하며, '주례周禮가 다 노魯나라에 있구나!'라고 말하였다. 384효, 그것은 길吉함을 말한 것이니, 모두 예禮를 따른 것이다. 흉함, 후회[悔], '어려움[吝]'은, 모두 예禮에 어긋난 것이다. 그러므로 '예禮의 근원은 태역[大易]이다.'라고 말한다.

유원劉沅은 말한다. 동動은 변동이다. '모임[會]'은 '도리[理]'의 모임이고, '소통[通]'은 '도리[理]'의 유행이다. 변동은 무상하나, '도리[理]'는 '일정함[常]'이 있다. 성인聖人은 효爻의 뜻을 보이고, '말씀[卦爻辭]을 매달아서 길흉을 판단하니,' 앎으로 하여금 정해진 것은 없으나, '일정一定함[一定]'을 갖게 하신다.

• **나의 견해**: 예禮에는, 시기[時]가 큰 것이다. 은殷나라는 하夏나라에 말미암았고, 주周나라는 은殷나라에 말미암았으니, 시대[時]에 따라서 '적합함[宜]'을 제정했기에, 덜어낸 바도 보탠 바도 있다. 요堯는 순舜에게 주었고, 순은 우禹에게 주었는데, 탕湯임금은 걸桀을 추방하였고, 무武왕은 주紂를 정벌하였으니, 시기[時] 때문이다.

천하사물은 복잡하기에 논술함에 망령된 말을 할 수 없다. 천하사물의 지극한 움직임을 논술함에 허튼 소리를 말할 수는 없다.

[言天下之至賾而不可惡也. 言天下之至動而不可亂也.99)]

오징吳澄(1249-1333)은 말한다. 상象은 천하의 '지극히 그윽한[至幽]' 뜻을 드러내고, 이름[名]은 적절한 칭호를 말하는 것이니, 사람들이 쉽게 알아서, 복잡한 것을 저절로 싫어하게 되는데, 이르지 않게 한다. 말씀[卦爻辭]은 천하의 허다한 일들을 싣고 있으나, 처결이 정확[精]하고 합당[當]하니, 사람들이 쉽게 따르게 되기에, 자기 행동을 혼란시키는 일이 저절로 생기지는 않는다.

유원劉沅은 말한다. 상도常道에 어긋남이 '혼란[亂]'이다. 일이 지극히 복잡하여도, 그러나 모두 천리天理가 흘러가는 바이다. 변동이 이르러도, 그러나 천명天命이 그것을 주재한다. 오직 싫어할

---

99) 言은 논술이고, 惡은 아마도 우誤(망령되이 말함)의 가차이다. 高亨, 519頁.

수 없으니, 따라서 모름지기 모양[形容]을 얻어서 사물의 '적합함[宜]'과 합친다. 오직 혼란될 수 없기에, 따라서 모름지기 회통會通함을 관찰하여, 전례典禮를 행하게 된다. 시중時中이, 여기에 있을 것이다!

(『역易』에서 괘효로 복잡다단한 사물들을) 모방한 다음에 (비로소) 말할 수 있고, 그것들을 의논한 다음에 행동할 수 있고, 토론하고 모방을 거쳐서, 사물의 변화를 단정할 수 있다.

[擬之而後言, 議之而後動, 擬議以成其變化.100)]

(주돈이의) 『통서通書』에서 말한다. "지성至誠하면 움직이게 되고, 움직이면 변하니, 변하면 화化하게 되기에, 따라서 '운운云云'이라 말한 것이다."101)

(주희朱熹찬撰의) 『이정유서二程遺書』에서102) 말한다. (정이程頤는), "추측하여 말씀[卦爻辭]을 설정하고, 상의하여 그 움직임[動]을 살핀다."103)(라고 말했다.) '우는 학[鳴鶴]' 아래의 일곱 효爻를 들어서, 모방하고 의논하여 말한 것이다. 나머지 효들도 모두 그러하다.

마치창馬其昶은 말한다. 움직이는 효爻를 그리면, 변화할 수 있다. 성인聖人은 괘효卦爻의 '때[時]'에 따른 뜻[義]을 관찰하고서, 그 활동이 '합당한지, 아닌지'를 모방하여 의론하고, 사람이 적절히 처신할 도道를 보여주기에, 따라서 '토론하고 모방을 거쳐서 사물의 변화를 단정한다[擬議以成其變化].'라고 말한 것이다. 주돈이周敦頤는, '성인께서 모방하고 의논함은 모두 지성至誠에 본본을 두었으니, 인위人爲적으로 생각하는 사사로움이 섞인 적이 없음'을 말하고 있다.

---

100) 成은 定과 같다. 『易』에서 괘효를 쓰는 것은, 천하의 지극히 복잡하고 지극히 변동하는 사물을 모방하여, 그런 다음에 말할 수 있음과 같고, 토의를 부친 다음에 행동할 수 있고, 토론에 견주어서 사물의 변화를 확정하는 것과 같다. 아래의 '大衍之數五十' 문단은 이 장 바로 밑에 이어져야한다. 거기서 말하는 '此所以成變化而行鬼神也.,' 또 '知變化之道者, 其知神之所爲乎?'는 바로 이 '擬議以成其變化' 문구를 이어받아야 한다. 高亨, 상동.

101) '至誠則動, 動則變, 變則化, 故曰云云.', 『通書述解』卷下, 「陋第三十四」, 明 曹端撰, 電子版文淵閣四庫全書, 상동 참조.

102) 이 인용구는 『二程遺書』에는 보이지 않고, 宋 동해董楷(13세기)의 『周易傳義附錄』에 보인다.

103) '程氏曰: … 擬度而設其辭, 商議以察其動.', 『周易傳義附錄』卷十下, 「繫辭」, 宋 董楷撰, 電子版文淵閣四庫全書, 상동 참조.

8

1

그늘에서 학鶴이 우니, 그 새끼가 화답한다.
"나에게, 술잔에 좋은 술이 있으니, 나는 그대와 함께 마시고 싶다!"
["鳴鶴在陰, 其子和之. 我有好爵, 吾與爾靡之."104)]
공자가 말했다. "군자는 집에 있을 때, 좋은 말씀을 하면, 천리千里 밖에서도 호응이 있는데, 하물며 가까운 곳은 (말할 필요) 없구나! 집에서, 하시는 말씀이 좋지 않으면, 천리의 밖에서도 (도리에) 어그러지니, 하물며 가까운 곳은 (말할 필요) 없구나! 말씀은 (군자의) 몸에서 나오나, 백성들에게 보태지고, 행동은 가까운 데에서 발동하며, 먼 데서도 보인다. 말씀과 행동은 군자의 중추기관이고, 중추기관의 발동은, 영화와 욕봄을 주관한다. (군자의) 말씀과 행동은, 군자가 하늘과 땅을 움직이게 하는 근거이니, 신중히 하지 않을 수 있는가?
[子曰: "君子居其室, 出其言善, 則千里之外應之, 況其邇者乎! 居其室, 出其言不善, 則千里之外違之, 況其邇乎! 言出乎身, 加乎民. 行發乎邇, 見乎遠. 言行, 君子之樞機, 樞機之發, 榮辱之主也.105) 言行, 君子之所以動天地也, 可不愼乎?"]

가의賈誼(전200-전168)는 말한다. 사랑이 나가면, 사랑이 돌아오고; 복福이 가면 복이 온다. 『역易』에서, '학이 우는데, 새끼가 화답한다.'라고 했으니, 이것을 말함이다.

보파寶巴(13세기, 원元나라 역학자)는 말한다. 지도리[樞]가 움직이면 집이 열리고, 고동[機]이 발동하면 활이 나간다. 작으면 영욕榮辱을 불러오나, 크면 천지天地를 움직인다. 모두 이것이 (먼저) 부르면 저것이 화답하니, 감응이 매우 빠르다.

유원劉沅은 말한다. 이것은 '모방하여 의논하는[擬議]' 도道로써 사람들에게 보이게 하니, 일곱 장章을 대략 들먹이면서 뜻[義]을 보인 것이다. 중부中孚괘 92효에서, 의기義氣가 투합하고, 외물과 자신이 '한 마음一心임[同情]'을 말하였다. 군자는 은거하여 홀로 있으니, 남들과 무슨 관계가

---

104) 中孚괘의 92효의 효사를 인용한 것이다. 작爵(술잔)은 술 마시는 그릇인데, 모양이 참새[雀]와 같다. 미靡는 함께 함이다. 高亨, 상동.

105) 추기樞機는 노궁弩弓(쇠뇌와 활)의 중추 기관이다. 弩弓 한 복판의 뻗은 부분에 장치를 다는데, 그것이 노추弩樞이며, 작은 갑匣과 같다. 그 속에 추주樞柱와 다른 부속품이 들어있다. 쏠 때 추주樞柱를 발동시키면 혹 맞기도 하고 안 맞기도 함은, 言行의 得失과 같으니, 맞으면 영화가 오고, 못 맞히면, 욕辱이 따르오니, 따라서 榮辱의 주主가 된다. 高亨, 520頁.

있는가? 그러나 집에 있으면서 말씀하는 것은, 집이 지도리[樞]에 의해 움직이고, 활이 고동[機]에 의해 발사됨과 같으니, 감응이 가장 빠르다. 좋으면 영화롭고, 좋지 않으면 욕을 보게 된다. '끝까지 다하게 되면[極之],' 천지를 감동시킴이 또한 이것에서 말미암는다. 이것이 모름지기 반드시 '모방하여 의론해야 하는 것[擬議]'이다.

❷

> "사람들을 불러 모으니, 먼저는 크게 울고서 나중에는 웃었다."
> ["同人，先號咷而後笑."106)]

> **공자가 말하였다. "군자의 도는, 혹 나오기도 하고 혹 (가만히) 있기도 하며, 혹 침묵하기도 혹 말하기도 한다. 두 사람이 마음이 같으면, 날카로워서 쇠붙이를 자르기도 한다. 같은 마음의 말씀은, 향기가 난초와 같다."**
> [子曰："君子之道，或出或處，或默或語. 二人同心，其利斷金. 同心之言，其臭如蘭."107)]

유향劉向(전77-전6)은 말한다. 쇠붙이는 강하면 부러지고, 가죽은 강하면 찢어진다. 무릇 강하면 화합하지 못하고, 화합하지 못하면 쓸 수가 없다. 이 때문에 부자父子가 화합하지 못하면 그 세대는 패하고 망한다. 형제가 불화하면, 오래 함께 할 수 없다. 부처夫妻가 불화하면, 집안이 크게 흉하다. 『역易』에서, '같은 마음[同心]'이면 쇠도 자를 수 있음은, '강하지 않기' 때문이다.

우번虞飜(164-233)은 말한다. '냄새[臭]'는 기氣이다.

한백韓伯(5세기, 남북조南北朝시대)은 말한다. 군자는 벼슬을 살거나 은퇴하거나, 말하거나 침묵해도, 중中에 어긋나지 않는다. 자기 자취가 비록 다르더라도, 도道가 같으면 응한다.

(정이의)『이천역전伊川易傳』에서 말한다. '동심同心의 말은, 그 냄새가 난초蘭草와 같으니, 그 말이 의미심장함을 말한 것이다.'108)

유원劉沅은 말한다. 동인同人괘 95효에서, '시작은 다르나, 끝은 같음'을 말한다. 그 '도리[理]'가

---

106) 이것은 同人괘 95효의 爻辭이다. 동인同人은 군중을 불러 모음이다. 대도大咷는 대곡大哭(크게 울음)이다. 高亨, 상동.

107) 利는 봉리鋒利(칼끝이 날카로움)이고, 斷金은 금속을 자름이다. 취臭(냄새)는 氣味(냄새와 맛)이다. 高亨, 상동.

108) '同心之言，其臭如蘭，謂其言意味深長也.'『伊川易傳』卷一, 同人卦, (宋) 程子撰, 電子版 文淵閣四庫全書, 上海人民出版社, 1999 참조.

같으면 그 마음도 같고; 그 마음이 같으면 그 말도 또한 같다. 그가 마음은 다르나 혹 같게 하는 것은, 모두 모방하여 의론하는 도道가 아니다.

마치창馬其昶은 말한다. '쇠를 자름[斷金]'은 (동인同人괘의) 셋째, 넷째 효의 '굳셈[剛]'을 부러뜨림을 말한다. (동인同人괘) 95효와 62효는 음양이 만났기에, 따라서 화합하고, 화합하기에 부러지지 않는다. 95효와 93, 94효는 모두 양이니, '굳셈[剛]'과 '굳셈'이 만나게 되면, 반드시 하나는 부러진다. '그 날카로움이 쇠를 자름[其利斷金]'은, 이른바 '큰 군대가 서로 만난 것은, 서로 이긴 것이다.'

3

초육효: "흰 띠[茅]로 (제사 드리는) 깔개를 만드니, 재앙이 없다."
[初六, "藉用白茅, 無咎."109)]

공자가 말했다. "(제물을) 땅에 놓는다 해도 괜찮은데, (제사에) 띠[茅]로 자리를 깔면, 무슨 재난이 있겠는가? 신중함이 극진하다. 띠라는 것은 천박한 것이나, 소중하게 쓸 수 있다. 신중한 도를 써나간다면, 아마 과실은 없을 것이다!
[子曰: "苟錯諸地而可矣, 借之用茅, 何咎之有? 愼之至也. 夫茅之爲物薄, 而用可重也. 愼斯尤也以往, 其無所失矣!"110)]

우번虞翻은 말한다. 착錯은 '둠[置]'이다.

왕인지王引之(1766-1834)는 말한다. 구苟는 다만[但]과 같다.

유원劉沅은 말한다. 대과大過괘 초6효에서, 무릇 일은 과하게 신중하면, 허물은 면할 수 있음을 말한다.

마치창馬其昶은 말한다. 띠[茅]는 본래 미미한 물건이나, 제사에서 쓰이면 중하게 된다. 신중하지 못하면 기둥도 기우를 수 있고, 신중하면 비록 (하찮은) 띠[茅]라 해도 또한 중하게 된다.

---

109) 이것은 大過괘 초6효의 효사이다. 자藉(깔개)는 점자墊子(방석)이다. 高亨, 521頁.
110) 착錯은 조措(두다)의 가차이니, 치置(둠)이다. '愼斯術'에서 신愼은 順으로 읽어야 하니, '따름[遵循]'이다. 『經典釋文』(陸德明撰)에 의하면, 術은 道이다. 高亨, 상동.

4

"수고했으나 겸손하니, 군자는 좋은 결과가 있을 것이니, 길하다."

["勞謙, 君子有終, 吉."111)]

공자가 말했다. "노고를 치렀으나 자랑하지 않고, 공덕이 있으나 자처하지 않았으니, 중후함[厚]에 이른 것이다. 공덕이 있으나 아래 사람들에게 겸하하였다. 공덕은 왕성하고, 예禮는 공손하였다. 겸손함은, 공손하면서 자기 자리를 보존하였음이다.

[子曰:"勞而不伐, 有功而不德, 厚之至也. 語以其功下人者也. 德言盛. 禮言恭. 謙也者, 致恭以存其位者也."112)]

  (유향의)『설원說苑』에서 말한다. '공자가『역易』을 읽다가, 손損괘와 익益괘에 이르니, 탄식하며, … "스스로 손해 보면 이익이 되고, 스스로 이익 보면 결핍 된다."라고 말하였다. … 자하子夏는, "그러면 배우는 사람은 이익이 될 수 없습니까?"하고 물었다. 공자는, "아니다. 천도天道의 이룸이 아직 오래지 않았다. 배우는 이가 「허虛」하게 받아드리면 얻음[得]이라 말하고; 가득함[滿]을 유지할 줄 모르면, 천하의 선언善言은 그 귀에 들어오지 않을 것이다. 옛날 요堯임금이 천자天子의 자리에서 실행하였는데, 오히려 신실하고 공근恭勤하게 유지하고, 「허정虛靜」으로 아랫사람들을 대했기에. 오랜 동안 더욱 왕성하였다. … (그러나 하夏나라 육종씨陸終氏의 여섯 째 아들인) 곤오昆吾는 자기가 잘났다고 생각하여, (그의) 높은 자리는 쇠하지 않을 것이라 생각했으나, 진실로 때를 맞아서 곧 쇠하고 실패하였다. … 이는 손익損益의 징표가 아닌가? 나는, '겸손하고, 공경하면 자기 자리를 보존한다.'라고 진실로 말한다. 무릇 (재능이) 풍부하여, 밝게 활동하면, 따라서 '확대될' 수 있으나, (지금) '크다'고 하여도 실패할 것이다. 나는 경계하여, '천하의 좋은 말[善言]도 귀에 들어오지 않는다.'라고 진실로 말한다."113)

---

111) 이것은 겸謙괘 93효사이다. 勞謙은 공로가 있으나 겸손함이다. 終은 古語에서 '좋은 결과'이다. 高亨, 상동.

112) 벌伐은 과誇(자랑하다)이다. 德은 동사이니 '공덕이 있음'이다. '德言盛'에서 言은 焉과 같으니, 則이다. 存은 保와 같다. 高亨, 521-522頁.

113) 孔子讀『易』至於損益, 則喟然而嘆. … "夫自損者益, 自益者缺, 吾是以歎也." 子夏曰: "然則學者不可以益乎?" 孔子曰: "否, 天之道成者, 未嘗得久也. 夫學者以虛受之, 故日得; 苟不知持滿, 則天下之善言不得入其耳矣. 昔堯履天子之位, 猶允恭以持之, 虛靜以待下, 故百載以逾盛. … 昆吾自臧而滿意, 窮高而不衰, 故當時而虧敗. …是非損益之徵與? 吾故曰: "謙也者, 致恭以存其位者也, 夫豐, 明而動, 故能大, 苟大則虧矣, 吾戒之, 故曰: "天下之善言不得入其耳矣.",『說苑今註今譯』, 敬慎」, 盧元駿註譯,

양만리楊萬里(1127-1206)는 말한다. 사람의 '겸손'과 '오만'은, 그 덕의 후厚와 박薄함이다. 덕이 후하면 가득 찬 기색이 없고, 덕이 박하면 낮추는 말이 없다. 종소리는 다하여, 두터우면 두터울수록 소리는 느릿느릿하고, 엷으면 그와 반대이다. 따라서 덕이 성하면 성할수록, 예禮는 더욱 공손하다.

왕인지王引之는 말한다. 언言은 허자虛字이다.

유원劉沅은 말한다. '수고로움[勞]'은 공功이 아직 이루어지지 않음이고, 공功은 수고가 이미 드러남이다. 겸謙괘 93효에서, '공이 자기에게 있는데, 다른 이에게 아름다움을 돌려서,' 스스로 공 있다고 하지 않았으니, 이는 겸손으로 자기를 남에게 낮출 수 있음이다.

● **나의 견해**: (『회남자淮南子』의,) 「요계堯戒」편에서, '경외하고 조심하여, 하루하루 더 조심해야 한다. 사람은 (큰) 산에서는 넘어지지 않고, (작은) 흙더미에서 넘어진다.'라고[114] 말했다.

5

"맨 꼭대기에 올라간 용은 후회가 있다."
[亢龍有悔."[115]]

공자가 말하였다. "존귀하나 (자기) 자리[位]가 없고, 고귀하나 백성이 없고, 현인賢人이 아랫자리에 있으며 보좌하는 사람들이 없으니, 이 때문에 활동을 하면 후회함이 있게 된다."
[子曰: "貴而無位, 而無民, 人在下位而無輔, 以動而有悔也."[116]]

공영달孔穎達(574-648)은 말한다. 겸손한 덕이 자리를 보전하나, 겸손함이 없으면 후회함이 있게 된다.

유원劉沅은 말한다. 이것은 이미 건乾괘에서 보인다. 성만盛滿한데 그칠 줄을 모르면, 사람은 더욱 침범하기 쉽기에, 따라서 거듭 말하는데, 사람이 후회를 면하려면, 이에 매우 정미精美하게 강구해야 한다.

상동, 313, 314頁.
114) '戰戰慄慄, 日復一日, 人莫躓於山, 而躓於垤.'『淮南子全釋』,「人間訓」, 下冊, 許匡一譯注, 상동, 1051頁.
115) 이것은 乾괘 上九의 효사이다. 高亨, 상동.
116) 이것은 건乾괘 「文言」전의 내용과 같다. 「文言」전과 「繫辭」전의 저자는 같은 사람이 아니나, 여기서는 중복하고 있다. 高亨, 상동.

6

"집의 마당을 나서지 않았으니, 재앙이 없다."

["不出戶庭, 無咎."117)]

공자가 말한다. "혼란이 생기는 것은, 말솜씨가 (신중치 못함이) 발단이다. 임금이 비밀을 못 지키면 신하들을 잃게 되고, 신하가 비밀을 못 지키면 자신(의 생명)을 잃게 되고, 정무 처리에 비밀을 못 지키면 위해가 성립한다. 이 때문에 군자는 비밀 지키기에 신중하여 누설됨이 없다."

[子曰: "亂之所生也, 則言語以爲階. 君不密則失臣, 臣不密則失身, 幾事不密則害成.118) 是以君子愼密而不出也."]

정현鄭玄(127-200)은 말한다. (임금은) '작은 것[微]에 신중하지 못하게 활동하면, 화禍로 변함이 반드시 이루어짐'을 말한 것이다.

(정이의) 『이천역전伊川易傳』에서 말한다. '사람에게서 지킬 것은 오직 말[言]과 행동[行]이다. 말에 절제가 있으면, 행위[行]는 알 수 있는 것이다.'119)

유원劉沅은 말한다. (임금이) 신하를 잃었는데, 신하는 모략에는 충성하기에, 임금이 그 말을 노출하면 해害를 입게 된다. (임금이) 자신을 잃었으니, 스스로 자기 말을 노출하여, 몸에 화를 당하게 된다. '기미[幾]'는 일의 시작이다. '이룸[成]'은 일의 끝이다. 절節괘 초9효에서, '신중하게 행동하여 절제'하니, '마땅히 안해야할 말은 하지 않음[微論其不當言]'을 말한다. (이는) 곧 '도리[理]'는 본래 마땅히 말해야 하나, 때로는 말할 수 없는데, 사람은 곧 스스로 반성하면, 과실이란 없다. 어찌 비밀에 신중하지 않을 수 있는가!

마치창馬其昶은 말한다. '집의 마당[戶庭]을 나서지 않음'은 상象이니, '행동[行]'을 전적으로 말한 것은 아니다. '삼가 비밀을 지킴[愼密]'은 그 뜻을 시행한 것이다.

• **나의 견해**: 말 한 마디로 나라를 일으키고, 말 한 마디로 나라를 잃기도 한다. 입이 신중하지 못하니, 입으로 인해 출병하게 되기도 하기에, 따라서 (임금은) 가볍게 (말을) 할 수 없는 것이다.

---

117) 절節괘의 初九 효사이다. 高亨, 상동.

118) 기幾는 기機로 읽는다. 高亨, 523頁; 機事는 임금의 政務처리가 萬機이니, 機는 政務이다. 周振甫, 241頁, 注62.

119) '在人所節, 惟言與行. 節於言, 則行可知.', 『伊川易傳』卷四, (宋) 程子撰, 電子版文淵閣四庫全書, 上海人民出版社, 1999 참조.

7

공자가 말한다. "『역易』을 지은이는, 도둑을 잡을 줄 아는가? 『역易』에서 말하는데, "(등짐을) 지고서 수레를 탔음이니, 도둑을 불러서 오게 함"이다. (짐을) 지는 것은, 소인들의 일이다. (수레에) 탐은, 군자의 기물이다. 소인(신분)이면서 군자의 기물에 탔으니, 도둑이 그 (값진) 것을 약탈할 생각을 가진 것이다. 임금은 게으르고 하민들은 포악하니, 도둑이 칠 생각을 갖게 된 것이다. (재산을) 저장하기에 게으른 것이, 도둑질을 가르친 것이고, 용모를 요염하게 꾸민 것이 음란함을 가르친 것이다. 『역易』에서 말한, '(등짐을) 지고 (수레를) 타면, 도둑을 불러서 오게 함'이니, 도둑을 부른 것이다!"

[子曰: "作「易」者, 其知盜乎? 「易」曰: "負且乘, 致寇至.")120) 負也者, 小人之事也. 乘也者, 君子之器也. 小人而乘君子之器, 盜思奪矣! 上慢下暴, 盜思伐之矣!121) 慢藏誨盜, 冶容誨淫.122) 「易」曰: '負且乘, 致寇至.' 盜之招也.")

정현鄭玄은 말한다. 용모를 요염하게 치장함은, 음탕함淫佚]을 가르침을 말한다.

범중엄范仲淹(989-1052)은 말한다. 천하의 간웅姦雄은 없는 때가 없다. 조정朝廷의 과실을 살펴보고서, 맬[辭]을 만들어낸다. (그들은) 백성의 원한을 기쁘게 생각하고, 조문하며 의義를 내세운다. 그렇지 않다면, (간웅들이) 또한 무슨 이름으로 활동하겠는가? 나라에 근친近親한 사람은 묶어두지 않을 수 없다. 옛 직책을 배제하고 새 관직을 줄 때에, 재능을 적절히 재보는 것은, 감은感恩을 애상哀傷한다 하지 않고, '도둑을 불러옴致寇]'을 두려워하는 것이다. 힘이 적은데 침임은 무겁다면, 권력을 흔들고 법을 어지럽히며, 조정의 과실을 증가시키니, 간웅姦雄의 뜻을 열어주는 것이다. 『역易』의 이른바 '도둑[盜]'은 아마도 간웅姦雄을 말하는 것이 아닌가?

주식朱軾(1665-1736)은 말한다. '뺏음[奪]'은 소인을 뺏음이다. '정벌[伐]'은 나라를 정벌함이다. 임금이 되어 '명호名號나 거복車服 등의 의제儀制[名器]'를 신중히 하지 않으면, 이는 임금의 태만이다. 임금이 느려지면 아랫사람들은 난폭亂暴해지니, 도둑이 일어날 것이다!

유원劉沅은 말한다. '모방하여 의론함[擬議]'은 '신중하게 살핌[審愼]'의 뜻이니, 분수에 편안하며 예禮를 준수하려는 것뿐이다. 위가 나태하고 아래가 난폭함은 또한 분수에 편안해 하며 예禮를

---

120) 이것은 해解괘 63효사이다. 차且는 而와 같다. 사람이 물건을 등에 지고 수레에 탄 것은, 그 물건이 진귀珍貴함을 알린 것이니, 도적을 불러 모아 약탈할 것이다. 高亨, 상동.

121) 『說文解字』(許愼撰)에, 만慢은 타惰(게으름)이다. 高亨, 상동.

122) 만장慢藏은 재물을 감추기에 게으른 것이고, 회도誨盜는 도둑질을 가르침이다. 야冶는 妖冶이니, 야용冶容은 용모를 요염하게 치장함이다. 高亨, 524頁.

따르는 것이 아니니, 다만 스스로 헤아려보지 못하고, 자기 재주를 멋대로 부릴 뿐이다. 바로 치리治理에 소홀하고 요사하게 꾸며서, 도둑을 자신이 불러오는 것과 같으니, 원인이 없이 오는 것이 아니다. 그러므로『역易』을 반드시 배워서, 언동言動을 모방하고 의론한, 다음에 화禍를 면할 수 있다.

요배중姚配中(1792-1844)은 말한다. 유독 먼저『역易』을 만든 이는 도둑을 아는 것이니, 분명히 『역易』을 만든 이는 먼저 오묘한 행동을 모방하여 이런 뜻을 갖게 되어서, 이에 상象을 관찰하여 괘·효사卦爻辭를 매달음으로써, 위에서 해석한 것, 모두가 그러함을 보인 것이다.

　마치창馬其昶은 말한다. 위는 제3편이니, 군자가 있으니 상象을 관찰하고 괘·효사를 완미함을 펼친 것이다.

‖9‖

대연大衍의 수는 (시초蓍草) 55이다.
[大衍之數五十.][123]

정현鄭玄(127-200)은 말한다. 연衍은 추연推演함이다.

최경崔憬(7세기, 당唐대 역학자)은 말한다.「설괘說卦」전에서, ‘신명神明에 도움을 몰래 받아서[幽贊] 시초[蓍]가 생기니, 천天은 3, 지地는 2이니, ‘수數’에 의존한다. 일단 시초蓍草의 수數를 말했으면, 이것은 대연大衍의 수數에 의존하는 방법이니, 마땅히 ‘하늘은 3,’ ‘땅은 2임을 밝힌 것이다.

　(주희의)『주역본의周易本義』에서 말한다. 대연大衍의 수는 50이고, 하도河圖 중중中宮인 천오天五가 지십地十을 올라타서 얻은 것이다.

　귀유광歸有光(1507-1571)은 말한다. 대연大衍은, 아마도 옛날 ‘시초로 점침[筮蓍]’의 칭호이니,「태서太筮」라고 말함과 같다.

　유원劉沅(1767-1855)은 말한다. 연衍은 추론推論이다. 천天의 수數를 추론하여 만물을 통괄하

---

123) 金景芳(1902-2001)은, ‘마땅히 大衍之數五十有五’이니, ‘有五’가 빠진 것이라 말한다. 姚信(三國시대), 董遇(三國시대)본에는, ‘大衍之數五十有五’이니, 시초蓍草55策에서 49策만 쓰고, 나머지 6策은 六爻의 수를 나타낸다. 高亨, 524, 525頁.

니, 따라서 '대연大衍'이라 말한다. 「하도河圖」의 수가 55인데, 50은 오행五行에서 '흙[土]'으로 어머니[母]'를 삼음을 말한 것이다. 5, 10은 '흙[土]'이 생성한 수數이기에, 이를 들어서 쇠[金], 나무[木], 물[水], 불[火]를 구비할 수 있다. 이것에 올라타면 50을 얻으니, 따라서 '서筮점치는 수[筮數]'가 된다.

오여륜吳汝綸(1840-1903)은 말한다. 양자운揚子雲[揚雄, 전53-후18]은 '현玄[太玄]'의 책수策數를 '태적泰積'으로124) 삼았으니, 또한 『역易』의 대연大衍을 모방하였다. (육덕명陸德明의) 『경전석문經典釋文』에 의하면, '대大'는 음音이 '태泰'이다.

마치창馬其昶은 말한다. 천지의 수는 1에서 10에 이른다. 천天은 3[三]으로 합하고, 2[兩]을 얻어서, 간략히 하면 5일 뿐이다. 5에 10을 곱하니, 대연大衍의 수[50]이며, 이른바 3은 하늘[天]이고, 2는 땅[地]이니, (이들) 수數에 의지한다. 이렇기 때문에 55는 천지天地가 쌓은 수이다. 50은, 천지가 '사용하는 수[用數]'이다. 하늘[天] 1[하나]에서부터 땅[地] 10에 이르니, 무릇 수數는 모두 여기에서 생겨나기에, 천하를 포용할 수 있는 도道인 것이다.

쓰는 것은 49(책策)이다.

[其用四十有九.125)]

(복자하卜子夏의) 『자하역전子夏易傳』에서 말한다. (대연大衍의 수: 50에서,) "그 하나는 쓰지 않는데, (그것이) 태극太極이다."126)

반고班固(32-92)는 말한다. 5에 10을 곱한 것이, 대연大衍의 수數이다. 도道는 하나[一]에 의거하며, 그 나머지 49(책策)가 마땅히 쓰인다.

정현鄭玄(127-200)은 말한다. 50이라는 수는, 7, 8, 9, 6의 복서卜筮의 점이 될 수 없으니, 하나

---

124) 揚雄의 『太玄』경에서, 태적泰積의 요점: 泰積은, 18策을 시작[始]으로 삼고, 끝[終]을 54策으로 삼는다. 아울러 始終의 策數를 半으로 하면, 泰中의 수는 36策이고, 律은 729贊인데, 무릇 26,244가 泰積이 되고, 72贊은 '하루[一日]'가 되며, 무릇 364日의 半은 기만跨滿이니, 歲日을 합함으로써 율력律曆을 시행한다.

125) 『經典釋文』(陸德明撰)에, 衍은 연演이고, 산괘算卦를 先秦시대에는 연衍, 漢때에는 연연演이라 불렀다. 金景芳(1902-2001)은, '마땅히 大衍之數五十有五'이니, '有五'가 빠진 것이라 말한다. 姚信(三國시대), 董遇(三國시대)본에는, '大衍之數五十有五'이니, 시초蓍草55策에서 49책만 쓰고, 나머지 6책은 六爻의 수를 나타낸다. 高亨, 524-525頁.

126) '其一不用者, 太極也.', 「子夏易傳」, 卜子夏撰 , 『周易下經』卷七, 「周易繫辭上」第七, #13, 中國哲學書電子化劃計, https://ctext.org 참조.

를 덜어내니, 따라서 49(책策)이다.

　왕필王弼(226-249)은 말한다. 천지의 수를 발휘하면, 의지하는 것은 50이다. 그중 하나는 쓰지 않는데, 그것 때문에 쓰임이 통한다. 수가 아닌 수가, 그것 때문에 이루어지니, 이렇게 되니, (하나는)『역易』의 태극이다.

　오징吳澄(1249-1333)은 말한다. 어미인 '하나一'를 풀어내니, 수數가 생겨나는 것이다. 그 '하나一'는 비워두고 쓰지 않고, 쓰는 것은 그 수가 7×7[49]이 된다. 하나一는 몸[體]이 되고, 7×7이 '쓰임[用]'이 된다.

　유원劉沅(1767-1855)은 말한다. 대연大衍의 수 50은 곧 중기中氣로써 사시四時(봄, 여름, 가을, 겨울, 四象)를 포괄한다. 쓰임은 49(책)이고, 선유先儒들은 '비어 있는 하나[虛一]는 태극太極을 상징한다고 말한다. 그러나 태극은 상으로 그릴 수 없으니, 글자를 써서 밝힌 것은 후대의 일이다. 천지는 다만 일리一理이고, 또한 일기一氣가 모인 것이 곧 태극의 몸[體]일 뿐이다. 하도河圖의 수도, 하나는 낳고 하나는 이루니, 두 물건으로 갈라지지 않는다. 사람들이 그것을 보면, 몸[體]이 있고 '쓰임[用]'이 있다고 말하나, 천지天地는 그러하지 않다. 오행五行이 모두 천지에 의해 생성되지만, 어찌 자기의 공용功用이라 하겠는가? 오직 물상物象만을 드러내 보이니, 분별이 있게 된다. 음양 2기가 화합하여 순수하게 합치는 시초[始]에 하나의 태극이 통섭하며, 퍼질 때에 사람이나 사물들이 기氣를 받아서, 한 쪽의 천기天氣로 모일 수밖에 없으니, 판별되는 것이다. 그 근원을 끝까지 캐보면 상수象數는 모두 한 조각일 뿐이다. '하나一'는 수數의 어머니이니, 또한 홀수는 변하고, 짝수는 변하지 않는다. '빈 하나[虛一]'가 수數의 몸[體]이고, 7×7은 '쓰임[用]'이 되니, 변화를 다 하는 수이다.

(이것을) 나누어 둘로 하니 (하늘과 땅) 양의兩儀를 나타낸다. (두 부분 사이에) 하나를 끼우면 셋[天, 地, 人]을 나타낸다.

[分而爲二以象兩 .127) 挂一以象三 .128)]

---

127) 兩은 兩儀이니, 天地이다. 시초蓍草로 점 칠 때, 시초蓍草 49개를 두 부분으로 나누어서, 한 부분은 위쪽에 가로로 놓으니 天을 나타내고, 한 부분은 아래쪽에 놓으니 地를 나타낸다. 高亨, 525頁.

128) 三은 三才이니 天 , 地, 人이다. 시초蓍草를 두 부분으로 나눈 뒤, 하나를 뽑아 두 부분 사이에 끼우니, 사람이 天地 사이에 있음을 나타내며, 그것을 '괘일挂一(하나를 끼움)'이라 한다. 高亨, 상동.

공영달孔穎達은 말한다. 합동合同하여 나눠진 것이 아니니, 태일太一을 상징한다. 둘로 나뉨은, 양의兩儀를 상징한다. 천수天數 가운데 한 묶음을 나누어 쥠은 (하늘, 땅, 사람) 삼재三才를 상징한다.

마징린馬徵麟(19세기, 만청晚淸 역학자)은 말한다. 괘掛는 획畫을 그림이다. 『설문해자說文解字』(許愼撰)에 의하면, "획은 '경계[界限]를 나눔이다."129) '하나의 책[一策]'을 그려냄은 한 쪽에 둠이다.

네 개씩 분류하니, 사계절을 나타낸다.
[揲之以四130), 以象四時.]

정현鄭玄은 말한다. 설揲은 취함이다. (유원劉沅은, '수數'라고 말한다.)

공영달孔穎達은 말한다. 시초蓍草를 나누어 쥠에, 모두 '4씩 함(4×4)'으로 수數를 센다.

마치창馬其昶(1855-1930)은 말한다. 1책策은 7일日반半이니, 4책策은 30일日이 되며, 이것으로 1설揲은 1달[月]이 되는 것이다. (시초蓍草) 49책策은 '4씩 함(4×4)'으로 세니[揲], 마땅히 1년12달[月]로서 근본을 삼은 것이다. 지금 (그것을) 둘로 나누어서, 왼편에 끼우니 1년[歲]을 상징하고, 오른쪽에 끼우니 2년[兩歲]을 상징하고, (넷씩 세고 난) 나머지 시초蓍草를 (왼쪽) '손가락 사이[扐]'에 끼우니 셋째의 윤년閏年이다. 책策의 수가 부족하면, 따라서 다만 '4계절[四時]'을 상징한다. 3달[月]은 '한 계절[一時]'이 되니, '3변화[三變] 가운데' 비록 지소至少하여도 또한 반드시 '한 계절[一時]'은 있다. '4계절[四時]'이 1해[歲]를 이루니, 따라서 계절[時]을 들어서 해[歲]를 나타내는 것이다.

(넷씩 세고 난) 나머지 시초를 (왼쪽) 손가락사이에 끼우니 윤달을 나타낸다.
[歸奇於扐以象閏.131)]

우번虞翻(164-233)은 말한다. 기奇는 (손가락사이에) 끼운 1책策이다. 늑扐이란, (시초蓍草를 4

---

129) '畫, 界也.', 『說文解字』, 畫部, 東漢 許愼著, 上冊, 상동, 253頁.

130) 陸德明(550-630)에 의하면, 설揲은 數와 같다. 위쪽의 시초蓍草를 넷씩 세어서, 남은 가지의 수를 위쪽에 놓는 것이 설揲인데, 四時(사계절)를 나타낸다. 高亨, 상동.

131) 『管子』, 「禁藏」편: '旁入奇利.'에서 尹知章은, 奇는 餘라고 注釋한다. 늑扐(손가락 사이)은 늑肋(갈비)이니, 갈비는 가슴의 양옆이다. 윤閏은 윤달이다. 이것은 넷씩 세고 남은 蓍草를 왼쪽에 놓는데[歸奇於肋], 윤달을 나타낸다. 高亨, 526頁.

씩 세고 난) 나머지가 하나가 아니면 둘이 되고, 셋이 아니면 넷이다. 1책[奇]을 취하여 '늑扐'으로 돌리니, 윤달[閏月]로써 '네 계절[四時]'을 정하고 한 해[歲]를 이루는 것이다.

곽충효郭忠孝(?-1128)는 말한다. 늑扐은 나머지 수이니, 『예기禮記』(「王制」편)에서, '제사의 비용은 30년 평균수의 1/10[仂]에 준거한다.'라고[132] 말한 것과 같다. 양자운揚子雲[揚雄]은, '늑芿'으로 썼으니, 또한 시초[蓍]의 '나머지 수[餘數]'를 말한다.

(이광지의) 『주역절중周易折中』에서 말한다. '빈 하나[虛一]'는 태극太極의 '무위無爲'를 상징한다. '하나를 낌[掛一]'은 강상綱常[人極]의 '참여와 조절[參贊]'을 상징한다. '빈 하나[虛一]' 뒤에 '둘로 나뉨[二分]'이 이어지니. '음으로 나뉨'과 '양으로 나뉨'이 조화의 '근본[초]임'을 밝히고 있다. (시초蓍草) '하나를 낀' 다음에 넷씩 나누고 남는 것을 놓는 것[歸奇]은, '계절[時]'을 정하고 해[歲]를 이룸을 밝히는 것이니, 인사人事의 법도[綱]이다.

이광지李光地(1642-1718)는 말한다. (시초蓍草를) '낌[掛]'은 '기영氣盈'을 상징하고, '시초를 세어 점을 침[扐]'은 '삭허朔虛'를[133] 상징하니, 둘은 모두 윤달[閏]을 상징한다.[134] 기영氣盈은 '닷새와 4분의 1 날[日]'이니, 이것은 반드시 셀 수 없기에, 따라서 (시초蓍草) 하나를 걸면, 둘로 나눠져서 걸리게 된다. 삭허朔虛는 자세히 따져야 비로소 얻게 되니, 따라서 넷씩 센 다음에 끼운다. 나머지를 수를 끼움은, 넷씩 나눈 나머지에 보태는 것이니, 삭허朔虛와 기영氣盈[]을 합친[135] 뒤에 윤달[閏]이 성립됨을 상징한다.

---

132) '祭用數之仂', 『禮記今註今譯』,「王制」, 上冊, 王夢鷗註譯, 상동, 175頁.

133) 東漢에서 반포한「四分曆」에 의하면, 삭책朔策은 (한 달이) 29.53085日이다. 삭허朔虛는 朔策에서 삭망월朔望月의 길이(5,305分93秒)를 뺀 것(즉 4,694分07秒)을 말한다. 삭여朔餘(5,305분93초秒)와 삭허朔虛(4,694分07秒)의 합은 10,000分이니, 곧 一日이다.

134) 무릇 360日은 곧 360爻이니, 일년[一歲]의 正數가 된다. 나머지 五日四分之日之一이 '기氣가 차서 넘침[氣盈]'이다. (이것에) 삭허朔虛(즉 4,694分07秒)를 보태면, 이것이 윤여閏餘의 소종래이다. '기氣가 차서 넘침[氣盈]'은 太極天이고, … 朔虛는 兩儀의 큼[大]이다.'

135) 옛날에 윤閏(윤달)을 두는 법은 氣盈과 朔虛에서 생겼는데, 氣는 24절기[氣]를 말하고; 朔은, 해[日]와 달[月]이 합치는 것을 말한다. 朔에서 氣盈과 朔虛는 무엇을 말하는가? 하늘을 도는데, 365度1/4度가 되니, 해[日]가 한 밤낮에 한 번을 도니, 366일이면 하늘[天]을 돈다. '만 한 달[朞月]'은 도는 것이 하루 밤낮에 '13度하고 넘으니[奇]', 늘 29日半에 달은 해[日]와 만나기에, 그러므로 曆法에서 두 달마다 하나의 小(閏)를 두게 되니, '(1년) 24氣[절기]의 항상 됨[常]'을 다하게 된다. 15日2刻이 一氣가 되고, 30日5刻이 한 달[月]의 氣[절기]가 된다. 그러므로 朔은 늘 不足이나, 氣는 늘 여유[餘]가 있으니, 朔虛와 氣盈을 합치면, 1년에 남은 날이 11日 이상인데, 삼년을 쌓으면 '하나의 윤년[一閏]'이다. 閏年은 늘 3년은 못되고, 그 남는 것을 합치면, 두 번째 閏年은 늘 5년이 넘는다.

강영江永(1681-1762)은 말한다. 『예기禮記』(「投壺」편)에서, '두 가지[兩枝]가 '온전함[純]'이고, … 한 가지[一筭]는 기奇[하나가 된다.'라고[136] 하였다. 그것이 셋[三]을 상징할 때를 당하여, 사람은 '하나의 자리[一位]'로서 천지에 참여하는 것과 비슷하다. 그것이 윤달[閏]을 상징할 때를 당하면, 윤달이 있는 해[歲]에는 한 달이 더 있는 것과 같다.

유원劉沅은 말한다. 기奇는 영零이니, 넷씩 세고 난 나머지 책策을 말한다. 늑扐은 '재갈을 물림[勒]'이니, 손가락사이에 물림이다.

마치창馬其昶은 말한다. 이것: 나눔[分], 걸음[掛], 넷씩 쥠[揲], 되돌림[歸]은 '처음의 변[初變]'을 말한다. 천지의 수는 혼전渾全한데, 49책策 중에서 둘로 나누면, 좌우에서 얻은 것은, 반드시 하나는 짝수, 하나는 홀수이니; 따라서 천지[兩儀]를 상징한다. 왼쪽에 일책一策을 끼움은 사람이 천기天氣를 얻어서 태어남을 상징한다. 이는 그것이 둘[兩]을 상징하고 셋[三]을 상징하니, 모두 '하늘의 일[天事]'이다. 그것을 넷씩 세어서 나머지를 돌리면 '네 계절[四時]'과 윤달[閏]을 상징하기에, 성인의 일을 함이 드러날 것이다. 일월의 운행에 '커지고 줄어들음[盈縮]'이 있는 것은 하늘[天]이 하는 것이다. 양수兩數의 차이를 가지런하게 같게 하려고, 윤달[閏]로써 사시四時를 정하고 해를 이르는 것은, 사람이 하는 것이다. 성인이 천지의 공효를 참조하니, 따라서 넷씩 덜어냄으로써 둘[兩]의 나뉨을 상징하기에, 이년[兩歲]이 때가 된다. '돌아감[歸]'은 셋의 하나를 상징하니, 3년마다 윤달[閏]이 된다.

5년에 윤달이 두 번이니, 따라서 다시 나머지 시초蓍草를 (오른쪽에) 놓는다.

[五歲再閏, 故再扐而後掛.[137]]

공영달孔穎達은 말한다. 무릇 앞뒤로 윤달이 있기에, 서로 떨어진 것은 대략 32개월이니. 5년 중이다.

(주희의)『주역본의周易本義』에서 말한다. "양兩은 천지天地이다. ① 괘掛(걸음)는, (시초蓍草) 하나를 왼쪽새끼손가락사이에 끼움이다. ② 삼三은 (하늘, 땅, 사람) 삼재三才이다. ③ 설揲은 간격을 두고 세는 것이다. ④ 기奇는 넷씩 셈한 나머지이다. ⑤ 늑扐은 왼손 가운뎃손가락과 셋째손가락의 2틈 사이에 끼움이다. 윤달[閏]은 달[月]의 나머지 날수를 쌓아서 '달[月]'을 이루는 것이다.

---

136) '二筭爲純, …一筭爲奇.'『禮記今註今譯』, 「投壺」, 下冊, 王夢鷗註譯, 상동, 771頁.

137) 옛날 曆法에서는 5년에 두 번 윤달이 있기에, 아래쪽의 시초蓍草를 넷씩 세어서, 나머지를 걸어 놓음은, 시초蓍草의 오른편에 놓으니, 이것이 '再歸奇於扐'이다. 이것이 1變이다. 高亨, 상동.

5년 사이에 날째[日]를 두 번 쌓아서, 다시 달[月]을 이루게 되기에. 따라서 5년 가운데 무릇 두 번의 윤달[閏]이 있게 된다. 그 다음에 별도로 쌓기도 하고, 나누기도 하는데, (뽑은 시초蓍草를) 한 번 (손가락에) 건 뒤에, 좌우에 각각 한 번은 넷씩 세고, 한 번은 (남은) 시초蓍草를 (손가락사이에) 끼운다. 그러므로 다섯 (번) 가운데, 무릇 다시 '손가락 사이[扐]'에 끼우고, 연후에 별도로 하나를 취하여 거는 것이다."[138]

양석서梁錫嶼(18세기, 청淸나라 역학자)는 말한다. 한 해[歲] 가운데 '기氣가 차고 넘침[氣盈]'과 삭허朔虛를 합하면, 약 여분으로 11일日하고 나머지[奇]가 있다. 이것을 3년 쌓으면 여분으로 35일日과 나머지가 있으니, 반드시 절기節氣는 있으나 [음력으로 월중月中 이후에는] 중기中氣가 없는 달이 있게 되니, 윤달[閏]을 두는 것이다. 아직도 여분으로 5일日과 나머지가 있으니, 전에 남겨둔 것과 합하여 또한 윤달을 둔다. 다시 나머지 시초蓍草를 손가락사이에 끼고 후에 걸면, 다시 나누고 다시 걸며, 다시 (손가락사이에) 끼운다. 유독 '걸음[掛]'이라 말하는 것은, 하나를 들어서 서로 보이고, 또한 매 변화[變]마다 밝힘으로써 반드시 걸게 되는 것이다.

초순焦循(1763-1820)은 말한다. 넷씩 세니 '바른 책[正策]'을 얻게 되고, 1년은 12모임[會]의 '바른 수[正數]가 된다. (넷씩 세고 난) 나머지를 손가락사이에 끼우고, 곧 전후의 나머지를 합하기에, 따라서 윤달을 상징한다. 윤달로 다 할 수는 없으니, 또 나머지[奇]가 있으면, 두 번 변하고 세 번 변화하여 모두 하나를 걸게 된다.

마치창馬其昶은 말한다. 이는 다음의 '둘째 변[二變]'이니, 다음의 '셋째 변[三變]'을 말한 것이다. 초변初變에서 (남는 시초蓍草를 손가락사이에) 끼우는 것을 제외하고, 책수策數가 이미 온전하지 않으니, 그것을 둘로 나누어 얻은 것은, 혹 모두 홀수이거나 혹 짝수이니, 둘[兩]을 상징하기에 부족하다. 그것이 앞에서 받든 것 하나를 걸면, (하늘, 땅, 사람) 삼재三才[三]를 상징하기에 부족하다. 그러므로 나중의 '둘째 변[二變]'은 비록 또한 (남는 시초를 손가락사이에) 끼운다 해도, 그 뜻은 해[年]를 쌓아서 윤달을 이루어, 초변初變의 일을 완성함을 주로 하니, 모두 '네 계절[四時]'을 상징하고 '윤달[閏]'을 상징하는 것이다. 초변初變 가운데 3년[歲]이 있는데, 뒤의 '둘째 변[二變]'이 없으면, 5년의 상象이 갖추어지지 않기에, 효爻는 이루어질 수 없을 것이다. 역법曆法에서 다시 윤

---

138) '兩, 謂天地. 掛, 懸其一於左小指之間也. 三, 三才也. 揲, 間而數之也. 奇, 所揲四數之餘也. 扐, 扐於左手中三指之兩間也. 閏, 積月之餘日而成月者也. 五歲之間再積日而再成月, 故五歲中凡有再閏. 然後別起積分, 如一掛之後左右各一揲而一扐. 故五者之中, 凡有再扐, 然後別取一掛也.'『周易本義通釋』卷五,「繫辭」上傳, 第九章, 元 胡炳文撰, 電子版文淵閣四庫全書, 상동 참조.

달[閏]을 둔 뒤에, 또 '나누어 진 것[分]'을 따라서 쌓으면, 따라서 나중의 '둘째 변[二變]' 또한 반드시 '하나[一]'를 거는 단서가 된다. 그것을 다시 둘로 나누니, 또한 2년年의 쌓임이 되고, 다시 시초蓍草의 나머지를 놓으면 3년이 된다. '셋째 변[三變]'에 이르니 9년이 되어서, 5년의 '처음과 끝[首尾]'이 갖추어지니, 다시 윤달을 두는 뜻이 분명해질 것이다. 이는 매번 '한 효[一爻]'가 이루어짐에는 반드시 꼭 3변變이 있어야하는 것이라, 매번 변화[變]에는 모두 모름지기 '하나[一]'을 걸어야하는 이유인 것이다. 옛날의 현인들은, (시초蓍草들을) 걸거나 끼우는 일에서 나머지 수를 계산하여, 반드시 초변初變의 '하나를 걸음[掛一]'을 버렸으나, 나중의 '둘째 변[二變]'의 '하나를 걸음[掛一]'을 버릴 수 없는 것은, 초변初變의 '하나[一]'로써 바로 (하늘, 땅, 사람) 삼재三才를 상징하고, 나중의 '둘째 변[二變]'의 '하나[一]'는 윤달[閏]의 여분의 '나뉨을 쌓음[積分]'을 상징했으니. 진실로 같지 않은 것이다.

　　(유원의)『주역항해周易恒解』에서 말한다. (시초蓍草) 49책策을 둘로 나누니, 좌우에 각각 반半이다. 왼손으로 왼쪽의 책策을 잡고, 오른손으로 오른쪽의 일책一策을 취하여, 왼쪽새끼손가락사이에 끼운다. 왼쪽은 하늘이고 오른쪽은 땅이니, 하나를 거는 것은, 사람을 상징한다. 먼저 오른쪽 (시초蓍草의) 책策을 한 곳에 놓고서, 오른손으로 왼쪽책의 수를 센다. 다음은, 왼쪽 책을 한 곳에 놓고서 왼손으로 오른쪽의 책의 수를 센다. 모두 넷씩으로 세는데, 좌우의 수는 '사계절[四時]'의 음양화합의 뜻을 상징한다. 넷씩 세고 난 나머지는, 반드시 정수整數 밖의 끝수[零數]일 것이니, 왼손으로 먼저 왼쪽 셋째, 넷째 손가락사이에 끼우고, 오른손은 다시 세어서 오른 셋째, 넷째 손가락사이에 끼운다. 이 끝수[零數]의 책策으로, 천도天道가 남는 여분을 모아서 나누니, 윤달을 이룸[成]을 상징한다. 한번 걸은 후에, 좌우로 각각 한번 넷씩 세고, 한번 (손가락사이에) 끼우니, 따라서 다섯 가운데 무릇 2번 끼우고, 연후에 별도로 한번 걸게 된다. 다시 (손가락사이에) 끼운 뒤에, 왼손에 합번 걸고 두 번 끼운 책들을 합하여, 네모 위에 작은 네모에 놓으면, 이것이 '첫째 변[一變]'이다. 연후에 두 손으로 다시 좌우에 나머지 책들을 합하여 하나로 하고, 다시 나누고 다시 끼우고 다시 넷씩 세면, '둘째 변[第二變]'이 된다. '셋째 변[三變]'이 일단 끝나면, '손가락사이에 낀 것[過扐]'과 '넷씩 센 것[過揲]'의 수로 얻은 것을 통계하여, 5, 4는 홀수[奇]가 되고, 8, 9는 짝수[耦]가 된다. '손가락사이에 끼운 것[掛扐]'이 세 번이니 홀수[奇]가 되어, 합하여 13책策인데, '넷씩 센 것[過揲]'이 36책이니 노양老陽이 되는데, 그것에 ○을 그리게 되니, 이른바 '겹침[重]'이다. '손가락사이에 끼운 것[掛扐]'이 '홀수[奇]'가 두 번, '짝수[耦]'가 한 번이어서, 합이 17책이면, 32책이니 소음少陰이 되는데, ▬▬을 그리게 되니, 이른바 '갈라짐[拆]'이다. '손가락사이에 끼운 것[掛扐]'이 '짝수[耦]'

가 두 번, '홀수[奇]'가 한 번이면 합이 21책이니, '넷씩 센 것[過揲]'이 28책이면, 소양少陽이 되는데, ━을 그리게 되니, 이른바 '홑[單]'이다. '손가락사이에 끼운 것[掛扐]'이 '짝수[耦]'가 세 번이어서 합이 25책이니, '넷씩 센 것[過揲]'이 24책이어서 노음老陰이 되는데, X를 그리게 되니, 이른바 '엇걸림[爻]'이다. X는 '--의 움직임[動]'이니 '엇걸림[爻]'이 되고; ○은 '━의 움직임[動]'이니 종시終始가 서로 따른다. 3변變마다 효爻가 이루어지니, 18변變이면 괘卦가 이루어진다. 무릇 효변爻變하는 음양은 모두 '적은 것[少]'이 주인[主]이다. 노양老陽은 양陽의 활동이니 개시하여 쉼이 없기에, 따라서 수數가 '적은 것[少]'으로 상징하고, 노음老陰은 음陰의 활동이니 의지하여 생겨남[生]이 무궁하기에, 따라서 수數가 '많은 것[多]'으로 상징하는 것이다.

천天의 수數는 다섯 (홀수)이고, 지地의 수數 또한 다섯 (짝수)이다.

[天數五. 地數五.]

우번虞翻은 말한다. 천수天數는 다섯이니, 1, 3, 5, 7, 9를 말한다. 지수地數는 다섯이니, 2. 4, 6, 8, 10을 말한다.

심선등沈善登(1830-1902)은 말한다. 다섯 홀수, 다섯 짝수의 수數는, 『역易』의 지식에서 늘 보는 것이니, 설명할 필요가 없다.

• **나의 견해:** (주빈朱彬[1753-1834]의) 『예기훈찬禮記訓纂』, 「이월령二月令」에서, 「함께하는 수[共數]는 8이다.」에서,[139] 정현鄭玄주注를 인용하여, '수數는, 오행五行은 천지를 도와서 사물을 생기게 하고 사물을 이루는 차례이다. 오행은 물로부터 시작하니, 불이 다음이고, 나무가 다음이고, 쇠붙이가 다음이고, 흙이 뒤이다.'라고 말했다. (안按(案): 이 차례는 (『상서尙書』,)「홍범洪範」편에서 근본 하니, 하나의 오행五行설이다.) 나무는 수數 3을 낳고 수數 8을 이룬다. 다만 8은 성수成數를 들어 말한 것이다. 또 『예기정의禮記正義』을 인용하여, '수수水數는 1이고, 성수成數는 6이다. 화수火數는 2이고, 성수成數는 7이다. 목수木數는 3이고, 성수成數는 8이다. 금수金數는 4이고, 성수成數는 9이고, 토수土數는 5이고 성수成數는 10이다.' 황씨皇氏[皇侃, 488-545]는, 선유先儒들의 뜻으로 쇠붙이[金], 나무[木], 물[水], 불[火]인데, 흙[土]을 이룬다고 여겼다. 수수水數는 1인데 토수土數 5를 얻으니 따라서 6이다. 화수火數는 2인데 토수土數 5를 얻으니 성수成數가 7이다. 목수木

---

139) '共數八.', 『禮記訓纂』卷八, 「二月令」, 淸 朱彬撰, 中國哲學書電子化計劃, https://ctext.org 참조.

數는 3인데 토수土數 5를 얻으니 성수成數가 8이 된다. 또한 금수金數는 4인데 토수土數 5를 얻으니 성수成數가 9가 된다.'라고[140] 하였다. 이런 여러 설에 의거하면, 천지天地가 생성하는 수數는 5를 떠날 수 없음을 알 수 있다. 오행五行이 천지 가운데 있으니, 자연히 바뀌지 않는 수가 되기에, 하나라도 빠져서는 안 된다.

다섯 자리를 서로 더하여 각각 합친다.

[五位相得, 而各有合,[141]]

(장재의)『횡거역설橫渠易說』에서 말한다. 1, 2는 서로 사이가 있으니, 이것이 '서로 얻는[相得] 것'이다. '각각 합침[各有合]'은 상대와 합침이다.

(주희의)『주역본의周易本義』에서 말한다. 서로 얻음은 1과 2, 3과 4가 각각 홀수[奇數]와 짝수[耦數]로써 무리가 되어 스스로 서로 얻음을 이른다. 합함이 있음은, 1과 6, 2와 7, 3과 8, 4와 9, 5와 10이 모두 둘이 서로 합함이다.

강영江永(1681~1762)은 말한다. 『한서漢書』, 「율력지律曆志」에서, '하늘의 가운데 수는 5이고, 땅의 가운데 수는 6이다.'라고[142] 했다. 당唐나라 일행一行(683~727)은, "하늘의 수는 1에서 시작하고 땅의 수는 2에서 시작하니, 두 시작을 합하여 강剛과 유柔를 정한다. 하늘의 수는 5에서 중中이고 땅의 수는 6에서 중中이니, 두 중中을 합하여 율력律曆을 정한다. 하늘의 수는 9에서 끝나고 땅의 수는 10에서 끝나니, 두 끝을 합하여 윤여閏餘"라고[143] 하였다. 곧 1과 2, 5와 6, 9와 10은 서로 얻는 이치가 있으니, 3과 4, 7과 8도 알 수 있다.

장혜언張惠言(1761-1802)은 말한다. 이는 오행五行이 낳고 이루는 수數이다. (양웅의)『태현太玄』경經에서, '1과 6은 공종共宗(공통의 뿌리)이고, 2와 7은 벗[朋]이 되고, 3과 8은 친위[友]를 이루고, 4와 9는 도道를 같이하고, 5와 5는 서로 지켜준다.'라고[144] 하였다. 우번虞翻주注에, '대연大衍

---

140) '水數一, 成數六. 火數二, 成數七. 木數三, 成數八. 金數四, 成數九. 土數五, 成數十. … 皇氏用先儒之義, 以爲金木水火得土而成, 以水數一, 得土數五, 故六也; 火數二, 得土數五, 爲成數七, 木數三, 得土數五, 爲成數八; 又金數四, 得土數五, 爲成數九.',『禮記正義』,「月令」第六, (漢) 鄭玄注, (唐) 孔穎達疏, (十三經注疏 整理本), 13冊, 상동, 529頁.

141) 相得은 相加(서로 더함)이고, 합은 화和(합치다)이다. 高亨, 527頁.

142) '天之中數五, 地之中數六.',『漢書』,「律曆志」第一上, 四冊, 志[一], 상동, 958頁.

143) 윤여閏餘는, 태양력의 1년이 태음력보다 초과하는 날짜 수이니, 약 11일이다.

144) '一與六共宗, 二與七共明, 三與八成友, 四與九同道, 五與五相守.'『太玄校釋』,「太玄圖」, 揚雄原著,

의 수는 그것의 기수奇數 5만을 간략히 하여 50이라 말하고, 아마도 땅의 10이 또한 5이므로 그것을 간략히 하였다.'라고 말한다.

천수天數는 25이고, 지수地數는 30이다.
[天數二十有五, 地數三十.]

한백韓伯(5세기, 남북조南北朝시대)은 말한다. 다섯 홀수[奇數]를 합하면 25이고, 다섯 짝수[耦數]를 합하면 30이다.

반몽기潘夢旂(12세기, 남송南宋 역학자)는 말한다. 하늘의 수는 그 5를 다섯 번 한 것이고(5×5), 땅의 수는 그 5를 여섯 번 한 것이니(5×6), 5로부터 셈하지 않는 것이 없다.

● **나의 견해**: 하늘의 수는 5로 5에 곱하니 25가 되고, 땅의 수는 6으로 5에 곱하니 30이 된다. 합하면 55가 된다. 5와 6은 하늘과 땅의 중심이 되는 수[中數]이다.

무릇 하늘과 땅의 수는 55이다. 이것이 변화를 확정하고 귀신에게 통하게 한다.
[凡天地之數, 五十有五. 此所以成變化而行鬼神也.[145])]

공영달孔穎達(574-648)은 말한다. 이 양陽의 홀수[奇數]와 음陰의 짝수[耦數]가 그것의 변화를 이루고, 귀신鬼神의 '작용[用]'이 두루 시행됨을 말한다.

후과侯果(侯行果, 8세기, 당唐나라 역학자)는 말한다. 노담老聃이 공자에게, '그대는 어디에서 도道를 구하는가?'라고 묻자, 공자가, '저는 수數에서 구합니다.'라고 하였다. 수數의 오묘함이 귀신에도 통함을 밝힌 것이다.

(주희의)『주역본의周易本義』에서 말한다. 25는 다섯 홀수[奇數]의 합이다. 30은 다섯 짝수[耦數]의 합이다. 귀신鬼神은, 홀수와 짝수를 생성하는 굴신屈伸과 왕래往來를 말한다.

(주희의)『주자어류朱子語類』에서 말한다. 하늘과 땅이 수數가 되는 까닭은, 5에 지나지 않을 따름이다. 5는, 수數의 조상이다. 하늘을 셋, 땅을 둘로 하며, 양陽을 3, 음陰을 2로 하니, 그래서 숫자 5가 된다.

鄭萬耕校釋, 상동, 359頁.
145) 成은 定이고, 行은 通이다. 高亨, 528頁.

유원劉沅은 말한다. 이는 하도河圖의 수數이다. 하도河圖에는, 1과 6은 아래에 있고 2와 7은 위에 있으며, 3과 8은 왼쪽에 있고 4와 9는 오른쪽에 있으며, 5와 10은 가운데에 있으니, 하늘과 땅이 스스로 그러한 이치이다. 용龍과 마馬가 그림[圖]을 지고 왔으니, 아마도 하늘과 땅이 대도大道의 열쇠[機緘]를 드러내어, 성인이 만세萬世의 스승이 됨을 열어 보였다. 하늘과 땅의 시작에 한결 같이 이理와 기氣가 서로 타는데, 그 가운데에서 수數가 나온다. 상象과 수數는, 이기理氣의 절도節度가 (있는) 곳이다. 양수陽數는 '홀수[奇]'이고 음수陰數는 '짝수[耦]'이다. '하늘 하나[天一]'는 물을 낳고, '땅 둘[地二]'은 불을 낳으며, '하늘 셋[天三]'은 나무를 낳고, '땅 넷[地四]'은 쇠[金]를 낳으며, '하늘 다섯[天五]'은 흙을 낳으니, 낳는 것은 '기氣의 시작[始]'이다. '땅 여섯[地六]'은 물을 이루고, '하늘 일곱[天七]'은 불을 이루고, '땅 여덟[地八]'은 나무를 이루고, '하늘 아홉[天九]'은 쇠를 이루고, '땅 열[地十]'은 흙을 이루니, 이루는 것은 '기氣의 마침[終]'이다. 한 번 낳고 한 번 이루어, 서로 공용功用이 되고 서로 그것의 '자기 집[其宅]'에 숨어있으니, 각각 자기 성대함을 지극히 하는 것이다. 25는 다섯 홀수[奇數]의 합이다. 30은 다섯 짝수[耦數]의 합이다. 화化는 변變의 점진이고, 변變은 화化의 완성이다. 귀신鬼神은 조화造化의 자취이니, 곧 변화의 영묘靈妙한 곳이다. 그 사이에 행하는 그것은 하도河圖의 오묘함이며, 하늘과 땅을 채우는 근원이다. 만물은 이로 말미암아 태어나니, 서筮와 상象이 말미암아 나오는 곳이다.

마치창馬其昶은 말한다. 변화를 이루고 귀신이 행하니, 이를 '시초蓍草를 넷씩 셈[揲蓍]'이라고 이른다. 위에서는 일단 성인이 '대연大衍의 수[衍數]'로써 '시초를 넷씩 셈[揲蓍]'을 말하였고, 또 하늘과 땅이 1부터 10에 이르는 수數이며, 그것을 나누거나 합하여 '다섯 자리[五位]'가 되고, 그것을 합하여 55가 되었으니, 5에서 이루어지지 않는 것이 없음을 미루어 말하였는데, '대연大衍의 수[衍數]'는 반드시 5로써 10을 곱한 것이니 실제로 여기에서 근원함을 밝혔기에, 따라서 '이것이 변화를 이루고 귀신을 행하게 하는 것이다.'라고 말한다.

• **나의 견해**: 이는, 하늘과 땅의 수는 서로 구하여 쓰임이 되는 것이지, 확연하게 둘로 나뉘는 것이 아님을 말한 것이다. 홀수[奇數]는 하늘이 낳은 바에 속하니, 땅은 짝수[耦數]로써 그것을 이룬다. 짝수는 땅이 낳은 바에 속하니, 하늘은 홀수로써 그것을 이룬다. 서로 낳고 서로 이루니, 하늘은 낳을 수 있고 또한 이룰 수도 있으며, 땅은 이룰 수 있고 또한 낳을 수도 있다. 낳는다는 것은 그것이 이룰 바를 낳는다는 것이고, 이룬다는 것은 그것이 낳은 바를 이루는 것이다.

건乾괘의 책수策數가 216이요, 곤坤괘의 책수는 144이다. 무릇 360은 1년의 날수에 해당한다.

[「乾」之策二百一十有六, 「坤」之策百四十有四.146) 凡三百有六十, 當期之日.147)]

공영달孔穎達은 말한다. 책策은 시초[蓍]를 이른다. 건乾의 노양老陽은 한 효爻가 36책策이니, 여섯 효爻는 무릇 216이다. 곤坤의 노음老陰은 한 효爻가 24책策이니, 여섯 효爻이므로 144이다. 일년의 날수는 360이니, 그 대략을 들었고, 5와 1/4일은 셈하지 않는다.

(주희의) 『주역본의周易本義』에서 말한다. 기期는 만 일 년이다. 모두 365와 1/4일이다. 이는 정수整數[成數]를 들어서 대략적으로 말한 것이다.

이광지李光地(1642-1718)는 말한다. 한 해의 온전한 수는 365와 1/4일인데, 5와 1/4일인 '기氣가 꽉 차서 넘침[氣盈]'을 제외하여, 그것의 바른 수는 360이 된다. 시초[蓍]의 수數는, '하나를 걸면[掛一]' 하나의 책策으로 기영氣盈인 5와 1/4일日의 수와 합당하다. 그 나머지 48책策은, 1책策으로 7일日 반半에 해당하니, 합하면 360일日을 얻는다. 아울러, 하나를 '거는[掛]' 것은, 바로 일 년의 온전한 수에 부합한다.

유원劉沅은 말한다. 건乾과 곤坤의 책수策數는, 노양老陽, 노음老陰을 '넷씩 센[揲]' 수數이다. 건乾은 9이고 곤坤은 6이니, 네 번 조작[營]하면 건乾은 4×9, 36이고, 곤坤은 4×6, 24이다. 건乾은 매 효爻가 36이니 여섯 효는 216을 얻을 것이다. 곤坤은 매 효爻가 24이니 여섯 효는 144를 얻을 것이다. 두 괘의 책策을 합하면 모두 360으로 한 해를 이루는 날의 수에 해당한다. 매 한 해를 24절기로써 따지면 366일에 모자란다. 12개월의 '초하루[朔]'으로 따지면 354일하고 나머지가 있다. 그것을 절충하여 360일로 삼았다.

(『역경』상하) 2편의 책수策數 11,520은 만물의 수에 상당한다.

[二篇之策萬有一千五百二十, 當萬物之數也.148)]

---

146) 『易經』64괘는 爻의 변화로써 사태를 점치는데, 乾괘의 여섯 효는 변하는 老陽의 효이니, 효마다 9번 설책(넷씩 나눔)하니(9×4×6), 216책策이고, 坤괘의 여섯 효는 변하는 老陰의 효이니, 효마다 여섯 번 揲하니(6×4×6), 144책이다. 高亨, 상동.

147) 期는 1년이고, 乾坤 兩괘의 합이 360策이니, 1년 360일에 상당한다. 양괘의 策數는 天地의 1년 순환의 日數이다. 高亨, 529頁.

148) 二篇은 『易』經 上下의 두 편이고, 『역易』64괘에, 매효 6爻이니, 모두 384효이다. 양효와 음효가 각각 192효이고, 1陽爻의 시초蓍草가 9揲(4×9)는 36策이니, 합치면(192×36) 6,912策이다. 1陰爻의 시초가 6揲(4×6)이면 24策이니, 합치면(192×24) 4,608책이다. 이 둘[6,912+4,608]을 합치면 만물의 수[11,520]에

공영달孔穎達은 말한다. (『역易』의 상하) 두 편의 효爻는, 음陰과 양陽이 각각 반으로, 192이다. (나의 견해: 전체의 수는 384효를 얻는다.) 양효陽爻는 36이니, 총 6,912(192×36)이다. 음효陰爻는 24이니, 총 4,608(192×24)이다. (나의 견해: 8은 정수整數 이외의 끝수이다.) 음양의 총합은, 만물의 수에 해당한다.

주진朱震(1072-1138)은 말한다. 이 노양老陽, 노음老陰의 책策과 소양少陽, 소음少陰의 책策을 합하면 또한 11,520이다.

유원劉沅은 말한다. 상경과 하경 두 편을 합하여 따지면, 양효陽爻는 192이니 매 효의 36책策으로 인하여 6,912를 얻는다. 음효陰爻는 192이니 매 효의 24책策으로 인하면 4,608을 얻는다. 합하면 11,520이 된다. 이는 9와 6의 노수老數를 말한 것이다. 만약 7과 8의 소수少數로 미루어보면, 소양少陽은 '넷씩 센[揲]' 수가 7이니, 그 7을 네 번 하면 28이 되고, 소음少陰은 '넷씩 센[揲]' 수가 8이니, 그 8을 네 번 하면 32가 된다. 만약 건乾과 곤坤이 모두 '젊었으면[少]', 그 합은 역시 360이다. 상경과 하경 두 편이 모두 '젊었으면[少]', 그 합은 역시 11,520이다. (「계사繫辭」전에서) '늙은 것[老]'을 말하고 '젊은 것[少]'을 말하지는 않은 것은, 괘와 효를 9와 6으로써 효爻라고 이름하고, 7과 8은 말하지 않는 것과 같다. 건乾과 곤坤은 여섯 자녀를 둘 수 있고, 9와 6은 7과 8을 포괄할 수 있다.

이 때문에 효상爻象을 네 번 구동하여 『역易』경을 구성하였다.

[是故四營而成「易」.149)]

육적陸績(188-219)은 말한다. 둘로 나누는 것이 첫 번째 경영[一營]이다. 하나를 거는 것이 두 번째 경영[二營]이다. 넷으로 세는 것이 세 번째 경영[三營]이다. 나머지를 모으는 것이 네 번째 경영[四營]이다. '네 차례로 영위營爲함[四度營爲]'을 이른다.

상당하다. 高亨, 상동.

149) 四營에는 예로부터 2학설이 있다. 1:『周易集解』(李鼎祚撰)에서 荀爽(128-190)을 인용하여 말하니, 四營은 7,8,9,6이다. 7은 少陽의 수, 8은 少陰의 수, 9는 老陽의 수, 6은 老陰의 수이니, '『易』有四象'은 곧 4종의 爻象이니, 따라서 '四營而成『易』'을 말한 것이다. 2:『周易集解』에서는 陸績(188-219)를 인용하여 말하는데, '分而爲二以象兩'이 一營이다. '挂一以象三'이 二營이다. '揲之以四以象四時'가 三營이다. '歸奇於扐以象閏'이 四營이다. 1설에 의하면 四營은 四象이니, 『易』64괘는 모두 4종 爻象으로 이루어졌다는 말이다. 2설에 의하면, 四營은 네 번 蓍草의 策을 배포하는 방식인데, 네 번 책수를 정하여 1變이 생기고, 2變으로 1爻가 생기고, 6爻로 1괘가 이루어진다는 말이다. 高亨, 529-530頁.

(주희의) 『주역본의周易本義』에서 말한다. 『역易』은 변역變易이니, 일변一變을 이른다.

귀유광歸有光(1507-1571)은 말한다. 9가 '넷씩 세는 데[揲]'에서 갖추어지면, '세 홀수[三奇]'가 나머지에서 보인다. 6이 '넷씩 세는 데[揲]'에서 갖추어지면 '세 짝수[三隅]'가 나머지에서 보인다. 7이 '넷씩 세는 데[揲]'에서 갖추어지면 두 짝수와 하나의 홀수가 나머지에서 보인다. 8이 '넷씩 세는 데[揲]'에서 갖추어지면 두 홀수와 하나의 짝수가 나머지에서 보인다. 그 '넷씩 센[揲]' 수數를 반드시 돌이켜 살피지 않아도, 이미 그것의 요점을 들먹인 것이다.

유원劉沅은 말한다. 홀수와 짝수가 처음 나누어질 때, 노老와 소少가 아직 정해지지 않아서, 괘卦와 효爻를 말하기에 충분치 않기에, 따라서 단지 『역易』을 구성함成易'만 말한 것이다. 일변一變하여 『역易』(變易)을 이루고, 삼변三變하여 효爻를 이루니, 18변變하면 6효爻를 이룬다.

마치창馬其昶은 말한다. 시초蓍를 '넷씩 세는 일[揲]'을 네 차례로 하면, 일변一變을 이룬다. 삼변三變한 후에, 그것이 7이 되는지, 8이 되는지, 9가 되는지, 6이 되는지를 안다. 그러므로 순자명荀慈明(荀爽, 128-190)은, '영營은, 7, 8, 9, 6을 이른다.'라고 말한다. 그래서 영營은, 이를 경영할 뿐임을 말한 것이다.

(시초蓍草의 책策의 수가) 18번 바뀌어야 (한) 괘가 성립한다. 여덟 괘는 (각각 독립된 것이라, 아직 사물의 관계를 나타내지 못하므로) 작은 이룸(小成)이다.

[十有八變而成卦.150) 八卦而小成.151)]

공영달孔穎達은 말한다. 삼변三變이 이미 끝나면 이에 효爻 하나를 정한다. 여섯 효爻는 18변變하여야, 비로소 괘卦를 이룬다. 팔괘八卦는 하늘, 땅, 우레, 바람, 해[日], 달[月], 산, 못[澤]을 상징하는데, (괘상卦象을 근거로 괘명卦名과 괘사卦辭를 설명하는) 「대상大象」전에서152) 소략하게 다 하였으니, 이에 역도易道가 '작게 이루어진 것'[小成]이다.

(주희의) 『주역본의周易本義』에서 말한다. 여덟 괘가 '작게 이루어짐[小成]'은, 9변變하여 세 획을 이루어서, 내괘內卦를 얻었음을 이른다.

유원劉沅은 말한다. '작게 이룸[小成]'은, 9변變하여 삼획三畫을 이루어 내괘內卦를 얻는 것을 이

---

150) 시초蓍草의 策의 수가 세 번 變하여 1爻가 생기고, 여섯 효에서 1괘가 생기니, 따라서 18번 變해야 1괘가 성립한다. 高亨, 530頁.

151) 8괘는 각각 독립된 사물이니, 사물의 관계를 나타낼 수 없기에 '小成'이다. 高亨, 상동.

152) 大象傳은 64괘卦의 卦名과 卦意의 설명이다.

른다. 8괘八卦로는 만물의 실정과 이치를 다 할 수 없으므로, '작게 이룸[小成]'이라고 말한다.

> (8괘를) 끌어서 거듭(8×8=64괘)하고, 같은 부류의 사물을 만나서 확대하면, (『역易』에서) 세상일들을 끝낼 수 있다.
>
> [引而伸之, 觸類而長之, 天下之能事畢矣.153)]

육적陸績은 말한다. 8괘八卦를 인신引伸하여 거듭하니 64(괘)가 된다. 효爻와 책策을 '만나서 확대[觸長]'하면 11,520에 이른다.

유원劉沅은 말한다. 8괘八卦를 끌어다가 펼쳐 6효爻에 이르면 64괘卦를 이룬다. 같은 부류끼리 붙여서 길러 한 괘가 64변變하여 4,096괘卦를 이루면 의義와 유類가 무궁해져서, 일의 변화를 갖추고 백성들이 두루 쓰기에 충분하니, 천하의 일이 마쳐질 것이다.

마치창馬其昶은 말한다. 신信은 고문古文의 '폄[伸]'이다.

> (『역易』에서) 도道, 신神, 덕德, 행行을 뚜렷이 보일 수 있으니, 이 때문에 (우리는) 타인이나 사물에 대하여 응대[酬酢]할 수 있고, 신령神靈을 도울 수 있다.
>
> [顯道神德行, 是故可與酬酢, 可與祐神矣.154)]
>
> 공자가 말한다. "변화의 도리를 아는 이는, 아마도 신령이 하는 짓도 알 수 있을 것이다!"
>
> [子曰: "知變化之道者, 其知神之所爲乎!"]

(주희의)『주역본의周易本義』에서 말한다. "도道는 말[辭]로 인因하여 드러나고, 운행[行]은 수數로써 신묘하다."155) 변화變化의 도道는 곧 윗글의 수법數法이다. 모두 사람이 할 수 있는 바가 아니기에, 따라서 공자가 그것을 감탄한 것이다.

유원劉沅은 말한다. 도道는 음양陰陽의 밖이 아니다. 음양의 변화는 헤아릴 수 없어서 그것의 오묘함을 엿보지 못하니, 모두 '신묘함[神]'이 하는 것이다. 도道와 덕德은 술수術數의 근원이니, 이

---

153) 신伸은 마땅히 신申(거듭하다)으로 읽어야하고, 촉觸(닿다)은 우遇(만나다)이며, 長은 增長이다. 필畢(마치다)는 진盡(끝나다)이다. 高亨, 상동.

154) 王引之에 의하면, 與는 以와 같다. 옛날에 연회를 베풀면, 主客이 술로써 敬禮했으니, 그것이 수작酬酢이다. 타인이나 사물에 대응하는 것도 酬酢이다. 우祐는 우佑이니 도움이다. 高亨, 531頁.

155) '道因辭顯, 行以數神.'『周易本義通釋』卷五,「繫辭」上傳第九章, 元 胡炳文撰, 電子版 文淵閣四庫全書, 상동 참조.

것이 아니면 수數를 말하기에 부족하다. 수數가 있는 곳에 이리가 있지 않은 데가 없다. (이는) 곧 수數로써 이리를 보고, 이리理를 궁리하여 도道와 합하고, 덕행德行이 몸에 갖추어지니. 천지天地의 음양이 밝힐 수가 없다.

● **나의 견해:** 『역易』은 군자를 위해서 도모하는 것이지, 소인을 위해 도모하는 것이 아니며, 또한 점치는 자에게 도道와 덕德이 있는지, 없는지에 달려있다.

‖‖ 10 ‖‖

『역易』에는 성인 도리가 넷이 있다: (시비) 판단에는 (괘 · 효)사辭를 높이 보는 것이고, 행동할 때는 (괘 · 효)사의 변화를 높이 보는 것이고, 기물器物을 만들 때는 (괘)상을 높이 보는 것이고, 서점筮占은 점(의 결과)를 높이 보는 것이다."
["易"有聖人之道四焉: 以言者尙其辭, 以動者尙其變, 以制器者尙其象, 以卜筮者尙其占.]

육적陸績(188-219)은 말한다. 변變은, 효의 변화이니, 마땅히 따져본 후에 움직임을 말한다.

왕부지王夫之(1619-1692)는 말한다. 기물 제작은 상象을 숭상한다. 단지 상고上古 성인聖人의 제작만이 그렇게 한 것은 아니다. 무릇 천하 후세에 제작한 기물, 또한 음양, 강유, 허실, 착종의 상象에 암암리에 부합한다.

유원劉沅(1767-1855)은 말한다. 말씀[辭], 변變, 상象, 점占은 술수術數에 가깝다. 그것[『역易』]은 성인의 도가 되는 것이니, 배우려는 자는 이것에 마음을 다해야할 것을 특별히 밝힌 것이다. 이以는 '쓰임[用]'이다. '기물을 만들음[制器]'은 '줄을 묶음[結繩],' '그물[網罟]'의 부류이다. '상象을 높이 봄[尙象]'은 '불[離],' '우물[井],' '솥[鼎]'의 부류이다. 점占은 길吉, 흉凶, 회悔, 인吝 등의 말이다. 거북점과 시초蓍草점을 아울러 말한 것은, 거북점 역시 음양 변동에 불과하지 않기 때문이다. 성인聖人의 도는 포함하지 않는 것이 없지만, 일용 사물에서 드러난다. 반드시 도道에 맞게 갖가지 변화를 포괄하여, 움직임이 도를 떠나지 않고, 중中을 벗어나지 않아야 함을 말한다. '기물의 제작[制器]'은 형이하形而下의 기물이면서 또한 형이상形而上의 도道가 깃들어서, 부류에 의지하여 상象을 취하니, 올바름을 잃지 않고 백성의 쓰임에 앞선다. 거북점과 시초점이 도道에 맞는 것을 구하여, 지나간 것을 밝히고 올 것을 살펴서, 사람들에게 거취를 알려준다.

이렇기 때문에 군자는 무엇을 하려고 하거나, 행동하려고 하면, 말[言]로써 묻는다. (시초蓍草로 길흉을) 물어보면 메아리가 (소리에) 응답하듯 하고, 멀고 가까운 것, 어둡고 깊은 것을 가릴 것 없이, 바로 미래의 일을 알게 한다. 천하에 지극히 정밀情密한 것이 아니라면, 어찌 이런 것에 미칠 수 있을까?

[是以君子將以有爲也, 將以有行也, 問焉而以言. 其受命也如向, 無有遠近幽深, 遂知來物.156) 非天下之至精, 其孰能與於此?157)]

공영달孔穎達(574-648)은 말한다. '말로써 함[以言]'은 시초蓍草에게 명령하는 것이다. 시초蓍草는 사람에게 길흉을 알리니, 마치 메아리가 소리에 응하는 것과 같다.

항안세項安世(1129-1208)는 말한다. 점치는 일을 말한 것이다.

오징吳澄(1249-1333)은 말한다. '하려고 함[有爲]'은 '내사內事를 함[作內事]'을 말한다. '행동을 함 [有行]'은 '밖의 일을 하는 것[作外事]'을 말한다.

유원劉沅은 말한다. '함[爲]'은 창작創作이다. '행함[行]'은 실천이다. 거북과 시초蓍草에게 물으니 그 시비是非를 얻어서 말하는 것이다. '수명受命'은 '묻는 것[其問]'을 받는 것이다. 향嚮은 '가까움 [近]'이니, 마치 피차가 서로를 향하여 친절하게 질문하고 답하는 것과 같다. '메아리[響]'라고 써도 된다. '멈[遠]'은 천하 후세이다. '가까움[近]'은 집안의 숨 쉬는 (짧은) 거리이다. '어둠[幽]'은 일이 분명하지 않은 것이다. '깊음[深]'은 이치가 얕지 않은 것이다. '오는 것[來物]'은 미래의 길흉이다. 이것은 '말씀[辭]'을 높이는 일이다. 지극히 정밀해 온갖 사물의 이치를 포괄하고 하늘과 사람을 관통한다. '멀고 가까움[遠近],' '어둡고 깊음[幽深]'은 물론이고, 그 미래에 대해 모두 알려주는 것이다.

3과 5의 작은 효변爻變이 괘변卦變으로 변화하니, (여섯 효의) 수數가 착종하고 종합한다.

[參伍以變,158) 錯綜其數.159)]

---

156) 來物은 미래의 일이다. 周振甫, 246頁, 注80.

157) 與는 及이다. 高亨, 532頁.

158) 삼參은 三으로, 오伍는 五로 읽는데, 三五는 좀 작아서 일정치 못한 수자이고, 變은 爻變에 따른 괘변卦變을 가리킨다. 高亨, 상동.

159) 착錯은 교착交錯이고, 종綜은 종합이다. 數는 爻의 位次(순차적으로 배정한 자리)이다. 각各괘 六爻의 數가 교차 종합하여, 爻位와 爻位의 관계를 만든다. 高亨, 533頁.

공영달孔穎達은 말한다. 착착錯은 교착交錯을 말하고, 종종綜은 합하여 모으는 것이다.

(주희의) 『주역본의周易本義』에서 말한다. "삼參은 3으로 세는 것이고, 오伍는 5로 세는 것이다. 이미 3으로 세어 변화하고, 다시 5로 세어 변화하는 것이다."[160]

또 (『주역본의』에서) 말한다. "이 또한 모두 '시초蓍草를 넷씩 세어[揲蓍] 괘를 구하는 일을 말한다."[161] '3과 5의 교착[參伍錯綜]'은 모두 고문古文이다. 『순자荀子』, 「의병議兵」편에서, "적을 엿보고 변화를 살핌에는 (잠입하여 관찰하고서,) 이리 저리 참조한다."라고[162] 하였고, 『한비자韓非子』에서, '다방면에서 얻은 결과를 비교한다.'라고[163] 하였고, 또 (『한비자』, 「양권揚權」편)에서, '(유형有形한) 물건[物]들을 참고하고, (무형無形한) 물건[虛]들을 비교 검토해야한다.'라고[164] 하였다. 『사기史記』에서, '반드시 삼경三卿[參]과 오대부五大夫[伍]와 상의한다.'라고[165] 하였고, 또한 '참조하여 (진실을) 놓치지 않음'을[166] 말하였다. 『한서漢書』에서, '그 값을 참조[參伍]하여, 부류로써 서로 맞춘다.'라고[167] 하였다. 이들은 서로 충분히 밝힌 것이다.

왕부지王夫之(1619-1692)는 말한다. 참參은 다른데 서로 대입하는 것이고, 오伍는 같아서 서로 짝하는 것이다.

유원劉沅은 말한다. 착착錯은 서로 나란히 교착하는 것이니, 건곤乾坤괘와 감리坎離괘이다. 종종綜은 상하가 뒤집어지는 것이니, 준屯・몽蒙괘와 수需・송訟괘이다.

또 (유원은) 말한다. 천지天地의 수는 3을 품고, 중앙에 5가 있다. 삼參은 3으로 세는 것이고, 오伍는 5로 세는 것이다. 대개 하늘은 1이고, 땅은 2이니, 그 수가 3을 얻는다. 목木(3)과 화火(2)는 같이 '있고[同居],' '쇠붙이[金](4)'와 '물[水](1)'은 친구가 되니, 그 수가 5를 얻는다. 3은 건곤乾坤의 정수定數이다. 5는 건곤이 교류한 것이다. 건乾은 9이고 곤坤은 6이니, 합하여 3[參]과 5[伍]의 상이 이루어진다. 5를 세 번하면 15가 되고, 3을 다섯 번 해도 15이다. 따라서 3과 5를 들어서, 여러 수

---

160) '參者, 三數之也. 伍者, 五數之也. 旣參以變, 又伍以變.' 周易本義通釋』卷五, 「繫辭」上傳第十章, 元 胡炳文撰, 電子版 文淵閣四庫全書, 상동 참조.

161) '此亦皆謂揲蓍求卦之事.', 周易本義通釋』卷五, 「繫辭」上傳第十章, 元 胡炳文撰, 電子版 文淵閣四庫全書, 상동 참조.

162) '窺敵觀變欲潛以深, 欲伍以參.', 『荀子集釋』, 「議兵」, 李滌生著, 상동, 324頁.

163) '偶參伍之驗以責陳言之得失.', 『韓非子全釋』, 「備內」篇, 張覺譯注, 상동, 232頁.

164) '參之以比物, 伍之以合虛.' 『韓非子全釋』, 「揚權」篇, 張覺譯注, 상동, 98頁.

165) '周書曰: "必參而伍之.",' 『史記』, 「蒙恬列傳」, 八冊, 傳[二], 상동, 2,569頁.

166) '參伍不失.', 『史記』, 「太史公自序」, 十冊, 傳[四], 상동, 3,291頁.

167) '參伍其賈, 以類相準.' 『漢書』, 「趙尹韓張兩王」傳, 十冊, 傳[四], 상동, 3,202頁.

를 포괄할 수 있다. 변화를 따라서 '무늬[文]'를 이룬다. 양陽의 강강剛함은 천문天文이고, 음陰의 유柔함은 지문地文이다. 서로 간에 이루니 그 시작은 모두 변화로부터 생겨난 것이다. 수數로 인하여 상象이 있으니, 내외가 착종하여 강유剛柔가 몸[體]을 갖는다. 천지天地 '무늬[文]'의 상象은 『역易』이 소유한 '무늬[文]'의 상이다. 이로써 없는 것을 포괄한다. 이치는 기미에서 시작되고, 작용은 두루 무궁하다. 이것은, 변화를 숭상하고, 상象을 숭상하는 일이다.

마침창馬其和은 말한다. 변變에서 2짝수와 1홀수, 2홀수와 1짝수는 삼參이다. 3홀수나 3짝수는 오伍이다. 책수策數는 28, 32, 36, 24가 고르지 않으니, 섞여 있는 것이다. 모두 4로 나누어 7, 8, 9, 6의 수가 되니, 모으는 것이다.

(여섯 효의) 수가 착종하고 종합하여 (효위와 효위의 관계를) 나타내고, 그 (효爻)의 변화를 통하여, 마침내 (천지天地의) 문채文彩를 이룰 수 있다. 괘효의 위수位數를 극진極盡하게 하면, 마침내 천하 사물의 상象을 확정할 수 있다. 천하에서 지극하게 변하는 것이 아니라면, 어찌 이런 것에 미칠 수 있을까?

[通其變, 遂成天地之文.168) 極其數,169) 遂定天下之象. 非天下之至變, 其孰能與於此?170)]

우번虞翻(164-233)은 말한다. 사물이 서로 섞여 있으니 '무늬[文]'라고 한다.

공영달孔穎達은 말한다. 음양의 수를 끝까지 다한다.

항안세項安世(1129-1208)는 말한다. 여섯 효의 변화에 통달하여 18을 얻고, 마침내 초, 2, 3, 4, 5, 상효의 강유剛柔가 서로 섞인 문채를 이룬다.

또 (항안세는) 말한다. (이것은) 점치는 법을 말한 것이다.

유원劉沅은 말한다. 이것은 변화를 숭상하고, 상象을 숭상하는 일이다. 성인은 3으로 참착參錯하고, 5로 공통참개[伍]하여, 그 변화를 얻는다. 따르고 거스름으로써 서로 교착[錯]하고, 상하로 가면서 서로 모여서[綜] 괘·효를 다한다. 3과 5의 변화에 통하여 한번은 강강剛하고 한번은 유柔하여, 서로 간에 문채를 이룬다. 양陽의 강강剛함은 천문天文이고 음陰의 유柔함은 지문地文이니, 마침내 천지의 문채를 이룬다. 무릇 천지 사이의 문채는 이것을 보는 것이다. 착종의 수를 다하여, 안팎으로부터 강유에 몸[體]이 있어서, 내체內體의 내상內象과 외체外體의 외상外象이, 마침내 천하

---

168) 成은 定과 같다. 高亨, 상동.
169) 極은 진진盡이다. 高亨, 상동.
170) 至變은 가장 잘 변화함이다. 與는 及이다. 高亨, 상동.

의 상象을 정한다. 무릇 『역易』이 드러내지 못한 상象이, 여기에서 통합할 것이다. '문채[文]'가 있으면 여기에 수數가 있게 된다. 수를 쌓으면 상象이 있으니, 그 시작은 모두 '변화[變]'로부터 생긴다. '이理'는 기미에서 시작하고, '쓰임[用]'은 무궁함에 두루 미치니, 따라서 천하의 지극한 변화를 총괄하여 받든다.

마치창馬其昶(1855-1930)은 말한다. 괘상卦象을 살펴서 효상爻象을 결정한다. 단象전의 7, 8로부터 움직여서 효爻의 9, 6이 된다. 또한 효爻의 9, 6으로부터 변하여, 괘卦의 7, 8이 될 수 있다. 그 수를 끝까지 하는 것이, 그 기미를 궁구하는 바가 된다.

『역易』은 사고하지도 않고, 행위도 없이, 고요하게 움직이지 않으나, (지성至誠으로) 감동하여, 마침내 천하일에 통달한 것이다. 천하에서 지극히 신묘한 것이 아니라면, 어찌 이런 것에 미칠 수 있을까?
[『易』无思也, 无爲也, 寂然不動, 感而遂通天下之故.[171] 非天下之至神, 其孰能與於此?]

공영달孔穎達은 말한다. 고故는 '일의 사고[事故]'를 말한다.

(주희의) 『주역본의周易本義』에서 말한다. 『역易』은, 시초蓍草와 괘卦를 가리킨다. '생각 없음[无思],' '함이 없음[无爲]'은 (시초蓍草와 괘에) '마음 없음[无心]'을 이른다. '적연함[寂然]'은 '느낌[感]'의 '몸[體]'이고, '느끼며 통함[感通]'은 '적연함[寂]'의 '작용[用]'이다.

항안세項安世는 말한다. 이것은 '점의 이치[占理]'를 말한 것이다.

유원劉沅은 말한다. '적연하여 움직임 없음[寂然不動]'은 신묘함의 본체이다. 감感은, 거북점과 시초蓍草점에 감응하는 것이다. 통通은, 두루 알지 못함이 없는 것이다.

또 (유원은) 말한다. 이것은 점을 숭상하는 일을 말한다. 『역易』은 '복서卜筮로 점침'을 '쓰임[用]'으로 삼는다. 그(『역易』)의 정미精微함은 마침내 거북[龜]이나 시초[蓍]에 있다고 여길 수 없다. 거북과 시초가 영험한 것이 아니라, 영험하게 하는 것은 '신묘함[神]'이 그렇게 만드는 것이다. 『역易』의 본체는 본래 '생각함이 없고[无思],' '함이 없음[无爲]'이니, 이기理氣와 상수象數가 아직 형체의 조짐을 나타내지 않았을 때에, 『역易』의 전체는 '적연하여 움직임 없음[寂然不動]'이다. 그러나 거북점과 시초蓍草점에 감응하여, 마침내 천하의 일에 통하게 된다. 그 단서를 구하고자 하나 살필 수 없으니, 지극한 신묘함이 아니면 누가 할 수 있겠는가?

---

171) 故는 事이다. 高亨, 상동.

『역易』은, 성인이 매우 깊은 것을 궁구하고 매우 미세한 것을 연구하는 수단이다. (『역易』은) 심오하기에, 따라서 천하의 뜻을 관통할 수 있다. (『역易』은) 아주 미세하기에, 따라서 천하의 사무를 확정할 수 있다. (『역易』은) 신묘하기에, 따라서 급하게 (서둘지) 않고, 가지 않아도 (목적지에) 이른다.

[夫"易", 聖人之所以極深而硏幾也.[172] 唯深也, 故能通天下之志. 唯幾也, 故能成天下之務. 唯神也, 故不疾而速,[173] 不行而至.]

우번虞飜은 말한다. 원근遠近, 유심幽深을 막론하고, 마침내 올 것을 알기에, 따라서 천하의 뜻에 통하게 되기에, '시초[蓍]'라고 한다. 기미[幾]를 연구하여 천하의 일을 이룰 수 있어서, 괘卦라고 한다. '적연하여 움직임 없음[寂然不動]'이나, 감응하면 마침내 통하니, 따라서 '다니지 않아도[不行]' 오는 것이다.

한백韓伯(5세기, 남북조南北朝시대)은 말한다. 형체가 없는 이치를 끝까지 하는 것이 심深이고, 미묘함이 움직이는 때에 맞는 것이 기幾이다.

소식蘇軾(1037-1101)은 말한다. 심深은 그 이치이고, 기幾는 그 쓰임이다.

(주희의) 『주역본의周易本義』에서 말한다. "깊음을 다하게 하는 것은 지극한 정미함이고, 기미幾微를 연구하는 것은 지극한 변화이다."[174] 뜻을 통하고 일을 이루게 하는 것은 신묘함이 하는 것이다.

유원劉沅은 말한다. 그 정미하고 깊은 것을 끝까지 궁구한다. 오직 정미하니 깊음을 끝까지 한다. 깊음을 끝까지 하지 않으면 정미하지 않다. 그 기미幾微를 깊이 연구하고 살피니, 오직 변화하므로 기미를 연구한다. 기미를 알지 못하면, 변화에 통하지 않는다. 뜻에 통하는 것은 말을 하고, 일에 처하는 것으로 명命을 받는 것이 메아리와 같다. 일을 이루는 것은 거동擧動하고, 기물을 만드는 것이니, '문채[文]'를 이루고 상象을 이룬다. 재촉하지 않고 가지 않는 것이, 곧 '적연하여 움직임 없음[寂然不動]'이다. 빠르고 이르는 것은, 곧 감응하여 천하의 일에 마침내 통하는 것이다.

---

172) 陸德明의 『經典釋文』에 의하면, 기幾는 미微(작음)이다. 성인은 『역易』의 深奧함을 궁구하고, 『역易』의 幾微를 연구한다. 高亨, 534頁.

173) 『廣雅·釋詁』(張揖撰)에, 질疾은 급急이다. 高亨, 상동.

174) '所以極深者, 至精也. 所以硏幾者, 至變也.', 『周易本義通釋』卷五, 「繫辭」上傳第十章, 元 胡炳文撰, 電子版 文淵閣四庫全書, 상동 참조.

공자는 말한다. "『역易』에는 성인의 도道가 넷(其辭, 其變, 其象, 其占)이 있음"은, 이것을 말함이다."
[子曰: "「易」有聖人之道四焉"者,175) 此之謂也.]

항안세項安世는 말한다. (윗글에서, 군자가) '무엇을 하려고 함[將有爲也]' 이하는, 오직 점을 숭상하는 한 가지 일에 대해서만 논하였는데, 마치 네 가지 일[辭, 變, 象, 占]로써 끝내는 것과 같다. 점에는 '말씀[辭]'이 있고, 변화에는 상象이 있다. 그 하나를 들면, 네 가지 것이 모두 그 속에 있다.

오징吳澄(1249-1333)은 말한다. 말로써 점을 치면, 앞을 알아서 뜻에 통할 수 있다. 변화로써 상象을 얻으니, '만들 수 있어서[制作]', 일을 이룰 수 있다.

유원劉沅은 말한다. '지극히 정밀함[至精],' '지극하게 변함[至變],' '지극히 신묘함[至神]'은 모두 성인聖人의 도圖인데, 『역易』은 이를 갖고 있다. '성인聖人의 도道로써 사람을 가르침'을 밝히고, '수數를 좇되 도리[理]에 어두운 부류'와는 단절을 한다. 다만 네 가지[辭, 變, 象, 占]를 성인의 도道로 지적하는데, 성인은 본래 상수象數로써 표현하지 않는다. 네 가지를 하는 것은 모두 '지극히 정밀함[至精],' '지극히 변함[至變],' '지극히 신묘함[至神]'의 덕에 근본을 두니, 무궁하게 세인世人들을 가르치기에 충분하다. 배우는 이들은 곧 네 가지로써 본원을 구하여, 반드시 어떻게 '정밀[精]해야' 하고, '변화[變]해야' 하고, '신묘[神]'할 수 있을지 생각해야 하고, '본성[性]'이 나뉜 '결과[功]'는 느슨해짐[緩]을 허용하지 않는다. '말씀[辭],' '변화[變],' '상象,' '점占'에는, 또한 이들을 쉽게 보지 않고, '씀[用]'에는 신중하고, '바름[正]'에 근본 하니, 그 속에 다 있다. 이것이 공자의 뜻이다. (『역易』의) '사고하지 않음[无思]'절節은, 『역易』을 말한 것이 분명한데, 어떤 이는 성인의 심체心體에서 말해버리니, 매우 아닌 것이다. 또한 『역易』에서 글자와 복서卜筮란 글자는, 자연히 시초점[蓍]과 거북점[龜]을 겸한 것이다. '대연大衍'장章은 시초蓍草점[蓍]은 말하지만 거북점[龜]은 말하지 않으니, 대개 '시초[蓍]를 넷씩 세는 법[揲筮]'은 상象과 수數가 뚜렷하여 쉽게 드러나니, 곧 『역易』에 보인 것을 사람들에게 보여준 것이다. 거북점의 신묘함은 현시하기 어렵기에, 따라서 다시 말하지 않는다.

마치창馬其昶은 말한다. 이상은 제4편이니, 움직여서 그 변화를 관찰하고 그 점을 완미함을 펼친 것이다.

---

175) 『易』에는 사상四尙(네 가지 숭상崇尙)이 있으니, '상기사尙其辭', '상기변尙其變,' '상기상尙其象,' '상기점尙其占'이다. 高亨, 534頁.

하늘이 1, 땅이 2. 하늘이 3, 땅이 4. 하늘이 5, 땅이 6. 하늘이 7, 땅이 8. 하늘이 9, 땅이 10이다.

[天一, 地二. 天三, 地四. 天五, 地六. 天七, 地八. 天九, 地十.]

정현鄭玄(127-200)은 말한다. '하늘 하나[天一]'는 북방[北]에서 물을 낳고, '땅 둘[地二]'은 남방[南]에서 불을 낳으며, '하늘 셋[天三]'은 동쪽[東]에서 나무를 낳고, '땅 넷[地四]'은 서쪽[西]에서 쇠[金]를 낳으며, '하늘 다섯[天五]'은 가운데에서 흙을 낳는다. 양陽이 짝이 없고 음陰이 짝이 없으면, 서로를 이루어주지 못한다. '땅 여섯[地六]'은 북방[北]에서 물을 이루니, '하늘 하나[天一]'와 나란하다. '하늘 일곱[天七]'은 남방[南]에서 불을 이루니, '땅 둘[地二]'과 나란하다. '땅 여덟[地八]'은 동쪽[東]에서 나무를 이루니, '하늘 셋[天三]'과 나란하다. '하늘 아홉[天九]'은 서쪽[西]에서 쇠를 이루니, '땅 넷[地四]'과 나란하다. '땅 열[地十]'은 가운데에서 흙을 이루니, '하늘 다섯[天五]'과 나란하다.

한백韓伯(5세기, 남북조南北朝시대)은 말한다. 『역易』은 수數를 지극히 함으로써 신명神明의 덕德을 통하기에, 따라서 『역易』의 도道를 밝힘에, 먼저 천지天地의 수數를 들었다.

곽옹郭雍(1106-1187)은 말한다. 하늘의 수가 다섯이고 땅의 수가 다섯이라는 것이, 이것이다. 『한서漢書』, 「율력지律曆志」에서, '하늘은 1로써 물을 낳고, 땅은 2로써 불을 낳고, 하늘은 3으로써 나무를 낳고, 땅은 4로써 쇠를 낳고, 하늘은 5로써 흙을 낳는다.'라고[176] 하였다. 그러므로 혹자는, '하늘 하나[天一]부터 하늘 다섯[天五]에 이르기까지는 오행五行이 수數를 낳는 것이고, '땅 여섯[地六]부터 땅 열[地十]에 이르기까지는, 오행五行이 수數를 이루는 것이라고 이른다.

정초鄭樵(1104~1162)는 말한다. (『예기禮記』의)「월령月令」편에서 '사계절[四時]'을 기록하여, '나무, 불, 흙, 쇠, 물의 오행은 서로를 낳는 수數이다.'라고[177] 했다. (『상서尙書』의)「우서虞書」편에서, '육부六府'를 기록하여, '물, 불, 쇠, 나무, 흙은 오행이 서로를 이기는 수數이다.'라고[178] 하였다. 오직 『역易』과 (『상서尙書』의)「홍범洪範」편에서 말한 '오행五行'만이, 하늘과 땅이 '낳고 이루는[生成]' 수數이다.

(주희의)『주역본의周易本義』에서 말한다. "이는, '하늘과 땅[天地]'의 수數에는 양陽은 홀수[奇], 음陰은 짝수[耦], 곧 이른바 '하도河圖'를 말한 것이다. 그 자리는, 1과 6은 아래에 있고, 2와 7은 위에 있으며, 3과 8은 왼쪽에 있고, 4와 9는 오른쪽에 있으며, 5와 10은 가운데에 있다."[179]

---

176) '天以一生水, 地以二生火, 天以三生木, 地以四生金, 天以五生土.', 『漢書』, 「律曆志」第一上, 四冊, 志[一], 985頁.

177) '木火土金水者, 乃五行相生之數.'는 『禮記』, 「月令」편에서 찾아볼 수 없었다.

178) '水火金木土者, 乃五行相剋之數.'는 『尙書』, 「虞書」편에서 찾아볼 수 없었다.

유원劉沅은 말한다. '하늘 하나[天一]'에서 '귀신鬼神也'에 이르는 64자字(「계사繫辭」전[9장, 1, 2절]의)가 서로 이어져 있으나, 뒤에는 착간錯簡되었기에, 따라서 정이程頤(程子)가 그것을 바로잡았다고 한다. '하늘과 땅[天地]'은 단지 일리一理일기一氣이며, 태극에 의해 모여진 것이다. 뒷사람들이 나누어 둘로 삼아, '몸[體]'과 '쓰임[用]'을 두었다. 그러나 천지天地는 단지 이理와 기氣가 '하나一'로 엉긴 것이며, 오행五行은 모두 천지天地에 의해 생성된 것이니, 어찌 일찍이 (오행이 그것을) 스스로의 공용功用으로 삼았겠는가? 성인은 곧 형形과 상象으로 그(만물의) 근원을 궁구하니, 상象과 수數는 모두 사물의 단편[鱗爪]이다.

심선등沈善登(1830-1902)은 말한다. 발단에서 말한 '하늘 하나[天一]'에서 '땅 열[地十]'에 이르는 수는, 바로 역도易道의 광대함이 이 다섯 홀수[奇]와 다섯 짝수[耦]를 넘지 않아서, 남김없이 포괄됨을 이른다. 아래 문장의 '이럴 뿐[如斯而已]'도 곧 이를 가리킨다. 유흠劉歆(전 46-후23)의 『삼통역보三統厤譜』에서는 이 20자字를 끌어다가 '천수오天數五'의 구절에 연결하였는데, '문장을 잘라서 뜻을 취했으나,' 그의 학술을 증명하여 사람들로 하여금 알기 쉽게 하였으니 개찬改竄한 것이 아니다.

‖ 11 ‖

공자가 말한다. "『역易』은 무엇인가?『역易』은 사물의 진상眞象을 열어 보이고 사무 보는 방법을 확정하는 것이니, 천하 사물의 도리를 포괄함이, 이와 같을 뿐이다."
[子曰: "夫「易」何爲者也? 夫「易」開物成務, 冒天下之道, 如斯而已者也."[180]]

우번虞翻(164-233)은 말한다. 『역易』은, 어째서 천지天地의 수數를 취하는지 묻는 것이다.

한백韓伯(5세기, 남북조南北朝시대)은 말한다. 모冒는 덮는 것(覆)이다.

유원劉沅(1767-1855)은 말한다. 질문과 답을 설정함으로써, 아래 글을 시작한다. '개물開物'은 사물의 이치를 펼쳐서 밝히는 것이다. '성무成務'는 일의 임무를 성취하는 것이다.

---

179) '此言天地之數陽奇陰耦, 卽所謂河圖者也. 其位一六居下, 二七居上, 三八居左, 四九居右, 五十居中.', 『周易本義通釋』卷五, 「繫辭」上傳第九章, 元 胡炳文撰, 電子版文淵閣四庫全書, 상동 참조.

180) 개물開物은 사물의 진상眞象을 여는 것이고; 成務는 事務를 확정하는 방법이다. 모冒는 포包(싸다)와 같으니, '冒天下之道'는 천하 사물들의 道理를 포괄함이다. 高亨, 534頁.

심선등沈善登(1830-1902)은 말한다. 성인은 상象을 세워 뜻을 다함에, 반드시 먼저 수數를 끝까지 밀고 나가서, 상象을 결정한다. 마음과 몸은 안에 태허太虛를 함유하니 삼라만상이 그 속에 있기에, (『역易』은) 수량數量을 누락하지 않고, 곧 수량數量으로 이를 징험할 수 있다. 「계사繫辭」전에서, '하늘 하나[天一], 땅 열[地十]' 등의 다섯 홀수와 다섯 짝수를 말했는데, 『역易』에서 사물을 열고 임무를 이루는, 천하의 도道에 가탁假託하는 것뿐이니, 이런 연고緣故 때문이다.

이 때문에 성인이 천하 사람들의 뜻을 통 털어 알고서, 천하의 사업을 확정하여, 천하 사람들의 회의懷疑를 해결해준다.
[是故聖人以通天下之志, 以定天下之業, 以斷天下之疑.]

곽옹郭雍(1106-1187)은 말한다. '뜻에 통함[通志]'은, 『역易』에서 '사물의 도리를 깨달음[開物]'에 근본을 둔다. '국가대사를 안정시킴[定業]'은 『역易』의 '도리대로 실행하여 성공함[成務]'에 근본을 둔다. '회의를 해결함[斷疑]'은 『역易』이 천하의 도道를 포괄함에 근본을 둔다.

유원劉沅은 말한다. 성인이 『역易』을 지어서, 효爻와 상象을 만들고 복서卜筮점을 치는 것은, '사랑하는 백성[仁民]'을 염두念頭에 두고 이루어지지 않은 것이 없다. 따라서 후세의 성인은 이전의 성인의 뜻을 따라서 효상爻象을 만들고 복서卜筮점을 쳐서, 천하의 뜻에 통하여 천리天理에 어둡지 않게 하는 것이다. 천하의 일을 정하여 인륜을 폐하지 않게 하려는 것이다. 천하의 의심스러운 점을 판단하여, 부정확한 뜻에 의혹이 없도록 하는 것이다.

이 때문에 시초蓍草의 은덕은 둥글며 신묘하고, 괘의 은덕은 네모지며 지혜롭고, 여섯 효爻의 뜻으로 『역易』은 알려준다.
[是故蓍之德圓而神, 卦之德方以知, 六爻之義易以貢.[181]]

한백韓伯(5세거, 남북조南北朝시대)은 말한다. (시초蓍草의) 원圓은, 운행하여 다함이 없는 것이다. (시초蓍草의) '네모[方]'는, 멈춰서 구분이 있는 것이다. 공貢은 '아룀[告]'이다. '여섯 효[六爻]'는 변역하여 사람들에게 길흉을 알려준다.

---

181) 蓍草의 생김이나 성질의 형용이 모두 德이고, 知는 智로 읽는다. 시초蓍草의 생김은 圓이고 성질은 신묘하다. 괘의 형태는 네모(方)이고 특성은 智이다. 시초蓍草와 괘가 앞일을 예지預知할 수 있기에, 따라서 神智가 된다. 『易』은 變이다. 韓康伯(韓伯)은, "공貢은 '아룀[告]'이다."라고 말한다. 高亨, 535頁.

최경崔憬(7세기, 당唐대 역학자)은 말한다. 시초蓍草의 수는 7×7은 49이니 양陽의 '둥글음[圓]'을 상징한다. 변동하여 정해짐이 없으니 이로 인하여 올 것을 안다. 괘의 수는 8×8=64이니 음陰의 '모남[方]'을 상징한다. '효의 자리[爻位]'는 구분이 있으니, 이로 인하여 지나간 것을 저장하고, 올 것을 알 수 있다.

(장재의)『횡거역설橫渠易說』에서 말한다. (시초蓍草가) '둥글어서[圓]' 신묘함은 뜻에 통한다. (시초蓍草의) '모남[方]'은 나라의 대사大事를 확립할 줄을 알며,『역易』의 지혜로움[智]은 회의[疑]를 판단해주는 것이다.

항안세項安世(1129-1208)는 말한다. 시초蓍草는 7을 사용하고, 괘卦는 8을 사용하고, 효爻는 9와 6을 사용한다.

유원劉沅은 말한다. 시초蓍草의 수는 7을 사용한다. 7×7은 49이니, 양陽의 '둥글음[圓]'을 상징하며, 변동하여 구애될 것이 없기에, 따라서 '신묘함[神]'이라 칭한다. 괘의 수는 8을 사용한다. 8×8=64이니 음의 '네모남[方]'을 상징하여 각각 정해진 이치가 있기에, 따라서 '지혜로움[知]'이라 칭한다. 실제로 '신묘함[神]'과 '지혜로움[知]'은 본래 서로 쓰임이 되니 나눌 수 없다. (시초蓍草의) 덕德은 통합하고 의義는 분석하는 것이다. '올 것[來]'은 장차 올 일을 가리킨다. 조짐이 아직 없는데 깨달으니, '신묘함[神]'이라고 한다. '지난 것[往]'은 이미 지나간 일이다. 정미한 것을 분석하니, 따라서 '지혜로움[知]'이라고 한다. 괘ㆍ효가 있기 전에 성인聖人은, 이 (시초蓍草의) 신묘함[神], 지혜[知], 변역變易의 이치를 가지고, 자기 몸에서 구하여 깨달음이 있는 마음을 깨끗이 하며, 고요하고 은밀한 곳에 물러나 숨어서, 미발未發의 중中을 기르고 허령한 쓰임을 보존한다. 이때에는 아직 길흉이 없지만 길흉의 이치는, 성인이 일찍 이미 깊고 고요함[有密]에 지니고 있다. 길흉을 백성과 더불어 근심하기 때문에, '올 것을 알고 지나간 것을 보존한다[知來藏往].' 만약 혼란함을 기다린 후에 죽이고, 다툼에 미쳐서 그것을 평정한다면, 다툼과 혼란이 오는 까닭을 모르는 것이니, 마음의 이치는 사라지게 된다. 성인은 천하 마음의 이치를 몸에 가지고 있어서, 이 이치를 미루어나가 천하를 안정시키니, 이에 변화가 있다. 백성들로 하여금 변화를 모조리 알게 한다면, 혼란이 어디에서 생겨나겠는가? 이것이 신령스러운 무력이 잔학殘虐하지 않은 것은, 반드시 옛 성인으로 돌아오는 까닭이다.

마치창馬其昶(1855-1930)은 말한다. 시최[蓍]의 수는 7이고 괘의 수는 8이다. 시초蓍草로써 괘를 구하고 일단 괘를 얻으면 7과 8로써 그 강유의 획을 다스린다. 음양이 처음 생기면 모두 장성하여 성대하게 된다. 양은 움직여 나아가고, 음은 움직여 물러난다. 7, 8로부터 9, 6에 이른다. 아래로부터 위로 이른다. 효를 따라서 점차 변하여 늙으니, 9, 6으로 변역變易의 효를 다스린다. 육공기陸公紀(陸績, 187-219)가 말한 7, 8이 단象이 되고, 9, 6이 효爻가 된다는 것이 이것이다. 이것은 괘를 효에 상대하여 말한 것이다. 괘와 시초蓍草를 상대하여 말하면, 7은 시초에 속하고 8은 또 오로지 괘에 속한다. 따라서 (「계사繫辭」전의) 내외의 전傳에서, 서법筮으로 어떤 괘의 8을 얻는 경우가 있고, 그 점은 모두 괘사를 사용하니 8이라고 한다. 괘획의 강유는 변하지 않기에, '네모남[方]'이 되는 까닭이 된다. 효는 오직 변하여 적합하게 되니, 따라서 『역易』은 알려줄 것이다[易以貢矣].'라고 말한다.

성인은 이것들로 마음을 이끌어가고, (서점筮占을) 비밀 장소에 밀어 넣는데, 길흉은 백성들과 함께 하는 일이다. 신묘하게 내일을 알며, 지난 일을 기록하여 감춰두고 (그것을) 지혜로 삼으니, 누가 여기까지 미치겠는가! 옛날의 총명하고 혜지慧智가 있고 신무神武하면서 포악[殘暴]하지 않은 분일 것이다!

[聖人以此洗心, 退藏於密, 吉凶與民同患.182) 神以知來, 知以藏往,183) 其孰能與於此哉! 古之聰明睿知, 神武而不殺者夫!184)]

한백韓伯(5세기, 남북조南北朝시대)은 말한다. (『역易』에서,) 길흉의 상을 드러내어, 백성들이 근심하는 일을 함께 한다.

공원龔原(1043-1110)은 말한다. 세심洗心은, 『장자莊子』의 이른바 '자네 마음을 소통해라!'이다.185)

(주희의) 『주역본의周易本義』에서 말한다. 성인은 세 가지 덕을 몸소 실천[體行]하고 구비하여, 한 티끌의 누累도 없다. 무사無事하면 그 마음이 조용하여, 다른 사람들이 엿보지 못한다. 유사有事하면 신묘한 지혜를 쓰니, 느낀 바를 따라 응한다. 복서점이 없어도, 길흉을 아는 것이다.

(주희의) 『주자어류朱子語類』에서 말한다. 물러나 은밀한 곳에 감추는 것은, 고요함을 주로 하는 곳이다. 쓰임으로 드러나지 않았으니, 고요하여 움직이지 않기 때문이다. 괘·효가 신고 있는 것은, 성인이 이미 말한 이치를 다 구비하고 있다. 이것이 지나간 것을 저장해둔 것이다. 이 이치

---

182) 王引之에 의하면, 세洗는 선先의 뜻이 좋으며, 先은 도導(이끌음)와 같다. 筮占을 보고 그것을 密處에 밀처 두고, 앞으로 참고한다. 以은 思이나, 旹은 患 이 아니니, 患은 마땅히 관貫(꿰다)으로 읽어야 한다. 『爾雅·釋詁』에, 貫은 事이다. 高亨, 535-536頁.

183) 장왕藏往은 지난 일을 기록하여 숨겨두고, 내일에 거울삼아 보는 것이다. 高亨, 536頁.

184) 與는 及이고, 知는 智로 읽고, 예지睿知는 慧智이고, 殺은 잔폭殘暴이다. 高亨, 상동.

185) '汝齊戒, 疏瀹而心.『莊子淺注』,「知北遊」篇, 曹礎基著, 상동, 329頁.

를 따라서 미래의 일을 미루어가니, 이것이 올 것을 아는 것이다.

하해何楷(1594-1645)는 말한다. 아직 이르지 않은 '기미[幾]'를 '올 것[來]'이라 하고, 알 수 있는 이치를 '간 것[往]'이라고 한다.

혜동惠棟(1697-1758)은 말한다. (『의례儀禮』의) 「사관례士冠禮」편에서, '덕의 「살殺」'에 대해서 정현鄭玄의 주注에서는 살殺은 쇠衰와 같다고 했다. 반복하여 쇠하지 않으니, 이것이 우번虞飜의 뜻이다. 마융馬融, 정현鄭玄, 왕숙王肅, 간보干寶는 모두 소所와 계戒의 '반절[세]'로 읽는다.

유원劉沅은 말한다. '신묘함[神]'과 '시혜[知]'는 서로에게 근본을 두고 쓰임이 된다. 성인은 먼저 이 신묘함과 지혜의 덕이 있은 후에 『역易』을 지을 수 있었으니, 사람들이 그 근본에서 구하기를 바라셨다. 마음은 깨달음이 있고 '본성[性]'은 무위無爲하기 때문에, 성인 또한 반드시 마음을 먼저 했다. 밀密은 깊고 은밀함[有密]이다. 사람 몸은 태극이 있는 곳이니, 이른바 중中이다. 물러나 감추어 그 몸[體]을 기르니, 쓰임이 포괄하지 않는 것이 없다. 이때에는 길흉이 조짐을 나타내지 않았으나, 그 이치는 이미 깊은[有密] 곳에 함축되어 있다. 신묘함으로 일의 장래를 알고, 지혜로써 이미 지나간 이치를 저장한다. 총명은 이목耳目에 대해 말한 것이고, 예지睿知는 심사心思에 대해 말한 것이다. 신묘한 무력은 잔학하지 않았으며, 형태가 없을 때 금하고 근심하였으니, 성인께서 마음으로 『역易』의 책됨을 쉽게 설명한 것은, '본성[性]'의 기량이 큰 것을 매우 감탄한 것이다.

● **나의 견해(1)**: 『시詩』에서, '밤낮으로 천명天命을 이루려고 힘을 다해 노력하네!'라고[186] 하였다. 밀密은 천명에 기반을 두고 있음이다. 범위가 지극히 광대하지만 은밀하여 드러나지 않는다. 무릇 정밀함[精密], 신밀함[愼密], 주밀함[周密], '면밀히 생각함[縝密],' 비밀秘密의 모든 뜻은 모두 그 속[中]으로 귀납된다. 이 마음을 깨끗이 할 수 있어서 사사로움이 하나도 섞이지 않았으니, 어디에 간들 정밀하지 않음이 없다. (『중용中庸』에서,) '하늘의 일은, 소리도 없고 냄새도 없다.'라고[187] 했으니, 오직 성인만이 이것에 물러나 숨을 수 있다. '생각함이 없음[無思],' '함이 없음[無爲]'은 총명[靈明]의 창고이며, 신묘하여 예측할 수 없으니, 텅 비어 있는 것 같다. 안회顏回[顏子]는 자주 끼니를 굶었는데,[188] 그 공功이 심재心齋와 좌망坐忘에서 검증되었으니, 이 또한 깨끗이 할 수 있고 숨을 수 있는 것에 가깝다고 하겠다. 탕湯임금의 반명盤銘에 '매일 새로워지는 공부[日新]'는,[189]

---

186) '成王不敢康, 夙夜基命宥密.', 『詩經譯注』, 「周頌」, 「淸廟之什」, 「昊天有成命」, 袁梅著, 상동, 947頁.
187) '上天之載, 無聲無臭.', 『中庸』33章 참조.
188) '子曰: "回也其庶乎, 屢空."', 『論語』, 「先進」篇(11:19) 참조.

모두 마음을 깨끗이 하여 이루는 것이다. 『예기禮記』의 「유행儒行」편에서, '몸을 깨끗이 하고 덕으로 목욕한다는 것'은,[190] 모두 마음을 깨끗이 하는 주요한 뜻이니 물러나 숨는 곳이 된다.

- **나의 견해(2)**: 백성과 더불어 근심하는 것은, 요순堯舜도 어렵게 여기셨다는 것과 같으며, 문왕文王은 백성을 '다친 것[傷]'처럼 보았고, 우禹임금과 후직[稷]은, 천하가 자기 때문에 굶주리고 물에 빠진 것이라고 생각하였으니, 우환이 있는 일은 백성들과 함께 근심하지 않은 것이 없었다. 『중용中庸』에서 말한 "지극한 성인이어야, 총명예지가 충분히 임할 수 있음"이니,[191] 그 신묘한 무력이야, 어떠하겠는가! 또한 (『중용中庸』에서,) '하늘을 알고, 사람을 아는 것은, 대개 그 이치[理]를 아는 것이다.'라고[192] 말했다. 『역易』은 만 가지 이치를 구비했으니, 천도天道를 밝히는 것이 '하늘을 앎[知天]'이고, 백성을 살피기 때문에 '사람을 앎[知人]'이다. 건곤乾坤이 열고 닫히고, 만 가지 변화에는 일정한 방도가 없으며, 사람 마음이 열고 닫히는 만 가지 변화는 예측할 수 없다. 어떤 지방에 거주하는 사람들이 쓰기 전에, 이 이치를 갖추었으니, 모두 신묘한 물건[神物]에서 일어난 것이다.

> 이 때문에 하늘의 도리를 밝히 알고, 백성의 일들을 고찰하는 것, 이것이 신비한 시초蓍草로 백성의 용도를 이끄는 것이다. 성인은 이것으로 공경하고 두려워하며, 신묘한 밝은 지혜를 자기 덕으로 삼는구나!
>
> [是以明於天之道, 而察於民之故, 是與神物以前民用.[193] 聖人以此齋戒,[194] 以神明其德夫!]

(주희의) 『주역본의周易本義』에서 말한다. '신물神物'은 '시초[蓍]'와 '거북[龜]'을 말하고, '맑아서 순일純一함'을 이른다.

오징吳澄(1249-1333)은 말한다. '공경하고 두려워함[齋戒]'은 곧 '마음을 닦음[洗心]'이다.

혜동惠棟(1697-1758)은 말한다. 『관자管子』에서, '시초蓍草와 거북[龜]은 ⋯ 만물보다 앞서고, 화복禍福의 바름[正]이 된다.'라고[195] 말한다.

---

189) '湯之盤銘曰:「苟日新, 日日新, 又日新.」, 『大學』2章 참조.
190) '儒有澡身而浴德.' 『禮記今註今譯』, 「儒行」, 下冊, 王夢鷗註譯, 상동, 783頁.
191) '唯天下至聖, 爲能聰明睿知, 足以有臨也. 『中庸』31장 참조.
192) '知天知人, 知其理也.', 『中庸集註』, 29章, 朱熹註, 成百曉譯註, 서울: 傳統文化硏究會, 2004, 108쪽.
193) 興은 擧이고, 神物은 蓍草이며, 前은 先導이다. 高亨, 상동.
194) 『廣雅·釋詁』에, 재齋는 敬(공경)이다. 계戒는 경척警惕(두려워 경계함)이다. 高亨, 상동.
195) '蓍龜⋯, 爲萬物先, 爲禍福正.' 『管子校注』, 「水地」篇第三十九, 中冊, 黎翔鳳撰, 상동, 827頁.

유원劉沅은 말한다. 하늘에는 상리常理가 있으니, 따라서 '도道'라 말한다. 백성에게는 '애정의 충정忠貞함[定情]'이 없기에, 따라서 '의외의 일[故]'이라고 말한다. '신묘한 물품[神物]'은 거북과 시초蓍草로 백성들이 '사용[用]' 전에 (미리) 보여주는 것이다. '재계齋戒'는 안으로 성실하고 밖으로 깨끗함이다. 성인聖人은 본래 자기 덕이 있기에, 천도天道를 밝히 알고, 음양 길흉이 생기는 이유를 안다. '백성들의 의외의 일[民故]들'을 관찰하여, '진실과 허위[情偽]의 변화가 만들어지는 이유'를 알게 된다. 이에 장차 거북점[卜]이나 '시초蓍草점[筮]'을 치고, 또한 매우 정성을 드리고 몸을 정결히 하여 '신묘하게 알아낸다[神明之].'

오여륜吳汝綸(1840-1903)은 말한다. 시蓍는 '이것[寔]'이다. 이것은. 성인이 이렇게 처음 시초[蓍]를 만들었음을 말하는 것이다.

야오융푸姚永樸(1861-1939)는 말한다. '전前'은 '이끌음[導]'과 같다.

마치창馬其昶은 말한다. 그(성인)만이 백성들과 함께 근심하고, 그러므로 '신비한 물품[神物]'으로 백성들의 쓰임'을 선도한다. 신비롭게 자기 덕을 밝히니, 곧 천도天道를 밝히는 일이고, 백성의 일들을 관찰함이다. 이 단락은, 『역易』은 만리萬理를 알아서 천하의 뜻에 통하며, 시초[蓍]의 덕이 둥글고 신묘함을 알린 것이다.

이 때문에 (천지의) 문을 닫는 것을 곤坤이라하고, 문을 여는 것을 건乾이라 한다. (우주가) 한 번 닫히고 한 번 열리는 것을 변화[變]라 한다.

[是故闔戶謂之坤, 辟戶謂之乾. 一闔一辟謂之變.]

우번虞翻은 말한다. 양은 변하여 음을 닫아버리고, 음은 변하여 양을 연다면, 강유剛柔가 서로 밀면서 변화를 생기게 한다.

(주희의) 『주역본의周易本義』에서 말한다. '열고 닫음[闔闢]'은 동정動靜의 기틀이다. 먼저 곤坤을 말한 것은 '고요함[靜]'으로 인해 움직이기 때문이다. 건곤乾坤이 변통함은, 화육하는 공로[功]이다.

심선등沈善登은 말한다. 이것은 광기光氣의 '나뉨과 합침[分合]'을 말한 것이다.

후왠쥔胡遠濬(1869-1931)은 말한다. 건곤乾坤은 『역易』의 문이다. 짙게 흐려지니 '바탕[質]'이 모여들기에, 따라서 '문을 닫음[闔戶]'이 된다. 가볍고 맑으니 힘이 흩어지기에, 따라서 '문이 열림[闢戶]'이 된다.

(열리고 닫히고 들고 나고), 왕래가 끝이 없음이 통달[通]이며, 보이는 것이 상象이고, 모형을 갖춘 것이 기물[器]이고, (상象과 기器를) 제어하여 쓰는 것이 효법效法이다. 이용하며 고쳐나가니, 백성들이 모두 (그 기물들을) 사용하며 신묘하다고 말한다.

[往來不窮謂之通, 見乃謂之象, 形乃謂之器, 制而用之謂之法. 利用出入,196) 民咸用之謂之神.]

순상荀爽(128-190)은 말한다. (건곤乾坤 각효各爻의) '십이十二괘가 줄고 늘어남[消息]'이나, 음양의 왕래는 무궁할 뿐이다. 상象은, 일월日月성신星辰의 빛이 하늘에서 보이며 상象을 '이룸[成]'을 말한다. 기器는, 만물이 땅에서 성장하고, '몸을 이루어[成形]' '기물의 쓰임[器用]'이 됨을 말한다. 하늘에서 상象을 관찰하고, 땅에서 '몸[形]'을 관찰하여, 이를 제재하여 사용하니, 법法이 될 수 있다.

육적陸績(188-219)은 말한다. 성인은 기물을 만들어서 민용民用을 충족시키니, 쓰고도 남지 않기에 따라서 '제작할 때 개선하여 발전시킴[利用出入]'이라 말한다. 백성이 모두 쓰지만 나온 데를 모르니, 따라서 '신묘함[神]'이라 말한다.

(주희의)『주역본의周易本義』에서 말한다. 상象의 외표外表[形器]를 보는 것은, 사물을 낳는 차례[序]이다. 법法은, 성인聖人이 도道를 닦으며 행한 바이다. '신묘함[神]'은 백성들의 자연스러운 일용日用이다.

유원劉沅은 말한다. 위를 이어서,『역易』에는 신명神明한 '쓰임[用]'이 있으니, 반드시 신명神明한 '덕에 근본 한다.'라고 말한다. 성인聖人은, 천지의 도道는 음양의 다름 아님을 안다. 음양은 조화하고, '천지가 규칙적으로 운행하는 자연기능[氣機]'의 동정動靜은 집의 '열림과 닫힘[開闔]'과 같다. 먼저 곤坤을 말한 것은 고요한 다음에 움직일 수 있음이다. 자기가 '고요함[靜]'을 당하여 '함이 없음[無爲]'은 '집의 닫힘[戶之闔]'과 같다. 자기가 움직임에 미쳐서 쓰임이 있게 되면, '집의 열림[戶之開]'과 같다. 다만 이 동정의 기틀은, 한 번 닫히니 고요함 중에 움직임이 있고, 한 번 열려서 움직이는 가운데 고요함이 있기에, 음양이 서로 밀면서 변화를 발생시키는데, 곧 '변變'이라 말한다. 양이 변하여 음으로 가고, 음이 변하여 양으로 가기 때문에, 각각 자기 기틀을 수행하니, 각각 자기 삶[生]을 함축하게 되기에, 곧 통通이라 말한다. 그러므로 '닫히고 열리며 변통하는 것'은, 조화와 신명神明의 덕이다. 만물이 음양의 기화氣化 중에서 출입함은, 집을 이용하고 분리될 수 없는데, 실제로는 그렇게 된 소이연을 모른 것과 같으니, 따라서 '신묘함[神]'이라 말한다.

---

196) '利用出入'은 제작할 때 개선하여 발전하는 것이다. 周振甫, 248頁, 注91.

이 때문에 『역易』에는 태극太極이 있다. 여기에서 양의兩儀[天地]가 생겼다. 하늘과 땅[兩儀]에서 네 개의 상象[少陽, 老陽, 少陰, 老陰]이 나오며, 네 개의 상에서 여덟 괘가 나온다. 여덟 괘에서 길흉吉凶이 정해지니, (사람들이 길吉을 추구하고 흉凶을 피하려는) 길흉에서 큰 업적이 생겨난다.

[是故「易」有太極.197) 是生兩儀.198) 兩儀生四象, 四象生八卦.199) 八卦定吉凶, 吉凶生大業.200)]

『건착도乾鑿度』에서 말한다. '공자는, "『역易』은 태극太極에서 시작하는데, 태극이 나누어져서 둘이 되니, 따라서 천지天地가 생겨났다. 천지에는 봄, 여름, 가을, 겨울의 계절이 있기에, 따라서 사계절[四時]이 생겼다. 사계절에는 각각 음양과 강유剛柔의 구분이 있기에, 따라서 8괘卦가 생긴 것이다. 8괘가 열열을 이루자, 천지天地의 도道가 세워지고, 우레, 바람, 물, 불, 산, 못의 상象이 정해진 것이다."라고 말했다.'201)

마융馬融(79-166)은 말한다. 태극太極은, 북극성이니, 자리에서 움직이지 않는데, 그 나머지 49(별)이 둘레를 돌며 작용한다고 말한다.

정현鄭玄(127-200)은 말한다. 극極은 가운데[中]이니, 순화淳化하여 아직 나뉘지 않은 기氣이다.

일행一行(683-727)선사 『대연론大衍論』에서 말한다. "세 번 변變하여 모두가 강剛이면 태양太陽의 상象이다. 세 번 변하여 모두가 유柔이면 태음太陰의 상이다. 1강剛2유柔이면 소양少陽의 상이다. 1유柔2강剛이면 소음少陰의 상이다."202)

....

197) 우주의 本體를 『老子』에서는 '一'로, 『呂氏春秋』, 「人樂」편에서는 '太一'로, 「繫辭」편에서는 '太極'으로 이름 하였고, 앞에서 三才를 三極이라 하였으니, 태극은 天地를 포괄하는 최대 최고의 것이다. 高亨, 538頁.

198) 兩儀는 天地이다. 高亨, 상동.

199) 四象은 四時(사계절)이다. 시초蓍草가 7설揲(네 개씩 분리)하면 少陽의 효가 되니 봄이다. 시초蓍草가 구설九揲이면 老陽의 효가 되니, 여름이다. 구설九揲은 변할 수 있는 양陽효이다. 시초蓍草를 8설揲하면 少陰이니, 가을이다. 시초蓍草가 육설六揲하면 老陰이니 겨울이다. 少陽, 老陽, 少陰, 老陰이 사계절[四時]를 나타낸다. 8괘는 이 네 가지 효爻로 구성된다. 이 때문에 '四象生八卦'라고 말한다. 高亨, 538-539頁.

200) 팔괘는 (위아래로) 서로 거듭하는 것이니, 吉凶의 상이 정해진다. 사람들이 吉을 추구하고 凶을 피하려하니, 大業이 생겨난다. 高亨, 539頁.

201) '孔子曰:「易始於太極, 太極分而爲二, 故生天地. 天地有春秋冬夏之節, 故生四時. 四時各有陰陽剛柔之分, 故生八卦. 八卦成列, 天地之道立, 雷風水火山澤之象定矣.」', 『周易乾鑿度』卷上, 漢 鄭康成注, 電子版文淵閣四庫全書, 上海人民出版社, 1999 참조.

202) '三變皆剛, 太陽之象. 三變皆柔, 太陰之象. 一剛二柔, 少陽之象. 一柔二剛, 少陰之象.', 『周易經傳集

(주희의)『주역본의周易本義』에서 말한다. 1이 매 번 변하여 2가 되는 것은, 자연의 이치[理]이다. 『역易』은 음양의 변變이다. 태극太極은 그[음양]의 도리[理]이다. 양의兩儀는 처음이 일획一畫이 되고, 음양으로 나뉜다. (괘에서는) '네 상[四象]'은 다음으로 2획이 되고, 태太와 소少로 나뉜다. 8괘는 다음으로 '세 획[三畫]'이 되기에, (하늘, 땅, 사람) 삼재三才의 상象이 비로소 갖추어진다.

이공李塨(1659-1733)은 말한다. 『역易』은 변變이다. 그러나 불변하는 것[太極]이 있으니, 변變은 살게 된다. 태극太極 하나가 있으니, 이에 양의兩儀가 생긴 것이다. 의儀는 '짝[匹]'이니, 일음一陰과 일양一陽은 서로 짝이 된다. 태극이 없다면 (시초蓍草) 50책策을 양분兩分하면, 혹 모두 홀수거나, 혹 모두 짝수이니, 홀수이며 짝수인 양의兩儀는 없다. 양의兩儀가 생기니, 이에 하나를 걸고 넷씩 세어나가면, 7, 8, 9, 6의 '네 상[四象]'을 얻게 되니, 이것이 양의兩儀가 사상四象을 낳는 것이다. 사상四象이 생기면 아홉 번 변하여 내괘內卦가 이루어지고; 18번 변하여 외괘外卦도 이루어진다. 8괘가 생기니, 64괘도 갖추어질 것이다.

유원劉沅(1767-1855)은 말한다. 태극太極은, 이理의 극치이다. 태太는 '높고 큼[尊大]'의 호칭이다. 극極은 지극하여 더 보탤 수 없음을 말한다. 『역易』에는 태극太極의 이치가 있기에, 상수象數가 말미암아 나오게 되는 것이니, (태극은) 혼연히 무형無形하고, 순정純正하고 때가 없으니, 만물보다 앞에 있으며, 형용할 수가 없다. '천지天地가 규칙적으로 운행하는 자연기능[氣機]'이 '열리고 닫히니[闔闢]', 이것으로 양의兩儀를 낳는다. 양의兩儀는 성쇠盛衰가 서로 의존하고 있으니, 마침내 '사상四象[少陽, 老陽, 少陰, 老陰]'을 낳는다. 사상이 순환하며 변화하니, 이렇게 8괘가 생긴 것이다. 8괘에 이르면, 만물의 정형情形은 대략 갖추어진 셈이다. 64괘는 8괘를 따라서 생긴 것이니, 따라서 다만 8괘만 말하는 것이기에, 64괘는 8괘의 범위를 넘지 못한다. 8괘의 이치는, 곧 천지 만물의 이치이다. 이치에 따르면 평안하고, 이치에 거스르면 위험하니, 길흉은 이로 말미암아 결정된다. 길함을 알고서 그것을 추구하니, 천리天理를 따르지 않는 일이란 없다. 흉함을 알고서 그것을 피한 것이니, 인욕을 버리지 않는 일은 없다. 성덕聖德이나 왕공王功에도 모두 나아갈 수 있다. 이는 '큰 업적[大業]'이 생기는 것도 8괘에서 말미암고, 8괘는 음양에서 근본 하며, 음양이란 다만 하나의 태극이니, '닫히고 열림[闔闢]'의 '신비로운 것이 됨'이다!

• **나의 견해**: '역유태극易有太極' 이하의 여섯 구절은, 중첩하여 이어져 끊이지 않는 방식이다.

解』卷三十六, 「大衍揲蓍解」, 宋 林栗(12세기)撰, 電子版 文淵閣四庫全書, 상동 참조.

(아래의 구절에서,) '이 때문에 상象을 법 받음[是故法象]'에서부터 '시초[蓍]와 거북[蓍龜]'에 이르는 11구절은, 총괄하고 관통하는 법을 배열하고 정리한 것이다. '이 때문에[是故]'를 3번 이어서 쓴 것은, 도량을 크게 포괄한 것이다. (아래 구절의) '성인聖人보다 큰 것은 없음[莫大乎聖人]' 한 구절에 중重함이 있으니, 따라서 셋째 절에서는 또한 '성인聖人'을 네 번 이어서 쓰면서 묶어버렸다. 성인聖人만이 『역易』을 지을 수 있고, 성인만이 『역易』에 말을 묶을 수 있으니, 『역易』은 천지天地간에 제일 좋은 문장이 될 수 있는 것이다.

이 때문에 상象을 본받음에 하늘과 땅보다 더 큰 것은 없다. 변통에는 네 계절보다 큰 것은 없다. 상象을 걸어놓은 것 중에서 빛을 밝힘에 해와 달보다 더 큰 것은 없다. (자리가) 숭고하나 (임금의) 부귀보다 더 큰 것은 없다. 물자를 갖추어서 사용하게 하고, 공업功業을 세워서 기물을 완성하여, 천하를 이롭게 하는데, 성인보다 위대한 이는 없다.

[是故法象莫大乎天地. 變通莫大乎四時. 懸象著明莫大乎日月.203) 崇高莫大乎富貴. 備物致用, 立功成器, 以爲天下利, 莫大乎聖人.]

우번虞翻(164-233)은 말한다. 성인은 신농神農, 황제黃帝, 요堯, 순舜이다.

유염俞琰(1258-1314)은 말한다. 사람은 하늘이 아니면 의탁할 데가 없고, 하늘은 사람이 아니면 이루어낼 수 없다. 천지天地에 사계절과 일월日月이 있어도, 숭고하고 부귀한 성인聖人이 없으면, 이런 상象들을 법 받아서 천하를 이롭게 할 수 없다.

혜동惠棟(1697-1758)은 말한다. '기물器物을 이룸'은 '벼리와 그물[網罟]'이나 '가래[耒]와 보습[耜]' 등을 말한다. 관자管子는, '군비軍備[器]를 이룸에는 시험해보지 않고서는 쓸 수 없다.'라고204) 말했다.

유원劉沅은 말한다. 법法이란, 가능하면 뜻을 본받는 것이다. 상象은 '징조徵兆가 있음'의 뜻이다. 천지天地는, 곧 양의兩儀의 실상實象인데, 합쳐서 하나의 태극太極이 된다. 태극의 심오한 뜻은 살필 수 없으나, 태극의 상象이라면 드러내 보인다. 태극의 이기理氣는 연변演變하여 '사계절[四時]'이 있게 되고, 정화精華는 결집結集[凝合]하여 해와 달이 된다. 자신에서 태극의 이치[理]를 몸으로 하여, 그것을 시행한다. 덕이란 자리가 아니라면 드러날 수 없고, 부귀는 자리로써 말한다. 하늘을 받들고 백성을 변화하여, 덕택이 도탑게 퍼지니, 숭고함의 내용이다.

---

203) 현縣은 옛날의 현懸(매달다)이다. 『小爾雅·廣詁』에, 저著는 명明(밝다)이다. 高亨, 상동.
204) '成器不課不用.' 『管子校注』,「七法」第六篇, 上冊, 黎翔鳳撰 , 상동, 117頁.

마치창馬其昶(1855-1930)은 말한다. 주자朱子는, "천하의 만성萬聲은 '한번 닫힘 한 번 열림[一闔一闢]'에서 나온다. 천하의 만리萬理는 '한 번 움직임, 한 번 고요함[一動一靜]'에서 나온다. 천하의 만수滿數는 '하나의 홀수 하나의 짝수[一奇一耦]'에서 나온다. 천하의 만상萬象은 '하나의 네모 하나의 원[一方一圓]'에서 나온다."라고 말한다. '만물의 도리를 알고서 도리에 따라서 일을 하면, 성공함[開物成務]'은 이 몇 마디 말에서 다하였다.

● **나의 견해**: 천지天地를 '몸[體]'으로 하고, 사계절[四時]을 '쓰임[用]'으로 한다. 천지天地는 변하지 않으니, 따라서 모든 상象들을 법 받을 수 있다. 사계절이 변하여 능통하니 순환은 끊이지 않기에, 따라서 모든 변통變通을 포괄할 수 있다. 해와 달은 천하에서 지명至明한 것인데, 밤낮으로 바뀌며, 자고이래 밝기에, 따라서 자연계의 사물현상 중에 가장 눈에 띠는 것이 된다. 부유하게 천하를 소유하고, 귀하게 천자天子가 되어서, 또한 이것들을 뜬구름이나 '해진 발자취[敝蹤]'로 보니, 무슨 숭고함이 (더) 있겠는가? 그러나 제왕帝王은 덕이 있고 자리가 있어서, 천하의 백성을 위해 복을 만드시니, 성인聖人이 작동하고 만물들을 보는 것이기에, 따라서 부귀를 숭고하게 보는 것이다. 유염兪琰은, (양웅揚雄의) 『법언法言』을 가장 정밀하게 인용하여, 반드시 부귀한 성인聖人을 만나보고, 이에 천지天地에 참여하여, 화육을 도울 것을 말하였다. 포윤抱潤(馬其昶)은 주자朱子의 학설을 인용하여, 오직 '만물의 도리를 알아서 할 일을 이루었음'을 이해한 것은, 곧 '…보다 큰 것은 없음[莫大乎]' 3자字의 뜻과 후세의 최신 기기機器의 발명, 또한 주자학설의 범위를 넘어설 수 없음을 거듭 밝힌 것이다.

(사물의) 복잡함을 탐구하고 숨겨진 것을 찾아내고, (사물의) 심오함을 캐내어서 멀리까지 가게 하여, (그래서) 천하 (일)의 길흉을 결정하고, 천하 사람들로 하여금 분발하여 노력하게 하는 일에는 시초蓍草나 거북(龜)보다 더 큰 것은 없다.
[探賾索隱, 鉤深致遠, 以定天下之吉凶, 成天下之亹亹者, 莫大乎蓍龜.205)]

유원劉沅은 말한다. 일이 '함이 많은 것'을 '색賾'이라 말하고, 일의 '기미[幾]'가 숨겨있음[幽]이 '숨음[隱]'이라고 한다. 이치[理]가 헤아리기 어려움은 '깊음[深]'이라 말하고, 일이 갑작스레 오지 않음이 '멀음[遠]'이라 말한다. 태극이 흩어져 같지 않은 것은, 그 일이 지극히 복잡하고, 그 뜻은 혹

---

205) 賾은 雜이고, 索은 구求(찾다)이다. 『小爾雅·廣詁』에, 구鉤는 取이다. 致는 추推(밀다)이다. 미미亹亹는 앞으로 나가려 애씀이고, 大는 超過이다. 高亨, 상동.

가려있으니, 그것을 탐색해야 한다. 태극이 깊이 쌓인 것은, 그 이치[理]가 지심至深하고, 그 기틀은 지원至遠하여, 그것을 후버서 파고 불러오게 하여, 천하의 길흉을 결정한다. 사람들에게 이치를 따르고 큰일을 이루게 하는 데는, 시초蓍草와 거북점보다 큰 것은 없다. 보통사람의 심정은 의심스러우면 나태해지고, 결정되면 근면해진다.

마치창馬其昶은 말한다. (고야왕顧野王[6세기]撰의)『옥편玉篇』에 의하면, 미미亹亹는 '아주 작음[微微]'과 같다. 『장자莊子』에서, '처음은 미소하나, 장차 끝날 때는 반드시 크다.'라고[206] 말했다. 시초[蓍]와 거북이 의심을 해결함에서, 모두 '기선幾先'에서 결단을 하니, 따라서 '천하의 미미한 것을 이룸[成天下之亹亹者]'이라 말한다. 이 단락은, 『역易』이 임무를 이룰 수 있기에, 천하의 업적을 결정하니, 괘卦의 덕은 바야흐로 앎이라고 찬탄한 것이다.

● **나의 견해**: '상을 본받음[法象]'의 절節에서, 천지天地, 사람[人]과 사물[物]을 합하여 그 상象을 말한 것이다. '복잡함을 탐색함[探賾]'의 절에서는, 하늘, 땅, 사람, 사물, 모든 이치[理]를 들어서, '점占침[蓍卦]'의 효상爻象 가운데에 다 포괄한 것이다. 그러므로 시초[蓍]나 거북은 비록 시시한 물건이나, 그들의 도道는 매우 크니, 『역易』의 이치는 포괄하지 않은 것이 없음을 보인 것이다. '복잡함의 탐색[探賾]' 2구절[句]에서, 『역易』을 배우는 방도를 보인다. '천하의 일을 결정함[定天下]' 2구절에서는, 『역易』에서 얻은 효과를 사람들에게 보여준다.

이 때문에 하늘은 신기한 물건[시초蓍草와 거북 뼈]을 만들어 내니, 성인은 이것을 본받았다. 천지天地와 (만물)들이 변화하니, 성인은 (64괘와 384효로써) 이것을 본받았다. 하늘에서 상象이 내려와서 길흉을 보이니, 성인聖人은 (괘와 효로) 이것을 나타냈다. 황하黃河에서 도圖가 나오고, 낙수洛水에서 책이 나오니, 성인이 이것들을 본받았다.

[是故天生神物, 聖人則之.[207] 天地變化, 聖人效之.[208] 天垂象, 見吉凶, 聖人象之. 河出圖, 洛出書, 聖人則之.]

송충宋衷(?-219)은 말한다. 하늘이 음양의 상象을 내려서 길흉을 보임은, 일월日月식触과 다섯 별의 난행亂行을 말한다.

---

206) '其作始也簡, 其將畢也必巨.'『莊子·淺注』,「人間世」, 曹礎基著, 상동, 60頁.
207) 神物은 시구蓍龜(시초蓍草와 거북 뼈)이다.『廣雅·釋詁』에, 즉則은 法(본받다)이다. 高亨, 540頁.
208) 효效는 法(본받다)이다. 천지天地와 만물에는 변화가 많으니, 聖人은 8괘와 64괘를 만들어, 괘의 변화로 천지 만물의 변화를 나타냈다. 高亨, 상동.

육적陸績(188-219)은 말한다. 하늘에 밤낮이 있음은, 사계절 변화의 도道이다.

공영달孔穎達(574-648)은 말한다. 하늘이 '신비한 물건[神物]'을 낳음은, 시초蓍草와 거북[龜]이 생겨난 것을 말한다.

(장재의) 『횡거역설橫渠易說』에서 말한다. "『역易』을 만들어 사람들에게 보이는 것은, 하늘이 상象을 드리워 길흉을 드러냄과 같다. 문자[書契]와 학습[效法]을 만드는 것은, 땅에서 '그림[圖]'과 '책[書]'을 펴냄과 같다."[209]

유원劉沅은 말한다. 하늘이 변화하여 해와 달이 춥고 더우니, 왕래함이 서로를 밀어준다. 땅이 변화하여 산은 우뚝하고 내[川]는 흐르니, 만물이 생장하고 (수확물을) 거두고 저장한다. '징조徵兆를 현시함[垂象]'은, 해와 달과 크고 작은 별들이 어두워지고 밝아지며, 일식日蝕하고 월식月蝕하는 등이다. 용마龍馬가 '그림[圖]'를 지고 나왔고, 신구神龜가 '책[書]'을 지고 나왔으니, 모두 하늘과 땅의 이치[理數]가 자연히 드러난 것이다. 성인聖人은, 신물神物이 미리 아는 오묘한 '거북점·서점[卜筮]'을 몸으로 하니, 하늘과 땅의 '실제상황[情形]'이 『역易』의 변화됨을 본받아서, 천상天象의 길흉吉凶이 『역易』의 길흉을 상징하게 되는데, '그림[圖]'과 '책[書]'의 이수理數의 정밀하고 은미함이, 『역易』의 정밀하고 은미함이 된다. 신물神物, 변화變化, 길흉吉凶과 도서圖書는, 모두 『역易』이 갖추고 있는 것이다. 『역易』에는 이런 네 상象이 있으니, 모두 하늘과 땅에서 근원하였는데, 하늘이 이로써 사람들에게 보이는 것이다. 성인聖人은 말씀[辭]을 매어서, 사람들로 하여금 『역易』의 이치를 알게 하고, 하늘의 이치를 다 이해하게 함인 것이다.

마치창馬其昶은 말한다. 5대조인 일재一齋인 부군府君 마핵비馬翮飛(1703-1756)께서 말씀하였다. "'도서圖書'의 설설은 장재張載(張子)가 가장 잘 터득했다. 『역易』에 괘획卦畫과 문자가 있는 것은, 땅에 '도서圖書'가 있는 것과 같다. 『대전大傳』(「繫辭傳」)에서, (복희伏羲가) '위로 하늘을 관찰하고 아래로 땅을 살펴서,'[210] 가까이에서 취하고 먼 데서 취하여 비로소 8괘[八卦]를 지었으니, 오로지 '도서圖書'에서만 취한 것은 아니다. 비록 주자朱子는 '도서圖書'를 확신하였으나, 다른 때에는 또 팔괘에 대해서, '서로 비슷하게 유추되지[比附]는 않는다.'라고 하였다. '도서圖書'가 『역易』으로부터 나온 것이 아님을 알 수 있으니, 바로 주돈이周敦頤의 『태극도太極圖』가 다만 『역易』

---

209) '作『易』以示人, 猶天垂. 作書契效法, 猶地出圖書.', 『橫渠易說』卷三, 「繫辭」上宋, 張載撰, 電子版文淵閣四庫全書, 상동 참조.

210) '『易』與天地准, 故能彌綸天地之道. 仰以觀於天文, 俯以察於地理, 是故知幽明之故.' 「繫辭」傳, 高亨, 511頁 참조.

에 맞추어 만들어진 것과 같을 뿐이다.

● **나의 견해**: 하늘과 땅이 변화하니, 성인聖人이 사계절을 본받아서, 『역易』을 만들었음을 말한다. '하늘이 상象을 드리움[天垂]' 두 자字는, 성인聖人이 하늘을 본받아서 『역易』을 만들었음을 말한다. 하수河水에서 '그림이 나옴[出圖]' 두 자는, 성인이 땅을 본받아 『역易』을 만들었음을 말한다.

‖13‖

『역易』에는 사상四象이 있어서, (변화를) 보여준다. (괘 · 효)사辭를 붙이니, (길흉을) 알려주는 것이다. (괘효사에서) 길흉을 정하는 것은, 결단을 (내리기) 위함이다.
[「易」有四象, 所以示也. 繫辭焉, 所以告也. 定之以吉凶, 所以斷也.]

❶

「역易」에서 말한다. "하늘에서 도와주니, 길吉하여 이롭지 않음이 없다."
공자가 말한다. "우祐는 도움이다. 하늘이 도와줌은, (그 사람이) 순종했음이요; 사람들이 도와주는 것은 신용을 지켰음이다. 신용을 지키고, 사상이 순조로우니, 또한 현인賢人을 존숭했기에, 이 때문에 하늘이 도운 것이니, 길吉하여 이롭지 않음이 없다."
[「易」曰: "自天祐之, 吉無不利." 子曰: "祐者, 助也. 天之所助者, 順也; 人之所助者, 信也. 履信, 思乎順, 又以尙賢也, 是以自天祐之, 吉無不利也."]

왕부王符(83-170)는 말한다. 이것은, 흉함과 재앙을 물리치고 복과 선함을 이르게 하는 최고의 근본이다.

후과侯果(侯行果, 8세기, 당唐나라 역학자)는 말한다. 이는 대유大有괘 상9효의 효사를 인용하여 증명한 것인데, 사람이, 네 개의 상象[少陽, 老陽, 少陰, 老陰]이 보여주는 바와 「계사繫辭」전이 알리는 바에 의거할 수 있다면, 하늘 및 사람들은 모두가 함께 돕고 있음을 말한다.

주진朱震(1072-1138)은 말한다. 성인聖人은, 하늘의 도道를 밝히 알고 백성들의 일을 잘 살피기에, 하늘과 사람을 합하는 것이다.

(주희의) 『주역본의周易本義』에서 말한다. 사상四象은. 음陰양陽과 노老소少를 이른다. 시示는, 만나는 괘효卦爻로써 사람들에게 보여줌을 이른다.

유원劉沅은 말한다. 시示는, 그것을 드러내어 밝힘이다. '알림[告]'은, 그것을 상세하게 말해줌이다. 단斷은, '옳고 그름[是非]'을 판결함이다. 「계사繫辭」전은 사람들에게 알리는 것으로, 사람들로 하여금 『역易』의 이치를 알게 하여, 하늘의 이치를 이해하며, 나아갈 길[趨向]을 결단하게 하는 것이다. 하늘이 돕는 자는, 이치에 순응하는 사람이다. 사람이 돕는 자는, 성실하고 미더운 선비이다. 뜻을 통하고, 임무를 정하고, 의심나는 것을 결단하는 것은 이치에 순응하여 하늘에서 도움을 구하고자 함이 아닌 것이 없으니, 어찌 밖에서 구할 일이 있겠는가? 이 장章의 다섯 번의 '시고是故'라는 글자는(사실 12장에서 是故는 3번 나오지만, 11장의 '시이是以'와 마지막 절 첫 구절의 '시고是故'도 같이 세어, 다섯 번이다.) 연속적으로 계속 아래로 이어지는데, (이는) 『역易』이 하늘과 땅의 도道를 포괄하니, 그 본원을 미루어 봄으로 인하여, 성인聖人이 『역易』을 지음에, 하늘을 본받지 않음이 없음을 드러내었고, 사람들로 하여금 미덥고 순응함으로써 하늘을 받들게 하고자 함이다.

또 (유원은) 말한다. 음양은 단지 이 태극의 몸일 뿐이다. 하늘과 땅 밖에 태극이 없고, 닫히고 열리는 외에 음陰과 양陽은 없다. 성인聖人은 천지天地의 만물을 통하여 하나의 몸으로 삼고, 천지의 '참된 정수精秀[眞精]'를 머금어, 천지天地의 '아버지를 꼭 닮은 아들[肖子]'로 삼았다. 『역易』을 지을 수 있었던 것이, 어찌 잘난 체하며[沾沾] 상象과 수數로써 사람들을 가르침이겠는가? 후인後人이 '무극無極' 두 글자를 더하였으니, 사실은 태극太極 스스로 체용體用이 혼연渾然된 이름이다. 지극하여 그것의 끝을 헤아리지 못하는 것이 바로 '무극無極'이니, 태극 외에 또 '무극無極'이 있어서 '무극無極' 후에 바야흐로 '태극太極'을 낳는 것이 아니다. 하도河圖와 낙서洛書는 모두 복희伏羲의 시대에 나왔는데, 바로 이 장章에서 증명할 수 있다. 한漢나라의 유자儒者들이, 우禹임금 시대에 나왔다고 여긴 것은, 틀렸다. 송宋나라의 유자들이, 그것을 따랐는데 틀렸다. 성인聖人은 천심天心을 알기에, 정미精微한 것을 밝히고자 하여 이로 인해, 괘卦를 그렸으니, 단지 '홀수짝수[奇耦],' '네모나 원[方圓]' 등의 상象만을 생성했을 뿐만 아니라, 바로 하늘과 땅의 정묘精妙함을 모두 포괄하여, 이를 사람의 생명[性命]이나 윤상倫常의 이치도 모두 그러하다는 데에까지 미루었다. 우禹임금이 '홍범洪範'을 지은 것은, 단지 『역易』의 실마리를 연역하여 천인합일의 뜻을 밝힌 것이지, 다른 도道가 있는 것은 아니다. 사상四象은 쇠붙이[金], 나무[木], 물[水], 불[火]이다. 소음少陰, 소양少陽, 태음太陰, 태양太陽이 된다고 이르는 것은, 기氣로써 말한 것을 말함이다.

2

공자가 말한다. "책에는 말한 것을 다 나타낼 수 없고, 말하는 것은 (말하려는) 뜻을 다 할 수 없다."

[子曰: "書不盡言, 言不盡意."]

그렇다면 성인聖人의 뜻은, 다 보일 수 없습니까?

[然則聖人之意, 其不可見乎?]

공자가 말한다. "성인聖人은 상象을 세워서 (자기) 뜻을 다 드러내고, 괘卦를 내세워 진정과 거짓을 다 표현하며, 괘사와 효사를 달아서 말을 전하며, (이것을) 변통하여 다 이롭게 하며, 북치고 춤추면서 신묘함을 다한다."

[子曰: "聖人立象以盡意, 設卦以盡情僞, 繫辭焉以盡其言, 變而通之以盡利, 鼓之舞之以盡神."]

최경崔憬(7세기, 당唐대 역학자)은 말한다. 복희伏羲가 우러러 하늘을 관찰하고 숙여서 땅을 살펴서, 8괘의 상象을 확립하여, 그의 뜻을 다함을 말하였다. 문왕文王은 괘卦와 효爻의 '말씀[辭]'을 지어서, 복희가 세운 괘의 상象에 매었으니, 상象이 일단 뜻을 다하면 '말씀[辭]'도 역시 말을 다한 것이다. 괘卦를 설정함은, 순응[罔]하고 움직이게 하여, 64괘를 만들면, 실정과 거짓이 모두 그 안에 있음을 이른다.

(주돈이의)『통서通書』에서 말한다. "성인의 정밀함[精]은, 괘를 그려서 보이는 것이다."211) 성인聖人의 온축함은 괘로 인하여 나타난다. 괘가 그려지지 않았다면, 성인의 정밀함은 드러날 수 없었을 것이고, 괘가 아니었다면 성인의 온축함은 아마 들을 수 없었을 것이다. 『역易』이, 어째서 단지 오경五經의 근원에 그칠 뿐이겠는가? 천지天地 귀신의 오묘함일 것이다.

(주희의)『주역본의周易本義』에서 말한다. 말이 전하는 바는 얕지만, 상象이 보여주는 바는 깊다. '홀수[奇]'와 '짝수[耦]' 두 획이 변화를 포함하여, '끝까지 다하여 없음[无有窮盡]'을 관찰하게 되면, (앞일을) 볼 수 있을 것이다. 변통變通과 고무鼓舞는 일로써 말한 것이다. '자왈子曰'이라는 글자는, 모두 후인後人들이 더한 것이다. 만일『통서通書』가 주돈이周敦頤가 스스로 지은 것이라고 한다면, 역시 후인後人들이 매 장章마다 '주자왈周子曰' 자字를 더한 것이 되니, 그것이 문답을 바르게 설치한 것은 바로 이와 같다.

(주희의)『주자어류朱子語類』에서 말한다. 책은 말을 다할 수 없으며, 말은 뜻을 다할 수 없으

---

211) '聖人之精, 畫卦以示.',『通書述解』卷下,「乾損益動」第三十一, 明 曹端撰, 電子版 文淵閣四庫全書, 상동 참조.

니, 이것은 옛날에 이런 말이 있었음이다.

　유원劉沅은 말한다. '본성[性]'에 순응하여 좋은 것은 '실정[情]'이고, '본성[性]'을 어겨서 나쁜 것이 '거짓[僞]'이다. 변화하여 일[事]과 행위[爲]에 통한다. 고무鼓舞는 '마음[心]'으로써 말한 것이니, 흥기시켜 즐거이 나아가게 함을 이른다. 행실에는 이롭고, 지혜에는 '신통[神]'하다. 그러니 성인聖人의 뜻은 볼 수 없는 것인가? '자왈子曰'은 틀린 것이다. 그것을 드러내어서『역易』이 되었으니, 진실로 이미 그것을 다한 것이다.

　마기馬其昶은 말한다. 백성들이 모두 그것을 쓰니, '신기롭다[神]'라고 이르는 것은, 고무鼓舞의 효과이다.

> **건곤乾坤[하늘과 땅, 음양 대립과 변화]이『역易』속에 온축되어 있는 것이 아닐까? 건곤[하늘과 땅]이 자리를 정하니,『역易』(의 도)가 그 가운데 확립되었다. 하늘과 땅이 무너지면,『역易』의 도리는 볼 수 없게 된다.『역易』(의 도리)가 보이지 않으면, 하늘과 땅[乾坤]도 아마도 거의 식멸熄滅할 것이다!**
> [乾坤其「易」之縕邪?212) 乾坤成列, 而「易」立乎其中矣.213) 乾坤毁, 則無以見「易」.「易」不可見, 則乾坤或幾乎息矣!]

　『한서漢書』,「예문지藝文志」에서 말한다. '다섯(樂, 詩, 書, 禮, 春秋)은, 오상五常의 도道이며,『역易』을 근원으로 삼는다.'214) 그러므로『역易』(의 도리)가 보이지 않으면, '하늘과 땅도 아마도 거의 식멸熄滅할 것이다!'라고 말했다. (『역易』이,) 천지天地와 더불어 끝과 시작이 됨을 말하였다.

　한백韓伯(5세기, 남북조南北朝시대)은 말한다. 온縕은 깊고 오묘함이다.

　(주희의)『주역본의周易本義』에서 말한다.『역易』이 소유한 바는 음양일 뿐이다. 양陽은 모두 건乾이고 음陰은 모두 곤坤이다. 건乾과 곤坤이 훼손된다는 것은 괘획卦畫이 확립되지 않음을 이른다. 건乾과 곤坤이 그친다는 것은 변화가 행해지지 않음을 이른다.

　호후胡煦(1655－1736)가 말한다.『역易』은 변역變易을 이르니, 바로 건乾과 곤坤의 두 쓰임이다. 건乾과 곤坤의 두 체體가 있어서, 바로 이 변역變易의 두 쓰임을 갖추는 것이다.

....

212)　乾坤은 天地이다.『역易』은 음양, 모순대립과 변화의 道를 말한다. 虞翻에 의하면, 온縕은 장장(감추다)
　　　이다. 사사邪는 야耶이다. 高亨, 542頁.
213)　成列은 定位와 같다. 高亨, 상동.
214)　'五者, 蓋五常之道, … 而『易』爲之原.'『漢書』,「藝文志」第十, 六冊, 志[三], 상동, 1,723頁.

유원劉沅은 말한다. 건乾과 곤坤은 하늘과 땅이다. 이로 인해『역易』을 말하므로, 건乾과 곤坤이라고 말했다.『역易』은 곧『역易』이라는 책이니, 이치가 그 속에 있을 것이다. 온縕은 옷 안에 붙인 솜이다.『역易』의 오묘함은 건乾과 곤坤 안에 모두 감추어져 있으니, 마치 옷 안에 솜이 있는 것과 같다. 열列을 이룸은, 높고 낮음의 나뉨이 분명하여 변화가 서로 일어남을 이른다.『역易』의 도道는 단지 음陰과 양陽일 뿐이므로, 건乾과 곤坤이 열列을 이루면,『역易』의 체體가 이미 확립된 것이다. 훼毀는 괘획卦畫이 확립되지 않고 괘의卦義가 분명하지 않아서, 단지 마치 건乾과 곤坤 두 괘가 없는 것 같은 것을 이르니, 그것을 훼손한 것이 된다. 건乾과 곤坤이 훼손되면, 일체의 이理와 기氣, 수數와 상象이 어디로부터 나오겠는가?『역易』을 볼 방법이 없다는 것은, 음양과 강유剛柔 변역變易의 도道가 드러나지 않음을 이른다.『역易』을 볼 수 없게 되면 천지天地의 이치가 분명하지 않아서, 사람이 비록 하늘과 땅 사이에 있다 하더라도, 그것의 도道를 알지 못하니, 건乾과 곤坤이 혹 거의 그치게 될 것이다.

마치창馬其昶은 말한다. 건乾과 곤坤이 열列을 이루어, 이로써 두 쓰임이 서로 교제한다. 건원乾元은 곤坤 안에서 확립되고, 곤원坤元은 건乾 안에서 확립된다. 건乾과 곤坤이 없으면 두 쓰임의 오묘함을 볼 수 없고, 두 쓰임이 없으면 건乾과 곤坤의 공용功用이 혹 그칠 것이다. 이 단락은,『역易』이 천하의 도道를 포괄하므로 천하의 의심스러운 것을 판단할 수 있고, 육효六爻의 '뜻[義]'이 변역變易함으로써 통通함[貫]이다. 이하는 윗글들을 다시 서술하여 총결한 것이다.

이 때문에 '형이상形而上**'을 도**道**라 하며, '형이하**形而下**'는 물건들이다. 개조하는 것을 변화라 하고, 밀어서 시행하는 것이 통달**[通]**이고, (도**道**와 기**器**를) 취하여 천하의 백성들에게 베풂을 사업이라 한다.**

[是故形而上者謂之道, 形而下者謂之器, 化而裁之謂之變, 推而行之謂之通, 舉而錯之天下之民謂之事業.]

(장재의)『횡거역설橫渠易說』에서 말한다. "한 번 음陰하고 한 번 양陽하는 것은 물체[形器]에 구애되지 않으므로, 도道라고 이른다. '건곤이 열을 이룸[乾坤成列]' 이하로는, 모두『역易』의 도량度量[器]이다. 건乾과 곤坤이 서로 변하여 이로 인해 그 변화를 묶어 마름질하여 그것을 분별하므로, '변變'이라 이른다."215)

....

215) '一陰一陽不可以形器拘, 故謂之道. 乾坤成列, 而下皆易之器. 乾坤交變, 因約裁其變而別之, 故謂之變.',『橫渠易說』卷三,「繫辭」上, 宋 張載撰, 電子版 文淵閣四庫全書, 상동 참조.

유원劉沅은 말한다. 『역易』은 건乾과 곤坤을 거느린다. 건乾과 곤坤의 이치는 모든 사람이 마땅히 따라서 행해야 하니, 유형有形에서 드러난다. 위의 정미精微한 것은 도道가 되고, 아래의 성글고 얕은 것은 기器가 된다. 도道와 기器 두 가지는 '겉[表]'과 '속[裏]', '정精'과 '조粗'여서, 있지 않은 곳이 없고, 그러하지 않은 사물이 없다. 그 미치지 못하는 것을 변화시키고 그 너무 지나친 것을 마름질하니, 변變이라고 이른다. 미루어 행함이 마땅하지 않음이 없으므로, 통通이라 이른다. 제 몸을 수신하여 백성들에게 적용하니 사업事業이라 이른다. 어찌 다른 도道가 있으며, 어찌 많은 수단이 있겠는가?

요배중姚配中(1792-1844)은 말한다. 『역易』의 '형이상形而上'은 하늘에서 상象을 이루니, 드러나므로 상象이라 이른다. 『역易』의 '형이하形而下'는 땅에서 '모양形'을 이루니, 형체가 있으므로 기器라고 이른다. 도道는 음양陰陽의 도道이다.

양쩡신楊增新(1864-1928)은 말한다. 화化는 천지자연의 화化를 이른다. 천지의 변화는 똑같지 않고 매우 다양한데, 성인聖人은 이로 인하여 그것을 마름질하고 정리하니, 이를 변變이라 이른다. 그것을 미루어 행하면 인정人情을 화합시키고 사물과 이치를 합하여, 조금이라도 막힘이 없다. 후인後人이 그것을 제작한 근원을 모르고서 가벼이 변법變法을 말했으니, 틀림없이 행할 수 없을 것이다.

마치창馬其昶은 말한다. '형이상形而上'은 네 가지 상象을 이르니, 천도天道의 음양을 본받는다. '형이하形而下'는 괘획卦畫을 이르니 지도地道의 강유剛柔를 본받는다. 변화 마름질하고 미루는 행실은 효爻의 변화를 이르니, 인도人道의 인仁과 의義를 확립한다.

이 때문에 효상爻象은, 성인聖人이 (그것으로) 천하 사물들의 복잡함을 보고서, 그것들의 형용形容을 비견하여, 그 사물의 적합함을 보인 것이니, 이 때문에 상象이라 말한다. 성인이 천하 사물의 활동을 보고서, (『역易』의 도리로) 그 회통을 관조하여, 전장典章제도를 실행하고, 괘·효사를 매달아서 길흉을 단정斷定하니, 이 때문에 효爻라고 한다.
[是故夫象,216) 聖人有以見天下之賾, 而擬諸形容, 象其物宜, 是故謂之象. 聖人有以見天下之動, 而觀其會通, 以行其典禮, 繫辭焉, 以斷其吉凶, 是故謂之爻.]

유원劉沅은 말한다. 형이상, 형이하는 건乾과 곤坤에 통섭되지 않는 것이 없다. 그러므로 상象

---

216) 夫는 마땅히 爻로 보아야한다. 형태가 비슷하여 오류가 난 것이다. 高亨, 상동.

은, 그것의 오묘함을 본떴을 뿐이다. 효爻는, 그것의 움직임을 본받았을 뿐이다. 모두 도道와 기器 두 가지 밖에 있는 것이 아니다.

> 천하 사물의 변동을 고취하여 (괘·효)사에 있게 하고, 변화시켜 제재하는 것을 변화에 있게끔 하며, 미루어 실천하는 것을 변통變通에 있게 하고, 신묘하고 명백히 운용하는 것은 사람에게 있으니, (고요히) 침묵하며 이루어주고, 말을 안 해도 믿어주는 것은, 덕스런 행동에 있다.
>
> [極天下之賾者存乎卦,217) 鼓天下之動者存乎辭, 化而裁之存乎變, 推而行之存乎通, 神而明之存乎其人, 黙而成之, 不言而信, 存乎德行.]

(주희의) 『주역본의周易本義』에서 말한다. 괘卦는 바로 상象이고, 사辭는 바로 효爻이다. 괘卦와 효爻가 변통變通할 수 있는 까닭은 사람에게 달려있고, 사람이 신묘하여 밝힐 수 있는 까닭은 덕德에 달려있다.

유원劉沅은 말한다. 상절上節에서는 넓게 도道를 논하였으므로, '위지운운謂之云云'이라 말했다. 여기에서는 사람의 실천을 독려하므로 '존호운운存乎云云'이라고 말한다. 신묘하여 밝게 살핌은 괘卦와 효爻에 얽매이지 않으나, 일찍이 괘卦와 효爻에서 떠난 적이 없다. 건乾과 곤坤의 내용[撰]을 묵묵히 체득하여, 제 몸에서 덕德을 이루면, 신묘한 밝음이 앉아서도 비추어 무형無形의 덕행德行에 감응하여 미더우니, 천인합일天人合一의 경지이다. 덕행德은 『역易』의 본원本原이니, 그 본원本原을 얻으면 나에게 있는 『역易』이 천지天地의 『역易』과 하나가 되어, 괘卦와 효爻의 상象과 사辭가 일이관지一以貫之하고, 글과 말은 단지 그것의 끝자락일 뿐이다. 형이상·형이하는, 건乾과 곤坤의 이치가 베풀어 펼쳐진 바가 아닌 것이 없다. 8괘는 64괘를 낳는데, 실제로는 단지 건乾과 곤坤이 미루어 펼쳐진 것일 뿐이다. 변통變通과 신명神明은 한 결 같이 덕행德行으로써 그것을 갖출 수 있다. 묵묵히 이루는 것은 바로 뜻을 묵묵히 아는 것이다. 매일 쓰고 일삼는 『역易』은 심역心易에 근본 한다. 심역心易은 중화中和의 지극함이니, 이치를 궁구하고 '본성[性]'을 다하는 학문이다. 『역易』을 말하지 않으나, 『역易』이 나에게 있으니, 무엇 때문에 시초蓍草점과 거북점을 기다리겠는가? 이는 공자께서 사람들이 뜻에 근본하기를 바라셔서, 사람들이 건乾과 곤坤이 모든 64괘가 나오는 곳임을 알게 하고자 해서이다. 그러므로 그것으로써 앞의 열한 개의 장章을 거두어 마무리하였다.

---

217) 極은 盡이고, 存乎는 在於이다. 高亨, 544頁.

마치창馬其昶은 말한다. 이상은 제5篇이니, 첫째 편의 하늘로부터 도와서 길하여 이롭지 않음이 없음을 반복하였다. 성인이 『역易』을 지은 것은, 천하(사람들)로 하여금 모두 길吉한 데로 나아가게 하고자 해서이다. 군자가 『역易』을 배움에는, 자기의 덕행을 묵묵히 이룰 것을 귀히 여겨야 한다.

『계사繫辭』하전下傳

∥ 1 ∥

여덟 괘가 확립되니, (64괘의) 괘상卦象이 그 가운데 있다. 이어 (8괘를) 거듭하니, 효爻가 그 속에 있도다.

[八卦成列, 在其中矣.[1] 因而重之, 在其中矣.]

오여륜吳汝綸(1840-1903)은 말한다. 8괘가 이루어지니, 64괘의 상象이 이미 갖추어진 것이다. '8괘를 거듭함[重卦]'이 이루어지니, 9[양]와 6[음]의 쓰임이 이미 갖추어진 것이다.

마치창馬其昶(1855-1930)은 말한다. 3획의 괘는 그것의 변화를 다하지 못한다. 중복하여 6획이 되어야 '올라타고[乘], 받들고[承], 보조하고[比], 응함[應]'이 있게 되니, 상하 왕래의 '뜻[義]'이 있게 된다. 이 효爻는 저 효爻와 교류하고, 본효本爻는 또 변효變爻와 교류하기에, 따라서 효爻라고 말한다. 효爻는 교류함이다.

• **나의 견해**: 「계사繫辭」상전上傳에서, '인이신지引而伸之, 촉류觸類' 아래, 육적陸績(188-219)의 주注에서, '8괘를 이끌어서 펼치고 중복하여 64괘가 되니, 부류를 만나서 괘상이 확대되어 효책爻冊이 11,520(책策)에 이른다.'라고 하였다. 상象과 효爻가 모두 8괘 안에 있음을 볼 수 있다.

강건함[剛]과 유약함[柔]이 서로 밀어내니, 그 속에 변화가 있도다.

[剛柔相推, 變在其中矣.]

요배중姚配中(1792-1844)은 말한다. 강剛과 유柔는 획을 말한다. 양陽으로부터 9에까지 미루어내고[推], 9로부터 음陰에까지 미루어낸다. 음陰으로부터 6에까지 미루어내고, 6으로부터 양陽에까지 미루어낸다.

마치창馬其昶은 말한다. 변할 수 있는데 아직 변하지 않았기에, 따라서 변화가 그 가운데에 있음이라고 말하는 것이다.

(괘와 효 아래에) 괘·효사를 붙이니 (그것으로 사람들에게 해야 할 것을) 알려주기에, (사람들의) 행동이 그 속에 있도다!

[繫辭焉而命之, 動在其中矣.[2]]

------

1) 成列은 확립이다. 象은 64괘의 卦象이다. 『周易注譯與硏究』, 636頁, 注1.

우번虞翻(164-233)은 말한다. 하늘과 땅의 움직임을 고무시키는 것이 말[辭]에 존재한다.

소준蘇濬(1541-1599)은 말한다. 『역易』의 말은, 성인聖人이 천하의 움직임을 보고서, 거기에 붙인 것이다.

유원劉沅은 말한다. 괘卦와 효爻가 이미 확립되면, 강剛과 유柔가 서로를 밀어 번갈아 사용되니, 변화의 이치가 그 안을 벗어나지 않는다. 상象에는 순수함[純]과 섞임[駁]이 있고, 효爻에는 마땅함과 마땅치 않음이 있는데, 말[辭]을 매달아서 길吉, 흉凶, 후회[悔], 어려움[吝]으로써 명命하였으니, 일이 되어가는 움직임이 그 안을 벗어나지 않는다. 역점易占은 상象과 효爻의 변동에 지나지 않으니, 모두 8괘로부터 미루어 나간 것이다.

마치창馬其昶은 말한다. 효爻의 움직임에는 마땅한 변화도 있고, 마땅하지 않은 변화도 있다. 성인聖人이 9[양]나 6[음]의 말[辭]을 매달아서 움직임의 마땅한 바를 사람들에게 알려주었으므로, 움직임이 그 가운데에 있다고 말하였다. 명命은 '알림[告]'과 같다.

- **나의 견해(1):** 변變에 마땅한 것은 움직임이 적절하고, 변變에 마땅하지 않은 것은 움직임이 적절하지 않으니, 모두 매 효爻에 붙인 말에서 그것이 보인다.
- **나의 견해(2):** (「계사繫辭」하전下傳 첫머리에서) '그 속에 있음[在其中]'을 네 번 말했는데, 설명할 수 없는 오묘함이 있다. 대개 '배아胚胎'는 이미 갖추어졌는데, 변동할 수 있으나, 아직 변동하지 않았기에, 따라서 '그 속에 있음[在其中]'이라고 말하였다. 『논어論語』에서 자주 말한 '그 속에 있음[在其中]'과는 같지 않다. (『역易』에서) 그것을 신묘하고 밝게 하는 것은 사람에게 있으니, 이에 '그 속에 있음[在其中]'의 오묘한 뜻을 얻을 수 있다.

길, 흉, 후회[悔], 어려움[吝]은, (괘·효의) 변동에서 생긴다. 강건剛健함과 유약柔弱함, (즉 음양이 천지 만물)의 근본을 세운다. (행사에는) 변통이 있으니, 빨리 달려가 당시의 형세, 환경 및 조건을 맞추어야 한다.

[吉凶悔吝者, 生乎動者也. 剛柔者, 立本者也.[3] 變通者, 趣時者也.[4]]

....

2) 『爾雅·釋詁』에, 命은 告(알리다)이다. 『역易』의 저자가 괘·효 아래에 卦爻辭를 매달아서, 사람들에게 알려주니, 사람의 행동이 곧 그 속에 있음이다. 高亨, 556頁.

3) 剛은 陽이고, 柔는 陰이니, 爻의 음양이 64괘의 근본이다. 사물의 음양이 천지 만물의 本이다. 高亨, 상동.

4) 취趣는 추趨이니, 급주急走(급히 걷다)이다. 時는 당시의 구체적 형세, 환경과 조건을 가리킨다. 행사에는 변통이 있으니, 급히 달려가 당시의 수요를 맞춘다. 高亨, 상동.

(주돈이이)『통서通書』에서 말한다. "길吉과 흉凶과 '후회[悔]'와 '어려움[咎]'은 '활동[動]'에서 생겨난다. 아하! 길함은 (이 넷 중에) 하나일 뿐이다. '활동[動]'에 조심하지 않을 수 있겠는가?"[5]

유원劉沅은 말한다. 활동할 수 있어 활동하는 것은, 길吉함이 생겨나는 곳이다. 아직 활동할 수 없는데 활동하는 것은, '흉함[凶],' '후회[悔],' '어려움[咎]'이 생겨나는 곳이다. 근본은 변통變通의 근본이다. 때[時]는 마땅히 그러한 때이다. 강剛과 유柔는 음陰과 양陽의 실질이며 바뀌지 않는 몸[體]이니, 이 때문에 변통變通의 근본을 확립할 수 있다. 일과 만물은 정해진 것이 없으나, 이치에는 일정함이 있으니, 때에 알맞게 변통하여 중中에 알맞은 것이, 때[時]를 따르는 것이다. 그러므로 움직임을 조심하면 근본이 확립되고, 때[時]가 마땅하면 항상 길吉하다. 그렇지 않으면 항상 흉凶하다.

요배중姚配中(1792-1844)은 말한다. 강剛과 유柔는 획畫이다. 획은 효爻의 근본이다. 7, 8, 9, 6은 변통變通하여 사계절[四時]에 짝한다.

● **나의 견해**: 중中은 천하의 큰 근본으로, 양陽에 치우치거나 음陰에 치우치지 않아, 과불급이 없기에, 따라서 '근본을 확립[立本]한다.'라고 말한다. 사계절은 변통함에 끝이 없으니, 그 강剛과 유柔에 때에 맞게 하고, 순조롭게 행하기에, 따라서 '급히 달려가 당시의 구체적 형세, 환경, 조건을 맞추어야 한다[趣時].'라고 말한다. 『역易』의 괘卦와 효爻는, 역시 시중時中을 벗어나지 않을 따름이다. 포윤抱潤(馬其昶)선생이 『역易』을 다룬 요점[要訣]에서, '사람들에게 마땅한 변화와 마땅하지 않은 변화로써 보였다.'라고 말하였는데, 바로 이 뜻이다. 공자의 「학식이나 기예技藝가 출중한[聖] 시기[時]」가 됨은, 곧 어디를 가든 『역易』 아닌 곳이 없음이다.

길흉이란, 바르게 행동하면 승리하는 것이다.
[吉凶者, 貞勝者也.[6]]

(주희의)『주자어류朱子語類』에서 말한다. 길吉과 흉凶은 양립할 이치가 없으니, 번갈아서 우세하다. 『음부경陰符經』에서는, '하늘과 땅의 도道가 (신묘한 경지에) 빠져들었으니[沉浸]', 따라서 음양陰陽이 우세하다.'라고[7] 말하였다.

---

5) '吉凶悔吝生乎動, 噫! 吉, 一而已. 動可不愼乎?', 『周元公集』,「通書」, 乾損益動第三十一章, 宋 周敦頤 撰, 電子版 文淵閣四庫全書, 상동 참조.

6) 貞은 正이니, 길흉은 일처리의 正否에 달려 있다. 高亨, 상동.

유원劉沅은 말한다. 바른 이치로 항상 우세한 것을 길吉로 여기고, 어그러진 이치를 흉凶으로 여기는 것이지, 화禍와 복福을 길吉과 흉凶으로 여기는 것이 아니다.

마치창馬其昶은 말한다. 일에는 선善과 악惡이 있는데 모두 '바름[貞]'으로써 이기는 것이다. 견고하게 오래 쌓은 이후에, 이길 수 있음을 말한 것이다. 화禍와 복福은, 자기로부터 구하지 않는 것이 없다. 선善을 쌓지 않으면, 이름[名]을 이룰 수 없고; 악惡을 쌓지 않으면 몸을 멸滅하기에 부족하니, 이것이, 길흉吉凶은 '바름[貞]으로써 이김[勝]'의 말씀이다. 이는 '바름으로 길함[貞吉]'과 [바름으로 흉함[貞凶]'을 위해 예例를 든 것이다.

하늘과 땅의 도道는 바름(正)을 사람에게 보이는 것이다. 해와 달의 도道는, (천하를) 바르게 밝히는 것이다. 천하 (만물)의 활동은, '하나[一](천지天地의 도)'에 맞으면 바르다.
[天地之道, 貞觀者也.8) 日月之道, 貞明者也. 天下之動, 貞夫一者也.9)]

(주희의)『주역본의周易本義』에서 말한다. 이치에 순응하면 길하고 이치에 거스르면 흉하다. 그것의 바르고 '항상 됨[常]'은 역시 하나의 이치일 뿐이다.

유원劉沅은 말한다. 관觀은 보임(示)이다. '하나[一]'는 이치의 지극[極]이다.

마치창馬其昶은 말한다. 가볍고 맑은 기운은, 본래 위에 쌓이니, 하늘에서 볼 수 있다. 무겁고 탁한 기운은 본래 아래에 쌓이니, 땅에서 볼 수 있다. 해와 달이 쌓여 밝음을 낳는다. 모두 '바름[貞]'으로써 도道를 삼는다. (경방京房의)『경씨역전京氏易傳』에서, '양陽을 쌓아 하늘이 되고, 음陰을 쌓아 땅이 된다.'라고10) 하였다. (허신許愼의)『설문해자說文解字』에서, '일一은 양陽이다.'라고11) 하였다. 양陽은 곧 건원乾元이다. 덕德은 오직 하나이니, 움직임에 길하지 않음이 없다. 괘卦와 효爻의 변동이, 원元의 용用 아닌 것이 없다. 각각 생명[性命]을 바르게 하니, 바로 이 때문에 태화太和를 보존하여 화합시킨다. 그러므로 '하나'를 바르게 한다고 말하였다.『역易』은 원元에서

---

7) '天地之道浸, 故陰陽勝.',『陰符經註』上經, 中篇, 徐大椿撰, 電子版文淵閣四庫全書, 上海人民出版社, 1999 참조.
8) 『爾雅・釋言』에, 觀은 시示(보이다)이다. 貞觀은 正을 사람에게 보임이다. 高亨, 상동.
9) 裘學海에 의하면, 夫는 於와 같다. 一은 '天地之道'이니, 天地의 도와 합치면 正, 즉 정확이다. 周振甫, 257頁, 注6.
10) '積陽爲天, 積陰爲地.',『京氏易傳』, 遯卦, 漢 京房撰, 電子版文淵閣四庫全書, 上海人民出版社, 1999 참조.
11) '一者陽也.',『說文解字』卷十四下, 漢 許愼撰, 宋 徐鉉增釋, 電子版文淵閣四庫全書, 上海人民出版社, 1999 참조.

비롯하여 '바름[貞]'에서 이루어진다.

• **나의 견해**: '하나[一]'는 태극太極을 상징한다. 태극은 움직이지 않으나 천하의 만상萬象의 움직이는 것이, 모두 그 안에 담겨있다. 만상은 복잡하고 심오하지만, '하나[一]'는 쉬워서 어렵지 않고, 간단하여 복잡하지 않으므로, 원元에서 비롯하여 '바름[貞]'에서 이루어진다. 그러므로 '하나를 바르게 함[貞夫一]'이라고 말한 것이다.

> **하늘은 강건剛健하나 평이平易한 것으로 보인다. 땅은 유순柔順하고 사람에게 검약儉約하게 보인다. 효爻는, (하늘과 땅의) 이런 점을 본받은 것이고; 상象은 (하늘과 땅의) 이런 점을 형상한 것이다.**
> [夫乾確然, 示人易矣.12) 夫坤隤然,13) 示人簡矣. 爻也者, 效此者也; 象也者, 像此者也.]

유원劉沅은 말한다. 건乾과 곤坤은 쉽고 간단한데, 단지 이 '하나[一]'를 '바르게[貞]' 하는 도道는 사람들에게 바름을 드러내 보여서, 그들로 하여금 '하나[一]'에 돌아와, 건곤乾坤을 본받아 형상하게 할 따름이 아님이 없다.

요배중姚配中은 말한다. 차此는 이 건곤乾坤의 쉽고 간단함이다.

마치창馬其昶은 말한다. 『설문해자說文解字』에서, '각隺은 높고 지극함'이다, 『역易』에서는, '건乾은 높고 높다.'라고 했다.14) 또 '퇴隤는 아래로 추락함이다.'라고15) 했다. 이는 곧 원기元氣가 처음 나뉘어, 가볍고 맑은 양陽은 하늘이 되고, 무겁고 탁한 음陰은 땅이 되는 '뜻[義]'이다. 오직 하나이므로 쉽고 간단하며, 전체[統體]가 하나의 태극이다. 하나의 원元이 나뉘어, 음陰과 양陽이 되고, 음陰과 양陽은 또 흩어져 효爻와 상象이 되니, 사물들 하나하나가 태극太極이다.

> **효와 상은 (괘의) 안에서 활동하나, 길흉이 밖으로 보이니, (효상爻象의 변화에 의해, 길吉을 추구하고 흉凶을 피하니), 공업功業은 변화에서 볼 수 있다. 성인聖人의 사상 감정은 괘효사에서 보인다.**
> [爻象動乎內, 吉凶見乎外, 功業見乎變. 聖人之情見乎辭.16)]

---

12) 乾은 하늘이고, 確確은 剛貌이고, 易은 평이平易이다. 高亨, 557頁.
13) 隤隤는 柔順한 모양이고, 簡은 간약簡約(절검節儉)이다. 상동.
14) '隺, 高至也. 『易』曰: "夫乾隺然.", 『說文解字』, 中冊, 冂部, 東漢 許愼撰, 상동, 433頁.
15) '隤, 下隊也.' 『說文解字』, 下冊, 阜部, 東漢 許愼撰, 상동, 1,186頁.
16) 情은 사상이나 감정이고, 辭는 괘효사이다. 高亨, 558頁.

(장재의)『횡거역설橫渠易說』에서 말한다. "효爻와 상象이 일단 움직임으로 말미암았으나, 아직 형체가 이루어지지 않은 데서 길吉과 흉凶을 밝히는 것이다."[17] 효爻와 상象의 변화에 따라서 그 것의 이로움을 통하게 하기에, 따라서 공功과 업業이 보인다.

마치창馬其昶은 말한다. 효爻와 상象은 비록 변하지만 괘와 획은 그대로이므로, 안에서 움직인 다고 말했다. (나의 견해: 괘의 안이다.) 잃고 얻음이 아직 드러나지 않았지만, 길吉과 흉凶이 이 미 판단되므로, '밖으로 보인다[見乎外].'라고 말한다.

하늘과 땅의 큰 덕은 삶이고, 성인의 큰 보물은 왕위이다.

[天地之大德曰生, 聖人之大寶曰位.[18]]

서간徐幹(170~217)은 말한다. '왕위[位]'는, 덕德을 확립하는 베틀(機)이다. 세勢는, 의義를 행하 는 북(저杼)이다. 성인이 베틀을 밟고, 북을 쥐고서 만물을 순종하게 하고, 인륜을 바르게 하니, 온 우주 안이 각각 그들의 바람[願]을 지극히 하게 되는데, 그것이 큰 보물이 됨이 또한 마땅하지 않은가?

유원劉沅은 말한다. 천지天地는 하나의 생리生理, 생기生氣가 모여 엉긴 바이므로, 덕德이 지극 히 크다. 오직 '삶[生]'자字라서, 이것은 쉽고 간단하다. 성인은 천지의 '낳고 낳는 덕[生生之德]'을 몸[體]으로 하니, '왕위[位]'가 아니면 드러나지 않다가, '왕위'를 얻으면 천하를 이끌어 구원하므로, 큰 보물이 된다. 인심仁心은 바로 천지天地의 '낳고 낳는 마음[生生之心]'이다.

마치창馬其昶은 말한다. '삶[生]'은, 인仁이고 원元이다.

무엇으로 왕위를 지키는가? 사람들이다. 무엇으로 사람들을 모으는가? 재물이다. 재정을 정리하고, 제도법령을 단정하게 하며, 백성들이 나쁜 짓 하는 것을 금지시키는 것이, 의義이다.

[何以守位? 曰仁.[19] 何以聚人? 曰財. 理財正辭,[20] 禁民爲非, 曰義.]

---

17) '因爻象之旣動, 明吉凶於未形.',『橫渠易說』卷三,「繫辭」上, 宋 張載撰, 電子版文淵閣四庫全書, 상동 참조.
18) 성인이 왕위에 있으니 정권이 있게 되고, 정권이 있으면 功業을 세울 수 있다. 따라서 왕위는 성인의 大寶이 다. 高亨, 상동.
19) 陸德明의『經典釋文』에, 仁을 人으로 썼다. 馬融이나 鄭玄 등의 판본에는 人으로 되었다. 高亨, 상동.
20) 사辭는 제도, 법령의 條文을 가리킨다. 高亨, 상동.

육적陸績(188-219)은 말한다. 사람은 재물이 아니면 모이지 않으므로, 성인이 상象을 관찰하여 기물을 제작하고, 물건을 갖추어 이로움을 다하니, 이로써 만민萬民이 생업을 가지게 되기에, 거기에 모이는 것이다.

(주희의) 『주역본의周易本義』에서 말한다. "'왈인曰人'의 '인人'은, 금본今本에는 '인仁'으로 썼다. 여대림呂大臨(1044-1091)은[21] 옛것[古]을 따랐으니, 아마도 이른바 '민중이 없으면, 누구와 나라를 지킬 것인가?'라고[22] (말한) 것이다."[23]

항안세項安世(1129-1208)는 말한다. '재물을 다스림[理財]'은, 물, 불, 쇠, 나무, 흙, 곡식만을 오로지 다스림을 이른다. '말을 바로잡음[正辭]'은, 귀함과 천함을 구분하고, 받고 줌을 분명히 하며, 명예와 실질을 분별함을 이른다. '백성들이 그릇된 짓 하는 것'을 금함은, 금령을 법으로 정하고, 형벌을 지극히 하여, 인도引導할 수 없는 자들을 구제함을 말한다. 대개 길러주고 가르친 이후에 구제하니, 그의 덕德스러운 뜻이 발한 바가, '백성을 사랑함[仁民]'에 주主가 될 뿐이다.

유원劉沅은 말한다. 재물로써 백성을 기르면, 백성들은 다투어 그것을 좇는다. 성인은 백성을 사랑하는 마음이 있고, 또 도리어 사람을 기르는 것으로, 사람 해치는 것을 우려하므로, 재물을 다스려서 '품덕品德과 절개節介[品節]'를 두게 하고, 말을 바로잡아서 시비를 분명하게 하도록 한다. 의義라는 것은 인仁으로 제지하는 것이다. 그래서 인仁을 온전히 함 때문에, 천지天地의 덕德을 받들고 중中으로 적절히 돌아갈 수 있다.

또 (유원은) 말한다. 쉽고 간단함이 곧 '바른 하나[貞一]'이다. 8괘는 음양陰陽을 떠나지 않고, 음양은 이기理氣를 떠나지 않는다. 하나의 이理가 흩어져 만 가지 다름이 되니, 상象과 효爻가 변동함에, 반드시 그 시비是非의 바름을 살펴야 한다. 만萬 가지 다름은 하나의 근본으로 되돌아오니, 길吉, 흉凶, 후회[悔], 어려움[吝]은 모두 '바른 하나[一貞]'의 근원으로 되돌아온다. 천지天地의 도道가 오로지 이 '바른 하나[一貞]'이며, 천하의 움직임도 역시 오직 이 '바른 하나[一貞]'이다. 큰 덕德을 '삶[生]'이라 말한 것은, 만상萬象이 하나의 이치에 모인다는 것이다. 큰 보물을 '왕위[位]'라 말한 것은 만민萬民이 왕에게 통솔된다는 것이다. '왕위[位]'를 지키고, 사람을 모으며 그릇된 짓을 금하는 것은, 모두 이 '바른 하나[貞一]'의 도道를 본받은 것이지, 억지로 함에 있지 않다.

---

21) 本文의 '呂氏'는 아마도 여대림呂大臨이다.

22) '后非衆, 罔與守邦?'. 『今古文尚書全譯』, 「大禹謨」, 江灝, 錢宗武譯注, 상동, 43頁.

23) "曰人'之人, 今本作仁. 呂氏從古, 蓋所謂非衆罔與守邦'.", 『周易本義通釋』卷六, 「繫辭」下傳, 元 胡炳文 撰. 電子版文淵閣四庫全書, 上海人民出版社, 1999;

위원魏源(1794-1857)은 말한다. 사람이 모인 곳에 세력이 생기고, 재물이 있는 곳에 사람이 모인다. 명분과 의義가 금지하거나, 그친 곳에서, 다스림과 난리가 생긴다. 성인은 그의 세력과 이익과 명분으로 천하를 공평하게 하였으나, 후세에는 자기 세력과 이익과 명예로써, 천하를 사사롭게[私] 하였다.

요배중姚配中은 말한다. 이는 공업功業과 성인聖人의 실정實情[情]을 말하였다. 『역易』에는, 성인聖人이 이로써 천하를 다스리는 도道이니, 괘卦와 효爻가 갖추어져 천지의 상象이 다 갖추어진 것이다. 주周나라가 왕王노릇할 수 있던 까닭이, 여기에 있는 것이 아닐까?

마치창馬其昶은 말한다. 위는 제6편이니, 괘卦와 효爻가 변동하여 사람들에게 길흉을 보임을 통틀어 논의하였으니, '평이平易하고 간략한[易簡]' 덕德과 인의仁義의 덕道에 되돌아가야 하는 것이다. 이는 성인聖人이 『역易』을 만든 실정이다. 그러므로 또 「계사繫辭」하전下傳의 첫머리가 된다.

● **나의 견해**: 하늘은 낳기를 좋아하는 덕德이 있어서, 원기元氣가 통섭[彌綸]하여 만물을 낳음이 헤아릴 수 없다. 사람은 하늘과 땅 사이에서 낳기를 좋아하는 덕德에 응하고 본받아서, 어진 사람이 되었다. 덕德을 낳는 것이 인仁이 되고, 그릇된 것을 금하는 것이 의義가 된다. 인仁과 의義가 서로 보탬이 되어 행하면, 이에 '자리[位]'를 지키고 재물을 모을 수 있다. 만약 잔인하여 인仁하지 않으면, 하늘의 낳기를 좋아하는 덕德에 어긋나서, 곧 하늘에 용납되지 않게 되는데, 또 어찌 '자리'를 지키고 재물을 모을 수 있겠는가? 그러므로 인仁은, 반드시 의義로써 구제하여야 한다.

‖2‖

옛날에 포희씨[伏犧氏]가 천하에 왕 노릇함에, 위로 하늘에서 여러 상象들을 보았고, 아래로 땅에서 법칙들을 보았고, 새와 짐승들의 (다양한) 문양들과 땅의 적합성 등을 관찰했으니, 가까이로 (사람) 몸에서 취하고, 멀리로는 사물들에서 취했으니, 이에 비로소 여덟 괘를 만들어서, 신묘함을 밝히는 성질을 회통시키고, 만물들의 실정들을 분류하였다.
[古者包犧氏之王天下也, 仰則觀象於天, 俯則觀法於地, 觀鳥獸之文, 與地之宜, 近取諸身, 遠取諸物, 於是始作八卦, 以通神明之德, 以類萬物之情.24)]

....

24) 法은 법칙이고, '地之宜'는 식물을 말한다. 식물은 땅에서 자라, 각기 적합성을 가지고 있기에, '地之宜'라고 말한 것이다. 物은 器物이다. 이것은 포희包犧가 팔괘를 그릴 때, 天象, 地法, 鳥獸, 草木, 人身(사람 몸),

『건착도乾鑿度』에서 말한다. '8괘의 기氣가 끝나면, (감坎, 이離, 진震, 태兌가 북쪽, 남쪽, 동쪽, 서쪽에 있는) 사정四正과 (건乾6, 곤坤2, 손巽4, 간艮8은 서북, 서남, 동남, 동북의 모서리에 있는) 사유四維로 나뉨[分]이 분명해지고, '낳고 기르고[生長],' '거두고 저장[收藏]하는' 도道가 갖춰지니, 음양의 몸[體]이 정해지고, 신명神明의 덕이 통하니, 만물 각각은 자기 부류가 이루어질 것이다.'[25]

육가陸賈(전240-전170)의 『신어新語』에서 말한다. "하늘에 있는 것은 볼 수 있고, 땅에 있는 것을 재어볼[量] 수 있고, 사물에 있는 것은 기록할[紀] 수 있고, 사람에게 있는 것은 '친히 볼[相]' 수 있다. … 여기에 선성先聖은 위로 천문天文을 관찰하고 엎드려 지리地理를 살폈으며, 건곤乾坤에 '그림[圖]'과 '획畫'으로 인도人道를 결정하였으니, 백성들이 비로소 개오開悟하였다. … 이에 왕도王道가 생겨났다."[26]

『백호통白虎通』에서 말한다. 옛날 시기에 '삼강三綱육기六紀'가[27] 아직 없었을 때, 사람들은 단지 어머니만 알고, 아버지는 몰랐으며, 배고프면 곧 먹을 것을 구하고, 배부르면 곧 나머지를 버렸으며, 털이 있는 것을 먹고 피를 마셨으며, 가죽이나 갈대를 입었다. 이때에 복희伏羲가 위로 하늘에서 상象을 관찰하고, 엎드려 땅에서 법도[法]를 살펴서, 부부夫婦로 말미암아 오행五行을 바르게 하니, 비로소 인도人道를 정하고, 8괘를 그려서 천하를 다스렸다.

『설문해자說文解字』서序에서 말한다. '옛날 포희庖犧가 처음으로 8괘를 만들었으니,'[28] 상象을 법칙으로 후인들에게 보였다.

정현鄭玄(127-200)은 말한다. 복희虙犧가 열 마디 가르침[十言之敎]을[29] 만들음으로써, 군신君臣의 구별을 두텁게 하고, '건乾, 곤坤, 진震, 손巽, 감坎, 이離, 간艮, 태兌, 소消, 식息'이라 말하였으

器物 등을 관찰하고, 팔괘를 그려서 이것들을 나타냈음을 말한다. 通은 會通이고, 神은 묘妙이고, 明은 현顯(드러나게 하다)이고, 德은 성질이다. 類는 분류이다. 高亨, 559頁.

25) '八卦之氣終, 則四正四維之分明, 生長收藏之道備, 陰陽之體定, 神明之德通, 而萬物各以其類成矣.', 『周易乾鑿度』卷上, 漢 鄭康成注, 電子版文淵閣四庫全書, 상동 참조.

26) '在天者可見, 在地者可量, 在物者可紀, 在人者可相. …於是先聖乃仰觀天文, 俯察地理, 圖畫乾坤, 以定人道, 民始開悟. … 王道乃生.', 『新語』卷上, 「道基」第一, 漢 陸賈撰, 電子版文淵閣四庫全書, 上海人民出版社, 1999 참조.

27) 삼강三綱은 君爲臣綱, 父爲子綱과 夫爲妻綱을 말하며; 육기六紀는, 第1紀諸父, 즉 父親의 叔伯; 第2紀諸舅는 즉 모친의 계통; 第3紀兄弟는 자기의 형제들; 그 다음이 族人들, 최후로 사장師長과 친구들을 말한다.

28) '昔伏羲畫八卦.', 『說文解字篆韻譜序』, 漢 許愼撰, 電子版文淵閣四庫全書, 上海人民出版社, 1999 참조.

29) 복희虙犧의 十言之敎는, 乾, 坤, 震, 巽, 坎, 離, 艮, 兌, 消, 息이다.

니, 문자文字는 없었고, 『역易』이라 말했다.

『한서漢書』서찬敍贊에서 말한다. "『역易』은, '본래 은미隱微한데 숨김[本隱]'으로써, 가서[之] '드러내는 것[顯]'이다.'[30] 장읍張揖주注에서, '8괘를 지어서 신명神明의 덕에 통한 것이, '본래 은미隱微한데 숨김[本隱]'이다. 천도天道, 지도地道, 인도人道가 있어서 만물의 실정을 유추할 수 있으니, 이것이 '가서 드러내는 것[之顯]이다.'라고 말한다.

(주희의) 『주역본의周易本義』에서 말한다. 엎드리고 올려보고 멀고 가까우니, 취한 것이 같지 않으나, 그러나 단지 음양의 '줄고 늘어남[消息]' 두 가지로 '믿게 할[驗]' 뿐이다.

혜사기惠士奇(1671-1741)는 말한다. 『주관周官』, 「지관사도地官司徒」에서, '다섯 땅의 물산을 구별하여, 첫째는 산림山林이니, 그 동물은 의당 털 있는 것이고, 그 식물은 의당 풀이다. 둘째는 내[川]와 못[澤]이니, 그 동물은 의당 비늘이 있는 것이고, 그 식물은 살찐 것이다. 셋째는 구릉邱陵이니, 그 동물은 의당 날개가 있고, 그 식물은 의당 열매가 있는 것이다. 넷째는 물가나 낮고 평평한 땅이니, 그 동물은 의당 딱딱한 껍질[介]이 있고, 그 식물은 열매가 껍질에 쌓인 것이다. 다섯째는 넓고 저습한 땅이니, 그 동물은 의당 알몸이고, 그 식물은 총생叢生한다.'라고[31] 했다. 이른바 땅에 적합한 것은, 그 대략이 이와 같다.

유원劉沅은 말한다. 포包는 복虙자를 근본으로 하고, 포苞로도 읽으니, 옛날에 포희庖犧로 썼고, 또 복희伏犧라고도 말한다. 옛날에 '포包'를 '부孚'음音처럼 읽었으니, 따라서 포苞, 복虙, 복伏은 통한다. 하늘이 상象을 내리니, 따라서 '상象'이라 말한다. 땅이 하늘을 법 받으니, 따라서 '법도[法]'라고 한다. 진震과 손巽은 풍風과 뇌雷; 감坎과 이離는 일월日月; 간艮은 산, 태兌는 못[澤]; 감坎은 물, 이離는 불의 부류이니, 하늘을 상징하고 땅을 법 받는 것이다. 새와 짐승들의 무늬나, 건乾은 말[馬] 곤坤은 소이고, 이離는 꿩[雉] 손巽은 닭의 부류이다. 땅은 적합한데, 산과 못[澤]은 높고 낮음이니, 물과 흙이 적합함[宜]의 부류이다. 몸에서 취하면, 건乾은 머리, 곤坤은 배, 진震은 발[足], 손巽은 넓적다리[股]의 종류이다. 사물에서 취하면, 건乾은 금옥金玉 곤坤은 베[布], 가마[釜]의 부류이다. 처음 8괘를 만들음에, 둘 사이의 자연스러운 『역易』은 8괘를 그었다. 64괘 모두, 복희伏犧가 정한 것이고, 64괘는 8괘와 다름이 아니니, 따라서 다만 8괘를 말한 것이다. 8괘만을 만든

---

30) '『易』本隱以之顯.', 『漢書』, 「司馬相如」傳第二十七下, 八冊, 傳[二], 상동, 2,609頁.

31) '辨五地之物生, 一曰山林, 其動物宜毛物, 其植物宜卓物. 二曰川澤, 其動物宜鱗物, 其植物宜膏物. 三曰邱陵, 其動物宜羽物, 其植物宜覈物. 四曰墳衍, 其動物宜介物, 其植物宜莢物. 五曰原隰, 其動物宜臝物, 其植物宜叢物.', 『周官集注』卷三, 「地官司徒」第二, 清 方苞撰, 電子版文淵閣四庫全書, 上海人民出版社, 1999 참조.

것은 아니고, 문왕文王이 처음으로 부연하여 64괘가 되었다. 아래 글에서 취한 여러 괘卦를 관찰하면 알 수 있다. 덕은 깊으니 측정하기 어렵기에 '통함[通]'이라 말한 것이다. 정情은 복잡하여 변별하기 어렵기에 따라서 '부류[類]'라고 한다. 이 단락은 하문下文을 총괄한다.

마치창馬其昶은 말한다. '열 마디 가르침[十言之敎]'은 8괘 뒤에 '줄어듦[消]'과 '자라남[息]' 두 말을 이은 것이다. '줄고 자라남[消息]'은 음양 변화를 말하니, 『역易』의 도道는 이것으로 충족하다. 음陰의 '일 봄[用事]'은 '줄어듦[消]'이 되고, 양陽의 '일 봄[用事]'은 '자라남[息]'이 된다. 양을 귀하게 보고 음을 천하게 보니, 따라서 '임금과 신하의 구별을 두텁게 함[厚君臣之別]'이라 말하였다.

새끼줄을 묶어 그물을 만들어서, 사냥하고 물고기를 잡으니, 대개 이離괘에서 취한 것이다.
[作結繩而爲網罟, 以佃以漁, 蓋取諸"離".32)]

우번虞飜(164-233)은 말한다. 이離는 눈[그물의 구멍]이 되고, '그물의 구멍'이 겹치면 그물[罟]이 된다. 짐승을 잡는 것이 '사냥[佃]'이다.

호원胡瑗(993-1059)은 말한다. 개蓋는 '의심스런 말[疑辭]'이다. 성인이 일을 하여 기물을 만드니, 자연히 이 괘상卦象에 부합한 것이고, 이 괘를 따른 이후에 이루어진 것은 아니다.

(주희의)『주역본의周易本義』에서 말한다. (이離괘는,) 두 '그물 구멍[目]'이 서로 이어진 것이니, 사물들이 그에 붙는다.

전징지錢澄之(1612-1693)는 말한다. 성인의 때[時]로 말미암아서 기물을 만드니, 기물이 이루어진 뒤에, 『역易』의 괘상卦象에서 모두 취하는 것이 있다. 이것으로 『역易』이 포함하지 않는 것이 없음을 보인다.

유원劉沅은 말한다. 이離괘는 중허中虛를 취하니 사물이 붙는 상象이다. 이離는 '그물 구멍[目]'이 되고, 호체互體인 손巽은 줄[繩]이 되니, 두 '그물 구멍'이 서로 이어져, 줄로 묶어서 이루어지니, (이離괘는) 그물[網罟]의 상象이다. (이離괘에서) 먹을 것으로 기르고, 억제하여 해害를 없앤다.

진풍陳澧(1810-1882)은 말한다. '무릇 취함[蓋取]'은 (『주례周禮』의)「고공기考工記」에서, "'바퀴 만드는 이[輪人]'가 … 원[圜]에서 취하고, … 쉽고 곧은 것[易直]에서 취함"이니,33) 문의文義가 바로

----

32) 古書들의 인용에는 '作'자가 대부분 없다. 王念孫(1744-1832)에 의하면, 作이 衍字이다. 망网(그물)은 옛날 망网자이다. 전田과 전佃이 통용됐으니, 사냥이다. 어漁는 물고기를 잡음이다. 離에는 불, 이외에 승繩(줄, 새끼)을 나타낸다. 離를 서로 겹침은 結繩이니 망고罔罟(그물)을 만들음이다. 高亨, 560頁.

33) '輪人爲輪, … 取諸圜也, … 取諸易直也.',『周禮今註今譯』,「冬官考工記」第六, 林尹註譯, 상동, 424頁.

같다. 윤인輪人은 뜻을 원에서 취한 것이지, '둥근 물건[圜物]'을 보고 취한 것은 아니다.

포희씨包犧氏가 죽자, 신농씨神農氏가 일어서니, 나무를 깎아서 보습[耜]을 만들고, 나무를 주물러서 쟁기[耒]를 만드니, 쟁기와 보습의 이점[利]을 세상에 가르쳤기에, (이것은) 이離괘에서 취한 것이다.
[包犧氏沒, 神農氏作, 斲木爲耜, 揉木爲耒, 耒耨之利, 以敎天下, 蓋取諸"益."34)]

경방京房(기원전 77-기원전 37)은 말한다. 보습[耜]은 쟁기[耒] 아래의 보습[정耵]이다. 뇌耒는 보습 위의 굽은 나무이다.

『설문해자說文解字』에서 말한다. '유煣는 불로 휘어잡아 편 나무이다.'35) (마치창馬其昶은, '『집운集韻』에 따르면, 유煣는 혹 유揉로 쓴다.'라고 한다.)

왕소소王昭素(10세기, 북송北宋 역학자)는 말한다. 누耨는, 여러 판본에는 혹 보습[耜]으로 쓰였다.

임계운任啓運(1670-1744)은 말한다. 사耜는, 쟁기[耒]의 머리[首]로 흙을 취하는 데이다. 뇌耒는 몸과 자루[柄]를 합친 이름이다. 두 나무를 서로 붙이는데, 뒤가 움직이고 앞은 (땅속으로) 들어가니, 가운데는 호체互體인 간艮과 곤坤인데, 손으로 쟁기[耒]를 잡고서 곤坤 흙으로 들어가니, 이것이 익益괘의 상이다.

유원劉沅은 말한다. 사耜는 쟁기[犁]의 머리로, 나무를 깎아서 뾰족하게 하여 쓴다. 지금은 '쇠삽[鐵鍤]'을 부쳐서 쟁기머리[犁首]로 한다. 뇌耒는 사耜로 흙을 파는 자루이니, 나무를 불로 굽어지게 하여 쓴다. 그것의 움직임은, 아래에 있는 흙 파는 삽[耜]이다. 그것이 땅에 들어갈 수 있는 것은 위의 자루[耒]이다. 익益 ䷩괘는 두 몸이 모두 나무인데, 손巽 위의 두 양陽은 뇌耒가 땅위에서 들어가는 상이니, 진震 아래의 일양一陽은 삽[耜]이 아래에서 움직임을 상징한다. 백성들에게 곡물穀物을 먹게 한 것은 신농神農부터이다. 사람을 살게 하는 '유익함[益]'에는, '밭 갈고 김매는 것[耕耨]'보다 큰 것은 없다.

---

34) 착斲(깎다)은 감삭砍削(깎음)이다. 사耜는, 『說文解字』에는, 사梠이니, 그것은 초鍬(가래)이나, 목서木鋤(나무로 만든 호미)이다. 유揉는 주무름이고, 뇌耒는 쟁기(이犁)이다. 누耨(김매다)는 마땅히 사耜(보습)이어야 한다. 뇌사耒耜(쟁기와 보습)은 나무로 만든 것이고, 益괘는 上巽下震이니, 巽은 木이요, 震은 動(움직임)이니, 나무로 된 도구로 밭을 가는 것이 卦象이다. 高亨, 560-561頁.

35) '煣, 屈申木也.', 『說文解字』, 火部, 東漢 許愼著, 下冊, 상동, 812頁.

해가 (하늘) 복판에 오면 시장이 서는데, 천하 사람들을 불러 모아서, 천하의 재화를 모아놓으니, (서로) 교역하며, 각자는 대체 품목을 얻었으니, (이것은) 서합噬嗑괘에서 취한 것이다.

[日中爲市, 致天下之貨, 交易而退, 各得其所,36) 蓋取諸"噬嗑."]

우번虞飜은 말한다. 이離는 '바름[正]이 위에 있음'을 상징하니, '해가 복판에 있음[日中]'을 상징한다. (호체互體인) 간艮은 길[徑路]이고, (호체互體인) 진震은 '큰 길[大塗]'이다.

(주희의)『주역본의周易本義』에서 말한다. 해가 복판에 오니 시장[市]이 서게 되기에, (서합噬嗑괘에는) 위가 밝고[離] 아래는 움직임[震]이다. 또한 서噬는 가차假借하면, 시장[市]이 되고, 합嗑은 '합침[合]'이 된다.

유원劉沅은 말한다. 시정市井에서 교역하는데, 처음에는 사이[間]가 있으나 끝내는 '서로 합하니[相合],' '씹음[噬嗑, ䷔]'의 상이다. (하괘인) 진震은 큰길이고, 또한 발[足]이 되고, '불러옴[致]'의 상이다. 호체互體인 감坎은 물이고 (호체인) 간艮은 산이니, 모든 물건들이 (시장에) 나온 것이다. 간艮은 그침이고 감坎은 돌아감이니, (산) 물건들을 모아서 숙소를 얻음의 상이다. 전욱顓頊왕의 신하가 처음으로 저자[市]를 열었으니, 또한 성인聖人의 문도門徒이다.

신농씨가 죽자, 황제黃帝, 요堯, 순舜임금이 일어나서, (사물의) 변화에 능통하며, 사람들로 하여금 (이용하게 하고) 싫증을 모르게 하니, (사람들이) 신기하게 화합하여, 이들로 하여금 적합하게 하였다. 『역易』에 의하면, (일이) 막히면 변통시켜 주고, 변통하면 통하게 되며, 통함은 (일을) 오래가게 한다. 이 때문에 하늘에서 도움을 받은 것이니, 길吉하여 이롭지 않음이 없다. 황제, 요, 순임금들은 옷을 내려뜨리고 천하를 다스렸으니, (이것은) 아마도 건乾괘와 곤坤괘에서 취한 것이다.

[神農氏沒 , 黃帝、堯、舜氏作, 通其變, 使民不倦, 神而化之, 使民宜之. "易"窮則變, 變則通, 通則久. 是以自天祐之, 吉無不利. 黃帝、堯、舜垂衣裳而天下治, 蓋取諸"乾""坤."37)]

왕충王充(27-약97)은 말한다. '옷을 내려뜨림[垂衣裳]'은, 일 없이 무위無爲함이다.

정현鄭玄(127-200)은 말한다. 하늘은 검고[玄] 땅은 누러니[黃], 따라서 '검음[玄]'으로 상의上衣

---

36) 所는 代(대신하다)이다. 서합噬嗑괘는 上離下震이니, 사람들이 햇빛 속에 움직임이다. 高亨, 상동.

37) 垂(드리우다)는 綴(연잇다)의 가차이다. 綴은 봉봉縫(꿰매다)이다. 李鼎祚의『周易集解』에서『九家易』을 인용하여 말한다. '衣는 乾에서 象을 취하니 위에서 사물을 덮어주고; 裳은 坤에서 상을 취하니, 아래에서 사물을 물고 있다.' 이것은 黃帝, 堯, 舜이 衣(윗옷)과 裳(하의)을 만들 때 乾坤 두 괘에서 象을 취했음을 말한다. 高亨, 562頁.

[衣]로 삼고 누른색[黃]으로 하의下衣를 삼았다.

주진朱震(1072-1138)은 말한다. 역도易道에는 양陽이 다[極]하면 음으로 변하고, 음陰이 다하면 양으로 변하여, 변화가 끊이지 않으니 오래 갈 수 있다. 변통하면서 때[時]를 좇으니, 길吉하여 이롭지 않음이 없기에, 성인은 '하늘[天]'을 선先·후後로 (보기) 때문[故]이다.

곽옹郭雍(1106-1187)은 말한다. '무위無爲하며 다스림'은 다른 것이 아니고, 건곤乾坤의 쉬고 간단함을 본받을 뿐이다.

(주희의)『주역본의周易本義』에서 말한다. 건곤乾坤은 변화하되 '함이 없음[無爲]'이다.

유염俞琰(1253-1314)은 말한다. 『역易』은 '끝이 없음[无有窮]'인데, '끝이 있음[有窮]'은 수數이다. 양수陽數는 9에서 끝나고, 음수陰數는 6에서 끝난다.

소준蘇濬(1541-1599)은 말한다. 황제黃帝, 요堯, 순舜은 오랜 동안 '예악禮樂교화敎化[人文]'의 시조始祖이다. 몽매한 옛 시대가 이들에 이르러 변하였다.

유원劉沅은 말한다. '웃옷[上衣] 여섯 너비[幅]'는 건乾괘의 '여섯 홀수[六奇]'를 상징한다. '아래치마[下裳]'는 12너비이니 '곤坤 12너비'는 곤坤괘 '여섯 짝수[六耦]'를 상징한다.

또 (유원은) 말한다. 낳고[生] 기름[養]이 일단 완수完遂되면, 예제禮制가 마땅히 일어나야 한다. 무릇 일은 옛것을 고집하면 권태로우니, 갱신해야 서로 적합하다. 성인이 천하를 다스림에, 민심이 아직 싫어하지 않으니, 억지로 그것을 없애버릴 수는 없다. 백성들이 아직 싫어하지 않으면 억지로 실행할 수 없다. 때[時]로 마땅히 개혁할 것은, 변화를 통하여 백성들로 하여금 고무시켜서 권태롭지 않게 해야 한다. 일을 갱신하여, 변화를 신비롭게 하니 서로 느끼지 못해도 적합하게 된다. (개선改善이) 변통하여 끝이지 않으니, 순환하여 끝없고, 오래 갈 수 있다. 이것은 위에서 건곤乾坤의 '함이 없음[無爲]'의 상象을 모두 이은 것인데, 포괄하는 것이 넓으니, 옷[衣裳]만 말한 것에 그치지 않는다.

- **나의 견해(1)**: 막히면 반드시 변해야 하니, 실로 천지자연의 변화이다. 오직 변할 수 있어야 화합[化]할 수 있다면, 비록 막히더라도 막히지 않는다. 성인은 변화하여 오래 동안 이룰 수 있으니, 실로 천지와 그 분량[量]을 같이 한다.

- **나의 견해(2)**: 옷이 '검은색[玄色]'은, 하늘이 '위에 있음'을 상징한다. 치마가 노란색은, 땅이 '아래에 있음'을 상징한다. 이것으로 (임금은) 옷을 늘어뜨리고 무위無爲하니, 도道는 천지를 본받고 그와 덕을 합하니, 따라서 (임금은) '함이 없으나[無爲]' '하지 않음이 없음[无不爲]'이다.

나무를 후벼 파서 (속을) 비게 하여 배를 만들고, 나무를 뾰족하게 깎아서 노를 만들었으니, 배와 노의 이점은, 통할 수 없는 (물길)을 건너가서 먼데에 이르게 하여, 천하 사람들을 이롭게 하였으니, (이것은) 아마도 환渙괘에서 취한 것이다.

[刳木爲舟, 剡木爲楫, 舟楫之利, 以濟不通, 致遠以利天下, 蓋取諸"渙."38)]

(한영韓嬰의)『한씨외전韓氏外傳』에서 말한다. '성인은 나무를 파서 배를 만들고, 나무를 날카롭게 하여 노로 삼고, 사방의 물건들을 유통시키니, 못에 사는 사람들에게 나무를 충족하게 하고, 산에 사는 사람들에게 물고기를 충족하게 하니, 여유의 재물들이 유통되었다. 그러므로 풍부하고 넘쳐도 혼자 즐기지 않았고, 박해져도 홀로 고생하지 않았다.'39)

(순상荀爽 등의)『구가역九家易』에서 말한다. (나무木, 배가) "물 위에 있으니, 바람처럼 빠르게 가는 것은 배와 노의 도움이다."40)

(육덕명陸德明의)『경전석문經典釋文』에서 말한다. '치원致遠' 구절은 어느 판본에는 없다.

오징吳澄(1249-1333)은 말한다. 그 가운데를 텅 비게 파서 물에 뜨게 하고, 머리[端]를 깎아서 얇게 하여 (노櫓를 만들어) 배를 이동하게 한다.

유원劉沅은 말한다. 고刳는 '깎아냄[剜]'이다. 염剡은 '자르고 깎음[斬削]'이다. 아래는 물[水]이고 위는 나무[舟]이니, 가운데 호체互體인 진震은 움직임이라, 나무[舟]가 물 위에서 움직이니, 흘러가는데 바람을 만나니, (환渙괘는) 배[舟]와 노[楫]의 상象이다.

소를 타거나 말을 타니, (가축으로) 무거운 짐을 끌게 하고 먼 곳에 이르기도 하니, 천하에 이롭다. (이것은) 아마도 수隨☷괘에서 취한 것이다.

[服牛乘馬, 引重致遠, 以利天下, 蓋取諸"隨."41)]

한백韓伯(5세기, 남북조南北朝시대)은 말한다. 수隨는 '뜻 가는 대로[隨宜]'이다. 소를 타거나 말

----

38) 고刳(도려내다)는 완공剜空(나무속을 도려내어 텅 비게 함)이고; 염剡은 삭첨削尖(깎아서 뾰족하게 함)이다. 집楫은 노이다. 高亨, 상동.

39) '聖人刳木爲舟, 剡木爲檝, 以通四方之物, 使澤人木乎木, 山人足乎魚, 餘衍之財有所流. 故豊膏不獨樂, 磽确不獨苦.',『韓氏外傳集釋』, 第十九章, 韓嬰撰, 許維遹集釋, 상동, 102頁.

40) '水上流行若風, 舟楫之獎也.', 荀爽,『九家易解』, #170, 中國哲學書電子化計劃, https://ctext.org 참조.

41) 복服과 승乘은 모두 가駕(타다)이다. 수隨괘는 上兌下震인데 태兌는 택澤이니 아주 낮은 곳에 처하므로, 축생畜牲(가축)이다.『國語·晉語』에, 震은 수레(車)이다. 高亨, 563頁.

을 탐은, 그것이 가는대로 따라가니, 각각 자기 적합함을 얻게 된다.

(주희의)『주역본의周易本義』에서 말한다. (사람이 수레에 올라타면,) "아래에서 움직이고 위에서는 기뻐한다."[42]

유원劉沅은 말한다. 소와 말이 아래에서 움직이니, 사람은 기뻐하는데, 감[行]은 단지 사람을 따르는 것이니, 수隨괘의 뜻이다. 또한 소가 희망함보다 앞서면, 자식이 어미보다 앞서 가는 것이다. 소가 희망함보다 늦으면, 자식은 어머니 뒤에서 가는 것이다. 자기 천성에 따름이다. 좋은 말은 앞섬을 좋아하나, 열등한 말은 뒤를 좋아하니, 자기 본성[性]에 따른 것이다.

또 (유원은) 말한다. 소의 성질은 순하여 코뚜레를 하여, 순하게 복종한다. 말의 성질은 '튼튼하여[健]' 그 머리를 얽어매어서 말을 탄다. 소는 또한 멀리까지 갈 수 있으니, 무거운 것은 그의 힘이라 말한다. 말[馬] 또한 무거운 것을 끌 수 있는데, 멀리까지 이르게 하는 것은 그 민첩함 때문이라고 말한다. '나누어 잇는 것[分承]'도 할 수 있고, '겸하여 말함[兼言]'도 할 수 있다.

또 (유원은) 말한다. 배가 있어야 물위를 가며, 반드시 수레가 있어야 땅[陸]위를 다닌다. (수隨괘에서) 태兌는 곤坤의 막내딸이고, 진震은 건乾의 장남이다. 건乾은 말[馬], 곤坤은 소[牛]이니, 큰 사물은 사람들에게 이로움이 있는 것들이다.

요배중姚配中(1792-1844)은 말한다. (『국어國語』의)「진어晉語」에서 말한다. '진震은 수레이다.'라고[43] 말하니, 따라서 소 타고 말을 탄다. 간艮은 그침[止]이고 진震은 움직임이니, 간艮은 진震으로 움직이기에, 따라서 (수隨괘는) 무거운 것을 끌고서 멀리까지 이르게 한다.

문을 겹으로 하고 딱따기를 치며 (순행巡行하는) 것은, 도둑을 대비하는 것이니, 아마도 예豫괘에서 취한 것이다.

[重門擊柝, 待暴客, 取諸"豫."[44]]

정현鄭玄은 말한다. 간艮은 문이 되고, 감坎은 도둑이 되니, 간艮 손에 나무를 잡았으니, 이것이 딱따기이다. 또한 그 괘가 예豫괘가 되니 수비를 하게 되기에 스스로 안일할 수가 없다.

---

42) '下動上說.',『周易本義通釋』卷六,「繫辭」下傳, 元 胡炳文撰, 電子版文淵閣四庫全書, 상동 참조.

43) '震, 車也.',『國語』,「晉語」四, 下冊, 상동, 362頁.

44) 탁柝은 딱따기이고, 폭객暴客은 도적이다. 豫괘는 上震下坤이니, 震은 '우레'인데, 또 '움직임'이 된다. 우레는 움직이며 소리가 나는 물건이니, 사람이 땅에서 순행巡行하며 딱따기를 쳐서 소리를 내는 것이다. 高亨, 564頁.

유원劉沅은 말한다. 곤坤은 '문을 닫음'이고, 호체互體인 간艮은 출입구[門闕]가 되니, 겹친 문의 상象이다. 진동하여 잘 울리고, 소리가 나는 나무이니, 딱따기의 상이다. (호체互體인) 간艮은 문지기[閽寺]가 되고, (호체互體인) 감坎은 밤이 되며, 또 간艮은 손[手]이 되니 딱따기를 치는 상이다. 감坎은 도둑이 되니, '거친 손님[暴客]'의 상이다. 예豫는 안일[逸]이고, 준비됨[備]이다. (예豫괘는) 아마도 안락이니, 따라서 예비豫備이다.

나무를 잘라서 절굿공이로 만들고, 땅을 파서 절구통을 만들었으니, 절굿공이와 절구는 만민들을 이롭게 했기에, 아마도 소과小過䷽괘에서 취한 것이다.
[斷木爲杵, 掘地爲臼, 臼杵之利, 以濟, 蓋取諸"小過."45)]

호원胡瑗(993-1059)은 말한다. 성인聖人은 곡식을 먹고 스스로를 양육하는 것을 사람들에게 가르쳤으니, 또한 오곡을 정밀하게 다스렸는데, 이는 소과小過䷽괘가 자기 일로 삼는 것이다.

주진朱震은 말한다. 태兌 쇠붙이가 진震 나무를 절단한 것이, 절굿공이[杵]이다. (호체互體인) 손巽 나무가 간艮 흙으로 들어간 것이, 확[臼]이다. 절굿공이가 위에서 움직이는데, 절구는 아래에 머문다.

도혈都絜(12세기, 남송南宋 역학자)은 말한다. 절구, 절굿공이, 관곽棺槨은, 백성들로 하여금 삶을 양육하거나 죽은 자를 보냄에 유한을 없게 하니, 사람들에게 의지한 것은 지나치게 두텁다. 양생養生은 소과小過괘에서 취했다. 죽은 자를 보냄은 큰일에 합당하니, 대과大過괘에서 취했다.

유원劉沅은 말한다. 쟁기[耒]와 삽[耜]은 곡식을 먹는 근원을 열은 것이고, 절구와 절굿공이는 곡식을 먹는 일을 끝내주니, 이것은 작은 일에 정세精細하고 주상周詳함에서 지나친[過] 것이다.

나무에 활시위를 걸어서 활을 만들고, 나무를 깎아서 화살을 만드니, 활과 화살의 이점으로 세상을 위협했으니, (이것은) 규睽䷥괘에서 취한 것이다.
[弦木爲弧, 剡木爲矢, 弧矢之利, 以威天下, 蓋取諸"睽."46)]

---

45) 저杵는 절굿공이이고, 『說文解字』에, 구臼(절구)는 용용春(절구질하다)이니, 옛날에는 땅을 파서 절구(臼)로 썼다. 小過괘는 上震下艮인데, 『설괘說卦』전에 의하면, 간艮은 과라果蓏이니, 果는 나무열매이고, 풀 열매는 라蓏인데, 百穀은 초류草類이기에, 라蓏이다. 움직이며 소리를 내는 절굿공이가 위에서 절구속의 곡식을 빻는 형상이 소과小過괘이다. 『爾雅 · 釋言』에, 제濟는 익益(이익)이다. 高亨, 상동.

46) 현弦는 활시위이고, 弦木은 나무에 활시위를 거는 것이다. 호弧는 활이다. 규睽괘는 上離下兌이니, 離는 새끼줄이고, 우번虞翻에 의하면, 兌는 小木인데, 竹(대나무)이 또한 小木의 부류이다. 규睽괘의 괘상은 줄

한백韓伯은 말한다. 사물들이 어그러지면 분쟁이 일어나니, 활과 활시위가 쓰이게 되기에, (규睽괘는) 분쟁을 두렵게 하는 것이다.

내지덕來知德(1525-1604)은 말한다. (호체互體인) 감坎은 활[弓]과 화살[矢]이 되고, (호체互體인) 이離는 병기[戈兵]가 되며, 또한 물과 불은 서로 없어지니, (규睽괘에는) 모두 정벌의 뜻이 있다.

유원劉沅은 말한다. 활과 화살은 어그러진 것을 합치는 도구이다. 활을 굽어지게 하고, 나무를 깎아서 날카롭게 한다. 가운데 호체互體인 감坎은 단단한 나무, (호체互體인) 이離는 마른 나무, (하괘인) 태兌 부러트림이니, 태兌 쇠붙이와 이離 불이 서로 만나면, 죽게 만드는 도구가 되기에, 따라서 (규睽괘는) 천하를 위협으로 취하는 상이다.

상고上古에는 동굴이나 들판에서 살았으나, 후세에 성인들이 궁실로 바꾸었는데, 위로는 용마루를 치고 아래로는 담장을 둘러서, 바람과 비를 피하게 하였으니, (이것은) 아마도 대장大壯䷡괘에서 취한 것이다.

[上古穴居而野處, 後世聖人易之以宮室, 上棟下宇,47) 以待風雨, 蓋取諸"大壯."48)]

『설문해자說文解字』에서 말한다. '우宇는 집 부근(의 담)이다.'49)

채연蔡淵(1156-1236)은 말한다. 용마루[棟]는 곧게 바치려고 올라가니, '네 굳셈[四剛]'의 뜻을 취한다. 우宇는 둘로 내려뜨린 것이니, '두 가지 부드러움[二柔]'의 뜻을 취한다.

유염兪琰(1253-1314)은 말한다. 성인은 물건에 대하여, '그것을 제작함[爲之]'도 있고, '그것을 바꿈[易之]'도 있다. 옛날에 이런 것이 없으면 그것을 이롭게 쓰도록 하였고, 지금은 그것을 제작하여 후인들에게 준다. 옛날에 이런 것이 있었으나 백성들이 그것을 싫어했으면, 지금은 그것을 바꾸어서 앞선 것을 개혁한다. (나의 견해: 이 설은 13괘가 상象을 취한 뜻을 총괄한다. '이利를 일으켜서 후인들에게 줌[興利貽後]'은, 이離괘 익益괘를 이어서 규睽괘에 이르는 10괘이다. 『역易』은 오래 되면 앞의 것을 혁신하니, 대장大壯 이하 3괘를 일으켜 세웠다. 매우 긴요하며 절실하다.)

이 小木(또는 竹) 위에 있는 것이니, 활이다. 高亨, 565頁.

47) 屋邊은 집의 사방에 둘러친 담[墻壁]이다. 高亨, 565頁.

48) 동棟은 용마루이고, 우宇는 옥변屋邊(집의 끝)이니, 집의 사방 장벽墻壁(담)이다. 대장大壯괘는 上震 下乾이니, 사람이 아래에서 위를 보면, 天體의 둥근 것이 지상을 덮고 있는 형상이다. 위에서 우레가 치고 비가 내려도, 아래의 천체처럼 둥근 집에는 쳐들어올 수 없는 것은 대장大壯괘에서 상을 취한 것이다. 高亨, 상동.

49) '宇, 屋邊也.', 『說文解字』, 宀部, 東漢 許愼著, 中冊, 상동, 588頁.

유원劉沅은 말한다. 집이나 용마루와 담은, 주거를 정하는 것이다. 대장大壯괘는 웅장하고 견고함의 뜻을 취한 것이다. 용마루는, 집의 등마루 역할을 하는 나무이다. 우宇는 서까래이다. 황제黃帝께서 처음으로 집을 지었으니, 후세 성인이라 말한 것은 복희伏羲에 대비하여 말한 것이기에, 아래에서 이것을 따른 것이다.

옛날에 장사를 지낼 때, 잡초로 두껍게 감싸서, 들판 가운데 매장하고, 분묘도 없었고 나무도 안심었으며, 복상服喪의 기간에 (날, 월, 년의) 숫자가 없었다. 후세의 성인이 관棺과 외곽外郭으로 바꾼 것은, 아마도 대과大過䷛괘에서 취한 것이다.
[古之葬者, 厚衣之以薪, 葬之中野, 不封不樹, 喪期無數. 後世聖人易之以棺槨, 蓋取諸"大過."50)]

유향劉向(전77-전6)은 말한다. 속 널[棺]과 겉 널[槨]의 제작은 황제黃帝로부터 시작한다.

한백韓伯은 말한다. (관곽으로는) 과하게 두터운 것을 취했다.

(마의도자麻衣道者의)『정역심법正易心法』에서 말한다. 이頤괘와 대과大過괘는 반대이다. "이頤괘라면 사람을 이루어주고 양생養生하며, 대과大過괘라면 수명壽命을 끝내면 '죽은 자를 장례를 [喪死] 치러'준다."51)

장준張浚(1097-1164)은 말한다. 양陽이 속에 감추어져 있으니, '죽은 이를 보냄[送死]'의 뜻이다.

사방득謝枋得(1226-1289)은 말한다. 대과大過괘의 전체는 감坎 '굴[穴]'이다. (대과大過괘의) 초6, 상6효가 곤효坤爻이니, 상하가 모두 흙이 된다. 나무가 흙 가운데 있으니, 널[棺槨]의 상이다.

정사초鄭思肖(1241-1318)는 말한다. 대과大過괘䷛는 손巽 음에서 시작하여 태兌 음의 괘로 끝난다. 두 음의 획이 '네 양체陽體'를 포괄하니, 이는 양을 잡고서 안內에 그것들을 모은 것이다. '죽은 이를 보냄'은 큰일이니, 반드시 밖에서 음을 잡고서 안으로 양지陽地를 모아서 장사지낼 수 있으면, 죽은 자가 들어가서 기뻐할 것이다. 옛날에는 들 가운데서 장사지냈는데, 성인이 널[棺槨]로써 대과大過괘를 취한 것은, 장법葬法을 언외言外(의 뜻)으로 붙인 것이다.

왕인지王引之(1766-1834)는 말한다. '봉封'은 흙을 모아서 봉분을 만드는 것을 말한다. '수樹'는

---

50) 衣는 물건을 싸는 것이고, 신薪은 섶, 잡초이다. 中野는 들 가운데이고, 封은 흙을 모아 분분(무덤)을 만들고, 樹는 나무를 심는 것이다. 대과大過괘는 上兌下巽이니, 兌는 澤(못)이나, 깊은 구덩이[와갱洼坑]을 뜻하고, 巽은 木이니, 관棺(널)이다. 高亨, 566頁.

51) '頤則成人而養生, 大過則壽終而喪死.',『正易心法』, #38, 宋 麻衣道者撰, 陳摶注, 中國哲學書電子化計劃, https://ctext.org 참조.

나무를 심음을 말한다.

유원劉沅은 말한다. 사망은 끝을 신중히 하는 큰일이니, 차라리 과過하게 두터워야하고, 과하게 박하게 치러서는 안 된다. 흙을 파서 봉분을 만든다. 봉封은 옛날의 '폄窆'자이다. 흙을 모아서 나무를 심는다. 복상服喪하는 기간은, 참최斬衰로부터 시마緦麻에 이르기까지 매일 매달의 기한이다.

야오융푸姚永樸(1861-1939)은 말한다. 『설문해자說文解字』에 의하면, "의衣는 '의지함依'이다."[52] 땔감에 의지함을 말한다.

상고에는 새끼줄을 묶어서[結繩] (숫자를 표시하여) 다스렸는데, 후세에 성인聖人이 (작은) 나무판 (혹 대나무)에 글자를 (칼로) 새기는 것으로 바꾸었으니, 온갖 관리들이 다스릴 수 있고, 백성들이 (글자 새긴 판으로) 살필 수 있게 되었으니, (이것은) 아마도 쾌夬䷪괘에서 취한 것이다.
[上古結繩而治, 後世聖人易之以書契, 百官以治, 萬民以察, 蓋取諸"夬."[53]]

『백호통白虎通』에서 말한다. '후세의 성인은 오제五帝를 말한다.'[54]

『설문해자說文解字』서序에서 말한다. '황제黃帝의 사관인 창힐蒼頡은 조수鳥獸의 발자국[蹄迒]의 자취를 보고서, …처음으로 문자를 만들었다.'[55]

정현鄭玄은 말한다. 일이 크면, 줄[繩]을 크게 묶는다. 일이 작으면 줄을 작게 묶는다. 나무 가장자리에 글자를 쓰면 일을 말하는 것이고, 나무에 새기면 문자라 하니, 각자가 그 하나를 가지고, 후에 서로 연구하여 종합한다.

한백韓伯은 말한다. 쾌夬는 결정[決]이다. 문자는 만사를 결단하는 것이다.

오징吳澄은 말한다. 쾌夬는 다섯 홀수[陽] 획이니, 문자의 1, 2, 3, 4, 5가 6에 이르면 변하는 것임을 상징한다. 또한 (쾌夬괘의) 상6효는 짝수[耦, 음] 획이니, 문자 상단의 갈라지는 곳을 상징한다. 13괘를 만들음에 괘를 그리는데서 시작하여, 문자에서 끝난다. 만세萬世 문자의 시조始祖는,

---

52) '衣, 依也.', 『說文解字』, 衣部, 東漢 許愼著, 中冊, 672頁.

53) 書는 문자이고, 계契는 竹簡에 새기는 것이다. 쾌夬괘는 上兌下乾이니, 兌는 小木이나 竹이고, 「說卦」전에, '乾爲金'이니, 乾괘는 칼이다. 高亨, 567頁.

54) '後世聖人, 謂五帝也.', 『白虎通疏證』, 卷九「五經」, 상동, 下卷, 449頁.

55) '黃帝之史蒼頡見鳥獸蹄迒之迹, …初造書契.' 『說文解字』卷十五上, 漢 許愼撰, 電子版文淵閣四庫全書, 上海人民出版社, 1999 참조.

괘를 그림에서 시작하고, 문자가 갖추어지는 것이다.

유원劉沅은 말한다. 건乾과 태兌는 모두 쇠붙이인데, 건乾은 말[言]이 되고, 태兌는 입이 되고 결정함[決]이 된다. 쇠붙이에 말을 새겨 넣고, 일을 결단하니, 문자의 상이다. 양쪽을 줄로 묶으면, 가운데서 그것을 나누어서 각자 그 반半을 감춰두니 신표로 삼는다. 서書는 문자이다. 계契는 계약[合約]이다.

또 (유원은) 말한다. 이상 세 일事[대장大壯괘, 대과大過괘와 쾌夬괘]은 홀로 '상고上古'를 말하였으니, 앞의 (10괘들과) 같지 않다. 아직 이런 기물들을 만들기 전에는 더욱 남는 물건들을 쓸 줄 몰랐으니, 따라서 '상고上古'라고 말하지 않았다. 이상의 세 가지 일이란, 이런 기물들이 만들어지기 전에는 별도로 소용이 있었으니, 지금 그것들을 바꾸었기에, 따라서 상고는 지금과 구별된다. 13괘를 들어서 그 나머지를 개괄하였다.

또 (유원은) 말한다. 13괘는 대략 개괄한 것인데, 만유萬有를 포괄하니, 뜻은 이것에 그치는 것이 아니다. ('신농씨몰神農氏沒' 이하의) '변화에 통하여[變通]' '싫증을 모름[不倦]'의 네 구절은, 예악禮樂, 제도制度 모든 것을 총괄한다. '막히면 변함[窮則變]' 다섯 구절은, 역도易道는 이와 같으니, 성인은 통변通變하고 신묘하게 변화하여, 한 결 같이 역도易道를 근본으로 한다. 결론으로 '옷을 내려뜨리고, 건곤乾坤을 취하니, 쉽고 간단하여, 무위無爲하는 것'이며, 천지天地와 '함께 만든[合撰]' 것으로, 지극히 찬탄한 것이다. 곡식을 먹고 배와 수레, 환난을 방지하고 난리를 구제하니, 양생養生하고 송사送死함에 그 뜻이 모두 열거되었다. 복희, 신농, 황제, 요, 순이 연속하여 내려오니, 감탄스럽게 의연히 그치지 않으므로, 옛날 성인들이 이와 같고, 후대의 성인들이 이와 같으니, 만세에 바뀌지 않는 도道가 있기에, 또한 장구하게 반드시 바뀌는 법칙이 있게 된다. 성인聖人만이 통변通變하고 신묘하게 변화하니, 백성들로 하여금 싫증나지 않게 하고 서로 적절하게 하기에, 따라서 오래 유통하여 하늘의 도움을 얻는다.

마치창馬其昶은 말한다. 위는 제7편이니, 괘상卦象을 밝힌 것이다. 8괘가 일단 겹치니, 만상이 『역易』에 있게 되고, 옛날 성인이 기물들을 만든 것이 크게 13가지를 들은 것으로 인하여, 모두 『역易』에서 취하여 상象을 관찰하는 예를 드러낼 수 있다.

║3║

이 때문에 『역易』(안에 온축되어 있는 것)은 괘상卦象이다. 괘상은 괘로써 사물을 표시하는 것이다. 단象은 판단이다. 효爻[육효六爻와 효사爻辭]는 천하 사물의 변동을 본받은 것이다.

[是故「易」者, 象也. 象也者, 像也. 彖者, 材也. 爻也者, 效天下之動也.]

최경崔憬(7세기, 당唐대 역학자)는 말한다. 『역易』은 만물에서 상징되니, 상象은 형상形象의 상象이다.

소옹邵雍(1012-1077)은 말한다. 『역易』은 몸[體]이 없고, 형상形像을 빌려서 몸[體]을 드러낸다.

조열지晁說之(1059-1129)는 말한다. 한선자韓宣子(韓起, ?~ 전514)가 노魯나라에 가서 역상易象을 보았다는데, 이는, 옛 사람들은 괘卦와 효爻를 통괄하는 이름을 상象이라 하였다.

유원劉沅(1767-1855)은 말한다. 『역易』의 뜻은 정미精微해서, 하늘과 땅에 온축되는 것은 상象이 없고, 인사人事에 드러나는 것은 상象이 있다. 상象은, 이치가 아닌 것이 없지만 모양[像]을 빌려서 이치를 가탁한다. 이치는, 상象 속에 가탁하지만 역시 상象을 초월하여, 밖에 있다. 즉 유상有象으로써 무상無象을 상징하니, 회통할 수는 있으나, 억지로 구할 수는 없다.

요배중姚配中(1792-1844)은 말한다. 재材, 재才, 재哉는 통하니, 시작이고, 근본이다. 괘의 처음 여섯 획이 아직 변하지 않은 것을 재材라고 말한다. 이는 괘사卦辭를 단象이라 칭함을 해석한 것이다. 괘의 처음 여섯 획이 모두 7(少陽), 8(少陰)의 상象인데, 획으로부터 변하여 9(老陽)와 6(老陰)이 되는 것을 효爻라고 말한다. 천하의 움직임은 본받을 수 있지만, 획에 얽매여서는 안 된다. 그러므로 7, 8, 9, 6이 서로 유통한다. 이는 9, 6을 일컬어 효爻라고 칭하는 것을 해석한 것이다.

마치창馬其昶(1855-1930)은 말한다. 위와 아래 붙인 것(「계사繫辭」전 상하)을 마름질하여 편篇과 장章으로 나누니 조리가 정연(井井)하지만, 뜻은 본래 서로 계승되어 문기文氣가 절로 서로 통하여 일관된다. 그러므로 이편의 첫 부분에서 이런 까닭으로 단서를 시작하였다.

이 때문에 길吉함과 흉凶함이 생겨나고, 후회[悔]와 어려움[吝]이 드러난다.

[是故吉凶生而悔吝著也. 56)]

....

56) 『역易』의 내온內蘊은 괘상卦象이고, 괘상은 괘로써 사물을 나타낸다. 「繫辭」에서 괘사卦辭를 단象이라 말한다. 象은 단斷(판단)이다. 재材는 재裁(마르다)이니, 裁도 판단이다. 효爻는 六爻와 효사爻辭를 가리키니, 6효는 움직이는 變爻이기에, 천하 사물의 변동을 모방하여, 爻辭로써 사람의 행동을 알려준다. 저著는 드러

우번虞翻(164-233)은 말한다. 효상爻象이 안에서 움직이면 길흉吉凶이 밖에서 보인다. 길吉, 흉凶, 후회[悔], 어려움[吝]이 움직임에서 생겨나므로, '드러남[著]'이라고 말한다.

유원劉沅은 말한다. 길흉吉凶은 움직임으로부터 생겨나고, 후회[悔]와 어려움[吝]은 마음으로부터 드러난다. 상象을 관찰함은, 역시 신중하게 활동하여 후회[悔]와 어려움[吝]을 면할 수 있을 뿐이다.

‖‖ 4 ‖‖

양괘는 음이 많고, 음괘는 양이 많으니, 그 이유는 무엇인가? 양괘는 (획수가) 홀수이고, 음괘는 짝수이다.
[陽卦多陰, 陰卦多陽,57) 其故何也 ? 陽卦奇, 陰卦耦.]

한백韓伯(韓康伯, 5세기, 남북조南北朝시대)은 말한다. 적은 것(少)은 많은 것(多)을 '으뜸[宗]'으로 삼는 바이고, 하나는 무리가 모여드는 바이다. 양괘陽卦에는 음이 둘이기에, 따라서 '홀수[奇]'가 그들의 임금이 된다. 음괘陰卦에는 양이 둘이기에, 따라서 '짝수[耦]'가 그들의 주인이다.

최경崔憬(7세기, 당唐대 역학자)은 말한다. 진震, 감坎, 간艮은 양陽 하나에 음陰이 둘이다. 손巽, 이離, 태兌는 음陰 하나에 양陽이 둘이다.

유원劉沅(1767-1855)은 말한다. 이는 여섯 자녀의 괘를 가지고 논한 것이다. 양陽괘는 마땅히 양이 많아야 할 것 같으나 반대로 음陰이 많고, 음陰괘는 마땅히 음이 많아야 할 것 같으나 반대로 양陽이 많은 것을 말하였으니, 어째서인가? 양陽괘는 모두 건乾에서 찾으니 비록 음이 많으나 주인이 된 바는 홀수[奇]에 있다. 음陰괘는 모두 곤坤에서 찾으니 비록 양陽이 많으나 주인이 된 바는 짝수[耦]에 있다. 적은 것(少)은 많은 것(多)을 '으뜸[宗]'으로 삼는 바이다.

(이것이 사회적으로 나타내는) 덕행은 무엇인가? 양陽은 임금 하나에 백성이 둘이니, 군자의 도리이

남이다. 高亨, 568頁.

57) 陽卦는 진震☳, 감坎☵, 간艮☶의 삼 괘인데, 모두 2음괘, 1양괘이니 음陰이 많고; 음괘는 손巽☴, 이離☲, 태兌☱의 삼 괘인데, 모두 2양괘, 1음괘이니, 양陽이 많다. 震, 坎, 艮은 모두 획수가 5이니 홀수(奇數)이고, 巽, 離, 兌는 획수가 모두 4이니 짝수(偶數)이다. 高亨, 569頁.

다. 음陰은 임금은 둘이고 백성은 하나이니, 소인의 도리이다.

[其德行何也? 陽一君而二民, 君子之道也. 陰二君而一民, 小人之道也.]

중장통仲長統(180-220)은 말한다. 양陽은 임금 하나에 신하가 둘이니 군자의 도道이다. 음陰은 임금 둘에 신하 하나이니 소인의 도道이다. 그러니 적은 것은 윗사람이 되고, 많은 것은 아랫사람이 된다.

유원劉沅은 말한다. 양陽은 임금이 되고, 음陰은 백성이 된다. 임금은 '하나로 높으니[一尊]' 귀하고, 신하에게는 두 왕이 없다. '백성의 마음'이 '하나의 높음[一尊]'에서 통일되니, 군자의 도道이다. '백성의 마음[民心]'이 나뉘어 통일되지 않으니, 소인의 도道이다. 양陽은 귀해서 바름[正]을 얻고, 음陰은 양陽을 이룸으로써 귀해진다. 양은 음이 없으면 안 되고, 임금은 백성이 없으면 안 된다. 그러나 권세는 홀로 높은 바가 있고, 이理는 오로지 속하는 바가 있다. 성인聖人은 음을 억누르고 양을 북돋으니, 바로 이 때문에 음양의 쓰임이 매우 온전하다. 세상의 권세를 다스리자면 통일됨을 높이니, 바로 이 때문에 다스림과 교화의 아름다움이 합하여 이루어진다.

마치창馬其昶(1855-1930)은 말한다. 하나[一]와 둘[二]은 바로 홀수[奇]와 짝수[耦]이니, 다과多寡를 말하는 것이 아니다.

‖5‖

『역易』에서 말한다. "바쁘게 오고감이니, 친구들이 자네를 따르네!"

[『易』曰: "憧憧往來, 朋從爾思."58)]

공자가 말한다. "천하 사람들이 무엇을 생각하고 무엇을 염려하는가? 천하 사람들은 모두 (집으로) 돌아가지만 (가는) 길은 (서로) 다르니, 한 곳으로 간다 해도 생각은 다르기에, 천하 사람들이 무엇을 생각하고 무엇을 염려하는가?

[子曰: "天下何思何慮? 天下同歸而殊途, 一致而百慮, 天下何思何慮?]

---

58) 이것은 함咸괘의 九四효사이다. 동동憧憧은 바쁘게 오고감이다. 사思는 어조사이다. 高亨, 570頁.

한백韓伯(5세기, 남북조南北朝시대)은 말한다. 만약 그 요점을 안다면, 널리 구하지 않는다. '하나로 관통함[一以貫之]'은, 생각하지 않아도 다하는 것이다.

공영달孔穎達(574-648)은 말한다. 이는 외물에 감응하는 마음[心]이 없을 수 없음을 밝힌 것이니, 가령 외물이 와서 응하는 것은, 이에 끊임없이 사려작용을 하는 것이다.

(주희의)『주역본의周易本義』에서 말한다. "이치는 본래 둘이 아니지만, 길도 다르고 생각도 많으니, 스스로 그러함이 아닌 것이 없는데, 어째서 사려를 하겠는가? 반드시 생각하고서 따른다면, 따르는 이들이 역시 '급박해질[狹]' 것이다."[59]

채청蔡淸(1453-1508)은 말한다. 천하의 이치는 본래 같은 데로 모이지만 사물은 모양과 형상이 모두 다르니, 그들의 도道는 각각 다르다. 근본은 하나로 이루어지지만, 사물은 하나가 아니어서, 발하는 생각도 역시 그로 인해 다양함이 있다.

이광지李光地(1642-1718)는 말한다. 이로부터 아래 열한 개의 효爻는, 효爻가 움직임을 본받는 것으로써 말한 것이다. 천하의 움직임은 인심人心에서 생기고, 인심人心의 움직임은 느낌이 있음에서 생긴다. '동동거림[憧憧]'은, 사려가 잡스럽고 요란한 것이다. 군자는 오직 마땅히 안으로 마음 쓰고, 일에 숙련되고, 자기의 마음과 뜻을 오롯이 하여, 자기의 천기天氣[氣候]를 따르니, 사려思慮가 잡스럽게 섞이지 않았기에, 따라서 감응感應하고 왕래往來하는 사이에서 처신할 수 있어서, 천지天地와 서로 비슷하다. 대개 여러 움직임이 바르고 한결같은 이치는, 본래 스스로 이와 같다.

유원劉沅은 말한다. 공자께서는 사람들이 상象에 집착하여 중中을 읽을까 염려하다가, 함咸괘 94효의 효사爻辭에서 느낀 바가 있어서 그것을 해석한 것이다. '(집으로) 같이 돌아감[同歸]'은, 만변萬變한다 해도 중中에서 떨어지지 않음이다. '다른 길[殊塗]'은, 만사萬事가 각각 자기의 마땅함이 있음이다. '한 곳으로 감[一致]'은, 이치의 지극함이다. 백려百慮는 생각의 번잡함이다. 천지天地의 도道는, 지극히 한결같은 것으로써, 한결같지 않은 것을 주재함이다. 벗으로 따르는 자가 자주자주 왕래하는 것은, 경건하고 고요한 근원이 없는 것이니, 이는 생각을 따르다가, 자기의 주재主宰함을 잃은 것일 것이다.

해가 지면 달이 뜨고, 달이 지면 해가 뜨는 것처럼, 해와 달은 서로 밀어주면서 빛이 생겨난다.

---

59) '理本无二, 而殊塗百慮, 莫非自然, 何以思慮爲哉? 必思而從, 則所從者亦狹矣.',『周易本義通釋』卷六, 「繫辭」下傳, 第五章, 元 胡炳文撰, 電子版文淵閣四庫全書, 상동 참조.

추위가 가면 더위가 오고, 더위가 가면 추위가 오면서, 춥고 더움이 서로 밀어주는 데서 한 해가 이루어진다. 가는 것이 굽히는 것이요, 오는 것이 펴지는 것이니, 굽고 펴짐이 서로 느끼면서 이익이 생겨난다. 자벌레가 (몸을) 구부리는 것은, 펴기 위함이다. 용龍이나 뱀이 (겨울) 잠자는 것은, 살기 위함이다. 배움과 사용은, 쓰기 위함이다. 배운 것을 이용하여 몸을 편하게 하는 것은, 재덕才 德을 높임이다. 이것을 넘어선다면, 알 필요가 없다. (사물의) 신비를 궁구하고 변화를 알아야, 덕이 커진다.

[日往則月來, 月往則日來, 日月相推而明生焉. 寒往則暑來, 暑往則寒來, 寒暑相推而歲成焉. 往者屈也, 來者信也, 屈信相感而利生焉. 尺蠖之屈, 以求信也. 龍蛇之蟄, 以存身也. 精義入神, 以致用也.[60] 利用安身, 以崇德也.[61] 過此以往, 未之或知也. 窮神知化, 德之盛也.[62]]

공영달孔穎達은 말한다. 운명의 안배에 따르고, 저절로 밝음이 생겨나니, 자연스레 '한 해[歲]'가 이루어진다.

(장재의)『횡거역설橫渠易說』에서 말한다. "굽히고 펼침이 서로 감응하여 이로움이 생기니, 정성[誠]으로써 감응한 것이다. 실정과 거짓이 서로 감응하여 이로움과 해로움이 생기니, 잡박雜駁한 거짓(僞)이다. '정심精深하고 미묘한 의리義理가 신묘한 경계에 진입함[精義入神]'은, 미리 내 안을 일삼아서, 내 밖까지 이로움을 구하는 것이다. '이용하고 몸이 편함[利用安身]'은, 미리 내 밖을 질박하게 하여 내 안까지 닦음을 이루는 것이다. … 무엇을 생각하고 무엇을 염려하는가? 일삼지 않는 바를 행할 뿐이다."[63]

(주희의)『주역본의周易本義』에서 말한다. 자기의 뜻[義]을 정밀하게 연구하면 '신묘한 경지[入神]'에 이르니, 굽힘의 지극함이다. 그러나 바로 이 때문에 나가서 '씀[用]'을 다하는 근본이 된다. 그것의 베풀어 쓰임을 이롭게 하면, 가는 곳마다 편안하지 않음이 없으니, 펼침의 지극함이다. 그러나 바로 이 때문에 들어와서 덕德을 숭상하는 바탕이 된다. 안과 밖이 사귀어 서로 기르고 서로 발한다.

또 (『주역본의』에서) 말한다. 장재張載[張子]는, "기氣에는 음陰과 양陽이 있으니, 미루어 행하여

---

60) 정의精義는 사물의 義理에 정통함이고; 입신入神은 신묘한 경지에 들어감이다. '精義入神'은 배움[學]이고, 致用은 用이다. 高亨, 571頁.

61) 利用은 배운 것을 이용함이고, 숭덕崇德은 才德을 높임이다. 高亨, 상동.

62) 窮神은 사물의 신묘함을 궁구窮究함이요, 知化는 사물의 변화를 인식함이다. 高亨, 상동.

63) '屈信相感而利生, 感以誠也. 情僞相感而利害生, 雜之僞也. 精義入神, 事豫吾內, 求利吾外也. 利用安身, 索利吾外, 致養吾內也. … 何思何慮, 行其所无事而已.',『橫渠易說』卷三,「繫辭」下, 電子版 文淵閣四庫全書, 상동 참조.

점차로 나아감이 있으면 '화합[化]'이 되고, 합일하여 헤아릴 수 없으면 '신묘함[神]'이 된다."라고[64] 하였다. 이 위는 모두 함咸괘 94효의 효의爻義를 해석한 것이다.

유원劉沅은 말한다. '해와 달[日月]과 춥고 더움[寒暑]'과 '왕래하고[往來] 굽히고 펴짐[屈信]'에서 또한 무엇을 사려하겠는가? 순환하며 서로 감응하여 다하지 않으니, 사람들로 하여금 천지天地를 본받아 사려를 면하게 한다. 굽히지 않으면 펼칠 수 없고, 칩거하지 않으면 몸을 보존할 수 없으니, 정밀한 뜻이 아니면, 무엇으로 '씀을 불러옴[致用]'을 오게 하겠는가? '정심精深하고 미묘한 의리義理가 신묘한 경계에 진입함[精義入神]'은, 평상시 본성과 분수分數(를 지킨) 결과[功]이다. '이롭게 썼음[利用]'은, 인因하여 감응한 일을 말한 것이다. '이롭게 쓰고 몸이 편함[利用安身]'은, 사물에 인하고 사물에 따르니, 자기는 수고롭지 않은 것이다.

또 (유원은) 말한다. '고요함[靜]'은 움직일 수 있는 근본이고, '하나[一]'는 만萬이 될 수 있는 근원이다. 과연 이와 같다면, 나에게 있는 덕德은, 천지자연의 운행과 같다. '이것을 넘어선다면[過此以往]'은 이치가 무르익고 천기天機는 더욱 번성하여, 자기도 역시 스스로 알지 못함이 있는 것이다. '혹 알 수 없음[未之或知]'은. 그것의 신묘함을 말로 다할 수 없음을 말한 것이다. 사려思慮를 억지로 제어하지 않아도, 사려가 저절로 없어지니, 천지의 신묘함을 끝까지 지극히 하여, 조화의 그러한 까닭을 알게 되면, 덕德은 지극히 성대할 것이다.

마치창馬其昶(1855-1930)은 말한다. 자벌레[尺蠖]는, (후과侯果는, '확蠖은 굽히면서 가는 벌레'라고; 곽박郭璞[276-324]은, '자벌레[蜘蹵]'라고 말했다.) 펼침을 구하는 데에 뜻을 두니, 그것의 펼침이 적다. 하물며 마음이 안정하지 못하고 자주 생각하면, 감응하는 바가 좁아질 것이다. 용과 뱀이 칩거하여 몸을 보존함은 마치 펼침에 뜻이 없는 것 같으니, 구름과 비를 변화시키는 것이 어렵지 않다. 감응 없는 감응은 그 감응이 크니, 오직 동식물도 역시 그러함이 있다. 군자는 뜻[義]을 정밀히 하여 스스로 '쓰임[用]'을 지극히 할 수 있지만, '쓰임[用]'을 이롭게 하는 것은, 다만 덕德을 숭상함으로써 하니, 이는 모두 자기에게 있는 것을 구한 것이다. 한퇴지韓退之(韓愈, 768-824)는, '나에게 있는 것은 내가 장차 힘쓸 것이고, 하늘에 있는 것과 남들에게 있는 것은 내가 장차 그들에게 맡기고, 내 힘을 쓰지는 않겠다.'라고 말하였는데, 바로 '이것을 넘어 선다면, 알 필요 없음[過此以往, 未之或知]'의 말씀이다. (나의 견해: 이는 한창여韓昌黎[韓愈]의 설說을 깨달아 이로써 미지未知의 뜻을 증명한 것이니, 유원劉沅이 말한 '스스로 알바가 아님[不自知]'의 뜻과 서로 발하여 밝혀준다.) 하늘에 요행을 바라지 않고, 남에게 보답을 요구하지도 않으므로, '무엇을 생각하고,

---

64) '氣有陰陽, 推行有漸爲化, 合一不測爲神.'『正蒙』,「神化」篇 第四,『張載集』, 張載著, 상동, 16頁.

무엇을 염려하겠는가?'라고 말하였다. 위에서 말한 바는 모두 '신비를 궁구하고 변화를 알아야 하는[窮神知化]' 일이니, 끝의 두 마디는 아마도 그것을 칭찬하는 말일 것이다.

②

『역易』에서 말한다. "돌에 걸려 넘어지고, 남가새[蒺藜]를 손으로 잡고 나서, 집에 들어가니, 아내가 보이지 않으니, 흉한 일이다."

[「易」曰: "困於石, 據於蒺藜, 入於其宮' 不見其妻, 凶."65)]

공자가 말한다. "걸려 넘어질 것이 아닌데 넘어졌으니, 이름은 반드시 욕볼 것이다. 손으로 잡지 말아야할 것을 잡았으니, 몸이 반드시 위태로울 것이다. 욕보고 또 위험하면, 죽을 때가 앞으로 올 것이니, 아내를 어찌 볼 수 있을까?"

[子曰: "非所困而困焉, 名必辱. 非所據而據焉, 身必危. 旣辱且危, 死期將至, 妻其可得見邪？"66)]

곽옹郭雍(1106-1187)은 말한다. 마땅히 곤困해야 할 때 곤하고, 마땅히 의지할 데에 의지하는 것이, 도道의 바름[正]이다. 곤困할 바가 아니고 의지할 곳이 아닌 곳은, 도의 바름[正]을 잃은 것이다. 이 때문에 이름이 욕되고 몸은 위태로우니, 이른바 '스스로 지은 재앙은 피할 수 없다.'라는67) 것이다.

유원劉沅은 말한다. 곤困괘 63효의 뜻을 해석하고 그것을 미루어 말하여, 몸과 이름 보전하는 도道를 밝혔는데, 소인들은 남을 곤란하게 하여서 스스로도 곤란해지니, (곤困괘 63효는) 그것을 깊이 두려워하는 것이다.

마치창馬其昶은 말한다. 밖으로는 위에 응하지 못하기에, 따라서 이름이 욕된다. 안으로는 '자리[位]'를 잃고서 '굳셈[剛]'을 탔기에, 따라서 몸이 위태롭다.

③

『역易』에서 말한다. "공公[제후]이 높은 성벽 위에서 송골매를 쏘아, 그것을 잡으니, 이롭지 않음이 없다."

[「易」曰: "公用射隼於高墉之上, 獲之, 無不利."68)]

---

65) 이 구절은 곤困괘 63효의 爻辭이다. 곤困은 걸려서 넘어짐이고, 거據는 손으로 잡음이고, 질려蒺藜는 남가새이다. 高亨, 상동.

66) 其는 기豈(어찌)와 같다. 高亨, 572頁.

67) '天作孽, 猶可違; 自作孽, 不可活.' 『今古文尙書全譯』, 「太甲」中, 江灝, 錢宗武譯注, 상동, 140頁.

공자가 말한다. "송골매는 새이다. 활과 화살은 기물器物이다. 그것을 쏘는 이는 사람이다. 군자가 몸에 도구를 숨겨두고, 때를 기다려서 행동을 하니, 어찌 이롭지 않을 수 있겠는가? 활동하되, 막힘이 없으니, 이 때문에 (밖으로) 나가서 잡은 것이 있게 된다. 완성된 도구를 가진 다음에 행동함을 말한 것이다.

[子曰: "隼者, 禽也. 弓矢者, 器也. 射之者, 人也. 君子藏器於身, 待時而動, 何不利之有? 動而不括,[69] 是以出而有獲. 語成器而動者也."[70]]

한백韓伯은 말한다. 괄括은 묶음이다. 군자가 때를 기다려 움직이면, 묶이고 잠기는(結閡) 근심은 없을 것이다.

장근張根(1062-1121)은 말한다. 규모規模를 먼저 정한 이후에 그것을 하니, 쏘지 않는 바는 있으나, 쏘고서 맞추지 못하는 경우는 없다.

유원劉沅은 말한다. 해解괘 상6효의 뜻을 해석하고, 역시 그것을 미루어 말하니, 기물을 감추고 때를 기다리는 도道를 밝힌 것이다. 새를 쏘는 권한은 사람에게 있지만, 그 기물이 반드시 갖추어지고, 그 움직임을 때에 맞게 해야만, 이에 잡을 수 있기에, 소인을 제어하는 군자를 위해 말한 것이다. 어語는 말함이다.

요배중姚配中(1792-1844)은 말한다. 때를 기다려서 내 기물을 완성하여 움직일 수 있음을 말한 것이다.

마치창馬其昶은 말한다. 공公은 (해解괘의) 94효를 이르고, 군자는 상6효를 이르며, 새매는 63효를 이른다. 94효는 진震 움직임의 주인으로서, 63효의 음이 양과 서로 '가까워서[比]' 묶이고 풀지 못하는 근심이 있다. 오직 상6효만이 63효와 함께 서로 응하는 자리에 있으나, 둘 다 음이라서 응應하지는 못한다. 94효는 자신을 쓰지 않고, 상6효를 써서 그것을 쏘니, 이 때문에 묶지 않고도 얻음이 있는 것이다.

❹

공자는 말한다. "소인들은 인자하지 않음을 부끄럽게 여기지 않고, 의롭지 못한 것을 겁내지 않으

---

68) 이것은 해解괘 上六효의 효사인데, 준隼은 송골매이고, 용墉은 성장城墙(성벽)이다. 高亨, 상동.

69) 괄括(묶다)은 색塞(막다)이다. 高亨, 상동.

70) 『周易正義』에 의하면, '語成器而後動'은 '語論有現成之器而後興動也(완성된 도구가 있은 후에 활동함을 말한다.).'이다. 周振甫, 263頁 注37.

며, 이익을 보지 못하면 노력하지 않고, 위협이 없으면 경계하지도 않는다. 징벌이 작았는데 크게 경계를 했다면, 이것은 소인에게는 다행이다. 『역易』에서, '발에 찬 쇠고랑을 끌고 다니나 발은 보이지 않으니, 해롭지 않다.'는 말은, 이것을 말함이다."

[子曰: "小人不恥不仁, 不畏不義, 不見利而不勸, 不威不懲.71) 小懲而大誡, 此小人之福也. 「易」曰: '履校滅趾, 無咎.' 此之謂也."72)]

(유향의) 『설원說苑』에서 말한다. 『역易』에서, "작은 것에 위엄이 없으면 큰 것을 징벌하지 못하니, 이것이 소인의 복이다"라고73) 말한다.

공영달孔穎達은 말한다. 소인의 도는 항상 선할 수 없으니, 징벌과 경계로 복을 얻는 것과 같음을 밝혔다.

유원劉沅은 말한다. (이는) 곧 서합噬嗑괘 초9효 효사이니, 징계가 없을 수 없음을 보인 것이다. 부끄러움과 두려움은 본심이 좋은 것이다. 권하고 징벌하는 것은, 상벌의 [효과가] 드러난 것이다. 위엄을 보이는 것이 복이 되는 것이니, 차꼬를 채워 발꿈치를 잘라서 초기에 경계시켜서, 재범再犯의 허물을 없게 한 것이다.

⑤

(공자가 말한다.) "착한 일이 쌓이지 않으면, 이름을 이룰 수 없다. 악한 일이 쌓이지 않으면, 목숨을 잃지 않는다. 소인들은 작은 착함[小善]은 무익하다고 여겨서 행하지 않고, 작은 악함[小惡]도 나쁠 것 없다고 여겨서 버리지 못하니, 그러므로 악이 쌓여서 (그것을) 가릴 수 없게 되어, 죄가 커지고 (그것을) 해소할 수 없게 된다. 『역易』에서, '칼을 지고 있으며 귀가 덥힌, (중죄인이니) 흉하다.'라고 말한 것이다.

[(子曰:) "善不積, 不足以成名. 惡不積, 不足以滅身. 小人以小善爲無益而弗爲也, 以小惡爲無傷而不去也, 故惡積而不可掩, 罪大而不可解. 「易」曰: '何校滅耳, 凶.'"74)]

---

71) 징懲(혼내 주다)은 계계誡(경계함)이다. 高亨, 572頁.
72) 이것은 서합噬嗑괘 初9효의 爻辭이다. 구리屨(신발)는 예예曳(끌다)이다. 교校는 발에 채우는 刑具이고, 멸滅은 덮음이고, 지趾는 발이다. 高亨, 573頁.
73) '易曰: "不威小, 不懲大, 此小人之福也.'", 『說苑今註今譯』, 「指武」, 盧元駿註譯, 상동, 516頁.
74) 이것은 서합噬嗑괘 上9효의 효사이다. 何는 하荷와 통하니, 부하負荷(짐을 지다)이다. 교校는 칼[枷]이다. 칼을 지고 귀가 덥혔으니, 중죄인이다. 高亨, 상동.

동중서董仲舒(전192-전104)는 말한다. '선을 쌓는 것은 자신에게 달려 있으니, 해가 갈수록 길어지는 것과 같아서, 사람들이 알지 못한다. 악을 쌓는 것은 자신에게 달려 있는데, 불이 기름을 태우는 것과 같아서 사람들이 보지 못한다.'[75]

유원劉沅은 말한다. (이는) 곧 서합噬嗑괘 상9효의 효사이니, 선악이 미세할 때 신중해야 함을 보인다. 선악은 쌓이지 않고서 이루어지는 것이 없으니, 미세할 때 신중하지 않으면 흉하게 된다.

6

공자가 말한다. "위태함은, (과거) 그 자리에 안주했기 때문이다. 망하는 것은, (과거) 자기 존재를 보존하려했기 때문이다. 난리가 난 것은, (과거 잘) 다스려졌기 때문이다. 이 때문에 군자는 편안해도 위태로울 것을 잊지 않으며, 생존하더라도 없어질 것을 잊지 않으며, 다스려져도 혼란하게 됨을 잊지 않는다. 이 때문에 몸이 편안하고 나라는 보존될 수 있다. 『역易』에서, '장차 망할 것이로다! 장차 망할 것이로다! 무성한 뽕나무에 의탁해야 한다.'라고 말하였다."
[子曰: "危者, 安其位者也. 亡者, 保其存者也. 亂者, 有其治者也. 是故君子安而不忘危, 存而不忘亡, 治而不忘亂, 是以身安而國可保也. 「易」曰: '其亡! 其亡! 繫於苞桑.'[76]"]

곡영谷永(전1세기-전8)은 말한다. 하夏나라와 상商나라가 장차 망하려 할 때, 사람들은 모두 이를 알았다. 하늘이 스스로 태양을 가진 것처럼 느긋하게 여겨, (자신이) 위태하게 될 줄 몰랐으니, 악惡이 날로 커져가도 스스로 알지 못했고, 천명이 기울어져도 깨닫지를 못했다. 『역易』(「계사繫辭」下傳)에서, "위험은 자기 자리에 안주한 것이고; 망한 것은 자기 존재를 보존하려 한 것이다[危者, 安其位者也; 亡者, 保其存者也]."라고[77] 말한다.

유원劉沅은 말한다. (이는) 곧 비否괘 95효의 효사[其亡其亡, 繫于苞桑]이니, 사람들은 마땅히 걱정하면서 편안함을 보존해야 함을 보인 것이다. 항상 존재함이 위태롭고, 혼란하여 망함에 대한 생각이 있으면, 존재를 편안하게 하여 다스려짐을 반드시 할 수 있다. '기망其亡' 두 구절은, 신중한 마음은 어려운 것이니, (이는) 곧 이른바 '잊지 않음[不忘]'이다.

---

75) '積善在身, 猶長日加益, 而人不知也; 積惡在身, 猶火之銷膏, 而人不見也.', 『漢書』, 「董仲舒」傳第二十六, 班固撰, 唐 顔師古注, 第八冊 傳[二], 상동, 2,517頁.

76) 이것은 비否괘 九五의 효사이다. 其는 將과 같다. 계繫는 아마도 격礐(단단함)의 가차이니, 견고堅固이다. 포苞는 무茂(우거지다)이다. 高亨, 574頁.

77) 『易』, 「繫辭」下傳, 第5章, 제6節.

마치창馬其昶은 말한다. (『예기禮記』의),「예운禮運」편에서, "군자는 편안함에 있는 것을 위험에 있는 것 같이 하고, 소인은 위험에 있는 것을 편안함에 있는 것과 같이 한다."에 대한 정현鄭玄주注에서는, '『역易』에서, "위험은 자기 자리를 안정시키는 것이다."를[78] 인용하였다. (나의 견해: 이 설명은「예운禮運」편의 "연후능수위야然後能守危也" 구절 아래에 나온다.) (공영달孔穎達의) 소疏에서, "오늘의 위험과 망함은 바로 두려워할 줄 모르고서, 자기 자리에 그저 편안해 안일해 한 것이다."라고[79] 말하였다. 앞의 세 구절은 경계한 것이고, '군자안君子安' 이하는, 본받을 것이다.

• **나의 견해(1)**: 맹자는, '이때에 즐기고 태만하며 오만하다는 것'과[80] '(남의) 위태로움을 편안히 여기고 (남의) 재앙을 이롭게 여기며, 망국亡國패가敗家를 즐거움으로 삼음이라는 것'은[81] 모두 이 뜻을 표현한 것이다. 미루어 가면, (『상서尚書』에서 말한,) '세 가지 나쁜 풍습[三風]'과 '열 가지 허물[十愆],'이며,[82] 『국어國語』(실상은 『전국책戰國策』의) '노나라 임금이 말씀함[魯君擇言]'도,[83] 역시 이 뜻과 서로 부합한다.

• **나의 견해(2)**: 당唐나라 때 위징魏徵(580-643)이 태종太宗에게 간할 때 이 (『역易』)경經을 모두 인용했다. 그 말은 다음과 같다. '신이 바라건대 당금의 동정을, 수隋나라로 귀감을 삼고자 하니, 존망과 치란을 알 수 있습니다. 만약 위태롭게 되는 이유를 생각할 수 있으면 편안하게 되고, 혼란스럽게 되는 이유를 생각하면 다스려지고, 망하는 이유를 생각하면 보존하게 됩니다.『역易』에서, '군자는 편안할 때 위태로움을 잊지 않고, 보존될 때 잃게 됨을 잊지 않고, 다스려질 때 혼란을 잊지 않는다. 이 때문에 몸이 편안하고 국가를 보호할 수 있다.'라고[84] 했습니다. 이 말은 참으

78) '君子居安如危, 小人居危如安.『易』曰: "危者, 安其位."',『禮記註疏』卷二十二,「禮運」篇,『禮記正義』, 鄭玄注, 孔穎達疏, (十三經注疏 整理本), 13冊, 829頁.

79) '危者安其位, 謂所以今日危亡者, 正爲不知危懼, 偸安其位.' 상동, 13冊, 831頁.

80) '今國家閒暇, 及是時, 般樂怠放, 是自求禍也.',『孟子』,「公孫丑」上章(3:4), 참조.

81) '孟子曰: "不仁者可與言哉? 安其危而利其菑, 樂其所以亡者."',『孟子』,「離婁」上章(7:8) 참조.

82) '敢有恒舞于宮, 酣歌于室, 時謂巫風. 敢有殉于貨色, 恒于遊畋, 時謂淫風. 敢有侮聖言, 逆忠直, 遠耆德, 比頑童, 時謂亂風.「惟茲三風十愆.」卿士有一于身, 家必喪. 邦君有一于身, 國必亡. 臣下不匡, 其刑墨, 其訓于蒙士.'『尚書』,「伊訓」참조.

83) '梁王魏嬰觴諸侯於范臺, 酒酣, 請魯君舉觴, 魯君興, 避席擇言曰, "昔者, 帝女令儀狄作酒而美, 進之禹, 禹飲而甘之, 遂疏儀狄, 絶旨酒曰: '後世必有以酒亡其國者.',『戰國策新校注』,「魏二」, 306 梁王魏嬰觴諸侯於范臺章, (下), 繆文遠著, 상동, 850頁.

84) 『易』,「繫辭」下傳, 第5章, 제5節.

로 진실하니 깊게 살피지 않을 수 없습니다.

● **나의 견해(3):** 건乾괘의 '항룡亢龍유회有悔'는, 나아감만 알고 물러남을 모르고, 보존만 알고 망함을 모르고, 얻음만 알고 잃음을 모르는 데에서 생긴 것이다. 오직 성인만이 진퇴존망을 알아서 올바름을 잃지 않는다. 「문언文言」전과 이것이 서로 뜻이 분명하다. '잊지 않는 자[不忘者]'는 감히 너무 높이 올라가지 않았으니, 몸과 집안이 후회가 있음에는 이르지 않는다.

● **나의 견해(4):** 자기 자리에 안정하고, 자기 존재를 보존하며, 자기 다스림을 가지니, 스스로는 환란이 없다고 여기기에, 따라서 교만하고 방종하면 이것들을 잃게 된다. 형세는 반드시 위험, 망함, 혼란에 이르니, 구할 수가 없다. 군자가 천하에 대해 시시로 위태로움과 망함과 혼란에 대해 두려워하여 감히 잊지 않으며, 열심히 노력하여, 태만하게 버려두지 않으니, 몸을 편안히 하고 나라를 보존하여 천하를 소유할 수 있는 것이다.

7

공자가 말한다. "덕은 엷으나 지위는 높고, 지능[智]은 적으나 큰일을 꾀하고, 힘은 적은데 무거운 것을 맡으면, (화란禍亂에) 미치지 못하는 경우가 드물다. 『역易』에서, '세 발 솥[鼎]에 다리가 부러지고, 공公[제후]께서 (잡수실) 죽이 뒤집어져서, 그 모양이 (땅에) 진액이 너저분하면, 흉이다.'라는 말은, 소임을 감당할 수 없음을 말한 것이다.
[子曰: "德薄而位尊, 知小而謀大, 力少而任重, 鮮不及矣.[85] 「易」曰: '鼎折足, 覆公餗, 其形渥, 凶.'[86] 言不勝其任也."]

왕부王符(83-170)는 말한다. 덕이 자기 임무에 맞지 않으면, 그 화禍가 반드시 혹독하다. 재능이 자기 자리에 맞지 않으면 그 재앙이 반드시 크다.

장준張浚(1097-1164)은 말한다. '삼공三公의 자리[臺鼎之位]'에 있으려면, 덕德, 지知, 역力 세 가지 중에 하나라도 빠지면, 그 일을 맡을 수 없는데, 하물며 셋 모두 부족한 자는 안 될 것이 아닌가? 무지하면 변화에 응하기에 부족하고, 무력하면 불안정을 진정시키기에 부족하다. 무릇 덕이 서지 않으면 비록 지혜와 힘이 있어도, 하늘에 감感하고 사람을 헤아려서[格] 천하를 다스림[治]에

---

85) 知는 智로 읽는다, 모대謀大는 큰일을 꾸밈이다. 原文에 '力小'이나, '力少'가 옳다. 급及은 '及於禍亂'이다. 高亨, 상동.

86) 이것은 정鼎괘 94효의 효사이다. 복覆은 뒤집힘이다. 속餗은 죽이고, 악渥은 즙汁이나 액液이 땅을 적시는 모습이다. 高亨, 575頁.

있게 할 수가 없는 것이다.

유원劉沅은 말한다. 정鼎괘 94효의 효사[鼎折足, 覆公餗, 其形渥, 凶]이니, 사람이 마땅히 자신을 살펴서 일을 맡아야 함을 증험證驗한다. 만약 스스로도 헤아리지 않고, 남의 능력도 헤아리지 않고, 경솔히 임무를 맡기면, 화와 패함에 이르지 않는 경우가 드물다.

마치창馬其昶은 말한다. 덕이 박한 것을 불인不仁하다 하고, 지혜가 얕은 것을 부지不知하다 하고, 힘이 적은 것을 용기가 없다[不勇]라고 한다. 당唐나라의 석경石經에는, 소小가 소少로 적혀 있다. 『한서漢書』와 『삼국지三國志』의 주注에서도, 『역易』을 인용할 때에는 마찬가지이다.

● **나의 견해**: 천하의 큰 임무를 맡은 이는 반드시 덕德, 지知, 힘[力] 세 가지를 전부 갖추어야, 천하의 상도常道[大經]를 경륜할 수 있고, 천하의 대본大本을 세울 수 있다.

❽

공자가 말한다. "미세한 무엇을 안다면, 신묘한 것이로다! 군자는 윗사람들과 교제해도 아첨하지 않고, 아래 사람들과 사귀어도 경시하고 모욕하지 않으니, 아마 미세한 무엇을 알지 않을까! (미세한) 무엇은, 미미한 움직임이니, 길흉을 먼저 보는 것이로다!
[子曰: "知幾, 其神乎! 君子上交不諂, 下交不瀆, 其知幾乎! 幾者, 動之微, 吉凶之先見者也!87)]

(장재張載의) 『횡거역설橫渠易說』에서 말한다. 인도人道의 쓰임은 사람들과 접하는 데에서 다할 뿐이다. 아첨과 경시가 화禍를 부르는 것은, 이치와 형세가 반드시 그러하다. 따라서 군자는 거동할 때 곧고 의義를 좋아한다. 기미를 아는 것보다 큰 것은 없다.

양만리楊萬里(1127-1206)는 말한다. 움직임에는 바람과 우레보다 작은 것은 없고, 욕심이 가장 큰 것이다. 길함은 자기 몸을 잃지 않는 것보다 중한 것은 없으니, [이렇다면] 숭고한 것이 가장 가볍다. 그러므로 아첨[諂]과 업신여김[瀆]의 단서를 끊을 수 있으면 '기미[幾]'를 가장 앞서서 볼 수 있다.

(주희의) 『주역본의周易本義』에서 말한다. 『한서漢書』에는 길吉자 다음에 흉凶자가 있다. (왕쑤난王樹枏: 한강백韓康伯의 주註에, '길흉의 드러남은 미묘한 조짐에서 시작된다.'라고 한다. 이것

---

87) 첨諂은 감언으로 남에게 아첨하는 것이고, 독瀆은 독嬻의 가차이니, 경모輕侮(가볍고 우습게 봄)이다. 幾는 미微(작다)이다. 今本에는 凶자가 없으나, 있어야 하니, 보충한다. 高亨, 상동.

은 한강백본韓康伯本에도 있다.)

(주희의)『주자어류朱子語類』에서 말한다. 윗사람과 교류할 때는 공경함을 귀하게 여기는데 공경은 '아첨[諂]'에 가깝다. 아랫사람과 교류할 때는 조화를 귀하게 여기는데, 화합은 '업신여김[瀆]'에 가깝다.

항안세項安世(1129-1208)는 말한다. 아첨은 본래 복을 구하지만, 화禍는 항상 아첨에 기반을 둔다. '업신여김[瀆]'은 본래 환심을 맺는 것이지만, 원한은 항상 '업신여김'에서 일어난다.『역易』에서, '기미[幾]를 안다.'는 것을 공자는 아첨하지 않고 업신여기지 않는 것으로 그 뜻을 밝혔다. 이것이 진정 이른바 '기미[幾]'를 안다는 것이다.

유원劉沅은 말한다. 공경함은 도道가 아니면 아첨이고, 화합은 중中을 잃으면, 업신여김이 된다. 자기에게 있는 것이 그 올바름을 잃지 않고, 다른 사람에게 있는 것은 그 '기미[幾]'를 반드시 살펴야 한다. '기미'가 지극히 미세한데, 먼저 깨달으면 길함이 있고, 흉함이 없다. 따라서 길흉吉凶이라고 하지 않고, 오직 '길함吉'만 말했다.

마치창馬其昶은 말한다. 공경과 화합은 모두 즐거움을 구하는 것인데, 화禍가 숨어 있다. 따라서 아첨과 업신여김 여부는, 마땅히 그 '기미[幾]'에서 판별해야 한다. 종일토록 기다리면 허물과 후회가 생길 것이다.

- **나의 견해(1)**: 예禮의 가르침은 은미하다. 우환이 생기기 전에 그칠 수 있다면, 사람들로 하여금 매일 선善으로 옮겨가고 죄로부터 멀어지게 하면서도 스스로 모르게 할 수 있다. 군자는 예禮로써 스스로를 단속하므로, 아첨하고 업신여기지 않는다. 상하의 기미를 알 수 있어야, 공경함이 예禮에 가깝고 치욕에서 멀다. 예禮의 쓰임은 조화를 귀하게 여긴다. 조화를 알아서 조화롭기만 하고, '예禮로써 절제하지 않으면 실행할 수 없다.'[88] 유자有子가 말한 것은, 실로 기미를 아는 뜻에 합한다. 유자有子의 말이, 공자와 가까운 것이 깊도다.
- **나의 견해(2)**: '기미[幾]'는, 매우 미묘하여 사람들이 알기 어려워서, 학식이 아니면 할 수 없다. 공자와 맹자는 당시에 '진퇴進退와 오래감과 빠름[久速]'이, 모두 의義에 합했으니, 곧 이것이 '기미[幾]'를 아는 공부이다.

---

88) '有子曰: "禮之用, 和爲貴. 先王之道, 斯爲美, 小大由之. 有所不行, 知和而和, 不以禮節之, 亦不可行也.",
『論語』,「學而」篇(1:12) 참조.

군자는 무언가를 보면 활동하고, 종일 기다리지만 않는다. 『역易』에서, '(사람이) 돌같이 단단하면, 종일 기다리지 않으니, 바르면 길함'이라 했다. (사람이) 돌같이 단단하면, 무엇 때문에 하루를 쓰겠는가? (그는) 단연코 알 수 있다! 군자가 미미한 것도, 드러난 것도 알고; 유약함도, 강건함도 안다면, (이것은) 만인의 바람이다."

[君子見幾而作, 不俟終日. 「易」曰: '介於石, 不終日, 貞吉.'89) 介如石焉, 寧用終日, 斷可識矣. 君子知微知彰, 知柔知剛, 萬夫之望.'90)]

공영달孔穎達은 말한다. '기미幾微'를 볼 수 있어야 곧 화복禍福을 안다. 어찌 그 날을 끝날 때까지 쓰겠는가? 때에 당하여 결단하면, 알 수 있을 것이다.

유원劉沅은 말한다. (이는) 곧 예豫괘의 62효의 효사이니, 사람들이 마땅히 '기미'를 알아서 신중하게 움직여야 함을 보인다. '기미를 안다는 것[知幾]'은, 이치로써 말한 것이고; 기미를 본다는 것[見幾]은, 일로써 말한 것이다. '불사不俟'는 그 빠름을 말하고; '개석介石'은, 지키는 것이 견고한 것이다. 올바름을 지키는 것이 확고하므로 하루를 마치지 않고도, '단연코 알 수 있다![斷可識矣].' 은미한 것은 드러남의 근본이고, 부드러움은 강함의 쓰임이다. 보는 것이 밝고, 그것을 지키는 것이 확고하고, 행하는 것이 결단이 있기에, 이것은 만인들이 우러르는 것이다.

마치창馬其昶은 말한다. (예豫괘 62효는,) 위로는 양에 응하지 않으니 아첨하지 않고, 아래로는 양을 올라타지 않으니 업신여기지 않는다. 은미함과 드러남을 아는 것을, '기미를 본다[見幾].'라고 이른다. 유함과 강함을 아는 것을, '기다리지 않음[不俟]'이라 이른다. 변별함에 절개가 있어 마치 돌[石] 소리의 쟁쟁거리는 소리를 듣는 것과 같으니, 사람으로 하여금 절개를 지키는 선비를 생각하게 한다. 따라서 만인이 우러른다고 말한다.

9

공자가 말한다. "안씨顏氏의 아들, 안회顏回는, 아마 거의 다 알지 않을까! 잘못이 있으면 (그는) 알지 못한 적이 없고, 잘못을 알면 결코 다시 (그 일을) 하지 않았다. 『역易』에서, '멀리 가지 않고 되돌아오니, 큰 후회는 없으며, 크게 길함.'이라 했다."

[曰: "顏氏之子, 其殆庶幾乎! 有不善未嘗不知, 知之未嘗復行也.91) 「易」曰: '不遠復, 無祗悔, 元吉.'"92)]

---

89) 이것은 예豫괘 62효의 효사이다. 개介는 개仚이니, 견堅(굳음)이다. 王引之(1766-1834)에 의하면, 於는 如와 같다. 高亨, 상동.

90) 王引之에 의하면, 영寧은 何이다. 망望은 앙망仰望이다. 高亨, 576頁.

우번虞飜(164-233)은 말한다. 돌아와서 스스로 아니, 안자顔子[顔回]가 노함을 옮기지 않고, 과실을 두 번하지 않은 것을 이른다.[93]

(주희의)『주역본의周易本義』에서 말한다. '서기庶幾'는 도道에 가까운 것을 말한다.

유원劉沅은 말한다. 안자顔子[顔回]가 과실을 빨리 고친 것을 아름답게 여겨, 이로써 복復괘 초9효의 효사의 뜻을 보였다. 앎의 밝음과 고치는 힘은, 선善으로 옮겨가고 악이 없는 까닭이 되니, 따라서 '크게 길함[元吉]'이다.

🔟

하늘과 땅의 음양 두 기가 교합하니, 만물의 변화가 두루 퍼졌다.『역易』에서, '세 사람이 가면 한 사람을 잃고, 혼자 가면 벗을 얻는다.'라고 했으니, (두 사람의) 합작을 말한 것이다.

[天地絪縕, 萬物化醇. 男女構精, 萬物化生.[94] 「易」曰: '三人行則損一人, 一人行則得其友.' 言致一也.[95]]

정현鄭玄(127-200)은 말한다. 구構는 합合이니, 음양이 자기의 정기精氣를 합침이다.

공영달孔穎達은 말한다. 인온絪縕은 서로 붙음의 뜻이다. 2기氣가 서로 붙어서 서로 함께 화회和會하니, 만물들이 그것을 느끼고서, 변화하여 정미精美하고 순수해진다.

(주희의)『주역본의周易本義』에서 말한다. 인온絪縕은 밀접히 교왕交往하는 모습이다. 순醇은 두텁게 응고하니, 기화氣化를 말한다. 화化하여 생겨남은 형화形化이다.

오징吳澄(1249-1333)은 말한다. '하나[一]'로써 '하나'를 합하면, 그 실정은 집중[專]한다.

진사원陳士元(1516-1597)은 말한다. (손損■)괘는 태泰(■)괘에서 왔다. 태泰괘의 '건乾과 곤坤'은 천지가 되고, 손損괘의 (호체互體인) '간艮과 태兌'는 남녀가 된다.

유원劉沅은 말한다. 인絪은 삼[麻枲]이다. 온縕은 솜[綿絮]이다. 천지天地의 기氣를 빌려서 다른 사람에게 알려주는, 친근하게 밀접히 사귐의 뜻이다. 순醇은 맛좋은 미주美酒[醇酒]인데, 또한 빌린 글자이니, '응고하여 두터움[凝厚]'을 말한다. 천지와 남녀는 모두 하나의 음양이다. 음양 두 기

---

91) 顔氏之子는 안회顔回를 가리킨다. 庶幾는 가까움이다. 不善은 과실이다. 상동.

92) 이것은 복復괘 初九의 효사이다. 祗는 大이고, 元吉은 大吉이다. 상동.

93) '顔回者, 好學, 不遷怒, 不貳過.',『論語』,「雍也」篇(6:3) 참조.

94) 인온絪縕은 인온氤氳의 가차이니, 음양 두 기의 흥함이다. 순醇은 순純이고 균均이다. 高亨, 577頁.

95) 이것은 손損괘 六三효의 효사이다. 致一은 '歸於一'이니, 合作을 말한다. 高亨, 577頁.

가 친근하게 사귐이 견고하니, 변화하여 순수함이다. 남녀 두 기가 정말 '핵심[精]'을 합치니, 만물이 자연스럽게 화생化生한다. 손損괘 63효[三人行則損一人, 一人行則得其友]는, 음양이 교합交合을 귀하게 봄을 말한다. 손損**의 하괘下卦의 일양一陽을 상괘에 보내니, 한 사람을 더는 것이다. (손損괘의) 63효와 상9효는 바르게 응하니, 이것을 덜어서 저것을 보태니, 마침 자기 벗을 얻은 것이다. 둘이 서로 합치면 전일하게 되고, 셋이 서로 병렬하면 나누어 갈라진다. 모두 음양은 상합하여 전일專一함을 이룬다고 말한다. 천지의 모양[形]은 비록 나뉘지만, 천지天地의 기氣는 스스로 합쳐지니, 음양 두 기는 서로 작용하여 조금도 쉰 적이 없으니, 따라서 변화하여 순수함은 옛날에서 지금까지 끝이 없다. 사람 몸은 하나의 천지天地이니, 원기元氣가 응고하여 합하기에, 음양의 사귐이 굳건할 수 있다면, 그 호연지기浩然之氣를 가지고, 아직 발하지 않은 중中을 불러올 수 있다. 천하의 모든 이치가 모두 이곳에서 나오니, 아름다움은 끝이지 않는다! 하늘이 하늘 되는 것은, 순수함 또한 끊이지 않는다! 무늬[文]가 무늬가 될 수 있음은, 이것을 말함이다. 이절에서 효의爻義를 잡다하게 열거하였으나, 세상일은 하나가 아님을 밝혔고, 그것을 몸에서 찾자면 '하나[一]'이니, '하나'를 불러오는 결과[功]로 귀결된다. 군자는 '고요한 하나[靜一]'로써 천하의 '하나 아님[不一]'을 제약하는 것이다. 사물의 근원은, '하나를 불러옴[致一]'에 근본을 둔다. '하나를 불러옴[致一]'은, '오로지 하나[專一]'를 불러오는 것이다. 『상서尙書』에서, '정성으로 전일專一하여, 확실히 중도中道를 실행하라!'라고[96] 말한다. 공자는, '하나로 관통한다.'라고[97] 말한다. '지일至一'은 만사를 관통할 수 있다. '하나[一]'는 이理이니, 자기의 '지정至精', '지극한 순수함[至粹]'이라면 '태극太極'이라 말한다. 태극은, 이기理氣가 순수한 이름이다. '변화하여 정순精醇[化醇]하고 화육化育생장生長함[化生]은, 기氣를 폐하고서 이理를 말한 적이 없다. 천지는 기氣로써 사귀고, 남녀는 몸[形]으로 사귄다. 사귀는 것은 모양形이고, 그것들이 사귀게 되는 것은 또한 기氣뿐이다.

　마치창馬其昶은 말한다. (『예기禮記』의)「예기禮器」편에서, "'하나[一]'를 불러옴[致一]이다."라고[98] 했는데, 정현鄭玄주注에서, '치致'는 '이름[至]'을 말한 것이고, '하나[一]'는 '정성[誠]을 말합이다.'라고 했다.

....

96) '惟精惟一, 允執厥中.', 『今古文尙書全譯』, 「大禹謨」, 江灝, 錢宗武譯注, 상동, 43頁.
97) '吾道一以貫之.', 『論語』, 「里仁」篇(4:15) 참조.
98) '經禮三百, 曲禮三千, 其致一也.', 『禮記今註今譯』, 「禮器」篇, 王夢鷗註譯, 上冊, 상동, 322頁.

11

공자가 말한다. "군자는 ① 몸을 안정시킨 뒤에 행동하고, ② 마음을 평탄하게 한 뒤에 말을 하며, ③ 교의交誼가 맺어진 뒤에 도움을 구한다. 군자는 이 세 가지를 닦으니, 그러므로 안전하다. 위험을 무릅쓰고 행동하면 사람들은 도와주지 않는다. 두려워하며 말하면, 사람들은 대응하지 않는다. 교분이 없는데 요구하면, 사람들은 주지 않는다. 아무도 도와줄 사람이 없으면, 해치는 자가 오게 된다. 『역易』에서, '아무도 도움을 보태거나 하지 않으면, 혹 누가 공격할 것이니, (자기) 마음을 세우기가 오래 가지 않아서, 흉할 것이다.'라는 말이 있다."

[曰: "君子安其身而後動, 易其心而後語, 定其交而後求. 君子脩此三者, 故全也.[99] 危以動, 則民不與也. 懼以語, 則民不應也. 無交而求, 則民不與也. 莫之與, 則傷之者至矣.[100] 『易』曰: 「莫益之, 或擊之, 立心勿恆, 凶.」[101]]

한백韓伯(5세기, 남북조南北朝시대)은 말한다. 자기를 비우고 성실함[誠]을 가지고 있으면, 무리들은 덤빌 수 없다. 조급하게 찾으면, 무리들은 주지 않을 것이다.

주진朱震(1072-1138)은 말한다. '온전함[全]'은 남이나 내가 합쳐서 '하나[一]'가 됨이다. 이 세 가지를 얻으니, 따라서 천하를 '한 집[一家]'으로, 중국을 '한 사람[一人]'으로 삼을 수 있다. 떨어져서 둘이 되면, '사물[物]'과 '내[我]'가 적敵이 되니, 따라서 '마음 세우기가 오래 가지 않아서, 흉하다[立心勿恒, 凶].'라고 말한 것이다. '오래 가지 않음[勿恒]'은, '하나가 아님[不一]'을 말한 것이다.

(주희의) 『주자어류朱子語類』에서 말한다. '『시詩』를 배우지 않으면, 말할 것이 없다.'[102] 선유先儒들은 마음이 평탄하고 기氣가 화합하면 말을 할 수 있다고 여겼다.

장식張栻(1133-1180)은 말한다. '좋아하고 싫어함[好惡]'이 중시하는 바가 다르면, 정情이 통하지 않는데, 누가 응하려하겠는가?

항안세項安世는 말한다. 윗사람은 참여하지 않으나, 동당同黨의 사람들은 참여하고, 아랫사람은 참여하지 않아도, '주고받음[取與]'에는 참여한다.

오징吳澄은 말한다. 어語는, 자기 백성들에게 알림을 말한다. '요구함[求]'은 '채근함[責]'과 같으니, 자기가 옹호하는 것을 따져서 귀의함이다.

유원劉沅은 말한다. 군자는 이 세 가지를 닦으니 백성들이 참여하고, 백성들에게 요구하는 것

---

99) 易는 평平(평평하다)이고, 全은 安全이다. 高亨, 578頁.

100) 民은 人과 같다. 위의 與는 도움이고, 아래 與는 여予(주다)이다. 高亨, 상동.

101) 이것은 익益괘 上九효의 효사이다. 高亨, 579頁.

102) '不學詩, 無以言.', 『論語』, 「季氏」篇(16:13) 참조.

은 자기[己]에게 바탕 하지 않음이 없다. '보탬을 구함[求益]'을 오래 하지 않으니, 의외의 걱정[患]이 있게 된다. '오래 함[恒]'은 '하나[一]'를 지키는 것이다. 나의 덕을 지킴이 항구하면, 몸 밖의 것들을 다루는 일을 하지 않게 되니, 보탬을 구하지 않아도 보탬이 스스로 그 안에 있게 된다.

여세서黎世序(1772-1824)는 말한다. 치우치고 온전하지 않은 도道를 행하니, 그러므로 무리를 분노하게 하고 백성이 반란을 불러오는 것이다. 소상小象은 치우친 말이니, 온전함[全]과 치우침[偏]은 대립된다.

오여륜吳汝綸(1840-1903)은 말한다. 『예기禮記』(「옥조玉藻」편)에는, 보는 모습이 '불안함[瞿瞿]'이니, (공영달孔穎達의) 소疏에서, '경황驚惶하여 초급焦急한 모양[驚遽之貌]'이라[103] 말한다. 구瞿는 곧 이 경經[『禮記』]에서는 '두려워함[懼]'자字이니, 따라서 『역易』의 문장과 대조된다. 『사기史記』에서는, '놀라서 중시함[瞿然顧化]'이니,[104] 뜻이 이와 같다.

마치창馬其昶은 말한다. '남[人]'과 '자기[己]' 둘 다 유익하게 되니 온전하게[全] 됨이다.

또 (마치창은) 말한다. 위험하게 행동하니 요행스런 행동이다. 놀라면서 말하니, 놀라는 말이다. 사귐이 없는데 요구함은, 믿음이 없는 수고로움[勞]이다.

또 (마치창은) 말한다. 위는 여덟째 편이니, 효爻의 뜻을 밝히고 있다. 길吉, 흉凶, 후회함[悔], 어려움[吝]은, 음양의 좋고 나쁨으로 말미암아 갈라진 것이니, 따라서 11효爻를 들어서 예시를 보인 것이다.

∥6∥

공자가 말한다. "건곤乾坤은, 아마도 『역易』의 (출입)문인가?" 건乾은 양陽이고, 곤坤은 음이다. 음양의 덕이 배합하여, 강건함과 유약함이 (각각) 본체를 갖게 되었다. (성인은) 하늘과 땅이 갖추고 있는 모든 사물들을 분석하여, 신묘하고 명백한 성질[德]들에 회통한다. 『역易』에 괘·효사는 복잡해도 (순서는) 넘어뛰지 않는다. 사류事類들을 곰곰이 따져본 것이니, 쇠락한 (은나라 주紂왕) 시대의 뜻이 아닐까!

---

103) '瞿瞿, 驚遽之貌.', 『禮記注疏』卷第三十, 「玉藻」, 『禮記正義』(十三經注疏 整理本), 漢 鄭玄注, 孔穎達 疏, 14冊, 상동, 1,079頁.

104) '瞿然顧化.', 『史記』, 「孟子荀卿列傳」第十四, 漢 司馬遷撰, 宋 裴駰集解, 七冊 傳[一], 2,344頁.

[子曰: "乾坤, 其「易」之門邪？" 乾, 陽物也; 坤, 陰物也. 陰陽合德, 而剛柔有體. 以體天地之撰,105) 以通神明之德. 其稱名也,106) 雜而不越. 於稽其類, 其衰世之意邪？107)]

순상荀爽(128-190)은 말한다. 음양이 서로 바뀌니, 건곤乾坤에서 나오기에, 따라서 '문門'이라 말한 것이다.

(순상 등의)『구가역九家易』에서 말한다. "찬撰은 수數이다. … 아홉[九]은 천수天數이고, 여섯[六]은 지수地數이다."108)

한백韓伯(5세기, 남북조南北朝시대)은 말한다. 우환이 있은 후에 『역易』을 지었으니, 따라서 쇠락한 세상의 뜻을 알 수 있다. 계稽는 '곰곰이 따짐[考]'과 같다.

후과侯果(侯行果, 8세기, 당唐나라 역학자)는 말한다. 그 사류事類를 곰곰이 따져보면, 순후淳厚하고 고박古朴한 시기는 아니다.

(주희의)『주역본의周易本義』에서 말한다. 여러 괘들의 몸은, 모두 건곤乾坤이 덕을 합함으로써 이루어진 것이니, 따라서 '건곤乾坤이 『역易』의 문이다.'라고 말한다.

양만리楊萬里(1127-1206)는 말한다. 건乾이 이름 하는 것은 용龍, 말[馬], 금옥金玉이 되니, 칭함이 비록 잡다하나, 양물陽物을 넘어서지 않는다. 곤坤은 소, 수레[輿]가 되니, 음물陰物을 넘어서지 않는다.

유원劉沅(1767-1855)은 말한다. 문은, 사물이 따라서 나오는 곳이니, 64괘가 모두 이 문을 따라서 생겨났다. (「계사繫辭」)상전上傳에서 '온縕'을 말했는데, (나의 견해: 이것은 「계사繫辭」상上전 중에서 「乾坤, 其『易』之縕邪.(乾坤은 『易』의 元氣인가?)」한 구절을 말한 것으로, 여기 구절 『역易』의 문[易之門]과 완만하게 호응하니, 문구의 어조가 상호 저촉하여 제거된다.) '그것이 가운데에 있음'부터 말하면, 사물은 포함되지 않은 것이 없다. 이것은 '문門'을 말하니, '그것이 밖에 있음'부터 말한 것으로, 사물은 말미암지 않은 것이 없다. 형질形質이 있으니 '사물[物]'이라 하고, 덕은 합쳐져서 분별이 없으니, 몸[體] 있는 것은 각각 '바탕[質]'을 이룬다. 모양形이 있어서 비교[比擬]할

---

105) 『周禮』, 「天官序官」에 나오는 '體國經野'에서, 鄭玄은 '體는 分과 같음'이라 말한다. 體는 획분劃分이다. 『廣雅·釋詁』에, 찬撰은 具(갖추다)이니, '天地之撰'은 天地가 갖춘 모든 사물을 말한다. 高亨, 579-580頁.
106) 其는 『易經』이다. 칭명稱名은 괘효사이다. 高亨, 상동.
107) 於는 어조사이다. 李鼎祚의 『周易集解』에서 虞翻은, 계稽는 고考(곰곰이 생각하다)라 말한다. 孔穎達에 의하면, 類는 사류事類이다. 衰世는 은주殷紂(殷나라 紂왕) 시기이다. 高亨, 580頁.
108) '撰, 數. … 九天數, 六地數也.', 荀爽, 『九家易解』, #178, 中國哲學書電子化計劃, https://ctext.org 참조.

수 있기에 따라서 '몸[體]'이라 말하고, 도리[理]가 있어서 추론할 수 있기에, 따라서 '통함[通]'이라 말한다. 찬찬撰은 성취를 맺음이니, 신명神明으로 추측할 수 없음을 말한다. '쇠망한 세상[衰世]'의 뜻은, 쇠락한 세상을 예방하기 위한 조처를 말함이다. 인심人心이 변하면, 얻음[益]이 없어짐을 알 수 있으니, 많고 넓게 상象을 드러내지 않을 수 없다.

또 (유원은) 말한다. 이것은, 건곤乾坤 두 괘가 여러 괘들의 조상이 됨을 밝힌 것으로, 사람들이 근본을 탐구하고 근원을 궁구하기를 원한 것이다. 책 전체에서 칭명稱名이 번잡하나, 건곤乾坤의 범위를 넘어서지 않는다.

마치창馬其昶(1855-1930)은 말한다. (왕필王弼의)『주역약례周易略例』에서, '사물[物]에는 허망함이 없다.'라고[109] 하니, 주注에서, '사물[物]은 상象이다.'라고 말한다.

● **나의 견해**: 만물의 '명칭과 물상[名象]'에는 각각 동정動靜이 있다. 칭하는 이름은, 그 부류가 비록 복잡해도, 움직임[動]은 양陽을 넘지 못하고, 고요함[靜]은 음陰을 넘지 못한다. 이는, 음양 두 글자는 만상萬象을 포괄할 수 있으니, 모두 건곤으로부터 나왔기에, 따라서 (건곤은) 『역易』의 문'이 된다. 쇠락한 세상은, 곧 문왕文王과 주紂왕의 세상이다. 문왕文王은 유리羑里에서 갇혔으니, 나라에 걱정하는 생각을 발동하여, 그러므로 단象과 효爻의 말씀을 지어서, 천天과 인人의 도道를 밝히셨다.

『역易』은 지나간 일들을 표명하고 미래를 관측하며, 작은 것을 드러내고 감춰진 것을 설명하고, (『역易』을) 펼치면 바른 이름[正名]으로 사물을 변별하고, 옳은 말[正言]로, (괘·효)사를 판단함이, 갖추어져 있다.

[夫「易」彰往而察來, 而微顯闡幽, 開而當名辨物, 正言斷辭, 則備矣.[110]]

(장재의)『횡거역설橫渠易說』에서 말한다. "'드러난 것[顯者]'은 그것을 은익[微]하고, 그 근원을 찾게 한다. '숨은 것[幽者]'은 밝혀내니, 그 '쓰임[用]'을 보이게 한다."[111]

---

109) '物无妄然, 必有其理.',『周易略例』,「明象」, 王弼撰,『周易王韓注』, 臺北: 大安出版社, 1999, 250頁.
110) 원문의 '而微顯'은 마땅히 '顯微而'로 읽어야 한다. 창창彰은 밝힘이니, 창왕彰往은 지나간 일을 표명함이다. 현미顯微는 미세한 일을 드러냄이다. 개開는 『易經』책을 열다(펴다)이고, 당명當名은 正名과 같다. 高亨, 상동.
111) '顯者則微之, 使求其原. 幽者則闡之, 使見其用.',『橫渠易說』卷三,「繫辭」下, 電子版 文淵閣四庫全書, 상동 참조.

오징吳澄(1249-1333)은 말한다. '작은 것을 드러냄[微顯]'은 곧 신덕神德을 행하는 것이니, 인사人事의 드러남은 천도天道에 그 근본을 두는 것임을 말한 것이다. '숨은 것을 밝혀 냄[闡幽]'은 곧 '도를 드러냄[顯道]'이니, 숨은 천도天道를 인사人事에 '쓰는 것[用之]'을 말한다.

유원劉沅은 말한다. '지난 것을 표명함[彰往]'은, 천도天道가 이미 그러한 것을 밝힘이다. '미래를 관측함[察來]'은, 인사人事가 아직 그렇게 되지 않았음을 살피는 것이다. '바른 이름[當名]'은, 64괘의 명칭이 합당함이다. '사물의 변별[辨物]'은, 상징하는 사물을 취함이다. '(괘·효)사辭를 판단함[斷辭]'은 길, 흉, 후회함[悔], 어려움[吝]을 결판내는 것이다. '갖추어짐[備矣]'은, 이理와 상象이 온전하지 않음이 없음을 말한 것이다.

마치창馬其昶은 말한다. '이而'자는, '능能'으로 읽어야 한다. '미세한 것을 드러내고 숨긴 것을 설명'할 수 있음은, 또한 마음에서 기뻐하고, 여러 고려考慮를 할 수 있음과 같을 것이다. '개이開而'는, 또한 '할 수 있음[能]'으로 읽어야 한다. '열어서 할 수 있는 자[開能者]'는, 천지의 변화규칙[撰]을 몸으로 하고, 신명神明한 덕에 통하게 되니, 이른바 '만물의 도리를 알고서 도리대로 행사하여 성공함[開物成務]'이다. '할 수 있음[能]'은, 곧 성인이 '할 수 있음'을 이룸[成]이고, 백성과 함께 할 수 있는 능력이다. '바른 이름[當名]'은, 자기 명칭이 복잡해도 넘지는 않으니, 비록 작더라도, 큰 부류를 취한다. '사물의 변별[辨物]'은, 음양의 물건들을 변별하여 좋고 나쁨의 구분을 엄격히 한다. 『역易』은, 이 세 가지에 대하여, 그 도리를 바르게 말한다면, 지의旨意는 심원하고 말씀은 아름답게 된다. 잃고 얻는 보답을 결단하면, 굽은 것은 가운데[中]가 되고, 모두 경經에 갖추어질 것이다. (『예기禮記』,)「예운禮運」편의 (공영달孔穎達의) 소疏에서, "옛날의 '능能'자는 모두 '내耐'로 썼으니, … 또한 오류가 있어 '촌寸'을 불안해하여, 직접 '이而'자로 썼는데, 『역易』의 준屯괘 단象전에서, '제후를 세우는 것이 이롭지만, 안녕하지 않음[利建侯, 而不寧]'을 말했고, 유향劉向의 『설원說苑』에서 '능能'자는 모두 '이而'로 되었다."라고[112) 말한다. 이것에 의거하면, 이는, 『역易』의 '능能'자는 '이而'로 된 것이 있음이다. 준屯괘 단象전과 이곳의 두 '이而'자는, 모두 바로 '능能'자임이 의심 없다.

• **나의 견해**: 은殷나라에 말미암고, 하夏나라에 말미암았으니, 이것이 '지나간 일들을 표명함[彰往]'이다. 만세萬世가 지나도 알 수 있으니, 이것이 '미래를 관측함[察來]'이다. 길상吉祥의 징조

---

112) "古之能字爲此耐字, …… 亦有誤不安'寸', 直作'而'字, 則『易』屯象云: '利建侯, 而不寧.' 及劉向『說苑』'能'字皆爲'而'也.", 『禮記註疏』卷二十二, 「禮運」, 『禮記正義』, (十三經注疏 整理本), 13冊, 상동, 802頁.

[禎祥]와 불상不祥의 징조[妖孽], 이것이 '지나간 일들의 표명[彰往]'이다. 반드시 장차 흥하거나 망할 것이니, 이것이 '미래를 관측함[察來]'이다. 하늘은 높고 별들은 먼 것, 이것이 '창왕彰往'이다. 천 년간의 동지나 하지, 이것이 '찰래察來'이다. 『역』의 도道는 이미 지난 것을 드러내는 일이나, 장래 올 일을 관찰하여 아는 것 아닌 것이 없다.

(『역易』에서) 드는 이름은 작은 것이나, 비유로 드는 부류는 크다. (『역易』의) 뜻은 먼 데 있으며, 맬[言]은 문채가 있고, 말은 완곡하나 사실에 맞으며, (언급된) 일들은 곧으나 숨겨져 있다. 의심되는 것은 (점을 치면 길흉을 알려주니) 사람의 행동에 성공을 거두고, (인생사) 득실의 보답을 밝혀준다.
[其稱名也小, 其取類也大. 其旨遠, 其辭文, 其言曲而中, 其事肆而隱. 因貳以濟民行, 以明失得之報."113)]

공영달孔穎達(574-648)은 말한다. 『역易』의 글이 일컫는 사물의 명칭은 세세하고 작은 것이 많지만, 큰일을 비유하였으니, 이는 '뜻과 부류[義類]'를 취하는 바가 넓고 크다. 사물에 따라 굴곡 되지만, 각각 자기의 이치를 다하니, (이理를) 잃으면 응보하기를 흉함으로써 하고, 얻으면 응보하기를 길함으로써 한다.

(주희의) 『주역본의周易本義』에서 말한다. 사肆는 '배열[陳]'이다.

유염兪琰(1253-1314)은 말한다. 보報는 '응함[應]'이다.

유원劉沅은 말한다. '이름을 칭함[稱名]'은 비록 물상物象의 작은 것에 지나지 않지만, '부류를 취함[取類]'은 음양의 큼을 다한다. '은隱'은 함축이다. '잃음[失]'은 이理가 아니고, '얻음[得]'은 이理에 순응함이다.

또 (유원은) 말한다. 건乾과 곤坤 두 괘는 이미 만사萬事와 만리萬理를 속에 갖추고 있다. 후성後聖이 음양의 뜻[義]을 미루어 설명한 것은, 건곤乾坤의 도리를 발하여 밝힌 것이 아님이 없다. 찾은 것이 천리天理에 합당하면, 이로써 천지의 바름을 회복시킬 뿐이다. 만약 백성들의 마음이 둘이 아니라면, 『역易』은 만들어지지 않아도 된다. 성인이 『역易』을 만든 것은, 원래 근심하는 백성을 위해 설립한 것이다. 학자는 곧 근원에 순종하여, 마땅히 '잃고 얻음[失得]'이 천리에 근본 하는 것을 알았으니, 이理 밖에서는 '잃고 얻음[失得]'을 찾지 말아야 한다.

마치창馬其昶은 말한다. 사肆는, 사리事理의 길흉이 진열됨이다. 은隱은, 뜻이 멀고 문장이 화

---

113) 『역경』에서는, 작은 일을 들어 큰일에 비유한다. 中은 사실에 맞음이다. 虞翻(164-233)에 의하면, 사肆는 直이다. 『爾雅·釋詁』에, 이貳는 의疑이고, 제濟는 成이다. 高亨, 581頁.

려하니, 반복하여 완미하고 탐색하지 않으면 그 뜻을 알지 못한다. '이貳'는 서점筮占에서 (괘의 하체를 '정貞,' 상체를 '회悔'라 부르니,) 정貞과 회悔이다. (『상서尙書』의)「홍범洪範」편에 '점占은 둘을 써서 과실過失을 계산한다[占用二, 衍忒].'라고 하였다. 특忒은 '변화[變]'이다. 공영달孔穎達의 소疏에서, '서점筮占에서는 둘을 사용하니, 정貞[下體]과 회悔[上體]이다. 이에 나아가서 그것의 변화를 미루어 헤아린다.'라고 하였다. 정현鄭玄의 주注에 또한 "이二는 '과실過失을 추산함[衍忒]'이니, '정貞과 회悔'를 이른다."라고 말한다. 생각건대,『역易』의 '인이囚貳'는, 바로「홍범洪範」편의 (서점筮占에는) '둘을 씀[用二]'이다.114) 그러므로 정현鄭玄은, "'이貳'는 마땅히 '이式'가 되어야 한다."고 말한다.

• **나의 견해**:『대학大學』에서는, '무리를 얻으면 나라를 얻고, 무리를 잃으면 나라를 잃는다.'라고115) 말하였다.『맹자』에서는, '도道를 얻은 자는 돕는 사람이 많고, 도道를 잃은 자는 돕는 자가 적다.'라고116) 하였다. 사람이 반드시 알 수 있는 것은 아니지만, 한 결 같이 그것을『역易』에서 찾으면, 보답으로 사람에게 보여주는데, 명백하게 밝혀주니, 조금이라도 틀림이 없다.

⫼7⫼

『역易』의 창작은, 중고中古시대일까?『역易』의 저자는 아마도 우환을 가졌었나?
[「易」之興也 , 其於中古乎 ?117) 作「易」者 , 其有憂患乎 ?118)]

정현鄭玄(127-200)은 말한다. 문왕文王은 중고中古(시대)의 사람이니, (유리羑里에서) 갇혀서 『역易』을 '천명하고 발휘[演]'하였다.

우번虞翻(164-233)은 말한다. (『역易』에서는) 길흉을 백성과 함께 걱정한다.

오징吳澄(1249-1333)은 말한다. (『역易』에서) 괘명卦名과 괘사卦辭는 모두 전前에는 있지 않았

---

114) '占用二, 衍忒.',『今古文尙書全譯』,「洪範」, 江灝, 錢宗武譯注, 상동, 241頁.
115) '道得衆, 則得國; 失衆, 則失國.'『大學』10章 참조.
116) '得道者多助, 失道者寡助.',『孟子』,「公孫丑」下章(4:1) 참조.
117) 여기서 中古는 상商·주周(전16-전11세기)를 가리킨다. 周振甫, 269頁, 注61.
118)『역易』의 창작은 은말殷末 주紂왕과 주周 文王의 시기(전11세기)의 혼란기이다. 高亨, 582頁.

던 것이므로, '기술함[述]'이라 말하지 않고 '지었음[作]'이라 말한다.

유원劉沅(1767-1855)은 말한다. 중고中古는 '포희씨庖羲氏'를 이르니 혼돈 몽매한[洪荒](원시시대)에 상대하여 말한 것이다. 상고上古시대에는 '백성의 정서[民情]'가 소박[渾樸]하다가 중고中古시대에는 욕심이 점차 열렸으니, 성인聖人이 세상을 근심하고 우환을 염려하여, 『역易』을 만들어서 장래를 가르쳤다. 사람들로 하여금 성인의 걱정하는 마음을 알아, 그것을 본받음으로써 자신을 수양하게 하고자 했다.

이 때문에 이履괘는 (예禮이니,) 덕의 기반이다.

[是故"履," 德之基也.119)]

후과侯果(侯行果, 8세기, 당唐나라 역학자)는 말한다. (이履괘에서) 예禮를 실천함에 싫증이 나지 않는다.

(주희의)『주역본의周易本義』에서 말한다. (이履괘에서,) '하늘[天]'과 '못[澤]'의 '나뉨[分]'을 정하기가 쉽지 않으니, 반드시 이를 조심한 연후에, 자기의 덕이 기초가 되어 확립될 수 있다. 아홉 개의 괘가 모두 자신을 돌이켜 덕을 닦음으로써 우환 있는 일에 처하는 것이다.

• **나의 견해**: 덕을 닦아야 이에 우환을 처리할 수 있다. 덕을 닦지 않으니 이 때문에 우환이 있는 것이다. 군자는 예禮가 아니면, 행하지 않으므로, 자기의 기초를 확립할 수 있다.

겸謙괘는 (겸허의 뜻이니,) 덕을 지키는 자루이다.

["謙," 德之柄也.]

간보干寶(?~336)는 말한다. 겸謙괘는 예禮를 지키는 것이다.

육구연陸九淵(1139-1193)은 말한다. (겸謙괘에서) 항상 채우지 못한 마음을 잡고 있어야, 덕이 날로 쌓인다.

복復괘는, (복復이 선도善道에로 복귀를 뜻하니) 덕의 기본이다.

["復," 德之本也.]

---

119) 「繫辭」전에서는 이履괘의 뜻은 예禮라고 본다. 高亨, 상동.

우번虞翻은 말한다. 복復괘 초9효는 건乾괘의 원元이므로, 덕의 근본이다.

항恒괘는 (항상恒常을 뜻하니,) 덕이 견고해지는 것이다.
["恆," 德之固也.]

육구연陸九淵은 말한다. (항恒괘에서) 항상 되지 않으면[不常], 덕이 견고하지 않다.

손損괘는, (악념惡念과 잘못한 행동[過行]을 감손減損하니,) 덕을 닦는 것이다. 익益괘는 덕을 확충하는 것이다.
["損," 德之脩也. "益," 德之裕也.120)]

순상荀爽(128-190)은 말한다. (손損괘에서) 분함을 극복하고 욕심을 막는 것이 덕을 닦는 방법이다. 선한 것을 보거든 그리로 옮겨가고 잘못이 있으면 고치니, 덕이 넉넉하다.

곤困괘는 (사람이 곤경에 처하는 것이니,) 덕德(의 유무)를 분별할 수 있다.
["困," 德之辨也.]

오징吳澄은 말한다. (곤困괘에서) 변辯은 '진심眞心진의眞意[誠]'를 '밝히는 것[明]'이다. 맹자는, '사람들 중에서 덕의 지혜[德慧]와 도술道術·재지才智[術智]를 가진 자는 항상 '우환憂患(疢疾)' 속에 있다.'라고121) 말하였다.

정井(우물)괘는 (사람들을 길러주니,) 덕을 베풂이다.
["井," 德之地也.122)]

요신姚信(3세기, 삼국三國시기)은 말한다. 우물은 (사람들을) 길러줌[養]에 끝이 없으니, 덕이 있는 땅이다.

----

120) 유裕(넉넉하다)는 확충이다. 高亨, 583頁.
121) '孟子曰: "人之有德慧術知者, 恒存乎疢疾."『孟子』,「盡心」上章(13:18) 참조.
122) 정井은 마땅히 시施(베풀음)으로 읽어야하는데, 글자 모양이 비슷해서 생긴 오류이다. 우물은 사람들을 길러주고 궁하게 만들지 않는다. 高亨, 583頁.

손巽괘는 (겸손하니,) 덕으로 마감한다.

["巽," 德之制也.123)]

(주희의) 『주역본의周易本義』에서 말한다. 손巽괘는 이치에 순종함으로써, 일의 변화를 제어한다.

(주희의) 『주자어류朱子語類』에서 말한다. 손巽괘는 순종하여 들어갈 수 있다는 뜻이니, 하나의 음陰이 두 양陽 아래로 들어가니, 단지 바닥까지 통해야, 바야흐로 결단할 수 있다.

호일계胡一桂(1247-1314)는 말한다. (이는 제7장의) 제1절이니, 아홉 괘의 덕을 논하였다.

유원劉沅은 말한다. '위는 하늘[上天] 아래는 못[下澤]인' 이履괘는 예禮가 되니, 이로써 시작과 기초를 확립하였다. 겸謙괘는 익益괘를 받았으니, 굳게 잡고 사물을 제어하는 자루와 같다. 복復괘는, 하나의 양이 초효에 돌아온 것이니, 사람의 마음에 선한 생각이 이제 막 새로워져서 불이 타오르고, 샘이 흐르듯이, 모든 행실이 이로부터 시작하므로, 근본이라고 말하였다. (항恒괘에서) 항구한 이후에 덕이 저절로 견고해진다. 손損괘는, 자기의 큰 잘못을 잘라냄이니, 그것을 덜어내고 또 덜어내어서 없어지는 데에 이르는 것이, 자기를 닦는 요체이다. 익益괘는 층층이 쌓기를 그치지 않아서, 날로 새로워지고 달로 성대해져서, 너그럽고 넉넉하여 여유가 있는 것이다. 변辯은 분별함이니, 어려움에 처한 이후에 덕의 진위眞僞가 드러난다. 땅은 편안하고 두터운 것이다. (정井괘에서) 우물의 길러줌은 다함이 없으니, 고요하고 깊으며 근원이 있어서, 덕의 전체가 충분히 갖추어져 있으므로, 땅이라고 말한다. (손巽괘에서) 사물을 거스름 없이 사물을 이기는 것은 바람[風]이니, 온순하고 부드럽게 들어가기를 잘하여, 분석이 정밀하므로 그것의 판단은 결단성이 있다.

마치창馬其昶(1855-1930)은 말한다. 이履괘로써 몸을 단속하고, 겸謙괘로써 세상에 처신하니, (복復괘에서) 모두 자기 '생명[性命]'의 근원을 회복하는 '근거[所以]'이다. 이 세 가지(履卦, 謙卦, 復卦)는 덕을 나아가게 하는 큰 단서이다. 항恒괘, 손損괘, 익益괘는 몸을 단속하는 도道를 거듭 말한 것이다. 곤困괘, 정井괘, 손巽괘는 세상에 처신하는 방법을 거듭 말한 것이다. 실천[履괘]에서 비롯하니 함께 도道에 나아갈 수 있다. '권도[權]'를 행함에서 마치니 함께 '권도'를 할 수 있다. (나의 견해: 이 네 구절은 아홉 괘의 덕과 재질과 쓰임을 소통시켜 말한 것이니, 단지 이 절의 문장만을 해석한 것이 아니다.)

---

123) 『說文解字』에, 制는 재裁(마르다)이다. 巽괘는 겸손하여 물러나니 덕으로 마감한다는 말이다. 高亨, 상동.

이履괘는 (예禮가 되니) 화합으로 행동함이다. 겸謙괘는 자신을 낮추에[겸손하여] 빛남이다.

["履," 和而至.124) "謙," 尊而光.125)]

마치창馬其昶은 말한다. 지至는 실實이다. 공경하고 절제하며 물러나고, 양보함으로써 예禮를 밝히는 것이, 군자의 빛남이다.

복復괘는 작은 일에서 (시작하여,) 모든 것들에 두루 미침이다.

["復," 小而辨於物.126)]

우번虞翻은 말한다. 건乾은 양물陽物이고 곤坤은 음물陰物이다. (복復괘는) 건乾으로써 곤坤에 있으므로, 사물을 구별한다고 칭한다.

(주희의)『주역본의周易本義』에서 말한다. 복復괘는, 양陽이 미약하지만 여러 음陰에 의해 혼란되지는 않는다.

마치창馬其昶은 말한다. 괘에는 소小와 대大가 있으니, 소소는 음陰을 이른다. 복復괘▤▤가 비록 다섯 음陰의 괘이지만, 하나의 양陽이 생겨나니, 이미 저절로 '크고[元]' 길吉하다. (복復괘에서 양陽은) 대개 음陰에 의해 어지러워지지 않으니, '큰 것[大(陽)]'은 점점 자랄 것이다.

항恒괘는 두루 미치니 싫증을 안냄이다.

["恆," 雜而不厭.127)]

순상荀爽은 말한다. 부부夫婦는 비록 함께 살지만, 싫지 않은 도道이다.

마치창馬其昶은 말한다. (항恒괘는 하괘인) '바람[風]'과 (상괘인) '우레[雷]'가 서로 압박하므로 섞인다. 항구하기가 이와 같으니, 만물의 '쓰임[用]'이 되기에, 따라서 (항恒괘는) 싫어하지 않음이다.

손損괘는 먼저는 어려우나 나중은 쉬운 것이다.

["損," 先難而後易.]

---

124) 이履는 禮를 뜻하고, 화和는 다투지 않음[不爭]이며, 지至는 남에게 베풀음이다. 高亨, 584頁.
125) 王引之에 의하면, 존尊은 준撙(억제하다)으로 읽어야 하니, 자신을 낮춤이다. 高亨, 상동.
126) 小는 작은 일이다. 王引之에 의하면, 변辨(가리다)은 편徧(두루)로 읽어야한다. 高亨, 상동.
127) 王引之에 의하면, 잡雜은 잡帀은 주周(두루)이다. 高亨, 상동.

(주희의)『주역본의周易本義』에서 말한다. 손損괘는 어려움을 먼저 하고자 하니, (손損괘는) 익숙해지면 쉬워진다.

● **나의 견해**: (손損괘는) '이기기 좋아함[克],' '자기자랑[伐],' '원한[怨],' '탐심[欲]'을 하지 않았으니,[128] 어려움을 먼저 하는 '까닭[所以]'이다. (손損괘는) 자신에게 극복하기 어려운 것이 있으나, 그것을 극복할 수 있다면, 예禮를 회복함도 저절로 쉬울 것이다.

익益괘는 (좋은 생각과 행동을 쌓아서) 오래 동안 부유했으니, 곤란함이 없을 것이다.
["益," 長裕而不設.[129]]

정현鄭玄은 말한다. 설設은 '큼[大]'이다.『주례周禮』,「고공기考工記」에서는, '칼자루[莖]는 중간으로 하고, 그 뒤는 좀 크게 한다.'라고[130] 하였다.
공영달孔穎達(574-648)은 말한다. (익益괘에서) 외물에 대해 오래 길러주고 너그러울 수 있다.
육구연陸九淵은 말한다. 설設은, 과대誇大함이다.

곤困괘는 막혔으나 통하여 (형통)하다.
["困," 窮而通.]

(주희의)『주역본의周易本義』에서 말한다. (곤困괘에서) 몸은 곤해도, 도道는 형통하다.

정井괘는 (우물이) 그 자리에 있으나 (거기서 샘솟는 물은) 옮기어 간다.
["井," 居其所而遷.]

한백韓伯(5세기, 남북조南北朝시대)은 말한다. (우물은) 있는 곳을 옮기지 않으나, 자기의 베풂을 옮길 수 있다.

---

128) '克, 伐, 怨, 欲不行焉, 可以爲仁矣?'『論語』,「憲問」篇(14:1) 참조.
129) 설設은 해석이 쉽지 않으니, 아마도 치鷙로 읽어야하니, 곤돈困頓(어려움)이다. 高亨, 상동.
130) '中其莖 設其後.',『周禮今註今譯』,「冬官考工記」第六, 林尹註譯, 상동, 442頁.

● **나의 견해**: (우물은) 자리에 있으면 '항상 됨[常]'에 처할 수 있고, (우물에서 길은 물은) 옮기면 변화에 응할 수 있다. (『예기禮記』의)「곡례曲禮」편에서, '편안한 곳에 안주할 수 있지만, (거기서 샘솟는 물은) 같지 않은 곳으로 '옮겨갈[遷]' 수 있다.'라고[131] 했는데, 바로 정井괘의 도道이다.

손巽괘는 (군자가 물러나니 자기가) 언급한 바가 있으나, 숨기고 피할[은휘隱諱] 뿐이다.
["巽," 稱而隱.]

허계림許桂林(1779~1822)은 말한다. 사물에 맞추어 베풀기를 고르게 하니 저울추(權)와 저울(衡)의 베풂과 같다. 저울추를 움직여 균형을 구하고, 때[時]와 더불어 행하니, 손가락으로 가리킬 만한 '정해진 경계[定界]'가 없다. 그러므로 (손巽괘는) '숨기고 피한다[稱而隱]'라고 말한다.

호일계胡一桂는 말한다. (이는 제7장의) 제2절이니, 아홉 괘의 재질을 논하였다.

유원劉沅은 말한다. 태兌는 기쁨이므로 화和하고, 건乾은 강건함이므로 '지극함[至]'이다. 땅이 산 위에 있으니, 산이 비록 스스로 땅보다 자신을 낮추어도, 자기가 높은 것을 잃지는 않는다. 복復괘는 일양一陽이 처음으로 싹텄으나 여러 음들이 어지럽힐 수 없음이 '분명[辨]'하다. (손巽괘는) 산山을 덜어서 '못[澤]'에 보탰으니, 그것의 세력이 어려운 것 같으나, 높은 것을 덜어 낮은 것에 보태는 것이니 실제로 쉽다. 자기 자리에 있다는 것은, 덕이 고요하고 깊어서 항상성이 있음을 이르는 것이니, (성인聖人의 덕성은,) '광대하고 깊으니, 때때로 표현되어 나온다.'가[132] 바로 이 뜻이다. 천遷은, 외물에 응함에는 정해진 것이 없음을 이르니, 의義를 분별함이 이것이다.

이履괘는 (예禮를 따르니,) 화순和順하게 행동한다, 겸謙괘는 예禮를 따름이다.
["履"以和行. "謙"以制禮.[133]]

우번虞翻은 말한다. 예禮의 쓰임에는, 화和가 귀하다.

마치창馬其昶은 말한다. 예禮에서 낮추는 것은, 땅을 본받는 것이다.

---

131) '安安而能遷.'『禮記今註今譯』,「曲禮」上, 王夢鷗註譯, 上冊, 상동, 1頁.

132) '溥博淵泉, 而時出之.'『中庸』31章 참조.

133) 制는 창제創制의 뜻이 아니다.『淮南子』,「氾論」편의, '聖人作法, 而萬物制焉.'에서 高誘(漢)의 주석에, 制는 종從이다. 高亨, 585頁.

복復괘는 스스로 깨달음이다. 항恒괘는 덕행에 전일專一함이다.

["復"以自知.134) "恆"以一德.]

우번虞翻은 말한다. 불선不善함이 있으면, 일찍이 알지 못함이 없다. 그러므로 (복復괘는) 자신을 안다.

육구연陸九淵은 말한다. 항상 되면 하나이고, 항상 되지 않으면 둘 또는 셋이다. (복復괘에서) 끝과 시작이 한결 같아야, 때[時]가 이에 날로 새로워진다.

손損괘는 해침[害]을 멀리함이다. 익益괘는 이익을 일으킴이다.

["損"以遠害. "益"以興利.]

구양수歐陽脩(1007-1072)는 말한다. 군자 한 몸의 손익損益이, 천하의 이로움과 해로움이다. 자기의 욕심을 마음대로 부리면, 천하가 그것의 해를 받게 된다. 선善으로 옮겨가 잘못을 고치면, 천하가 그것의 이로움을 입게 되는 것이다.

곤困괘는 원망怨望을 적게 함이다.

["困"以寡怨.]

공영달孔穎達은 말한다. (곤困괘는) 절개를 지켜 옮기지 않으니, 하늘을 원망하지 않고 남을 탓하지도 않는다.

정井괘는 의義인지 아닌지를 분별함이다. 손巽괘는 (일시一時에만 통하는) 권변權變만을 행한다.

["井"以辨義. "巽"以行權.135)]

한백韓伯은 말한다. (우물은) 베풀지만 사사로움이 없는 것이 의義의 방법이다.

(주희의)『주자어류朱子語類』에서 말한다. (바람[風, 巽]은,) 사물이 가볍거나 무겁든, 완곡하게 들어가지 않는 경우가 없기에, 따라서 '손巽괘로써 권도를 행한다[巽以行權].'라고 말한다.

---

134) 自知는 자각自覺과 같다. 高亨, 상동.
135) 權은 한 때[一時]의 계책이다. 權은 권변權變이다. 高亨, 586頁.

호일계胡一桂는 말한다. (이는 제7장의) 제3절이니, 성인이 아홉 괘를 사용하여 우환을 처리하는 도道를 논하였다. 그러므로 모두 '이以'자字로 그것을 말하였다. 또한 마치 64괘의 상전象傳과 같이, 반드시 '이以'자字를 드러내어서, 그것의 쓰임이 쉬움을 밝혔다.

유원劉沅은 말한다. 덕을 한 결 같이 하면, 둘로 되지 않고, 그치지도 않는다. 분노와 욕심은 몸과 본성을 해치니, 덜어냄으로써 그것을 멀리한다. 이로움은 덕을 더하고 세상에 보태주는 일이다. 해로움을 멀리하고 이로움을 흥기시키는 것은, 한 몸의 득실得失이나 백성의 이해利害가 관계되어 있다. 악惡을 덜어내고 선善을 보태면 그것의 이로움이 끝이 없으니, 평상시에 해로움을 피하며 이로움을 추구함의 비유가 아니다. 자기는 원망해도 남을 원망하지 않으면, 괴로움이 해소된다. 권權은, 때에 맞추어 알맞음에 처하는 것이다.

또 (유원은) 말한다. 아홉 괘를 세 번 진열했으니, 군자가 제 몸을 돌이켜서, 덕을 닦고 우환에 처신하는 일을 밝혔다. 아홉 개의 덕은 자기를 완성하여 남을 완성하니, 가는 곳마다 마땅하지 않음이 없다. 성인聖人도 우환이 없을 수는 없으나, 우환에 대처할 수 있는 근본으로 믿는 바는 자기의 도道를 다할 뿐이다. 64괘는 사람들로 하여금 덕을 닦도록 하지 않는 것이 없으나, 아홉 괘만을 간략히 열거하여, 드러내 보였다. 2절의 '지之'자字와 '야也'자字, 3절의 '이而'자字, 4절의 '이以'자字는 뜻이 차례로 분명해진다. 학자는 아홉 괘에 나아가서, 그것들을 정밀히 연구하면, 『역易』전체를 통通할 수 있을 것이다.

오여륜吳汝綸(1840-1903)은 말한다. (순상荀爽 등의)『구가역九家易』에서, "이 아홉 괘를 말하는 까닭은, 성인이 우환을 당해 백성들의 급히 행할 바를 구제하는 것이다. 그러므로 먼저 그것의 덕을 진술하고, 중간에 그것의 본성을 말하였으며, 나중에 그것의 쓰임을 서술하여서, 그것들을 자세히 하였다. 서백西伯(文王)은 '공로가 있으면서도 겸손[勞謙]'하였고, 은殷나라의 주紂왕은 교만하고 포악했는데, (문왕文王의) 신하의 예禮에는 항상 됨이 있었으므로, 『역易』의 도道를 새로 만들어서, 임금과 아버지를 도와서 구제했다. 그러나 그 일의 의의가 너무 멀어지고 희미해졌으므로, 공자가 잡아 모아서, 이 아홉 괘의 덕을 해설하고, 세 번 회복한 도道를 합하여, 서백西伯[文王]이 주왕紂王에 대해 상하의 예禮를 잃지 않았음을 밝혔다."라고[136] 하였다. 구가九家의 이 문장은, 문왕文王이 『역易』을 지은 근본에 대해 그 요체를 얻었다고 이를 수 있을 것이다.

---

136) '所以說此九卦者, 聖人履憂, 濟民之所急行也. 故先陳其德, 中言其性, 後敍其用, 以詳之也. 西伯勞謙, 殷紂驕暴, 臣子之禮有常, 故創『易』輔濟君父者也. 然其意義廣遠幽微, 孔子指撮, 解此九卦之德, 合三復之道, 明西伯至於紂, 不失上下.', 荀爽, 『九家易解』, #183, 中國哲學書電子化計劃, https://ctext.org 참조.

마치창馬其昶은 말한다. 이상은 괘卦의 덕德이다. 이하는 효爻의 예例이다.

● **나의 견해:** 오여륜吳汝綸의 주注에서, "아홉 괘[九卦]에서 '세 번 회복[三復]한 도道'에서는, (주周) 문왕文王의 덕이 지극한 덕임을 볼 수 있음을 말한 것"이다.

‖‖8‖‖

『역易』이라는 책은 멀리할 수 없으나, 말해지는 도道 역시 자주 변하니, 변동하여 일정하지 않고, (여섯 효의 변화가 여섯 자리[位]로) 변동한다.

[『易』之爲書也不可遠, 爲道也屢遷, 變動不居, 周流六虛.]

공영달孔穎達(574-648)은 말한다. (이 제8장은,) 음양이 두루 흘러 움직여서, 여섯 '자리[位]'의 '빈곳[虛]에 있게 됨'을 말한 것이다. '자리[位]'는 본래 몸[體]이 없고, 효爻로 인하여 비로소 보이니, 따라서 '허虛'라고 말한다.

후과後果(侯行果, 8세기, 당唐나라 역학자)는 말한다. (집에) '있으면[居]' 상象을 보고, 활동하면 점占을 완미하니, 따라서 (『역易』을) 멀리 할 수는 없다.

채연蔡淵(1156-1236)은 말한다. (제8장에서,) '있음[居]'은, 멈춤[止]이다.

유원劉沅(1767-1855)은 말한다. (『역易』을) '멀리할 수 없음[不可遠]'은, 마땅히 절실하게 찾아야 함을 말한다. '자주 변함[屢遷]'은 활발함의 뜻이다. '있음[居]'은, 멈춰서 이동하지 않음이다. 육허六虛는, (『역易』이란) '천지와 사방四方[六合]'으로, 잡을 모양[形]이 없어서 '허虛'라고 한다.

(『역易』은) 상上인지 하下인지 무상하고, 강건함과 유약함이 서로 바뀌니, (변치 않는) 경상經常의 요강을 만들 수 없고, 변화에 맞출 뿐이다.

[上下無常, 剛柔相易, 不可爲曲要, 唯變所適.[137]]

정현鄭玄(127-200)은 말한다. 이것은, (『역易』이란) 때[時]를 따라서 변역하여 출입하고, 이동하

---

137) '周流六虛'는, 효의 변동이 한 자리에 고정되지 않고, 여섯 개의 자리로 두루 돌아다니니, 여섯 효가 모두 변동함을 말한다. 『爾雅·釋言』에, 典은 經, 『爾雅·釋詁』에는, 典은 常이다. 高亨, 587頁.

는 것을 말한다.

유원劉沅은 말한다. 상하나 강유剛柔는, 모두 음양 두 기氣를 가리킨다. 일정함이 없기 때문에 (가만히) '있지 않음[不居]'이다. '서로 바뀜[相易]' 때문에 두루 운행한다. (변하지 않는) '준칙準則[典要]'은 하나로 정해진 일정한 법이다. 변變은 일[事]의 변화를 가리킨다. (『역易』은) 일정한 이치로 일정하지 않은 상을 드러내니, 변화하여 중中에서 통한다.

마치창馬其昶(1855-1930)은 말한다. (『역易』이) 상하에 일정함이 없음은, 음양의 쇠함과 성함을 말한 것이다. 강유剛柔가 서로 바뀌는 것은 9와 6의 변화를 말한다. '의리義理의 사례事例[義例]'가 수시로 변한다.

● **나의 견해:** (『역易』이란) '변화에 맞추는 것뿐임[唯變所適]'은, 도리[理]에서 통함을 찾고, 일에서 적합함을 찾는 것이다. 궁하면 변하고, 변하면 통한다. 변하지 않으면 통할 수 없으니, 곧 적합할 수 없다. 공자는 수시로 중中에 처했으니, 이것이 '변화에 맞추는 것뿐임[唯變所適]'이다. 적합한 것은 '중용中庸'에 통할 뿐이다. 가可한 것도 없고 불가不可한 것도 없으니, 또한 '중용中庸'은 적합하지 않은 것이 없을 뿐이다.

(『역易』에서, 먼저 얻은) 본괘本卦에서 나와서 변괘變卦로 들어감으로써, 본괘[內]와 변괘[外]를 따져서, (길흉을 말하니) 사람들로 하여금 두려운 마음을 갖게 한다.
[其出入以度外內, 使知懼.]

간보干寶(286-336)는 말한다. 『역易』의 도道는, 경계하고 두려워하는 것을 근본으로 삼음을 말한다.

채청蔡淸(1453-1508)은 말한다. 괘효卦爻가 말하는 것은, 모두 이용利用과 출입出入하는 일이다. 출입은 모두 반드시 법으로 하니, 사람들이 안에 있거나 밖에 있거나, 모두 두려움을 알게 된다.

혜동惠棟(1697-1758)은 말한다. 출입出入은, 효爻가 적합하게 변하는 것이다. 외내外內는 괘의 정貞[상괘上卦]과 회悔[하괘下卦]이다.

유원劉沅은 말한다. 역도易道가 변동함에, 상하와 강유剛柔를 벗어나지 않는다. 강유剛柔의 상하는, 열리고 닫히고 움직이고 고요함의 기틀[機]이다. 움직임은 '나감[出]'이고, 고요함은 '들어옴[入]'이다. 출입은 자연스런 '고정된 법도[常度]'로 한다. 도度는 '둥근 하늘의 도수度數[天度]'의 '도

度’와 같다. 지극히 변화하는 중에 변하지 않는 것이 존재한다. 따라서 수數를 설정하여 사람들에게 보여주니, 안과 밖의 근원이 하나임을 알게 하여, 마음에서 경계하고 두려워하게 한다.

마치창馬其和은 말한다. 사람의 일에는 출입과 안팎이 있고, 괘卦와 효爻에도 출입과 안팎이 있다.

또한 사람들로 하여금 우환과 문제점을 분명히 알게 한다. (서점筮占은) 스승[師나 保]과 같고, 부모가 오신 것 같다.
[又明於憂患與故.138) 無有師保, 如臨父母.139)]

소식蘇軾(1037-1101)은 말한다. ‘또한 분명히 알게 함[又明]’은, 그것을 일으키는 이유[所以]를 불러오는 까닭[故]이 된다.

여세서黎世序(1772-1824)는 말한다. 비록 스승이 없지만, (『역易』은) 어찌 스승에 그치겠는가? 비록 부모가 없지만 (『역易』은) 마치 부모처럼 임한다. ‘없음[无有]’과 ‘임한 것과 같음[如臨]’은 (문의文義가) 상호 보완한다.

• **나의 견해(1):** (『예기禮記』의) 「제의祭義」편에서 말한, “서리가 이미 내렸다(霜露旣降).”는 단락에서 “춥기에 그런 말을 한 것이 아님[非其寒之謂也]”과 “그를 볼 수 있게 되기 바람[如將見之]” 두 구句를 이용하여 (문의文義를 서로 보완하는) 호문互文으로 뜻을 드러냈다.140)

• **나의 견해(2):** 『역易』의 신묘한 변화는 지극한 존귀함이 마치 스승과 같다. 따라서 효상爻象 중에 스승이 없지만, 사람들에게 지극히 상세한 도道를 보여주니, 마치 스승이 계시는 것과 같다. 『역易』이 사랑하고 보호하는 것은, 지극한 친함이 마치 부모와 같다. 따라서 효상爻象 중에 부모가 없지만, 사람들에게 간절한 뜻을 가르치니, 마치 부모가 계시는 것과 같다. 이것은 『역易』의 도道가 존귀하고, 친함이 되는 것을 도외시할 수 없음이다.

----

138) 度은 계량이다. 서법筮法에 따르면, 爻가 변하면 卦도 변한다. 먼저 얻은 것이 本卦이고, 이것에서 변한 괘가 變卦(혹은 之卦)이다. 出入이란 本卦에서 나와서 變卦로 들어감이다. 본괘가 內이고 변괘가 外이다. 내괘와 외괘의 연관관계를 따져서, 吉凶을 단정하는데, 사람들을 놀라게 한다. 韓康伯에 의하면, 故는 事故이다. 高亨, 588頁.

139) 無는 마땅히 尤자인데, 모양이 비슷해 쓴 것이다. 尤는 猶로 읽어야하니, 사似(닮다)이다. 집안에서는 保가 있으며, 나가서는 師가 있어, 교육을 책임지었다. 高亨, 상동.

140) ‘霜露旣降, 君子履之, 必有悽愴之心, 非其寒之謂也. 春雨露旣濡, 君子履之, 必有怵惕之心, 如將見之.’, 『禮記今註今譯』, 「祭義」, 王夢鷗註譯, 상동, 605頁 참조.

처음에 괘 · 효사를 좇아가면 도리를 헤아려볼 수 있고, 일단 상법常法**[일상의 원칙]은 얻은 셈이다.**
[初率其辭而揆其方, 旣有典常.141)]

공영달孔穎達은 말한다. 비록 천 가지 만 가지 변화가 있어도, '불변하는 준칙[典要]'으로 삼을 수 없지만, (『역易』의) 그 말을 따르고 그 뜻을 법도로 삼고 그 처음의 근원을 살펴서, 마침에 결 말을 맺으면, 모두 '변화만이 적합해지니[唯變所適],' 이것이 (『역易』의) '항상 되는 법전[常典]'이다.

후과侯果(侯生果, 8세기, 당唐나라 역학자)는 말한다. '방方'은 도道이다.

마치창馬其昶은 말한다. '기旣'는 마침내[終]이다.

● **나의 견해:** 『역易』은 비록 오르고 내림에 일정함이 없어 '불변하는 준칙[典要]'이 될 수 없으 나, 반드시 말을 따르고 방도를 헤아려서, 그 변화를 적합하게 하면, 비록 변화하나 그 핵심을 떠 나지 않는다. 이것으로 끝내 원칙[典]과 '일정함[常]'이 있게 되는 것이다.

(『역易』을) 아는 사람이 아니면, (『역易』의) 도리는 그저 실시되는 것이 아니다!
[苟非其人, 道不虛行.]

우번虞飜(164-233)은 말한다. 신묘하고 밝은 것은 사람에게 달려 있다.

유원劉沅은 말한다. 『역易』의 덕德이 있은 후에 『역易』의 도道를 행할 수 있다. 만약 그런 사람 이 아니면 음양의 덕을 실제 구비하고, 천지의 마땅함에 합한다 해도, 『역易』의 도道가 또한 헛되 이 행하게 되지 않는다. 곧 『중용中庸』에서, "지극한 덕이 아니면 지극한 도가 모이지 않는다."라 는142) 뜻이다.

● **나의 견해(1):** 성인聖人의 덕을 가지고 천자天子의 '자리[位]'에 있으니, 『역易』의 도를 행할 수 있다. 만약 그런 사람이 아니라면, '관부의 예법[官禮]'을 빌려서 분수를 넘어 훔치더라도, 이것은 헛되이 행하는 것이 되지, 도道는 아니다.

● **나의 견해(2):** 유원劉沅선생의 (『주역항해周易恒解』의)「부해附解」에서 말한다. "이전 사람들

---

141) 『爾雅 · 釋詁』에, 率은 순循(좇다)이고; 『설문해자說文解字』에는, 규揆는 탁도(헤아림)이다. 『廣雅 · 釋
   詁』에, 方은 義이다. 高亨, 588頁.
142) '苟不至德, 至道不凝焉.', 『中庸』27장 참조.

은 이미 있는 설명에 구애되고, 참뜻을 구하지 않았다. 따라서 글의 뜻이 통하기 어렵게 되었다. 처음에 「책(『역易』)」을 멀리할 수 없다[書不可遠].」라고 말하니, 사람들은 자신에게서 돌이킬 줄 모르고 『역易』을 상象과 수數에서 구하여 말한 것이다. 「말해지는 도[爲道]」 이하는, 『역易』의 도리[理], 천지天地의 도리[理]이기에, 곧 사람의 도리[理]이다. 단지 이 하나의 기氣가 통섭하니, 스스로 음양 동정動靜이 있고, 상하 강유剛柔가 서로 바뀌니, 변하고 움직여 가만히 있지 않으며, '64괘의 매괘每卦의 위치[六虛]'가 두루 흐른다. 도道가 천지天地에 존재하는 것이 이와 같고, (『역易』의) 책에 존재하는 것도 이와 같다. 따라서 '불변하는 준칙[典要]'이 될 수 없으니, '변화만이 적합하다[唯變所適].' 변화하여 중中에 맞으니, 일정함이 없는 것은 아니다. 따라서 다시 이어서 '법도[度]'로써 '정해진 도리[有定之理]'를 말하니, '무정無定한 상象'을 드러낸다. 밝은 안에 근본을 두고, '미미한 것[微者]'은 드러나게 된다. 두려움을 알면 신명神明이 붙으니, 우환과 연고는 모두 엄정히 공경한다. 마지막 다섯 구절[句]은 밝음을 모으는 것이니, 곧 상象에서 도리[理]를 찾고, 도道를 쉽게 행하는 결과[功]를 체현한다. '상도常道[典常]'는 '융합融合관통貫通[會通]'하여 말씀의 뜻의 요체를 얻는 것을 가리키는 것이기에, 앞에서 말한 「불변하는 준칙[典要]이 될 수 없음」에 위배되지 않는다. 이 장은 전체 글을 통론한 것이니, 괘卦, 효爻, 상象의 글자가 없는데, 다음 장의 경우에는 그렇지는 않다. 이상으로 풀이한 것은, 경문經文의 뜻과 관통하니, 번잡하고 복잡함을 싫어하지 않았다.

‖ 9 ‖

『역易』이라는 책은, 처음을 살피고 끝을 탐구하니, 사물의 정체整體를 연구한다.
[「易」之爲書也, 原始要終, 以爲質也.[143]]

한백韓伯(5세기, 남북조南北朝시대)은 말한다. 질질은 괘의 몸[體]이니, 처음과 끝의 뜻을 겸한다.

왕부지王夫之(1619-1692)는 말한다. 『역易』 전체를 가지고 말하면, 건곤乾坤이 몸[體]이 되고, 62괘가 모두 그(건곤乾坤의) '쓰임[用]'이 된다. 일괘一卦를 가지고 말하면, 단象이 몸[體]이 되고 '여섯

---

143) 原은 찰찰察(살피다)이고, 要는 求이다. 韓康伯(東晉, 332-380시대)에 의하면, 질질은 체體이다. 高亨, 589頁.

효[六爻]'는 모두 그 '쓰임[用]'이 된다. 전체 괘를 바탕으로 하여. '쓰임[用]'이 스스로 나오는 바를 알수 있다. (괘의) 작용[用]을 심찰審察하면, 몸[體]이 마침내 변한 것을 알게 된다.

여섯 효가 서로 섞이니, 이것은 일정 시간 내의 사물이다.
[六爻相雜, 唯其時物也.144)]

우번虞飜(164-233)은 말한다. 음양이 섞여 있는 것을 잡雜이라 한다. 때가 양이면 양이고, 때가 음이면 음이다. 따라서 '일정한 시간 내의 사물[唯其時物]'이라고 한다. 건乾은 양물陽物이고, 곤坤은 음물陰物이다.

유원劉沅(1767-1855)은 말한다. '여섯 효[六爻]'는 때에 따라 중中에 처하는 이치를 밝히는 것이다. 이것은 사람들에게 효를 분별하는 것을 가르친다.

마치창馬其昶(1855-1930)은 말한다. 사물은 때[時]를 만나면 귀해진다. 효爻의 음양은 괘의 때[時]를 따라서 변한다. 따라서 '시간 내의 사물[時物]'이라고 한다.

● **나의 견해**: '여섯 효[六爻]'가 서로 섞이니, 이것이 곧 상하에 일정함이 없고, 강유剛柔가 서로 바뀌는 것이다. '때[時]'에 따라 변하는 것[唯其時物]'은, 곧 '변하여 적합해지는 것[唯變所適]'이다.

초효만 얻으면 (괘 전체를) 알기 어렵고, 상효를 얻으면 쉽게 알 수 있으니, (이것이 괘의) 몸통[本]과 끝[末]이다. 초효의 말[辭]은 사물의 시작에 비견되고, 상효의 말[辭]이 끝을 정한다.
[其初難知, 其上易知, 本末也.145) 初辭擬之, 卒成之終.146)]

간보干寶(286-336)는 말한다. 초효는 헤아리고 의논한다. 따라서 알기 어렵다. 마침내 마지막[上爻]에서 완성하니, 알기 쉽다. 본말은 형세가 그러한 것이다.

한백韓伯은 말한다. 일은 미약한 데에서 시작하여 나중에 지극하게 된다. 초효는 수數의 시작이다. 그 단서를 헤아리고 의논하는 것이다. 따라서 어렵다. 상효上爻는 괘의 마지막이다. 일이

---

144) 잡雜은 착종錯綜이고, 유唯는 是이다. 高亨, 상동; 時物은 일정 시간 내의 사물이다. 周振甫, 272頁, 注90.
145) 初는 初爻이고, 上은 上爻를 가리킨다. 서점筮占칠 때 초효만 얻으면 괘 전체는 알기 어렵다. 上爻를 얻어야만, 괘 전체를 알 수 있다. 高亨, 상동.
146) 初辭는 초효의 辭이고, 졸卒은 終(마침)이고, 卒辭는 上爻의 辭이다. 成은 定과 같다. 高亨, 590頁.

모두 이루어져 드러나니, 따라서 쉽다.

사물을 섞어놓고 그 성질[德性]을 나열하여, 그것들의 옳음[是]과 그름[非]를 가리는데, 중간의 효들 [二, 三, 四 및 五爻]이 없으면 완비된 것이 아니다.

[若夫雜物撰德 , 辨是與非 , 則非其中爻不備.147)]

주진朱震(1072-1138)은 말한다. 중효中爻는 최경崔憬(7세기)이 말한 2, 3, 4, 5효이고, 경방京房 (전77-전37)이 말한 호체互體이다.

호일계胡一桂(1247-1314)는 말한다. 물物은 내외괘 음양의 두 사물이다. 잡雜은 가운데 네 효로 부터 섞여서 호체互體를 이루는 것이다. 또 스스로 두 괘의 덕을 이루니 찬撰이라고 한다. (유원劉 沅은, '위의 가운데 효를 합하여 하나의 괘를 이루니 실제는 단지 한번 시작하고 한번 마치는 이치 일 뿐이다.'라고 말한다.)

손기봉孫奇逢(1584-1675)은 말한다. 두 개의 몸[體]은 본래 임시로 합한 것이다. 중간에 연속되 어 삼재三才[天, 地, 人]에 짝한다. 바깥의 호체互體는 사람과 '홀수인 하늘[參天]'을 상징한다. 안의 호체는 사람과 '짝수인 땅[兩地]'을 상징한다. 천지 사이에 인사人事가 많으니, 이것이 뒤섞고 만드 는[雜撰] 뜻이다.

사신행査愼行(1650-1727)은 말한다. '바른 몸[正體]'은 둘째 효와 다섯째 효가 상체와 하체의 중 간에 있으니, 이 때문에 명예와 공이 많다. 호체互體는 셋째 효와 넷째 효가 내외괘의 중간이 되 니, 흉함과 두려움이 많은 까닭이다. 셋째 효와 넷째 효를 중간에 두고 호체를 이루니 '물物이 섞 이어서 덕을 만들음[雜物撰德]'이라고 한다.

유원劉沅은 말한다. 초효는 처음 움직이려 하고, 상효에서 괘는 이미 이루어졌다. 이 두 구절은 알기 어렵고, 알기 쉬운 이유를 풀었다. '덕을 만들음[撰德]'은, 음양의 덕을 만들어 이루는 것이다.

또한 존망이나 길흉을 구하면, 편안히 앉아있어도 (결과를) 알 수 있다.

[噫亦要存亡吉凶, 則居可知矣.148)]

---

147) 찬撰은 其列이고, 변辯은 辨의 가차이다. 中爻는 二, 三, 四와 五효이다. 高亨, 상동.
148) 王引之에 의하면, 희噫는 억抑과 통한다. 高亨, 590頁; 噫는 억抑(또한)이고, 要는 求이고, 居는 안좌安 坐(편안히 앉음)이다. 周振甫, 272頁, 注94.

마치창馬其昶은 말한다. 거居는 있는 자리[位]를 가리킨다. 강강剛함과 유유柔함이 섞여 있으면 길흉이 나타날 수 있으니, 따라서 길흉을 본다함은, 있는 곳이 마땅한지 여부를 알 수 있을 것이다.

똑똑한 사람은 괘사만 보고도, 고려할 것은 반 이상한 셈이다.

[知者觀其象辭, 則思過半矣. 149)]

마융馬融(79-166)은 말한다. 단사象辭는 괘사卦辭이다.

왕숙王肅(195-256)은 말한다. 단象은 상象의 요체를 든 것이다.

왕부지王夫之는 말한다. 질質에 나아가 그 변화를 생각하니, 『역易』을 안다고 말한 것이다.

유원劉沅은 말한다. 『역易』은 본시本始를 고찰하니 처음과 끝을 살피어, 초효와 상효, 중효까지, 사람에게 존망길흉의 일정한 이치를 알려주지 않는 것이 없다. 배우는 자가 그 올바름을 얻으면, 스스로 처하는 바를 알 수 있다. 거居는 스스로 처하는 곳이다. 단사象辭는 하나의 괘의 '중요한 의리[大體]'를 통론하니, 이를 보고 생각하면 괘의 뜻을 이미 대략 반쯤 이해할 수 있다.

둘째 효와 넷째 효는 같은 음위陰位이나 (처한) 자리[位]가 다르니, 길함이 같지 않고, 둘째 효에는 명예가 많고, 넷째 효에는 두려움이 많으니, (멀고) 가까운 (차이)이다. 둘째 효는 대개 탈이 없는데, 그것이 음효[柔順]이고 중위中位에 있기 때문이다.

[二與四位同功而異位, 其善不同' 二多譽' 四多懼, 近也. 柔之爲道不利遠者. 150) 其要無咎, 其用柔中也. 151)]

한백韓伯은 말한다. (둘째 효와 넷째 효는) 동일하게 음의 공功이다.

유원劉沅은 말한다. 이것은 가운데 네 효의 강유剛柔의 뜻을 논한 것이다. 이른바 옳음과 그름을 분변한다는 것은 중효中爻가 없으면, 완비되지 않는다. 둘째 효와 넷째 효는 모두 음의 자리이다. 둘째[2]효는 아래 자리에 있는 신하가 되어 임금이 올바로 응하니, 명예가 많고 참으로 좋다.

---

149) 知는 智로 읽고, 단사象辭는 卦辭이다. 高亨, 상동.

150) 『說文解字』에서, 善은 吉이다. 二는 둘째 爻이고 四는 넷째 효이다. 『小爾雅·廣詁』에, 功은 事이다. 位는 효爻의 '자리[位]'이다. 둘째와 넷째 효는 짝수이니, 陰位이다. 음위에 있으니 유순하게 명을 따르는 것이 일이다. 둘째 효는 하효의 中位이나, 넷째 효는 상괘의 偏位이나 이 둘은 '異位'이다. '近'자 위에 아마도 마땅히 遠자가 있어야 한다. 둘째 효는 내괘에 있으니 近이라 명예가 많고[多譽], 넷째 효는 외계에 있으니 遠이라 두려움이 많다. 高亨, 591頁.

151) 其는 둘째 효이고, 要는 槪要이고; 用은 以이고, 中은 中位이다. 高亨, 상동.

'넷째[四]효'는 임금에게 가까운 대신이니, 임금을 위해 가까이에서 보필하니, 두려움이 많지만 역시 좋다. 가깝다는 것은 '둘째[二]'와 '넷째[四]효'를 쌍으로 이어서 말한 것이지, 단독으로 '넷째[四]효'를 이은 것은 아니다. 근近은 임금을 얻은 것을 이른다. 먼 것을 이롭게 여기지 않는 것은 군주를 도외시하면, 공功을 이룰 수 없다. 요要는 귀결됨[歸]이다. 유중柔中은 군주에게 유순하면 중도中道를 얻는다는 것이다.

마치창馬其昶은 말한다. 이것은 가운데 넷째 효를 논한 것이다. 다섯째[五]효는 괘의 주인이 된다. 따라서 중효中爻는 반드시 '다섯째 효'를 멀고 가깝게 여겨야 한다. 효가 가까이에서 응하는 것은 가깝고, 가까이에서 응하지 않는 것은 멀다. 유柔함이 도道가 됨은, 먼 것을 이롭게 여기지 않고, 가까운 것을 이롭게 여긴다. 62효는 '다섯째 효'로부터 가까워서 명예가 많다. 말[詞]을 기다릴 필요 없이 좋다. 64효는 '다섯째 효'로부터 가까우니 두려움이 많다. 걱정하고 두려워하고 수양하고 반성하니, 두려움도 역시 좋음이 된다. 단지 그 좋음이 같지 않을 뿐이다. '그 요점은 탈이 없음[其要无咎]'에서 '기其'는 '넷째 효[其四]'이다. 두려움이 많은 뜻을 펼쳐 밝힌 것이다. '유중柔中을 씀[其用柔中]'에서 '기其'는 '둘째 효[其二]'이니 명예가 많은 뜻을 펼쳐서 밝힌 것이다.

셋째 효와 다섯째 효는 (양위陽位이니) 하는 일은 같으나 자리가 다르기에, (셋째 효는 하괘의 편위偏位이고, 다섯째 효는 상괘의 중위中位이기에) 셋째 효에는 흉한 일이 많고, 다섯째 효에는 공功이 많으니, 귀한 자리와 천한 자리의 등급 때문이다. 이것들(셋째와 다섯째 효)은 (양위陽位이니) 유순하면 위태롭고, 강건하면 이기는 것이 아닌가?

[三與五同功而異位, 三多凶, 五多功, 貴賤之等也. 其柔危, 其剛勝邪?]

한백韓伯은 말한다. (셋째 효와 다섯째 효는) 동일하게 양陽의 공功이다.

장필張弼(1425-1487)은 말한다. 둘째 효와 넷째 효는 공功을 같이 한다. 셋째 효와 다섯째 효는 공功을 같이 한다. 이것은 호체互體를 바르게 논한 것이다.

이광지李光地(1642-1718)는 말한다. 위危는 흉凶을 가리킨다. 셋째 효는 비록 흉凶이 많지만 강剛에 있으니, 혹 자기 임무를 감당할 수 있을 것이다.

유원劉沅은 말한다. 유위柔危에서 유柔는 유약柔弱함을 가리키니 굳셈[剛]의 몸[體]을 잃은 것이다. 강하고 바르면 강의 자리[位]에 합당하다. 사邪는 감탄사이다. 의문사가 아니다. 셋째 효와 다섯째 효는 모두 양陽의 자리이다. 셋째 효는 하체에서 위에 있으니, 백성의 우두머리이다. 다섯째 효는 상체에서 위에 있으니, 다스림을 맡아 사람들에게 군림한다. 귀천의 등급이 같지 않아서 득실이 판별된다.

10

『역易』이란 책은 (내용이) 광대하여 모든 것을 갖추고 있다. 천도天道, 인도人道, 지도地道가 들어있다. (천天, 지地, 인人) 삼재三才를 겸유兼有하여 두 곱하니, 따라서 여섯이다. 여섯은 다른 것이 아니고, 삼재三才의 도道이다.

[「易」之爲書也, 廣大悉備. 有天道焉, 有人道焉, 有地道焉. 兼三材而兩之, 故六. 六者非它也, 三材之道也.[152]]

(주희의)『주역본의周易本義』에서 말한다. 삼획三畫이 이미 갖추어지고, (하늘, 땅, 사람) 삼재三才가 거듭되니, 따라서 여섯[六]이다.

항안세項安世(1129-1208)는 말한다. 삼재三才의 도道는 스스로 각각 둘이니, 따라서 여섯이다.

유원劉沅(1767-1855)은 말한다. 광廣은, '땅이 수용 못할 것이 없음'을 말한다. 큼[大]은, '하늘이 덮지 않음이 없음'을 말한다. '모두 갖춤[悉備]'은, 만물의 도리[理]가 세미細微하고 자세하게 갖추어짐이다. 재才는 '할 수 있음[能]'이다. 하늘은 덮을 수 있고, 땅은 실을 수 있으니, 사람은 천지天地에 참여하여 만물을 기를 수 있기에, 따라서 '재才'라 말한 것이다. 삼재三才는 각각 하나이나, 둘이 아니면 변동할 수 없으니, 따라서 겸하여 둘로 하여 여섯 획畫으로 삼았으니, '성인의 사적인 뜻으로 한 것이 아님'을 말한 것이다.

(천, 지, 인, 삼재의) 도道가 변동하니, 따라서 사귐[爻], 즉 효爻라 한다. 효爻에는 부류가 있으니, 따라서 (음양의) 물건[物]이라 한다. 만물이 서로 섞이니, 따라서 무늬[文]라고 한다. (효爻의) 무늬가 합당하냐? 아니냐? 에, 따라서 길흉이 생긴다.

[道有變動, 故曰爻.[153] 爻有等, 故曰物.[154] 物相雜, 故曰文. 文不當,[155] 故吉凶生焉.]

우번虞翻은 말한다. 양효는 곤坤에 들어가고, 음효는 건乾에 들어가니, 더욱이 서로 섞여서 무늬[文]를 이룬다.

육적陸績(188-219)은 말한다. 천도天道에는 밤과 낮, 일월日月의 변화가 있고, 지도地道에는 강

---

152) 李鼎祚의 『周易集解』본에는 三材가 三才이다. 材와 才는 옛날에는 통용되었다. 육효六爻는 天地人 三才이고, 上과 五효는 天, 四와 三효는 人, 二와 初효는 地를 나타낸다. 高亨, 592頁.

153) 효爻는 交(사귀다)이다. 高亨, 593頁.

154) 韓康伯에 의하면, 等은 類이다. 爻에는 음양 2 부류의 사물이 있으니, 物이라 한다. 高亨, 상동.

155) '文不當'은 아마도 '文當不'인 것 같다. 不는 否다. 高亨, 상동.

유강유柔와 건조[燥]와 습기[濕]의 변화가 있고, 인도人道에는 멈춤[止]과 감[行], 동정動靜, 선악善惡의 변화가 있다. (유원劉沅은, '이 설도 또한 좋다. 그러나 양이 음으로 변하고, 음이 양으로 변하니, 음양의 동정動靜은 하나의 단서만이 아니기에, 성인은 효상爻象 때문에 많은 의리義理를 만들어 낸다면, 또한 천지天地가 어떻게 변하든, 사람이 어떻게 변하든, 반드시 말할 필요가 없다. 여섯 효[六爻]는, 하늘, 땅, 사람에게 또한 통하는 것이나, 그러나 구속할 수 없다.'라고 말한다.) 성인聖人이 효爻를 안배하니, (하늘, 땅, 사람) 삼자의 변화를 본받기에, 따라서 그것을 효爻라 말한다.

공영달孔穎達(574-648)은 말한다. 효爻에는 음양 귀천貴賤 등의 차이가 있으나, 만물의 부류를 상징한다.

오징吳澄(1249-1333)은 말한다. 효爻는 사귐[交]이니, 사귀면서 변한다.

오왈신吳曰愼(17세기, 명말明末청초淸初의 학자)은 말한다. '시정時政의 견해[時義]'의 득실이 마땅한 것이냐, 아니냐가 된다.

유원劉沅은 말한다. 후대의 유자儒者들은 위[上]의 두 효가 하늘이 되고, 가운데 두 효는 사람이 되고, 아래[下]의 두 효는 땅이 되니, 역시 통한다. 그러나 성인의 본의本意는 이것에서 다 하지는 않는다. 일리一理가 흩어져서 만물이 되니, 모두 음양의 변동으로부터 생긴다. 이기理氣가 드러나서 바탕[質]을 이루면 사물[物]이 되고, 섞여서 채색을 이루면 무늬[文]가 된다. 사물과 무늬는, (하늘, 땅, 사람) 삼재三才의 도道가 효상爻象들 사이에서 찬연하게 드러난다. '합당하지 않음[不當]'은 '때[時]'와 '자리[位]'가 합당하지 않은 것이니, 곧 도道의 자연스러움에 어긋난다. 합당한 것은 길하고, 합당하지 않은 것은 흉하다. 길흉은 이것으로 말미암아 생겨나니, 억지로 붙일 도리가 없다.

||| 11 |||

『역易』의 창작은, 아마도 은殷나라 말기이고, 주周나라 덕이 흥성하는 시기였는가? (주周) 문왕과 (은殷) 주紂왕의 사건이 있었던 때인가?
[「易」之興也, 其當殷之末世, 周之盛德邪? 當文王與紂之事邪?]

정현鄭玄(127-200)은 말한다. 이 말에 의거하면, 『역易』은 문왕文王이 지은 것임을, 단연코 알 수 있다.

우번虞飜(164-233)은 말한다. 문왕文王께서 『역易』의 '여섯 효[六爻]'의 말씀[辭]을 쓰셨음을 말한다.

왕부지王夫之(1619-1692)는 말한다. 문왕文王은 주紂왕의 실덕失德을 애상哀傷하게 여겨서, 따라서 『역易』을 끌어다가 길흉이 온 곳을 밝히고, 주紂왕이 '생존을 도모[圖存]'하여 장수長壽[永命]하길 바랐다. 이것은 문왕文王께서 주紂왕을 섬긴 일이니, 주周나라 덕이 왕성하게 된 소이가 된다.

유원劉沅(1767-1855)은 말한다. '흥興'은, 문왕께서 『역易』을 연찬한 것에 나아간 설명이니, 역도易道는 중간은 미미하나, 다시 일어났음을 말한다. 앞의 7장과 더불어, (상고上古시대 다음의) 중고中古(시대)와 같지 않음을 말했다.

이 때문에 괘・효사가 스스로 위태롭다고 여기면, 그것을 평안하게 하고; 스스로 평안하다고 여기면 그것을 뒤집는다.

[是故其辭危, 危者使平, 易者使傾.156)]

한백韓伯(5세기, 남북조南北朝시대)은 말한다. '이易'는, 태만怠慢[慢易]이다.

공영달孔穎達(574-648)은 말한다. 우환이 되고 위험한 일을 많이 기술하니, 후인들에게 법法을 내려서 보이는 것이다.

하해何楷(1594-1645)는 말한다. '시킴[使]'은, 천지天地는 자연스러운데, 혹 시켜서 그렇게 된 것 같다. 이른바 '예禮 있는 것을 번식繁殖시키고, 혼란昏亂포학暴虐한 자를 뒤엎는 것은 천도天道이다.

유원劉沅(1767-1855)은 말한다. 문왕文王은 덕이 왕성하나 우환에 처하여, 자기가 겪은 것들로써 남들을 가르쳤으니, 따라서 묶인 말들은 두려워하는 말이 많다. 평안한 것을 위태롭게 하며 기운 것을 바꾸는 도道는, 천지자연의 도리[理]인데, 무릇 일들은 이것으로 말미암으니 성공과 실패가 나뉜다. 문왕文王이 말씀을 매단 것은, 사람들로 하여금 힘 써야할 바를 알게 하도록 함이다.

• **나의 견해**: 이는 곧 뒤엎는 뜻을 배양하는 것이다. 자기 위험을 알아서 유지할 수 있으면, 하늘은 그로 하여금 평안하게 한다. 쉽게 보아서 그것을 홀대하면, 하늘은 그로 하여금 기울게 한다.

『역易』의 도道는 매우 광대하니, 모든 사물에 예외는 없다.

[其道甚大, 百物不廢.157)]

---

156) 辭는 괘・효사이고, 危는 스스로 위험함[自危]이고; 이易는 平易이고, 경傾은 경복傾覆(전복顚覆)이다. 高亨, 594頁.
157) 百物不廢는, '모든 사물이 제외될 수 없음'을 말한다. 高亨, 594頁.

(장재의)『횡거역설橫渠易說』에서 말한다. '크고 작은 것'을 고찰하지 않음이 없다.

처음과 끝을 두려워해야 하니, 요점은 허물[咎]이 없는 것이다. 이것이 『역易』의 도道이다.
[懼以終始, 其要無咎.158) 此之謂「易」之道也.]

한백韓伯은 말한다. 있는 것을 보존하려면 없어지고, 없어진 것을 잊지 않으니, 있게 된다. 다스려진 것은 혼란해지고, 위험을 잊지 않으니, 평안해진다. 시작과 끝을 두려워하니, 허물없음으로 귀결된다. 평안과 위험의 말미암는 바는, 효상爻象의 '중요한 도리[大體]'이다.

유원劉沅은 말한다. '공경하고 신중함[敬愼]'은 스스로 성인의 덕업德業이니, 어찌 문왕文王만이 홀로 그러하겠는가? 문왕文王은 곧 우환에 있지 않았다면, 어찌 공경하며 신중치 않았겠는가? 무릇 일이 순조롭지 않았기에, 문왕께서 주紂왕의 위험과 두려움을 만났음과 같은 것에 불과하다. 내가 일을 처리함이, 문왕께서 도道를 다하여 평안을 얻음과 같지 않을까? 처음처럼 끝에 신중하니, 공功은 찾지 않고 다만 '탈 없음[无咎]'만 바란 것이니, 이것이 사람에게 『역易』의 배움을 가르치는 요점을 가르치는 것이다.

후왠쥔胡遠濬(1869-1931)은 말한다. '시詩는 300편이라도, 그것을 한 마디로 개괄하면, 「생각에 사특함이 없음」이다.'159) 『역易』64괘는, 한 마디로 개괄하면, '처음과 끝을 두려워해야하니, 요점은 허물이 없음[懼以終始, 其要无咎]'이다. '허물없음[无咎]'은 잘못을 잘 보충하는 것이다. 그러므로 『역易』을 배우면 큰 잘못은 없을 것이다.'라고 말한다.

마치창馬其昶(1855-1930)은 말한다. 위는 제9편이다. 괘덕卦德과 효례爻例를 총론總論하면, 모두 '근심하고 두려운[憂懼]' 정情을 갖는다. 이것으로써 반복하여 미루어나가면, 『역易』이라는 책은 문왕文王에게서 지었음을 알 수 있는데, 이 때문에 『주역周易』이라 말한다.

‖12‖

(하늘이 만물을 창제했으니) 하늘[乾]은, 천하에서 지극히 강건剛健한 것이나, 움직임[活動]을 덕스럽게 하니, 항상 평이平易하지만, (또 우연하게) 위험한 일도 벌어진다. (땅은 하늘을 이어받아 만물을 기르니,) 땅은 천하에서 지극히 유순한 것이나, 움직임[活動]을 덕스럽게 하니 항상 간략하지만,

---

158) 以는 於이고, 要는 概要이다. 高亨, 상동.

159) "詩三百, 一言以蔽之, 曰: '思無邪.'", 『論語』,「爲政」篇(2:2) 참조.

(때로는) '험한 지장[險阻]'을 일으킨다.

[夫乾, 天下之至健也, 德行恆易, 以知險. 160) 夫坤, 天下之至順也, 德行恆簡, 以知阻. 161)]

항안세項安世(1129-1208)는 말한다. 중심中心이 평이平易하고 정직해야만, 천하의 험준한 실정을 비출 수 있다. 행사가 간단하고 고요해야, 천하의 '내심에 쌓인 번민[煩甕]'의 기틀을 관찰할 수 있다.

유원劉沅(1767-1855)은 말한다. '강건하고 순함'이 건곤乾坤의 성질이며, 마음에서 얻은 것을 덕으로 삼고, 일에서 보인 것을 행동으로 삼는다. 사람 마음의 어려움은 알기 어렵고, 인사의 방해는 다스리기 어렵다. '간난艱難과 곤고함[險阻]'으로써 '간난과 곤고함[險阻]'를 막으면, '간난과 곤고함[險阻]'을 알기에 부족하고, 또한 그것에 대처할 수도 없다. 쉽고 간단한 도리[理]는, 인심人心과 천리天理의 바름[正]에 근본을 두니, 만물과 만리萬理의 근원을 포괄한다. 건곤乾坤의 '강건하고 순박한' 덕행을 몸으로 해야만, 항상 이것으로서 인정人情을 비춰볼 수 있고, 일의 기미[幾]를 살필 수 있기에, 따라서 험한 것을 평안하게 하고, 막힌 것을 통하게 할 수 있다.

마치창馬其昶(1855-1930)은 말한다. 빛의 힘은 크니, 무릇 산하山河와 대지大地를 통섭하고 포괄하여 그것들을 열거할 수 있으니, 그 강건함이 이와 같음은, 쉽기 때문이다. 빛이 이른 곳에 기氣도 또한 이르니, 사물에 따라서 번성하고 변화하기에, 원만하게 휘어져 가지 않는 곳이 없으니, 그 순종함이 단순하기 때문이다. 건乾만이 평이平易할 수 있고, 곤坤만이 단순할 수 있다. 9와 6이 여러 괘들에 쓰이면, 무릇 강건함은 모두 쉽고, 순함은 모두 단순하니, 따라서 '항상 됨[恒]'이라 이른다.

● **나의 견해**: 건乾은 튼튼하고[健] 곤坤은 순順함은, '지극한 정성[至誠]' 밖이 아니다. 지극한 정성의 도道는 가장 쉽고 가장 단순하다. 지극한 정성이니 앞을 알 수 있고, 만물의 험난하고 곤고한 정황情況이라도, 도피逃避할[逃] 수는 없다.

(그러니 천지天地의 각종현상을) 마음속에서 살피고, 여러 염려들을 탐구하고, (그것을 점을 쳐보아,) 천하의 길흉을 정하니, 천하 사람들이 분발하여 앞으로 나갈 수 있다.

[能說諸心, 162) 能研諸侯之慮, 163) 定天下之吉凶, 成天下之亹亹者. 164)]

---

160) 乾은 하늘이고, 易는 平易이고, 以는 而와 같고, 知는 爲와 같다. 高亨, 594頁.

161) 坤은 땅이고, 知는 爲이다. 高亨, 595頁.

162) 설說은 열閱(검열)이다. 『說文解字』에, '閱, 具數於門中也(문 앞에서 자세히 셈).'이다. 물건을 문 앞에

순상荀爽(128-190)은 말한다. 미미亹亹는, 음양이 미약하여, 이룰 수 있으나, 실패할 수도 있는 것이다. 때[時]에 순종하면 이루고; 때에 어그러지면 패한다.

사마광司馬光(1019-1086)은 말한다. (능연제후지려能研諸侯之慮를,) 보사輔嗣(王弼)의 『주역약례周易略例』에서는, "(제후諸侯들의) 염려[慮]는 궁구窮究할 수 있음"이라[165] 했다. '후侯'는 연자衍字이다.

(장재의) 『횡거역설橫渠易說』에서 말한다. (건곤乾坤은) "간단하고 용이[簡易]하기 때문에 '마음에서 기쁠 수 있고[能說諸心]'; '통과하기에 험난險難[險阻]'하기 때문에 심려深慮하여 깊이 늘어가 탐구할 수 있다."[166]

유원劉沅은 말한다. 제후를 거론하여 나머지를 포괄한다. 「길흉을 정하고, 근면하여 '피곤함을 모르니[亹亹],」' 모두 제후諸侯에 나아가서 한 말이다. 천자天子를 말하지 않음은, '높은 재[尊]'를 피한 것이다. 위의 '간난하고 곤고함[險阻]'을 만나서 제후가 이와 같음을 말한 것은, 다른 것들을 알 수 있을 뿐이다.

이도평李道平(1788-1844)은 말한다. 동중서董仲舒의 『춘추번로春秋繁露』에서, '『춘추春秋』의 지극한 뜻[至意]에는 두 가지가 있는데, 「작고 큼[小大], 미세微細함과 드러남[著]」이다. 길흉이 아직 형성되지 않았으나, 성인만은 홀로 알 수 있다.' 또한 '성인은 작은 사정에 유의할 수 있어서, 그것을 드러낼 수 있다. 이 때문에 『춘추春秋』의 원칙은 원기元氣로써 하늘의 시작을 확정하고, 하늘의 시작[開始]으로써 임금의 정사政事를 확정한다.' 왕의 정치로써 제후의 자리를 바르게 한다. '이렇게 다섯 가지가 모두 확정된 후에, 교화가 넓게 시행될 수 있다.'라고[167] 했다. 그러므로 '천하 사람들이 분발하여 앞으로 나갈 수 있음[成天下之亹亹者]'이라 말한다.

구열하고 둘러보아 셈하는 것이 閱이다. '能閱諸心'은 마음속에 天地의 도道를 다 셈함이니, 천지의 각종 현상을 마음속에서 살핌이다. 高亨, 상동.

163) '能研諸侯之慮, …'를 마땅히 '能研諸慮, 侯之, …'로 읽어야 한다. 후侯는 후候(伺望, 살펴봄)의 가차이니, 候는 예점預占(미리 점침)의 뜻이다. 미미亹亹는 열심히 노력하여 앞으로 나감이다. 高亨, 상동.

164) 미미亹亹는, 부지런히 전진함이다. 高亨, 상동.

165) '能研諸慮', 『周易略例』, 王弼撰, 「明爻通變」, 『周易王韓注』, 상동, 254頁.

166) '簡易故能說諸心, 險阻故能研諸慮.', 『橫渠易說』卷三, 「繫辭」上, 電子版文淵閣四庫全書, 상동 참조.

167) '『春秋』至意有二端, … 小大微著之分也. 夫覽求微細於无端之處, 誠知小之將爲大也, 微之將爲著也. 吉凶未形, 聖人所獨立也.' 또 '聖人繫心於微而致之著也. 是故『春秋』之道, 以元之深正天之端, 以天之端正王之政. … 五者俱正而化大行.' 『春秋繁露』, 「二端」第十五,, 『春秋繁露今註今譯』, 賴炎元註譯, 상동, 145頁.

● **나의 견해(1):** 위「계사繫辭」하전下傳에서, '천하의 길흉을 정하니, 천하 사람들이 분발하여 앞으로 나간다.'라고 말했으니, 전적으로 시초蓍草와 거북점에 나아가서 말한 것이다. 이것을 다시 운운함은, 이는, 『역易』은 건곤乾坤의 '쉽고 단순함'을 법 받았기에, 따라서 확정할 수 있고 이룰 수 있음을 말한 것이다. 포윤抱潤(馬其昶)선생은 일단 『옥편玉篇』을 인용하여 미미亹亹 2자字를 해석했으니, 이는 또한 순상荀爽, 동중서董仲舒의 두 학설을 인용한 것이기에, 『역易』에서 말하는 '미미亹亹'는 마땅히 '자질구레함[微微]'으로 봄이 스스로 확증되었기에, 『시詩』의 '미미亹亹',168) 즉 '근면함'의 뜻과는 같지 않다.

● **나의 견해(2):** 무릇 길흉의 일은, 이미 드러남을 기다려 비로소 아는 것이 아니라, 그것의 미미한 기미[幾]함을 당해도, 이미 예정된 것이다. 길흉이 이미 드러남에 미쳐서는, 좀 전의 미미한 것이 여기에 이르러서, 형상을 이루었으니, 일단 이루어짐을 기다려서 이미 확정할 필요가 없다. 지극히 정성된 도道는, 미리 알 수 있기에, 따라서 어려움[險]을 알 수 있고 고난[阻]을 알 수 있다. 공자께서, '아마도 미세한 무엇을 알지 않을까! 무엇은, 미미한 움직임이니, 길흉을 먼저 보일 것이다!'라고169) 말했다.

이 때문에 (효의) 변화를 말로 했거나 몸으로 했어도, 길吉한 일을 따라서 했으면 복이 있게 된다. (『역易』에 따라서) 일을 형상形象하면 도구[器]를 만드는 법을 알 수 있고, 일을 점치면 오는 일을 알 수 있다.

[是故變化云爲, 吉事有祥. 象事知器, 事知來.]

항안세項安世는 말한다. '운위云爲'는, 곧 '말[言]'과 '활동[動]'이다. '변화를 말로 했거나 (몸으로) 했음[變化云爲]'은, 곧 그 말을 높인 것이고, 그 변화를 높인 것이다. 상사象事나 점사占事는 곧 그 상象을 높인 것이고, 그 점占을 높인 것이다. 변화를 말로 했거나 (몸으로) 했음[變化云爲]'에 정통하면, 움직임의 기미[幾]를 알게 되니, 길함을 먼저 보게 되기에, 따라서 '길한 일에는 복이 있음[吉事有祥]'이라 말하는 것이다.

유원劉沅은 말한다. 사람의 '말로 함과 행동함'은 변화가 하나가 아니다. 강건함과 순종으로 귀결될 수 있으면 길하면서 상서로울 수 있다. 혹 상象으로 일삼으면, 이 그릇의 모양으로 그릇을

---

168) '亹亹文王.', 『詩經譯注』, 「大雅」, 「文王之什」, 「文王」; '亹亹申伯.', 「蕩之什」, 「崧高」, 袁梅著, 상동, 710頁, 882頁.

169) '其知幾乎! 幾者動之微, 吉凶之先見者也!', 「繫辭」下傳, 제8章, 高亨, 575頁.

만들 수 있음을 알 수 있다. 혹 거북점과 시초蓍草점으로 점을 치면, 미래의 길흉을 알 수 있으니, 의혹을 잘라버릴 수 있다.

> **하늘과 땅[天地]이 (위아래) 자리를 세우면, 성인은 이에 따라 (자기) 재능을 이룬다. 사람들의 모책, (점으로 얻은) 귀신의 모책을 통하여, 백성들은 능력자와 함께 한다.**
> [天地設位, 聖人成能. 人謀鬼謀, 百姓與能.]

정현鄭玄(127-200)은 말한다. '귀신의 모책[鬼謀]'은, '종묘宗廟에서 거북점이나 시초蓍草점이 옳은 것임'을 말한다.

곽옹郭雍(1106-1187)은 말한다. 천지天地는 자리[位]를 상上·하下에 설치할 뿐이니, 스스로 자기 능력을 이룰 수 없다. 성인聖人은 자기 능력을 이룸으로써, (하늘, 땅, 사람) 삼재三才의 도道를 준비하는 것이다.

(주희의)『주역본의周易本義』에서 말한다. 천지가 자리를 만드니, 성인은『역易』을 지어서 자기 공을 이룬다. 이에 '사람의 모책, 귀신의 모책'이 있으니, 비록 백성은 어리석으나, 모두 자기 능력에 참여할 수 있다.

채청蔡淸(1453-1508)은 말한다. 무릇 거북점이나 시초蓍草점은 먼저 사람에게 꾀를 구하는 것이다. 그러므로 (『상서尙書』의)「홍범洪範」편에서, '경사卿士와 상량商量하고, 서인庶人들과 상량하고, 거북점과 시초蓍草점과 상량한다.'라고[170] 한다.

• **나의 견해(1)**: '백성은 그들로 하여금 우리들의 길을 따라서 걷게 하고, 그들로 하여금 왜 그렇게 된 것인지 알게 해서는 안 된다.'[171] 그러므로 천지의 공능功能을 이루는 이는, 성인聖人뿐이다. 부부夫婦는 어리석고 불초하나, 앎[知]과 능력[能]에 참여할 수 있으니, 이것은 (그들이) 비록 자기 능력을 이룰 수는 없지만, 자기 능력에 참여할 수 있음이다. 성인과 백성은 실상 서로 필요로 하여 이루어지는 것이다.

• **나의 견해(2)**: 사람은 삼재三才 가운데 있으니, 천지를 떠나서 독립할 수 없고, 천지 또한 사람을 떠나서 성공할 수 없다. 성인만이 백성의 부류 위에 높이 뛰어나서, 천지에 참여하고, 화육

---

170) '謀及卿士, 謀及庶人, 謀及卜筮.',『今古文尙書全譯』,「洪範」, 江灝, 錢宗武譯注, 상동, 241頁.
171) '民可使由之, 不可使知之.'『論語』,「泰伯」篇(8:9) 참조.

化育을 도우며, 천지의 도道를 마름질하여 이루니, 천지의 적합함을 돕고, 백성들을 좌우하니, 따라서 자기 능력을 이룬다. 천지는 낳게는 할 수 있으나, 그것들을 이룰 수는 없는데, 성인聖人은 천지가 이룰 수 없는 것을 이룰 수 있다. 성인의 능력은 천지의 능력을 하나로 한다. 건乾은 비로소 '아름다운 이로움[美利]'으로써 천하를 이롭게 할 수 있으나, 이로운 바를 말하지 않으니, 위대하도다!

여덟 괘(八卦)는 상상象으로 사람에게 알려주고, 괘·효사는 상황에 따라 말해주니, 강건함과 유약함이 섞여 있어서, 길흉이 보일 것이다! 사태가 변하면 이익[利]을 기준으로 해서 말하고, 길흉은 사정에 따라서 옮겨간다.

[八卦以象告, 爻象以情言, 剛柔雜居, 而吉凶可見矣! 變動以利言, 吉凶以情遷.]

최경崔憬(7세기, 당唐대 역학자)은 말한다. 문왕文王은 여섯 효爻의 강유剛柔로써 서로 밀고 가니, 사물들이 잡거하여, '이理'를 얻으면 길하고, '이理'를 잃으면 흉하다.

곽옹郭雍은 말한다. 성인은 변하게 하여 통하게 함으로써 이리를 다하게 하는 것이다.

유원劉沅은 말한다. '팔괘八卦'의 4구절[句]은, 길흉으로 말미암아서 드러나는 바를 말한 것이니, 길흉은 알기 어렵지 않음을 밝힌 것이다. '변동變動'의 두 구절[句]은, 괘리卦理와 인사人事가 합함을 말한 것이다.

마치창馬其昶은 말한다. 정情으로 말하면, 『역易』의 실정을 말한 것이다. '강유剛柔'의 2구절[句]은, 9와 6의 변화를 말한 것이다.

이 때문에 (사람들이) 사랑과 미움으로 서로 공격하면, 길흉이 생겨난다. 먼데 사람들과 가까운데 사람들이 서로 탈취하니, 후회[悔]와 어려움[吝]이 생겨난다. 감정과 행위로 이로움[利]과 해로움[害]이 생겨난다.

[是故愛惡相攻而吉凶生. 遠近相取而悔吝生. 情僞相感而利害生.172)]

유원劉沅은 말한다. 이 여섯 구절은, 길, 흉, 후회[悔], 어려움[吝]은, 모두 인정에서 생겨나고, 괘와 효爻, 단상彖전은, 모두 인정으로 말미암아서 그것들[吉, 凶, 悔, 吝]을 위해 만들어진 것이다.

마치창馬其昶은 말한다. 『시詩』의 『모전毛傳』에 의하면, "'공攻'은 '굳음[堅]'이다."173) '굳음[堅]'

----

172) 情은 감정이고, 僞(거짓)는 爲로 읽어야하니, 행위이다. 高亨, 597頁.

은, 서로 느끼고 서로 취하여 그 정점[極]에 이른 것을 말한다. '서로의 느낌[相感]'은 가까우면 미칠 수 있으나, 멀면 서로 못 미친다. 육효六爻에서, 두 효가 '이웃으로 가까움[比隣]'이든지, '서로 응함[相應]'이면 가까운 것이 되고, '비比'와 '응應'이 아니면 먼 것이 된다. '역도易道'에서는 '믿음[孚]'이 귀한 것이고, '정위情僞'란 '믿음[孚]'과 '믿지 못함[不孚]'을 말한 것이다. (두 효爻가) 가까우나 서로 얻을 수 없으면, '믿지 못함[不孚]'이다.

> **무릇『역易』의 실정은, (사람과 사람이 서로) 가깝지만 서로 이득을 볼 수 없으면 (미워하고 해치게 되니) 흉凶함이 생기고, 혹 (남을) 해치고, (해치면) 후회와 어려움이 생긴다.**
>
> [凡「易」之情, 近而不相得則凶, 或害之, 悔且吝.]

호일계胡一桂(1247-1314)는 말한다. 가까운 것을 혼자 천거함은 두루 말한 것이다. 가깝다고 서로 취하나, 실상은 서로 얻을 수 없으니, '거짓 느낌[僞感]'으로 시작하여, 끝에는 미워하여 서로 공격함에 이르니, 이 때문에 흉할 뿐이다.

(부항傅恒, 왕유돈汪由敦봉칙奉勅의)『주역술의周易述義』에서 말한다. "흉함[凶], 해로움[害], 후회[悔], 어려움[吝]은『역易』의 실정에서 '간난艱難[險]함'과 '곤고함[阻]'이다."[174]

왕부지王夫之(1619-1692)는 말한다. '가까움[近]'에 둘이 있으니, (효爻가) '서로 가까움[比]'과 '서로 응함[相應]'이니, 모두 가까움이다.

유원劉沅은 말한다. 이것은 역례易例를 말한 것이다.

마치창馬其㫉은 말한다. '가까움[近]'은, 서로 친근함을 말한다. 괘卦에서는 안[內] 밖[外]의 두 몸[體]이 서로 합함보다 급박한 것은 없다. 효爻에서는, 효爻가 괘의 몸[卦體]이나, 본위本位나, '가까움[比]'이나, '응함[應]'에 대하여, 모두 이른바 '가까움[近]'이다. 가까우면 '서로 얻는[相得],' '서로 못 얻는[不相得]' 실정이 있다. 하늘[天]과 물[水]이 가는 것이 다르니 소송[訟]이 이루어지고, 밝음이 땅 속으로 들어가면 '밝음의 죽음[明夷]'이니, 이런 두 몸[體]은 '서로 얻지 못함[不相得]'이다. 모두 '굳셈[剛]'이고 모두 '부드러움[柔]'이니, 효爻의 응함에 '서로 얻지 못함[不相得]'이다. 부드러움[柔]이 굳셈[剛]에 올라타면 '가까운 효[比爻]'는 서로 얻지 못함이다. 이것이 총례總例이다. '정감情感'은 이

---

173) '攻, 堅.',『毛詩註疏』卷第十,「小雅」,「南有嘉魚之什」,「車攻」,『毛詩正義』, (漢) 毛亨傳, (漢) 鄭玄箋, (唐) 孔穎達疏, (十三經注疏 整理本), 五冊, 상동, 758頁.

174) '凶害悔吝, 則易情之險阻也.',『御纂周易述義』卷九, 第十二章, 傅恒 等撰, 電子版文淵閣四庫全書, 上海人民出版社, 1999 참조.

롭고, '거짓 느낌[僞感]'은 해롭다. 혹 느낌이 순수하지 않아서, 진심 속에 거짓의 해로움이 약간 섞이면 '후회[悔]'와 '어려움[吝]'이 생긴다. 그러므로 '후회'와 '어려움'은 약간의 흠집이라고 말한다.

배반하려는 자는, 말이 거짓이다. 마음속으로 의심하는 자는, 그 말이 갈라진다. 착한 사람의 말은 (말수가) 적다. 조급한 자는 말이 많고, 착한 사람을 속인 자는 그 말이 이리저리 움직이고, 지조를 못 지킨 자는 그 말이 굴복하고 만다.

[將叛者, 其辭慙.175) 中心疑者, 其辭枝.176) 吉人之辭寡.177) 躁人之辭多, 誣善之人其辭游, 失其守者, 其辭屈.178)]

공영달孔穎達(574-648)은 말한다. '유游'는, (이리저리) '떠다님[浮游]'을 말한다.

양만리楊萬里(1127-1206)는 말한다. 이것은, 『역易』을 배워서 얻은 이는 말할 줄 알 수 있음을 말한 것이다.

항안세項安世(1129-1208)는 말한다. '배반[叛]'은, '실實'을 등지고 '믿음[信]'을 버리는 것이다. 말[言]과 '실實'이 어그러지기에, 따라서 '부끄러워함[慙]'이다.

선풍單渢(13세기, 원元나라 역학자)은 말한다. 『역易』이라는 책은, '진실과 거짓[情僞]'을 다하여 득실을 밝히는 것이다. '진실과 거짓'의 생김은 반드시 말[辭]에서 보이기에, 따라서 성인은 또한 끝에서 말을 한 것이니, 사람들로 하여금 살펴서 일의 위험[機]을 알게 함이다.

(부항傅恒, 왕유돈汪由敦봉칙奉勅의) 『주역술의周易述義』에서 말한다. "이것은 인정의 '어려움과 고초[險阻]'이다. 건곤乾坤의 '쉽고 간단함[易簡]'을 몸으로 하지 않는다면, 누가 이렇게 할 수 있을까? 그러므로 (『역易』은) '쉽고 간단하여 천하의 도리를 얻음이다.'"179)

유원劉沅은 말한다. 이것은 (인생의) '어려운 고초[險阻]'의 설명을 아는 근거를 설명하는 것이다. 배반[叛], 의심[疑], 조급함[躁], 속임[誣], '지킴을 잃음[失守],' '쉽고 간단함[易簡]'을 잃음'의 도리[理]이다. 『역易』을 배우는 이는, 반드시 '강건함과 순종[健順]'에 근본을 두고, 스스로 자기 진실[實

---

175) 참참(부끄럽다)은 참참(부끄러움)이니, 참참은 사詐(속이다)이다. 高亨, 상동.

176) 지枝(나무 가지)는 마땅히 기岐(갈림길)이니 분기分岐이다. 高亨, 상동.

177) 『說文解字』에, 吉은 善이다. 高亨, 598頁.

178) 조躁(조급)은 부조浮躁(말이 뜨고 조급함)이다. 지조를 못 지킨 자는 부화뢰동浮華雷動하니, 자기 주견이 없어서, 그 말은 굴복한다. 高亨, 상동.

179) '此人情之險阻也. 非體乾坤之易簡者, 其孰能知? 故曰:「易簡而天下之理得.」,'『御纂周易述義』卷九, 第十二章, 傅恒 等撰, 電子版文淵閣四庫全書, 상동 참조.

情을 바르게 하면, 이에 사람의 진실[情]을 평탄하게 할 수 있으니, 자세하게 살피지 않을 수 없을 것이다.

마치창馬其昶은 말한다. 어려움을 알고 고초를 알기에, 그러므로 '진실과 거짓[情僞]'에 대비하여 알 수 있다. '팔괘八卦는 상象으로써 알려줌[八卦以象告]'의 절節은, 『역易』의 실정[情]을 밝혀서, '귀신의 모책[鬼謀]'을 받드는 것이다. 이 절에서는, '말하는 사실'을 알고, '사람의 모책[人謀]'을 밝힘을 논하는 것이다. 옛날에 큰 의문이 있으면, 모책은 경사卿士들, 서인庶人들에 미쳤으며, 또한 모책이 거북점[卜] 시초점蓍草占[筮]에 미쳤으니, 이를 판결하는 점인占人이나 서인筮人들이 그것의 길흉을 변별하였다. 반드시 '말을 아는' 지식을 갖추어야, 이에 여러 말들이 혼란되지 않고, 술사術士들에 미혹당하지 않는다. 성인聖人이 『역易』을 논함에, 인사人事에 귀결되지 않음이 없으니, 그러므로 이것으로 끝내는 것이다.

또 (마치창은) 말한다. 위는 제10편이니, 아래에서 끝맺음을 매달았다. 그 뜻은 대개 (앞) 여섯 편의 머리와 서로 발현된다. (나의 견해: 여섯 편은, 「계사繫辭」하편下篇 머리의, '8괘가 상象을 이룸과 효爻가 길吉, 흉凶, 후회[悔], 어려움[吝]의 변함을 이름'이다. 대개 아래에서 스스로 결말을 맺었다.) 『한서漢書』, 「유림儒林」전傳에서, '비직費直(전2세기, 서한西漢시대 역학자)은, 단象전, 상象전, 계사繫辭10편과 「문언文言」전으로 (『역易』의) 상하上下경經을 해설하였다.'라고[180] 말한다. 「문언文言」전을 10편 밖에서 열거했으니, 그렇다면 여기서 '십편十篇'은 「계사繫辭」전을 말한 것이고, '십익十翼'을 말한 것이 아님이 분명하다. 상계上繫(辭)가 5편, 하계下繫(辭)가 5편이니, 이른바 「계사繫辭」전傳10편이다. 「계사繫辭」전은 '10익十翼' (중中)에서 두 편인데, 「계사繫辭」전 스스로가 10편이 된다. 「설괘說卦」전은 10익翼의 1편이니, 「설괘說卦」전은 스스로 셋째 편이 된다. 『역易』이 오경五經의 하나가 되며, 『역易』 또한 스스로 상하上下경經이다. 상하를 통하여 묶어서 열편十篇'이 되며, 또한 『상하경上下經』을 통하여 64괘가 될 것이다.

• **나의 견해(1):** 공자는, '(남의) 말을 분간할 줄 모르면, 그 사람을 알 수 없다.'라고[181] 말했다. 맹자는, "(나는 남의) 말을 잘 분석하니, 호연浩然한 마음을 잘 기른다."라고 말하고; 또 "'전면적이지 아닌 말[詖辭]'은, 내가 그 편면성의 소재를 알고; '과분한 말[淫辭]'은, 그 신중치 못하여 넘어진 곳[所陷]을 알고; '정도正道와 합치하지 않는 말[邪辭]'은, 그것이 갈라지는 곳[其離]을 알고; '회피하

---

180) '費直…徒以象, 象, 繫辭十篇, 文言解說上下經.'『漢書』, 「儒林傳」第五十八 , 11冊 傳[五], 상동, 3602頁.
181) '不知言, 無以知人也.'『論語』, 「堯曰」편(20:3) 참조.

는 말[遁辭]'은, 그 이유가 반박당한 곳을 안다."라고[182] 하였다. 대성大聖이나 대현大賢은 '남의 말을 앎에 실공實功을 가짐'을 볼 수 있을 것이다. 정자程子가 말씀하셨다. "마음이 도道를 통달한 뒤에야 능히 시비是非를 분별할 수 있으니, 마치 저울대를 잡고 경중輕重을 비교할 수 있는 것과 같다. 맹자의 이른바 '지언知言'이란 바로 이것이다."[183] 또한 맹자의 '지언知言'은, 바로 사람이 당상堂上에서 있어야 바야흐로 당하堂下 사람의 곡직曲直을 구별할 수 있는 것과 같으니, 만일 자신이 아직도 당하堂下의 여러 사람들 속에 섞여있음을 면하지 못한다면, 분별할 수 없는 것과 같다. (남의) 말을 아는 것은 쉽지 않음이니, 다른 이들과 모책함에는 신중하지 않을 수 없다.

• **나의 견해(2)**: 구례舊例에서는 상하의 「계사繫辭」전을 12장으로 나누었으니, 전인前人들은 다수가 이를 좇았다. 지당止唐(劉沅)선생 또한 그러하였으니, 『역易』이라는 책에서 여러 절節을 멀리할 수 없고, 오직 융회融會하여 관통貫通할 수 있으면, 그 사의詞義가 번잡함을 싫어하지 않았다. 포윤抱潤(馬其昶)선생에 이르면, 더욱 내용요점[提綱]이 중요하니, 10편으로 구별하고, 상하에 각 5편이니, 『역易』 전체의 대지大旨를 총론總論하였다. 상편에서는 조화가 자연스러운 『역易』과, 성인이 『역易』을 만든 뜻이며, 군자가 『역易』을 배우는 방법을 말하였다. 하편에서는, 괘효卦爻가 변동하기에, 13괘상卦象을 들어서 사물을 창작하여 상象을 취하는 주요한 단서[大端]로 삼았고, 또한 11개의 효의爻義를 들어서 길吉, 흉凶, 후회[悔], 어려움[吝]을 밝히는 예例를 보였고, 더욱이 9괘를 들어서 성인이 우환에 처하는 도道를 논하였으니, 『역易』의 몸[體]과 쓰임[用]이 크게 갖추어짐을 말하였다. (『역易』을) 배우는 이들로 하여금 이 큰 편을 송양頌揚하게 하니, 층층이 분석하여 차례가 조리가 있으며, 간요簡要하여 쉽게 찾게 되니, 두서가 없음에 이르지 않았기에, 사림士林들의 고심苦心에 은혜를 베풂을 보게 된 것이다. 그중 「계사繫辭」상전의 제5편, 제5편의 머리에서, 민간 서방書坊에서 인쇄한 서적의 편차編次에 따르지 않고, 각각 몇 대쪽[簡]을 옮겨서, 심선등沈善登(1830-1902)주注에 의거하여 전인前人들의 뜻을 해석하였으니, 개찬改竄한 것이라 말하지 않고, 원본이 스스로 순리에 따라 문장을 이룬 것 같았다. 이런 「계사繫辭」전의 강령에 대하여는 해설이 분명하다. 제1편의 경문經文에서 강요綱要를 하나씩 진술하였으니, 뒤의 네 편은 모두 이편의 심오한 뜻을 발휘한 것이다. 제2편은 '저서의 주지主旨와 체례體例[義例]'를 총론總論한 것

182) '曰: "我知言, 我善養浩然之氣." … 詖辭知其所蔽, 淫辭知其所陷, 邪辭知其所離, 遁辭知其所窮.' 『孟子』, 「公孫丑」上章(3:2) 참조.

183) '夫心通乎道, 然後能辨是非, 如持權衡而較輕重. 孟子所謂知言也.', 『二程文集』卷十, 『伊川文集』, 宋 程頤撰, 電子版文淵閣四庫全書, 上海人民出版社, 1999 참조.

이니, '길흉 득실' 10구句의 뜻을 펼친 것이다. 제3편은 '있음[居]'을 펼쳐서 상象을 관찰하고 사의 詞義를 완미한 것이다. 제4편은 활동을 펼치어 변화를 관찰하고 점占을 완미한 것이다. 제5편은 '하늘의 도움[天祐]'을 펼친 것이니 길하여 이롭지 않음이 없다. 제6편은 괘효卦爻의 변동變動을 총론總論하여 사람에게 길흉을 보이니, 쉽고 간편함에 귀결된다. 제7편은 괘상卦象을 밝힌 것이다. 제8편은 효의爻義를 밝힌 것이다. 제9편은 괘덕卦德의 효례爻例를 총론總論한 것이다. 제10편은 「계사繫辭」하전下傳의 결론이니, 뜻은 제6편의 머리와 서로 통한다. 『역易』의 조직과 문장을 이룸 이 이와 같다. 그런 다음에 「계사繫辭」전은 '십익十翼'에서는 다만 2편이나 「계사繫辭」전은 스스로 가 10편이 됨을 알 수 있다. 상하 「계사繫辭」전을 통하여 10편이 되니, 또한 상하 경經을 통하여 64괘로 발전된다. 선생의 여러 학설들은, 나에게 '알려서 알게 함[詔]'과 같다.

● **나의 견해(3):** 13괘에서 상象을 취하니, 그물[網罟]은 이離괘에서 취했고, 가래[耒]와 보습[耜] 은 익益괘에서 취했고, 시장에서 화물교환은 서합噬嗑괘에서 취했고, 의상衣裳은 건곤乾坤괘에서 취했고, 배[舟]와 노[楫]는 환渙괘에서 취했고, 소 부리고 말을 탐은 수隨괘에서 취했고, 딱따기를 치는 것은 예豫괘에서 취했고, 절굿공이와 절구는 소과小過괘에서 취했고, 활과 화살은 규睽괘에 서 취했고, 집과 방은 대장大壯괘에서 취했고, 관곽棺槨은 대과大過괘에서 취했고, 글자[書契]는 쾌 夬괘에서 취했다. 11효의爻義는, 「계사繫辭」전 제3장에서, ①함咸괘 94효, ②곤困괘 63효, ③서합 噬嗑괘 초9, 상9효, ④비否괘 95효, ⑤정鼎괘 94효, ⑥예豫괘 62효, ⑦복復괘 초9효, ⑧손損괘 63 효, ⑨익益괘 상9효를 인용하여, 그 뜻을 해석하였다. 또한 아홉 괘를 들어서, ①이履괘 덕의 기반 을, ②겸謙괘 덕의 자루[柄]를, ③복復괘 덕의 본本을, ④항恒괘 덕의 견고함[固]을, ⑤손損괘 덕을 닦음을, ⑥익益괘 덕의 부요富饒함을, ⑦곤困괘 덕의 달변[辯]을, ⑧정井괘 덕의 땅을, ⑨손巽괘 덕 의 제조[制]를 말하였다.

『설괘說卦』전傳

제언 題言

「설괘說卦」전은, 여덟 괘[八卦]가 나타내는 사물에 대한 설명이 주요내용이다.

건乾☰은 하늘이고, 곤坤☷은 땅이고, 진震☳은 우레雷이고, 손巽☴은 바람이고, 감坎☵은 물이고, 이離☲는 불이고, 간艮☶은 산이고, 태兌☱는 못澤이다. 선진先秦시대이래로 『역易』을 말하는 사람들은 팔괘八卦를 이런 식으로 설명해 왔다. 이것을 괘상卦象으로 말하면, '건乾은 말[馬], 곤坤은 소[牛], 진震은 용龍, 손巽은 닭[鷄], 감坎은 돼지[豕], 이離는 꿩[雉], 간艮은 개[狗], 태兌는 양羊이다.「설괘說卦」전에 설명되고 있는 것은 매우 많다. 팔괘에서 괘상卦象을 끌어내어, 서점筮占 치는 사람이 사실을 거들떠보지 않고, 멋대로 지어내서 마음대로 지껄이기도 한다.「설괘說卦」전에 기록된 것은 편자編者 개인의 생각이기에, 전적으로 믿을 것이 못 된다. 이편에서 말하는 것에는, 자잘하여 쓸데없는 것도 있다. 예로, '巽…, 其於人也, 爲寡髮, 爲廣顙, 爲多白眼.'(손巽괘는 …, 그것을 사람으로 말하면, 머리카락이 적고, 넓은 이마이고, 대부분 흰 눈[眼]이다.)이나, '坎…, 其於馬也, 爲美脊, 爲亟心, 爲下首, 爲薄蹄.'(감坎괘는 …, 그것을 말馬로 말하면, (말) 등이 아름답고, 민첩하며, 발굽이 엷다.) 등등이다. 이런 것들은 역경易經을 이해하는데, 도움이 별로 안 되고, 점보는 일에도 보탬이 안 된다.

그러나 이편에서 언급된 것은 또한 쓸모가 많은데, 이를 근거로「역경易經」,「단彖」,「상象」, 「계사繫辭」전傳 등을 이해하는데 도움이 된다. 하지만, 만족할 만하지 못한 것이 유감이다.

‖‖ 1 ‖‖

옛날 성인이 『역易』을 창제함에, 천신天神과 지신地神에게 숨어서 도움을 구하여, 시초蓍草가 생겼다.
[昔者聖人之作「易」也, 幽贊於神明而生蓍.[1]]

---

1) 이정조李鼎祚의 『周易集解』에서 순상荀爽(128-190)은, 유幽는 은隱(숨기다)이고; 『小爾雅·廣詁』에서, 찬贊은 좌佐(돕다)이다. 神明은 신지神祇이니, 『說文解字』(許愼撰)에서, 神은 천신天神이고, 祇는 지지地祇이다. 高亨, 608頁.

간보干寶(286-336)는 말한다. 처음으로 천하를 위하여 시초蓍草를 쓰는 법이 생겨났다.

소식蘇軾(1037-1101)은 말한다. (『설괘說卦전에서) 소개하여 명命을 전함을, '찬贊'이라 말한다. 천지의 귀신들은, 사람들이 접촉할 수가 없으니, 따라서 시초蓍草나 거북으로 그들에게 소개된다.

(주희의) 『주역본의周易本義』에서 말한다. (『사기史記』의)「귀책열전鬼策列傳」에서, '천하가 화평하면 왕도王道가 얻어지니, 시초蓍草의 줄기가 10자[丈]로 자라나고, 그 총생叢生은 100줄기[莖]에 가득하다.'라고2) 말한다.

항안세項安世(1129-1208)는 말한다. 시초蓍草는 귀신을 도와서 명命을 내보내니, 곧 이른바 '도우는 신[佑神]'이다.

3[홀수]은 하늘이고, 2[짝수]는 땅이다.
[參天兩地而倚數,]

마융馬融(79-166)은 말한다. '의倚'는 '의지함依'이다. '다섯 자리[五位]'가 상합하니, 음이 양을 따른다. 하늘은 세 '합合'을 얻었으니, 1, 3과 5를 말한다. 땅은 두 '합合'을 얻었으니, 2와 4를 말한다.

정현鄭玄(127-200)은 말한다. 천지天地의 수數는 10에서 갖추어지니, 이에 하늘로써 셋으로 하고, 땅으로써 두 번하니, 대연大衍의 수 50에 의탁한다. 반드시 하늘로써 세 번, 땅으로써 두 번은, 하늘은 다시 심사함이요 땅은 두 번 들음[舉]이니, 수數에서 정점[極]을 바라기에 거의 길흉을 관찰하여 알 수 있다.

공영달孔穎達(574-648)은 말한다. 둘은 짝수의 시작이고, 셋은 홀수의 시작이다. 장씨張氏(張惠言, 1761-1802)는, 셋 가운데 둘을 포함함으로써 '하늘이, 땅을 포용하는 덕을 가짐을 밝힌 것이다.'라고 말한다.

소식蘇軾(1037-1101)은 말한다. 하늘은 3 땅은 2는, 수가 다섯[五]에서 멈춤을 밝힌 것이다. 다섯으로부터 가면, 모두 서로 말미암아서 이루어진 것이다.

(주희의) 『주역본의周易本義』에서 말한다. 하늘은 둥글고 땅은 네 모이니, 둥근 것은 하나인데 셋을 둘러싸고, 셋은 각기 하나의 홀수이니, 따라서 하늘을 셋으로 하니 셋이 되었다. 네 모[方]는 하나이면서 넷을 둘러싸니, 4는 2 짝수와 합하기에, 따라서 둘인 땅은 2가 된다. 수는 모두 이것에 의해 일어나기에, 따라서 시초蓍草를 넷씩 덜어내니 3변變의 끝에서, 그 나머지가 셋 홀수이니

---

2) '天下和平, 王道得, 而蓍莖長丈, 其叢生滿百莖.'『史記』,「鬼策列傳」, 十冊 傳[四], 상동, 3,226頁.

3×3은 9이고, 셋 짝수이면 3×2는 6이니, 둘이 2이니 3을 더하면 7이 되고, 셋이 2이니 2를 더하면 8이 된다.

유원劉沅(1767-1855)은 말한다. 천수天數는 홀수, 지수地數는 짝수이다. 3은 홀수이니, 1×3, 2×3, 3×3이며, 양은 9에서 천수天數는 꽉 찬다. 둘은 짝수이니, 2×2, 2×3, 2×4여서, 음은 8의 수에서 꽉 찬다. 1과 2가 합하면 3이 되고, 3과 2가 합하면 5가 되고, 5와 2가 합하면 7이 되니, 7과 2가 합하여 9가 되는데, 진실로 3과 2의 수를 떠나지 않는다. 하나의 3이면 3이 되고, 둘이 3이면 6이 되고, 셋이 3이면 9가 되니, 3, 9는 양의 '바른 자리[正位]'이며, 6 또한 천지의 합습이다. 3으로써 2와 합하면 5가 되고, 5로써 5를 합하면 10이 되니, 3과 2의 뜻을 떠나지 않고자 한다. 하도河圖의 수에 의해서 일어나니, 무릇 수는 모두 이것에서부터 밀고나가는 것이다.

또 (유원은) 말한다. 신명神明은 어두운데 있기에, 성인이 역도易道로써 그것과 통하니, 따라서 '어두움에서 도움[幽贊]'이라 말한다.

마치창馬其昶(1855-1930)은 말한다. 삼參은 하늘, 둘은 땅이니; 수數에 의지하는데, 삼參은 3이고, 양兩은 2이다. 하늘은 땅을 포용할 수 있기에, 따라서 하늘 하나는 땅 둘을 포함하니, 셋이 된다. 건乾은 3과 2의 수로써 서로 올라타니, 2×3은 6과 같기에, 따라서 건乾의 수는 6이다. 곤坤은 하늘 하나 땅 둘의 수로써 서로 올라타니, 1×2는 2와 같기에, 따라서 곤坤의 수는 2이다. 일단 건곤乾坤의 수를 얻었으니 여기에 여러 수들은 이것에 의지하여 생겨난다. '의倚'는, 이 수數에 의지하여 저 수數를 얻음이다. 대개 4는 양수陽數를 바르게 하고, 4는 음수陰數를 묶는다. 양陽은 왼쪽으로 돌고, 음陰은 오른쪽으로 돈다. 건乾은 서북쪽에 있으니, 바름[正]을 찾고자 하여, 건수乾數 6을 취하니, 중앙의 수 5와 합하게 되어, 11이 되기에, 따라서 바로 북北의 감수坎數는 하나이므로, 이른바 '천지의 가운데[中]와 합한다.' 다시 삼천參天의 3으로써 감수坎數에 올라타니, 1×3은 3과 같기에, 따라서 바로 동쪽의 진수震數 3이다. 다시 3으로써 진震에 올라타니 3×3은 9와 같기에, 따라서 바로 남쪽 이수離數 9이다. 다시 3으로써 이離괘를 올라타니, 3×9는 27이니, 따라서 바로 서쪽의 태수兌數 7이다. 다시 3으로써 태수兌數를 올라타니 3×7은 21이기에, 따라서 바로 북의 감수坎數 '하나[一]'이다. 이런 네 개의 바른 양수陽數가 서로 의지하여 생긴 것이다. 사방[四維]의 수는, 건乾에 의지하면, 3으로 건수乾數에 올라타고 왼쪽으로 돈다. 3×6은 18이기에, 따라서 동북쪽의 간수艮數 8이다. 다시 3으로써 간艮괘에 올라타면 3×8은 24이니, 따라서 동남東南의 손수巽數 4이다. 다시 3으로써 손巽에 올라타면 3×4는 12이니, 따라서 서남西南의 곤수坤數 2이다. 다시 3으로써 곤坤에 올라타면 2×3은 6이니, 따라서 서북西北의 건수乾數 6이다. 이 네 번의 음수陰數는 건乾에 의지하여 생긴 것이다. 곤坤에 의지하면 둘[兩] 땅의 2를 쓰니 곤수坤數를 올라타고 오른쪽으로 돈다. 2×2는 4가 되니 따라서 동남東南의 손수巽數 4이다. 다시 2로써 손巽에 올라타면 2×4는 8과 같이 되니, 따라서 2×6은 12가 되기에, 그러므로 서남西南의 곤수坤數 2이다. 이 네 음수陰數는 곤坤에 의지하여 생긴 것이다. 양은 음을 포용할 수 있기에, 따라서 왼쪽으로 돌아서 3으로 가고, 또한 음수를 얻어 오른쪽으로 돌아 2로 갈 수 있다. 단 음수를 얻을 수 있으나, 양수를 얻을 수 없으면, 또한 양陽은 풍족하고 음陰은 결핍되는 도리[理]이다. 넷은 바르고[正] 넷은 모퉁이[維]로 각각 뜻을 취하니, 5의 수는 중앙에 숨는다. 다섯은 무엇인가? 3 하늘, 2 땅의 실수實數이다. 모든 아홉[의 수의 법은, 모두 5에 의지하여 이루어진 것이다.

● **나의 견해**: 이 단락에서 추론한 왼쪽으로 돎과 오른쪽으로 돈다는 설은, 내가 의심하는 바이니, 마땅히 그것을 조치하되, 참고를 기다려야 한다.

(천지의) 음양을 관찰하고 괘(의 음양)을 세웠다. (『역易』의 저자는) (괘의 음양을) 강건함과 유약함으로 발전시켜서 효爻를 생기게 하니, (천지天地의) 도道, 덕德, 의義에 화합하고 순종하여 (사람의) 도道, 덕德, 의義를 제정하여, 도道와 (사물의) 속성을 끝까지 추구하여, 타고난 품성을 (파악하기에) 이르렀다.
[觀變於陰陽而立卦.3) 發揮於剛柔而生爻, 和順於道德而理於義, 窮理盡性以至於命.4)]

(주희의) 『주역본의周易本義』에서 말한다. 천하의 도리[理]를 다하고, 인물人物의 본성[性]을 다하여서, 천도天道와 합한다. 이것이 성인聖人이 『역易』을 만든 최대의 공功이다.

(주희의) 『주자어류朱子語類』에서 말한다. 도道와 덕德에 순종함, 이것은 본원과 투합投合하는 것이다. 의義에 대한 도리[理], 이것은 변화에 응하는 '마땅함[合宜]'이다.

항안세項安世는 말한다. 이 두 구句는 반복하여 서로 말한 것이니, 효爻와 단彖의 사辭를 말한 것이다.

유원劉沅은 말한다. 건곤乾坤이 8괘를 만드니, 8괘에서 56괘가 생겼다. 괘가 이루어지니 강유剛

---

3) 韓康伯에 의하면, 3은 홀수, 2는 짝수이다. 우번虞翻에 의하면, 의倚는 입立(세우다)이다. 만물에는 음양이 늘 변하는데, 괘에도 음양의 변화가 사물의 음양변화를 나타낸다. 그러므로 '觀變於陰陽而立卦.'(음양에서 변화를 관찰하여 괘(의 음양변화)를 세웠다.)라고 말한다. 高亨, 609頁.

4) 和順은 '天地의 道, 德, 義에 和順하여, 사람의 道, 德, 義를 제정함'을 말한다. 여기서 道는 규칙, 德은 사물의 속성, 義는 합의合宜이다. '窮理盡性以至於命'에서 理는 道, 性은 사물의 속성, 命은 天命이니, 타고난 성품性品을 말한다. 궁진窮盡은 철저한 연구이다. 周振甫, 282頁, 注4.

柔에 몸[體]이 있게 되고, 때[時]와 자리[位]가 같지 않으니, 성인이 그 뜻을 발휘하였기에, 따라서 효交가 있게 되었다. 도道는, 도리[理]가 천지에 있는 것이다. 덕德은, 사람의 덕이다. 의義는, 사물의 적합함이다. 위의 '이理'자는 조리條理이고, 아래의 '이理'자는 의리義理이다. 도리[理]가 만사에 흩어지고, 본성[性]은 사람에게 갖추어지니, 명命은, 하늘에서 주재하는 것이다. '궁窮'은, 자기 핵심[精]을 다함이다. '진盡'은, 자기 순수함을 다함이다. '지至'는, 심오함에 도달함이다. 수數, 괘卦, 효交는, 모두 천지신명神明의 덕에 근본을 두었으니, 억지로 하는 것이 아니다. 천도天道는 사람에게 덕으로 갖추어지고, 일에서는 의義로 들어난다. 성인은『역易』으로써 보이니, 사람들로 하여금 하늘에 어긋나지 않고, 사람에게 거역하지 않으며, 일 처리에 혼란이 없게 한다. 배우는 이들은 물리를 궁구하여 스스로 자기 본성을 다하고, 정미精微한데 나아가서 천명天命의 본연에 이르면,『역易』을 만든 가르침을 버리지는 않을 것이다. 이 제1장은, 아래 10장의 총괄이나, 단 하도河圖에 나아가서 삼량參兩의 뜻을 대략 다수로 표지하니, 여러 설들은 저절로 포괄되지 않음이 없을 것이다.

또 (유원은) 말한다. 도덕道德, 의리義理, 성명性命은 이치는 하나이나, 이름은 다르다. 도道는 통 털어 말한 것이니, 자연[天]과 인간[人]에 공통한다. 덕은 사람에 나아가서 말한 것이고, 의義는 일에 대해서 말한 것이다. 화합하고 순조롭고 도리는『역易』에 나아가 말한 것이니, '도리를 궁구함[窮理]'의 구절은 배우는 이들에 나가서 말한 것이다. 본성[性]이 곧 '이理'이니, 하늘에서는 '명命'이라 말하고, '사람[人]'에게는 '본성[性]'이라고 말한다. 하늘을 근본으로 하고 '본성[性]'이 된 것이 일본一本이다. '본성을 따르나 만물에 흩어짐을 보이니,' 만수萬殊이다. 사물의 도리를 궁구하고 몸에서 도리어 찾아내서, 본성을 다하고 명命을 세우니, 천명天命의 근원은 내 몸에 있을 것이다. 이런 것 가운데 많은 공부할 것이 있으니, 공자선생[夫子]께서는 이것을 요약했는데, 이것을 배우는 이들은 깊이 생각하여, 스스로 얻어야 하는 것이다.

요배중姚配中(1792-1844)은 말한다. 강유剛柔의 획畫에서 발동함으로써, 9(양)6(음)의 효交가 생겨난다.

마치창馬其昶은 말한다. 음양 노소老少의 변화를 관찰하니, 괘卦가 이루어진다.

또 (마치창은) 말한다. 한 번 음陰 한 번 양陽인 도道와, '크고[元] 형통[亨]하고 이롭고[利] 바름[貞]'의 덕이 괘卦의 단象전에서 나타날 것이다. (괘卦는) 화순하며 의義에 대한 '도리[理]'이니, 조리에서 사물은 자기 적절함을 얻어서, 단象전을 근본으로 하여 효交를 알게 되는 것이다. 사물에 각각 이치[理]가 있고 사물에 각각 성질[性]이 있으니, 효상交象은 상세할 것이다. 도리를 궁구하여 본성을 다하여 명命에 이르고, 효交를 미루어서 단象전으로 간다. '명命에 이름[至於命]'은, 곧 맹자의 '마음을 보존하여 본성을 길러서, 하늘을 섬기는 것[存心養性, 所以事天]'의[5] 설이다.

> 옛날 성인이 『역易』을 지을 때, (사물의) 타고난 본성의 도리에 순종하여, 이에 하늘의 도리를 세우니 음과 양이라 말했고, 땅의 도리를 세우니 유약함[柔]과 강건함[剛]이라 했으며, 인도人道를 세우니 인仁과 의義라 말했다. (하늘, 땅, 사람) 삼재三才를 겹치어 두 배로 하니, 따라서 『역易』은 여섯 효[六爻]로 (한) 괘를 이루었다. (6효는) 양으로 나누어지고 음으로 나누어지어, 돌아가며 유약함[柔]과 강건함[剛]을 쓰게 된다. 그러므로 『역易』에는 여섯 자리[位]가 생겨나고 '문채文彩[章]'가 있게 되었다.
>
> [昔者聖人之作「易」也, 將以順性命之理. 是以立天之道曰陰與陽, 立地之道, 曰柔與剛, 立人之道, 曰仁與義.[6] 兼三才而兩之, 故「易」六畫而成卦.[7] 分陰分陽, 迭用柔剛, 故「易」六位而成章.]

정현鄭玄은 말한다. 성인聖人은, 복희伏羲와 문왕文王을 말한다. 『역易』은, 음양의 상象이고, 천지의 변화이고, 정교政敎가 생겨나는 바이다.

순열荀悅(148-209)은 말한다. 음양은 정기精氣를 통괄하고, 강유剛柔는 '많은 모양[群形]'의 등급을 매기고, 인의仁義는 사업을 관리하니, 이것이 도道가 된다.

한백韓伯(5세기, 남북조南北朝시대)은 말한다. 음양은 기氣를 말하고, 강유剛柔는 모양[形]을 말한다. 혹 '모양[形]'에 있기에 음양을 말한 것은, 그 '시작[始]'을 근본으로 함이다. 기氣에 강유剛柔를 말한 것은, 그 '끝[終]'을 요하는 것이다.

공영달孔穎達은 말한다. 음위陰位 양위陽位는, 유효柔爻나 강효剛爻를 바꿔가며 쓰면서 있기에, 괘효卦爻의 '찬연燦然하고 아름다운 무늬[文章]'를 이룬 것이다.

유원劉沅은 말한다. 위에 말한 '성명性命'은, '사람이 할 것을 다하여 하늘과 합침'을 말한다. '성性'은 사람에 나아가 말한 것이고, '명命'은 하늘에 나아가서 말한 것이다. 이렇다면 '성명性命'으로써 태극의 '진실[眞]'을 밝힌 것이다. '성명性命'은, 건곤乾坤의 '바른 이치[正理]'이기에, 건양乾陽이 사람에게서 '본성[性]'이 되고, 곤음坤陰은 사람에게서 명命이 된다. '본성[性]'과 '명命'이 합쳐서 하나의 태극太極을 이룬다. 태극은 모양이 없으나, 이기理氣의 동정動靜은 성명性命을 갖는다. '성명

---

5) '存其心, 養其性, 所以事天.' 『孟子』, 「盡心」章句上(13:1) 참조.

6) 인仁으로 사람을 사랑하니, 柔를 주로 하고, 義로써 일을 하니, 剛을 주로 한다. 高亨, 상동.

7) 육화六畫는 육효六爻이다. 육효六爻는 삼재三才를 나타내니, 위의 두 효는 하늘, 아래의 두 효는 땅, 중간의 두 효는 사람을 나타낸다. 高亨, 610頁.

性命'은, 건乾의 강건함과 곤坤의 순종이 자연스럽게 핵심[精]으로 뭉친 것이다. 음양의 기氣, 강유의 바탕[質], 인의仁義의 덕은, 모두 이 '생명[性命]'의 도리[理]가 발현시킨 것이니, 기실 '하나[一]'일 뿐이다. 성인聖人은 잠시 이것을 삼재三才의 도道라고 여겼는데, 생명[性命]의 근원은 볼 수 없으니, 곧 볼 수 있는 것으로써, 『역易』이 생겨난 까닭[所以]을 밝힌 것이다. '겸兼'자, '분分'자, '용用'자는, 힘이 안 드니, 조화造化에 나가서 말한 것이고, 『역易』에 나가서 한 말이 아니다. (하늘, 땅, 사람) 삼재三才가 이런 '생명[性命]'을 함께한 것이니, 억지로 조작한 것이 아니다. '생명'이 하늘에서 드러남에 나가서, 음양은 쉽게 보이고, 이것으로써 천도天道를 세운 것이다. 땅에서 드러나는 것은, 강유剛柔로 나타나니, 이것으로써 지도地道를 세운 것이다. 사람에게서 이루어지는 것은 인의仁義가 포괄되니, 이것으로써 인도人道를 세운 것이다. 하늘, 땅, 사람은 이 '생명'의 '도리[理]'를 함께 하니, 합한 것은 나누어진 적이 없음을 알게 되면, '나뉨[分]'을 아는 이는 실로 합쳐지지 않은 적이 아직 없다. '합침[合]'은 무엇인가? '생명[性命]'이다. '본성[性]'은 건乾의 '도리[理]'이고, '명命'은 곤坤의 '도리[理]'이다. 순수하여 더러움이 없는 것이 '본성[性]'이고, '하나[一]'로 엉겨서 순박한 것은 '명命'이다. 선천先天의 '성명性命'이 합하니, 건곤乾坤은 일원一元이 되는 것이다. 후천後天의 '성명性命'은 나뉘어 기탁되니, 건곤乾坤은 '높고 낮음[高卑]'으로 나뉘는 것이다. 천지의 '바름[正]'을 얻은 것은 사람뿐이다. '본성[性]'은 천리天理이다. '명命'은 '하늘의 뿌리[天根]'이다. 인仁하면 '본성[性]의 좋음[良]'을 보존하고, 의義로우면 그 '명命의 바름[正]'을 험증驗證한다. 강유剛柔를 한 번 생각하니, 인의仁義의 쓰임이 나온다. 태극太極은 함축된 것이니, 인의仁義의 몸[體]은 견고함이다. '하나[一]'가 천지天地 음양의 강유剛柔 같다면, 그 '쓰임[用]'을 나누어서 드러내니, 자기 공功을 함께 이루어내지 않은 적이 없다. 하늘은 양인데 음이 있고, 땅은 유柔인데 굳셈[剛]이 있으니, '성명性命'은 '한 쪽으로 없어질[偏廢]' 수 없음을 볼 수 있다. 인의仁義라면, 사람이 천지天地를 받드는 것이니, 따라서 (하늘, 땅, 사람) 삼재三才는 반드시 둘을 겸해야, 그 뜻이 비로소 갖추어진다. '나뉨[分]'은 대대待對로써 말한 것이고, '번갈아 씀[迭用]'은 유행流行으로써 말한 것이다. 강유剛柔 또한 나뉨[分]이 있고, 음양 또한 '번갈음[迭]'이 있으니, '상하의 문의文義가 서로 설명해줌[互文]'이 뜻이 될 뿐이다. 『역易』의 음양 강유剛柔는 천지를 온전히 법으로 삼고, 인사人事의 법칙을 세웠으니, '생명[性命]'의 도리[理]에 순종하지 않음이 없으려한다. '본성[性]'으로 말미암아서 '명命'을 포용하니, 하늘과 사람이 합하는 것이다. '명命'이 혼탁해지고 '본성[性]'이 천박해지면, 하늘과 사람이 나뉘게 되는 것이다. '생명[性命]'은, 천지의 으뜸[元]이고, 오행五行의 순수함[粹]이고, 인심人心의 '바름[正]'이다.

후웬쥔胡遠濬(1869-1931)은 말한다. 음양은 숨음으로 말[言]을 보이는 것이니, '말이 없음[无言]'이 아니다.

마치창馬其昶은 말한다. 위는 제1편이다. "이상은 시수蓍數나 괘효卦爻는 '큰 근원[大原]'이다."라고 안사성晏斯盛(1689-1752)은 말한다. 허계림許桂林(1779-1822)은, "머리에서 이곳에 이르러 1편이 되니, 『역易』을 만든 대의大義를 말한 것이다."라고 말한다.

‖2‖

❶

하늘과 땅이 자리를 잡고, 산과 못이 기를 통하고, 우레와 바람이 서로 부닥치고, 물과 불이 서로 상극이다. 여덟 괘가 서로 교차한다.

[天地定位, 山澤通氣, 雷風相薄, 水火不相射.[8] 八卦相錯.]

공영달孔穎達(574-648)은 말한다. 이것은 '겹친 괘[重卦]'의 뜻을 밝힌 것이다. 천지天地에 자리가 정해지니 덕을 합했다. 산과 못[澤]은 몸은 다르나 기氣를 통하고, 우레와 바람은 각각 움직이나 서로 압박하고, 물과 불은 서로 들어갈 수 없으나 서로 의지한다. 그러므로 성인聖人은 괘를 겹쳐서 건乾, 곤坤, 진震, 손巽, 감坎, 이離, 간艮, 태兌로 하여금 서로 겹치게 하니, 하늘, 땅, 우레, 바람, 물, 불, 산, 못을 상징하게 함으로써, 교차하게 하지 않음이 없다. 일단 8괘가 쓰여 지니, 변화는 이와 같아서, 천天, 지地, 인人의 일들[事]이 갖추어지지 않은 것이 없을 것이다.

왕부지王夫之(1619-1692)는 말한다. '박薄'은, 『춘추春秋』전傳에서, '우리 군대로 하여금 적들에 공격하게 함[寧我薄人]'의 '공격하게 함[薄]'이다.[9] '서로 상극하지 않음[不相射]'은, 각자 자기 장소에 머무르며 서로 침략하지 않음이니, 서로 침략하면 서로 '없어짐[滅絶]'이다.

유원劉沅(1767-1855)은 말한다. 산맥이 못[澤]으로 흘러가서 물의 샘이 되고, 못의 기운이 산으로 올라가 구름과 비가 되니, 이들의 기氣는 통한다.

---

8) 薄은 박搏(치다)의 가차이니, 搏은 격격擊擊(공격)이다. 不은 아마도 연자衍字이고, 相射는 상극이다. 이 구절은 팔괘의 모순대립 관계를 말하고 있다. 高亨, 610頁.
9) '寧我薄人, 无人薄我.' 『左傳全譯』, 宣公12年, 王守謙 等譯注, 상동, 543頁.

또 (유원은) 말한다. 이것은 복희伏羲의 선천先天 8괘이다. (나의 견해: 이것은 소자邵子(邵雍: 1011-1077)의 설에 근본 한다.) 건乾은 남쪽에서 노쇠해지고(老), 곤坤은 북쪽에서 노쇠해지니, 건곤乾坤은 남북[子午]이 정해진다. 서북쪽에 산이 많고, 동남쪽에 물이 많으니, 간艮은 서북쪽에 있기에 '기氣가 시작됨'이 되고, 태兌는 동남쪽에 있으니 '기氣가 주입됨'이 된다. 바람은 서남쪽에서 일어나니 음기가 처음으로 성하다. 우레는 북쪽에서 활동하니, 양기가 처음으로 성하다. 음양 2기가 서로 압박하니 그 기틀을 진동시키기에, 따라서 손巽은 서남쪽에 있게 되고, 진震은 동북쪽에 있게 된다. 해는 동쪽에서 생기고, 달은 서쪽에서 생기기에, 따라서 감坎은 서쪽에 있고 이離는 동쪽에 있다. 천지天地가 있으니, 곧 이 자연스런 이기理氣가 있기에, 따라서 선천先天이 된다. 서로 교착함은, 선천先天의 괘卦와 자리[位]가 대대待對하는 중에 이미 '유행하는 기氣'가 있음을 말한다. 한 번 천지天地가 있게 되니, 곧 이런 상象이 있게 되는 것이니, 안배安排를 빌리는 것이 아니다.

마치창馬其昶(1855-1930)은 말한다. 하늘, 땅, 물, 불 4괘가 반복해도 쇠하지 않으니, 따라서 '자리 잡음[定位]'이라 하고, '서로 상극하지 않음[不相射]'이라 말한다. 산[艮], 못[澤], 우레[震], 바람[巽] 4괘가 반복하여 변역變易하니, 따라서 '기氣를 통함[通氣]'이라 말하고, '서로 부닥침[相薄]'이라 말한다.

과거를 헤아리려면 (순서가) 순차적이고, 미래를 알려면 거꾸로 세야하니, 이 때문에 『역易』에서는 거꾸로 센다[逆數].

[數往者順, 知來者逆, 是故「易」逆數也.10)]

한백韓伯(5세기, 남북조南北朝시대)은 말한다. 『역易』을 만든 것은, (앞으로) '올 일[來事]'을 거꾸로 봄이다.

유원劉沅은 말한다. 순조롭게 나가니, 건곤乾坤이 여섯 자식들을 낳고, 여섯 자식은 만물을 주관하니, 낳고 낳아서 끝이 없다. 거꾸로 거슬러 올라가니, 만물로 말미암아서 8괘로 돌아가 귀결

---

10) 착착은 교착交錯(교차)이다. 『역易』의 六爻는, 그 순서가 위에서 아래로 세니, 이것이 順數인데; 아래에서 위로 세면, 이것이 逆數이다. 사람의 지나간 일[往者]올 셀 때는 먼 것에서부터 가까운 데로 오니, 예를 들면: 하夏, 상商, 주周, 진秦, 한漢 같은 것이니, 이것이 順數이고, 따라서 '數往者順'이라 말한다. 미래 일을 알려면, 예로 지금부터 뒤로 1년, 2년, 3년 등이니, 가까운 데서 멀리로 가니, 이것은 逆數이다. 따라서 '知來者逆'이라 말한다. 高亨, 610-611頁.

되고, 8괘는 태극太極으로 반환返還되니, 하나하나가 '근원[原]'으로 귀결된다. 『역易』은 효상爻象으로써 사람들에게 보이니, 사람이 궁리窮理하여 '근본[本]'으로 돌아가지 않음을 바라지 않음이 없기에, 만리萬理가 중용中庸에서 벗어나지 않음을 알게 되었기에, 따라서 '『역易』은 거꾸로 셈한다.'라고 말한다. '거꾸로'는, 그 '근원[原]'이고, 순종함은 그 '맡김[委]'이다. 신묘하게 '올 것[來]'을 알고, 앎으로써 '지난 일들을 감추니,' 또한 이 '이치[理]'이다. 술수術數의 학學은, 곧 말末로써 찾는 것이니, 본원本原의 학學이 아니다. 그러나 또한 적중도 하니, 이 '도리[理]'로써 두루 퍼져서 빈틈이 없는데, 『역易』의 쓰임[用]에는, 본래 불가한 것이 없다.

또 (유원은) 말한다. 선유先儒들은 '순역順逆'을 해설함에 상상象에 많이 집착하였다. 소자邵子(邵雍)는 3음3양의 '가까운 수[近數]'가 일음一陰일양一陽의 곳에 '이름[至]'을 '순順'으로 여겼고, 주자朱子는 '왼쪽의 4괘에서 수數가 이미 생겨남'을 순순順으로 여기고, '오른쪽 4괘에서 아직 생기지 않음[未生]'을 역逆으로 여겼으니, 모두 '원도圓圖'에 나가서 말한 것이기에, 또한 도리가 있는 것 같다. 그러나 공자선생은 8괘에 나가서 그쳤으니, 원도圓圖를 말하지 않았다. 오직 내씨來氏(來知德, 1525-1604)는 8괘의 상대相對를 교착交錯으로 여겼으니, 그 뜻을 깊이 얻었다. '근원[原]'을 얻음은 '말末'을 개괄할 수 있고, '앞 섬[先]'을 세우면 '뒤[後]'를 관찰할 수 있다. 무릇 '아직 그러하지 않음[未然]'에서 '미래 일을 예측함[料事]'은, 이미 움직인 데서 변화를 관찰함이니, 하나로써 꿰뚫고 있음의 뜻이다.

마치창馬其昶은 말한다. 『주례周禮』주註에서, '역逆'은 '핵심을 탐구함[鉤考]'과 같다. 천하의 수는 '하나[一]'에서 시작하고, 하나가 둘이 되고, 둘이 셋이 되니, 이렇게 가면, 10, 100, 1000, 10,000의 무궁함에 이르니, 적은 것에서 말미암아서 많아지니, 그 형세가 순조로워, 이를 '과거를 헤아리면 순차적 임[數往者順]'이라고 말한 것이다. 『역易』의 수가 7, 8, 9, 6을 쓰는데, 그 시작이 합당하면, 만萬에는 1,520책策이 안[內]에 있는데, 그것이 7이 되고 8이 되고 9가 되고 6이 됨을 모른다. 그렇다면 먼저 대연大衍의 수 50을 사용해서, 28, 32, 36, 24책策을 얻었고, 다시 책수策數로 말미암아서 7, 8, 9, 6의 수를 얻으니, 음양은 노소老少로써 나뉘기에, 많은 것부터 적어지는 것으로, 그 형세가 '역逆'이다. 『역易』은, '올 일[來事]을 역逆으로 앎'이니, 따라서 그 수는 또한 역수逆數를 쓴다. 이 세 구절에서는, 8괘가 이루어짐에는 모두 역수逆數로 말미암아 얻게 됨을 말하고 있다.

• **나의 견해**: 지당止唐(劉沅)선생은 '선후의 순서[源委]'로써 순역順逆을 해석하니, 그 뜻이 정밀하고 깊다. 포윤抱潤(馬其昶)선생은 책수策數에 나아가서 미루었으니, 뜻이 더욱 친근하다. 또한

한백韓伯의 설에 근본 하여 가르치니, '올 것을 아는 것은 거꾸로 이니, 『역易』은 역수逆數이다.'의 구절들로 하여금 서로 관통시키고 있다.

> (진震괘는) 우레雷이니 만물을 진동시키고, (손巽괘는) 바람이니 만물을 흩어놓고, (감坎괘는) 비[雨]로써 만물들을 적시며, (이離괘는) 태양으로 만물들을 (건조하게) 말린다. 간艮괘는 (산이니) 만물을 (가만히) 머물게[止] 하고, 태兌괘는 (만물을) 기쁘게 하고, 건乾괘는 (하늘 같이) 만물들에 군림君臨하며, 곤坤괘는 (땅처럼) 만물을 받아들여 저장한다.
>
> [雷以動之. 風以散之, 雨以潤之, 日以烜之. 艮以止之, 兌以說之, 乾以君之, 坤以藏之.11)]

(순상荀爽 등의) 『구가역九家易』에서 말한다. "건곤乾坤이 서로 번식하여 여섯 자식을 낳고 각자가 자기 재주를 지니고, 나아가서 만물들을 낳았다."12)

공영달孔穎達은 말한다. 이것은 8괘가 만물을 기르는 공功을 거듭 밝힌 것이다. 위에서 상象을 들었고, 아래에서 이름[名]을 들었으니, 왕숙王肅(195-256)은 서로 갖추어졌다고 여겼다.

주진朱震(1072-1138)은 말한다. 앞에서는 건곤乾坤과 여섯 자식을 말했고, 이번은 여섯 자식을 말하고 건곤乾坤에 귀결시켰다.

안사성晏斯盛(1689-1752)은 말한다. 이상은 괘의 대립對立[對待]을 말한 것이다.

유원劉沅은 말한다. 건곤乾坤이 처음으로 교섭하니, 진震손巽이 된다. 진震손巽이 서로 교착하며 활동하여 사물이 싹 트고, 흩어지면 사물이 분해된다. 가운데서 사귀면 감坎이離가 된다. 감坎이離가 서로 교착하면 비[雨]와 습함[潤]은 과심過甚한 것을 제압하고. 해[日]와 건조함은 습기를 말린다. 끝으로 사귀면 간艮태兌가 되니, 기뻐하며 자기 성질을 완성한다. 이것은 상장上章의 '서로 교착함[相錯]'의 뜻을 풀어서 밝힌 것이다.

또 (유원은) 말한다. 상장上章은, 8괘가 건곤乾坤에서 나오기에, 따라서 건곤乾坤이 머리에 있음을 말한다. 이는, 건곤乾坤이 온전하게 여섯 자식을 도와서 '쓰임[用]'을 삼은 것이니, 따라서 건곤乾坤으로 끝을 삼는다.

---

11) 之는 만물이다. 우레는 震괘, 바람은 巽괘, 비는 坎, 태양은 離괘이다. 휜烜는 (햇빛에) 말림이다. 艮은 산인데 止, 兌는 못인데 기쁨[說, 悅], 건은 하늘인데 '임금으로 다스림[君臨]'이고, 坤은 땅인데 만물을 '포괄하고 수습[容藏]'한다. 高亨, 611頁.

12) '乾坤交繁, 旣生六子各任其才, 往生萬物也.', 荀爽, 『九家易解』, #184, 中國哲學書電子化計劃, https://ctext.org 참조.

또 (유원은) 말한다. (윗글의) 여덟 개의 '지之'자는, '도리[理]'를 가리켜서 말한 것이니, 곧 태극의 진기眞氣가 만물에서 길러짐이다. 만물의 진기眞氣는, 천지天地의 기氣에 말미암지 않은 것이 없다. 기氣의 '으뜸[元]'은 곧 '도리[理]'의 순수함이다. 사람들은 대부분 '지之'자를 홀시하여 다만 물리치고. '우레가 활동하고 구름이 흩어짐' 운운할 뿐이니, 공자선생께서 태극의 '도리[理]'를 말하고, 8괘가 자기 공용功用을 드러내기에, 따라서 '이以'자 '지之'자가 의리義理가 매우 있음을 모른다. 위에서 상象을 4번 열거하고, 아래에서 4번 괘卦를 열거한 것을, 왕숙王肅(195-256)은 '서로 갖춤[互相備]'이라 말한다.

요배중姚配中(1792-1844)은 말한다. 중춘仲春의 달에 양은 처음으로 땅으로 나오니, 격하여 우레로 되고, 만물들이 움직여서 여러 칩거한 것들이 일어나며, 기氣는 우레를 발동하여 바람을 불게 한다. 바람이 불면 기氣가 퍼지니, 화합하여 비가 된다. 비가 위로부터 내리니, 따라서 습하다. 못[澤]은 아래로부터 올라가니, 따라서 기쁘다. 건乾이 임금이 되니, 호령은 모두 건원乾元으로부터 발한다. 곤坤은 중앙에 자리를 잡으니, 사물은 모두 그것에 붙어있고, 곤坤에서 나오고 곤坤에 감추어있으니, (곤坤은) 만물의 어머니이다.

• **나의 견해(1)**: 아래 글의 '신묘神妙' 일절一節을 관찰하면, '지之'자는 의당 만물을 가리켜서 말한 것이다. 그 소이연所以然의 까닭[故]은, 기氣가 한 것이다. 여덟의 '이以'자는, 또한 기氣를 가리켜 말한 것 같다. 그러나 기氣의 '쓰임[用]'은, 사물로써 드러난다. 사물이라는 호칭은 만萬가지인데, 사물은 각각 '도리[理]'가 있고, '이理' 또한 기氣로써 적합해진다. '이以'자, '지之'자는, 모두 이기理氣 및 사물의 '신묘함[神妙]'를 형용한다.

• **나의 견해(2)**: 임금이 천하를 호령할 수 있고, 건원乾元의 기氣가 만물들을 화생化生할 수 있기에, 따라서 '지之'로써 임금을 삼는 것이다. 그렇게 해서 발동할 수 있고 수습할 수 있다. 곤원坤元은 감출 수 있으니, 곧 건원乾元의 '쓰임[用]'을 묘하게 하여, 자기 기틀[機]을 감추는 것이다.

• **나의 견해(3)**: '하늘과 땅이 자리 잡음[天地定位]'의 절節은, 건곤乾坤이 8괘의 처음에 있으니, 여섯 자식이 건곤乾坤으로 말미암아서 생겨나고, '하나의 본[一本]'이 흩어져 만수萬殊가 됨을 말하니, 이것은 몸[體] 때문에 '쓰임[用]'이 발현된 것이다. '우뢰[雷]이니 진동시킴[雷以動之]'의 절은, 건곤乾坤은 8괘의 끝을 정하고, 여섯 자식은 건곤乾坤을 주인[主]으로 삼고, 만수萬殊를 합쳐서 '일본一本'에 귀결되니, 이것은 '쓰임[用]' 때문에 '몸[體]'에 반환됨이다.

하느님[帝]은 진震쪽[方]에서 만물들을 배출했고, 손巽쪽에서 (만물들을) 가지런하게 하였고, 이離쪽에서 (만물을) 볼 수 있게 하였고, 곤坤쪽에서 도움을 받게 했고, 태兌쪽에서 기쁨을 느끼게 했고, 건乾쪽에서 전투했고, 감坎쪽에서 노동으로 지치게 했고, 간艮쪽에서 종시終始를 이루게 하였다.
[帝出[萬物]乎震, 齊乎巽, 相見乎離, 致役乎坤, 說言乎兌, 戰乎乾, 勞乎坎, 成言乎艮.13)]

최경崔憬(7세기, 당대唐代 역학자)은 말한다. '제帝'는, 천왕天王의 기氣이다. 춘분春分에는 진震이 왕이 되니, 만물이 출생한다. 입하立夏에는, 손巽이 왕이 되고, 하지夏至에는 이離가 왕이 되며, 입추立秋에는 곤坤이 왕이 되며, 추분秋分에는 태兌가 왕이 되며, 입동立冬에는 건乾이 왕이 되며, 동지冬至에는 감坎이 왕이 되며, 입춘立春에는 간艮이 왕이 된다. 이것으로써 두루 천하에 왕이 되니, 따라서 '하느님[帝]'이라 말한다.

소식蘇軾(1037-1101)은 말한다. 옛날에는 이런 말이 있었다.

유원劉沅은 말한다. 이것은 문왕文王의 후천後天 괘卦의 '자리[位]'이다. '하느님[帝]'은, 만물을 주재하는 자이다. 여덟은 모두 '하느님[帝]'이 하는 것이기에, 따라서 '하느님'으로 '첫째 자리[冠之]'로 하였다. '나옴[出]'은 숨은 데에서 나타나는 것이니, 비로소 '모양[形]'이 보일 수 있다. '가지런히 함[齊]'은, 주변을 넓게 알음이니, 사물이 가지 않는 곳이 없다. '서로 봄[相見]'은, 광휘가 밝게 왕성하여 피차가 찬연하게 숨길 것이 없음이다. '치致'는 '맡김[委]'과 같으니, 사물에 노역을 위임하니 길러지지 않음이 없다. 흙은 네 계절에 왕성하고, 여름 가을이 교차함에 더욱 왕성하니, 중앙의 흙이 되기에, 따라서 가을 쇠붙이를 낳고 건양乾陽의 진기眞氣를 기른다. '기쁨[悅]'으로 만물이 모두 이루어지니, 각각은 자기 삶을 기뻐한다. '다툼[戰]'은, 양陽 쇠붙이가 노쇠하니 음기가 성하여, 서로 다투며 싸우는 것이다. '노勞'는, 위로와 휴식의 뜻이다. '이룸[成]'은 완전이다. '나옴으로 말미암아 가지런해지고 서로 봄'은, '하느님[帝]'이 '기틀에서 나옴'을 고무하는 것이니, 일을 하게 되면 나옴으로 말미암아서 남편[夫]쪽으로 향해 들어감이다. 기쁨으로 말미암아 다투며 위로함은, '하느님[帝]'이 '기틀에 들어감'을 고쳐함이다. 이루면 또한 들어가는 것에 말미암아서 남편[夫]쪽으로 향해 나오는 것이다. 뜻은 하문下文에서 상세하다.

• **나의 견해**: '사계절[四時]'에는 각각 '제왕의 운수를 상징하는 상서로운 기氣[王氣]', 곧 나무, 불, 쇠붙이, 흙이 있으니, (『예기禮記』의) 「월령月令」편에서, '성덕盛德이 있는 곳'을 말하였다. '하

---

13) 帝出 뒤에 萬物 두 자가 탈락했으니 지금 보충한다. 두 言자는 모두 焉이다. 상동.

느님[帝]은 진震괘에 말미암아서 나오니, 왕이 호령을 발동하는 것과 같고, 하늘을 둘러서 다니니, 시작이 있고, 끝이 있다. 처음에는 진震의 괘위卦位에서 나오니, 나머지 괘위卦位들은 각각 명命을 받는 때가 있으니, 모두 '하느님[帝]'에게서 명命을 듣는다. '하느님[帝]'은 '도리道理[諦]'이니, 이것이 만물을 만드는 '묘체妙諦'이다. '왕王'은 '지나감[往]'이니, 주변을 왕래하며, 기氣가 통하니 끝이 없다. 선천先天의 머리는 건乾이니, 건乾은 천하의 임금이 된다. 후천後天의 머리는 진震이니, 만물의 '하느님[帝]'이 된다. '임금'이다, '하느님'이다하며, 선후先後천天의 괘위卦位가 비록 나뉘어도, 천하 만물의 수재자가 되는 것은 같지 않음이 없다.

만물이 진震쪽에서 나왔는데, 진震은 동쪽이다.

[萬物出乎震 , 震東方也.]

정현鄭玄(127-200)은 말한다. 우레가 소리를 냄으로써 (만물이) 생겨난다.

유원劉沅은 말한다. 위에서 '하느님[帝]'를 말했고, 여기서는 만물을 말하니, '하느님'의 출입은 보이지 않으나, 사계절에서 만물의 출입은 밝혔다.

마치창馬其昶은 말한다. 나무는 동쪽에서 왕이 된다. 진震에서 괘를 말함에 '나무가 됨'을 말하지 않고, 동남에서 손巽으로 감[之]을 말한다. 손巽이라 말하면 진震은 알 수가 있으니, 또한 나무와 불이 직접 접함을 볼 수 있음으로써 봄여름은 기氣가 동일하다. 쇠붙이는 서쪽에서 왕이 된다. 태兌에서 괘를 말함에 '쇠붙이가 됨'을 말하지 않고, 서북쪽에서 건乾으로 간다고만 말한다. 건乾을 말하면 태兌는 알 수 있으니, 쇠붙이와 불이 직접 접함을 볼 수 있음으로써 가을과 겨울은 기氣가 동일하다.

만물이 손巽쪽에서 가지런하게 되었으니, 손巽은 동남쪽이 되고, 만물을 질서 있게 함이다.

[齊乎巽. 巽, 東南也. 齊也者, 言萬物之潔齊也.14)]

『건착도乾鑿度』에서 말한다. '손巽괘는 동남쪽에서 흩어진다.'15)

정현鄭玄은 말한다. 혈결은 '새롭게 함[新]'과 같다.

---

14) 『荀子』, 「不苟」편: '君子絜其辯.'에, 양경楊倞의 주석에 의하면, 혈결은 수정修整이다. 그러므로 혈제絜齊는 정제整齊(질서 있게 함)이다. 高亨, 612頁.

15) '巽散之於東南.', 『周易乾鑿度』卷上, 漢 鄭康成注, 電子版文淵閣四庫全書, 상동 참고.

천스룽陳世鎔(1899-1962)은 말한다. 손손巽괘는 신사辰巳의 사이에 있기에, 3월의 율律은 고선姑洗에 해당하고, 4월의 율律은 중려中呂에 해당한다. (『한서漢書』의)『율력지律曆志』에서, "'고선姑洗'은, '씻음[洗]'이니, '깨끗함[絜]'이어서, 양기陽氣가 사물을 깨끗이 씻어서 반드시 깨끗하게 함"을[16] 말한다. '중려中呂'는, 미약한 음陰이 시작하여 일어났으나 아직 이루어지지 않았으니, 그 가운데에서 드러나는데, 고선姑洗을 많이 도우니, '양기陽氣를 발산하여 만물을 낳아서[宣氣]' '만물들로 하여금 생장을 가지런하게 함[齊物]'이다. 이것이 '가지런히 함[絜齊]'의 뜻이다.

마치창馬其昶은 말한다. 봄과 여름의 사귐에서 땅의 양기陽氣는 모두 창통暢通하여, 진震 아래의 일양一陽은 이미 위로 나왔으니, 그 위의 2음은 모두 갱신하여 양陽이 되었기에, 따라서 손巽은 조리가 있게 된다. 진震의 '끝까지 다함[窮盡]'은 무성茂盛하여 선명하게 되었으니, 또한 이것[巽괘] 때문이다.

이離괘는 밝음이니, 모두 서로 만물을 바라볼 수 있으며, 남쪽의 괘이다. 성인은 남쪽을 향하여 면대하고 천하 사람들의 말을 들으며, 태양을 향하여 (백성을) 다스림이니, 아마도 여기[離괘]에서 취한 것이다.

[離也者, 明也, 萬物皆相見, 南方之卦也. 聖人南面而聽天下, 向明而治, 蓋取諸此也.]

정현鄭玄은 말한다. 해가 비치니 빛나고 크게 함이다.

마치창馬其昶은 말한다. 심체心體는 '원시原始의 혼돈상태[太易]'의 광명을 '근본[本]'으로 하니, 만물이 함께 나오기에, 따라서 모두 서로 보는 것이다. 밝음을 향하여 다스리는 자는, '사념私念이 일어남으로 자기 본각本覺의 밝음을 저지할 수 없다.'

곤坤괘는 땅이니, 만물은 모두 (땅에서) 길러지고, 따라서 땅에서 도움을 받는다고 말한다.

[坤也者, 地也, 萬物皆致養焉, 故曰: 致役乎坤.[17])]

(반고班固 등의)『백호통白虎通』에서 말한다. '땅은 흙의 별명'이다.[18] 흙은 사계절의 왕이 되니

---

16) '姑洗: 洗, 絜也.'『漢書』,「律曆志」第一上, 四冊 志[一], 상동, 959頁.

17) 致는, '使之至'(이르게끔 한다)이니, 取到(얻데 되다), 得到(얻게 되다)이다.『廣雅·釋詁』에, 役은 助이다. 高亨, 613頁.

18) '地, 土之別名也.',『白虎通疏證』卷四,「五行」, (淸) 陳立撰, 上冊, 상동, 168頁.

중앙에 있다.

(허신의)『설문해자說文解字』에서 말한다. "곤坤은 땅이니, 『역易』의 괘卦이다. '토土'를 따르고 '신申'을 따랐으니, 흙은 '신申'에 자리한다."[19]

정현鄭玄은 말한다. 음기陰氣는 '사巳'에서 시작하여, '오午'에서 살아나며, '미未'에서 '모양形'이 생기니, 따라서 곤坤은 '바른 모양正形'의 자리에 서는 것이다.

유원劉沅은 말한다. 곤坤이 '네모方'를 말하지 않음은, 땅이 사물을 기름養이 한 곳이 아니기 때문이다.

마치창馬其昶은 말한다. 곤坤 땅과 이離 불은 서로 연결 되어있다. (주자의)『주자어류朱子語類』에서 (『황제내경黃帝内經』의)「소문素問」을 인용하여, "황제黃帝는, '땅은 믿을 수 있는가?'라고 말하였다. 기백岐伯은, '화기火氣가 그것에 올라탑니다.'라고 말했다."[20] 그렇다면 땅의 마음은 모두 불이니, 만물이 양육을 얻음은, 모두 이 열력熱力에 의뢰한다.

태兌괘는 바로 가을이여서, 만물들이 (다 자라서) 기쁜 것이니, 따라서 태괘에서 기뻐한다고 말한다.
[兌, 正秋也, 萬物之所說也, 故曰: 說言乎兌.[21]]

『건착도乾鑿度』에서 말한다. '태兌는 서쪽의 괘이다. 음이 일을 하며, 만물이 적절함을 얻으니, '옳음義'의 '도리理'이다.'[22]

정현鄭玄은 말한다. 초목은 모두 노쇠해지는데, 못澤의 기氣가 기쁨으로써 이루어짐과 같다.

주진朱震(1072-1138)은 말한다. 정추正秋는 추분秋分이다. 태兌에서 추분秋分을 말하면 나머지는 유추할 수 있다.

유원劉沅은 말한다. 가을 기후는 처음으로 차가워지는데, '기쁨說'이라 말하는 것은, 앞선 '자라남長'이 여기에서 이루어지니, 생의生意가 충만하여 기쁨이다.

---

19) '坤, 土也; 『易』之卦也, 从土, 从申, 土位在申.'『說文解字』, 土部, 東漢 許愼著, 下冊, 상동, 1,111頁.
20) 「素問」中說:『黃帝曰: '地有憑乎?' 岐伯曰: '火氣乘之.'"『朱子語類』卷第九十四, (宋) 黎靖德編, 北京: 中華書局, 1986, 第六冊, 2,377頁.
21) 說은 열悅(기쁨)로, 言은 焉으로 읽는다. 「說卦」전에서는 兌를 사계절로 말하면, 正秋45日의 계절이니, '兌, 正秋'라고 한 것이다. 이 계절에 만물이 다 커서 기뻐하니, '萬物之所說也.'라고 한 것이다. 高亨, 상동.
22) '兌於西方之卦. 陰用事, 而萬物得其宜, 義之理也.', 『周易乾鑿度』卷上, 漢 鄭康成注, 電子版文淵閣四庫全書, 상동 참조.

마치창馬其和은 말한다. 쇠붙이는 태兌에 속하고 서쪽의 엄혹한 기분이다. 태兌가 있기에 기쁨은, '숙정肅靜함[肅]'이 화합함이다. 태兌괘 단象전에서, "백성들보다 앞서 기뻐하니, … 백성들이 자기 죽음을 잊어버렸다."라고[23] 했으니, 이것이 그 뜻이다. 상象으로 말하면, 오종五種 금속의 광질磺質은 모두 땅에서 생산되기에, 태兌의 2양陽은 아래에서 모이고, 일음一陰은 위에서 쉬니, 쇠붙이의 상象이다. 무릇 산천의 정기精氣는 안[內]에서 엉기어서 광질磺質이 되고, 밖으로 발하면 구름과 비가 되어 만물을 윤택하게 한다. 태兌의 일음一陰이 밖에서 못[澤]이 되니, 곧 금기金氣의 개화開花이다. 자리[位]로 말하면, 곤坤 땅이 되니 서남西南쪽에서부터 서쪽으로 바뀌어서 태兌를 이루기에, 흙[土]은 쇠붙이[金]를 낳는다. 다시 서북쪽으로 바뀌어 건乾이 되니, 태兌는 따라서 탈락하고, 일음一陰을 떠나니 순수한 건乾이 된다. 태兌가 비록 음괘이지만, 건기乾氣를 얻음이 많으니, 건乾은 쇠붙이가 되고, 태兌는 이것과 더불어 이어서 또한 쇠붙이가 된다.

건乾괘에서 전투하니, 건乾은 서북쪽의 괘여서, (가을 끝이나 겨울 초에) 음과 양이 서로 결투한다고 말한다.

[戰乎乾, 乾, 西北之卦也, 言陰陽相薄也.[24]]

『건착도乾鑿度』에서 말한다. "건곤乾坤은 건양乾陽의 주인이다. (나의 견해: '주인[主]'의 뜻은, 곧 '임금이 숨겨둠'의 뜻이다.) 양陽은 해亥에서 시작하고, 축丑에서 '모양을 갖춤[形]'이니, 건乾의 '자리[位]'는 서북쪽이고, 양陽의 근원이 미약하여 시작에 의지한다. 음陰은 사巳에서 시작하니, 미未에서 '모양을 갖춤[形]'이니, 바름[正]에 의지하여 자리[位]에 서니, 따라서 곤坤은 서남쪽에 있으며, 음의 '바름[正]'이다. (나의 견해: 이는 곧 '건乾은 대시大始를 알며[乾知大始], 곤坤은 크게 끝냄[坤以大終]'의 뜻이다.) 군도君道는 시작을 선도하고, 신도臣道는 '끝이 바름[終正]'이며, 건乾은 해亥에 있고, 곤坤은 미未에 있으니, 음양의 직분을 밝히고, 군신의 자리를 정하는 것이다."[25] (나의 견해: 양은 음의 임금이 되고, 건乾은 만물의 임금이 되니 풍기風氣의 '앞섬[先]'을 열 수 있는 것이

---

23) '說以先民, … 民忘其死.' 兌卦 象傳, 高亨, 462頁.

24) 박薄(엷다)은 박搏(격투)의 가차이다. 8괘를 사계절에 분배하면, 乾은 秋末冬初의 45일의 계절이니, 이때는 음기와 양기가 결투할 때이니, '戰乎乾'이라 말했다. 高亨, 613-614頁.

25) '乾坤, 陰陽之主也. 陽始於亥, 形於丑, 乾位西北, 陽祖微據始也. 陰始於巳, 形於未, 據正立位, 故坤位在西南, 陰之正也. 君道倡始, 臣道終正, 乾位在亥, 坤位在末, 所以明陰暗之職, 定君臣之位也.', 『周易乾鑿度』卷上, 漢 鄭康成注, 電子版文淵閣四庫全書, 상동 참조.

다. 음은 양의 신하가 되니, 곤坤은 만물의 신하 역할을 하여 양육할 수 있는 것이다. 이것이 천지 자연의 직위職位이다.)

정현鄭玄은 말한다. '전투함[戰]'은, 음양이 서로 압박함이다. 서북쪽은 음이니, 건乾은 순양純陽으로써 그것에 임한다.

마치창馬其昶은 말한다. 『설문해자說文解字』에 의하면, "임壬은, 자리[位]가 북방이다. 음이 다 되면 양陽이 생기니, 따라서 『역易』(곤坤괘 상6효)에서, '용龍이 들에서 싸운다.'라고[26] 말했다. '싸움[戰]'은 접하는 것이다."[27] 음양이 서로 압박함이 곧 상접相接이다.

● **나의 견해**: 『예기禮記』, 「월령月令」편에서, 중하仲夏의 달: 이 달에는, "날이 길어서 하지夏至에 이르니, 음양이 싸우기에, 사생死生이 나뉜다." … (중동仲冬의 달: 이 달에는,) "날이 짧아서 음양이 싸우니, 여러 생물들이 '안정하지 못한다[動蕩].'라고[28] 했다. 싸워서 끝이 나지 않으니, 반드시 전투에 나간다. 가서 음양의 기가 아닌 것이 없으니, 한 번 굽히고 한 번 펴서, 한 번 줄어들고 한 번 늘어나니, 서로 쓰인다. 예禮에서 하나의 '다툼[爭]'자字로써 음양 굴신屈伸의 기틀을 형용하게 되니, 곧 이른바 사계절의 활동이 번갈아서 서로 다하게 된다. 『역易』에서 더욱 하나의 '전투[戰]'자字로써 음양의 '줄고 늘어남[消長]'의 묘미를 다하니, 곧 이른바 사계절의 서로 밀어냄은 모두 반드시 평안함을 얻을 수 없을 것이다. '박薄'은 '압박함[迫]'이다. 피차가 서로 압박하는데, 세력이 같고 힘이 대등하면, 평안할 수 있고 승부는 나뉘지 않는다. 세력이 만약 같지 않고 힘이 대등하지 않으면 한 번 승리에는 반드시 한 번의 패배가 있다. 서북쪽은 음양이 교전하는 자리이고, 음기가 극성한데 건乾이 순양純陽으로써 그에게 임하니, 자기 '미묘함[微]'을 숭상하여 자기 시작에 의거하니, 세력은 부득불 싸움을 압박할 것이나, 전투는 반드시 이길 것이다. 이것이 선천先天의 건乾이니, 본래 남방의 양이 왕성한 자리에 있는 것이나, 후천後天의 건乾은 부득불 양이 미약하고 기氣가 시작되는 땅에 물러나 있으니, 그 '쓰임[用]'을 묘하게 한다.

감坎괘는 물이니, 바로 북방의 괘인데, (이 때는 만물이 피로할 때이니), 피로한 괘로서, 만물들이

---

26) '龍戰于野.' 坤괘 상6효, 高亨, 81頁.

27) '壬, 位北方也. 陰極陽生, 故『易』曰;「龍戰于野.」戰者, 接也.', 『說文解字』卷十四下, 壬部, 漢 許愼撰, 宋 徐鉉增釋, 電子版文淵閣四庫全書, 상동 참조.

28) 仲夏之月: '是月也, 日長至, 陰陽爭, 死生分.' … 仲冬之月: 是月也, 日短至. 陰陽爭, 諸生蕩.', 『禮記今註今譯』, 「月令」, 王夢鷗註譯, 상동, 219頁, 237頁.

돌아가 숨을 때이기에, 따라서 감坎괘에서는 피로하다고 말한다.

[坎者, 水也, 正北方之卦也, 勞卦也, 萬物之所歸也, 故曰: 勞乎坎.29)]

(반고班固 등의) 『백호통白虎通』에서 말한다. '물의 자리는 북방에 있다. 북방은 음기陰氣이니, 황천黃泉의 아래에 있기에, 만물을 맡아서 기른다.'30)

정현鄭玄은 말한다. 물의 성질은 피로하나 싫증을 내지 않는다. 만물은 땅에서 봄에 나와서 생기나, 겨울기운에 폐장閉藏되어 다시 모두 땅으로 들어간다.

유원劉沅은 말한다. 만물은 감坎에로 귀결되어 감추어지니, 양기陽氣가 잠복하는데, 사물이 지쳐서 휴식하는 것과 같다.

간艮괘는 동북쪽의 괘이다. (이 때는 겨울 끝이나 봄 초이니) 만물들이 마무리 짓고 시작하는 초기이다. 따라서 (만물은) 간괘에서 이루어진다.

[艮, 東北之卦也, 萬物之所成終, 而所成始也. 故曰: 成言乎艮.31)]

『건착도乾鑿度』에서 말한다. '간艮은 동북쪽에서 종시終始한다. … 8괘의 기氣가 끝나면, 사정四正[北: 坎, 南: 離, 東: 震, 西: 兌]과 사유四維[東南: 巽, 西北: 乾, 東北: 艮, 西南: 坤]의 나누어짐이 분명하니, 낳고, 자라고, 거두고, 저장하는 도道가 갖추어지며, 음양의 몸[體]이 정해지고, 신명神明의 덕이 통하니, 만물은 각각 자기 부류를 이루게 된다.'32)

정현鄭玄은 말한다. 만물은 음기가 끝나고 양기가 시작하니, 모두 간艮이 일을 한다.

소옹邵雍(1012-1077)은 말한다. 건乾은 동북쪽에서 3남자를 다스리고, 곤坤은 서남쪽에서 3여자를 다스린다.

호병문胡炳文(1250-1333)은 말하다. 이離는 밝음이니 덕으로써 말하고, 곤坤 흙과 감坎 물은 상

---

29) 노勞는 피로疲勞이다. 우번虞翻에 의하면, 歸는 장藏(저장하다)이다. 8괘를 사계절로 말하자면, 바로 겨울 45일이다. 만물이 '戰乎乾' 다음이니, 모두 이미 피로하다. 만물이 피로하여 돌아가 숨으니, '萬物之所歸也.'라고 말한다. 高亨, 614頁.

30) '水位在北方. 北方者陰氣, 在黃泉之下, 任養萬物.', 『白虎通疏證』卷四, 「五行」, 上冊, (淸) 陳立撰, 상동, 167頁.

31) 而는 차且(또)와 같다. 팔괘를 사계절로 말하면, 艮은 冬末春初 45일이니, '萬物之所成終, 而所成始也.'이다. 高亨, 상동.

32) '艮, 終始之於東北. … 八卦之氣終, 則四正四維之分明, 生長收藏之道備, 陰陽之體定, 神明之德通, 而萬物各以其類成矣.', 『周易乾鑿度』卷上, 漢 鄭康成注, 電子版文淵閣四庫全書, 상동 참조.

象으로써 말하고, 태兌 가을은 계절[時]로써 말하니, '서로 설명을 보충[互見]하는' 것이다. (간艮은) 여름이면서 가을이니, 불이 쇠붙이를 이김이다. 불과 쇠붙이가 사귐에는 곤坤 흙이 있으니, 이기는 것은 또한 순종하여 상생相生한다. (간艮은 또) 겨울이면서 봄이니, 물이 나무를 낳는 것이다. 물과 나무가 사귐에 간艮 흙이 있으니, 생기는 것은 역逆으로 '서로 이김[相克]'이다. 낳고 이기는 변화는 누가 그것을 주재하는가? '하느님[帝]'이라고 말함이 옳다.

진침陳琛(1477-1445)은 말한다. 화기火氣는 극히 뜨거우면, 사물은 이루어지지 않는다. 수기水氣는 극히 차가우면 사물은 생기지 않는다. 오직 흙만이 가장 중화中和가 되니, 따라서 불과 쇠붙이가 사귀면 곤坤 흙이 있게 되고, 물과 나무가 사귀면 간艮의 흙이 있게 되니, 만물이 나가고 들어오게 되는 것이다. 몸을 기르거나 백성을 기름[養]에는, 모두 중화中和해야 한다.

안사성晏斯盛(1689-1752)은 말한다. 이상은 괘卦의 유행流行을 말한 것이다.

방포方苞(1668-1749)는 말한다. 8괘와 이도二圖[先天八卦: 伏羲八卦圖; 後天八卦: 文王八卦圖]에서, 하나는 실상實象으로써 자기 몸[體]를 밝히는 것이고, 하나는 사계절[四時]의 '항상 움직임[常運]'으로써 자기 '쓰임[用]'을 드러내는 것이다. 불의 '핵심[精]'은 해[日]가 되고, 해는 동쪽에서 생기니, 밝음은 낮에 왕성하다. 물[水]의 핵심[精]은 달이 되니, 달은 서쪽에서 생겨서, 밝음이 밤에 왕성하다. 우레는 땅속에 숨겨져 있으니, 기氣를 동북쪽에서 엎드려 있게 하니, 소리를 내고 칩거蟄居에서 일어나는 것은, 봄을 맞아서 시작한다. 못[澤]은 동남쪽에서 '물의 흐름[河流]'을 만나니, 빗물이 크고 번창해서, 모든 골짜기[百谷]가 꽉 차니, 그 기후는 가을이다. 흙이 비옥함은 봄여름에 발동하나, 공功을 이루는 것은 또한 가을에 있다. 이런 사정四正의 자리는 바뀌는 것이다. 바람은 음기陰氣인데, 자리[位]는 서남쪽이고, 휴식하고 오래 동안 길러져서 봄여름의 교차함에 '쓰임[用]'을 발한다. 산은 서북쪽에서 일어나니, 독맥督脈[脊脈]은33) 모두 동북쪽으로 행行하고, 그중 새[鳥]와 짐승[獸]은 '갓 난 새끼[유얼孜蘖]'를 생육生育[胎育]하고, 겨울과 봄이 교차하면서 산기山氣가 싹을 키우는 일이 많다. 남쪽은 건乾의 '바른 자리[正位]'이니, 서북쪽에서 전투하고 왕성한 음陰은 서로 압박하니, 끝내 없앨 수 없으며, '다시 사는[復生]' 시작이 되니, 이에 좋은 것에 대한 찬탄이 끊이지 않는 명命을 보게 된다. 북쪽은 곤坤의 '바른 자리[正位]'이니, 괘사卦辭라면 서남쪽이 이롭고, 대개 흙은 여름가을의 교차함에서 왕성하고, 만물은 모두 길러진다. 이 '사각四角[四隅]'의 자리는

---

33) 韓醫學에 의하면, 인체人體에 경락經絡이 흐르는데, 앞부분을 흐르는 것이 임맥任脈이고, 뒷부분을 흐르는 것이 독맥督脈이다. 척맥脊脈은 '다리의 少陰인 신맥腎脈[足少陰腎脈]'을 가리키는데, 그 맥脈이 '넓적다리[股]'가 뒤로 척추[脊], 등뼈]를 관통하기에, 따라서 척맥脊脈이라 부른다.

바뀌는 것이다. '하늘, 땅, 우레, 바람, 물, 불, 산, 못[8괘]'의 실체實體로서 사계절[四時]과 오행五行이 합함으로써 그 실용을 징험하면, 이도二圖[伏羲8卦圖와 文王8卦圖]는 서로 안과 겉이 되니 하나라도 빠짐이 없어야함이 분명할 것이다.

유원劉沅은 말한다. 겨울과 봄이 교차함에, 겨울에 있으면 끝[終]을 이루나, 봄에는 시작을 이루니, 전지剪枝하지 않으면 생기게 할 수 없다. 간艮으로써 '1년 농사의 수확[歲功]'이 끝나니, 곧 이것으로써 양춘陽春의 생기生氣를 저축한다. 이 8괘의 순서는, 곧 사계절에 오행五行이 순환하고 유행流行하는 차례이다.

또 (유원은) 말한다. 후천後天8괘[文王8卦]의 방위方位는, 복희伏羲가 괘를 그릴 때 곧 이 '도리[理]'가 있었는데, 문왕文王이 특히 이것을 발명했을 뿐이다. 감坎이離는, 홀로 건곤乾坤의 '바른 몸[正體]'을 얻었으니, 진음眞陰과 진양眞陽의 '핵심[精]'이기에, 위에서는 일월日月이 되고, 아래서는 물과 불[水火]이 된다. 물과 불은 건곤乾坤의 큰 공용功用이다. 일월日月이 운행하지 않으면 곧 건곤乾坤 또한 죽은 것이 된다. 물과 불이 서로 구제하지 않으면, 사람[人]과 사물[物]이 어떻게 생성生成될 수 있겠는가? 그러므로 이離 남과 감坎 북으로써 건곤乾坤을 대신한다. 건乾은 늙었으니, 장남長男[震]으로써 일을 하도록 맡기고, 곤坤은 늙었으니, 막내딸[兌]이 권세를 이용하여 양육한다. 이것이 사계절[四時]을 주관하는 '근본[柄]'이다. 9는 노양老陽이 되니, 양陽인 쇠붙이가 순수하여 자子인 물[水]을 낳는다. 6은 건장한 음陰이 되니 음인 흙이 왕성하여 경庚인 쇠붙이[金]을 잉태한다. 물이 나무를 낳는데, 그 쓰임은 흙에 있으니, 따라서 간艮은 나무를 제압하여 나무즙[木液]을 생기게 한다. 나무가 불을 생기게 하는데, 그 쓰임은 바람에 있으니, 따라서 손巽은 나무를 도와서 불빛[火光]을 생기게 한다. 이것은 사각四角[四隅]의 둥글게 운행하는 뜻이니, 그 근원은 모두 도서圖書에서 나왔다. 하도河圖에서는, 1, 6은 북쪽에 있고, 2, 7은 남쪽에 있고, 3, 8은 동쪽에 있고, 4, 9는 서쪽에 있으니, 물, 불, 나무, 쇠붙이가 사방四方을 나누어 진수鎭守하기에, 가운데 흙이 그들을 위해 운용된다. 낙서洛書에서는, 감坎은 1, 곤坤은 2, 진震은 3, 손巽은 4, 중中은 5, 건乾은 6, 태兌은 7, 간艮은 8, 이離는 9이니, 문왕文王 8괘는 온전하게 그 상象을 법 받았다. 천지天地라는 기계는 도서圖書에 노출되니, 성인은 그것을 법 받는다. 이 장章은 그 뜻을 직접 해석한 것이다. 그러나 이른바 흙은, 천지天地의 중기中氣를 크게 하는데, 찾을 수 있는 자취는 없기에, 따라서 중앙의 무戊와 기己에 흙이 있고, 신辰, 술戌, 축丑에는, 사계절[四季]의 흙이 아직 나눠지지 않았다. 오방五方[동서남북과 중앙]은 모두 진토眞土를 이탈하지 않으니, 실로 태극太極의 진기眞氣를 떠나지 않았을 뿐이다. 흙으로써 살게도 하고, 또한 흙으로써 죽일 수도 있다. 곤坤은 양육養育을 언게 되니, 서남쪽에서 '살고 살게 하는[生生]' 기틀[機]을 노출하는데, 간艮이 수장收藏하니, 동북쪽에 억제하는 뜻이 깃든다. 나무는 불을 생기게 하고, 쇠붙이는 물을 생기게 하나, 흙을 돕지는 않는다. 한 해 사이에 음양 2기는 서로 상승相勝하는데, 양이 음을 이기니, 나무는 따듯한 불의 열熱이 되며, 음이 양을 이기니 쇠붙이는 찬 물의 '차가움[寒]'이 된다. 오직 토덕土德만이 (음양) 2기氣를 적절히 고르게 하니, 중화中和의 '모임[會]'이 된다.

• **나의 견해(1)**: 간艮은 동북쪽에 있는데, 사계절[四時]의 '쓰임[用]'을 묘하게 하니, 무궁한 것이다. 동기冬氣가 이미 수장收藏되었으니, 오직 간艮 흙만이 만물의 끝[終]을 이룰 수 있다. 춘기春氣가 장차 생장生長하니, 오직 간艮 흙만이 또한 만물의 시작을 이룰 수 있다. 이것이 만물의 종시終始이니, 모두 간덕艮德에 의뢰함으로써 이루어진다. 곤坤간艮은 모두 토덕土德이니, 곤坤은 이離태兌 사이에 있기에, '서로 이김[相剋]'을 변화하여 상생相生으로 되는 것이다. 간艮은 감坎진震 사이에 있으니, 끝[終]을 이룸으로써 시작을 이루게 되니, 모두 중앙 흙[土]의 묘용妙用이다.

• **나의 견해(2)**: 끝나면 시작이 있는 것이 천행天行이다. 간艮은 자기 장소에 머물고 옮기지 않으니, 자기 끝[終]을 이룬다. '하늘의 다님은 강건하여 쉼이 없음이니,' 곧 여기에서 자기 시작이 이루어진다. 간艮은 2음이 아래에 엎드려 있으니, 곧 곤坤 음을 수장收藏하여 지도地道와 합하니 끝을 대신할 뜻을 이룸[成]이 없다. 일양一陽이 위로 구제 받으면 이미 건원乾元 개시의 '줄고 늘어남[消息]'과 통할 것이다!

신기함[神]은, 만물의 (성장하고 변함)이 신묘함을 말한 것이다.

[神也者, 妙萬物而爲言者也.]

정현鄭玄은 말한다. 건곤乾坤은 함께 만물을 이루니, 나눌 수가 없기에, 따라서 합쳐지니 '신기함[神]'이라 말한다.

유원劉沅은 말한다. '신神'은 '하느님[帝]'과 같고 추측할 수 없는 것이다. 신비로워 자취가 없으니, 사물을 묘술描述해도 잃는 것이 없다. 만물이 만물로 되는 것은 모두 '신비로움[神]'이 만든 것이니, 그것이 그렇게 된 이유를 알 수 없다. '신비로움[神]'을 어떻게 이름 할까? 그것은, 만물의 겉[表]에 있음으로써, 만물 가운데에서 돌아다니니, 흔적으로 그것을 찾을 수는 없고, 적상迹象으로 그것을 관찰하는 것이다. '신의 묘함[神之妙]'은 곧 '하느님의 묘함[帝之妙]'이니, '하느님'의 '몸[體]'은 곧 건곤乾坤이다.

마치창馬其昶은 말한다. '묘妙'는, 고문古文에서 '묘眇(아득함)'이다.

● **나의 견해**: '신묘만물神妙萬物' 이하는, 윗글에서 말한 '후천後天의 괘위卦位'를 이은 것이니, 모두 건곤乾坤2괘 가운데로 귀결된다. 건곤乾坤의 '작용[用]'은 지극히 신비하여, 무릇 '물, 불, 우레, 바람, 산과 못'은, 서로 미칠 수 있고 서로 어그러지지 않으니, 기氣를 통할 수 있는 것이기에, 모두 '신비[神]'가 변화하여 그렇게 한 것이다. 이 '신비[神]'라는 것은, 만물을 초과할 수 있는 것이니, 또한 만물을 묘하게 할 수 있는 것이기에, 따라서 만물을 '이미 완성[旣成]'할 수 있다.

만물을 진동시킴에 우레보다 빠른 것은 없다. 만물을 불어서 움직이게 하는 데는 바람보다 빠른 것이 없다. 만물을 (불에) 말리는데 불보다 더 열을 나게 하는 것은 없다. 만물을 기쁘게 하는 것으로 못[澤]보다 더 기쁘게 하는 것은 없다. 만물을 적셔주는데 물보다 더 축축한 것은 없다. 만물들을 끝내주고 만물들을 시작시키는 데는 산보다 더 이루어주는 것은 없다.
[動萬物者莫疾乎雷. 撓萬物者莫疾乎風.34) 燥萬物者莫熯乎火.35) 說萬物者莫說乎澤. 潤萬物者莫潤乎水. 終萬物始萬物者莫盛乎艮.36)]

(허신의) 『설문해자說文解字』에서 말한다. "'한熯'은 '말림[乾燥]'이니, 『역易』에서 '만물을 말림에는 이離[해, 日]괘보다 건조시키는 것이 없다.'라고 말한다."37)

공영달孔穎達은 말한다. 간艮괘가 홀로 괘명卦名을 들고 있는 것은, '말리거나 습하게 하는[燥潤]' 일을 교란시키는데, 이것은 우레, 바람, 물, 불이니, 만물을 '끝내고 시작함[終始]'에 이르러서는, 산山의 뜻은 미약해지니, 따라서 산을 말하지 않은 것이다.

최경崔憬(7세기, 당唐대 역학자)은 말한다. 대한大寒과 입춘立春 사이에 간艮의 방위方位가 있으니, 만물은 이것으로써 금년[今歲]의 머리로 삼는데, 이것으로써 끝이 나면 작년의 말末이 되기에, 이렇다면 하력夏曆의 정월正月과 부합한다는 뜻이다. 건곤乾坤을 말하지 않은 것은, 천지天地는 '무위無爲'하나 '하지 않음이 없음[无不爲]'이니, 우레, 바람 등 '유위有爲'의 신묘神妙함을 이루게 할 수 있다.

---

34) 요橈(굽다)는 요撓로 읽어야하니, 撓는 취불吹拂(물건을 불어서 움직이게 함)이다. 高亨, 615頁.
35) 한熯(말리다)과 한熯(말리다)은 古字가 통용되었다. 高亨, 상동.
36) 王引之(1766-1834)에 의하면, 盛은 마땅히 성취成就의 成으로 읽어야한다. 高亨, 상동.
37) '熯, 乾也. … 『易』曰:「燥萬物者莫熯于離.」', 『說文解字』, 日部, 東漢 許愼著, 中冊, 상동, 541頁.

오징吳澄(1249-1333)은 말한다. '신비함[神]'은 볼 수 있는 자취가 없으니, 불어서 '말리거나 습하게 함'이기에, '종시終始'를 기뻐하는 까닭은, 모두 건곤乾坤의 '신비함[神]'이다.

유원劉沅은 말한다. 간艮괘가 홀로 괘명卦名을 들고 있음은, 사물을 이루려는 뜻에 투합 하는데, 산山으로는 '종시終始'에 합당할 수 가 없다.

또 (유원은) 말한다. 우레, 바람, 물, 불, 산과 못은 신비롭지 않으니, 불어서 말리는 것,' '습기를 좋아함'과 종시終始를 움직이게 하는 것은 신비롭다. 불어서 움직이게 함'을 기대하지 않았으나 저절로 움직이니, '신비함[神]'이 하는 것은 곧 '묘妙함'이 있는 곳이다. '빠른 것이 없음[吳疾]'이라고 말한 것은, 그 신묘함을 극찬한 것이다. 아래에서는 이것들을 모방한 것이다. 못[澤]이 하늘에서 내려오고, 물이 땅에서 다니기에, 따라서 '기뻐함,' '습하게 함'이 같지 않다. '종시終始'는, 쌓아두었음으로써 땅으로 새나감이 되는 것이다. 여섯 아들들이 행함은, 건곤乾坤의 행함이 아닌 것이 없다.

그러므로 물과 불은 서로 미치지는 못하나 (병존하며), 우레와 바람은 서로 어그러지지 않으며[받아들이며], 산과 못은 기운이 통하므로, 그런 다음에 변화하여 만물을 다 이룰 수 있다.

[故水火不相逮,38) 雷風不相悖, 山澤通氣, 然後能變化旣成萬物也.39)]

한백韓伯(5세기, 남북조南北朝시대)은 말한다. '신비함[神]'은 사물이 아니기에, 만물들을 묘妙하게 하여 말[言]이 된다. 우레가 진동하고 바람이 다니는 것, 불에 불꽃이 있고 물이 적시는 것은, 자연스럽게 서로 더불어서 변화하지 않는 것이 없으니, 따라서 만물들이 다 이룰 수 있다.

공영달孔穎達은 말한다. 물, 불의 성질은 서로 들어갈 수 없으나, 기氣는 서로 미칠 수 있다. 우레와 바람이 서로 싸우나 서로 거역할 수는 없다.

채청蔡淸(1453-1508)은 말한다. '기旣'는, '다함[盡]'이다.

유원劉沅은 말한다. 만물은 '매우 심오하고 미묘한 도리[至賾]'이니, '여섯 자식[六子]'의 공화功化가 완비되지 않음이 없다. 그것을 받아도 느끼지 못하고, 그것을 느끼어도 '무심无心'하니, '신비함[神]'이라도 어떠하겠는가! '여섯 자식들[六子]'이 비록 그들의 '작용[用]'을 나누어 관할하나, 자기

---

38) 今本에는 不자가 없다. 그러나 王弼본, 그리고 子夏, 孟喜, 京房, 費直, 馬融本에는 不자가 있다. 마땅히 不자가 있어야 하니, 보완하였다. 체逮는 급及이다. '水火不相逮'는 '水火不相及'이나, 병존할 수 있음을 말한 것이다. 高亨, 616頁.

39) 『廣雅·釋詁』에, 기旣는 진盡(다되다)이다. 高亨, 상동.

공功을 실로 사귀면서 시행하니, '신비함[神]'의 하는 바에서 통일된다. 대대對待하여 유행流行하나, 여하를 막론하고 반드시 이와 같이 일치된다. 2뜻[義]은, 확실히 바뀔 수 없으니, 서로 쓰이게 되지 않으면 분명히 안 된다. 선천先天이나 후천後天은, '도리[理]'에 선후先後가 있으며, 선先이 아니면 후後에 관여할 수 없고, '후'는 '선'에 관여함이 없음을 말한 것에 불과하다. 태극太極의 '몸[體]'과 '쓰임[用]'을 볼 수 있을 것이다. 이 장에서 특히 '신神'자를 내세운 것은, 그 '도리[理]'와 '상象'을 나누어 보여주니, 사람들로 하여금 천지天地의 원류源流를 알게 함이다. '신神'의 '묘妙함'은 곧 '하느님[帝]의 묘함'이니, '몸[體]'은 건곤乾坤이기에, 따라서 '건곤乾坤'을 다시 말하지 않았다.

마치창馬其昶은 말한다. 위는 제2편이니, 안사성晏斯盛(1689-1752)은, "이상은 '대대對待유행流行하는 한 이치[一理]'를 밝힌 것이다."라고 말한다. 허계림許桂林(1779-1822)은, '천지天地정위正位'부터 여기[旣成萬物也]까지는, 한 편篇이 되니, '8괘'의 방위方位를 말한 것이다.

• **나의 견해**: 이 절은, 윗글 '후천後天괘용卦用'의 아래를 이었으니, 다시 '선천先天괘체卦體'를 회고한다. 대개 대대對待 가운데 저절로 '유행流行'의 묘함이 있으니, '신비롭게[神]' 되어 만물을 다 이루어내는 것이다. 한백韓伯은, '자연스럽게 서로 변화함'을 말했고, 유원劉沅은, '대대對待하고 유행流行하여 일치一致에 돌아감'을 말했으니, 모두 이 절節에 이르러 다시 '선천先天'을 말하는 신리神理를 얻은 것이다. 세심하게 이해하면, 성인聖人이 말한 소박한 원기元氣가 '체體'를 바탕으로 '쓰임[用]'을 통솔하니, '쓰임'이 이미 '몸[體]' 가운데 갖추어진 것이다. 그러므로 아래 글에서 그 뜻을 풀어내니, 모두 '선천先天대대對待'에 따라서 말한 것이다. (아래의) '건乾은 강건함[健](乾, 健也)' 이하 4절節은, 모두 '선천先天방위方位'에 따라서 차례를 지었다.

건乾괘는 강건함이다. 곤坤괘는 유순함이다.
[乾, 健也. 坤, 順也.]

유원劉沅은 말한다. 건乾은 순양純陽이니, 움직이며 쉬지 않기에, 따라서 강건함이다. 곤坤은 순음純陰이니, 고요하여 양을 따르니, 따라서 순종함이다.

진震괘는 진동이다.
[震, 動也.]

우번虞翻(164-233)은 말한다. 양陽이 나와서 움직이고 행동한다.

이광지李光地(1642-1718)는 말한다. (진震괘에서는,) 양이 아래에 있으니 음이 압박하면, (양은) 반드시 움직여서 나온다.

손巽괘는 (바람이니 어디에나) 들어간다.

[巽, 入也.]

소옹邵雍(1012-1077)은 말한다. (손巽괘는,) 일음一陰이 2양 아래로 들어감이다.

마치창馬其㫤은 말한다. 『건착도乾鑿度』에서, "손巽괘는, 음이 처음으로 양에 순종하는 것이다."라고[40] 말한다. 양기는 위로 도달하고, 음은 이에 들어온다. (손巽괘에서) 음이 들어와서 아래에 엎드리니 양의 명령에 순종함이다. 양에서는 엎드린 것을 제압하고, 음에서는 순종하고 엎드리게 된다.

감坎괘는 (물인데 옴폭한데 있으니) 함정이다.

[坎, 陷也.]

우번虞翻은 말한다. (감坎괘는,) 양이 음 가운데 빠진 것이다.

이離괘는 (탈 수 있는 물건에 붙으니) 붙음이다.

[離, 麗也.]

소옹邵雍은 말한다. (이離괘는,) 일음一陰이 2양陽 가운데 붙은 것이다.

간艮괘는 (산처럼 정지해 있으니) 정지[그침]이다.

[艮, 止也.]

우번虞翻은 말한다. (간艮괘는,) 양이 위에 있으니, 따라서 그침이다.

유원劉沅은 말한다. (간艮괘는,) 위에서 '강건함[健]'이 정점이어서, 앞에는 갈 곳이 없으니, 따라서 그침이다.

---

40) '巽者, 陰始順陽者也.', 『周易乾鑿度』卷上, 漢 鄭康成注, 電子版文淵閣四庫全書, 상동 참조.

태兌괘는 기쁨이다.

[兌, 說也.]

소옹邵雍은 말한다. (태兌괘는,) 일음 一陰이 밖으로 나온 것이니 사물에 '기쁨[說]'이 있다.

(주희의) 『주역본의周易本義』에서 말한다. 이것은 8괘의 성정性情을 말한 것이다.

유원劉沅은 말한다. (태兌괘에서는,) '순종함[順]'이 위에서 보이니, 정情의 발함이 있기에, 따라서 기쁨이다. 진震, 감坎, 간艮은 양괘陽卦이니, 따라서 모두 강건함을 따른다. 손巽, 이離, 태兌는 음괘이니, 따라서 모두 순종함을 따른다. 이것은 8괘의 이름을 붙인 뜻을 해석한 것이다.

②

건乾괘는 말이다. 곤坤괘는 소이다.

[乾爲馬. 坤爲牛.]

유원劉沅은 말한다. (말은) 강건하여 멀리까지 가고, (소는) 순하여 무거운 것을 접수하는 것이, 건乾 말과 곤坤 소의 본뜻[本義]이다. '(조자면趙自勔[당唐대 인물]의) "『조화권여造化權輿』에서, "건乾은 양물陽物이니, 말은 따라서 굽[蹏]이 둥글고; 곤坤은 음물陰物이니, 소는 따라서 굽이 갈라져 있다. 말이 아프면[疾] 음이 되니, 따라서 말이 아프면 눕는다. 음이 병들면 양이 되니, 따라서 소는 병들면 선다[立]. 말은 양물陽物이기에, 따라서 일어섬에 앞발을 먼저 하고, 누울 때 뒷발을 먼저 한다. 소는 음물陰物이기에, 따라서 일어섬에 뒷발을 먼저 화고, 누울 때 앞발을 먼저 한다."라고 말한다.'[41] 모두 음양의 뜻이니, 또한 심히 달통한 것이다.

진震괘는 용龍이다.

[震爲龍.]

소옹邵雍은 말한다. (진震괘는,) 깊은 연못 아래에 있으니, 동물로 치면 용龍이 아닐까?

---

41) 『造化權輿』曰:「乾陽物, 馬故蹏圓; 坤陰物, 牛故蹏圻. 陽疾則陰, 故馬疾則臥; 陰病則陽, 故牛疾則立. 馬陽物, 故起先前足, 臥先後足; 牛陰物, 故起先後足, 臥先前足.」, 『周易本義集成』卷十, 元 熊良輔撰, 電子版 文淵閣四庫全書, 上海人民出版社, 1999 참조.

손巽괘는 닭이다.

[巽爲雞.]

(순상荀爽 등의) 『구가역九家易』에서 말한다. (손巽괘는,) "바람이니 절기[節]에 응하여 변화하니 때[時]를 잃지 않는다. 암닭[鷄雌]이 오면 우니, 바람과 상응한다."[42]

요배중姚配中(1792-1844)은 말한다. 가의賈誼(전200-전168)의 『신서新書』에서, '닭은 동방의 제물[牲]이다.'라고[43] 말한다. 정현鄭玄의 (『예기禮記』의) 「월령月令」편주注에, '닭[鷄]'은, 나무[木]의 가축이다.

유원劉沅은 말한다. 용龍은 지하에서 잠복하여 모양을 잡으니, 양陽을 만나면 흥분하는데, 진震의 일양一陽이 2음의 아래에서 움직이는 것과 같다. 닭은 하늘[重陽]에서 소리를 내나, 음을 만나면 들어가니, 손巽의 일음一陰이 2양 아래에 엎드림을 상징한다.

감坎괘는 돼지[豕]이다.

[坎爲豕.]

요배중姚配中은 말한다. 정현鄭玄의 (『예기禮記』의) 「월령月令」편주注에서, '돼지[豕]는 물[水]의 가축'이다. 또한 『시詩』의 「소아小雅」전箋에서, '돼지[豕]의 성질은 헤엄칠 수 있음[能水]이다.'라고[44] 말한다.

이離괘는 꿩이다.

[離爲雉.]

공영달孔穎達은 말한다. 이離괘는 '문채가 밝음[文明]'이고, 꿩[雉]은 '알록달록한 색깔[文章]'이다.

주진朱震(1072-1138)은 말한다. 손巽괘와 이離괘는, '나는 새[飛鳥]'가 되니, 남방의 일곱별[七宿]인 주작朱雀이다.

---

42) '風應節… 變不失時. 鷄雌至而鳴, 與風相應也.', 荀爽, 『九家易解』, #186, 中國哲學書電子化計劃, https://ctext.org 참조.

43) '鷄者東方之牲.', 『新書』, 「胎生」, 賈誼撰, 電子版文淵閣四庫全書, 上海人民出版社, 1999 참조.

44) '豕之性能水.', 『毛詩註疏』卷第十五, 「小雅」, 「魚藻之什」, 「漸漸之石」, 『毛詩正義』, (漢) 毛亨傳, (漢) 鄭玄箋, (唐) 孔穎達疏, (十三經注疏 整理本), 6冊, 1,103頁.

유원劉沅은 말한다. 밖은 더럽고 마음이 강하고 조급한 것이 돼지이니, 감坎의 밖은 음, 속은 양임을 상징한다. 밖은 빛나게 밝지만 마음이 부드럽고 겁쟁이니 꿩이기에, 이離괘의 밖은 양陽이나 안은 음陰을 상징한다.

간艮괘는 개[狗]다.

[艮爲狗.]

(순상 등의)『구가역九家易』에서 말한다. 간艮괘는 그침이니, "지킴과 방어를 주로 한다."[45]

유원劉沅은 말한다. (간艮괘는,) 밖이 강건하여 사물을 그치게 할 수 있고 안은 부드럽고 아첨하니, 개이다.

요배중姚配中은 말한다. (『사기史記』의)「진본기秦本紀」에서, '개고기로써 독毒을 없앰[以狗禦蠱]'이라고[46] 했으니,『사기정의史記正義』에서, '개는 양陽의 가축이다.'라고 했다.

태兌괘는 양[羊]이다.

[兌爲羊.]

정현鄭玄은 말한다. 그 가축[羊]은, 질기고 소금기 있음을 좋아한다.

공영달孔穎達은 말한다. 이 1절節은, 사물에서 멀리 취함을 간략히 밝힌 것이다.

요배중姚配中은 말한다. (가의賈誼의)『신서新書』에서, '양羊은 서방의 제물이다.'라고 말한다.

유원劉沅은 말한다. 밖으로는 부드러워서 무리를 기쁘게 할 수 있고 안으로는 강퍅剛愎한 것이 양羊이다. 8괘가 사물에서 취한 상象을 간략히 열거했으니, 이는 1괘로써 한 사물로 여긴 것이다.

❸

건乾괘는 머리이다. 곤坤괘는 배[腹]이다.

[乾爲首. 坤爲腹.]

공영달孔穎達은 말한다. 건乾은 높으니 위에 있고, 곤坤은 은장隱藏하고 용납한다.

---

45) '主守禦也.', 荀爽,『九家易解』, #188, 中國哲學書電子化計劃, https://ctext.org 참조.
46) '以狗禦蠱.'『史記』,「秦本紀」第五, 一冊 紀,[一], 상동, 184頁.

유원劉沅은 말한다. 머리[首]는 뭇 양陽들이 모이는 것이니, 둥글며 위에 있으니, 건乾의 상이다. 배[腹]는 뭇 음들을 저장하고 있는 것이니, 비어서 포용함이 있으니, 곤坤의 상이다.

요배중姚配中은 말한다. (『황제내경黃帝內經』의) 「소문素問」에서, "배는 '지음至陰'이 있는 곳이다."라고[47] 말한다.

진震괘는 다리[足]이다.

[震爲足.]

주진朱震은 말한다. 사람의 경맥經脈은 12인데, 그중 여섯은 발[足]에서 활동하고, 그중 여섯은 손에서 활동한다. 발을 움직이게 하는 것은 진震괘의 양陽이고, 손을 움직이게 하는 것은 간艮괘의 양陽이다.

손巽괘는 넓적다리이다.

[巽爲股.]

구부국邱富國(13세기, 남송南宋 역학자)은 말한다. 손巽괘는 음인데 아래에서 둘이 벌리고 있으니, 넓적다리[股]가 된다.

유원劉沅은 말한다. 진震괘는 양陽으로 아래에서 활동하니 다리[足]가 되고, 손巽괘는 음으로 아래에서 따르니 넓적다리가 된다.

감坎괘는 눈이다. 이離괘는 눈이다.

[坎爲耳. 離爲目.]

주진朱震은 말한다. (양웅揚雄의) 『태현太玄』경에서, '1, 6은 귀가 되고, 2, 7은 눈이 된다. 1, 6은 물이 되고, 2, 7은 불이 된다.'라고[48] 하였다.

혜동惠棟(1697-1758)은 말한다. 『회남자淮南子』에서, '귀와 눈은, 일월日月이다.'라고,[49] 말한다.

47) '腹者至陰之所居.', 『黃帝內經・素問』, 「評熱病論」篇第三十三, 牛兵占 等編著, 상동, 335頁.
48) '二七爲火, … 一六爲水, … 一六…爲耳, 二七爲目.' 『太玄校釋』, 「太玄數」, 揚雄原著, 鄭萬耕校釋,. 상동, 295, 296, 298頁 참조

유원劉沅은 말한다. 물은 빛이 안[內]에서 나타나고, 감坎괘 양陽은 안에 있으니, 따라서 귀[耳]는 안에서 청각聽覺이 영민靈敏하다. 불은 빛이 밖에서 나타나니, 이離괘는 밖에 양陽이 있으니, 따라서 눈[目]이 밖에서 밝다.

요배중姚配中은 말한다. (『한서漢書』의)「오행지五行志」에서, "듣는데 잘 듣지 못하니,… 그 벌은 '항상 추움[恒寒]'이다;" "보는데 밝지 못하니, … 그 벌은 '항상 따스함'이다."라고[50] 하였다.

간艮괘는 손[手]이다.

[艮爲手.]

이춘년李椿年(1096-1164)은 말한다. 한 몸의 보위保衛와 순환은 '수태양手太陽'의[51] 혈 자리에서 만난다. 하루의 새벽[曉]과 저녁[昏]은 간시艮時에서 만난다. 그러므로 간시艮時는 사람에게 있으니, 그 상象은 손[手]이 된다.

태兌괘는 입이다.

[兌爲口.]

정현鄭玄은 말한다. (태兌괘는,) 위가 열려있으니 입[口]과 비슷하다. 또한 (정현鄭玄은『한서漢書』의)「오행지五行志」의 주注에서, '쇠붙이[金]는 가을을 주관한다.'라고 함을 말하였다.

공영달孔穎達은 말한다. 이 절節에서는, '가까운 몸에서 취함'을 간략히 밝히고 있다.

방공소方孔炤(1590-1655)는 말한다. 여기서는 자신이 충족하여 천하가 내 몸이 됨이니, 타고난 재질을 체현할 뿐임을 깨달을 수가 있다.

유원劉沅은 말한다. 손[手]은 사물을 멈추게 할 수 있으니, 그침[止]이다. 입은 말하고 웃을 수 있으니, 말함이다. (이 절에서는) 8괘가 몸에 있는 상象을 간략히 열거했으니, 한 사물은 8괘가 된다. 사람 몸은 하나의 작은 천지天地이니, 이理가 온전하고 기氣가 온전하다. 형形과 질質이 비슷

---

49) '是故耳目者, 日月也.',『淮南子全釋』,「精神訓」, 上冊, 상동, 367, 368頁.

50) '傳曰:「視之不明, … 厥罰恒燠.」… 傳曰:「聽之不聰, …厥罰恒寒.」,『漢書』,「五行志」第七中之下, 五冊 志[二], 상동, 1405頁, 1421頁.

51) 허준許浚이 17세기에 편찬한『東醫寶鑑』에 의하면, '수태양手太陽'의 맥脈은 '새끼손가락의 末端[小澤穴]'에서 생긴다. https://blog.naver.com 참조.

한 것은, '끝[末]'이니, '핵심의 뜻[精義]'이 여기에서 그침을 말한 것은 아니다.

4

건乾괘는 하늘이므로 아버지로 부르고, 곤坤괘는 땅이므로 어머니라 부른다. 진震괘는 (건乾괘가) 처음으로 (곤坤괘에게) 구합媾合하여 사내를 얻었으니, 따라서 장남이라 하고; 손巽괘는 (곤坤괘가) 처음으로 (건乾괘와) 구합하여 여자애를 얻었으니, 따라서 장녀라 한다. 감坎괘는 두 번째 구합하여 사내를 얻었으니, 따라서 둘째아들[中男]이라 하고; 이離괘는 두 번째 구합하여 여자애를 얻으니, 따라서 둘째딸[中女]이라 한다. 간艮괘는 세 번째로 구합하여 사내를 얻었으니, 따라서 막내아들[少男]이라 하고; 태兌괘는 세 번째로 구합하여 여자애를 얻었으니, 따라서 막내딸[少女]이라고 한다. [乾天也, 故稱父; 坤地也, 故稱母. 震一索而得男, 故謂之長男;[52] 巽一索而得女, 故謂之長女. 坎再索而男, 故謂之中男; 離再索而得女, 故謂之中女. 艮三索而得男, 故謂之少男; 兌三索而得女, 故謂之少女.]

공영달孔穎達은 말한다. '아버지의 기[父氣]'를 얻어서 사내[男]가 되고, '어머니의 기[母氣]'을 얻어서 여자가 된다.

곽옹郭雍(1106-1187)은 말한다. 여섯 자식의 변화는 아래로부터 앞이 된다. 양이 변하여 음획陰畫을 얻게 되고, 음이 변하여 양획陽畫을 얻게 된다. 괘변卦變의 뜻은 여기에서 시작한다.

항안세項安世(1129-1208)는 말한다. 건곤의 여섯 자식들은, 처음에는 기氣였는데, 끝에는 모양[形]이 되고, 가운데에서 '핵심[精]'이 된다. 우레와 바람은 기氣이다. 산과 못은 모양[形]이다. 물과 불이 핵심[精]이다.

방학점方學漸(1540-1615)은 말한다. 사람은, 이 몸이 부모의 몸이었음을 아니, 곧 스스로 '이 몸이 천지天地의 몸이었음을 알게 될 것이기에,' 어찌 방종하게 사심私心을 품고서 자포하고 자기하겠는가? 자기가 마땅한 것을 다하니, 태화太和가 천지에 충만할 것이다.

호후胡煦(1655-1736)는 말한다. '색索'은, 곧 '두 번 씀[二用]'의 '씀[用]'이다. 건곤이 쓰이는 바는, 모두 1효爻에 그치니, 그 둘이 같다면 그 몸[體]이다. 무릇 '사귐[交]', '생겨남[生]', '상하로 왕래함'을 말하나, 모두 이 '색索'자의 뜻이다.

유원劉沅은 말한다. 만물은 하늘에서 개시開始하니, 자식들의 기氣가 아버지에서 시작하는 것과 같다. 땅에 의지하여 자라남은, 자식들의 '모양[形]'이 어머니에게서 생기는 것과 같다. 부기父

---

52) 陸德明(556-627)의 『經典釋文』에서 馬融(79-166)에 의하면, 색索은 數이다. 高亨, 620頁; 索은 求이니, 求合이다. 『周易注譯與硏究』, 709頁, 注1.

氣를 얻어서 남자가 되니, 진震, 감坎, 간艮은 건乾의 '나뉜 몸[分體]'이다. 모기母氣를 얻어서 여자가 되니, 손巽, 이離, 태兌는 곤坤의 '나뉜 몸[分體]'이다.

또 (유원은) 말한다. 첫째[一], 둘째[再], 셋째[三]는, 획이 아래로부터 위로 감을 말한 것이다. 건곤은 '칭稱'이라 했고, '여섯 자식[六子]'은 '위謂'라 했으니, 높고 낮음이 다르다.

또 (유원은) 말한다. '색索'자는 '구求'자로 풀었으니, 지극히 간략함을 다했다. 음양이 서로 찾으니, 조화가 자연스런 도道이다. 호후胡煦는, "양단兩端을 주고받음을 겸하니, '사귐[交]'자, '낳음[生]'자를 합쳐서 말한 것이나, 다만 아직 그 설說을 펼치지는 않았다."라고 말한다. 호씨胡氏[胡煦]는, "『역易』에서 말한 사귐[交], 낳음[生], 왕래往來, 상하上下는, 모두 '색索'자의 뜻이다."라고 말한다. 내씨來氏[來知德]은, '양이 먼저 음을 찾으면 양이 음속으로 들어가니 남자가 되고; 음이 먼저 양을 찾으면 음이 양속으로 들어가니 여자가 된다.'라고 말한다. 3남자는 본래 곤체坤體인데, 각각 건乾의 일양一陽을 얻어서 남자를 이루었으니, 양은 음에 뿌리가 있다. 3여자는 본래 건체乾體인데, 각각 곤坤의 일음一陰을 얻어서 여자를 이루었으니, 음은 양에 뿌리가 있다. 그 설명은 지극히 도리가 있다. 대개 한 번 움직이고 한 번 고요하니, 서로 그 뿌리가 되니, 이 가운데 곧 8괘의 이理와 상象이 있다. 이는 8괘로써 '한 집[一家]'이 되는 상象이다.

마치창馬其昶은 말한다. 『초사楚辭』주注에서, "'합合'은 색索이다."라고 한다. 건곤乾坤의 기氣가 교합交合하여 '여섯 자식[六子]'을 낳았다. 그러므로 『상서尙書』서序에서, "'8괘'의 설說은 팔색八索을 말함이다."라고 말한다. (양웅揚雄의)『태현太玄』경經에서는, 이것을 본떠서 '일모一摹', '재모再摹', '삼모三摹'라고[53] 하였다. '모摹'는 '마摩[연마함]'와 통하니, 또한 강유剛柔가 서로 비벼댐[摩切]을 말한다. 이것은 8괘의 순서를 말한 것이다.

• **나의 견해**: 성인聖人이, 음양이 서로 사귀고 변화하는 도리를 말하고, 앞에서 일단 '음양의 상호작용[絪縕]'에 나가서 알려준 것이고, 그 때문에 기氣를 말했다. 여기에 다시 '색索'자에 나가서 알려주는 것이니, 그 때문에 '신비로움[神]'을 말한 것이다. 기氣로 말하면 음양은 나뉠 수 없고, '신비로움[神]'으로 말하면 음양은 헤아릴 수 없다. 하나의 '색索'자는 더욱 매우 정세精細하고 핵심이다. 건괘의 '용구用九'와 곤괘의 '용육用六', 이 '두 용[二用]'의 '쓰임[用]'이, 곧 이 '색索'이다. 그것이 '음양 2기氣의 상호작용[絪縕]'을 '찾는 것[索]', 그렇게 되는 것이니, 모두 '원元'이 그렇게 함이다. 원기元氣, 원신元神이 '하나이며 둘'이고, '둘이며 하나인 것'이다.

---

53) 『太玄校釋』, 「太玄告」,, 揚雄原著, 鄭萬耕校釋, 상동, 375, 376頁 참조.

5

건乾괘는 하늘이고, 둥글다.

[乾爲天, 爲圜,]

요배중姚配中은 말한다. (허신許愼의)『설문해자說文解字』에 의하면, '환圜'은 천체天體이다.

(건乾괘는) 임금이며, 아버지이고, 옥玉이다.

[爲君, 爲父, 爲玉]

요배중姚配中은 말한다. 정현鄭玄의 (『주례周禮・천관天官』,)「옥부玉府」주注에서, '옥玉은, 양陽의 정精으로 순수함[純]이다.'라고 말한다.

(건乾괘는) 금金이다.

[爲金.]

(허신의)『설문해자說文解字』에 의하면, "'금金'은, 백白, 청靑, 적赤, 흑黑, 황黃 다섯 금속의 총칭이다. 황금黃金이 그것들의 대표이다. … (이것은) 서방西方의 물건을 대표하며, 흙에서 생겼기에 흙을 따랐으며[从土], 토土자字 좌우의 양필[兩筆]은 금속덩어리가 땅속에 있는 모양을 상징한다."[54]
　　요배중姚配中은 말한다.『백호통白虎通』에서, "'쇠붙이[金]'는 견강堅剛하여 소실되기 어렵다."라고[55] 말한다.
　　마치창馬其昶은 말한다. 오행五行으로써 사방四方에 배열한 것은, 상생相生상쇄相殺의 뜻을 취한 것이니, 창힐蒼頡(전4,667-전4,596)이 글자를 만든 때부터 이미 그랬기에, 한유漢儒에서 시작된 것은 아니다.

(건乾괘는) 차갑고, 얼음이다.

[爲寒, 爲冰,[56]]

---

54) '金, 五色金也. 黃爲之長. … 西方之行. 生於土, 从土; 左右注, 象金在土中形.',『說文解字』, 金部, 東漢 許愼著, 下冊, 상동, 1,140頁.
55) '金者堅剛難消.'『白虎通疏證』卷四,「五行」, 上冊, (淸)陳立撰, 상동, 190頁.
56) 8괘를 사계절로 보면, 乾은 秋末冬初의 45일이니, 날씨가 춥고, 얼음이 얼기에, 건乾은 춥고, 얼음이다.

공영달孔穎達은 말한다. 서북쪽은 빙한冰寒한 땅이다.

요배중姚配中은 말한다. 양이 음 아래에 엎드려있으니, 음에 핍박을 받아서 얼음[冰]이 된다.

(건乾괘는) 큰 붉음[大赤]이 된다.

[爲大赤.57)]

양신楊愼(1488-1559)은 말한다. '큰 붉음[大赤]'은 기旗의 이름이다. (『예기禮記』의) 「명당위明堂位」편의 '주周나라의 대적大赤[기旗]'이58) 있고; 『좌전左傳』에서, "강숙康叔에게 '대로大路'[기旗]를 나누어 주었다."라고59) 했고, 『주례周禮』에서, '(수레에) 대적大赤 깃발을 세우고 조례함'이60) 있으니, 이것들이다. 건乾괘는 대적大赤 깃발을 상징하니, 그 색깔을 취한 것이다.

(건乾괘는) 좋은 말이 되고, 늙은 말이 되고, 수척한 말이 된다.

[爲良馬, 爲老馬, 爲瘠馬.]

정현鄭玄은 말한다. 무릇 뼈[骨]는 양이 되고, 살[肉]은 음이 된다.

(건乾괘는) 얼룩말이 된다.

[爲駁馬.61)]

왕인지王引之(1766-1834)는 말한다. '박駁'과 '박駁[얼룩]'은 통한다. '박駁'은 붉은 색[赤色]이다. 『시詩』에서, '얼룩말에 앉았음'이62) 있다.

高亨, 621頁.

57) (이정조李鼎祚의)『周易集解』에서 우번虞翻을 인용하여, 태양이 赤이라고 말한다. 하늘은 태양을 위주로 하기에 '천天이 大赤.'이라고 한다. 高亨, 622頁.

58) '周之大赤.'「禮記今註今譯」,「明堂位」, 上冊, 王夢鷗註譯, 상동, 425頁.

59) '分康叔以大路.',『左傳傳譯』, 定公4年, 王守謙 等譯注, 상동, 1420頁.

60) '建大赤, 以朝.'『周禮今註今譯』,「春官宗伯」下, 林尹註譯, 상동, 278頁.

61) 척병瘠(여위다)은 척마瘠馬는 수마瘦馬(마른 말)이고, 박마駁馬(얼룩말)은 花馬이다. 良馬는 材力으로, 老馬는 나이로, 척마瘠馬는 살덩이로, 박마駁馬는 색깔로 말한 것이다. 高亨, 상동.

62) '皇駁其馬.',『詩經譯注』,「豳風」,「東山」, 袁梅著, 상동, 395頁.

(건乾괘는) 나무열매가 된다.

[爲木果.63)]

곽옹郭雍은 말한다. 나무는 열매[果]로써 시작을 삼으니, 사물이 건乾을 시작으로 삼는 것과 같다.

(주희의)『주역본의周易本義』에서 말한다. 순상荀爽 등 구가九家에 의하면, 이 아래에는, '용龍', '곧음[直],' '옷[衣],' '말[言]'이 됨이 있다.

유원劉沅은 말한다. 음이 아래에서 쌓여서 땅이 된다. 만물들이 이에 의거하여 살아가니 어머니가 된다. 남북에는 경經, 동서에는 위緯가 있으니, 가운데는 넓고 평평하며 가장자리가 있기에, 베[布]가 된다. 사물을 포용하거나 사물을 익힘으로써 사물을 키우니 솥[釜]이 된다. 엉겨서 모이나 베풂음이 없으면 인색하게 된다. 땅이 만물을 생기게 하나, '곱고 미운 것[美惡]'을 택하지 않으니 고르게 된다. 순종하여 잉태를 많이 하니 '새끼와 어미 소[子母牛]'가 된다. 네모인데 무거운 것을 싣고 있으니 '큰 수레[大輿]'가 된다. 홀수는 '바탕[質]'이 되기에, 짝수는 무늬[文]가 된다. 홀수는 '하나[一]'이기에, 따라서 짝수는 여럿[衆]이다. 무릇 집는 물건으로, 그 '근본[柄]'이 땅임을 드러내는 것이 자루[柄]이다. 곤坤이 아래에 있으며 위에서 사물을 받치는 것이 자루가 된다. 곤坤은 북쪽에서 늙어가니, '바른 색[正色]'이 검게 된다.

6

곤坤괘는 땅이 되며, 어머니가 되고 베[布]가 된다.

[坤爲地, 爲母, 爲布.]

항안세項安世(1153-1208)는 말한다. 옛날에는 돈(泉貨)이 베[布]였으니, 모든 물건의 귀천貴賤을 따라서 세금을 매길 수 있었다.

(곤坤괘는) 가마(釜)가 되고, 인색함[吝嗇]이 된다.

[爲釜, 爲吝嗇.]

공영달孔穎達은 말한다. 가마는 (먹을 것을) 변화시켜서 만들고 익히는데, 땅에서 살은 것을 취

---

63) 乾이 원이고 나무열매도 둥글기에, 乾이 나무열매[木果]이다. 高亨, 상동.

하여 옮기지는 않으니, 따라서 인색하게 된다.

혜동惠棟(1697-1758)은 말한다. (양웅揚雄의) 『태현太玄』경經에서, "(하늘이) 둥그니, '움직임이 일정치 않으며[올예扤桅]', (땅은) 네모이니 '취렴聚斂하여 저장[저치啬啬]'한다."[64] (라고 했다.)

마치창馬其昶(1855-1930)은 말한다. 인색啬啬은 '멈춰서 활동하지 않음[凝滯]'을 말하지, 인색함 [鄙吝]을 말하지 않는다.

> **(곤坤괘는) '고름[均]'이 된다.**
> [爲均.]

공영달孔穎達은 말한다. '땅의 도道[地道]'는 '평평하게 고름[平均]'이다.

> **(곤坤괘는) 자식의 어미 소[母牛]가 된다.**
> [爲子母牛.]

(순상荀爽 등의) 『구가역九家易』에서 말한다. "흙[土]은 생육할 수 있고, 소[牛]도 또한 양육[養]을 포함하고 있다."[65]

혜동惠棟(1697-1758)은 말한다. 『좌전左傳』에서 (곤坤괘로서) '짝지은 이離괘는 소[牛]가 되니,[66] 이離괘는 곤坤의 자식이기에, 따라서 곤坤은 자식의 '어미 소[母牛]'가 된다.

> **(곤坤괘는) 큰 수레가 된다.**
> [爲大輿.]

공영달孔穎達은 (곤坤괘는) 그가 능히 (짐을) 실을 수 있음을 취한 것이다.

> **(곤坤괘는) '무늬[文]'이다.**
> [爲文.]

---

64) '圓則机桅, 方則啬啬.', 『太玄校釋』, 「太玄攡」, (漢) 揚雄 原著, 鄭萬耕校釋, 상동, 261頁.

65) '土能生育, 牛亦含養.', 荀爽, 『九家易解』, #192, 中國哲學書電子化計劃, https://ctext.org 참조.

66) '純離爲牛.', 『左傳全譯』昭公五年, 王守謙 等譯注, 상동, 1,150頁.

혜동惠棟은 말한다. (『국어國語』의) 「초어楚語」하下에서, 좌상의左相倚는[67] (『역易』에 의하면, 땅[地]의 바탕[質]은 유순柔順하기에) "땅의 일은 '꾸밈[文]'이다.'라고[68] 말하였다.

(곤坤괘는) 무리[衆]가 되고 자루[柄]가 된다. 그(곤坤괘)는 땅에 있어서 '검은색[黑]'이 된다.
[爲衆, 爲柄, 其於地也爲黑.]

우번虞飜은 말한다. 사물은 셋이니 여럿[群]이 되며, 음陰은 백성[民]이 되며, 세 음이 서로 따르고 있기에, 따라서 무리[衆]이다. 자루[柄]이니 본本이다.

최경崔憬(7세기)은 말한다. 만물은 그것(곤坤괘)에 의지함을 본本으로 한다. 곤坤은 10월의 괘이니, 극히 음陰의 색깔이다.

(주희의)『주역본의周易本義』에서 말한다. 순상荀爽 등의『구가역九家易』에 의하면 (곤坤괘는) 또한 "암컷[牝]이 되고, 헷갈림[迷]이 되고, 네모[方]가 되고, 주머니[囊]가 되고, 치마[裳]가 되고, 노란 것[黃]이 되고, 비단[帛]이 되고, 미음[漿]이 된다."[69]

유원劉沅은 말한다. (곤坤괘는) 음이 쌓이어 아래에 있으니 땅[地]이 된다. 만물이 (곤坤에) 의지하여 생겨나니 (만물의) '어미[母]'가 된다. (곤坤은) 남북으로는 경經이 되고, 동서로는 위緯가 되며, 가운데가 '넓고 고르기에[廣平]' 베나 비단의 가장자리이니 베[布]가 된다. (곤坤은) 사물을 받아서 그것을 익히니 가마[釜]가 된다. (곤坤은) 응결하여 (함부로) 베풀지 않으니 아낌[吝嗇]이 된다. 땅이 만물을 낳는데, 아름다움[美]과 못생김[惡]을 가리지 않으니 고르게[均] 된다. (곤坤은) 순종하여 많이 잉태하니 자식들[子]의 '어미 소[母牛]'가 된다. (곤坤은) 네모[方]지며 무거운 것을 실으니 '큰 수레[大輿]'가 된다. (곤坤은) 홀수면 바탕[質]이 되기에, 따라서 짝수면 '꾸밈[文]'이 된다. (곤坤은) 홀수면 '하나[一]'이니, 따라서 짝수면 많음[衆]이 된다. 무릇 잡는 것은 땅에 본本을 두게 되니 자루[柄], 손잡이가 된다. 곤坤이 아래에 있으나 위에서 사물을 받들기에, 손잡이자루, 柄가 된다. 곤坤은 북쪽[北]에서 늙어가며, 바른 색깔은 검은색[黑]이다.

---

67) '『國語』, 「楚語」下에 나온 '左相倚曰'은 이 인용문과는 상관이 없다.

68) '地事文.', 『國語』, 「楚語」下, 下冊, 上海古籍出版社, 상동, 570頁.

69) '爲牝, 爲迷, 爲方, 爲囊, 爲裳,,爲黃, 爲帛, 爲漿.', 荀爽, 『九家易解』, #207, 中國哲學書電子化計劃, https://ctext.org 참조.

7

진震괘는 우레雷이다.

[震爲雷.]

요배중姚配中은 말한다.『회남자淮南子』에서, '음양이 서로 압박하니, 진동하여 우레가 생기고, 격하여 천둥이 친다.'라고[70] 하였다.

(진괘는,) 용龍이고, 푸른색에 가깝다.

[爲龍, 爲玄黃.[71]]

우번虞飜은 말한다. 진震은 천지의 잡색雜色이다.

(진震괘는,) 꽃이다.

[爲旉.[72]]

간보干寶(286-336)는 말한다. '부旉'는 꽃[花]의 통명通名이다.

요배중姚配中은 말한다. (진震괘는,) 봄의 기氣를 상징한다.『한지漢志』주注에서, '부旉'는 옛날의 "'부敷(펴다, 준다.)'자字이다."라고 말한다.

(진震괘는,) 큰 길이다.

[爲大塗.]

---

70) '陰陽相薄, 感而爲雷, 激而爲霆.'『淮南子全譯』,「天文訓」, 上册, 許匡一譯注, 상동, 107頁.

71) 玄黃은 검고 누런색의 혼합색인데 푸른색[靑色]에 가깝다. 震은 동쪽이요, 바로 봄이니, 나무도 되고 푸른색도 된다. 高亨, 상동.

72)『經典釋文』(陸德明撰)에, 부旉는 전旉이다.『經典釋文』에서 간보干宝(286-336)를 인용하여, 旉는 花이다. 震은 바로 봄의 계절이니 모든 꽃들이 피기에, '震은 旉이다.' 이것이 1說이다.『說文解字』(許愼撰)에, 専은 방전紡専이다. 紡専은 방선추紡線錘(실을 감아놓는 봉)이니, 손으로 실을 돌림이다. 専은 전동轉動이다. 따라서 震은 専(轉)이다. 이것이 2說이다. 두 설이 모두 통하나, 어느 설이 맞는지는 모르겠다. 高亨, 624-625頁.

왕이王廙(276-322)는 말한다. '대도大塗'는 만물이 나오는 곳이다.

(진震괘는,) 맏아들이고, 빠른 행동이다.

[爲長子, 爲決躁.73)]

최경崔憬(7세기, 당대唐代 역학자)은 말한다. (진震괘는,) 자기의 굳셈[剛]을 아래의 움직임에서 취한다.

왕인지王引之는 말한다. 『광아廣雅』에서, '조躁'는 '병이 남[起疾]'이니, '기起'와 '결決'은 같다.

(진震괘는,) 푸른 대나무[靑竹]이다.

[爲蒼筤竹.74)]

(순상荀爽 등의) 『구가역九家易』에서 말한다. "'창랑蒼筤'은 푸른색이다."75)

주진朱震(1072-1138)은 말한다. (양웅揚雄의) 『태현太玄』경經에서, '갑을甲乙'을 '대나무[竹]'으로 여겼고,76) 또한 진震괘이다. 푸름[靑]은 진震의 색깔이다.

(진震괘는,) 물억새이다.

[爲萑葦.77)]

(순상 등의) 『구가역九家易』에서 말한다. (진震괘는,) "갈대[蒹葭]이다."78)

이도평李道平(1788-1844)은 말한다. 대나무[竹], '갈대[萑葦]'는, 모두 뿌리가 병렬幷列이고, 줄기가 나뉘어 있으니, 진震이 그와 비슷하다. 나무라면 뿌리가 갈라져 있고 줄기는 하나이니, 손巽이 그와 비슷하다.

---

73) 決은 결趹(빠르다)의 가차이니, 결조趹躁는 신속한 행동이다. 高亨, 625頁.
74) 『周易集解』(李鼎祚撰)는 『九家易』을 인용하여, 창랑蒼筤은 푸른색이라고 말한다. 高亨, 상동.
75) '蒼筤, 靑也.', 荀爽, 『九家易解』, #195, 中國哲學書電子化計劃, https://ctext.org 참조.
76) '日甲乙, …色靑, …爲竹.', 『太玄校釋』, 「太玄數」, 揚雄原著, 鄭萬耕校釋, 상동, 294頁.
77) 『經典釋文』(陸德明撰)은 『廣雅』를 인용하여, 환추(익모초)은 적적(물억새)이라고 말한다. 적적은 적적(물억새)이다. 이것은 환위萑葦[갈대]와 동류이다. 高亨, 상동.
78) '蒹葭也.', 荀爽, 『九家易解』, #195, 中國哲學書電子化計劃, https://ctext.org 참조.

(진震괘는,) 말[馬]로 말하면, 잘 울고, 흰말인데 (무릎 아래는) 발이 잡색이다.

[其於馬也, 爲善鳴, 爲馵足.79)]

우번虞飜은 말한다. (진震괘는,) 우레가 되니, 따라서 잘 울린다. 말이 뒤의 왼 발이 희면 주馵가 된다. 진震은 왼발[左足]인데, 처음의 양陽이 희기에, 따라서 '흰 발[馵足]'이 된다.

요배중姚配中은 말한다. 『건착도乾鑿度』에서, "사람은 건덕乾德을 상징하여 태어난 것이고, (건 기乾氣는 희고, 또한 구월九月의 절기이니, 따라서) '수백秀白'이라 말함[陽生秀白之州]"이다.80) 대 개 양이 처음 싹트면 아직도 음 가운데 엎드려있기에, 따라서 '흼[白]'이다.

(진震괘는,) 정강이[脛]가 길다.

[爲作足.81)]

채연蔡淵(1156-1236)은 말한다. (진震괘는,) 쌍雙으로 들어 올림이다.

(진震괘는,) 이마에 흰 부분이 있다.

[爲的顙.82)]

우번虞飜은 말한다. '적的'은 '흼[白]'이고; '상顙'은 이마[額]이다. 『시詩』에, '준마駿馬에 흰 이마가 있네.'라고83) 했다.

(진震괘는,) 이것을 농작물로 치면, 거꾸로 자라는 식물이다.

[其於稼也, 爲反生.84)]

---

79) 주족馵足은 흰말인데 무릎 아래가 다른 색이다. 高亨, 626頁.

80) '故乾坤氣合戌亥, 音受二子之節, 陽生秀白之州, 載鍾名太之精也.',『周易乾鑿度』卷下, 漢 鄭康成注, 電 子版文淵閣四庫全書, 上海人民出版社, 1999 참조.

81) 作은 적踖의 가차이니, 적족踖足은 '정강이가 길음[脛長]'이다. 高亨, 상동.

82) 虞翻에 의하면, 的은 白이고, 상顙(이마)은 액額(이마)이다. 的顙은 이마에 흰 곳이 있음이다. 高亨, 상동.

83) '有馬白顚.'『詩經譯注』,「秦風」,「車鄰」, 袁梅著, 상동, 326頁.

84) 가稼는 장가莊稼(농작물)이니, 채소도 포함된다. 도생倒生은 열매가 땅속에 있고, 잎과 줄기는 지상에 있으 니, 예 파, 마늘, 무, 고구마, 감자, 산약山藥 등이다. 진☳괘는 一陽이 아래에 있고 두 음이 위에 있으니, 거꾸로 자라는[反生] 농작물이다. 高亨, 상동.

송충宋衷(?-219)은 말한다. (진震괘에는,) 음이 위에 있고, 양이 아래에 있기에, 따라서 '거꾸로 사는 것[反生]'이 되니, 삼[枲]과 콩[豆]의 부류는 갑옷을 쓰고서 자란다.

육덕명陸德明(약550-630)은 말한다. 삼[麻]이나 콩의 부류는 거꾸로 자라니, 껍질을 지고서 나온다.

(진震괘는,) 매우 강건하고, 번성하고 신선하다.
[其究爲健, 爲蕃鮮.85)]

우번虞飜은 말한다. 진震과 손巽은 서로 압박하니, 변하여 건乾을 이루니, 따라서 매우 강건하게 되기에, 번성하고 신선하다. 손巽은 매우 조급한 괘卦인데, 조급한 괘는 진震이다.

요배중姚配中은 말한다. '구究'는 '매우[極]'이다. (진震괘에서는,) 양陽이 시작으로 말미암아 자라나니, 셋째 효에 이르러, 건乾을 이루게 되기에, 따라서 강건함[健]이다. 사물은 끝에서 반드시 돌아서니, 진震이 화化하여 손巽을 이루게 되기에, 따라서 번성하고 신선하다.

(주희의)『주역본의周易本義』에서 말한다. (진震괘는,) 순상荀爽 등의『구가역九家易』에 의하면, "'옥玉,' '까치[鵲],' '북[鼓]'이 된다."86)

유원劉沅은 말한다. 진震괘에서 일양一陽이 2음 아래에서 활동하니, 우레라면 양기陽氣가 땅에서 활동하는 것이다. 용龍이라면 양물陽物이 못[淵]에서 활동하는 것이다. 건곤乾坤이 처음으로 사귀니, 천지의 색깔을 겸하여 가지며, '검고 누렇다[玄黃].' 양기가 처음으로 베푸니, '양기가 성장盛長하여 만물에 베풀어짐[旉]'이 된다. 양이 음을 여니, 2 짝수가 개통하여, 앞에 막는 것이 없으니, '큰 길[大塗]'이 된다. (진震괘는) 한 번 그어서 사내[男]를 얻었으니, 맏아들[長子]이 된다. '터놓음[決]'은 양陽의 힘이니, '조급함[躁]'은 양陽의 '본성[性]'인데, 일양一陽이 음을 터놓음으로써, 그 활동 또한 조급함이기에, 따라서 (진震괘는) '터놓아서 조급함[決躁]'이 된다. '검고 누런 것[玄黃]'이 섞였으니 '푸른색[蒼]'을 이루고, 아래는 총생叢生[苞]하고 위는 무성하니, 뿌리[本]는 실實한데 줄기는 허虛하여, '푸른 대나무[蒼筤竹]'가 되며, '추위崔葦[갈대]'가 된다. 무릇 소리는 양陽인데, 위로 짝수가 입을 여니, (진震괘에서) 양괘陽卦가 건乾의 초효初爻를 얻었으니, 따라서 (진震괘는) 또한 말[馬]이 되어 잘 운다. 왼발이 흰 것을 '주馵'라 하니, 진震은 왼쪽에 있기에, 또한 발[足]이 된다.

---

85) 孔穎達에 의하면, 究는 極이다. 『說文解字』에, 蕃蕃은 초무草茂(풀이 무성함)이고 선鮮은 신선新鮮함이다. 高亨, 상동.

86) '爲玉, 爲鵲, 爲鼓.', 荀爽, 『九家易解』, #203, 中國哲學書電子化計劃, https://ctext.org 참조.

'작족作足'은, 두 발을 동시에 올리는 것이니, 위는 고요한데 아래에서는 움직인다. '적상的顙'은, 이마에 흰색이 있음이니, 음陰 허虛가 위에 있다. 들[野]에 있는 것이 '익은 벼 이삭[稼]'라고 하니, 자식들은 상실하고 싹은 뽑혔으니, 양이 아래에서 거꾸로 살아간다. '강건함'은 전진前進을 관철함이다. '번성하고 신선함蕃鮮'은 그 뒤의 변화를 관철함이다. 진震과 손巽은 홀로 그 끝[究]을 말했으니, 강유剛柔의 시작이다.

🔴8

손巽괘는 나무이다.

[巽爲木.]

(허신의)『설문해자說文解字』에서 말한다. (손巽괘는) '나무[木]'라 '포용[冒]'하니, 땅을 포용하여 살아가고, 동방으로 가니, '좌屮'를 따르니, 아래로 자기 뿌리를 상징한다.

마치창馬其昶은 말한다. (손巽괘는) 나무이고, 동방으로 다닌다. 쇠붙이[金]는 서쪽으로 다닌다. 진震과 태兌가 나무가 되고 쇠붙이가 되니, 쉽게 알 수 있다. 손巽은 동남쪽 사이에 있으니, 또한 나무가 된다. 건乾은 서북쪽 사이에 있으니, 또한 쇠붙이가 된다. 그러므로 그것을 특히 말한 것이다.

(손巽괘는) 바람이다.

[爲風.]

『한서漢書』,「오행지五行志」에서 말한다. "유향劉向[전77-전6]은, 손巽을 바람, 나무라 여겼고, (손巽)괘는 3월 4월에 있고, 양을 이어서 다스리고 나무의 꽃과 열매를 주로 하며, 풍기風氣가 왕성하고, 가을과 겨울에 이르러 나무는 다시 꽃이 핀다."[87]

육적陸績(188-219)은 말한다. 바람은 토기土氣이다. 손巽은 곤坤이 낳은 것이다.

요배중姚配中은 말한다. (소통蕭統[501-531]의)『문선文選』에서 「물리지物理志」를 인용하여, '(바람은,) 음양이 격발擊發시킨 기氣이다.'라고[88] 말한다.

---

87) '劉向以爲於『易』巽爲風爲木, 卦在三月四月, 繼陽而治, 主木之華實. 風氣盛, 至秋冬木復華.',『漢書』, 「五行志」第七下之上, 班固撰, 唐 顏師古注, 五冊 志[二], 상동, 1,441, 1,442頁.
88) '物理志曰: 陰陽擊發氣也.'『文選』注, 12.「物色」, (唐) 李善撰, 中國哲學書電子化計劃, https://ctext.org 참조.

(손巽괘는) 맏딸이고, (수평을 긋는) 줄과 직선이다.

[爲長女, 爲繩直.89)]

적현翟玄(翟元, 5세기, 위진魏晉시대)은 말한다. (손巽괘에서) 위의 2양이 함께 일음一陰을 바르게 하여, '어긋나서 바르지 않음[邪僻]'을 못하게 하니, 줄의 곧음[直]과 같다.

(손巽괘는) (나무를 다루는) 기술자[工]이다.

[爲工.]

순상荀爽(128-190)은 말한다. (손巽괘에서는) 줄로써 나무를 만드니, 따라서 기술자[工]가 된다.

(손巽괘는) (가공하려고 나무껍질을 벗기면) 흰색이다.

[爲白.]

요배중姚配中은 말한다. (손巽괘에서는) 음이 처음에 있다. 『백호통白虎通』에서, '흼[白]은 음기陰氣이다.'라고90) 말한다.

(손巽괘는) (바람이니 멀리 가니) 길다.

[爲長.]

이도평李道平은 말한다. 오행五行에서 오직 나무[木]만 길다고 칭한다. 『좌전左傳』에서, '큰 나무가 죽어서 쓰러지면, 타격을 받지 않는 것이 없다.'라고91) 말한다.

(손巽괘는) (바람이 하늘까지 올라가니) 높다.

[爲高.]

주진朱震은 말한다. 바람은 높은데서 불러오는 것이다.

(손巽괘는) (바람이니 방향을 자주 바꾸니) 나가기도 물러나기도 한다.

[爲進退.]

---

89) 巽은 나무인데, 목수가 줄로 수평을 잡고 직선을 그으니, 손괘는 줄[繩]과 직선[直]이다. 高亨, 627頁.
90) '白者, 陰氣.', 『白虎通疏證』, 「三正」, (淸) 陳立撰, 上冊, 상동, 363頁.
91) '長木之斃, 无不摽也.' 『左傳全譯』哀公12年, 王守謙 等譯注, 상동, 1544頁.

순상荀爽은 말한다. 밟고 다니는 것이 무상하다.

(손巽괘는) (바람은 동, 서, 남, 북으로 부니) 과단을 못 내린다.

[爲不果.]

주진朱震은 말한다. 진震은 손巽과 반대이다.
요배중姚配中은 말한다. '조급함을 터치는 것[決躁]'이 과단[果]이다.

(손巽괘는) (바람이라 여러 가지 맛을 날라 오니) 냄새이다.

[爲臭.]

우번虞飜은 말한다. '냄새[臭]'는 기氣이다. 바람이 오면 기氣를 알 수 있다.

(손巽괘는) 사람으로 치면, 머리털이 적다.

[其於人也, 爲寡髮.]

우번虞飜은 말한다. '희게 됨'이니, 따라서 흑백이 섞인 머리털이다.
홍매洪邁(1123-1202)는 말한다. '과寡'는, 『경전석문經典釋文』(陸德明撰)에 의하면 또한 '선宣'으로 쓴다. (『주례周禮』의)「고공기考工記」정현鄭玄주注에, '머리털이 희어져 빠짐'이 '선宣'인데, 『역易』의 손巽괘에는 '흑백이 섞인 머리털[宣髮]'로 되어 있다.

(손巽괘는) 넓은 이마를 갖고 있다.

[爲廣顙.]

곽옹郭雍은 말한다. '넓은 이마[廣顙]'은, '겹친 굳셈[重剛]'이다.

(손巽괘는) 대부분 눈이 흰색이다.

[爲多白眼.]

마치창馬其昶은 말한다. '흼이 많은 눈[白眼]'은 거만하게 보이니, 매우 조급함이다.

(손巽괘는) (나무의 열매나 재목 등을 팔면) 시장에서 3배 가까이 이익을 낸다.

[爲近利市三倍.]

오징吳澄(1249-1333)은 말한다. '이로움[利]'은 음陰이다. 음은 안[內]를 주관하니, 따라서 이로움에 가깝다. '시장에서 3배倍[市三倍]'는 『시詩』에서, '값을 3배倍로 함'과[92] 같다.

(손巽괘는) 매우 조급한 괘이다.

[其究爲躁卦.]

(주희의) 『주자어류朱子語類』에서 말한다. 손巽의 반대가 진震이 되니, '진震'은 '조급함을 터치는 것[決躁]'이 된다.

호병문胡炳文(1250-1333)은 말한다. 진震과 손巽은 홀로 그 끝으로 말한 것이니, 강유剛柔의 시작이다.

마치창馬其昶은 말한다. 음양에서 괘卦를 관찰하여 괘를 세우는데, 한강백韓康伯주注에서, '괘卦는 상象이다.'라고 말했다. 이것은 마땅히 자기 '훈訓'을 따른 것이다. 손巽괘에서는, '진퇴進退함에 과단성이 없음[不果]'이니, 조급한 상이 된다. 감坎은 혈괘血卦이니, '피[血]'의 상이다. 이離는 건乾괘가 되니, 건상乾象이다.

(주희의) 『주역본의周易本義』에서 말한다. 순상荀爽 등의 『구가역九家易』에서, (손巽괘에는) '버드나무[楊]가 되고 원앙새[鴛]가 됨이 있다.'라고[93] 한다.

유원劉沅은 말한다. 나무는, 양기가 위로 올라가고 뿌리 음은 아래에 박히니, 손巽괘는 아래 일음一陰과 위에 2양陽을 상징한다. 잘 들어가는 것으로는 바람만한 것이 없으니, 또한 바람은 '목기木氣'가 흩어짐이다. (손巽은,) 한 번 그어서 딸[女]을 얻었으니 맏딸[長女]이 된다. 나무는 굽거나 곧은데, 줄을 따르면 곧게 된다. 기술자라면 줄을 곧게 잡아당기니 나무의 굽은 데를 절단하는데, 서로 말미암아서 상을 취한 것이다. 무릇 사물은 양陽으로 살아나고 음陰으로 자라나니, 일음一陰이 바야흐로 왕성하면 날이 자라나는 형세이다. 아래로 말미암아 위로 올라가니, 따라서 또한 높게 된다. 음이 적어서 올라가지 않으니 머리털이 적게 된다. 양이 많고 기氣가 위로 왕성하니, '이마가 넓게 됨[廣顙]'이 된다. 진震의 일양一陽이 '흰 이마[的顙]'가 되고, 손巽은 2양陽이기에

---

92) '如賈三倍.', 『詩經譯注』, 「大雅」, 「蕩之什」, 「瞻卬」, 袁梅著, 상동, 925頁.

93) '爲楊, 爲鴛.', 荀爽, 『九家易解』, #204, 中國哲學書電子化計劃, https://ctext.org 참조.

따라서 '넓은 이마[廣顙]'가 된다. 눈의 흰 것은 양陽이 되니, '검은 것[黑]'은 음이 된다. 이離괘는 상하가 희고[白] 가운데는 검으니, '바른 눈[目之正]'이 된다. 손巽은 음이 아래에 있으니, 따라서 '흰이 많은 눈[多白眼]'이 된다. 손巽이 전부 변하면 진震을 이루기에, 따라서 그 궁극은 '조급한 괘[躁卦]'가 됨이다.

9

감坎괘는 물이다.
[坎爲水.]

『설문해자說文解字』(許愼撰)에서 말한다. "물은, 평평함[準]이다. 북방의 어떤 물질을 대표한다. 여러 물이 병류竝流하는데, 그 중에는 '미약한[微]' 양陽의 기氣가 있다."[94]

송충宋衷(?-219)은 말한다. 감坎 양陽은 가운데 있으니, 안[內]이 광명하여 물과 비슷하다.

(감坎괘는) (물이 흐르는) 도랑이고, (물은 땅 밑으로) 숨겨져 있다.
[爲溝瀆,[95] 爲隱伏.]

우번虞飜은 말한다. 물의 성질은 유통流通이다. 양이 음 가운데 숨어있다.

(감坎괘는) (나무에 물이 스미면 굽은 나무를 곧게 할 수도, 곧은 것을 굽게 할 수도 있으니) 곧게 폄[矯]이고 구부림[揉]이다.
[爲矯揉.[96]]

송충宋衷은 말한다. 굽은 것을 다시 곧게 하는 것이 '교矯'가 되고, 곧은 것이 다시 구부러지는 것이 '유輮'가 된다. 물의 흐름은 굽거나 곧바르다.

---

94) '水, 準也. 北方之行, 象衆水竝流, 中有微陽之氣也.', 『說文解字』, 水部, 東漢 許愼著, 下冊, 881頁.
95) 구독溝瀆(도랑)은 물이 담겨있기 때문에, 감坎괘를 溝瀆이라고 한다. 高亨, 629頁.
96) 陸德明의 『經典釋文』에, 교교矯(바로잡다)는 교搞(들다)이고; 유유輮(바퀴 테)는, 宋衷과 王廙에 의하면, 유揉(부드럽게 하다)라고 말한다. 교교矯와 搞, 유유輮와 揉는 모두 통용하는 글자이다. 孔穎達에 의하면, 굽은 것을 직선으로 만드는 것이 교교矯이고; 곧은 것을 굽게 만드는 것이 유유輮이다. 물이 나무에 흘러들면 직선으로 펼 수도, 곧은 것을 구부릴 수도 있다. 高亨, 상동.

(감坎괘는) (나무로 만든) 활과 바퀴이다.

[爲弓輪.]

우번虞翻은 말한다. (감坎괘는) 곧게 할 수도 굽게 할 수도 있으니 활과 바퀴가 된다.

(감坎괘는) 사람으로 말하면, (감坎괘는 함정이기에, 그곳에 빠지면) 근심이 많아지고, 심장에 병이 생긴다.

[其於人也, 爲加憂, 爲心病.97)]

우번虞翻은 말한다. (감坎괘는) 두 음이 '마음[心]'을 보좌한다.

(감坎괘는) (물이 들어가면) 귀가 아프다.

[爲耳痛.]

공영달孔穎達은 말한다. 감坎은 '수고로운[勞]' 괘이다. (감坎괘는) 북방에서 '듣는 것[聽]'을 주관하니, 듣는 것이 수고로우면 귀가 아프다.

(감坎괘는) (피도 물이니) 혈괘血卦이다.

[爲血卦.]

(장재張載의) 『횡거역설橫渠易說』에서 말한다. (감坎괘는) "주류周流하니 수고로워서, 피[血]의 상이다."98)

요배중姚配中은 말한다. 『관자管子』에서, '물은 땅의 혈기血氣이니, 근맥筋脈이 유통함과 같다.'라고99) 말한다.

(감坎괘는) 붉은색이다.

[爲赤.100)]

---

97) 坎괘는 함정이니, 사람이 함정에 빠지면, 근심이 증가하고, 마음에 병이 생긴다. 高亨, 상동.
98) '周流而勞, 血之象也.', 『橫渠易說』卷三, #212, 宋 張載撰, 中國哲學書電子化計劃, https://ctext.org 참조.
99) '水者, 地之血氣, 如筋脈之通流者也.', 『管子校注』, 「水地」第三十九, 中冊, 黎翔鳳撰, 813頁.

요배중姚配中은 말한다. 『백호통白虎通』에서, '11월의 때에, 양기陽氣가 처음으로 황천黃泉의 아래에서 뿌리를 기르니, 만물들은 붉은 것이다.'라고[101] 하였다.

(감坎괘는) 말[馬]로 치면, 등이 아름답다.
[其於馬也, 爲美脊]

송충宋衷은 말한다. (감坎괘에서는) 양陽이 가운데[中央]에 있으니, '말의 등[馬脊]'의 상이다.

(감坎괘는 말의) 성질은 민첩하다.
[爲亟心.[102]]

최경崔憬(7세기, 당唐대 역학자)은 말한다. (감坎괘에서는) 안으로 '굳셈[剛]'이 활동한다.

(감坎괘는) 머리를 아래로 한다.
[爲下首.]

순상荀爽은 말한다. (감坎괘에서는) 물의 흐름이 머리를 낮추어 내려간다.

(감坎괘는 말의) 발굽이 엷다.
[爲薄蹄.]

오징吳澄은 말한다. (감坎괘에서는) 앞선 획畫이 '부드러움[陰]'이니, 따라서 머리가 아래이다. 뒤의 획이 '부드러우니,' (말의) 발굽이 엷다.

(감坎괘는) (물건을) 끎이다.
[爲曳.]

---

100) 피도 물의 부류이니, 색이 붉으니, 坎은 血卦이니 붉다. 高亨, 630頁.
101) '十一月之時, 陽氣始養根株黃泉之下, 萬物皆赤.' 『白虎通疏證』, 「三正」, 上冊, (淸) 陳立撰, 상동, 363頁.
102) 『설문해자說文解字』에 의하면, '극亟'은 '빠름[敏疾]'이니, '亟心'은 말의 성질이 민첩함이다. 高亨, 630頁.

송충宋衷은 말한다. (감坎괘에서는) 물이 땅을 쓸며가니, 따라서 '끌음[曳]'이다.

공영달孔穎達은 말한다. 건乾은 '지극히 강건'하고, 진震은 '지극하게 활동'하고, 감坎은 '지극하게 가는 것[至行]'이니, 따라서 모두 말[馬]을 취한다.

항안세項安世(1129-1208)는 말한다. 말은 머리를 아래로 하고, 성질은 민첩하며, 발굽은 엷으나 끄니[曳], 수고로운 상이다.

(감坎괘는) 수레로 말하면, (수레가 물의 도랑이나 함정에 빠지니) 실패가 많다.
[其於輿也, 爲多眚.103)]

주진朱震(1072-1138)은 말한다. 감坎은 '구덩이에 추락함[陷]'이니, 수레의 '흠[病]'이고, 다니면 반드시 패한다.

(감坎괘는) (그래도 물은 흐르니) 통한다.
[爲通.]

우번虞飜은 말한다. (감坎괘에서는) 물이 흐르니, 따라서 통한다.

(감坎괘는) 달에 비견된다.
[爲月.]

요배중姚配中은 말한다. 『회남자淮南子』에서, '음의 한기寒氣를 쌓으니 물이 되고, 수기水氣의 핵심[精]이 달이 된다.'라고104) 말한다.

마치창馬其昶은 말한다. 달은 본래 '어두운 것[闇體]'이니, 따라서 상하가 모두 음이다. (감坎괘에서는) 일양一陽이 바로 가운데이니, 달의 '보름[望]'을 상징한다.

(감坎괘는) (물은 땅 밑에 숨어있으니 마치) 도둑과 같다. 나무로 말하면, (나무는) 단단하나 혹이 많다.
[爲盜. 其於木也, 爲堅多心.105)]

---

103) 이정조李鼎祚의 『周易集解』에는 虞翻을 인용하여, 생眚은 敗(실패)라고 말한다. 高亨, 631頁.
104) '積陰之寒氣爲水, 水氣之精者爲月.' 『淮南子全譯』, 「天文訓」, 許匡一譯注, 上册, 상동, 104頁.

우번虞飜은 말한다. (감坎괘에서는) 물 흐름은 몰래 접근하는 것이다. (감坎괘에서) 양陽은 강剛으로 가운데 있으니, '멧대추[酸棗]' 종류이다.

주진朱震은 말한다. (양웅揚雄의)『태현太玄』경經에서, (감坎은) '물이 되고, … 도둑이 된다.'라고[106] 한다.

완원阮元(1764-1849)은 말한다. 유희劉熙(약 160-?, 동한東漢 경학자)의『석명釋名』에서, '마음[心]은, 섬세함[纖]이다.'라고[107] 한다. (감坎괘는) 섬세하고 미세하여 꿰뚫지 못하는 것이 없음을 말한다. 무릇 섬세하여 날카로운 것은, 모두 '마음[心]'이라 이름 한다.『시詩』에, '(바람이) 가시덤불에 불어댄다.'라고[108] 하니, 손염孫炎(220-265)의『이아爾雅』주注에서, '속박楸樸[떡갈나무]'은 '심心'이라[109] 이름 하니, 모두 까끄라기가 있는 나무를 말한다.

(주희의)『주역본의周易本義』에서 말한다. 순상荀爽 등의『구가역九家易』에서, (감坎괘에는) "궁宮, 율律, 가可, 동棟, 가시덤불[叢棘], 여우[狐], 남가새[疾藜], 쇠고랑[桎梏]이 된다."라고[110] 말한다.

유원劉沅은 말한다. 물은 안이 밝으며, 감坎은 양陽이 안에 있으니, 물이 된다. (감坎은) 양陽으로 물이 되며, 2음이 그것을 보좌하니, 따라서 도랑[溝瀆]이 된다. 양이 음으로 가려지니, 혹 숨어서 보이지 않는데, 모두 그런 부류이다. '곧게 폄[矯]'과 구부림[輮]'은, '굳센 것[剛物]'이 함정 가운데에 들어가게 되니, 굽은 것을 펴서 곧게 하고, 곧은 것을 구부려 꼬부라지게 한다. 활 가운데를 힘을 주면 잘 발사되고, 바퀴 가운데를 힘주면 잘 움직이니, 또한 모두 '교矯'와 '유輮'가 이룬 것이다. 빠져서 어렵게 되면 근심이 보태진다. 감坎 가운데가 차면 마음이 병든다. 감坎이 귀[耳]가 되어 가운데가 실實하면, 귀가 아프게 된다. 피는, 사람 몸의 물이니, 이離 불은 사람 몸에서 기氣가 되고, 감坎 물은 사람 몸에서 피가 되기에, 따라서 홀로 (감坎은) '혈괘血卦'라고 말한다. 건乾은 '큰 붉음[大赤]'이니, '붉음[赤]'은 건乾의 '가운데 색[中色]'을 얻는다. 건乾은 말[馬]이 되니, 감坎은 건乾의 '가운데 효[中爻]'를 얻어서 '굳셈[剛]'이 가운데에 있기에, 따라서 말의 '아름다운 등[美脊]'이

---

105) 坎卦☵는 一陽이 속에 있고, 두 음이 밖에 있으니, 內剛이고 外柔인데, 나무나 단단하여 혹이 많다. 高亨, 상동.

106) '…爲水, …爲塗.',『太玄校釋』,「太玄數」, 揚雄原著, 鄭萬耕校釋, 상동, 296頁.

107) '心, 纖也.',『釋名』,「釋形體」, 劉熙撰, 電子版文淵閣四庫全書, 上海人民出版社 참조.

108) '吹彼棘心.',『詩經譯注』,「邶風」,「凱風」, 袁梅著, 상동, 140頁.

109) '楸樸, 心.',『爾雅』,「釋木」第十四, 管錫華譯注, 상동, 565頁.

110) '爲宮, 爲律, 爲可, 爲棟, 爲叢棘, 爲狐, 爲疾藜, 爲桎梏.', 荀爽,『九家易解』, #205, 中國哲學書電子化計劃, https://ctext.org 참조.

된다. 감坎은 바퀴[輪]가 되기에, 따라서 수레를 상징한다. 물은 흘러서 가득 차지 않으니, 통하는 것이 된다. (감坎은,) 강강剛强이 음陰 가운데에 엎드려있으니, 따라서 도둑[盜]이 된다. 단단하나 혹이 많은 것은, '굳셈[剛]'이 가운데 있음이다.

❿

이離괘는 불이다.
[離爲火.]

(허신의) 『설문해자說文解字』에서 말한다. "불은 타오르니, 남방의 어떤 물질이며, 불꽃이 위로 가니, '모양[形]'을 상징한다."[111]

(이離괘는) 해[日]가 되고, 번개[電]이다.
[爲日, 爲電.]

정현鄭玄(127-200)은 말한다. (이離괘는) 오래 동안 밝으니 해와 비슷하고, 잠시 밝은 것은 번개[電]와 비슷하다.

순상荀爽(128-190)은 말한다. (이離괘는) 양陽 밖의 빛이다.

요배중姚配中은 말한다. 『회남자淮南子』에서, '열기熱氣를 쌓아서 불을 생기게 하고, 화기火氣의 핵심[精]이 해가 된다.'라고[112] 말한다.

마치창馬其昶은 말한다. 이離괘 가운데 일음一陰이, 해 중의 흑점을 상징한다. 주자朱子는, 번개 [電]는 음양이 서로 누르니, 돌을 서로 부비면 불이 생기는 것과 같아서, 두 '굳셈[剛]' 가운데 일유一柔가 사이에 있으니, 음양이 서로 문지르고 부비기에, 따라서 (이離괘는) 번개가 된다.

(이離괘는) 둘째 딸이고, 갑옷과 투구이다.
[爲中女, 爲甲冑.]

<hr>

111) '火, 燬也. 南方之行也, 炎而上. 象形.', 『說文解字』, 火部, 東漢 許愼著, 下冊, 상동, 804頁.
112) '積陽之熱氣生火, 火氣之精者爲日.', 『淮南子全釋』, 「天文訓」, 許匡一譯注, 上冊, 상동, 104頁.

우번虞翻은 말한다. (이離괘는) 밖은 실實하나 가운데는 빈 상象이다. (이離에서는) 위에는 투구이며, 아래는 갑옷이다.

(이離괘는) 창과 무기이다.

[爲戈兵.]

공영달孔穎達은 말한다. (이離괘에서는) '굳셈[剛]'으로써 스스로를 방어한다.

(이離괘는) 사람으로 말하면, 배[腹]가 크다.

[其於人也, 爲大腹.]

항안세項安世(1129-1208)는 말한다. '큰 배[大腹]'은 이離괘의 '모양[形]'이다.

(이離괘는) (불이니) 건조한 괘이다.

[爲乾卦.113)]

우번虞翻은 말한다. 태양은 건조[燥]하다.

(이離괘는) 자라, 게, 소라, 민물조개, 거북이다. 나무로 말하면, (속빈 나무이니) 가지 끝이 시든다.

[爲鱉, 爲蟹, 爲蠃, 爲蚌, 爲龜.114) 其於木也, 爲科上槁.115)]

정현鄭玄은 말한다. (이것들은) 모두 뼈가 밖에 있다. '위가 비이는 것[科上]'은, 음이 안[內]에 있음이다.

송충宋衷은 말한다. 나무 가운데가 비이게 되면, 위가 비어서 시든다.

마치창馬其昶은 말한다. (육덕명陸德明의) 『경전석문經典釋文』에 의하면, '과科'는 '빈 것[空]'이

---

113) 乾은 건조이다. 高亨, 632頁.
114) 별鱉은 별鼈(자라), 해蟹는 게, 나蠃는 소라이고, 방蚌은 민물조개이다. 離괘☲는 一陽이 안에 있고, 두 음이 밖에 있으니, 外剛이 內柔를 보호하는 모습이니, 조개류는 밖의 갑옷이 약한 안을 보호한다. 高亨, 633頁.
115) 과科는 과棵의 가차이니, 나무줄기이다. 밖은 튼튼하나 속이 빈 나무는 공심목空心木(속빈나무)이다. 속 빈나무는 나무 끝의 가지나 잎이 반드시 시든다. 高亨, 상동.

다. 나무 가운데가 빈 것이라면, 위도 또한 비어서 시들음을 말한다.

(주희의)『주역본의周易本義』에서 말한다. 순상荀爽 등의 『구가역九家易』에, (이離괘는) "암컷[牝]이 됨이 있다."116)

유원劉沅은 말한다. (이離괘는) 안은 어둡고 밖은 밝으니, 몸[體]은 음陰이나 '쓰임[用]'은 양陽이니 불이 된다. 불은 나무에 붙고, 해는 하늘에 붙어있고, 번개는 구름에 붙어있다. 해[日]는 불의 '핵심[精]'이고; 번개[電]는 불의 빛이다. (이離괘는) 두 번 그어서 딸을 얻었으니, '둘째딸[中女]'이라고 한다. (이離괘는) 갑옷과 투구로 밖이 단단하고, '창과 무기[戈兵]'의 위가 날카로우니, 밖은 굳센데 위로 타오르는 상이다. (이離괘는) 밖은 크나 가운데가 허虛하니 '큰 배[大腹]'가 된다. 불의 본성[性]은 건조하니 건乾괘로 된다. (이離괘는) 밖은 굳세나 안은 부드러우니, 따라서 자라[鼈], 소라[蠃] 등이 된다. 자라, 알[卵], 게[蟹], 밥통[胃]은 모두 '가운데가 누렇고[中黃],' 소라[蠃]는 모양이 예리하나 잘 붙으며, 민물조개[蚌]는 안이 비었으나 밝음을 머금고 있는데, 거북은 화려하고 밝으며 지혜를 함축하고 있다. '과科'는 '빈 것[窠]'이니, 나무가 가운데가 비이게 되면, 위는 반드시 시든다.

⑪

간艮괘는 산이다.

[艮爲山.]

소옹邵雍(1012-1077)은 말한다. (간艮괘는) 음이 위에 붙어있으니 고요함으로써 멈추는 것이니, 산이다.

마치창馬其昶은 말한다. 산은, 흙이 자기 위를 높이게 한 것이다. 『설문해자說文解字』에서, "산은 '크게 한 것[宣]'이니, 양기陽氣를 발산하여 만물을 생기게 한다."라고117) 말한다. 간艮괘에서는 위에 일양一陽이 있으니, 그 기氣가 '크게 함[宣]'을 상징한다.

(간艮괘는,) 작은 길이다.

[爲徑路.]

---

116) '爲牝.', 荀爽,『九家易解』, #203, 中國哲學書電子化計劃, https://ctext.org 참조.
117) '山, 宣也, 宣氣散, 生萬物.',『說文解字』, 山部, 中冊, 東漢 許愼著, 상동, 742頁.

우번虞飜은 말한다. 진震은, 양이 초효에 있으니 '큰 길[大塗]'이 되고; 간艮은 양이 작으니 '작은 길[徑路]'이다.

(간艮괘는,) 작은 돌멩이이다.
[爲小石.]

『춘추설제사春秋說題辭』에서 말한다. "『주역周易』에서 간艮은 산이 되고, 작은 돌[小石]이 되니, 돌[石]은 음陰 가운데 양陽이고, 양 가운데 음이니, 음이 핵심[精]이고 양을 보충하니, 따라서 산은 돌을 머금고 있다."118)

후왠췬胡遠濬(1869-1931)은 말한다. 『중용中庸』에서, '지금 산에는 주먹만 한 돌이 많다.'라고119) 하니, 따라서 간艮은 '작은 돌[小石]'이 된다.

(간艮괘는,) (문의 양옆) 축대築臺이다.
[爲門闕.120)]

주진朱震은 말한다. 간艮은 흙이어서, 동북쪽이니, '열고 닫음[啓閉]'의 사이에 해당한다.

오징吳澄은 말한다. (간艮괘에서는) 위로 획畫이 있고 길게 이어져 끊이지 않으며, 아래로는 우뚝 솟고 비어있으니, 문궐門闕과 같다.

(간艮괘는,) 나무열매나 풀 열매이다.
[爲果蓏.121)]

송충宋衷은 말한다. (간艮괘에서는) 나무열매는 과일이고, 풀의 열매는 '나蓏'이다.

항안세項安世는 말한다. 진震은 '꽃[尃]'이 되고 '번성하고 신선함[蕃鮮]'이니, 초목의 시작이고; 간艮은 '나무열매[果]'와 풀 열매[蓏]'가 되니, 초목의 끝이다. 나무열매와 풀 열매는 마칠 수 있고

----

118) '「春秋說題辭」云: 『周易』艮爲山爲小石, 石陰中之陽, 陽中之陰, 陰精補陽, 故山含石.', 『古微書』卷十一, 明 孫殼編, 電子版文淵閣四庫全書, 上海人民出版社, 1999 참조.

119) '今夫山, 一拳石之多.', 『中庸今註今譯』26章, 宋天正註譯, 상동, 52頁.

120) 경로徑路는 小路이다. 『說文解字』에, 궐闕은 문관[門觀]인데, 문의 양 옆에 쌓은 대臺이다. 이것을 또 觀이라고도 한다. 高亨, 634頁.

121) 果는 나무열매이고, 蓏는 풀 열매이다. 高亨, 상동.

또한 시작할 수 있으니, 간艮의 상象에 맞는다.

(간艮괘는,) 문지기[閽]나 골목 지킴이[寺]이다.

[爲閽寺.]

송충宋衷은 말한다. 문지기[閽寺]는 문을 주관하고, 시인寺人은 골목[巷]을 주관하니, 모두 금지를 장악한 자들이다.

(간艮괘는,) 손가락이다.

[爲指.]

우번虞翻은 말한다. 간艮 손은, 손가락이 된다.

(간艮괘는,) 개[狗]이고, 쥐[鼠]종류이다.

[爲狗, 爲鼠.]

마치창馬其昶은 말한다. 간艮은 문궐門闕이니, 구멍[穴]과 같다. 『설문해자說文解字』에서, '쥐[鼠]'는 '구멍 속에 사는 벌레[穴蟲]'의 총칭이다.

(간艮괘는,) 부리가 검은 (승냥이와 이리) 부류이다.

[爲黔喙之屬.122)]

정현鄭玄은 말한다. (간艮괘에서는) 산 짐승을 취한다.

(간艮괘는,) 나무로 말하면, 단단하나 마디가 많다.

[其於木也, 爲堅多節.]

우번虞翻은 말한다. (간艮괘에서는) '굳셈[剛]'이 밖에 있으니, 마디가 많은데, 소나무, 잣나무 부

---

122) 艮괘니 정지이니, 혼인閽人은 문을 지키고, 사인寺人은 골목(巷)을 지키는 사람이다. 『說文解字』에, 훼喙은 짐승의 부리이고, 『小爾雅 · 廣詁』에, 검黔은 검은색이다. 시랑豺狼(승냥이와 이리)의 종류는 겉이 검고 산속에 산다. 高亨, 상동.

류이다.

　(주희의)『주역본의周易本義』에서 말한다. 순상荀爽 등의『구가역九家易』에는, (간艮괘에서는) "코[鼻], 호랑이, 여우가 됨이 있다."[123]

　유원劉沅은 말한다. (간艮괘에서는) 일양一陽이 2음 위에 높이 돌출하여 자기 있는 곳에 머무니, 산이 된다. 양陽이 밖에서 막아서 '큰 길[大塗]'로 통하지 못하여, 진震과 상반되니, (간艮은) '작은 길[徑路]'이 된다. 일강一剛이 곤坤 흙 위에 있으니, 성대함에 아직 이르지 않았기에, 따라서 '작은 돌[小石]'이 된다. 나무의 열매는 '과일[果]'이라 하고, 풀 열매는 '나[蓏]'라 하니, 진震이 '꽃[專]'과 초목草木의 시작이 되고, 간艮 '과일[果]'과 '풀 열매[蓏]'는 초목의 끝이 된다. 문지기[혼인閽人]는 왕궁王宮의 금지를 관장하는데 발[足]은 없으나 밖에서 사람들을 막으며, 응당 들어올 수 없는 물품을 멈추게 한다. 시인寺人은 왕궁의 처자妻子[內侍들이나 궁녀들의 금령禁令을 관장하니, 양陽이 없어도 일을 시킬 수 있는데, 응당 나갈 수 없는 물건들을 멈추게 한다. 개는 안에서는 친근하나 밖에서는 폭도를 막아내고, 쥐는 물건을 잘 씹으니, 모두 어금니[牙]가 날카롭고, 간艮 양陽은 위에 있으나 굳셈[剛]이 앞에 있기에, 따라서 개[狗]나 쥐[鼠]가 된다. 감坎은 '굳셈[剛]'이 안에 있기에, 따라서 단단하나 혹이 많으며; 간艮은 '굳셈[剛]'이 밖에 있기에, 마디[節]가 밖에서 보이고, 따라서 단단하나 마디가 많다.

12

태兌괘는 못[澤]이다.

[兌爲澤.]

　(마의도자麻衣道者의)『정역심법正易心法』에서 말한다. "일음一陰이 위에서 2양에 통하니 태兌괘가 된다. 태兌는, 모양形이 만물을 위에서 넓게 베풀어주는 것이 되니, 이익과 은택이 발생하게 된다. (따라서 '만물을 기쁘게 하는 것은 못[澤]보다 더 기쁘게 하는 것은 없다.'라고 말한다.)"[124]

(태兌괘는) 막내딸이고, 여자 무당[巫]이고, 입이나 혀이며, (가장자리를) 허물거나, (둑을) 부숴

---

123) '爲鼻, 爲虎, 爲狐.', 荀爽,『九家易解』, #206, 中國哲學書電子化計劃, https://ctext.org 참조.

124) '一陰上徹於二陽爲兌. 兌爲形普施萬物之上, 爲發生之利澤. 故曰: 說萬物者莫說乎澤.',『正易心法』, 28, 麻衣太子撰, 中國哲學書電子化計劃, https://ctext.org 참조.

물을 흘린다.

[爲少女, 爲巫, 爲口舌, 爲毁折, 爲附決.125)]

공영달孔穎達은 말한다. 무당[巫]은 언론을 맡은 관리를 취한다. (태兌는) 서쪽이니 '다섯 가지
일[五事]'에서126) 말[言]을 하게 된다. (태兌는) 가을에 곡식이 익은 것을 취하니, 볏 집의 부류는 훼
절하고, 나무열매와 풀 열매의 부류이면 털어서 가진다.

항안세項安世는 말한다. 태兌는 쇠붙이[金]가 되고 가을[秋]이 되니, 모두 터놓고 취하는 기운[氣]
이다.

(태兌괘는) 땅으로 치면, 딱딱하고 소금기가 많다.

[其於地也, 剛鹵.127)]

우번虞飜은 말한다. (태兌괘는) 2양이 아래에 있기에 따라서 굳세고[剛], 못의 물이 아래로 가니
따라서 소금기가 있다.

주앙지朱仰之(1087-1154)는 말한다. (태兌괘는) 쇠붙이를 취하나 굳세어[剛] 살 수가 없고, 굳세
고 소금기 있는 땅이니 사물이 살 수 없다.

요배중姚配中은 말한다. 『설문해자說文解字』에 의하면, "'노鹵'는 서쪽의 함지鹹地(짠땅)이다."128)

(태兌괘는) 첩이고, 양羊이다.

[爲妾, 爲羊.]

공영달孔穎達은 말한다. (태兌괘는) '막내딸[少女]'이 손윗누이[姊]를 따라 시집가니 여동생[娣]이
되었다.

(주희의) 『주역본의周易本義』에서 말한다. 순상荀爽 등의 『구가역九家易』에서, (태兌괘는) "'항

---

125) 兌는 못인데, 못물은 출렁거리니 가장자리를 허물거나, 둑[堤防]을 부수고 물을 흘리어 보낸다. 高亨, 636頁.
126) 五事는 통치자가 실행해야 하는 다서 가지이니, 貌恭, 言從, 視明, 聽聰, 思睿를 말한다. "五事: 一曰貌,
    二曰言, 三曰視, 四曰聽, 五曰思. 貌曰恭, 言曰從, 視曰明, 聽曰聰, 思曰睿." 『尙書』, 「洪範」篇 참조.
127) 陸德明에 의하면, 노鹵(소금)은 함토鹹土(짠땅)이다. 高亨, 상동.
128) '鹵, 西方鹹地也.', 『說文解字』, 鹵部, 東漢 許愼著, 下冊, 상동, 960頁.

상[常]'이 되고, 뺨[輔頰]이 된다."129)

유원劉沅은 말한다. 물이 쌓이면 못이 되니, 못은 물이 모이는 곳이다. 감坎 물이 그 하류를 막으면 따라서 못[澤]이 된다. (태兌괘는) 세 번 그어서 딸을 얻었으니, '막내딸[少女]'이라 한다. (태兌괘는) 신神을 기뻐함을 말함으로써 무당[巫]을 삼는 것이다. 사람을 기쁘게 하는 것은 의론議論[口舌]이다. 가을에 사물이 말라서 떨어지니, 위에 부드러운 것이 먼저 꺾이고, 부드러움은 굳셈[剛]에 붙으니, 굳셈은 반드시 '부드러움[柔]'을 '터치는 것[決]'이다. '노鹵'는 서쪽의 '짠땅[鹹地]'이니, 못의 물이 응결하여 이루어진 것이다. 막내딸이 '정실正室[嫡]'을 따라서 첩이 된다. 밖은 유열柔悅하나 안은 굳세고 사나운 것이 양羊이다.

장필張弼(1425-1487)은 말한다. 8괘가 설치되어 만물의 상象이 갖춰지니, 「설괘說卦」전이 그 예例를 밝힐 뿐이다. 『역易』에 보이나 「설괘說卦」전에서 진열되지 않은 것이 있다. 「설괘說卦」전에 진열된 것이 『역易』에서는 다할 수가 없는 것이 있다. 이것으로 그 뜻을 알 수 있을 것이다.

정형程迥(12세기, 남송南宋 역학자)은 말한다. 8괘의 상象은 여덟 가지 물건일 뿐이다. 그 부류를 확충하면 이른바 온갖 것이 폐할 수 없는 것이니, 그 설을 끝까지 하면, 또한 만물의 사정을 유추할 수 있다. 대저 볼 수 있는 상象이 있고 셀 수 있는 수數가 있는 것은, 『역易』이 아닌 것이 없다.

황진黃震(1213-1281)은 말한다. 이것은 다만 옛날 잡다한 상象을 점치는 것이다.

유원劉沅은 말한다. 8괘의 상象을 추연推衍하여 확대하는 것이 점치는 이들이 쓴다고 여기는데, 괘효卦爻의 뜻이 여기서 다한다고는 말하지 않는다. 점복占卜에서 상象을 취함에, 일사一事나 일물一物 때문에 득실을 찾는 것은 『역易』에서는 지류支流이나, 그러나 천지天地에 이런 '도리[理]'가 없다고 말할 수는 없다. 정사수程沙隨(정형程迥, 12세기, 남송 南宋역학자)는, '이 장章의 상象이 괘효와 서로 믿을 수 없는 것이 있으니, 건곤乾坤에서 용龍을 일컫는데 반드시 진震에도 있는 것은 아니고, 곤坤 땅에서 말[馬]를 일컫는데 반드시 건乾에 있지 않음과 같은 것이 그것이다.'라고 말한다. 괘효에는 보이나 이것을 신지 않은 것은, 점漸괘의 '기러기[鴻]'나 중부中孚괘의 '돼지나 물고기[豚魚]' 같은 것이 이것이다. 여기에는 보이나 (태兌)괘에는 없는 것은, 베[布], 솥[釜], 소라[蠃], 민물조개[蚌] 같은 것이 이것이다. 호운봉胡雲峰(胡炳文, 1250-1333)은, "8괘의 상을 확대한 것은 112이니, 상대하여 상象을 취한 것은 건乾 하늘, 곤坤 땅, 진震 '조급함의 결판[決躁]', 손巽 진퇴進退, 간艮 '손가락[指]', 태兌 혀[舌]의 부류가 이것이다."라고 말한다. 상반相反하여 상象을 취한 것이

129) '爲常, 爲輔頰.', 荀爽, 『九家易解』, #207, 中國哲學書電子化計劃, https://ctext.org 참조.

있는데, '큰 길[大塗]', '작은 길[徑路]', '길고 높음[長高]', 훼손의 부류가 이것이다. 상인相因하여 상象을 취한 것은, 건乾은 말[馬]이 되고, 진震은 건乾의 초효 양陽을 얻었으니, 따라서 말[馬]에서 '잘 울음[善鳴]' 등의 부류이고; 감坎이 건乾의 '가운데 효[中爻]'을 얻었으니, 따라서 말[馬]에서 '아름다운 등[美脊]' 등의 부류이다. 손巽은 나무가 되니, 양陽을 주관하나 음陰을 뿌리로 하는데, 감坎은 가운데가 양陽이니, 따라서 나무에 단단하나 혹이 많고, 간艮은 위[上]가 양陽이니, 따라서 나무에 단단하나 마디가 많은 부류가 이것이다. 한 괘 가운데 상인相因하여 상象을 취한 것이 있는데, 감坎이 숨어서 엎드려있으니 도둑이 됨과; 손巽은 줄[繩]이 곧바른데 따라서 기술자[工]가 됨과; 간艮은 문궐門闕이 되니, 따라서 '문지기[闇]'와 시인寺人이 됨과; 태兌는 입과 혀가 되니, 따라서 무당[巫]이 된다. 말하지 않아도 서로 보는 것이 있는데, 건乾은 임금이 되어 곤坤이 신하가 됨을 알고; 건乾은 둥그니, 곤坤이 네모짐[方]을 알고; 이離가 건乾괘로 되니, 감坎이 습함을 알고; 감坎은 혈괘血卦이니 이離가 기氣가 됨을 알고; 손巽은 냄새[臭]가 되니 진震이 소리[聲]임을 알고; 진震은 '맏아들[長子]'이니, 감坎과 간艮이 '말 안한 것[不言]'은 양陽의 '으뜸[長](간艮)'에 대하여 높이보고; 태兌는 '막내딸[少女]'이니 첩이 되며, 손巽과 이離가 말하지 않는 것은, 음의 '젊은 것[兌]'에 대해서 그것을 낮추보는 것이며; 건乾은 말[馬]이 되니, 진震과 감坎은 건乾의 양陽을 얻었으니, 모두 말[馬]이라 말하는데, 간艮은 말할 수 없으니, 간艮은 그침이기에, 그치는 '본성[性]'은 말[馬]이 아니다. 다른 것들도 비슷한 것들에 접촉하여 통할 수 있다. 이상의 두 설명은 그 뜻을 충분히 다하였다. 배우는 이들은 일정한 괘의卦義가 있음을 알면 또한 정해지지 않은 괘상卦象도 있으니, 여기서 말한 것은 이미 가운데 감추어두었으니 전부 나타나지 않은 것이 없다. 후인들이 이것을 풀면, 모두 지엽 가운데 지엽일 뿐이다.

마치창馬其昶은 말한다. 위는 제3편이다. 허계림許桂林(1779-1822)은, '8괘는 덕상德象을 말한다.'라고 했다. 「설괘說卦」전은 뒤에 얻었는데, 『수서隨書·경적지經籍志』에 「설괘說卦」3편이 실렸으니, 금본今本으로서 그것을 관찰하면, 3편의 절차가 매우 분명[明晰]하다.

• **나의 견해**: 지당止唐(劉沅)선생은 『수서隨書·경적지經籍志』를 인용하여, 「설괘說卦」전 3편은 한漢나라 선제宣帝 때 얻었으나, 지금은 단지 1편이라고 말하는데, 여기에 (민간의 서방書坊에서 인쇄한) 방본坊本에 따라서 11장章으로 나누었다. 포윤抱潤(馬其昶)선생은 허계림許桂林의 설에 의거하여 3편이 매우 분명[明晰]하다고 증명하니, 첫째 '시초[蓍]의 수數'와 괘효卦爻의 대원大原을 밝혔고, 다음으로 8괘의 방위方位를 나열함으로써 대대對待하여 유행하는 '도리[理]'를 밝혔고, 끝

으로 8괘의 덕상德象이 천지 만물의 실정을 모방함을 말하였다. 언론의 요점[切要]이 간명하고, 대의大義가 다 거론되었다. 용자用字와 조구造口를 자세하게 풀었는데, 혹 한 자字의 핵심(精鍊)을 취함으로써 여러 뜻을 갖췄거나, 혹 여러 구절을 연결하여 묘리妙理를 팠거나, 혹 한 자字를 쓰더라도 여러 구절을 관통했으니 견문을 넓혔다. 「계사繫辭」전이 일단 경천經天위지緯地하는 웅문雄文이라면, 「설괘說卦」전은 물류物類와 인정人情이 번성하여 많은 것을 종합하였다. 이것으로써 『역易』의 전체를 결말을 지으니, 감탄하여 바라볼 뿐이다!

『서괘序卦』전傳

제언 題言

「서괘序卦」전은 『역易』64괘의 순서를 설명하기에, 편명을 「서괘序卦」로 하였다. 이편은 건乾, 곤坤, 함咸과 진震괘는 괘상卦象에 근거하여 해석하였고, 다른 괘들은 괘명卦名에 따라서 설명하고 있다. 어떤 것은 『역易』의 뜻과 합치하나, 어떤 것은 그러하지도 않다.

첫째, 「서괘序卦」전의 저자와 「단象」전, 「상象」전의 저자는 각각 다른 3인이다. 「서괘序卦」전에서 괘명卦名을 해석할 때, 「단象」전, 「상象」전과 같은 경우가 있다. 예로 건蹇괘의 건蹇은, 「단象」전에서 난難[어려움]으로 말하는데, 「상象」전도 똑같다. 「서괘序卦」전도 '어려움[難]'이다. 췌萃괘의 경우, 「단象」전에서, 췌萃는 취취聚(모이다)이고, 「상象」전도 그와 같다. 「서괘序卦」전에서도, 췌萃는 취취聚이다. 이 경우들은 저자 3인의 관점이 같다. 그러나 「서괘序卦」전의 해석이 「단象」전, 「상象」전과 다른 경우들이 있다. 예를 들어, 몽蒙괘에서 「단象」전과 「상象」전에서 몽蒙을 몽매蒙昧로 해석하는데, 「서괘序卦」전에서는, '蒙者, 蒙也, 物之穉也.'(몽괘에서, 몽은, 어린 물건이다.)로 말하니, 몽蒙을 맹아萌芽(어린 싹)로 해석한 것이다. 임臨괘에서, 「단象」전과 「상象」전에서 임臨을 '임민치국臨民治國(백성들을 통치하고 나라를 다스림)'으로 해석하는데, 「서괘序卦」전은 '臨者, 大也(통치는 큰 것이다.).'로 해석하니, 해석이 완전히 다르다.

둘째, 「서괘序卦」전 중에는 소박한 변증법적 요소가 있다. 객관적으로 존재하는 사물은 운동 변화하는데, 어떤 때는 정면正面으로 발전하고, 어떤 때는 그와 반대로 발전함을 인정한다. 예로, 항恒괘, 둔遯괘, 대장大壯괘, 진晉괘, 명이明夷괘의 순서를 들어보자. "항恒괘는 오래감이다. 사물은 자기자리에 오래 머무를 수 없으니, 따라서 그것을 둔遯(숨음)괘가 받았다. 사물은 내내 숨을 수 없으니, '크게 왕성함'[大壯]괘가 받았다. 사물은 내내 왕성할 수 없으니, 그것을 '나아감'[晉]괘가 받았다. 진晉은 나아감이다. 나아감은 반드시 다치고 마니, 따라서 '밝음의 다침'[明夷]괘가 받았다. 이夷는 다침[傷]이다. (恒者, 久也. 物不可以久居其所, 故受之以遯. 物不可以終遯, 故受之以大壯. 物不可以終壯, 故受之以晉. 晉者, 進也. 進必有所傷, 故受之以明夷. 夷者, 傷也.)" 또 예例를, 규睽괘, 건蹇괘, 해解괘, 손損괘, 익益괘, 쾌夬괘의 순서를 보자. "규睽는 어그러짐이다. 어그러지면 반드시 어려움이 있게 되니, 따라서 이것을 건蹇괘가 받았다. 건蹇은 어려움이다. 사물은 내내 어려울 수 없으니, 따라서 이것을 해解괘가 받았다. 해는 느슨함이다. 느슨하면 반드시 잃게 되니, 따라서 이것을 손損괘가 받았다. 손해는 지속될 수 없으니 반드시 더해지고 마니, 따라서 이것을 익益괘가 받았다. 더해지는 것은 지속될 수 없으니, 따라서 이것을 쾌夬괘가 받았다. 쾌夬는 결단이다.

(暌者, 乖也. 乖必有難, 故受之以蹇. 蹇者, 難也. 物不可以終難, 故受之以解, 解者, 緩也. 緩必有所失, 故受之以損. 損而不已必益, 故受之以益. 益而不已必決, 故受之以夬. 夬者, 決也.)" 이처럼 사물변화가, 혹 정면正面발전이냐, 혹 반면反面이냐 하는 방향성의 차이는 있으나, 서로 연관을 가지고 변화하는 점이 있다는 것을, 중국의 선진先秦시기 「서괘序卦」전의 사상에서 그 단초를 발견할 수 있다.

그러나 「서괘序卦」전에서 중요한 점은 하늘과 땅이라는 자연조건과 인간생활을 분리해서 보지 않는다는 점이다, 바꿔 말하면, 자연 조건은 세상 만물의 탄생조건일뿐더러, 그 자연원리는 그저 자연적인 것만이 아니라, 인간 생활이 그것과 밀접히 관계한다는 점에서, 자연윤리는 바로 인간윤리가 되고, 인간윤리 또한 자연윤리와 분리될 수 없음을 말하고 있다. 『역易』의 가치는 바로 이 점에 있다. 자연현상과 인문현상이 궁극적으로는 분리될 수 없는 것이다. 건乾괘에서 말하는 '원元, 형亨, 이利, 정貞'은, 주희朱熹(1130-1200)에 의하면, 인仁, 의義, 예禮, 지智인 것이다. 이점이 『역易』논리의 위대한 관점이다. 자연 밖에 인간이 없고, 인간 밖에 자연이 있는 것이 아니다.

유원劉沅(1767-1855)은 말한다. (「서괘전序卦傳」에서는) 일단의 '도리[理]'을 대략 열거함으로써 문왕文王「서괘序卦」의 뜻을 밝히고 있다. 내씨來氏[來知德, 1525-1604]는, '후인들이 그 순서를 섞어서 혼란시킬까 두려워서 이렇게 했다.'라고 말한다. 호후胡煦(1655-1736)는, '선유先儒들이 대부분 획劃·괘卦 가운데 음양의 다소多少로써 앞뒤의 순서를 따졌으니, 전혀 역리易理에 보탬이 안 된다.'라고 말한다. (이것은) 말씀을 '알은 것[知]'인가!

『역易』 상경上經

> **하늘[乾]과 땅[坤]이 있고, 그 다음에 만물들이 태어났다.**
> [有天地, 然後萬物生焉.]

간보干寶(286-336)는 말한다. (『역易』은) 천지에서 '처음[始]'을 취한다. 천지보다 앞선 일을 성인은 말하지 않았다.

유원劉沅은 말한다. 천지는 건곤乾坤 두 괘를 말한다. 곤坤은 건乾 다음인데 받았다고 말하지 않음은, 대극이 양의兩儀를 낳으니, 하나의 기氣인데 천지로 나뉜 것이다.

> **하늘과 땅 사이에 가득 찬 것이 만물이니, 따라서 이것을 준屯[滿]괘로 이어 받았다. 준屯은 가득참이다.**
> [盈天地之間者唯萬物 , 故受之以「屯」. 屯者, 盈也.[1]]

순상荀爽(128-190)은 말한다. (준屯괘는) 양이 아래에서 활동하니, 만물을 어두움[冥昧] 가운데서 만들음을 말한다.

(장재의)『횡거역설橫渠易說』에서 말한다. "(준屯괘는) 모였으나 나오질 못하니, 따라서 차게[盈] 된 것이기에, 비록 (하괘가) 우레여도 또한 그러하다."[2]

---

1) 『廣雅·釋詁』에, 受는 잇대[繼]이고, 또 屯은 만滿[차다]이다. 高亨, 643頁.
2) '就而不得出故盈, 雖雷亦然.', 『橫渠易說』卷三, 「序卦」, 宋 張載撰, 電子版文淵閣四庫全書, 상동 참조.

유원劉沅(1767-1855)은 말한다. 준屯괘에는 2뜻이 있으니, '가득한 것[盈者]'이고, '집결[屯聚]'의 뜻이다. 강유剛柔가 처음으로 사귀고 천지가 조화[絪縕]하고, 우레와 비가 멋대로 움직이니[動蕩], '가득 찬[充盈]' 상이다.

(천지의 기운이) 차야 비로소 만물이 태어난다. 물건이 태어나면 반드시 어리니, 그러므로 이것을 받은 것이 몽蒙괘이다.

[屯者, 物之始生也. 物生必蒙, 故受之以蒙.]

정현鄭玄(127-200)은 말한다. '몽蒙'은 어리고 작은 모양이다. 제齊나라사람들은, '싹[萌]'을 '몽蒙'이라 말한다.

유원劉沅은 말한다. 처음 생긴 사물은 굽어있고 펴지도 못하니, 초목이 처음 나오는, 부드러운 싹의 상이다.

몽蒙괘는 어린 것이니, 어리고 유치한 것이다. 사물이 어리면 양육하지 않을 수 없으니, 따라서 이것을 수需괘로 받았다.

[蒙者, 蒙也, 物之穉也. 物穉不可不養也, 故受之以需.]

웅량보熊良輔(1310-1380)는 말한다. 이것에 이르러서 바야흐로 사람과 사물의 구분이 있게 되고, 생으로 금수의 털과 피를 마셨는데, 곡식을 먹기에 이르러서, 백성의 '생명[命]'이 확립된[立] 것이다.

유원劉沅은 말한다. 어린 것이기에 따라서 유치한데, 그들을 양육하지 않는다면 일찍 죽어버려 자랄 수가 없다. 물은 하늘에서 만물을 촉촉이 적시니, 사물은 이것을 필요로 하여서 길러진다. 덕을 쌓고 재주 있는 이를 기르는 것 또한 이와 같다.

수需괘는 음식의 도리이다. 마시고 먹으면 반드시 송사訟事가 있게 되기에, 따라서 이것을 송訟괘가 이어 받았다.

[需者飮食之道也. 飮食必有訟, 故受之以「訟」.]

한백韓伯(5세기, 남북조南北朝시대)은 말한다. 무릇 사는 데는 밑천[資]이 있어야 하는데, 밑천이 있게 되면 싸움이 일어난다.

유원劉沅은 말한다. 사람은 먹고 마시지 않으면 살 수 없으니, 중정中正으로 길러짐이 음식의 도道가 된다. (그러나) 필요로 하는 것이 있으면 싸움이 있게 되니, 양식 때문에 잘못이 있게 되고, 돼지 기르고 술 만드는 것이 화禍를 만들며, 송사[訟]는 이것 때문에 일어난다.

송사가 있으면 반드시 많은 사람들이 들고 일어나기 때문에, 따라서 이것을 사師(뭇 사람)괘가 이어 받았다.

[訟必有衆起, 故受之以「師」.]

요배중姚配中(1792-1844)은 말한다. 『회남자淮南子』에서, "사람의 의衣와 식食에는 욕망이 있는데, 물자가 수요를 충족 못시키니, 따라서 무리들이 잡거하면, '(나뉜) 몫[分]'이 고르지 않기에, '넉넉지 않은 것[不澹=不贍]'을 구하려하면 싸움이 생긴다. 싸우면 강자는 약자를 겁박하고 용맹한 자는 겁먹은 자를 속이며 능멸한다. … 흉악한 욕심쟁이가 천지 (사람들을) 잔해殘害하니, … 성인이 분연히 일어났기에, … 전쟁의 유래由來는 오래다!"라고[3] 한다.

사師는 무리이다. 뭇사람들이 있게 되면 반드시 견주게 되니, 따라서 이것을 비比(친근함)괘가 이어 받았다.

[師者, 衆也. 衆必有所比, 故受之以「比」.]

한백韓伯은 말한다. 무리가 일어나는데 친하지 않으면 싸움이 식지 않는다. 반드시 서로 친해야 뒤에는 안녕을 얻는다.

비比괘는 친근함이다. 친근하게 되면 반드시 (재물을) 저축하게 되니, 따라서 이것을 소축小畜괘가 이어 받았다.

[比者, 比也. 比必有所畜也[4], 故受之以「小畜」.]

소식蘇軾(1037-1101)은 말한다. 대축大畜괘 소축小畜괘는 모두 저축함에서 취할 뿐이니, 그 대

---

3) '人有衣食之情 而物不能足也, 故群居雜處, 分不均, 求不贍, 則爭. 爭則强脇弱而用侵怯, …饕餮之人, 殘賊天地, … 聖人勃然而起, … 夷險除穢, … 兵之所由來者遠矣!', 『淮南子全釋』, 「兵略訓」, 下册, 許匡一 譯注, 상동, 876頁.

4) 축畜은 축蓄(쌓아 두다)으로 읽어야하니, (재물의) 저축이다. 高亨, 644頁.

소를 논하지 않는다. 「서괘序卦」전에서 『역易』을 논함에는, 시詩를 씀에 장章을 구분하는 것처럼, 일리一理로써 찾을 수는 없다.

물건이 쌓인 다음에 예禮가 있게 되니, 따라서 이것을 이履괘가 이어 받았다.
[物畜然後有禮, 故受之以「履」.]

한백韓伯은 말한다. 예禮가 '때에 쓰임[時用]'에 적합한 것은, 일단 저축이 있으면 모름지기 쓰이게 됨이다.

호일계胡一桂(1247-1314)는 말한다. 건곤乾坤괘에서 이履괘에 이르면, 10변變인데, 음양 기氣가 '한 바퀴 돌음[一周]'이다.

이履는 예禮이다. 이행을 편안이 한 다음에 안정되니, 따라서 이것을 태泰괘가 이어 받았다.
[履者, 禮也. 履而泰然後安, 故受之以「泰」.]

요신姚信(3세기, 삼국三國시기)은 말한다. 편안함 위에서 백성을 다스림에는 예禮보다 좋은 것은 없으니, 예禮가 있은 연후에 태연하게[泰] 되니, 태연[泰]한 뒤에 편안하다.

마치창馬其昶(1855-1930)은 말한다. 이행함으로써 존비尊卑의 구분이 엄해지니, 태연하게 상하의 실정에 통한다. 이행하여 태연하게 된 이후에 안정되는 것이, 만세의 밝은 교훈이다. 군권君權을 치우치게 주관하면, 이행은 되나 태연하지 않고, 민권民權을 치우치게 주관하면 여유는 있으나 이행됨이 없으니, 모두 난리를 일으키는 도道이다.

태泰는 순통이다. 사물은 내내 순통할 수 없기에, 따라서 이것을 비否[막혀서 불통함]괘가 이어 받았다.
[泰者通也. 物不可以終通 , 故受之以「否」.[5]]

마치창馬其昶은 말한다. '불가不可함'은, '그렇게 될 수 없음[其不能]'을 말한 것이다.

사물은 내내 막혀서 불통할 수 없으니, 따라서 동인同人(남과 同心同行)괘가 이어 받았다.
[物不可以終否, 故受之以「同人」.]

---

5) 비否는 막혀서 통하지 않음[閉塞不通]이다. 高亨, 645頁.

한백韓伯은 말한다. 막히면 생각이 통하니, 사람들의 뜻이 같아진다.

다른 사람들과 마음과 행동이 같으니, 사물들이 반드시 (내게로) 돌아오기에, 따라서 이것을 대유大有 [크게 가짐]괘가 이어 받았다.

[與人同者, 物必歸焉, 故受之以「大有」.]

장식張栻(1133-1180)은 말한다. 천하 때문에 즐겁고, 천하 때문에 근심하니, 이것은 다른 사람들과 같다.

크게 가졌어도 꽉 찰 수는 없으니, 따라서 이것을 겸謙괘가 이어 받았다.

[有大者不可以盈, 故受之以「謙」.]

(한영韓嬰의) 『한시외전韓詩外傳』에서 말한다. "공자는, '『역易』에서 동인同人괘가 먼저이고 대유大有괘가 나중인데, 이것을 이은 것이 겸謙괘이니, 또한 그럴 수 있지 않겠는가?'라고 말한다. 겸謙괘는 일을 억눌러서 덜어내는 것이다. 가득함을 유지하는 도道는 억눌러서 덜어내는 것이다. 이에 순응하면 길하고, 이를 거역하면 흉하다."[6]

크면서 겸손할 수 있으면, 반드시 편안이 즐길 수 있으니, 따라서 이것을 예豫괘가 이어 받았다.

[有大而能謙必豫, 故受之以「豫」.[7]]

이간李簡(14세기, 원元나라 역학자)은 말한다. 겸謙괘는, '가득 참[盈]'을 유지함으로써 안녕하고 쾌락하다.

즐거우면 반드시 따르는 일이 있으니, 따라서 이것을 수隨[사람들이 따름]괘가 받았다.

[豫必有隨, 故受之以隨.]

---

6) "孔子曰:「易先同人後大有, 承之以謙, 不亦可乎?」 … 謙者, 抑事而損者也. 持盈之道, 抑而損之. …順之者吉, 逆之者凶.",『韓詩外傳集釋』,第八, 第三十一章, 韓嬰撰, 許維遹校釋, 상동, 301頁.

7) 예豫는 편안히 즐김[安樂]이다. 高亨, 상동.

주진朱震(1072-1138)은 말한다. '따름[隨]'은 때[時]를 따름이다.

즐거이 남을 따르면 반드시 일이 생기게 되니, 따라서 이것을 고蠱[일事]괘가 이어 받았다. 고蠱는 일[事]이다.

[以喜隨人者必有事, 故受之以「蠱」. 蠱者, 事也.]

유원劉沅은 말한다. 고蠱는 일을 가르치는 것은 아니고, '미혹迷惑[蠱]' 때문에 나중에 일이 있게 된다. '고혹蠱惑을 구제함'은 쇠약함으로 말미암아서 왕성해지는 것이니, 따라서 일이 있은 뒤에 크게 될 수 있다.

왕인지王引之(1766-1834)는 말한다. '고蠱'는 '고故'를 말한다. 『상서대전尙書大傳』에서, '이에 오사五史에게 명하여 오제五帝의 고사蠱事를 쓰게 하였다.'라고[8] 했다. '고사蠱事'는 '이야기[故事]'와 같다.

일이 있은 다음에 커질 수 있으니, 따라서 이것을 임臨[大]괘가 이어 받았다.

[有事而後可大, 故受之以「臨」.[9]]

송충宋衷(?-219)은 말한다. 일이 성립되고 공이 이루어지니, 밀어서 크게 할 수 있다.

임臨은 큼[大]이다. 사물이 큰 다음에 볼만하게 되니, 따라서 이것을 관觀가 이어 받았다.

[臨者大也. 物大然後可觀, 故受之以「觀」.]

최경崔憬(7세기, 당唐대 역학자)은 말한다. 덕업이 큰 사람은 사람들에게서 정정政情을 살펴서 알 수 있다.

마치창馬其昶은 말한다. '관찰함[觀]'은 시범示範[觀示]을 보임이다.

볼만하면 다음에 (사람의 뜻) 맞게 되니, 따라서 이것을 서합噬嗑(合하다)괘가 이어 받았다.

[可觀而後有所合, 故受之以「噬嗑」.]

---

8) '乃命五史以書五帝之蠱事.' 『尙書大傳』卷二, 周書, 孫之騄輯, 電子版文淵閣四庫全書, 上海人民出版社, 1999 참조.
9) 『廣雅·釋詁』에, 臨은 큼[大]이다. 高亨, 646頁.

한백韓伯은 말한다. 볼만 하면 다른 나라들도 모인다.

합嗑은 모이는 것이다. 물건은 그저 모이기만 할 수 없기에, 따라서 이것을 비賁[꾸밈]괘가 이어 받았다.

[嗑者, 合也. 物不可以苟合而已, 故受之以「賁」.]

소식蘇軾은 말한다. 군신君臣, 부자父子, 친구[朋友] 사이가 이른바 합合이다. 솔직하게 행하는 것이 '대충하는 것[苟]'이고, 예禮로써 꾸밈을 '비賁'라 한다.

비賁는 꾸밈이다. 매우 꾸미고 나면 아름다움이 소진되니, 따라서 이것을 박剝(떨어짐落下)괘가 이어 받았다.

[賁者, 飾也. 致飾然後亨則盡矣, 故受之以「剝」.10)]

한백韓伯은 말한다. 꾸밈이 극에 달하면 실상實은 '잃게 된다[喪]'.

오여륜吳汝綸(1840-1903)은 말한다. '형亨'은 마땅히 '기쁨[嘉]'으로 뜻을 풀어야 한다. '기뻐하면 다됨[亨則盡]'은, '아름다움이 먼저 소진됨'을 말하는 것과 같다.

마치창馬其昶은 말한다. 꾸밈을 반드시 끝까지 하면 연후에 통달하게 되니, 이는 꾸밈 이외에는 이미 아무 것도 없을 것이다. 그러므로 공자는 서점筮占으로 비賁괘를 얻었는데, '바탕에 여유가 있으나, 꾸밈은 받지 않는다.'라고11) 말하였다.

박剝은 박탈이다. 물건은 내내 다 박탈당할 수는 없으니, 위에서 끝이 나면 아래로 내려오니, 따라서 이것을 복復(회복)괘가 이어 받았다.

[剝者, 剝也. 物不可以終盡剝, 窮上反下, 故受之以「復」.]

『회남자淮南子』에서 말한다. "사물의 쇠락[剝]'은 끝까지 다할 수는 없으니, 따라서 복復괘로 받는다."라고12) 말한다. 얇은 것이 쌓이면 두터워지고, 낮은 것이 쌓이면 높게 된다.

....

10) 치致는 극極이고, 형亨은 아름다움[美]이다. 박剝은 낙落(떨어지다)이다. 高亨, 상동.

11) '孔子嘗自筮其卦得賁焉.…「賁有餘, 不受飾故也.」', 『孔子家語』, 「好生」第十, 魏 王肅註, 電子版文淵閣四庫全書, 上海人民出版社, 1999 참조.

12) '剝之不可遂盡也, 故受之以復.', 『淮南子全釋』, 「繆稱訓」卷十, 許匡一譯注, 上冊, 상동, 559頁.

진수웅陳壽熊(1812-1860)은 말한다. (『역易』의) 상하경이 반대로써 차례를 삼으니, 박剝괘는, 위가 끝에서 아래로 반대가 되니, 따라서 복復괘로 받았는데,「서괘序卦」전에서 이미 스스로 말한 것이다.

회복되면 망령됨은 없을 것이니, 따라서 이것을 무망無妄[망령 없음]괘가 이어 받았다.

[復則不妄矣, 故受之以「無妄」.]

(주돈이의)『통서通書』에서 말한다. "선하지 않은 행동이 '망령[妄]'이다. 망령에서 회복되면 망령은 없어질 것이다. 망령이 없으면 성실할 것이다."[13] 따라서 무망无妄괘는 복復괘의 다음이다.

망령이 없게 된, 연후에는 재물을 쌓을 수 있으니, 따라서 이것을 대축大畜[크게 쌓음]괘가 이어 받았다.

[有無妄, 物然後可畜,[14] 故受之以「大畜」.]

마치창馬其昶은 말한다. 반드시 저것에 희망이 없어야, 이에 이것에 재물을 모을 수 있다.

재물이 저축된 이후에 (사람들을) 양육할 수 있으니, 따라서 이것을 이頤(양육)괘가 이어 받았다.

[物畜然後可養, 故受之以「頤」.]

마치창馬其昶은 말한다. (재물이) 모인 연후에 기를 수 있고, 많게 된 연후에 부유할 수 있다.

이頤는 양육이다. 양육하지 않으면 (사람들을) 동원할 수가 없으니, 따라서 이것을 대과大過[큰 과오]괘가 이어 받았다.

[頤者, 養也. 不養則不可動, 故受之以「大過」.]

공원龔原(1043-1110)은 말한다. '양육하지 않으면 (사람들을) 움직이게 할 수 없으니,' 오직 몸

---

13) '不善之動, 妄也. 妄復, 則无妄矣. 无妄則誠矣.',『周元公集』,『通書』,「家人睽復无妄」第三十二章, 宋 周敦頤撰, 電子版文淵閣四庫全書, 上海人民出版社, 1999 참조.

14) 통행본에는 物이 없으나,『周易集解』本(李鼎祚撰)에는 있으니, 지금 보완하였다. 物은 재물이다. 畜은 축蓄(쌓다)이다. 高亨, 647頁.

[形體] 또한 그러한데, 하물며 활동함을 바랄 수 있겠는가? 그러므로 '보양시킴[頤]'으로 말미암은 연후에 큰 내[川]를 건넘이 이로울 수 있다.

임희원林希元(1481-1565)은 말한다. '큰 잘못을 하면[大過]' 곧 활동[動]이다. '큰 잘못[大過]을 한 때[時]'를 당하여, '큰 잘못'한 일을 행하니, '활동[動]'은 양육함에 본을 둔다.

유원劉沅은 말한다. 크게 함양한 뒤에 큰 설치가 실시된다. 사람의 재능을 '크게 초과[大過]'함을, 사람의 일을 '크게 초과함[大過]'으로 여기는 것은, '양육養育해준 일'이 없으면 할 수가 없는 것이다.

사물은 내내 잘못만 저지를 수 없기에, 따라서 이것을 감坎괘로 받았다. 감坎은 함정이다.
[物不可以終過, 故受之以坎. 坎者, 陷也.]

주진朱震은 말한다. 잘못하고 끝나지 않으면 중中을 잃게 되니, 중을 잃으면 함몰되기에, 반드시 붙는 데가 있어야 험난함에서 (빠져) 나올 수가 있다.

함정에 빠지면 반드시 따라 붙는 것이 있으니, 따라서 이것을 이離괘가 이어 받았다. 이離는 따라 붙는 것이다.
[陷必有所麗, 故受之以「離」. 離者麗也.]

소옹邵雍(1012-1077)은 말한다. 감坎과 이離는 천지天地의 '쓰임[用]'이다. 이 때문에 『역易』은 건곤乾坤으로 시작하고, 감리坎離에서 중中이며, 기제既濟괘미제未濟괘로 끝난다.

유원劉沅은 말한다. 이離는 일음一陰으로써 2양에게 붙어있으니, 붙음[附麗]의 뜻이다.

또 (유원은) 말한다. (『역易』의) 상편은 건곤乾坤에서 시작하여 감리坎離에서 끝나고, 천지는 만물의 부모가 되며, 감리坎離는 건곤乾坤의 중기中氣를 얻었다. 복희伏羲는 건乾 남쪽 곤坤 북쪽으로 자오子午를 정하였고, 문왕文王은 감리坎離로써 건곤乾坤을 대신하였으니, 조화하고 자연스런 공용功用이 이와 같음이 명확하다.

• **나의 견해**: 건곤乾坤은 감리坎離의 본체本體이고, 감리坎離는 건곤乾坤의 '큰 쓰임[大用]'이다. 체體와 용用이 모두 갖추어지니, 따라서 상경上經은 이 네 괘[乾, 坤, 坎, 離]로써 시종을 삼는다. 인생에 중요한 것은, 천天, 지地, 수水, 화火의 밖이 아니니, 잠간이라도 떨어져서는 안 된다.

『역易』 하경下經

하늘과 땅이 있은 다음에 만물들이 존재하고, 만물이 있은 다음에 남자와 여자가 있고, 남자와 여자가 있은 다음에 부부夫婦가 있고, 부부가 있은 다음에 아버지와 자식들이 있고, 아버지와 자식들이 있은 다음에 임금과 신하들[君臣]이 있고, 임금과 신하들이 있은 다음에 위아래가 있고, 위아래가 있은 다음에 예의禮儀가 베풀어졌다.

[有天地然後有萬物, 有萬物然後有男女, 有男女然後有夫婦, 有夫婦然後有父子, 有父子然後有君臣, 有君臣然後有上下, 有上下然後禮儀有所錯.[1]]

간보干寶(286-336)는 말한다. '착착錯'은 '베풀음[施]'이다. 이것은, 인도人道의 '삼강三綱과 육기六紀'의[2] 유래由來를 자세하게 말한다.

유원劉沅은 말한다. 천지天地가 개벽하니, 만물들이 화생化生하고, 모두 남자를 이루고 여자를 이루는 몸[體]을 갖게 된다. 성인께서는, 음양의 뜻은 건곤乾坤에서 나온 것이 아님을 밝히시고, 그러므로 다시 천지의 근원은 부부夫婦에서 유래한 것을 보이셨다. 곧 부자父子, 군신君臣 상하에서 부부夫婦가 미치는 바를 밝히셨다.

초순焦循(1763-1820)은 말한다. 복희伏羲가 괘卦를 설치하고 상상象을 관찰하는데, 시집가고 장가들음을 정하여 남녀를 구별하니, 비로소 부부夫婦, 부자父子, 군신君臣이 있게 되었다. 『역易』을 이끈 것은 복희伏羲에서 비롯되니, 인도人道는 복희에 이르러서 비로소 정해진 것이다.

부부의 도리는 오래 (지속되지) 않을 수 없으니, 따라서 이것을 항恒괘가 이어 받았다.

[夫婦之道, 不可以不久也, 故受之以「恒」.]

정현鄭玄은 말한다. 부부夫婦의 도道는, 함咸괘와 항恒괘이다. 부부는 마땅히 종신終身의 뜻을 갖는다.

....

1) 착착錯(섞이다)은 조措(두다)의 가차이다. 『역경易經』하편의 함咸괘에서, 남녀가 결합하여, 부부가 되니, 부부는 사회제도의 출발점이며, 부부가 있은 다음에 군신 상하와 예의禮儀가 있음을 말하고 있다. 高亨, 648頁.
2) 三綱은, '임금은 신하의 벼리[綱]이고, 아버지는 자식의 벼리이고, 남편은 아내의 벼리이다.'를 말하고; '육기六紀'는, 諸父[여러 同姓의 諸侯나 大夫], 兄弟, 族人[同族사람], 諸舅[여러 異姓의 諸侯나 大夫], 師長[스승이나 손윗사람], 朋友를 말한다.

간보干寶는 말한다. 하늘은 땅이 아니면 낳을[生] 수 없고, 남편은 아내가 없으면 이룰 수 없으니, 서로 필요로 함이 지극한 것은, 왕교王敎의 진실[端]이다. 그러므로 『시詩』에서 (부부의 사랑을 말하는) 「관저關雎」편이 머리가 되는 것이며, 『역易』에서는, 함咸괘 항恒괘가 예의禮義가 생긴 유래를 갖추어 논하는 것이다.

한백韓伯은 말한다. 인륜의 도道는 부부보다 큰 것은 없기에, 따라서 공자선생은 은근히 그 뜻을 깊이 서술함으로써, 인륜의 시작을 높이었다.

황진黃震(1213-1281)은 말한다. (『역易』의) 상경上經은 개벽 이래 치국治國의 제도의 상象이고; 하경下經은 인도人道의 시작이니, 가정 및 천하의 상象을 바르게 함이다.

유원劉沅은 말한다. 부부夫婦는, 함咸괘에서 말한다. 막내아들[少男]과 막내딸[少女]이 짝을 지으니, 인도人道의 시작이고, 따라서 함咸괘로써 부부의 도道가 된다. 예의禮義는 삼강三綱보다 중한 것은 없는데, 삼강三綱에서 부부보다 먼저인 것은 없다. 두 막내들이 사귀어 혼인의 예禮가 이루어지니, 남자는 여자에게 자기를 낮춘 것이다. 둘이 오래 동안에 정해지니 부부 동거의 윤리가 바르게 되는데, 이렇게 해서 오래 갈 수 있는 도道가 이루어질 것이다.

항恒은 오래감이다. 사물은 자기 자리에 오래 있을 수 없으니, 따라서 이것을 둔遯괘가 이어 받았다.
[恆者, 久也. 物不可以久居其所, 受之以「遯」.]

한백韓伯은 말한다. 세상과 함께 의당 오르고 내리니, 어느 때는 은둔[遯]하는 것이다.

유원劉沅은 말한다. 자기 장소에 오래 있을 수 없음은 사물의 도리[物理]를 넓게 말한 것이다. 부부의 도를 받들지 않음으로써, 따라서 사물로써 구별됨을 말하였다. 높으나 위태하지 않고, 가득 찼으나 넘치지 않고, 은퇴하여 물러나는 행동은, 자기 왕성함을 오래 지키는 것이다.

• **나의 견해**: 은둔할 때의 뜻은 큰 것이다. 건乾은 본래 양陽에 해당하나, 은둔하여 서북쪽으로 물러나며; 곤坤은 본래 극심한 음陰이나, 은둔하여 서남쪽에 있다. 모두 오래 음양의 왕성함을 보존하는 것이다. 한백韓伯의 설이 가장 분명하다.

둔遯은 물러남이다. 물건은 내내 물러날 수만 없으니, 따라서 이것을 대장大壯(크게 왕성함)괘가 받았다.
[遯者, 退也. 物不可終遯, 故受之以「大壯」.]

항안세項安世(1129-1208)는 말한다. 건장함[壯]과 은둔[遯]은 서로 반대이니, 건장한데 나아가지 않음은, 무엇 때문인가? 「잡괘雜卦」전에서, '대장大壯괘는 그침[止]이다.'라고[3] 하니, 무릇 재화를 저축하고, 일을 기다리고, 예리함을 길러서 힘을 쌓는 것은, 그침을 나아감으로 삼는 것이다.

마치창馬其昶은 말한다. 함咸괘 항恒괘 뒤에 둔遯괘로 이어지는 것은, 70이 되어서 '늙어서 전달함'이라 한다. 기력이 점차 강해져서 건장하게 되니, 대개 늙은이는 은둔하고, 젊은이는 건장하게 될 것이다.

물건은 내내 건장할 수는 없으니, 따라서 이것을 진晉[나아감]괘가 이어 받았다. 진晉은 나아감이다. 나아가면 반드시 다칠 수 있으니, 따라서 이것을 명이明夷[밝음이 다침]괘가 이어 받았다.
[物不可以終壯, 故受之以「晉」. 晉者, 進也. 進必有所傷, 故受之以「明夷」.]

마치창馬其昶은 말한다. 양陽이 점차 강해지니, 해가 올라옴을 상징한다. 그러므로 나아감이라 말한 것은, 왕성함으로써 나아가는 것이다. 왕성하면 반드시 다치게 될 것이고, 밝으면 반드시 잃게 될 것이다.

이夷는 다침이다. 밖에서 다치면 반드시 집으로 돌아오니, 따라서 이것을 가인家人[가족]괘가 이어 받았다.
[夷者, 傷也. 傷於外者, 必反其家, 故受之以「家人」.]

소식蘇軾은 말한다. 사람이 궁하면 '근본[本]'으로 돌아가니, 병으로 아프면 부모를 부르짖기에, 따라서 다치면 집으로 돌아가는 것이다.

유원劉沅은 말한다. 밖에서 다치면 집으로 돌아가니, 이른바 '천성天性으로 서로 이어진 것[天屬]'은, 화환禍患으로 궁박해지면 해害(받은 것)를 서로 거두어준다.

집안의 도리는 가난하면 반드시 갈라서니, 따라서 이것을 규睽[갈라섬]괘가 이어 받았다.
[家道窮必乖, 故受之以「睽」.]

(주돈이의) 『통서通書』에서 말한다. "'집안사람[家人]'이 서로 떨어지는 것은 반드시 부인에게서

3) '大壯則止.', 「雜卦」傳 , 高亨, 659頁.

일어나니, 따라서 규睽괘는 가인家人괘의 다음이다."4) 2딸이 같이 살지만 뜻은 같이 갈 수 없다.

규睽는 갈라짐이다. 갈라서면 반드시 어려움이 있게 되니, 따라서 이것을 건蹇[어려움]괘가 이어 받았다.
[睽者, 乖也. 乖必有難, 故受之以「蹇」.]

장식張栻(1133-1180)은 말한다. 삼군三軍이 같은 마음이면 사해四海가 한 집안이 되나, 육친六親 이5) 화합하지 않으면 (좁은) 배[舟] 가운데서도 적敵을 만드니, 의당 어려움이 있게 된다.

건蹇은 어려움이다. 사물은 내내 어려울 수는 없으니, 따라서 이것을 해解(풀어짐)괘가 이어 받았다.
[蹇者, 難也. 物不可終難, 故受之以「解」.]

이간李簡(14세기, 원元나라 역학자)은 말한다. 어려움이 극해 지면 반드시 해산解散된다.

풀어지면 느슨해진다. 느슨해지면 반드시 잃는 것이 있으니, 따라서 이것은 손損(줄임)괘가 받았다.
[解者, 緩也. 緩必有所失, 故受之以「損」.]

주진朱震(1072-1138)은 말한다. 느슨해지면 풀어지니, 반드시 잃은 것이 있다.

줄어드는 것이 지속되면 반드시 더해지니, 따라서 이것을 익益[증가]괘가 이어 받았다.
[損而不已必益, 故受之以「益」.]

호일계胡一桂(1247-1314)는 말한다. 함咸괘 항恒괘가 10번 변하여 손損괘 익益괘가 되는 것은, 건곤乾坤이 10번 변하여 비否괘 태泰괘가 되는 것과 같다.

더해짐이 지속되면 반드시 터지니, 따라서 이것을 쾌夬[터짐]괘가 이어 받았다.
[益而不已必決, 故受之以「夬」.]

----

4) '家人離必起於婦人, 故睽次家人.', 『周元公集』, 『通書』, 「家人睽復无妄」第三十二章, 宋 周敦頤撰, 電子 版文淵閣四庫全書, 上海人民出版社, 1999 참조.
5) 六親은 부모, 형제, 처자妻子, 즉 가까운 친족을 말한다.

한백韓伯은 말한다. 더해짐이 끝나지 않으면 '차게 되니[盈],' 따라서 반드시 터진다.

쾌夬는 터짐이다. 터지면 반드시 만나는 것이 있으니, 따라서 이것을 구姤[만남]괘가 이어 받았다.
[夬者, 決也. 決必有所遇 , 故受之以「姤」.]

주진朱震은 말한다. 쾌夬괘는 양이 음을 터치는 것이고, 구姤괘는 음이 나가서 양과 만나는 것이다.

요배중姚配中(1792-1844)은 말한다. 양이 극해지면 음이 온다.

유원劉沅은 말한다. 쾌夬괘에는 '부드러움[柔]'이 위에 있으니, '굳셈[剛]'이 '부드러움'을 터트리는 것이다. 구姤괘에서는 '부드러움'은 아래에 있으니, 부드러움이 굳셈[剛]을 만난다. 아름다움과 미움은 양립하지 않으니, 사특함[邪]과 바름[正]은 병행하지 않고, 소인들을 떠나버리고 군자를 만난다.

구姤괘는 만남이다. 사물은 서로 만나면 다음에 모이니, 따라서 이것을 췌萃[모임]괘가 이어 받았다.
[姤者, 遇也. 物相遇而後聚 , 故受之以「萃」.]

항안세項安世는 말한다. 피차의 정으로 사귀어서 서로 만난 것은, 여럿[衆]으로써 말한 것이다. 친하여 저축한 것을 묶어서 그것을 그치게 하였으니, 나로부터 말한 것이다.

췌萃는 모임이다. 모여서 위로 가는 것이 올라감[升]이니, 따라서 이것을 승升괘가 이어 받았다.
[萃者, 聚也. 聚而上者謂之升, 故受之以「升」.]

장식張栻은 말한다. 천하의 사물들은 그것을 흩으면 작아지고, 합하여 모으면 작은 것들을 쌓음으로써 '높고 크게[高大] 됨'을 이룬다.

올라가기를 그치지 않으면 반드시 곤란하니, 따라서 이것을 곤困[곤란]괘가 이어 받았다.
[升而不已必困, 故受之以「困」.]

주진朱震은 말한다. 올라가나 돌아오는 것을 모르니, 힘이 궁해져서 곤란해진다.

올라가는 것이 곤란하면 반드시 아래로 돌아오니, 따라서 이것을 정井[땅 맨 아래에 있는 우물]괘가 이어 받았다.

[困乎上者必反下, 故受之以「井」.]

최경崔憬(7세기, 당唐대 역학자)은 말한다. '곤란함[困]'이 '동요하고 불안함[얼올轍阢]'에서 극해지니, 아래로 돌아와서 편안함을 찾는다.

우물길은 고치지 않으면 안 되니, 따라서 이것을 혁革(고침, 改革)괘가 이어 받았다.

[井道不可不革, 故受之以「革」.]

유원劉沅은 말한다. 동지들이 일단 모였으니, 때[時]에 (맞게) 올라타고 상승한다. 그러나 나갈 줄은 아는데, 물러날 줄 모르니, 그 궁극에는 반드시 곤란해질 것이다. 위에서 곤란하면 아래로 돌아오니, 아래에 이른 것은 우물[井]만한 것이 없다. 못이 위에서 마르면, 원천은 아래로 통하니, 끝[窮]이나, 끝나지 않는다. 우물이 오래 되어 더럽기에, 따라서 '고치지[革]' 않을 수 없다.

사물을 변혁시키는 데는 솥[鼎]만한 것이 없으니, 따라서 이것[정井괘]을 정鼎[솥]괘가 이어 받았다.

[革物者莫若鼎, 故受之以「鼎」.]

(정이의) 『이천역전伊川易傳』에서 말한다. 솥[鼎]은 '비린 맛[腥]'을 변하게 하여 익히며, 딱딱한 것을 바꿔서 부드럽게 만든다.

(보물寶物인) 그릇[鼎]을 주관하는 이로 큰아들[長子]만한 이가 없으니, 따라서 이것을 진震[長子]괘가 받았다.

[主器者莫若長子, 故受之以「震」.6)]

(정이의) 『이천역전伊川易傳』에서 말한다. (중요한) 그릇[器]을 주관하는 것은 맏아들[長子]이니, 「서괘序卦」전은 그것의 '한 뜻[一義]'를 취한 것이다.

장혜언張惠言(1761-1802)은 말한다. 이것은 주周나라 도道이니, '높은 이[尊]'를 높이고 '정처正

---

6) 「說卦」전에, 진震은 큰아들[長子]이다. 高亨, 650頁.

妻가 소생한 아들[嫡子]을 세우는 글이다.

진震은 움직임이다. 사물은 내내 움직일 수만 없으니, 그것을 그치게 해야 하는데, 따라서 이것을 간艮[그침]괘가 이어 받았다.
[震者, 動也. 物不可以終動, 止之, 故受之以「艮」.]

(정이의) 『이천역전伊川易傳』에서 말한다. 동정動靜은 서로 말미암으니, 항상 움직여야 하는 '이치[理]'는 없다.

간艮은 그침이다. 사물은 내내 정지해있을 수는 없으니, 따라서 이것을 점漸[나아감]괘가 이어 받았다.
[艮者, 止也. 物不可以終止, 故受之以「漸」.7)]

(정이의) 『이천역전伊川易傳』에서 말한다. 진震괘는 간艮괘로써 받았고, 간艮은 점漸괘로써 받았으니, '굽고 펴며[屈伸]' '줄고 늘어나는[消息]' 이치[理]이다.

점漸은 나아감이다. 나아가면 반드시 귀숙歸宿할 곳이 있어야 하니, 따라서 이것을 귀매歸妹[누이의 결혼]괘가 이어 받았다.
[漸者, 進也. 進必有所歸, 故受之以「歸妹」.]

마치창馬其昶은 말한다. '점漸'괘의 나아감은, 곧 '다님[行]'이니, 진晉괘의 '올라가서 나아감[升進]'의 뜻과 구별된다.

시집갈 곳을 얻는다는 것은 반드시 큰일이니, 따라서 이것을 풍豐[큼]괘가 이어 받았다.
[得其所歸者必大 , 故受之以「豐」.8)]

채청蔡清(1453-1508)은 말한다. '가는 도중[中道]'에 '서버리면[廢]', '큼[大]'을 이룰 수 있겠는가?
(이광지의) 『주역절중周易折中』에서 말한다. 동인同人괘의 '돌아옴[歸]'은, 남들이 자기에게 돌

---

7) 「단彖」전에, 漸은 진進[나아감]이다. 高亨, 상동.
8) 「단彖」전에, 풍豐은 큼[大]이다. 高亨, 651頁.

아옴이다. 여기서 '돌아옴'을 얻은 것은, 자기가 남에게 돌아감이다. 둘은, 모두 사업을 크게 일으키기에 충분하다.

유원劉沅은 말한다. 나아감이 점차적인 것은, 여자가 시집가는 것 만한 것이 없다. 돌아갈 곳을 얻는 것은 반드시 '클 것[汏]'이니, 신하가 성군聖君을 얻는 것, 아내가 '현명한 남편[賢夫]'를 얻는 것이다. 쌓은 덕은, 행하면 대업大業으로 발전한다.

> 풍豐은 큰 것이다. 아주 크면 (사치하고 방탕해져서) 반드시 기거起居할 곳을 잃게 되니, 따라서 이것을 여旅[손님]괘가 이어 받았다.
> [豊者, 大也. 窮大者必失其居, 故受之以「旅」.9)]

유염兪琰(1258-1314)은 말한다. 크면서 겸손할 수 있으면 '즐거울 것[豫]'이다. 크나 궁극에 이르면 반드시 자기 편안한 바를 잃을 것이다.

> 손님이 되었으나 받아들이지 못하였으니, 따라서 이것은 손巽[들다. 시]괘가 이어 받았다.
> [旅而無所容, 故受之以「巽」.]

한백韓伯은 말한다. 손님이 되었으나 받아들이지 못했으니, 손巽괘로써 받아들여짐을 얻었다.

> 손巽은 들어감이다. 들어간 뒤에 기뻐했으니, 따라서 이것을 태兌[기쁨]괘가 받았다.
> [巽者, 入也. 入而後說之, 故受之以「兌」.]

주진朱震은 말한다. '손巽'은, 음이 양 아래로 들어감이다. 하늘은 만물에게 은덕을 베푸니, 예의禮義가 인심人心을 기쁘게 하는데, 들어가지 못하면 기쁘지도 않다.

> 태兌는 기쁨이다. 기쁜 뒤에 떠나야했으니, 따라서 이것을 환渙[흩어짐]괘가 이어 받았다.
> [兌者, 說也. 說而後散之, 故受之以「渙」.]

한백韓伯은 말한다. '흩어짐[渙]'괘는 운행에 막힘이 없으니 막히는 바가 없음이다.

---

9) 「說文解字」에, 궁窮은 極(매우)이고, 여旅는 손님이다. 高亨, 상동.

환渙은 이별이다. 사물은 내내 이별할 수는 없으니, 따라서 이것을 절節[제도]괘가 이어 받았다.

[渙者. 離也. 物不可以終離, 故受之以「節」.[10]]

한백韓伯은 말한다. 무릇 일에는 반드시 자기 제도가 있으면, 사물들이 함께 지키는 바이니 격동될 수 없다.

(사회)제도를 믿었으니, 따라서 이것을 중부中孚[성실한 믿음]괘가 이어 받았다.

[節而信之, 故受之以「中孚」.[11]]

주진朱震은 말한다. 천지天地의 제도[節]는, 믿지 않을 수 없다. 믿지 못한다면 만물을 이룰 수가 없는데, 하물며 사람들에게 있어서야 어떻겠는가?

믿음이 있으면 반드시 실행하게 되니, 따라서 이것을 소과小過[작은 성과]괘가 이어 받았다.

[有其信者必行之, 故受之以「小過」.]

항안세項安世는 말한다. 자기 믿음을 스스로 유지하면 그 행동은 반드시 과단성 있으나 중中에는 '지나치다[過].'

유원劉沅은 말한다. 자기 믿음이 있음은, 이른바 성실하게 행동함이다. '소과小過'괘의 '지나침[過]'은, 마땅히 과분한 것을 지나친 것이니, '지나친 공손[過恭],' '지나친 슬픔[過哀],' '지나친 검약[過儉]'과 같은데, '성실하게 행동하는 자'가 아니면 할 수 없다.

잘못이 있으나 일은 반드시 이루어지니, 따라서 이것을 기제旣濟[이미 이루어짐]괘가 이어 받았다.

[有過物者必濟, 故受之以「旣濟」.[12]]

한백韓伯은 말한다. '지나친 공손[過恭],' '지나친 검약[過儉]'은, 세속을 격려激勵할 수 있는 것이니, 구제하는 바가 있다.

---

10) 절節은 제도制度이다. 高亨, 상동.
11) 中은 忠의 가차이니, 성성誠(성실)이고; 부孚는 신信(믿음)이다. 高亨, 652頁.
12) 物은 事와 같고, 제濟는 이룸[成]이다. 高亨, 상동.

일이란 끝이 없으니, (어떤 일은 성공, 어떤 일은 실패로 끝나니 …) 따라서 이것을 미제未濟**[아직 이루지 못함]괘가 이어 받았다.**

[物不可窮也, 故受之以「未濟」終焉.]

『건착도乾鑿度』에 공자의 말씀이 실리어 있다. "양은 3, 음은 4이니; 자리가 바름[正]이다. 그러므로 『역易』의 괘 64는 나뉘어 상하上下가 되었고, 음양을 상징한다. 양도陽道는 순수하여 홀수가 되니, 따라서 상편上篇 30괘는 양을 상징하는 것이다. 음도는 불순하니 짝수가 되기에, 따라서 하편下篇은 34괘이니, 음을 법 받은 것이다. 건곤乾坤은 음양의 근본이니, 만물의 조종祖宗이다. (건곤乾坤을 상권의) 시작으로 한 것은 그들을 높인 것이다. 이離괘는 해[日]가 되고, 감坎괘는 달[月]이니, 일월日月의 도道이고, 음양의 '핵심[精]'이니, 만물의 '처음과 끝[終始]'이기에, 따라서 (상편上篇은) 감리坎離괘로 끝난다. 함항咸恒괘는 남녀의 시작이고, 부부의 도道이다. 인도人道가 일어남은 반드시 부부로 말미암으니, 조종祖宗을 받들고 천지天地의 주인이 되는 것이다. 따라서 (함항咸恒괘가) 하편下篇의 시작인 것은 그것들을 귀하게 한 것이다. 기제旣濟괘 미제未濟괘가 가장 끝이 된 것은, 경계하고 두려워하면서 왕도王道를 존속시키려는 것이다."[13]

한백韓伯은 말한다. 무릇 「서괘序卦」전에서 밝힌 것은, 괘卦의 순서에 말미암고, 상象에 의탁하여 뜻을 밝힌 것이다.

공원龔原(1043-1110)은 말한다. (괘卦들이) 변화하고 상생하니, 그것들은 고리 같이 끝이 없고, 바퀴처럼 무궁하니, 한 바퀴 돌면 다시 시작하기에, 끊인 적이 없다. 이것이 만물이 날로 새로워지고 무궁한 것이니, 「서괘序卦」전은 끝난 적이 없는데서 끝나는 것이다.

(주희의) 『주자어류朱子語類』에서 말한다. 괘에는 '바른 대립[正對]'과 '반대 대립[反對]'이 있으니, '바른 대립'은 불변不變이고, '반대 대립'은 모두 변한다. 상경上經에는 불변하는 괘가 여섯이고; 나머지 24괘는 반대되니 12가 되는데, 6을 더하니 18이다. 하경下經에는 불변不變괘가 둘이니, 나머지 32괘는 반대가 되니 16이 되는데 둘을 더하니 또한 18이다. 그들의 많고 적은 수數가 고르지 않은 적이 없다.

---

13) '陽三陰四, 位之正也, 故易卦六十四, 分而爲上下, 象陰陽也. 夫陽道純而奇, 故上篇三十, 所以象陽也. 陰道不純而耦, 故下篇三十四, 所以法陰也. 乾坤者, 陰陽之根本, 萬物之祖宗也. 爲上篇始者, 尊之也. 離爲日, 坎爲月, 日月之道, 陰陽之精, 所以終始萬物, 故以坎離爲終. 咸恒者, 男女之始, 夫婦之道也. 人道之興, 必由夫婦, 所以奉承祖宗爲天地主也. 故爲下篇始者, 貴之也. 旣濟未濟爲最終者, 所以明戒懼而存王道.', 『周易乾鑿度』卷上, 漢 鄭康成注, 電子版 文淵閣四庫全書, 상동 참조.

채청蔡淸(1453-1508)은 말한다. '괘의 순서[序卦]'에는 '서로 반대됨[相反]'이 있고, '서로 말미암음[相因]'이 있다. '서로 반대됨'은 극極하면 변하는 것이고; '서로 말미암음'은 그것이 '끝[極]에는 이르지 않음'이다.

유원劉沅은 말한다. 함咸괘 항恒괘는 부부夫婦의 시작이 되니, 기제旣濟괘 미제未濟괘는 남녀의 끝이 되기에, 따라서 하편下篇에서 그들의 상象을 드러낸 것이다.

또 (유원은) 말한다. 『연산역連山易』의 머리는 간艮괘이니, 간艮 그침은 (산란된 마음을) '고요하게 하는[定靜]' 공로[功]를 말한 것이다. 『귀장역歸藏易』의 머리는 곤坤괘이니, 만물은 위[上]에 의지하여 살아간다. 모두 사람들이 몸을 닦고 명命을 세워 '공명功名을 찾아서 취함[要功]'을 가리킨 것이다. 그러나 (『주역周易』에서는) 건곤乾坤이 머리에 있으며, 태극太極의 체용體用이 포함되니, 곧 만물들은 '근본[本]인 것'을 생기게 하여 이루는 것이다. 이 '차례[序]'는 문왕文王께서 정한 것인데, 공자선생[夫子]이 홀로 그것을 취하고, 또한 그것을 위하여 설명하였으니, 천도天道와 인사人事가 하나로써 꿰뚫고 있음이라 하겠다. 문중자文中子(王通, 584-617)는, "『찬역贊易』을 썼으며 「서괘序卦」전에 이르러서, '위대하다, 사계절에 따라서 상생相生하는구나!'라고 말하였다."[14] 그 말이 적합하다. (명明 호광胡廣 등찬等撰의 『주역전의대전周易傳義大全』에서) 「주역정자전周易程子傳」서序, 상하편의上下篇義」에서, "괘를 나누는데 음양으로 한다. 양의 왕성함이 위에 있고, 음의 왕성함은 아래에 있다"라고[15] 말하고 있다. 채씨蔡氏[蔡淸]는, "'괘의 순서[序卦]'의 뜻[義]에서 상반相反하는 것이 있고, 상인相因하는 것이 있다. 상반相反하는 것은 극極하면 변하고, 상인相因하는 것은 극極에는 아직 이르지 않은 것이다."라고[16] 말한다. 모두 '요지를 깨달은[體要]' 말을 얻었다. 선천先天의 건곤乾坤이 자오子午를 정하고, 후천後天의 감리坎離는 건곤乾坤을 대리하니, 이것이 조화造化가 생성하는 '근본[本]'이다. '여섯 아들[六子]'이 건곤乾坤의 공화功化를 맡으니, 막내아들[少男] 막내딸[少女]이 정情으로써 서로 느끼니 부부夫婦가 되는 시작이며, 맏아들[長男] 맏딸[長女]이 의義의 정륜正倫으로써 부부의 마침이 되니, 인도人道는 천지天地의 음양과 짝하는 것이다. '이미 구제했으면[旣濟]' 낳고 낳아서 끝이 없고, '아직 구제하지 못했으면[未濟]' 하늘[天]과 사

---

14) '子『贊易』至序卦, 曰: "大哉! 時之相生也.", 文中子『中說』, 第五卷 「問易」篇, 鄭春潁譯注, 哈爾濱: 黑龍江人民出版社, 2002, 102頁.

15) '卦之分則以陰陽. 陽盛者居上 陰盛者居下.', 『周易傳義大全』, 「周易程子傳」, 「上下篇義」, 明 胡廣 等撰, 電子版文淵閣四庫全書, 上海人民出版社, 1999 참조.

16) '序卦之義, 有相反者, 有相因者. 相反者, 極而變者也; 相因者, 其未至於極者也.', 『易經蒙引』, 明 蔡淸撰, 電子版文淵閣四庫全書, 上海人民出版社, 1999 참조.

랚시은 더욱 멀어진 것이니, 이것이 인도人道는 천지天地의 유구悠久함만 같지 않음이다. 다만 이 상하 두 편의 시작과 끝의 4[乾, 坤, 旣濟, 未濟]괘는, 하늘로부터 사람에게 가고, 사람으로부터 하늘에 가니, 대지大旨는 간략하게 다했고, 기타 여러 괘들은 모두 나머지일 뿐이다.

또 (유원은) 말한다. 복희伏羲가 괘를 그렸는데, 다만 시작이 건乾이고 끝이 곤坤인 순서가 있고, 횡도橫道가 배열된 것이 그것이다. 『연산역連山易』의 머리는 간艮괘이고, 『귀장역歸藏易』의 머리는 곤坤괘인데, 마땅히 다른 '하나의 순서[一序]'가 되나, 지금은 고찰할 수가 없다. 혹자는 위백양魏伯陽(190-?)의 『삼동계參同契』가 『연산역連山易』을 모방하여 만들어졌다고 하나, 지금 그 책을 연구해보면, 문왕文王의 '서괘序卦'를 주로 하였으니, 『연산역連山易』을 모방한 것이 아니다. (위원숭衛元嵩[6세기]의) 『원포元包』경經에서 전적으로 경방京房(전77-전37)이 『역易』을 하늘, 땅, 사람, 귀신 넷으로 나눴고, 쓰임[用]을 순서[序]로 삼았고, 특히 곤궁坤宮 8괘가 머리에 있으니, 마침내 『귀장역歸藏易』을 준거했다고 서술하나, 그러나 설명이 억지이니, 귀장歸藏의 본뜻은 아닌 것이다.

• **나의 견해(1)**: 하경下經에서 부부夫婦는 함咸괘 항恒괘에서 시작하니, 부부夫婦는 곧 건곤乾坤이다. 기제旣濟괘 · 미제未濟괘는 곧 감坎 물과 이離 불의 괘이다. 하경下經의 끝과 시작은 곧 상경上經에서 네[乾, 坤, 坎, 離]괘의 종시終始 가운데에 포함된다.

• **나의 견해(2)**: 「서괘序卦」전에서 상하편이 나뉘고, 완전히 괘서卦序에 따라서 서로 이어진 것은 상생相生의 이치[理]를 설명하고, 연면하여 부단하게 내려가서, 수미首尾가 일관되니, 하나의 음양이 순차적으로 바뀔 뿐이다. 양수陽數는 홀수이고, 음수陰數는 짝수이니, 앞선 사람들은 상경上經의 30괘는 양수를 상징하고, 하경下經의 34괘는 음수를 법 받았으니, 이것으로써 경經을 나누는 예例가 되었는데, 뜻이 또한 통할 수 있다. 그러나 정요精要한 뜻은 이것에 있지 않다. 건곤乾坤은 천지를 상징하고, 감리坎離는 물과 불을 상징하고, 태간兌艮은 산과 못을 상징하여 함咸괘가 되고, 진震 · 손巽은 우레와 바람을 상징하여 항恒괘가 되었으니, 이 여섯 '겹친 괘[重卦]'가 상하上下경經의 강령이 되었기에, 곧 이미 8괘 전부를 완비한 셈이다. 상경은 천도天道와 지도地道로써 벼리[綱]로 삼고, 하경은 인도人道로써 벼리를 삼았으니, 이를 합하면 (하늘, 땅, 사람) 삼재三才의 도道이다. 상경의 머리인 건곤乾坤은 음양의 선조가 되고, 감리坎離로써 끝을 낸 것이다. 감坎 달[月]은 음의 '핵심[精]'인데 일양一陽이 그 가운데 생기고, 이離 해[日]는 양의 '핵심[精]'인데 일음一陰이 그 가운데 생겼으니, 천상天象은 밝음을 드러내는데, 일월日月보다 큰 것은 없고, 감리坎離는 건곤乾坤의 '큰 쓰임[大用]'이 되니, 이것이 상경의 종시終始의 뜻이다. 하경의 머리는 함항咸恒괘

인데, 부부夫婦의 시작이고, 인도人道는 (그것에) 말미암아서 일어난 것이다. 기제旣濟괘 미제未濟괘를 그것(下經)의 끝으로 하니, 모두 물과 불이 변화하여 그렇게 된 것이다. 물과 불은 인간의 삶에 크게 쓰이니, 이 두 가지 제濟[旣濟와 未濟]는 감坎과 이離와 같다. 하경은 네[咸, 恒, 旣濟, 未濟]괘를 시종始終으로 하니, 이미 상경의 4괘[乾, 坤, 坎, 離]의 종시終始 가운데에서 잉태된 것이다. 두 가지 제濟[旣濟와 未濟]는 감리坎離와 합체合體가 되니, 비否괘와 태泰괘가 건곤乾坤의 합체合體가 되는 것과 같다. 군자는 '줄고 늘어나고[消息], 차고 비는[盈虛]' 이치를 관찰하고, 날마다 새로워지고 달마다 달라지니, 사물에는 '끝나는 것[終窮]'이 없으며, 비록 기제旣濟괘리도 '아직 구제하지 못한[未濟]' 마음이 그대로 존재하니, 이 생각은 예방하는 도道를 생각한 것이다. 그런즉 「서괘序卦」전은 비록 끝났으나 실은 끝난 적이 없다. 『역易』의 도道는 순환하여 단서가 없는 것 같고, 바퀴가 한 번 돌아서 다시 시작하는 것과 같으니, 이것이 하경의 시종의 뜻이다. 훌륭하다, 황동발黃東發(1213-1280)의 말씀은, '상경은 개벽 이래 경經을 제작한 상象이고, 하경은 인도人道의 머리가 되니, 가정[家] 및 천하를 바로 잡는 상象이다.'라고 말하였다. 그가 (『역易』에) 통했음을 볼 수 있겠다!

『잡괘雜卦』전傳

제언題言

「잡괘」편은 『역경易經』64괘의 뜻을 분별하여 설명하는데, 그 설명이 각 괘의 순서를 따른 것이 아니고, 서로 괘가 섞여서 설명되기 때문에, 잡괘雜卦라고 부른다. 이편에서는 말하는 것이 간단하여, 괘마다 한 두 글자나, 많아야 한 두 구절로써, 괘의 특징이나 요점을 말한 것이다. 이편은 또한 사물의 모순대립에 대한 초보적 인식이 깔려있다. 이는 소박한 변증법적 요소라고 말할 수 있다.

한백韓伯(5세기, 남북조南北朝 시대)은 말한다. 「잡괘雜卦」전은, 여러 괘를 혼잡하게 섞어서 그 뜻을 착종한 것이다. 혹 같음으로써 서로 부류가 되고, 혹 다름으로써 서로를 밝힌 것이다.

(문중자의) 『중설中說』에서 말한다. "문중자文中子(王通, 584-617)가 『찬역贊易』을 짓고서 「서괘序卦」전에 이르니, '위대하다! 사계절[時]에 서로 삶의 아름다움이!' 상생의 규칙을 아는 이는 조정朝廷의 중임重任을 받을 수 있다. 「잡괘雜卦」전에 이르러서, '사물의 변화에 응수할 수 있어 유폐가 없으니, 천도天道의 의리義理를 지킬 수 있을 것이다.'"라고1) 말하였다.

유원劉沅(1767-1855)은 말한다. 이것은 괘의卦義로써 둘이 상대하여 말한 것인데, 문왕文王의 순서에 의거하지 않았으니, 따라서 '잡 것[雜]'이라 말한 것이다. 다 반대하여 말한 것도 있으니, 사師괘, 비比괘, 임臨괘, 관觀괘의 부류 같은 것이 이것이다. 뜻[義]으로 반대하여 말한 것이 있으니, 즐거움[樂]이 반대로 근심[憂]이 되고, 반대[反]와 함께 하여 '옳은 것[是]'을 찾는 것이다. 사물의 변화는 무궁하니, 역도易道 또한 변화가 제한 받지 않기에, 따라서 또한 곧 상·하경上下經에서 상반相反과 상대相對를 밝힘으로써 잡스럽고 어렵게 말하였으나, 모두 의의意義를 가진다. 내씨來氏[來知德, 1525-1604]는, '반대로 바뀌는[反易]' 괘를 '종합[綜]'할 수 있었으니, 베틀[機]의 '잉아[綜, 굵은 실]'와 같이 한 번 올라가고 한 번 내려감을 말한다. 상경에서 거꾸로 바뀌는 괘는 24괘이니, 이것을 종합하면 12괘를 이룬다. 하경에서 거꾸로 바뀌는 것은 32괘이니, 이것을 종합하면 다만 16괘를 이룬다. 거꾸로 바꾸지 않는 것은 착괘錯卦가 되니, 괘효들이 다변해서, 전혀 본괘本卦와는 다르게 된다. 상경上經에서 거꾸로 바뀌지 않는 것은 여섯이니, 건乾, 곤坤, 이頤, 대과大過, 감坎과 이離괘이다. 하경下經에서 거꾸로 바뀌지 않는 것은 둘이니, 중부中孚와 소과小過괘이다. 건乾, 곤坤, 감坎, 이離는 네 정괘正卦이니, 서로 교차에 본本을 둔 것이다. 네 모퉁이[隅]괘로, 태兌는 간

---

1) '子『贊易』至序卦曰: "大哉! 時之相生也. 達者可與幾矣." 至雜卦曰: "旁行而不流, 守者可與存義矣.",『中說』, 第五卷「問易」篇, 王通撰, 鄭春穎譯注, 상동, 102頁.

艮과 어긋나고, 진震은 손巽과 어긋나기에, 따라서 대과大過, 이頤, 소과小過, 중부中孚괘는 서로 어긋난다. 무릇 종괘綜卦에는 '사정종四正綜'과 '사정四正'이 있으니; 비比괘는 즐거움[樂], 사師괘는 근심[憂]이고, 대유大有괘는 여럿[衆], 동인同人괘는 친親함의 부류이다. 네 모퉁이[四隅]괘로 간艮과 진震이 종합하니, 모두 일양一陽 두음二陰의 괘이고, 간艮이 진震이라 말할 수 있고, 손巽이 태兌라 말할 수 있다. 태兌와 손巽이 종합하니, 모두 이양二陽 일음一陰의 괘인데, 태兌는 손巽이라 말할 수 있고, 손巽은 태兌라 말할 수 있으니, 수隨, 고蠱, 함咸, 항恒괘의 부류이다. '바름[正]'으로써 '모퉁이[隅]'를 종합하고, '모퉁이'로써 '바름'을 종합하는 것은, 임臨, 관觀, 준屯, 몽蒙괘의 부류이다. 이 설명이 매우 좋다. 그러나 상象이 곧 다 옳다[是]고 여긴다면 틀린 것이다. 호후胡煦(1655-1736) 등에 이르러서, '상경上經은 본래 30괘인데, 지금 6과 12가 합하여 18괘를 얻었다. 하경下經은 본래 34괘인데, 지금 2와 16을 합하니, 18괘를 얻었다. (상하경이) 함께 36괘를 이루니, 건乾의 책策 4×9의 용수用數에 딱 맞게 부합하며, 또한 선천先天 8괘의 음양 효爻의 획수畫數와 합하고, 또한 선천先天 횡도橫道의 1에서 8에 이르는 총수總數와 합한다.'라고 말한다. 또한 교묘하게 '모방하여 합[擬合]'한다. 그러나 (이것이) 곧 소자邵子(邵雍)의 36궁宮이라는 것은 모두 '봄기운[春意]' 같으나, 매우 '번쇄하여 혼란할[支離]' 것이다.

건乾괘는 강건함이고 곤坤괘는 유순함이다.

[「乾」剛「坤」柔.]

곽옹郭雍(1106-1187)은 말한다. 괘 가운데 강유剛柔는, 모두 건乾의 강剛이고 곤坤의 유柔이니, 따라서 유독惟獨 건곤乾坤으로써 강유剛柔를 삼은 것이다.

용인부龍仁夫(1253-1335)는 말한다. 『춘추좌전春秋左傳』에서, 이른바 '준屯괘는 견고하고 비比괘는 진입한다.'라고[2] 하니, 곤坤은 '평안[安]'하고 진震은 '죽임[殺]'의 종류[屬]이니, 모두 한 자字로써 괘의卦義를 단정하였으니, 「잡괘雜卦」전은 이런 부류이다.

비比괘는 (임금을 돕고 작록爵祿을) 즐거이 취하며, 사師괘는 (군사를 말하니, 패전할까) 근심함이다.

[「比」樂「師」憂.[3]]

---

2) '《屯》固《比》入.', 『左傳全譯』閔公元年, 王守謙 等譯注, 상동, 178頁.

3) 「단彖」전에, 比는 보輔(돕다)이다. 비락比樂은, [비比괘에서] '신하가 자기 임금을 돕고, 즐거이 爵祿을 얻음'이다. 사師는 군대이다. 高亨, 654頁.

한백韓伯(5세기, 남북조南北朝시대)은 말한다. '친근하게 의지[親比]'하면 즐겁고, 무리를 동원하자면 걱정[憂]된다.

유원劉沅은 말한다. 강유剛柔는 건곤乾坤의 반대 성정性情이다. 다른 괘들에서 강유剛柔가 섞여 있으나, 건乾만은 순수한 강剛이 되고, 곤坤은 순수한 유柔가 된다. 비比☷☶괘는 일양一陽이 위에 있는데 다섯 음이 그를 따르기에, 자리를 얻었는데 무리들이 보좌하니, 따라서 즐거운 것이다. 사師☷☵괘는 일양一陽이 아래에 있으면서, 여러 음을 통솔하니, 전쟁[兵]하면 흉하고 전투하면 위태하기에 따라서 근심[憂]하는 것이다.

임臨괘와 관觀괘의 뜻은, 혹 (정치하여 백성들에게) 베풀어주고, 혹 (백성의 실정을) 찾아보는 것이다.
[「臨」「觀」之義, 或與或求.4)]

한백韓伯은 말한다. 나[我]로써 사물에 임하니, 따라서 '주는 것[與]'으로 말한다. 사물이 와서 나를 관찰하기에, 따라서 '찾음[求]'이라 말한다.

준屯괘는 (사물이 땅 위에 처음으로) 태어나서 자기 자리를 잃지 않음이다. 몽蒙괘는 (새 싹들이) 복잡하나 뚜렷이 드러남이다.
[「屯」見而不失其居. 「蒙」雜而著.5)]

우번虞飜(164-233)은 말한다. (준屯괘는) 양陽이 처음으로 나와서 진震괘가 되었기에 따라서 '보이는 것[見]'이고, 몽蒙괘는 2양이 음 자리에 있으니 따라서 '섞인 것[雜]'이다.

유원劉沅은 말한다. 임臨괘는 2양으로써 4음에 임하고, 관觀괘는 2양으로써 음이 관찰되는 것이니, 모두 '주고 찾는[與求]' 뜻이 있기에, 따라서 '혹或'이라 했다. 풀이 땅을 뚫고 나왔으나 아직 펼치지는 못했는데, 보면 보일 것이나 아직 땅을 떠나지 않았으니, 나타나면서도 숨은 것이다. 사물이 몽매함은, 혼란함을 아직 열지는 않았으나 광명이 '스스로 있으니[自在]', 숨었으면

---

4) 臨괘의 뜻은 여與(주다, 베풀다)이고, 觀괘의 뜻은 구求(구하다)이다. 與는 베풂[施]이다. 高亨, 상동.
5) 견見은 현現(나타남)이다. 「서괘序卦」전에서, '屯者, 物之始生也.'(준괘는 사물이 처음으로 생기는 것이다.) 라고 했다. 준屯괘의 뜻은 사물이 처음으로 땅 위에서 출생하여 각각 자기 자리에 있음을 말한 것이다. 잡雜은 착잡이고, 저著는 드러남이다. 「序卦」전에서, '蒙者, 蒙(萌)也, 物之穉(稚)也.'(몽괘는 새싹이니, 어린 물건이다.)라고 했다. 高亨, 654-655頁.

서도 나타난 것이다.

마치창馬其昶(1855-1930)은 말한다. 보이는 것과 드러나는 것은, 모두 양陽의 광명이다. 준屯괘 초효는 '섞인 것이 아니니[不雜]' 견고하게 보이나, 몽蒙괘 92효는 있을 자리[位]를 잃었으니 또한 드러난다. 이것으로써 물욕物欲은 본각本覺의 밝음[明]을 가릴 수 없음을 아는 것이다.

● **나의 견해**: 이것은 곧 '내심內心의 역량부족[氣拘]'과 '밖의 곤란저애[物蔽]'이니, 어느 때는 혼돈이나, 그러나 본체本體의 '밝음[明]'은 식은 적이 없다는 뜻이다.

진震괘는 움직임이다. 간艮괘는 멈춤[止]이다.
[「震」, 起也.6)「艮」, 止也.]

우번虞飜은 말한다. 진震괘는 양陽이니 움직여서 행동하나, 간艮괘의 양陽은 끝내 그침이다.

손損괘와 익益괘는 (각각) 왕성과 쇠망의 시작이다.
[「損」「益」, 盛衰之始也.]

유염兪琰(1258-1314)은 말한다. 손損괘와 익益괘는 아직 성쇠盛衰에 이르지 않았으나, 성쇠는 이것으로부터 시작한다.

여기서余芑舒(13세기, 남송南宋학자)는 말한다. 손損괘 익益괘는 비否괘 태泰괘가 변한 것이다.

전지립錢志立(16세기, 명明나라 학자)은 말한다. 손損, 익益, 비否, 태泰괘는 성쇠가 반복하는 간격이 되니, 『역易』에서 가장 중요한 것이기에, 따라서 합하여 열거하는 것이다.

유원劉沅은 말한다. 손損괘 아래에서 곧 쇠하지는 않으나, 그러나 자기 본本이 상하면 쇠약의 시작이다. 익益괘 아래에서 곧 왕성하지는 않으나, 그러나 자기 기초를 북돋우니 왕성함의 시작이다.

대축大畜괘는 (재물의) 저축이다. 무망無妄[망령 없음]괘는 재앙이 없다.
[「大畜」, 時也.「無妄」, [不災也.7)]

---

6) 『周易正義』(魏 王弼注, 唐 孔穎達疏)에, 기起는 動(움직임)이다. 高亨, 상동.

7) 畜은 축蓄(쌓다)이다. 時는 아마도 치庤(쌓다)의 가차이고, 時와 庤가 옛날에는 통용했다. 災자 위에 아마도 不자가 탈락했다. 高亨, 655-656頁.

마치창馬其昶은 말한다. 대축大畜괘는 양기陽氣가 크게 통하니, 이에 때[時]를 얻게 된다. 무망无妄괘의 재앙은 천운天運에 말미암은 것이니, 이에 재앙[災]이라 말하는 것이다.

췌萃괘는 (재물의) 모임이고, 승升괘는 펼쳐짐[伸]이다.
[「萃」聚而「升」不來也.8)]

한백韓伯은 말한다. '내來'는 '돌아옴[還]'이다.

소식蘇軾(1037-1101)은 말한다. 못[澤]에는 물이 항상 정지하여 모이고, 나무는 거꾸로 살 수 없다.

후왠쥔胡遠濬(1869-1931)은 말한다. 무릇 물질은 쌓이고 모이면 올라온다. '오지 않음[不來]'이 흩어짐[散]이면 '모이는 것[聚]'과 '대립하는 문장[對文]'이다.

겸謙괘는 (겸손하여) 부지런히 일하고 예豫괘는 (향락하니) 게을러진다.
[「謙」輕而「豫」怠也.9)]

마치창馬其昶은 말한다. '겸손[謙]'의 도道는 가벼워서 쉽게 간다. '즐거움[豫]'의 때에는, 게을러져서 쉽게 빠져든다. 덕의 가벼움이 털[毛]과 같기에, 따라서 '가볍다.'라고 말하는 것이다.

서합噬嗑괘는 (이빨로 씹고, 입은 다물고 있는 모습이니) 음식이다. 비賁괘는 (꾸며주는 색깔이 많으면 결국) 색깔 없는 것과 같다.
[「噬嗑」食也.「賁」, 無色也.]

한백韓伯은 말한다. 비賁괘는 정해진 색깔이 없다.

유원劉沅은 말한다. (서합噬嗑괘는) '합하지 않는 것[其不合]'을 합하는 것으로써 몸을 기르니, '먹음[食]'의 뜻이다. (비賁괘는) '미치지 못하는 것[其不及]'을 꾸밈으로써 가운데[中]에 맞게 되니, 색깔을 높이는 것이 아니다.

마치창馬其昶은 말한다. (서합噬嗑괘는) 꾸미면 본질이 보이지 않으니, '검게[玄]'도 할 수 있고, '누렇게[黃]'도 할 수 있으니, 따라서 '색깔 없음[無色]'이라 말한 것이다.

----

8) '升不來'에서, 不자는 앞의 无妄괘에로 옮겨갈 것으로 보아야 한다. 승升은 위로 나아감이니, 來자를 마땅히 내俠(오다)로 읽어야한다. 『廣雅·釋詁』에, 내俠는 신伸(펴짐)이다. 高亨, 상동.

9) 경輕은 경勁(굳셈)의 가차이다. 『廣雅·釋詁』에, 勁은 强이고;『爾雅·釋詁』에, 强은 근勤(부지런함)이다. 「단象」전, 「상象」전, 「서괘序卦」전에서 모두 예豫를 향락享樂으로 풀었다. 高亨, 상동.

태兌괘는 (남을 위해 기뻐함이니, 이름과 명예가) 드날리고, 손巽괘는 (숨어서) 은거함이다.

[「兌」見而「巽」伏也.10)]

소식蘇軾은 말한다. (태兌괘는) '부드러움[柔]'에 밖에 있으면 보이고, 안에 있으면 엎드린 것이다.

수隨괘는 일이 없어서 휴식함이다. 고蠱괘는 일을 다스림이다.

[「隨」, 無故也. 「蠱」則飭也.11)]

한백韓伯은 말한다. (수隨괘는) '때를 따름[隨時]'이 적절했으니, 일에 묶인 것은 아니다. 칙飭은 '가지런하게 질서가 있음[整治]'이다.

이도평李道平(1788-1844)은 말한다. 『장자莊子』에서, '지식과 습관을 버려라!'라고12) 했고, 『회남자淮南子』에서, '지혜나 습관을 만들지 않음'을13) 말하였다. '고故'는 한 번 이루어진 의견이다.

마치창馬其昶은 말한다. (수隨괘에서) '따르면[隨]' 감히 고집하지 않고, 일[蠱]이 있으면 잇는 바가 있다.

박剝괘는 (떨어지는 것이니) 썩어 없어짐이다. 복復괘는 (좋은 일로) 돌아오는 것이다.

[「剝」, 爛也. 「復」反也.]

우번虞飜은 말한다. '복復'괘는, '굳셈[剛]'이 초효初爻에로 돌아옴이다.

주진朱震(1072-1138)은 말한다. '박剝 ䷖'괘는, 다섯 음陰이 앤[內]에서 밖으로 흐름이다.

유원劉沅은 말한다. 박剝괘에는 일양一陽이 위에서 궁窮한 것이고, 복復괘는 일양一陽이 아래에서 살아난 것이다. 큰 열매도 썩어서 땅에 떨어지나, 그 핵 가운데 씨[仁]는 또 다시 살아난다.

진晉괘는 (해가 땅위로 나오는 것이니) 낮[晝]이다. 명이明夷괘는 (해가 땅속으로 들어가니 현인賢人

---

10) 손巽괘에는 은복隱伏(숨어 엎드려 있다)의 뜻이 있다. 高亨, 657頁.

11) 『廣雅·釋詁』에, 故는 事이다. 수隨괘의 「象」전에, '澤中有雷, 「隨」. 君子以向晦入宴息.'(못 속에 우레가 있으니, 隨괘이다. 군자는 저녁 때 휴식한다.) 王弼(226-249)에 의하면, 칙飭은 정치整治(다스림)이다. 高亨, 상동.

12) '去知與故.' 『莊子淺注』, 「刻意」第十五, 曹礎基著, 상동, 229頁.

13) '不設智故.' 『淮南子全釋』, 「原道訓」, 許匡一譯注, 上冊, 상동, 11頁.

들이) 벌 받는 것이다.

[「晉」, 晝也.「明夷」, 誅也.14)]

순상荀爽(128-190)은 말한다. '주誅'는 '없애는 것[滅]'이다.

우번虞翻은 말한다. (진晉[䷢]괘에서) 이離 해는 위에 있으니, 낮이다. (明夷괘는) 밝음이 땅속으로 들어가니, '죽임[誅]'이다.

임계운任啓運(1670-1744)은 말한다. 진晉괘는 낮이 되니, 명이明夷괘가 밤이 됨을 알 수 있다. 명이明夷괘는 '죽임[誅]'이 되고 진晉괘는 상賞이 됨을 알 수 있다. 상하 문의文義가 서로 생겨나서 뜻을 보여준다.

유원劉沅은 말한다. 진晉괘는 해가 올라오는 것이라 낮이 되고, 명이明夷괘는 해가 (땅속으로) 들어가니 밝음이 다친다. 주誅는 '다치게 함[傷]'이다.

정井괘는 (두레박으로 물을 퍼내는 상이니, 사람들에게) 통할 수 있으나 곤困괘는 (못의 물이 땅속에서 막히듯) 서로 막혀버린 것이다.

[「井」通而「困」相遇也.15)]

항안세項安世(1129-1208)는 말한다. '우遇'는, 서로 저촉하여 통하지 않는 상이다. 건곤乾坤괘로부터 여기에서 30괘에 이르니, 바로 상경上經의 수數에 해당한다. 괘가 비록 잡다하지만, 상하경의 머리라면 잡다한 적이 없다.

호일계胡一桂(1247-1314)는 말한다. 상·하경에는 각각 그 가운데에 12괘가 섞여있다[雜].

유원劉沅은 말한다. 우물(井)은 (사람들을) 길러주는데 끝이 없으니 따라서 통함이다. 곤困괘는 가려하나, 부드러움의 닫음[掩]을 만났기에, 따라서 불통不通이다.

함咸괘는 (효과가) 빠르다. 항恒괘는 오래감이다.

[「咸」, 速也.「恆」, 久也.16)]

---

14) 晉괘의 외괘는 離이고 내괘는 坤이니, 해가 땅위에 솟아오름이라, 바로 낮[晝]이다. 明夷괘는 상괘가 坤이고 하괘가 離이니, 해가 땅속으로 들어감이다. 사람으로 말하면, 賢人이 벌을 받고 갇히는 격이다. 주誅는 벌罰이다. 高亨, 658頁.

15) 井괘의 상괘가 坎[물]이고, 하괘가 巽[나무木]이니, 두레박으로 물을 길어 올려, 사람들을 이롭게 하니, '井通'이다. 우遇는 알遏(막다)이다. 困괘는 상괘가 兌[못]이고, 하괘가 坎[물]이니, 물이 못 아래로 흘러버렸으니, 못의 물이 땅속에서 막혀버린 셈이다. 高亨, 상동.

전대흔錢大昕(1728-1804)은 말한다. 송宋나라 함순咸淳(1265-1274)년간의 『주역본의周易本義』
에서, '느낌[感]은 빠르며, 항상 오래 간다.'라고[17) 말하였으니, '느낌[感]이기에 따라서 빠르고, 항
상[常]이기에 따라서 오래 감'을 말한 것이다.

유원劉沅은 말한다. 산과 못은 기氣를 통하니, 무심히 서로 느끼는 것은, 다니지 않아도 이르기
에, 따라서 빠르다. 우레와 바람은 서로 압박하나, 항상 바뀌지 않는 것은, 옛날에도 이와 같았으
니, 따라서 오램[久]이다.

환渙괘는 분산하여 흩어짐이다. 절節괘는 제도로써 제지함이다.

[「渙」, 離也. 「節」, 止也.18)]

서기徐幾(13세기, 남송南宋 역학자)는 말한다. 환渙괘 절節괘는 감坎 물을 가지는데, 바람이 그
것을 흩트리면 떠나버리고, 못이 그것을 정지시켜 모으면 그친다.

해解괘는 느슨해짐이다. 건蹇괘는 어려움이다.

[「解」, 緩也. 「蹇」, 難也.]

우번虞翻은 말한다. 우레가 진동하여 사물을 내놓으니 따라서 느린 것이며; 건蹇괘는 험난함이
앞에 있으니 따라서 어렵다[難].

규睽괘는 (집을 떠나서) 외지에 머무름이다. 가인家人괘는 (한 집안 식구이니) 안[內]이다.

[「睽」, 外也. 「家人」, 內也.]

한백韓伯은 말한다. (규睽괘는) 서로 떨어짐이니, 밖이다.

유원劉沅은 말한다. 내외는 정情으로 말한 것이다. 두 여인이 두 마음을 가지고 있으나, '한 집
[一家]'은 '한 마음[一心]'과 같다.

----

16) 함咸괘의 「단象」에, 咸은 감感(느낌)이다. 상동.
17) '感速常久.', 『周易本義』, 朱熹撰, 提要, 總纂官 紀昀 等, 電子版文淵閣四庫全書, 上海人民出版社, 1999
    참조.
18) 離는 분산하여 흩어짐이고, 節은 制度로써 제지함이다. 『周易注譯與硏究』, 741頁, 注21.

비否[막힘]괘와 태泰[통달]괘는 부류가 서로 반대이다.

[「否」・「泰」, 反其類也.19)]

관랑關朗(5세기, 북위北魏시대)은 말한다. 군자가 '통달[泰]'하면 소인은 '막힘[否]'이고, 소인이 '통달'하면 군자는 '막힘'이다.

양쩡신楊增新(1864-1928)은 말한다. 비否괘와 태泰괘는 상반하는 괘이니, 비否괘의 반대가 태泰괘가 되고, 태泰괘의 반대가 비否괘가 된다.

유원劉沅은 말한다. 양과 양이 부류가 되고, 음과 음이 부류가 된다. 작은 것이 가야, 큰 것이 오고, 큰 것이 가니 작은 것이 오니, 각각 자기 부류와 반대이다.

대장大壯괘는 (크게 왕성해졌으니) 그치는 것이다. 둔遯괘는 물러섬이다.

[「大壯」則止, 「遯」則退也.20)]

우번虞翻은 말한다. 대장大壯괘는 양陽을 그치게 하니, 양陽은 따라서 그침이다. 둔遯괘는 음陰인데 양陽을 쇠하게[消] 하니, 따라서 (음陰은) 물러남이다.

유원劉沅은 말한다. 그침은 나가기 어려움을 말하니, 둔遯괘는 쉽게 물러남을 말한다. 대장大壯괘는 그침으로써 나가는 것으로 여기니, 자기 나아감을 좋게 하는 것이다. 둔遯괘는 물러남으로서 나아가는 것으로 삼으니, 자기 물러남을 잘 하는 것이다.

대유大有괘는 많은 것을 옹유擁有함이다. 동인同人괘는 (서로) 친밀함이다.

[「大有」, 衆也. 「同人」, 親也.]

유원劉沅은 말한다. 대유大有☲괘는 일음一陰이 높은데 있으니, 상하가 모두 있게 됨이 되니, 따라서 귀부歸附하는 자들이 많다. 동인同人☲괘는 일음一陰이 아래에 있으니, 다섯 양陽이 다 와서 함께 하니, 피차 서로 친하게 된다. 무리[衆]는 사랑이 퍼지고, 친親함은 정이 오롯한 것이다.

마치창馬其昶은 말한다. (대유大有괘에서) 상하의 자리[位]는 구별[殊]된다.

---

19) 비否는 닫힘[閉塞]이고, 태泰는 통달이다. 크게 자라면 그치게 된다. 「서괘序卦」전에 의하면, 둔遯은 물러남[退]이다. 高亨, 659頁.
20) 「서괘序卦」전에 의하면, 둔遯은 물러남[退]이다. 高亨, 상동.

혁革괘는 옛것을 버림이다. 정鼎[솥]괘는 (생것을 삶아서) 새 것을 얻는 것이다.

[「革」, 去故也. 「鼎」, 取新也.]

범중엄范仲淹(989-1052)은 말한다. 천하가 일단 개혁하면 제도가 만들어지고 일어나니, 제도가 만들어지고 일어나면 그릇[器]들이 이루어지는데, 솥[鼎]보다 앞선 것은 없다. 솥은, 성인께서 그릇을 세울 시기를 여니, 하느님[上帝]에게 제사 드려서 천하가 순종하고, 성현들을 양성하니 천하가 다스려진다.

주진朱震(1072-1138)은 말한다. 공功이 이루어진 이들은 물러나고 방금 온 이들은 나아간다. 한 번은 버리고 한 번은 취하는 것이 하늘의 도道이다.

유원劉沅은 말한다. 쇠붙이가 불을 대신하니 '옛 것[故]'을 버리게 되고, 나무가 불을 취하는 것이 '새로움을 취함'이 된다.

소과小過는 (작은 잘못이니) 과오이다. 중부中孚는 (충실한 믿음이니) 신용이 있음이다.

[「小過」, 過也. 「中孚」, 信也.]

마치창馬其昶은 말한다. (소과小過䷽괘에서) '가운데[中]'를 지나침이 '과한 것[過]'이고, (중부中孚䷼괘에서) '중中'을 쌓음이 '믿음[信]'이다.

풍豊괘는 오래 사귄 사람들이 많음이다. 여旅괘는 (손님이니) 친한 이가 적다.

[「豊」, 多故也. 親寡「旅」也.21)]

한백韓伯은 말한다. '풍豊'이 큼은, 근심이 많기 때문이고, 친한 이들이 적기에 따라서 손님으로 머무는 것이다.

마치창馬其昶은 말한다. (풍豊䷶괘에서) 우레가 불에 올라탐으로써 양기陽氣는 분발과 침울沈鬱이니, 만물은 좋은 모임이 되고, 따라서 풍豊은 '오래 사귄 사람들이 많음[多故]'이라 말한다. (여旅䷷괘에서) 우레가 못[澤]에 숨어들어 못이 우레를 따르는 것은, 개혁하지 않음에 말미암은 것이 아니라, 오직 시기가 적절함 때문이니, 따라서 '오래 사귄 사람들이 없음[無故]'이라고 말한다.

---

21) 故는 고구故舊이니, 오래 사귄 사람이다. 旅는 손님이다. 高亨, 660頁.

이離괘는 (불이니) 위로 올라가고 감坎괘는 (물이니) 아래로 흐른다.

[「離」上而「坎」下也.]

한백韓伯은 말한다. 불꽃은 위로 올라가고, 물은 아래를 적신다.

소축小畜괘는 (재물을 저축하는 이가) 적다. 이履괘는 (신을 신고 밖으로 다니는 것이니, 한 곳에) 머무르지 않음이다.

[「小畜」, 寡也. 「履」, 不處也.]

한백韓伯은 말한다. (소축小畜괘나 이履괘에서) 겸하여 구제하기는 부족하다.

이광지李光地(1642-1718)는 말한다. (소축小畜괘▤에서) 일음一陰이 여러 양을 기른다면 적은 것이고, 힘을 써도 또한 미약하다. (이履괘▤에서) 일음一陰이 여러 '굳셈[剛]'을 밟는다면 위태하니, 감히 편한 곳에 처할 수 없다.

마치창馬其昶은 말한다. 안거安居하지 않는 이들은 다니기에, '다님[履]'으로써 평화롭게 간다.

수需괘는 (기다림이니, 앞으로) 나가지 못 한다. 송訟괘는 (다투니) 친밀하지 않다.

[「需」, 不進也. 「訟」, 不親也.22)]

마치창馬其昶은 말한다. 수需괘는, 서로 기다리고 급히 나가지 않는 것이다. 송訟괘는 서로 어그러지니 친함을 얻지 못한다.

대과大過괘는 (배가 뒤집혀 못 바닥에 가라앉은 모양이니) 뒤집혀 죽은 것이다. 구姤괘는 만남이니, (초효의 음, 즉) 유순함이 강건함을 만난 것이다.

[「大過」, 顚也. 「姤」, 遇也, 柔遇剛也.23)]

우번虞翻은 말한다. '뒤집힘[顚]'은 '죽음[殞]'이다. '부드러움[柔]'이 '굳셈[剛]'을 만남은 곤坤이 건

---

22) 需괘 「단彖」전에, 수需는 수須(기다림)이다. 송訟은 서로 다투는 것이니, '不親'이다. 高亨, 661頁.

23) 李鼎祚의 『周易集解』에서 우번虞翻을 인용하여, 전顚은 운殞(죽다)이라고 말한다. 殞은 복망覆亡(배가 뒤집혀서 죽음)이다. 大過괘는 상괘가 兌[못]. 하괘가 巽[木, 즉 배, 舟]이니, 배가 뒤집혀서 못 밑에 가라앉은 모양이다. 「서괘序卦」전에서, 구姤괘는 만남[遇]이다. 구姤괘는 음 하나가 初爻이고 나머지 다섯이 陽이니, '柔遇剛'이다. 高亨, 상동.

乾을 만남이다.

(주희의) 『주역본의周易本義』에서 말한다. "대과大過괘 이하의 괘들은 반대가 아니나, 혹 착간錯簡일 수 있으니, 운율韻律로써 부합하는 것이지, 또한 틀린 것은 아니다."[24]

항안세項安世(1129-1208)는 말한다. 대과大過괘는 본말이 모두 약하니, 이는 음이 양을 소멸시키는 때[時]이다.

마치창馬其昶은 말한다. 대과大過괘에서는 음이 양을 멸하니, '죽음[死]'이 되고, 구姤괘는 '유柔'가 '강剛'을 만나니 삶[生]이 된다.

점漸괘는 여자가 시집을 가는데 신랑을 기다려서 감이다.

[「漸」, 女歸待男行也.]

(주희의) 『주자어류朱子語類』에서 말한다. 여자가 남자를 기다려서 시집감은 '점차로[漸]'로 하는 것이다.

유원劉沅은 말한다. (점漸괘에서) 남자를 기다려서 예禮가 갖추어진 후에 (여자는) 시집을 간다.

이頤괘는 (양육이니) 올바른 양육이다.

[「頤」, 養正也.[25]]

마치창馬其昶은 말한다. '먹고 마심[飮食]'에 남녀는, 사람으로서 큰 욕심이 있으니, 따라서 점漸괘는 염치로 방비함을 중히 여기고, 이頤괘는 '바르게 기름[養正]'의 뜻을 숭상한다.

기제旣濟괘에서 (이미 이루어졌으니) 이룬 것이다.

[「旣濟」,[26] 定也.]

우번虞翻은 말한다. 기제旣濟괘에서는 여섯 효爻가 (제) 자리를 얻었으니, 정해진 것이다.

---

24) '自大過以下卦不反對, 或疑其錯簡. 今以韻協之又似非誤.', 『周易本義通釋』, 元 胡炳文撰, 「雜卦傳」, 電子版文淵閣四庫全書, 上海人民出版社, 1999 참조.

25) 歸는 시집가는 것이다. 頤는 기름[養]이다. 高亨, 661-662頁.

26) 濟는 成(이룸)이다. 『呂氏春秋』, 「仲冬紀」, '以待陰陽之所定'에서, 高誘의 주석에 의하면, 定은 成과 같다. 高亨, 662頁.

초순焦循(1763-1820)은 말한다. 『이아爾雅』에 의하면, '제濟는 성공이다.'[27] '정定'은 곧 '이룸[成]'이다.

유원劉沅은 말한다. 물과 불이 알맞게 고르니, 강유剛柔가 자리를 이루게 된다.

마치창馬其昶은 말한다. 건원乾元이 변화하여 64(괘)를 이루니, 그들의 자리는 마땅하고 마땅하지 않은 것이 있으니, '시정時政에 대한 견해[時義]'가 곧 이로 말미암아 생긴다. 기제旣濟괘에 이르러 강유剛柔가 각각 바르게 되니, 변화하는 일은 마친 셈이니, 따라서 '기제旣濟괘는 이루어진 것이다.'라고 말한다. 이것은 위에서 '시집가고 장가들음에는 기름[養]을 이어서 말한 것이니, 인도人道가 이것에 이르러 크게 이루어진 것이다.

귀매歸妹괘에서는 여자가 평생 돌아가 귀숙할 곳을 얻은 것이다.
[「歸妹」, 女之終也.[28]]

유원劉沅은 말한다. 유柔가 강剛을 따르니, 여자의 종신토록 귀숙歸宿함이 된다.

마치창馬其昶은 말한다. '마침[終]'은, 또한 궁극窮極의 뜻이다. 『광아廣雅』에 의하면, '종終'은 '궁窮'이다. 귀매歸妹괘에서 '조카와 여동생[姪娣]'을 많이 말한 것은, 여도女道의 끝을 구제하려는 것이니, 따라서 그 점[繇]에서, '정벌은 흉하니, 이로울 바가 없음'이라 말한다.

미제未濟괘에서 (이루어 놓은 것이 아직 없으니) 남자가 궁색한 것이다.
[「未濟」, 男之窮也.]

(정이의) 『이천역전伊川易傳』에서 말한다. (미제未濟괘에서는) 3양陽이 모두 (자기) 자리를 잃었다.

유원劉沅은 말한다. (미제未濟괘에서) 양이 자기 자리를 얻지 못했으니, '굳셈[剛]'이 반대로 '부드러움[柔]'이 되었는데, 남자의 궁함이다.

마치창馬其昶은 말한다. (미제未濟괘에서) 사회의 풍기風氣가 점점 낮아지니, 여자는 안에서 바름[正]을 잃고, 남자는 밖에서 '바름'을 잃으니, 성인은 만세에 무궁한 '내심 깊이 느끼는 고통[隱痛]'을 갖고 있다.

----

27) '濟, 成也.' 『爾雅』, 「釋言」第二, 2.299, 상동, 273頁.
28) '女之終'은 여자의 종신終身 귀숙歸宿함을 말한다. 高亨, 상동.

쾌夬괘는 결판을 내야하는데, 강건함이 유약함을 결판한 것이니, 군자의 길은 장구한데, 소인의 길은 근심뿐이다.

[「夬」, 決也, 剛決柔也. 君子道長, 小人道憂也.]

우번虞飜은 말한다. (쾌夬괘는,) 건乾으로써 곤坤을 결판한다. 대과大過괘로부터 이것에 이르니, 다시는 둘과 둘이 대면하여 말하는 것이 아니고, 대과大過괘는 '죽음[死]'의 상象인데, 구姤괘와 쾌夬괘를 두 몸[體]으로 하니, 따라서 구姤괘를 다음으로 함으로써 쾌夬괘를 끝낸다.(주희의)『주자어류朱子語類』에서 말한다. 「잡괘雜卦」전에서 반대를 취함으로 뜻을 삼으니, 건乾으로써 머리를 삼으나 반드시 쾌夬괘▤▤로 끝을 내는데, 대개 쾌夬괘는 다섯 양陽으로써 일음一陰을 결판낸다. (쾌夬괘에서) 일음一陰을 결판내 버리면, 다시 순수한 건乾이 될 것이다.

유원劉沅은 말한다. 강강剛은 유柔의 주인이 되며, '유'는 '강'을 보좌하게 되니, 한 쪽으로 폐기할 수 없는데, 더욱이 '유柔'가 일방적으로 이길 수가 없기에, 따라서 쾌夬괘에서 취함이 있다. 이 장章에서는 강유剛柔의 뜻을 다 말하였으니, 그 말씀을 서로 열거하여, '강剛'이 '유柔'를 결판냄에 귀결시켜서, (쾌夬괘에서) 음을 누르고 양을 부축하는 뜻을 보이는데, 역도易道는 음양의 다름이 아니고, 양은 음보다 앞섬을 밝힌 것이다. 무릇 쾌夬는 모두 건곤乾坤에서 나오고, 상象을 취함은 강유剛柔를 넘지 않는다. '서로 교차함[相錯]'과 '거꾸로 뒤집어 도치倒置시킴[相綜]'은 다만 이 강유剛柔 반대의 뜻일 뿐이다.

마치창馬其昶은 말한다. (쾌夬괘에서) 일음一陰을 잘라버리면, 있는 것은 비게 되나, 단 하나의 큰 광명이 있으니, 또한 순수한 건乾의 본체本體로 돌아가는데, 성인이 양을 부축하고 음을 누르는 이유가 여기에 있을 것이다. 「잡괘雜卦」전은 괘 순서의 예例를 앞서서 파괴하고, 반대를 따라서 뜻을 취하는데, 나중에 8괘는 다시 반대의 예例를 파괴하고, 뜻으로 서로 순서를 매기니, 이른바 '잡된 것[雜]'이다. 대과大過괘의 양은 음에서 죽는데, 구姤괘에 이르면 음양이 서로 만나니, 이것은 고금古今 인물들의 사생死生이 순차적으로 바뀌어서 무궁함을 밝힌 것이다. 점漸괘는 여자가 시집가는 것이고, 이頤괘는 '바르게 양육함[養正]'이고, 나중에 기제既濟괘가 정해지면 생육하며 가르치고 기르는 일들이 갖추어질 것이다. 귀매歸妹괘는 여자의 궁窮함이요, 미제未濟괘는 남자의 궁함이니, 음양이 잘못된 것으로, 모두 인사人事의 과실로 말미암은 것이기에, 여기에서 '굳셈[剛]'으로써 '부드러움[柔]'을 결판내는 쾌夬괘로써 끝마친다. 쾌夬괘에는 문자[書契]의 상象이 있으니, 역서易書가 만들어진 뒤에 군자의 도道는 자라나고 소인의 도는 근심이니, 이것은 성인이 '국사國事를 다스리는[經世]' '권변權變모략謀略[權謀]'이다. 이것은 대개 편篇의 끝[終]에서 요지를 모두 합친 것이니, 곧 공자선생[夫子]이 『역易』을 예찬한 후서後書라면 옳을 것임을 말한 것이다. 또 내 생각에, 호병문胡炳文(1250-1333)은, '대과大過괘 이하의 가운데 네 효爻는 호체互體를 가리켜서 말한 것이니, 대개 64괘는 호체로 16괘를 얻어서, 건乾, 곤坤, 기제旣濟, 미제未濟, 박剝, 복復, 구姤, 쾌夬, 점漸, 귀매歸妹, 대과大過, 이頤, 해解, 건蹇, 규睽, 가인家人괘를 말하는데, (나의 견해: 선천도先天圖 좌左에 의하면, 호체로 복復, 이頤, 기제旣濟, 가인家人, 귀매歸妹, 규睽, 쾌夬, 건乾의 8괘이고, 우右에 의하면, 호체로 구姤, 대과大過, 미제未濟, 해解, 점漸, 건蹇, 박剝, 곤坤의 8괘이다.) 이것은 또한 16괘 가운데 그 반半을 들어서 그 나머지를 겸하게 한 것이다. 뜻 또한 통할 수 있는데, (이광지李光地[1642-1718]의) 『주역절중周易折中』에 상세하게 설명하고 있다. 이것으로 역도易道는 광대함을 알 수 있으니, 진실로 한 가지 단서로는 다 말 수는 없는 것이다.

- **나의 견해(1)**: 음양은 서로 필요로 해서 쓰이게 되는데, 단 중中에 적합해야 하고, 한 쪽으로 이기게 할 수는 없다. 그러나 음은 쉽게 자라나고 양은 쉽게 소멸되니, '인심人心은 위태하고[人心惟危], 도심道心은 미묘하여[道心惟微],' 드디어 마침내 양이 음을 적대시하고, 반대로 음이 양을 해치는 화禍가 있게 된다. 성인은 '나쁜 일이 막 생길 때에 제지하여 그 발전을 막고,' 음의 사사로운 싹이 만연하게 자라나서 도모를 어렵게 하지는 않는다. 확연하게 크게 공평하여, 사물이 오면 순응하니, 건체乾體가 순수한 양으로 강건剛健하고 중정中正하여, 순수한 '핵심[精]'으로써, 결판을 내리게 할 수는 없는 것이다. (「잡괘雜卦」전에서) 쾌夬괘로 끝을 맺으니, 뜻이 깊도다!
- **나의 견해(2)**: (쾌夬괘에서) 일음一陰으로 척결해버린 것은, 곧 이것은 무명無明함을 잘라서 없애는 것이니, 하나의 커다란 광명을 이룬 것이다. 건체乾體는 순수한 양이니, 곧 하나의 커다란 둥근 거울이어서, 지성智性이 청정하다.
- **나의 견해(3)**: 「서괘序卦」전에서는 괘의 선후의 순서에 따라 그 뜻을 밝혔으니, 말하는 뜻이 깔끔하여 쉽게 알 수 있다. 「잡괘雜卦」전에 이르면, 종횡으로 교차하니, 혹 예例를 깨트리거나 혹 예例를 깨트리지 않고, 이것에서 저것으로 추론하였으니, 각기 자기 추세를 얻어서, 마음대로 변화했기에, 그 말이 더욱 간명하고 뜻은 더욱 포괄적이다. 이는, 역도易道란 진실로 변동하고 멈추지 않으니, 여섯 효爻 자리를 두루 유행하는데, 오직 잘 읽는 독자만이 터득할 수 있을 뿐임을 알 수 있다. 포윤抱潤(馬其昶)선생은, 「잡괘雜卦」전 전체의 뜻을 종합하여, 결론을 내렸는데, 그 근원을 탐구하여 그 말미를 궁구하였으니, 『역易』을 찬미한 후서後序로서 이미 세계의 '안목眼目[眼光]'을 갖추었기에, 불 보듯 사물을 매우 분명하게 관찰하였음을 말하였다고 하겠다.

『주역대전금주周易大傳今注』, 高亨(1900-1986)撰, 濟南: 齊魯書社, 1987.

『주역역주周易譯注』, 周振甫(1911-2000)譯注, 北京: 中華書局, 1991.

『주역주석여연구周易注譯與硏究』, 陳鼓應, 趙建偉 共著, 臺灣商務印書館, 臺北: 1999.

선진先進시대

『격양가擊壤歌』, https://baike.baidu.com

『금고문상서전역今古文尙書全譯』, 江灝, 錢宗武譯注, 貴陽: 貴州人民出版社, 1990.

『대대예기금주금역大戴禮記今註今譯』, 高明註譯, 臺北: 臺灣商務印書館, 1977.

『모시주소毛詩注疏』, 『毛詩正義』(十三經注疏 整理本), (漢) 毛亨傳, (漢) 鄭玄箋, (唐) 孔穎達疏, 李學勤主編, 北京: 北京大學出版社, 2000.

『상서정의尙書正義』, (『十三經注疏 整理本』), 漢 孔安國傳, 唐 孔穎達疏, 李學勤主編, 北京: 北京大學出版社, 1999.

『시경역주詩經譯注』, 袁梅著, 濟南: 齊魯書社, 1985.

『시경집전詩經集傳』, 成百曉譯註, 서울: 傳統文化硏究會, 1998.

『예기금주금역禮記今註今譯』, (上, 下), 王夢鷗註譯, 臺北: 臺灣商務印書館, 1974.

『예기정의禮記正義』(『禮記注疏』), (十三經注疏 整理本), (漢) 鄭玄注, (唐) 孔穎達疏, 李學勤主編, 北京: 北京大學出版社, 1999.

『의례儀禮』, 彭林譯注, 北京: 中華書局, 2018.

『의례주소儀禮註疏』, (十三經注疏 整理本), (漢) 鄭玄注, (唐) 賈公彦疏, 李學勤主編, 北京.

『이아爾雅』, 管錫華譯注, 北京: 中華書局, 2018.

『일주서逸周書』, 晉 공조孔晁(3세기)注, 電子版文淵閣四庫全書, 上海人民出版社, 1999.

『주례금주금역周禮今註今譯』, 林尹註譯, 臺北: 臺灣商務印書館, 1974.

『주례주소周禮註疏』(十三經注疏 整理本), 漢 鄭玄注, 唐 賈公彦疏, 李學勤主編, 北京: 北京大學出版社, 1999.

『주역정의周易正義』(民國嘉業堂本), 中國哲學書電子化計劃, https://ctext.org

『주역정의周易正義』(十三經注疏 整理本), 王弼注, 孔穎達疏, 李學勤主編, 北京: 北京大學出版社, 1999.

『주역집주中庸集註』,, 朱熹註, 成百曉譯註, 서울: 傳統文化硏究會, 2004.

『효경주소孝經注疏』, (十三經注疏 整理本), 唐 李隆基注, 宋 邢昺疏, 李學勤主編, 北京.
北京大學出版社, 1999.

『국어國語』, 上海師範大學古籍整理組校点, 上海: 上海古籍出版社, 1978.

『국어國語』, 吳 위소韋昭(201-273)注, 電子版 文淵閣四庫全書 上海人民出版社, 1999.

『좌전전역左傳全譯』, 王守謙 等譯注, 貴陽; 貴州人民出版社, 1990.

『춘추곡량전역주春秋穀梁傳譯注』, 承載撰, 上海: 上海古籍出版社, 1999.

『춘추공양전전역春秋公羊傳全譯』, 梅桐生譯注, 貴陽: 貴州人民出版社, 1997.

『춘추좌전주春秋左傳注』(上, 下), 楊伯峻著, 臺北: 源流文化事業有限公司, 1982.

『논어역주論語譯注』, 楊伯峻譯注, 香港: 中華書局, 1992.

『대학금주금역大學今註今譯』, 宋天正註譯, 臺北: 臺灣商務印書館, 1980.

『대학大學‧중용집주中庸集註』, 「中庸章句序」, 朱熹撰, 成百曉譯註, 서울: 傳統文化硏究會, 1991.

『맹자역주孟子譯注』, 楊伯峻譯注, 北京: 中華書局, 1996.

『맹자집주孟子集註』, 宋 朱子撰, 成百曉譯註, 서울: 傳統文化硏究會, 1991.

『중용금주금역中庸今註今譯』, 宋天正註譯, 臺北: 臺灣商務印書館, 1980.

『중용집주中庸集註』,, 朱熹註, 成百曉譯註, 서울: 傳統文化硏究會, 2004.

『관자교주管子校注』(三冊), 黎翔鳳(1901-1979)撰, 北京: 中華書局, 2004.

『금인명金人銘』, 黃帝撰, 中國哲學書電子化計劃, https://ctext.org

『노자老子』, 또는 『도덕경道德經』.

『노자역독老子繹讀』, 任繼愈著, 北京: 北京圖書館出版社, 2007.

『사마법금주금역司馬法今註今譯』, (司馬穰苴撰), 劉仲平註譯, 臺北: 臺灣商務印書館, 1986.

『손자역주孫子譯注』, 蔣玉斌譯注, 哈爾濱: 黑龍江出版社, 2003.

『순자간석荀子簡釋』, 梁啓雄著, 臺北: 木鐸出版社, 1983.

『순자집석荀子集釋』, 李滌生著, 臺北: 臺灣學生書局, 1986.

『자하역전子夏易傳』, 복자하卜子夏(전507-전400)撰, 電子版 文淵閣四庫全書, 上海人民出版社, 1999.

『자하역전子夏易傳』, 복자하卜子夏撰, 中國哲學書電子化計劃, https://ctext.org

『장자집석莊子集釋』,(全4冊), 淸 郭慶藩撰, 北京: 神華書店, 1997.

『장자천주莊子淺注』, 장주莊周(약 전369-전286)撰, 曹礎基著, 北京: 中華書局, 1992.

『전국책신교주戰國策新校注』, 上/下卷, 繆文遠譯注, 成都: 巴蜀書社, 1987.

『공총자孔叢子』, 공부孔鮒(전264?-전208)撰, 電子版文淵閣四庫全書, 上海人民出版社, 1999.

『공총자역주孔叢子譯注』, 白冶鋼譯注, 上海: 上海三聯書店, 2014.

『산해경山海經校注』, 「海內經」, 袁珂校注, 上海: 上海古籍出版社, 1991.

『여씨춘추역주呂氏春秋譯注』, 張玉春 等譯注, 哈爾濱: 黑龍江人民出版社, 2004.

『죽서기년竹書紀年』, 梁 심약沈約(441-513)注, 電子版文淵閣四庫全書, 上海人民出版社, 1999.

『한비자전석韓非子全釋』, 한비韓非(약전280-전233)撰, 張覺譯注, 貴陽: 貴州人民出版社, 1995.

한漢나라시대

『경씨역전京氏易傳』, 漢 경방京房(전77-전37)撰, 電子版文淵閣四庫全書, 上海人民出版社, 1999.

『고문주역삼동계주古文周易參同契註』, 위백양魏伯陽(190-?), 袁仁林, 李錫齡撰, 中國哲學書;電子化計劃, https://ctext.org

『구가역해九家易解』, 순상荀爽 等撰, 中國哲學書電子化計劃, https://ctext.org

『논형전역論衡全釋』(全三冊), 王充(27-약 97)撰, 袁華充, 方家常譯注, 貴陽: 貴州人民出版社, 1993.

『唐宋類書徵引《淮南子》資料彙編』, 何志華, 朱國藩編著, 香港: 中文大學出版社, 2005.

『박오경이의駁五經異義』, 漢 정현鄭玄(127-200)撰, 電子版文淵閣四庫全書, 上海人民出版社, 1999.

『백호통白虎通』(『백호통의白虎通義』), 반고班固(32-92)撰.

『백호통의白虎通義』, 漢 班固(32-92)撰, 電子版文淵閣四庫全書, 上海人民出版社 1999.

『법언法言』 양웅揚雄(전53-후18)撰.

『법언의소法言義疏』, 揚雄原著, 汪榮寶撰, 北京: 中華書局, 1996.

『사기史記』, 十冊, [漢] 사마천司馬遷(약 전145-전86)撰, 北京: 中華書局, 1972.

『상서대전尙書大傳』, 손지록孫之騄(18세기)輯, 電子版文淵閣四庫全書, 上海人民出版社, 1999.

『상서대전尙書大傳』, 漢 복생伏生(전3세기-전2세기)撰, 濟南: 濟南出版社, 2018.

『석명釋名』, 유희劉熙(3세기)撰, 電子版文淵閣四庫全書, 上海人民出版社, 1999.

『설문해자說文解字』, 東漢 허신許愼(30-124)著, 全三冊, 北京: 九州出版社, 2006.

『설문해자說文解字』, 漢 許愼撰, 宋 徐鉉增釋, 電子版文淵閣四庫全書, 上海人民出版社, 1999.

『설문해자전운보서說文解字篆韻譜序』, 漢 許愼撰, 電子版文淵閣四庫全書, 上海人民出版社, 1999.

『설원교증說苑校證』, [漢] 유향劉向撰, 向宗魯校證, 北京: 中華書局, 1987.

『설원說苑今註今譯』, 漢 유향劉向撰, 盧元駿註譯, 臺北: 臺灣商務印書館, 1988.

『신서新書』, 漢 가의賈誼(전200-전168)撰, 中國哲學書電子化計劃, https://ctext.org

『신서新書』, 漢 가의賈誼撰, 電子版文淵閣四庫全書, 上海人民出版社 1999.

『신서新序』, 漢 유향劉向撰, 電子版文淵閣四庫全書, 上海人民出版社 1999.

『신어新語』, 漢 육가陸賈(전240-전170)撰, 電子版文淵閣四庫全書, 上海人民出版社, 1999.

『양자운집揚子雲集』, 「酒箴」, 양웅揚雄撰, 電子版文淵閣四庫全書, 上海人民出版社 1999.

『역위계람도易緯稽覽圖』, 漢 정현鄭康成註, 電子版文淵閣四庫全書, 上海人文出版社, 1999.

『역위시류모易緯是類謀』, 漢 정현鄭康成注, 電子版文淵閣四庫全書, 上海人民出版社, 1999.

『열녀전列女傳』, 西漢 유향劉向(전77-전6)著, 中國哲學書電子化計畫, https://ctext.org

『염철론鹽鐵論』, 漢 桓寬撰, 明 張之象註, 電子版文淵閣四庫全書, 上海人民出版社, 1999.

『염철론鹽鐵論譯注』, 漢 환관桓寬(전2세기))撰, 王貞珉注譯, 長春: 吉林文史出版社, 1995.

『잠부론潛夫論』, 漢 왕부王符(83-170)撰, 電子版文淵閣四庫全書, 上海人民出版社, 1999.

『주역건착도周易乾鑿度』, 漢 정현鄭康成(鄭玄, 127-200)注, 電子版文淵閣四庫全書, 上海人民出版社, 1999.

『중론中論』, 漢 서간徐幹(170-217)撰, 電子版文淵閣四庫全書, 上海人民出版社, 1999.

『춘추공양전주소春秋公羊傳注疏』, 漢 何休(129-182)撰, 唐 陸德明音義, 電子版文淵閣四庫全書. 上海人民出版社, 1999.

『춘추번로금주금역春秋繁露今註今譯』, 賴炎元註譯, 臺北: 臺灣商務印書館, 1987.

『춘추번로역주春秋繁露譯注』, 동중서董仲舒(전179-전104)撰, 閻麗譯注, 哈爾濱: 黑龍江人民出版社, 2004.

『태현교석太玄校釋』, 양웅楊雄著, 鄭萬耕校釋, 北京: 北京師範大學出版社, 1989.

『풍속통의風俗通義』漢 응소應劭(약153-196)撰, 電子版文淵閣四庫全書, 上海人民出版社, 1999.

『한서漢書』, 十二冊, 漢 班固撰, (唐) 顔師古注, 北京: 中華書局, 1975.

『한시외전집석韓詩外傳集釋』, (漢) 한영韓嬰(약전200-전130)撰, 許維遹校釋, 北京: 中華書局, 2019.

『황제내경黃帝內經』, 牛兵占 等編著, 石家莊: 河北科學技術出版社, 1996.

『회남자전역淮南子全譯』, 劉安(전179-전122) 등 原著, 許匡一譯注, 貴陽: 貴州人民出版社, 1995.

삼국三國시대

『공자가어孔子家語』, 魏 왕숙王肅(195-256)註, 電子版文淵閣四庫全書, 上海人民出版社 1999.

『광아廣雅』, 魏 장읍張揖(3세기)撰, 電子版文淵閣四庫全書, 上海人民出版社, 1999.

『논어주소論語註疏』, (魏) 何晏(195-249)注, (宋) 邢昺疏,(十三經注疏 整理本), 北京: 北京大學出版社, 2000.

『문선文選』,「猛虎行」, 육기陸機(261-303)撰, 梁 蕭統編, 唐 李善註, 電子版文淵閣四庫全書, 上海人民出版社 1999.

『삼국지三國志』, 晉 진수陳壽(233-297)撰, 全五冊, 北京: 中華書局, 1975.

『순상구가집해荀爽九家集解』, 荀爽, 京房, 馬融, 鄭玄, 宋衷, 虞翻, 陸績, 姚信, 翟子玄의『周易』註釋集.

『일주서逸周書』, 晉 공조孔晁(3세기)注, 電子版文淵閣四庫全書, 上海人民出版社, 1999.

『주역약례周易略例』, 왕필王弼(226-249)撰,『周易王韓注』, 臺北: 大安出版社, 1999.

『주역왕한주周易王韓注』, 魏 王弼著, 臺北: 大安出版社, 1999.

『춘추석례春秋釋例』, 晉 두예杜預(222-285)撰, 電子版文淵閣四庫全書, 上海人民出版社, 1999.

『현거석玄居䆁』, 晉 속석束晳(261—300)撰,『晉書』卷 五十一, 列傳卷第二十一, 束晳傳, 電子版文淵閣四庫全書, 上海人民出版社, 1999.

남북조南北朝시대

『공자가어孔子家語』, 魏 왕숙王肅(464-501)註, 電子版文淵閣四庫全書, 上海人民出版社 1999.

『제왕세기帝王世記』, 晉 황보밀皇甫謐(215-282)撰, https://ctext.org

『포박자내편교석抱朴子內篇校釋』, 葛洪(283-343)撰, 王明著, 北京: 中華書局, 1996.

『포박자抱朴子內篇校釋』, 갈홍葛洪(283-363)撰, 王明著, 北京: 中華書局, 1996.

『후한서後漢書』, 全12冊, 宋 범엽范曄(398-445)撰, 唐 李賢等注, 十二冊, 北京: 中華書局, 1973.

수당隋唐시대

『문선文選』注, (唐) 이선李善(630-689)撰, 中國哲學書電子化計劃, https://ctext.org

『문중자중설文中子中說譯注』, 왕통王通(584-617)撰, 鄭春潁譯注, 哈爾濱: 黑龍江人民出版社, 2002.

『수서隋書』, 위징魏徵(580-643)等撰. 電子版文淵閣四庫全書, 上海人民出版社, 1999.

『안씨가훈顏氏家訓』, 顏之推(531-591)撰, 中國哲學書電子化計劃, https://ctext.org

『예문유취藝文類聚』, 唐 구양순歐陽詢(557-641)撰, 電子版文淵閣四庫全書, 上海人民出版社, 1999.

『유하동집柳河東集』, 唐 유종원柳宗元(773-819)撰, 電子版文淵閣四庫全書, 上海人民出版社, 1999.

『의림意林』, 「風俗通」第三十一卷(應劭), 唐 馬總撰, 電子版文淵閣四庫全書, 上海人民出版社, 1999.

『주비산경周髀算經』, 漢 趙君卿注, 唐 李淳風(602-670)注釋, 電子版文淵閣四庫全書, 上海人民出版社, 1999.

『주역집해周易集解』, 이정조李鼎祚(8세기)撰, 電子版文淵閣四庫全書, 上海人民出版社, 1999.

『중설中說』, 왕통王通(584-617)撰, 阮逸(11세기)註, 電子版文淵閣四庫全書, 上海人民出版社 1999.

『통전通典』, 唐 두우杜佑(735-812)撰, 電子版文淵閣四庫全書, 上海人民出版社 1999.

송宋시대

「서명西銘」, 『張載集』, 장재張載著, 北京: 中華書局, 1978.

『가우집嘉祐集』, 宋 소순蘇洵(1009-1066)撰, 電子版文淵閣四庫全書, 上海人民出版社, 1999.

『맹자집주孟子集註』, 宋 朱子撰, 成百曉譯註, 서울: 傳統文化研究會, 1991.

『범문정집范文正集』, 「岳陽樓記」, 宋 범중엄范仲淹(989-1052)撰, 電子版文淵閣四庫全書, 上海人民出版社, 1999.

『비아埤雅』, 宋 陸佃(1042-1102)撰, 電子版文淵閣四庫全書, 上海人民出版社, 1999.

『양씨역전楊氏易傳』, 宋 양간楊簡(1141-1226)撰, 電子版文淵閣四庫全書, 上海人民出版社, 1999.

『원본주역본의原本周易本義』, 宋 주희朱熹撰; 電子版文淵閣四庫全書, 上海人民出版社, 1999.

『음부경해陰符經解』, 宋 주자朱子撰, 電子版文淵閣四庫全書, 上海人民出版社 1999.

『이정문집二程文集』, 『伊川文集』, 宋 程頤撰, 電子版文淵閣四庫全書, 上海人民出版社, 1999.

『이정유서二程遺書』, 宋 주자朱子編, 電子版文淵閣四庫全書, 上海人民出版社, 1999.

『이정유서二程遺書』, 정호程顥(1032-1085), 정이程頤(1033-1107)撰, 二程子門人所記而朱子復次錄, 電子版文淵閣四庫全書, 上海人民出版社, 1999.

『이천역전伊川易傳』, 宋 정자程子(程頤, 1033-1107)撰, 電子版文淵閣四庫全書, 上海人民出版社, 1999.

『정몽正蒙』, 『張載集』, 장재張載著, 北京: 中華書局, 1978.

『정역심법正易心法』, 宋 마의도자麻衣道者(9세기)撰, 陳摶(871-989)注, 中國哲學書電子化計劃, https://ctext.org.

『정전程傳』(『伊川易傳』, 程頤撰).

『주공원집周公元集』第一, 「通書」, 주돈이周敦頤(1017-1073)撰, 電子版文淵閣四庫全書, 上海人民出版社, 1999.

『주례상해周禮詳解』, (宋) 왕소우王昭禹(11세기)撰, 電子版文淵閣四庫全書, 上海人民出版社, 1999.

『주역경전집해周易經傳集解』, 「大衍揲蓍解」, 宋 임률林栗(12세기)撰, 電子版文淵閣四庫全書, 上海人民出版社, 1999.

『주역본의周易本意』十二卷, 宋 朱子撰, 電子版文淵閣四庫全書, 上海人民出版社, 1999.

『주역삼동계해周易參同契解』, 宋 진현미陳顯微(13세기)撰, 電子版文淵閣四庫全書, 上海人民出版社, 1999.

『주역의해촬요周易義海撮要』, 宋 이형李衡(1100-1178)撰, 電子版文淵閣四庫全書, 上海人民出版社, 1999.

『주역의해촬요周易義海撮要』, 宋 이형李衡(12세기)撰, 電子版文淵閣四庫全書, 上海人民出版社, 1999.

『주역전의부록周易傳義附錄』,, 宋 동해董楷(13세기)撰, 電子版文淵閣四庫全書, 電子版文淵閣四庫全書, 上海人民出版社, 1999.

『주자어류朱子語類』, 宋 黎靖德編, 北京: 中華書局, 1986.

『주자어류朱子語類』, 宋 주희朱熹撰;, 電子版文淵閣四庫全書, 上海人民出版社, 1999.

『태평어람太平御覽』, 宋 이방李昉(925-996)等撰, 電子版文淵閣四庫全書, 上海人民出版社, 1999.

『향계집香溪集』, 宋 범준范浚(1102-1150)撰, 電子版文淵閣四庫全書, 上海人民出版社 1999.

『황극경세서皇極經世書』, 宋 소옹邵雍(1011-1077)撰, 電子版文淵閣四庫全書, 上海人民出版社, 1999.

『횡거역설橫渠易說』, (宋) 張載撰, 中國哲學書電子化計劃, https://ctext.org.

『횡거역설橫渠易說』, 『張載集』, 장재張載(1020-1077)著, 北京: 中華書局, 1978.

『후제역학厚齊易學』, 宋 풍의馮椅撰, 電子版文淵閣四庫全書, 上海人民出版社 1999.

원元나라시대

『송사宋史』, 탁극타托克托(1314-1355)等修撰, 電子版文淵閣四庫全書, 上海人民出版社, 1999.

『주역계몽익전周易啓蒙翼傳』, (元) 호일계胡一桂(1247-1314)撰, 電子版文淵閣四庫全書, 上海人民出版社, 1999.

『주역본의집성周易本義集成』, 元 웅량보熊良輔(1310-1380)撰, 電子版文淵閣四庫全書, 上海人民出版社, 1999.

『주역본의통석周易本義通釋』, 元 胡炳文撰. 電子版文淵閣四庫全書, 上海人民出版社, 1999.

명明나라시대

『고미서古微書』, 明 손구孫瑴(14세기)編, 電子版文淵閣四庫全書, 上海人民出版社, 1999.

『독역기문讀易紀聞』, 明 장헌익張獻翼(1534-1604)撰, 電子版文淵閣四庫全書. 上海人民出版社, 1999.

『본초강목本草綱目』 明 이시진李時珍(1518-1593)撰, 電子版文淵閣四庫全書, 上海人民出版社, 1999.

『역경몽인易經蒙引』, 明 채청蔡淸(1453-1508)撰, 電子版文淵閣四庫全書, 上海人民出版社, 1999.

『주역전의대전周易傳義大全』,明 호광胡廣(1370-1418) 等撰, 電子版文淵閣四庫全書, 上海人民出版社, 1999.

『주역집주周易集註』, 明 來知德撰, 電子版文淵閣四庫全書. 上海人民出版社, 1999.

『통서술해通書述解』, 明 조단曹端(1376-1434)撰, 電子版文淵閣四庫全書, 上海人民出版社, 1999.

청淸 및 근현대

『康熙字典』,『漢典』, Google 참조.

『경전석사經傳釋詞』, 淸 王引之(1766-1834)撰, 中國哲學書電子化計劃, https://ctext.org

『공자집어역주孔子集語譯注』, 손성연孫星衍(1753-1818)撰, 孟慶祥, 孟繁紅譯注, 哈爾濱: 黑龍江人民出版社, 2004.

『대역택언大易擇言』, (淸) 정정조程廷祚(1691-1767)撰, 電子版文淵閣四庫全書, 上海人民出版社, 1999.

『명심보감明心寶鑑』, 리차오첸李朝全(1970年生)譯注, 北京: 華藝出版社, 2014.

『문선전증文選箋證』, (淸) 호소영胡紹煐(1792-1860)撰, 中國哲學書電子化計劃, https://ctext.org

『상서의고尙書誼詁』, 馬其昶撰, 陳漢章補註 稿本, 影印本.

『석포헌문집惜抱軒文集』, 淸 요내姚鼐(1731-1815)撰, 中國哲學書電子化計劃, https://ctext.org

『어찬주역술의御纂周易述義』, 부항傅恒(1722-1770) 等撰, 電子版文淵閣四庫全書, 上海人民出版社, 1999.

『어찬주역절중御纂周易折中』, 淸 李光地撰, 電子版文淵閣四庫全書, 電子版文淵閣四庫全書, 上海人民出版社, 1999.

『예기훈찬禮記訓纂』, 淸 주빈朱彬(1753-1834)撰, 中國哲學書電子化計劃, https://ctext.org 참조.

『옥함산방집일서玉函山房輯佚書』(『周易淮南九師道訓』, 漢 劉安(전179-전122)撰, 포함), 淸 마국한馬國翰(1794-1857)撰, 中國哲學書電子化計劃, https://ctext.org

『음부경주陰符經註』, 서대춘徐大椿(1693-1771)撰, 電子版文淵閣四庫全書, 上海人民出版社, 1999.

『주관집주周官集註』, 淸 방포方苞(1668-1749)撰, 電子版文淵閣四庫全書, 上海人民出版社, 1999.

『주역공의집설周易孔義集說』, 淸 심기원沈起元(1685-1763)撰, 電子版文淵閣四庫全書, 上海人民出版社, 1999.

『주역본의효미周易本義爻徵』, 淸 오왈신吳曰愼(17세기)撰 中國哲學書電子化計劃, https://ctext.org

『주역절중周易折中』, (淸) 이광지李光地(1642-1718)撰, 北京: 九州出版社, 2010.

『주역항해周易恒解』, 유원劉沅撰.

『주역항해周易恒解』의 「부해附解」, 유원劉沅撰.

『혜씨역설惠氏易說』, 혜사기惠士奇(1671-1741)撰. 電子版文淵閣四庫全書, 上海人民出版社, 1999.

이 책에 인용된 인물

선진先進시대

공수龔遂(?-전62?)

교격膠鬲(전 11세기)

굴원屈原(약 전343- 약 전278)

기자箕子(전 11세기)

목강穆姜(?-전564, 노魯 선공宣公의 부인)

범려范蠡(전536-전448)

범문자范文子(?-전574)

복희伏羲(신석기시대말기, 약 7천-5천년전)

사혜師慧(전6세기)

서신胥臣(전?-전622)

성왕成王(재위: 전1,042-전1,021)

순자荀子(전313-전238)

이윤伊尹(전1,649-전1,549)

자산子産(公孫僑, 전585-전522)

조간자趙簡子(?-전476)

주공周公(周武王의 동생, 몰: 기원전 1,032)

주周 선왕宣王(재위: 전828-전782)

주周 여왕厲王(재위: 전890-전828)

창힐蒼頡(전4,667-전4,596)

채택蔡澤(전?-전237)

춘신군春申君(전?-전238)

태갑太甲(?-전1,557, 상商나라 5대 임금)

한선자韓宣子(韓起, ?-전514)

한漢나라시대

가규賈逵(174-228)

고유高誘(?-212)

곡영谷永(전1세기-전8)

공안국孔安國(전156-전74)

곽태郭泰(128-169)

노공魯恭(32-112)

노원서路溫舒(전1세기)

동방삭東方朔(전154-전93)

동우董遇(3세기)

두업杜鄴(전?-전2)

두융竇融(전15-후66)

두자춘杜子春(약 전30-후58)

등우鄧禹(2-58)

마융馬融(79-166)

매승枚乘(?-전140)

맹희孟喜(전1세기)

모형毛亨(전2세기)

문옹文翁(전187-전110)

비직費直(전2세기)

설우薛虞(2세기)

설종薛綜(?-243)

송균宋均(?-76)

순상荀爽(128-190)

순열荀悅(148-209)

양진楊震(54-124)

역염酈炎(150-177)

오록충종五鹿充宗(전1세기)

왕부王符(83-170)

왕상王商(?-전12)

왕숙王肅(195-256)

왕준王駿(전1세기)

왕택王澤(2세기)

왕포王褒(전90-전51)

원태백袁太伯(1세기)

유표劉表(142-208)

유향劉向(전77-전6)

유흠劉歆(전50-후23)

유희劉熙(약 160-?)

이의李義(170-220년대)

장형張衡(78-139)

전불의雋不疑(전1세기)

정사농鄭司農(鄭衆, ?-83)

조식曹植(192-232)

조온趙溫(137-208)

주목朱穆(100-163)

주운朱雲(전1세기)

중장통仲長統(180-220)

채옹蔡邕(133-192)

초공焦贛(자字는 延壽, 전1세기)

팽선彭宣(?-4년)

풍이馮異(?-34)

삼국三國시대

곽박郭璞(276-324)

관로管輅(209-256)

기첨紀瞻(253-324)

두예杜預(222-285)

범장생范長生(?-318)

부현傅玄(217-278)

소림蘇林(3세기)

손염孫炎(220-265)

송충宋衷(2세기?-219)

완적阮籍(210-263)

왕돈王敦(266-324)

왕부王裒(?-311)

왕연王衍(256-311)

왕이王廙(276-322)

요신姚信(3세기)

우번虞飜(164-233)

위소韋昭(204-273)

육적陸績(188-219)

잔잠棧潛(3세기)

적현翟玄(翟元, 또는 翟子玄, 5세기)

제갈량諸葛亮(181-234)

주처周處(236-297)

중장통仲長統(180-220)

촉재蜀才(성한범成漢范[219-318]의 자칭自稱)

하증何曾(199-279)

향수向秀(약227-272)

남북조南北朝시대

간보干寶(286-336)

관랑關郎(5세기)

노씨盧氏(명名은 경유景裕[?-542])

도연명陶淵明(365-427)

모박毛樸(3, 4세기, 진晉나라 학자)

범영范寧(339-401)

범장생范長生(?-318)

복만용伏曼容(421-502)

심린사沈驎士(419-503)

심약沈約(441-513)

온교溫嶠(288-329)

요규姚規(6세기)

위원숭衛元嵩(6세기)

유주劉晝(약 515-567)

유환劉瓛(5세기)

장기張譏(6세기)

장번張璠(3, 4세기)

저중도褚仲都(6세기)

주굉정周宏正(496-574)

한백韓伯(5세기, 康伯은 字)

환현桓玄(369-404)

황간皇侃(488-545)

수당隋唐시대

공영달孔穎達(574-648)

곽자의郭子儀(698-781)

대연代淵(9세기)

방현령房玄齡(579-648)

사징史徵(9세기)

서운徐鄖(9세기)

신공의辛公義(553-614)

왕개충王凱沖(7세기)

위징魏徵(580-643)

유태劉蛻(9세기)

육덕명陸德明(556-627)

육지陸贄(754-805)

육희성陸希聲(801-895)

이간李簡(?-631)

이고李翶(774-836)

이현李賢(7세기)

일행一行(683-727)

최경崔憬(7세기)

하타何妥(6세기)

한유韓愈(768-824)

후과侯果(侯行果, 8세기)

송宋시대

경남중耿南仲(11세기-1129)

공원龔原(1043-1110)

곽경郭京(?-1127)

곽충효郭忠孝(?-1128)

구부국邱富國(13세기)

구양수歐陽修(1007-1072)

대연代淵(10세기)

모박毛璞(12세기)

문천상文天祥(1236-1283)

반몽기潘夢旗(12세기)

범악창范諤昌(11세기)

보파寶巴(13세기)

사마광司馬光(1019-1086)

사방득謝枋得(1226-1289)

서개徐鍇(920-974)

서기徐幾(13세기)

서직방徐直方(13세기)

서총간徐總幹(12세기)

석개石介(1005-1045)

선우신鮮于侁(1018-1087)

설온기薛溫其(11세기)

소식蘇軾(1037-1101)

송함宋咸(11세기)

심해沈該(12세기)

양간楊簡(1141-1226, 慈湖先生)

양만리楊萬里(1127-1206)

양시楊時(1053-1135)

양회楊繪(1027-1088)

여대림呂大臨(1044-1991)

여조겸呂祖謙(1137-1181)

역불易祓(1156-1240)

오여우吳如愚(1167-1244)

완일阮逸(11세기, 북송北宋의 음악가)

왕소소王昭素(904-982)

왕승王昇(1067-?)

왕안석王安石(1021-1086)

왕응린王應麟(1223-1296)

왕종전王宗傳(12세기)

요소팽姚小彭(1072-1138)

용인부龍仁夫(1253-1335)

원추袁樞(1131-1205)

위료옹魏了翁

유목劉牧(1011-1064)

유미소劉彌劭(1165-1246)

유염俞琰(1253-1316)

유초游酢(1053-1123)

육구연陸九淵(1139-1193)

육전陸佃(1044-1102)

이강李綱(1083-1140)

이공회李公晦(13세기)

이광李光(1078-1159)

이망李網(12세기)

이순신李舜臣(12세기)

이심전李心傳(1167-1244)

이원량李元量(12세기)

이중정李中正(12세기)

이춘년李椿年(1096-1164)

장근張根(1062-1120)

장식張栻(1133-1180)

장준張浚(1097-1164)

장필張弼(1425-1487)

정강중鄭剛中(1088-1154)

정강중鄭剛中(12세기)

정동경鄭東卿(1157-?)

정여해鄭汝諧(1126-1205)

정초鄭樵(1104~1162)

조선예趙善譽(1143-1189)

조언숙趙彦肅(1148-1196)

조여매趙汝楳(13세기)

조열지晁說之(1059-1129)

조이부趙以夫

주앙지朱仰之(1087-1154)

주자朱子(朱熹, 1130-1200)

주자周子(즉 周敦頤, 1017-1073)

주진朱震(1072-1138)

증공曾鞏(1019-1083)

진고陳皋(11세기)

진덕수陳德秀(1178-1235)

진우문陳友文

진희이陳希夷(陳搏, 871-989)

채연蔡淵(1156-1236)

채원정蔡元定(1135-1198)

초정譙定(1023-?)

풍당가馮當可(馮京, 1021-1094)

풍의馮椅(1140-1232)

항안세項安世(1129-1208)

형병邢昺(932-1010)

호병문胡炳文(1250-1333)

호원胡瑗(993-1059)

황간黃幹(1152-1221)

황동발黃東發(1213-1280)

황진黃震(1213-1281)

원元나라시대

공환龔煥(13세기)

뇌사雷思(13세기)

동진경董眞卿(13세기)

문천상文天祥(1236-1283)

범대성范大性(14세기)

보파寶巴(13세기)

선풍單渢(13세기)

양인梁寅(1303-1389)

여기서余芑舒(13세기)

오징吳澄(1249-1333)

왕봉王逢(1319-1388)

왕신자王申子(13세기)

용인부龍仁夫(1256-1335)

유염兪琰(1253-1316)

이간李簡(14세기)

장청자張淸子(13세기)

정사초鄭思肖(1241-1318)

제몽룡齊夢龍(13세기)

제이겸齊履謙(1263-1329)

진응윤陳應潤(14세기)

허형許衡(1209-1281)

호병문胡炳文(1250-1333)

호윤胡允(13세기)

황택黃澤(1260-1346)

명明나라시대

고경양顧涇陽(17세기)

고반룡高攀龍(1562-1626)

고헌성顧憲成(1550-1612)

곡가걸谷家傑(16세기)

교중화喬中和(16, 17세기)

귀유광歸有光(1507-1571)

난정서蘭廷瑞(1528-1565)

내지덕來知德(1525-1604)

녹선계鹿善繼(1575-1636)

당학징唐鶴徵(1538-1619)

무창기繆昌期(1562-1626)

반사조潘士藻(1537-1600)

방공소方孔昭(1590-1655)

방대진方大鎭(1560-1629)

방응상方應祥(1561-1628)

방학점方學漸(1540-1615)

사가법史可法(1602-1645)

설선薛瑄(1389-1464)

소보邵寶(1460-1527)

소준蘇濬(1541-1599)

손기봉孫奇逢(1584-1675)

양계성楊繼盛(1516-1555)

양계신楊啓新(16, 17세기)

양신楊愼(1488-1559)

여남呂枏(1479-1542)

여수구黎遂球(1602-1646)

예원로倪元璐(1594-1644)

오계삼吳桂森(1565-1632)

왕기王畿(1498-1583)

왕선王宣(1403-1462)

왕수인王守仁(1472-1529)

요순목姚舜牧(1543-1627)

유렴劉濂(15세기)

유정지劉定之(1409-1469)

유종주劉宗周(1578-1645)

육진기陸振奇(16세기)

육진陸震(1462-1519)

이과李過(1600-1649)

이광진李光縉(1549-1623)

이중정李中正(?-1634)

임희원林希元(1481-1565)

장제생蔣悌生(14세기)

장진연張振淵(1558-1611)

장필張弼(1425-1487)

장황章潢(1527-1608)

전일본錢一本(1539-1610)

전지립錢志立(16, 17세기)

정유악鄭維嶽(17세기)

조포刁包(1603-1669)

좌광두左光斗(1575-1625)

좌충의左忠毅(1575-1625)

주영朱英(1417-1485)

진사원陳士元(1516-1597)

진식陳植(14세기)

진인석陳仁錫(1481-1636)

진침陳琛(1477-1545)

초굉焦竤(1540-1620)

최사훈崔師訓(1550-1613)

하이손賀貽孫(1605-1688)

하해何楷(1594-1645)

학경郝敬(1558-1639)

황단백黃端伯(1585-1645)

황도주黃道周(1585-1646)

황순요黃淳耀(1605-1645)

청淸 및 근현대

강반江潘(1761-1830)

강영江永(1681-1762)

고염무顧炎武(1613-1682)

공광삼孔廣森(1751-1786)

교래喬萊(1642-1694)

굴대균屈大均(1630-1696)

김방金榜(1735-1801)

나택남羅澤南(1807-1856)

능정감凌廷堪(1757-1809)

단옥재段玉裁(1735-1815)

대진戴震(1724-1777)

리귀송李國松(1877-1941)

리스전李士鈴(1851-1926)

리우원펑劉文鳳(19, 20세기)

리우치린劉啓琳(1862-1938)

리저밍李哲明(1857-?)

마징린馬徵麟(19세기)

마치창馬其昶(1855-1930)

마핵비馬翩飛(1703-1756)

만년순萬年淳(1761-1835)

모기령毛奇齡(1623-1716)

반상潘相(1713-1770)

방이지方以智(1611-1671)

방잠方潛(19세기)

방종성方宗誠(1818-1888)

변빈卞斌(1778-1850)

사신행查愼行(1650-1727)

생정周省貞(18세기)

서문정徐文靖(1667-?)

서재한徐在漢(17세기)

섭유葉酉(18세기)

소병국蘇秉國(1762-1829)

송서승宋書升(1842-1915)

쉬리웨許鯉躍(19세기말)

심기원沈起元(1685-1763)

심몽란沈夢蘭(19세기)

심선등沈善登(1830-1902)

안사성晏斯盛(1689-1752)

야오융푸姚永樸(1861-1939)

야오융까이姚永槪(1866-1923)

양가수楊家洙(19세기)

양명시楊名時(1661-1737)

양석여楊錫璵(1697-1774)

양쩡신楊增新(1864-1928)

여세서黎世序(1772-1824)

옌푸嚴復(1854-1921)

오기吳綺(1619-1694)

오여륜吳汝綸(1840-1903)

완원阮元(1764-1849)

왕덕월汪德鉞(1748-1808)

왕부지王夫之(1619-1692)

왕생汪洍(1738-1812)

왕쉔汪烜(1878-1959)

왕쑤난王樹枏(1851-1936)

왕염손王念孫(1744-1832)

왕완汪琬(1624-1691)

왕우박王又樸(1681-1760)

요배중姚配中(1792-1844)

요준창姚濬昌(19세기)

우샹인吳翔寅(20세기)

우이인吳翔寅(19세기말)

위원魏源(1794-1857)

유원劉沅(1768-1855)

유월俞樾(1821-1907)

이공李塨(1659-1733)

이광지李光地(1642-1718)

이도평李道平(1788-1844)

이송림李松林(19세기)

이이곡李二曲(1627-1705)

이임송李林松(1770-1827)

이청식李淸植(1690-1744)

임계운任啓運(1670-1744)

장리상張履祥(1611-1674)

장림臧琳(1650-1713)

장목張沐(1630-1712)

장목張沐(17세기)

장문호張文虎(1808-1885)

장영張英(1637-1708)

장이기張爾岐(1612-1678)

장혜언張惠言(1761-1802)

장희헌張希獻(17세기)

전대흔錢大昕(1728-1804)

전이錢彝(18, 19세기)

전징지錢澄之(1612-1693)

정고鄭杲(1851-1900)

정서충丁敍忠(19세기)

정안丁晏(1794-1875)

정택안丁澤安(19세기)

조우전푸周振甫(1911-2000)

주식朱軾(1665-1736)

주조웅朱兆熊(18세기)

주준성朱駿聲(1788-1858)

증국번曾國藩(1811-1872)

진고陳皋(1736-?)

진립陳立(1809-1869)

진법陳法(1692-1766)

진세용陳世鎔(19세기)

진수기陳壽祺(1771-1834)

진수웅陳壽熊(1812-1860)

진징팡金景芳(1902-2001)

진풍陳澧(1810-1882)

진혜전秦蕙田(1702-1764)

진희고陳希古(19세기)

짱루뻬張汝弼(1898-1995)

짱홍즈張洪之(1918-1938)

천스롱陳世鎔(1899-1962)

천한짱陳漢章(1864-1938)

초순焦循(1763-1820)

커싸오민柯劭忞(1850-1933)

팽신보彭申甫(1807-1887)

포빈包彬(18세기)

포세영包世榮(1783-1826)

풍경馮經(18세기)

하응전夏應銓(19세기)

하종란夏宗瀾(1699-1764)

학의행郝懿行(1757-1825)

허계림許桂林(1779-1822)

허리약許鯉躍(19세기)

혜동惠棟(1697-1758)

호교원胡翹元(18세기)

호방胡方(1654-1727)

호후胡煦(1655-1736)

화학천華學泉(19세기)

황식삼黃式三(1789-1862)

황응기黃應麒(19세기)

황이정黃翼曾(1870-1936)

황익증黃翼曾(19세기)

후웬쥔胡遠濬(1866-1931)

| 저자 소개 |

마전뱌오馬振彪

마전뱌오馬振彪(생년은 19세기 말쯤이고, 20세기 60년대에 서거)는 마치창馬其昶(1855-1930)의 친조카이기에, 그의 유명한 주역 연구, 즉『비씨역학費氏易學』을 통하여, 가학家學의 전통을 이었다. 그 외에도 유원劉沅(1767-1855)과 리스전李士鉁(1851-1926) 등의 역학사상도, 『주역의 학습과 해설, 周易學說』에서 상당히 많이 나타나고 있다. 그의 생애는 어려서부터 동성파桐城派의 가학家學 전통을 받은 것에서 시작하여, 정자程子나 주자朱子학을 학습하였다. 그는 일찍이 북평北平(지금의 北京) '중국대학中國大學'의 국문학과[中國學科]에서 상빙허尙秉和(1870-1950), 까오부잉高步瀛(1873-1940), 우청스吳承仕(1884-1939) 등과 함께 가르친 적이 있다. 또한 북경의 '홍자불학원弘慈佛學院'에서도 강의를 하였다. 마전뱌오馬振彪는 평생 학문에 종사한 유가儒家의 전형적 지식인으로 일생을 마쳤다.

| 역자 소개 |

송영배宋榮培

1944년 수원 출생
한신대학교 철학과 교수(1982.9-1988.6), 서울대학교 철학과 교수(1988.7-2009.2)
현재 서울대학교 명예교수
서울대학교 학사(1967), 서울대학교 석사(1969), 중국 대만대학교 석사(1972)
독일 프랑크푸르트대학교 철학박사(1982)

주요논문

『노자』의 철학적 패러다임에 대한 연구(2008), 문화대혁명에 대한 사회사상사적 이해(2007), 동양의 상관적 사유와 유기체적 생명이해(2004), 세계화시대의 유교적 윤리관의 의미(2003), 다산철학과 천주실의의 패러다임 비교연구(2000), 「제자백가의 다양한 전쟁론과 그 철학적 문제의식(I, 1992. II, 1999), 고대 중국 상앙학파의 법치주의: 그 진보성과 반동성(1989), 동중서의 역사철학(1985) 등

저서 및 역서

『중국사회사상사』(한길사, 1986. ㈜사회평론, 1998)
『제자백가의 사상』(현음사, 1994)
『한국유학과 이기철학』(예문서원, 공저, 2000)
『공자의 철학』(H. Fingarette, *Confucius: Secular as Sacred*, 역서1, 서광사, 1993)
『불안한 현대사회』(Charles Taylor, *The Malaise of Modernity*, 역서, 이학사, 2000)
『天主實義』(利瑪竇, 1603), 공역, 서울대학교출판부, 1999)
『交友論』(利瑪竇, 1595)/『二十五言』(利瑪竇 1595)/『畸人十編』(利瑪竇 1608)의 역주, 서울대학교출판부, 2000)
『中國社會思想史』(北京: 中國社會科學出版社, 2003; 鄭州: 大象出版社, 2016)
『東西哲學的交匯與思惟方式的差異』(石家莊市: 河北人民出版社, 2006)

『동서철학의 충돌과 융합』(사회평론, 2012)
『고대중국 철학사상』(성균관대학교출판부, 2014)
『장자』, 송영배 역주, 비봉출판사, 2022
『제자백가의 철학사상』(1, 2), 송영배 지음, 비봉출판사, 2022
『관자管子』, 송영배 역주, 서울대학교출판문화원, 2024

『주역周易』의 학습과 해설 下

초판 인쇄 2024년 12월 20일
초판 발행 2025년 1월 10일

저   자 | 마전뱌오馬振彪
역   자 | 송영배宋榮培
펴 낸 이 | 하운근
펴 낸 곳 | 學古房

주   소 | 경기도 고양시 덕양구 통일로 140 삼송테크노밸리 A동 B224
전   화 | (02)353-9908 편집부(02)356-9903
팩   스 | (02)6959-8234
홈페이지 | http://hakgobang.co.kr
전자우편 | hakgobang@naver.com
등록번호 | 제311-1994-000001호

ISBN   979-11-6995-565-2 94140
         979-11-6995-563-8 (세트)

값 : 75,000원